教育部哲學社會科學研究重大課題攻關項目

「十一五」國家重點圖書出版規劃項目·重大工程出版規劃
國家社會科學基金重大項目
北京大學「九八五工程」重點項目

儒藏

精華編五五冊
經部禮類

儒藏

精華編

北京大學《儒藏》編纂中心

《儒藏》精華編第五五册

首席總編纂　季羡林

項目首席專家　湯一介

總編纂　湯一介　龐樸　孫欽善　安平秋（按年齡排序）

本册主編　毛遠明

《儒藏》精華編凡例

一、中國傳統文化以儒家思想爲中心。《儒藏》爲儒家經典和反映儒家思想、體現儒家經世做人原則的典籍的叢編。收書時限自先秦至清代結束。

二、《儒藏》精華編爲《儒藏》的一部分，選收《儒藏》中的精要書籍。

三、《儒藏》精華編所收書籍，包括傳世文獻和出土文獻。傳世文獻按《四庫全書總目》經史子集四部分類法分類，大類、小類基本參照《中國叢書綜録》和《中國古籍善本書目》，於個別處略作調整。凡單書已收入入選的個人叢書或全集者，僅存目録，並注明互見。出土文獻單列爲一個部類，原件以古文字書寫者一律收其釋文文本。韓國、日本、越南儒學者用漢文寫作的儒學著作，編爲海外文獻部類。

四、所收書籍的篇目卷次，一仍底本原貌，不選編，不改編，保持原書的完整性和獨立性。

五、對入選書籍進行簡要校勘。以對校爲主，確定内容完足、精確率高的版本爲底本，精選有校勘價值的版本爲校本。出校堅持少而精，以校正誤爲主，酌校異同。校記力求規範、精煉。

六、根據現行標點符號用法，結合古籍標點通例，進行規範化標點。專名號除書名號用角號（《》）外，其他一律省略。

七、對較長的篇章，根據文字内容，適當劃分段落。正文原已分段者，不作改動。千字以内的短文一般不分段。

八、各書卷端由整理者撰寫《校點説明》，簡要介紹作者生平、該書成書背景、主要内容及影響，以及整理時所確定的底本、校本（舉全稱後括注簡稱）及其他有關情況。重複出現的作者，其生平事蹟按出現順序前詳後略。

九、本書用繁體漢字豎排，小注一律排爲單行。

《儒藏》精華編第五五册

經部　禮類

禮記之屬

禮記集說

〔元〕陳澔 撰

虎維鐸 校點

目録

校點説明

陳澔，元南康路都昌縣（今江西省都昌縣）人。《元史》無傳，《宋元學案》卷八十三有一小傳，云：「陳澔，字可大，東齋先生大猷子。於宋季不求聞達，博學好古，有《禮記集説》行於世，學者稱爲雲莊先生，年八十有二卒。元奎章學士虞集題其墓曰『經師陳先生之墓』。」文甚簡略，且與當地方志所言頗有出入。

正德《南康府志》、嘉靖《江西通志》、同治《都昌縣志》均言陳澔「號雲住」，虞集題其墓曰「經歸先生」。《都昌縣志》載明成化中所見陳澔墓碑，題作「宋儒陳經歸先生墓碑」，墓碑殘文云：「至正辛巳十月己丑卒，享年八十有二。」（詳見李才棟《中國書院研究》之《對〈宋元學案〉中陳澔傳略的一些訂正》一文）據方志所言，則陳澔號雲住，而非雲莊；又稱經歸先生，而非經師先生。享年八十二，與《學案》合，卒於至正辛巳，即元至正元年（一三四一），則當生於宋景定元年（一二六〇）。宋亡時澔年僅二十，故「不求聞達」，著《禮記集説》，當在入元以後。

宋衛湜撰《禮記集説》百餘卷，採摭羣言，最爲賅博。澔此書與衛氏書同名，但博約不侔，用意亦異。其自序云：「欲以坦明之説，使初學讀之，即了其意。」故此書之特點，誠如《四庫提要》所言：「説《禮記》者，漢唐莫善於鄭孔，而鄭注簡奥，孔疏典贍，皆不似澔注之淺顯；宋代莫善於衛湜，而卷帙繁富，亦不似澔注之簡便。」以澔注簡明，又澔父大猷師饒魯，魯師黄榦，榦乃朱子之婿，家學師承出朱子，故明初胡廣等修《五經大全》，《禮記》以澔注爲主。永樂以後，專用澔注，立於學官，用以取士，清初仍之。是故此書在歷史上影響曾一度頗大。《禮記》之《中庸》、《大學》二篇，以朱子編入《四書》，澔《集説》遂删除不載，僅存其目。以尊朱而刊削古經，似屬過當。又澔注以推求禮意爲主，疏於度數考證，清代納蘭性德著《陳氏禮記集説補正》一書，於澔注疏舛之處補其遺而正其失，誠有功於澔書，讀澔此書者，可以參看。

此書版本流傳情況較爲複雜。元天曆元年（一三二八）鄭明德宅刻本是其初刻本，凡十六卷。今國内所存者，皆爲殘本，未見全帙。至明代，科舉考試規定用此書，傳刻頗多。明前中期主要沿襲元十六卷本。正統十二年（一四四七）英宗命司禮監重刻十六卷本，頒發各地以爲範本。除此而外，明代又先後出現了三十卷本和十卷本。永樂間胡廣奉敕輯《禮記集説大全》，以《集説》十六卷本爲基礎，補入其他四十二家注，擴充爲三十卷之《大全》。成化中，婁謙等人因《大全》卷帙浩繁，不便閲讀，又從中摘陳氏集説，梓行于世，是爲《禮記集説》三十卷本之始。（此本現藏日本静嘉堂文庫）弘治間又有建陽書户合併三十卷本爲十卷本。有清一代，十卷本盛行。《四庫全書》本和武英殿刻本即爲十卷本。（以上主要參考沈乃文《〈禮記集説〉版本考》，《國學研究》第五卷，一九九八年）

此次整理，以較早之明正統十二年司禮監刻十六卷本爲底本，校以元天曆元年鄭明德宅刻十六卷本（《中華再造善本》影印國家圖書館藏本，卷七、八缺。簡稱「元刻本」）、影印文淵閣《四庫全書》本（簡稱「《四庫》本」）及武英殿刻本（簡稱「殿本」）。於《禮記》經文及澔注所引鄭注孔疏，間亦參校以清阮元校刻《十三經注疏》。

校點者　虎維鐸

禮記集説序

前聖繼天立極之道，莫大於禮；後聖垂世立教之書，亦莫先於《禮》。禮儀三百，威儀三千，孰非精神心術之所寓？故能與天地同其節。四代損益，世遠經殘，其詳不可得聞矣。《儀禮》十七篇，戴《記》四十九篇，先儒表章《庸》、《學》，遂爲千萬世道學之淵源；其四十七篇之文，雖純駁不同，然義之淺深同異，誠未易言也。鄭氏祖讖緯，孔疏惟鄭之從，雖有他説，不復收載，固爲可恨。然其灼然可據者，不可易也。近世應氏《集解》，於《雜記》、大小《記》等篇，皆闕而不釋。噫！慎終追遠，其關於人倫世道非細故，而可略哉？先君子師事雙峯先生十有四年，以是經三領鄉書，爲開慶名進士，所得於師門講論甚多，中罹煨燼，隻字不遺。不肖孤，僭不自量，會萃衍繹，而附以臆見之言，名曰《禮記集説》。蓋欲以坦明之説，使初學讀之，即了其義。庶幾章句通則緼奥自見，正不必高爲議論，而卑視訓故之辭也。書成，甚欲就正于四方有道之士，而衰年多疾，遊歷良艱，姑藏巾笥，以俟來哲。治教方興，知禮者或有取焉，亦愚者千慮之一爾。後學東匯澤陳澔序。

明英宗聖旨

司禮監欽奉聖旨：《五經》、《四書》經注，書坊刊本，字有差譌。恁司禮監將《易》程、朱《傳》《義》，《書》蔡沈《集傳》，《詩》朱熹《集傳》，《春秋》胡安國《傳》，禮記陳澔《集説》，《四書》朱熹《集註》都謄寫的本，重新刊印，便於觀覽。欽此。

正統十二年五月初二日

禮記集説凡例

○校讎經文

蜀大字本　宋舊監本

興國于氏本　盱郡重刊廖氏本

建本註疏　南康經傳通解

○援引書籍

漢鄭氏註　唐孔氏疏

儀禮古註疏　儀禮經傳通解

楊氏祭禮通解　陸氏經典釋文

九經註疏　許氏説文

杜氏通典　鄭氏通志略

程氏遺書　程子粹言

張子語録　朱子四書

朱子小學書　朱子大全集

朱子語類　春秋纂例

三山陳氏禮書　潛室陳氏木鐘集

孫氏示兒編　方氏集解

應氏集解　贇皇浩齋集解

蔡氏書傳　吕氏詩記

嚴氏詩緝　周官制度

括蒼項氏禮説　龍泉葉氏記言

朱周翰節解　源流至論

馬氏禮解　雙峯饒氏説

盱江李氏説　石梁王氏批

藍田吕氏説　亮軒馮氏説

恒軒劉氏説

○註説去取

凡名物度數，據古註、《正義》；　道學正論，宗程子、朱子；　精義詳盡，則泛取諸家；　發明未備，則足以己意。

○音文反切

義同古註，則依陸氏《釋文》；　發明新

義，則各據諸家。

〇章句分段

俗本古註章斷皆圈，今依註疏及蜀本、廖本，古註皆不圈。

禮記集説凡例畢

禮記卷之一

陳澔集説

曲禮上第一

經曰「曲禮三千」，言節目之委曲，其多如是也。此即古禮經之篇名，後人以編簡多，故分爲上下。○張子曰：「物我兩盡，自《曲禮》入。」

《曲禮》曰：毋不敬，儼若思，安定辭，安民哉！

毋，禁止辭。○朱子曰：「首章言君子修身，其要在此三者，而其效足以安民，乃禮之本，故以冠篇。」○范氏曰：「經禮三百，曲禮三千，可以一言蔽之，曰『毋不敬』。」○程子曰：「心定者，其言安以舒；不定者，其辭輕以疾。」○劉氏曰：「篇首三句，如曾子所謂『君子所貴乎道者三，而籩豆之事則有司存』之意，蓋先立乎其大者也。毋不敬，則『動容貌，斯遠暴慢矣』；儼若思，則『正顏色，斯近信矣』；安定辭，則『出辭氣，斯遠鄙倍矣』。三者修身之要，爲政之本。此君子修己以敬，而其效至於安人、安百姓也。」

敖去聲。不可長，貞兩反。欲不可從，縱。志不可滿，樂洛。不可極。

朱子曰：「此篇雜取諸書精要之語，集以成篇。雖大意相似，而文不連屬。如首章四句，乃《曲禮》古經之言。『敖不可長』以下四句，不知何書語，又自爲一節，皆禁戒之辭。」○應氏曰：「敬之反爲敖，情之動爲欲。志滿則溢，樂極則反。」

賢者狎而敬之，畏而愛之。愛而知其惡，憎而知其善。積而能散，安安而能遷。

朱子曰：「此言賢者於其所狎能敬之，於其所畏能愛之，於其所愛能知其惡，於其所憎能知其善，雖積財而能散施，雖安安而能徙義，可以爲法，與上下文禁戒之辭不同。」○應氏曰：「安安者，隨所安而安也。安者，仁之順；遷者，義之決。」

臨財毋苟得，臨難去聲。毋苟免。很胡懇反。毋求勝，分去聲。毋求多。

毋苟得，見利思義也。毋苟免，守死善道也。很毋求勝，忿思難也。分毋求多，不患寡而患不均也。況求勝者未必能勝，求多者未必能多，徒爲失己也。

疑事毋質，直而勿有。

朱子曰：「兩句連說爲是。疑事毋質，即《少儀》所謂『毋身質言語』也。直而勿有，謂陳我所見，聽彼決擇，不可據而有之，專務强辨。不然，則是以身質言語矣。」

若夫坐如尸，❶立如齊。齋。

疏曰：「尸居神位，坐必矜莊。坐法必當如尸之坐。人之倚立，多慢不恭，雖不齊，亦當如祭前之齊。」○朱子曰：「劉原父云此乃《大戴禮·曾子事父母》篇之辭，曰：『孝子惟巧變，故父母安之。若夫坐如尸，立如齊，弗訊不言，言必齊色，此成人之善者也，未得爲人子之道也。』此篇蓋取彼文，而『若夫』二字，失於刪去。鄭氏不知其然，乃謂此二句爲丈夫之事，誤矣。」

禮從宜，使去聲。從俗。

鄭氏曰：「事不可常也。」○吕氏曰：「敬者，禮之常。禮，時爲大。時者，禮之變。體常盡變，則達之天下，周旋無窮。」○應氏曰：「大而百王百世質文損益之時，小而一事一物泛應酬酢之節。」又曰：「五方皆有性，千里不同風，所以入國而必問俗也。」

夫禮者，所以定親疏，決嫌疑，別同異，明是非也。

疏曰：「五服之內，大功以上服麤者爲親，小功以下服精者爲疏。若妾爲女君期，女君爲妾，若服之則太重，降之則有舅姑爲婦之嫌，故全不服，是決嫌也。孔子之喪，門人疑所服，子貢請若喪父而無服，是決疑也。本同今異，姑姊妹是也。本異今同，世母、叔母及子婦是也。得禮爲是，失禮爲非。若主人未小斂，子游裼裘而弔，得禮，是也。曾子襲裘而弔，失禮，非也。」

禮不妄說悦。人，不辭費。

求以悦人，已失處心之正，況妄乎！不妄悦人，則知禮矣。躁人之辭多，君子之辭，達意則止。言者煩，聽者必厭。

禮不踰節，不侵侮，不好去聲。狎。

踰節則招辱，侵侮則忘讓，好狎則忘敬，三者皆叛禮之事。不如是，則有以持其莊敬純實之誠，而遠於恥辱矣。

修身踐言，謂之善行。去聲。行修言道，禮之質也。

人之所以爲人，言、行而已。忠信之人，可以學禮，故曰「禮之質也」。○鄭氏曰：「言道，言合於道也。」

❶「夫」下，元刻本有小字注文「扶」。

禮聞取於人，不聞取人。禮聞來學，不聞往教。

朱子曰：「此與《孟子》『治人』『治於人』、『食人』『食於人』語意相類。取於人者，爲人所取法也。取人者，人不來而我引取之也。來學往教，即其事也。」

道德仁義，非禮不成。

道，猶路也。事物當然之理，人所共由，故謂之道。行道而有得於身，故謂之德。仁者，心之德，愛之理。義者，心之制，事之宜。四者皆由禮而入，以禮而成。蓋禮以敬爲本，敬者，德之聚也。

教訓正俗，非禮不備。

立教於上，示訓於下，皆所以正民俗。然非齊之以禮，則或有教訓所不及者，故非禮不備。

分争辨訟，非禮不決。

朱氏曰：「争見於事而有曲直，分争，則曲直不相交。訟形於言而有是非，辨訟，則是非不相敵。禮所以正曲直，明是非。故此二者非禮則不能決。」

君臣、上下、父子、兄弟，非禮不定。

一主於義，一主於恩，恩義非禮，則不能定。

宦學事師，非禮不親。

宦，仕也。仕與學皆有師。事師，所以明道也，而非禮則不相親愛。

班朝治軍，涖官行法，非禮，威嚴不行。

班朝廷上下之位，治軍旅左右之局，分職以涖官，謹守以行法。威則人不敢犯，嚴則人不敢違，四者非禮，則威嚴不行。

禱祠祭祀，供給鬼神，非禮，不誠不莊。

禱以求爲意，祠以文爲主，祭以養爲事，祀以安爲道，四者皆以供給鬼神。誠出於心，莊形於貌，四者非禮，則不誠不莊。○今按：供給者，謂奉薦牲幣器皿之類也。

是以君子恭敬、撙節、退讓以明禮。

是以，承上文而言。撙，裁抑也。禮主其減。

鸚鵡能言，不離去聲。飛鳥；猩生。猩能言，不離禽獸。今人而無禮，雖能言，不亦禽獸之心乎？夫惟禽獸無禮，故父子聚麀。

鸚鵡，鳥之慧者，隴、蜀、嶺南皆有之。猩猩，人面豕身，出交趾、封谿等處。禽者，鳥獸之總名。鳥不可曰獸，獸亦可曰禽，故鸚鵡不曰獸，而猩猩則通曰禽也。聚，猶共也。獸之牝者曰麀。

是故聖人作，句。爲禮以教人，使人以有

禮，知自別於禽獸。

朱子曰：「『聖人作』絶句。」

太上貴德，其次務施報。禮尚往來，往而不來，非禮也；來而不往，亦非禮也。

太上，帝皇之世。但貴其德足以及人，不貴其報。其次，三王之世。禮至三王而備，故以施報爲尚。

人有禮則安，無禮則危。故曰：禮者，不可不學也。

禮者，安危之所係。自天子至於庶人，未有無禮而安者也。

夫禮者，自卑而尊人，雖負販方萬反。者，必有尊也，而況富貴乎！

負者事於力，販者事於利，雖卑賤，不可以無禮也。

富貴而知好禮，則不驕不淫；貧賤而知好禮，則志不懾。之涉反。

馬氏曰：「富貴之所以驕淫，貧賤之所以懾怯，以內無素定之分，而與物爲輕重也。好禮，則有得於內，而在外者莫能奪矣。」

人生十年曰「幼」，學。二十曰「弱」，冠。去聲。三十曰「壯」，有室。四十曰「强」，而仕。五十曰「艾」，服官政。六十曰「耆」，指使。七十曰「老」，而傳。八十、九十曰「耄」。七年曰「悼」。悼與耄，雖有罪，不加刑焉。百年曰「期」，頤。

朱子曰：「『十年曰幼』爲句絶，『學』字自爲一句。下至『百年曰期』，皆然。」○吕氏曰：「五十曰艾，髮之蒼白者，如艾之色也。古者四十始命之仕，五十始命之服官政。仕者，爲士以事人，治官府之小事也。服官政者，爲大夫以長人，與聞邦國之大事者也。才可用則使之仕，德成乃命爲大夫也。耆者，稽久之稱。不自用力，惟以指意使令人，故曰指使。傳，謂傳家事於子也。耄，惛忘也。悼，憐愛也。耄者，老而知已衰；悼者，幼而知未及。雖或有罪，情不出於故，故不加刑。人壽以百年爲期，故曰期。飲食居處動作無不待於養，故曰頤。」❶

大夫七十而致事。

致，還其職事於君也。

若不得謝，則必賜之几杖。

❶「頤」，原作「期」，據上經文及元刻本、四庫本、殿本改。

不得謝，謂君不許其致事也。如「辭謝」、「代謝」，亦皆却而退去之義。几，所以凴；杖，所以倚。賜之使自安適也。

行役以婦人，適四方，乘安車。

疏曰：「婦人能養人，故許自隨。」古者四馬之車立乘。安車者，一馬小車，坐乘也。

自稱曰「老夫」，於其國則稱名。

吕氏曰：「老夫，長老者之稱。己國稱名者，父母之邦，不敢以尊者自居也。」

越國而問焉，必告之以其制。

應氏曰：「一國有賢，衆國所仰，故越國而來問。文獻不足，則言禮無證，故必告之以其制，言舉國之故事以答之也。」

謀於長者，必操几杖以從之。長者問，不辭讓而對，非禮也。

謀於長者，謂往就長者而謀議所爲也。長者之前，當執謙虚。不辭讓，非事長之禮。○應氏曰：「操几杖以從，非謂長者所無也，執子弟之役，其禮然耳。」

凡爲人子之禮，冬温而夏清，七性反。昏定而晨省。在醜夷，不争。

温以禦其寒，清以致其凉，定其衽席，省其安否。醜，同類也。夷，平等也。一朝之忿，忘其身，則害及其親。故在羣衆儕輩之中，壹於遜讓。

夫爲人子者，三賜不及車馬，故州閭鄉黨稱其孝也，兄弟親戚稱其慈也，僚友稱其弟也，執友稱其仁也，交遊稱其信也。

言爲人子，謂父在時也。古之仕者，一命而受爵，再命而受衣服，三命而受車馬。有車馬，則尊貴之體貌備矣。今但受三賜之命，而不與車馬同受，故言不及車馬也。君之有賜，所以禮其臣；子之不受，不敢並於親也。二十五家爲閭，四閭爲族，五百家爲黨，二千五百家爲州，一萬二千五百家爲鄉。孝之所該者大，故其稱最廣。曰慈、曰弟、曰仁、曰信，皆孝之事也。僚友，官同者。執友，志同者。同師之友，其執志同，故曰執友。交遊，則泛言遠近之往來者。

見父之執，不謂之進不敢進，不謂之退不敢退，不問不敢對，此孝子之行去聲。也。

父之執，父同志之友也。謂之，命之也。敬之同於父。

夫爲人子者出必告，梏。反必面。所遊必有常，所習必有業。

出則告違，反則告歸。又以自外來，欲省顔色，故言面。遊有常，身不他往也。習有業，心不他用也。

恒言不稱老。

恒言，平常言語之間也。自以老稱，則尊同於父母，而父母爲過於老矣。古人所以斑衣娛戲者，欲安父母之心也。

年長以倍，則父事之。十年以長，則兄事之。五年以長，則肩隨之。

肩隨，並行而差退也。此泛言長少之序，非謂親者。

羣居五人，則長者必異席。

古者地敷横席，而容四人，長者居席端。若五人會，則長者一人異席也。

爲人子者，居不主奥，坐不中席，行不中道，立不中門。

室西南隅爲奥。主奥、中席，皆尊者之道也。行道則或左或右，立門則避棖闑之中，皆不敢迹尊者之所行也。古者男女異路，路各有中，門中央有闑，闑之兩旁有棖也。

食嗣。饗不爲槩。

食饗，如奉親延客及祭祀之類皆是。不爲槩量，順親之心，而不敢自爲限節也。

祭祀不爲尸。

呂氏曰：「尸取主人之子行而已。若主人之子，是使父北面而事之，人子所不安，故不爲也。」

聽於無聲，視於無形。

先意承志也。○疏曰：「雖聽而不聞父母之聲，雖視而不見父母之形，然常於心想像，似見形聞聲。謂父母將有教，使已然。」

不登高，不臨深，不苟訾，紫。不苟笑。孝子不服闇，暗。不登危，懼辱親也。

疏曰：「不服闇者，不行事於暗中。一則爲卒有非常，二則生物嫌，故孝子戒之。」○呂氏曰：「苟訾近於讒，苟笑近於謟，服闇者欺人所不見，登危者行險以徼幸，是忘親也。非特忘之，不令之名，且將加之，皆辱道也。」

父母存，不許友以死，不有私財。

不許友以死，謂不爲其友報仇也。親在而以身許人，是有忘親之心；親在而以財專己，是有離親之志。

爲人子者，父母存，冠衣不純準。素。

疏曰：「冠純，冠飾也。衣純，深衣領緣也。」

孤子當室，冠衣不純采。

呂氏曰：「當室，謂爲父後者。《問喪》曰『童子不緦，唯當室緦』，亦指爲父後者。所謂不純采者，雖除喪猶純素也。惟當室者行之，非當室者不然也。」

幼子常視毋誑。舉況反。

視與示同。常示之以不可欺誑，所以習其誠。

童子不衣去聲。裘裳。立必正方，不傾聽。

呂氏曰：「裘之温，非童子所宜；裳之飾，非童子所便。立必正所向之方，或東或西，或南或北，不偏有所向。《士相見禮》云：『凡燕見於君，必辨君之南面。若不得，則正方，不疑君。』疑，謂邪向之也。」

長者與之提攜，則兩手奉上聲。長者之手。負劍辟僻。咡二。詔之，則掩口而對。

劉氏曰：「長者或從童子背後而俯首與之語，則童子如負長者然。長者以手挾童子於脅下，則如帶劍然。蓋長者俯與童子語，有負劍之狀，非真負劍也。辟，偏也。咡，口旁。詔，告語也。掩口而對，謂童子當以手障口氣而應對，不敢使氣觸長者也。」

從去聲。於先生，不越路而與人言。遭先生於道，趨而進，正立拱手。先生與之言，則對；不與之言，則趨而退。

呂氏曰：「先生者，父兄之稱。有德齒可爲人師者，猶父兄也，故亦稱先生。以師爲父兄，則學者自比於子弟，故稱弟子。」

從去聲。長者而上上聲。丘陵，則必鄉去聲。長者所視。登城不指，城上不呼。去聲。

高而有向背者爲丘，平而人可陵者爲陵。鄉長者所視，恐有問，則即所見以對也。城，人所恃以爲安固者。有所指則惑見者，有所呼則駭聞者。○石梁王氏曰：「先生，年德俱高，又能教道人者；長者，則直以年爲稱也。」

將適舍，求毋固。

戴氏曰：「就館者，誠不能無求於主人。然執平日之所欲而必求於人，則非爲客之義。」

將上堂，聲必揚。户外有二屨，言聞去聲。則入，言不聞則不入。

上堂，升主人之堂也。揚其聲者，使内人知之也。古人脱屨在户外，客雖衆，脱屨於户内者，惟長者一人。言有二屨，則并户内一屨爲三人矣。三人而所言不聞於外，必是密謀，故不入也。

將入户，視必下。入户奉上聲。扃，視瞻毋回。户開亦開，户闔亦闔。有後入者，闔而勿遂。

入户，入主人之户也。視下，不舉目也。扃，門關木也。入户之時，兩手當心如奉扃然。雖視瞻而不爲迴轉，嫌於干人之私也。開闔皆如前，不違主人之意也。遂，闔之盡也。嫌於拒後來者，故勿遂。

毋踐屨，毋踖迹。席，摳苦侯反。衣趨隅，必愼唯上聲。諾。

複下曰舄，單下曰屨。毋踐屨，謂後來者不可蹋先入者所脱之屨也。踖，猶躐也。《玉藻》曰：「登席不由前爲躐席。」是登席當由前也。摳，提也。摳衣，與《論語》「攝齊」同。欲便於坐，故摳之。趨隅，由席角而升坐也。唯、諾，皆應辭。既坐定，又當謹於應對也。

大夫、士出入君門，由闑魚列反。右。不踐閾。

闑，門橛也，當門之中。闑東爲右，主人入門而右，客入門而左。大夫、士由右者，以臣從君，不敢以賓敵主也。

凡與客入者，每門讓於客。客至於寢門，則主人請入爲席。然後出迎客，客固辭，主人肅客而入。

讓於客，欲客先入也。爲，猶布也。○疏曰：「天子五門，諸侯三門，大夫二門。禮有三辭：初曰禮辭，再曰固辭，三曰終辭。」○吕氏曰：「肅客者，俯手以揖之，所謂肅拜也。」

主人入門而右，客入門而左。主人就東階，客就西階。客若降等，則就主人之階。主人固辭，然後客復就西階。

入右所以趨東階，入左所以趨西階。降等者，其等列卑於主人也。主人固辭者，不敢當客之尊己也。

主人與客讓登，主人先登，客從之，拾涉。級聚足，連步以上。上聲。上於東階，則先右足。上於西階，則先左足。

讓登，欲客先升也。客不敢當，故主人先而客繼之。拾級，涉階之級也。聚足，後足與前足相合也。連步，步相繼也。先右、先左，各順入門之左右也。

帷薄之外不趨，堂上不趨，執玉不趨。堂上接武，堂下布武。室中不翔。

疏曰：「帷，幔也。薄，簾也。接武，足迹相接也。」○陳氏曰：「文者，上之道；武者，下之道。故足在體之下曰武，卷在冠之下亦曰武。執玉不趨，不敢趨也。室中不翔，不可翔也。行而張拱曰翔。」○朱氏曰：「帷薄之外無人，不必趨以示敬。堂上地迫，室中地尤迫，故不趨、不翔也。」

並坐不横肱，授立不跪，授坐不立。

横肱，則妨並坐者。不跪、不立，皆謂不便於受者。

凡爲去聲。長者糞之禮，必加帚之手反。於箕上，以袂拘溝，又如字。而退，其塵不及長者，以箕自鄉去聲。而扱吸。之。

糞，除穢也。《少儀》云「埽席前曰拚」，義與糞同。呂氏讀扱爲插音。然凡氣之出入，噓則散，吸則聚。今以收斂爲義，則吸音爲是。○疏曰：「初持箕往時，帚置箕上，兩手舉箕。當埽時，一手捉帚，舉一手衣袂以拘障於帚前，且埽且遷，故云拘而退。扱，斂取也。以箕自向，斂取糞穢，不以箕向尊者。」

奉上聲。席如橋如字。衡。

如橋之高，如衡之平，乃奉席之儀也。

請席何鄉，請衽何趾。

設坐席，則問面向何方；設卧席，則問足向何方。○疏曰：「坐爲陽，面亦陽也。卧爲陰，足亦陰也。」故所請不同。

席南鄉北鄉，以西方爲上；東鄉西鄉，以南方爲上。

朱子曰：「東向南向之席皆尚右，西向北向之席皆尚左也。」

若非飲食之客，則布席，席閒函丈。

非飲食之客，則是講説之客也。○疏曰：「古者飲食燕享，則賓位在室外牖前，列席南向，不相對。相對者，惟講説之客。席之制，三尺三寸三分寸之一，則兩席并中間空地共一丈也。」

主人跪正席，客跪撫席而辭。客徹重平聲。席，主人固辭。客踐席，乃坐。

跪而正席，敬客也。撫，以手按止之也。客不敢居重席，故欲徹之，主人固辭則止。客踐席將坐，主人乃坐也。

主人不問，客不先舉。

席坐既定，主人以客自外至，當先有所問，客乃答之。客不當先舉言也。

將即席，容毋怍。兩手摳衣，去齊咨。尺。衣毋撥，半末反。足毋蹶。

劉氏曰：「將就席，須詳緩而謹容儀，毋使有失而可愧怍也。仍以兩手摳揭衣之兩旁，使下齊離地一尺而坐，以便起居，免有躡躓失容也。坐後更須整疊前面衣衽，毋使撥開。又古人以膝坐，久則膝不安，而易以蹶動。坐而足動，亦爲失容，故戒以毋動也。管寧坐席，歲久惟兩膝著處穿，是足不動故然耳。」

先生書策琴瑟在前，坐而遷之，戒勿越。

疏曰：「坐亦跪也。弟子將行，若遇師諸物或當己前，則跪而遷移之，戒慎不得踰越。」

虛坐盡子忍反。後，食坐盡前。坐必安，執爾顏。長者不及，毋儳仕鑒反。言。

古者席地，而俎豆在其前。盡後，謙也。盡前，恐汙席也。儳，暫也。亦參錯不齊之貌。長者言事未竟，未及其他，少者不可舉他事爲言，暫然錯雜長者之說。

正爾容，聽必恭，毋勦初交反。說，毋雷同，必則古昔，稱先王。

上言執爾顏，謂顏色無或變異；此言正爾容，則正其一身之容貌也。聽必恭，亦謂聽長者之言也。擥取他人之説以爲己説，謂之勦說。聞人之言而附和之，謂之雷同，如雷之發聲而物同應之也。惟法則古昔，稱述先王，乃爲善耳。

侍坐於先生，先生問焉，終則對。

問終而後對，欲盡聞所問之旨，且不敢雜亂尊者之言也。

請業則起，請益則起。

請業者，求當習之事；請益者，再問未盡之蘊。起，所以致敬也。

父召無「諾」，先生召無「諾」，「唯」而起。

父以恩，師以道，故所敬同。○呂氏曰：「諾者，許而未行也。」

侍坐於所尊敬，無餘席，見同等不起。

所尊敬，謂先生、長者及有德有位之人也。無餘席，謂己之席與尊者之席相近，則坐於其端，不使有空餘處。近則應對審也。同等之人，與己無尊卑，故不爲之起。

燭至起，食至起，上客起。

燭至而起，以時之變也；食至而起，以禮之行也；上客至而起，以其非同等也。

燭不見現。跋。鈸。

跋，本也。古者未有蠟燭，以火炬照夜，將盡則藏其所餘之殘本，恐客見之，以夜久欲辭退也。

尊客之前不叱狗。

方氏曰：「不以至賤駭尊者之聽。」

讓食不唾。吐卧反。

嫌於似鄙惡主人之饌也。

侍坐於君子，君子欠伸，撰須兖反。杖屨，視日蚤莫，侍坐者請出矣。

氣乏則欠，體疲則伸。撰，猶持也。此四者，皆厭倦之容，恐妨君子就安，故請退。

侍坐於君子，君子問更端，則起而對。

吕氏曰：「問更端則起而對者，因事有所變而起敬也。」

侍坐於君子，若有告者曰：「少間，閑。願有復也。」則左右屏丙。而待。

居左則屏於左，居右則屏於右。○鄭氏曰：「復，白也。言欲須少空閑，有所白也。屏，猶退也。」○吕氏曰：「屏而待，不敢干其私也。」

毋側聽，毋噭叫。應，毋淫視，毋怠荒。

上言聽必恭，側耳以聽非恭也。應答之聲宜和平，高急者悖戾之所發也。淫視，流動邪眄也。怠荒，謂容止縱慢。

遊毋倨，據。立毋跛，彼義反。坐毋箕，寢毋伏。

遊，行也。倨，傲慢也。立當兩足整齊，不可偏任一足。箕，謂兩展其足，狀如箕舌也。伏，覆也。

斂髮毋髢。替。

疏曰：「髢，髮也，垂如髮也。古人重髮，以纚韜之，不使垂。」

冠毋免，勞毋袒，暑毋褰裳。

喪有喪冠，吉有吉冠，非當免之時不可免。有袒而露其裼衣者，有袒而割牲者，因勞事而袒則爲褻。褰，揭也。涉淺而揭則可，暑而揭其裳亦爲褻。

侍坐於長者，屨不上於堂，解屨不敢當階。

侍長者之坐於堂，故不敢以屨升。若長者在室，則屨得上堂而不得入室，户外有二屨是也。解，脱也。屨有綦繫，解而脱之。不敢當階，爲妨後升者。

就屨跪而舉之，屏丙。於側。

疏曰：「此侍者或獨暫退時取屨法也。就，猶著也。初升時解置階側，今下著之，先往階側跪舉取之，故云『就屨跪而舉之』也。屏於側者，屏退不當階也。」

鄉長者而屨，跪而遷屨，俯而納屨。

疏曰：「此明少者禮畢退去，爲長者所送，則於階側跪取屨，稍移之，面向長者而著之。」「遷，徙也。就階側跪取，稍移近前也。俯而納者，既取，因俯身向長者而納足著之。不跪者，跪則足向後不便，故俯也。雖不並跪，亦坐左納右，坐右納左。」

離平聲。坐離立，毋往參焉。離立者不出中間。

方氏曰：「兩相麗之謂離，三相成之謂參。」○應氏曰：「出其中間，則立者必散而不成列矣。故君子謹之。」

男女不雜坐，不同椸移。枷，架。不同巾櫛，不親授。

《内則》註云：「植者曰楎，橫者曰椸。」枷與架同，置衣服之具也。巾以涗潔，櫛以理髮。此四者，皆所以遠私褻之嫌。

嫂叔不通問，諸母不漱平聲。裳。

不通問，無問遺之往來也。諸母，父妾之有子者。漱，浣也。裳，賤服。不使漱裳，亦敬父之道也。

外言不入於梱，内言不出於梱。

梱，門限也。内外有限，故男不言内，女不言外。

女子許嫁，纓。非有大故，不入其門。

許嫁則繫以纓，示有所繫屬也。此與幼所佩香纓不同。大故，大事也。

姑、姊、妹、女子子已嫁而反，兄弟弗與同席而坐，弗與同器而食。

女子子重言子者，別於男子也。專言兄弟者，遠同等之嫌。

父子不同席。

尊卑之等異也。

男女非有行媒，不相知名。非受幣，不交不親。

行媒，謂媒氏之往來也。名，謂男女之名也。受幣，然後親交之禮分定。

故日月以告君，齊戒以告鬼神，爲酒食以召鄉黨僚友，以厚其別彼列反。也。

日月，娶婦之期也，媒氏書之以告于君。厚其別者，重慎男女之倫也。

取去聲。妻不取同姓。

鄭氏曰：「爲其近禽獸。」

故買妾不知其姓，則卜之。

卜其吉凶。

寡婦之子非有見現。焉，弗與爲友。

有見，才能卓異也。若非有好德之實，則難以避好色之嫌，故取友者謹之。

賀取妻者，曰：「某子使某，聞子有客，使某羞。」

吕氏曰：「賀者，以物遺人而有所慶也。著代以爲先祖後，人子之所不得已，故不用樂，且不賀也。然爲酒食以召鄉黨僚友，則遺問不可廢也，故其辭曰：『聞子有客，使某羞。』舍曰昏禮而謂之有客，則所以羞者，佐其供具之費而已，非賀也。作記者因俗之名稱賀。」

貧者不以貨財爲禮，老者不以筋力爲禮。

應氏曰：「無財不可以爲悦，而財非貧者之所能辦；非强有力者不足以行禮，而强有力非老者之所能勉。」

名子者不以國，不以日月，不以隱疾，不以山川。

常語易及，則避諱爲難，故名子者不之用。

男女異長。

各爲伯仲，示不相干雜之義也。

男子二十，冠而字。

冠而字之，敬其名也。

父前子名，君前臣名。

吕氏曰：「事父者家無二尊，雖母不敢以抗之。故無長幼皆名，不敢致私敬於其長也。事君者國無二尊，雖父不可以抗之。故無貴賤尊卑皆名，不敢致私敬於其所尊貴也。《春秋》鄢陵之戰，欒書欲載晉侯，其子鍼曰：『書退。』此君前臣名，雖父亦不敢抗也。」

女子許嫁，笄而字。

許嫁則十五而笄，未許嫁則二十而笄，亦成人之道也，故字之。

凡進食之禮，左殽右胾，側吏反。食嗣。居人之左，羹居人之右。膾炙柘。處外，醯醬處内。葱渫裔。處末，酒漿處右。以脯脩置者，左朐劬。右末。

肉帶骨曰殽，純肉切曰胾。骨剛故左，肉柔故右。飯左羹右，分燥濕也。膾炙異饌，故在殽胾之外。醯醬食之主，故在殽胾之内。葱渫，烝葱，亦菹類，加豆也，故處末。酒漿，或酒或漿也，處羹之右，若兼設，則左酒右漿。○疏曰：「脯訓始，始作即成也。脩亦脯。脩訓治，治之乃成。薄析曰脯。捶而施薑桂曰腶脩。朐，謂中屈也。左朐，朐置左也。脯脩處酒左，以燥爲陽也。」○吕氏曰：「其末在右，便於食也。食脯脩者先末。」

客若降等，執食興，辭。主人興，辭於客，然後客坐。

降等，謂爵齒卑於主人也。不敢當主賓之禮，故食至則執之以起，而致辭於主人。主人見客起辭，故亦起而致辭於客，客乃復就其坐也。

主人延客祭。祭食，祭所先進。殽之序，徧祭之。

古人不忘本，每食，必每品出少許置於豆間之地，以報先代始爲飲食之人，謂之祭。延，導之也。祭食之禮，主人所先進者則先祭之，後進者後祭，各以殽之次序而祭之徧也。○朱子曰：「古人祭酒於地，祭食於豆間，有板盛之，卒食徹去。」

三飯，上聲。主人延客食胾，然後辯徧。殽。

疏曰：「三飯，謂三食也。禮食三飧而告飽，須勸，乃更食。三飯竟，而主人乃導客食胾也。《公食大夫禮》云：『賓三飯以湇醬。』鄭云：『每飯歠湇，以殽擩醬，食正饌也。』所以至三飯後乃食胾者，以胾爲加，故三飧前未食。食胾之後，乃可徧食殽也。」

主人未辯，客不虛口。

疏曰：「虛口，謂食竟而飲酒蕩口，使清潔及安食也。用漿曰漱，以潔清爲義。用酒曰酳，酳訓演，演養其氣也。」

侍食於長者，主人親饋，則拜而食。主人不親饋，則不拜而食。

饋，進饌也。○方氏曰：「凡以稱禮之施而已。」

共食不飽，共飯不澤手。

吕氏曰：「共食者，所食非一品；共飯者，止飯而已。共食而求飽，非讓道也。不澤手者，古之飯者以手，與人共飯，摩手而有汙澤，人將惡之而難言。」

毋摶徒丸反。飯，去聲。毋放飯，上聲。毋流歠。

毋摶者，疏云：「若取飯作摶，則易得多，是欲争飽也。」○朱氏曰：「放，謂食之放肆而無所節也。流，謂飲之流行而不知止也。」

毋咤陟嫁反。食，毋齧骨，毋反魚肉，毋投與狗骨，毋固獲。

咤食，謂當食而叱咤。疏謂以舌口中作聲，毋咤，恐似於氣之怒也。毋齧，嫌其聲之聞也。毋反魚肉，不以所餘反於器。鄭云：「謂已歷口，人所穢也。」毋投與狗骨，不敢賤主人之物也。求之堅曰固，得之難曰獲。固獲，謂必欲取之也。

毋揚飯，去聲。飯上聲。黍毋以箸。筯。

揚，謂以手散其熱氣，嫌於欲食之急也。毋以箸，貴其匕之便也。

毋嚃塔。羹，毋絮摛據反。羹，毋刺七迹反。齒，毋歠醢。客絮羹，主人辭不能亨。烹。客歠醢，主人辭以窶。其羽反。

羹之有菜宜用梜，不宜以口嚃取食之也。絮，就器中調和也。口容止，不宜以物刺於齒也。醢宜鹹，歠之以其味淡也。客或有如絮羹者，則主人以不能烹飪爲辭。客或有歠醢者，則主人以貧窶乏味爲辭。

濡肉齒決，乾肉不齒決，毋嘬楚怪反。炙。柘。

濡肉，殽胾之類。乾肉，脯脩之類。決，斷也。不齒決，則當治之以手也。○疏曰：「火灼曰炙，若食炙，不一舉而併食，併食之曰嘬，是貪食也。」

卒食，客自前跪，徹飯去聲。齊，牋西反。以授相去聲。者。主人興，辭於客，然後客坐。

自，從也。齊，醬屬也。飯齊皆主人所親設，故客欲親徹。此亦謂降等之客耳，敵者不親徹也。

侍飲於長者，酒進則起，拜受於尊所。長者辭，少者反席而飲。長者舉未釂，子妙反。少者不敢飲。

尊所，置尊之所也。飲盡爵曰釂。○呂氏曰：「古之飲酒，貴賤長幼無不及。鄉飲之禮，堂下之賓、樂工及笙，無不與獻。特牲饋食禮，賓兄弟弟子、公有司私臣，無不與獻。其獻也，皆主人親酌授之。此侍飲者，亦長者親酌授之，所以有拜受于尊所之節也。惟燕禮以宰夫爲獻主，故君不親酌。鄉飲、射、饋食禮，皆尊于房户之間，賓主共之也。燕禮、大射，皆尊于兩楹之西，尊面向君，君專之也。燕禮、鄉飲禮皆不云拜受於尊所，以禮與侍飲異也。」

長者賜，少者、賤者不敢辭。

辭而後受，賓主平交之禮，非少賤事尊貴之道。

賜果於君前，其有核者，懷其核。

敬君賜，故不敢弃核。

御食於君，君賜餘，器之溉者不寫，其餘皆寫。

御食於君者，君食而臣爲之勸侑也。君以食之餘者賜之，若陶器或木器，可以洗滌者，則即食之。或其器是萑竹所織，不可洗滌者，則傳寫於他器而食之，不欲口澤之瀆也。

餕俊。餘不祭，父不祭子，夫不祭妻。

尸餕鬼神之餘，臣餕君之餘，賤餕貴之餘，下餕上之餘，皆餕也。此謂助祭執事，或爲尸而所得餕之餘肉以歸，則不可以之祭其先。雖父之尊，亦不以祭其子；夫之尊，亦不以祭其妻，以食餘之物褻也。一説此祭是每食必祭之祭。食人之餘，及子進饌於父，妻進饌於夫，皆不祭而食。蓋敬主人之饌，故祭而後食。食人之餘而祭，則褻。施於卑者，則非尊者之道。

御同於長者，雖貳不辭。偶坐不辭。

御，侍也。貳，益物也。侍食者雖獲殽饌之重，而不辭其多者，以此饌本爲長者設耳。偶者，配偶之義。因其有賓而已，亦偶配於坐，亦以此席不專爲己設，故不辭也。

羹之有菜者用梜，頰。其無菜者不用梜。

梜，箸也。無菜者，汁而已，直歠之可也。

爲去聲。天子削瓜者副普逼反。之，巾以絺。摛。爲國君者華之，巾以綌。隙。爲大夫累力果反。之，士疐帝。之，庶人齕恨没反。之。

疏曰：「削，刊也。副，析也。絺，細葛也。刊其皮，而析爲四解，又横解而以細葛巾覆之而進也。華，半破也。綌，麤葛也。諸侯禮降，故破而不四析，亦横斷之，用麤葛巾覆之而進也。《爾雅》：『瓜曰華之。』郭璞云：『食啖治擇之名。』累，倮也，不巾覆也。疐，謂脱花處。疐之者，去疐而已。齕，齧也。齕之，不横斷也。此等級不同，非謂平常之日，當是公庭禮會之時。」〇劉氏曰：「大夫以上皆曰爲者，有司爲之也。士庶人不曰爲者，自爲之也。」〇方氏曰：「巾以絺綌者，當暑以涼爲貴也。」

父母有疾，冠者不櫛，行不翔，言不惰，徒禾反。琴瑟不御，食肉不至變味，飲酒不至變貌，笑不至矧，怒不至詈，力智反。疾止復故。

此言養父母疾之禮。不櫛，不爲飾也。不翔，不爲容也。不惰，不及他事也。疏謂「惰，訛不正之言」。琴瑟不御，以無樂意也。猶可食肉，但不至厭飫而口味變耳。猶可飲酒，但不至醺酣而顔色變耳。齒本曰矧，笑而見矧，是大笑也。怒罵曰詈，怒而至詈，是甚怒也。皆爲忘憂，故戒之。復故，復常也。

有憂者側席而坐，有喪者專席而坐。

有憂，謂親疾，或他禍患。側，獨也。獨坐一席，不設待賓之席，爲有憂也。一説側席謂偏設之，變於正席也，亦通。專，單也。貴賤之席，各有重數，居喪則否。〇吕氏曰：「專席，不與人共坐也。」

水潦降，不獻魚鼈。

水涸魚鼈易得，不足貴，故不獻。

獻鳥者佛符勿反。其首，畜許六反。❶ 鳥者則勿佛也。

佛，謂捩轉其首，恐其喙之害人也。畜者不然，順其性也。

獻車馬者執策綏。

疏曰：「策是馬杖，綏是上車之繩。車馬不上於堂，但

❶「許六反」，原脱，據元刻本補。

執策綏呈之，則知有車馬。」

獻甲者執冑，獻杖者執末。

疏曰：「甲，鎧也。冑，兜鍪也。鎧大，兜鍪小，小者易舉，執以呈之耳。杖末拄地不净，故執以自向。」

獻民虜者操右袂。

民虜，征伐所俘獲之人口也。持其右袖，所以防異心。

獻粟者執右契，獻米者操量鼓。

疏曰：「契者，兩書一札，同而別之。右者，先書爲尊。鼓，量器名也。米云量，則粟亦量。粟云契，則米亦書。但米可即食爲急，故言量。粟可久儲爲緩，故云書。書比量爲緩也。」

獻孰食者操醬齊。牋西反。

疏曰：「醬齊爲食之主，執主來，則食可知。如見芥醬，必知獻魚膾之類。」

獻田宅者操書致。

書致，謂詳書其多寡之數而致之於人也。○吕氏曰：「古者田宅皆屬於公，非民所得而有。而此云獻者，或上所賜予，可爲己有者，如采地之屬，故可獻歟？」

凡遺去聲。人弓者，張弓尚筋，弛弓尚角，右手執簫，左手承弣。撫。尊卑垂帨。稅。若主人拜，則客還旋。辟，闢。辟避。拜。

弓之體，角内而筋外。尚，使之在上也，皆取其勢之順也。簫，梢末也。疏云：「剡之差斜似簫，故名。弣，中央把處也。帨，佩巾也。客主尊卑相等，則授受之際，皆稍磬折而見其帨之垂也。此時弓尚在客手，故不容答主人之拜，而少逡巡遷延以避之。辟，猶開也，謂離其所立之處。」○吕氏曰：「下於上曰獻。上於下曰賜，敵者曰遺。」

主人自受，由客之左，接下承弣，鄉去聲。與客並，然後受。

自受者，以敵客不當使人受也。由，從也。從客左邊而受，則客在右矣。於是主人卻左手以接客之下而承其弣，又覆右手以捉弓之下頭而受之。此時則主客並立而俱向南也。○方氏曰：「賓主異等，則授受異向；此賓主敵，故鄉與客並也。」

進劍者左首。

疏曰：「進，亦遺也。首，劍拊環也。客在右，主人在左，劍首爲尊，以尊處與主人也。假令對授，則亦左首，首尊，左亦尊，爲宜也。」

進戈者前其鐏，在困反。後其刃。

疏曰：「戈，鉤孑戟也。刃當頭而利，鐏在尾而鈍。」不以刃授，敬也。

進矛戟者前其鐓。隊。

疏曰：「矛如鋌而三廉。戟，今之戟也。鐓爲矛戟柄尾平底。以平向人，敬也。亦應並授。不云左右而云前後者，互文也。若相對則前後也，若並授則左右也。」

進几杖者拂之。

拭去塵也。

效馬效羊者右牽之。

效，陳獻也，以右手牽之爲便。

效犬者左牽之。

以右手防其囓噬。

執禽者左首。

禽，鳥也。首尊，主人在左，故橫捧而以首授主人。

飾羔鴈者以繢。會。

飾，覆之也。畫布爲雲氣，以覆羔與鴈，爲相見之贄也。

受珠玉者以掬。

謂以兩手共承之也。

受弓劍者以袂。

謂以衣袂承接之，不露手也。

飲玉爵者弗揮。

謂不可振去餘瀝，恐失墜。

凡以弓劍、苞苴、簞笥問人者，操以受命，如使去聲。之容。

苞者，苞裹魚肉之屬。苴者，以草藉器而貯物也。簞圓笥方，皆竹器。問，遺之也。使者受命之時，操持諸物，即習其威儀進退，如至彼國之儀容也。

凡爲君使者，已受命，君言不宿於家。

受命即行。

君言至，則主人出拜君言之辱。使者歸，則必拜送于門外。

至則拜命，歸則拜送，皆敬君也。

若使人於君所，則必朝服而命之。使者反，則必下堂而受命。

吕氏曰：「使人於君所不下堂，反則下堂受命者，始以己命往，終以君命歸，故使者反而後致其敬，往則否也。」

博聞强識而讓，敦善行去聲。而不怠，謂之君子。

博聞强識而讓，所謂有若無，實若虛者；敦善行而不怠，所謂孳孳爲善者，皆君子之道也。○陳氏曰：「聞識自外入，善行由中出。自外入者易實，故處之以虛。由中出者易倦，故濟之以勤。」

君子不盡人之歡，不竭人之忠，以全交也。

吕氏曰：「盡人之歡，竭人之忠，皆責人厚者也。責人厚而莫之應，此交所以難全也。歡，謂好於我也。忠，謂盡心於我也。好於我者，望之不深，盡心於我者，不要其必致，則不至於難繼也。」

《禮》曰：「君子抱孫不抱子。」此言孫可以爲王父尸，子不可以爲父尸。爲君尸者，大夫士見之則下之。君知所以爲尸者，則自下之。尸必式，乘必以几。

疏曰：「祭天地、社稷、山川、四方、百物及七祀之屬，皆有尸。外神不問同姓異姓，但卜之吉則可爲尸。祭勝國之社稷，則士師爲尸。惟祭殤無尸。」○吕氏曰：「『抱孫不抱子』，古《禮經》語也。《曾子問》曰：『孫幼，則使人抱之。』抱孫之爲言生於孫幼，且明尸必以孫，以昭穆之同也。古之祭祀必有尸，尸，神象也。主人之事尸，以子事父也。尸必筮求諸神而不敢專也。在散齋之日，或道遇之，故有爲尸下之禮。大夫士言見，君言知者，蓋君或不能盡識，有以告則下之，致其敬也。尸不下君而式之者，廟門之外，尸尊未全，不敢亢禮而答之，故式之而已。亢禮而答，則下之矣。如在廟中，主人拜，無不答也。古者車中以式爲敬。式，車前横木也，馮之以禮人，首必小俛，以是爲敬。式視馬尾，俯首之節也。几，尊者所馮，以養安也。故尸之乘車用之。」

齊側階反。者，不樂不弔。

吕氏曰：「古之有敬事者必齊，齊者，致精明之德也。樂則散，哀則動，皆有害於齊也。不樂不弔者，全其齊之志也。」

居喪之禮，毁瘠不形，視聽不衰，升降不由阼階，出入不當門隧。

門隧，門之中道也。○疏曰：「居喪許羸瘦，不許骨露見。骨爲形之主，故謂骨爲形。」○吕氏曰：「先王制禮，毁不滅性。毁瘠形，視聽衰，幾於滅性，送死之大事且將廢而莫之行，則罪莫大焉。不由阼階，不當門隧，執人子之禮而未忍廢也。」

居喪之禮，頭有創平聲。則沐，身有瘍羊。則浴，有疾則飲酒食肉，疾止復初。不勝升。喪，乃比於不慈不孝。

沐浴與飲酒食肉，以權制者也，故疾止則復初。○朱氏曰：「下不足以傳後，故比於不慈；上不足以奉先，故比於不孝。」

五十不致毁，六十不毁，七十唯衰催。麻在身，飲酒食肉，處於内。

五十始衰，故不極毁。六十則又衰矣，故不可毁。七十之年，去死不遠。略其居喪之禮者，所以全其易盡之期也。

生與來日，死與往日。

與，猶數也。成服杖，生者之事也，數死之明日爲三日。斂殯，死者之事也，從死日數之爲三日。是三日成服者，乃死之第四日也。

知生者弔，知死者傷。知生而不知死，弔而不傷。知死而不知生，傷而不弔。

方氏曰：「不知生而弔之，則其弔也近於諂；不知死而傷之，則其傷也近於僞。」○應氏曰：「弔者，禮之恤乎外；傷者，情之痛於中。」

弔喪弗能賻，附。不問其所費。問疾弗能遺，去聲。不問其所欲。見人弗能館，不問其所舍。

以貨財助喪事曰賻。此三事不能則皆不問者，以徒問爲可愧也。

賜人者不曰來取，與人者不問其所欲。

賜者君子，與者小人。○朱氏曰：「君子有守，必將之以禮，故不曰來取；小人無厭，必節之以禮，故不問其所欲。」

適墓不登壟，助葬必執紼。

壟，墳堆也，登之爲不敬。紼，引棺索，執之致力也。

臨喪不笑。

以哀爲主。

揖人必違其位。

出位而揖，禮以變爲敬也。

望柩不歌，入臨不翔，當食不歎。

不歌，與不笑義同。臨，哭也。不翔，不爲容也。唯食忘憂，非歎所也。

鄰有喪，舂不相。去聲。

五家爲鄰。相者，以音聲相勸相，蓋舂人歌以助舂也。

里有殯，不巷歌。適墓不歌，哭日不歌。

二十五家爲里。巷歌，歌於巷也。

送喪不由徑，送葬不辟避。塗潦。臨喪則必有哀色，執紼不笑。

不由徑，不苟取其速也。不避泥潦，嫌於憚勞也。

臨樂不歎。

亦爲非歎所也。

介胄則有不可犯之色。故君子戒慎，不失色於人。

此章自「揖人必違其位」「當食不歎」「臨樂不歎」「介胄則有不可犯之色」四句之外，皆是凶事之禮節，記者詳之如此。每事戒慎，則無失禮之愧，不但不可失介胄之色而已。

國君撫式，大夫下之。大夫撫式，士下之。

禮不下庶人。

君與大夫或同途而出，君過宗廟而式，則大夫下車。士於大夫，猶大夫於君也。庶人卑賤，且貧富不同，故經不言庶人之禮。古之制禮者，皆自士而始也，先儒云：「其有事，則假士禮而行之。」一說此爲相遇於途，君撫式以禮大夫，則大夫下車。大夫撫式以禮士，則士下車。庶人則否，故云禮不下庶人也。

刑不上大夫。

大夫或有罪，以八議定之。議所不赦，則受刑。《周官·掌囚》：「凡有爵者與王之同族，奉而適甸師氏，以待刑殺。」而此云「不上大夫」者，言不制大夫之刑，猶不制庶人之禮也。

刑人不在君側。

人君當近有德者。又以慮其怨恨而爲變也。閽弑餘祭，刑人在側之禍也。

兵車不式，武車綏而追反。旌，德車結旌。

疏曰：「兵車，革路也。尚武猛，無推讓，故不式。武車，亦革路也。取其建戈刃，即云兵車；取其威猛，即云武車也。旌，車上旌旛也。尚威武，故舒散若垂綏然。玉、金、象、木四路不用兵，故曰德車。德美在內，不尚赫奕，故纏結其旌於竿也。」

史載筆，士載言。

疏曰：「不言簡牘而曰筆者，筆是書之主，則餘載可知。言，謂盟會之辭，舊事也。」〇方氏曰：「史，國史也。載筆，將以書未然之事。載言，欲以閱已然之事。」

前有水，則載戴。青旌。

疏曰：「王行宜警備，故前有變異，則舉類示之。」青旌者，青雀也，是水鳥。

前有塵埃，則載鳴鳶。

鳶，鴟也。鴟鳴則風生，風生則塵埃起。

前有車騎，則載飛鴻。

鴻，鴈也。鴈飛有行列，與車騎相似。

前有士師，則載虎皮。

虎威猛，亦士師之象。士師非所當警備者，而亦舉類以示衆，或者禁止暴横之意歟。

前有摯獸，則載貔貅。

摯獸，虎狼之屬。貔貅，亦有威猛，舉此使衆知爲備。但不知爲載其皮，爲畫其形耳。

行，前朱鳥而後玄武，左青龍而右白虎，招摇在上，急繕如字。**其怒。**

行，軍旅之出也。朱鳥、玄武、青龍、白虎，四方宿名也。以爲旗章，其旒數皆放之。龍旗則九旒，雀則七旒，虎則六旒，龜蛇則四旒也。招摇，北斗七星也，居四方宿之中。軍行法之，作此舉之於上，以指正四方，使戎陣整肅也。舊讀繕爲勁。今從吕氏説，讀如字。其怒，士卒之怒也。○吕氏曰：「急，迫之也。繕，言作而致其怒。先儒以繕爲勁，不必改也。」

進退有度，左右有局，各司其局。

疏曰：「進退有度者，《牧誓》云：『不愆于六步七步，乃止齊焉。』『四伐五伐，乃止齊焉。』一擊一刺爲一伐。少者四伐，多者五伐，又當止而齊正行列也。左右有局者，局，部分也。軍之左右，各有部分，不相濫也。各司其局者，軍行須監領也。」

父之讎弗與共戴天，兄弟之讎不反兵，交遊之讎不同國。

不反兵，謂常以殺之之兵器自隨也。○吕氏曰：「殺人者死，古今之達刑也。殺之而義，則無罪，故令勿讎，調人之職是也。殺而不義，則殺者當死，宜告于有司而殺之，士師之職是也。二者皆無事乎復讎也，然復讎之文，雜見于經傳。考其所以，必其人勢盛，緩則不能執，故遇則殺之，不暇告有司也。父者子之天，不能復父讎，仰無以視乎皇天矣。報之之意，誓不與讎俱生，此所以弗共戴天也。」

四郊多壘，此卿大夫之辱也。地廣大，荒而不治，此亦士之辱也。

四郊者，王城之外四面，近郊五十里，遠郊百里。侯國亦各有四郊，里數則各隨其地之廣狹而爲遠近也。壘者，屯軍之壁。卿大夫不能謀國，數見侵伐，故多壘。土廣人稀，荒穢不理，此二者固皆卿大夫之責，士卑不與謀國，而田里之事，則其職也，故言亦士之辱。

臨祭不惰。❶**祭服敝則焚之，祭器敝則埋之，龜筴敝則埋之，牲死則埋之。**

❶「祭」，原作「喪」，據四庫本、殿本及阮刻《十三經注疏》本《禮記正義》改。

吕氏曰：「人所用則焚之。焚之，陽也。鬼神所用則埋之。埋之，陰也。」

凡祭於公者，必自徹其俎。

疏曰：「此謂士助君祭也。若大夫以上，則君使人歸其俎。若大夫以下，自祭其廟，則使人歸賓俎。」○吕氏曰：「執臣子之敬，毋敢視賓客，故自徹其俎以出也。」

卒哭乃諱。禮不諱嫌名，二名不偏諱。

葬而虞，虞而卒哭。凡卒哭之前，猶用事生之禮，故卒哭乃諱其名。嫌名，音同者。不偏諱，謂可單言。

逮事父母，則諱王父母。不逮事父母，則不諱王父母。

逮，及也。庶人父母早死，不聞父之諱其祖，故亦不諱其祖。有廟以事祖者，則不然也。

君所無私諱，大夫之所有公諱。

私諱不避於公朝，大夫則諱其先君也。

《詩》、《書》不諱，臨文不諱。

不因避諱而易《詩》、《書》之文，改行事之語，蓋恐有惑於學者，有誤於承用也。

廟中不諱。

廟中之諱，以卑避尊。如有事於高祖，則不諱曾祖以下也。

夫人之諱，雖質君之前，臣不諱也。婦諱不出門。大功、小功不諱。

質，猶對也。夫人之諱與婦之諱，皆謂其家先世。門者，其所居之宫門也。大功以下恩輕服殺，故亦不諱。

入竟境。**而問禁，入國而問俗，入門而問諱。**

馬氏曰：「問禁，慮得罪於君也。問俗，慮得罪於衆也。問諱，慮得罪於主人也。」

外事以剛日，内事以柔日。

甲、丙、戊、庚、壬爲剛，乙、丁、己、辛、癸爲柔。先儒以外事爲治兵，然巡狩、朝聘、盟會之類，皆外事也。内事，如宗廟之祭，冠昏之禮，皆是。

凡卜筮日，旬之外曰「遠某日」，旬之内曰「近某日」。喪事先遠日，吉事先近日。

疏曰：「今月下旬筮來月上旬，是旬之外日也。主人告筮者云，欲用遠某日，此大夫禮。士賤職褻，時至事暇，可以祭，則於旬初即筮旬内之日，主人告筮者云，用近某日。天子諸侯有雜祭，或用旬内，或用旬外，其辭皆與此同。喪事謂葬與二祥，是奪哀之義。非孝子所欲，但不獲已，故先從遠日而起，示不宜急，微伸孝心也。吉事，謂祭祀、冠昏之屬，《少牢》云：『若不吉，則及遠日。』是『先近日』也。」

曰：「爲去聲。日，假爾泰龜有常，假爾泰筮有常。」卜筮不過三，卜筮不相襲。

曰，命辭也。爲字去聲，讀爲卜吉日，故曰爲日。卜則命龜曰：「爲日，假爾泰龜有常。」筮則命蓍曰：「爲日，假爾泰筮有常。」假，因也，託也。泰者，尊上之辭。有常，言其吉凶常可憑信也。此命蓍龜之辭。不過三者，一不吉，至再至三。終不吉，則止而不行。襲，因也。卜不吉則止，不可因而更筮，筮不吉則止，不可因而更卜也。

龜爲卜，筴爲筮。卜筮者，先聖王之所以使民信時日、敬鬼神、畏法令也。所以使民決嫌疑、定猶與去聲。也。故曰：「疑而筮之，則弗非也。日而行事，則必踐如字。之。」

筴，蓍也。舊説讀踐爲善，文義甚迂。疏引王氏説：「踐，履也。必履而行之。」當讀如字。○疏曰：「《説文》猶，獸名。與，亦獸名。二物皆進退多疑，人之多疑惑者似之，故謂之『猶與』。」○呂氏曰：「凡常事卜不吉則不筮，筮不吉則不卜。獻公卜納驪姬，不吉，公曰：『筮之。』此相襲也。若大事則先筮而後卜。《洪範》有『龜從筮從』或『龜從筮逆』，龜筮並用也。晉卜納襄王，得黄帝戰阪泉之兆；又筮之，遇大有之睽，亦龜筮並用也。故知不相襲者，非大事也。信時日者，卜筮而用之，不敢改也。敬鬼神者，人謀非不足，而猶求於鬼神，如有所尊而不敢必也。畏法令者，人君法令有疑者，決之卜筮。則君且不敢專，況下民乎！嫌疑者，物有二而相似也。猶與者，事有二而不決也。如建都邑，某地可都，某地亦可都，此嫌疑也。如戰，或曰可戰，或曰不可戰，此猶與也。卜筮以決之定之，此先聖王以神道設教也。有疑而筮，既筮而不信；諏日而卜，既卜而弗踐，是爲不誠。不誠之人，不能得之於人，況可得於鬼神乎！」

君車將駕，則僕執策立於馬前。

此下言乘車之禮。策，馬杖也，僕者執之立於馬前，所以防奔逸也。

已駕，僕展軨，零。效駕。

已駕，駕馬畢也。軨，車之轄頭，車行由轄。僕者展視軨徧，即入而效白於君，言車駕竟。

奮衣由右上，上聲。取貳綏，跪乘。

疏曰：「僕先出就車，於車後自振其衣以去塵，從右邊升上。必從右者，君位在左，避君空位也。貳，副也。綏，登車索也。正綏擬君之升，副綏擬僕右之升。僕先試車時，君猶未出，未敢依常而立，所以跪而乘之以爲敬。」

執策分轡，驅之，五步而立。

疏曰：「轡，馭馬索也。車一轅而四馬駕之，中央兩馬夾轅者名服馬。兩邊名騑馬，亦曰驂馬。《詩》云：『兩服上襄，兩驂鴈行。』鴈行者，言與中服相次序也。每一馬有兩轡，四馬八轡，以驂馬内轡繫於軾前，其驂馬外轡并兩服馬各二轡，六轡在手。右手執杖，以三轡置空手中，以三轡置杖手中，故云『執策分轡』也。驅之者，試驅行之也。五步而立者，跪而驅馬以行，五步即止，而倚立以待君出。」

君出就車，則僕并轡授綏，左右攘辟。

疏曰：「君出就車，則僕并六轡及策置一手中，以一手取正綏授於君，令登車。於是左右侍駕陪位諸臣，見車欲進行，皆遷卻以避車，使不妨車之行也。」

車驅而騶，騶。**至于大門，君撫僕之手，而顧命車右就車，門閭、溝渠必步。**

疏曰：「車上君在左，僕人中央，勇士在右。既至大門，恐有非常，故回命車右上車。至門閭、溝渠而必下車者，一則君子不誣十室，過門閭必式，君式則臣當下也。二則溝渠險阻，恐有傾覆，亦須下扶持之也。僕不下者，車行由僕，僕下則車無御，故不下也。」

凡僕人之禮，必授人綏。若僕者降等則受，不然則否。

凡爲車之僕者，必以正綏授人，不但臣於君爲然也。若僕之等級卑下，如士於大夫之類，則授綏之時，直受之而已，無辭讓也。非降等者則不受。

若僕者降等，則撫僕之手；不然，則自下拘溝。**之。**

降等者，雖當受其綏，然猶撫止其手，如不欲其親授然，然後受之，亦謙讓之道也。不降等者，已雖不欲受，而彼必授，則卻手從僕之手下而自拘取之也。

客車不入大門，婦人不立乘，犬馬不上於堂。

馬氏曰：「客車不入大門，所以敬主； 主人出大門迎之，所以敬客。故《覲禮》『偏駕不入王門』，《公食大夫禮》『賓乘車在大門外西方』。若諸侯不以客禮見王，則墨車龍旂可以入大門，故《覲禮》『墨車龍旂以朝』。婦人乘安車，故不立乘。犬馬充庭實，故不上堂。以犬馬獻人，則執緤靮而已。以馬合幣，則達圭而已。奉馬而覲，則授人而已。皆不上堂之謂也。」

故君子式黄髮，下卿位，入國不馳，入里

必式。

式黃髮，敬老也。下卿位，敬大臣也。禮：君出則過卿位而登車，入則未到卿位而下車。入國不馳，恐車馬躪轢人也。十室猶有忠信，二十五家之中，豈無可敬之人？故入里門必式，所謂不誣十室也。○鄭氏曰：「發句言『故』，明此衆篇雜辭也。」

君命召，雖賤人，大夫士必自御迓。之。

御，讀爲迓，迎也。自迎之，所以敬君命。

介者不拜，爲去聲。其拜而蓌子卧反。拜。

介，甲也。○朱子曰：「蓌，猶言有所枝柱，不利屈伸也。」

祥車曠左。乘君之乘去聲。車，不敢曠左，左必式。

疏曰：「祥，猶吉也。吉車，謂生時所乘，葬時用爲魂車。車上貴左，僕在右，空左以擬神也。王者五路，玉、金、象、木、革，主自乘一，餘四從行。臣乘此車，不敢空左。空左則似祥車，凶也。左必式者，不敢自安，故恒憑式。乘車君皆在左，若兵戎革路，則君在中。」

僕御婦人則進左手，後右手。

疏曰：「僕在中，婦人在左，進左手持轡，使身微相背，遠嫌也。」

御國君則進右手，後左手而俯。

疏曰：「御君者，禮以相向爲敬，故進右手。既御不得常式，故但俯俛而爲敬。」

國君不乘奇居宜反。車。車上不廣欬，開代反。不妄指。

奇車，奇邪不正之車也。○方氏曰：「不廣欬者，慮聲容之駭人聽；不妄指者，慮手容之駭人視也。」

立視五巂。携。式視馬尾，顧不過轂。

立，謂立於車上也。○疏曰：「巂，規也。車輪一周爲一規。乘車之輪，高六尺六寸，徑一圍三，得一丈九尺八寸。五規爲九十九尺。六尺爲步，總爲十六步半。在車上所視，則前十六步半也。馬引車，其尾近車闌，車上憑式下頭時，不得遠矚，但瞻視馬尾。轂，車轂也。若轉頭，不得過轂。《論語》云『車中不內顧』是也。」

國中以策彗遂。卹蘇没反。勿没。驅，塵不出軌。

疏曰：「入國不馳，故不用鞭策，但取竹帶葉者爲杖，形如埽帚，故云策彗，微近馬體搔摩之。卹勿，搔摩也。軌，車轍也。行緩，故塵埃不飛揚出軌外也。」○朱子曰：「策彗，疑謂策之彗，若今鞭末韋帶耳。」

國君下齊側階反。牛，式宗廟。大夫士下公門，式路馬。

下，謂下車也。疏引熊氏説：此文誤，當云國君「下宗廟，式齊牛」。

乘路馬，必朝服。載鞭策，不敢授綏，左必式。

此言人臣習儀之節。路馬，君駕路車之馬也。既衣朝服，又鞭策，則但載之而不用，皆敬也。君升車，則僕者授綏。今臣以習儀而居左，則自馭以行，不敢使車右以綏授己也。左必式者，既在尊位，當式以示敬。

步路馬，必中道。以足蹙蹴。路馬芻有誅。齒路馬有誅。

步，謂行步而調習之也。必當路之中者，以邊側卑褻不敬，或傾跌也。蹙，與蹴同。芻，草也。齒，評量年數也。誅，罰也。○馬氏曰：「察馬之力必以年，數馬之年必以齒。凡此戒其慢君物也。先王制禮，圖難於其易，爲大於其細，凡以止邪於未形而已耳。」

曲禮下第二

凡奉上聲。者當心，提者當帶。

疏曰：「物有宜奉持者，有宜提挈者。奉者仰手當心，提者屈臂當帶。深衣之帶也，古人常服深衣。」

執天子之器則上上聲。衡，國君則平衡，大夫則綏讀曰妥。之，士則提之。

疏曰：「上，高也。衡，平也，平正當心。天子器不宜下，故臣爲擎奉皆高於心。諸侯降於天子，故臣爲奉持器與心平。大夫降於諸侯，故其臣奉器下於心。綏，下也。士提之，則又在綏下。」

凡執主器，執輕如不克。執主器，操幣、圭璧，則尚左手。行不舉足，車輪曳踵。

大夫稱主，此則通上下貴賤言之。如不克，似不能勝也。《聘禮》曰：「上介執玉如重。」尚左手，謂左手在上，左陽，尊也。踵，脚後也。執器而行，但起其前而曳引其踵，如車輪之運於地，故曰車輪曳踵。○方氏曰：「左手不如右强，尚左手，所以爲容。下右手，所以致力。」

立則磬折垂佩。主佩倚則臣佩垂，主佩垂則臣佩委。

僂折如磬之背，而玉佩從兩邊懸垂，此立容之常。然臣之於君，尊卑殊等，則當視其高下之節，而倍致其恭敬之容可也。微俛則倚於身，小俛則垂，大俛則委於地，皆於佩見其節。

執玉，其有藉者則裼，錫。無藉者則襲。

古人之衣，近體有袍襗之屬，其外有裘，夏月則衣葛。或裘或葛，其上皆有裼衣，裼衣上有襲衣，襲衣之上有常著之服，則皮弁服及深衣之屬是也。掩而不開謂之襲，若開而見出其裼衣，則謂之裼也。○又《聘禮》注云：「《曲禮》云：『執玉，其有藉者則裼，無藉者則襲。』」所謂無藉，謂圭璋特達，不加束帛，當執圭璋之時，其人則襲也。有藉者，謂璧琮加於束帛之上，當執璧琮時，其人則裼也。《曲禮》所云專主圭璋特而襲，璧琮加束帛而裼一條言之。先儒乃以執圭而垂繅爲有藉，執圭而屈繅爲無藉，此則不然。竊詳經文，裼、襲是一事，垂繅、屈繅又别是一事，不容混合爲一説。

國君不名卿老世婦，大夫不名世臣姪迭。娣，士不名家相去聲。長妾。

不名，不以名呼之也。○疏曰：「上卿貴，故曰卿老。世婦，兩媵也，次於夫人而貴於諸妾也。世臣，父在時老臣也。姪是妻之兄女，娣是妻之妹，從妻來爲妾也。大夫不世爵，此有世臣者，子賢，襲父爵也。家相，助知家事者。長妾，妾之有子者。」

君大夫之子，不敢自稱曰「余小子」。大夫士之子，不敢自稱曰「嗣子某」。不敢與世子同名。

列國之君與天子之大夫，其子皆不敢自稱「余小子」，避嗣天子之稱也。列國之大夫與士之子，不敢自稱「嗣子某」，避嗣諸侯之稱也。○吕氏曰：「世子，君之適子也。諸臣之子，不敢與之同名，亦避君也。若名之在世子之前，則世子爲君亦不避。《穀梁傳》曰：『衛齊惡，衛侯惡，何爲君臣同名也？君子不奪人名，不奪人親之所名。』」

君使士射，不能則辭以疾，言曰：「某有負薪之憂。」

吕氏曰：「射者，男子之所有事。不能，可以疾辭，不可以不能辭也。負薪，賤役，士之所親事者，疾則不能矣，故曰負薪之憂也。」

侍於君子，不顧望而對，非禮也。

吕氏曰：「顧望而後對者，不敢先他人而言也。」○應氏曰：「有察言觀色之意。」

君子行禮，不求變俗。祭祀之禮，居喪之服，哭泣之位，皆如其國之故，謹修其法而審行之。

言卿大夫士有徙居他國者，行禮之事，不可變其故國之俗，皆當謹修其典法而審慎以行之。

去國三世，爵禄有列於朝，出入有詔於國，若兄弟宗族猶存，則反告於宗後。去國三世，爵禄無列於朝，出入無詔於國，唯興之日，從新國之法。

去本國雖已三世，而舊君猶仕其族人於朝，以承祖祀，此人往來出入他國，仍詔告於本國之君。其宗族兄弟猶存，則必有宗子。凡冠、娶妻必告，死必赴，不忘親也。若去國三世，朝無仕宦之列，出入與舊君不相聞，其時已久，其義已絶，可以改其國之故矣。然猶必待興起而爲卿大夫，乃從新國之法，厚之至也。

君子已孤，不更平聲。名。

名者，始生三月之時，父所命也。父没而改之，孝子所不忍也。

已孤暴貴，不爲去聲。父作謚。

文王雖爲西伯，不爲古公、公季作謚。周公成文武之德，亦不敢加大王、王季以謚也。○吕氏曰：「父爲士，子爲天子諸侯，則祭以天子諸侯，其尸服以士服。是可以己之禄養其親，不敢以己之爵加其親也。父之爵卑不當謚，而以己爵當謚而作之，是以己爵加其父，欲尊而反卑之，非所以敬其親也。」

居喪，未葬，讀喪禮。既葬，讀祭禮。喪復常，讀樂章。居喪不言樂，祭事不言凶，公庭不言婦女。

復常，除服之後也。樂章，弦歌之詩也。○吕氏曰：「讀是書，非肄業也。當是時不知是事，不以禮事其親者也。吉凶之事不相干，哀樂之情不可以貳。故喪，凶事也，不言樂；祭，吉事也，不言凶。公私之事不可相干，私事不可言於公庭，故公庭不言婦女。」

振書、端書於君前有誅，倒筴、側龜於君前有誅。

人臣以職分内事事君，每事當謹之於素。文書簿領已至君前，乃始振拂其塵埃而端整之；卜筮之官，龜筴其所奉以周旋者，於君前而有顛倒反側之狀，此皆不敬其職業而慢上者，故皆有罰。

龜筴、几杖、席、蓋、重平聲。素、袗軫。絺綌，不入公門。

龜筴，所以問吉凶，嫌豫謀也。几杖，所以優高年，嫌自尊也。席，所以坐卧。蓋，所以蔽日與雨。絺綌，所以涼體。袗，單也，單則見體而褻。此三者，宴安之具也。重素，衣裳皆素也。以非吉服，故亦不可以入公門。

苞白表反。屨、扱插。衽、厭於涉反。冠，不入公門。

苞讀爲藨，以藨蒯之草爲齊衰喪屨也。扱衽，以深衣前衽扱之於帶也。蓋親初死時，孝子以號踊履踐爲妨，故扱之也。厭冠，喪冠也。吉冠有纚有梁，喪冠無之，故厭帖然也。此皆凶服，故不可以入公門。

書方、衰催。凶器，不以告，不入公門。

方，板也。書方者，條録送死物件於方板之上也。衰，五服之衰也。凶器，若棺椁牆翣明器之屬。不以告不入公門，謂告則可入者，蓋臣妾有死於宫中者，君亦許其殯而成喪，然必先告乃得將入也。

公事不私議。

馬氏曰：「季孫使冉有訪田賦於仲尼，仲尼不對，而私於冉有，何也？季氏用田賦，非孔子所能止，其私於冉有，豈得已哉！」

君子將營宫室，宗廟爲先，廄庫爲次，居室爲後。

君子，有位者也。宗廟所以奉先，故先營之。廄以養馬，庫以藏物，欲其不乏用也，故次之。居室則安身而已，故又次之。

凡家造，祭器爲先，犧賦爲次，養去聲。器爲後。

犧賦亦以造言者，如《周官》牛人供牛牲之互與盆簝之類。鄭註：「互，若今屠家懸肉格。盆以盛血。簝，受肉籠也。」○疏曰：「『家造』，謂大夫始造家事也。諸侯大夫少牢，此言犧，牛也。天子之大夫祭祀，賦歛邑民，供出牲牢，故曰犧賦。」

無田禄者不設祭器，有田禄者先爲祭服。君子雖貧，不粥育。祭器。雖寒，不衣去聲祭服。爲宫室，不斬於丘木。

吕氏曰：「祭器可假，服不可假也。丘木，所以庇宅兆，爲宫室而斬之，是慢其先而濟吾私也。」

大夫士去國，祭器不踰竟。境。大夫寓祭器於大夫。士寓祭器於士。

吕氏曰：「臣之所以有宗廟祭器以事其先者，君之禄也。今去位矣，乃挈器以行，是竊君之禄以辱其先，此祭器所以不踰竟也。寓寄於爵等之同者，使之可用也。」○馬氏曰：「微子抱祭器而之周，何也？君子爲己不重，爲人不輕。抱君之祭器，可也；抱己之祭器，不可也。」

大夫士去國，踰竟，爲壇善。位，鄉去聲。國而哭。素衣、素裳、素冠，徹緣、去聲。鞮低。屨、素簚，莫曆反。乘髦馬，不蚤爪。鬋，翦。不祭食，不説如字。人以無罪，婦人不當御，三月而復服。

壇位，除地而爲位也。鄉國，向其本國也。徹緣，去中衣之采緣而純素也。鞮屨，革屨也。《周禮》註云，四夷舞者所屝。素簚，素，白狗皮也。簚，車覆闌也。《既夕禮》云「主人乘惡車，白狗幦」是也。髦馬，不翦剔馬之髦鬣以爲飾也。蚤，治手足爪也。鬋，剔治鬚髮也。祭食，食盛饌則祭先代爲食之人也。不説人以無罪者，己雖遭放逐而出，不自以無罪解説於人，過則稱己也。御，侍御寢宿也。凡此皆爲去父母之邦，捐親戚，去墳墓，失禄位，亦一家之變故也，故以凶喪之禮自處。三月爲一時，天氣小變，故必待三月而後復其吉服也。

大夫士見現。於國君，君若勞去聲。之，則還旋。辟，闢。再拜稽首。

此言大夫士出聘他國，見於主君，君若問勞其道路之勤苦，則旋轉退避，乃再拜稽首也。

君若迎拜，則還辟，不敢答拜。

聘賓初至主國大門外，主君迎而拜之，賓則退卻，不敢答拜而抗賓主之禮也。

大夫士相見，雖貴賤不敵，主人敬客，則先拜客，客敬主人，則先拜主人。

敬而先拜，謂大夫士聘於他國而見其卿、大夫、士也。同國則否。

凡非弔喪，非見現。國君，無不答拜者。

弔喪而不答主人之拜者，以爲助執喪事之凡役而來，非行賓主之禮也。故士喪禮有賓則拜之，賓不答拜是也。士見本國之君，尊卑遼絶，故君不答拜。此二者之外，無不答拜也。

大夫見於國君，國君拜其辱。士見於大夫，大夫拜其辱。同國始相見，主人拜其辱。

君拜大夫之辱，大夫拜士之辱，皆謂初爲大夫，初爲士而來見也。此後朝見，則有常禮矣。《士相見禮》士見國君，君答拜者，亦以其初爲士而敬之也。主人拜辱，拜其先施也，此謂尊卑相等者。言同國，則異國亦當然矣。

君於士，不答拜也，非其臣，則答拜之。大夫於其臣，雖賤，必答拜之。

君於士雖不答拜，然不以施之他國之士者，以其非己之臣也。大夫答賤臣之拜，避國君之體也。

男女相答拜也。

男女嫌疑之避，亦多端矣。然拜而相答，所以爲禮，豈以行禮爲嫌哉？故記者明言之。

國君春田不圍澤，大夫不掩羣，士不取麛迷。卵。

春田，蒐獵也。澤廣故曰圍，羣聚故曰掩。麛，鹿子，凡獸子亦通名之。麛卵微，故曰取。君、大夫、士，位有等降，故所取各有限制。此與《王制》文異。○方氏曰：「用大者取愈廣，位卑者禁愈嚴。」

歲凶，年穀不登，君膳不祭肺，馬不食穀，馳道不除，祭事不縣，玄。大夫不食粱，士飲酒不樂。

膳者，美食之名。肺爲氣主，周人所重，故食必先祭肺。言不祭肺，示不殺牲爲盛饌也。馳道，人君驅馳車馬之路。不除，不埽除也。祭必有鍾磬之懸，今不懸，言不作樂也。大夫食黍稷，以粱爲加。《公食大夫禮》設正饌之後，乃設稻粱，所謂加也。自君至士，各舉一事，尊者舉其大者，卑者舉其小者，其實互相通耳。

君無故玉不去身，大夫無故不徹縣，玄。士無故不徹琴瑟。

故，謂災變喪疾之類。

士有獻於國君，他日，君問之曰「安取彼」，再拜稽首而后對。

安取彼，猶言何所得彼物也。

大夫私行，出疆必請，反必有獻。士私行，出疆必請，反必告。君勞去聲。之，則拜。問其行，拜而后對。

大夫、士以私事出疆，皆請於君。其反也，大夫有獻而士不獻，不以卑者之物瀆尊上也，故但告還而已。勞之者，慰勞其道路之勞苦。問其行者，詢其遊歷之所至也。先拜後答，急謝見問之寵也。

國君去其國，止之曰：「柰何去社稷也？」大夫，曰：「柰何去宗廟也？」士，曰：「柰何去墳墓也？」國君死社稷，大夫死衆，士死制。

死社稷，謂國亡與亡也。死衆，謂討罪禦敵，敗則死之也。死制，受命於君，難毋苟免也。○方氏曰：「國君曰死社稷，而大夫士不曰死宗廟墳墓何也？蓋止其去者，存乎私情；　死其事者，止乎公義也。」○趙氏曰：「社，所以祭五土之神。稷，所以祭五穀之神。稷非土無以生，土非稷無以見生生之效，故祭社必及稷，以其同功均利以養人故也。《周禮·大司徒》設社稷之壝，壝者，累土以爲高也。不屋而壇，社壇在東，稷壇在西。」

君天下曰「天子」，朝諸侯，分職、授政、任功，曰「予一人」。

天子者，君臨天下之總稱，臣民通得稱之。予一人，則所自稱也。

踐阼，臨祭祀，内事曰「孝王某」，外事曰「嗣王某」。

踐，履也。阼，主階也。履主階而行事，故曰踐阼也。宗廟之事爲内，郊社之事爲外。祝辭稱「孝王某」者，事親之辭；「嗣王某」者，事神之辭也。

臨諸侯，畛軫。於鬼神，曰「有天王某甫」。

天子巡狩而至諸侯之國，必使祝史致鬼神當祭者之祭。以不親往，故祝辭稱字曰「某甫」。甫者，丈夫之美稱也。○吕氏曰：「畛，猶畦畛之相接然，與『交際』之『際』同義。」○方氏曰：「望秩之禮，必於野外，故以畛言之。畛，田間道也。祭於畛而謂之畛，猶祭於郊而謂之郊也。天子適諸侯非其常，蓋有時矣，故於是特言『有』焉。」

崩，曰「天王崩」。復，曰「天子復矣」。告喪，曰「天王登假」。遐。措之廟，立之主，曰「帝」。

自上墜下曰崩，亦壞敗之稱。王者卒，則史書於策曰「天王崩」。復者，人死則形神離，古人持死者之衣，升屋北而招呼死者之魂，令還復體魄，冀其再生也，故謂之復。「天子復」者，升屋招呼之辭，臣子不可名君，故呼曰「天子復」也。疏云：「以例言之，則王后死，亦呼『王后復』也。」告喪，赴告侯國也。吕氏讀假爲格音，引「王假有廟」與「來假來享」，言其精神升至于天。愚謂遐乃遠邈之義。登遐，言其所升高遠，猶《漢書》稱「大行」。行乃循行之行，去聲，以其往而不反，故曰大行也。措，置也。立之主者，始死則鑿木爲重以依神，既虞而埋之，乃作主以依神也。○吕氏曰：「考之禮經，未有以『帝』名者。《史記》夏、殷之王，皆以帝名，疑殷人祔廟稱帝。還據《世本》，當有所考。至周有謚，始不名帝歟？」

天子未除喪，曰「予小子」。生名之，死亦名之。

鄭氏曰：「生名之曰小子王，死亦曰小子王也。晉有小子侯，是僭號也。」○吕氏曰：「《春秋》書『王子猛卒』，不言小子者，臣下之稱，與史策之辭異也。」

天子有后，有夫人，有世婦，有嬪，有妻，有妾。

三夫人，九嬪，二十七世婦，八十一御妻。自后而下，皆三因而增其數。妾之數未聞。

天子建天官，先六大，泰。曰大宰、大宗、大史、大祝、大士、大卜，典司六典。

此六大者，天官之屬也。以其所掌重於他職，故曰先。

天子之五官，曰司徒、司馬、司空、司士、司寇，典司五衆。

此五官與天官列而爲六。五衆者，五官屬吏之羣衆也。

天子之六府，曰司土、司木、司水、司草、司器、司貨，典司六職。

府者，藏物之所，此府主藏六物之税。

天子之六工，曰土工、金工、石工、木工、獸工、草工，典制六材。

此六材者，六工之所用也，故不曰典司而曰典制。已上四條，舊説皆爲殷制，其實無所考證，皆臆説耳。

五官致貢曰享。

吕氏曰：「歲終，則司徒以下五官，各致其功獻于王，故謂之享。貢，功也。享，獻也。」

五官之長曰「伯」，是職方。其擯於天子也，曰「天子之吏」。天子同姓謂之「伯父」，異姓謂之「伯舅」。自稱於諸侯曰「天子之老」，於外曰「公」，於其國曰「君」。

司徒以下五官之長者，天子之三公也。伯者，長大之名。三公無異職，即六卿中三人兼之。任左右之職謂之相，九命而作伯，則分主畿外諸侯，如《公羊》云「自陝而東者，周公主之；自陝而西者，召公主之」是也。是職方者，言二伯於是職主其所治之方也。天子之吏，擯者之辭也。此伯若是天子同姓，則天子稱之爲「伯父」，若異姓，則稱爲「伯舅」，皆親之之辭也。此伯皆有采地，在天子畿內。自稱於私土采地之外，則曰「公」，自稱於采地之內，則曰「君」也。

九州之長，入天子之國曰「牧」。天子同姓，謂之「叔父」，異姓謂之「叔舅」，於外曰「侯」，於其國曰「君」。

天下九州，天子於每州之中，擇諸侯之賢者一人，加之一命，使主一州内之列國，取牧養下民之義，故曰牧。叔父、叔舅，降於伯父、伯舅也。自稱於所封國之外，則曰「侯」；若與國内臣民言，則自稱曰「君」也。

其在東夷、北狄、西戎、南蠻，雖大曰「子」。於内自稱曰「不穀」，於外自稱曰「王老」。

九州之外，不過子男之國，天子亦選賢以爲牧，但以卑且遠，故不以牧稱，亦不稱父、舅，朝見之時，擯辭惟曰「子」。雖或有功益地，至侯伯之數，其爵亦不過子，故云「雖大曰子」也。如楚在春秋雖大國，而其爵則稱子也。穀，善也。於内，與其臣民言也。外，謂夷狄之境也。自稱王老，言天子之老臣也。

庶方小侯，入天子之國曰「某人」，於外曰「子」，自稱曰「孤」。

四夷之君，其來荒遠，故以庶方名之。庶，衆也。某人，若牟人、介人之類。○疏曰：「於外曰子者，此君在其本國外，四夷之中，自稱依其本爵。若男亦稱男也。若自與臣民言，則稱孤。孤者，特立無德之稱也。」

天子當依上聲。而立，諸侯北面而見現。天子，曰「覲」。天子當宁珍吕反。而立，諸公東面，諸侯西面，曰「朝」。

鄭氏曰：「春朝受摯於朝，受享於廟。秋覲一受之於廟。朝者，位於内廟而序進。覲者，位於廟門外而序入。」○疏曰：「依，狀如屏風，以絳爲質，高八尺，東西當户牖之間，繡爲斧文，亦曰斧依。天子見諸侯，則依而立負之，而南面以對諸侯也。宁者，《爾雅》云：『門屏之間謂之宁。』人君視朝所宁立處。蓋竚立以待諸侯之至，故云『當宁而立』也。諸侯春見曰朝，秋見曰覲。」又曰：「凡天子三朝，一在路門内，謂之燕朝，大僕掌之。二是路門外之朝，謂之治朝，司士掌之。其三是臯門之内，庫門之外，謂之外朝，朝士掌之。諸侯亦有此三朝。」

諸侯未及期相見曰「遇」。相見於郤隙。地曰「會」。

未及期，在期日之前也。郤地，閑隙之地也。下言相見及期日也。遇有遇禮，會有會禮。

諸侯使大夫問於諸侯曰「聘」。

比年小聘，三年大聘。小聘大夫往，大聘則卿往。

約信曰「誓」，涖牲曰「盟」。

約信者，以言語相要約爲信也，用誓禮。涖，臨也。《春秋》所書，遇、會、盟、聘皆有之，惟無誓耳。疏云：盟之爲法，先鑿地爲方坎，殺牲於坎上，割牲左耳，盛以珠盤，又取血，盛以玉敦，用血爲盟，書成，乃歃血而讀書。置牲坎中，加書於上而埋之，謂之載書也。

諸侯見天子，曰「臣某侯某」。其與民言，自稱曰「寡人」。其在凶服，曰「適丁歷反。子孤」。

臣某侯某，如云「臣齊侯小白」、「臣晉侯重耳」之類，擯者告天子之辭也。凡自稱皆曰「寡人」，不獨與民言也，此略言之耳。「適子孤」，亦擯者告賓之辭也。

臨祭祀，內事曰「孝子某侯某」，外事曰「曾孫某侯某」。死曰「薨」，復曰「某甫復矣」。

內外事見前章。曾孫，猶晉平公禱河而稱「曾臣彪」之類。天子德厚流光，故外事稱嗣王某。諸侯不敢言繼嗣，推始封之君而祖之，故稱曾孫也。薨之爲言瞢也，幽晦之義。本國史書之辭，復稱字，臣不名君也。

既葬，見天子，曰「類見」。言謚曰「類」。

呂氏曰：「繼先君之德，乃得受國而見天子，故曰類見。誄先君之善，而請謚於天子，故亦曰類。」

諸侯使人使去聲。於諸侯，使者自稱曰「寡君之老」。

「寡君之老」，惟上大夫可稱，見《玉藻》。

天子穆穆，諸侯皇皇，大夫濟濟，上聲。士蹌蹌，七羊反。庶人僬僬。子妙反。

呂氏曰：「穆穆，幽深和敬之貌。皇皇，壯盛顯明之貌。濟濟，修飾齊一之貌。蹌蹌，翔舉舒揚之貌。庶人見乎君，不爲容進退趨走。僬僬雖無所考，大抵趨走促數不爲容之貌也。」

天子之妃曰「后」，諸侯曰「夫人」，大夫曰「孺人」，士曰「婦人」，庶人曰「妻」。

鄭氏曰：「妃，配也。后之言後也，夫之言扶，孺之言屬，婦之言服，妻之言齊。」

公、侯有夫人，有世婦，有妻，有妾。夫人自稱於天子曰「老婦」。

畿內諸侯之妻，因助祭於王后，或因獻繭之屬，故得以見天子。○陳氏曰：「不以老稱，不足以任其事；不以婦稱，非所以能事人，故稱老婦。」○應氏曰：「年高者固可稱老婦，其始嫁者宜如何稱，則亦曰婦，而配之以卑小之名耳。」

自稱於諸侯曰「寡小君」。

疏曰：「此諸侯，謂他國君也。古者諸侯相饗，夫人亦出，故得自稱也。《坊記》云：『陽侯殺繆侯，而竊其夫人，故大饗廢夫人之禮。』君之妻曰小君，而云寡者，亦從君爲謙也。」

自稱於其君曰「小童」，自世婦以下，自稱曰「婢子」。

小童，未成人之稱。婢之言卑也。

子於父母，則自名也。

自稱其名。

列國之大夫，入天子之國曰「某士」，自稱曰「陪臣某」，於外曰「子」。於其國曰「寡君之老」，使者自稱曰「某」。

某士，擯者稱其人曰某國之士也。晉韓起聘于周，擯者曰：「晉士起。」蓋列國卿大夫，其命數與天子之士等也。陪，重也。諸侯爲天子之臣，已又爲諸侯之臣也。於外曰子者，亦擯者辭。在他國則擯者稱其姓而曰子，《春秋》閔二年「齊高子來盟」，高傒是也。於其國曰寡君之老，謂在己國與人語，則以此自稱也。使者自稱曰某，某，名也。若爲使在他國與彼君語，則稱名也。

天子不言出，諸侯不生名，君子不親惡。諸侯失地，名。滅同姓，名。

疏曰：「君子不親惡者，謂孔子書經，見天子大惡，書『出』以絶之。諸侯大惡，書名以絶之。君子不親此惡，故書『出』、名以絶之也。」○吕氏曰：「賢者貴者，皆謂之君子。天子無外，安得而言出？然而言出者，德不足以君天下，而位號存焉耳。諸侯不生名，惟死而告終，然後名之。然有生名者，德不足以名君子，而位號存焉耳。故天子不言出，諸侯不生名，皆謂君子不親惡故也。」○陳氏曰：「言出，所以外之。生名，所以賤之。《春秋》書『天王出居于鄭』，譏之也。書『以蔡侯獻舞歸』，以其失地也。書『衛侯燬滅邢』，以其滅同姓也。夫天子之言出，諸侯之生名，皆有大惡，在所棄焉，君子所以不親也。然《春秋》書天王居於某地者二，而不言出，諸侯失地而奔者十五，滅同姓者三，而有不生名者，莫非出居，而事有異同，莫非失地、滅同姓，而罪有輕重故也。蓋諸侯義莫大於保國，仁莫大於親親。不能保國而至於失地，不能親親而至於滅同姓，其名之也宜矣。」

爲人臣之禮，不顯諫。三諫而不聽，則逃之。

陳氏曰：「孔子之於魯，百里奚之於秦，未嘗諫而去；龍逄之於夏，比干之於殷，則死於諫而不去。何也？蓋事有輕重，勢有可否，君子以禮爲守，以義爲行，迹雖不同，其趨一也。」

子之事親也，三諫而不聽，則號平聲。泣而隨之。

吕氏曰：「君臣，義合也。父子，天合也。君臣，其合也與父子同；其不合也去之，與父子異也。」

君有疾飲藥，臣先嘗之。親有疾飲藥，子先嘗之。醫不三世，不服其藥。

吕氏曰：「醫三世，治人多，用物熟矣。功已試而無疑，然後服之，亦謹疾之道也。」

儗人必於其倫。

疏曰：「不得以貴比賤，爲不敬也。」○方氏曰：「禹、稷，顔回，時不同矣，孔子俱以爲賢，儗之以道也。夷、惠，伊尹，迹不同矣，孟子俱以爲聖，儗之以心也。子夏以有若似孔子，徒儗之以貌而已，不知聖賢之德不倫也。公孫丑以管仲比孟子，徒儗之以位而已，不知王霸之道不倫也。」

問天子之年，對曰：「聞之，始服衣若干尺矣。」

若，如也，未定之辭。數始於一而成於十，干字從一從十，故言若干，謂或如一，或如十，凡數之未定者皆可言。顔註《食貨志》云：「干，箇也。謂當如此箇數。」意亦近之。

問國君之年，長，曰：「能從宗廟社稷之事矣。」幼，曰：「未能從宗廟社稷之事也。」

爲國以禮，而禮莫重於祭宗廟社稷，事無有先於此者。能則知其長，未能則知其幼。

問大夫之子，長，曰：「能御矣。」幼，曰：「未能御也。」

古者五十命爲大夫，故不問其年，而問其子之長幼。御，謂御車也。御者，六藝之一，幼則未能。○疏曰：「御，謂主事也。官有世功，子學父業，故有御事之因。」

問士之子，長，曰：「能典謁矣。」幼，曰：「未能典謁也。」

謁，請也。典謁者，主賓客告請之事。士賤無臣下，自典告也。

問庶人之子，長，曰：「能負薪矣。」幼，曰：「未能負薪也。」

負薪者，庶人力役之事，長則能。

問國君之富，數上聲。地以對，山澤之所出。

數地，舉其土地之廣狹，如百里、七十里、五十里，各言之也。山澤所出，如魚、鹽、蜃、蛤、金、玉、錫、石之類也。

問大夫之富，曰：「有宰食力，祭器衣服不假。」

宰，邑宰也，有宰則有采地矣。食力，謂食下民賦稅之力。衣服，祭服也。

問士之富，以車數對。

上士三命，得賜車馬，故問士富，則以車數對也。

問庶人之富，數上聲。畜許又反。以對。

庶人受田有定制，惟畜牧之多寡在乎人，故數畜以對也。

天子祭天地，祭四方，祭山川，祭五祀，歲徧。諸侯方祀，祭山川，祭五祀，歲徧。大夫祭五祀，歲徧。士祭其先。

吕氏曰：「此章泛論祭祀之法。冬日至祭天，夏日至祭地，四時各祭其方以迎氣，又各望祭其方之山川。五祀，則春祭户，夏祭竈，季夏祭中霤，秋祭門，冬祭行，此所謂歲徧。諸侯有國，國必有方，祭其所居之方而已。非所居之方，及山川不在境内者，皆不得祭，故曰方祀。《祭法》：天子立七祀，加以司命、泰厲；諸侯五祀，有司命、公厲而無户、竈；大夫三祀，有族厲而無中霤、户、竈；士二祀，則門、行而已。是法考於經皆不合。《曾子問》天子未殯，五祀之祭不行，《士喪禮》禱于五祀，則自天子至士皆祭五祀。《祭法》言涉怪妄不經，至于所稱廟制，亦不與諸經合。」

凡祭，有其廢之，莫敢舉也。有其舉之，莫敢廢也。非其所祭而祭之，名曰「淫祀」，淫祀無福。

吕氏曰：「廢之莫敢舉，如已毁之宗廟，變置之社稷，不可復祀也。舉之莫敢廢，如已修之壇墠而輒毁，已正之昭穆而輒變也。非所祭而祭之，如法不得祭，與不當祭而祭之者也。魯立武宫，立煬宫，舉其廢也；躋僖公，廢其舉也；魯之郊禘，與祀文王，祀爰居，祭所不當祭也。淫，過也。以過事神，神弗享也，故無福。」○方氏曰：「可廢而廢，可舉而舉者，存乎義；因所廢而莫敢舉，因所舉而莫敢廢者，存乎禮。蓋禮有經，義有權也。」

天子以犧牛，諸侯以肥牛，大夫以索牛，士以羊豕。

毛色純而不雜曰犧，養於滌者曰肥，求得而用之曰索。○疏曰：「此謂天子大夫、士也。若諸侯大夫即用少牢，士則用特牲。其喪祭，則大夫亦得用牛，士亦用羊豕，故《雜記》云『上大夫之虞也，少牢；卒哭成事、祔皆大牢。下大夫之虞也，特牲；卒哭成事、祔皆少牢』是也。」

支子不祭，祭必告于宗子。

疏曰：「支子，庶子也。祖禰廟在適子之家，庶子賤，不敢輒祭。若宗子有疾，不堪當祭，則庶子代攝可也。猶必告于宗子然後祭。」○呂氏曰：「別子爲祖，繼別爲宗。百世不遷者，大宗也。繼禰、繼祖、繼曾祖、繼高祖，五世則遷者，小宗也。宗子上繼祖禰，族人兄弟皆宗之，冠、娶妻必告，死必赴，況於祭乎！所宗乎宗子者，皆支子也。支子不敢祭也，如諸侯不敢祖天子，大夫不敢祖諸侯，尊者之祭，非卑者所敢尸也。故宗子爲士，庶子爲大夫，以上牲祭於宗子之家，祝曰：孝子某爲介子某薦其常事。則支子雖貴，可以用其禄而不敢專其事也。宗子去在他國，則支子攝主以祭，其禮有殺。」

凡祭宗廟之禮，牛曰「一元大武」。

此以下凡二十一物。元，頭也。武，足迹也。牛肥則迹大。

豕曰「剛鬣」。

豕肥則鬣剛。

豚曰「腯突。肥」。

腯者，充滿之貌。

羊曰「柔毛」。

羊肥則毛細而柔弱。

鷄曰「翰音」。

翰，長也。鷄肥則鳴聲長。

犬曰「羹獻」。

犬肥則可爲羹以獻。凡羮肉皆謂之羹，《特牲禮》云「羹飪」，穎考叔曰「未嘗君之羹」是也。

雉曰「疏疎。趾」。

雉肥則兩足開張，故曰疏趾。

兔曰「明視」。

兔肥則目開而視明，故曰明視。

脯曰「尹祭」。

尹，正也。脯欲叀割方正。

槀考。魚曰「商祭」。

槀，乾也。商，度也，商度其燥濕之宜。

鮮仙。魚曰「脡挺。祭」。

脡，直也。魚之鮮者不餒敗，則挺然而直。

水曰「清滌」。

水，玄酒也。水可溉濯，故曰清滌。

酒曰「清酌」。

古之酒醴，皆有清有糟，未泲者爲糟，既泲者爲清也。

黍曰「薌香。合」。

黍熟則黏聚不散，其氣又香，故曰薌合。

粱曰「薌萁」。基。

粱，穀之强者，其莖葉亦香，故曰薌萁。

稷曰「明粢」。咨。

稷，粟也，明則足以交神。祭祀之飯，謂之粢盛。

稻曰「嘉蔬」。

蔬，與「疏」同。立苗疏，則茂盛嘉美也。

韭曰「豐本」。

其根本豐盛也。

鹽曰「鹹鹺」。才何反。

鹹鹺，鹽味之厚也。

玉曰「嘉玉」。

無瑕之玉也。

幣曰「量幣」。

中廣狹長短之度也。〇疏曰：「此等諸號，若一祭並有，則舉其大者。或惟有犬鷄，惟有魚兔，則各舉其號，故經備載其名。」

天子死曰「崩」，諸侯曰「薨」，大夫曰「卒」，士曰「不禄」，庶人曰「死」。在牀曰「尸」，在棺曰「柩」。羽鳥曰「降」，如字。四足曰「漬」。自。死寇曰「兵」。

疏曰：「卒，終竟也。士禄以代耕，不禄，不終其禄也。死者，澌也，消盡無餘之謂。尸，陳也。古人病困，氣未絶之時，下置在地。氣絶之後，更還床上。所以如此者，凡人初生在地，病將死，故下復其初生，冀得脱死重生也。若其不生，復反本床。既未殯斂，陳列在床，故曰尸也。」〇吕氏曰：「柩，久也。比化者無使土親膚，故在棺欲其久也。羽鳥，飛翔之物，降而下則死矣。獸，能動之物，腐敗則死矣。漬，謂其體腐敗漸漬也。兵者，死於寇難之稱也。」

祭王父曰「皇祖考」，王母曰「皇祖妣」，父曰「皇考」，母曰「皇妣」，夫曰「皇辟」。璧。

曰皇曰王，皆以君之稱尊之也。考，成。妣，媲。辟，法也，妻所法式也。爲之宗廟以鬼享之，不得不異其稱謂也。

生曰「父」、曰「母」、曰「妻」，死曰「考」、曰「妣」、曰「嬪」。壽考曰「卒」，短折市設反。曰「不禄」。

嬪者，婦人之美稱。嬪猶賓也，夫所賓敬也。短折，夭横而死也。此言卒與不禄，與上文大夫士之稱同者，彼以位之尊卑言，此以數之修短言也。又按：呂氏說「死寇曰兵」之下，當以此二句承之，蓋錯簡也。○謝氏曰：「《易》曰『有子考無咎』，又曰『意承考也』，又《書》言『事厥考厥長』之類，皆非死而後稱。蓋古者通稱，後世乃異之耳。」

天子視不上於祫，劫。不下於帶。國君綏妥視，大夫衡視，士視五步。

天子視，謂視天子也。祫，朝服祭服之曲領也。妥，頽下之貌。視國君者，目不得平看於面，當視其面之下祫之上也。衡，平也。大夫之臣視大夫，平看其面也。士視五步者，士之屬吏視士，亦不得高面下帶，而得旁視左右五步之間也。

凡視，上於面則敖，傲。下於帶則憂，傾則姦。

呂氏曰：「上於面者其氣驕，知其不能以下人矣；下於帶者其神奪，知其憂在乎心矣；視流則容側，必有不正之心存乎胷中矣，此君子之所以慎也。」

君命，大夫與士肄，異。在官言官，在府言府。在庫言庫，在朝言朝。

人君有命令，則大夫士相與肄習之。其事或在官，或在府，或在庫，或在朝，隨其所在而謀議之。官者，職守司存之總名。府車者，貨器藏貯之異號。朝則君臣會見之公庭也。

朝言不及犬馬。

犬馬微賤，不當言之於朝。

輟朝而顧，不有異事，必有異慮。故輟朝而顧，君子謂之固。

朝儀當肅，不宜爲左右之顧。異，猶他也。敬心不存，則形諸外，此所以知其有他事他慮也。固，謂鄙野不達於禮也。

在朝言禮，問禮，對以禮。

朝廷之上，凡所當言者皆禮也，一問一對，必稽於禮。孔子在宗廟朝廷，便便言，唯謹爾，蓋此道也。

大享不問卜，不饒富。

呂氏曰：「冬至祀天，夏至祭地，日月素定，故不問卜。至敬不壇，埽地而祭。牲用犢，酌用陶匏，席用藁秸。視天下之物，無以稱其德，以少爲貴焉，故不饒富。」

凡摯，天子鬯，諸侯圭，卿羔，大夫鴈，士雉，庶人之摯匹，木。童子委摯而退。野外軍中無摯，以纓、拾、矢可也。

摯與贄同，執物以爲相見之禮也。鬯，釀秬黍爲酒曰秬鬯，和以鬱金之草則曰鬱鬯，不以鬱和則直謂之鬯，言其芬香條暢於上下也。天子無客禮，而言摯者，用以禮見於神而已。圭，命圭也。公桓圭，侯信圭，伯躬圭，子穀璧，男蒲璧，此不言璧，略也。羔，取其羣而不失類，且潔素也。鴈，取其知時，且飛有行列也。雉，取其性之耿介，且文飾也。匹，讀爲鶩，野鴨曰鳧，家鴨曰鶩，不能飛騰，如庶人之終守耕稼也。童子不敢與成人爲禮，或見師友而執贄，則奠委于地而自退避之也。纓，馬之繁纓，即馬鞅也。拾，射韝也。矢，箭也。或野外，或軍中，隨所有用之也。

婦人之摯，椇、矩。榛、脯、脩、棗、栗。

椇，形似珊瑚，味甜美，一名石李。榛，似栗而小。脯，即今之脯也。脩，用肉煅治加薑桂乾之。脯形方正，脩形稍長。并棗、栗六物，婦初見舅姑，以此爲摯也。《左傳》：「女摯不過榛、栗、棗、脩，以告虔也。」

納女於天子，曰「備百姓」；於國君，曰「備酒漿」；於大夫，曰「備埽去聲。灑」。所買反。

吕氏曰：「不敢以伉儷自期，願備妾媵之數而已，皆自卑之辭也。」

禮記卷之一

禮記卷之二

陳澔集說

檀弓上第三

劉氏曰：「《檀弓》篇首言子游，及篇内多言之，疑是其門人所記。」

公儀仲子之喪，檀弓免問。焉。仲子舍其孫而立其子。檀弓曰：「何居姬。？我未之前聞也。」趨而就子服伯子於門右。

公儀，氏；仲子，字，魯之同姓也。檀弓，魯人之知禮者。祖免，本五世之服，而朋友之死於他邦而無主者，亦爲之免。其制以布廣一寸，從項中而前交於額，又卻向後而繞於髻也。適子死，立適孫爲後，禮也。弓以仲子舍孫而立庶子，故爲過禮之免以弔而譏之。何居，怪之之辭，猶言何故也。此時未小斂，主人未居阼階下，猶在西階下受其弔，故弓弔畢而就子服伯子於門右而問之也。

曰：「仲子舍其孫而立其子，何也？」伯子曰：「仲子亦猶行古之道也。昔者文王舍伯邑考而立武王，微子舍其孫腯徒本反。而立衍也。夫仲子亦猶行古之道也。」子游問諸孔子，孔子曰：「否。立孫。」

曰，弓之問也。猶，尚也。亦猶，擬議未定之辭。伯邑考，文王長子。微子舍孫立衍，或是殷禮。文王之立武王，先儒以爲權，或亦以爲遵殷制，皆未可知。否則以德不以長，亦如大王傳位季歷之意歟？○應氏曰：「檀弓默而不復言，子游疑而復求正，非夫子明辨以示之，孰知舍孫立子之爲非乎？」

事親有隱而無犯，左右就養去聲。無方，服勤至死，致喪三年。事君有犯而無隱，左右就養有方，服勤至死，方喪三年。事師無犯無隱，左右就養無方，服勤至死，心喪三年。

饒氏曰：「左右音佐佑，非也。左右即是方。養，不止飲食之養，言或左或右，無一定之方。子之於親，不分職守，事事皆當理會，無可推托；事師如事父，故皆無方。有方，言左不得越右，右不得越左，有一定之方。臣之事君，當各盡職守，故曰有方。」○朱氏曰：「親者，仁之所在，故有隱而無犯；　君者，義之所在，故有犯而無隱；　師者，道之所在，故無犯無隱也。」○劉氏曰：「隱，皆以諫言。　父子主恩，犯則爲責善而傷恩，故幾諫而不可犯顔。　君臣主義，隱則是畏威阿容而害義，故匡救其惡，勿欺也而犯之。　師生處恩義之間，而師者道之所在，諫必不見拒，不必犯也；　過則當疑問，不必隱也。　隱非掩惡之謂，若掩惡而不可揚於人，則三者皆當然也，惟秉史筆者不在此限。　就養，近就而奉養之也。　致喪，極其哀毁之節也。　方喪，比方於親喪而以義並恩也。　心喪，身無衰麻之服，而心有哀戚之情，所謂若喪父而無服也。」

季武子成寢，杜氏之葬才浪反。　在西階之下，請合葬焉，許之。　入宮而不敢哭。　武子曰：「合葬，非古也。　自周公以來，未之有改也。　吾許其大而不許其細，何居姬。？」命之哭。

劉氏曰：「成寢而夷人之墓，不仁也。　不改葬而又請合焉，亦非孝也。　許其合而又命之哭焉，矯僞以文過也。　且寢者所以安其家，乃處其家於人之冢上，於汝安乎？　墓者所以安其先，乃處其先於人之階下，其能安乎？　皆不近人情，非禮明矣。」

子上之母死而不喪，門人問諸子思曰：「昔者子之先君子喪出母乎？」曰：「然。」「子之不使白也喪之，何也？」子思曰：「昔者吾先君子無所失道，道隆則從而隆，道汙則從而汙。　伋則安能？　爲伋也妻者，是爲白也母。　不爲伋也妻者，是不爲白也母。」故孔氏之不喪出母，自子思始也。

子上之母，子思出妻也。　禮，爲出母齊衰杖期，而爲父後者無服，心喪而已。　伯魚，子上，皆爲父後，禮當不服者。　而伯魚乃期而猶哭，夫子聞之，曰「甚」。　而後除之。　此賢者過之之事也。　子思不使白喪出母，正欲用禮耳。　而門人以先君子之事爲問，則子思難乎言伯魚之過禮也，故以聖人無所失道爲對。　謂聖人之聽伯魚喪出母者，以道揆禮而爲之隆殺也。　惟聖人能於道之所當加隆者，則從而隆之，於道之所當降殺者，則從而殺之。　汙，猶殺也。　是於先王之禮有所斟酌，而隨時隆殺，以從於中道也。　我則安能如是哉？　但爲我妻，則白當爲母服。　今既不爲我妻，則白爲父後，而不當服矣。　子思是欲守常禮，而不欲使如伯魚之加隆也。

孔子曰：「拜而后稽顙，頹乎其順也。稽顙而后拜，頎懇乎其至也。三年之喪，吾從其至者。」

此言喪拜之次序也。拜，拜賓也。稽顙者，以頭觸地，哀痛之至也。拜以禮賓，稽顙以自致，謂之順者，以其先加敬於人，而后盡哀於己，爲得其序也。頎者，惻隱之發也。謂之至者，以其哀常在於親，而敬暫施於人，爲極自盡之道也。夫子從其至者，亦「與其易也寧戚」之意。○朱子曰：「拜而后稽顙，先以兩手伏地如常，然後引首向前扣地也。稽顙而后拜者，開兩手而先以首扣地，却交手如常也。」

孔子既得合葬於防，曰：「吾聞之，古也墓而不墳。今丘也，東西南北之人也，不可以弗識志。也。」於是封之，崇四尺。

孔子父墓在防，故奉母喪以合葬。墓，塋域也。封土爲壟曰墳。東西南北之人，言其宦遊無定居也。識，記也，爲壟所以爲記識。一則恐人不知而誤犯，一則恐己或忘而難尋，故封之高四尺也。

孔子先反，門人後。雨甚，句。至，句。孔子問焉，曰：「爾來何遲也？」曰：「防墓崩。」孔子不應。三，去聲。孔子泫胡犬反。然流涕曰：「吾聞之，古不修墓。」

雨甚而墓崩，門人修築而後反。孔子流涕者，自傷其不能謹之於封築之時，以致崩圮。且言古人所以不修墓者，敬謹之至，無事於修也。

孔子哭子路於中庭。有人弔者，而夫子拜之。既哭，進使者而問故。使者曰：「醢之矣。」遂命覆芳服反。醢。

子路死於孔悝之難，遂爲衛人所醢。孔子哭之中庭，師友之禮也。聞使者之言而覆棄家醢，蓋痛子路之禍而不忍食其似也。○朱子曰：「子路仕衛之失，前輩論之多矣。然子路却是見不到，非知其非義而苟爲也。」

曾子曰：「朋友之墓有宿草，而不哭焉。」

草根陳宿，是期年之外，可無哭矣。

子思曰：「喪三日而殯，凡附於身者，必誠必信，勿之有悔焉耳矣。三月而葬，凡附於棺者，必誠必信，勿之有悔焉耳矣。

附於身者，襲斂衣衾之具；附於棺者，明器用器之屬也。○方氏曰：「必誠，謂於死者無所欺；必信，謂於生者無所疑。」

喪三年以爲極，句。亡則弗之忘矣。故君子有終身之憂，而無一朝之患，故忌日不樂。」

喪莫重於三年。既葬曰亡。《中庸》曰：「事亡如事存。」雖已葬而不忘其親，所以爲終身之憂，而忌日不樂也。《祭義》曰：「君子有終身之喪，忌日之謂也。」冢宅崩毁，出於不意，所謂一朝之患。惟其必誠必信，故無一朝之患也。或曰，殯葬皆一時事，於此一時而不謹，則有悔。惟其誠信，故無此一時不謹之患。

孔子少孤，不知其墓。殯於五父上聲。之衢，人之見之者，皆以爲葬也。其慎讀爲引，去聲。也，蓋殯也。問於郰鄒。曼萬。父甫。之母，然後得合葬於防。

不知其墓者，不知父墓所在也。殯於五父之衢者，殯母喪也。禮無殯於外者，今乃在衢，先儒謂欲致人疑問，或有知者告之也。人見柩行於路，皆以爲葬。然以引觀之，殯引飾棺以輤，葬引飾棺以柳翣。此則殯引耳。按《家語》，孔子生三歲而叔梁紇死，是少孤也。然顔氏之死，夫子成立久矣，聖人人倫之至，豈有終母之世，不尋求父葬之地，至母殯而猶不知父墓乎？且母死而殯於衢路，必無室廬而死於道路者，不得已之爲耳，聖人禮法之宗主，而忍爲之乎？馬遷爲「野合」之誣，謂顔氏諱而不告。鄭註因之，以滋後世之惑。且如堯、舜、瞽瞍之事，世俗不勝異論，非孟子辭而闢之，後世謂何？此經雜出諸子所記，其間不可據以爲實者多矣。孟子曰：「主癰疽與侍人瘠環，何以爲孔子？」愚亦謂終身不知父墓，何以爲孔子乎？其不然審矣。此非細故，不得不辨。

鄰有喪，舂不相；里有殯，不巷歌。

説見《曲禮》。

喪冠不緌。

冠必有笄以貫之，以紘繫笄，順頤而下結之曰纓；垂其餘於前者謂之緌。喪冠不緌，蓋去飾也。

有虞氏瓦棺，夏后氏堲稷。周，殷人棺椁，周人牆置翣。

瓦棺，始不衣薪也。堲周，或謂之土周。堲者，火之餘燼。蓋治土爲甎而四周於棺之坎也。❶殷世始爲棺椁，周人又爲飾棺之具，蓋彌文矣。牆，柳衣也。柳者，聚也，諸飾之所聚也。以此障柩，猶垣牆之障家，故謂之牆。翣，如扇之狀，有畫爲黼者，有畫爲黻者，

❶「治」，元刻本作「冶」。

有畫雲氣者，多寡之數，隨貴賤之等。

周人以殷人之棺椁葬長殤，以夏后氏之堲周葬中殤、下殤，以有虞氏之瓦棺葬無服之殤。

十六至十九爲長殤，十二至十五爲中殤，八歲至十一爲下殤，七歲以下爲無服之殤，生未三月不爲殤。

夏后氏尚黑，大事斂用昏，戎事乘驪，牲用玄。殷人尚白，大事斂用日中，戎事乘翰，牲用白。周人尚赤，大事斂用日出，戎事乘騵，元。牲用騂。

禹以治水之功得天下，故尚水之色；湯以征伐得天下，故尚金之色；周之尚赤，取火之勝金也。大事，喪事也。驪，黑色。翰，白色。《易》曰：「白馬翰如。」騵，赤馬而黑鬣尾也。

穆公之母卒，使人問於曾子曰：「如之何？」對曰：「申也聞諸申之父曰：『哭泣之哀，齊咨。斬之情，饘旃。粥之食，自天子達。布幕，衛也。縿綃。幕，魯也。』」

穆公，魯君。申，參之子也。厚曰饘，稀曰粥。幕，所以覆於殯棺之上。衛以布爲幕，諸侯之禮也。魯以綃爲幕，蓋僭天子之禮矣。

晉獻公將殺其世子申生，公子重平聲。耳謂之曰：「子蓋盍。言子之志於公乎？」世子曰：「不可。君安驪姬，是我傷公之心也。」

此事詳見《左傳》。重耳，申生異母弟，即文公也。蓋，何不也。明其讒則姬必誅，是使君失所安而傷其心也。

曰：「然則蓋行乎？」世子曰：「不可。君謂我欲弒君也。天下豈有無父之國哉！吾何行如之？」

重耳又勸其奔他國，而申生不從也。何行如之，言行將何往也。

使人辭於狐突曰：「申生有罪，不念伯氏之言也，以至于死。申生不敢愛其死。雖然，吾君老矣，子少，國家多難，去聲。伯氏不出而圖吾君。伯氏苟出而圖吾君，申生受賜而死。」再拜稽首，乃卒。是以爲恭世子也。

狐突，申生之傅。辭，猶將去而告違，蓋與之永訣也。申生自經而死，陷父於不義，不得爲孝，但得謚「恭」而已。○疏曰：「註云『伯氏，狐突別氏』者，狐是總氏，伯仲是兄弟之字，字伯者謂之伯氏，字仲者謂之仲氏，故《傳》云『叔氏其忘諸乎』，又此下文云『叔氏專以禮許人』，是一人之身，字則別爲氏也。」

魯人有朝祥而莫暮。歌者，子路笑之。夫子曰：「由，爾責於人，終無已夫！三年之喪，亦已久矣夫。」子路出，夫子曰：「又多乎哉！踰月則其善也。」

朝祥，旦行祥祭之禮也。朝祥莫歌，固爲非禮，特以禮教衰廢之時，而此人獨能行三年之喪，故夫子抑子路之笑。然終非正禮，恐學者致疑，故俟子路出，乃正言之。其意若曰：名爲三年之喪，實則二十五月。今已至二十四月矣，此去可歌之日，又豈多有日月乎哉！但更踰月而歌，則爲善矣。蓋聖人於此，雖不責之以備禮，亦未嘗許之以變禮也。

魯莊公及宋人戰于乘去聲。丘，縣玄。賁奔。父御，卜國爲右。馬驚，敗績，公隊，墜。佐車授綏。公曰：「末之卜也。」縣賁父曰：「他日不敗績，而今敗績，是無勇也。」遂死之。圉人浴馬，有流矢在白肉。公曰：「非其罪也。」遂誄之。士之有誄，自此始也。

乘丘，魯地。戰在莊公十年。縣、卜，皆氏也。凡車右，以勇力者爲之。大崩曰敗績。公墮車，而佐車授之綏以登，是登佐車也。佐車，副車也。綏，挽以升車之索也。「末之卜」者，言卜國微末無勇也。二人遂赴鬭而死。圉人，掌馬者。及浴馬，方見流矢中馬股間之肉，則知非二子之罪矣。生無爵，則死無謚。殷大夫以上爲爵，士雖周爵，卑不應謚。莊公以義起，遂誄其赴敵之功以爲謚焉。○方氏曰：「誄之爲義，達善之實而不欲飾者也；謚則因誄之言而别之，有誄則有謚矣。」

曾子寢疾，病。樂正子春坐於牀下，曾元、曾申坐於足，童子隅坐而執燭。

病者，疾之甚也。子春，曾子弟子。元與申，曾子子也。

童子曰：「華而睆，乎板反。大夫之簀責與？」子春曰：「止。」曾子聞之，瞿履。然曰：「呼。」吁。曰：「華而睆，大夫之簀與？」曾子曰：「然。斯季孫之賜也，我未之能易也。元，起易簀。」曾元曰：「夫子之病革亟。矣，不可以變。幸而至於旦，請敬易之。」曾子曰：「爾之愛我也不如彼。君子之愛人也以德，細人之愛人也以姑息。吾何求哉？吾得正而斃焉，斯已矣！」舉扶而易之，反席未安而沒。

華者，畫飾之美好；睆者，節目之平瑩。簀，簟也。止，使童子勿言也。瞿然，如有所驚也。呼者，嘆而噓氣之聲。曰，童子再言也。革，急也。變，動也。彼，謂童子也。童子知禮，以爲曾子未嘗爲大夫，豈可臥大夫之簀？曾子識其意，故然之，且言此魯大夫季孫之賜耳。於是必欲易之，易之而沒，可謂斃於正矣。○朱子曰：「易簀、結纓，未須論優劣，但看古人謹於禮法，不以死生之變，易其所守如此，便使人有行一不義，殺一不辜而得天下不爲之心，此是緊要處。」又曰：「季孫之賜，曾子之受，皆爲非禮。或者因仍習俗，嘗有是事，而未能正耳。但及其疾病不可以變之時，一聞人言，而必舉扶以易之，則非大賢不能矣。此事切要處，正在此毫釐頃刻之間。」

始死，充充如有窮。既殯，瞿瞿屨。如有求而弗得。既葬，皇皇如有望而弗至。練而慨然，祥而廓然。

疏曰：「事盡理屈爲窮。親始死，孝子匍匐而哭之，心形充屈，如急行道極，無所復去，窮急之容也。瞿瞿，眼目速瞻之貌，如有所失而求覓之不得然也。皇皇，猶栖栖也。親歸草土，孝子心無所依託，如有望彼來而彼不至也。至小祥，但慨歎日月若馳之速也。至大祥，則情意寥廓不樂而已。」○方氏曰：「下篇述顏丁之居喪，則言皇皇於始死，言慨焉於既葬，《問喪》則言皇皇於反哭，所言不同者，蓋君子有終身之喪，思親之心，豈有隆殺哉！先王制禮，略爲之節而已，故其所言不必同。」

邾婁閭。復之以矢，蓋自戰於升陘刑。始也。

魯僖公二十二年，與邾人戰于升陘，魯地也。邾師雖勝，而死傷者多，軍中無衣，復者用矢。釋云：❶「邾人呼邾聲曰婁，故曰邾婁。」夫以盡愛之道，禱祠之心，孝子不能自已，冀其復生也。疾而死，行之可也；兵刃之下，肝腦塗地，豈有再生之理！復之用矢，不亦誣乎？

魯婦人之髽莊華反。而弔也，自敗於臺狐。

---

❶「釋」下，疑脱「文」字，引文出《經典釋文》。

鮐苔。始也。

吉時以纚韜髮，凶則去纚而露其髻，故謂之髽。狐鮐之戰，在魯襄公四年，蓋爲邾人所敗也。髽不以弔，時家家有喪，故髽而相弔也。○方氏曰：「矢所以施於射，非所以施於復；髽所以施於喪，非所以施於弔，因之而弗改則非矣。」

南宮縚叨。之妻之姑之喪，夫子誨之髽，曰：「爾毋從從總。爾，爾毋扈扈户。爾。蓋榛以爲笄，長仗。尺，而總八寸。」

縚妻，夫子兄女也，姑死，夫子教之爲髽。從從，高也。扈扈，廣也。言爾髽不可太高，不可大廣。又教以笄總之法。笄，即簪也，吉笄尺二寸，喪笄一尺，斬衰之笄用箭竹，竹之小者也。婦爲舅姑皆齊衰不杖期，當用榛木爲笄也。束髮謂之總，以布爲之。既束其本末而總之，餘者垂於髻後，其長八寸也。

孟獻子禫，大感反。縣玄。而不樂，比畀。御而不入。夫子曰：「獻子加於人一等矣。」

孟獻子，魯大夫仲孫蔑也。禫，祭名。禫者，澹澹然平安之意。大祥後間一月而禫，故云「中月而禫」。或云祥月之中者非。《小記》云「中一以上而祔」，亦謂間一世也。禮，大夫判縣。縣而不樂者，但縣之而不作也。比御而不入者，雖比次婦人之當御者，而猶不復寢也。一説，比，及也。親喪外除，故夫子美之。

孔子既祥，五日彈琴而不成聲，十日而成笙歌。有子蓋既祥而絲屨、組纓。

有子，孔子弟子有若也。禮：既祥，白屨無絇，縞冠素紕。組之文五采。今方祥即以絲爲屨之飾，以組爲冠之纓，服之吉者也。此二者，皆譏其變吉之速。然蓋者，疑辭，恐記者亦是得於傳聞，故疑其辭也。引孔子之事者，以見餘哀未忘也。

死而不弔者三：畏，厭，壓。溺。

方氏曰：「戰陳無勇，非孝也，其有畏而死者乎？君子不立巖牆之下，其有厭而死者乎？孝子舟而不游，其有溺而死者乎？三者皆非正命，故先王制禮，在所不弔。」○應氏曰：「情之厚者，豈容不弔？但其辭未易致耳。若爲國而死於兵，亦無不弔之理，若齊莊公於杞梁之妻，未嘗不弔也。」○愚聞先儒言：明理可以治懼。見理不明者，畏懼而不知所出，多自經於溝瀆，此真爲死於畏矣，似難專指戰陳無勇也。或謂鬬狼亡命曰畏。

子路有姊之喪，可以除之矣而弗除也。孔子曰：「何弗除也？」子路曰：「吾寡兄弟而弗忍也。」孔子曰：「先王制禮，行道之人皆弗忍也。」子路聞之，遂除之。

行道之人，皆有不忍於親之心，然而遂除之者，以先王之制不敢違也。

太公封於營丘，比畀。及五世，皆反葬於周。君子曰：「樂，岳。樂洛。其所自生。禮，不忘其本。古之人有言曰：『狐死正丘首。』去聲。仁也。」

太公雖封於齊，而留周爲太師，故死而遂葬於周。子孫不敢忘其本，故亦自齊而反葬於周，以從先人之兆，五世親盡而後止也。樂生而敦本，禮樂之道也。生而樂於此，豈可死而倍於此哉！狐雖微獸，丘，其所窟藏之地，是亦生而樂於此矣，故及死而猶正其首以向丘，不忘其本也。倍本忘初，非仁者之用心，故以仁目之。○疏曰：「周公封魯，其子孫不反葬於周者，以有次子在周，世守其采地，《春秋》周公是也。」

伯魚之母死，期朞。而猶哭。夫子聞之，曰：「誰與平聲。哭者？」門人曰：「鯉也。」夫子曰：「嘻，希。其甚也。」伯魚聞之，遂除之。

伯魚之母出而死。父在，爲母期而有禫，出母則無禫。伯魚乃夫子爲後之子，則於禮無服，期可無哭矣，猶哭，夫子所以歎其甚。

舜葬於蒼梧之野，蓋三妃未之從也。季武子曰：「周公蓋祔。」

天子以四海爲家，南巡而崩，故遂葬蒼梧之野。疏云：「舜長妃娥皇無子，次妃女英生商均，次妃癸比生二女：霄明、燭光。」三妃後皆不從舜之葬，此記者言合葬之事，古人未有，因引季武子之言，謂自周公以來，始祔葬也。《書》：「陟方乃死。」蔡氏曰：「《史記》舜崩於蒼梧之野，《孟子》言卒於鳴條，未知孰是。今零陵九嶷有舜冢云。」

曾子之喪，浴於爨室。

《士喪禮》浴於適室，無浴爨室之文。舊説曾子以曾元辭易簀，矯之以謙儉。然反席未安而没，未必有言及此。使果曾子之命，爲人子者亦豈忍從非禮而賤其親乎？此難以臆説斷之，當闕之以俟知者。

大功廢業。或曰：「大功誦可也。」

業者，身所習，如學舞、學射、學琴瑟之類。廢之者，恐其忘哀也。誦者，口所習，稍暫爲之亦可。然稱「或曰」，亦未定之辭也。

子張病，召申祥而語去聲。之曰：「君子曰終，小人曰死。吾今日其庶幾乎？」

申祥，子張子也。終者，對始而言，死則澌盡無餘之謂也。君子行成德立，有始有卒，故曰終；小人與羣物同朽腐，故曰死。「疾没世而名不稱」，爲是也。子張至此，亦自信其近於君子也。

曾子曰：「始死之奠，其餘閣也與？」平聲。❶

始死，以脯醢醴酒，就尸牀而奠于尸東，當死者之肩，使神有所依也。閣，所以庋置飲食。蓋以生時庋閣上所餘脯醢爲奠也。

曾子曰：「小功不爲位也者，是委巷之禮也。子思之哭嫂也爲位，婦人倡踊。申祥之哭言思也亦然。」

委，曲也。曲巷，猶言陋巷。細民居於陋巷，不見禮儀，而鄙朴無節文，故譏小功不爲位，是曲巷中之禮也。言思，子游之子，申祥妻之昆弟也。○馬氏曰：「凡哭必爲位者，所以敘親疎恩紀之差。嫂叔疑於無服而不爲位，故曰『無服而爲位者惟嫂叔』。蓋無服者，所以遠男女近似之嫌； 而爲位者，所以篤兄弟內喪之親。子思哭嫂爲位，婦人倡踊，以婦人有相爲娣姒之義，而不敢以己之無服先之也。至於申祥之哭言思，亦如子思，蓋非禮矣。妻之昆弟，外喪也。而既無服，則不得爲哭位之主矣。《記》曰：『妻之昆弟爲父後者死，哭之適室。子爲主，袒免哭踊。夫入門右。』由是言之，哭妻之昆弟，以子爲主，異於嫂叔之喪也。以子爲主，則婦人不當倡踊矣。」

古者冠縮縫，今也衡横。縫。故喪冠之反吉，非古也。

疏曰：縮，直也。殷尚質，吉凶冠皆直縫。直縫者，辟積襵少，故一一前後直縫之。衡，横也。周尚文，冠多辟積，不一一直縫，但多作襵而并横縫之。若喪冠質，猶疎辟而直縫，是與吉冠相反。時人因言古喪冠與吉冠反，故記者釋之云「非古也」，止是周世如此耳，古則吉凶冠同直縫也。

曾子謂子思曰：「伋，吾執親之喪也，水漿不入於口者七日。」子思曰：「先王之制禮也，過之者俯而就之，不至焉者跂弃。而及之。故君子之執親之喪也，水漿不入於口者三日，杖而后能起。」

❶「平聲」，元刻本無此注文。

三日，中制也。七日，則幾於滅性矣。有扶而起者，有杖而起者，有面垢而已者。

曾子曰：「小功不税，他外反。則是遠兄弟終無服也，而可乎？」

税者，日月已過，始聞其死，追而爲之服也。大功以上則然，小功輕，故不税。曾子據禮而言，謂若是小功之服不税，則再從兄弟之死在遠地者，聞之恒後時，則終無服矣，其可乎？○疏曰：此據正服小功也。《小記》曰「降而在緦，小功者則税之」，其餘則否。

伯高之喪，孔氏之使者未至，冉子攝束帛乘去聲。馬而將之。孔子曰：「異哉！徒使我不誠於伯高。」

攝，貸也。十箇爲束，每束五兩。蓋以四十尺帛，從兩頭各卷至中，則每卷二丈爲一箇，束帛是十箇二丈，今之五匹也。乘馬，四馬也。徒，空也。伯高不知何人，意必與孔子厚者。冉子知以財而行禮，不知聖人之心，則于其誠，不于其物也。雖若自責之言，而實則深責冉子矣。

伯高死於衛，赴於孔子。孔子曰：「吾惡烏。乎哭諸？兄弟，吾哭諸廟。父之友，吾哭諸廟門之外。師，吾哭諸寢。朋友，吾哭諸寢門之外。所知，吾哭諸野。於野則已疏，於寢則已重。夫由賜也見我，吾哭諸賜氏。」遂命子貢爲之主，曰：「爲去聲。爾哭也來者，句。拜之。知伯高而來者，勿拜也。」

告死曰赴，與訃同。已，太也。○馬氏曰：「兄弟出於祖而内所親者，故哭之廟。父友聯於父而外所親者，故哭之廟門外。師以成己之德而其親視父，故哭諸寢。友以輔己之仁而其親視兄弟，故哭諸寢門之外。至於所知，又非朋友之比，有相趨者，有相揖者，有相問者，有相見者，皆泛交之者也。孔子哭伯高，以野爲太疏，而以子貢爲主。君子行禮，其審詳於哭泣之位如此者，是其所以表微者歟？」○方氏曰：「伯高之於孔子，非特所知而已。由子貢而見，故哭於子貢之家，且使之爲主，以明恩之有所由也。爲子貢而來，則弔生之禮在子貢；知伯高而來，則傷死之禮在伯高。或拜或不拜，凡以稱其情耳，故夫子誨之如此。」○石梁王氏曰：「『爲爾哭也來者』一句。」

曾子曰：「喪有疾，食肉飲酒，必有草木之滋焉。」以爲薑桂之謂也。

喪有疾，居喪而遇疾也。以其不嗜，故加草木之味。

「以爲薑桂之謂」一句，乃記者釋草木之滋。亦或曾子稱禮書之言，而自釋之歟？

子夏喪平聲。其子而喪去聲。其明。曾子弔之。曰：「吾聞之也，朋友喪明則哭之。」曾子哭，子夏亦哭。曰：「天乎，予之無罪也！」曾子怒曰：「商！女汝。何無罪也？吾與女事夫子於洙泗之間，退而老於西河之上，使西河之民，疑女於夫子，爾罪一也。喪平聲。爾親，使民未有聞焉，爾罪二也。喪爾子，喪爾明，爾罪三也。而曰爾何無罪與？」平聲。子夏投其杖而拜曰：「吾過矣！吾過矣！吾離去聲。羣而索悉各反。居，亦已久矣。」

以哭甚，故喪明也。洙、泗，魯二水名。西河，子夏所居。索，散也。久不親友，故有罪而不自知。○張子曰：「子夏喪明，必是親喪之時尚强壯，其子之喪，氣漸衰，故喪明。然而曾子之責，安得辭也！疑女於夫子者，子夏不推尊夫子，使人疑夫子無以異於子夏。非如曾子推尊夫子，使人知尊聖人也。」○方氏曰：「子夏不尊於師而尊於己，不隆於親而隆於子，猶以爲無罪，此曾子所以怒之也。然君子以友輔仁，子夏之至於三罪者，亦由離朋友之羣而散居之久耳。以離羣，故散居也。」

夫晝居於內，問其疾可也。夜居於外，弔之可也。是故君子非有大故，不宿於外；非致齊齋。也，非疾也，不晝夜居於內。

內者，正寢之中。外，謂中門外也。晝而居內，似有疾；夜而居外，似有喪。○應氏曰：「致齊居內，非在房闥之中，蓋亦端居深處於宎奧之內耳。」

高子皋之執親之喪也，泣血三年，未嘗見現。齒，君子以爲難。

子皋名柴，孔子弟子。○疏曰：「人涕淚，必因悲聲而出。血出，則不由聲也。子皋悲無聲，其涕亦出，如血之出，故云泣血。人大笑則露齒本，中笑則露齒，微笑則不見齒。」

衰，與其不當去聲。物也，寧無衰。齊衰不以邊坐，大功不以服勤。

疏曰：「物，謂升縷及法制長短幅數也。邊坐，偏倚也。喪服宜敬，坐起必正，不可著衰而偏倚也。齊衰輕，既不倚，斬重，不言可知。大功雖輕，亦不可著衰服而爲勤勞之事也。」○馬氏曰：「衰不當物，則亂先王之制，而後世疑其傳；無衰，則禮雖不行，而其制度定于一，猶可以識之，故曰『與其不當物也，寧無衰』。」

孔子之衛，遇舊館人之喪，入而哭之哀。出，使子貢説脱。驂參。而賻之。子貢曰：「於門人之喪，未有所説驂，説驂於舊館，無乃已重乎？」夫子曰：「予鄉去聲。者入而哭之，遇於一哀而出涕。予惡夫涕之無從也，小子行之！」

舊館人，舊時舍館之主人也。駕車者中兩馬爲服馬，兩旁各一馬爲驂馬。遇一哀而出涕，情亦厚矣。情厚者，禮不可薄，故解脱驂馬以爲之賻，凡以稱情而已，客行無他財貨故也。惡夫涕之無從者，從，自也。今若不賻，則是於死者無故舊之情，而此涕爲無自而出矣。惡其如此，所以必當行賻禮也。舊説，孔子遇主人一哀而出涕，謂主人見孔子來而哀甚，是以厚恩待孔子，故孔子爲之賻。然上文既曰「入而哭之哀」，則又何必迂其説，而以爲遇主人之哀乎？

孔子在衛，有送葬者，而夫子觀之，曰：「善哉爲喪乎！足以爲法矣，小子識志。之。」子貢曰：「夫子何善爾也？」曰：「其往也如慕，其反也如疑。」子貢曰：「豈若速反而虞乎？」子曰：「小子識之，我未之能行也。」

往如慕，反如疑，此孝子不死其親之至情也。子貢以爲如疑則反遲，不若速反而行虞祭之禮，是知其禮之常而不察其情之至矣。夫子申言「小子識之」，且曰「我未之能行」，則此豈易言哉！

顔淵之喪，饋祥肉，孔子出受之。入，彈琴而后食之。

彈琴而後食者，蓋以和平之聲，散感傷之情也。

孔子與門人立，拱而尚右，二三子亦皆尚右。孔子曰：「二三子之嗜學也，我則有姊之喪故也。」二三子皆尚左。

吉事尚左，陽也；凶事尚右，陰也。此蓋拱立而右手在上也。

孔子蚤作，負手曳杖，消摇於門，歌曰：「泰山其頹乎！梁木其壞乎！哲人其萎乎！」既歌而入，當户而坐。子貢聞之，曰：「泰山其頹，則吾將安仰？梁木其壞，哲人其萎，則吾將安放？上聲。夫子殆將病也。」遂趨而入。

作，起也。負手曳杖，反手卻後以曳其杖也。消摇，寬縱自適之貌。泰山爲衆山所仰，梁木亦衆木所仰。而放者，猶哲人爲衆人所仰望而放效也。

夫子曰：「賜，爾來何遲也？夏后氏殯於東階之上，則猶在阼也。殷人殯於兩楹之間，則與賓主夾之也。周人殯於西階之上，則猶賓之也。而丘也，殷人也。予疇昔之夜，夢坐奠於兩楹之間。夫明王不興，而天下其孰能宗予？予殆將死也。」蓋寢疾七日而没。

「猶在阼」「猶賓之」者，孝子不忍死其親，殯之於此，示猶在阼階以爲主，猶在西階以爲賓客也。在兩楹間，則是主與賓夾之，故言「與」而不言「猶」也。孔子其先宋人，成湯之後，故自謂殷人。疇，發語之辭。昔之夜，猶言昨夜也。夢坐於兩楹之間而見饋奠之事，知是凶徵者，以殷禮殯在兩楹間，孔子以殷人而享殷禮，故知將死也。又自解夢奠之占云：「今日明王不作，天下誰能尊己而使南面坐于尊位乎？此必殯之兆也。」自今觀之，萬世王祀，亦其應矣。

孔子之喪，門人疑所服。子貢曰：「昔者夫子之喪顔淵，若喪子而無服，喪子路亦然。請喪夫子若喪父而無服。」

以後章「二三子絰而出」言之，此所謂無服，蓋謂弔服加麻也。疏云士弔服疑衰麻，謂環絰也。五服絰皆兩股，惟環絰一股。後章「從母之夫」。疏云：「凡弔服，不得稱服。」○方氏曰：「若喪父而無服，所謂心喪也。」

孔子之喪，公西赤爲志焉。飾棺牆，置翣，設披，彼義反。周也。設崇，殷也。綢叨。練，設旐，直小反。夏也。

公西，氏；赤，名，字子華。孔子弟子也。○疏曰：「孔子之喪，公西赤以飾棺榮夫子，故爲盛禮，備三王之制，以章明志識焉。於是以素爲褚，褚外加牆，車邊置翣，恐柩車傾虧，而以繩左右維持之，此皆周之制也。其送葬乘車所建旌旗，刻繒爲崇牙之飾，此則殷制。又綢盛旌旗之竿以素錦，於杠首設長尋之旐，此則夏禮也。」○《詩》：「虡業維樅。」疏云：「懸鐘磬之處，以采色爲大牙，其狀隆然謂之崇牙。」練，素錦也。緇布廣終幅，長八尺，旐之制也。

子張之喪，公明儀爲志焉。褚幕丹質，蟻結于四隅，殷士也。

疏曰：「褚者，覆棺之物。若大夫以上，其形似幄，士則無褚。公明儀尊其師，故特爲褚，不得爲幄，但似幕形，故云『褚幕』，以丹質之布而爲之也。又於褚之四角，畫蚍蜉之形，交結往來，故云『蟻結于四隅』，此殷禮士葬飾也。」

子夏問於孔子曰：「居父母之仇，如之何？」夫子曰：「寢苫詩占反。枕去聲。干，不仕，弗與共天下也。遇諸市朝，不反兵而鬭。」

不反兵者，不反而求兵，言恒以兵器自隨。

曰：「請問居昆弟之仇，如之何？」曰：「仕弗與共國，銜君命而使，去聲。雖遇之，不鬭。」曰：「請問居從去聲。父昆弟之仇，如之何？」曰：「不爲魁。主人能，則執兵而陪其後。」

疏曰：「朝在公門之內，閽人掌中門之禁，兵器但不得入中門耳。其大詢衆庶，在臯門之內，則得入也。設朝或在野外，或在縣、鄙、鄉、遂，但有公事之處，皆謂之朝。兵者，亦謂佩刀以上，不必要是矛戟也。」○方氏曰：「市朝猶不反兵，則無所往而不執兵矣。《曲禮》云『兄弟之讎不反兵』，此言遇之不鬭者，彼據不仕者言之耳。」

孔子之喪，二三子皆絰而出。羣居則絰，出則否。

弔服加麻者，出則變之。今出外而不免絰，所以隆師也。羣者，諸弟子相爲朋友之服也。《儀禮》註云：「朋友雖無親，有同道之恩，相爲服緦之絰帶。」亦弔服也，故出則免之。

易異。墓，非古也。

疏曰：「易，謂芟治草木，不使荒穢。古者殷以前墓而不墳，不易治也。」

子路曰：「吾聞諸夫子：『喪禮，與其哀不足而禮有餘也，不若禮不足而哀有餘也；祭禮，與其敬不足而禮有餘也，不若禮不足而敬有餘也。』」

有其禮而無其財，則禮或有所不足，哀敬則可自盡也。此夫子反本之論，亦「寧儉」、「寧戚」之意。

曾子弔於負夏，主人既祖，填奠。池，徹。推柩而反之，降婦人而后行禮。從去聲。者曰：「禮與？」曾子曰：「夫祖者，且也。

且，胡爲其不可以反宿也？」

劉氏曰：「負夏，衛地也。葬之前一日，曾子往弔，時主人已祖奠，而婦人降在兩階之間矣。曾子至，主人榮之，遂徹奠推柩而反，向内以受弔，示死者將出行，遇賓至而爲之暫反也。亦事死如事生之意，然非禮矣。柩既反，則婦人復升堂以避柩，至明日乃復還柩向外，降婦人於階間，而後行遣奠之禮。故從者見柩初已遷，而復推反之；婦人已降，而又升堂，皆非禮，故問之。而曾子答之云：『祖者，且也。是且遷柩爲將行之始，未是實行，又何爲不可復反，越宿至明日，乃還柩遣奠而遂行乎？』疏謂其見主人榮己，不欲指其錯失，而給説答從者，此以衆人之心窺大賢也。事之有無不可知，其義亦難强解，或記者有遺誤也。所以徹奠者，奠在柩西，欲推柩反之，故必先徹而後可旋轉也。婦人降階間，亦以奠在車西，故立車後，今柩反，故亦升避也。」

從者又問諸子游曰：「禮與？」子游曰：「飯上聲。於牖下，小斂於户内，大斂於阼，殯於客位，祖於庭，葬於墓，所以即遠也。故喪事有進而無退。」曾子聞之，曰：「多矣乎，予出祖者！」

從者疑曾子之言，故又請問於子游也。飯於牖下者，尸沐浴之後，以米及貝實尸之口中也，時尸在西室牖下南首也。《士喪禮》：小斂衣十九稱，大斂三十稱。斂者，包裹斂藏之也。小斂在户之内，大斂出在東階，未忍離其爲主之位也。主人奉尸斂于棺，則在西階矣。掘肂於西階之上。肂，陳也，謂陳尸於坎也。置棺于肂中而塗之，謂之殯。及啓而將葬，則設祖奠於祖廟之中庭而後行。自牖下而户内，而阼，而客位，而庭，而墓，皆一節遠於一節，此謂有進而往，無退而還也，豈可推柩而反之乎？多矣乎予出祖者，猶勝也。曾子聞之，方悟己説之非，乃言子游所説出祖之事，勝於我之所説出祖也。

曾子襲裘而弔，子游裼裘而弔。曾子指子游而示人曰：「夫扶。夫也，爲習於禮者，如之何其裼裘而弔也？」主人既小斂，袒，括髮，子游趨而出，襲裘帶絰而入。曾子曰：「我過矣！我過矣！夫夫是也。」

疏曰：「凡弔喪之禮，主人未變服之前，弔者吉服。吉服者，羔裘，玄冠，緇衣，素裳。又祖去上服，以露裼衣，此『裼裘而弔』是也。主人既變服之後，弔者雖著朝服，而加武以絰。武，吉冠之卷也。又掩其上服，若是朋友，又加帶，此『襲裘帶絰而入』是也。」○方氏曰：「曾子徒加喪事爲凶，而不知始死之時尚從吉，此所以始非子游而終善之也。」

子夏既除喪而見，現。予上聲。之琴，和去聲。之而不和，彈之而不成聲。作而曰：「哀未忘也，先王制禮，而弗敢過也。」子張既除喪而見，予之琴，和之而和，彈之而成聲。作而曰：「先王制禮，不敢不至焉。」

均爲除喪，而琴有和不和之異者，蓋子夏是過之者，俯而就之，出於勉强，故餘哀未忘而不能成聲。子張是不至者，跂而及之，故哀已盡而能成聲也。

司寇惠子之喪，子游爲去聲。之麻衰、牡麻絰。文子辭曰：「子辱與彌牟之弟游，又辱爲之服，敢辭。」子游曰：「禮也。」

惠子，衛將軍文子彌牟之弟。惠子廢適子虎而立庶子，故子游特爲非禮之服以譏之，亦檀弓免公儀仲子之意也。麻衰，以吉服之布爲衰也。牡麻絰，以雄麻爲絰也。麻衰乃吉服十五升之布，輕於弔服。弔服之絰一服而環之，今用牡麻絞絰，與齊衰絰同矣。鄭註云「重服」，指絰而言也。文子初言「辱爲之服，敢辭」者，辭其服也。

文子退，反哭。子游趨而就諸臣之位，文子又辭曰：「子辱與彌牟之弟游，又辱爲之服，又辱臨其喪，敢辭。」子游曰：「固以請。」文子退，扶適的。子南面而立，曰：「子辱與彌牟之弟游，又辱爲之服，又辱臨其喪，虎也敢不復位。」子游趨而就客位。

次言「敢辭」者，辭其立於臣位也。此時尚未喻子游之意，及子游言「固以請」，則文子覺其譏矣，於是扶適子正喪主之位焉。而子游之志達矣，趨就客位，禮之正也。○疏曰：「大夫之賓位在門東近北，家臣位亦在門東而南近門，並皆北向。」

將軍文子之喪，既除喪，而后越人來弔。主人深衣練冠，待于廟，垂涕洟。子游觀之，曰：「將軍文氏之子，其庶幾乎亡於禮者之禮也，其動也中。」去聲。

將軍文子，即彌牟也。主人，文子之子也。禮無弔人於除喪之後者，亦無除喪後受人之弔者。深衣，吉凶可以通用。小祥練服之冠，不純吉，亦不純凶。廟者，神主之所在。待而不迎，受弔之禮也。不哭而垂涕，哭之時已過，而哀之情未忘也。庶幾，近也。子游善其處禮之變，故曰：「文氏之子，其近於禮乎！雖無此禮而爲之禮，其舉動皆中節矣。」○疏曰：「深衣，即《間傳》所言麻衣也，制如深衣，緣之以布曰麻衣，緣之以素曰長衣，緣之以采曰深衣。練冠者，祭前之冠，若祥祭則縞冠也。始死至練祥來弔，是有文之禮；祥後來弔，是無文之禮。言文氏之子，庶幾堪行乎無於禮文之禮也。動，舉也。中，當於禮之變節也。」

幼名，冠去聲。字，五十以伯仲，死謚，周道也。

疏曰：「凡此之事，皆周道也。又殷以上有生號，仍爲死後之稱，更無別謚，堯、舜、禹、湯之例是也。周則死後別立謚。」○朱子曰：「《儀禮》賈公彦疏云：『少時便稱伯某甫，至五十乃去某甫，而專稱伯仲。』此説爲是，如今人於尊者不敢字之，而曰幾丈之類。」

絰也者，實也。

麻在首在要皆曰絰。分言之則首曰絰，要曰帶。絰之言實，明孝子有忠實之心也。首絰象緇布冠之缺項，要絰象大帶，又有絞帶象革帶。齊衰以下用布。○朱子曰：「首絰大一搤，是拇指與第二指一圍，要絰較小，絞帶又小於要絰。要絰象大帶，兩頭長垂下，絞帶象革帶，一頭有彄子，以一頭串於中而束之。」

掘中霤而浴，毁竈以綴拙。足。

疏曰：「中霤，室中也。死而掘室中之地作坎，以牀架坎上，尸於牀上浴，令浴汁入坎也。死人冷强，足辟戾，不可著屨，故用毁竈之甓，連綴死人足，令直可著屨也。」

及葬，毁宗躐行，出于大門，殷道也。學者行之。

疏曰：「毁宗，毁廟也。殷人殯於廟，至葬，柩出，毁廟門西邊牆而出于大門。行神之位在廟門西邊，當所毁宗之外，生時出行，則爲壇幣告行神。告竟，車躐行壇上而出，使道中安穩如在壇。今向毁宗處出，仍得躐行此壇，如生時之出也。學於孔子者行之，效殷禮也。」

子柳之母死，子碩請具。子柳曰：「何以哉？」子碩曰：「請粥育。庶弟之母。」子柳曰：「如之何其粥人之母以葬其母也？不可。」既葬，子碩欲以賻布之餘具祭器，子柳曰：「不可。吾聞之也，君子不家於喪。請班諸兄弟之貧者。」

子柳，魯叔仲皮之子，子碩之兄也。具，謂喪事合用之器物也。「何以哉」，言何以爲用乎，謂無其財也。鄭云：「粥，謂嫁之也。妾賤，取之曰買。」布，錢也。不家於喪，惡因死者而爲利也。班，猶分也。不粥庶弟之母者，義也；班兄弟之貧者，仁也。夫欲粥庶母以治葬，則乏於財可知矣。而「不家於喪」之言，確然不易，古人之安貧守禮蓋如此。

君子曰：「謀人之軍師，敗則死之；謀人之邦邑，危則亡之。」

應氏曰：「衆死而義不忍獨生，焉得而不死。國危而身不可獨存，焉得而不亡。」

公叔文子升於瑕丘，蘧伯玉從。去聲。文子曰：「樂哉，斯丘也！死則我欲葬焉。」蘧伯玉曰：「吾子樂之，則瑗于願反。請前。」

二子皆衛大夫，文子名拔，伯玉名瑗。○劉氏曰：「伯玉之請前，蓋始從行於文子之後，及聞文子之言，而惡其將欲奪人之地，自爲身後計，遂譏之曰：『吾子樂此，則我請前行以去子矣。』示不欲與聞其事也，可謂長於風喻者矣。」

弁人有其母死而孺子泣者，孔子曰：「哀則哀矣，而難爲繼也。夫禮，爲可傳也，爲可繼也，故哭、踊有節。」

弁，地名。孺子泣者，其聲若孺子，無長短高下之節也。聖人制禮，期於使人可傳可繼，故哭、踊皆有其節。若無節，則不可傳而繼矣。

叔孫武叔之母死，既小斂，舉者出，句。尸出户，句。袒，句。且投其冠，括髮，子游曰：「知禮。」

禮，始死，將斬衰者笄纚，將齊衰者素冠。小斂畢而徹帷，主人括髮袒于房，婦人髽于室。舉者出，舉尸以出也。括髮當在小斂之後，尸出堂之前，主人爲將奉尸，故袒而括髮耳。今武叔待尸出户，然後袒而去冠括髮，失禮節矣。故註以子游「知禮」之言爲「嗤之」也。○馮氏曰：「經文作『户出户』，上户字，乃尸字之訛也。鄭註云：『尸出户，乃變服。』義甚明。然註文尸亦訛爲户，遂解不通。」

扶君，卜僕。人師扶右，射人師扶左，君薨以是舉。

君疾時，僕人之長扶其右體，射人之長扶其左體。此二人，皆平日贊正服位之人，故君既薨遷尸，則仍用此人也。方氏釋師爲衆，應氏以卜人爲卜筮之人。

從去聲。母之夫，舅之妻，二夫扶。人相爲去聲。服，君子未之言也。或曰：同爨緦。

從母，母之姊妹。舅，母之兄弟。從母夫於舅妻無服，所以禮經不載，故曰「君子未之言」。時偶有甥至外家，見此二人相依同居者，有喪而無文可據，於是或人爲「同爨緦」之説以處之。此亦原其情之不可已，而極禮之變焉耳。〇或問：「從母之夫，舅之妻，皆無服，何也？」朱子曰：「先王制禮，父族四，故由父而上爲族曾祖父緦麻，姑之子，姊妹之子，女子子之子，皆由父而推之也。母族三，母之父，母之母，母之兄弟，恩止於舅。故從母之夫，舅之妻皆不爲服，推不去故也。妻族二，妻之父，妻之母。乍看似乎雜亂無紀，子細看則皆有義存焉。」

喪事欲其縱縱總。爾，吉事欲其折折提。爾。故喪事雖遽其據反。不陵節，吉事雖止不怠。故騷騷爾則野，鼎鼎爾則小人，君子蓋猶猶爾。

縱縱，給於趨事之貌。折折，從容中禮之貌。喪事雖急遽，而不可陵躐其節次。吉事雖有立而待事之時，而不可失於怠惰。若騷騷而太疾，則鄙野矣；鼎鼎而太舒，則小人之爲矣；猶猶而得緩急之中，君子行禮之道也。

喪具，君子恥具。一日二日而可爲也者，君子弗爲也。

喪具，棺、衣之屬。君子恥於早爲之而畢具者，嫌不以久生期其親也。然六十歲制，七十時制，八十月制，九十日修，蓋慮夫倉卒之變也。一日二日可辦之物，則君子不豫爲之，所謂絞、紟、衾、冒，死而后制者也。

喪服，兄弟之子，猶子也，蓋引而進之也。嫂、叔之無服也，蓋推而遠去聲。之也。姑、姊妹之薄也，蓋有受我而厚之者也。

方氏曰：「兄弟之子雖異出也，然在恩爲可親，故引而進之，與子同服。嫂、叔之分，雖同居也，然在義爲可嫌，故推而遠之，不相爲服。姑、姊妹在室，與兄弟姪皆不杖期，出適則皆降服大功而從輕者，蓋有受我者服爲之重故也。言其夫受之，而服爲之杖期以厚之，故於本宗相爲皆降一等也。」

食於有喪者之側，未嘗飽也。

應氏曰：「食字上疑脱『孔子』字。」

曾子與客立於門側，其徒趨而出。曾子曰：「爾將何之？」曰：「吾父死，將出哭於巷。」曰：「反，哭於爾次。」曾子北面而弔焉。

其徒，門弟子也。次，其人所寓之館舍也。《士喪禮》：主人西面，賓在門東北面。此曾子所以北面而弔之也。

孔子曰：「之死而致死之，不仁，而不可爲也。之死而致生之，不知，去聲。而不可爲也。是故竹不成用，瓦不成味，沫。木不成斲，琴瑟張而不平，竽笙備而不和，有鐘磬而無簨荀。虡，巨。其曰明器，神明之也。」

劉氏曰：「之，往也。之死，謂以禮往送於死者也。往於死者而極以死者之禮待之，是無愛親之心爲不仁，故不可行也。往於死者而極以生者之禮待之，是無燭理之明爲不知，故亦不可行也。此所以先王爲明器以送死者，竹器則無縢緣而不成其用，瓦器則麄質而不成其黑光之沫，木器則樸而不成其雕斲之文。琴瑟則雖張絃而不平，不可彈也。竽笙雖備具而不和，不可吹也。雖有鐘磬而無懸挂之簨虡，不可擊也。凡此皆不致死亦不致生，而以有知無知之間待死者，故備物而不可用也。備物則不致死，不可用則亦不致生。其謂之明器者，蓋以神明之道待之也。」

有子問於曾子曰：「問聞。喪去聲。於夫子乎？」曰：「聞之矣。喪欲速貧，死欲速朽。」有子曰：「是非君子之言也。」曾子曰：「參也聞諸夫子也。」有子又曰：「是非君子之言也。」曾子曰：「參也與子游聞之。」有子曰：「然。然則夫子有爲去聲。言之也。」曾子以斯言告於子游，子游曰：「甚哉，有子之言似夫子也。昔者夫子居於宋，見桓司馬自爲石椁，三年而不成。夫子曰：『若是其靡也，死不如速朽之愈也。』死之欲速朽，爲去聲。桓司馬言之也。

仕而失位曰喪。桓司馬，即桓魋。靡，侈也。

南宮敬叔反，必載寶而朝。夫子曰：『若是其貨也，喪不如速貧之愈也。』喪之欲速貧，爲敬叔言之也。」

敬叔，魯大夫孟僖子之子仲孫閲也。嘗失位去魯，後得反，載寶而朝，欲行賂以求復位也。

曾子以子游之言告於有子，有子曰：「然。吾固曰非夫子之言也。」曾子曰：「子何以知之？」有子曰：「夫子制於中都，四寸之棺，五寸之椁，以斯知不欲速朽也。昔者夫子失魯司寇，將之荆，蓋先之以子夏，又申之以冉有，以斯知不欲速貧也。」

定公九年，孔子爲中都宰。制，棺椁之法制也。四寸、五寸，厚薄之度。將適楚而先使二子繼往者，蓋欲觀楚之可仕與否，而謀其可處之位歟？

陳莊子死，赴於魯。魯人欲勿哭。繆穆。公召縣玄。子而問焉。縣子曰：「古之大夫，束脩之問不出竟，境。雖欲哭之，安得而哭之？

大夫訃於他國之君，曰「君之外臣寡大夫某死」。莊子，齊大夫，名伯。齊强魯弱，不容略其赴，縣子名知禮，故召問之。脩，脯也。十脡爲束。問，遺也。爲人臣者無外交，不敢貳君也，故雖束脩微禮，亦不以出竟。

今之大夫，交政於中國，雖欲勿哭，焉得而弗哭？且臣聞之，哭有二道：有愛而哭之，有畏而哭之。」公曰：「然。然則如之何而可？」縣子曰：「請哭諸異姓之廟。」於是與哭諸縣氏。

交政於中國，言當時君弱臣强，大夫專盟會之事，以與國君相交接也。此變禮之由也。愛之哭，出於不能已。畏之哭，出於不得已。哭伯高於賜氏，義之所在也。哭莊子於縣氏，勢之所迫也。

仲憲言於曾子曰：「夏后氏用明器，示民無知也。殷人用祭器，示民有知也。周人兼用之，示民疑也。」曾子曰：「其不然乎，其不然乎。夫明器，鬼器也。祭器，人器也。夫古之人胡爲而死其親乎？」

仲憲，孔子弟子原憲也。示民無知者，使民知死者之無知也。爲其無知，故以不堪用之器送之。爲其有知，故以祭器之可用者送之。疑者，不以爲有知，亦不以爲無知也。然周禮惟大夫以上得兼用二器，士惟用鬼器也。曾子以其言非，乃曰「其不然乎」，再言之者，甚不然之也。蓋明器祭器，固是人鬼之不同，夏殷所用不同者，各是時王之制，文質之變耳，非謂有知無知也。若如憲言，則夏后氏何爲而忍以無知待其親乎？○石梁王氏曰：「三代送葬之具，質文相異，故所用不同。其意不在於無知有知，及示民疑也。仲憲之言皆非。曾子非之，末獨譏其説夏后明器，蓋舉其失之甚者也。」

公叔木式樹反。有同母異父之昆弟死，問於

子游，子游曰：「其大功乎？」狄儀有同母異父之昆弟死，問於子夏，子夏曰：「我未之前聞也。魯人則爲之齊衰。」狄儀行齊衰。今之齊衰，狄儀之問也。

公叔木，衛公叔文子之子。同父母之兄弟期，則此同母而異父者，當降而爲大功也。禮經無文，故子游以疑辭答之。魯人齊衰三月之服，行之久矣，故子夏舉以答狄儀。而記者云，因狄儀此問，而今皆行之也。此記二子言禮之不同。○鄭氏曰：「大功是。」

子思之母死於衛。柳若謂子思曰：「子，聖人之後也，四方於子乎觀禮，子蓋慎諸！」子思曰：「吾何慎哉？吾聞之，有其禮，無其財，君子弗行也。有其禮，有其財，無其時，君子弗行也。吾何慎哉！」

柳若，衛人。伯魚卒，其妻嫁於衛。有其禮，謂禮所得爲者。然無財，則不可爲。禮時爲大，有禮有財，而時不可爲，則亦不得爲之也。

縣子瑣曰：「吾聞之，古者不降，上下各以其親。滕伯文爲去聲。孟虎齊衰，其叔父也；爲孟皮齊衰，其叔父也。」

縣子，名瑣。○疏曰：「古者，殷時也。周禮以貴降賤，以適降庶，惟不降正耳。而殷世以上，雖貴不降賤也。上下各以其親，不降之事也。上，謂旁親族曾祖、從祖及伯叔之班。下，謂從子、從孫之流。彼雖賤，不以己尊降之，猶各隨本屬之親輕重而服之，故云『上下各以其親』。滕國之伯名文，爲孟虎著齊衰之服者，虎是文之叔父也。又爲孟皮著齊衰之服者，文是皮之叔父也。言滕伯上爲叔父，下爲兄弟之子，皆著齊衰也。」

后木曰：「喪，吾聞諸縣子曰：『夫喪，不可不深長思也。買棺外内易。』異。我死則亦然。」

后木，魯孝公子惠伯鞏之後。○馮氏曰：「此條重在『不可不深長思』一句。買棺之時，外内皆要精好，此是孝子當爲之事，非是父母豫所屬託。而曰『我死則亦然』，記禮者譏失言也。」

曾子曰：「尸未設飾，故帷堂，小斂而徹帷。」仲梁子曰：「夫婦方亂，故帷堂，小斂而徹帷。」

始死，去死衣，用斂衾覆之以俟浴。既復之後，楔齒綴足畢，具脯醢之奠，事雖小定，然尸猶未襲斂也。故曰「未設飾」。於是設帷於堂者，不欲人褻之也。故小斂畢乃徹帷。仲梁子謂「夫婦方亂」者，以哭位未定也。二子各言禮意。鄭云：「斂者，動摇尸。帷堂，爲人褻之。言『方亂』，非也。仲梁子，魯人。」

小斂之奠，子游曰：「於東方。」曾子曰：「於西方，斂斯席矣。」小斂之奠在西方，魯禮之末失也。

疏曰：「《儀禮》：小斂之奠設於東方，奠又無席。魯之衰末，奠於西方，而又有席，曾子見時如此，將以爲禮，故云小斂於西方。斯，此也。其斂之時，於此席上而設奠矣。故記者正之云，小斂之奠所以在西方，是魯人行禮，末世失其義也。」○今按《儀禮》：「布席于户内。」註云：「有司布斂席也。」在小斂之前及陳大斂衣奠，則云：「奠席在饌北，斂席在其東。」註云：「大斂奠而有席，彌神之也。」據此，則小斂奠無席。

縣子曰：「綌去逆反。衰，繐歲。裳，非古也。」

方氏曰：「葛之麄而郤者，謂之綌。布之細而疎者，謂之繐。五服一以麻，各有升數。若以綌爲衰，以繐爲裳，則取其輕涼而已，非古制也。」

子蒲卒，哭者呼「滅」。子皋曰：「若是野哉！」哭者改之。

滅，子蒲之名也。復則呼名，哭豈可呼名也。「野哉」，言其鄙野而不達於禮也。子皋，孔子弟子高柴。

杜橋之母之喪，宫中無相，去聲。以爲沽古。也。

疏曰：「沽，麄略也。孝子喪親，悲迷不復自知禮節事儀，皆須人相導。而杜橋家母死，宫中不立相侍，故時人謂其於禮爲麄略也。」

夫子曰：「始死，羔裘、玄冠者，易之而已。」羔裘、玄冠，夫子不以弔。

疏曰：「養疾者朝服，羔裘玄冠，即朝服也。始死則去朝服，著深衣。時有不易者，又有小斂後羔裘弔者，記者因引孔子行禮之事言之。」

子游問喪具。夫子曰：「稱去聲。家之有亡。」如字。子游曰：「有無惡烏。乎齊？去聲。」夫子曰：「有，毋過禮。苟亡矣，斂首足形，還旋。葬，縣玄。棺而封。窆。人豈有非之者哉？」

喪具，送終之儀物也。惡乎齊，言何以爲厚薄之劑量也。毋過禮，不可以富而踰禮厚葬也。還葬，謂斂畢即葬，不殯而待月日之期也。縣棺而封，謂以手縣繩而下之，不設碑繂也。人不非之者，以無財則不可備禮也。

司士賁奔。告於子游曰：「請襲於牀。」子游曰：「諾。」縣子聞之，曰：「汏哉，叔氏！專以禮許人。」

賁，司士之名也。禮，始死，廢牀而置尸於地。及復而不生，則尸復登牀。襲者，斂之以衣也。沐浴之後，商祝襲祭服褖衣，蓋布於牀上也。飯含之後，遷尸於襲上而衣之。襲於牀者，禮也。後世禮失而襲於地，則褻矣。司士知禮而請於子游，子游不稱禮而答之以「諾」，所以起縣子之譏也。汏，矜大也。言凡有諮問禮事者，當據禮答之。子游專輒許諾，則如禮自己出矣，是自矜大也。叔氏，子游字。

宋襄公葬其夫人，醯、醢百甕。曾子曰：「既曰明器矣，而又實之。」

夏禮專用明器，而實其半，虚其半。殷人全用祭器，亦實其半。周人兼用二器，則實人器而虚鬼器。

孟獻子之喪，司徒旅歸四布。夫子曰：「可也。」

疏曰：「送終既畢，賻布有餘，其家臣司徒承主人之意，使旅下士歸還四方賻主人之泉布。時人皆貪，而獻子家獨能如此，故夫子曰『可也』，善其能廉。《左傳》『叔孫氏之司馬鬷戾』，是家臣亦有司徒司馬也。」

讀賵，曾子曰：「非古也，是再告也。」

車馬曰賵，賵所以助主人之送葬也，既受則書其人名與其物於方版。葬時柩將行，主人之史請讀此方版所書之賵，蓋於柩東當前東西面而讀之。古者奠之而不讀，周則既奠而又讀焉，故曾子以爲再告也。

成子高寢疾，慶遺去聲。入請曰：「子之病革亟。矣，如至乎大病，則如之何？」

成子高，齊大夫國伯高父，謚成也。遺，慶封之族。革，與亟同，急也。大病，死也，諱之之辭。

子高曰：「吾聞之也，生有益於人，死不害於人。吾縱生無益於人，吾可以死害於人乎哉！我死，則擇不食之地而葬我焉。」

不食之地，謂不耕墾之土。

子夏問諸夫子曰：「居君之母與妻之喪。」「居處、言語、飲食衎苦旦反。爾。」

君母、君妻，雖皆小君，皆服齊衰不杖期，然恩義則淺矣，故居其喪則自處如此。衎爾，和適之貌。此章以文勢推之，喪下當有「如之何夫子曰」字，舊説謂記者之畧，亦或闕文歟？又否，則「問」當作「聞」。

賓客至，無所館，夫子曰：「生於我乎館，死於我乎殯。」

生既館之，死則當殯。○應氏曰：「朋友以義合，謂之賓客者，以其自遠方而來也。」

國子高曰：「葬也者，藏也。藏也者，欲人之弗得見也。是故衣足以飾身，棺周於衣，椁周於棺，土周於椁。反壤樹之哉！」

國子高，即成子高也。○疏曰：「子高之意，人死可惡，故備飾以衣衾棺椁，欲其深邃不使人知。今乃反更封壤爲墳，而種樹以標之哉！國子意在於儉，非周禮。」

孔子之喪，有自燕平聲。來觀者，舍於子夏氏。子夏曰：「聖人之葬人與？平聲。人之葬聖人也，子何觀焉？」

延陵季子之葬其子，夫子尚往觀之。今孔子之葬，燕人來觀，亦甚宜也。然子夏之意，以爲聖人葬人，則事皆合禮，人之葬聖人，則未必皆合於禮也。故語之曰：「子以爲聖人之葬人乎？乃人之葬聖人也，又何觀焉？」蓋謙辭也。

昔者夫子言之曰：「『吾見封之若堂者矣，見若坊防。者矣，見若覆方救反。❶夏屋者矣，見若斧者矣。從若斧者焉，馬鬣封之謂也。』今一日而三斬板，而已封，尚行夫子之志乎哉？」

此言封土有此四者之形。封，築土爲墳也。若堂者，如堂之基，四方而高也。坊，堤也。若坊者，上平旁殺而南北長也。若覆夏屋者，旁廣而卑也。若斧者，上狹如刃，較之上三者皆用功力多而難成，此則儉而易就，故俗謂之馬鬣封。馬鬃鬣之上，其肉薄，封形似之也。今一日者，謂今封築孔子之墳，不假多時，一日之間，三次斬板，即封畢而已止矣。其法側板於坎之兩旁，而用繩以約板，乃内土於内而筑之。土與板平，則斬斷約板之繩，而升此板於所築土之上，又實土於其中而築之，如此者三而墳成矣。故云「三斬板而已封」也。尚，庶幾也。乎哉，疑辭，亦謙不敢質言也。

婦人不葛帶。

禮，婦人之帶，牡麻結本。卒哭，丈夫去麻帶，服葛帶，而首絰不變。婦人以葛爲首絰，以易去首之麻絰，而麻帶不變，所謂「不葛帶」也。既練，則男子除絰，婦人

❶「方救反」，元刻本作「方接反」。

除帶，婦人輕首重要故也。然此謂婦人居齊斬之服者如此，若大功以下輕者，至卒哭，則並變爲葛，與男子同。

有薦新，如朔奠。

朔奠者，月朔之奠也。未葬之時，大夫以上，朔、望皆有奠，士則朔而已。如得時新之味，或五穀新熟而薦之，則其禮亦如朔奠之儀也。

既葬，各以其服除。

三月而葬，葬而虞，虞而卒哭。親重而當變麻衰者變之，其當除者即自除之，不俟主人卒哭之變也。

池視重平聲。**霤。**

疏曰：「池者，柳車之池也。重霤者，屋之承霤也。以木爲之，承於屋簷，水霤入此木中，又從木中而霤於地，故云重霤也。天子之屋四注，四面皆有重霤。諸侯四注而重霤去後，大夫惟前後二，士惟一在前。生時屋有重霤，故死時柳車亦象宮室，而設池於車覆鼈甲之下，牆帷之上，蓋織竹爲之，形如籠，衣以青布以承鼈甲，名之曰池，以象重霤也。方面之數，各視生時重霤。」

君即位而爲椑，僻。**歲一漆之，藏焉。**

疏曰：「君，諸侯也。人君無論少長，體尊物備，即位即造爲親尸之棺，蓋杝棺也。漆之堅强，甓甓然，故名椑。每年一漆，示如未成也。『藏焉』者，其中不欲空虛，如急有待，故藏物於中。一説，不欲令人見，故藏之。」

復、楔屑。**齒、綴**拙。**足、飯、設飾、帷堂並作。**

始死，招魂之後，用角柶拄尸之齒令開，得飯含時不閉。又用燕几拘綴尸之兩足令直，使著屨時不辟戾也。飯者，實米與貝于尸口中也。設飾，尸襲斂也。帷堂，堂上設帷也。作，起爲也。復至帷堂六事，一時並起，故云「並作」也。《儀禮》亦總見一圖。

父兄命赴者。

疏曰：「生時與他人有恩識者，今死，則其家宜使人往相赴告。《士喪禮》，孝子自命赴者。若大夫以上，則父兄命之也。」

君復，於小寢、大寢、小祖、大祖、庫門、四郊。

天子之郭門曰皐門。《明堂位》言魯之庫門，即天子皐門。是庫門者，郭門也。○疏曰：「君，王侯也。前曰廟，後曰寢。室有東西廂曰廟，無東西廂有室曰寢。小寢者，高祖以下寢也，王侯同。大寢，天子始祖之寢，諸侯太祖之寢也。小祖者，高祖以下廟也，王侯同。大祖者，天子始祖之廟，諸侯太祖之廟也。」○馬氏曰：「寢，所居處之地，祖有所事之地，門所出入之地，郊所嘗至之地。君復必於此者，蓋魂氣之往，亦未離生時熟習之地也。觀此，則死生之説可知矣。」○今按馬氏以小寢、大寢爲燕寢、正寢，與舊説異。

喪不剥，奠也與？平聲。**祭肉也與？**

剥者，不巾覆也。脯醢之奠，不惡塵埃，故可無巾覆。凡覆之者，必其有祭肉者也。

既殯，旬而布材與明器。

材，爲椁之木也。布者，分列而暴乾之也。殯後旬日，即治此事。《禮》「獻材于殯門外」，註云：「明器之材。」此云「材與明器」者，蓋二者之材皆乾之也。

朝奠日出，夕奠逮日。

逮日，及日之未落也。○方氏曰：「朝奠以象朝時之食，夕奠以象夕時之食，孝子事死如事生也。」

父母之喪，哭無時，使必知其反也。

未殯，哭不絶聲。殯後，雖有朝夕哭之時，然廬中思憶則哭，小祥後哀至則哭，此皆哭無時也。使者，受君之任使也。小祥之後，君有事使之，不得不行。然反必祭告，俾親之神靈知其已反，亦出必告，反必面之義也。

練，練衣黄裏，縓七絹反。**緣。**去聲。

疏曰：「練，小祥也。小祥而著練冠、練中衣，故曰練也。練衣者，以練爲中衣。黄裏者，黄爲中衣裏也。正服不可變，中衣非正服，但承衰而已。縓，淺絳色。緣，謂中衣領及褎之緣也。」

葛要平聲。**絰，繩屨無絇。**

小祥，男子去首之麻絰，惟餘要葛也，故曰：「葛要絰」。繩屨者，父母初喪菅屨，卒哭受齊衰蒯藨屨，小祥受大功繩麻屨也。無絇，謂無屨頭飾也。○朱子曰：「菅屨、疏屨，今不可考。今略以輕重推之，斬衰用今草鞋，齊衰用麻鞋可也。麻鞋，今卒伍所著者。」

角瑱。吐練反。

瑱，充耳也。吉時君大夫士皆有之，所以掩於耳。君用玉爲之，初喪去飾，故無瑱，小祥後微飾，故用角爲之也。

鹿裘衡橫。**長袪。袪，裼之可也。**

疏曰：「冬時吉凶衣裏皆有裘，吉則貴賤有異，喪則同用鹿皮爲之。小祥之前，裘狹而短，袂又無袪。小祥稍飾，則更易作横廣大者，又長之，又設其袪也。裼者，裘上之衣。吉時皆有，喪後凶質，未有裼衣。小祥後漸向吉，故加裼可也。按如此文，明小祥時外有衰，衰内有練中衣，中衣内有裼衣，裼衣内有鹿裘，鹿裘内自有常著襦衣。」○今按袪者，袖口也。此所謂袪，則是以他物爲袖口之緣。既袪以爲飾，故裼之可也。

有殯，聞遠兄弟之喪，雖緦必往。非兄弟，雖鄰不往。

三年之喪，在殯不得出弔。然於兄弟，則恩義存焉，故雖緦服兄弟之異居而遠者，亦當往哭其喪。若非兄弟，則雖近不往。

所識，其兄弟不同居者皆弔。

馮氏曰：「上二句既主生者出弔往哭爲義，則下一句文意當同。『所識』當爲句，若所知之謂也。死者既吾之所知識，則其兄弟雖與死者不同居，我皆當弔之，所以成往來之情義也。」

天子之棺四重：平聲。水、兕似。革棺被之，其厚三寸；杝移。棺一；梓棺二。四者皆周。

水牛、兕牛之革耐濕，故以爲親身之棺，二革合被爲一重。杝木亦耐濕，故次於革，即前章所謂椑也。梓木棺二，一爲屬，一爲大棺。杝棺之外有屬棺，屬棺之外又有大棺。四者皆周，言四重之棺，上下四方悉周帀也。惟椁不周，下有茵，上有抗席故也。

棺束，縮二，衡横。三。衽，每束一。

古者棺不用釘，惟以皮條直束之二道，横束之三道。衽，形如今之銀則子，兩端大而中小，漢時呼爲「小要」。不言何物爲之，其亦木乎？衣之縫合處曰衽，以小要連合棺與蓋之際，故亦名衽。先鑿木置衽，然後束以皮，每束處必用一衽，故云「衽每束一」也。

柏椁以端，長去聲。六尺。

天子以柏木爲椁。端，猶頭也，用柏木之頭爲之，其長六尺。

天子之哭諸侯也，爵弁絰，紂緇。衣。

諸侯薨而赴於天子，天子哭之。爵弁紂衣，本士之祭服。爵弁，弁之色如爵也。紂衣，絲衣也。○鄭氏曰：「絰，衍字也。周禮，王弔諸侯，弁絰緦衰。」○疏曰：「天子至尊，不見尸柩，不弔服。此遥哭之，故不服緦衰，而服爵弁、紂衣也。」

或曰，使有司哭之。

鄭氏曰：「非也。哀戚之事不可虚。」

爲去聲。之不以樂食。

疏曰：「此是記者之言，非或人之説也。」

天子之殯也，菆才官反。塗龍輴，春。以椁，加斧于椁上，畢塗屋，天子之禮也。

疏曰：「菆，叢也。菆塗，謂用木叢棺而四面塗之也。龍輴，殯時用輴車載柩而畫轅爲龍也。以椁者，此叢木象椁之形也。繡覆棺之衣爲斧文，先菆四面爲椁，使上與棺齊，而上猶開，以此棺衣從椁上入覆於棺，故云『加斧于椁上』也。畢，盡也。斧覆既竟，又四注爲屋以覆於上，而下四面盡塗之也。」○今按：「菆塗龍輴」，是輴車亦在殯中，非脱去輴車而殯棺也。

唯天子之喪，有別彼列反。姓而哭。

諸侯朝覲天子，爵同則其位同。今喪禮則分別同姓、異姓、庶姓，使各相從而爲位以哭也。

魯哀公誄孔丘曰：「天不遺耆老，莫相去聲。予位焉。嗚呼哀哉，尼父！」

作謚者，先列其生之實行，謂之誄。大聖之行，豈容盡列，但言天不留此老成，而無有佐我之位者，以寓其傷悼之意而已耳。稱「孔丘」者，君臣之辭。此與《左傳》之言不同。○鄭氏曰：「尼父，因其字以爲之謚也。」

國亡大縣邑，公、卿、大夫、士，皆厭于葉反。冠，哭於大泰。廟三日，句。君不舉。或曰，君舉而哭於后土。

厭冠，喪冠也。說見《曲禮》。盛饌而以樂侑食曰「舉」。后土，社也。○應氏曰：「哭於大廟者，傷祖宗基業之虧損。哭於后土者，傷土地封疆之朘削也。不舉，自貶損也。曰君舉者，非也。」

孔子惡野哭者。

「所知，吾哭諸野」，夫子嘗言之矣。蓋哭其所知，必設位而帷之以成禮。此所惡者，或郊野之際，道路之間，哭非其地，又且倉卒行之，使人疑駭，故惡之也。方氏說哭者呼「滅」，子臯曰「野哉」，孔子惡者以此，恐未然。

未仕者不敢税人，如税人，則以父兄之命。

税人，以物遺人也。未仕者身未尊顯，故内則不可專家財，外則不可私恩惠也。或有情義之所不得已而當遺者，則稱尊者之命而行之。

士備入，而後朝夕踊。

國君之喪，諸臣有朝夕哭踊之禮。哭雖依次居位，踊必相視爲節，不容有先後也。士卑，其入恒後。士皆入，則無不在者矣，故舉士入爲畢而後踊焉。

祥而縞。是月禫，徙月樂。

疏曰：「祥，大祥也。縞，謂縞冠，大祥日著之。」○馬氏曰：「祥、禫之制，施於三年之喪，則其月同。施於期之喪，則其月異。《雜記》曰：『十一月而練，十三月而祥，十五月而禫。』此期之喪也，父在爲母有所屈。三年所以爲極，而至於二十五月者，其禮不可過。以三年之愛而斷於期者，其情猶可伸。在禫月而樂者，聽於人也。在徙月而樂者，作於己也。」

君於士有賜帟。亦。

帟，幕之小者，置之殯上以承塵也。大夫以上，則有司供之。士卑，又不得自爲，故君於士之殯，以帟賜之也。

禮記卷之二

禮記卷之三

陳澔集説

檀弓下第四

君之適長殤，車三乘。公之庶長殤，車一乘。大夫之適長殤，車一乘。

此言送殤遣車之禮。君，謂國君。亦或有地大夫通得稱君也。公，專言五等諸侯也。十六至十九爲長殤，葬此殤時，柩朝廟畢將行，設遣奠以奠之，牲體分折包裹，用此車載之以遣送死者，故名遣車。車制甚小。以置之椁内四隅，不容大爲之也。禮，中殤從上，君適長三乘，則中亦三乘，下則一乘也。公庶長一乘，則中亦一乘，下則無也。大夫適長一乘，則中亦一乘，下殤及庶殤並無也。

公之喪，諸達官之長杖。

方氏曰：「受命於君者，其名達於上，故謂之達官。若府史而下，皆長官自辟除，則不可謂之達矣。受命於君者，其恩厚，故公之喪，惟達官之長杖。」○今按：凡官皆有長貳，此以長言，則不及貳也。

君於大夫，將葬，弔於宫。及出，命引之，三步則止，如是者三，君退。句。**朝亦如之，哀次亦如之。**

弔於宫，於其殯宫也。出，柩已行也。孝子攀號不忍，君命引之，奪其情也。引者三步即止，君又命引之，如是者三，柩車遂行，君即退去。君來時不必恒在殯宫，或當柩朝廟之時亦如之；或已出大門，至平日待賓客次舍之處，孝子哀而暫停柩車，則亦如之。

五十無車者，不越疆而弔人。

始衰之年，不可以筋力爲禮也。

季武子寢疾，蟜矯。**固不説**脱。**齊衰而入見，曰：「斯道也，將亡矣。士唯公門説齊衰。」武子曰：「不亦善乎！君子表微。」及其喪也，曾點倚其門而歌。**

季武子，魯大夫季孫夙也。蟜固，人姓名。點，字晳，曾子父也。武子寢疾之時，蟜固適有齊衰之服，遂衣凶服而問疾，且曰：「大夫之門不當釋凶服，惟君門乃説耳。此禮將亡，我之凶服以來，欲以救此將亡之禮也。」武子善之，言失禮之顯著者，人皆可知；若失禮之微細者，惟君子乃能表明之也。武子執政，人所尊畏，固之爲此，欲以易時人之觀瞻。據禮而行，武子雖憾，不得而罪之也。若倚門而歌，則非禮矣，其亦狂之一端歟？記者蓋善蟜固之存禮，譏曾點之廢禮也。

大夫弔，當事而至，則辭焉。弔於人，是日不樂。婦人不越疆而弔人。行弔之日，不飲酒食肉焉。

大夫弔，弔於士也。大夫雖尊，然當主人有小斂、大斂或殯之事而至，則殯者以其事告之。辭，猶告也。若非當事之時，則孝子下堂迎之。婦人無外事，故不越疆而弔。是日不樂、不飲酒食肉，皆爲餘哀未忘也。

弔於葬者，必執引。去聲。若從柩及壙，上聲。皆執紼。

引，引柩車之索也。紼，引棺索也。○鄭氏曰：「示助之以力。」○疏曰：「弔葬本爲助執事，故必相助引柩車。凡執引用人，貴賤有數，數足則餘人皆散行從柩。至下棺窆時，則不限人數，皆悉執紼也。引者，長遠之名，故在車，車行遠也。紼是撥舉之義，故在棺，棺惟撥舉，不長遠也。」

喪，公弔之必有拜者，雖朋友、州里、舍人可也。弔曰：「寡君承事。」主人曰：「臨。」如字。

此謂國君弔其諸臣之喪。弔後，主人當親往拜謝。喪家若無主後，必使以次疏親往拜。若又無疏親，則死者之朋友及同州、同里，及喪家典舍之人往拜，亦可也。寡君承事，言來承助喪事，此君語擯者傳命以入之辭。主人曰「臨」者，謝辱臨之重也。

君遇柩於路，必使人弔之。

賁尚畫宮受弔，不如杞梁之妻知禮。而此言弔於路，何也？蓋有爵者之喪，當以禮弔。此謂臣民之微賤者耳，禮不下庶人也。言必使人弔者，是汎言衆人之喪也。

大夫之喪，庶子不受弔。

大夫之喪，適子爲主拜賓。或以他故不在，則庶子不敢受弔，不敢以卑賤爲有爵者之喪主也。

妻之昆弟爲父後者死，哭之適室，子爲主，袒、免、問。哭、踊。夫入門右，使人立於門外，告來者。狎則入哭。父在，哭於妻之室。非爲父後者，哭諸異室。

此聞妻兄弟之喪，而未往弔時禮也。父在，己之父也。爲父後，妻之父也。門外之人以來弔者告，若是交游習狎之人，則徑入哭之，情義然也。○疏曰：「女子子適人者，爲昆弟之爲父後者不降，以其正故也。故姊妹之夫爲之哭於適室之中庭。子爲主者，甥服舅緦，故命己子爲主，受弔拜賓也。袒、免、哭、踊者，冠尊，不居肉袒之上，必先去冠而加免，故凡哭哀則踊，踊必先袒，袒必先免，故袒、免、哭、踊也。夫入門右者，謂此子之父，即哭妻兄弟者。」

有殯，聞遠兄弟之喪，哭于側室。無側室，哭于門内之右。同國則往哭之。

側室者，燕寢之旁室也。門内，大門之内也。上篇言「有殯，聞遠兄弟之喪，雖緦必往」，其亦謂同國歟？○方氏曰：「哭于側室，欲其遠殯宫也。于門内之右者，不居主位，示爲之變也。同國則往者，以其不遠也。」

子張死，曾子有母之喪，齊衰而往哭之。或曰：「齊衰不以弔。」曾子曰：「我弔也與平聲。哉？」

以喪母之服而哭朋友之喪，踰禮已甚，故或人止之。而曾子之意則曰：我於子張之死，豈常禮之弔而已哉？今詳此意，但以友義隆厚，不容不往哭之。又不可釋服而往，但往哭而不行弔禮耳。故曰：「我弔也與哉？」○劉氏曰：「曾子嘗問：『三年之喪，弔乎？』夫子曰：『三年之喪，練，不羣立，不旅行。君子禮以飾情，三年之喪而弔哭，不亦虚乎？』既聞此矣，而又以母喪弔友，必不然也。凡經中言曾子失禮之事，不可盡信，此亦可見。」

有若之喪，悼公弔焉，子游擯由左。

悼公，魯君，哀公之子。擯，贊相禮事也。立者尊右，子游由公之左，則公在右爲尊矣。《少儀》云「詔辭自右」者，謂傳君之詔命，則詔命爲尊，故傳者居右。時相喪禮者，亦多由右，故子游正之也。

齊穀告。王姬之喪，魯莊公爲之大功。或曰：「由魯嫁，故爲之服姊妹之服。」或曰：「外祖母也，故爲之服。」

穀，讀爲告。齊襄公夫人王姬，卒在魯莊之二年，赴告於魯。其初由魯而嫁，故魯君爲之服出嫁姊妹大功之服，禮也。或人既不知此王姬乃莊公舅之妻，而以爲外祖母，又不知外祖母服小功，而以大功爲外祖母之服，其亦妄矣。○鄭氏曰：「《春秋》周女由魯嫁，卒，則服之如内女服姊妹，是也。天子爲之無服，嫁於王者之後乃服之。」

晉獻公之喪，秦穆公使人弔公子重耳，且

曰：「寡人聞之，亡國恒於斯，得國恒於斯。雖吾子儼然在憂服之中，喪去聲。亦不可久也，時亦不可失也。孺子其圖之。」

獻公薨時，重耳避難在狄，故穆公使人往弔之。弔爲正禮，故以「且曰」起下辭。寡人聞之者，此使者傳穆公之言也。恒於斯，言常在此死生交代之際也。儼然，端静持守之貌。喪，失位也。喪不可久、時不可失者，勉其奔喪反國，以謀襲位，故言「孺子其圖之」也。此時秦已有納之之志矣。

以告舅犯。舅犯曰：「孺子其辭焉！喪去聲。人無寶，仁親以爲寶。父死之謂何？又因以爲利！而天下其孰能説如字。之？孺子其辭焉！」

舅犯，重耳舅狐偃，字子犯也。公子既聞使者之言，入以告之子犯。犯言當辭而不受可也。失位去國之人，無以爲寶，惟仁愛思親乃其寶也。父死謂是何事？正是凶禍大事，豈可又因此凶禍以爲反國之利，而天下之人孰能解説我爲無罪乎？此所以不當受其相勉反國之命也。

公子重耳對客曰：「君惠弔亡臣重耳，身喪父死，不得與去聲。於哭泣之哀，以爲君憂。父死之謂何？或敢有他志以辱君義。」稽顙而不拜，哭而起，起而不私。

公子既聞子犯之言，乃出而答客。惠弔亡臣重耳，謝其來弔也。不得與哭泣之哀，言出亡在外，不得居喪次也。以爲君憂者，致君憂慮我也。他志，謂求位之志。辱君義者，辱君惠弔之義也。不私，不再與使者私言也。

子顯去聲。以致命於穆公。穆公曰：「仁夫，公子重耳！夫稽顙而不拜，則未爲後也，故不成拜。哭而起，則愛父也。起而不私，則遠去聲。利也。」

鄭註用《國語》，知使者爲公子縶，字子顯，故讀顯爲縶也。喪禮，先稽顙後拜，謂之成拜。爲後者成拜，所以謝弔禮之重。今公子以未爲後，故不成拜也。愛父，猶言哀痛其父也。不私與使者言，是無反國之意，是遠利也。愛父遠利，皆仁者之事，故稱之曰：「仁夫，公子重耳！」

帷殯，非古也。自敬姜之哭穆伯始也。

禮，朝夕哭殯之時，必褰開其帷。敬姜哭其夫穆伯之殯，乃以避嫌而不復褰帷。自此以後，人皆倣之，故記者云非古也。穆伯，魯大夫，季悼子之子，公甫靖也。

喪禮，哀戚之至也，節哀，順變也，君子念始之者也。

孝子之哀，發於天性之極至，豈可止遏？聖人制禮以節其哀，蓋順以變之也。言順孝子之哀情，以漸變而輕減也。始，猶生也。生我者父母也，毁而滅性，是不念生我者矣。

復，盡愛之道也，有禱祠之心焉。望反諸幽，求諸鬼神之道也。北面，求諸幽之義也。

行禱五祀而不能回其生，又爲之復，是盡其愛親之道，而禱祠之心猶未忘於復之時也。望反諸幽，望其自幽而反也。鬼神處幽暗，北乃幽陰之方，故求諸鬼神之幽者，必向北也。

拜、稽顙，哀戚之至隱也。稽顙，隱之甚也。

隱，痛也。稽顙者，以頭觸地，無復禮容。就拜與稽顙言之，皆爲至痛，而稽顙則尤其痛之甚者也。

飯上聲。用米、貝，弗忍虚也。不以食道，用美焉爾。

實米與貝于死者口中，不忍其口之虚也。此不是用飲食之道，但用此美潔之物以實之焉爾。

銘，明旌也。以死者爲不可別已，故以其旗識式志反。之。愛之，斯録之矣。敬之，斯盡其道焉耳。

《士喪禮》：銘曰某氏某之柩。初置于簷下西階上，及爲重畢，則置於重。殯而卒塗，始樹於肂坎之東。疏云：「士長三尺，大夫五尺，諸侯七尺，天子九尺。若不命之士，則以緇長半幅，赬末長終幅，廣三寸。半幅，一尺也。終幅，二尺也。是總長三尺。夫愛之而録其名，敬之而盡其道，曰愛曰敬，非虚文也。

重，平聲。主道也。殷主綴拙。重焉，周主重徹焉。

《禮》注云：「士重木長三尺。」始死作重以依神，雖非主而有主之道，故曰主道也。殷禮始殯時置重于殯廟之庭，暨成虞主，則綴此重而縣於新死者所殯之廟。周人虞而作主，則徹重而埋之也。

奠以素器，以生者有哀素之心也。唯祭祀之禮，主人自盡焉爾。豈知神之所饗，亦以主人有齊齋。敬之心也。

鄭氏曰：「哀素，言哀痛無飾也，凡物無飾曰素。哀則以素，敬則以飾，禮由人心而已。」○方氏曰：「士喪禮有素俎，士虞禮有素几，皆其哀而不文故也。喪葬凶禮，故若是。至於祭祀之吉禮，則必自盡以致其文焉。故曰：『唯祭祀之禮，主人自盡焉爾。』然主人之自盡，亦豈知神之所享必在於此乎，且以表其心而已耳。」

辟婢亦反。踊，哀之至也，有筭爲之節文也。

疏曰：「撫心爲辟，跳躍爲踊，是哀痛之至極，若不裁限，恐傷其性，故有筭以爲之準節。每一踊三跳，三踊九跳爲一節。士三日有三次踊，大夫四日五踊，諸侯六日七踊，天子八日九踊，故云『爲之節文也』。」

袒、括髮，變也。愠，哀之變也。去上聲。飾，去美也。袒、括髮，去飾之甚也。有所袒，有所襲，哀之節也。

疏曰：「袒衣括髮，形貌之變也。悲哀愠恚，哀情之變也。去其尋常吉時之服飾，是去其華美也。去飾雖多端，惟袒而括髮，乂去飾之中最甚者也。理應常袒，何以有袒時，有襲時？蓋哀甚則袒，哀輕則襲，哀之限節也。」

弁、絰葛而葬，與神交之道也，有敬心焉。

周人弁而葬，殷人冔火羽反。而葬。

居喪時冠服皆純凶，至葬而吾親託體地中，則當以禮敬之心接於山川之神也，於是以絹素爲弁，如爵弁之制，以葛爲環絰在首以送葬。不敢以純凶之服交神者，示敬也，故曰「有敬心焉」。

歠主人、主婦、室老，爲其病也，君命食嗣。之也。

疏曰：「親喪歠粥之時。主人，亡者之子。主婦，亡者之妻，無則主人之妻也。室老，家之長相。此三人，並是大夫之家貴者。爲其歠粥病困之故，君必命之食疏飯也。若士喪，君不命也。《喪大記》言主婦食疏食，謂既殯之後。此主婦歠者，謂未殯前。」

反哭升堂，反諸其所作也。主婦入于室，反諸其所養去聲。也。

此堂與室，皆謂廟中也。卒窆而歸，乃反哭於祖廟。其二廟者，則先祖後禰。所作者，平生祭祀冠昏所行禮之處也。所養者，所饋食供養之處也。

反哭之弔也，哀之至也。反而亡焉，失之矣，於是爲甚。

賓之弔者，升自西階，曰：「如之何？」主人拜，稽顙。當此之時，亡矣失矣，不可復見吾親矣，哀痛於是爲甚也。賓弔畢而出，主人送于門外，遂適殯宮，即先時所殯正寢之堂也。

殷既封窆。而弔，周反哭而弔。孔子曰：「殷已慤，殼。吾從周。」

殷之禮，窆畢，賓就墓所弔主人。周禮則俟主人反哭而後弔。孔子謂殷禮太質慤者，蓋親之在土，固爲可哀，不若求親於平生居止之所而不得，其哀爲尤甚也。故弔於墓者，不如弔於家者之情文爲兼盡，故欲從周也。

葬於北方，北首，三代之達禮也，之幽之故也。

北方，國之北也。殯猶南首，未忍以鬼神待其親也。葬則終死事矣，故葬而北首。三代通用此禮也。南方昭明，北方幽暗。之幽，釋所以北首之義。

既封，主人贈而祝宿虞尸。

柩行至城門，公使宰夫贈玄纁束。既窆，則用此玄纁贈死者於墓之野。此時祝先歸而肅虞祭之尸矣。宿，讀爲肅，進也。虞，猶安也。葬畢迎精而反，日中祭之於殯宮以安之也。男則男子爲尸，女則女子爲尸，尸之爲言主也。不見親之形容，心無所係，故立尸而使之著死者之服，所以使孝子之心主於此也。禫祭以前，男女異尸異几。祭於廟，則無女尸而几亦同矣。《少牢禮》云「某妃配」，是男女共尸。

既反哭，主人與有司視虞牲。有司以几筵舍釋。奠於墓左，反，日中而虞。

士之禮，虞牲特豕。几，所以依神。筵，坐神之席也，席敷陳曰筵。孝子先反而視牲，别令有司釋奠以禮地神，爲親之託體於此也。舍，讀爲釋。奠者，置也，釋置此祭饌也。墓道向南，以東爲左。待此有司之反，即於日中時虞祭也。

葬日虞，弗忍一日離去聲。也。

鄭氏曰：「弗忍其無所歸。」

是日也，以虞易奠。卒哭曰：「成事。」

始死、小斂、大斂，朝夕、朔月，朝祖，賵遣之類，皆喪奠也。此日以虞祭代去喪奠，故曰「以虞易奠」也。卒哭曰成事者，蓋祝辭曰「哀薦成事」也。祭以吉爲成，卒哭之祭，乃吉祭故也。

是日也，以吉祭易喪祭，明日祔于祖父。

吉祭，卒哭之祭也。喪祭，虞祭也。卒哭在虞之後，故云「以吉祭易喪祭」也。祔之爲言附也。祔祭者，告其祖父以當遷他廟，而告新死者以當入此廟也。《禮》云：「明日以其班祔。」明日者，卒哭之次日也。卒哭時告于新主曰：「哀子某來日隮祔爾于爾皇祖某甫。」及時，則奉新主入祖之廟，而并告之曰：「適爾皇祖某甫，以隮祔爾孫某甫。」孫必祔祖者，昭穆之位同，所謂以其班也。畢事，虞主復于寢。三年喪畢，遇四時之吉祭，而後奉新主入廟也。虞祭間一日，而卒哭與祔則不間日。

其變而之吉祭也，比畀。至於祔，必於是日也接，不忍一日末有所歸也。

上文所言，皆據正禮，此言變者，以其變易常禮也。所以有變者，以有他故，未及葬期而即葬也。據士禮，速葬速虞之後，卒哭之前，其日尚賒，不可無祭。之，往也。虞往至吉祭，其禮如何？曰虞後比至於祔，遇剛日而連接其祭，若丁日葬，則己日再虞。後虞改用剛日，則庚日三虞也。此後遇剛日則祭，至祔而後止，此孝子不忍使其親一日無所依歸也。

殷練而祔，周卒哭而祔，孔子善殷。

《孝經》曰：「爲之宗廟，以鬼享之。」孔子善殷之祔者，以不急於鬼其親也。

君臨臣喪，以巫祝桃茢執戈，惡之也，所以異於生也。喪有死之道焉，先王之所難去聲。言也。

桃性辟惡，鬼神畏之。王莽惡高廟神靈，以桃湯灑其壁。茢，苕帚也，所以除穢。巫執桃，祝執茢，小臣執戈，蓋爲其有凶邪之氣可惡，故以此三物辟祓之也。臨生者則惟執戈而已，今加以桃茢，故曰「異於生」也。君使臣以禮，死而惡之，豈禮也哉？然人死斯惡之矣，故喪禮實有惡死之道焉，先王之所不忍言也。

喪之朝也，順死者之孝心也。其哀離去聲。其室也，故至於祖考之廟而后行。殷朝而殯於祖，周朝而遂葬。

子之事親，出必告，反必面。今將葬而奉柩以朝祖，固爲順死者之孝心，然求之死者之心，亦必自哀其違離寢處之居，而永棄泉壤之下，亦欲至祖考之廟而訣别也。殷尚質，敬鬼神而遠之，故大斂之後，即奉柩朝祖而遂殯於廟。周人則殯於寢，及葬則朝廟也。

孔子謂爲明器者，知喪道矣，備物而不可用也。

此孔子善夏之用明器從葬。

哀哉！死者而用生者之器也，不殆於用殉乎哉！

此孔子非殷人用祭器從葬。以人從死曰殉。殆，幾也。用其器，則近於用人。

其曰明器，神明之也。塗車、芻靈，自古有之，明器之道也。孔子謂爲芻靈者善，謂爲俑者不仁，不殆於用人乎哉！

謂之明器者，是以神明之道待之也。塗車，以泥爲車也。束草爲人形，以爲死者之從衛，謂之芻靈，略似人形而已，亦明器之類也。中古爲木偶人，謂之俑，則有面目機發而太似人矣，故孔子惡其不仁，知末流必有以人殉葬者。○趙氏曰：「以木人送葬，設機而能踊跳，故名之曰俑。」

穆公問於子思曰：「爲去聲。舊君反服，古與？平聲。」子思曰：「古之君子，進人以禮，退人以禮，故有舊君反服之禮也。今之君子，進人若將加諸膝，退人若將隊墜。諸淵，毋爲戎首，不亦善乎？又何反服之禮之有？」

穆公，魯君哀公之曾孫。爲舊君服，見《儀禮》齊衰章。孟子言三有禮則爲之服，寇讎何服之有，與此章意似。隊諸淵，言置之死地也。戎首，爲寇亂之首也。

悼公之喪，季昭子問於孟敬子曰：「爲君何食？」敬子曰：「食粥，天下之達禮也。

悼公，魯哀公之子。昭子，康子之曾孫，名强。敬子，武伯之子，名捷。

吾三臣者之不能居公室也，四方莫不聞矣。勉而爲瘠，則吾能，毋乃使人疑夫不以情居瘠者乎哉？我則食食。」上如字。下音嗣。

三臣，仲孫、叔孫、季孫之三家也。敬子言我三家不能居公室而以臣禮事君者，四方皆知之矣。勉强食粥而爲毁瘠之貌，我雖能之，然豈不使人疑我非以哀戚之真情而處此瘠乎？不若違禮而食食也。○應氏曰：「季子之問，有君子補過之心。而孟氏之對，可謂小人之無忌憚者矣。」

衛司徒敬子死，子夏弔焉。主人未小斂，絰而往。子游弔焉，主人既小斂，子游出，絰，反哭。子夏曰：「聞之也與？」平聲。曰：「聞諸夫子，主人未改服，則不絰。」

司徒，以官爲氏也。主人未小斂則未改服，故弔者不絰。子夏絰而往弔，非也。其時子游亦弔，俟其小斂後改服，乃出而加絰反哭之，則中於禮矣。

曾子曰：「晏子可謂知禮也已，恭敬之有

焉。」有若曰：「晏子一狐裘三十年，遣去聲車一乘，及墓而反。

晏子，齊大夫。曾子稱其知禮，謂禮以恭敬爲本也。有若之言則曰，狐裘貴在輕新，乃三十年而不易，是儉於己也；遣車一乘，儉其親也；禮，窆後有拜賓送賓等禮，晏子窆訖即還，儉於賓也。此三者，皆以其儉而失禮者也。

國君七个，遣車七乘；大夫五个，遣車五乘。晏子焉知禮？」

遣車之數，天子九乘，諸侯七乘，大夫五乘，天子之士二乘，諸侯之士無遣車也。大夫以上皆太牢，士少牢。个，包也。凡包牲皆取下體，每一牲取三體，前脛折取臂臑，後脛折取骼。少牢二牲，則六體，分爲三个。太牢三牲，則九體。大夫九體分爲十五段，三段爲一包，凡五包。諸侯分爲二十一段，凡七包。天子分爲二十七段，凡九包。每遣車一乘，則載一包也。

曾子曰：「國無道，君子恥盈禮焉。國奢，則示之以儉；國儉，則示之以禮。」

曾子主權，有子主經，是以二端之論不合。

國昭子之母死，問於子張曰：「葬及墓，男子、婦人安位？」子張曰：「司徒敬子之喪，夫子相，男子西鄉，去聲。婦人東鄉。」

國昭子，齊大夫，葬其母，以子張相禮，故問之。夫子，孔子也。主人家男子皆西向，婦人皆東向。而男賓在衆主人之南，女賓在衆婦之南，禮也。

曰：「噫，毋！」無。曰：「我喪也，斯去聲。沾。覘。爾專之，賓爲賓焉，主爲主焉，婦人從男子皆西鄉。」

昭子聞子張之言，歎息而止之，言我爲大夫，齊之顯家，今行喪禮，人必盡來覘視，當有所更改以示人，豈宜一循舊禮爾！當專主其事，使賓自爲賓，主自爲主可也。於是昭子家婦人既與男子同居主位而西鄉，而女賓亦與男賓同居賓位而東鄉矣。斯，盡也。沾，讀爲覘。此記禮之變。

穆伯之喪，敬姜晝哭。文伯之喪，晝夜哭。孔子曰：「知禮矣。」

哭夫以禮，哭子以情，中節矣。故孔子美之。

文伯之喪，敬姜據其牀而不哭，曰：「昔者吾有斯子也，吾以將爲賢人也，吾未嘗以就公室。今及其死也，朋友諸臣未有出涕者，而内人皆行哭失聲。斯子也，必多曠於禮矣夫。」

以爲賢人，必知禮矣，故凡我平日出入公室，未嘗與俱而觀其所行，蓋信其賢而知禮也。至死而覺其曠禮，故歎恨之。○鄭氏曰：「季氏，魯之宗卿，敬姜有會見之禮。」

季康子之母死，陳褻衣。敬姜曰：「婦人不飾，不敢見舅姑。將有四方之賓來，褻衣何爲陳於斯？」命徹之。

敬姜，康子之從祖母也。○應氏曰：「敬姜森然法度之語。」

有子與子游立，見孺子慕者，有子謂子游曰：「予壹不知夫喪之踊也，予欲去上聲。之久矣。情在於斯，其是也夫？」

有子言喪禮之有踊，我常不知其何爲而然。壹者，專一之義，猶常也。我久欲除去之矣。今見孺子之號慕若此，則哀情之在於此踊，亦如此孺子之慕也夫。

子游曰：「禮有微情者，有以故興物者。有直情而徑行者，戎狄之道也。禮道則不然。

子游言先王制禮，使賢者俯而就之，不肖者企而及之。慮賢者之過於情也，故立爲哭踊之節，所以殺其情，故曰「禮有微情者」。微，猶殺也。慮不肖者之不及情也，故爲之興起衰絰之物，使之睹服思哀，故曰「有以故興物者」。此二者，皆制禮者酌人情而爲之也。若直肆己情，徑率行之，或哀或不哀，漫無制節，則是戎狄之道矣。中國禮義之道，則不如是也。

人喜則斯陶，陶斯咏，咏斯猶，搖。猶斯舞，舞斯慍，慍斯戚，戚斯歎，歎斯辟，婢亦反。辟斯踊矣。品節斯，斯之謂禮。

此言樂極生哀之情。但「舞斯慍」一句，終是可疑，今且據疏。劉氏欲於「猶斯舞」之下增一「矣」字，而删「舞斯慍」三字，今亦未敢從。○疏曰：「喜者，外境會心之謂。斯，語助也。陶，謂鬱陶，心初悦而未暢之意。鬱陶之情暢，則口歌咏之也。咏歌不足，漸至動搖身體，乃至起舞，足蹈手揚，樂之極也。外境違心之謂慍。凡喜怒相對，哀樂相生。若舞無節，形疲厭倦，事與心違，所以怒生。慍怒之生，由於舞極，故《曲禮》云『樂不可極』也。此凡九句，首各末四句，是哀樂相對。中間『舞斯慍』一句，是哀樂相生。慍斯戚者，怒來觸心，憤恚之餘，轉爲憂戚。憂戚轉深，因發歎息。歎恨不泄，遂至撫心。撫心不泄，乃至跳踊奮擊，亦哀之極也。故夷狄無禮，朝殯夕歌；童兒任情，倏啼欻笑。今若品節此二塗，使踊舞有數，則能久長，故云『斯之謂禮』。品，階格也。節，制斷也。」○孫氏曰：「當作人喜則斯陶，陶斯咏，咏斯猶，猶斯舞，舞斯蹈矣。人悲則斯愠，愠斯戚，戚斯歎，歎斯辟，辟斯踊矣。蓋自喜至蹈凡六變，自悲至踊亦六變，此所謂孺子慕者之直情也。舞蹈辟踊，皆本此情，聖人於是爲之節。」

人死，斯惡之矣。無能也，斯倍之矣。是故制絞、爻。衾，設蔞、柳。翣，爲去聲。使人勿惡也。

以其死而惡之，以其無能而倍之。恐太古無禮之時，人多如此。於是推原聖人所以制禮之初意，止爲使人勿惡勿倍而已。絞、衾以飾其體，蔞、翣以飾其棺，則不見死者之可惡矣。

始死，脯醢之奠；將行，遣去聲。而行之；既葬而食嗣。之。未有見其饗之者也，自上世以來，未之有舍上聲。也，爲使人勿倍也。故子之所刺次。於禮者，亦非禮之訾疵。也。」

始死即爲脯醢之奠，將葬則有包裹牲體之遣，既葬則有虞祭之食，何嘗見死者享之乎？然自上世制禮以來，未聞有舍而不爲者。爲此則報本反始之思，自不能已矣，豈復有倍之之意乎？先王制禮，其深意蓋如此。今子刺喪之踊而欲去之者，亦不足以爲禮之疵病也。

吴侵陳，斬祀，殺厲。師還旋。出竟，境。陳大宰嚭普彼反。使去聲。於師。夫差謂行人儀曰：「是夫也多言，盍嘗問焉？師必有名，人之稱斯師也者，則謂之何？」

魯哀公元年，吴師侵陳。斬祀，伐祠祀之木也。殺厲，殺疫病之人也。大宰、行人，皆官名。夫差，吴子名。是夫，猶言此人，指嚭也。多言，猶能言也。盍，何不也。嘗，試也。師必有名者，言出師伐人，必得彼國之罪以顯我出師之名也。今衆人稱我此師，謂之何名乎？

大宰嚭曰：「古之侵伐者，不斬祀，不殺厲，不獲二毛。今斯師也，殺厲與？平聲。其不謂之殺厲之師與？」曰：「反爾地，歸爾子，則謂之何？」曰：「君王討敝邑之罪，又矜而赦之，師與，平聲。有無名乎？」

二毛，斑白之人也。子，謂所獲臣民也。還其侵略之地，縱其俘獲之民，是矜而赦之矣，豈可又以無名之師議之乎？此言谿善於辭令，故能救敗亡之禍。○石梁王氏曰：「是時吴亦有大宰嚭如何？」

顔丁善居喪，始死，皇皇焉如有求而弗得；及殯，望望焉如有從而弗及；既葬，慨焉如不及其反而息。

顔丁，魯人。皇皇，猶栖栖也。望望，往而不顧之貌。慨，感悵之意。始死，形可見也；既殯，柩可見也；葬則無所見矣。如有從而弗及，似有可及之處也。葬後則不復如有所從矣，故但言「如不及其反」。又云「而息」者，息猶待也，不忍決忘其親，猶且行且止以待其親之反也。蓋葬者往而不反，然孝子於迎精而反之時，猶如有所疑也。

子張問曰：「《書》云：『高宗三年不言，言乃讙。』有諸？」仲尼曰：「胡爲其不然也？古者天子崩，王世子聽於冢宰三年。」

言乃讙者，命令所布，人心喜悦也。

知去聲。悼子卒，未葬。平公飲酒，師曠、李調侍，鼓鍾。杜蕢快。自外來，聞鍾聲，曰：「安在？」曰：「在寢。」杜蕢入寢，歷階而升，酌曰：「曠，飲去聲。斯！」又酌曰：「調，飲斯！」又酌，堂上北面坐飲之，降，趨而出。

知悼子，晉大夫，名罃。平公，晉侯彪也。凡三酌者，既罰二子，又自罰也。

平公呼而進之曰：「蕢，曩者爾心或開予，是以不與爾言。爾飲曠，何也？」曰：「子、卯不樂。知悼子在堂，斯其爲子、卯也，大矣。曠也，太師也，不以詔，是以飲之也。」

言爾之初入，我意爾必有所諫教，開發於我，我是以不先與爾言。乃三酌之後，竟不言而出，爾之飲曠，何説也？蕢言桀以乙卯日死，紂以甲子日死，謂之疾日，故君不舉樂。在堂，在殯也。況君於卿大夫，比葬不食肉，比卒哭不舉樂，悼子在殯，而可作樂燕飲乎？桀紂異代之君，悼子同體之臣，故以爲大於子、卯也。詔，告也。罰其不告之罪也。

「爾飲調，何也？」曰：「調也，君之褻臣也，爲一飲一食，忘君之疾，是以飲之也。」

言調爲近習之臣，貪於一飲一食，而忘君違禮之疾，故罰之也。

「爾飲何也？」曰：「蕢也，宰夫也，非刀匕是共，供。又敢與去聲。知防，是以飲之也。」

非，猶不也。宰夫職在刀匕，今乃不專供刀匕之職，而敢與知諫，爭防閑之事，是侵官矣，故自罰也。

平公曰：「寡人亦有過焉，酌而飲寡人。」杜蕢洗而揚觶。志。公謂侍者曰：「如我死，則必毋廢斯爵也。」至于今，既畢獻，斯揚觶，謂之「杜舉」。

揚觶，舉觶也。盥洗而後舉，致潔敬也。平公自知其過，既命蕢以酌，又欲以此爵爲後世戒。故記者云至今晉國行燕禮之終，必舉此觶。謂之「杜舉」者，言此觶乃昔者杜蕢所舉也。《春秋傳》作屠蒯，文亦不同。

公叔文子卒，其子戍庶。請謚於君，曰：「日月有時，將葬矣，請所以易其名者。」

文子，衛大夫，名拔。君，靈公也。大夫士三月而葬，有時，猶言有數也。死則諱其名，故爲之謚，所以代其名也。

君曰：「昔者衛國凶饑，夫子爲粥，與國之餓者，是不亦惠乎？昔者衛國有難，去聲。夫子以其死衛寡人，不亦貞乎？夫子聽衛國之政，修其班制，以與四隣交，衛國之社稷不辱，不亦文乎？故謂夫子『貞惠文子』。」

魯昭公二十年，盜殺衛侯之兄縶，時齊豹作亂，公如死鳥，此衛國之難也。班者，尊卑之次；制者，多寡之節，因舊典而修舉之也。據先後則「惠」在前，論小大則「貞」爲重，故不曰「惠貞」而曰「貞惠」也。此三字爲謚，而惟稱「文子」者，鄭云：「文足以兼之。」

石駘苔。仲卒，無適子，有庶子六人，卜所以爲後者。曰：「沐浴佩玉則兆。」五人者皆沐浴佩玉。石祁子曰：「孰有執親之喪而沐浴佩玉者乎？」不沐浴佩玉。石祁子兆，衛人以龜爲有知也。

駘仲，衛大夫。曰「沐浴佩玉則兆」，卜人之言也。○方氏曰：「兆亦有凶，卜者以求吉爲主，故經以兆言吉也。」

陳子車死於衛，其妻與其家大夫謀以殉葬，定而后，陳子亢剛。至。以告曰：「夫子疾，莫養去聲。於下，請以殉葬。」

子車，齊大夫，子亢，其兄弟，即孔子弟子子禽也。疾時不在家，家人不得以致其養，故云「莫養於下」也。於是欲殺人以殉葬。定，謂已議定所殺之人也。

子亢曰：「以殉葬，非禮也。雖然，則彼疾當養者，孰若妻與宰？得已，則吾欲已；不得已，則吾欲以二子者之爲之也。」於是弗果用。

宰，即家大夫也。二子，謂妻與宰也。子亢若但言非禮，未必能止之。今以當養者爲當殉，則不期其止而自止矣。

子路曰：「傷哉，貧也！生無以爲養，去聲。死無以爲禮也。」孔子曰：「啜菽，飲水，盡其歡，斯之謂孝。斂首、足、形，還旋。葬而無椁，稱去聲。其財，斯之謂禮。」

世固有三牲之養，而不能歡者，亦有厚葬以爲觀美，而不知陷於僭禮之罪者，知此，則孝與禮可得而盡矣，又何必傷其貧乎？還葬，說見上篇。

衛獻公出奔，反於衛，及郊，將班邑於從去聲。者而后入。柳莊曰：「如皆守社稷，則孰執羈靮的。而從？如皆從，則孰守社稷？君反其國而有私也，毋乃不可乎？」弗果班。

獻公以魯襄十四年奔齊，二十六年歸衛。羈，所以絡馬。靮，所以鞚馬。莊之意，謂居者行者，均之爲國，不當獨賞從者以示私恩。

衛有大史曰柳莊，寢疾，公曰：「若疾革，亟。雖當祭必告。」公再拜稽首，請於尸曰：「有臣柳莊也者，非寡人之臣，社稷之臣也，聞之死，請往。」不釋服而往，遂以襚之，與之邑裘氏與縣玄。潘氏，書而納諸棺，曰：「世世萬子孫毋變也。」

以衣服贈死者曰「襚」。裘、縣潘，二邑名。萬子孫，謂莊之後世也。莊之疾，公嘗命其家：「若當疾亟之時，我雖在祭事，亦必入告。」及其死也。果當公行事之際，遂不釋祭服而往，因釋以襚之，又賜之二邑。此雖見國君尊賢之意，然棄祭事而不終，以諸侯之命服而襚大夫，書封邑之券而納諸棺，皆非禮矣。

陳乾干。昔寢疾，屬燭。其兄弟而命其子尊己，曰：「如我死，則必大爲我棺，使吾二婢子夾我。」陳乾昔死，其子曰：「以殉葬，非禮也，況又同棺乎？」弗果殺。

屬，如《周禮》「屬民」讀法之「屬」，猶合也，聚也。記者善尊己守正而不從其父之亂命。

仲遂卒于垂，壬午猶繹，萬入去上聲。籥。仲尼曰：「非禮也，卿卒不繹。」

仲遂，魯莊公子東門襄仲也，爲魯卿。垂，齊地名。祭宗廟之明日，又設祭禮以尋繹昨日之祭謂之「繹」，殷謂之「肜」。言壬午，則正祭辛巳日也。萬舞，執干以舞也。籥舞，吹籥以舞也。萬入去籥者，言此繹祭時，以仲遂之卒，但用無聲之干舞以入，去有聲之籥舞而不用也。○陳氏曰：「春秋之法，當祭而卿卒則不用樂，明日則不繹。故叔弓之卒，昭公去樂卒事，君子以爲禮。仲遂之卒，宣公猶繹而萬入去籥，聖人以爲非禮。」○《詩記》曰：「萬舞，二舞之總名也。干舞者，武舞之別名；籥舞者，文舞之別名。文舞又謂之羽舞。鄭氏據《公羊》以萬舞爲干舞，誤也。《春秋》書『萬入去籥』，言文武二舞皆入，去其有聲者，故去籥焉。《公羊》乃以萬舞爲武舞，與籥舞對言之，失經意矣。若萬舞止爲武舞，則此詩何爲獨言萬舞而不及文舞？《左傳》：『考仲子之宫將萬焉。』婦人之廟亦不應獨用武舞也。然則萬舞爲二舞之總名明矣。」出《詩緝》「簡兮」註。○愚按《左傳》：「楚令尹子元，欲蠱文夫人，爲館於其宫側，而振萬焉。夫人聞之，泣曰：『先君以是舞也，習戎備也。今令尹不尋諸仇讎，而於未亡人之側，不亦異乎？』」據此，則萬舞信爲武舞矣，吕氏豈偶忘之耶？

季康子之母死，公輸若方小。斂，般班。請以機封，窆。將從之，公肩假曰：「不可。夫魯有初。

公輸，氏；若，名，爲匠師。方小，年尚幼也。斂，下棺於椁也。般，若之族，素多技巧，見若掌斂事而年幼，欲代之而試用其巧技也。機窆，謂以機關轉動之器下棺，不用碑與綍也。魯有初，言魯國自有故事也。

「公室視豐碑，三家視桓楹。

豐碑，天子之制。桓楹，諸侯之制。○疏曰：「凡言『視』者，比擬之辭。豐，大也。謂用大木爲碑，穿鑿去碑中之木使之空，於空間著鹿盧，兩頭各入碑木。以綍之一頭係棺緘，以一頭繞鹿盧。既訖，而人各背碑負綍末頭，聽鼓聲，以漸却行而下之也。桓楹，不似碑形，如大楹耳，通而言之，亦曰碑。《説文》：『桓，郵亭表也。』如今之橋旁表柱也。諸侯二碑，兩柱爲一碑而施鹿盧，故鄭云『四植』也。」

般，爾以人之母嘗巧，則豈不得以其母以

嘗巧者乎？則病者乎？噫！」弗果從。

疏曰：「嘗，試也。言爾欲以人母嘗試己之巧事，誰有强逼於爾而爲此乎？豈不得休已者哉？又語之云：『其無以人母，嘗試己巧，則於爾病者乎？』言不得嘗巧，豈於爾有所病？假言畢，乃更噫而傷嘆。於是衆人遂止。」○一説「則豈不得以其母以嘗巧者乎」作一句，言爾以他人母試巧，而廢其當用之禮，則亦豈不得自以己母試巧而不用禮乎？則於爾心亦有所病而不安乎？蓋使之反求諸心，以己度人，而知其不可也。○應氏曰：「周衰禮廢，而諸侯僭天子，故公室之窆棺視豐碑。大夫僭諸侯，故三家之窆棺視桓楹。其陵替承襲之弊，有自來矣。」

戰于郎，公叔禺遇。人遇負杖入保者息，曰：「使之雖病也，任之雖重也，君子不能爲謀也，士弗能死也，不可。我則既言矣。」與其隣重童。汪踦紀。往，皆死焉。魯人欲勿殤重汪踦，問於仲尼。仲尼曰：「能執干戈以衛社稷，雖欲勿殤也，不亦可乎？」

戰于郎，魯哀公十一年齊伐魯也。禺人，昭公子公爲也。遇魯人之避齊師而入保城邑者，疲倦之餘，負其杖而息于塗。禺人乃歎之曰：徭役之煩，雖不能堪也，税斂之數，雖過於厚也，若上之人協心以禦寇難，猶可塞責也。今卿大夫不能畫謀策，士不能捐身以死難，豈人臣事君之道哉？甚不可也。我既出此言矣，可不思踐吾言乎！於是與其隣之童子汪踦者，皆往國而死於敵。魯人以踦有成人之行，欲以成人之喪禮葬之，而孔子善其權禮之當也。

子路去魯，謂顔淵曰：「何以贈我？」曰：「吾聞之也，去國，則哭于墓而后行。反其國，不哭，展墓而入。」謂子路曰：「何以處我？」子路曰：「吾聞之也，過墓則式，過祀則下。」

哭墓，哀墓之無主也。不忍丘壟之無主，則必有返國之期，故爲行者言之。墓與祀，人所易忽也，而能加之敬，則無往而不用吾敬矣。敬則無適而不安，故爲居者言之也。○方氏曰：「凡物展之則可省而視，故省謂之展。」

工尹商陽與陳弃疾追吴師，及之，陳弃疾謂工尹商陽曰：「王事也，子手弓而可。」句。手弓。句。「子射石。諸。」射之，斃一人，韔暢弓。又及，謂之，又斃二人。每斃一人，揜其目。止其御曰：「朝不坐，燕不與，去聲。殺三人，亦足以反命矣。」孔子曰：「殺人之中，又有禮焉。」

工尹，楚官名。追吳師事在魯昭公十二年。「子手弓而可」爲句，使之執弓也。手弓，商陽之弓在手也。韔，弓衣也。謂之，再告之也。掩目而不忍視，止御而不忍驅，有惻隱之心焉。商陽自言位卑禮薄，如此亦可以稱塞矣。孔子謂其有權，以敗北之師本易窮，而商陽乃能節制其縱殺之心，是仁意與禮節並行，非事君之禮止於是也。特取其善於追敗者，亦非謂臨敵未決而不忍殺人也。○疏曰：「朝與燕，皆在寢。若路門外正朝，則大夫以下皆立。若燕朝在於路寢，則大夫坐於上。如孔子攝齊升堂是也，升堂則坐矣。燕亦在寢，《燕禮》獻卿大夫之後，西階上獻士。無升堂之文，是士立於下也。鄭註『射者在左，戈盾在右，御在中央』，謂兵車參乘之法，此謂凡常戰士；若是元帥，則在中央鼓下，御者在左，戈盾亦在右。若天子、諸侯親將，亦居鼓下。若非元帥，則皆在左，御者在中。若非兵車，則尊者在左。」

諸侯伐秦，曹桓宣。公卒于會。諸侯請含，去聲。使之襲。

曹伯之卒，魯成公十三年也。襲，賤者之事，諸侯從之，不知禮也。

襄公朝于荆，康王卒，荆人曰：「必請襲。」魯人曰：「非禮也。」荆人强上聲。之。巫先拂柩，荆人悔之。

荆，《禹貢》州名，楚立國之本號，魯僖公元年始稱楚。魯襄公以二十八年朝楚，適遭楚子昭之喪。魯人知襲之非禮而不能違，於是以君臨臣喪之禮先之。及其覺之而悔，已無及矣。此其適權變之宜，足以雪恥。

滕成公之喪，使子叔敬叔弔，進書。子服惠伯爲介。及郊，爲去聲。懿伯之忌，不入。惠伯曰：「政也，不可以叔父之私，不將公事。」遂入。

滕成公之喪，在魯昭公之三年。敬叔，魯桓公七世孫。惠伯，則桓公六世孫也。於世次敬叔稱惠伯爲叔父。懿伯，則惠伯之叔父而敬叔之五從祖。進書，奉進魯君之弔書也。介，副也。○劉氏曰：「《左傳》註云：『忌，怨也。』敬叔先有怨於懿伯，故不欲入滕，以惠伯之言而入。《傳》言叔弓之有禮也。此疏云敬叔嘗殺懿伯，爲其家所怨，恐惠伯殺己，故不敢先入。惠伯知其意而開釋之，記惠伯之知禮也。二說不同，而皆可疑。

如彼註言，禮椒爲之避仇怨，則當自受命之日辭行以禮之，不當及郊而後辭入也。如此疏言，恐惠伯殺己而難之，則魯之遺使，而使其仇爲之副，不恤其相仇以棄命害事，亦非善處也。且叔弓爲正使，得仇怨爲介而不請易之，非計之得也。又同使共事，而常以仇敵備之，而往反於魯，滕之路，亦難言也。使椒果欲報仇，則其言雖善，安知非誘我耶？而遂入。又非通論也。按《左傳》云：『及郊，遇懿伯之忌。』此作『爲』，二字雖異，而皆先言及郊，而後言忌，可見是及郊方遇忌也。或者忌字只是忌日，懿伯是敬叔從祖，適及滕郊而遇此日，故欲緩至次日乃入，故惠伯以禮曉之曰，公事有公利，無私忌。乃先入，而叔弓亦遂入焉。」此説固可通，然亦未知然否？闕之可也。

哀公使人弔蕢尚，遇諸道，辟闢。於路，畫獲。宮而受弔焉。

哀公，魯君。辟於路，辟讀爲闢，謂除闢道路，以畫宮室之位而受弔也。

曾子曰：「蕢尚不如杞梁之妻之知禮也。齊莊公襲莒于奪，兑。杞梁死焉。其妻迎其柩於路而哭之哀。

魯襄公二十三年，齊侯襲莒。襲者，以輕兵掩其不備而攻之也。《左傳》言：「杞殖、華還載甲，夜入且于之隧。」且于，莒邑名。隧，狹路也。鄭云「或爲兑」，故讀奪爲兑。梁即殖，以戰死，故妻迎其柩。

莊公使人弔之。對曰：『君之臣不免於罪，則將肆諸市朝，而妻妾執。君之臣免於罪，則有先人之敝廬在，君無所辱命。』」

肆，陳尸也。妻妾執，拘執其妻妾也。《左傳》言「齊侯弔諸其室」。

孺子䵣他昆反。之喪，哀公欲設撥，半末反。問於有若。有若曰：「其可也。君之三臣猶設之。」顏柳曰：「天子龍輴春。而椁幬，道。諸侯輴而設幬，爲榆于沈審，故設撥。三臣者廢輴而設撥，竊禮之不中去聲。者也，而君何學如字。焉？」

䵣，哀公之少子。舊説以撥爲紼，未知是否。三臣，魯之三家也。顏柳言天子之殯，用輴車載柩而畫轅爲龍。椁幬者，叢木爲椁形，而覆幬其上，前言「加斧于椁上」是也。諸侯輴而設幬，則有輴而無龍，有幬而無椁也。榆沈，以水浸榆白皮之汁以播地，取其引車不澁滯也。今三家廢輴而不用而猶設撥，是徒有竊禮之罪，而非有中用之實者也。○方氏曰：「爲輴之重也，故爲榆沈以滑之。欲榆沈之散也，故設撥以發之。無輴，則無所用沈。無所用沈，則無所用撥。三臣既知輴之可廢，而不知撥之不必設，是竊禮之不中者也。撥雖無所經見，然以文考之，爲榆沈故設撥，則是以手撥榆沈而灑於道也。先儒以爲紼，失之矣。」○今按方説如此，亦未知其是否，闕之可也。

悼公之母死，哀公爲去聲。之齊衰。有若曰：「爲妾齊衰，禮與？」平聲。公曰：「吾得已乎哉？魯人以妻我。」

以妻我，以爲我妻也。此哀公溺情之舉，文過之辭。○疏曰：「天子諸侯絶旁期，於妾無服，惟大夫爲貴妾緦。」

季子皋葬其妻，犯人之禾。申祥以告，曰：「請庚之。」子皋曰：「孟氏不以是罪予，朋友不以是棄予，以吾爲邑長於斯也，買道而葬，後難繼也。」

劉氏曰：「季子皋，孔子弟子高柴也。」夫子嘗曰：「柴也愚。」觀《家語》所稱，及此經所記泣血三年，及成人爲衰之事觀之，賢可知矣。此葬妻犯禾，亦爲成宰時事，有無固不可知。然曰「孟氏不以是罪子，朋友不以是棄予」者，以犯禾之失小，而買道之害大也。何也？以我爲邑宰，尚買道而葬，則後必爲例，而難乎爲繼者矣。此亦愚而過慮之一端。然出於誠心，非文飾之辭也。鄭註謂其恃寵虐民，而方氏又加以不仁不恕之説，則甚矣。豈有賢如子皋而有是哉！

仕而未有禄者，君有饋焉，曰「獻」，使去聲。焉，曰「寡君」。違而君薨，弗爲服也。

《王制》云：「位定然後禄之。」此蓋初試爲士未賦廩禄者，有饋於君，則稱「獻」。出使他國，則稱「寡君」。此二事，皆與羣臣同；獨違離之後而君薨，則不爲舊君服，此則與羣臣異。所以然者，以其未嘗食君之禄也。○方氏曰：「湯之於伊尹，學焉而後臣之。方其學也，賓之而弗臣。此所謂仕而未有禄者，若孟子之在齊是也。惟其賓之而弗臣，故有饋焉，不曰『賜』而曰『獻』，將命之使，不曰『君』而曰『寡君』。蓋『獻』爲貢上之辭，而『寡』則自謙之辭故也。以其有賓主之道，而無君臣之禮，故違而君薨，弗爲服也。其曰『違』，則居其國之時，固服之矣。」

虞而立尸，有几、筵。

未葬之前，事以生者之禮。葬則親形已藏，故虞祭則立尸以象神也。筵，席也。大斂之奠，雖有席而無几。此時則設几與筵相配也。

卒哭而諱，生事畢而鬼事始已。

卒哭而諱其名，蓋事生之禮已畢，事鬼之事始矣。已，語辭。

既卒哭，宰夫執木鐸以命于宮，曰：「舍故而諱新。」自寢門至于庫門。

《周禮》，大喪、小喪，宰夫掌其戒令。故卒哭後使宰夫執金口木舌之鐸，振之以命令于宮也。其令之之辭曰：「舍故而諱新。」故，謂高祖之父當遷者。諱多則難避，故使之舍舊諱而諱新死者之名也。以其親盡，故可不諱。庫門，自外入之第一門，亦曰皋門。

二名不偏諱。夫子之母名「徵在」，言「在」不稱「徵」，言「徵」不稱「在」。

二名，二字爲名也。此記避諱之禮。

軍有憂，則素服哭于庫門之外，赴車不載櫜高。韔。

櫜，甲衣。韔，弓衣。甲不入櫜，弓不入韔，示再用也。

○方氏曰：「戰勝而還謂之『愷』，則敗謂之『憂』，宜矣。素服哭，以喪禮處之也。必於庫門之外者，以近廟也。師出受命于祖，無功則於祖命辱矣。赴車，告赴於國之車。凡告喪曰『赴』，車以告敗爲名，與素服同義。」

有焚其先人之室，則三日哭。故曰「新宮火」，亦「三日哭」。

先人之室，宗廟也。魯成公三年，焚宣公之廟，神主初入，故曰「新宮」。《春秋》書：「二月甲子，新宮災，三日哭。」註云書其得禮。此言「故曰」者，謂《春秋》文也。

孔子過泰山側，有婦人哭於墓者而哀。夫子式而聽之，使子路問之，曰：「子之哭也，壹似重平聲。有憂者。」而曰：「然。昔者吾舅死於虎，吾夫又死焉，今吾子又死焉。」夫子曰：「何爲不去也？」曰：「無苛政。」夫子曰：「小子識志。之，苛政猛於虎也。」

聞其哭，式而聽之，與見齊衰者，雖狎必變之意同。聖人敬心之所發，蓋有不期然而然者。壹似重有憂者，言甚似重疊有憂苦者也。而曰，乃曰也。虎之殺人，出於倉卒之不免。苛政之害，雖未至死，而朝夕有愁思之苦，不如速死之爲愈，此所以猛於虎也。爲人上者，可不知此哉！

魯人有周豐也者，哀公執摯至。請見之，而曰：「不可。」公曰：「我其已夫。」使人問焉，曰：「有虞氏未施信於民，而民信之。夏后氏未施敬於民，而民敬之。何施而得斯於民也？」對曰：「墟墓之間，未施哀於民而民哀，社稷、宗廟之中，未施敬於民而民敬。殷人作誓而民始畔，周人作會而民始疑。苟無禮義、忠信、誠愨之心以涖之，雖固結之，民其不解佳買反。乎？」

周豐必賢而隱者，故哀公屈己見之。乃曰「不可」者，蓋古者不爲臣不見，故不敢當君之臨見也。我其已夫，已，止也。不强其所不願也。有心之固結，不若無心之感孚，其言甚正。但大禹征苗，已嘗誓師，誓非始於殷也。禹會諸侯於塗山，會亦不始於周也。此言誓之而畔，會之而疑，則始於殷周耳。

喪不慮居，毁不危身。喪不慮居，爲無廟也。毁不危身，爲無後也。

劉氏曰：「喪禮，稱家之有無，不可勉爲厚葬而致有敗家之慮。家廢，則宗廟不能以獨存矣。毁不滅性，不可過爲哀毁而致有亡身之危。以死傷生，則君子謂之無子矣。此二者，皆所以防賢者之過禮。」

延陵季子適齊，於其反也，其長子死，葬於嬴、博之間。孔子曰：「延陵季子，吴之習於禮者也。」往而觀其葬焉。

吴公子札，讓國而居延陵，故曰延陵季子。嬴、博，齊二邑名。

其坎深去聲。不至於泉，其斂以時服，既葬而封，如字。廣去聲。輪揜坎，其高可隱於刃反。也。既封，左袒，右還其封，且號平聲。者三，曰：「骨肉歸復于土，命也！若魂氣則無不之也，無不之也。」而遂行。孔子曰：「延陵季子之於禮也，其合矣乎！」

不至於泉，謂得淺深之宜也。時服，隨死時之寒暑所衣也。封，築土爲墳也。横曰廣，直曰輪。下則僅足以揜坎，上則纔至於可隱，皆儉制也。左袒以示陽之變，右還以示陰之歸。骨肉之歸土，陰之降也。魂氣之無不之，陽之升也。陰陽，氣也。命者，氣之所鍾也。季子以骨肉歸復于土爲命者，此「精氣爲物」之有盡。謂魂氣則無不之者，此「遊魂爲變」之無方也。壽夭得於有生之初，可以言命。魂氣散於既死之後，不可以言命也。再言「無不之也」者，愍傷離訣之至情，而冀其魂之隨己以歸也。不惟適旅葬之節，而又且通幽明之故，宜夫子之善之也。然爲疑辭而不爲決辭者，蓋季子乃隨時處中之道，稱其有無，而不盡拘乎禮者也。故夫子不直曰「季子之於禮也合矣」，而必加

「其」「乎」二字，使人由辭以得意也，讀者詳之。○石梁王氏曰：「還，與環同。」

邾婁考公之喪，徐君使容居來弔、含。去聲。曰：「寡君使容居坐含，進侯玉。其使容居以含。」

考公之喪，徐國君使其臣容居者來弔，且致珠玉之含，言寡君使我親坐而行含，以進侯玉於邾君。侯玉者，徐自擬天子，以邾君爲己之諸侯，言進侯氏以玉也。其使容居以含者，容居求即行含禮也。○疏曰：「凡行含禮，未斂之前，士則主人親含，大夫以上即使人含。若斂後至殯葬有來含者，親自致璧於柩及殯上者，謂之親含。若但致命以璧授主人，主人受之，謂之不親含。」○石梁王氏曰：「坐，當訓跪。」

有司曰：「諸侯之來辱敝邑者，易異。則易，于則于。易于雜者，未之有也。」

邾之有司拒之，言諸侯之辱來邾國者，人臣來而其事簡易，則行人臣簡易之禮。人君來而其事廣大，則行人君廣大之禮。于，猶迂也，有廣遠之意。今人臣來而欲行人君之禮，是易于相雜矣，我國未有此也。

容居對曰：「容居聞之，事君不敢忘其君，亦不敢遺其祖。昔我先君駒王西討，濟於河，無所不用斯言也。容居，魯人也，不敢忘其祖。」

容居又答言事君者不敢忘其君，我奉命如此，今不能行，是忘吾君也。爲人子孫，當守先世之訓，故亦不敢遺吾祖也。居蓋徐之公族耳。且言昔者我之先君駒王濟河而西討，無一處不用此稱王之言，自言其疆土廣大，久已行王者之禮也。又自言我非譎詐者，乃魯鈍之人，是以不敢忘吾祖，欲邾人之信其言也。此著徐國君臣之僭，且明邾有司不能終正當時之僭也。

子思之母死於衛，赴於子思。子思哭於廟。門人至，曰：「庶氏之母死，何爲哭於孔氏之廟乎？」子思曰：「吾過矣！吾過矣！」遂哭於他室。

伯魚卒，其妻嫁於衛之庶氏。嫁母與廟絶族，故不得哭之於廟。

天子崩，三日，祝先服。五日，官長服。七日，國中男女服。三月，天下服。

疏曰：「祝，大祝商祝也。服，服杖也。是喪服之數，故呼杖爲服。祝佐含斂先病，故先杖也。故子亦三日而杖。官長，大夫、士也。病在祝後，故五日。國中男女，謂畿内民，及庶人在官者。服齊衰三月而除，必待七日者，天子七月而殯，殯後嗣王成服，故民得成服也。三月天下服者，謂諸侯之大夫爲王緦衰，既葬而除。近者亦不待三月，今據遠者爲言耳。何以知其或杖服，或衰服？按《喪大記》及《喪服四制》云云，然《四制》云「七日授士杖」，此云五日士杖者，崔氏云：『此據朝廷之士，《四制》言邑宰之士也。』」

虞人致百祀之木，可以爲棺椁者斬之。不至者，廢其祀，刎武粉反。其人。

虞人，掌山澤之官也。天子之棺四重而椁周焉，亦奚以多木爲哉！畿内百縣之祀，其木可用者悉斬而致之，無乃太多乎？畿内之美材，固不乏矣，奚獨於祠祀斬之乎？廢其祀，刎其人，又何法之峻乎？禮制若此，未詳其説。一云必命虞人致木，不用命者，然後國有常刑。虞人非一，未必盡命之也。

齊大饑，黔敖爲食如字。於路，以待餓者而食嗣。之。有餓者，蒙袂，輯集。屨，貿貿茂。然來。黔敖左奉上聲。食，右執飲，曰：「嗟，來食！」揚其目而視之，曰：「予唯不食嗟來之食，以至於斯也。」從而謝焉，終不食而死。曾子聞之，曰：「微與！平聲。其嗟也可去，其謝也可食。」

蒙袂，以袂蒙面也。輯屨，輯斂其足，言困憊而行蹇也。貿貿，垂頭喪氣之貌。嗟來食，歎閔之而使來食也。從，就也。微與，猶言細故末節。謂嗟來之言雖不敬，然亦非大過。故其嗟雖可去，而謝焉則可食矣。

邾婁定公之時，有弒其父者，有司以告，公瞿屨。然失席，曰：「是寡人之罪也。」曰：「寡人嘗學斷斯獄矣。臣弒君，凡在官者，殺無赦。子弒父，凡在宫者，殺無赦。殺其人，壞怪。其室，洿烏。其宫而豬焉。蓋君踰月而后舉爵。」

瞿然，驚怪之貌。在官者，諸臣也。在宫者，家人也。天下之惡無大於此者，是以人皆得以誅之，無赦之之理。惟父有此罪，則子不可討之也。君不舉爵，以人倫大變，亦教化不明所致，故傷悼而自貶耳。○疏曰：「豬是水聚之名。」○石梁王氏曰：「註疏本作『子弒父，凡在宫者，殺無赦』爲是。」

晉獻文子成室，晉大夫發焉。張老曰：「美哉輪焉！美哉奐焉！歌於斯，哭於斯，聚國族於斯。」文子曰：「武也得歌於斯，哭於斯，聚國族於斯，是全要平聲。領以從先大夫於九京原。也。」北面再拜稽首。君子謂之善頌善禱。

晉獻，舊説謂晉君獻之，謂賀也。然君有賜於臣，豈得言「獻」？疑「獻文」二字，皆趙武謚，如貞惠文子之類。諸大夫發禮往賀，記者因述張老之言。輪，輪囷，高大也。奐，奐爛，衆多也。歌，祭祀作樂也。哭，死喪哭泣也。聚國族，燕集國賓，聚會宗族也。頌者，美其事而祝其福。禱者，祈以免禍也。張老之言善於頌，武子所答善於禱也。○鄭氏曰：「晉卿大夫之墓地在九原。」○疏曰：「領，頸也。古者罪重腰斬，罪輕頸刑。先大夫，文子父祖也。」○石梁王氏曰：「歌於斯，謂祭祀歌樂也。大夫祭無樂，春秋時或有之。」

仲尼之畜許六反。狗死，使子貢埋之，曰：「吾聞之也，敝帷不弃，爲去聲。埋馬也。敝蓋不弃，爲埋狗也。丘也貧，無蓋。於其封窆。也，亦予上聲。之席，毋使其首陷焉。」

狗馬皆有力於人，故特示恩也。

路馬死，埋之以帷。

謂君之乘馬死，則特以帷埋之，不用敝帷也。○方氏曰：「魯昭公乘馬塹而死，以帷裹之。」

季孫之母死，哀公弔焉。曾子與子貢弔焉，閽人爲去聲。君在，弗内納。也。曾子與子貢入於其廄而修容焉。子貢先入，閽人曰：「鄉去聲。者已告矣。」曾子後入，閽人辟避。之。

鄉者已告，言先已告於主人矣。

涉内霤，卿大夫皆辟位，公降一等而揖之。君子言之曰：「盡飾之道，斯其行者遠矣。」

内霤，門屋後簷也。行者遠，猶言感動之大也。○劉氏曰：「此章可疑。二子弔卿母之喪，必自盡禮以造門，不當待閽者拒而後修容盡飾也。且既至而閽人辭，或當再請於閽。若終不得通，退可也，何必以威儀悚動之以求入耶？其入而君卿大夫敬之者，以平日知其賢也，非素不相知，創見其容飾之美而加敬也。而君子乃曰『盡飾之道斯其行者遠』，則是二子之德行不足以行遠，惟區區之外飾，乃足以行遠耶？」

陽門之介夫死，司城子罕入而哭之哀。晉人之覘宋者，反報於晉侯曰：「陽門之介夫死，而子罕哭之哀，而民説，悦。殆不可伐也。」

陽門，宋之國門名。介夫，甲士之守衛者。宋武公諱司空，改其官名爲司城。子罕，樂喜也，戴公之後。覘，闚視也。

孔子聞之，曰：「善哉，覘國乎！《詩》云：『凡民有喪，扶匍。服匐。救之。』雖微晉而已，天下其孰能當之？」

孔子善之，以其識治體也。《詩》，《邶風·谷風》之篇。扶服，致力之義。微，無也。夫子引《詩》而言，宋國雖以子罕得人心，可無晉憂而已，然天下亦孰能當之？甚言人心之足恃也。一説，微，弱也。雖但弱晉之强，使不敢伐而已。然推此意，則民既悦服，必能親其上，死其長，而舉天下莫能當之矣。前説爲是。

魯莊公之喪，既葬，而絰不入庫門。士大夫既卒哭，麻不入。

莊公爲子般所弑而慶父作亂，閔公時年八歲。絰，葛絰也。諸侯弁絰葛而葬。葬畢，閔公即除凶服於庫門之外，而以吉服嗣位，故云「絰不入庫門」也。士大夫則仍麻絰，直俟卒哭乃不以麻絰入庫門。蓋閔公既吉服不與虞與卒哭之祭，故羣臣至卒哭而除。記禍亂恐迫，禮所由廢。

孔子之故人曰原壤，其母死，夫子助之沐椁。原壤登木曰：「久矣，予之不託於音也。」歌曰：「貍首之斑然，執女手之卷拳。然。」夫子爲弗聞也者而過之。從去聲。者曰：「子未可以已乎？」夫子曰：「丘聞之，親者毋失其爲親也，故者毋失其爲故也。」

或問朱子：「原壤登木而歌，夫子爲弗聞而過之，待之自好；及其夷俟，則以杖叩脛，莫太過否？」曰：「這説却差。如壤之歌，乃是大惡。若要理會，不可但已，只得且休。至其夷俟之時，不可不教誨，故直責之，復叩其脛，自當如此。若如今説，則是不要管他，却非朋友之道矣。」○胡氏曰：「數其母死而歌，則壤當絶。叩其夷踞之脛，則壤猶故人耳。盛德中禮，見乎周旋，此亦可見。」○馮氏曰：「母死而歌，惡有大於此者乎？宜絶而不絶，蓋以平生之素，而事有出於一時之不意者如此。善乎朱子之言曰『若要理會，不可但已，只得且休』。其有以深得聖人之處其所難處者矣。」○劉氏曰：「原壤母卒，夫子助之治椁。壤登已治之椁木而言，久矣，我之不託興於詠歌之音也。如貍首之斑，言木文之華也。卷與拳同。如執女手之拳，言沐椁之滑膩也。壞之廢敗禮法甚矣，夫子佯爲不聞而過，去以避之。從者見其無禮，疑夫子必當已絶其交。故問曰：『子未當已絶之乎？』夫子言：『爲親戚者，雖有非禮，未可遽失其親戚之情也。爲故舊者，雖有非禮，未可遽失其故舊之好也。』此聖人隱惡全交之意。」

趙文子與叔譽觀乎九原。文子曰：「死者如可作也，吾誰與歸？」

文子，晉大夫，名武。叔譽，叔向也。言卿大夫之死而葬於此者多矣，假令可以再生而起，吾於衆大夫誰從乎？文子蓋設此説，欲與叔向共論前人賢否也。

叔譽曰：「其陽處父乎？」文子曰：「行并植直吏反。於晉國，不没其身，其知去聲。不足稱也。」

處父，晉襄公之傅。并者，兼衆事於己，是專權也。植者，剛强自立之意。所行如此，故爲狐射姑所殺，不得善終其身，是不智也。

「其舅犯乎？」文子曰：「見利不顧其君，其仁不足稱也。

叔譽又稱子犯可歸，文子言子犯從文公十九年于外，及反國危疑之時，當輔之入以定其事。乃及河而授璧以辭，此蓋爲他日高爵重禄之計，故以此言要君求利也，豈顧其君之安危哉？是不仁也。

我則隨武子乎。利其君，不忘其身。謀其身，不遺其友。」晉人謂文子知人。

文子自言我所願歸者，惟隨武子乎。武子，士會也。食邑於隨。《左傳》言：「夫子之家事治，言於晉國無隱情。」蓋不忘其身而謀之，知也。利其君，不遺其友，皆仁也。

文子其中退然如不勝升。衣，其言吶吶如劣反。然如不出諸其口。

中，身也。見《儀禮》鄉射記。退然，謙卑怯弱之貌。吶吶，聲低而語緩也。如不出諸其口，似不能言者。

所舉於晉國，管庫之士七十有餘家。生不交利，死不屬燭。其子焉。

管，鍵也，即今之鎖。庫之藏物，以管爲開閉之限。管庫之士，賤職也。知其賢而舉之，即不遺友之實。雖有舉用之恩於其人，而生則不與之交利，將死亦不以其子屬託之，廉潔之至。

叔仲皮學效。子柳。叔仲皮死，其妻魯人也，衣咨。衰而繆樛。絰。叔仲衍以告，請緦歲。衰而環絰，曰：「昔者吾喪姑姊妹亦如斯，末吾禁也。」退，使其妻緦衰而環絰。

繆，絞也，謂兩股相交。五服之絰皆然，惟弔服之環絰一股。○疏曰：言叔仲皮教訓其子子柳，而子柳猶不知禮。叔仲皮死，子柳妻雖是魯鈍婦人，猶知爲舅著齊衰，而首服繆絰。衍是皮之弟，子柳之叔，見當時婦人好尚輕細，告子柳云，汝妻何以著非禮之服？子柳見時皆如此，亦以爲然。乃請於衍，令其妻身著緦衰，首服環絰。衍又答云，昔者吾喪姑姊妹，亦如此緦衰環絰，無人相禁止也。子柳得衍此言，退使其妻著緦衰而環絰。

成人有其兄死而不爲衰者，聞子皐將爲成宰，遂爲衰。成人曰：「蠶則績而蟹有匡，范則冠而蟬有緌，而追反。兄則死而子皐爲之衰。」

成，魯邑名。匡，背殼似匡也。范，蜂也。○朱氏曰：「絲之績者，必由乎匡之所盛。然蟹之有匡，非爲蠶之績也，爲背而已。首之冠者，必資乎緌之所飾，然蟬之有緌，非爲范之冠也，爲喙而已。兄死者，必爲之服衰，然成人之服衰，非爲兄之死也，爲子皐而已。蓋以上二句喻下句也。」

樂正子春之母死，五日而不食，曰：「吾悔之。自吾母而不得吾情，吾惡烏。乎用吾情？」

子春，曾子弟子。矯爲過制之禮，而不用其實情於母，則他無所用其實情矣，此所以悔也。

歲旱，穆公召縣子而問然。曰：「天久不雨，去聲。吾欲暴步卜反。尪汪。而奚若？」

《左傳》註云：「尪者，瘠病之人，其面上向。」暴之者，冀天哀之而雨也。

曰：「天則不雨，而暴人之疾子，句。虐，句。毋乃不可與？」平聲。

此言酷虐之事，非所以感天。

「然則吾欲暴巫而奚若？」

巫能接神，冀神閔之而雨。

曰：「天則不雨，而望之愚婦人，句。於以求之，毋乃已疏乎？」

於以求之，猶言於此求之也。已疏，言甚迂闊也。

「徙市則奚若？」曰：「天子崩，巷市七日。諸侯薨，巷市三日。爲去聲。之徙市，不亦可乎？」

徙，移也。言徙市，又言巷市者，謂徙交易之物於巷也。此庶人爲國之大喪，憂戚罷市，而日用所須，又不可缺，故徙市於巷也。今旱而欲徙市者，行喪君之禮以自責也。縣子以其求之己而不求諸人，故可其説。然豈不聞僖公以大旱欲焚巫尪，聞臧文仲之言而止？縣子不能舉其説以對穆公，而謂徙市爲可，則亦已疏矣。

孔子曰：「衛人之祔也，離之。魯人之祔也，合之，善夫！」

生既同室，死當同穴，故善魯。○疏曰：「祔，合葬也。離之，謂以一物隔二棺之間於椁中也。魯人則合並兩棺置椁中，無別物隔之。」○朱子曰：「古者椁合衆材爲之，故大小隨人所爲。今用全木，則無許大木可以爲椁，故合葬者，只同穴而各用椁也。」

禮記卷之三

禮記卷之四

陳澔集説

王制第五

疏曰：「《王制》之作，在秦漢之際。盧植云：『文帝令博士諸生作。』」

王者之制禄爵：公、侯、伯、子、男，凡五等。

《孟子》言天子一位，子、男同一位。

諸侯之上大夫卿、下大夫、上士、中士、下士，凡五等。

《孟子》言君一位，凡六等。○疏曰：「五等，虞、夏、周同。殷三等，公、侯、伯也。」

天子之田方千里，公侯田方百里，伯七十里，子男五十里。不能五十里者，不合於天子，附於諸侯，曰附庸。

此言天子諸侯田里之廣狹。不能，猶不足也。不合於天子者，不與王朝之聚會也。民功曰庸，其功勞附大國而達於天子，故曰「附庸」。天子以下皆言田而不言地者，以地有山林川澤原隰險夷之不同，若限以地里，而不計田里，則井地不均，穀禄不平矣。里數有二：分田之里以方計，如方里而井是也；分服之里以袤計，如二十五家爲里是也。後章言「方千里者，爲田九萬畝」，此以方計者也；「自恒山至于南河，千里而近」，此以袤計者也。分服則計道里遠近，以爲朝貢之節；分田則計田畝多寡，以爲賦禄之制，此所以爲均平也。

天子之三公之田視公侯，天子之卿視伯，天子之大夫視子男，天子之元士視附庸。

此言王朝有位者之田，亦與《孟子》不同。○方氏曰：「三公而下，食采邑於畿内，禄之多少，以外諸侯爲差。元士，上士也，與『元子』『元侯』稱『元』同。不言中士、下士，則視附庸惟上士也。」

制：農田百畝。百畝之分，去聲。上農夫食嗣。九人，其次食八人，其次食七人，其次食六人，下農夫食五人，庶人在官者，其禄以是爲差也。

此言庶人之田。井田之制，一夫百畝。肥饒者爲上農，墝瘠者爲下農，故所養有多寡也。府史胥徒之屬，皆庶人之在官者，其禄以農之上下爲差。多者不得過食九人之禄，寡者不得下食五人之禄，隨其高下爲五等之多寡也。

諸侯之下士視上農夫，禄足以代其耕也。中士倍下士，上士倍中士，下大夫倍上士，卿四大夫禄，君十卿禄。

此言大國也。視上農夫者，得食九人之禄也。

次國之卿三大夫禄，君十卿禄。小國之卿倍大夫禄，君十卿禄。

程子曰：「孟子之時，去先王未遠，載籍未經秦火，然而班爵禄之制，已不聞其詳。今之禮書，皆掇拾於煨燼之餘，而多出於漢儒一時之傅會，奈何欲盡信而句爲之解乎？然則其事固不可一一追復矣。」○朱子曰：「《孟子》此章之説與《周禮》、《王制》不同，蓋不可考，闕之可也。」○方氏曰：「次國小國不言大夫士者，多寡同於大國可知。由卿而上，三等之國所異；由大夫而下，三等之國所同者，蓋卿而上，其禄浸厚，苟不爲之殺，則地之所出不足以供；大夫而下，其禄浸薄，苟亦爲之殺，則臣之所養不能自給，此所以多寡或同或異也。」

次國之上卿，位當大國之中，中當其下，下當其上大夫。小國之上卿，位當大國之下卿，中當其上大夫，下當其下大夫。

此言三等之國，其卿大夫頫聘並會之時，尊卑之序如此。鄭云「爵位同，則小國在下」，謂二人同是卿，則小國卿在大國卿之下；「爵異，固在上」者，謂若大國是大夫，小國是卿，則位於大國大夫之上也。

其有中士、下士者，數各居其上之三分。

鄭氏曰：「謂其爲介，若特行而並會也。居，猶當也。此據大國而言。大國之士爲上，次國之士爲中，小國之士爲下。士之數，國皆二十七人。各三分之：上九，中九，下九。」○疏曰：「今大國之士既定在朝會，若其有中國之士、小國之士者，其行位之數，各居其上國三分之二。謂次國以大國爲上，而次國上九當大國中九，次國中九當大國下九，是各當其大國三分之二。小國以次國爲上，小國上九當次國中九，小國中九當次國下九，亦是居上三分之二也。是各居上之三分。」

凡四海之内九州，州方千里。州建百里之國三十，七十里之國六十，五十里之國百有二十，凡二百一十國。名山大澤不以封。其餘以爲附庸、閒閑。田。八州，州二百一十國。

九州，并王畿而言。此但言每一州所可容者如此，凡八州，餘以例推，皆言畿外之制。下文始言天子畿内之制也。

天子之縣内，方百里之國九，七十里之國二十有一，五十里之國六十有三，凡九十三國。名山大澤不以朌，班。其餘以禄士，以爲閒田。

鄭注，畿内九大國者，三爲三公之田，又三爲三公致仕者之田，餘三待封王之子弟也。次國二十一者，六爲六卿之田，又六爲六卿致仕者之田，又三爲三孤之田，餘六亦待封王子弟也。小國六十三者，二十七大夫之田，并大夫致仕之田，共五十四，餘九亦待封王子弟也。三孤無職，雖致仕，猶可即而謀，故不副。愚意此無明證，皆鄭氏臆説。況周制六卿兼公孤，則所餘之田尚多。然如周召之支子在周者，皆世爵禄，則累朝之王子弟，未必能盡有所封也。○疏曰：「畿外諸侯有封建之義，故云『不以封』。畿内之臣不世位，有朌賜之義，故云『不以朌』。」○朱子曰：「恐只是諸儒做箇如此筭法，其實不然。建國必因山川形勢，無截然可方之理。」又曰：「非惟施之當今有不可行，求之昔時，亦有難曉。」○石梁王氏曰：「天子縣内以封者，或三分之一，或半之。又除山川城郭塗巷溝渠，則奉上者幾何？」

凡九州，千七百七十三國，天子之元士，諸侯之附庸不與。去聲。

九州而千七百七十三國者，内一州爲王圻，容九十三國，外八州容一千六百八十國，并畿内爲千七百七十三國也。元士附庸不與者，以上文所筭止五十里，而元士附庸皆不能五十里，故不與也。○石梁王氏曰：「註引千八百國之説，謂夏制要服内七千里，與五服五千之言不合。」

天子百里之内以共恭。官，千里之内以爲御。

共官，謂供給王朝百官府文書之具，泛用之需。御，謂凡天子之服用，蓋皆取之租税也。○方氏曰：「以百里所出之少，資百官之所共，疑若不足。然卑者所稱，不爲不足。以千里所出之多，爲一人之御，疑若有餘。然尊者所稱，不爲有餘。且以其近者與人，則欲其易給而無勞。以其遠者奉己，則欲其難致而有節。百里之内，非不以爲御也，要之以共官爲主耳。千里之内，非不共官也，要之以爲御爲主耳。」

千里之外設方伯。五國以爲屬，屬有長；十國以爲連，連有帥；三十國以爲卒，子忽反。卒有正；二百一十國以爲州，州有伯。八州八伯，五十六正，百六十八帥，三百三十六長。八伯各以其屬，屬於天子之老二人，分天下以爲左右，曰二伯。

《春秋傳》曰：「自陝以東，周公主之。自陝以西，召公主之。」此即天子之上公，分主天卜之侯國也。八伯，爲八州之伯。二伯，則天下之伯也。

千里之内曰甸，千里之外曰采，曰流。

方氏曰：「甸服四面五百里，則爲方千里矣。王畿千里之外，莫近於侯服，而采又侯服之最近者。莫遠於荒服，而流又荒服之最遠者。舉其最遠最近，則綏、要之服在其中矣。」

天子三公、九卿、二十七大夫、八十一元士。

石梁王氏曰：「唐虞稽古，建官惟百。夏商官倍，註獨引《明堂位》，謂夏官百，非也。」

大國三卿，皆命於天子，下大夫五人，上士二十七人。次國三卿，二卿命於天子，一卿命於其君，下大夫五人，上士二十七人。小國二卿，皆命於其君，下大夫五人，上士二十七人。

馬氏曰：「天子六卿，而二卿一公，故有三公。而六卿之中，又有三孤焉。天子六卿，而大國三卿，乃其統之屬也。至於大夫士，則又三卿之屬焉。下大夫五人，二卿之下，下大夫各二人。一卿之下，下大夫一人。《周官》所謂『設其參』，即三卿也。『傅其伍』，即下大夫五人也。『陳其殷』，即上士二十七人也。有上、中、下之大夫，而獨言下大夫者，對卿而言也，其實大夫有上、中、下之辨。士亦有上、中、下，而獨言上士者，對府史而言也，其實士又有上、中、下之異。」

天子使其大夫爲三監，去聲。監平聲。於方伯之國，國三人。

監者，監臨而督察之也，自王朝出，權亦尊矣。一州三人，則二十四人也。此大夫之在朝必無職守者，使有常職，豈可遺乎？不然，則特命也。

天子之縣内諸侯，禄也。外諸侯，嗣也。

畿内之地，王朝百官食禄之邑在焉。畿外乃以封建，使其子孫嗣守。然内亦謂之諸侯者，三公之田視公侯，卿視伯，大夫視子男，元士視附庸也。

制：三公一命卷，衮。若有加，則賜也，不過九命。

制者，言三公命服之制也。命數止於九。天子之三公八命，著鷩冕。若加一命，則爲上公，與王者之後同，而著衮冕，故云「一命衮」。若爲三公而有加衮者，是出於特恩之賜，非例當然，故云「若有加，則賜也」。人臣無過九命者，《大宗伯》「再命受服」，與此不同。○馬氏曰：「三公衮服，有降龍，無升龍。」

次國之君，不過七命。小國之君，不過五命。大國之卿，不過三命，下卿再命。小國之卿與下大夫一命。

方氏曰：「大國之卿不過三命，下卿再命，則知次國之卿再命一命也。小國之卿與下大夫一命，則知三等之國，其大夫皆一命而已。大國對下卿言，卿指上中可知。小國特言卿，則兼三等之卿可知。言下大夫而不及上中者，蓋諸侯無中大夫，而卿即上大夫故也。前言上中下之所當與此不同者，位雖視其命，不能無詳略之異也。」

凡官民材，必先論之。論辨，然後使之。任事，然後爵之。位定，然後禄之。爵人於朝，與士共之。刑人於市，與衆棄之。

論，謂考評其行藝之詳也。論辨，則材之優劣審矣。任事，則能勝其任矣。於是爵之以一命之位，而養之以禄焉。○疏曰：「爵人於朝，殷法也，周則天子假祖廟而拜授之。刑人於市，亦殷法，謂貴賤皆刑于市。周則有爵者刑于甸師氏也。」

是故公家不畜刑人，大夫弗養，士遇之塗，弗與言也。屏之四方，唯其所之，不及以政，示弗故生也。

公家不畜刑人，舊説以爲商制，以《周官》墨者守門，劓者守關，宫者守内，刖者守囿，髡者守積也。唯其所之者，量其罪之所當往適之地而居之，如《虞書》「五流有宅，五宅三居」是也。不及以政，賦役不與也。示弗故生，不授之田，不賙其乏，示不故欲其生也。

諸侯之於天子也，比年一小聘，三年一大聘，五年一朝。

比年，每歲也。小聘使大夫，大聘使卿，朝則君親行。

天子五年一巡守。

《舜典》曰：「五載一巡守。」《周官·大行人》曰：「十有二歲，王巡守殷國。」《孟子》曰：「巡守者，巡所守也。」

歲二月，東巡守，至于岱宗。柴，而望祀山川。覲諸侯，問百年者，就見之。

歲二月，當巡守之年二月也。岱，泰山也。宗，尊也。東方之山，莫高於此，故祀以爲東岳而稱岱宗也。柴，本作祡，今通用。燔燎以祭天，而告至也。東方山川之當祭者，皆於此望而祀之。遂接見東方之諸侯，問有百歲之人，則即其家而見之，以其年高，故不召見也。

命大泰。師陳詩，以觀民風。命市納賈，嫁。以觀民之所好去聲。惡，去聲。志淫好辟。僻。

大師，樂官之長。詩以言志，采録而觀覽之，則風俗之美惡可見，政令之得失可知矣。物之供用者，皆出於市，而價之貴賤，則係於人之好惡。好質則用物貴，好奢則侈物貴，志流於奢淫，則所好皆邪僻矣。

命典禮考時月定日、同律、禮樂、制度、衣服，正之。

典禮，掌禮之官也。考時月定日，即《舜典》所云「協時月正日」也。考校四時及月之大小，時有節氣早晚，月有弦望晦朔，日有甲乙先後，考之使各當其節。法律、禮、樂、制度、衣服，皆王者所定，天下一君，不容有異，異則非正矣。故因巡守所至，而正其不同者使皆同也。

山川神祇有不舉者爲不敬，不敬者君削以地。

凡祭，有其舉之，莫敢廢也，故不舉者爲不敬。山川，地之望也，故削地焉。

宗廟有不順者爲不孝，不孝者君絀黜。以爵。

宗廟不順，如紊昭穆之次，失祭祀之時，皆不孝也。爵者，祖宗所傳，故絀爵焉。

變禮易樂者爲不從，不從者君流。革制度衣服者爲畔，畔者君討。

不從，違戾也。流者，竄之遠方。討者，聲罪致戮。《孟子》曰：「天子討而不伐。」此章四「君」字皆謂國君。

有功德於民者，加地進律。

應氏曰：「律者，爵命之等，加地而進之，所以示勸也。」

五月南巡守，至于南嶽，如東巡守之禮。八月西巡守，至于西嶽，如南巡守之禮。十有一月北巡守，至于北嶽，如西巡守之禮。歸假格。于祖禰，用特。

假，至也。歸至京師，即以特牛告至于祖禰之廟。

天子將出，類乎上帝，宜乎社，造乎禰。諸侯將出，宜乎社，造乎禰。

類、宜、造，皆祭名。後章言「天子將出征」，則此出爲巡守也。諸侯則朝覲會同之出歟？

天子無事與諸侯相見曰朝。考禮，正刑，一德，以尊于天子。

無事，無死喪寇戎之事也。考禮者，稽考而是正之，使無違僭也。正刑者，行以公平，使無偏枉也。一德，無貳心也。三者皆尊天子之事。

天子賜諸侯樂，則以柷昌六切。將之。賜伯、子、男樂，則以鼗將之。

柷，形如漆桶，方二尺四寸，深一尺八寸，中有椎柄，連底撞之，令左右擊，所以合樂之始。鼗，如鼓而小，有柄，持而搖之，則旁耳自擊，所以節樂之終。將之，謂使者執此以將命也。○疏曰：「柷節一曲之始，其事寬，故以將諸侯之命。鼗節一唱之終，其事狹，故以將伯、子、男之命。」

諸侯賜弓矢然後征，賜鈇鉞然後殺。

鈇，莝斫刀也。鉞，斧也。

賜圭瓚然後爲鬯。未賜圭瓚，則資鬯於天子。

圭瓚、璋瓚，皆酌鬯酒之爵。以大圭爲瓚之柄者曰圭瓚。釀秬鬯爲酒，芬香條鬯於上下，故曰鬯。祭酒灌地降神必用鬯，故未賜圭瓚，則求鬯於天子。賜圭瓚，然後得自爲也。

天子命之教，然後爲學。小學在公宮南之左，大學在郊。天子曰辟廱，諸侯曰頖宮。

疏曰：「百里之國，國城居中，面有五十里。二十里置郊，郊外仍有三十里。七十里之國，國城居中，面有三十五里。九里置郊，郊外仍有二十六里。五十里之國，國城居中，面有二十五里。三里置郊，郊外仍有二十二里。此是殷制。若周制，則畿内千里，百里爲郊。諸侯之郊，公五十里，侯伯三十里，子男十里，近郊各半之。天子諸侯，皆近郊半遠郊。此小學、大學，殷制。周則大學在國，小學在西郊。辟，明也。雍，和也。君則尊明雍和，於此學中習道藝，使天下之人皆明達諧和也。頖之言班，所以班政教也。」○張子曰：「辟雍，古無此名，蓋始於周。周有天下，遂以名天子之學。《説文》云：『頖宮，諸侯鄉射之宮也。』」○舊説辟雍水環如璧，泮宮半之，蓋東西門以南通水，北無水也。

天子將出征，類乎上帝，宜乎社，造乎禰，禡馬怕反。於所征之地。受命於祖，受成於學。

禡，行師之祭也。受命於祖，卜於廟也。受成於學，決其謀也。

出征執有罪反，釋奠于學，以訊馘告。

獲罪人而反，則釋奠于先聖先師，而告訊馘焉。訊，謂其魁首當訊問者。馘，所截彼人之左耳。告者，告其多寡之數也。

天子、諸侯無事，則歲三田：一爲乾干。豆，二爲賓客，三爲充君之庖。

無事，無征伐出行喪凶之事也。歲三田者，謂每歲田獵，皆是爲此三者之用也。乾豆，腊之以爲祭祀之豆實也。○疏曰：「先宗廟，次賓客者，尊神敬賓之義。」

無事而不田曰不敬，田不以禮曰暴天物。天子不合圍，諸侯不掩羣。

《書》曰：「暴殄天物。」合圍，四面圍之也。掩羣者，掩襲而舉羣取之也。

天子殺則下大綏，緌。諸侯殺則下小綏，大夫殺則止佐車。佐車止則百姓田獵。

殺，獲也，獲所驅之禽獸也。綏，旌旗之屬也。下，偃仆之也。佐車，即《周禮》「驅逆之車」。驅者，逐獸使趨於田之地。逆者，要逆其走，而不使之散亡也。此言田獵之禮尊卑貴賤之次序。

獺祭魚，然後虞人入澤梁。豺祭獸，然後田獵。鳩化爲鷹，然後設罻尉。羅。草木零落，然後入山林。昆蟲未蟄，不以火田。不麛，迷。不卵，不殺胎，不殀於表反。夭烏老反，不覆序六反。巢。

梁，絶水取魚者。《周禮》註云：「水堰也。堰水爲關空，以笱承其空。」《月令》：「仲春，鷹化爲鳩。」此言鳩化爲鷹，必仲秋也。罻羅，皆捕鳥之網。麛，獸子之通稱。殀，斷殺之也。夭，禽獸之稚者。此十者，皆田之禮，順時序，廣仁意也。

冢宰制國用，必於歲之杪。弥小反。五穀皆入，然後制國用。用地小大，視年之豐耗，以三十年之通，制國用，量入以爲出。

以三十年之通者，通計三十年所入之數，使有十年之餘也。蓋每歲所入，均析爲四，而用其三。每年餘一，則三年而餘三，又足一歲之用矣。此所以三十年而有十年之餘也。鄭註以九年言之，蓋積三十年内閏月當一歲也。一説二十七年則有九年之餘，言三十者，舉成數耳。

祭用數之仂。勒。

鄭註以仂爲十一。疏以爲分散之名。大槩是總計一歲經用之數，而用其十分之一，以行常祭之禮也。

喪，三年不祭，唯祭天地社稷，爲越紼而行事。喪用三年之仂。

喪，凶事。祭，吉禮。吉凶異道，不得相干，故三年不祭。唯祭天地社稷者，不敢以卑廢尊也。未葬以前，常屬紼於輴車，以備火災。喪在内，而行祭於外，是踰越喪紼而往也。喪三年而除，中間禮事繁難，故總計三歲經用之數，而用其十之一也。

喪、祭，用不足曰暴，有餘曰浩。祭，豐年不奢，凶年不儉。

暴者，殘敗之義，言不齊整也。浩者，汎濫之義，所謂以美没禮也。惟其制用有一定之則，是以歲有豐凶，而禮無奢儉。此記者之言。《雜記》云「凶年，祀以下牲」，孔子之言也。

國無九年之蓄曰不足，無六年之蓄曰急，無三年之蓄曰國非其國也。三年耕，必有一年之食。九年耕，必有三年之食。以三十年之通，雖有凶旱水溢，民無菜色，然後天子食，日舉以樂。

飢而食菜則色病，故云「菜色」。殺牲盛饌曰「舉」。《周禮》：「王日一舉，鼎十有二，物皆有俎，以樂侑食。」又云「大荒則不舉」者，蓋偶值凶年，雖有備，亦當貶損耳。

天子七日而殯，七月而葬。諸侯五日而

殯，五月而葬。大夫、士、庶人三日而殯，三月而葬。三年之喪，自天子達。

諸侯降於天子而五月，大夫降於諸侯而三月，士庶人又降於大夫，故踰月也。今總云「大夫、士、庶人三日而殯」，此固所同，然皆三月而葬則非也。其以上文降殺俱兩月，在下可知，故略言之歟？孔氏引《左傳》「大夫三月」「士踰月」者，謂大夫除死月爲三月，士數死月爲三月，是踰越一月，故言「踰月」耳。誠如此，則是大夫四月，士三月。謂大夫踰越一月猶可，豈得謂士踰越一月乎？此不可通，當從左氏説爲正。

庶人縣玄。封，窆。葬不爲夫聲。雨止，不封不樹。喪不貳事。

此言庶人之禮。庶人無碑綍，縣繩下棺，故云縣窆也。不封，不爲丘壟也。大夫、士既葬，公政入於家。庶人則終喪無二事也。

自天子達於庶人，喪從死者，祭從生者。

《中庸》曰：「父爲大夫，子爲士，葬以大夫，祭以士。父爲士，子爲大夫，葬以士，祭以大夫。」蓋葬用死者之爵，祭用生者之禄，與此意同。

支子不祭。

說見《曲禮》。

天子七廟，三昭三穆，與大祖之廟而七。諸侯五廟，二昭二穆，與大祖之廟而五。大夫三廟，一昭一穆，與大祖之廟而三。士一廟，庶人祭於寢。

諸侯大祖，始封之君也。大夫大祖，始爵者也。士一廟，侯國中下士也，上士二廟。天子諸侯正寢，謂之路寢，卿大夫士曰適室，亦謂之適寢。庶人無廟，故祭先於寢也。

天子諸侯宗廟之祭，春曰礿，藥。夏曰禘，秋曰嘗，冬曰烝。

鄭氏曰：「此蓋夏殷之祭名。周則春曰祠，夏曰礿，以禘爲殷祭。」○疏曰：「礿，薄也。春物未成，祭品鮮薄也。禘者，次第也。夏時物雖未成，宜依時次第而祭之。嘗者，新穀熟而嘗也。烝者，衆也。冬時物成者衆也。鄭疑爲夏殷祭名者，以其與周不同。其夏殷之祭又無文，故稱『蓋』以疑之。」

天子祭天地，諸侯祭社稷，大夫祭五祀。天子祭天下名山大川，五嶽視三公，四瀆視諸侯。諸侯祭名山大川之在其地者。

天子諸侯祭因國之在其地而無主後者。

視三公，視諸侯，謂視其饗餼牢禮之多寡，以爲牲器之數也。因國，謂所建國之地，因先代所都之故墟也。今無主祭之子孫，則在王畿者，天子祭之；在侯邦者，諸侯祭之。以其昔嘗有功德於民，不宜絶其祀也。○《周官制度》云：「五祀見於《周禮》、《禮記》、《儀禮》，雜出於史傳多矣，獨《祭法》加爲七。《左傳》、《家語》以爲重、該、脩、熙、句龍之五官，《月令》以爲門、行、户、竈、中霤。然則所謂五祀者，名雖同而祭各有所主也。鄭氏以七祀爲周制，五祀爲商制。然《大宗伯》亦云『祭社稷五祀』，《儀禮》士疾病禱五祀，則五祀無尊卑隆殺之辨矣。愚意鄭氏已是臆説，《祭法》之言，亦未可深信。」

天子犆特。礿，祫禘，祫嘗，祫烝。

祫，合也。其禮有二：時祭之祫，則羣廟之主皆升而合食於大祖之廟，而毀廟之主不與；三年大祫，則毀廟之主亦與焉。天子之禮，春礿則特祭者，各於其廟也。禘、嘗、烝皆合食。○石梁王氏曰：「特礿者，春物全未成，止一時祭而已，於此時不祫也。夏物稍成，可於此時而祫。秋物大成，冬物畢成，皆可祫。故曰『祫禘、祫嘗、祫烝』，而礿則特也。」

諸侯礿則不禘，禘則不嘗，嘗則不烝，烝則不礿。

南方諸侯春祭畢則夏來朝，故闕禘祭。西方諸侯夏祭畢而秋來朝，故闕嘗祭。四方皆然。○石梁王氏曰：「諸侯歲朝爲廢一時之祭，王事重也。」

諸侯礿犆，禘一犆一祫，嘗祫，烝祫。

犆礿、礿犆，非有異也，變文而已。祫嘗、祫烝，與嘗祫、烝祫亦然。諸侯所以降於天子者，禘一犆一祫而已。言夏祭之禘，今歲犆則來歲祫，祫之明年又犆，不如天子每歲三時皆祫也。○石梁王氏曰：「物稍成未若大成，其成亦未可必，故夏禘之時可祫可犆，不可常也。❶秋冬物成可必，故此二時必可祫，故不云『犆』而云『嘗祫、烝祫』。此一節專爲祫祭發也。」○愚按此章先儒以爲夏、殷之制。然禘，王者之大祭也，今以爲四時常祭之名，何歟？豈周更時祭之名，而後禘專爲大祭歟？又《周官制度》云：「先王制禮，必象天道。故月祭象月，時享象時，三年之祫、五年之禘象閏。」又云：「《王制》之言祫，非三年之制也。」

天子社稷皆太牢，諸侯社稷皆少牢。大

❶「常」，原作「嘗」，據元刻本改。

夫、士宗廟之祭，有田則祭，無田則薦。庶人春薦韭，夏薦麥，秋薦黍，冬薦稻。韭以卵，麥以魚，黍以豚，稻以鴈。

祭有常禮，有常時。薦非正祭，但遇時物即薦，然亦不過四時各一舉而已。註云：「祭以首時，薦以仲月。」首時者，四時之孟月也。

祭天地之牛角繭栗，宗廟之牛角握，賓客之牛角尺。

如繭如栗，犢也。握，謂長不出膚，側手爲膚，四指也。賓客之用，則取其肥大而已。

諸侯無故不殺牛，大夫無故不殺羊，士無故不殺犬、豕，庶人無故不食珍。

烹牛羊豕必爲鼎實，鼎非常用之器，有禮事則設，所以無故不殺也。珍之名物見《内則》。庶人無故，亦以非冠昏之禮歟？

庶羞不踰牲，燕衣不踰祭服，寢不踰廟。

羞不踰牲者，如牲是羊，則不以牛肉爲庶羞也。此三者，皆言薄於奉己，厚於事神也。

大夫祭器不假。祭器未成，不造燕器。

此一節舊在「庶人耆老不徒食」之後，今考其序，當移在此。大夫有田禄，則不假借祭器於人。無田禄者不設祭器，則假之可也。凡家造，祭器爲先，養器爲後。

古者公田藉子夜反。而不税。

《孟子》曰：「殷人七十而助」，「助者藉也」。但借民力以助耕公田，而不取其私田之税。

市廛而不税。

廛，市宅也。賦其市地之廛，而不征其貨也。

關譏而不征。

關之設，但主於譏察異服異言之人，而不征其往來貨物之税也。

林麓川澤，以時入而不禁。

山澤采取之物，其入也雖有時，然與民共其利，即《孟子》所謂「澤梁無禁」也。

夫扶。圭田無征。

圭田者，禄外之田，所以供祭祀。不税，所以厚賢也。曰「圭」者，潔白之義也。《周官制度》云：「圭田自卿至士，皆五十畝。」此專主祭祀，故無征。然《王制》言「大夫士宗廟之祭，有田則祭，無田則薦」，《孟子》亦曰「惟士無田，則亦不祭」。既云皆有田，何故又云「無田則薦」？以此知賜圭田，亦似有功德則賜圭瓚耳。

用民之力，歲不過三日。

用民力，如治城郭塗巷溝渠宮廟之類。《周禮》，豐年三日，中年二日，無年則一日而已。若師旅之事，則不拘此制。

田里不粥，育。墓地不請。

田里公家所授，不可得而粥。墓地有族葬之序，人不得而請求，已亦不得以擅與。故爭墓地者，墓大夫聽其訟焉。

司空執度度待洛反。地居民。山川沮將慮反。澤，時四時，量地遠近，興事任力。

《書》曰：「司空掌邦土。」執度度地，量地遠近，蓋定邑井城郭廬舍之區域也。山川沮澤，有燥濕寒暖之不同，以時候其四時，知其氣候早晚，使居者不失寒暖之宜也。興事任力，亦謂公家力役之征也。○方氏曰：「小而水所止曰沮，大而水所鍾曰澤。」

凡使民，任老者之事，食嗣。壯者之食。

老者食少而功亦少，壯者功多而食亦多。今之使民，雖少壯，但責以老者之功程；雖老者，亦食以少者之飲食，寬厚之至也。

凡居民材，必因天地寒暖燥濕，廣谷大川異制，民生其間者異俗。剛柔、輕重、遲速異齊，去聲。五味異和，去聲。器械異制，衣服異宜。修其教，不易其俗。齊其政，不易其宜。

居，謂儲積以備用，如「懋遷有無化居」之「居」。材者，夫人日用所須之物，如「天生五材」之「材」。天地之氣，東南多暖，西北多寒，地勢高者必燥，卑者必濕，因其地之所宜，而爲之備。如氊裘可以備寒，絺綌可以備暑，車以行陸，舟以行水，此皆因天地所宜也。廣谷大川，自天地初分，其形制已不同矣。民生異俗，理有固然。其情性之緩急，亦氣之所禀殊也。飲食、器械、衣服之有異，聖王亦豈必强之使同哉？惟修其三綱五典之教，齊其禮樂刑政之用而已。所謂「財成」「輔相」「以左右民」也。

中國、戎、夷五方之民，皆有性也，不可推移。

馮氏曰：「五方之民，以氣禀之不齊，兼習俗之異尚，是以其性各隨氣禀之昏明，習俗之薄厚，而不可推移焉。若論其本然之性，則一而已矣。鄭氏亦曰：『地氣使之然。』」

東方曰夷，被髮文身，有不火食者矣；南方曰蠻，雕題交趾，有不火食者矣；西方曰戎，被髮衣去聲皮，有不粒食者矣；北方曰狄，衣去聲羽毛穴居，有不粒食者矣。

雕，刻也。題，額也。刻其額，以丹青涅之。交趾，足拇指相向也。東南地氣煖，故有不火食者。西北地寒，少五穀，故有不粒食者。

中國、夷、蠻、戎、狄，皆有安居、和味、宜服、利用、備器。

俗雖不同，亦皆隨地以資其生，無不足也。

五方之民，言語不通，嗜欲不同。達其志，通其欲，東方曰寄，南方曰象，西方曰狄鞮，低。北方曰譯。

方氏曰：「以言語之不通也，則必達其志。以嗜欲之不同也，則必通其欲。必欲達其志、通其欲，非寄象鞮譯則不可，故先王設官以掌之。寄，言能寓風俗之異於此。象，言能倣象風俗之異於彼。鞮，則欲別其服飾之異。譯，則欲辨其言語之異。《周官》通謂之象胥，而世俗則通謂之譯也。」○劉氏曰：「此四者，皆主通遠人言語之官。寄者，寓也。以其言之難通，如寄託其意於事物，而後能通之。象，像也。如以意倣像其形似而通之，《周官》象胥是也。狄，猶逖也。鞮，戎狄屨名，猶履也。遠履其事，而知其言意之所在而通之。《周官》鞮屨氏，亦以通其聲歌，而以舞者所履爲名。譯，釋也。猶言謄也。謂以彼此言語相謄釋而通之也，越裳氏重九譯而朝是也。」

凡居民，量地以制邑，度待洛反。地以居民。地、邑、民居，必參相得也。

九夫爲井，四井爲邑。田有常制，民有定居，則無偏而不舉之弊。地也、邑也、居也，三者既相得，則由小以推之大，而通天下皆相得矣。此所謂井田之良法也。

無曠土，無游民，食節事時，民咸安其居，樂洛。事勸功，尊君親上，然後興學。

劉氏曰：「富而從教，理勢當然。若救死恐不贍，則必疾視其上，而欲與偕亡矣。雖欲興學，其可得乎？此篇自分田制祿，命官論材，朝聘巡守，行賞罰，設國學，爲田漁，制國用，廣儲蓄，脩葬祭，定賦役，安迹人，來遠人，使中國五方各得其所，而養生喪死無憾，是王道之始也。至此則君道既得，而民德當新。然後立鄉學以教民，而興其賢能。下文「司徒修六禮」以下，全「庶人耆老不徒食」，皆化民成俗之事，是王道之成也。後段自「方一里者爲田九百畝」以下，至篇終，是《王制》傳文。

司徒脩六禮以節民性，明七教以興民德，齊八政以防淫，一道德以同俗，養耆老以致孝，恤孤獨以逮不足，上賢以崇德，簡不肖以絀惡。

此鄉學教民取士之法，而大司徒則總其政令者也。六禮、七教、八政，見篇末，皆道德之用也。道德則其體也。體既一，則俗無不同矣。

命鄉簡不帥教者以告，耆老皆朝于庠，元日習射上功，習鄉上齒，大司徒帥國之俊士與去聲。執事焉。

此下言簡不肖以絀惡之事。鄉，畿内六鄉也。在遠郊之内，每鄉萬二千五百家。庠，則鄉之學也。耆老，鄉中致仕之卿大夫也。元日，所擇之善日也。期日定，則耆老皆來會聚，於是行射禮與鄉飲酒之禮。射以中爲上，故曰「上功」。鄉飲則序年之高下，故曰「上齒」。大司徒，教官之長也。帥其俊秀者與執禮事，蓋欲使不帥教之人，得於觀感而改過以從善也。

不變，命國之右鄉簡不帥教者移之左，命國之左鄉簡不帥教者移之右，如初禮。

左右對移，以易其藏修游息之所，新其師友講切之方，庶幾其變也。

不變，移之郊，如初禮。不變，移之遂，如初禮。不變，屏丙。之遠方，終身不齒。

四郊去國百里，在鄉界之外，遂又在遠郊之外。蓋示之以漸遠之意也。四次示之，以禮教而猶不悛焉，則其人終不可與入德矣，於是乃屏棄之。

命鄉論秀士，升之司徒，曰選去聲。士。司徒論選士之秀者而升之學，曰俊士。

此言上賢崇德之事。○劉氏曰：論者，述其德藝而保舉之也。苗之穎出曰秀，大司徒命鄉大夫論述鄉學之士，才德穎出於同輩者而禮賓之，升其人於司徒。司徒考試之，量才而用之爲鄉遂之吏，曰選士。選者，擇而用之也。其有才德又穎出於選士，不安於小成而願升國學者，司徒論述其美而舉升之於國學，曰俊士。俊者，才過千人之名也。

升於司徒者，不征於鄉；升於學者，不征

於司徒，曰造士。

既升於司徒，則免鄉之徭役，而猶給徭役於司徒也。及升國學，則并免司徒之役矣。造者，成也，言成就其才德也。

樂正崇四術，立四教，順先王詩書禮樂以造士。春秋教以禮樂，冬夏教以詩書。

此以下言國學教國子民俊，及取賢才之法。樂正掌其教，司馬則掌選法也。術者，道路之名。言詩、書、禮、樂四者之教，乃入德之路故言術也。《文王世子》言「春誦夏絃」，與此不同者，古人之教，雖曰四時各有所習，其實亦未必截然弃彼而習此，恐亦互言耳。非春秋不可教詩書，冬夏不可教禮樂也。舊註陰陽之説，似爲拘泥。

王大子、王子、羣后之大子，卿大夫、元士之適子，國之俊選，皆造焉。凡入學以齒。

皆造，皆來受教于樂正也。惟次長幼之序，不分貴賤之等。

將出學，小胥、大胥、小樂正簡不帥教者，以告于大樂正，大樂正以告于王。王命三公、九卿、大夫、元士皆入學。不變，王親視學。不變，王三日不舉，屏之遠方。西方曰棘，東方曰寄，終身不齒。

古之教者，九年而大成。出學，九年之期也。小胥、大胥，皆樂官之屬。鄭注以「棘」爲「僰」，又以「僰」訓「偪」，僰本西戎地名。愚謂不若讀如本字，急也，欲其遷善之速也。寄者，寓也，暫寓而終歸之意。蓋雖屏之，終身不齒，然猶爲此名，以示不忍終弃之意。蓋國子皆世族之親，與庶人踈賤者異，故親親而有望焉。○方氏曰：「賤者至於四不變，然後屏之；貴者止於二不變，遂屏之者，陳氏謂先王以衆庶之家爲易治，世禄之家爲難化，以其易治也。故鄉遂之所考，常在三年大比之時，以其難化也。故國子之出學，常在九年大成之後，以三年之近而考焉，故必四不變而後屏之。以九年之遠而簡焉，則雖二不變屏之可也。」○疏曰：「周立四代之學於國，而以有虞氏之庠爲鄉學。」

大樂正論造士之秀者，以告于王，而升諸司馬，曰進士。

疏曰：「司馬掌爵禄，但入仕者，皆司馬主之。」

司馬辨論官材，論進士之賢者，以告于王，而定其論。論定，然後官之。任壬。官，然後爵之。位定，然後祿之。

劉氏曰：「古者鄉學教庶人，國學教國子及庶人之俊。而其仕進有二道，鄉學秀者之升曰選士，國學秀者之升曰進士。其選士者不過用爲鄉遂之吏，而選用之權在司徒也。其進士則必命爲朝廷之官，而爵祿之定，其權皆在大司馬。此鄉學國學教選之異，所以爲世家編户之別。然庶人仕進亦是二道。可爲選士者，司徒試用之，此其一也；司徒升之國學，則論選之法與國子弟同矣，此其二也。」

大夫廢其事，終身不仕，死以士禮葬之。

廢其事，如戰陳無勇而敗國殄民，或荒淫失行而悖常亂俗。生則擯弃，死則貶降。

有發，則命大司徒教士以車甲。

發，師旅之役也。○方氏曰：「先王設官，未嘗不辨，亦未嘗不通。司徒掌教，司馬掌政，是分職而辨之也。有發，則司徒教士以車甲；造士，則司馬辨論官材，是聯事而通之也。」

凡執技論力，適四方，贏力果反。股肱，決射御。

射御之技，四方惟所之，然但論力之優劣而已。所以擐衣而出其股肱者，欲以決勝負而示武勇也。

凡執技以事上者，祝、史、射、御、醫、卜及百工。凡執技以事上者，不貳事，不移官，出鄉不與士齒，仕於家者，出鄉不與士齒。

不貳事，則所業彌至於精。不移官，恐他職非其所長。以技名者賤，爲大夫之臣亦賤，故不得與爲士者齒列。然必出鄉乃爾者，於其本鄉有族人親戚之爲士者，或不忍卑之故也。

司寇正刑明辟，婢亦反。以聽獄訟。必三刺次。有旨無簡，不聽。附從輕，赦從重。

《周禮》：「以三刺斷庶民獄訟之中：一曰訊羣臣，二曰訊羣吏，三曰訊萬民。」刺，殺也。有罪當殺者，先問之羣臣，次問之羣吏，又問之庶民，然後次其輕重也。若有發露之旨意，而無簡覈之實迹，則難於聽斷矣，於是有附有赦焉。附而入之，則施刑從輕。赦而出之，則宥罪從重。所謂「與其殺不辜，寧失不經」也。

凡制五刑，必即天論，倫。郵罰麗於事。

制，斷也。天倫，天理也。天之理至公而無私，斷獄者體而用之，亦至公而無私。郵，與尤同，責也。凡有罪責而當誅罰者，必使罰與事相附麗，則至公無私，而刑當其罪矣。

凡聽五刑之訟，必原父子之親，立君臣之義以權之。意論輕重之序，慎測淺深之量以別之。悉其聰明，致其忠愛以盡之。疑獄，汜與衆共之。衆疑，赦之。必察小大之比俾。以成之。

父爲子隱，子爲父隱，而直在其中者，以其有父子之親也。刑亂國用重典，以其無君臣之義也。推類可以通其餘，顧所以權之何如耳。父子君臣，人倫之重者，故特舉以言之，亦承上文天倫之意。所犯雖同，而有輕重淺深之殊者，不可槩議也。故別之，所謂權也。明視聽而察之於詞色之間，忠愛惻怛而體之於言意之表，庶可以盡得其情也。汎，猶廣也。其或在所可疑，則泛然而廣詢之衆見焉。衆人共謂可疑，則宥之矣。比，猶例也。小者有小罪之比，大者有大罪之比，察而成之，無往非公也。

成獄辭，史以獄成告於正，正聽之。正以獄成告于大司寇，大司寇聽之棘木之下。大司寇以獄之成告於王，王命三公參聽之。三公以獄之成告於王，王三又，然後制刑。

成獄詞者，謂治獄者責取犯者之言辭，已成定也。史，掌文書者。正，士師之屬。聽，察也。棘木，外朝之卿位也。又，當作宥。《周禮》：「一宥曰不識，再宥曰過失，三宥曰遺忘。」謂行刑之時，天子猶欲以此三者免其罪也。自下而上，咸無異説，而天子猶必三宥，而後有司行刑者，在君爲愛下之仁，在臣有守法之義也。

凡作刑罰，輕無赦。

馮氏曰：「此言立法制刑之意。雖輕無赦，所以使人難犯也。惟其當刑必刑，輕且不赦，而況於重者乎！故君子不容不盡心焉。」

刑者，侀也。侀者，成也。一成而不可變，故君子盡心焉。

疏曰：「侀，是形體。」〇馬氏曰：「刑之所以爲刑者，猶人之有侀也。一辭不具，不足以爲刑。一體不備，不足以爲成人。辭之所成，則刑有所加而不可變，故君子盡心焉。君子無所不盡其心，至於用刑，則尤慎焉者也。」

析言破律，亂名改作，執左道以亂政，殺。

剖析言辭，破壞法律，所謂舞文弄法者也。變亂名物，更改制度，或挾異端邪道以罔惑于人，皆足以亂政，故在所當殺。

作淫聲、異服、奇技、奇器以疑衆，殺。行去聲。僞而堅，言僞而辨，學非而博，順非而澤以疑衆，殺。假於鬼神、時日、卜筮以疑衆，殺。此四誅者，不以聽。

淫聲，非先王之樂也。異服，非先王之服也。奇技奇器，如偃師舞木之類。《書》云：紂「作奇技淫巧，以悦婦人」。所行雖僞，而堅不可攻；所言雖僞，而辨不可屈，如白馬非馬之類。所學雖非正道，而涉獵甚廣，則亦難於窮詰。❶順非，文過也。所行雖非，而善於文飾，其言滑澤無滯，衆皆疑其爲是也。至於假託鬼神之禍福，時日之吉凶，卜筮之休咎，皆足以使人惑於見聞，而違悖禮法，故亂政者一，疑衆者三，皆決然殺之，不復審聽，亦爲其害大而辭不可明也。

凡執禁以齊衆，不赦過。

立法有典，司刑有官，雖過失不赦，所以齊衆人之不齊也。若先示之以赦過之令，則人將輕於犯禁矣，豈能齊之乎？

有圭璧金璋，不粥於市。命服命車，不粥於市。宗廟之器，不粥於市。犧牲，不粥於市。戎器，不粥於市。

方氏曰：「此所以禁民之不敬。金璋，以金飾之。《考工記》『大璋、中璋』，『黄金勺，青金外』者是矣。」

用器不中去聲。度，不粥於市。兵車不中度，不粥於市。布帛精麤不中數、幅廣狹不中量，不粥於市。姦色亂正色，不粥於市。

此所以禁民之不法。用器，人生日用之器也。數，升縷多寡之數也。布幅廣二尺二寸，帛廣二尺四寸。

錦文珠玉成器，不粥於市。衣服飲食，不粥於市。

此所以禁民之不儉。

五穀不時，果實未熟，不粥於市。木不中伐，不粥於市。禽獸魚鼈不中殺，不粥於市。

此所以禁民之不仁。凡十有四事，皆所以齊其衆，而使風俗之同也。

❶「詰」，原作「詣」，據元刻本、四庫本、殿本改。

關執禁以譏，禁異服，識異言。

劉氏曰：「凡上文所當禁戒之事，雖有司刑、司市之屬以治之，然不有以譏察之，則犯者衆而獲者寡矣。故令司關者，執禁戒之令以譏察之。見異服則禁之，聞異言則識之。衣服易見，故直曰『禁』。言語難知，故必曰『識』。關，境上門。舉關則郊門、城門亦在其中矣。司徒之屬有司門、司關者，皆其職之大略也。」

大史典禮，執簡記，奉諱惡。去聲。天子齊戒受諫。

《周官》大史典歷代禮儀之籍，國有禮事，則豫執簡策，記載所當行之禮儀，及所當知之諱惡，如廟諱忌日之類，奉而進之天子。天子重其事，故齊戒以受其所教詔。諫，猶教詔也。不言大宗伯者，體貌尊，惟詔相大禮於臨時耳。

司會古外反。以歲之成，質於天子，冢宰齊戒受質。

司會，冢宰之屬，掌治法之財用會計，及王與冢宰廢質等事。故歲之將終也，質平其一歲之計要於天子。而先之冢宰，冢宰重其事，而齊戒以受其質。質者，質於上而考正其當否也。

大樂正、大司寇、市三官，以其成從質於天子。大司徒、大司馬、大司空齊戒受質。

市，司市也。《周官》：「司市，下大夫二人。」司會所質，冢宰既受之矣。此三官各以其計要之成，從司會而質於天子，則司徒、司馬、司空亦齊戒而受之。

百官各以其成，質於三官。大司徒、大司馬、大司空，以百官之成，質於天子。百官齊戒受質，然後休老勞去聲。農。成歲事，制國用。

百官位卑，不敢專達，故但質於三官。三官達於司徒、司馬、司空，而爲之質於天子。天子與六卿受而平斷畢，則還報其平於下，故百官齊戒以受上之平報焉。君臣上下，莫不齊戒以致其敬者，以天功天職，不敢忽也。六官獨不言大宗伯者，宗伯禮樂事行，則天子六卿皆在，無可歲會者。惟大樂正教國子，及一歲禮樂之費用，當質正之爾。然雖不言宗伯，而先言大史典禮於前，則其尊重禮樂之意可見矣。已上並劉氏說。

○石梁王氏曰：「『大史典禮』以下至『制國用』，此一節與周制異，與夏、殷無考。」

凡養老。

養老之禮，其目有四：養三老五更，一也；子孫死於國事，則養其父祖，二也；養致仕之老，三也；養庶人之老，四也。一歲之間，凡七行之。飲養陽氣，則用春夏。食養陰氣，則用秋冬。四時各一也。凡大合樂，必遂養老。謂春入學舍菜合舞，秋頒學合聲，則通前爲六。又季春大合樂，天子視學亦養老，凡七也。

有虞氏以燕禮。

燕禮者，一獻之禮既畢，皆坐而飲酒，以至於醉。其牲用狗。其禮亦有二：一是燕同姓，二是燕異姓也。

夏后氏以饗禮。

饗禮者，體薦而不食，爵盈而不飲，立而不坐，依尊卑爲獻，數畢而止。然亦有四焉：諸侯來朝，一也；王親戚及諸侯之臣來聘，二也；戎狄之君使來，三也；享宿衛及耆老孤子，四也。惟宿衛及耆老孤子，則以酒醉爲度。《酒正》云。

殷人以食嗣。**禮。**

食禮者，有飯有殽，雖設酒而不飲，其禮以飯爲主，故曰食也。然亦有二焉：《大行人》云「食禮九舉」，及公食大夫之類，謂之禮食；其臣下自與賓客旦夕共食，則謂之燕食也。饗食禮之正，故行之於廟。燕以示慈惠，故行之於寢也。

周人脩而兼用之。

春夏則用虞之燕，夏之饗。秋冬則用殷之食。周尚文，故兼用三代之禮也。

五十養於鄉，六十養於國，七十養於學，達於諸侯。

鄉，鄉學也。國，國中小學也。學，大學也。達於諸侯者，天子養老之禮，諸侯通得行之，無降殺也。

八十拜君命，一坐再至，瞽亦如之。九十使人受。

人君有命，人臣拜受，禮也。惟八十之老，與無目之人，爲難備禮，故其拜也，足一跪而首再至地，以備再拜之數。九十則又不必親拜，特使人代受。此言君致享食之禮於其家，而受之之禮如此，然他命則亦必然矣。

五十異粻，張。**六十宿肉，七十貳膳，八十常珍，九十飲食不離寢，膳飲從於遊可也。**

粻，糧也。異者，精粗與少者殊也。宿肉，謂恒隔日備之，不使求而不得也。膳，食之善者。每有副貳，不使闕乏也。常珍，常食皆珍味也。不離寢，言寢處之所，恒有庋閣之飲食也。美善之膳，水漿之飲，隨其常遊之處，而爲之備具可也。

六十歲制，七十時制，八十月制，九十日脩，唯絞、爻。**紟、**其鴆反。**衾、冒，死而后制。**

此言漸老則漸近死期，當豫爲送終之備也。歲制，謂棺也。不易可成，故歲制。衣物之難得者，須三月可辦，故云時制。衣物之易得者，則一月可就，故云月制。至九十，則棺衣皆具，無事於制作，但每日脩理之，恐或有不完整也。絞，所以收束衣服爲堅急者也。紟，單被也。絞與紟，皆用十五升布爲之。凡衾皆五幅，士小斂緇衾頳裏，大斂則二衾。冒，所以韜尸，制如直囊。上曰質，下曰殺。其用之，先以殺韜足而上，次以質韜首而下齊于手。士緇冒頳殺，象生時玄衣纁裳也。此四物須死乃制，以其易成故也。

五十始衰，六十非肉不飽，七十非帛不煖，八十非人不煖，九十雖得人不煖矣。五十杖於家，六十杖於鄉，七十杖於國，八十杖於朝。九十者，天子欲有問焉，則就其室，以珍從。去聲。

杖，所以扶衰弱。五十始衰，故杖。未五十者，不得執也。巡守而就見百年者，泛言衆庶之老也。此就見九十者，專指有爵者也。《祭義》又言「八十，君問則就之」者，亦異禮也。珍，與「常珍」之「珍」同。從之以往，致尊養之義也。

七十不俟朝，八十月告存，九十日有秩。

不俟朝者，謂朝君之時，入至朝位，君出揖即退，不待朝事畢也。此謂當致仕之年而不得謝者。告，猶問也。君每月使人致膳告問存否也。秩，常也。日使人以常膳致之也。

五十不從力政，六十不與去聲。**服戎，七十不與賓客之事，八十齊**側皆反。**喪之事弗及也。**

方氏曰：「力政，力役之政也。服戎，兵戎之事也。力政，事之常者，故五十已不從矣。服戎，則事之變者，必六十然後不與焉。從，謂行其事也。與，則與之而已。及，則旁有所加之謂。以其老甚，非特不能從與於事，而事固不當及於我矣。」

五十而爵，六十不親學，七十致政，唯衰催。**麻爲喪。**

五十而爵，命爲大夫也。不親學，以其不能備弟子之禮也。致政事，以其不能勝職任之勞也。或有死喪之事,惟備衰麻之服而已。其他禮節,皆在所不責也。

有虞氏養國老於上庠,養庶老於下庠。

行養老之禮必於學,以其爲講明孝弟禮義之所也。國老,有爵有德之老。庶老,庶人及死事者之父祖也。國老尊,故於大學。庶老卑,故於小學。上庠,大學,在西郊。下庠,小學,在國中王宫之東。

夏后氏養國老於東序,養庶老於西序。

東序,大學,大國中王宫之東。西序,小學,在西郊。

殷人養國老於右學,養庶老於左學。

右學,大學,在西郊。左學,小學,在國中王宫之東。

周人養國老於東膠,養庶老於虞庠,虞庠在國之西郊。

東膠,大學,在國中王宫之東。虞庠,小學,在西郊。

有虞氏皇而祭,深衣而養老。

皇、收、冔,皆冠冕之名,然制度詳悉,則不可考矣。深衣,白布衣也。

夏后氏收而祭,燕衣而養老。

燕衣,黑衣也。夏后氏尚黑。君與羣臣燕飲之服,即諸侯日視朝之服也。其冠則玄冠,而緇帶素韠白舄也。

殷人冔火羽反。而祭,縞衣而養老。

縞,生絹,亦名素。此縞衣,則謂白布深衣也。

周人冕而祭,玄衣而養老。

玄衣,亦朝服也。緇衣素裳,十五升布爲之。六入爲玄,七入爲緇,故緇衣亦名玄衣也。又按夏后氏尚黑,衣裳皆黑。殷尚白,則衣裳皆白。周兼用之,故玄衣而素裳。凡諸侯朝服,即天子燕服。而諸侯之行燕禮,亦此服也。

凡三王養老,皆引年。

四海之内,老者衆矣,安得人人而養之。待國老、庶老之禮畢,即行引户校年之令,而恩賜其老者焉。

八十者,一子不從政。九十者,其家不從政。廢疾非人不養者,一人不從政。父母之喪,三年不從政。齊衰、大功之喪,三月不從政。將徙於諸侯,三月不從政。自諸侯來徙家,期朞。不從政。

從政,謂給公家之力役也。○方氏曰:「將徙,欲去者。來徙,已來者。夫人莫衰於老,莫苦於疾,莫憂於喪,莫勞於徙,此王政之所宜恤者,故皆不使之從政焉。」○舊説將徙於諸侯者，謂大夫采地之民，徙於諸侯爲民。自諸侯來徙者，謂諸侯之民，來徙於大夫之邑。以其新徙，當復除。諸侯地寬役少，故惟三月不從政。大夫役多地狹，欲令人貪慕，故期不從政。一説謂從大夫家出仕諸侯，從諸侯退仕大夫。未知孰是。

少而無父者謂之孤，老而無子者謂之獨，老而無妻者謂之矜，鰥。老而無夫者謂之寡。此四者，天民之窮而無告者也，皆有常餼。

《左傳》崔杼生成及彊而寡，是無妻者亦可言寡也。皆有常餼，謂君上養以餼廩，有常制也。

瘖、音。聾、跛、彼我反。躃、壁。斷段。者、侏儒，百工各以其器食嗣。之。

瘖者，不能言。聾者，不能聽。跛者，一足廢。躃者，兩足俱廢。斷者，支節脱絶。侏儒，身體短小者也。百工，衆雜技藝也。器，猶能也。此六類者，因其各有技藝之能，足以供官之役使，故遂因其能而以廩給食養之。疏引《國語》「戚施直鎛」等六者爲證。

道路，男子由右，婦人由左，車從中央。

凡男子婦人同出一塗者，則男子常由婦人之右，婦人常由男子之左，爲遠別也。

父之齒隨行，兄之齒鴈行，朋友不相踰。

父之齒、兄之齒，謂其人年與父等或與兄等也。隨行，隨其後也。鴈行，並行而稍後也。朋友年相若，則彼此不可相踰越而有先後，言並行而齊也。

輕任并，重任分，斑白者不提挈。

并，己獨任之也。分，析而二之也。

君子耆老不徒行，庶人耆老不徒食。

方氏曰：「徒行，謂無乘而行也。徒食，謂無羞而食也。」○應氏曰：「非人皆好德，而士不失職，安能使在路無徒行之賢？非人各有養，而俗尚孝敬，安能使在家無徒食之老？」

方一里者，爲田九百畝。

步百爲畝，是長一百步，闊一步。畝百爲夫，是一頃，長闊一百步。夫三爲屋，是三頃，闊三百步，長一百步。屋三爲井，則九百畝也，長、闊一里。《孟子》曰：「方里而井，井九百畝。」

方十里者，爲方一里者百，爲田九萬畝。

方百里者，爲方十里者百，爲田九十億畝。

一箇十里之方，既爲田九萬畝，則十箇十里之方，爲田九十萬畝；一百箇十里之方，爲田九百萬畝。今云九十億畝，是一億有十萬，十億有一百萬，九十億乃九百萬畝也。

方千里者，爲方百里者百，爲田九萬億畝。

計千里之方，爲方百里者百。一箇百里之方，既爲九十億畝，則十箇百里之方，爲九百億畝；百箇百里之方，爲九千億畝。今乃云九萬億畝，與數不同者，若以億言之，當云九千億畝；若以萬言之，當云九萬萬畝。經文誤也。○應氏曰：「自此至篇末，皆覆解篇首及中間井田封建地里之界。」

自恒山至於南河，千里而近。自南河至於江，千里而近。自江至於衡山，千里而遥。自東河至於東海，千里而遥。自東河至於西河，千里而近。自西河至於流沙，千里而遥。西不盡流沙，南不盡衡山，東不盡東海，北不盡恒山。

方氏曰：「不足謂之近，有餘謂之遥。」○應氏曰：「此獨言東海者，東海在中國封疆之内，而西、南、北則夷徼之外也。南以江與衡山爲限，百越未盡開也。河舉東西南北者，河流縈帶周遶，雖流沙分際，亦與河接也。自秦而上，西北袤而東南蹙。秦而下，東南展而西北縮。先王盛時，四方各有不盡之地，不勞中國以事外也。《禹貢》東漸西被，朔南咸暨，特聲教所及，非貢賦所限也。」

凡四海之内，斷短。長補短，方三千里，爲田八十萬億一萬億畝。方百里者，爲田九十億畝，山陵，林麓、川澤、溝瀆、城郭、宫室、塗巷，三分去上聲。一，其餘六十億畝。

爲田八十萬億一萬億畝者，以一州方千里，九州方三千里，三三爲九，爲方千里者九。一箇千里，有九萬億畝；九箇千里，九九八十一，故有八十一萬億畝。於八十整數之下云「萬億」，是八十箇萬億。又云「一萬億」，言八十箇萬億之外，更有一萬億，是共爲八十一萬億畝。先儒以「萬」、「億」二字爲衍，非也。此並疏義。然愚按方百里爲田九十億畝，則方三千里當云八萬一千億畝。如疏義，亦承誤釋之也。

古者以周尺八尺爲步，今以周尺六尺四寸爲步。古者百畝，當今東田百四十六畝三十步。古者百里，當今百二十一里六十步四尺二寸二分。

疏曰：「古者八寸爲尺，以周尺八尺爲步，則一步有六尺四寸。今以周尺六尺四寸爲步，則一步有五十二寸，是今步比古步每步剩出一十二寸。以此計之，則古者百畝，當今東田百五十二畝七十一步有餘，與此『百四十六畝三十步』不相應。又今步每步剩古步十二寸，以此計之，則古之百里，當今百二十三里一百一十五步二十寸，與此『百二十一里六十步四尺二寸二分』又不相應。經文錯亂，不可用也。」○愚按疏義所算亦誤。當云古者八寸爲尺，以周尺八尺爲步，則一步有六尺四寸。今以周尺六尺四寸爲步，則一步有五尺一寸二分，是今步比古步每步剩出一尺二寸八分。以此計之，則古者百畝，當今東田百五十六畝二十五步一寸六分十分寸之四，與此「百四十六畝三十步」不相應。里亦倣此推之。○方氏曰：「東田者，即《詩》言『南東其畝』也。言南則以廬在其北而向南，言東則以廬在其西而向東。」○嚴氏説「南東其畝」，云或南其畝，或東其畝，順地勢及水之所趨也。

方千里者，爲方百里者百。

天下九州，王畿居中，外八州，每州各方千里。是一百箇百里，以開方之法推之，合萬里也。

封方百里者三十國，其餘方百里者七十。

公侯皆方百里。封三十箇百里，剩七十箇百里。

又封方七十里者六十，爲方百里者二十九，方十里者四十。

伯七十里，封六十箇七十里，是占二十九箇百里。四十箇十里，於三十箇百里内，剩六十箇十里。

其餘方百里者四十，方十里者六十。又封方五十里者百二十，爲方百里者三十，其餘方百里者十，方十里者六十。

除上封二等國，共占六十箇百里外，止剩四十箇百里，及六十箇十里。於此地内，封子男五十里之國者百二十箇，每一百里封四箇，實占三十箇百里。通三等封，止剩十箇百里，六十箇十里。○伯國方七十里，七七四十九，是四十九箇十里。○子男方五十里，五五二十五，是二十五箇十里。

名山大澤不以封，其餘以爲附庸間田。諸侯之有功者，取於間田以禄之。其有削地者，歸之間田。

除名山大澤之外，皆爲附庸之國及間田。

天子之縣内，方千里者，爲方百里者百，封方百里者九。○其餘方百里者九十一，又封方七十里者二十一，爲方百里者十，方十里者二十九。○其餘方百里者八十，方十里者七十一，又封方五十里者六十三，爲方百里者十五，方十里者七十五。○其餘方百里者六十四，方十里者九十六。

此倣上章畿外之法推之，可見畿外封國多而餘地少，廣封建之制於天下也。畿内封國少而餘地多，備采邑之分於王朝也。

諸侯之下士，禄食嗣。九人，中士食十八人，上士食三十六人，下大夫食七十二人，卿食二百八十八人，君食二千八百八十人。

此言大國之數。

次國之卿，食二百一十六人，君食二千一百六十人。

次國大夫，亦食七十二人。卿三大夫禄，故食二百一十六人。

小國之卿，食百四十四人，君食千四百四十人。

小國大夫，亦食七十二人。卿倍大夫禄，故食百四十四人。

次國之卿，命於其君者，如小國之卿。

降於天子所命也。

天子之大夫爲三監，監於諸侯之國者，其禄視諸侯之卿，其爵視次國之君，其禄取之於方伯之也。

禄視諸侯之卿，可食二百八十八人者也。

方伯爲去聲。朝天子，皆有湯沐之邑於天子之縣内，視元士。

謂之湯沐者，言入至畿内，即暫止頓於此，齊絜而往也。《春秋傳》謂之「朝宿之邑」，惟方伯有之，其餘否。許慎云：「周千八百諸侯，若皆有之，則盡京師地亦不能容。」

諸侯世子世國。大夫不世爵，使以德，爵以功。未賜爵，視天子之元士，以君其國。諸侯之大夫，不世爵禄。

世子世國，畿外之制也。天子大夫不世爵而世禄。先王使人，爵人，必取其有德有功者。列國之君薨，其子未得爵賜，則其衣服禮數，視天子之元士，賜爵而後得如先君之舊也。諸侯之大夫，不世爵禄。而有大功德者，亦世之。《左傳》言「官有世功，則有官族」。

六禮：冠、昏、喪、祭、鄉、相見。

今所存者，《士冠》、《士昏》、《士喪》、《特牲》、《少牢饋食》、《鄉飲酒》、《士相見》。

七教：父子、兄弟、夫婦、君臣、長幼、朋友、賓客。八政：飲食、衣服、事爲、異別、度、量、數、制。

六禮、七教、八政，皆司徒所掌。禮節民性，教興民德，脩則不壞，明則不渝。然非齊八政以防淫，則亦禮教之害也。事爲者，百工之技藝，有正有邪。異別者，五方之械器，有同有異。度、量，則不使有長短小大之殊，數、制，則不使有多寡廣狹之異。若夫飲食、衣服，尤民生日用之不可闕者，所以居八政之首，齊之則不使有僭儗詭異之端矣。此篇先儒謂雜舉歷代之典，雖一一分別而不能皆有明證。又且多祖緯書，豈可謂決然無疑哉！朱子有言：「漢儒説制度有不合者，多推從殷禮去。」此亦疑其無徵矣。然只據大綱而言，興學以上，脩六禮以下，其坦明者，亦可爲後王之法也。

禮記卷之四

禮記卷之五

陳澔集説

月令第六

吕不韋集諸儒著《十二月紀》，名曰《吕氏春秋》，篇首皆有月令，言十二月政令所行也。月用夏正，令則雜舉三代及秦事。禮家記事者抄合爲此篇。

孟春之月，日在營室，昏參中，旦尾中。

孟春，夏正建寅之月也。營室在亥，娵訾之次也。昏時參星在南方之中，旦則尾星在南方之中。○疏曰：「《月令》昏明中星，皆大略而言，不與曆同。但一月之内有中者，即得載之。二十八宿，星體有廣狹，相去有遠近。或月節月中之日，昏明之時，前星已過於午，後星未至正南。又星有明暗，見有早晚，所以昏明之星，不可正依曆法，但舉大略耳。」

其日甲乙。

春於四時屬木。日之所繫，十干循環，獨言甲乙者，木之屬也。四時皆然。

其帝太皞，其神句勾。**芒。**亡。

太皞，伏羲，木德之君。句芒，少皞氏之子，曰重，木官之臣。聖神繼天立極，生有功德於民，故後王於春祀之。四時之帝與神皆此義。

其蟲鱗，其音角，律中去聲。**太蔟。**七寇切。

鱗蟲，木之屬。五聲角爲木，單出曰聲，雜比曰音。調樂於春，以角爲主也。律者，候氣之管，以銅爲之，或云竹爲之。中，猶應也。太蔟，寅律，長八寸。陰陽之氣距地面各有淺深，故律之長短如其數。律管入地，以葭灰實其端，其月氣至，則灰飛而管通，是氣之應也。

其數八，其味酸，其臭羶，其祀户，祭先脾。

天三生木，地八成之，其數八，成數也。通於鼻者謂之臭，臭即氣也。在口者謂之味。酸、羶，皆木之屬。户者，人所出入，司之有神，此神是陽氣在户之内，春陽氣出，故祀之。祭先脾者，木克土也。○蔡邕《獨斷》曰：「户，春爲少陽，其氣始出生養，祀之於户。祀户之禮，南面設主於門内之西。」

東風解凍，蟄蟲始振，魚上上聲。**冰，獺祭魚，鴻鴈來。**

此記寅月之候。振，動也。來，自南而北也。

天子居青陽左个。

青陽左个，註云「太寢東堂北偏」也。疏云：「是明堂北偏，而云太寢者，明堂與太廟、太寢制同。北偏者，近北也。四面旁室謂之个。」○朱子曰：「論明堂之制者非一。竊意當有九室，如井田之制。東之中爲青陽太廟，東之南爲青陽右个，東之北爲青陽左个。南之中爲明堂太廟，南之東即東之南，爲明堂左个，南之西即西之南，爲明堂右个。西之中爲總章太廟，西之南即南之西，爲總章左个，西之北即北之西，爲總章右个。北之中爲玄堂太廟，北之東即東之北，爲玄堂右个，北之西即西之北，爲玄堂左个。中爲太廟太室。凡四方之太廟異方所，其左右个，則青陽左个即玄堂之右个，青陽右个即明堂之左个，明堂右个即總章之左个，總章之右个乃玄堂之左个也，但隨其時之方位開門耳。太廟太室，則每季十八日天子居正歟？古人制事多用井田遺意，此恐然也。」

乘鸞路，駕倉龍，載戴。青旂，衣去聲。青衣，服倉玉，食麥與羊，其器疏以達。

鸞路，有虞氏之車，有鸞鈴也。春言鸞，則夏秋冬皆鸞也。夏云朱，冬云玄，則春青秋白可知。倉，與蒼同。馬八尺以上爲龍。服玉，冠冕之飾及佩也。麥以金王而生，火王而死，當屬金，而鄭云「屬木」；兑爲羊，當屬金，而鄭云「火畜」，皆不可曉。疏云鄭本《五行傳》言之。然陰陽多塗，不可一定。故今於四時所食，及甞麥、雛嘗黍之類，皆略之以俟知者。疏以達者，春物將貫土而出，故器之刻鏤者，使文理麤疏，直而通達也。

是月也，以立春。先去聲。立春三日，太史謁之天子曰：「某日立春，盛德在木。」天子乃齊。齋。立春之日，天子親帥三公、九卿、諸侯、大夫，以迎春於東郊。還旋。反，賞公卿、大夫於朝。命相去聲。布德和令，行慶施惠，下及兆民。慶賜遂行，毋有不當。去聲。

謁，告也。春爲生，天地生育之盛德在於木位也。迎春東郊，祭太皡、句芒也。後倣此推之。○疏曰：「節氣有早晚。是月者，謂是月之氣，不謂是月之日也。」

乃命太史，守典奉法，司天日月星辰之行，宿離去聲。不貸，忒。毋失經紀，以初爲常。

宿，猶止也。離，猶行也。言占候躔次，不可差貸。貸，與忒同。經紀者，天文進退遲速之度數也。初者，曆家推步之舊法，以此爲占候之常也。

是月也，天子乃以元日祈穀于上帝。乃擇元辰，天子親載耒耜，措之于參保介之御間，帥三公、九卿、諸侯、大夫，躬耕帝籍。天子三推，吐回切。三公五推，卿、諸侯九推。反，執爵于太寢。三公、九卿、諸侯、大夫皆御，命曰勞去聲。酒。

元日，上辛也。郊祭天而配以后稷，爲祈穀也。元辰，郊後吉日也。日以干言，辰以支言，互文也。參，參乘之人也。保介，衣甲也。以勇士爲車右而衣甲。御者，御車之人也。車右及御人皆是參乘。天子在左，御者居中，車右在右，以三人故曰「參」也。置此耕器於參乘保介及御者之間。天子籍田千畝，收其穀爲祭祀之粢盛，故曰帝籍。九推之後，庶人終之。反而行燕禮，羣臣皆侍，士賤不與耕，故亦不與勞酒之賜也。

是月也，天氣下降，地氣上上聲。騰，天地和同，草木萌動。王命布農事，命田舍東郊，皆脩封疆，審端徑術，遂。善相去聲。丘陵、阪反。險、原隰，習。土地所宜，五穀所殖，以教道民，必躬親之。田事既飭，先定準直，農乃不惑。

田，田畯也。舍，居也。天子命田畯居東郊以督耕者，皆使脩理其封疆，謂井田之限域也。步道曰徑。術，與遂同，田之溝洫也。審而端之，使無迂壅。封疆有界限，徑術有闊狹，土地有高下，五種有宜否，皆須田畯躬親教飭之。以定其準直，則農民無所疑惑也。

是月也，命樂正入學習舞。

教學者以習舞之事。

乃脩祭典，命祀山林川澤，犧牲毋用牝。

不欲傷其生育。

禁止伐木。

以盛德在木也。

毋覆巢，毋殺孩蟲、胎、夭、烏老切。飛鳥，毋麛，毋卵。毋聚大衆，毋置城郭。掩骼格。埋胔。漬。

孩蟲，蟲之稚者。胎，未生者。夭，方生者。飛鳥，初學飛之鳥。麛，獸子之通稱。胔，骨之尚有肉者。

是月也，不可以稱兵，稱兵必天殃。兵戎不起，不可從我始。毋變天之道，毋絕地之理，毋亂人之紀。

天地大德曰生，春者生德之盛時也。兵，凶器；戰，危事，不得已而禦寇猶可也。兵自我起，以殺戮之心，逆生育之氣，是變易天之生道，斷絶地之生理，而紊亂生人之紀敍矣，其殃也宜哉！

孟春行夏令，則雨水不時，草木蚤落，國時有恐。

此巳火之氣所泄也。言人君於孟春之月，而行孟夏之政令，則感召咎證如此。後皆倣此。○疏曰：「孟月失令，則三時孟月之氣乘之。仲月失令，則仲月之氣乘之。季月失令，則季月之氣乘之。所以然者，以同爲孟、仲、季，氣情相通，如其不和，則迭相乘之。」

行秋令，

謂孟秋之令。

則其民大疫，猋標。風暴雨總至，藜莠有。蓬蒿並興。

此申金之氣所傷也。《爾雅》「扶搖謂之猋風」，謂風之回轉也。藜莠蓬蒿並興者，以生氣逆亂，故惡物乘之而茂也。

行冬令，

謂孟冬之令。

則水潦爲敗，雪霜大摯，至。首種上聲。不入。

此亥水之氣所淫也。摯，傷折也，與摯獸、鷙蟲之義同。百穀惟稷先種，故云首種。

仲春之月，日在奎，昏弧中，旦建星中。

奎宿在戌，降婁之次。○疏曰：「餘月昏旦中星，皆舉二十八宿。此云弧與建星者，以弧星近井，建星近斗，井斗度多星體廣，不可的指，故舉弧、建以定昏旦之中。」

其日甲乙，其帝太暤，其神句芒，其蟲鱗，其音角，律中夾鍾。其數八，其味酸，其臭羶，其祀户，祭先脾。

夾鍾，卯律，長七寸二千一百八十七分寸之千七十五。

始雨水，桃始華，倉庚鳴，鷹化爲鳩。

此記卯月之候。倉鶊，鸝黄也。鳩，布谷也。《王制》言「鳩化爲鷹」，秋時也。此言「鷹化爲鳩」，以生育氣盛，故鷙鳥感之而變耳。孔氏云：「化者，反歸舊形之謂。故鷹化爲鳩，鳩復化爲鷹，如田鼠化爲鴽，則鴽又化爲田鼠。若腐草爲螢，雉爲蜃，爵爲蛤，皆不言化，是不再復本形者也。」

天子居青陽太廟，乘鸞路，駕倉龍，載青旂，衣青衣，服倉玉，食麥與羊，其器疏以達。

青陽太廟，東堂當太室。

是月也，安萌芽，養幼少，存諸孤。

生氣之可見者，莫先於草木，故首言之。安，謂無所摧折之也。存，亦安也。

擇元日，命民社。

令民祭社也。《郊特牲》言祭社用甲日，此言「擇元日」，是又擇甲日之善者歟？召誥社用戊日。

命有司省息井切。囹零。圄，語。去上聲。桎梏，毋肆掠，亮。止獄訟。

囹，牢也。圄，止也。疏云：「周曰圜土，殷曰羑里，夏曰鈞臺。囹圄，秦獄名也。在手曰梏，在足曰桎，皆木械。肆，陳尸也。掠，捶治也。止，謂論使息争也。」

是月也，玄鳥至。至之日，以太牢祠于高禖，梅。天子親往，后妃帥九嬪御。乃禮天子所御，帶以弓韣，授以弓矢，于高禖之前。

玄鳥，燕也。燕以施生時巢人堂宇而生乳，故以其至爲祠禖祈嗣之候。高禖，先禖之神也。高者，尊之之稱。變媒言禖，神之也。古有禖氏祓除之祀，位在南郊，禋祀上帝，則亦配祭之，故又謂之郊禖。《詩》「天命玄鳥，降而生商」，但謂簡狄以玄鳥至之時，祈于郊禖而生契，故本其爲天所命，若自天而降下耳。鄭註乃有墮卵吞孕之事，與《生民》詩註所言姜嫄履巨跡而生棄之事，皆怪妄不經，削之可也。后妃帥九嬪御者，從往而侍奉禮事也。禮天子所御者，祭畢而酌酒以飲其先所御幸而有娠者，顯之以神賜也。韣，弓衣也。弓矢者，男子之事也，故以爲祥。

是月也，日夜分。

晝夜各五十刻。

雷乃發聲，始電，蟄蟲咸動，啓户始出。

謂始穿其穴而出也。

先去聲。雷三日。

以節氣言，在春分前三日。

奮木鐸以令兆民曰：「雷將發聲，有不戒其容止者，生子不備，必有凶災。」

容止，猶言動静。不戒容止，謂房室之事褻瀆天威也。生子不備，謂形體有損缺。凶災，謂父母。

日夜分，則同度、量，鈞衡、石，角斗、甬，正權、概。

丈尺曰度，斗斛曰量，稱上曰衡，百二十斤爲石。甬，斛也。權，稱錘也。概，執以平量器者。同則齊其長短小大之制，鈞則平其輕重之差，角則較其同異，正則矯其欺枉。

是月也，耕者少上聲。舍，乃修闔扇，寢廟畢備。毋作大事，以妨農之事。

少舍，暫息也。門户之蔽，以木曰闔，以竹、葦曰扇。凡廟，前曰廟，後曰寢。寢是衣冠所藏之處。大事，謂軍旅之事。

是月也，毋竭川澤，毋漉鹿。陂池，毋焚山林。

漉亦竭也。三者之禁，皆謂傷生意。

天子乃鮮獻。羔開冰，先薦寢廟。

古者日在虚則藏冰，至此仲春，則獻羔以祭司寒之神而開冰，先薦寢廟者，不敢以人之餘奉神也。

上丁。

此月上旬之丁。日必用丁者，以先庚三日，後甲三日也。

命樂正習舞，釋菜。天子乃帥三公、九卿、諸侯、大夫，親往視之。仲丁，又命樂正入學習樂。

樂正，樂官之長也。習舞釋菜，謂將教習舞者，則先以釋菜之禮告先師也。

是月也，祀不用犧牲，用圭璧，更平聲。皮幣。

不用牲，謂祈禱小祀耳。如大牢祀高禖，乃大典禮，不在此限。稍重者用圭璧，稍輕者則以皮幣更易之也。

仲春行秋令，則其國大水，寒氣總至，寇戎來征。

酉金之氣所傷也。

行冬令，則陽氣不勝，麥乃不熟，民多相掠。亮。

子水之氣所淫也。

行夏令，則國乃大旱，煖氣早來，蟲螟爲害。

午火之氣所泄也。螟，食苗心者。

季春之月，日在胃，昏七星中，旦牽牛中。

胃宿在酉，大梁之次也。七星，二十八宿之星宿也。

其日甲乙，其帝太皞，其神句芒，其蟲鱗，其音角，律中姑洗。蘇典切。其數八，其味酸，其臭羶，其祀户，祭先脾。

姑洗，辰律，長七寸九分寸之一。

桐始華，田鼠化爲鴽，如。虹始見，現。萍始生。

此記辰月之候。鴽，鶉鴿之屬。

天子居青陽右个，乘鸞路，駕倉龍，載青旂，衣青衣，服倉玉，食麥與羊，其器疏以達。

青陽右个，東堂南偏。

是月也，天子乃薦鞠衣于先帝。

鞠衣，衣色如鞠花之黄也。註云「黄桑之服」者，色如鞠塵，象桑葉始生之色也。「鞠」字一音去六反。先帝，先代木德之君。薦此衣于神坐，以祈蠶事。

命舟牧覆舟，五覆五反，乃告舟備具于天子焉。天子始乘舟，薦鮪偉。于寢廟，乃爲去聲。麥祈實。

舟牧，主乘舟之官。五覆五反，所以詳視其罅漏傾側之處也。因薦鮪，并祈麥實。

是月也，生氣方盛，陽氣發泄，句勾。者畢出，萌者盡達，不可以内。

句，屈生者。萌，直生者。不可以内，言當施散恩惠，以順生道之宣泄，不宜吝嗇閉藏也。

天子布德行惠，命有司發倉廩，賜貧窮，振乏絶。開府庫，出幣帛，周天下。勉諸侯，聘名士，禮賢者。

長無謂之貧窮，暫無謂之乏絶。振，猶救也。周，濟其不足也。在内則命有司奉行，在外則勉諸侯奉行，皆天子之德惠也。

是月也，命司空曰：「時雨將降，下水上上聲。騰，循行去聲。國邑，周視原野，修利隄防，道達溝瀆，開通道路，毋有障塞。

司空掌邦土，此皆其職也。

田獵罝嗟。罘、浮。羅網、畢翳、噎餧僞獸之藥，毋出九門。」

罝罘，皆捕獸之罟。羅網，皆捕鳥之罟。小網長柄謂之畢，以其似畢星之形，故名，用以掩兔也。翳，射者用以自隱也。餧，啗之也。藥，毒藥也。七物皆不得施用於外，以其逆生道也。路門、應門、雉門、庫門、皋門、城門、近郊門、遠郊門、關門，凡九門也。

是月也，命野虞毋伐桑柘，鳴鳩拂其羽，戴勝降于桑。具曲、植、治。籧、舉。筐。

野虞，主田及山林之官。拂羽，飛而翼拍身也。戴勝，織紝之鳥，一名戴鵀。鵀即頭上勝也。此時恒在桑，言降者，重之若自天而下也。曲，薄也。植，槌也，所以架曲與籧筐者。籧圓而筐方。

后妃齊戒，親東鄉去聲。躬桑。禁婦女毋觀，去聲。省婦使，以勸蠶事。

東鄉，迎時氣也。躬桑，親自采桑也。禁婦女毋觀者，禁止婦女，使不得爲容觀之飾也。省婦使者，減省其箴線縫製之事也。此二者皆爲勸勉之，使盡力於蠶事也。

蠶事既登，分繭、稱絲效功。以共供。郊廟之服，毋有敢惰。

登，成也。分繭，分布於衆婦之繅者。稱絲效功，以多寡爲功之上下。

是月也，命工師令百工審五庫之量，金、鐵、皮、革、筋、角、齒、羽、箭、幹、脂、膠、丹、漆，毋或不良。

工師，百工之長也。五庫者，金、鐵爲一庫，皮、革、筋爲一庫，角、齒爲一庫，羽、箭、幹爲一庫，脂、膠、丹、漆爲一庫。視諸物之善惡，皆有舊法，謂之量。一説多寡之數也。審而察之，故云審五庫之量也。幹者，諸器所用之木材也。

百工咸理，監平聲。工日號：「毋悖于時！毋或作爲淫巧，以蕩上心！」

此時，百工皆各理治其造作之事，工師監臨之，每日號令，必以二事爲戒。一是造作器物，不得悖逆時序。如爲弓必春液角，夏治筋，秋合三材，寒定體之類是也。二是不得爲淫過奇巧之器，以搖動君心，使生奢侈也。

是月之末，擇吉日，大合樂，天子乃帥三公、九卿、諸侯、大夫，親往視之。

鄭氏曰：「其禮亡。」

是月也，乃合累平聲。牛騰馬，遊牝于牧。犧牲、駒、犢，舉書其數。

春陽既盛，物皆産育，故合其累繫之牛，騰躍之馬，而遊縱之，使牡者就牝者于芻牧之地，欲其孳生之蕃也。若其中犧牲之用者，及馬之駒，牛之犢，皆書其數者，以備稽校多寡也。

命國難，那。九門磔責。攘，以畢春氣。

難之事，在《周官》則方相氏掌之。裂牲謂之磔，除禍謂之攘。春者陰氣之終，故磔攘以終畢厲氣也。舊説大陵八星在胃北，主死喪。昴中有大陵積尸之氣，氣佚則厲鬼隨之而行。此月初日在胃，從胃歷昴，故毆疫之事，當於此時行之也。九門，説見上章。

季春行冬令，則寒氣時發，草木皆肅，國有大恐。

丑土之氣所應也。肅者，枝葉減縮而急栗也。大恐，訛言相驚動也。舊説孟春有恐，是火訛，以其行夏令也。此行冬令，當致水訛，漢王商嘗止之矣。

行夏令，則民多疾疫，時雨不降，山林不收。

未土之氣所應也。

行秋令，則天多沈陰，淫雨蚤降，兵革並起。

戌土之氣所應也。不收，謂無所成遂也。

孟夏之月，日在畢，昏翼中，旦婺女中。

畢宿在申，實沈之次。

其日丙丁，其帝炎帝。

炎帝，大庭氏，即神農也，赤精之君。

其神祝融。

顓頊氏之子，名黎，火官之臣。

其蟲羽，其音徵，止。律中中仲。呂。其數七，其味苦，其臭焦，其祀竈，祭先肺。

羽蟲。飛鳥之屬。徵音屬火。中吕，巳律，長六寸萬九千六百八十三分寸之萬二千九百七十四。地二生火，天七成之。七者，火之成數也。苦、焦，皆火屬。夏祭竈，火之養人者也。祭先肺，火克金也。○蔡邕《獨斷》曰：「竈，夏爲太陽，其氣長養。祀竈之禮，在廟門外之東，先席于門奥，面東設主于竈陘也。」

螻蟈鳴，蚯蚓出，王瓜生，苦菜秀。

此記巳月之候。王瓜，注云「萆挈」，《本草》作「菝葜」，音同。謂之瓜者，以根之似也。亦可釀酒。○朱氏曰：「王瓜色赤，感火之色而生。苦菜味苦，感火之味而成。」

天子居明堂左个。

太寢南堂東偏。

乘朱路，駕赤騮，留。載赤旂，衣朱衣，服赤玉，食菽與鷄，其器高以粗。

騮，馬名。色淺者赤，色深者朱。用器高而粗大，象物之盛長也。

是月也，以立夏。先立夏三日，太史謁之天子，曰：「某日立夏，盛德在火。」天子乃齊。立夏之日，天子親帥三公、九卿、大夫，以迎夏於南郊。還反行賞，封諸侯，慶賜遂行，無不欣説。悦。

立春言諸侯大夫，而此不言諸侯者，或在或否，不可必同，故略之也。迎夏南郊，祭炎帝、祝融也。

乃命樂師習合禮樂。

以將飲酎故也。

命太尉贊桀俊，遂賢良，舉長大，行爵出禄，必當去聲。其位。

太尉，秦官也。桀俊，以才言。贊，則引而升之之謂。賢良，以德言。遂，謂使之得行其志也。長大，以力言。《王制》言「執技論力」。舉，謂選而用之也。當其位者，爵必當有德之位，禄必當有功之位也。

是月也，繼長增高，毋有壞怪。墮，毋起土功，毋發大衆，毋伐大樹。

長者繼之而使益長，高者增之而使益高。壞墮，則傷已成之氣。起土功、發大衆，皆妨蠶農之事，故禁止之。伐樹則傷條達之氣，故亦在所禁。一説，伐大木，謂營宮室。

是月也，天子始絺。

絺，葛布之細者。

命野虞出行去聲。田原，爲去聲。天子勞去聲。農勸民，毋或失時。

失時，謂失農時。

命司徒循行去聲。縣鄙，命農勉作，毋休于都。

勉其興作於田野之内，禁其休息于都邑之間，皆恐其失農時也。

是月也，驅獸毋害五穀，毋大田獵。

夏獵曰苗，正爲驅獸之害禾苗者耳，與三時之大獵自不同。

農乃登麥，天子乃以彘嘗麥，先薦寢廟。

登，升之於場也。

是月也，聚畜百藥。靡草死，麥秋至。

聚藥，爲供醫事也。靡草，草之枝葉靡細者，陰類，陽盛則死。秋者，百穀成熟之期。此於時雖夏，於麥則秋，故云麥秋也。

斷薄刑，決小罪，出輕繫。

刑者，上之所施。罪者，下之所犯。斷者，定其輕重而施刑也。決，如決水之決，謂人以小罪相告者，即決遣之，不收繫也。其有輕罪而在繫者，則直縱出之也。

蠶事畢，后妃獻繭，乃收繭稅，以桑爲均，貴賤長幼如一，以給郊廟之服。

后妃獻繭，謂后妃受內命婦之獻繭也。收繭稅者，外命婦養蠶，亦用國北近郊之公桑。近郊之稅十一，故亦稅其繭十之一。其餘入己，而爲其夫造祭服。一說，再命受服，服者公家所給，故稅其十一者，爲給其夫祭服也。受桑多則稅繭多，少則稅亦少，皆以桑爲均齊也。貴，謂卿大夫之妻。賤，謂士妻。長幼，婦之老少也。如一，皆稅十一也。郊廟之服，天子祭服也。

是月也，天子飲酎，直又切。用禮樂。

重釀之酒，名之曰酎，稠醲之義也。春而造，至此始成。用禮樂而飲之，蓋盛會也。

孟夏行秋令，則苦雨數朔。來，五穀不滋，四鄙入保。

申金之氣所泄也。

行冬令，則草木蚤枯，後乃大水敗其城郭。

亥水之氣所傷也。

行春令，則蝗蟲爲災，暴風來格，秀草不實。

寅木之氣所淫也。以孟夏之月，而行孟秋、孟冬、孟春之令，故感召災異如此。四鄙，四面邊鄙之邑也。保，與堡同，小城也。入保，入而依以爲安也。格，至也。

仲夏之月，日在東井，昏亢剛。中，旦危中。

東井在未，鶉首之次。

其日丙丁，其帝炎帝，其神祝融，其蟲羽，

其音徵，律中蕤賓，其數七，其味苦，其臭焦，其祀竈，祭先肺。

蕤賓，午律，長六寸八十一分寸之二十六。

小暑至，螳蜋生，鵙古役切。始鳴，反舌無聲。

此記午月之候。小暑，暑氣未盛也。螳蜋，一名蚚父，一名天馬，言其飛捷如馬也。鵙，博勞也。反舌，百舌鳥。凡物皆稟陰陽之氣而成質，其陰類者宜陰時，陽類者宜陽時，得時則興，背時則廢。疏又以反舌爲蝦蟇，未知是否。

天子居明堂太廟，乘朱路，駕赤駵，載赤旂，衣朱衣，服赤玉，食菽與鷄，其器高以粗。

明堂太廟，南堂當太室也。

養壯佼。

壯，謂容體碩大者。佼，謂形容佼好者。擇此類而養之，亦順長養之令。

是月也，命樂師修鞀、逃。鞞、騈迷切。鼓，均琴、瑟、管、簫，執干、戚、戈、羽，調竽、笙、篪、池。簧，飭鍾、磬、柷、昌六反。敔。語。

凡十九物，皆樂器也。鞀、鞞、鼓三者，皆革音。鞀，即鼗也。鞞，所以裨助鼓節。琴、瑟，皆絲音。管、簫，皆竹音。管如篴而小。干、戚、戈、羽，皆舞器。干，盾。戚，斧也。竽、笙、篪，皆竹音。竽三十六簧，笙十三簧。篪，即箎也，長尺四寸。簧，笙之舌，蓋管中之金薄鍱也。竽、笙、篪三者，皆有簧也。鍾，金音。磬，石音。柷、敔，皆木音。柷如漆桶，敔狀如伏虎。柷以合樂之始，敔以節樂之終。修者，理其弊。均者，平其聲。執者，操持習學。調者，調和音曲。飭者，整治之也。以將用盛樂雩祀，故謹備之。

命有司爲去聲。民祈祀山川百源，大雩帝，用盛樂。

山者，水之源。將欲禱雨，故先祭其本源。三王祭川，先河後海，示重本也。雩者，吁嗟其聲以求雨之祭。《周禮·女巫》「凡邦之大烖，歌哭而請」，亦其義也。帝者，天之主宰。盛樂，即鞀、鞞以下十九物並奏之也。

乃命百縣雩祀百辟卿士有益於民者，以祈穀實。

百縣，畿内之邑也。百辟卿士，謂古者上公句龍、后稷之類。

是月也，農乃登黍。天子乃以雛嘗黍，羞以含桃，先薦寢廟。

今用登麥穀例，移「農乃登黍」四字在「是月也」之下。舊註以《内則》之「雛」爲小鳥，此「雛」爲雞，未詳孰是。含桃，櫻桃也。

令民毋艾刈。藍以染。

藍之色青，青者，赤之母。刈之，亦是傷時氣。

毋燒灰。

火之滅者爲灰，禁之亦爲傷火氣也。

毋暴步卜切。布。

暴，暴之於日也。布者，陰功所成，不可以小功干盛陽也。

門閭毋閉。

一則順時氣之宣通，一則使暑氣之宣散。

關市毋索。

索者，搜索商旅匿税之物。蓋當時氣盛大之際，人君亦當體之，而行寬大之政也。

挺重囚，益其食。

挺者，拔出之義。重囚禁繫嚴密，故特加寬假，輕囚則不如是。益其食者，加其養也。

游牝别彼列切。羣，則縶執。騰駒，班馬政。

季春游牝于牧，至此妊孕已遂，故不使同羣。拘縶騰躍之駒者，止其踶齧也。班，布也。馬政，養馬之政令也，《周禮》圉人、圉師所掌。

是月也，日長至，陰陽争，死生分。

至，猶極也。夏至日長之極，陽盡午中而微陰眇重淵矣，此陰陽争辨之際也。物之感陽氣而方長者生，感陰氣而已成者死，此死生分判之際也。

君子齊戒，處必掩身，毋躁。止聲色，毋或進。薄滋味，毋致和。去聲。節耆嗜。欲，定心氣。

齊戒以定其心，掩蔽以防其身；毋或輕躁於舉動，毋或御進於聲色；薄其調和之滋味，節其諸事之愛欲，凡以定心氣而備陰疾也。

百官静，事無刑，以定晏伊見切。陰之所成。

刑，陰事也。舉陰事則是助陰抑揚，故百官府刑罰之事，皆止静而不行也。凡天地之氣，順則和。競則逆，故能致災咎。此陰陽相争之時，故須如此謹備。晏，安也。陰道静，故云晏陰。及其定而至於成，則循序而往，不爲災矣。是以未定之前，諸事皆不可忽也。

鹿角解，駭。蟬始鳴，半夏生，木堇謹。榮。

此又言五月之候。解，脱也。

是月也，毋用火南方。

南方火位，又因其位而盛其用，則爲徵陰之害，故戒之。

可以居高明，可以遠眺望，可以升山陵，可以處臺榭。

凡此皆順陽明之時。

仲夏行冬令，則雹凍傷穀，道路不通，暴兵來至。

子水之氣所傷也。

行春令，則五穀晚熟，百螣特。時起，其國乃饑。

卯木之氣所淫也。

行秋令，則草木零落，果實早成，民殃於疫。

酉金之氣所泄也。螣，食苗葉之蟲也。百螣者，言害稼之蟲非一類。

季夏之月，日在柳，昏火中，旦奎中。

柳宿在午，鶉火之次也。火，大火心宿。

其日丙丁，其帝炎帝，其神祝融，其蟲羽，其音徵，律中林鍾。其數七，其味苦，其臭焦，其祀竈，祭先肺。

林鍾，未律，長六寸。

温風始至，蟋蟀居壁，鷹乃學習，腐草爲螢。

此記未月之候。至，極也。蟋蟀生於土中，此時羽翼猶未能遠飛，但居其穴之壁。至七月，則能遠飛而在野矣。學習，雛學數飛也。腐草得暑濕之氣，故變而爲螢。○朱氏曰：「温風，温厚之極。涼風，嚴凝之始。腐草爲螢，離明之極，故幽類化爲明類也。」

天子居明堂右个，乘朱路，駕赤騮，載赤旂，衣朱衣，服赤玉，食菽與鷄，其器高以粗。

明堂右个，南堂西偏也。

命漁師伐蛟，取鼉，登龜，取黿。元。

蛟言伐，以其暴惡不易攻取也。龜言登，尊異之也。鼉、黿言取，易而賤之也。

命澤人納材葦。

蒲葦之屬，生於澤中，而可爲用器，故曰材。澤人納之，職也。此皆煩細之事，非專一月所爲，故不以「是月」起之。

是月也，命四監大合百縣之秩芻，以養犧牲，令民無不咸出其力。以共供。皇天上帝、名山大川、四方之神，以祠宗廟、社稷之靈，以爲民祈福。

四監，即《周官》山虞、澤虞、林衡、川衡之官也。前言百縣，兼内外而言。此百縣，鄉遂之地也。秩，常也。斂此芻爲養犧牲之用，各有常數，故云秩芻也。

是月也，命婦官染采，黼、黻、文、章，必以法故，無或差貸。二。黑、黄、倉、赤，莫不質良，毋敢詐僞。以給郊廟祭祀之服，以爲旗章以別貴賤等給之度。

《周禮》典婦功、典枲、染人等，皆婦官。此指染人也。白與黑謂之黼，黑與青謂之黻，青與赤謂之文，赤與白謂之章。染造必用舊法故事，毋得有參差貸變，皆欲質正良善也。旗，旌旂也。章者，畫其象以別名位也。詳見《春官・司常》。○石梁王氏曰：「『給』當爲『級』。」

是月也，樹木方盛，命虞人入山行去聲。木，毋有斬伐。

以其方盛故也。

不可以興土功，不可以合諸侯，不可以起兵動衆。毋舉大事，以摇養氣。毋發令而待，以妨神農之事也。水潦盛昌，神農將持功，舉大事則有天殃。

大事，即興土功、合諸侯、起兵動衆之事。摇養氣，謂動散長養之氣也。發令而待，謂未及徭役之期，而豫發召役之令，使民廢己事，而待上之會期也。神農，農之神也。季夏屬中央土，土神得位用事之時，謂之神農者，土神主成就農事也。東井主水在未，故未月爲水潦盛昌之月。此時神農將主持稼穡之功，舉大事而傷其功，則是干造化施生之道矣，故有天殃也。

是月也，土潤溽暑，大雨時行。燒薙替。行水，利以殺草，如以熱湯。可以糞田疇，可以美土疆。其兩切。

溽，濕也。土之氣潤，故蒸欝而爲濕暑，大雨亦以之而時行，皆東井之所主也。除草之法，先芟薙之，俟乾則燒之。燒薙者，燒所薙之草也。大雨既行於所燒之地，則草不復生矣，故云利以殺草。時暑日烈，其水之熱如湯，草之燒爛者，可以爲田疇之糞，可以使土疆之美。凡土之磊魄難耕者謂之疆。

季夏行春令，則穀實鮮仙。落。

鮮潔而墮落也。

國多風欬。苦代切。

風欬，因風而致欬疾也。

民乃遷徙。

辰土之氣所應也。

行秋令，則丘隰水潦，禾稼不熟，乃多女災。

妊孕多敗，戌土之氣所應也。

行冬令，則風寒不時，鷹隼筍。蚤鷙，四鄙入保。

丑土之氣所應也。

中央土。

土寄旺四時各十八日，共七十二日。除此則木、火、金、水亦各七十二日矣。土於四時無乎不在，故無定位，無專氣，而寄旺於辰戌丑未之末。未月在火、金之間，又居一歲之中，故特揭中央土一令於此，以成五行之序焉。

其日戊己。

戊己，十干之中。

其帝黃帝。

黃精之君，軒轅氏也。

其神后土。

土官之臣，顓頊氏之子黎也。句龍初爲后土，後祀以爲社，后土官闕。黎雖火官，實兼后土也。舊説如此。

其蟲倮。力果切。

人爲倮蟲之長。鄭氏以爲虎豹之屬。

其音宮，律中黃鍾之宮。

宮音屬土，又爲君，故配之中央。黃鍾本十一月律，諸律皆有宮音，而黃鍾之宮，乃八十四調之首，其聲最尊而大，餘音皆自此起，如土爲木、火、金、水之根本，故以配中央之土。土寄旺於四時，宮音亦冠於十二律，非如十二月以候氣言也。

其數五。

天五生土，地十成之。四時皆舉成數，此獨舉生數者，四時之物，無土不成，而土之成數，又積水一、火二、木三、金四以成十也，四者成，則土無不成矣。

其味甘，其臭香。

甘、香，皆屬土。

其祀中霤，祭先心。

古者陶復陶穴，皆開其上以漏光明，故雨霤之。後因名室中爲中霤，亦土神也。祭先心者，心居中，君之象，又火生土也。○蔡邕《獨斷》曰：「季夏，土氣始盛，其祀中霤。霤神在室，祀中霤設主于牖下。」

天子居太廟太室。

中央之室也。

乘大路，駕黄駵，載黄旂，衣黄衣，服黄玉，食稷與牛，其器圜圓。以閎。

圜者，象土之周匝四時。閎者，寬廣之義，象土之容物也。

孟秋之月，日在翼，昏建星中，旦畢中。

翼宿在巳，鶉尾之次。建星，説見仲春。

其日庚辛，其帝少皞，其神蓐收，其蟲毛，其音商，律中夷則。其數九，其味辛，其臭腥，其祀門，祭先肝。

少皞，白精之君，金天氏也。蓐收，金官之臣，少皞氏之子該也。夷則，申律，長五寸七百二十九分寸之四百五十一。九，金之成數也。辛、腥皆屬金。秋，陰氣出，故祀門。祭先肝，金克木也。○蔡邕《獨斷》曰：「門，秋爲少陰，其氣收成，祀之於門。祀門之禮，北面設主于門左樞。」

涼風至，白露降，寒蟬鳴，鷹乃祭鳥，用始行戮。

此記申月之候。鷹欲食鳥之時，先殺鳥而不食，似人之食而祭先代爲食之人也。用始行戮，順時令也。

天子居總章左个。

太寢西堂南偏。

乘戎路。

兵車也。

駕白駱。

白馬黑鬛曰駱。

載白旂，衣白衣，服白玉，食麻與犬，其器廉以深。

廉，稜角也，亦矩之義。深則收藏之意。

是月也，以立秋。先立秋三日，太史謁之天子，曰：「某日立秋，盛德在金。」天子乃齊。立秋之日，天子親帥三公、九卿、諸侯、大夫，以迎秋於西郊。還反，賞軍帥所類切。武人於朝。天子乃命將帥，選士厲兵，簡練桀俊，專任有功，以征不義，詰其吉切。誅暴慢，以明好去聲。惡，去聲。順彼遠方。

簡練，簡擇而練習之也。專任有功，謂大將有已試之功，乃使之專主其事也。詰者，問其罪。誅者，戮其人。殘下謂之暴，慢上謂之慢。順，服也。好惡明，則遠方順服。

是月也，命有司脩法制，繕囹圄，具桎梏，禁止姦，慎罪邪，務搏執。

繕，治也。姦在人心，故當有以禁止之。邪見於行，故慎以罪之。務，事也。搏，戮也。執，拘也。

命理瞻傷察創，平聲。視折哲。審斷，決獄訟，必端平。戮有罪，嚴斷刑。

理，治獄之官也。傷者，損皮膚。創者，損血肉。折者，損筋骨也。嚴者，謹重之意，非峻急之謂也。

天地始肅，不可以贏。

朱氏曰：「陽道常饒，陰道常乏，故贊化者不可使陰氣之贏也。」

是月也，農乃登穀，天子嘗新，先薦寢廟。命百官始收斂。完隄坊，防。謹壅塞，以備水潦。脩宮室，坏培。垣牆，補城郭。

所以爲水潦之備者，以月建在酉，酉中有畢星，好雨也。

是月也，毋以封諸侯，立大官。

記者但知賞以春夏，刑以秋冬之義，不知古者嘗祭之時，則有出田邑之制。故注謂禁封諸侯及割地，爲失其義也。

毋以割地，行大使，去聲。出大幣。

以其違收斂之令也。

孟秋行冬令，則陰氣大勝，介蟲敗穀，戎兵

乃來。

此亥水之氣所泄也。

行春令，則其國乃旱。

蟹有食稻者，謂之稻蟹，亦介蟲敗穀之類。寅中箕星好風，能散雲雨，故致旱。

陽氣復還，五穀無實。

寅木之氣所損也。

行夏令，則國多火災，寒熱不節，民多瘧疾。

巳火之氣所傷也。

仲秋之月，日在角，昏牽牛中，旦觜兹。觿攜中。

角在辰，壽星之次也。

其日庚辛，其帝少皞，其神蓐收，其蟲毛，其音商，律中南吕。其數九，其味辛，其臭腥，其祀門，祭先肝。

南吕，酉律，長五寸三分寸之一。

盲風至，鴻鴈來，玄鳥歸，羣鳥養羞。

此記酉月之候。盲風，疾風也。孟春言鴻鴈來，自南而來北也。此言來，自北而來南也。仲春言玄鳥至，此言歸，明春來而秋去也。羞者，所美之食。養羞者，藏之以備冬月之養也。

天子居總章太廟，乘戎路，駕白駱，載白旂，衣白衣，服白玉，食麻與犬，其器廉以深。

總章太廟，西堂當太室也。

是月也，養衰老，授几杖，行麋粥飲食。

月至四陰，陰已盛矣。時以陽衰陰盛爲秋，人以陽衰陰盛爲老。養衰老，順時令也。几杖，所以安其身。飲食，所以養其體。行，猶賜也。麋，即粥也。

乃命司服，具飭衣裳。文繡有恒，制有小大，度有長短。衣服有量，必循其故。冠帶有常。

司服，官名。具飭，條具而飭正之也。上曰衣，下曰裳，衣繪而裳繡，祭服之制也。有恒，有定制也。小大，小則玄冕之一章，大則衮冕之九章也。長短，謂衣長而裳短也。衣服，謂朝服、燕服，及他服之當爲寒備者也。各有劑量，必率循故法，不得更爲新異也。冠與帶，亦各有常制，因造衣并作之。

乃命有司，申嚴百刑，斬殺必當，去聲。毋或枉橈。女教切。枉橈不當，反受其殃。

刑罰之令，前月已行，此月又申戒之也。枉、橈，皆屈曲之義。謂不申正理，而違法斷之以逆理，故必反受殃禍也。

是月也，乃命宰祝循行去聲。犧牲，視全具，桉芻豢，瞻肥瘠，察物色，必比類，量小大，視長短，皆中度，五者備當，去聲。上帝其饗。

宰，主牲者。祝，告神者。全，謂色不雜。具，謂體無損也。養牛羊曰芻，養犬豕曰豢。得其養則肥，失其養則瘠。物色或騂或黝，陽祀用騂牲，陰祀用黝牲。比類者，比附陰陽之類而用之也。小大以體言，長短以角言，皆欲中法度也。所視、所案、所瞻、所察、所量，五者悉備而當於事，上帝且歆饗之矣，況羣神乎！

天子乃難，那。以達秋氣。以犬嘗麻，先薦寢廟。

季春命國難以畢春氣，此獨言天子難者，此爲除過時之陽暑，陽者君象，故諸侯以下不得難也。暑氣退，則秋之涼氣通達，故云以達秋氣也。

是月也，可以築城郭，建都邑，穿竇窖，教。修囷倉。

四者皆爲斂藏之備。穿地圓曰竇，方曰窖。

乃命有司趨促。民收斂，務畜蓄。菜，多積恣。聚。

孟秋已有收斂之命矣，此又趨之，以時不可緩故也。菜，所以助穀之不足，故蓄之爲備。多積聚者，凡可爲歲備者，無不貯儲也。

乃勸種去聲。麥，毋或失時。其有失時，行罪無疑。

麥，所以續舊穀之盡，而及新穀之登，尤利於民，故特勸種，而罰其惰者。

是月也，日夜分，雷始收聲。蟄蟲坏培。户，殺氣浸盛，陽氣日衰，水始涸。

坏，益其蟄穴之户，使通明處稍小，至寒甚乃墐塞之也。水本氣之所爲，春夏氣至，故長；秋冬氣返，故涸也。

日夜分，則同度、量，平權、衡，正鈞、石，角斗、甬。

此與仲春同。

是月也，易關市，來商旅，納貨賄，以便民事。四方來集，遠鄉皆至，則財不匱，上無乏用，百事乃遂。

朱氏曰：「關者，貨之所入。市者，貨之所聚。易謂無重征以致其難也。易關市，所以來商旅。貨，謂化之以爲利。賄，謂有之以爲利。來商旅，所以納貨賄也。凡此皆以便民用也。四方散而不一，故言來集。遠鄉邈而在外，故言皆至。此言貢賦職脩也。財所以待用，財不匱，則無乏用也。用所以作事，無乏用，則事皆遂也。」

凡舉大事，毋逆大數，必順其時，慎因其類。

大事，如土功徭役、合諸侯、舉兵衆之事，皆不可悖陰陽之大數。因，猶依也。如慶賞者，乃發生之類。刑罰者，乃肅殺之類。必順時令，而謹依其類以行之也。

仲秋行春令，則秋雨不降，草木生榮，國乃有恐。

卯木之氣所應也。卯中有房心，心爲大火，故不雨，且有火訛之驚恐也。

行夏令，則其國乃旱，蟄蟲不藏，五穀復扶又切。生。

午火之氣所傷也。

行冬令，則風災數朔。起，收雷先行，草木蚤死。

子水之氣所泄也。收雷，收聲之雷也。先行，先期而動也。

季秋之月，日在房，昏虛中，旦柳中。

房在卯，大火之次也。

其日庚辛，其帝少皞，其神蓐收，其蟲毛，其音商，律中無射。亦。其數九，其味辛，其臭腥，其祀門，祭先肝。

無射，戌律，長四寸六千五百六十一分寸之六千五百二十四。

鴻鴈來賓，爵入大水爲蛤，古答切。鞠有黄華，花。豺乃祭獸戮禽。

此記戌月之候。鴈以仲秋先至者爲主，季秋後至者爲賓，如先登者爲主人，從之以登者爲客也。爵爲蛤，飛物化爲潛物也。鞠色不一，而專言黄者，秋令在金，金自有五色，而黄爲貴，故鞠色以黄爲正也。祭獸者，祭之於天。戮禽者，殺之以食也。禽者，鳥獸之總名。鳥不可曰獸，獸亦可曰禽，故鸚鵡不曰獸，而猩猩通曰禽也。

天子居總章右个，乘戎路，駕白駱，載白旂，衣白衣，服白玉，食麻與犬，其器廉以深。

總章右个，西堂北偏也。

是月也，申嚴號令，命百官貴賤無不務内，以會天地之藏，無有宣出。

務内，謂專務收斂諸物於內。會，合也。合天地閉藏之令也。宣出則悖時令。

乃命冢宰，農事備收，舉五穀之要，藏帝籍之收於神倉，祗敬必飭。

農事備收，百穀皆斂也。要者，租賦所入之數。籍田所收，歸之神倉，將以供粢盛也。祗，謂謹其事。敬，謂一其心。飭，謂致其力也。

是月也，霜始降，則百工休。乃命有司曰：「寒氣總至，民力不堪，其皆入室。」

總至，凝聚而至也。

上丁，命樂正入學習吹。去聲。

吹，主樂聲而言。

是月也，大饗帝，句。嘗。句。犧牲告備于天子。

仲夏大雩，祈也。此月大饗，報也。饗嘗皆用犧牲，仲秋已視全具，至此則告備而後用焉。

合諸侯，制百縣，爲去聲。來歲受朔日，與諸侯所税於民輕重之法，貢職之數，以遠近土地所宜爲度，以給郊廟之事，無有所私。

石梁王氏曰：「合諸侯制百縣，注云『合諸侯制』絶句，不可從。」○劉氏曰：「合諸侯者，總命諸侯之國也。制，猶敕也。百縣，諸侯所統之縣也。天子總命諸侯，各敕百縣，爲來歲受朔日，與税法貢數，各以道路遠近，土地所宜爲度，以給上之事，而不可有私也。言郊廟者，舉其重也。蓋朔日與税貢等事，皆天子總命之諸侯，而諸侯頒之百縣，使奉行也。舊説秦建亥，此月爲歲終，故行此數事者得之。或疑是時秦未并天下，未有諸侯百縣，此仍是古制。愚按吕不韋相秦十餘年，此時已有必得天下之勢，故大集羣儒，損益先王之禮，而作此書，名曰《春秋》，將欲爲一代興王之典禮也。故其間亦多有未見與禮經合者。又按昭襄王之時，封魏冉穰侯，公子市宛侯，悝鄧侯。則分封諸侯，行王者事久矣。不韋作相時，已滅東周君，六國削甚，秦已得天下太半，故其立制欲如此也。其後徙死，始皇并天下，李斯作相，盡廢先王之制，而《吕氏春秋》亦無用矣。然其書也，亦當時儒生學士有志者所爲，猶能彷彿古制，故記禮者有取焉。」

是月也，天子乃教於田獵，以習五戎，班馬政。

教於田獵，謂因獵而教之以戰陳之事。習用弓矢、殳、矛、戈、戟之五兵，班布乘馬之政令，其毛色之同異，力之强弱，各以類相從也。

命僕及七騶咸駕，載旌旐，授車以級，整設于屏外。司徒搢扑，北面誓之。

僕，戎僕也。天子馬有六種，各一騶主之，并總主六騶者爲七騶也。皆以馬駕車，又載析羽之旌，龜蛇之旐，既畢而授車于乘者，以尊卑爲等級，各使正其行列向背，而設于軍門之屏外。於是司徒插扑于帶，於陳前北面誓戒之。此時六軍皆向南而陳也。扑，即夏楚二物也。《周禮》，戎僕，中大夫二人。

天子乃厲飾，執弓挾子協切。矢以獵。命主祠祭禽于四方。

天子戎服而嚴厲其威武之飾，親用弓矢以殺禽獸。蓋奉祭祀之物，當親殺也。獵竟，則命典祀之官，取獵地所獲之獸祭於郊，以報四方之神。禽者，獸之通名也。

是月也，草木黄落，乃伐薪爲炭。

備禦寒也。

蟄蟲咸俯在内，皆墐覲。其户。

俯，垂頭也。内，穴之深處也。墐，塞也。

乃趣促。獄刑，毋留有罪。

刑於罪相得即決之，留而不決，亦悖時令也。

收禄秩之不當，供去聲。養去聲。之不宜者。

收，如僅法收印綬之收。謂索之使還，各依本等禄秩。不當，謂不應得而恩命濫賜之者也。供養，膳服之具也，貴賤各有宜用。不宜，謂侈僭踰制者。此亦順秋令之嚴肅也。

是月也，天子乃以犬嘗稻，先薦寢廟。季秋行夏令，則其國大水。

未中東井主之。

冬藏殃敗。

竇窖之藏，爲水所侵。

民多鼽求。嚏。帝。

未土之氣所應也。鼽者，氣窒於鼻。嚏者，聲發於口，皆肺疾。以夏火克金，故病此也。

行冬令，則國多盜賊，邊竟境。不寧，土地分裂。

丑土之氣所應也。裂，坼也。

行春令，則煖風來至，民氣解懈。惰，師興不居。

辰土之氣所應也。不居，不得止息也。

孟冬之月，日在尾，昏危中，旦七星中。

尾在寅，析木之次也。七星，見季春。

其日壬癸，其帝顓頊，其神玄冥，其蟲介，其音羽，律中應鍾。其數六，其味鹹，其臭朽，其祀行，祭先腎。

顓頊，黑精之君。玄冥，水官之臣，少皞氏之子曰脩，曰熙，相代爲水官。《左傳》云「脩及熙爲玄冥」是也。介，甲也。介蟲龜爲長，水物也。羽音屬水。應鍾，亥律，長四寸二十七分寸之二十。水成數六。鹹、朽，皆水屬。水受惡穢，故有朽腐之氣也。行者，道路往來之處，冬陰往而陽來，故祀行也。春、夏、秋皆祭先所勝，冬當先心。以中央祭心，故但祭所屬。又以冬主靜，不尚克制故也。蔡邕《獨斷》曰：「行，冬爲太陰，盛寒爲水，祀之於行。在廟門外之西，軷壤厚二尺，廣五尺，輪四尺，北面設主於軷上。」

水始冰，地始凍，雉入大水爲蜃，虹藏不見。現。

此記亥月之候。蜃，蛟屬。此亦飛物化潛物也。晉武庫中忽有雉雊，張華曰：「此必蛇化爲雉也。」開視雉側，果有蛇蛻。類書有言雉與蛇交而生子，子必爲蜃。不皆然也。然則雉之爲蜃，理或有之。陰陽氣交而爲虹，此時陰陽極乎辨，故虹伏。虹非有質而曰藏，亦言其氣之下伏耳。

天子居玄堂左个。

北堂之西偏也。

乘玄路，駕鐵驪。

鐵色之馬。

載玄旂，衣黑衣。

黑深而玄淺，如朱深而赤淺也。

服玄玉，食黍與彘，其器閎以奄。

閎者，中寬。奄者，上窄。

是月也，以立冬。先立冬三日，太史謁之天子曰：「某日立冬，盛德在水。」天子乃齊。立冬之日，天子親帥三公、九卿、大夫，以迎冬於北郊。還反，賞死事，恤孤寡。

死事，爲國事而死也。孤寡，即死事者之妻子。不言諸侯，與夏同。

是月也，命太史釁龜筴，句。占兆，句。審卦吉凶。

馮氏曰：「釁龜筴者，殺牲取血而塗龜與蓍筴也。古者器成而釁以血，所以攘卻不祥也。占兆者，玩龜書之繇文；審卦者，審《易》書之休咎，皆所以豫明其理而待用也。釁龜而占兆，釁筴而審卦吉凶，太史之職也。」

是察阿黨，則罪無有掩蔽。

獄吏治獄，寧無阿私？必是正而省察之，庶幾犯罪者不至掩蔽其曲直也。

是月也，天子始裘。

《周禮》「季秋獻功裘」，至此月乃衣之也。

命有司曰：「天氣上上聲。騰，地氣下降，天地不通，閉塞而成冬。」

不交則不通，不通則閉塞。

命百官謹蓋藏，命有司循行去聲。積聚，無有不斂。

申嚴仲秋積聚之令。

坏城郭，戒門閭，脩鍵蹇。閉，慎管籥。

坏，補其缺薄處也。城郭欲其厚實，故言坏。門閭備禦非常，故言戒。鍵，鎖須也。閉，鎖筒也。管籥，鎖匙也。鍵閉或有破壞，故云脩。管籥不可妄開，故云慎。

固封疆，備邊竟，境。完要塞，先代切。謹關梁，塞徯奚。徑。

要塞，邊城要害處也。關，境上門。梁，橋也。徯徑，野獸往來之路也。

飭喪紀，辨衣裳，審棺槨之厚薄，塋丘壟之

大小、高卑、句。厚薄之度，貴賤之等級。

飭喪紀者，飭正喪事之紀律也，即辨衣裳以下諸事是已。上衰下裳，以布之精麤爲親疎，故曰辨。亦謂襲斂之衣數多寡也。棺槨厚薄，有貴賤之等，塋有大小，丘壟有高卑，皆不可踰越。厚薄之度，主禮而言。貴賤之等級，主人而言。故總曰「審」。○朱氏曰：「喪者，人之終。冬者，歲之終。故於此時而飭喪紀焉。」

是月也，命工師效功，陳祭器，按度程，毋或作爲淫巧，以蕩上心，必功致緻。爲上。物勒工名，以考其誠。功有不當，去聲。必行其罪，以窮其情。

工師，百工之長。效，呈也。諸器皆成，獨主祭器，祭器尊也。度，法也。程，式也。淫巧，指諸器而言。致，讀爲緻，謂功力密緻也。一讀如字，亦通。勒，刻也。刻名於器，以考工人之誠僞也。行，猶治也。窮其情者，究詰其詐僞之情也。

是月也，大飲烝。

因烝祭而與羣臣大爲燕飲也。舊説，烝，升也。此乃饗禮，升牲體於俎上，謂之房烝。未知是否。

天子乃祈來年于天宗，大割祠于公社及門閭，臘先祖五祀，勞去聲。農以休息之。

天宗，日月星辰也。割祠，割牲以祭也。社以上公配祭，故云公社，又祭及門閭之神也。臘之言獵，以田獵所獲之物，而祭先祖及五祀之神，故曰臘也。又蔡邕云：夏曰清祀，殷曰嘉平，周曰腊，秦曰臘。然《左傳》言「虞不臘」，是周亦名臘也。勞農，即《周禮》黨正屬民飲酒之禮也。

天子乃命將帥講武，習射御、角力。

以仲冬大閱也。

是月也，乃命水虞、漁師收水泉池澤之賦，毋或敢侵削衆庶兆民，以爲天子取怨于下。其有若此者，行罪無赦。

水虞，澤虞也。漁師，漁人也。見《周禮》。水冬涸，故以冬時收賦。

孟冬行春令，則凍閉不密，地氣上上聲。泄，民多流亡。

寅木之氣所泄也。

行夏令，則國多暴風，方冬不寒，蟄蟲復出。

巳火之氣所損也。

行秋令，則雪霜不時，小兵時起，土地侵削。

申金之氣所淫也。

仲冬之月，日在斗，昏東辟壁。中，旦軫中。

斗在丑，星紀之次也。

其日壬癸，其帝顓頊，其神玄冥，其蟲介，其音羽，律中黄鍾。其數六，其味鹹，其臭朽，其祀行，祭先腎。

黄鍾，子律，長九寸。

冰益壯，地始坼，鶡旦不鳴，虎始交。

此記子月之候。鶡旦，夜鳴求旦之鳥也。

天子居玄堂太廟，乘玄路，駕鐵驪，載玄旂，衣黑衣，服玄玉，食黍與彘，其器閎以奄。

玄堂太廟，北堂當太室也。

飭死事。

誓戒六軍之士，以戰陳當厲必死之志也。

命有司曰：「土事毋作，慎毋發蓋，毋發室屋及起大衆，以固而閉。

順閉藏之令，以安伏蟄之性也。固，堅也。而，猶其也。《周禮》仲冬教大閲，此言「毋起大衆」，是誠吕氏之書矣。

地氣沮上聲。泄，是謂發天地之房，諸蟄則死，民必疾疫，又隨以喪，命之曰暢月。」

沮者，壞散之義。因破壞而宣泄，故云沮泄也。天地之閉固氣類，猶房室之安藏人也。若發散天地之所藏，則諸蟄皆死，是干犯陰陽之令，疾疫必爲民災，喪禍隨之而見。一説「喪」讀去聲，謂民因避疾疫而逃亡也。暢月，未詳。舊説，暢，充也。言所以不可發泄者，以此月萬物皆充實於内故也。朱氏謂陽久屈而後伸，故云暢月也。未知孰是。

是月也，命奄尹申宫令，審門閭，謹房室，必重閉。省婦事，毋得淫。雖有貴戚近習，毋有不禁。

奄尹，羣奄之長也。以其精氣奄閉，故名閹人。宫令，宫中之政令也。重閉，内外皆閉也。減省婦人之事，務順陰静也。淫，謂女功之過巧者。貴戚，天子之族姻。近習，其嬖幸者。

乃命大酋，揫。秫稻必齊，麴蘖必時，湛大。熾必潔，水泉必香，陶器必良，火齊去聲。必得。兼用六物，大酋監古銜反。之，毋有差貸。二。

大酋，酒官之長也。秫稻，酒材也。必齊，多寡中度也。必時，制造及時也。湛，漬而滌之也。熾，蒸炊也。必潔，無所污也。必香，無穢惡之氣也。必良，無罅漏之失也。必得，適生熟之宜也。物，事也。六物，謂必齊以下六事。差貸，不中法式也。

天子命有司祈祀四海、大川、名源、淵澤、井泉。

冬令方中，水德至盛，故爲民祈而祀之也。

是月也，農有不收藏積聚者，馬牛畜獸有放佚者，取之不詰。起吉切。

取之不詰，罪在不收斂也。

山林藪澤，有能取蔬食、田獵禽獸者，野虞教道之。其有相侵奪者，罪之不赦。

罪之不赦，惡其不相共利也。

是月也，日短至，陰陽爭，諸生蕩。

短至，短之極也。陰陽之爭，與夏至同。諸生者，萬物之生機也。蕩者，動也。

君子齊戒，處必掩身，身欲寧，去聲色，禁耆欲，安形性，事欲静，以待陰陽之所定。

此皆與夏至同，而有謹之至者。彼言「止聲色」而此言「去」，彼言「節耆欲」，而此言「禁」，蓋仲夏之陰猶微，而此時之陰猶盛。陰微，則盛陽未至於甚傷。陰盛，則微陽當在於善保故也。

芸始生，荔挺出，蚯蚓結，麋角解，水泉動。

此又言子月之候。芸與荔挺，皆香草。結，猶屈也。解，脱也。水者，天一之陽所生，陽生而動，言枯涸者漸滋發也。十二月惟子午之月，皆再記其候者，詳於陰陽之萌也。

日短至，則伐木，取竹箭。

陰盛則材成，故伐而取之。大曰竹，小曰箭。

是月也，可以罷官之無事，去器之無用者。

官以權宜而設，器以權宜而造，皆暫焉之事，此閉藏休息之時，故可罷去。

塗闕廷門閭，築囹圄，此以助天地之閉藏

也。仲冬行夏令，則其國乃旱。

火氣乘之，應於來年。

氛霧冥冥。

亦火氣所蒸。

雷乃發聲。

陰不能固陽也，午火之氣所充也。

行秋令，則天時雨去聲。汁，執。瓜瓠不成。

雨雪雜下曰汁。

國有大兵。

酉金之氣所淫也。

行春令，則蝗蟲爲敗，水泉咸竭。

卯中大火之所主也。

民多疥厲。

卯木之氣所泄也。

季冬之月，日在婺女，昏婁中，旦氐中。

女在子，玄枵之次也。

其日壬癸，其帝顓頊，其神玄冥，其蟲介，其音羽，律中大呂。其數六，其味鹹，其臭朽，其祀行，祭先腎。

大呂，丑律，長八寸二百四十三分寸之百四。

雁北鄉，去聲。鵲始巢，雉雊，雞乳。去聲。

此記丑月之候。

天子居玄堂右个，乘玄路，駕鐵驪，載玄旂，衣黑衣，服玄玉，食黍與彘，其器閎以奄。

玄堂右个，北堂東偏也。

命有司大難，那。旁磔，責。出土牛以送寒氣。

季春惟國家之難，仲秋惟天子之難，此則下及庶人。又以陰氣極盛，故云大難也。旁磔，謂四方之門皆披磔其牲以禳除陰氣，不但如季春之九門磔禳而已。舊說此月日經虛危，司命二星在虛北，司祿二星在司命北，司危二星在司祿北，司中二星在司危北，此四司者，鬼官之長。又墳四星在危東南，墳墓四司之氣能爲厲鬼，將來或爲災厲，故難磔以禳除之。事或然也。出，猶作也。月建丑，丑爲牛，土能制水，故特作土牛以畢送寒氣也。

征鳥厲疾。

征鳥，鷹隼之屬，以其善擊，故曰征。厲疾者，猛厲而迅疾也。

乃畢山川之祀，及帝之大臣，天之神祇。

帝之大臣，謂五帝之佐句芒、祝融之屬也。孟冬言析天宗，此或司中、司命、風師、雨師之屬歟？

是月也，命漁師始漁。天子親往，乃嘗魚，先薦寢廟。

獵而親殺，爲奉祭也。則漁而親往，亦爲薦先歟？

冰方盛，水澤腹堅，命取冰，冰以入。

冰之初凝，惟水面而已。至此則徹上下皆凝。故云腹堅。腹，猶内也。藏冰正在此時，故命取冰，冰入則陰事之終也。

令告民出五種，上聲。**命農計耦耕事，修耒耜，具田器。**

冰入之後，大寒將退，令典農之官，告民出其所藏五穀之種，計度耦耕之事。耦，謂二人相偶也。揉木爲耒，斲木爲耜。今之耜以鐵爲之。田器，鎡基之屬，凡治田所用者也。此皆豫備東作之事，陽事之始也。

命樂師大合吹去聲。**而罷。**

鄭氏曰：「歲將終，與族人大飲作樂於太寢，以綴恩也。《王居明堂禮》：『季冬命國爲酒，以合三族。』」○疏曰：「此用禮樂於族人最盛，後年季冬乃復如此作樂，以一年頓停，故云『罷』。」

乃命四監收秩薪柴，以共供。**郊廟及百祀之薪燎。**

四監，説見季夏。秩，常也，謂有常數也。大而可析者，謂之薪；小而束者，謂之柴。薪燎，炊爨及夜燎之用也。

是月也，日窮于次，月窮于紀，星回于天，數將幾終，歲且更始。

日窮于次者，去年季冬次玄枵，至此窮盡，還次玄枵也。紀，會也。去年季冬，月與日相會於玄枵，至此窮盡，還復會於玄枵也。二十八宿隨天而行，每日雖周天一匝，而早晚不同，至此月而復其故處，與去年季冬早晚相似，故云回于天也。幾，近也。以去年季冬至今年季冬，三百五十四日，未滿三百六十五日，不爲正終，故云幾於終也。歲且更始者，所謂終則有始也。

專而農民，毋有所使。

而，汝也。在上者當專壹汝農之事，毋得徭役使之也。

天子乃與公卿大夫共飭國典，論時令，以

待來歲之宜。

朱氏曰：「國典有常，飭之以應來歲之變。時令有序，論之以防來歲之差。歲既更始，故事亦有異宜者。」

乃命太史，次諸侯之列，賦之犧牲，以共供。皇天、上帝、社稷之饗。

列，謂大小之等差也。

乃命同姓之邦，共寢廟之芻豢。

人本乎祖，故祖廟之牲，使同姓諸侯供之。

命宰歷卿、大夫至于庶民土田之數，而賦犧牲，以共山林、名川之祀。

歷者，序次其多寡之數也。

凡在天下九州之民者，無不咸獻其力，以共皇天、上帝、社稷、寢廟、山林、名川之祀。

禮有五經，莫重於祭故也。

季冬行秋令，則白露蚤降，介蟲爲妖，四鄙入保。

畏介蟲爲兵之象也。戌土之氣所應。

行春令，則胎夭多傷。

胎，未生者。夭，方生者。

國多固疾。

固，謂久而不差。辰土之氣所應。

命之曰逆。

以歲終而行歲始之令也。

行夏令，則水潦敗國，時雪不降，冰凍消釋。

火奪水之令也。未土之氣所應。

禮記卷之五

禮記卷之六

陳澔集説

曾子問第七

曾子問曰：「君薨而世子生，如之何？」孔子曰：「卿、大夫、士從攝主，北面於西階南。大祝裨皮。冕，執束帛，升自西階，盡等，不升堂，命毋無。哭。

攝主，上卿之代主國事者也。裨冕者，天子、諸侯六服，大裘爲上，其餘爲裨服。裨衣而著冕，故云裨冕也。等，即階也。

祝聲三，去聲。告曰：『某之子生，敢告。』升，奠幣于殯東几上，哭降。衆主人、卿、大夫、士，房中皆哭，不踊。盡一哀，反位，遂朝奠。小宰升，舉幣。

祝爲「噫歆」之聲者三，以警動神聽，乃告之也。噫是歎恨之聲。歆者，欲其歆饗之義也。某，夫人之氏也。房中，婦人也。升舉幣，舉而埋之兩階之間也。

三日，衆主人、卿、大夫、士如初位，北面。大宰、大宗、大祝皆裨冕。少師奉上聲。子以衰。催。祝先，子從，去聲。宰、宗人從，去聲。入門，哭者止。子升自西階，殯前北面。祝立于殯東南隅，祝聲三，去聲。下同。曰：『某之子某，從執事，敢見。』形甸反。子拜稽顙，哭。祝、宰、宗人、衆主人、卿、大夫、士哭，踊三者三，降，東反位，皆袒。子踊。房中亦踊三者三。襲，衰，杖。奠出。大宰命祝史，以名徧告于五祀、山川。」

如初位者，如初告子生之位次也。少師，主養子之官，奉子以衰，以衰服承藉而捧之也。告曰：「夫人某氏之子某，從執事宰、宗人等敢見。」子名則大宰所立也。告訖，捧子之人拜而稽顙且哭。凡踊三度爲一節，如此者三，故云「三者三」。降東反位者，堂上人皆從西階降而反東，在下者亦皆東而反其朝夕之哭位也。踊而襲、衰、杖，成其爲子之禮也。奠出，朝奠畢而出也。

曾子問曰：「如已葬而世子生，則如之

何?」孔子曰:「大宰、大宗從大祝而告于禰。三月,乃名于禰,以名徧告及社稷、宗廟、山川。」

告于禰,告其主也。此時神主在殯宮,因見禰而立其名,故云「乃名于禰」也。

孔子曰:「諸侯適天子,必告于祖,奠于禰,冕而出視朝,命祝史告于社稷、宗廟、山川,乃命國家五官而後行。道而出。告者五日而徧,過是,非禮也。凡告用牲幣,反亦如之。制。

告于祖,亦告于禰;奠于禰,亦奠于祖也。奠者,奠幣爲禮而告之也。視朝聽事之後,即徧告羣祀,戒命五大夫之職事,使無廢弛也。諸侯有三卿、五大夫。道而出者,祖祭道神而后出行也。五祀之行神則在宫内,《月令》「冬祀行」是也。喪禮,毀宗躐行,則行神之位在廟門外西方。若祭道路之行神謂之軷,於城外委土爲山之形,伏牲其上,祭告禮畢,乘車轢之而遂行也。其神曰纍。其牲天子犬,諸侯羊,卿、大夫酒脯而已。長一丈八尺爲制幣。

諸侯相見,必告于禰,朝服而出視朝,命祝史告于五廟、所過山川,亦命國家五官,道而出。反必親告于祖禰,乃命祝史告至于前所告者,而後聽朝而入。」

上章言冕而出視朝,此言朝服而出視朝者,按《覲禮》:「侯氏裨冕。」今敬君,欲豫習其禮,故冕服以視朝。諸侯相朝,非君臣也,故但朝服而已。諸侯朝服,玄冠、緇衣、素裳。而《聘禮》云諸侯相聘,皮弁服。則相朝亦皮弁服矣。天子以皮弁服視朝,故謂之朝服也。

曾子問曰:「並有喪,如之何?何先何後?」孔子曰:「葬,先輕而後重;其奠也,先重而後輕,禮也。自啓及葬,不奠,行葬不哀次。反葬,奠而後辭於殯,賓。遂修葬事。其虞也,先重而後輕,禮也。」

曾子問同時有父母或祖父母之喪,先後之次如何?孔子言葬則先母而後父,奠則先父而後母。自,從也。從啓母殯之後,及至葬柩欲出之前,惟設母啓殯之奠,朝廟之奠,及祖奠、遣奠而已,不於殯宫爲父設奠。故云「自啓及葬,不奠」,謂不奠父也。次者,大門外之右,平生待賓客之處。柩至此,則孝子悲哀,柩車暫停。今爲父喪在殯，故行葬母之時，孝子不得爲母伸哀於所次之處，故柩車不暫停也。及葬母而反，即於父殯設奠，告語於賓以明日啓父殯之期。賓出之後，孝子遂修營葬父之事也。葬是奪情之事，故先輕；奠是奉養之事，故先重也。虞祭亦奠之類，故亦先重。

孔子曰：「宗子雖七十，無無主婦。非宗子，雖無主婦可也。」

宗子領宗男於外，宗婦領宗女於內，禮不可缺，故雖七十之年，猶必再娶。然此謂太宗之無子或子幼者，若有子有婦可傳繼者，則七十可不娶矣。

曾子問曰：「將冠去聲。子，冠者至，揖讓而入，聞齊衰、大功之喪，如之何？」孔子曰：「內喪則廢，外喪則冠而不醴，徹饌而埽，去聲。即位而哭。如冠者未至，則廢。

冠者，賓與贊禮之人也。此人已及門，而與主人揖讓以入矣，主人忽聞齊衰、大功之喪，何以處之？夫子言若是大門內之喪，則廢而不行。以冠禮行之於廟，廟在大門之內，吉凶不可同處也。若是大門外之喪，喪在他處，可以加冠。但冠禮三加之後，設醴以禮新冠之人，今值凶事，止三加而止，不醴之也。初欲迎賓之時，醴及饌具皆陳設，令悉徹去。又埽除冠之舊位，使淨潔更新，乃即位而哭。如賓與贊者未至，則廢也。

如將冠子而未及期日，而有齊衰、大功、小功之喪，則因喪服而冠。」「除喪不改冠乎？」孔子曰：「天子賜諸侯、大夫冕、弁服於大廟，歸設奠，服賜服，於斯乎有冠醮，無冠醴。父沒而冠，則已冠，埽去聲。地而祭於禰，已祭而見形甸反。伯父、叔父，而後饗冠者。」

未及期日，在期日之前也。因喪服而冠者，因著喪之成服而加喪冠也。此是孔子之言。曾子又問他日除喪之後，不更改易而行吉冠之禮乎？孔子答云，諸侯及大夫有幼弱未冠，總角從事至當冠之年，因朝天子，天子於大廟中賜冕服、弁服。其受賜者榮君之命，歸即設奠告廟，服所賜之服矣。於此之時，惟有冠之醮，無冠之醴。醮是以酒爲燕飲，醴則獨禮受服之人也。其禮如此，安得有除喪改冠之禮乎？父沒而冠，謂除喪之後，以吉禮禮冠者。蓋齊衰以下，可因喪服而冠，斬衰不可。○疏曰：「吉冠，是吉時成人之服。喪冠，是喪時成人之服。謂之醮者，酌而無酬酢曰醮。醴重而醮輕者，醴是古之酒，故爲重。醮之所以異於醴者，三加之後，總一醴之，醮則每一加而行一醮也。」

曾子問曰：「祭如之何則不行旅酬之事矣？」孔子曰：「聞之小祥者，主人練祭而不旅，奠酬於賓，賓弗舉，禮也。昔者魯昭公練而舉酬行旅，非禮也。孝公大祥，奠酬弗舉，亦非禮也。」

曾子問祭而不行旅酬之禮，何祭爲然？孔子言惟小祥練祭爲然。不旅者，不旅酬也。奠酬於賓，奠其酬爵於賓前也。賓弗舉者，賓不舉以旅也。言此祭主人得致爵於賓，賓不可舉此爵而行旅酬，此禮也。大祥則可旅酬矣。孝公，隱公之祖。○朱子曰：「旅，衆也。酬，導飲也。旅酬之禮，賓弟子兄弟之子，各舉觶於其長而衆相酬。蓋宗廟之中，以有事爲榮，故逮及賤者，使亦得以伸其敬也。」又曰：「主人酌以獻賓，賓酢主人曰酢，主人又自飲而復飲賓曰酬。主人自飲者，是導賓使飲也。但賓受之却不飲，奠於席前，至旅時亦不舉，又自別舉爵。」

曾子問曰：「大功之喪，可以與去聲。於饋奠之事乎？」孔子曰：「豈大功耳，自斬衰以下皆可，禮也。」曾子曰：「不以輕服而重相爲去聲。乎？」孔子曰：「非此之謂也。天子、諸侯之喪，斬衰者奠，大夫齊衰者奠，士則朋友奠，不足則取於大功以下者，不足則反之。」

饋奠，奠於殯也。大夫朔望皆有殷奠，士惟月朔。其禮盛，故執事者衆。曾子問：「已有大功之喪，可與他人饋奠之事乎？」孔子將謂曾子問已有大功之喪，得爲大功者饋奠否？故答云：「豈但大功，自斬衰以下皆可，禮也。」言身有斬衰，所爲者斬衰；身有齊衰，所爲者齊衰，皆可與其饋奠。孔子是據所服者言之，曾子又不悟此旨，將謂言他人。乃曰：「不太輕已之服，而重於相爲乎？」孔子乃答云，非此爲他人之謂也，謂於所爲服者也。凡喪奠，主人以悲哀，不暇執事，故不親奠。天子、諸侯之喪，諸臣皆斬衰，故云斬衰者奠。大夫則兄弟之服齊衰者奠，士不以齊衰者奠，避大夫也，故朋友奠。人不充數，則取大功以下；又不足，則反取大功以上也。○疏曰：「反之者，反取前人執事者充之。」

曾子問曰：「小功可以與於祭乎？」孔子曰：「何必小功耳，自斬衰以下與祭，禮也。」曾子曰：「不以輕喪而重祭乎？」孔子曰：「天子、諸侯之喪祭也，不斬衰者不與祭。大夫齊衰者與祭。士祭不足，則取於兄弟大功以下者。」

大旨與上章同，但此問「與於祭」，則是虞與卒哭之祭。

曾子問曰：「相識有喪服，可以與於祭乎？」孔子曰：「緦不祭，又何助於人？」

所知識之人有祭事，而己有喪服，可以助爲之執事否？夫子言，己有緦麻之服，服之輕者也，尚不得自祭己之宗廟，何得助他人之祭乎？

曾子問曰：「廢喪服，可以與於饋奠之事乎？」孔子曰：「說脱。衰與奠，非禮也。以擯相去聲。可也。」

廢，猶除也。饋奠，在殯之奠也。不問吉祭而問喪奠，曾子之意，謂方除喪服，決不可與吉禮，疑可與饋奠也。夫子言方說衰即與奠，是忘哀太速，故言非禮也。擯相事輕，亦或可耳。

曾子問曰：「昏禮既納幣，有吉日，女之父母死，則如之何？」孔子曰：「壻使人弔。如壻之父母死，則女之家亦使人弔。父喪稱父，母喪稱母。父母不在，則稱伯父世母。壻已葬，壻之伯父致命女氏曰：『某之子有父母之喪，不得嗣爲兄弟，使某致命。』女氏許諾，而弗敢嫁，禮也。壻免喪，女之父母使人請，壻弗取，上聲。而后嫁之，禮也。

有吉日者，期日已定也。彼是父喪，則此稱父之名弔之。彼是母喪，則此稱母之名弔之。父母或在他所，則稱伯父伯母名。如無伯父母，則用叔父母名可知。壻雖已葬其親，而喪期高遠，不欲使彼女失嘉禮之時，故使人致命，使之別嫁他人。某之子，此「某」字是伯父之名。不得嗣爲兄弟者，言繼此不得爲夫婦也。夫婦同等，有兄弟之義，亦親之之辭。不曰夫婦者，未成昏，嫌也。使某致命，此「某」字是使者之名。致，如致仕之致，謂致還其許昏之命也。女氏雖許諾，而不敢以女嫁於他人，禮也。及壻祥禫之後，女之父母使人請壻成昏，壻終守前說而不取，而后此女嫁於他族，禮也。

女之父母死，壻亦如之。」

女之父母死，女之伯父致命於男氏曰：「某之子有父母之喪，不得嗣爲兄弟，使某致命。」男氏許諾，而不敢娶。女免喪，婿之父母使人請，女家不許，婿然後別娶也。

曾子問曰：「親迎，去聲。女在塗，而壻之父母死，如之何？」孔子曰：「女改服，布深衣，縞總，以趨喪。女在塗，而女之父母死，則女反。」

嫁服，士妻褖衣，大夫妻展衣，卿妻鞠衣。改服，更其嫁服也。衣與裳相連，而前後深邃，故曰深衣。縞，生白絹也。總，束髮也，長八寸。布爲深衣，縞爲總，婦人始喪未成服之服也，故服此以奔舅姑之喪。女子在室，爲父三年，父卒，亦爲母三年，已嫁則期。今既在塗，非在室矣，則止用奔喪之禮而服期。改服，亦布深衣縞總也。

「如壻親迎，女未至，而有齊衰、大功之喪，則如之何？」孔子曰：「男不入，改服於外次。女入，改服於内次。然後即位而哭。」曾子問曰：「除喪則不復昏禮乎？」孔子曰：「祭，過時不祭，禮也。又何反於初？」

此齊衰大功之喪，謂壻家也。改服，改其親迎之服，而服深衣於門外之次也。女，謂婦也。入門内之次，而以深衣更其嫁服也。此特問齊衰大功之喪者，以小功及緦輕，不廢昏禮，禮畢乃哭耳。若女家有齊衰大功之喪，女亦不反歸也。曾子又問除喪之後，豈不復更爲昏禮乎？孔子言祭重而昏輕，重者過時尚廢，輕者豈可復行乎？然此亦止謂四時常祭耳，禘祫大祭，過時猶追也。

孔子曰：「嫁女之家，三夜不息燭，思相離去聲。也。取去聲。婦之家，三日不舉樂，思嗣親也。三月而廟見，形甸反。稱來婦也。擇日而祭於禰，成婦之義也。」

思相離，則不能寢寐，故不滅燭。思嗣親，則不無感傷，故不舉樂。此昏禮所以不賀也。成昏而舅姑存者，明日婦見舅姑。若舅姑已歿，則成昏三月，乃見於廟。祝辭告神曰：「某氏來婦。」來婦，言來爲婦也。蓋選擇吉日而行此禮。廟見，祭禰，即是一事，非見廟之後，更擇日而祭也。成婦之義者，成盥饋之禮之義也。

曾子問曰：「女未廟見而死，則如之何？」孔子曰：「不遷於祖，不袝於皇姑，壻不杖、不菲、扶畏反。不次，歸葬于女氏之黨，示未成婦也。」

不遷於祖，不遷柩而朝於壻之祖廟也。不祔於皇姑，以未廟見，故主不得祔姑之廟也。壻齊衰期，但不杖，不菲屨，不別處哀次耳。女之父母，自降服大功。

曾子問曰：「取去聲。女有吉日，而女死，如之何？」孔子曰：「壻齊衰而弔，既葬而除之。夫死亦如之。」

若夫死，女以斬衰往弔，既葬而除也。

曾子問曰：「喪有二孤，廟有二主，禮與？平聲。」孔子曰：「天無二日，土無二王，嘗、禘、郊、社，尊無二上。未知其爲禮也。

二孤、二主，當時有之，曾子疑其非禮，故問。夫子言天猶不得有二日，土猶不得有二王，嘗、禘、郊、社，祭之重者，各有所尊，不可混并而祭之。喪可得有二孤，廟可得有二主乎？非禮明矣。

昔者齊桓公亟器。舉兵，作僞主以行。及反，藏諸祖廟。廟有二主，自桓公始也。

師行而載遷廟之主于齊車，示有所尊奉也。既作僞主，又藏於廟，是二失矣。

喪之二孤，則昔者衛靈公適魯，遭季桓子之喪。衛君請弔，哀公辭不得命，公爲主，客入弔。康子立於門右，北面。公揖讓，升自東階，西鄉。客升自西階弔。公拜，興，哭。康子拜稽顙於位，有司弗辯也。今之二孤，自季康子之過也。」

國君弔鄰國之臣，尊卑不等，衛君弔而哀公爲主，禮也。禮，大夫既殯而君來弔，主人門右，北面哭拜稽顙。今既哀公爲主，主則拜賓。康子但當哭踊而已，乃拜而稽顙於位，是二孤矣。當時有司不能論而正之，遂至循襲爲常。變禮之失，由於康子。上章言自桓公始，此不言始，而言過者，孔子康子同時也。靈公先桓子卒，經訛爲靈公，實出公也。

曾子問曰：「古者師行，必以遷廟主行乎？」孔子曰：「天子巡守，去聲。以遷廟主行，載于齊側皆反。車，言必有尊也。今也取七廟之主以行，則失之矣。

遷廟主，謂新祧廟之主也。齊車，金路也。又名曰公禰。

當七廟五廟無虛主。虛主者，惟天子崩，諸侯薨，與去其國，與祫祭於祖爲無主耳。吾聞諸老聃貪。曰：『天子崩，國君薨，則祝取羣廟之主而藏諸祖廟，禮也。卒哭成事，而后主各反其廟。

崩薨而羣主皆聚祖廟，以喪三年不祭，且象生者爲凶事而聚集也。○馮氏曰：「鄭注：『老聃，古壽考者之稱。』石梁先生曰：『此老聃，非作五千言者。』」

君去其國，太宰取羣廟之主以從，去聲。禮也。

去國而羣廟之主皆行，不敢棄其先祖也。

祫祭於祖，則祝迎四廟之主。主出廟入廟，必蹕。』老聃云。」

諸侯五廟，祫祭則迎高曾祖禰入太祖之廟。主出入而蹕止行人，不欲其瀆也。

曾子問曰：「古者師行無遷主，則何主？」孔子曰：「主命。」問曰：「何謂也？」孔子曰：「天子諸侯將出，必以幣、帛、皮、圭，告于祖禰，遂奉以出，載于齊車以行。每舍去聲。奠焉，而後就舍。反必告，設奠，卒，斂幣玉，藏諸兩階之間，乃出。蓋貴命也。」

既以幣玉告于祖廟，則奉此幣玉，猶奉祖宗之命也。故曰「主命」。每舍必奠，神之也。反則設奠以告而埋藏之，不敢褻也。

子游問曰：「喪平聲。慈母如母，禮與？」孔子曰：「非禮也。古者男子外有傅，內有慈母，君命所使教子也，何服之有？

妾之無子者，養妾子之無母者，謂之慈母。然天子諸侯不爲庶母服。大夫妾子，父在，爲其母大功。士之妾子，父在，爲其母期，是與己母同也。何服之有，謂天子諸侯也，故下文舉國君之事證之。

昔者魯昭公少，去聲。喪去聲。其母，有慈母良。及其死也，公弗忍也，欲喪之。有司以聞曰：『古之禮，慈母無服。今也君爲平聲之服，是逆古之禮而亂國法也。若終行之，則有司將書之，以遺平聲。後世，無乃不可乎？』公曰：『古者天子練冠以燕居。』公弗忍也，遂練冠以喪慈母。喪慈母自魯昭公始也。」

良，善也。古者，周以前也。天子諸侯之庶子，爲天子諸侯者，爲其母緦。《春秋》有以小君之禮服之者，以子貴而伸也。然必適小君没，若適小君在，則其母厭屈，故練冠也。此言「練冠以燕居」，謂庶子之爲王者爲其母耳。

曾子問曰：「諸侯旅見形甸反。天子，入門，不得終禮廢者幾？上聲。」孔子曰：「四。」「請問之。」曰：「大廟火，日食，后之喪，雨霑服失容，則廢。如諸侯皆在而日食，則從天子救日，各以其方色與其兵。大廟火，則從天子救火，不以方色與兵。」

旅，衆也。色，衣之色也。東方諸侯衣青，南方諸侯衣赤，餘倣此。東方用戟，南方矛，西方弩，北方楯，中央鼓。日食是陰侵陽，故正五行之方色，以厭勝之，救火不關此義也。

曾子問曰：「諸侯相見，揖讓入門，不得終禮廢者幾？」孔子曰：「六。」「請問之。」曰：「天子崩，大廟火，日食，后、夫人之喪，雨霑服失容，則廢。」

大廟，本國之大廟也。夫人，小君也。

曾子問曰：「天子嘗、禘、郊、社、五祀之祭，簠簋既陳，天子崩，后之喪，如之何？」孔子曰：「廢。」

嘗禘，宗廟之祭。郊社，天地之祭。此言五祀，而《祭法》言七祀，先儒已言《祭法》不足據矣。

曾子問曰：「當祭而日食，大廟火，其祭也如之何？」孔子曰：「接祭而已矣。如牲至未殺，則廢。

接，捷也，速疾之義。此言宗廟之祭，遇此變異，則減略節文，務在速畢，無迎尸於奥，及迎尸入坐等禮矣。

天子崩，未殯，五祀之祭不行。既殯而祭，其祭也，尸入，三飯，上聲。不侑，又。酳以刃反。不酢而已矣。自啓至于反哭，五祀之祭不行。已葬而祭，祝畢獻而已。」

天子諸侯之祭禮亡，不可聞其詳矣。先儒以大夫士祭禮推之，士祭尸九飯，大夫祭尸十一飯，則知諸侯十三飯，天子十五飯也。五祀外神，不可以己私喪久廢其祭。若當祭之時，而天子崩，則止而不行。俟殯訖乃祭，然其禮則殺矣。侑，勸也。尸入，迎尸而入坐也。三飯不侑者，尸三飯告飽則止，祝更不勸侑其食，使滿足當飯之數也。酳，食畢而以酒漱口也，説見《曲禮》。按《特牲禮》，尸九飯畢，主人酌酒酳尸，尸飲卒爵，酢主人。主人受酢飲畢，酌獻祝。祝飲畢，主人又酌獻佐食。今云「酳不酢」者，無酢主人以下等事也。此是言殯後祭五祀之禮。又言自啓殯往葬，及葬畢反哭，其間亦不祭五祀，直待葬後乃祭，其禮又不同。蓋葬後哀稍殺，漸向吉，故祝侑尸食，至十五飯，攝主酳尸，尸飲卒爵而酢攝主，攝主飲畢酌而獻祝，祝受而飲畢則止。無獻佐食以下之事，故云「祝畢獻而已」。已，止也。

曾子問曰：「諸侯之祭社稷，俎豆既陳，聞天子崩，后之喪，君薨，夫人之喪，如之何？」孔子曰：「廢。自薨比界。至于殯，自啓至于反哭，奉帥天子。」

比，及也。○曾子所問如此，孔子曰「廢」，又言自薨至殯，自啓至反哭，皆帥循天子之禮者，謂諸侯既殯而祭社稷或五祀者，亦如天子殯後祭五祀之禮也。其葬後而祭社稷五祀者，亦如天子葬後祭五祀之禮也。

曾子問曰：「大夫之祭，鼎俎既陳，籩豆既設，不得成禮廢者幾？上聲。」孔子曰：「九。」「請問之。」曰：「天子崩，后之喪，君薨，夫人之喪，君之大廟火，日食，三年之喪，齊衰，大功，皆廢。外喪自齊衰以下，行也。其齊衰之祭也，尸入，三飯，不侑，酳不酢而已矣。大功，酢而已矣。小功、緦，室中之事而已矣。士之所以異者，緦不祭。所祭於死者無服，則祭。」

此言大夫宗廟之祭。外喪，在大門之外也。三飯不侑，酳不酢，説見上章。大功酢而已者，大功服輕，祭禮稍備，十一飯之後，主人酌酒酳尸，尸酢主人，即止也。室中之事者，凡尸在室之奥，祝在室中北廂南面，佐食在室中戶西北面，但主人主婦及賓，獻尸及祝佐食等三人畢則止也。若平常之祭，十一飯畢，主人酳尸，尸卒爵酢主人，主人獻祝及佐食畢；次主婦獻尸，尸酢主婦，主婦又獻祝及佐食畢；次賓長獻尸，尸得賓長獻爵，則止不舉，蓋奠其爵于薦之左也。待致爵之後，尸乃舉爵。今以喪服殺禮，故止於賓之獻也。士卑於大夫，雖緦服亦不祭。所祭於死者無服，謂如妻之父母，母之兄弟姊妹，己雖有服，而已所祭者與之無服，則可祭也。○今按致爵之禮，賓獻尸三爵而止。尸止爵之後，執事者爲主人設席于户内。主婦酌爵而致于主人，主人拜受爵，主婦拜送爵。主人卒爵拜，主婦答拜，受爵以酌而酢，執爵拜，主人答拜。主人降，洗爵以酌，而致于主婦。主婦之席在房中南面。主婦拜受爵，主人西面答拜，而更爵自酌以酢。此所謂致爵也。《祭統》曰：「酢必易爵。」詳見《特牲饋食禮》。

曾子問曰：「三年之喪，弔乎？」孔子曰：「三年之喪，練，不羣立，不旅行。君子禮以飾情，三年之喪而弔哭，不亦虚乎？」

練，小祥也。旅，衆也。羣立、旅行，言及他事，則爲忘哀，況於弔乎！先王因人情而制禮，隨其哀樂之情，皆有以飾之。苴衰絰杖，爲至痛飾也。居重喪而弔哭於人，哀彼，則忘吾親；哀在親，則弔爲矯僞矣，非虚而何？曾子即聞夫子此言矣，而《檀弓》篇乃記其以喪母之齊衰而往哭於子張，得非好事者爲之辭歟？

曾子問曰：「大夫、士有私喪，可以除之矣，而有君服焉，其除之也如之何？」孔子曰：「有君喪服於身，不敢私服，又何除焉？於是乎有過時而弗除也。君之喪服除，而后殷祭，禮也。」

君重親輕，以義斷恩也。若君服在身，忽遭親喪，則不敢爲親制服。初死尚不得成服，終可行除服之禮乎？此所以雖過時而不除也。殷祭，盛祭也。君服除，乃得爲親行二祥之祭，以伸孝心。以其禮大，故曰「殷」也。假如此月除君服，即次月行小祥之祭，又次月行大祥之祭。若親喪小祥後，方遭君喪，則他時君服除後，惟行大祥祭也。然此皆謂適子主祭而居官者。若庶子居官而行君服，適子在家，自依時行親喪之禮。他日庶子雖除君服，無追祭矣。

曾子問曰：「父母之喪，弗除可乎？」孔子曰：「先王制禮，過時弗舉，禮也。非弗能勿除也，患其過於制也。故君子過時不祭，禮也。」

曾子之意，以爲適子仕者除君服後，猶得追祭二祥；庶子仕者雖除君服，不復追祭，是終身不除父母之喪矣，可乎？孔子言，先王制禮，各有時節。過時不復追舉，禮也。今不追除服者，不是不能除也，患其踰越聖人之禮制也。且如四時之祭，當春祭時，或以事故阻廢，至夏則惟行夏時之祭，不復追補春祭矣。故過時不祭，禮之常也。惟禘祫大事則不然。

曾子問曰：「君薨既殯，而臣有父母之喪，則如之何？」孔子曰：「歸居于家，有殷事，則之君所，朝夕否。」

殷盛之事，謂朔望及薦新之奠也。君有此事，則往適君所。朝夕則不往哭。

曰：「君既啓，而臣有父母之喪，則如之何？」孔子曰：「歸哭而反送君。」

啓，啓殯也。歸哭，哭親喪也。反送君，復往送君之葬也。此二節，皆對言君親之喪。若臣有父母之喪，既殯而後有君喪，則歸君所。父母喪有殷事，則來歸家。朝夕亦恒在君所也。若父母之喪既啓而有君之喪，則亦往哭於君所，而反送父母之葬也。下文君未殯而臣有父母之喪，亦與父母之喪未殯而有君喪互推之。

曰：「君未殯，而臣有父母之喪，則如之何？」孔子曰：「歸殯，反于君所。有殷事則歸，朝夕否。大夫室老行事，士則子孫行事。大夫內子，有殷事，亦之君所，朝夕否。」

室老，家相之長也。室老、子孫行事者，以大夫士在君所，殷事之時，或朝夕恒在君所，則親喪朝夕之奠有缺。然奠不可廢也。大夫尊，故使室老攝行其事。士卑，則子孫攝也。內子，卿大夫之適妻也。爲夫之君，如爲舅姑服齊衰，故殷事亦之君所。

賤不誄貴，幼不誄長，禮也。唯天子稱天以誄之。諸侯相誄，非禮也。

誄之爲言累也。累舉其平生實行，爲誄而定其謚以稱之也。稱天以誄之者，天子之尊無二，惟天在其上，故假天以稱之也。人君之事多稱天，不獨誄也。

曾子問曰：「君出疆，以三年之戒，以椑（擗。）從，（去聲。）君薨，其入如之何？」孔子曰：「共（供。）殯服，則子麻弁絰，疏衰，菲，（扶畏反。）杖。入自闕，升自西階。如小斂，則子免（問。）而從柩，入自門，升自阼階。君、大夫、士，一節也。」

曾子問國君以事出疆，必爲三年之戒備，恐未得即返也。於是以親身之棺隨行，慮或死於外也。若死於外，則入之禮如何。孔子言於時大斂之後，主人從柩而歸，則其國有司供主人殯時所著之服，謂布深衣、苴絰，散帶垂也。此時主人從柩在路，未成服，惟著麻弁絰疏衰，而藨屨且杖也。麻弁，布弁也。布弁之上加環絰也。柩入之時，毁殯宫門西邊牆而入，其處空缺，故謂之闕，非門闕之闕也。升自西階者，以柩從外來，有似賓客，故就客階而升也。如小斂而歸，則子首不麻弁，身不疏衰，惟首著免布，身著布深衣也。入自門，升自阼階者，以親未在棺，猶以事生之禮事之也。凡君與大夫及士之卒於外者，其禮皆一等無異制，故云「一節」也。

曾子問曰：「君之喪，既引，去聲。聞父母之喪，如之何？」孔子曰：「遂，既封窆。而歸，不俟子。」

遂，遂送君柩也。既窆而歸，下棺即歸也。不俟子，不待孝子返而己先返也。

曾子問曰：「父母之喪，既引，及塗，聞君薨，如之何？」孔子曰：「遂，既封，窆。改服而往。」

遂，遂送親柩也。既窆之後，改服而往者，《雜記》云：「非從柩與反哭，無免於堩。」此時孝子首著免，乃去免而括髮徒跣，布深衣而往，不敢以私喪之服喪君也。

曾子問曰：「宗子爲士，庶子爲大夫，其祭也如之何？」孔子曰：「以上牲祭於宗子之家，祝曰：『孝子某爲去聲。介子某薦其常事。』」

士特牲，大夫少牢。上牲，少牢也。庶子既爲大夫，當用上牲。然必往就宗子家而祭者，以廟在宗子家也。孝子，宗子也。介子，庶子也。不曰「庶」而曰「介」者，庶子卑賤之稱，介則副貳之義，亦貴貴之道也。薦其常事者，薦其歲之常事也。

若宗子有罪，居於他國，庶子爲大夫，其祭也，祝曰：『孝子某使介子某執其常事。』攝主不厭祭，不旅，不假，不綏虚規反。祭，不配。

介子非當主祭者，故謂之攝主。其禮略於宗子者有五焉。若以祭禮先後之次言之，當云不配，不綏祭，不假，不旅，不厭祭。今倒言之者，舊説攝主非正，故逆陳以見義；亦或記者之誤與？今依次釋之。不配者，祭禮初行，尸未入之時，祝告神曰：「孝孫某，來日丁亥用薦歲事于皇祖伯某，以某妃配某氏。」如姜氏、子氏之類。今攝主不敢備禮，但言薦歲事于皇祖伯某，不言以某妃配也。不綏祭者，「綏」字當從《周禮》

作「隋」，減毀之名也。尸與主人俱有隋祭，主人減黍稷牢肉而祭之於豆間，尸則取菹及黍稷肺而祭於豆間，所謂隋祭也。今尸自隋祭，主人是攝主，故不隋祭也。不假者，「假」字當作「嘏」，福慶之辭也。尸十一飯訖，主人酳尸，尸酢主人畢，命祝嘏于主人曰：「皇尸命工祝，承致多福無疆于女孝孫。來女孝孫，使女受禄于天，宜稼于田，眉壽萬年，勿替引之。」主人再拜稽首。今亦以避正主，故不嘏也。不旅，不旅酬也。詳見前章。不厭祭者，厭是饜飫之義，謂神之歆享也。厭有陰有陽，陰厭者，迎尸之前，祝酌奠訖，爲主人釋辭於神，勉其歆享。此時在室奥陰静之處，故云陰厭也。陽厭者，尸謖之後，佐食徹尸之薦俎，設於西北隅得户明白之處，故曰陽厭。制禮之意，不知神之所在於彼乎？於此乎？皆庶幾其享之而厭飫也。此言不厭祭，不爲陽厭也。以先後之次知之。

布奠於賓，賓奠而不舉，不歸肉。其辭于賓曰：『宗兄（宗弟、宗子）在他國，使某辭。』」

主人酬賓之時，賓在西廂東面，主人布此奠爵於賓俎之北，賓坐取此爵而奠於俎之南，不舉之以酬兄弟，此即不旅之事。若宗子主祭，則凡助祭之賓，各歸之以俎肉。今攝主，故不歸俎肉於賓也。非但祭不備禮，其將祭之初，告賓之辭亦異，曰宗兄（宗弟、宗子）在他國，不得親祭，故使某執其常事，使某告也。故云「使某辭」。宗兄宗弟者，於此攝主爲兄或爲弟也。若尊卑不等，或是祖父之列，或是子孫之列，則但謂之宗子矣。

曾子問曰：「宗子去，在他國，庶子無爵而居者，可以祭乎？」孔子曰：「祭哉！」「請問其祭如之何？」孔子曰：「望墓而爲壇，以時祭。若宗子死，告於墓而後祭於家。宗子死，稱名不言孝，身没而已。子游之徒有庶子祭者以此，若義也。今之祭者，不首其義，故誣於祭也。」

宗子無罪而去國，則廟主隨行矣。若有罪去國，廟雖存，庶子卑賤無爵，不得於廟行祭禮，但當祭之時，即望墓爲壇以祭也。若宗子死，則庶子告於墓而後祭於其家，亦不敢稱「孝子某」，但稱「子某」而已。又非有爵者稱「介子某」之比也。身没而已者，庶子身死，其子則庶子之適子，祭禰之時，可稱「孝」也。子游之門人有庶子祭者，皆用此禮，是順古義也。今世俗庶子之祭者，不能先求古人制禮之義，而率意行之，秖見其誣罔而已。

曾子問曰：「祭必有尸乎？若厭祭，亦可乎？」孔子曰：「祭成喪者必有尸，尸必以孫。孫幼，則使人抱之。無孫，則取於同姓可也。祭殤必厭，蓋弗成也。祭成喪而無尸，是殤之也。」

曾子之意，疑立尸而祭，無益死者。故問祭時必合有尸乎？若厭祭，亦可乎？蓋祭初陰厭，尸猶未入；祭終而陽厭，在尸既起之後，是厭祭無尸也。孔子言成人威儀具備，必有尸以象神之威儀，所以祭成人之喪者，必有尸也。尸必以孫，以昭穆之位同也。取於同姓，亦謂孫之等列也。祭殤者不立尸而厭祭，以其年幼少，未能有成人之威儀，不足可象，故不立尸也。若祭成人而無尸，是以殤待之矣。

孔子曰：「有陰厭，有陽厭。」曾子問曰：「殤不祔備。祭，何謂陰厭、陽厭？」孔子曰：「宗子爲殤而死，庶子弗爲後也。其吉祭特牲，祭殤不舉，無肵祈。俎，無玄酒，不告利成，是謂陰厭。

孔子言祭殤之禮，有厭於幽陰者，有厭於陽明者。蓋適殤則陰厭於祭之始，庶殤則陽厭於祭之終，非兼之也。曾子不悟其指，乃問云，祭殤之禮略而不備，何以始末一祭之間有此兩厭也？孔子言雖是宗子，死在殤之年，無爲人父之道，庶子不得代爲之後。其族人中有與之爲兄弟者，代之而主其祭之之禮。其卒哭成事以後爲吉祭。祭殤本用特豚，今亦從成人之禮用特牲者，以其爲宗子故也。祭有尸，則佐食舉肺脊以授尸，祭而食之。今無尸，故不舉肺脊也。凡尸食之餘歸之肵俎。肵，敬也。主人敬尸而設此俎。今無肵俎，以無尸故也。玄酒，水也。太古無酒之時，以水行禮，後王祭則設之，重古道也。今祭殤禮略，故無玄酒也。不告利成者，利猶養也，謂共養之禮已成也。常祭主人事尸禮畢，出立户外，則祝東面告利成，遂導尸以出。今亦以無尸廢此禮。「是謂陰厭」云者，以其在祖廟之奧陰暗之處厭之也。

凡殤與無後者，祭於宗子之家，當室之白，尊于東房，是謂陽厭。」

凡殤，非宗子之殤也。無後者，謂庶子之無子孫者也。此二者若是宗子大功内親，則於宗子家祖廟祭之，必當室中西北隅，得户之明白處，其尊則設于東房，是謂陽厭也。

曾子問曰：「葬引去聲。至于堩，古鄧反。日有食之，則有變乎，且不否。乎？」孔子曰：「昔者吾從老聃貪。助葬於巷黨，及堩，日有食之。老聃曰：『丘，止柩就道右，止哭以聽變。』既明反，而後行。曰：『禮也。』反葬，而丘問之曰：『夫柩不可以反者也。日有食之，不知其已之遲數，速。則豈如行哉？』老聃曰：『諸侯朝天子，見日而行，逮日而舍去聲。奠。大夫使，去聲。見日而行，逮日而舍。夫柩不蚤出，不莫暮。宿。見星而行者，唯罪人與奔父母之喪者乎！日有食之，安知其不見星也？且君子行禮，不以人之親痁尸占反。患。』吾聞諸老聃云。」

堩，道也。有變，變常禮乎？且不乎，不變常禮乎？柩北向而出，道右，則道之東也。聽變，聽日食之變動也。明反，日光復常也。舍奠，晚止舍而設奠於行主也。安知其不見星，謂日食既而星見，則昏暗中恐有姦慝也。痁，病也。不以人之親痁患，謂不可使人之親病於危亡之患也。

曾子問曰：「爲去聲。君使去聲。而卒於舍，禮曰：『公館復，私館不復。』凡所使之國，有司所授舍，則公館已，何謂私館不復也？」孔子曰：「善乎，問之也。自卿、大夫、士之家曰私館，公館與公所爲曰公館。公館復，此之謂也。」

復，死而招魂復魄也。公館，公家所造之館也。與，及也。公所爲，謂公所命停客之處，即是卿大夫之館。但有公命，故謂之公館也。一說，公所爲，謂君所作離宮別館也。

曾子問曰：「下殤土周葬于園，遂輿機而往，塗邇故也。今墓遠，則其葬也如之何？」

八歲至十一爲下殤。土周，堲周也。說見《檀弓》。成人則葬於墓，此葬于園圃之中。輿，猶抗也。機者，輿尸之具，木爲之，狀如牀而無脚，以繩横直維繫之。抗舉而往堲周之所，棺斂而葬之，塗近故也。曾子言今世禮變，皆棺斂下殤於家而葬之於墓，則塗遠矣，其葬也如之何？問既不用輿機，則當用人舉棺以往乎？爲當用車載棺而往乎？然此謂大夫之下殤，及士庶人之中下殤耳。若大夫之適長殤中殤有遺車者，亦不輿機而葬也。

孔子曰：「吾聞諸老聃曰，昔者史佚有子而死，下殤也，墓遠。召公謂之曰：『何以不棺去聲。下衣棺同。斂於宮中？』史佚曰：『吾敢乎哉！』召公言於周公，周公曰：『豈不可？』史佚行之。下殤用棺，衣棺，自史佚始也。」

史佚，周初良史也。墓遠，不葬於園也。言於周公，言猶問也。周公曰「豈不可」者，謂何爲不可也。召公述周公之言告佚，佚於是用棺衣而棺斂於宮中。是此禮之變，始於史佚也。舊註以「豈」爲句者非。

曾子問曰：「卿大夫將爲尸於公，受宿矣，而有齊衰内喪，則如之何？」孔子曰：「出舍去聲。於公館以待事，禮也。」

受宿，受君命而宿齊戒也。齊衰内喪，大門内齊衰服之喪也。待事，待祭事畢，然後歸哭也。

孔子曰：「尸弁冕而出，卿大夫士皆下之，尸必式，必有前驅。」

尸服死者之上服，今爲君尸而弁冕者，弁，士之爵弁也。以君之先世，或有爲大夫士者，故尸亦當弁或冕也。出而卿大夫士遇之，則下車，尸式以答之。必有前驅者，尸出則先驅辟闢行人也。

子夏問曰：「三年之喪，卒哭，金革之事無辟避也者，禮與？初有司與？」孔子曰：「夏后氏三年之喪，既殯而致事；殷人既葬而致事。《記》曰：『君子不奪人之親，亦不可奪親也。』此之謂乎？」

無辟，謂君使則行，無敢辭辟也。此禮當然歟？抑當初有司逼遣之歟？夏之禮，親喪既殯，即致還其事於君；殷禮則葬後乃致其事。君子，指人君也。臣遭父母之喪，而君許其致事，是不奪人喪親之心也。雖君有命而不忍違離喪次，是不可奪其喪親之孝也。

子夏曰：「金革之事無辟避。也者，非與？」孔子曰：「吾聞諸老聃曰：『昔者魯公伯禽，有爲去聲。爲之也。』今以三年之喪從其利者，吾弗知也。」

魯公卒哭而從金革之事，以徐戎之難，東郊不開，不得已而征之，是有爲爲之也。今人居三年之喪，而用兵以逐攻取之利者，吾不知其爲何禮也。蓋甚非之之辭。一説利爲例，言無故而以三年之喪，從伯禽之例以用兵者，甚非也。

文王世子第八

文王之爲世子，朝於王季日三。鷄初鳴而衣去聲。服，至於寢門外，問内豎樹。之御者曰：「今日安否何如？」内豎曰：「安。」文王乃喜。及日中又至，亦如之。及莫暮。又至，亦如之。

内豎，内庭之小臣。御，是直日者。世子朝父母，惟朝夕二禮。今文王日三，聖人過人之行也。

其有不安節，則内豎以告文王，文王色憂，行不能正履。王季復膳，然後亦復初。食上，上聲。必在視寒煖之節。食下，問所膳，命膳宰曰：「末有原。」應曰：「諾。」然後退。

不安節，謂有疾不能循其起居飲食之常時也。食上，進膳於親也。在，察也。食下，食畢而徹也。問所膳，問所食之多寡也。末，猶勿也。原，再也。謂所食之餘，不可再進也。

武王帥而行之，不敢有加焉。文王有疾，武王不説脱。冠帶而養。去聲。文王一飯，亦一飯。文王再飯，亦再飯。旬有二日乃間。

不敢有加，不可踰越父之所行也。○疏曰：「病重之時，病恒在身，無少間空隙。病今既損，不恒在身，其間有空隙，故謂病瘳爲間也。」

文王謂武王曰：「女汝。何夢矣？」武王對曰：「夢帝與我九齡。」文王曰：「女以爲何也？」武王曰：「西方有九國焉，君王其終撫諸？」文王曰：「非也。古者謂年齡，齒亦齡也。我百，爾九十。吾與爾三焉。」文王九十七乃終，武王九十三而終。

文王疾瘳之後，武王乃得安寢，故問其何夢，武王對云，夢天帝言與我九齡。齡字從齒，齒之異名也。故言年齡，又言年齒，其義一也。《大戴禮》云：「男八月生齒，八歲而齔。」齒是人壽之數也。然數之修短，稟氣於有生之初。文王雖愛其子，豈能減己之年而益之哉？好事者爲之辭而不究其理，讀記者信其説而莫之敢議也。

成王幼，不能涖阼。周公相，去聲。踐阼而治。抗世子法於伯禽，欲令成王之知父子、君臣、長幼之道也。成王有過，則撻伯禽，所以示成王世子之道也。文王之爲世子也。

石梁王氏曰：「『文王之爲世子也』一句，衍文。」○劉氏曰：「成王幼弱，雖已涖阼爲天子，而未能行涖阼之事。《書》曰：『小子同未在位。』亦言其雖已在位，與未在位同也，故周公以冢宰攝政，相助成王，踐履其臨阼之事而治天下。以幼年即尊位，而不知父子、君臣、長幼之道，何以治天下哉？故周公舉世子事君親長上之法，以教伯禽，使日夕與成王遊處，俾其有所視效也。其或成王出入起居之間，有愆于禮法者，則撻伯禽，以責其不能盡事君之道，所以警教成王，而示之以爲世子之道也。然伯禽所行，即文王所行世子之道。文王所行，乃諸侯世子之禮，故曰『文王之爲世子也』。言伯禽所行，非王世子之禮也。」

凡學四「學」字皆音效。世子及學士必時。春夏學干戈，秋冬學羽籥，皆於東序。

學，教也。士，即《王制》所謂司徒論俊選而升於學之士也。必時，四時各有所教也。干，盾也。捍兵難之器。戈，句孑戟也。羽，翟雉之羽也。籥，笛之屬也。四物皆舞者所執。干戈爲武舞，故於陽氣發動之時教之，示有事也。羽籥爲文舞，故於陰氣疑寂之時教之，示安静也。東序，大學也。

小樂正學二「學」字皆音效。干，大胥贊之。籥師學戈，籥師丞贊之。胥鼓《南》。

四人皆樂官之屬。贊，相助之也。胥，即大胥也。《南》，南夷之樂也。東夷之樂曰《昧》，南夷之樂曰《南》，西夷之樂曰《朱離》，北夷之樂曰《禁》。《明堂位》又云：「《任》，南蠻之樂也。」《周禮》旄人教國子南夷樂之時，大胥則擊鼓以節其音曲，故云「胥鼓《南》」也。先王作樂，至矣盛矣！而猶以遠方蠻夷之樂教人者，所以示與國之無外，異類之咸賓。奏之宗廟之中，侈其盛也。獨舉南樂，則餘三方皆教習可知。

春誦，夏弦，大師詔之瞽宗。秋學如字。《禮》，執禮者詔之。冬讀《書》，典《書》者詔之。禮在瞽宗，《書》在上庠。

誦，口誦歌樂之篇章也。弦，以琴瑟播被詩章之音節也。皆太師詔教之。瞽宗，殷學名。上庠，虞學名。周有天下，兼立虞、夏、殷、周之學也。

凡祭與養老乞言、合語之禮，皆小樂正詔之於東序。

祭是一事，養老乞言是一事，合語是一事，故以「凡」言之。養老乞言，謂行養老之禮之時，因乞善言之可行者於此老人也。合語，謂祭及養老，與鄉射、鄉飲、大射、無射之禮，至旅酬之時，皆得言説先王之法，合會義理而相告語也。其間各有威儀容節，皆須小樂正詔教之於東序之中。

大樂正學效。舞干戚，語説，如字。命乞言，皆大樂正授數，大司成論説在東序。

戚，斧也。大樂正教世子及士以舞干戚之容節，及合語之説，與乞言之禮。此三者，皆大樂正授之以篇章之數。於是大司成之官，於東序而論説此受教者義理之淺深，才能之優劣也。

凡侍坐於大司成者，遠近間平聲。三席。可以問，終則負牆。列事未盡，不問。

席廣三尺三寸三分寸之一。三席，所謂函丈也。相對遠近如此，取其便於咨問。問終則却就後席，背負牆壁而坐，以避後來問事之人。其問事之時，尊者有教，而已猶未達，則必待其言盡，然後更問。若陳列未竟，則不敢先問以參錯尊者之言也。

凡學，春官釋奠于其先師，秋冬亦如之。

官，掌教《詩》《書》《禮》《樂》之官也。若春誦夏弦，則太師釋奠；教干戈，則小樂正及樂師釋奠也。秋學《禮》，冬讀《書》，則其官亦如之。釋奠者，但奠置所祭之物而已，無尸無食飲酬酢等事。所以若此者，以其主於行禮非報功也。先師，謂前代明習此事之師也。

凡始立學者，必釋奠于先聖先師。及行事，必以幣。

諸侯初受封，天子命之教，於是立學。所謂始立學也。立學事重，故釋奠于先聖先師。四時之教常事耳，故惟釋奠于先師，而不及先聖也。行事，謂行釋奠之事。必以幣，必奠幣爲禮也。始立學而行釋奠之禮，則用幣。四時常奠，不用幣也。

凡釋奠者，必有合也。有國故則否。凡大合樂，必遂養老。

凡行釋奠之禮，必有合樂之事。若國有凶喪之故，則雖釋奠，不合樂也。常事合樂，不行養老之禮。惟大合樂之時，人君視學，必養老也。舊説，合者，謂若本國無先聖先師，則合祭鄰國之先聖先師。本國故有先聖先師，如魯有孔顔之類，則不合祭鄰國之先聖先師也。未知是否。

凡語于郊者，必取賢斂才焉：或以德進，或以事舉，或以言揚。曲藝皆誓之，以待又語。三而一有焉，乃進其等，以其序，謂之郊人，遠去聲之。於成均，以及取爵於上尊也。

語于郊者，論辨學士才能於郊學之中也。有賢德者，則録取之。有才能者，則收斂之。道德爲先，事功次之，言語又次之。曲藝，一曲之藝，小小技能，若醫卜之屬。誓，戒謹也。學士中或無德無事無言之可取，而有此曲藝之人，欲投試考課者，皆卻之，使退而謹習所能，以待後次再語之時，乃考評之也。三而一有者，謂此曲藝之人，舉説三事，而一事有可善者。乃進其等，即於其同等之中拔而升進之也。然猶必使之於同輩中，以所能高下爲次序，使不混其優劣也。如此之人，但止目之曰郊人，非俊選之比也。以非士類，故疎遠之。成均，五帝大學之名。天子設四代之學。上尊，堂上之酒尊也。若天子飲酒於成均之學宫，此郊人雖賤，亦得取爵於堂上之尊以相旅勸焉，所以榮之也。人字，之字，均字，皆句絶。

始立學者，既興釁。器用幣，然後釋菜。不舞，不授器。乃退，儐于東序，一獻，無介語可也。教世子。

立學之初，未有禮樂之器。及其制作之成，塗釁既畢，即用幣于先聖先師，以告此器之成。繼又釋菜，以告此器之將用也。凡祭祀用樂舞者，則授舞者以所執之器，如干、戈、羽、籥之類。今此釋菜禮輕，既不用舞，故不授舞器也。諸侯有功德者，亦得立異代之學。東序，夏制也，與虞庠相對。東序在東，虞庠在西。乃退儐于東序者，謂釋菜在虞庠之中，禮畢，乃從虞庠而退儐，禮其賓於東序之中。其禮既殺，惟行一獻，無介無語，於禮亦可也。此以上雖不專是教世子之事，然以教世子爲主，故以此句總結上文。○石梁王氏曰：「三字亦衍文。」

凡三王教世子，必以禮樂。樂，所以修内也。禮，所以修外也。禮樂交錯於中，發形於外，是故其成也懌，恭敬而温文。

修內者，消融其邪慝之蘊。修外者，陶成其恭肅之儀。禮之修達於中，樂之修達於外，所謂交錯於中也。有諸中，必形諸外，故其成也懌。此懌字，與《魯論》「不亦説乎」之「説」相似。既有恭敬之實德，又有温潤文雅之氣象，禮樂之教大矣。

立太傅、少傅以養之，欲其知父子君臣之道也。太傅審父子君臣之道以示之，少傅奉世子以觀太傅之德行去聲。而審喻之。太傅在前，少傅在後，入則有保，出則有師，是以教喻而德成也。師也者，教之以事，而喻諸德者也。保也者，慎其身以輔翼之，而歸諸道者也。《記》曰：「虞夏商周，有師、保，有疑、丞。設四輔及三公，不必備，唯其人。」語使能也。

養者，長而成之之謂。審喻，詳審言之，使通曉也。前、後，以行步言。出、入，以居處言。慎其身，使之謹守其身也。師、保、疑、丞，四輔也。一説，前疑後丞，左輔右弼，爲四輔。四輔與三公，不必其全備，惟擇其可稱職者。「惟其人」以上皆《記》文。語，言也。「語使能也」一句，是記者釋之之辭。○朱子曰：「師保疑丞，『疑』字曉不得，想止是有疑即問他之意。」

君子曰德，德成而教尊，教尊而官正，官正而國治，君之謂也。

君子曰德，此德是指世子之德。世子之德有成，則教道尊嚴，而無敢慢易者，故凡居官守者，皆以正自處。官正而國治，世子爲君之謂也。

仲尼曰：「昔者周公攝政，踐阼而治，抗世子法於伯禽，所以善成王也。聞之曰：『爲人臣者，殺其身有益於君，則爲之。』況于迂。其身以善其君乎！周公優爲之。」

前言「周公相，踐阼而治」，此缺「相」字，而下文又有周公「踐阼」之言，皆記者之失也。以世子之法教世子，直道也。今舉世子法於伯禽，而教成王，是迂曲其事也。人臣殺身爲國，猶尚爲之。今周公不過迂曲其身之所行，以成君之善，宜乎優爲之也。○劉氏曰：「《書·蔡仲之命》曰：『惟周公位冢宰，正百工。』此言『攝政踐阼而治』，是以冢宰攝行踐阼之政，非謂攝居天子之位也。孔子言，周公舉世子法於伯禽者，非自教其子，蓋示法以善成王也。吾聞古人言，爲人臣者，殺身而有益於君，猶且爲之，況止迂其身以善其君乎！此大人正己而物正之事。周公，大聖人也，故優爲之。」

是故知爲人子，然後可以爲人父。知爲人臣，然後可以爲人君。知事人，然後能使人。成王幼，不能涖阼，以爲世子，則無爲也。是故抗世子法於伯禽，使之與成王居，欲令成王之知父子、君臣、長幼之義也。君之於世子也，親則父也，尊則君也。有父之親，有君之尊，然後兼天下而有之。是故養世子不可不慎也。

武王既崩，則成王無父。雖年幼未知君道，若以之爲世子，則無爲子之處矣。故云：「以爲世子，則無爲也。」君於世子，以親言，則是父；以尊言，則是君。能盡君父之道，以教其子，然後可以保有天下之大。不然，則他日爲子者不克負荷矣。可不慎乎！

行一物而三善皆得者，唯世子而已，其齒於學之謂也。故世子齒於學，國人觀之，曰：「將君我，而與我齒讓，何也？」曰：「有父在，則禮然。」然而衆知父子之道矣。其二曰：「將君我，而與我齒讓，何也？」曰：「有君在，則禮然。」然而衆著於君臣之義也。其三曰：「將君我，而與我齒讓，何也？」曰：「長長也。」然而衆知長幼之節矣。故父在斯爲子，君在斯謂之臣。居子與臣之節，所以尊君親親也。故學音效。下二「學」同。之爲父子焉，學之爲君臣焉，學之爲長幼焉。父子、君臣、長幼之道得而國治。語曰：「樂正司業，父師司成，一有元良，萬國以貞。」世子之謂也。

一物，一事也，與國人齒讓之一事也。三善，謂衆人知父子、君臣、長幼之道也。君我，君臨乎我也。世子與同學之人讓齒，其不知禮者見之而疑，其知禮者從而曉之曰，父在之時，常執謙卑，不敢居人之前，其禮當如此也。如此而衆知父子之道矣。其二其三，皆此意。學之，教之也。語，古語也。樂正，主世子《詩》《書》之業。父師，主於成就其德行。一有，《書》作「一人」，謂世子也。世子有大善，則萬邦皆正矣。

周公踐阼。

石梁王氏曰：「此當爲衍文。」○劉氏曰：「此四字，説者以下文更端，故著此以結上文周公相、踐阼之事。

然因其缺一『相』字，遂啓《明堂位》周公踐天子位之説。其後駲致新莽居攝篡漢之禍，實此語基之。」

庶子之正於公族者，教之以孝弟、睦友、子愛，明父子之義，長幼之序。

庶子，司馬之屬官。正於公族，爲政於公族也。《周禮》，庶子「掌國子之倅」。倅，副貳也。國子，是公卿大夫士之子，則貳其父者也。

其朝于公，内朝則東面，北上。臣有貴者以齒。

内朝，路寢之庭也。言公族之人，若朝見於公之内朝，則立於西方，而面向東，尊者在北，以次而南。然既均爲同姓之臣，則一以昭穆之長幼爲序，父兄雖賤必居上，子弟雖貴必處下也。

其在外朝，則以官，司士爲之。

外朝，路寢門外之朝也。若公族朝見於外朝，與異姓之臣雜列，則以官之高卑爲次序，不序年齒也。司士，亦司馬之屬，主爲朝見之位次者。

其在宗廟之中，則如外朝之位，宗人授事，以爵以官。

宗人之官，掌禮及宗廟中授百官以職事者。以爵，隨其爵之尊卑，貴者在前，賤者在後也。以官，隨其官之職掌，使各供其事也。

其登餕、獻、受爵，則以上嗣。

登，自堂下而升堂上也。餕，食尸之餘也。尸出，宗人使嗣子及長兄弟升堂相對而餕也。以《特牲禮》次序言之，先時祝酌爵觶奠于鉶南，俟主人獻内兄弟畢，長兄弟及衆賓長爲加爵之後，宗人使嗣子飲鉶南之奠爵。嗣子盥而入拜，尸執此奠爵，嗣子進受，復位而拜，尸答拜，嗣子飲畢拜尸，尸又答拜，所謂受爵也。嗣子又舉所奠爵洗而酌之以入獻尸，尸拜而受，嗣子答拜，所謂獻也。無筭爵之後，禮畢尸出乃餕。此三事者，受爵在先，獻次之，餕最在後。今言「餕獻受爵」，以重在餕，故逆言之歟？上嗣，適子之長者爲最上也。此謂士禮。大夫之嗣無此禮者，避君也。故《少牢禮》無嗣子舉奠之文。

庶子治之，雖有三命，不踰父兄。

庶子治公族朝内朝之禮，雖有三命之貴，而其位次不敢踰越無爵之父兄，而居其上。即上章所言「臣有貴者以齒」也。○疏曰：「若非内朝，其餘會聚，則一命齒于鄉里，謂一命尚卑，若與鄉里長宿燕食，則猶計年也。再命齒于父族，謂再命漸尊，不復與鄉里計年。

唯官高在上，但父族爲重，猶計年爲列也。三命不齒，謂三命大貴，則亦不復與父族計年，燕會則别席獨坐在賓之東矣。」

其公大事，則以其喪服之精麤爲序，雖於公族之喪亦如之，以次主人。

此謂君喪而庶子治其禮事。大事，喪事也。臣爲君皆斬衰。然衰制雖同，而升數之多寡則各依本親。庶子序列位次，則辨其本服之精麤，使衰麤者在前，衰精者在後。非但公喪如此，公族之内有相爲服者亦然。蓋亦是庶子序其精麤先後之次也。以次主人者，謂雖有庶長父兄尊於主人，亦必次於主人之下，使主人在上爲喪主也。

若公與族燕，則異姓爲賓，膳宰爲主人。公與父兄齒。族食，世降一等。

公與族人燕食，亦庶子掌其禮。族人雖衆，其初一人之身也，豈可以賓客之道外之？故以異姓一人爲賓，而使膳宰爲主，與之抗禮酬酢。君尊而賓不敢敵也。君雖尊，而與父兄列位序尊卑之齒者，篤親親之道也。族食，與族人燕食也。世降一等，謂族人既有親疎，則燕食亦隨世降殺也。○疏曰：「假令本是齊衰，一年四會食。若大功，則一年三會食。小功，則一年再會食。緦麻，則一年一會食。是『世降一等』也。」

其在軍，則守於公禰。

禰，當讀作祧。○公禰，謂遷主載在齊車，隨公出行者也。庶子官既從在軍，故守衛此齊車之行主也。

公若有出疆之政，庶子以公族之無事者守於公宫，正室守大廟，諸父守貴宫、貴室，諸子諸孫守下宫、下室。

上章專言出軍。則此出疆之政，蓋朝覲會同之事也。無事者，謂不從行及無職守之人也。公宫，總言公之宗廟宫室也。正室，公族之爲卿、大夫、士者之適子也。太廟，太祖之廟也。諸父，公之伯父叔父也。宫以廟言，室以居言。貴宫，尊廟也。貴室，路寢也。下宫下室，則是親廟與燕寢也。

五廟之孫，祖廟未毁，雖爲庶人，冠、去聲。取去聲。妻必告、死必赴，練、祥則告。

諸侯五廟，始封之君爲太祖，百世不遷，此下親盡則遞遷。此言「五廟之孫」，是始封之君即五世祖，故云「祖廟未毁」。未毁，未遞遷也。此孫雖無禄仕，然冠、昏必告于君，死必赴，練、祥之祭必告者，以其親未盡也。

族之相爲去聲。也，宜弔不弔，宜免問。不

免，有司罰之。至于賵、芳鳳反。賻、附。承、
贈。含，去聲。皆有正焉。

四世而緦，服之窮也。五世親盡，袒免而已。袒免，説
見前篇。六世以往，弔而已矣。當弔而不弔，當免而
不免，皆爲廢禮，故有司者罰之，所以肅禮教也。賵以
車馬，賻以貨財，含以珠玉，禭以衣服，四者總謂之贈。
隨其親疎，各有正禮，庶子官治之。有司，即庶子也。

公族其有死罪，則磬于甸人。其刑罪，則
纖剸。之兖反。亦告鞫。于甸人。公族無
宫刑。

磬，縣縊殺之也。《左傳》：「室如縣磬。」皇氏云：「如
縣樂器之磬也。」甸人，掌郊野之官。爲之隱，故不於
市朝。其刑罪之當纖刺剸割之時，亦鞫讀刑法之書於
甸人之官也。《漢書》每云「鞫獄」。鞫，盡也。推審罪
狀，令無餘蘊，然後讀其所犯罪狀之書而刑之。無宫
刑者，不絶其類也。

獄成，有司讞魚列反。于公。其死罪，則
曰：「其之罪在大辟。」婢亦反。其刑罪，則
曰：「某之罪在小辟。」公曰：「宥之。」有司
又曰：「在辟。」公又曰：「宥之。」有司又
曰：「在辟。」及三宥，不對，走出，致刑于甸
人。公又使人追之，曰：「雖然，必赦之。」
有司對曰：「無及也。」反命于公。公素服，
不舉，爲去聲。之變。如其倫之喪，無服，親
哭之。

獄成，謂所犯之事，訊問已得情實也。讞，議刑也。殺
牲盛饌曰舉。素服不舉，爲之變其常禮，示憫惻也。
如其親疎之倫，而不爲弔服者，以不親往故也。但居
外不聽樂，及賻贈之類，仍依親疎之等耳。親哭之者，
爲位于異姓之廟，而素服以哭之也。天子諸侯絶旁
親，故知此言無服，是不爲弔服。

公族朝于内朝，内親也。雖有貴者以齒，
明父子也。外朝以官，體異姓也。宗廟之
中，以爵爲位，崇德也。宗人授事以官，尊
賢也。登餕、受爵以上嗣，尊祖之道也。
喪紀以服之輕重爲序，不奪人親也。公與
族燕則以齒，而孝弟之道達矣。其族食世
降一等，親親之殺色介反。也。戰則守於公
禰，孝愛之深也。正室守大廟，尊宗室而

君臣之道著矣。諸父諸兄守貴室，子弟守下室，而讓道達矣。

此以下覆解前章庶子正公族以下諸事。內親，謂親之故進之於內也。明父子，昭穆不可紊也。體異姓，體貌異姓之臣也。崇德，德之尊者爵必尊也。尊賢，惟賢者能任事也。上嗣，繼祖者也，故爲尊祖之道。服之輕重，本於屬之親疏。親疏之倫，不可易奪也。燕食主於親親，以齒相序，所以達孝弟之道也。親親施於生者，宜有降殺之等。孝愛施於死者，宜有深遠之思。君臣之道，以輕重言。讓道，則以貴賤言也。

五廟之孫，祖廟未毁，雖及庶人，冠、取妻必告，死必赴，不忘親也。親未絶而列於庶人，賤無能也。敬弔臨、如字。賻、賵，睦友之道也。古者庶子之官治，而邦國有倫。邦國有倫，而衆鄉去聲。方矣。

人君任官，本無親疏之間，顧賢否何如耳。親盡而賢，亦必仕之。今親未盡而已在庶人之列，是以其無能，故賤之也。族人有喪，君必敬謹其弔臨、賻、賵之禮者，是皆和睦友愛族人之道也。鄉方，所向之方，謂皆知趨禮教也。

公族之罪，雖親，不以犯有司，正術也，所以體百姓也。刑于隱者，不與國人慮兄弟也。弗弔，弗爲服，哭于異姓之廟，爲去聲。忝祖遠去聲。之也。素服，居外，不聽樂，私喪之也，骨肉之親無絶也。公族無宫刑，不翦其類也。

正術，猶言常法也。公族之有罪者，雖是君之親，然亦必在五刑之例而不赦者，是不以私親而干犯有司之正法也。所以然者，以立法無二制，當與百姓一體斷決也。與，猶許也。刑于甸師隱僻之處者，是不許國人見而謀度吾兄弟之過惡也。刑已當罪而猶私喪之者，以骨肉之親，雖陷刑戮，無斷絶之理也。受宫刑者絶生理，故謂之腐刑，如木之朽腐無發生也。此刑不及公族，不忍翦絶其生生之類耳。

天子視學，大昕鼓徵，所以警衆也。衆至，然後天子至。乃命有司行事，興秩節，祭先師、先聖焉。有司卒事反命。

天子視學之日，初明之時，學中擊鼓以徵召學士，蓋警動衆聽使早至也。凡物以初爲大，末爲小，故以大昕爲初明也。有司，教《詩》《書》《禮》《樂》之官也。興，擧。秩，常。節，禮也。卒事反命，謂釋奠事畢，復命于天子也。

始之養也。適東序，釋奠於先老，遂設三老、五更、平聲。**羣老之席位焉。**

天子視學，在虞庠之中。事畢反國，明日乃之東序而養老。始，謂始初立學之時也。若非始立學，則無釋奠先老之禮。先老，先世之爲三老、五更者也。三老、五更各一人，羣老無定數。蔡邕云：「『更』當爲『叟』，三老三人，五更五人。」未知是否。然皆年老更事致仕者。舊説取象三辰五星。

適饌省息井反。**醴，養老之珍具，遂發咏焉。退修之以孝養**去聲。**也。**

設席位畢，天子親至陳饌之處，省視醴酒，及養老珍羞之具。省具畢，出迎三老五更，將入門，遂作樂聲，發其歌咏以延進之。老更既入，即西階下之位，天子乃退而酌醴以獻之，是修行孝養之道也。

反，登歌《清廟》。既歌而語，以成之也。言父子、君臣、長幼之道，合德音之致，禮之大者也。

反，反席也。老更受獻畢，皆立於西階下，東面，今皆反升就席。乃使樂工登堂歌《清廟》之詩以樂之。歌畢至旅酬時，談説善道以成就天子養老之禮也。其所言説者，皆是講明父子、君臣、長幼之道理，集合《清廟》詩中所咏文王道德之音聲，皆德之極致，禮之大者也。

下管《象》，舞《大武》，大合衆以事，達有神，興有德也。正君臣之位，貴賤之等焉，而上下之義行矣。

下管《象》者，堂下以管奏《象》舞之曲也。舞《大武》者，庭中舞《大武》之舞也。《象》是文王之舞，《周頌·維清》乃《象》舞之樂歌。《武》則《大武》之樂歌也。《武》頌言「勝殷遏劉」，《維清》不言征伐，則《象》舞決非武舞矣。❶註疏以文王、武王之舞，皆名爲《象》。《維清》《象》舞爲文王，下管《象》爲武王。其意蓋謂《清廟》與管《象》若皆爲文王，不應有上下之別。殊不知古樂歌者在上，匏竹在下，凡以人歌者皆曰「升歌」，亦曰「登歌」，以管奏者皆曰「下管」，《周禮·大師》「帥瞽登歌」「下管奏樂器」，《書》言「下管鼗鼓」是也。《清廟》以人歌之，自宜升；《象》以管奏之，自宜下。凡

❶ 上「舞」字，原作「武」，據元刻本、《四庫》本改。

樂皆有堂上堂下之奏也。此嚴氏之説，足以正舊説之非，故今從之。大合衆以事，謂大會衆學士，以行此養老之事。而樂之所感，足以通達神明，興起德性也。一説，周道之四達，以有神明相之；周家之興起，以世世修德，皆可於樂中見之。上言「父子、君臣、長幼之道」，此言「正君臣之位，貴賤之等，而上下之義行」，則先王養老之禮，豈苟爲虚文而已哉！

有司告以樂闋，王乃命公、侯、伯、子、男及羣吏曰：「反，養老幼于東序。」終之以仁也。

闋，終也。此時畿内之諸侯，及鄉遂之吏，皆與禮席，天子使其反國各行養老之禮。是天子之仁恩，始于一處，而終皆徧及也。〇馮氏曰：「石梁先生於此經塗去『幼』字。今按疏有其義，而鄭註無養幼之文，疑是訛本竄入一字。」

是故聖人之記事也，慮之以大，愛之以敬，行之以禮，脩之以孝養，去聲。紀之以義，終之以仁。是故古之人一舉事，而衆皆知其德之備也。古之君子，舉大事，必慎其終始，而衆安得不喻焉？《兑悦。命》曰：「念終始典于學。」

虞、夏、商、周皆有養老之禮。後王養老，亦皆記序前代之事也。人道莫大於孝弟，慮之以大者，謂謀慮此孝弟之大道而推行之也。愛敬，省具之事。行禮，親迎肅之也。孝養，獻醴也。紀義，既歌而語也。終仁，令侯國行之也。一事之中，人皆知其衆德之全備者，以其慎終如始也。如此，則衆安得不喻曉乎？養老之禮行於學，又因終始之義，故引《説命》以結之也。

《世子之記》曰：「朝夕至于大寢之門外，問於内豎，曰：『今日安否何如？』内豎曰：『今日安。』世子乃有喜色。其有不安節，則内豎以告世子，世子色憂，不滿容。内豎言『復初』，然後亦復初。」

《世子之記》，古者教世子之禮篇也。不滿容，不能充其儀觀之美也。此節約言之，以見文王、武王爲世子之異於常人也。文王朝王季，日三，此朝夕而已。文王行不能正履，此色憂而已。〇石梁王氏曰：「古世子之禮亡，此餘其記之一節，小戴以附篇末。」

朝夕之食上，上聲。世子必在，視寒煖之節。食下，問所膳。羞，必知所進，以命膳宰，然後退。若内豎言疾，則世子親齊側皆反。玄而養。去聲。

羞，品味也。必知所進，必知親所食也。命膳宰，即篇首所命之言也。養疾者，衣齊玄之服，即齊時所著玄冠、緇布衣。裳則貴賤異制，謂之玄端服也。

膳宰之饌，必敬視之。疾之藥，必親嘗之。嘗饌善，則世子亦能食。嘗饌寡，世子亦不能飽。以至于復初，然後亦復初。

善，猶多也。不能飽，以視武王之亦一亦再又異矣。

此篇首言文王、武王爲世子之事，故篇終舉《記》之言以終之云。

禮記卷之六

禮記卷之七

陳澔集説

禮運第九

此篇記帝王禮樂之因革，及陰陽造化流通之理。疑出於子游門人之所記，間有格言。而篇首大同小康之説，則非夫子之言也。

昔者仲尼與於蜡乍。賓，事畢，出遊於觀去聲。之上，喟去媿反。然而嘆。仲尼之嘆，蓋嘆魯也。言偃在側，曰：「君子何嘆？」孔子曰：「大道之行也，與三代之英，丘未之逮也，而有志焉。

蜡禮詳見《郊特牲》篇。孔子在魯，與爲魯國蜡祭之賓，畢事而遊息於觀上。觀，門闕也。兩觀在門之兩旁，懸國家典章之言於上以示人也。喟然，嘆聲也。所以嘆魯者，或祭事之失禮，或因睹舊章而思古也。言偃，孔子弟子子游也。問所以嘆之故，夫子言，我思古昔大道之行於天下，與夫三代英賢之臣，所以得時行道之盛。我今雖未得及見此世之盛，而有志於三代英賢之所爲也。此亦夢見周公之意。○石梁王氏曰：「以五帝之世爲大同，以禹、湯、文、武、成王、周公爲小康，有老氏意。而註又引以實之，且謂禮爲忠信之薄，皆非儒者語。所謂『孔子曰』，記者爲之辭也。」

大道之行也，天下爲公，選去聲。賢與能，講信修睦。故人不獨親其親，不獨子其子。使老有所終，壯有所用，幼有所長，矜鰥。寡孤獨廢疾者，皆有所養。男有分，扶問反。女有歸。貨惡其弃於地也，不必藏於己。力惡其不出於身也，不必爲去聲。己。是故謀閉而不興，盗竊亂賊而不作，故外户而不閉。是謂大同。

天下爲公，言不以天下之大，私其子孫，而與天下之賢聖公共之。如堯授舜，舜授禹，但有賢能可選，即授之矣。當時之人，所講習者誠信，所修爲者和睦。是以親其親以及人之親，子其子以及人之子，使老者、壯者、幼者各得其所。困窮之民，無不有以養之。男則各有士、農、工、商之職分，女則得歸于良奧之家。貨財，民生所資以爲用者，若弃捐於地，而不以時收貯，則廢壞而無用，所以惡其弃於地也。今但得有能收貯以資世用者足矣，不必其擅利而私藏於己也。世間之事，未有不勞力而能成者。但人情多詐，共事則欲逸己而勞人，不肯盡力，此所以惡其不出於身也。今但得各竭其力，以共成天下之事足矣，不必其用力而獨營己事也。風俗如此，是以姦邪之謀，閉塞而不興；盜竊亂賊之事，絶滅而不起。暮夜無虞，外户可以不閉。豈非公道大同之世乎？一説，外户者，户設於外，而閉之向内也。

今大道既隱，天下爲家。各親其親，各子其子，貨力爲己。大人世及以爲禮，城郭溝池以爲固。禮義以爲紀，以正君臣，以篤父子，以睦兄弟，以和夫婦，以設制度，以立田里，以賢勇知，去聲。以功爲己。故謀用是作，而兵由此起。禹、湯、文、武、成王、周公，由此其選去聲。也。此六君子者，未有不謹於禮者也。以著其義，以考其信，著有過，刑仁講讓，示民有常。如有不由此者，在執勢。者去，上聲。衆以爲殃。是謂小康。」

天下爲家，以天下爲私家之物而傳子孫也。大人，天子、諸侯也。父子相傳爲世，兄弟相傳爲及。紀，綱紀也。賢勇知，以勇知爲賢也。涿鹿之戰，有苗之征，兵非由後王起也。謂「兵由此起」，舉湯武之事言之耳。著，明也。考，成也。刑仁，謂法則仁愛之道。講讓，講説遜讓之道。示民有常，言六君子謹禮而行。著義以下五事，示民爲常法也。在執，居王者之勢位也。言爲天下之君，而不以禮行此五事，則天下之人以爲殃民之主，而共廢黜之也。此謂小小安康之世，不如大道大同之世也。○陳氏曰：「禮家謂太上之世貴德，其次務施報往來，故言大道爲公之世，不規規於禮，禮乃道德之衰，忠信之薄。大約出於老莊之見，非先聖格言也。」

言偃復問曰：「如此乎，禮之急也？」孔子曰：「夫禮，先王以承天之道，以治人之情，故失之者死，得之者生。《詩》曰：『相去聲。鼠有體，人而無禮。人而無禮，胡不遄死！』是故夫禮，必本於天，殽效。於地，列於鬼神，達於喪、祭、射、御、冠、去聲。昏、朝、聘。故聖人以禮示之，故天下國家可得而正也。」

禮本於天，天理之節文也。殽，效也。效於地者，效山澤高卑之勢，爲上下之等也。後章「殽以降命」以下乃詳言之。列於鬼神，禮有五經，莫重於祭也。喪祭以下八事，人事之儀則也。

言偃復問曰：「夫子之極言禮也，可得而聞歟？」孔子曰：「我欲觀夏道，是故之杞，而不足徵也，吾得《夏時》焉。我欲觀殷道，是故之宋，而不足徵也，吾得《坤乾》焉。《坤乾》之義，《夏時》之等，吾以是觀之。

杞，夏之後。宋，殷之後。徵，證也。孔子言，我欲觀考夏殷之道，故適二國而求之。意其先代舊典，故家遺俗，猶有存者。乃皆無可徵驗者，僅於杞得《夏時》之書，於宋得《坤乾》之《易》耳。《夏時》，或謂即今《夏小正》。《坤乾》，謂《歸藏》，商《易》首《坤》次《乾》也。所謂《坤乾》之義理，《夏時》之等列，吾但以此二書觀之而已，二代治天下之道，豈可悉得而聞乎？《論語》曰：「文獻不足故也。」○石梁王氏曰：「以《坤乾》合《周禮》之《歸藏》，且有《魯論》所不言者，恐漢儒依倣爲之。」誠如其說，則《夏小正》之書與《坤乾》，何足以證禮？註訓「徵」爲「成」，尤非。近儒有反引此以解《魯論》者，謬甚。《中庸》亦無是說。大槩此段倣《魯論》爲之者。

夫禮之初，始諸飲食。其燔黍捭百。豚，汙烏花反。尊而抔掊。飲，蕢桴浮。而土鼓，猶若可以致其敬於鬼神。

燔黍，以黍米加於燒石之上，燔之使熟也。捭豚，擘析豚肉，加於燒石之上而熟之也。汙尊，掘地爲汙坎以盛水也。抔飲，以手掬而飲之也。蕢桴，摶土塊爲擊鼓之椎也，土鼓，築土爲鼓也。上古人心無僞，雖簡陋如此，亦自可以致敬於鬼神也。

及其死也，升屋而號，平聲。告曰：『皋某復！』然後飯上聲。腥而苴茲於反。孰，故天望而地藏也。體魄則降，知去聲。氣在上。故死者北首，去聲。生者南鄉。去聲。皆從其初。

所以升屋者，以魂氣之在上也。皋者，引聲之言。某，死者之名也。欲招此魂，令其復合體魄。如是而不生，乃行死事。飯腥者，用上古未有火化之法，以生稻米爲含也。苴孰者，用中古火化之利，包裹熟肉爲遣送之奠也。天望地藏，謂始死望天而招魂，體魄則葬藏于地也。所以然者，以體魄則降而下，知氣則升而上也。死者之頭向北，生者之居向南，及以上送死諸事，非後世創爲之，皆是從古初所有之禮也。

昔者先王未有宮室，冬則居營窟，夏則居橧曾。巢。未有火化，食草木之實，鳥獸之肉，飲其血，茹汝。其毛。未有麻絲，衣去聲。其羽皮。

營窟者，營累其土，以爲窟穴也。地高則穴於地中，地卑則於地上累土爲窟也。橧巢者，橧聚薪柴，以爲巢居也。茹其毛者，以未有火化，故去毛不能盡，而并食之也。

後聖有作，然後修火之利，范金，合土。以爲臺榭、宮室、牖户。以炮，庖。以燔，以亨，烹。以炙，隻。以爲醴酪。洛。治其麻絲，以爲布帛。以養生送死，以事鬼神上帝，皆從其朔。

范字，當從竹。《韻註》云「以土曰型，以金曰鎔，以木曰模，以竹曰笵」，皆鑄器之式也。笵金，爲形範以鑄金器也。合土，和合泥土爲陶器也。裹而燒之曰炮，加於火上曰燔，煮於鑊曰亨，貫串而置之火上曰炙。酪，醋也。治，湅染之類也。此以上諸事，皆火之利。今世承用而爲之，皆是取法往聖，故云「皆從其朔」。朔，亦初也。

故玄酒在室，醴醆側眼反。在户，粢才細反。醍體。在堂，澄酒在下。陳其犧牲，備其鼎俎，列其琴、瑟、管、磬、鍾、鼓，修其祝嘏，古雅反。以降上神與其先祖，以正君臣，以篤父子，以睦兄弟，以齊上下，夫婦有所，是謂承天之祜。户。

太古無酒，用水行禮。後王重古，故尊之名爲玄酒，祭則設於室内而近北也。醴，猶體也，酒之一宿者，《周禮》謂之「醴齊」。醆，即《周禮》「盎齊」。盎，猶翁也，成而翁翁然。葱白色也。此二者以後世所爲，賤之，陳列雖在室内，而稍南近户，故云「醴醆在户」也。粢醍，即《周禮》「醍齊」，酒成而紅赤色也。又卑之，列於堂。澄酒，即《周禮》「沈齊」，成而滓沈也。又在堂之下矣。此五者，各以等降設之。祝，爲主人告神之辭。嘏，爲尸致福於主人之辭。説見《曾子問》。上神，在天之神也。《祭統》云：「君迎牲而不迎尸，别嫌也。」是正君臣之義，父北面而事之，所以明子事父之道，是篤父子也。睦兄弟者，主人獻長兄弟及衆兄弟之禮。齊上下者，獻與餕各有次序，無遺缺也。夫婦有所者，君在阼，夫人在房，及致爵之類也。行禮如此，神格鬼享，豈不承上天之福祜乎？

作其祝號，玄酒以祭，薦其血毛，腥其俎。孰其殽，與其越活。席，疏平聲。布以冪，莫力反。衣去聲。其澣户管反。帛，醴，醆以獻，薦其燔炙。君與夫人交獻，以嘉魂魄，是謂合莫。然後退而合亨，烹。體其犬、豕、牛、羊，實其簠、簋、籩、豆、鉶刑。羹，祝以孝告，嘏以慈告，是謂大祥。此禮之大成也。」

《周禮》祝號有六：一神號，二鬼號，三祇號，四牲號，五齍號，六幣號。作其祝號者，造爲鬼神及牲玉美號之辭。神號如「昊天上帝」，鬼號如「皇祖伯某」，祇號若「后土地祇」，牲號若「一元大武」，齍號若稷曰「明粢」，幣號「若幣」曰「量幣」，祝史稱之以「告鬼神」也。每祭必設玄酒，其實不用之以酌。薦其血毛，謂殺牲之時，取血及毛，入以告神於室也。腥其俎，謂牲既殺，以俎盛肉進於尸前也。祭玄酒，薦血毛，腥俎，此三者是法上古之禮。「孰其殽」以下，是中古之禮。殽，骨體也。以湯爓爲熟。越席，蒲席也。疏布，麤布也。冪，覆尊也。《周禮》越席疏布，祭天用之。此以爲宗廟之用，記者雜陳之也。澣帛，謂祭服以湅染之帛制之也。醴、醆以獻者，朝踐薦血腥時用醴，饋食薦熟時用醆也。薦其燔炙者，燔肉炙肝也。《特牲禮》主人獻尸，賓長以肝從。主婦獻尸，賓長以燔從也。第一君獻，第二夫人獻，第三君獻，第四夫人獻。故云「君與夫人交獻」也。此以上至「孰其殽」，是法中古之禮。皆所以嘉善於死者之魂魄，而求以契合於冥漠之中也。然後退而合亨，謂先薦爓未是熟物，今乃退取向爓肉，更合而烹煮之，使熟而可食也。又尸俎惟載右體，其餘不載者，及左體等，亦於鑊中烹煮之，故云「合亨」也。體其犬豕牛羊者，隨其牲之大小烹熟，乃體别骨之貴賤以爲衆俎，用供尸及待賓客、兄弟等也。此是祭末饗燕之衆俎，非尸前之正俎也。簠，内圓而外方，盛稻粱之器。簋，外圓而内方，盛黍稷之器。籩、豆形制同，竹曰籩，木曰豆。鉶，如鼎而小，盛和羹之器也。祝嘏，説見前。孝，事祖宗之道也。慈，愛子孫之道也。「合亨」以下，當世之禮也。祥，猶善也。

孔子曰：「嗚呼哀哉！我觀周道，幽、厲傷之。吾舍上聲。魯，何適矣？魯之郊、禘，非禮也。周公其衰矣！杞之郊也，禹也。宋之郊也，契先列反。也。是天子之事守也。故天子祭天地，諸侯祭社稷。

幽、厲之前，周道已微。其大壞，則在幽、厲也。魯，周公之國，夫子嘗言其可一變至道，則舍魯何往哉？然魯之郊、禘，則非禮矣。禹爲三代之盛王，故杞得以郊。契爲殷之始祖，故宋得以郊。惟此二國，可世守天子之事以事其祖。周公雖聖，人臣也。成王之賜固非，伯禽之受尤非。周公制禮作樂，爲萬世不易之典，而子孫若此，是周公之教，因子孫之僭禮而衰矣。天地社稷之祭，君臣之分，凛不可踰，曾謂人臣而可僭天子之禮哉！○石梁王氏曰：「此一章真孔子之言，註不能明其旨。天子祭天地，諸侯但可祭社稷。杞、宋之郊，是王者之後。天子之事守，禮之所許者。魯而有郊，是背周公所制之禮，與杞、宋不同也。」

祝嘏莫敢易其常古，是謂大假。

祭禮祝於始，嘏於終，禮之成也。常古，常事古法也。不敢變易，謂貴賤行禮，一依古制也。「假」亦當作「嘏」，猶上章大祥之意，言行當然之禮，則有自然之福，其福大矣。

祝嘏辭說，藏於宗祝巫史，非禮也。是謂幽國。

祝嘏辭說，禮之文也。無文不行，《周禮》大宗伯掌詔六號，重其事耳。衰世君臣慢禮，惟宗祝巫史習而記之，故謂幽昏之國。言其昧於禮，無以昭明政治也。

醆、側眼反。斝古雅反。及尸君，非禮也，是謂僭君。

醆，夏之爵。斝，殷之爵。尸君，君之尸也。杞、宋二王之後，得用以獻尸。其餘列國，惟用時王之器。今國君皆用醆、斝以及於尸君，非禮也，是僭上之君耳。

冕、弁、兵革藏於私家，非禮也，是謂脅君。

冕，祭服之冠。弁，皮弁也。大夫稱「家」。大夫以朝廷之尊服，國家之武衛，而藏於私家，可見其强横。則此國君者，乃見脅於强臣之君也。

大夫具官，祭器不假，聲樂皆具，非禮也。是謂亂國。

家臣不能具官，一人常兼數事。具官，是僭擬也。祭器惟公孤以上得全備。大夫無田禄者，不設祭器，以其可假也。有田禄者，祭器亦不得全具，須有所假。不假，亦僭擬也。《周禮》大夫有判縣之樂。《少牢饋食》無奏樂之文，是大夫祭不用樂也。或君賜乃有之耳。聲樂皆具，亦僭擬也。尊卑無等，非亂國而何？

故仕於公曰臣，仕於家曰僕。三年之喪，與新有昏者，期基。不使以衰催。裳入朝，與家僕雜居齊齒，非禮也。是謂君與臣同國。

臣者，對君之稱。僕者，服役之名。仕於大夫者，自稱曰僕，則益賤矣。人臣有三年之喪或新昏，則一期之內，君不使之，所以體人情也。就二者而論，喪尤重於昏也。今乃不居喪於家，而以衰裳入朝，是視君之朝如己之家矣，是君與其臣共此國也。就卿大夫而言，僕又其臣也。今卿大夫乃與其家之僕雜居齊列，無貴賤之分，亦是君與臣共此國也。

故天子有田以處其子孫，諸侯有國以處其子孫，大夫有采以處其子孫。是謂制度。

王之子弟，有功德者，封爲諸侯；其餘則分以畿內之田。諸侯子孫命爲卿大夫，其有功德者，亦賜采地。所謂官有世功，則有官族。邑亦如之也。大夫位卑，不當割采地以與子孫，但養之以采地之禄耳。此先王之制度也。

故天子適諸侯，必舍去聲。其祖廟。而不以禮籍入，是謂天子壞怪。法亂紀。

廟尊於朝，故天子舍之。然必太史執簡記奉諱惡者，不敢以天子之尊而慢人之宗廟也。不如此，則是壞法度，亂紀綱矣。

諸侯非問疾弔喪，而入諸臣之家，是謂君臣爲謔。

諸侯於其臣有問疾弔喪之禮，非此而往，是戲謔也。敗禮之禍，恒必由之。

是故禮者，君之大柄也，所以別嫌明微，儐擯。鬼神，考制度，別仁義，所以治政安君也。

國之有禮，如器之有柄，能執此柄，則國可治矣。接賓以禮曰「儐」，接鬼神亦然，故曰「儐」。制度，如禮樂、衣服、度量、權衡之類。考而正之，不使有異。仁主於愛，義主於斷，別而用之，必當其宜。

故政不正，則君位危。君位危，則大臣倍，小臣竊。刑肅而俗敝，則法無常。法無常而禮無列。禮無列，則士不事也。刑肅而俗敝，則民弗歸也。是謂疵慈。國。

倍，違上行私也。或亦倍而去之之謂。小臣竊，所謂盜臣也。肅，峻急也。俗敝，人無廉恥，風俗敝敗也。治國無禮，故至於刑肅而俗敝。爲君者但恣己用刑，遂廢常法。法廢而禮無上下之列矣，宜乎士不修職，民心離叛也。豈非疵病之國乎？

故政者，君之所以藏身也。是故夫政必本於天，殺效。以降命。命降于社之謂殺地，降于祖廟之謂仁義，降於山川之謂興作，降於五祀之謂制度。此聖人所以藏身之固也。

藏，猶安也。君者，政之所自出，故政不正則君位危。《書》言「天工人其代之」，典曰「天叙」，禮曰「天秩」。是人君之政，必本於天而效法之，以布命於下也。社，祭后土也。因祭社而出命，是效地之政。有事於祖廟而出命，是仁義之政。有事於山川而出命，是興作之政。有事於五祀而出命，是制度之政。效地者，效其高下之勢，以定尊卑之位也。仁義者，仁以思慕言，義以親疎言。思慕之心無窮，而親疎之殺有定。又親親，仁也。尊尊，義也。自仁率親，等而上之至于祖，而尊尊之義隆。自義率祖，順而下之至于禰，而親親之仁篤也。興作之事，非材不成，故於山川。制度之興，始於宮室，故本五祀。夫安上治民，莫善於禮。聖人庸禮之政如此，故身安而國可保也。

故聖人參於天地，並於鬼神，以治政也。處其所存，禮之序也；玩其所樂，洛。民之治也。故天生時而地生財。人，其父生而師教之。四者君以正用之，故君者，立於無過之地也。

此承上章言政之事，謂聖人所以參贊天地之道，儗並鬼神之事，凡以治政而已。故處天地鬼神之所存，則天高地下，萬物散殊，聖人法之，此禮之所以序也。玩天地鬼神之所樂，則流而不息，合同而化，聖人法之，此民之所以治也。四時本於天，百貨産於地，人生於父，而德成於師。此四者君以正用之，謂人君正身修德，順天之時，因地之利，而財成其道，輔相其宜，以左右民，使之養生喪死無憾。然後設爲庠序學校之教，申之以孝弟焉。則有以富之教之，而治道得矣。然其要在君之自正其身，立於無過之地而後可。不能正其身，如正人何？

故君者所明讀爲則。也，非明則。人者也。君者所養去聲。也，非養人者也。君者所事也，非事人者也。故君明則。人則有過，養人則不足，事人則失位。故百姓則如字。君以自治也，養君以自安也，事君以自顯也。故禮達而分去聲。定，故人皆愛其死而患其生。

此承上章君立於無過之地而言。舊説，明，猶尊也，故讀「則君」爲「明君」。今定此章三「明」字皆讀爲「則」字，則上下文義，坦然相應矣，不必迂其説也。君者，正身修德而爲臣民之所則傚者也，非則傚人者也。臣民之所奉養也，非奉養人者也。臣民之所服事也，非服事人者也。君而則人，則是身不足以爲人所取則，而反取則於人，非立於無過之地者矣。君而養人，則一人之身，豈能供億兆人之食，必不足矣。君而事人，則降尊以事卑，爲失位矣。惟百姓者則君以自治其身，所謂文武興則民好善也。養君以自安，謂竭力供賦税，則有耕食鑿飲之安也。事君以自顯，謂竭忠盡職，則有錫爵之榮也。禮教通達而名分不踰，故人皆慕守義而死，恥不義而生也。○石梁王氏曰：「此處皆非夫子之言。」

故用人之知，去聲。去上聲。其詐；用人之勇，去其怒；用人之仁，去其貪。

言人君用人，當取其所長，舍其所短。蓋中人之才，有所長必有所短也。去，猶弃也。有知謀者，易流於欺詐，故用人之知，當弃其詐而不責也。有剛勇者，易至於猛暴，故用人之勇，當弃其猛暴之過也。○朱子曰：「仁止是愛，愛而無義以制之，便事事都愛。好物事也愛，官爵也愛，錢也愛。事事都愛，所以貪也。故用人之仁，當棄其貪之失也。」

故國有患，君死社稷，謂之義。大夫死宗廟，謂之變。讀爲辨。

大夫死宗廟，言衛君之宗廟而致死也。然己之宗廟亦在本國，不弃君之宗廟，即是不弃己之宗廟也。舊説，變，讀爲辨。辨，猶正也。一説，其死有分辨，非可以無死而死也。

故聖人耐能。以天下爲一家，以中國爲一人者，非意之也。必知其情，辟婢亦反。於其義，明於其利，達於其患，然後能爲之。何謂人情？喜、怒、哀、懼、愛、惡、欲，七者弗學而能。何謂人義？父慈、子孝、兄良、弟弟、夫義、婦聽、長惠、幼順、君仁、臣忠，十者謂之人義。講信修睦，謂之人利。爭奪相殺，謂之人患。故聖人之所以治人七情，修十義，講信修睦，尚辭讓，❶去上聲。爭奪，舍禮何以治之？

非意之，謂非以私意臆度而爲之也。必是知其有此七情也，故開辟其十義之途，而使之由之明達其利與患之所在，而使之知所趨，知所避，然後能使之爲一家爲一人也。七情弗學而能，有禮以治之，則人義人利由此而生。禮廢，則人患由此而起。○問愛與欲何別？朱子曰：「愛是汎愛那物。欲則有意於必得，便要拏將來。」

飲食男女，人之大欲存焉。死亡貧苦，人之大惡存焉。故欲惡者，心之大端也。

人心雖有七情，總而言之，止是欲惡二者，故曰大端。

人藏其心，不可測度大洛反。也。美惡皆在其心，不見現。其色也。欲一以窮之，舍禮何以哉？

欲惡之心藏於内，他人豈能測度之。所欲之善惡，所惡之善惡，豈可於顔色覘之。若要一一窮究而察識，非求之於禮不可。蓋七情中節，十義純熟，則舉動自然合禮。若七情乖僻，人倫有虧，則言動之間，皆失常度矣。有諸中，必形諸外也。若不知禮，則無以察其情義之得失於動作威儀之間矣。

故人者，其天地之德，陰陽之交，鬼神之會，五行之秀氣也。

天地、鬼神、五行，皆陰陽也。德，指實理而言。交，指變合而言。會者，妙合而凝也。形生神發，皆其秀而最靈者，故曰五行之秀氣也。○石梁王氏曰：「此語最粹。」

故天秉陽，垂日星；地秉陰，竅欺要反。於山川。播上聲。五行於四時，和而後月生也。是以三五而盈，三五而闕。

竅於山川，山澤通氣也。五行一陰陽也，質具於地，氣行於天。春木，夏火，秋金，冬水，各主其事，以成四

❶「辭」，原作「慈」，據四庫本、殿本及阮刻《十三經注疏》本《禮記正義》改。

時。月之盈虧，由於日之近遠。四序順和，日行循軌，而後月之生明如期，望而盈，晦而死，無朓朒之失也。

五行之動，迭田結反。相竭也。五行四時十二月，還旋。相爲本也。

動，運也。竭，盡也，終也。本者，始也。五行之運於四時，迭相終而還相始。終則有始，如環無端也。冬終竭而春始來，則春爲夏之本。春竭而夏來，則夏又爲秋之本。已往者爲見在者所竭，見在者爲方來者所本。五行四時十二月，莫不皆然也。

五聲六律十二管，還相爲宮也。

五聲，宮、商、角、徵、羽也。六律陽聲，黄鍾子，太蔟寅，姑洗辰，蕤賓午，夷則申，無射戌也。陰聲謂之六吕，大吕丑，應鍾亥，南吕酉，林鍾未，仲吕巳，夾鍾卯也。六律六吕，皆是候氣管名。律，法也，又云述也。吕，助也，言助陽宣氣也。總而言之，皆可稱律，故《月令》十二月皆稱律也。長短之數，各有損益，又有娶妻生子之例。長短損益者，如黄鍾長九寸，下生者三分去一，故下生林鍾長六寸也。上生者三分益一，如林鍾長六寸，上生太蔟長八寸也。上下之生，五下六上，蓋自林鍾未至應鍾亥，皆在子午以東，故謂之下生。自大吕丑至蕤賓午，皆在子午以西，故謂之上生。子午皆屬上生，當云七上，而云六上者，以黄鍾爲諸律之首，故不數也。律娶妻而吕生子者，如黄鍾九以林鍾六爲妻，太蔟九以南吕六爲妻，隔八而生子，則林鍾生太蔟，夷則生夾鍾之類也。各依此推之可見。還相爲宮者，宮爲君主之義，十二管更迭爲主。自黄鍾始，當其爲宮，五聲皆備，黄鍾第一宮，下生林鍾爲徵，上生大蔟爲商，下生南吕爲羽，上生姑洗爲角，餘倣此。林鍾第二宮，太蔟三，南吕四，姑洗五，應鍾六，蕤賓七，大吕八，夷則九，夾鍾十，無射十一，仲吕十二也。此非十二月之次序，乃律吕相生之次序也。

五味六和去聲。十二食，還相爲質也。

酸、苦、辛、鹹，加滑與甘，是五味六和也。十二食，十二月之所食也。還相爲質者，如春三月以酸爲質，夏三月以苦爲質，而六和皆相爲用也。

五色六章十二衣，還相爲質也。

五色，青、赤、黄、白、黑也，并天玄爲六章。十二月之衣，如《月令》春衣青、夏衣朱之類。還相爲質，謂畫繪之事，主其時之一色，而餘色間雜也。

故人者，天地之心也，五行之端也，食味，别皮列反。聲，被色而生者也。

天地之心以理言，五行之端以氣言。食五味，别五聲，被五色，其間皆有五行之配，而性情所不能無者。○問「人者，天地之心」。朱子曰：「謂如天道福善禍淫，乃人所欲也。善者人皆欲福之，淫者人皆欲禍之。」又曰：「教化皆是人做，此所謂『人者，天地之心』也。」

故聖人作則，必以天地爲本，以陰陽爲端，以四時爲柄，以日星爲紀，月以爲量，去聲。鬼神以爲徒，五行以爲質，禮義以爲器，人情以爲田，四靈以爲畜。許又反。以天地爲本，故物可舉也。以陰陽爲端，故情可睹也。以四時爲柄，故事可勸也。以日星爲紀，故事可列也。月以爲量，故功有藝也。鬼神以爲徒，故事可守也。五行以爲質，故事可復也。禮義以爲器，故事行有考也。人情以爲田，故人以爲奥也。四靈以爲畜，故飲食有由也。

此章凡十條。自「天地」至「人情」九條，皆是覆説前章諸事。萬事萬物之理，不出乎天地之間。聖人作爲典則，而以天地爲本，則事物之理皆可舉行。○情之善者屬陽，惡者屬陰，求其端於陰陽，則善惡可得而見。○柄，猶權也。四時各有當爲之事，執當時之權柄以教民立事，則事可勸勉而成。○日星爲紀，如日中星鳥，日永星火之類，所以紀時之早晚。列者，以十二月之事詳列以示民，而使之作爲也。○量，限量也，謂十二月之分限。分限不踰，則所爲皆得其時，故事功滋長，如樹藝然也。○徒，如徒侶之相依。郊、社、宗廟、山川、五祀之禮，皆與政事相依，即前章「殽地」以下諸事。如此行政，則凡事可悠久不失也。○五行之氣，周而復始。質，猶正也。國家歲有常事，必取正於五行之時令，則其事亦今歲周而來歲復始也。○器必成而後適於用，今用禮義如成器，則事之所行，豈有不成者乎？考，成也。○治人情如治田，不使邪僻害正性，如不使稊稗害嘉穀，則人皆有宿道向方之所，如室之有奥也。○六畜，人家所豢養。四靈本非可以豢養致者，今皆爲聖世而出，如馴畜然，皆聖人道化所感耳。飲食有由者，由，用也。謂四靈爲鳥獸魚鼈之長，長至，則其屬皆至，有可用之以供庖厨者矣。

何謂四靈？麟、鳳、龜、龍，謂之四靈。故龍以爲畜，故魚鮪偉。不淰。審。鳳以爲畜，故鳥不獝。況必反。麟以爲畜，故獸不狘。許月反。龜以爲畜，故人情不失。

鮪，魚之大者，故特言之。淰，羣隊驚散之貌。獝，驚飛也。狘，驚走也。三靈物既馴擾如畜，則其類皆隨從之，雖見人亦不爲之驚而飛走矣。龜能前知，人有所決，以知可否，故不失其情之正也。上三物皆因飲食有由而言，龜獨不言介蟲之類應者，以其爲決疑之寶，非可以飲食之物例之也。○石梁王氏曰：「『四靈以爲畜』，衍至此無義味，太迂疏。何所無龜？」

故先王秉蓍、龜，列祭祀，瘞壹。繒，似仍反。宣祝嘏辭説，設制度。故國有禮，官有御，事有職，禮有序。

瘞，埋也。繒，幣帛也。《祭法》云：「瘞埋於泰折，祭地也。」繒之言贈，埋幣告神者，亦以贈神也。宣，揚也。先王重祭事，故定期日於蓍、龜，而陳列祭祀之禮，設爲制度，如此其詳。制度一定，國家有典禮可守，官有所治，事有其職，禮得其序也。

故先王患禮之不達於下也。故祭帝於郊，所以定天位也。祀社於國，所以列地利也。祖廟，所以本仁也。山川，所以儐擯。鬼神也。五祀，所以本事也。故宗祝在廟，三公在朝，三老在學，王前巫而後史，卜、筮、瞽、侑皆在左右，王中，句。心無爲也，以守至正。

天子致尊天之禮，則天下知尊君之禮，故曰定天位。食貨所資，皆出於地。天子親祀后土，正爲表列地利，使天下知報本之禮也。仁之實，事親是也。人君以子禮事尸，所以達仁義之教於下也。儐禮鬼神而祭山川，本諸事爲而祭五祀，皆是使禮教之四達。此亦前章未盡之意。廟有宗祝，朝有三公，學有三老五更，無非明禮教以淑天下。巫主弔臨之禮而居前，史書言動之實而居後，瞽爲樂師，侑爲四輔，或辨聲樂，或贊威儀，而王居其中。此心何所爲哉？不過守君道之至正而已。此又是人君以禮自防，示教於天下也。○石梁王氏曰：「巫，祭祀方用。卜筮，有事方問。謂常在左右，非也。」

故禮行於郊，而百神受職焉。禮行於社，而百貨可極焉。禮行於祖廟，而孝慈服焉。禮行於五祀，而正法則焉。故自郊、社、祖廟、山川、五祀，義之修而禮之藏去聲。也。

此承上文「祭帝於郊」等禮而言。百神受職，謂風雨節，寒暑時，而無咎徵也。百貨可極，謂地不愛寶，物無遺利也。孝慈服，謂天下皆知服行孝慈之道也。正法則，謂貴賤之禮，各有制度，無敢僭踰也。聖王精禋感格，其效如此。由此觀之，則郊、社、祖廟、山川、五祀，皆義之修飾而禮之府藏也。前言山川興作，而此不言者，法則之事包之也。

是故夫禮必本於大太。一，分而爲天地，轉而爲陰陽，變而爲四時，列而爲鬼神。其降曰命，其官於天也。

極大曰太，未分曰一。太極函三爲一之理也。分爲天地，則有高卑貴賤之等。轉爲陰陽，則有吉凶刑賞之事。變爲四時，則有歲月久近之差。列爲鬼神，則有報本反始之情。聖人制禮，皆本於此以降下其命令者，是皆主於法天也。官者，主之義。○石梁王氏曰：「禮家見『《易》有太極』字，翻出一箇太一，仍是諸子語。『其官於天也』一句，結上文。官天地，當如《莊子》義。」

夫禮必本於天，動而之地，列而之事，變而從時，協於分去聲。藝。其居人也曰養，義。其行之以貨、力、辭讓、飲食、冠、昏、喪、祭、射、御、朝、聘。

此亦本前章本於天殽於地之意。動而之地，即殽地也。列而之事，即五祀所以本事也。變而從時，即四時以爲柄也。協，合也。分，謂月以爲量也。藝，即功有藝也。上言義之修禮之藏，故此亦始言禮，終言義。居人，猶言在人也。禮雖聖人制作，而皆本於人事當然之義，故云居人曰義也。冠、昏而下八者皆禮也。然行禮者必有貨財之資，筋力之强，辭讓之節，飲食之品，亦皆當然之義也。

故禮義也者，人之大端也。所以講信修睦，而固人肌膚之會，筋骸之束也。所以養生送死，事鬼神之大端也。所以達天道，順人情之大竇也。故唯聖人爲知禮之不可以已也。故壞怪。國、喪去聲。家、亡人，必先去上聲。其禮。

肌膚之總會，筋骨之聯束，非不固也。然無禮以維飭之，則惰慢傾側之容見矣，故必禮以固之也。竇，孔穴之可出入者。由於禮義則通達，不由禮義則窒塞，故以竇譬之。聖人之能達天道順人情者，以其知禮之不可以已也。彼敗國之君，喪家之主，亡身之夫，皆以先去其禮之故也。

故禮之於人也，猶酒之有蘖也，君子以厚，小人以薄。

人以禮而成德，如酒以麴蘖而成味。君子厚於禮，故爲君子；　小人薄於禮，故爲小人，亦如酒之有醇醨也。

故聖王修義之柄、禮之序，以治人情。故人情者，聖王之田也，修禮以耕之。

劉氏曰：「修者，講明也。柄者，人所操也。聖王講明乎義之所在，使人得所持循而制事之宜也。人能操義之要以處禮之序，則情之發皆中節矣，故可以治人情也。禮者，人情之防範。修道之教，莫先於禮。故治人之情，以禮爲先務，如治田者必先以耒耜耕之也。」

陳義以種之。

義者，人情之裁制。隨事制宜而時措之，如隨田之宜而種所當種也。

講學以耨之。

禮義固可使情之中節，然或氣質物欲蔽之，而私意生焉，則如草萊之害嘉種矣。故必講學以明理欲之辨，去非而存是，如農之耨以去草養苗也。

本仁以聚之。

講學以耨之者，博而求之於不一之善，所以得一本萬殊之理。本仁以聚之者，約而會之於至一之理，所以造萬殊一本之妙也。至此則會萬理爲一理，而本心之德全矣，此如穀之熟而斂之也。

播樂以安之。

聚之者，利仁之事，未能安仁也。故必使之詠歌舞蹈，以陶養其德性，消融其查滓，而使之和順於道德焉，則造於從容自然之域矣。此則如食之而厭飫也。此五者，聖王修道之教，始終條理如此，而講學居其中，以通貫乎前後。蓋禮耕義種，入德之功，學之始條理也。仁聚樂安，成德之效，學之終條理也。自始至終，於仁義禮樂無所不講。至其成也，則禮義之功著於先，仁樂之效見於後焉。

故禮也者，義之實也。協諸義而協，則禮雖先王未之有，可以義起也。

實者，定制也。禮者，義之定制。義者，禮之權度。禮一定不易，義隨時制宜，故協合於義，而合當爲者，則雖先王未有此禮，可酌之於義，而創爲之禮焉，此所以三代損益不相襲也。

義者，藝之分，去聲。仁之節也。協於藝，講於仁，得之者强。

藝以事言，仁以心言。事之處於外者，以義爲分限之宜。心之發於内者，以義爲品節之制。協於藝者，合其事理之宜也。講於仁者，商度其愛心之親疎厚薄，而協合乎行事之大小輕重，一以義爲之裁制焉。上好義則民莫敢不服，故得義者强。

仁者，義之本也，順之體也，得之者尊。

仁者，本心之全德，故爲義之本，是乃百順之體質也。元者善之長，體仁足以長人，故得仁者尊。上文言「禮者，義之實」，此言「仁者，義之本」，「實」以散體言，「本」以全體言，同一理也。張子謂經禮三百，曲禮三千，無一事之非仁也。猶之木焉，從根本至枝葉皆生意，此全體之仁也。然自一本至千枝萬葉，先後大小各有其序，此散體之禮也。而其自本至末，一枝一葉，各具一理，隨時榮悴，各得其宜者，義也。

故治國不以禮，猶無耜而耕也。爲禮不本於義，猶耕而弗種也。爲義而不講之以學，猶種而弗耨也。講之以學，而不合之以仁，猶耨而弗穫也。合之以仁，而不安之以樂，猶穫而弗食也。

此反譬以申明前段聖學教養之事，有始有卒，其序不可紊而功不可缺如此。

安之以樂，而不達於順，猶食而弗肥也。四體既正，膚革充盈，人之肥也。父子篤，兄弟睦，夫婦和，家之肥也。大臣法，小臣廉，官職相序，君臣相正，國之肥也。天子以德爲車，以樂爲御，諸侯以禮相與，大夫以法相序，士以信相考，百姓以睦相守，天下之肥也。是謂大順。大順者，所以養生送死，事鬼神之常也。

前章至「播樂以安之」而止，此又益以「不達於順，猶食而弗肥」一節者，蓋安之以樂以前，皆是成己之功，《大學》明德之事也。達之於順以後，方是成物之效，《大學》新民之事也。故以人身之肥設譬，而言家國天下之肥。至此乃是聖學之極功，成己成物合内外之道，《大學》身修、家齊、國治、天下平之事也。故謂之大順。大順則無爲而治，所以養生送死事鬼神，各得其常也。以上並劉氏説。○大臣法，盡臣道也。小臣廉，不虧所守也。以德爲車，由仁義行也。以樂爲御，動無不和也。以禮相與，朝聘以時也。以法相序，上不偪下，下不僭上也。以信相考，久要不忘也。以睦相守，出入相友，守望相助，疾病相扶持也。肥者，充盛而無不足之意。

故事大積焉而不苑，尹。並行而不謬，細行而不失，深而通，茂而有問，連而不相及也，動而不相害也，此順之至也。故明於順，然後能守危也。

此以下至篇終，皆是發明大順之説。謂以此大順之道治天下，則雖事之大者積疊在前，亦不至於膠滯。雖事之不同者一時並行，亦不至舛謬也。雖小事所行，亦不以其微細而有失也。雖深窅而可通。雖茂密而有間，謂有中間也。兩物接連而相及，則有彼此之争。兩事一時而俱動，則有利害之争。不相及、不相害，則無所争矣。此泛言人君治天下之事，有大有細，有深有茂，有連有動，而自然各得其分理者，不過一順之至而已。故明於順，然後能守危亡之戒，而不至於危亡也。

故禮之不同也，不豐也，不殺色介反。也，所以持情而合危也。故聖王所以順，山者不使居川，不使渚者居中原，而弗敝也。用水、火、金、木、飲食必時。合男女，頒爵位，必當去聲。年德。用民必順，故無水旱昆蟲之災，民無凶饑妖孽之疾。

貴賤有等，故禮制不同。應儉者不可豐，應隆者不可殺。所以維持人情，不使之驕縱；保合上下，不使之危亂也。聖王所以順民之情者，如安於山，則不徙之居川；安於渚，則不徙之居中原，故民不困敝也。獺祭魚，然後虞人入澤梁，及春獻鼈蜃，秋獻龜魚之類，是用水必時也。春取榆柳之火，夏取棗杏之火，季夏取桑柘之火，秋取柞楢之火，冬取槐檀之火，又《周禮》「季春出火」「季秋納火」之類，是用火必時也。《卝人》以時取金玉錫石，及《月令》季春審五庫之量，金鐵爲先，是用金必時也。「仲冬斬陽木，仲夏斬陰木」，是用木必時也。飲食則如「食齊視春時，羹齊視夏時」之類是也。合男女必當其年，頒爵位必當其德，用民必於農隙。凡此皆是以順行之，故能感召兩間之和，而無旱乾水溢及螟蝗之災也。凶饑，年凶穀不熟也。妖，謂衣服歌謡草木之怪；孽，謂禽獸蟲豸之怪，史家《五行志》所載代有之。疾，患也。

故天不愛其道，地不愛其寶，人不愛其情。故天降膏露，地出醴泉，山出器車，河出馬圖，鳳皇麒麟皆在郊棷，藪。龜龍在宮沼，其餘鳥獸之卵胎，皆可俯而闚也。則是無故，先王能修禮以達義，體信以達順，故此順之實也。」

舊説，器爲銀甕丹甑，車爲山車垂鉤，謂不待揉治而自圓曲也。晉時恒山大樹自拔，根下有璧七十，圭七十三，皆光色精奇，異常玉。又張掖柳谷之石，有八卦、璜、玦之象，亦此類也。棷，與藪同。龍之變化叵測，未必宮沼有之，亦極言至順感召之卓異耳，不以辭害意可也。修禮以達義者，修此禮以爲教，而達之天下無不宜也。體信以達順者，反身而誠，而達之天下無不順也。此極功矣，故結之曰「此順之實也」。○程子曰：「君子修己以敬，篤恭而天下平。惟上下一於恭敬，則天地自位，萬物自育，而四靈畢至矣。此體信達順之道。」○朱子曰：「信是實理，順是和氣。體信是致中，達順是致和。實體此道於身，則自然發而中節，推之天下而無所不通也。」

禮器第十

器有二義：一是學禮者成德器之美，一是行禮者明用器之制。

禮器，是故大備。大備，盛德也。禮，釋回，增美質，措則正，施則行。其在人也，如竹箭之有筠勻。也，如松栢之有心也。二者居天下之大端矣，故貫四時而不改柯易葉。故君子有禮，則外諧而內無怨。故物無不懷仁，鬼神饗德。

以禮爲治身之器，故能大備其成人之行。至於大備，則其德盛矣。禮之爲用，能消釋人回邪之心，而增益其材質之美。措諸身，則無往不正。施諸事，則無往不達。以人之一身言之，如竹箭之有筠，足以致飾於外；如松栢之有心，足以貞固於內。箭，竹之小者也。筠，竹之青皮也。大端，猶言大節。二物比他草木有此大節，故能貫串四時，而柯葉無所改易也。君子之人，惟其有此禮也，故外人之疏遠者無不諧協，內人之親近者無所怨憾，人歸其仁，神歆其德也。

先王之立禮也，有本有文。忠信，禮之本也。義理，禮之文也。無本不立，無文不行。

先王制禮，廣大精微，惟忠信者能學之。然而纖悉委曲之間，皆有義焉，皆有理焉。無忠信，則禮不可立。昧於義理，則禮不可行。必内外兼備，而本末具舉，則文因於本，而飾之也不爲過；本因於文，而用之也中其節矣。

禮也者，合於天時，設於地財，順於鬼神，合於人心，理萬物者也。是故天時有生也，地理有宜也，人官有能也，物曲有利也。故天不生，地不養，君子不以爲禮，鬼神弗饗也。居山以魚鼈爲禮，居澤以鹿豕爲禮，君子謂之不知禮。

合於天時，天時有生也，謂四時各有所生之物，取之當合其時。設於地財，地理有宜也，謂設施行禮之物，皆地之所産財利也。然土地各有所宜之産，不可强其地之所無。如此，自然順鬼神，合人心，而萬物各得其理也。人官有能，謂助祭執事之官，各因其能而任之，蓋人各有能有不能也。物曲有利者，謂物之委曲，各有所利。如麴蘖利於爲酒醴，桐竹利於爲琴笙之類也。天不生，謂非時之物。地不養，如山之魚鼈，澤之鹿豕之類。

故必舉其定國之數，以爲禮之大經。禮之大倫，以地廣狹。禮之薄厚，與年之上下。是故年雖大殺，色介反。衆不匡懼，則上之制禮也，節矣。

定，猶成也。數，税賦所入之數也。《王制》言：「祭用數之仂。」禮非財不行，故必以此數爲行禮經常之法也。禮之大倫，以地之廣狹，天子、諸侯、卿、大夫地有廣狹，故禮之倫類不同。地廣者禮備，地狹者禮降也。禮之厚薄，則與年之上下爲等。《王制》言「豐年不奢，凶年不儉」，是專言祭禮，此兼言諸禮耳。大殺，謂年凶而税斂之入大有減殺也。匡，與「恇」通，恐也。衆不匡懼，謂無溝壑之憂也。此其制禮有節，財不過用，故能如此。

禮，時爲大，順次之，體次之，宜次之，稱去聲。次之。堯授舜，舜授禹，湯放桀，武王伐紂，時也。《詩》云：「匪革棘。其猶，聿追來孝。」

時者，天之所爲，故爲大。堯、舜、湯、武之事不同者，各隨其時耳。聖王受命得天下，必定一代之禮制，或因或革，各隨時宜，故云「時爲大」也。順、體、宜、稱四者，下文析之。《詩》，《大雅·文王有聲》之篇。革，急也。猶，與猷通，謀也。聿，惟也。言文王之作豐邑，初非急於成己之謀，惟欲追先人之事而致其方來之孝，以不墜先業耳。今《詩》文作「匪棘其欲，遹追來孝」。

天地之祭，宗廟之事，父子之道，君臣之義，倫也。

王者父事天，母事地，故天地、宗廟、父子、君臣四者，乃自然之序，故曰「倫」也。倫不可紊，故順次之。

社稷山川之事，鬼神之祭，體也。

社稷山川鬼神之禮，各隨其體之輕重，而爲禮之隆殺，故曰「體次之」。

喪祭之用，賓客之交，義也。

既於義不得不然，必須隨事合宜，故曰「宜次之」。

羔豚而祭，百宮皆足；大牢而祭，不必有餘，此之謂稱也。諸侯以龜爲寶，以圭爲瑞。家不寶龜，不藏圭，不臺門，言有稱也。

諸侯有國，宜知占詳吉凶，故以龜爲寶也。家，謂大夫也。大夫卑，不當寶藏。五等諸侯，各有圭璧以爲瑞信，又以天子所賜，如祥瑞之降於天，故以爲瑞。大夫非爲君使不得執，故不當藏之。臺門者，門之兩旁，築土爲臺，於其上起屋。大夫不然，各稱其分守也，故曰「稱次之」。

禮有以多爲貴者，天子七廟，諸侯五，大夫三，士一。

一廟，下士也。適士則二廟。

天子之豆二十有六。

此天子朔食之豆數。

諸公十有六。

上公也。更相朝時堂上之豆數。

諸侯十有二。

通侯、伯、子、男也。亦相朝時堂上之豆數。

上大夫八，下大夫六。

皆謂主國食使臣堂上之豆數。

諸侯七介七牢，大夫五介五牢。

介，副也。上介一人，餘爲衆介。牢，太牢也。謂諸侯朝天子時，天子以太牢之禮賜之。《周禮》，公九介九牢，侯伯七，子男五。今言七，舉中以言之也。大夫五介五牢者，諸侯之大夫爲君使而來，各降其君一等。

此五介五牢，謂侯伯之卿，亦舉中言之也。

天子之席五重，諸侯之席三重，平聲。**大夫再重。**

天子祫祭，其席五重。諸侯席三重者，謂相朝時，賓主皆然也。三重則四席，再重則三席。

天子崩，七月而葬，五重八翣；所甲反。**諸侯五月而葬，三重六翣；大夫三月而葬，再重四翣。此以多爲貴也。**

五重者，謂抗木與茵也。茵以藉棺，用淺色緇布夾爲之，以茅秀及香草著其中，如今褥子中用絮然。縮者二，横者三，爲一重。抗木所以抗載於土。下棺之後，置抗木於椁之上，亦横者三，縮者二，上加抗席三，此爲一重。如是者五，則爲五重也。翣，見《檀弓》。

有以少爲貴者，天子無介，祭天特牲。

介所以佐賓，天子以天下爲家，無爲賓之義，故無介也。特，獨也。

天子適諸侯，諸侯膳以犢。諸侯相朝，灌用鬱鬯，無籩豆之薦。大夫聘禮以脯醢。

天子祭天，惟用一牛。若巡守而過諸侯之境，則諸侯奉膳，亦止一牛。其尊君之禮，亦如君之尊天也。諸侯相朝，享禮畢，主君酌鬱鬯之酒以獻賓，不用籩豆之薦者，以其主於相接以芬芳之德，不在殽味也。大夫出使行聘禮，主國禮之，酌以酒，而又有脯醢之薦，此見少者貴，多者賤也。

天子一食，諸侯再，大夫士三，食力無數。

食，餐也。位尊者德盛，其飽以德，不在於食味，故每一餐輒告飽，須御食者勸侑，乃又餐，故云一食也。諸侯則再餐而告飽，大夫士則三餐而告飽，皆待勸侑則再食。食力，自食其力之人，農、工、商、賈庶人之屬也。無德不仕，無禄代耕，禮不下庶人，故無食數，飽即自止也。

大路繁盤。**纓一就，次路繁纓七就。**

殷世尚質，其祭天所乘之車，木質而已，無别雕飾，謂之大路。繁，馬腹帶也。纓，鞅也，在馬膺前。染絲而織以爲罽，五色一帀曰就。就，猶成也。繁與纓，皆以此罽爲之。車朴素，故馬亦少飾也。大路之下有先路、次路。次路，殷之第三路也，供卑雜之用，故就數多。《郊特牲》云：「次路五就。」此蓋誤爲七就。

圭璋特。

圭璋，形制見《考工記》。諸侯朝王以圭，朝后則執璋。玉之貴者，不以他物儷之，故謂之「特」，言獨用之也。

《周禮》小行人掌合六幣，圭以馬，璋以皮。然皮與馬皆不升堂，惟圭璋特升於堂，亦特之義也。

琥璜爵。

琥爲虎之形，璜則半環之形也。此二玉下於圭璋，不可專達，必待用爵。蓋天子享諸侯，及諸侯自相享，至酬酒時，則以幣將送酬爵，又有琥璜之玉以將幣，故云「琥璜爵」也。

鬼神之祭單丹。席。

鬼神異於人，不假多重以爲温暖也。

諸侯視朝，大夫特，士旅之，此以少爲貴也。

君視朝之時，於大夫則特揖之，謂每人一揖也。旅，衆也。士卑，無問人數多少，君一揖而已。

有以大爲貴者。宫室之量，去聲。器皿之度，棺椁之厚，丘封之大，此以大爲貴也。有以小爲貴者。宗廟之祭，貴者獻以爵，賤者獻以散。去聲。尊者舉觶，志。卑者舉角。五獻之尊，門外缶，門内壺，君尊瓦甒，武。此以小爲貴也。

爵一升，觚二升，觶三升，角四升，散五升。○疏曰：「《特牲》云，主人獻尸用角，佐食洗散以獻尸。是尊者小，卑者大。按天子諸侯及大夫皆獻尸以爵，無賤者獻以散之文，禮文散亡不具也。《特牲》主人獻尸用角者，下大夫也。《特牲》《少牢禮》，尸入舉奠觶，是尊者舉觶。《特牲》主人受尸酢，受角飲者，是卑者舉角。此是士禮耳，天子諸侯祭禮亡。五獻，子男之享禮也。凡王享臣，及其自相享行禮，獻數各隨其命。子男五命，故知五獻是子男。列尊之法，門外缶者，缶，尊名，盛酒在門外。壺，亦尊也，盛酒在門内。君尊，子男之尊也，子男用瓦甒爲尊。不云内外，則陳之在堂，人君面尊而專惠也。其壺缶但歆諸神，小尊近君，大尊在門，是以小爲貴。壺大一石，瓦甒五斗，缶又大於壺。」

有以高爲貴者。天子之堂九尺，諸侯七尺，大夫五尺，士三尺。天子諸侯臺門。此以高爲貴也。

九尺以下之數，皆謂堂上高於堂下也。《考工記》「堂崇三尺」是殷制，此周制耳。臺門，見前章。

有以下爲貴者。至敬不壇，徒丹反。埽去聲。地而祭。天子諸侯之尊廢禁，大夫、士棜於據反。禁。此以下爲貴也。

封土爲壇。郊祀則不壇，至敬無文也。禁與棜，皆承酒樽之器，木爲之。禁長四尺，廣二尺四寸，通局足高三寸。漆赤中，畫青雲氣菱苕華爲飾，刻其足爲褰帷之形。棜長四尺，廣二尺四寸，深五寸，無足。亦畫青雲氣菱苕華爲飾也。棜是轝。名禁者，因爲酒戒也。天子諸侯之尊廢禁者，廢去其禁而不用也。大夫士棜禁者，謂大夫用棜，士用禁也。棜，一名斯。禁，見《鄉飲酒禮》。

禮有以文爲貴者。天子龍衮，諸侯黼，大夫黻，士玄衣纁裳。天子之冕，朱緑藻，十有二旒，諸侯九，上大夫七，下大夫五，士三。此以文爲貴也。

龍衮，畫龍於衮衣也。白與黑謂之黼。黼如斧形，刺之於裳。黑與青謂之黻。其狀兩巳相背，亦刺於裳也。纁，赤色。冕，祭服之冠也。上玄下纁，前後有旒，前低一寸二分，以其略俛而謂之冕。冕同而服異，一衮冕，二鷩冕，三毳冕，四絺冕，五玄冕，各以服之異而名之耳。冕之制雖同，而旒有多少。朱緑藻者，以朱緑二色之絲爲繩也。以此繩貫玉而垂於冕以爲旒。周用五采，此言朱緑，或是前代之制。十有二旒者，天子之冕，前後各十二旒，每旒十二玉。玉之色以朱、白、蒼、黃、玄爲次，自上而下，徧則又從朱起。衮冕十二旒，鷩冕九旒，毳冕七旒，絺冕五旒，玄冕三旒。此數雖不同，然皆每旒十二玉，繅玉，五采也。此皆周時天子之制。諸侯九，上大夫七，下大夫五，士三，此亦非周制。周家旒數隨命數，詳見《儀禮冕弁圖》。○疏曰：「諸侯雖九章七章以下，其中有黼也。孤絺冕而下，其中有黻。故特舉黼黻而言耳。《詩·采菽》云：『玄衮及黼。』是特言黼。《終南》云：『黻衣繡裳。』是特言黻也。」○陳氏曰：「藻潔而文，衆采如之，故曰藻。」

有以素爲貴者。至敬無文，父黨無容。大圭不琢，篆。大泰。羹不和，去聲。大路素而越活。席，犧莎。尊疏布鼏，莫力反。樿展。杓。市約反。此以素爲貴也。

敬之至者，不以文爲美。如祭大而服黑羔裘，亦是尚質素之意。折旋揖讓之禮容，所以施於外賓。見父之族黨，自當以質素爲禮，不爲容也。大圭，天子所搢者，長三尺。不琢，不爲鐫刻文理也。大羹，太古之羹也，肉汁無鹽梅之和。後王存古禮，故設之，亦尚玄酒之意。大路，殷祭天之車，朴素無飾，以蒲越爲席。犧尊，刻爲犧牛之形。讀爲娑音者，謂畫爲鳳羽娑娑然也。此尊以𧆑疏之布爲覆冪。樿，白木之有文理者。杓，沃盥之具也。

孔子曰：「禮不可不省息井反。也。禮不同，不豐，不殺。」此之謂也，蓋言稱也。

省，察也。禮之等雖不同，而各有當然之則，豐則踰，殺則不及。惟稱之爲善。

禮之以多爲貴者，以其外心者也。德發揚，詡許。萬物，大理物博，如此則得不以多爲貴乎？故君子樂吾教反。其發也。

用心以致備物之享，則心在於物，故曰外心。然所以貴於備物者，聖人蓋見夫天地之德，發揚昭著，盛大溥徧於萬物，是其理之所該者大，故物之所成者博，如此豈得不以多爲貴乎？此制禮之君子，所以樂其用心於外以致備物也。

禮之以少爲貴者，以其内心也。德産之致直二反。也精微，觀天下之物，無可以稱去聲。其德者，如此則得不以少爲貴乎？是故君子慎其獨也。

散齊致齊，祭神如在，皆是内心之義。惟其主於存誠，以期感格，故不以備物爲敬。所以然者，蓋有見夫天地之德，所以發生萬彙者，其流行賦予之理，密緻而精微，即《大傳》所言「天地絪緼，萬物化醇」也。縱使偏取天下所有之物以祭天地，終不能稱其德而報其功，不若事之以誠敬之爲極致。是以行禮之君子，主於存誠於内以交神明也。慎獨者，存誠之事也。

古之聖人，内之爲尊，外之爲樂，洛。少之爲貴，多之爲美。是故先王之制禮也，不可多也，不可寡也，唯其稱也。

尊，如《中庸》「尊德性」之「尊」，恭敬奉持之意也。尊其在内之誠敬，故少物亦足以爲貴。樂其在外之儀物，必多物乃可以爲美。宜少者不可多，宜多者不可寡，或稱其内，或稱其外也。

是故君子大牢而祭謂之禮，匹士大牢而祭謂之攘。

謂之禮，稱也。謂之攘，不稱也。○疏曰：「匹，偶也。士賤，不得特使，爲介乃行，故謂之『匹士』。庶人稱『匹夫』者，惟與妻偶耳。」

管仲鏤簋朱紘，宏。山節藻棁，拙。君子以爲濫矣。

管仲，齊大夫。鏤簋，簋有雕鏤之飾也。紘，冕之繫。

以組爲之，自頷下屈而上屬於兩旁之笄，垂餘爲緌。天子朱，諸侯青，大夫士緇。山節，刻山於柱頭之斗栱也。藻，水草也。藻棁，畫藻於梁上之短柱也。此皆管仲僭禮之事。濫，放溢也。

晏平仲祀其先人，豚肩不揜豆，澣衣濯冠以朝，君子以爲隘矣。

晏平仲，亦齊大夫。大夫祭用少牢，不合用豚。周人貴肩，肩在俎不在豆，此但喻其極小。謂併豚兩肩，亦不足以掩豆，故假豆言之耳。上言「不豐不殺」，此舉管、晏之事以明之。管仲豐而不稱，晏子殺而不稱者也。隘，陋也。

是故君子之行禮也，不可不慎也。衆之紀也，紀散而衆亂。

禮所以防範人心，綱維世變。前篇言：「壞國、喪家、亡人，必先去其禮。」

孔子曰：「我戰則克，祭則受福。」蓋得其道矣。

記者引孔子之言而釋之曰，夫子所以能此二者，蓋以得其行之之道也。

君子曰：「祭祀不祈，不麾揮。蚤，早。不樂洛。葆保。大，不善嘉事，牲不及肥大，薦不美多品。」

「君子曰」，記者自謂也。祭有常禮，不爲祈私福也。《周禮》大祝「掌六祈」，小祝有「祈福祥」之文，皆是有故則行之，不在常祀之列。麾，快也。祭有常時，不以先時爲快。葆，猶褒也。器幣之小大長短，自有定制，不以褒大爲可樂也。嘉事，冠昏之禮，奠告有常儀，不爲善之而更設他祭。牲不及肥大，及，猶至也。如郊牛之角繭栗，宗廟角握，社稷角尺，各有所宜用，不必須並及肥大也。薦祭之品味有定數，不以多品爲美也。

孔子曰：「臧文仲安知禮？夏父弗綦忌。逆祀而弗止也。

臧文仲，魯大夫臧孫辰。夏父弗綦，人姓名也。魯莊公薨，立適子閔公。閔公薨，立僖公。僖公者，莊公之庶子，閔公之庶兄也。僖公薨，子文公立。二年八月，祫祭太廟，夏父弗綦爲宗伯典禮，移閔公置僖公之下，是臣居君之上，逆亂尊卑，不可之大者。時人以文仲爲知禮，孔子以其爲大夫而不能止逆祀之失，豈得爲知禮乎？

燔煩。柴於奧。爨。夫奧者，老婦之祭也。

盛平聲。於盆，蒲門反。尊於瓶。」

此亦言臧文仲不能正失禮之事。《周禮》：「以實柴祀日月星辰。」有大火之次，故祭火神則燔柴也。今弗綦爲禮官，謂爨神是火神，遂燔柴祭之，是失禮矣。禮，祭至尸食竟而祭爨神，宗婦祭饎爨，烹者祭饔爨，其神則先炊也，故謂之老婦。惟盛食於盆，盛酒於瓶，卑賤之祭耳。雖卑賤而必祭之者，以其有助於人之飲食，故報之也。

禮也者，猶體也。體不備，君子謂之不成人。設之不當，去聲。猶不備也。禮有大有小，有顯有微。大者不可損，小者不可益，顯者不可揜，微者不可大也。故經禮三百，曲禮三千，其致一也，未有入室而不由户者。

體，人身也。先王經制大備，如人體之全具矣。若行禮者設施或有不當，亦與不備同也。大者損之，小者益之，揜其顯，著其微，是不當也。禮以敬爲本，一者，敬而已。未有入室而不由户者，豈有行禮而不由敬乎？○朱子曰：「禮儀三百，便是《儀禮》中士冠、諸侯冠、天子冠禮之類，此是大節，有三百條。如始加、再加、三加，又如『坐如尸，立如齊』之類，皆是其中小目。吕與叔云『經便是常行底，緯便是變底』，恐不然。經中自有常有變，緯中亦自有常有變。」○趙氏曰：「經禮，如冠昏、喪祭、朝覲、會同之類。曲禮，如進退、升降、俯仰、揖遜之類。」

君子之於禮也，有所竭情盡慎，致其敬而誠若，有美而文而誠若。

誠，實也。若，語辭。謂以少者、小者、下者、素者爲貴，是内心之敬無不實者。以多者、大者、高者、文者爲貴，美而有文，是外心之實者。

君子之於禮也，有直而行也，有曲而殺色介反。也。有經而等也，有順而討也，有摲芟。而播也，有推而進也，有放上聲。而文也，有放而不致也，有順而摭也。

親始死而哭踊無節，是直情而徑行也，故曰直而行。父在，則爲母服期；尊者在，則卑者不杖。是委曲而減殺之也，故曰曲而殺。父母之喪，無貴賤皆三年；大夫士魚俎皆十五，是經常之禮，一等行之也，故曰經而等。順而討者，順其序而討去之，若自天子而下，每等降殺以兩是也。摲而播者，芟取在上之物，而播施於下，如祭俎之肉及羣臣，而胞翟之賤者亦受其惠是也。推而進者，推卑者使得行尊者之禮，如二王之子孫，得用王者之禮，及旅酬之禮，皆得舉觶於其長是也。冕服旗常之章采，樽罍之刻畫，是放而文也。公侯以下之服，其文采殺於天子而不敢極致，是放而不致也。摭，猶拾取也。雖拾取尊者之禮而行之，不謂之僭逆。如君沐粱，士亦沐粱。又有君大夫士一節者，是順而摭也。言君子行禮有此九者，不可不知也。

三代之禮一也，民共由之，或素或青，夏造殷因。

殷尚白，夏尚黑。素即白也，青近於黑。不言白黑，而言素青，變文耳。此類皆制作之末，舉此以例其餘，則前之創造，後之因仍，皆可知矣。○朱子曰：「三綱五常，禮之大體，三代相繼，皆因之而不能變。其所損益，不過文章制度小過不及之間而已。」

周坐尸，詔侑武無。**方，其禮亦然，其道一也。**

承上「夏造殷因」而言三代尸禮之異。周之禮，尸即位而坐。詔者，告尸以威儀之節。侑者，勸尸爲飲食之進。詔與侑皆祝官之職，祝不止一人。無方，謂無常人也，宗廟中可告之事，皆得告之也。亦然，亦如殷之禮也。禮同本於道之同，故云其道一也。

夏立尸而卒祭，殷坐尸。

夏之禮，尸當飲食，則暫坐。若不飲食，則惟立以俟祭事之終也。殷則尸雖無事亦坐。

周旅酬六尸。曾子曰：「周禮其猶醵其庶反。**與。」**

周家祫祭之時，羣廟之祖，皆聚於后稷廟中，后稷尸尊，不與子孫爲酬酢，毁廟之祖又無尸，故惟六尸而已。此六尸自爲昭穆次序行旅酬之禮，故曾子言，周家此禮，其猶世俗之醵與。醵，斂錢共飲酒也。錢之所斂者均，則酒之所飲必均。此六尸之旅酬，如醵飲均平也。

君子曰：「禮之近人情者，非其至者也。郊血，大饗腥，三獻爓，潛。**一獻孰。」**

近者爲褻，遠者爲敬。凡行禮之事，與人情所欲者相近，則非禮之極至者。其事本多端，此獨舉血、腥、爓、孰四者之祭以明之者，禮莫重於祭故也。郊，祭天也。郊祀與大饗、三獻皆有血、腥、爓、孰，此各言者，據先設者爲主也。郊則先設血，後設腥爓孰。大饗，祫祭宗廟也。腥，生肉也。去人情稍近。郊先薦血，大饗則迎尸時血與腥同時薦。獻，酌酒以薦獻也。祭社稷及五祀，其禮皆三獻，故因名其祭爲三獻也。爓，沉肉於湯也。其色略變，去人情漸近矣。此祭血腥與爓一時同薦，但當先者設之在前，當後者設之居後。據宗伯社稷五祀，初祭降神時已埋血。據此則正祭薦爓時又薦血也。一獻，祭羣小祀也。祀卑，酒惟一獻，用孰肉，無血、腥、爓三者。蓋孰肉是人情所食，最爲褻近。以其神卑，則禮宜輕也。

是故君子之於禮也，非作而致其情也，此有由始也。是故七介以相見也，不然則已慤。殻。三辭三讓而至，不然則已蹙。蹴。

作，如「作聰明」之「作」，過意爲之也。言先王制禮之初，一以誠敬爲本，乃天理人情之極致。後世守而行之，非過意而故爲極致之情也，此由始於古也。上公之介九人，侯伯七人，子男五人，此舉其中而言之。兩君相見，必有介副之人以伸賓主之情。不如此，則太愿慤而無禮之文矣。已，太也。三辭三讓者，賓初至大門外，交擯之時，有三辭之禮。及入大門，主君每門一讓，則賓一辭，凡三辭三讓而後至廟中也。不如此，則太迫蹙而無禮之容矣。

故魯人將有事於上帝，必先有事於頖判。宮。晉人將有事於河，必先有事於惡呼。池。徒河反。齊人將有事於泰山，必先有事於配林。三月繫，七日戒，三日宿，慎之至也。

此因上章言兩君相見之禮，漸次而進，故言祭祀之禮亦有漸次，由卑以達尊者。魯人將祭上帝，必先有事頖宮。頖宮，諸侯之學也。魯郊祀以后稷配，先於頖宮告后稷，然後郊也。虖池，并州川之小者，河之從祀也。配林，林名，泰山之從祀也。帝牛必在滌。三月繫，繫牲於牢也。七日戒，散齊也。三日宿，致齊也。敬慎之至如此，故以積漸爲之，何敢迫蹙而行之乎？

故禮有擯詔，樂有相去聲。步，温於糞反。之至也。

禮容不可急遽，故賓主相見，有擯相者以詔告之。樂工無目，必有扶相其行步者。此二者皆温藉之至也。温藉之義，如玉之有承藉然。言此擯詔者，是承藉賓主；相步者，是承藉樂工也。

禮也者，反本修古不忘其初者也。故凶事不詔，朝潮。事以樂。岳。

本心之初，天所賦也，貴於反思而不忘；禮制之初，聖所作也，貴於修舉而不墜。二者皆有初，故曰「不忘其初」。擗踊哭泣，不待詔告，以其發於本心之自然也。朝廷養老、尊賢之事，必作樂以樂之，亦以愜其本心之願望也。此二者，是反本之事。

醴酒之用，玄酒之尚。割刀之用，鸞刀之貴。莞官。簟徒點反。之安，而稾古老反。鞂江八反。之設。

醴酒之美用矣，而列尊在玄酒之下。今世割刀之利便於用矣，而宗廟中乃不用割刀，而用古之鸞刀。下莞上簟，可謂安矣，而設稾鞂之麤者爲郊祀之席。此三者是修古之事。鸞，鈴也。刀鐶有鈴，故名鸞刀。割肉欲中其音節。《郊特牲》云：「聲和而後斷也。」莞，蒲之細者，可爲席。簟，竹席也。稾鞂，除去穀之稈也。鞂，與《禹貢》「秸」字同。

是故先王之制禮也，必有主也，故可述而多學也。

有主，主於反本修古也。但以此二者求之，則可以稱述而學之不厭矣。

君子曰：「無節於内者，觀物弗之察矣。欲察物而不由禮，弗之得矣。故作事不以禮，弗之敬矣。出言不以禮，弗之信矣。故曰：『禮也者，物之致也。』」

無節於内，言胸中不能通達禮之節文也。觀物弗之察，言雖見行禮之事，不能審其得失也。察物而不由禮以察之，何以能得其是非之實？作事而不由禮，何以能存其主敬之心？出言而不由禮，何以能使人之信其言？故曰，禮者，事物之極致也。

是故昔先王之制禮也，因其財物而致其義焉爾。故作大事必順天時。爲朝潮。夕必放上聲。於日月，爲高必因丘陵，爲下必因川澤。是故天時雨澤，君子達亹尾。亹焉。

財物，幣玉牲牢黍稷之類。無財無物，不可以行禮，故先王制禮，必因財物而致其用之之義焉。然財物皆天時之所生，故祭祀之大事，亦必順天時而行之。如啓蟄而郊，龍見而雩，始殺而嘗，閉蟄而烝，皆是也。大明生於東，故春朝朝日必於東方。月生於西，故秋莫夕月必於西方。爲高上之祭，必因其有丘陵而祭之。爲在下之祭，必因其有川澤而祭之。一説，爲高，爲圓丘也。爲下，爲方丘也。祭有輕重，皆須財物。故當天時之降雨澤也，君子知夫天地生成財物之功，如此乎勉勉而不已也，則安得不用財物爲禮，以致其報本之誠乎！

是故昔先王尚有德，尊有道，任有能，舉賢而置之，聚衆而誓之。是故因天事天，因地事地，因名山升中于天，因吉土以饗帝于郊。升中于天而鳳皇降，龜龍假；格。饗帝于郊而風雨節，寒暑時。是故聖人南面而立，而天下大治。

置，如置諸左右之置，謂使之居其位也。禮莫重於祭，當大事之時，必擇有道德才能者執其事，又從而誓戒之。《周禮》冢宰「掌百官之誓戒」是也。因天之尊，而制爲事天之禮；因地之卑，而制爲事地之禮，郊、社是也。中，平也，成也。巡守而至方岳之下，必因此有名之大山，升進此方諸侯治功平成之事以告於天，《舜典》柴岱宗，即其禮也。吉土，王者所卜而建都之地也。兆於南郊，歲有常禮。其瑞物之臻，休徵之應，理或然耳。而後世封禪之説，遂根著於此，牢不可破，皆鄭氏祖緯説啓之也。

天道至教，聖人至德。廟堂之上，罍尊在阼，犧莎。尊在西。廟堂之下，縣玄。鼓在西，應鼓在東。君在阼，夫人在房。大明生於東，月生於西。此陰陽之分，去聲。夫婦之位也。君西酌犧象，夫人東酌罍尊，禮交動乎上，樂交應乎下，和之至也。

天道陰陽之運，極至之教也；聖人禮樂之作，極至之德也。無以復加，故以至言。罍尊，夏后氏之尊也。犧尊，周尊也。縣鼓大，應鼓小。設禮樂之器，一以西爲上。故犧尊、縣鼓皆在西，而罍尊與應鼓皆在東也。天子諸侯皆有左右房，此夫人在西房也。君在東而西酌犧象，夫人在西而東酌罍尊，此禮交動乎堂上也。縣鼓、應鼓相應於堂下，是樂交應乎下也。罍尊，畫爲山雲之形。犧尊，畫鳳羽，而象骨飾之，故亦曰犧象。此章言諸侯時祭之禮。

禮也者，反其所自生。樂也者，樂洛。其所自成。是故先王之制禮也以節事，修樂以道志。故觀其禮樂，而治亂可知也。蘧伯玉曰：「君子之人達。」故觀其器而知其工之巧，觀其發而知其人之知。去聲。故曰「君子慎其所以與人者」。

萬物本乎天，人本乎祖，禮主於報本反始，不忘其所由生也。王者功成治定，然後作樂。以文德定天下者，樂文德之成；以武功定天下者，樂武功之成，非泛然爲之也。節事，爲人事之儀則也。道志，宣其湮鬱也。世治則禮序而樂和，世亂則禮慝而樂淫，故觀禮樂而治亂可知也。蘧伯玉，衛大夫，名瑗。言君子之心明睿洞達，觀器用，則知工之巧拙；觀人之發動舉措，則知其人之智愚，豈有觀禮樂而不知治亂乎？禮樂者，與人交接之具。君子致謹於此，以其所關者大也。「故曰」，蓋古有是言，而記者稱之耳。

大廟之内敬矣。君親牽牲，大夫贊幣而從。去聲。君親制祭，夫人薦盎。君親割牲，夫人薦酒。

君出廟門迎牲，親牽以入。然必先告神而後殺，故大夫贊佐執幣而從君，君乃用幣以告神也。殺牲畢而進血與腥，則君親制牲肝以祭神於室。此時君不親獻酒，惟夫人以盎齊薦獻。盎齊，見前篇及薦孰之時，君又親割牲體。然亦不獻，故惟夫人薦酒也。

卿大夫從去聲。君，命婦從夫人。洞洞乎，其敬也！屬屬燭。乎，其忠也！勿勿乎，其欲其饗之也！

洞洞，敬之表裏無間也。屬屬，誠實無僞也。勿勿，勉勉不已也。一云，切切也。命婦，卿大夫之妻也。

納牲詔於庭，血毛詔於室，羹定丁磬反。詔於堂：三詔皆不同位，蓋道求而未之得也。

詔，告也。牲入在庭，以幣告神，故云「納牲詔於庭」。殺牲取血及毛，入以告神於室，故云「血毛詔於室」。羹，肉汁也。定，熟肉也。煮之既熟，將迎尸入室，乃先以俎盛羹及定，而告神於堂，此是薦熟未食之前也。道，言也。此三詔者，各有其位，蓋言求神而未得也。

設祭於堂，爲祊百彭反。乎外，故曰：「於彼乎？於此乎？」

設祭於堂者，謂薦腥爓之時，設饌在堂也。祊，祭之明日繹祭也。廟門謂之祊，設祭在廟門外之西旁，故因名爲祊也。記者又引古語云：「於彼乎？於此乎？」言不知神於彼饗之乎？於此饗之乎？

一獻質，三獻文，五獻察，七獻神。

獻，酌酒以薦也。祭羣小祀則一獻，其禮質略。祭社稷五祀三獻，其神稍尊，故有文飾。五獻，祭四望山川之禮也。察者，顯盛詳著之貌。祭先公之廟則七獻。禮重心肅，洋洋乎其如在之神也。

大饗，其王事與。平聲。三牲、魚、腊，四海九州之美味也。籩豆之薦，四時之和氣也。內納。金，示和也。束帛加璧，尊德也。龜爲前列，先知也。金次之，見形甸反。情也。丹、漆、絲、纊、竹、箭，與衆共財也。其餘無常貨，各以其國之所有，則致遠物也。其出也，《肆夏》而送之，蓋重禮也。

大饗，袷祭也。言王事者，明此章所陳非諸侯所有之事也。三牲，牛、羊、豕也。腊，獸也。《少牢禮》云：「腊用麋。」籩豆所薦品味，皆四時和氣之生成。內金，納侯邦所貢之金也。示和，示諸侯之親附也。一說，金性或從或革隨人，故言和也。君子於玉比德，諸侯來朝，璧加於束帛之上，尊德也。陳列之序，龜獨在前，以其知吉凶，故先之也。金在其次，以人情所同欲，故云見情也。自三牲以下，至丹、漆等物，皆侯邦所供貢，並以之陳列，或備器用。與衆共財，言天下公共所有之物也。其餘無常貨，謂九州之外，蠻夷之國，或各以其國所有之物來貢，亦必陳之，示其能致遠方之物也，但不以爲常耳。諸侯爲助祭之賓，禮畢而出，在無筭爵之後，樂工歌《陔夏》之樂章以送之。設施如此，蓋重大之禮也。註讀「肆」爲「陔」者，《周禮》鍾師掌《九夏》，尸出入奏《肆夏》，客醉而出則奏《陔夏》。故知此當爲「陔」也。○劉氏曰：「後篇言『鍾次之，以和居參之』，則此言『內金示和』，亦取其聲之和耳。『見情也』者，見人情之和也。」

祀帝於郊，敬之至也。宗廟之祭，仁之至也。喪禮，忠之至也。備服器，仁之至也。賓客之用幣，義之至也。故君子欲觀仁義之道，禮其本也。

祭天之禮簡素，至敬無文，所以爲敬之至。仁之實，事親是也。事亡如事存，所以爲仁之至。附於身，附於棺，皆必誠必信，所以爲忠之至。斂之衣服，葬之器具，皆全備無缺，莫非愛親之誠心，故亦曰「仁之至」。朝聘燕享，幣有常用，故幣帛篚筐將其厚意，義之至也。此仁與義之爲道，皆可於行禮之際觀之，故曰「禮其本也」。

君子曰：「甘受和，去聲。白受采，忠信之人，可以學禮。苟無忠信之人，則禮不虛道。是以得其人之爲貴也。」

甘於五味屬土，土無專氣，而四時皆王，故惟甘味能受諸味之和。諸采皆以自爲質，所謂「繪事後素」也。以此二者況忠信乃可學禮。道，猶行也，道路人所共行者。人無忠信，則每事虛僞。禮不可以虛僞行也。《大傳》曰：「苟非其人，道不虛行。」

孔子曰：「誦《詩》三百，不足以一獻。一獻之禮，不足以大饗。大饗之禮，不足以大旅。大旅具矣，不足以饗帝。毋輕議禮！」

「不學《詩》，無以言。」然縱使誦三百篇之多，而盡言語之長，其於議禮，猶槩乎未有所聞也。一獻小禮，亦不足以行之。使能一獻，不能行大饗之禮，謂祫祭也。能大饗矣，不能行大旅之禮，謂祀五帝也。能具知大旅之禮矣，不能行饗帝之禮也，謂祀天也。禮其可輕議乎！

子路爲季氏宰。季氏祭，逮闇而祭，日不足，繼之以燭。雖有强力之容，肅敬之心，皆倦怠矣。有司跛彼義反。倚以臨祭，其爲不敬大矣。

逮，及也。闇，昧爽以前也。偏任爲跛，依物爲倚。

他日祭，子路與。去聲。室事交乎户，堂事交乎階，質明而始行事，晏朝而退。孔子聞之，曰：「誰謂由也而不知禮乎！」

室事，謂正祭之時，事尸于室也。外人將饌至户，內人於户受之，設於尸前，內外相交承接，故云「交乎户」也。正祭之後，儐尸於堂，故謂之「堂事」。此時在下之人送饌至階，堂上人即階而受取，是「交乎階」也。質，正也。子路權禮之宜，略煩文而全恭敬，故孔子善之也。

禮記卷之七

禮記卷之八

陳澔集說

郊特牲第十一

陸氏曰：「郊者，祭天之名。用一牛，故曰『特牲』。」○石梁王氏曰：「此篇皆記祭事，而雜昏、冠兩段。」

郊特牲而社稷大牢。天子適諸侯，諸侯膳用犢。諸侯適天子，天子賜之禮大牢。貴誠之義也。故天子牲孕餘證反。弗食也，祭帝弗用也。

禮有以少爲貴者，故此二者皆貴特牲而賤大牢也。犢未有牝牡之情，故云貴其誠慤。○朱子曰：「萬物本乎天，人本乎祖，故以所出之祖配天地。周之后稷，生於姜嫄，以上更推不去。文武之功，起於后稷，故配天須以后稷。嚴父莫大於配天，宗祀文王於明堂，以配上帝。上帝，即天也。聚天之神而言之，則謂之上帝。」又曰：「古時天地定是不合祭，日月山川百神，亦無合共一時祭享之禮。」又曰：「五峯言無北郊，只祭社便是。此說却好。」○今按，《召誥》：「用牲于郊，牛二。」蔡氏以爲祭天地，非也。牛二，帝牛稷牛也。「社于新邑」，祭地也，故用大牢。

大路繁盤。纓一就，先路三就，次路五就。郊血，大饗腥，三獻爓，潛。一獻孰。至敬不饗味，而貴氣臭也。

臭，亦氣也。餘並見前篇。

諸侯爲賓，灌用鬱鬯，灌用臭也。大饗，尚腶丁亂反。脩而已矣。

諸侯來朝，以客禮待之，是爲賓也。在廟中行三享畢，然後天子以鬱鬯之酒灌之。諸侯相朝亦然。明貴氣臭之義也。《周禮》作「祼」字。上公再祼而酢，侯伯一祼而酢，子男一祼不酢。祼則使宗伯酌圭瓚而祼之，酢則賓酢主也。此大饗，謂王饗諸侯也。脯加薑桂曰「腶脩」。行饗之時，雖設大牢之饌，而必先設腶脩於筵前，然後設餘饌，故云「尚腶脩」也。此明不享味之義。

大饗，君三重席而酢焉。三獻之介，君專席而酢焉，此降尊以就卑也。

此大饗是諸侯相朝，主君饗客之禮。諸侯之席三重，今兩君禮敵，故席三重之席而受客之酢爵也。若諸侯遣卿來聘，卿禮當三獻，其上介則是大夫，故謂之「三獻之介」。大夫席雖再重，今爲介降一等，止合專席。君席雖三重，今徹去兩重，就單席受此介之酢爵，是降國君之尊，以就大夫之卑也。

饗禘禴。有樂，而食嗣。嘗無樂，陰陽之義也。凡飲，養陽氣也。凡食，養陰氣也。故春禘禴。而秋嘗，春饗孤子，秋食耆老，其義一也，而食嘗無樂。飲，養陽氣也，故有樂。食，養陰氣也，故無聲。凡聲，陽也。

饗，春饗孤子也。禴，春祭宗廟也。孤子，死事者之子孫。食，秋食耆老也。嘗，秋祭宗廟也。周之禮，春祠，夏禴，秋嘗，冬烝。春禴，夏、殷之禮也。饗禮主於酒，食禮主於飯。周制則四時之祭皆有樂。

鼎俎奇居衣反。而籩豆偶，陰陽之義也。籩豆之實，水土之品也。不敢用褻味而貴多品，所以交於旦神。明之義也。

自一鼎至九鼎，皆奇數。其十鼎者，陪鼎三，則正鼎亦七也。十二鼎者，陪鼎三，則正鼎亦九也。正鼎鼎別一俎，故云「鼎俎奇」也。籩豆偶者，據《周禮·掌客》及前篇所舉，皆是偶數。又詳見《儀禮圖》。

賓入大門而奏《肆夏》，示易以豉反。以敬也；卒爵而樂闋，孔子屢歎之。奠酬而工升歌，發德也。歌者在上，匏竹在下，貴人聲也。樂由陽來者也，禮由陰作者也，陰陽和而萬物得。

燕禮則大門是寢門，饗禮則大門是廟門也。《肆夏》，樂章名。《九夏》見《周禮》。易以敬，言和易中有嚴敬之節也。卒爵而樂闋，謂賓至庭而樂作，賓受獻爵拜而樂止；及主人獻君樂又作，君卒爵而樂止也。歎之，歎美之也。奠酬而工升歌，謂奠置酬爵之時，樂工升堂而歌。所以發揚主賓之德，故云「發德也」。匏竹，笙也。樂所以發陽道之舒暢，禮所以肅陰道之收斂。一闔一闢，而萬事得宜也。

旅幣無方，所以別土地之宜，而節遠邇之期也。龜爲前列，先知也。以鍾次之，以和居參之也。虎豹之皮，示服猛也。束帛加璧，往德也。

旅，陳也。庭實所陳之幣，非一方所貢，故曰「無方」。

以土地之産各有所宜，而地里有遠近，則入貢之期日有先後也。前篇言「金次之」，此言「鍾次之」，蓋金之爲器，莫重於鍾，故變文言之也。金示和而參居庭實之間，故云「以和居參之也」。君子於玉比德。往德者，言往進此比德之玉於有德之人也。

庭燎之百，由齊桓公始也。

此以下言朝聘失禮之事。庭燎者，庭中設炬火以照來朝之臣夜入者，《大戴禮》言天子百燎，上公五十，侯、伯、子、男三十。今侯國皆供百燎，自桓公始之。

大夫之奏《肆夏》也，由趙文子始也。

《大射禮》：「公升即席，奏《肆夏》。」《燕禮》：「賓及庭，奏《肆夏》。」是諸侯之禮。今大夫之僭，自晉大夫趙武始。

朝覲，大夫之私覿，非禮也。大夫執圭而使，去聲。所以申信也。不敢私覿，所以致敬也。而庭實私覿，何爲乎諸侯之庭？爲人臣者無外交，不敢貳君也。

朝覲之禮，國君親往而大夫從，則大夫不當又以己物而私覿主君，故曰「非禮也」。若大夫執其君之命圭而專使，則當行私覿之禮，以申己之信。故從君朝覲而不敢私覿，是敬己之君也。今從君以來，而施設庭實以爲私覿，大夫何可爲此於諸侯之庭乎？譏其與君無别也。人臣無外交，不敢貳心於他君，所以從君而行，則不敢私覿也。

大夫而饗君，非禮也。大夫强而君殺之，義也，由三桓始也。

大夫富强，而具饗禮以饗君，以臣召君，故曰「非禮」。大夫强横僭逆，必亂國家，人君殺之，是斷以大義也。三桓，魯之三家，皆桓公之後也。先是成季以莊公之命酖殺僖叔。後慶父賊子般，又弑閔公。於是又殺慶父。故云「由三桓始」。○疏曰：「按三桓之前，齊公孫無知、衛州吁、宋長萬皆以强盛被殺。此云『由三桓始』者，據魯而言。」

天子無客禮，莫敢爲主焉。君適其臣，升自阼階，不敢有其室也。覲禮，天子不下堂而見諸侯。下堂而見諸侯，天子之失禮也，由夷王以下。

天子所以無客禮者，以其尊無對，莫敢爲主故也。適臣而升自主階，是爲主之義。不敢有其室者，言人臣不敢以此室爲私有而主之矣，況敢爲主而待君爲客乎！《覲禮》，天子負斧依，南面，侯氏執玉入。是不下堂見諸侯也。惟春朝夏宗，以客禮待諸侯，則天子以車出迎。夷王，康王之玄孫之子。

諸侯之宮縣，玄。而祭以白牡，擊玉磬，朱干設錫，陽。冕而舞《大武》，乘大路，諸侯之僭禮也。

天子之樂，四面皆縣，謂之宮縣。諸侯軒縣，則三面而已。白牡，殷祭之正牲。後代諸侯當用時王之牲也。又諸侯當擊石磬。玉磬，天子樂器，《書》言「鳴球」是也。諸侯雖得舞《大武》，但不得朱干設錫，冕服而舞也。干，盾也。錫者，盾背之飾，金爲之。大路，殷祭天所乘之車也。

臺門而旅樹，反坫，繡如字。黼，丹朱中衣，大夫之僭禮也。

此皆諸侯之禮。兩旁起土爲臺，臺上架屋，而門當其中，故曰「臺門」。旅，道也。樹，屏也。立屏當所行之路，以蔽内外爲敬。天子外屏，諸侯内屏，大夫以簾，士以帷。坫，在兩楹之間。兩君好會，獻酬飲畢，則反爵於其上，故曰「反坫」。舊讀繡爲綃，今如字。繡黼者，繡刺爲黼文也。丹朱，染繒爲赤色也。繡黼爲中衣之領，丹朱爲中衣之緣。中衣者，朝服祭服之裏衣也，制如深衣，但袖小長耳。冕服是絲衣，則中衣用絹素。皮弁服、朝服、玄端是麻衣，則中衣用布也。○石梁王氏曰：「『繡』當依《詩》文，不可改爲『綃』。」

故天子微，諸侯僭；大夫强，諸侯脅。於此相貴以等，相覿以貨，相賂以利，而天下之禮亂矣。諸侯不敢祖天子，大夫不敢祖諸侯。而公廟之設於私家，非禮也，由三桓始也。

相貴以等，謂擅相尊貴以等列也。諸侯不敢祖天子，而《左傳》云：「宋祖帝乙，鄭祖厲王。」魯襄十二年，「吳子壽夢卒，臨於周廟，禮也」。魯以周公之故，立文王廟耳。大夫不敢祖諸侯，而《左傳》云：「凡邑有宗廟先君之主曰都。」記者以禮之正言之，而又有他義者，舊説謂天子之子以上德爲諸侯者，得祀其所出，故魯以周公之故，立文王廟。公子得祖先君，公孫不得祖諸侯。故公子爲大夫者，亦得立宗廟於其采地，故曰「邑有宗廟先君之主」也。其王子母弟雖無功德，不得出封爲諸侯，而食采畿内者，亦得立祖王廟於采地，故都宗人、家宗人掌祭祖王之廟也。由三桓始，謂魯之三家立桓公廟也。

天子存二代之後，猶尊賢也。尊賢不過二代。

疏曰：「古《春秋左氏》説，周家封夏、殷二王之後以爲上公，封黄帝、堯、舜之後謂之三恪。恪者，敬也，敬其先聖，而封其後。」

諸侯不臣寓公，故古者寓公不繼世。諸侯失國而寄寓他國者，謂之寓公。所寓之國，不敢以之爲臣。此寓公死，則臣其子矣。故云「寓公不繼世」。

君之南鄉，去聲。答陽之義也。臣之北面，答君也。答，猶對也。

大夫之臣不稽首，非尊家臣，以辟避。君也。諸侯於天子稽首，大夫於諸侯亦稽首，惟家臣於大夫不稽首者，非尊重家臣也，以避國之正君也。蓋諸侯與大夫同在一國，大夫已稽首於君矣，家臣若又稽首於大夫，則似一國而兩君矣。故云「以辟君」。

大夫有獻弗親，君有賜不面拜，爲去聲。君之答己也。有獻弗親者，使人往獻，不身自往也。不面拜，不親見君之面而拜也，恐煩君答拜故也。

鄉人裼，傷。孔子朝服立于阼，存室神也。

《論語》「鄉人儺，朝服而立于阼階」，即此事也。舊説，裼是强鬼之名。鄉人驅逐此鬼，孔子恐驚廟室之神，故衣朝服立于廟之東階，以存安廟室之神，使神依己而安也。禮，大夫朝服以祭，故用祭服以依神。

孔子曰：「射之以樂也，何以聽？何以射？」何以聽，謂射者何以能不失射之容節，而又能聽樂之音節乎？何以射，謂何以能聽樂之音節，而使射之容與樂之節相應乎？言其難而美之也。

孔子曰：「士使之射，不能則辭以疾，縣玄。弧之義也。」爲士者當習於射，以六藝之一也，不敢以不能辭，惟可以疾辭。蓋生而設弧於門左，已有射道，但未能耳。今辭以疾而未能，則亦與初生之未能相似，故云「縣弧之義也」。

孔子曰：「三日齊，一日用之，猶恐不敬。二日伐鼓，何居？」如字。齊者不聽樂，恐散其志慮也。今三日之間，乃二日擊鼓，其義何所處乎？怪之之辭。

孔子曰：「繹之於庫門内，祊之於東方，朝如字。市之於西方，失之矣。」

繹，祭之明日又祭也。繹是堂上接尸，祊是於室內求神，皆一時之事。繹之禮當於廟門外之西堂，今乃於庫門內。祊當在廟門外西室，今乃於廟門外東方。朝市，即《周禮》所謂「朝時而市」也，當於市內近東，今乃於市內西方。此三事皆違於禮，故曰「失之矣」。

社祭土而主陰氣也，君南鄉於北墉下，答陰之義也。日用甲，用日之始也。

地秉陰，則社乃陰氣之主。社之主設於壇上，北面，而君來北墻下南向祭之。蓋社不屋，惟立之壇壝而環之以墻。既地道主陰，故其主北向，而君南向對之。答，對也。甲爲十干之首。

天子大社，必受霜露風雨，以達天地之氣也。是故喪去聲。國之社，屋之不受天陽也。薄社北牖，使陰明也。

薄，《書》作「亳」。薄社於周爲喪國之社，必存之者，《白虎通》云：「王者諸侯必有誡社，示有存亡也。」屋其上，則天陽不入；牖於北，則陰氣可通，陰明則物死也。

社，所以神地之道也。地載萬物，天垂象。取財於地，取法於天，是以尊天而親地也。故教民美報焉。家主中霤，而國主社，示本也。

聖人知地道之大，故立社以祭，所以神而明之也。美報，美善其報之之禮也。上古穴居，故有中霤之名。中霤與社皆土神，卿大夫之家主祭土神於中霤，天子諸侯之國主祭土神於社，此皆以示其爲載物生財之本也。

唯爲去聲。社事，單丹。出里。

社事，祭社之事也。二十五家爲里。單，盡也。言當祭社之時，一里之人盡出而供給其事。蓋每家一人也。

唯爲社田，國人畢作。

爲祭社之事而田獵，則國中之人皆行，無留家者。

唯社，丘乘去聲。供粢盛，平聲。所以報本反始也。

祭社必有粢盛，稷曰明粢，在器曰盛。此粢盛則使丘乘供之。井田之制，九夫爲井，四井爲邑，四邑爲丘，四丘爲乘也。報者，酬之以禮。反者，追之以心。

季春出火，爲去聲。焚也。然後簡其車賦，而歷其卒伍，而君親誓社，以習軍旅。左之右之，坐之起之，以觀其習變也。而流示之禽，而鹽去聲。諸利，以觀其不犯命也。求服其志，不貪其得。故以戰則克，以祭則受福。

建辰之月，大火心星昏見南方，故出火以焚除草萊，焚後即蒐田。簡，閲視也。賦，兵也。歷，數之也。百人爲卒，五人爲伍。誓社，誓衆於社也。或左或右，或坐或作，皆是軍旅之法。習變，習熟其變動之節也。驅逐之際，禽獸流動紛紜，衆皆見之，故云「流示之禽」。鹽，讀爲艷。艷諸利，謂使之歆艷於利也。禽獸雖甚可欲，而殺獲取舍皆有定制，犯命者必罰。不使之犯命者，是求以遏服其貪利之志。人君亦取之有制，如大獸公之，小禽私之，不踰法而貪下之所得也。以戰則克，習民於變也。祭則受福，獲牲以禮也。○疏曰：「祭社既在仲春，此出火爲焚，當在仲春之月。記者誤也。」

天子適四方，先柴。

《書》曰：「歲二月，東巡守，至于岱宗，柴。」

郊之祭也，迎長日之至也。

至，猶到也。冬至日短極而漸舒，故云「迎長日之至」。○朱子曰：「以始祖配天，須在冬至。一陽始生，萬物之始。宗祀九月，萬物之成。父者，我所自生；帝者，生物之祖，故推以爲配。而祀於明堂，此議方正。」○問：「郊祀后稷以配天，宗祀文王以配上帝。帝只是天，天只是帝，却分祭何也？」朱子曰：「爲壇而祭，故謂之天。祭於屋下，而以神祇祭之，故謂之帝。」○今按：郊祀一節，先儒之論不一者，有子月寅月之異，有周禮、魯禮之分，又以郊與圜丘爲二事，又有祭天與祈穀爲二郊，今皆不復詳辨，而以朱説爲定。

大報天而主日也。兆於南郊，就陽位也。埽去聲。地而祭，於其質也。器用陶匏，以象天地之性也。

郊祭者，報天之大事，而主於迎長日之至。《祭義》云：「配以月。」故方氏謂天之尊無爲，可祀之以其道，不可主之以其事，故以日爲之主焉。天秉陽，日者衆陽之宗，故就陽位而立郊兆。陶匏，亦器之質者，質乃物性之本然也。

於郊，故謂之郊。牲用騂，尚赤也。用犢，貴誠也。郊之用辛也。

問郊之用辛日，何謂？

周之始郊日以至。

謂周家始郊祀，適遇冬至，是辛日。自後用冬至後辛日也。

卜郊，受命于祖廟，作龜于禰宮，尊祖親考之義也。

告于祖廟而行事，則如受命于祖，此尊祖之義。作，猶用也。用龜以卜，而于禰宮，此親考之義。《曲禮》言「大饗不問卜」。既用冬至，則有定日。此但云「卜郊」，則非卜日矣。下文言「帝牛不吉」，亦或此爲卜牲歟？不然，則異代之禮也。

卜之日，王立于澤，親聽誓命，受教諫之義也。

澤，澤宮也。於其中射以擇士，因謂之澤宮；又其宮近水澤，故名也。其日卜竟，有司即以祭事誓戒命令衆執事者，而君亦聽受之，是受教諫之義也。

獻命庫門之內，戒百官也。大廟之命，戒百姓也。

有司獻王所以命百官之事，王乃於庫門內集百官而戒之。又於大廟之內，戒其族姓之臣也。

祭之日，王皮弁以聽祭報，示民嚴上也。喪者不哭，不敢凶服，汜泛。埽去聲。反道，鄉爲田燭，弗命而民聽上。

祭報，報白日時早晚，及牲事之備具也。汜埽，洒水而後埽也。反道，剗道路之土反之，令新者在上也。鄉，郊內六鄉也。六鄉之民，各於田首設燭照路，恐王行事之早也。「喪者不哭」以下諸事，皆不待上令而民自聽從，蓋歲以爲常也。

祭之日，王被衮以象天。

象天，謂有日月星辰之章也。○陳氏曰：「合《周官》、《禮記》而考之，王之祀天，內服大裘，外被龍衮，龍衮所以襲大裘也。」

戴冕璪藻。十有二旒，則天數也。乘素車，貴其質也。旂十有二旒，龍章而設日月以象天也。天垂象，聖人則之，郊所以明天道也。

璪，與藻同。素車，殷之木路也。旂之旒與冕之旒，皆取垂下之義。餘見前。

帝牛不吉，以爲稷牛。帝牛必在滌三月，稷牛唯具，所以別事天神與人鬼也。萬物本乎天，人本乎祖，此所以配上帝也。郊之祭也，大報本反始也。

郊祀后稷以配天，故祭上帝者謂之「帝牛」，祭后稷者謂之「稷牛」。滌者，牢中清除之所也。此二牛皆在滌中。爲，猶用也。若至期卜牲不吉，或有死傷，即用稷牛爲帝牛，而別選稷牛也。非在滌三月者，不可爲帝牛，故以稷牛代之。稷乃人鬼，其牛但得具用足矣，故云「稷牛唯具」。人本乎祖，故以祖配帝。是郊之祭，乃報本反始之大者。

天子大蜡乍。八。伊耆其。氏始爲蜡。蜡也者，索色窄反。也。歲十二月，合聚萬物而索饗之也。

蜡祭八神：先嗇一，司嗇二，農三，郵表畷四，貓虎五，坊六，水庸七，昆蟲八。伊耆氏，堯也。索，求索其神也。合，猶閉也。閉藏之月，萬物各已歸根復命。聖人欲報其神之有功者，故求索而享祭之也。

蜡之祭也，主先嗇而祭司嗇也。祭百種，以報嗇也。

嗇，與穡同。先嗇，神農也。主，如前章「主日」之「主」，言爲八神之主也。司嗇，上古后稷之官。百種，司百穀之種之神也。報嗇，謂報其教民樹藝之功。

饗農及郵表畷，株劣反。禽獸，仁之至，義之盡也。

農，古之田畯，有功於民者。郵者，郵亭之舍也。標表田畔相連畷處，造爲郵舍，田畯居之以督耕者，故謂之郵表畷。禽獸，貓虎之屬也。

古之君子，使之必報之。迎貓，爲去聲。其食田鼠也。迎虎，爲其食田豕也。迎而祭之也。祭坊防。與水庸，事也。

田鼠、田豕，皆能害稼，故食之者爲有功。迎者，迎其神也。坊，隄也，以蓄水，亦以障水。庸，溝也，以受水，亦以洩水。皆農事之備，故曰「事也」。眉山蘇氏以爲迎貓則爲貓之尸，迎虎則爲虎之尸，近於倡優所爲，是以子貢言「一國之人皆若狂」也。

曰：「土反其宅，水歸其壑，昆蟲毋無。作，草木歸其澤。」

此祝辭也。宅，猶安也。土安，則無崩圮。水歸，則無泛溢。昆蟲，謂螟蝗之屬害稼者。作，起也。草木各歸根于藪澤，不得生於耕稼之土也。

皮弁、素服而祭。素服，以送終也。葛帶、榛杖，喪殺色介反。也。蜡之祭，仁之至，義之盡也。

物之助成歲功者，至此而老，老則終矣。故皮弁、素服、葛帶、榛杖以送之，喪禮之殺也。此爲義之盡。祭報其功，則仁之至也。《周禮·籥章》云：「國祭蜡，則歙《豳頌》，擊土鼓，以息老物。」

黄衣、黄冠而祭，息田夫也。野夫黄冠。黄冠，草服也。

《月令》：「臘先祖、五祀，勞農以休息之。」此祭是也。黄冠爲草野之服，其詳未聞。

大羅氏，天子之掌鳥獸者也，諸侯貢屬焉。草笠而至，尊野服也。

諸侯鳥獸之貢，屬大羅氏之掌。其使者戴草笠，是尊野服。

羅氏致鹿與女，而詔客告也，以戒諸侯曰：「好田、好女者，亡其國。

鹿者，田獵所獲。女則所俘於亡國者。客，貢使也。使者將返，羅氏以鹿與女示使者，以王命詔之，使歸告其君，而以王言戒之曰：「好田獵，好女色者，必亡其國。」舊説如此。然鹿可歲得，而亡國之女不恒有，其詳未聞也。

天子樹瓜華，不斂藏之種也。」

瓜華，瓜與果蓏之屬也。天子所種者瓜華，供一時之用而已，不是收斂久藏之種也。若可收斂久藏之物，則不樹之，惡與民争利也。此亦令使者歸告戒其君之事。

八蜡以記四方。四方年不順成，八蜡不通，以謹民財也。順成之方，其蜡乃通，以移民也。既蜡而收，民息已。故既蜡，君子不興功。

記四方者，因蜡祭而記其豐凶也。蜡祭之禮，列國皆行之。若其國歲凶，則八蜡之神不得與諸方通祭，所以使民知謹於用財，不妄費也。移者，寬縱之義。蓋歲豐，則民財稍可寬舒用之也。黨正屬民飲酒，始雖用禮，及其飲食醉飽，則亦縱其酣暢爲樂。夫子所謂「一日之澤」是也。農民終歲勤動，而於此時得一日之樂，是上之人勞農之美意也。既蜡之後，收斂積聚，民皆休息，故不興起事功也。

恒豆之菹，兹居反。水草之和氣也。其醢，陸産之物也。加豆，陸産也。其醢，水物也。

恒豆，每日常進之豆也。《周禮》醢人所掌朝事之豆，註謂清朝未食，先進口食也。菹，酢菜也。水草，昌本、茆菹之類。加豆，《周禮》註謂尸既食后，亞獻尸所加進之豆。但醢人所掌，是天子之禮。此言諸侯之禮，物既不同，此朝事之豆，與祭禮饋食薦孰之豆，俱爲恒豆。而加豆則祭末酳尸所用也。水物，若蠃醢魚醯是也。菹醢皆以豆盛之。

籩豆之薦，水土之品也。不敢用常褻味而貴多品，所以交於神明之義也，非食味之道也。先王之薦，可食也，而不可耆嗜。也。卷衮。冕、路車，可陳也，而不可好去聲。也。《武》壯，而不可樂洛也。宗廟之威，而不可安也。宗廟之器，可用也，而不可便其利也。所以交於神明者，不可同於所安樂之義也。

不可耆，謂食之有節，不可貪愛。舊説謂質而無味，不能悦口。不可好，謂尊嚴之服器，不可以供玩愛。《武》，《萬》舞《大武》也，以示壯勇之容，不可常爲娛樂。宗廟威嚴之地，不可寢處以自安。宗廟行禮之器，不可利用以爲便。交神明之義如此。

酒醴之美，玄酒明水之尚，貴五味之本也。黼黻文繡之美，疏布之尚，反女功之始也。莞簟之安，而蒲越，活。稾鞂之尚，明之也。大羹不和，貴其質也。大圭不琢，美其質也。丹漆雕幾祈。之美，素車之乘，去聲。尊其樸也。貴其質而已矣。所以交於神明者，不可同於所安褻之甚也，如是而后宜。

未有五味之初，先有水，故水爲五味之本。未有黼繡，先有麤布，故疏布爲女功之始。《周禮》司烜氏掌以鑒取明水於月，蓋取其潔也。明之，昭其禮之異也。雕，刻鏤之也。幾，漆飾之畿限也。安褻之甚，言甚安甚褻也。宜，猶稱也。餘並見前。

鼎俎奇而籩豆偶，陰陽之義也。黄目，鬱氣之上尊也。黄者，中也。目者，氣之清明者也。言酌於中而清明於外也。

黄目，黄彝也，卣罍之類。以黄金鏤其外以爲目，因名焉。用貯鬱鬯之酒，有芬芳之氣，故云「鬱氣」。中，中央之色也。奇偶，見前。

祭天，埽去聲。地而祭焉，於其質而已矣。醯醢之美，而煎鹽之尚，貴天産也。割刀之用，而鸞刀之貴，貴其義也。聲和而后斷去聲。也。

鹽以煎鍊而成，故曰「煎鹽」。必用鸞刀者，取其鸞鈴之聲調和，而後斷割其肉也。貴其義，是貴聲和之義。

冠去聲。義，始冠之，緇布之冠也。大古冠布，齊側皆反。則緇之。其緌如追反。也，孔子曰：「吾未之聞也。冠而敝之可也。」

冠義，言冠禮之義也。冠禮三加，先加緇布冠，是太古齊時之冠也。緇布爲之，不用笄，用頍以圍髮際，而結於項中，因綴之以固冠耳，不聞有垂下之緌也。此冠後世不復用，而初冠暫用之，不忘古也。冠禮既畢，則敝棄之可矣。《玉藻》云「緇布冠繢緌」，是諸侯位尊，盡飾故也。然亦後世之爲耳。○石梁王氏曰：「冠一段，當附《冠義》。」

適的。子冠於阼，以著代也。醮於客位，加有成也。三加彌尊，喻其志也。冠而字之，敬其名也。

著代，顯其爲主人之次也。酌而無酬酢曰醮。客位，在户牖之間。加有成，加禮於有成之人也。三加，始冠緇布冠，次加皮弁，又次加爵弁也。喻其志者，使其知廣充志意以稱尊服也。此適子之禮。若庶子則冠於房户外南面，醮亦户外也。夏殷之禮，醮用酒，每一加而一醮。周則用醴，三加畢乃總一醴也。

委貌，周道也。章甫，殷道也。毋牟。追，堆。夏后氏之道也。

委貌、章甫、毋追，皆緇布冠，但三代之易名不同，而其形制亦應異耳。是皆先王制禮之道，故皆以道言之。委貌，即玄冠。舊説，委，安也。言所以安正容貌。章，明也。所以表明丈夫。毋，發聲之辭。追，猶椎也，以其形名之。此一條，是論三加始加之冠。

周弁，殷冔，詡。夏收。

周之弁，殷之冔，夏之收，各是時王所制，以爲三加之冠。舊説，弁名出於槃。槃，大也。冔名出於幠。幠，覆也。收，所以收斂其髮也。形制未聞。

三王共皮弁、素積。

皮弁，以白鹿皮爲之。其服則十五升之布也，白與冠同，以素爲裳，而辟積其要中，故云「皮弁素積」也。三代皆以此爲再加之冠服。

無大夫冠禮，而有其昏禮。古者五十而後爵，何大夫冠禮之有？諸侯之有冠禮，夏之末造也。

諸侯大夫之冠，一如士禮行之。下章所謂「無生而貴者」也。夏之末造，言夏之末世所爲耳。

天子之元子，士也，天下無生而貴者也。繼世以立諸侯，象賢也。以官爵人，德之殺色介反。也。死而謚，今也。古者生無爵，死無謚。

元子，適長子也。其冠，亦行士之冠禮。無生而貴，言有德乃有位也。立諸侯以繼其先世，以其能法前人之賢行也。以官爵人，必隨其德之大小而爲降殺也。死必有謚，今日之變禮也。殷以前，大夫以上乃爲爵，死則有謚。周制雖爵及命士，死不謚也。

禮之所尊，尊其義也。失其義，陳其數，祝史之事也。故其數可陳也，其義難知也。知其義而敬守之，天子之所以治天下也。

先王制禮，皆有精微之理，所謂義也。禮之所以爲尊，以其義之可尊耳。玉帛俎豆，各有多寡厚薄之數，數之陳列者，人皆可得而見。義之精微者，不學則不能知也，祝史其能知之乎！《中庸》曰：「明乎郊社之禮、禘嘗之義，治國其如示諸掌乎！」此總結前章「冠義」以下。

天地合，而后萬物興焉。夫昏禮，萬世之始也。取去聲。於異姓，所以附遠去聲。厚別彼列反。也。幣必誠，辭無不腆，告之以直信。信事人也，信婦德也。壹與之齊，終身不改，故夫死不嫁。

附遠，附猶託也，託於遠嫌之義也。厚別，重其有別之禮也。幣誠辭腆，是欲告戒爲婦者以正直誠信之行，信其能盡事人之道，信其能有爲婦之德也。此以下言昏禮之義。○鄭氏曰：「齊，謂共牢而食，同尊卑也。」○石梁王氏曰：「昏一段，當附《昏義》。」

男子親迎，去聲。男先去聲。於女，剛柔之義也。天先乎地，君先乎臣，其義一也。執摯以相見，敬章別也。男女有別，然後父子親。父子親，然後義生。義生，然後禮作。禮作，然後萬物安。無別無義，禽獸之道也。

先，謂倡道之也。執摯，奠鴈也。行敬以明其有別，故云「敬章別也」。有別，則一本而父子親。親親之殺，則義生禮作，而萬物各得其所矣。禽獸知有母而不知有父，無別故也。

壻親御授綏，親之也。親之也者，親之也。敬而親之，先王之所以得天下也。出乎大門而先，去聲。男帥女，女從男，夫婦之義由此始也。婦人，從人者也。幼從父兄，嫁從夫，夫死從子。夫也者，夫也。夫也者，以知去聲。帥人者也。

親御婦車而授之綏，是親愛之義也。親之，乃可使之親己，故曰「親之也者，親之也」。太王「爰及姜女」，文王「親迎于渭」，皆是敬而親之之道，以至於有天下。故曰「先王之所以得天下也」。大門，女家之門也。先，壻車在前也。女從男，婦車隨之也。夫也者，丈夫也。丈夫者，以才智帥人者也。

玄冕齊戒，鬼神陰陽也。將以爲社稷主，爲先祖後，而可以不致敬乎？

服玄冕而致齊戒，是事鬼神之道。鬼者，陰之靈。神者，陽之靈。故曰「鬼神陰陽也」。今昏禮者，蓋將以主社稷之祭祀，承先祖之宗廟也，可不以敬社稷與先祖之禮敬之，而玄冕齊戒乎？

共牢而食，同尊卑也。故婦人無爵，從夫之爵。坐以夫之齒。器用陶匏，尚禮然也。三王作牢，用陶匏。厥明，婦盥饋。舅姑卒子恤反。食，婦餕俊。餘，私之也。舅姑降自西階，婦降自阼階，授之室也。昏禮不用樂，幽陰之義也。樂，陽氣也。昏禮不賀，人之序也。

牢，俎也。尚禮然，謂古來所尚之禮如此。共牢之禮，雖三王所作，而俎之外，器用皆如古者之用陶匏，重夫婦之始也。厥明，昏禮之明日也。盥饋，盥潔而饋食也。人之序，謂相承代之次序也。

有虞氏之祭也，尚用氣。血、腥、爓祭，句。用氣也。

尚用氣，以用氣爲尚也。初以血詔神於室，次薦腥肉於堂，爓次腥，亦薦於堂。皆未熟，故云「用氣」。此以下至篇末皆言祭禮。

殷人尚聲，臭味未成，滌蕩其聲，樂三闋，然後出迎牲。聲音之號，所以詔告於天地之間也。

牲未殺，則未有臭味，故云「臭味未成」。滌蕩，宣播之意。鬼神在天地間，與陰陽合散同一理。而聲音之感，無間顯幽。故殷人之祭，必先作樂三終，然後出而迎牲於廟門之外。此是欲以此樂之聲音，號呼而詔告於兩間，庶幾其聞之而來格來享也。殷人先求諸陽，凡聲，陽也。

周人尚臭，灌用鬯臭。鬱合鬯，臭陰達於淵泉。灌以圭璋，用玉氣也。既灌，然後迎牲，致陰氣也。

周人尚氣臭，而祭必先求諸陰，故牲之未殺，先酌鬯酒灌地以求神，以鬯之有芳氣也。故曰「灌用鬯臭」。又擣鬱金香草之汁，和合鬯酒，使香氣滋甚，故云「鬱合鬯」也。以臭而求諸陰，其臭下達於淵泉矣。灌之禮，以圭璋爲瓚之柄。用玉之氣，亦是尚臭也。灌後乃迎牲，是欲先致氣於陰以求神，故云「致陰氣也」。○石梁王氏曰：「四臭字本皆句絶。然細别之，鬯灌之地，此臭之陰者也；蕭焫上達，此臭之陽者也。」亦有義，姑從《釋文》。

蕭合黍稷，臭陽達於牆屋。故既奠，然後焫如悦反。**蕭合羶**馨。**薌**香，**凡祭慎諸此。**

蕭，香蒿也。取此蒿及牲之脂膋，合黍稷而燒之，使其氣旁達於牆屋之間，是以臭而求諸陽也。此是周人後求諸陽之禮。既奠，謂薦孰之時。蓋堂上事尸禮畢，延尸於户内而薦之孰，祝先酌酒奠於鉶羹之南，而尸猶未入，蕭脂黍稷之燒，正此時也。馨香，即黍稷也。既奠以下，是明上文焫蕭之時，非再焫也。此是天子諸侯之禮，非大夫士禮也。

魂氣歸于天，形魄歸于地，故祭求諸陰陽之義也。殷人先求諸陽，周人先求諸陰。詔祝於室，坐尸於堂，用牲於庭，升首於室。直祭祝于主，索祭祝于祊。不知神之所在，於彼乎？於此乎？或諸遠去聲。**人乎？祭于祊，尚曰求諸遠者與？**

詔，告也。詔祝於室，謂天子諸侯之祭，朝事之時，祝取牲之膟膋，燎於爐炭，而入告神於室也。坐尸於堂者，灌鬯之後，尸坐户西南面也。用牲於庭，謂殺牲也。升首於室，升牲之首也。直祭，正祭也，祭以薦孰爲正。正祭之時，祝官以祝辭告於神主，如云「薦歲事于皇祖伯某甫」是也。索，求也。求索其神靈而祭之，則祝官行祭于祊也。祊有二：一是正祭時設祭于廟，又求神於廟門之内而祭之。《詩》云：「祝祭于祊。」此則與祭同日。一是明日繹祭，祭於廟門之外也。於彼、於此，言神在於彼室乎？在於此堂乎？或諸遠人者，或遠離於人而不在廟乎？尚，庶幾也。祭于祊，庶幾可求之於遠處乎？

祊之爲言倞諒。**也，肵**祈。**之爲言敬也。富也者，福也。首也者，直也。相，**去聲。**饗之也。嘏，長也，大也。尸，陳也。毛、血，告幽全之物也。告幽全之物者，貴純之道也。**

倞，遠也，承上文「求諸遠者」而言。尸有肵俎，是主人敬尸之俎也。人君嘏爵有「富」，以福言也。牲體首在前，升首而祭，取其與神坐相直也。相，詔侑也。所以詔侑於尸，欲其享此饌也。尸使祝致嘏辭于主人，嘏有長久廣大之義也。尸，神象，當爲主之義。今以訓「陳」，記者誤耳。殺牲之時，先以毛及血告神者，血在内，是告其幽；毛在外，是告其全也。貴純者，貴其表裏皆善也。

血祭，盛氣也。祭肺、肝、心，貴氣主也。祭黍稷加肺，祭齊去聲。加明水，報陰也。取膟律。膋僚。燔煩。燎，升首，報陽也。明水涚稅。齊，貴新也。凡涚，新之也。其謂之明水也，由主人之絜著此水也。

有血有氣，乃爲生物。血由氣以滋，死則氣盡而血亦枯矣。故血祭者，所以表其氣之盛也。肺、肝、心，皆氣之所舍，故云「氣主」。周祭肺，殷祭肝，夏祭心也。祭黍稷加肺者，謂尸隋祭之時，以黍稷兼肺而祭也。祭齊加明水，謂尸正祭之時，陳列五齊之尊，又加明水之尊也。祖考形魄歸地屬陰，而肺於五行屬金。金、水陰也，故加肺、加明水，是以陰物而報陰靈也。膟膋，腸間脂也。先燔燎于爐，至薦孰，則合蕭與黍稷燒之。黍稷陽也，牲首亦陽體。魂氣歸天爲陽，此以陽物報陽靈也。明水，陰鑑所取月中之水。涚，猶清也。泲漉五齊而使之清，故云「涚齊」。所以設明水及涚齊者，貴其新潔也。「凡涚，新之也」，專主「涚齊」而言，故下文又釋明水之義。絜著，絜凈而明著也。自月而生，故謂之明。《周禮》五齊：一泛齊，二醴齊，三盎齊，四緹齊，五沈齊。

君再拜稽首，肉袒親割，敬之至也。敬之至也，服也。拜，服也。稽首，服之甚也。肉袒，服之盡也。祭稱「孝孫」「孝子」，以其義稱也。稱「曾孫某」，謂國、家也。祭祀之相，去聲。主人自致其敬，盡其嘉，而無與讓也。

服者，服順於親也。「拜，服也」，謂再拜是服順也。稽首爲服順之甚，肉袒爲服順之盡。言服順之誠在内，今又肉袒，則内外皆服矣，故云「服之盡」。祭主於孝，士之祭稱「孝孫」「孝子」，是以祭之義爲稱也。諸侯有國，卿大夫有家，不但祭祖與禰而已。其祭自曾祖以上，惟稱「曾孫」，故云「稱『曾孫某』，謂國、家也」。蓋大夫三廟，得事曾祖也。上士二廟，事祖禰。中下士一廟，祖禰共之。相，詔侑於尸也。相者不告尸以讓，蓋是主人敬尸，自致其誠敬，盡其嘉善，無所與讓也。

腥、肆、剔。爓、腍而審反。祭，豈知神之所饗也？主人自盡其敬而已矣。舉斝、角，詔妥尸。古者尸無事則立，有事而后坐也。尸，神象也。祝，將命也。

祭之爲禮，或進腥體，或薦解剔，或進湯沈，或薦煮孰，豈知神果何所享乎？主人不過盡其敬心而已耳。斝與角，皆爵名。詔，告也。妥，安也。尸始即席舉斝角之時，祝告主人拜尸，以妥安其坐。前篇言「夏立尸而卒祭」，此言「古者」，蓋指夏時也。夏之禮，尸無事則立，有飲食之事，然後得坐也。尸所以象所祭者，故曰「神象」。爲祝者先以主人之辭告神，後以神之辭嘏主人，故曰「將命」。

縮酌用茅，明酌也。

縮，泲也。酌，斟酌也。謂醴齊濁，泲而後可斟酌，故云「縮酌」也。用茅者，以茅覆藉而泲之也。《周禮》三酒：一曰事酒，二曰昔酒，三曰清酒。事酒，爲事而新作者，其色清明，謂之明酌。言欲泲醴齊，則先用此明酌和之，然後用茅以泲之也。

醆側眼反。酒涚于清。汁獻莎。涚于醆酒。

醆酒，盎齊也。涚，泲也。清，謂清酒也。清酒冬釀，接夏而成。盎齊差清，先和以清酒而後泲之，故云「醆酒涚于清」。以其差清，故不用茅也。汁獻，謂摩挲秬鬯及鬱金之汁也。秬鬯中有煮鬱，又和以盎齊摩挲而泲之，出其香汁，故云「汁獻涚于醆酒」也。○疏曰：「以事酒泲醴齊，清酒泲盎齊。今泲秬鬯乃用盎齊，而不以三酒者，五齊卑，故用三酒泲之。秬鬯尊，故用五齊泲之也。」

猶明、清與醆酒于舊澤亦。之酒也。

上文所泲三者之酒，皆天子諸侯之禮。作記之時，此禮已廢，人不能知其法。故言此以曉之曰，泲醴齊以明酌，泲醆酒以清酒，泲汁獻以醆酒者，即如今時明、清、醆酒泲于舊醳之酒也。猶，若也。舊，謂陳久也。澤，讀爲醳。醳者，和醳醴釀之名，後世謂之醳酒。

祭有祈焉，有報焉，有由辟弭。焉。

此泛言祭禮又有此三者之例。如《周禮》所云「祈福祥，求永貞」「祈年于田祖」，《詩》言春、夏祈穀之類，是祈也。報，謂獲福而報之。祭禮多是報本之義。由，用也。辟，讀爲弭。如周所謂「弭災兵，遠罪疾」之類。❶由弭者，用此以消弭之也。

齊側皆反。之玄也，以陰幽思也。故君子三日齊，必見其所祭者。

❶「周」下，疑脱「禮」字。按引文出自《周禮·小祝》。

齊而玄冠、玄衣，順鬼神幽黯之意，且以致其陰幽之思也。見其所祭之親，精誠之感也。

內則第十二

疏曰：閨門之內，軌儀可則，故曰《內則》。○石梁王氏曰：「此篇於《曲禮》之義爲多。」

后王命冢宰，降德于衆兆民。

冢宰掌邦治，而治國者必先齊家。降德者，下其德教於民也。孝爲德之本，故首言子事父母之道。○石梁王氏曰：「註分『后王』作兩字解，不通。《書・說命》『后王君公』，后王，猶言君王，天子之別稱也。鄭註皆非記者本意。但據《周禮》太宰掌建邦之六典，則教典在所兼統，如此亦可解。鄭分天子、諸侯，甚無意義。」

子事父母，雞初鳴，咸盥漱，先奏反。**櫛，**側瑟反。**縰，**所買反。**笄，總，拂髦，冠，緌**儒追反。**纓，端，韠，**畢。**紳，搢**薦。**笏。**

盥，洗手也。漱，滌口也。櫛，梳也。縰，黑繒韜髮者。以縰韜髮作髻訖，即横插笄以固髻。總亦繒爲之，以束髮之本，而垂餘於髻後以爲飾也。拂髦，振去髦上之塵也。髦用髮爲之，象幼時剪髮爲鬌之形。此所陳皆以先後之次。櫛訖加縰，次加笄，加總，然後加髦，著冠。冠之纓結於頷下以爲固，結之餘者下垂謂之緌。端，玄端服也，衣用緇布而裳不同。上士玄裳，中士黄裳，下士雜裳也。服玄端者韠，又加紳大帶也。搢，插也。插笏於帶中。韠以韋爲之，古者席地而坐，以臨俎豆，故設蔽膝以備濡漬，韠之言蔽也。在冕服謂之韍，他服則謂之韠。○項氏曰：「髦者，以髮作僞髻垂兩眉之上，如今小兒用一帶連雙髻，横繫額上是也。」

左右佩用：左佩紛、敷文反。**帨、**稅。**刀、礪、小觿、**户圭反。**金燧。**

所佩之物，皆是備尊者使令之用。紛以拭器，帨以拭手，皆巾也。刀、礪，小刀與礪石也。觿，狀如錐，象骨爲之。小觿，所以解小結者。金燧，用以取火於日中者。

右佩玦、決。**捍、**汗。**管、遰、**逝。**大觿、木燧。**

玦，射者著於右手大指，所以鉤弦而開弓體也。捍，拾也，韜左臂而收拾衣袖以利弦也。管，舊註云「筆彄」，其形制未聞。遰，刀室也。大觿，所以解大結。木燧，鑽火之器。晴則用金燧以取火，陰則用木燧以鑽火也。

偪。逼。

即《詩》所謂「邪幅」也。偪束其脛，自足至膝，故謂之偪也。

屨著綦。綦。忌。

綦，屨頭之飾，即絇也。説見《曲禮》。著，猶施也。○朱子曰：「綦，鞋口帶也。古人皆旋繫，今人只從簡易，綴之於上，如假帶然。」

婦事舅姑，如事父母。雞初鳴，咸盥漱，櫛，縰，笄，總，衣平聲。紳。

笄，今之簪也。衣紳，玄端綃衣之上加紳帶，士妻之服也。

左佩紛、帨、刀、礪、小觿、金燧。右佩箴管、綫、纊，曠。施繫盤。袠，陳乙反。大觿、木燧，衿其鳩反。纓，綦屨。以適父母舅姑之所。

箴管，箴在管中也。繫袠皆囊屬，施繫袠者，爲貯箴綫纊也。衿，結也。纓，香囊也。

及所，下氣怡聲，問衣燠郁。寒，疾痛苛癢，以想反。而敬抑搔之。出入則或先或後，而敬扶持之。進盥，少者奉上聲。槃，長者奉水，請沃盥，盥卒授巾。問所欲而敬進之，柔色以温於奮反。之。

苛，疥也。抑，按。搔，摩也。温，承藉之義。謂以柔順之色，承藉尊者之意，若藻藉之承玉然。

饘、旃。酏、移。酒、醴、芼冒。羹、菽、麥、蕡、焚。稻、黍、粱、秫，述。唯所欲。

饘，厚粥。酏，薄粥也。芼羹，以菜雜肉爲羹也。蕡，大麻子。

棗、栗、飴、怡。蜜以甘之；堇、謹。荁、丸。枌、榆，免、問。薧，考。滫思酒反。瀡髓。以滑之；脂、膏以膏告。之。父母舅姑必嘗之而後退。

飴，餳也。堇，菜名。荁，似堇而葉大。榆之白者名枌。免，新鮮者。薧，乾陳者。言堇、荁、枌、榆四物，或用新，或用舊也。滫，《説文》：「久泔也。」瀡，滑也。滫瀡，滫之滑者也。凝者爲脂，釋者爲膏。甘之、滑之、膏之，皆謂調和飲食之味也。此篇所記飲食珍羞諸物，古今異制，風土異宜，不能盡曉。然亦可見古人察物之精，用物之詳也。

男女未冠去聲。笄者，雞初鳴，咸盥漱，櫛，縰，拂髦，總角，衿纓，皆佩容臭。昧爽而朝，問：「何食飲矣？」若已食，則退。若未食，則佐長者視具。

總角，總聚其髮而結束之爲角，童子之飾也。容臭，香物也，助爲形容之飾，故言「容臭」。以纓佩之，後世香囊，即其遺制。昧，晦也。爽，明也。昧爽，欲明未明之時。

凡內外，雞初鳴，咸盥漱，衣服，斂枕簟，徒點反。灑所買反。埽去聲。室堂及庭，布席，各從其事。孺子蚤寢晏起，唯所欲，食無時。

古人枕席之具，夜則設之，曉則斂之，不以私褻之用示人也。

由命士以上，上聲。父子皆異宮，昧爽而朝，慈以旨甘。日出而退，各從其事。日入而夕，慈以旨甘。

慈，愛也。謂敬愛其親，故以旨甘之味致其愛。各從其事者，各治其所當爲之事也。晚朝爲夕。○鄭氏曰：「異宮，崇敬也。」

父母舅姑將坐，奉上聲。席請何鄉。去聲。將衽，稔。長者奉席請何趾，少者執牀與坐，御者舉几。斂席與簟，縣玄。衾，篋結叶反。枕，斂簟而襡獨。之。

將坐，旦起時也。奉坐席而鋪者，必問何向。衽，卧席也。將衽，謂更卧處也。長者奉此卧席而鋪，必問足向何所。牀，《說文》云：「安身之几坐。」非今之卧牀也。將坐之時，少者執此牀以與之坐，御侍者舉几進之，使之憑以爲安。卧必簟在席上，旦起則斂之。而簟又以襡韜之者，以親身，恐穢汙也。衾則束則懸之，枕則貯於篋也。

父母舅姑之衣、衾、簟、席、枕、几，不傳；杖、屨，祗敬之勿敢近；敦、對。牟、卮、支。匜，移。非餕莫敢用。與恒食飲，非餕俊。莫之敢飲食。

傳，移也。謂此數者，每日置之有常處，子與婦不得輒移置他所也。近，謂挨偪之也。敦與牟，皆盛黍稷之器。牟，讀爲堥，土釜也。此器則木爲之，象土釜之形耳。卮，酒器。匜，盛水漿之器。此四器皆尊者所用，子與婦非餕其餘，無敢用此器也。與，及也。及尊者所常食飲之物，子與婦非餕餘，不敢擅飲食之也。

父母在，朝夕恒食，子婦佐餕，既食恒餕。父沒母存，冢子御食，羣子婦佐餕如初。

旨甘柔滑，孺子餕。

佐餕者，勸勉之使食，而後餕其餘也。既食恒餕者，盡食其常食之餘也。御食，侍母食也。如初，如父在時也。

在父母舅姑之所，有命之，應「唯」，上聲。敬對，進退、周旋慎齊。升降、出入、揖遊，不敢噦、於月反。噫、於界反。嚏、帝。咳、苦愛反。欠、伸、跛、彼義反。倚、睇第。視，不敢唾、吐臥反。洟。替。

應之辭，「唯」爲恭。噦，嘔逆之聲也。《莊子》：「大塊噫氣。」《詩》：「願言則嚏。」咳，嗽聲也。氣乏則欠，體疲則伸。偏任爲跛，依物爲倚。睇視，傾視也。洟，自鼻出者。

寒不敢襲，癢不敢搔。不有敬事，不敢袒裼。不涉不撅。蹶。褻衣衾不見現。裏。

襲，重衣也。袒與裼皆禮之敬，故非敬事不袒裼也。不因涉水，則不揭裳。不見裏，爲其可穢。

父母唾、洟不見。現。冠帶垢，和灰請漱。平聲。衣裳垢，和灰請澣。胡管反。衣裳綻直莧反。裂，紉女陳反。箴請補綴。拙。

唾、洟不見，謂即刷除之，不使見示於人也。漱、澣，皆洗濯之事。和灰，如今人用灰湯也。以綫貫箴爲紉。

五日則燂詳廉反。湯請浴，三日具沐。其間面垢，燂潘翻。請靧。悔。足垢，燂湯請洗。少事長，賤事貴，共帥時。

燂，温也。潘，淅米汁也。靧，洗面也。共帥時，皆循是禮也。

男不言內，女不言外。非祭非喪，不相授器。其相授，則女受以篚。其無篚，則皆坐，句。奠之，而后取之。

男正位乎外，不當於外而言內庭之事。女正位乎內，不當於內而言梱外之事。惟喪祭二事乃得以器相授受者，以祭爲嚴肅之地，喪當急遽之時，乃無他嫌也。非此二者，則女必執篚，使授者置之篚中也。皆坐，男女皆跪也。授者跪而置諸地，則受者亦跪而就地以取之也。

外內不共井，不共湢逼。浴，不通寢席，不通乞假。男女不通衣裳。內言不出，外言不入。男子入內，不嘯如字。不指；夜行以燭，無燭則止。女子出門，必擁蔽其面；夜行以燭，無燭則止。道路，男子由右，女子由左。

湢，浴室也。不嘯不指，謂聲容有異，駭人視聽也。舊讀嘯爲叱。今詳嘯非家庭所發之聲，宜其不可。叱或有當發者，如見非禮舉動，安得不叱以儆之乎？讀如本字爲是。擁，猶障也。由右由左，見《王制》。

子婦孝者敬者，父母舅姑之命，勿逆勿怠。

子而孝，父母必愛之。婦而敬，舅姑必愛之。然猶恐其恃愛而於命或有所違也，故以「勿逆勿怠」爲戒。

若飲去聲。食嗣。之，雖不耆，嗜。必嘗而待。加之衣服，雖不欲，必服而待。

嘗而待、服而待，皆謂俟尊者察其不耆不欲而改命之，則或置之，或藏去，乃敢如己意也。

加之事，人代之，己雖弗欲，姑與之，而姑使之，而后復之。

尊者任之以事，而己既爲之矣，或念其勞，又使他人代爲。己意雖不以爲勞，而不欲其代，然必順尊者之意而姑與之。若慮其爲之不如己意，姑教使之。及其果不能，而後己復爲之也。

子婦有勤勞之事，雖甚愛之，姑縱之，而寧數朔。休之。

謂雖甚愛此子婦，而不忍其勞，然必且縱使爲之，而寧數數休息之，必使終竟其事而後已。不可以姑息爲愛，而使之不事事也。

子婦未孝未敬，勿庸疾怨，姑教之。若不可教，而后怒之。不可怒，子放婦出，而不表禮焉。

庸，用也。怒之，譴責之也。不可怒，謂雖譴責之而不改也。雖放逐其子，出棄其婦，而不表明其失禮之罪，云不終絶之也。

父母有過，下氣怡色，柔聲以諫。諫若不入，起敬起孝，説悦。則復扶又反。諫。不説，與其得罪於鄉黨州閭，寧孰諫。父母怒，不説而撻之流血，不敢疾怨，起敬起孝。

疏曰：「孰諫，謂純熟殷勤而諫，若物之成熟然。」

父母有婢子，若庶子、庶孫，甚愛之，雖父母没，没身敬之不衰。

婢子，賤者之所生也。若，及也，或也。没身，終身也。父母之所愛亦愛之，至於犬馬盡然，而況於人乎！

子有二妾，父母愛一人焉，子愛一人焉，由衣服飲食，由執事，毋敢視父母所愛，雖父母没不衰。

由，自也。不敢以私愛違父母之情故也。

子甚宜其妻，父母不説，出。子不宜其妻，父母曰：「是善事我。」子行夫婦之禮焉，没身不衰。

宜，猶善也。《大戴禮》，婦有七出：不順父母一，無子二，淫三，妬四，惡疾五，多言六，竊盜七。三不去：有所受無所歸，不去；曾經三年喪，不去；前貧賤，後富貴，不去。

父母雖没，將爲善，思貽父母令名，必果；將爲不善，思貽父母羞辱，必不果。舅没則姑老，冢婦所祭祀、賓客，每事必請於姑，介婦請於冢婦。

老，謂傳家事於長婦也。然長婦猶不敢專行，故祭祀、賓客之事，必稟問焉。介婦，衆婦也。

舅姑使冢婦，毋怠，不友無禮於介婦。

石梁王氏曰：「友，謂當作『敢』者是。」○劉氏曰：「使，以事使之也。毋，禁止辭。不友者，不愛也。無禮者，不敬也。言舅姑以事命冢婦，則冢婦當自任其勞，不可怠於勞而怨介婦不助己，遂不愛敬之也。」

舅姑若使介婦，毋敢敵耦於冢婦。

劉氏曰：「敵耦者，欲求分任均勞之意。言舅姑若以事使介婦爲之，則介婦亦當自任其勞，不可謂己與冢婦爲敵耦，欲求均配其勞也。」

不敢並行，不敢並命，不敢並坐。

又言介婦之與冢婦，分有尊卑。非惟任事毋敢敵耦，亦且不敢比肩而行，不敢並受命於尊者，不敢並出命於卑者，蓋介婦當請命於冢婦也，坐次亦必異列。

凡婦，不命適私室，不敢退。婦將有事，大小必請於舅姑。子婦無私貨，無私畜，許六反。無私器，不敢私假，不敢私與。

鄭氏曰：「家事統於尊也。」

婦或賜之飲食、衣服、布帛、佩帨、茝昌改反。蘭，則受而獻諸舅姑。舅姑受之則喜，如新受賜。若反賜之，則辭。不得命，如更受賜，藏以待之。

或賜之，謂私親兄弟也。茝、蘭，皆香草也。受之，則如親受賜；不受，則如更受賜，孝愛之至也。不得命者，不見許也。待乏，待尊者之乏也。

婦若有私親兄弟，將與之，則必復扶又反。請其故，句。賜，而后與之。

故，即前者所獻之物，而舅姑不受者。雖藏於私室，今必請於尊者，既許，然後取以與之也。

適子、庶子，祇事宗子、宗婦。雖貴富，不敢以貴富入宗子之家。雖衆車徒，舍去聲。於外，以寡約入。

疏曰：「適子，謂父及祖之適子，是小宗也。庶子，謂適子之弟。宗子，謂大宗子。宗婦，謂大宗子之婦。」

子弟猶歸器，衣服、裘衾、車馬，則必獻其上，而后敢服用其次也。若非所獻，則不敢以入於宗子之門，不敢以貴富加於父兄宗族。

猶，若也。謂子弟中若有以功德顯榮，而蒙尊上歸遺之以器用衣服等物，則必獻其上等者於宗子，而自服用其次者。若非宗子之爵所當服用，而不可獻者，則己亦不敢服用之。以入宗子之門也。加，高也。

若富，則具二牲，獻其賢者於宗子，夫婦皆齊而宗敬焉。終事而后敢私祭。

賢，猶善也。齊而宗敬，謂齊戒而往助祭事，以致宗廟之敬也。私祭祖禰，則用二牲之下者。

飯：目諸飯之品。黍、稷、稻、粱、白黍、黃粱，稰、胥上聲。穛。捉。

飯之品有黃黍、稷、稻、白粱、白黍、黃粱，凡六。其穀熟而穫之則曰稰，生穫之曰穛。穛是斂縮之名，以生穫，故其物縮斂也。此諸侯之飯，天子又有麥與苽。

膳：目諸膳之品。膷、香。臐、熏。膮、曉。醓、牛炙。柘。

膷，牛臛。臐，羊臛。膮，豕臛。皆香美之名也。醓字衍，當删。牛炙，炙牛肉也。此四物爲四豆，共爲一行。

醢、牛胾、側吏反。醢、牛膾。

醢，肉醬也。牛胾，切牛肉也。并醢與牛膾四物爲四豆，是第二行。

羊炙、羊胾、醢、豕炙。

此四物爲四豆，是第三行。

醢、豕胾、芥醬、魚膾。

此四物爲四豆，是第四行。共十六豆，下大夫之禮也。

雉、兔、鶉、淳。鴽。晏。

此四物爲四豆，列爲第五行。共二十豆，則上大夫之禮也。

飲：目諸飲之品。重平聲。醴，稻醴清、糟，黍醴清、糟，粱醴清、糟，或以酏移。爲醴，黍酏，漿，水，醷，倚。濫。力暫反。

醴者，稻、黍、粱三者各爲之。已泲者爲清，未泲者爲糟，是三醴各有清有糟也。以清與糟相配重設，故云「重醴」，蓋致飲於賓客，則兼設之也。以酏爲醴，釀粥爲醴也。黍酏，以黍爲粥也。漿，醋水也。醷，梅漿也。濫，雜糗飯之屬和水也。

酒：清、白。

清，清酒也。祭祀之酒事酒、昔酒俱白，故以白名之。有事而飲者謂之事酒，無事而飲者名昔酒。

羞：糗起九反。餌、二。粉酏。自私反。

《周禮》：「羞籩之實，糗餌粉餈。」此「酏」字當讀爲「餈」，記者誤耳。許慎云：「餈，稻餅也。」炊米擣之。粉餈，以豆爲粉，糝餈上也。糗，炒乾米麥也。擣之以爲餌，蓋先屑爲粉，然後溲之。餌之言堅潔若玉珥也。餈之言滋也。

食：嗣。下同。蝸力戈反。醢而苽孤。食，雉羹，麥食、脯羹、雞羹，折稌、杜。犬羹、兔羹，和去聲。糝思散反。不蓼。了。

此言進飯之宜。蝸，與螺同。苽，雕胡也。脯羹，析脯爲羹也。稌，稻。折稌，謂細折稻米爲飯也。此五羹者，宜以五味調和米屑爲糝，不須加蓼，故云「和糝不蓼也」。

濡而。豚，包苦實蓼；濡雞，醢醬實蓼；濡魚，卵鯤。醬實蓼；濡鼈，醢醬實蓼。

濡讀爲胹，烹煮之也。胹豚者，包裹之以苦菜，而實蓼於腹中。此四物皆以蓼實其腹而煮之也。卵醬，魚子爲醬也。三物之用醬，蓋以調和其汁耳。

腶丁貫反。脩，蚳墀。醢；脯羹，兔醢；麋膚，魚醢；魚膾，芥醬；麋腥，醢醬；桃諸、梅諸卵力管反。鹽。

腶脩，見前。蚳醢，以蚍蜉子爲醢也。謂食腶脩者，以蚳醢配之。食脯羹者，以兔醢配之。餘倣此。麋，鹿之大者。膚，切肉也。麋腥，生麋肉也。諸，菹也。桃、梅皆爲菹藏之。欲藏必令稍乾，故《周禮》謂之「乾䕩」，食之則和以卵鹽。大鹽形似鳥卵，故名卵鹽也。

凡食嗣。齊去聲。視春時，羹齊視夏時，醬齊視秋時，飲齊視冬時。

鄭氏曰：「飯宜温，羹宜熱，醬宜凉，飲宜寒也。」

凡和，去聲。春多酸，夏多苦，秋多辛，冬多鹹，調以滑甘。

酸、苦、辛、鹹，木火金水之所屬，多其時味，所以養氣也。四時皆調以滑甘，象土之寄歟？

牛宜稌，羊宜黍，豕宜稷，犬宜粱，鴈宜麥，魚宜苽。

上云「折稌，大羹、兔羹」，此云「牛宜稌」者，上是人君燕食，以滋味爲美，此據尊者正食而言也。

春宜羔豚，膳膏薌；夏宜腒渠。鱐，搜。膳膏臊；騷。秋宜犢麛，迷。膳膏腥；冬宜鮮仙。羽，膳膏羶。

牛膏薌，犬膏臊，雞膏腥，羊膏羶。如春時食羔豚，則煎之以牛膏，故云「膳膏薌」也。餘倣此。腒乾雉。鱐，乾魚。麛，鹿子。鮮，生魚。羽，鴈也。舊説，此膳所宜，以五行衰王相參；及方氏燥濕疾遲强弱之説，今皆略之。

牛脩，鹿脯，田豕脯，麋脯，麕俱倫反。脯。麋、鹿、田豕、麕，皆有軒。憲。雉、兔皆有芼。

疏曰：「麋、鹿、田豕、麕皆有軒者，言此等非但爲脯，又可腥食。腥食之時，皆以藿葉起之，而不細切，故云『皆有軒』。不云牛者，牛惟可細切爲膾，不宜大切爲軒。雉、兔皆有芼者，爲雉羹、兔羹，皆有芼菜以和之。」○鄭氏曰：「軒讀爲憲。憲，謂藿葉切也。」

爵、鷃、晏。蜩、條。范、芝、栭、而。蔆、陵。椇、矩。棗、栗、榛、柿、俟。瓜、桃、李、梅、杏、楂、側加反。梨、薑、桂。

蜩，蟬。范，蜂。芝，如今木耳之類。栭，《韻會》註云：「江淮呼小栗爲栭栗。」蔆，芰也。椇，形似珊瑚，味甜美，一名白石李。○鄭氏曰：「自牛脩至此三十一物，皆人君燕食所加庶羞也。《周禮》天子羞用百有二十品，記者不能次録。」

大夫燕食，有膾無脯，有脯無膾。士不貳羹、胾。庶人耆老不徒食。

因上文言人君燕食之物，而言大夫燕食。士不貳羹、胾，亦謂燕食也。徒，猶空也。不徒食，言必有饌。○疏曰：「若朝夕常食，則下云『羹、食自諸侯以下至於庶人，無等』。」

膾，春用葱，秋用芥。豚，春用韭，秋用蓼。脂用葱，膏用薤。胡介反。三牲用藙，毅。和去聲。用醯。獸用梅。

芥，芥醬也。肥凝者爲脂，釋者爲膏。三牲，牛、羊、豕也。蓼，茱萸也。和用醯，以醯和三牲也。獸用梅，以梅和獸也。

鶉羹、雞羹、鴽，如。釀尼亮反。之蓼。魴、防。鱮序。烝，雛燒，雉，薌，無蓼。

鴽不爲羹，惟烝煮而已，故不曰羹。此三味皆切蓼以雜和之，故曰「釀之蓼」。魴、鱮二魚，烝而食之，故曰「魴鱮烝」。雛，鳥之小者，燒熟然後調和，故云「雛燒」。雉則或燒或烝，或以爲羹，皆可。薌，謂香草，若白蘇、紫蘇之屬也。言烝魴、鱮，燒雛及烹雉，皆調和之以香草，無用蓼也。

不食：句。雛鼈，狼去腸，狗去腎，狸去正脊，兔去尻，苦刀反。狐去首，豚去腦，魚去乙，鼈去醜。

此九者皆爲不利於人。雛鼈，伏乳者。魚體中有骨如篆乙之形，去之，爲鯁人也。醜，竅也。或云，頸下有骨，能毒人。

肉曰脫之，魚曰作之，棗曰新之，栗曰撰須究反。之，桃曰膽之，柤、側加反。梨曰攢咨官反。之。

脫者，剥除其筋膜。作者，搖動之以觀其鮮餒。一說，作，猶斮也。謂削其鱗。棗則拭治而使之新潔。撰，猶選也。栗多蟲蝕，宜選擇之。桃多毛，拭治令青滑如膽。攢之者，鑽治其蝕處也。此皆治擇之名。

牛夜鳴則庮；由。羊泠零。毛而毳，昌銳反。羶；狗赤股而躁，臊；騷。鳥皫滂表反。色而沙鳴，鬱；豕望視而交睫，接。腥；馬黑脊而般班。臂，漏。平聲。

牛之夜鳴者，其肉庮臭。羊之毛本稀泠，而毛端毳結者，其肉羶氣。狗股裏無毛而舉動急躁者，其肉臊惡。皫色，色變而無潤澤也。沙，嘶也，鳴而其聲沙嘶者。鬱，謂腐臭也。望視，舉目高也。交睫，目睫毛交也。腥，讀爲星，肉中生小息肉如米者也。般臂，前脛毛斑也。漏，讀爲螻，謂其肉如螻蛄臭也。牛至馬六物若此者，皆不可食。

雛尾不盈握，弗食。舒鴈翠、鵠、鴞于嬌反。胖、判。舒鳧翠、雞肝、鴈腎、鴇保。奧、郁。鹿胃。

舒鴈，鵝也。翠，尾肉也。胖，脅側薄肉也。舒鳧，鴨也。鴇，似鴈而大，無後指。奥，脾肶也，藏之深奥處也。此九物亦不可食。

肉腥，細者爲膾，大者爲軒。憲。或曰，麋、鹿、魚爲菹，麕爲辟壁。雞，野豕爲軒，兔爲宛苑。脾。切葱若薤，實諸醯以柔之。

細縷切者爲膾，大片切者爲軒。或用葱，或用薤，故云「切葱若薤」。肉與葱薤，皆置之醋中，故云「實諸醯」。浸漬而熟，則柔軟矣，故曰「柔之」。○疏曰：「爲記之時，無菹、軒、辟雞、宛脾之制，作之未審。舊有此言，記者承而用之，故稱『或曰』。其辟雞，宛脾及軒之名，其義未聞。」

羹、食，嗣。自諸侯以下至於庶人，無等。大夫無秩膳，大夫七十而有閣。

羹與飯，常日所食，故無貴賤之等差。秩，常也。五十始命，未爲甚老，故無常膳。七十有閣，則有秩膳矣。閣以板爲之，所以庋飲食之物。

天子之閣，左達五，右達五。公、侯、伯於房中五，大夫於閣三，士於坫丁念反。一。

疏曰：「宫室之制，中央爲正室，正室左右爲房，房外有序，序外有夾室。天子尊，庖厨遠，故左夾室五閣，右夾室五閣。諸侯卑，庖厨宜稍近，故於房中，惟一房之中而五閣也。大夫卑而無嫌，故亦於夾室而三閣。士卑不得爲閣，但於室中爲土坫以庋食。五者，三牲之肉及魚、腊。三者，豕、魚、腊也。」

凡養老，有虞氏以燕禮，夏后氏以饗禮，殷人以食嗣。禮，周人修而兼用之。凡五十養於鄉，六十養於國，七十養於學，達於諸侯。八十拜君命，一坐再至，瞽亦如之。九十者使人受。五十異粻，章。六十宿肉，七十貳膳，八十常珍，九十飲食不違寢，膳飲從於遊可也。六十歲制，七十時制，八十月制，九十日修，唯絞、爻。紟、其鳩反。衾、冒，死而后制。五十始衰，六十非肉不飽，七十非帛不煖，八十非人不煖，九十雖得人不煖矣。五十杖於家，六十杖於鄉，七十杖於國，八十杖於朝。九十者，天子欲有問焉，則就其室，以珍從。去聲。七十不俟朝，八十月告存，九十日有秩。五十不從力政，六十不與去聲。服戎，七十不與賓客之事，八十齊側皆反。喪之事弗及也。

五十而爵，六十不親學，七十致政。凡自七十以上，上聲。唯衰麻爲喪。凡三王養老，皆引年。八十者，一子不從政。九十者，其家不從政。瞽亦如之。凡父母在，子雖老不坐。有虞氏養國老於上庠，養庶老於下庠。夏后氏養國老於東序，養庶老於西序。殷人養國老於右學，養庶老於左學。周人養國老於東膠，養庶老於虞庠，虞庠在國之西郊。有虞氏皇而祭，深衣而養老。夏后氏收而祭，燕衣而養老。殷人冔栩。而祭，縞衣而養老。周人冕而祭，玄衣而養老。

此一節，並説見《王制》。

曾子曰：「孝子之養老也。

石梁王氏曰：「此一『養』字蒙上文當從上聲，『忠養』之『養』當從去聲。」

樂其心，不違其志，樂其耳目，安其寢處，以其飲食忠養之，孝子之身終。終身也者，非終父母之身，終其身也。是故父母之所愛亦愛之，父母之所敬亦敬之，至於犬馬盡然，而況於人乎？」

樂其心，喻父母於道也。不違其志，能養志也。「飲食忠養」以上，是終父母之身。愛所愛，敬所敬，則終孝子之身也。

凡養老，五帝憲，三王有又。乞言。五帝憲，養氣體而不乞言，有善則記之爲惇史。三王亦憲，既養老而后乞言，亦微其禮。皆有惇史。

憲，法也。養老之禮，五帝之世，主於法其德行而已。至三王之世，則又有乞言之禮焉。惇史，所以記其惇厚之德也。三王亦未嘗不法其德行，然於乞言之際，其禮微略，不誠切以求之，故云「微其禮」。然亦皆有惇史焉。○方氏曰：「五帝之憲也，而老者未嘗無言，要之以德爲主耳。故曰『有善則記之』，蓋可記者言也。三王之乞言，而老者未嘗無德，要之以言爲主耳。故曰『三王亦憲』。」

淳之純反。熬：遨。煎醢，加于陸稻上，沃之以膏，曰淳熬。

淳，沃也。熬，煎也。陸稻，陸地之稻也。以陸稻爲飯，煎醢加于飯上。又恐味薄，故更沃之以膏。此八珍之一也。

淳毋：模。煎醢，加于黍食嗣。上，沃之以膏，曰淳毋。

疏曰：「『毋』是禁辭，非膳羞之體，故讀爲『模』，象也。蓋法象淳熬而爲之，但用黍飯爲異耳。」此八珍之二也。

炮：庖。取豚若將，牂。刲睽。之刳枯。之，實棗於其腹中，編萑丸。以苴子餘反。之，塗之以謹芹。塗。炮之，塗皆乾，干。擘百。之。濯手以摩之，去上聲。其皽，展。爲稻粉，糔息酒反。溲所九反。之以爲酏，移。以付豚，煎諸膏，膏必滅之。鉅鑊户郭反。湯，以小鼎薌脯於其中，使其湯毋滅鼎，三日三夜毋絶火，而后調之以醯醢。

此珍主於塗而燒之，故以炮名。牂，牡羊也。刲之刳之，殺而去其五藏也。萑，蘆葦之類。苴，裹也。謹，讀爲「堇」，《説文》：「黏土也。」擘之者，擘去乾塗也。「濯手以摩之，去其皽」，謂擘泥手不净，又兼肉熱，故必濯其手，然後摩去其皽膜也。糔，與前章「滫瀡」之「滫」同。以稻米爲粉，滫溲之爲粥。若豚則以此粥敷其外，若羊則解析其肉，以此粥和之，而俱煎以膏。滅，没也。謂所用膏，没此豚與羊也。鉅鑊湯，以大鑊盛湯也。脯，解析之薄如脯也。薌脯，香美此脯也。脯在小鼎内，而小鼎則置在鑊湯内。湯不可没鼎，没鼎則水入壞脯也。毋絶火，微熱而已，不熾之也。至食則又以醯與醢調和之。此八珍之三、四也。

擣丁老反。珍：取牛、羊、麋、鹿、麕之肉，必脄，每。每物與牛若一。捶，主蘂反。反側之，去其餌。孰，出之，去其皽，柔其肉。

脄，夾脊肉也。與牛若一，謂與牛肉之多寡均也。捶，擣也。反捶之，又側捶之，然後去其筋餌。既熟，乃去其皽膜，而柔之以醯醢。此八珍之五也。

漬：自。取牛肉，必新殺者，薄切之，必絶其理，湛尖。諸美酒，期朞。朝而食之，以醢若醯、醷。倚。

絶其理，橫斷其文理也。湛，亦漬也。期朝，今旦至明旦也。醷，梅漿也。此八珍之六也。

爲熬：捶之，去其皽，編萑，布牛肉焉。屑桂與薑，以灑所買反。諸上而鹽去聲。之，乾而食之。施羊亦如之。施麋，施鹿，施麕，皆如牛羊。欲濡肉，則釋而煎之以醢。欲乾肉，則捶而食之。

此肉於火上爲之，故名曰「熬」。生擣而去其皾膜，然後布於編萑之上，先以桂薑之屑灑之，次用鹽。釋，謂以水潤釋之也。此八珍之七也。

糝：思感反。取牛、羊、豕之肉，三如一，小切之與稻米，稻米二，肉一，合以爲餌，煎之。

三如一，謂三者之肉多寡均也。「稻米二，肉一」，謂二分稻米，一分肉也。此即《周禮》「糝食」。

肝膋：聊。取狗肝一，幪蒙。之以其膋，濡炙之，舉燋其膋，不蓼。

舉，皆也。謂炙膋皆熟而焦，食之不用蓼也。此八珍之八。記者文不依次，故間雜在糝食酏食之間。

取稻米，舉糔溲之，小切狼臅觸。膏，以與稻米爲酏。之然反。

狼臅膏，狼胸臆中之膏也。此蓋以滫溲稻米之粉，而煎之以膏。註讀「酏」爲「餰」者，以酏是粥，非豆實也。此即《周禮》之「酏食」。

禮，始於謹夫婦。爲宮室，辨外内，男子居外，女子居内。深宮固門，閽寺守之，男不入，女不出。

夫婦爲人倫之始，不謹則亂其倫類，故禮始於謹夫婦也。○鄭氏曰：「閽，掌守中門之禁。寺，掌内人之禁令。」

男女不同椸移。枷，架。不敢縣玄。於夫之楎、輝。椸，不敢藏於夫之篋、笥，四。不敢共湢浴。夫不在，斂枕篋簟席，襡獨。器而藏之。少事長，賤事貴，咸如之。

椸枷，見《曲禮》。植者曰楎，横者曰椸。楎、椸，同類之物。椸以竿爲之，故鄭云「竿謂之椸」。餘見前。

夫婦之禮，唯及七十，同藏無間。故妾雖老，年未滿五十，必與去聲。五日之御。將御者，齊，側皆反。漱、平聲。澣，浣。慎衣服，櫛、縰、笄、總角，拂髦、衿纓、綦屨。雖婢妾，衣服飲食，必後長者。妻不在，妾御莫敢當夕。

「櫛縰」以下，説見篇首。「角」字衍。天子之御妻八十一人，當九夕；世婦二十七人，當三夕；九嬪九人，當一夕；三夫人，當一夕；后當一夕，凡十五日而徧。五日之御，諸侯制也。諸侯娶九女，夫人及二媵各有姪娣，此六人當三夕；次一媵當一夕；次夫人專一夕，凡五日而徧也。當夕，當妻之夕也。

妻將生子，及月辰，居側室。夫使人日再問之，作而自問之。妻不敢見，形甸反。使姆茂。衣服而對。至于子生，夫復扶又反。使人日再問之。夫齊，側皆反。則不入側室之門。

正寢在前，燕寢在後。側室者，燕寢之旁室也。作，動作之時也。姆，女師也。

子生，男子設弧於門左，女子設帨於門右。三日始負子，男射，女否。

弧，弓也。帨，佩巾也。以此二物爲男女之表。負，抱也。

國君世子生，告于君，接如字。以大牢，宰掌具。三日，卜士負之。吉者宿齊，朝服寢門外，詩負之。射人以桑弧蓬矢六，射石。天地四方。保受乃負之。宰醴負子，賜之束帛。卜士之妻，大夫之妾，使食嗣。子。

接以大牢者，以大牢之禮接見其子也。宰，宰夫也。掌具，掌其設禮之具也。卜士負之者，卜其吉者而使之抱子也。詩，承也。《儀禮》言「尸酢主人，詩懷之」，亦承義。射天地四方者，期其有事於遠大也。保，保母也。受乃負之，受子於士而抱之也。蓋士之負子，特爲斯須之禮而已。宰既掌具，故以醴禮負子之士，仍賜束帛以酬之。食子，謂乳養之也。今按此言世子生，接以大牢，特言其常禮如此耳。下文又言「接子擇日」，則亦或在始生三日之後也。鄭氏謂「食其母，使補虛强氣」，讀「接」爲「捷」，而訓爲勝，其義迂。方氏讀如本字，今從之。

凡接子擇日，冢子則大牢，庶人特豚，士特豕，大夫少牢，國君世子大牢。其非冢子，則皆降一等。

冢子大牢，謂天子之元子也。

異爲孺子室於宮中。擇於諸母與可者，必求其寬裕、慈惠、温良、恭敬、慎而寡言者，使爲子師，其次爲慈母，其次爲保母，皆居子室。他人無事不往。

諸母，衆妾也。可者，謂雖非衆妾之列，或傅御之屬，可爲子師者也。此人君養子之禮。師，教以善道者。

慈母，審其欲惡者。保母，安其寢處者。他人無事不往，恐兒驚動也。

三月之末，擇日剪髮爲鬌，朶。男角，女羈，否則男左，女右。是日也，妻以子見於父。貴人則爲衣服，由命士以下皆漱澣。男女夙興，沐浴，衣服。具視朔食。夫入門，升自阼階，立于阼，西鄉。去聲。妻抱子出自房，當楣立，東面。

鬌，所存留不翦者也。夾囟兩旁當角之處，留髮不翦者謂之角。留頂上縱横各一，相交通達者謂之羈。嚴氏云：「夾囟曰角，兩髻也。午達曰羈，三髻也。」貴人，大夫以上也。由，自也。具視朔食者，所具之禮如朔食也。朔食，天子大牢，諸侯少牢；大夫特豕，士特豚也。入門，入側室之門也。側室亦南向，故有阼階、西階。出自房，自東房而出也。

姆先，相去聲。曰：「母某，敢用時日，祗見形甸反。孺子。」夫對曰：「欽，有帥。率。」父執子之右手，咳户才反。而名之。妻對曰：「記，有成。」遂左還旋。授師。子師辯徧。告諸婦、諸母名。妻遂適寢。

某，妻姓某氏也。時日，是日也。孺，稚也。欽，敬。帥，循也。言當敬教之，使循善道也。咳而名之者，《説文》：「咳，小兒笑聲。」謂父作咳聲笑容，以示慈愛而名之也。「記，有成」，謂當記識夫言，教之成德也。授師，以子授子師也。諸婦，同族卑者之妻也。諸母，同族尊者之妻也。後告諸母，欲名成於尊也。妻遂適寢，復夫之燕寢也。

夫告宰名，宰辯告諸男名，書曰「某年某月某日，某生」而藏之。宰告閭史，閭史書爲二，其一藏諸閭府，其一獻諸州史。州史獻諸州伯，州伯命藏諸州府。夫入，食如養去聲。禮。

宰，屬吏也。諸男，同宗子姓也。藏之者，以簡策書子名而藏于家之書府也。二十五家爲閭，二千五百家爲州。州伯，則州長也，閭史、州史，皆其屬吏也。閭府、州府，皆其府藏也。「夫入，食如養禮」，謂與其妻禮食，如婦始饋舅姑之禮也。○疏曰：「此經所陳，謂卿大夫以下，故以名徧告同宗諸男。諸男卑者尚告，則告諸父可知。若諸侯絶宗，則不告也。」

世子生，則君沐浴，朝服，夫人亦如之，皆立于阼階，西鄉。世婦抱子升自西階，君名之，乃降。

諸侯朝服，玄端素裳。夫人亦如之者，亦朝服也。當是展衣，註云「褖衣」者，以見子畢即侍御於君，故服進御之褖衣也。人君見世子於路寢，此升自西階，是自外而入也。凡生子，無問妻妾，皆在側室。

適子、庶子見於外寢，撫其首，咳而名之，禮帥初，無辭。

此適子，蓋世子之弟。庶子，則妾子也。外寢，君燕寢也。燕寢在內，以側室在旁處內，故謂此爲外也。○疏曰：「庶子見於側室，此以撫首、咳名、無辭之事同，故與適子連文云『見於外寢』耳。」

凡名子，不以日月，不以國，不以隱疾。大夫、士之子，不敢與世子同名。

說見《曲禮》。

妾將生子，及月辰，夫使人日一問之。子生三月之末，漱澣，夙齊，見於内寢，禮之如始入室。君已食，徹焉，使之特餕，遂入御。

此言大夫、士之妾生子之禮。宮室之制，前有路寢，次則君之燕寢，次夫人正寢。卿大夫以下，前有適室，次則燕寢，次則適妻之寢。此言内寢，正謂適妻寢耳。如始入室者，如初來嫁時也。特餕，使此生子者獨餕，不如常時衆妾同餕也。

公庶子生，就側室。三月之末，其母沐浴，朝服見於君。擯者以其子見。君所有賜，君名之。衆子，則使有司名之。

擯者，傅姆之屬也。君所有賜者，此妾君所偏愛，而特加恩賜者，故其子君自名之。若衆妾之子，恩寵輕略者，則使有司名之也。○疏曰：「前文已云適子、庶子見異於世子，今更重出者，以前庶適連文，故此特言庶子之禮。」

庶人無側室者，及月辰，夫出居羣室。其問之也，與子見父之禮無以異也。

問之之禮，與執手咳名之事，欽帥記成之辭，皆與有爵者同，故云「無以異也」。

凡父在，孫見於祖，祖亦名之，禮如子見父，無辭。

應氏曰：「辭者，夫婦所以相授受也。祖尊，故有其禮而無其辭。」

食嗣。子者，三年而出，見於公宮，則劬。

食子者，士之妻、大夫之妾也。子三年則免懷抱，故食者出還其家，見於公宮而告辭，則君必有賜劬者，有賜以勞其劬勞也。

大夫之子有食嗣。母。士之妻自養其子。

食母，乳母也。士卑，故自養。

由命士以上，上聲。及大夫之子，旬均。而見。

註讀「旬」爲「均」。謂適子妾子有同時生者，雖是先生者先見，後生者後見，然皆在夫未與婦禮食之前，故曰均而見也。○應氏曰：「子固以禮見於父，父則欲時時見之。又不可瀆，故每旬而一見之。若庶人則簡略易通，故不必以旬而見。」今詳二説俱可疑，闕之可也。

冢子未食如字。而見，必執其右手。適子、庶子已食而見，必循其首。

疏曰：「此天子諸侯之禮，未與后夫人禮食，而先見冢子，急於正也。禮食之後乃見適子、庶子，緩於庶耳。」

子能食食，嗣。教以右手。能言，男「唯」上聲。女「俞」。男鞶革，女鞶絲。

食，飯也。唯、俞，皆應辭。鞶，小囊，盛帨巾者。男用韋，女用繒帛。

六年，教之數與方名。七年，男女不同席，不共食。八年，出入門户，及即席飲食，必後長者，始教之讓。

數，謂一、十、百、千、萬。方名，東、西、南、北也。

九年，教之數上聲。日。十年，出就外傅，居宿於外，學書計。

數日，知朔望與六甲也。外傅，教學之師也。書，謂六書。計，謂九數。

衣不帛襦儒。袴，禮帥初，朝夕學幼儀，請肄簡諒。

《曲禮》曰：「童子不衣裘裳。」不以帛爲襦袴，亦爲太温也。禮帥初，謂行禮動作皆循習初教之方也。肄，習也。簡，書篇數也。諒，言語信實也。皆請於長者而習學之也。一説，簡者，簡要。謂使之習事務從其要，不爲迂曲煩擾也。

十有三年，學樂，誦《詩》，舞《勺》。酌。成童，舞《象》，學射、御。

樂，八音之器也。《詩》，樂歌之篇章也。成童，十五以上。《象》，説見《文王世子》。射，謂五射。御，謂五御也。六藝，詳見小學書。○朱子曰：「《酌》，即《勺》也。

《內則》曰，十三舞《勺》，即以此詩爲節而舞也。」

二十而冠，始學禮，可以衣去聲。裘帛，舞《大夏》，惇行孝弟，博學不教，內而不出。

始學禮，以成人之道，當兼習吉、凶、軍、賓、嘉之五禮也。《大夏》，禹樂，樂之文武兼備者也。孝弟，百行之本，故先務惇行於孝弟而後博學也。不教，恐所學未精，故不可爲師以教人也。內而不出，言蘊畜其德美於中，而不自表見其能也。一説，謂不出言以爲人謀畫。

三十而有室，始理男事，博學無方，孫去聲。友視志。

室，猶妻也。男事，受田給政役也。方，猶常也。學無常，在志所慕則學之。孫友，順父朋友也。視志，視其志意所尚也。

四十始仕，方物出謀發慮，道合則服從，不可則去。五十命爲大夫，服官政。七十致事。凡男拜，尚左手。

朱子曰：「物，猶事也。方物出謀，則謀不過物。方物發慮，則慮不過物。」問：「何謂不過物？」曰：「方，猶對也。比方以窮理。」

女子十年不出。姆茂。教婉娩晚。聽從，執麻枲，治絲繭，織紝女金反。組祖。紃，巡。學女事以共恭。衣服。觀於祭祀，納酒、漿、籩、豆、菹、醢，禮相去聲。助奠。

十年不出，謂十歲則恒處於內也。姆，女師也。婉，謂言語。娩，謂容貌。司馬公云：「柔順貌。」紝，繒帛之屬。組，亦織也。《詩》：「執轡如組。」紃之制似條，古人以置諸冠服縫中者。

十有五年而笄，二十而嫁。有故，二十三年而嫁。聘則爲妻，奔則爲妾。凡女拜，尚右手。

十五許嫁則笄，未許嫁者，二十而笄。故，謂父母喪。妻，齊也。妾之言接，言得接見於君子，不得伉儷也。尚左尚右，陰陽之別。

禮記卷之八

禮記卷之九

陳澔集說

玉藻第十三

此篇記天子諸侯服冕笏佩諸制，及行禮之容節。

天子玉藻，十有二旒，前後邃粹。延，龍卷衮。以祭。

玉，冕前後垂旒之玉也。藻，雜采絲繩之貫玉者也。以藻穿玉，以玉飾藻，故曰「玉藻」。邃，深也。延，冕上覆也，玄表而纁裏。前後邃延者，言前後各有十二旒，垂而深邃，延在其上也。龍衮，畫龍於衮衣也。祭，祭宗廟也。餘見《禮器》。

玄端冕。而朝潮。日於東門之外，聽朔於南門之外。

朝日，春分之禮也。聽朔者，聽月朔之事也。東門、南門，皆謂國門也。○疏曰：「知端當爲冕者，皮弁尊，次則諸侯之朝服，又其次玄端。諸侯皮弁聽朔，朝服視朝，是視朝之服卑於聽朔。今天子皮弁視朝，若玄端聽朔，則是聽朔之服卑於視朝；且聽朔大，視朝小，故知『端』爲『冕』，謂玄冕也，是冕服之下者。」

閏月則闔門左扉，立于其中。

鄭氏曰：「天子廟及路寢，皆如明堂制。明堂在國之陽，每月就其時之堂而聽朔焉。卒事反宿路寢。閏月，非常月也，聽其朔於明堂門中，還處路寢門終月。」○疏曰：「樂太史云：『終月，謂終竟一月所聽之事於一月中耳，尋常則居燕寢也。』皇氏云：『明堂有四門，即路寢亦有四門，閏月各居其時當方之門。』義或然也。」○今按闔門左扉者，左爲陽，陽爲正，以非月之正，故闔左而由右。

皮弁以日視朝，遂以食。日中而餕，奏而食。日少牢，朔月大牢。五飲上水、漿、酒、醴、酏。移。

皮弁服，天子常日視朝之服也。諸臣同此服。日中而餕，謂日中所食，乃朝食之餘也。奏，作樂也。日，常日也。朔月，月朔也。上水，以水爲上也。下四者，説見《內則》。○疏曰：「餕尚奏樂，即朝食奏樂可知。」

卒食玄端而居。動則左史書之，言則右史

書之。御瞽幾聲之上下。年不順成，則天子素服，乘素車，食無樂。

玄端服，説見《内則》。玄者，幽陰之色，宴息向晦而服之，於義爲得也。御瞽，侍御之樂工也。幾，察也。察樂聲之高下，以知政令之得失也。此以上，皆天子之禮。

諸侯玄端冕。以祭，裨冕以朝，皮弁以聽朔於太廟，朝服以日視朝於内朝。

裨冕：公衮，侯伯鷩，子男毳也。朝，見天子也。諸侯以玄冠、緇衣、素裳爲朝服，凡在朝，君臣上下同服。但士服則謂之玄端，袂廣二尺二寸故也。大夫以上皆侈袂三尺三寸。○方氏曰：「天子聽朔於南門，示受之於天；諸侯聽朔於太廟，示受之於祖，原其所自也。天子諸侯皆三朝，外朝在庫門之外，治朝在路門之外，内朝在路門之内，亦曰燕朝也。」

朝，辨色始入。君日出而視之，退適路寢聽政，使人視大夫，大夫退，然後適小寢，釋服。

臣入常先，君出常後，尊卑之禮然也。視朝而見羣臣，所以通上下之情。聽政而適路寢，所以決可否之計。釋服，釋朝服也。

又朝服以食，特牲，三俎，祭肺。夕深衣，祭牢肉。朔月少牢，五俎，四簋。子卯，稷食，嗣。菜羹。夫人與君同庖。

三俎，特、豕、魚腊也。周人祭肺。夕，夕食也。牢肉，即特牲之餘也。五俎，加羊與其腸胃也。簋，盛黍稷之器。常食二簋，月朔則四簋也。子卯，説見《檀弓》。夫人不特殺，故云「與君同庖也」。

君無故不殺牛，大夫無故不殺羊，士無故不殺犬豕。君子遠去聲。庖厨，凡有血氣之類，弗身踐翦。也。至于八月不雨，君不舉。

天子膳用六牲，則無故亦殺牛。此言國君也。天子之大夫有故得殺牛，此無故不殺羊，謂諸侯之大夫也。故，謂祭祀及賓客饗食之禮也。祭禮有「射牲」之文，此言「弗身踐」，亦謂尋常也。八月，今之六月。殺牲盛饌曰舉。

年不順成，君衣去聲。布，搢薦。本，關梁不租，山澤列而不賦，土功不興，大夫不得造車馬。

衣布，身著布衣也。士以竹爲笏，而以象飾其本。搢，插也，君插士之笏也。關，謂門關。梁，謂澤梁。不租，不收租稅也。列，當作「迾」，遮遏之義，《周禮》山虞掌其厲禁，鄭云「遮列守之」是也。凶年雖不收山澤之賦，猶必遮迾其非時采取者。造，新有製作也。此皆爲歲之凶，故上之人節損以寬貸其下也。

卜人定龜，史定墨，君定體。

《周禮》龜人所掌，有天地四方六者之異，各以方色與體辨之。隨所卜之事各有宜用，所謂卜人定龜也。史定墨者，凡卜必以墨畫龜，以求吉兆，乃鑽之以觀其所拆。若從墨而拆大謂之「兆廣」。若裂其旁岐細出則謂之「璺拆」，亦謂之「兆璺」。韻書，璺音問，器破而未離之名也。體者，兆象之形體。定，謂決定其吉凶也。

○疏曰：「尊者視大，卑者視小。」

君羔幦，覓。虎犆。直。大夫齊車鹿幦，豹犆；朝車。士齊車鹿幦，豹犆。

幦者，覆軾之皮。犆，緣也。君之齊車以羔皮覆軾，而緣以虎皮。朝車，亦謂大夫之朝車。以下文兩言「齊車」，故知上爲君齊車也。

君子之居恒當戶，寢恒東首。去聲。若有疾風、迅雷、甚雨，則必變，雖夜必興，衣服、冠而坐。

向明而居，順生氣而卧，敬天威而變，凡知禮者皆當如是，不但有位者也，故以「君子」言。

日五盥，沐稷而靧悔。粱，櫛用樿展。櫛，髮晞用象櫛。進禨，暨。進羞，工乃升歌。

盥，洗手也。沐稷，以淅稷之水洗髮也。靧粱，以淅粱之水洗面也。樿櫛，白木梳也。晞，乾也。象櫛，象齒梳也。髮濕則滑，故用木梳；乾則澀，故用象櫛也。沐而飲酒曰禨，羞則籩豆之實也。工乃升堂以琴瑟而歌焉。既充之以和平之味，又感之以和平之音，皆爲新沐氣虛，致其養也。

浴用二巾，上絺笞。下綌。去逆反。出杅，于。履蒯快席，連讀爲湅，力甸反。用湯，履蒲席，衣去聲。布，晞身，乃屨，進飲。

杅，浴盤也。履，踐也。蒯席，蒯草之席也。湅，洗也。履蒯席之上，而以湯洗其足垢，然后立於蒲席，而以布乾潔其體，乃著屨而進飲也。

將適公所，宿齊戒，居外寢，沐浴。史進象笏，書思對命。

大夫之有史，蓋掌文史之事耳，非史官之比也。思，謂意所思念欲告君之事。對，謂君若有問，則對答之辭。

命，謂君所命令當奉行者。此三者皆書之於笏，故曰「書思對命」。皆謂敬謹之至，恐或遺忘也。

既服，習容觀，去聲。**玉聲，乃出。揖私朝，煇如也，登車則有光矣。**

既服，著朝服畢也。容觀，容貌儀觀也。玉聲，佩玉之聲也。揖私朝，與其家臣揖而往朝于君也。煇與光，皆言德容發越之盛，光則又盛於煇矣。

天子搢薦。**珽，**他頂反。**方正於天下也。**

搢，插也。珽，亦笏也。即《玉人》所謂「大圭，長三尺」者是也。以其挺然無所詘，故謂之「珽」，蓋以端方正直之道示天下也。

諸侯荼，舒。**前詘**屈。**後直，讓於天子也。**

荼者，舒遲之義。前有所畏，則其進舒遲。諸侯之笏前詘者，圜殺其首也；後直者，下角正方也。以其讓於天子，故殺其上也。

大夫前詘後詘，無所不讓也。

大夫上有天子，下有己君，故笏之下角亦殺而圜，示無所不讓也。

侍坐則必退席，不退，則必引而去君之黨。

臣侍君之坐，若側旁有別席，則退就別席。或旁無別席可退，或有席而君不命之退，則當引而却離，坐於君親黨之下也。一説，黨屬於鄉而小，故以爲旁側之喻。

登席不由前爲躐席。

疏曰：「失節而踐爲躐席。應從下升，若由前升，是躐席也。《鄉飲酒禮》，賓席于户西，以西頭爲下。主人席于阼階，介席于西階，皆北頭爲下。賓升席自西方，註云『升由下也』。又《記》云：『主人、介，凡升席自北方，降自南方。』註云：『席南上，升由下，降由上。』主人受獻自席前適阼階，是降自北方者，以受獻正禮，須席末啐酒，因從北方降也。故註云『由便』也。若尋常無事，則升由下而降由上。若賓則升降皆由下也。」〇今按：此説席之上下，固爲明白。竊意此經八字當作一句，而「爲」字平聲。蓋行禮之時，人各一席，而相離稍遠，固可從下而升。若布席稍密，或數人共一席，則必須由前，乃可得己之坐。若不由前，則是躐席矣。

徒坐不盡席尺。

徒，空也。非飲食及講問之坐爲徒坐。不盡席之前一尺，示無所求於前也。

讀書、食，句。**則齊豆去席尺。**

石梁王氏曰：「食則豆去席尺；讀書則與豆齊，亦去席尺，是謂齊豆去席尺。」

若賜之食，而君客之，則命之祭，然後祭。先飯，上聲。辯徧。嘗羞，飲而俟。

客之，以客禮待之也。然必命之祭，然後祭者，不敢以客禮自居也。先食而徧嘗諸味，亦示臣爲君嘗食之禮也。飲而俟者，禮食未飧以前，啜飲以利滑喉中，不令澀噎。今君猶未飧，故臣亦不敢飧而先嘗羞。嘗羞畢而啜飲以俟君飧，臣乃敢飧也。

若有嘗羞者，則俟君之食，然後食。飯，上聲。飲而俟。君命之羞，羞近者。命之品嘗之，然後唯所欲。凡嘗遠食，必順近食。

此謂君但賜之食，而非客之者，則膳宰自嘗羞，故云「若有嘗羞者」。此臣既不祭不嘗，則俟君食乃食也。雖不嘗羞，亦先飲，飲以利喉而俟君也。羞近者，但於近處食一羞也。品，猶徧也。凡嘗遠食，必自近者始，客與不客皆然，故云「凡」也。

君未覆手，不敢飧。孫。君既食，又飯上聲。飧。飯飧者，三飯也。君既徹，執飯去聲。與醬，乃出授從去聲。者。

覆手者，謂食畢而覆手以循口之兩旁，恐有殽粒污著之也。飧，以飲澆飯也。禮食竟，更作三飧以助飽實。故君未覆手，則臣不敢飧，明不敢先君而飽也。既，猶畢也。君畢食，則臣更飯飧也。三飯並是飧，謂三度飧也，故曰「飯飧者，三飯也」。君食竟，既徹饌，臣乃自執己之飯與醬，出授己之從者，此食己所當得故也。此非客禮，故得以己饌授從者。故《公食大夫禮》賓取粱與醬降，奠於階西，不以出也。若非君臣，但是降等者，則徹之以授主人之相者。故《曲禮》云「徹飯齊以授相者」也。

凡侑食，不盡食。食於人不飽。唯水、漿不祭，若祭，爲已偞虛涉反。卑。

食而勸侑，禮之勤也。食之不盡與不飽，禮之謙也。《公食大夫禮》，賓祭觶漿，臣敬君之禮。此言水漿不祭，禮各有所施也。水漿非盛饌之比，若祭之，則爲大偞卑矣。已，太也。偞，厭也。謂大厭降卑微，如有所畏迫也。

君若賜之爵，則越席再拜稽首受，登席祭之。飲，卒爵而俟，君卒爵，然後授虛爵。君子之飲酒也，受一爵而色洒先典反。如也；二爵而言言誾。斯；❶禮已三爵，而

❶「二」，原作「一」，據元刻本、四庫本、殿本及阮刻《十三經注疏》本《禮記正義》改。

油油以退。退則坐取屨，隱辟僻。而后屨。坐左納右，坐右納左。

洒如，禮度明爾之貌。「言言」與「誾誾」同，意氣和悦之貌。已，止也。油油，謹重自得之貌。坐取屨，跪而取屨也。隱辟而后屨，不敢向人而著屨也。跪左足而納右足之屨，跪右足而納左足之屨，此納屨之儀也。

凡尊，必尚玄酒。唯君面尊。唯饗野人皆酒。大夫側尊，用棜；於據反。士側尊，用禁。

尊尚玄酒，不忘古也。君坐必向尊，示惠自君出而君專之也。饗野人，如蜡祭之飲是也。禮不下庶人，唯使之足於味而已，故一用酒也。側，旁側也。謂設尊在賓主兩楹之間，旁側夾之，故云「側尊」。棜、禁，見《禮器》。○疏曰：「若一尊，亦曰側尊。故《士冠禮》云『側尊一甒，醴在服北』。註云：『無偶曰側。』與此側別。」○馬氏曰：「面尊則不側，側尊則不面。尊於房户之間，賓主共之是也。」

始冠去聲。緇布冠，自諸侯下達。冠而敝之可也。

冠禮初加緇布冠，諸侯以下通用。存古故用之，非時王之制也，故既用即敝弃之可矣。

玄冠，朱組纓，天子之冠也。緇布冠，繢會。緌，蕤。諸侯之冠也。玄冠，丹組纓，諸侯之齊齋。冠也。玄冠，綦其。組纓，士之齊冠也。

天子始冠之冠，則玄冠而以朱組爲纓。諸侯雖是緇布冠，却用雜采之繢爲纓緌，爲尊者飾耳，非古制也。齊冠，齊戒時所服者，諸侯與士皆玄冠，但其纓則有丹組綦組之異。朱，色紅而明。丹，赤色也。綦，帛之蒼白如艾色者。一説，文也。

縞冠，玄武，子姓之冠也。縞冠，素紕，皮。既祥之冠也。

縞，生絹也。武，冠卷也。以縞爲冠，凶服也。武則玄色，吉也。所以吉凶相半者，蓋父有喪服，子不可用純吉，故曰「子姓之冠」。姓，生也。孫是子之所生，故謂之子姓。素，熟絹也。紕，冠兩邊及卷下畔之緣也。縞冠素紕，謂冠與卷身皆用縞，但以素緣之耳。既祥之冠者，祥祭後所服也。○方氏曰：「爲祖之亡也，故冠縞以示其凶；爲父之存也，故武玄以示其吉。冠上而武下，爲祖而縞者，尊尊於上也；爲父而玄者，親親於下也。」

垂緌五寸，惰游之士也。

此言縞冠素紕，而緌之垂者長五寸，蓋以其爲惰游失業之士，使之服此以恥之耳。

玄冠，縞武，不齒之服也。

不齒，即《王制》所謂不帥教而屏棄之者，使之玄冠縞武，亦以恥辱之。

居冠屬燭。武，自天子下達。有事然後緌。

禮服之冠，則臨著乃合其武，有儀飾故也。若燕居之冠，則冠與武相連，以非行禮之時，故率略少威儀也。此冠無分貴賤皆著之，故云「自天子下達」。凡緌所以致其飾，故有事乃緌，無事則否也。

五十不散上聲。送，親没不髦。

喪禮啓殯以後，要絰之麻散垂，葬畢乃絞。此言五十始衰，不散麻以送葬也。髦，象幼時剪髮爲鬌之形，父母在則用之，故親没則去此飾。詳見《内則》。

大帛不緌。玄冠紫緌，自魯桓公始也。

方氏曰：「大帛，冠之白者。凶服去飾，故不緌也。玄冠之緌，不宜用紫色，爲其非正色也。後世用之，則自魯桓公始。」

朝玄端，夕深衣。

前章言「夕深衣，祭牢肉」者，國君之禮也。此言「朝玄端，夕深衣」者，謂大夫、士在私朝及家朝夕所服也。

深衣三袪，嶇。縫平聲。齊咨。倍要，平聲。衽當旁，袂可以回肘。

袪，袖口也，尺二寸，圍之爲二尺四寸。要之廣，三其二尺四寸，則七尺二寸也，故云「三袪」。齊者，裳之下畔。要爲裳之上畔。縫齊倍要者，謂縫下畔之廣一丈四尺四寸，是倍要之七尺二寸也。衽，裳交接之處也，在身之兩旁，故云「衽當旁」。袂，袖之連衣者也，上下之廣二尺二寸，肘長尺二寸，故可以回肘也。

長、中，繼揜尺。袷劫。二寸，袪尺二寸，緣去聲。廣去聲。寸半。

長中者，長衣、中衣也。與深衣制同而名異者，著於内則曰中衣，蓋著在朝服或祭服之内也。著於外則曰長衣，以素爲純緣者也。《雜記》云：「練冠長衣以筮。」註云：「深衣之純以素者也。」若凶服之純以布者則謂之麻衣。繼揜尺者，幅廣二尺二寸，以半幅繼續袂口，而揜覆一尺也。袷，曲領也，其廣則二寸。

以帛裹布，非禮也。

外服是布，則不可用帛爲中衣以裏之，謂不相稱也。冕服是絲衣，皮弁服、朝服、玄端服是麻衣，皆十五升布。凡裏各如其服。

士不衣去聲。織。志。無君者不貳采。

染絲而織之爲織。功多色重，故士賤不得衣之也。無君，去位之臣也。不貳采，謂衣裳與冠同色。○疏曰：「大夫士去國，三月之内，服素衣素裳。三月之後，服玄端玄裳。」

衣正色，裳間去聲。色。非列采不入公門，振上聲。絺綌不入公門，表裘不入公門，襲裘不入公門。

正色者，青、赤、黄、白、黑，五方之正色也。木青克土黄，故緑色青黄，爲東方之間色。火赤克金白，故紅色赤白，爲南方之間色。金白克木青，故碧色青白，爲西方之間色。水黑克火赤，故紫色赤黑，爲北方之間色。土黄克水黑，故駵黄之色黄黑，爲中央之間色也。列采，謂正服之色各有尊卑品列也。非此則是褻服。振讀爲袗，禪也。禪則見體。裘上必有裼衣。表裘，是無裼衣而裘在外也。襲裘，謂揜其襲衣，而不露裼衣也。表與襲皆爲不敬。故此四者，皆不可以入公門也。

纊爲繭，緼韞。爲袍，禪丹。爲絅，苦迥反。帛爲褶，牒。

纊，新綿也。緼，舊絮也。衣之有著者，用新綿則謂之繭，用舊絮則謂之袍。有表而無裏者謂之絅，有表裏而無著者謂之褶。

朝服之以縞也，自季康子始也。

朝服之布十五升，先王之制也。季康子始用生絹，後人因之，故記者原其所自。凡古禮之亡，皆由於變。

孔子曰：「朝服而朝，卒朔然後服之。」

聽朔重於視朝，諸侯之朝服玄端素裳，而聽朔則皮弁。故卒聽朔之禮，然後服朝服而視朝也。

曰：「國家未道，則不充其服焉。」

「曰」字承上文，亦孔子之言也。禮樂刑政未合於先王之道，則亦不宜充盛其衣服。○鄭氏曰：「謂若衛文公者。」

唯君有黼裘以誓省，息井反。大裘非古也。

君，國君也。黼裘以黑羊皮雜狐白爲黼文以作裘。舊讀「省」爲「獮」，方氏釋爲省耕、省斂之義，今從之。大裘，黑羔裘也，天子郊服。謂國君固可衣黼裘以誓軍旅、省耕斂，今而僭服大裘，則不可也。但言非古，則僭禮之失自見。

君衣去聲。狐白裘，錦衣以裼之。君之右虎裘，厥左狼裘。士不衣狐白。

狐白裘，以狐之白毛皮爲裘也。君衣此裘，則以素錦爲衣加其上，使可裼也。袒而有衣曰裼，詳見《曲禮》。虎裘者居右，狼裘者居左，示威猛之衛也。狐之白者少，故惟君得衣之，士賤不得衣也。

君子狐青裘，豹褎，袖。玄綃衣以裼之。

君子，謂大夫、士也。狐青裘，狐之青毛皮爲裘也。豹褎，豹皮爲袖。玄綃衣，玄色之綃爲衣也。

麛裘，青豻岸。褎，絞爻。衣以裼之。

麛，鹿子也。豻，胡地野犬。絞，蒼黄之色。

羔裘，豹飾，緇衣以裼之。狐裘，黄衣以裼之。錦衣狐裘，諸侯之服也。

飾，謂袖也。《論語》：「緇衣羔裘，黄衣狐裘。」○鄭氏曰：「凡裼衣象裘色。」

犬、羊之裘不裼，不文飾也不裼。

犬、羊之裘，庶人所服，裘與人俱賤，故不裼以爲飾也。

裘之裼也，見現。美也。弔則襲，不盡飾也。君在則裼，盡飾也。

此言裼襲之異宜。見美，謂裼衣上雖加他服，猶必開露以見示裼衣之美。弔喪襲裘，惟小斂後則然。盡飾者，盡其文飾之道以爲敬。弔主於哀，故敬不在美。君在則當以盡飾爲敬也。

服之襲也，充美也。是故尸襲，執玉、龜襲。無事則裼，弗敢充也。

充美，猶云揜塞其華美也。尸尊無所示敬，故襲。執玉之禮，有裼時，有襲時。執龜爲享禮，庭實則裼，以卜則襲。此特主襲而言耳，非謂執玉、龜無裼之禮也。無事，謂執玉執龜之禮已竟也。無事則裼，亦謂在君之所，非君所則否。弗敢充者，以見美爲敬也。○疏曰：「凡敬有二體：以質爲敬者，子於父母之所，不敢袒裼；以文爲敬者，臣於君所則裼。若平敵以下則亦襲，以質略故也。所襲雖同，其意異也。」

笏，天子以球玉，諸侯以象，大夫以魚須如字。文竹，士竹，本象可也。

球，美玉也。文，飾也。陸氏音「須」爲「班」。而疏引庾氏説，以鮫魚須飾竹以成文，與應氏説相近。宜讀如字。○應氏曰：「《爾雅》：『魚曰須。』蓋魚之所以鼓息者在須。大夫以近尊而屈，故飾竹以魚須。士以遠尊而伸，故飾以象。」

見於天子與射，無説脱。笏。入大廟説笏，非禮也。小功不説笏，當事免問。則説之。既搢必盥，雖有執於朝，弗有盥矣。

陳氏曰：「笏之所用，蓋諸侯之朝天子，則執命圭而搢茶。大夫之聘，則執聘圭而搢笏。及其合瑞而授圭，則執其所搢而已，所謂見於天子無説笏者此也。射以觀德，則禮固在所隆。小功則禮可以勝情，故亦不説。當事而免，則事可以勝禮，故説之。」○方氏曰：「大廟之内，惟君當事則説笏，所以逸尊者也。後世臣或説之，則失之簡矣。小功之喪，悲哀殺矣，事不可不記也，故不説笏。及當事而免之時，則不可以不説。凡在廟搢笏必盥手者，爲將執事也。及有執事於朝，則亦不再盥，爲其已盥故也。」

凡有指畫於君前，用笏。造七到反。受命於君前，則書於笏。笏，畢用也，因飾焉。

因事而有所指畫，用手則失容，故用笏也。造受命，詣君所而受命也。畢用者，每事皆用之也。因飾焉，謂因而文飾之，以爲上下之等級也。

笏度二尺有六寸，其中博三寸，其殺色介反。六分而去上聲。一。

中廣三寸，天子、諸侯、大夫、士之笏皆然。天子、諸侯則從中以上。稍稍漸殺，至上首止廣二寸半，是六分三寸而去其一也。其大夫、士又從中殺至下，亦廣二寸半。故惟中間廣三寸也。《玉人》言「大圭長三尺」，是兼終葵首言之。

天子素帶朱裏，終辟。

此「辟」字，讀如前章「縞冠素紕」之「紕」，緣也。天子以素爲帶，素，熟絹也。用朱爲裏。終，竟也。終辟，終竟，此帶盡緣之也。

而素帶，終辟。

而下缺「諸侯」字，諸侯亦素帶終辟，而不朱裏。

大夫素帶，辟垂。

大夫之素帶，則惟緣其兩耳及垂下之紳，腰後不緣。

士練帶，率，律。下辟。

練，繒也。士以練爲帶，單用之而緶緝其兩邊，故謂之「繂」。腰及兩耳皆不緣，惟緣其紳，故云「下辟」。

居士錦帶，弟子縞帶。

以錦爲帶，示文也。弟子用生絹，示質也。○鄭氏曰：「居士，道藝處士也。」

并紐約用組。三寸，長齊于帶。紳長制，士三尺，有司二尺有五寸。子游曰：「參分帶下，紳居二焉。」紳、韠、結三齊。

疏曰：「并，並也。謂天子下至弟子，其所紐約之物，並用組爲之。」○方氏曰：「紐則帶之交結也，合并其紐，用組以約，則帶始束而不可解矣。三寸，其廣也。長齊于帶者，言組之垂適與紳齊也。紳之長制士三尺者，自要而下爲稱也。士如此，亦舉卑以見尊也。有司欲便於趨走，故特去五寸。引子游之言，言人長八尺，自要而下四尺五寸，分爲三分而紳居二，故長三尺也。韠，蔽膝也。結，即組也。紳、韠、結三者皆長三尺，故曰『三齊』。」

大夫大帶四寸。雜帶，君朱緑，大夫玄華，士緇辟，皮。二寸，再繚了。四寸。

四寸，廣之度也。雜帶，謂以雜色爲辟緣也。朱緑者，上以朱，下以緑。玄華者，外以玄，内以華。華，黃色也。士帶之辟，則内外皆緇，是謂緇帶。大夫以上，帶皆廣四寸。士練帶惟廣二寸，而再繞要一匝，則亦是四寸矣。一說，大帶者，正服之帶。雜帶者，雜服之帶。

凡帶有率，律。無箴功。

凡帶當率縺之處，箴線細密，不見用箴之功，若無箴功也。

肆肄。束及帶，勤者有事則收之，走則擁之。

肆，讀爲肄，餘也。《詩》：「伐其條肄。」謂約束帶之餘組，及紳之垂者，遇有勤勞之事，則收斂而持於手；若事迫而不容不走者，則擁抱之於懷也。

韠，君朱，大夫素，士爵韋。圜，員。殺，色介反。直。天子直，諸侯前後方，❶大夫前方後挫佐。角，士前後正。韠下廣去聲。二尺，上廣一尺，長三尺，其頸五寸，肩、革帶博二寸。

韠象裳色。天子諸侯玄端服朱裳，大夫素裳，上士玄裳，中士黃裳，下士雜裳。此言玄端服之韠。若皮弁服，則皆素韠也。凡韠皆韋爲之，故其字從韋。又以著衣畢然後著之，故名爲韠。韠之言蔽也。爵韋，爵色之韋也。在冕服則謂之韍，字亦作芾也。圜、殺、

❶「諸」，四庫本、殿本、阮刻《十三經注疏》本《禮記正義》作「公」。

直，三者之形制也。天子之韠直，謂四角無圜無殺也。下爲前，上爲後，公侯上下各去五寸，所去之處以物補飾之使方，變於天子也。大夫則圜其上角，變於君也。正，即直與方之義。士賤，不嫌與君同也。頸之廣五寸，在中，故謂之頸。肩，兩角也。肩與革帶皆廣二寸。○《詩疏》曰：「古者佃漁而食，因衣其皮，先知蔽前，後知蔽後。後王易之以布帛，而猶存其蔽前者，重古道不忘本也。士服爵弁，以韎韐配之，則服冕者，以芾配之。故知冕服謂之芾。芾韠皆是蔽膝，其制同，但以尊祭服，故異其名耳。」○今按韎韐者，以茜草染韋爲赤色作蔽膝也。

一命緼温。韍，弗。幽上聲。衡；再命赤韍，幽衡；三命赤韍，葱衡。

此以命數之多寡，定韍佩之制。緼，赤黃色也。幽，讀爲黝，黑色也。衡，佩玉之衡也。葱，青色也。《周禮》，公、侯、伯之卿三命，其大夫再命，其士一命。子、男之卿再命，其大夫一命，其士不命。

王后禕翬。衣，夫人揄搖。狄，君命屈闕。狄。

此言后夫人以下六等之服。禕衣色玄，揄狄青，屈狄赤。六服皆衣裳相連。禕讀爲翬，揄狄讀爲搖翟，翬、翟皆雉也。二衣皆刻繒爲雉形，而五采畫之。屈讀爲闕，刻形而不畫，故云闕也。王后禕衣，夫人揄狄，皆本服也。君命屈狄，謂女君子男之妻，受王后之命得服屈狄也。

再命禕鞠。衣，一命襢張戰反。衣，士褖衣。

鞠衣黃，襢衣白，褖衣黑。禕讀爲鞠。鞠衣黃，桑服也。色如鞠塵，象桑葉始生之色。再命鞠衣者，子男之卿再命，其妻得服鞠衣也。一命襢衣者，子男之大夫一命，其妻得服襢衣也。士褖衣者，子男之士不命，其妻服褖衣也。

唯世婦命於奠繭，其他則皆從男子。

世婦，天子二十七人。奠繭，獻繭也。凡獻物必先奠置于地，故謂獻爲奠。凡妻貴因夫，故得各服其命數之服。惟世婦必俟蠶畢獻繭，命之服乃服耳，他皆從夫之爵位也。

凡侍於君，紳垂，足如履齊，咨。頤霤，垂拱，視下而聽上，視帶以及袷，劫。聽鄉去聲。任左。

立而磬折，則紳必垂，身折則裳下之緝委地，故足如踐之也。頤，頷也。霤，屋簷也。身俯故頭臨前，而頤之垂如屋霤然。垂拱，亦謂身俯則手之拱者下垂也。視雖在下，而必側面向上，以聽尊者之言，故云「視下而聽上」也。袷，交領也。視則自帶至袷，高下之則也。凡立者尊右，坐者尊左。侍而君坐，則臣在君之右，是以聽向皆任左以向君。

凡君召以三節，二節以走，一節以趨。在官不俟屨，在外不俟車。

疏曰：「節以王爲之，所以明信，輔於君命者也。君使使召臣，有二節時，有一節時，故合云『三節』也。隨事緩急，急則二節，故走。緩則一節，故趨。官，謂朝廷治事處也。外，謂其室及官府也。在官近，故云『屨』。在外遠，故云『車』。」

士於大夫，不敢拜迎，而拜送。士於尊者先拜，進面，答之拜，則走。

士於大夫，尊卑有間。若大夫詣士，士不敢拜而迎之，恐其答拜也。去則拜送者，禮賓出則主人再拜送之，賓不答拜。禮有終止故也。士若見於大夫，則先拜於門外，然後進而見面。若大夫出迎而答其拜，則走避之。

士於君所言，大夫没矣，則稱謚若字，名士。與大夫言，名士，字大夫。

名士者，士雖没猶稱其名，以在君之前也。與大夫言而名士，則謂士之生者也。大夫之生者則字之。

於大夫所，有公諱，無私諱。凡祭不諱，廟中不諱，教學臨文不諱。

公諱，本國先君之諱也。私諱，私家之諱也。凡祭，祭羣神也。餘見《曲禮》。

古之君子必佩玉，右徵、止。角，左宮、羽。

徵、角、宮、羽，以玉聲所中言也。徵爲事，角爲民，故在右。右爲動作之方也。宮爲君，羽爲物，君道宜静，物道宜積，故在左。左乃無事之方也。不言商者，或以西方肅殺之音，故遺之歟？○方氏曰：「徵、角爲陽，宮、羽爲陰。陽主動，陰主静。右佩陰也，而聲中徵、角之動；左佩陽也，而聲中宮、羽之静。何哉？蓋佩所以爲行止之節，時止則止，時行則行，此設佩之意也。」

趨以《采齊》，慈。行以《肆夏》，周還旋。中去聲。規，折還中矩，進則揖之，退則揚之，然後玉鏘鳴也。故君子在車，則聞鸞、和之聲，行則鳴佩玉，是以非辟僻。之心無自入也。

路寢門外至應門，謂之趨。於此趨時，歌《采齊》之詩以爲節。路寢門内至堂，謂之行。於行之時，則歌《肆夏》之詩以爲節。中規，圜也。中矩，方也。進而前，則其身略俯，如揖然。退而後，則其身微仰，故曰「揚之」。進退俯仰皆得其節，故佩玉之鳴，鏘然可聽也。鸞和，鈴也。常所乘之車，鸞在衡，和在軾。若田獵之車，則和在軾，鸞在馬鑣也。○方氏曰：「心，内也。而言『入』，何哉？蓋心雖在内，有物探之而出。及其久也，則與物俱入矣，故得以『入』言焉。」

君在不佩玉，左結佩，右設佩。居則設佩，朝則結佩。

君在，謂世子在君所也。不佩玉，非去之也，但結蹙其左佩之綬，不使玉之有聲。玉以比德，示不敢表其有如玉之德耳。右設佩者，佩謂事佩觿、燧之屬，設之於右，示有服役以奉事於上也。居則設佩，謂退而燕居，則佩玉如常也。朝則結佩，申言上意。此皆謂世子也。

齊齋。則綪争。結佩而爵韠。

凡佩玉者遇齊時，則綪結其佩。綪，屈也。謂結其綬而又屈上之也。爵韠，爵色之韋爲韠也，士之服。但齊則雖諸侯大夫亦服之也。

凡帶必有佩玉，唯喪否。佩玉有衝牙。君子無故，玉不去身，君子於玉比德焉。

疏曰：「凡佩玉必上繫於衡，下垂三道，穿以蠙珠，下端前後以懸璜，中央下端懸以衝牙，動則衝牙前後觸璜而爲聲。所觸之玉，其形似牙，故曰『衝牙』。」

天子佩白玉，而玄組綬。

綬，所以貫佩之珠玉而相承受者。玄組綬，謂以玄色之組爲綬也。

公侯佩山玄玉，而朱組綬。大夫佩水蒼玉，而純緇。組綬。世子佩瑜玉，而綦組綬。士佩瓀乳兗反。玟，民。而緼温。組綬。

山玄、水蒼，如山之玄，如水之蒼也。瑜，美玉也。綦，雜文也。瓀玟，石之次玉者。緼，赤黄色。

孔子佩象環，五寸，而綦組綬。

象環，象牙之環也，其廣五寸。孔子謙不佩玉，故燕居佩之，非謂禮服之正佩也。

童子之節也，緇布衣，錦緣，去聲。錦紳并紐，錦束髮，皆朱錦也。

節，禮節也。錦緣，以錦爲緇布衣之緣也。紳、紐，見前。

童子不裘，不帛，不屨絇。劬。無緦服，聽事，不麻。無事則立主人之北，南面。見現。先生，從人而入。

不屨絇，未習行戒也。無緦服，謂父在時，己雖有緦親之喪，不爲之著緦服，但往聽主人使令之事。不麻，謂免而深衣不加絰也。《問喪》云：「童子不緦，唯當室緦。」當室，爲父後者也。童子未能習禮，且緦輕，故父在不緦，父没則本服不可違矣。從人而見先生，不敢以卑小煩長者爲禮也。

侍食於先生、異爵者，後祭，先飯。上聲。客祭，主人辭曰：「不足祭也。」客飧，孫。主人辭以「疏」。主人自置其醬，則客自徹之。

此言成人之禮。先生，齒尊於己者。異爵，爵貴於己者。後祭，示饌不爲己也。先飯，示爲尊貴者嘗之也。盛主人之饌，故祭。而主人辭之，謙也。既食而飧，以爲美也。而主人辭以麤疏，亦謙也。醬者，食味之主。故主人自設，客亦自徹，禮尚施報也。

一室之人，非賓客，一人徹。壹食之人，一人徹。凡燕食，婦人不徹。

一室之人，同居共事者也。壹食之人，爲同事而相聚以食者也。二者皆爲無賓主之分，故但推少者一人徹之而已。婦人不徹，弱不勝事也。

食棗、桃、李，弗致于核。瓜祭上環，食中，棄所操。

致，謂委棄之也。《曲禮》曰：「其有核者，懷其核。」上環，横切之，圓如環也。

凡食果實者，後君子；火孰者，先去聲。君子。

古人嘗藥嘗食，蓋恐其不善，或爲尊者害耳。果實生成之味，當使尊者先食。火孰者先君子嘗食之禮也。

有慶，非君賜不賀。

君賜，如爵命土田車服之類皆是也。言卿大夫士之家，設有喜慶之事，若是君命所賜，則當賀。非君賜，則不賀。蓋以君賜爲榮也。一説，有慶而君亦慶之，則餘人亦致賀。君無所賜，則餘人亦不必賀也。

有憂者。

此下缺文。

孔子食於季氏，不辭，不食肉而飧。

爲客之禮，將食必興辭。食則先胾次殽至肩，乃飽而飧。孔子既不辭，又不食肉，乃獨澆飯而爲飧之禮，蓋以季氏之饋失禮故也。

君賜車馬，乘以拜賜。句絶。衣服，服以拜賜。

君賜及門，既拜受矣，明日又乘服詣君所而拜謝其賜，所謂再拜，敬之至也。二「賜」字句絶，本朱子説。

君未有命，弗敢即乘服也。

此謂諸侯之卿大夫爲使臣，而受天子之賜，歸而獻諸其君，君命之乘服，乃得乘服。故君未有命，不敢即乘服也。《左傳》：「杜洩將以路葬，南遺謂季孫曰：『叔孫未乘路，葬焉用之？』季孫使杜洩舍路，不可，曰：『夫子受命於朝，而聘于王，王思舊勳而賜之路。復命而致之君，君不敢逆王命而復賜之。』」

君賜，稽首，據掌致諸地。

據，按也。覆左手以按於右手之上。致，至也。頭及手俱至地也。

酒肉之賜，弗再拜。

已拜受於家，而明日又往拜，謂之再拜。酒肉之賜輕，故惟拜受於家而已。

凡賜，君子與小人不同日。

君子小人以位言。君子曰「賜」，小人曰「與」，貴賤殊，故不可同日也。

凡獻於君，大夫使宰，士親，皆再拜稽首送之。膳於君，有葷、熏。桃、茢。列。於大夫去上聲。茢，於士去葷，皆造七到反。於膳宰。

大夫不親往而使宰者，恐勤君之降禮而受獻也。士賤，故得自往。皆再拜稽首送之者，言大夫初遣宰時，已拜送矣。及至君門以授小臣，則或宰或士，亦皆再拜而送之也。膳，美食也。葷，薑及辛菜也。茢，苕帚也。膳宰，主飲食者。○方氏曰：「膳必用葷、桃、茢者，防不祥之物或干之也。桃以其性，葷以其氣，茢以其形。形不如氣，氣不如性。故貴賤多少之數，去其一者茢，去其二者葷，惟桃不可去焉。皆造膳宰者，以不敢專達，必待主膳之人達之也。」

大夫不親拜，爲去聲。君之答已也。

釋所以不親獻之義。

大夫拜賜而退。士待諾而退，又拜，弗

答拜。

大夫往君門而拜君昨日所賜，及門即告小臣，小臣入白，大夫即拜。拜竟即退，不待小臣出報，恐君召進之而答拜也。君不答士之拜，故士拜竟，則待小臣傳君之諾報而後退也。又拜者，小臣傳諾報而出，士又拜君之諾也。弗答拜，謂君終不答士之拜也。

大夫親賜士，士拜受，又拜於其室。衣服弗服以拜。敵者不在，拜於其室。

其室，大夫之家也。衣服弗服以拜，下於君賜也。敵者，尊卑相等也。其室，獻者之家也。若當時主人在家而拜受，則不復往彼家拜謝。今主人不在，不得拜受，還家必往而拜之也。若朋友，則非祭肉不拜。

凡於尊者有獻，而弗敢以聞。

不敢以聞者，不敢直言獻於尊者，如云致馬資於有司，及贈從者之類也。

士於大夫不承賀，下大夫於上大夫承賀。

士於大夫尊卑遠，若有慶事，不敢受大夫之親賀。下大夫於上大夫尊卑近，故可承受其親賀也。

親在，行禮於人稱父。人或賜之，則稱父拜之。

方氏曰：「不敢私交，不敢私受故也。」

禮不盛，服不充。故大裘不裼，乘路車不式。

前章言「不充其服」，與此「充」字義殊。此謂禮之盛者，則以充美爲敬。大裘、路車，皆祭天所用。不裼而襲，是欲掩塞其華美也。不式，敬天之心不可他用也。

父命呼「唯」，上聲。而不「諾」，手執業則投之，食在口則吐之，走而不趨。

應辭，「唯」速而恭，「諾」緩而慢。

親老，出不易方，復不過時。親癠，才細反。色容不盛，此孝子之疏節也。

易方，則恐召己而莫知所在。過時，則恐失期而貽親之憂。癠，病也。疏節，謂常行疏略之禮而已，非大節也。

父没而不能讀父之書，手澤存焉爾。母没而杯圈起權反。不能飲焉，口澤之氣存焉爾。

不能，猶不忍也。手之所持，猶存其潤澤之迹。杯圈，盛酒漿之器，屈木爲之，若卮匜之屬也。口澤之氣，亦謂常用以飲，故口所潤澤，猶有餘氣。此所以不忍讀、不忍飲也。

君入門，介拂闑，臬。**大夫中棖**橙。**與闑之間，士介拂棖。**

此言兩君相見之時。入門，入大門也。介，副也。闑，門中央所豎短木也。棖者，門之兩旁長木，所謂楔也。君入當棖闑之中，主君在闑東，賓在闑西。主君上擯，在君後稍近西而拂闑。賓之上介，在賓後稍近東而拂闑。大夫之爲擯爲介者，各當君後而在棖闑二者之中。士之爲擯爲介者，則各拂東西之棖也。

賓入不中門，不履閾。公事自闑西，私事自闑東。

此賓謂鄰國來聘之卿大夫也。入不中門，謂入門稍東而近闑也。閾，門限也。聘享是奉君命而行，謂之公事。入自闑西，用賓禮也。若私覿私面，謂之私事。以其非君命故也，入自闑東，從臣禮也。

君與尸行接武，大夫繼武，士中武，徐趨皆用是。

君，謂天子諸侯也。接武，謂二足相躡每蹈於半，不得各自成迹也。若大夫與其尸行，則兩足迹相接續。漸卑，故與尸行步稍廣而速。中，猶間也。士與其尸行，每徙足間容一足地乃躡之。士極卑，故與尸行步極廣也。徐趨皆用是，謂君、大夫、士或徐或趨，皆用此與尸行步之節也。

疾趨則欲發，而手足毋移。

此言若以他事行禮而當疾趨者，其屨頭固欲發起，不以接武繼武爲拘。然而手容必恭，足容必重，不可或低或斜而變其常度。移，猶變也。

圈舉遠反。**豚，**上聲。**行不舉足，齊**咨。**如流。席上亦然。**

舊說，圈，轉也。豚之言循，讀爲上聲。謂徐趨之法，當曳轉其足循地而行，故云「不舉足」也。方氏謂此言迴旋而行。羔性聚，豚性散，圈之則聚而回旋於其中矣，故取況如此。未知是否。齊，裳下緝也。足既不舉，身又俯折，則裳下委於地而曳足，則齊如水之流。席上亦然，言未坐之時，行於席上，亦當如此也。

端行，頤霤如矢。弁行，剡剡起屨。

端，直也。直身而行，身亦小折，故頭直臨前，而頤如屋霤之垂。其步之進，則如矢之直也。弁，急也。剡剡，身起之貌。急行則欲速而身屨恒起也。一說，端謂玄端素端，弁謂爵弁皮弁，行容各欲稱其服也。

執龜、玉，舉前曳踵，蹜蹜縮。如也。

踵，足後跟也。舉足之前而曳其後跟，則行不離地，如有所循也。蹜蹜，促狹之貌。龜、玉皆重器，故敬謹如此。

凡行容惕惕。傷。

惕惕，直而且疾也，謂行於道路則然。蓋回枉則失容，舒緩則近惰也。

廟中齊齊，如字。朝廷濟濟上聲。翔翔。

齊齊，收持嚴正之貌。濟濟，威儀詳整也。翔翔，張拱安舒也。

君子之容舒遲，見所尊者齊齋。遬。速。

舒遲，閑雅之貌。齊，如「夔夔齊慄」之「齊」。遬者，謹而不放之謂，見所尊者故加敬。

足容重，手容恭。

重，不輕舉移也。恭，無慢弛也。

目容端，口容止。

無睇視，不妄動。

聲容静，頭容直。

無或噦咳，欲其静也。無或傾顧，欲其直也。

氣容肅。

似不息者。

立容德。

舊説以爲如有所予於人，其義難通。應氏謂中立不倚，儼然有德之氣象，此説近之。

色容莊，坐如尸。

莊，矜持之貌也。坐如尸，見《曲禮》。

燕居告温温。

《詩》言「温温恭人」，燕居之時，與告語於人之際，則皆欲其温和。所謂居不容，寬柔以教也。

凡祭，容貌顔色，如見所祭者。

《論語》曰：「祭如在，祭神如神在。」

喪容纍纍，力追反。色容顛顛，田。視容瞿瞿、屨。梅梅，言容繭繭。

此皆居喪之容。纍纍，羸憊失意之貌。顛顛，憂思不舒之貌。瞿瞿，驚遽之貌。梅梅，猶昧昧。瞻視不審，故瞿瞿梅梅然也。繭繭，猶綿綿，聲氣低微之貌也。

戎容暨暨，言容詻詻，五格反。色容厲肅，視容清明。

此皆軍旅之容。暨暨，果毅之貌。詻詻，教令嚴飭之貌。顏色欲其嚴厲而莊肅，視瞻欲其瑩澈而明審。

立容辨貶。卑毋諂。諂。

立之容貶卑者，不爲矜高之態也。雖貴貶損卑降，而必貴於正。若傾側其容，柔媚其色，則流於諂矣，故戒以「毋諂」焉。

頭頸必中。

頭容欲直。

山立。

如山之嶷然不摇動也。

時行。

當行則行。

盛氣顛田。實揚休。吁句反。

顛，讀爲填塞之填。實，滿也。揚，讀爲陽。休，與煦同。氣體之充也。言人當養氣，使充盛填實於内，故息之出也，若陽氣之煦物，其來無窮也。

玉色。

玉無變色，故以爲顏色無變動之喻。〇石梁王氏曰：「『立容』以下，不屬戎容。」

凡自稱，天子曰「予一人」。

一者，無對之稱。

伯曰「天子之力臣」。

天子三公，一相處内，二伯分主畿外諸侯。蓋股肱之臣，宣力四方者也，故曰「力臣」。

諸侯之於天子，曰「某土之守去聲。臣某」。

某土，猶云東土、西土之類。

其在邊邑，曰「某屏丙。之臣某」。

邊邑遠，謂之屏者，藩屏之義，所以蔽内而捍外也。

其於敵以下，曰「寡人」。小國之君曰「孤」。擯者亦曰「孤」。

此章與《曲禮》小異者，此據自稱爲辭，彼則擯者之辭也。

上大夫曰「下臣」，擯者曰「寡君之老」。下大夫自名，擯者曰「寡大夫」。世子自名，擯者曰「寡君之適」。的。

此明自稱與擯者之辭不同也。

公子曰「臣孽」。五葛反。

適而傳世者，謂之世子，餘則但稱公子而已。讀孽爲柎者，蓋比之木生之餘也，故以「臣孽」自稱。

士曰「傳張戀反。遽之臣」，於大夫曰「外私」。

驛傳之車馬，所以供急遽之令。士賤而給車馬之役使，故自稱「傳遽之臣」也。家臣稱私，此大夫非己所臣事者，故對之言，則自稱「外私」也。

大夫私事使，去聲。私人擯則稱名。

私事，謂非行聘禮，而以他事奉君命往使鄰國也。隨行之人當謂之介，曰「擯」者，擯是主人之副，今以在賓館而主國致禮，則己爲主人，故稱「擯」也。私人，己之屬臣也。私事使而私人擯，則無問上大夫下大夫，皆降而稱名，以非正聘故也。

公士擯，則曰「寡大夫」「寡君之老」。

公士，公家之士也。若正行聘禮，以公士爲擯。其下大夫往行小聘之禮，則擯辭稱「寡大夫」；其上大夫往行大聘之禮，則擯辭稱「寡君之老」。

大夫有所往，必與公士爲賓去聲。也。

賓，讀爲擯，介也。謂大夫有正聘之往，必使公士作介也。○方氏讀賓如字。謂擯雖爲賓執事，其實亦與之同爲賓而已。故曰「與公士爲賓也」。

明堂位第十四

昔者周公朝諸侯于明堂之位，天子負斧依，上聲。南鄉去聲。而立。

斧依，說見《曲禮》。○石梁王氏曰：「註云『周公攝王位』，又云『天子即周公』。周公爲冢宰時，成王年已十四，非攝位，但攝政。周公未嘗爲天子，豈可以天子爲周公？此記者之妄，註亦曲徇之。」

三公，中階之前，北面東上。諸侯之位，阼階之東，西面北上。諸伯之國，西階之西，東面北上。諸子之國，門東，北面東上。諸男之國，門西，北面東上。

疏曰：「中階者，南面三階故稱中。諸伯以下皆云『國』，此云『位』者，以三公不云位，諸侯在諸國之上，特舉位言之，明以下皆朝位也。」

九夷之國，東門之外，西面北上。八蠻之國，南門之外，北面東上。六戎之國，西門之外，東面南上。五狄之國，北門之外，南面東上。

夷、蠻、戎、狄，各從其方之門，而以右爲尊，獨南面東上者不然。方氏以爲南面疑於君，故與北面者同其上也。

九采之國，應門之外，北面東上。

疏曰：「此是九州之牧，謂之采者，以采取當州美物而貢天子，故《王制》云『千里之外曰采』。明堂無重門，但有應門耳。」

四塞，先代反。**世告至。此周公明堂之位也。明堂也者，明諸侯之尊卑也。**

四塞，九州之外夷狄也。若天子新即位，或其國君易世，皆一來朝告至，故云「世告至」也。

昔殷紂亂天下，脯鬼侯以饗諸侯。是以周公相武王以伐紂。武王崩，成王幼弱，周公踐天子之位，以治天下。六年，朝諸侯於明堂，制禮作樂，頒度量，而天下大服。七年，致政於成王。

鬼，國名。《易》曰：「高宗伐鬼方。」殺人以爲薦羞，惡之極也，故伐之。六年五服一朝，蓋始於此。○石梁王氏曰：「只以《詩》《書》證之，即知周公但居冢宰攝政，未嘗在天子位。『周公相，踐阼而治』，《文王世子》此語爲是。《詩小序》之言亦不可據。註引《魯頌》，豈盡伯禽時事哉！」○劉氏曰：「此蓋因《洛誥》篇首有周公曰『朕復子明辟』之辭，篇終有『周公誕保文武受命，惟七年』之語，遂生此論，謂周公踐天子位，七年而致政於成王也。殊不知『復子明辟』者，周公營洛遣使告卜之辭，『受命惟七年』者，史臣叙周公留後治洛，凡七年而薨也。《書傳》中九峯蔡氏之辨，可謂深切著明。」

成王以周公爲有勳勞於天下，是以封周公於曲阜，地方七百里，革車千乘，命魯公世世祀周公以天子之禮樂。是以魯君孟春乘大路，載戴。**弧韣，**獨。**旂十有二旒，日月之章，祀帝于郊，配以后稷，天子之禮也。**

《論語》稱伯禽爲「魯公」，《閟宮》稱僖公爲「魯侯」，又曰「俾侯于魯」，則魯本侯爵，過稱公也。《孟子》言公侯皆方百里，又言周公封于魯，地方百里。而此云七百里者，蓋以百里之田爲魯本國，如後世食實封也。并附庸爲七百里，所謂錫之山川、土田、附庸也。《周禮》封疆方五百里之制，當時設法未行，不可以據。革車，兵車也。千乘，田賦所出之數也。孟春，周正子月也。大路，殷祭天所乘之木路。弧所以開張旌旗之幅，其形如弓，以竹爲之。黼則弧之衣也，旒屬，於旂之正幅，而畫日月以爲章也。○王荊公謂周公能爲人臣所不能爲之功，故可用人臣所不得用之禮樂。程子曰：「是不知人臣之道也。夫居周公之位，則爲周公之事。由其位而能爲者，皆所當爲也。周公乃盡其爲臣之職耳，豈得獨用天子之禮樂哉！成王之賜，伯禽之受，皆非也。」○問：「孟子説齊魯皆封百里，而先生向説齊魯始封七百里者何耶？」朱子曰「此等處皆難考」云云。見《告子下》篇。

季夏六月，以禘禮祀周公於大廟，牲用白牡。

殷尚白，白牡，殷牲也。○方氏曰：「止用時王之禮者，諸侯之事。通用先王之禮者，天子之事。故《郊特牲》云，諸侯祭以白牡，乘大路，謂之僭禮也。」

尊用犧、莎。象、山罍，鬱尊用黃目。

尊，酒器也。犧，犧尊也。音莎者，釋云，刻畫鳳形婆娑然也；讀如字者，釋云，畫爲牛形。又云，尊爲牛之形。象，象尊也，以象骨飾尊。一説，尊爲象之形也。山罍，刻畫山雲之狀於罍也。鬱尊，盛鬱鬯酒之尊也。黃目，黃彝也，卣罍之類。以黃金鏤其外爲目，因名也。

灌用玉瓚才旱反。大圭，薦用玉豆雕篹，損管反。爵用玉琖側眼反。仍雕，加以璧散、去聲。璧角，俎用梡、澣。嶡。鱖。

灌，酌鬱鬯以獻尸也。以玉飾瓚，故曰「玉瓚」。以大圭爲瓚柄，故言「玉瓚大圭」也。薦，祭時所薦菹醢之屬也。玉豆，以玉飾豆也。篹，籩也。雕飾其柄，故曰「雕篹」。爵，行酒之器。夏世爵名琖，以玉飾之。仍，因也。因爵形而雕飾之，故曰「仍雕」也。加者，夫人亞獻於尸也。用璧角，即《周禮・內宰》所謂「瑤爵」也。夫人獻後，則賓用璧散獻尸。散、角皆以璧飾其口。此先言散，後言角，便文也。虞俎名梡，夏俎名嶡。梡形四足如案，嶡則加橫木於足中央爲橫距之形也。

升歌《清廟》，下管《象》，朱干玉戚，冕而舞《大武》。皮弁素積，裼析。而舞《大夏》。《昧》，東夷之樂也。《任》，壬。南蠻之樂也。納夷蠻之樂於大廟，言廣魯於天下也。

《清廟》，《周頌》。升樂工於廟之堂上而歌此詩也。堂下以下，堂下也。管，匏竹也。《象》，象《武》詩也。堂下以管吹象《武》之詩，故云「下管《象》」也。朱干，赤盾也。玉戚，玉飾斧柄也。著衮冕，而執此干戚以舞武王伐紂之樂；又服皮弁見裼衣，而舞夏后氏《大夏》之樂。五冕皆周制，故用以舞周樂。皮弁，三王之服，故用以舞夏樂也。《昧》、《任》皆樂名。廣魯於天下，言周公勳業之盛，廣及四夷。故廣大其國禮樂之事，以示天下也。

君卷衮。冕立于阼，夫人副、褘立于房中。君肉袒迎牲于門，夫人薦豆籩。卿大夫贊君，命婦贊夫人，各揚其職。百官廢職，服大刑。而天下大服。

副，首飾也。副之言覆，以其覆被乎首而爲名。詳見《周禮·追師》及《詩》「副笄六珈」註疏。褘，褘衣也。本王后之服，亦以尊周公而用天子禮樂，故得服之也。房，太廟之東南室也。贊，助也。命婦，内則世婦，外則卿大夫之妻也。揚，舉也。廢，不舉也。天下大服，謂敬服周公之德也。

是故夏礿，藥。秋嘗，冬烝。春社，秋省，悉井反。而遂大蜡。乍。天子之祭也。

魯在東方，或有朝于方岳之歲，則廢春祠，故此略之。秋省，省斂也。年不順成，則八蜡不通。必視年之上下，以爲蜡之豐嗇。舊讀「省」爲「獮」者，非。

大廟，天子明堂。庫門，天子皐門。雉門，天子應門。

魯無明堂，而太廟如明堂之制。天子五門：路、應、雉、庫、皐，由内而外。路門亦曰畢門。今魯庫門之制，如天子皐門；雉門之制，如天子應門也。

振木鐸於朝，天子之政也。

木鐸，金口木舌，發教令則振之，所以警動衆聽。

山節藻棁。

説見前篇。

復福。廟重平聲。檐。簷。

復廟，上下重屋也。重檐者，簷下復有板簷，免風雨之壞壁。

刮古刹反。楹達鄉。去聲。

以密石摩柱使之精澤，故云「刮楹」。達，通也。鄉，窻牖也。每室四户八窻，窻户相對，故云「達鄉」。

反坫出尊。

兩君好會反爵之坫，築土爲之，在兩楹間而近南，蓋獻酬畢，則反爵于其上也。凡物在内爲入，在外爲出。以坫在尊之外，故云「反坫出尊」，言坫出在尊之外也。

崇坫康圭，疏屏。天子之廟飾也。

崇，高也。康，安也。凡物措之得所，則無危墜之失。圭，禮器之重者，不可不謹，故爲此高坫以康圭也。疏屏者，刻鏤於屏，使之文理疏通也。

鸞車，有虞氏之路也。鉤車，夏后氏之路也。大路，殷路也。乘路，周路也。

鸞車，有鸞、和之車也。路，與輅同。鉤，曲也。車床謂之輿，輿之前闌曲，故名鉤車也。大路，殷之木輅也。乘路，周之玉輅也。

有虞氏之旂，夏后氏之綏，而追反。殷之大白，周之大赤。

四者旌旗之屬。《周禮》：「交龍爲旂。」綏，讀爲緌，以旄牛尾注於杠首而垂之者也。大白，白色旗也。大赤，赤色旗也。鄭云，當言有虞氏之緌，夏后氏之旂。謂虞質於夏，惟緌而已。至夏世乃有旂之制也。

夏后氏駱馬黑鬣，殷人白馬黑首，周人黄馬蕃煩。鬣。

白黑相間謂之駱，此馬白身而黑鬣也。蕃鬣，赤鬣也。

夏后氏牲尚黑，殷白牡，周騂剛。

騂，赤色。剛，壯色。

泰，有虞氏之尊也。山罍，夏后氏之尊也。著，直略反。殷尊也。犧莎。象，周尊也。

虞氏尚陶，泰，瓦尊也。著者，無足而底著於地也。餘見前章。

爵，夏后氏以琖，殷以斝，嫁。周以爵。

夏爵名琖，以玉飾之，故其字從玉。殷爵名斝，稼也，故畫爲禾稼。周之爵，則爵之形也。其曰玉爵者，則飾之以玉也。

灌尊。

灌鬯酒之尊也。

夏后氏以雞夷，殷以斝，周以黄目。

夷，讀爲彝，法也。與餘尊爲法，故稱彝。刻畫雞形於其上，故名「雞彝」。餘見上章。

其勺，是若反。夏后氏以龍勺，殷以疏勺，周以蒲勺。

《周禮》：「梓人爲飲器，勺一升。」龍勺，刻畫爲龍頭。疏勺，刻鏤疏通也。蒲勺者，合蒲爲鳧頭之形，其口微開，如蒲草本合而末微開也。三者皆謂勺之柄頭耳。

土鼓，蕢塊。桴，浮。葦籥，伊耆氏之樂也。

方氏曰：「以土爲鼓，未有鞾革之聲故也。以凷爲桴，未有斲木之利故也。以葦爲籥，未有截竹之精故也。」

拊撫。搏，博。玉磬，揩居八反。擊，大琴，大瑟，中琴，小瑟，四代之樂器也。

拊搏，舊説以韋爲之，充之以糠，形如小鼓。揩擊，謂柷、敔，皆所以節樂者。方氏以爲或拊或搏，或揩或擊，皆言作樂之事。又按《書傳》云：「戛擊，考擊也。搏，至。拊，循也。」皆與此文理有礙。當從鄭註。

魯公之廟，文世室也。武公之廟，武世室也。

魯公，伯禽也。武公，伯禽之玄孫。其室世世不毁，故言「世室」。○方氏曰：「周以祖文王爲不毁之廟，而魯以伯禽之廟比之，故曰『文世室』。宗武王爲不毁之廟，而魯以武公之廟比之，故曰『武世室』」。

米廩，有虞氏之庠也。序，夏后氏之序也。瞽宗，殷學也。頖判。宮，周學也。

此言魯立四代之學。魯所藏粢盛米之廩，即虞氏之庠。謂藏此米於學宮也，亦教孝之義。序者，射也。射以觀德，有先後之次焉。樂師瞽矇之所宗，故謂之瞽宗。頖，半也。諸侯曰頖宮，以其半辟雍之制也。《孟子》言：「夏曰校，殷曰序。」

崇鼎，貫鼎，大璜，封父龜，天子之器也。越棘，大弓，天子之戎器也。

崇、貫、封父、越，皆國名。棘，戟也。○方氏曰：「凡此即《周官・天府》所藏大寶鎮寶之類是也。」

夏后氏之鼓足，殷楹鼓，周縣玄。鼓。垂之和鍾，叔之離磬，女媧之笙簧。

足，謂四足也。楹，貫之以柱也。縣，懸於簨簴也。垂，見《舜典》。○方氏曰：「《郊特牲》曰：「以鍾次之，以和居參之也。」故謂之和鍾。《樂記》曰：「石聲磬，磬以立辨。」辨者，離之音也，故謂之「離磬」。笙以象物生之形，簧則美在其中，故謂之笙簧。《世本》曰：「無句作磬。」皇氏云：「無句，叔之別名。」」

夏后氏之龍簨筍。虡，距。殷之崇牙，周之璧翣。

《周官》：「梓人爲簨虡。」横曰筍，植曰虡，所以懸樂器也。以龍形飾之，故曰「龍簨虡」。崇牙者，刻木爲之，飾以采色，其狀隆然。殷人於簨之上，施崇牙以挂鍾磬也。周人則又於簨上畫繒爲翣，載之以璧，下懸五采之羽，而挂於簨之角焉。

有虞氏之兩敦，對。夏后氏之四璉，輦。殷之六瑚，周之八簋。

《少牢禮》曰「執敦黍，有蓋」，又曰，設四敦，「皆南首」。敦之爲器，有蓋有首也。四者皆盛黍稷之器。禮之有器，時王各有制作，故歷代寶而用之。但時代漸遠，則古器之存者漸寡，此魯所有之數耳。

俎，有虞氏以梡，夏后氏以嶡，殷以椇，矩。周以房俎。

梡、嶡，見前章。椇者，俎之足間横木，爲曲橈之形，如椇枳之樹枝也。房者，俎足下之跗。謂俎之上下兩間，有似於堂房也。○疏曰：「古制不可委知，今依註略爲此意。未知是否。」

夏后氏以楬苦瞎反。豆，殷玉豆，周獻莎。豆。

楬，不飾也，木質而已。獻讀爲娑。獻尊刻畫鳳羽，則此豆亦必刻畫鳳羽，故名也。

有虞氏服韍，弗。夏后氏山，殷火，周龍章。

韍者，祭服之蔽膝，即韠也。虞氏直以韋爲之，無文飾。夏世則畫之以山，殷人增之以火，周人又加龍以爲文章。

有虞氏祭首，夏后氏祭心，殷祭肝，周祭肺。

方氏曰：「三代各祭其所勝。蓋夏尚黑爲勝赤，故祭心。殷尚白爲勝青，故祭肝。周尚赤爲勝白，故祭肺。」

夏后氏尚明水，殷尚醴，周尚酒。

疏曰：「《儀禮》設尊尚玄酒，是周亦尚明水也。《禮運》云：「澄酒在下。」則周不尚酒。故註云『言尚非』也。」○方氏曰：「明水者，取於月之水，故謂之明水，則淡而無味。醴則漸致其味，酒則味之成者。」

有虞氏官五十，夏后氏官百，殷二百，周三百。

《書》言「唐虞建官惟百，夏商官倍」，先儒信此記而不信《書》，固爲不可。且謂魯得用四代禮樂，故惟通用其官之名號，不必盡用其數。皆臆説也。

有虞氏之綏，而追反。夏后氏之綢，叨。練，殷之崇牙，周之璧翣。

此皆喪葬之飾。綢練，見《檀弓》。餘見上章。又翣制，詳見《喪大記》。

凡四代之服、器、官，魯兼用之。是故魯，王禮也，天下傳之久矣。君臣未嘗相弑也，禮樂、刑法、政俗，未嘗相變也。天下以爲有道之國，是故天下資禮樂焉。

君臣未嘗相弑，禮樂、刑法、政俗未嘗相變，先儒以爲近誣，或以爲諱國惡，論之詳矣。大抵此篇主於誇大魯國，故歷舉四代之服、器、官，以見魯之禮樂其盛如此。不知「魯之郊、禘非禮也，周公其衰矣！」知此，則此記所陳，適足以彰其僭而已，而奚盛大之有哉！○朱氏曰：「羽父弑隱公，慶父弑二君，則君臣相弑矣。夏父躋僖公，禮之變也。季氏舞八佾，樂之變也。僖公欲焚巫尪，刑之變也。宣公初稅畝，法之變也。政逮於大夫，政之變也。婦人髽而弔，俗之變也。」○石梁王氏曰：「此見《春秋經》而不見《傳》者，故謂未嘗相弑，未嘗變法。大抵此篇多誣。」

禮記卷之九

禮記卷之十

陳澔集説

喪服小記第十五

朱子曰：「《小記》是解《喪服傳》。」

斬衰，括髮以麻。爲去聲。母，括髮以麻。免問。而以布。

斬衰，主人爲父之服也。親始死，子服布深衣，去吉冠而猶有笄縰，❶徒跣扱深衣前衽於帶。將小斂，乃去笄縰，著素冠。斂訖，去素冠，而以麻自項而前交於額上，卻而繞於紒，如著幓頭然。幓頭，今人名掠髮。此謂「括髮以麻」也。母死亦然，故云「爲母括髮以麻」，言此禮與喪父同也。免而以布，專言爲母也。蓋父喪小斂後，拜賓竟，子即堂下之位，猶括髮而踊。母喪則此時不復括髮，而著布免以踊，故云「免而以布」也。笄縰，説見《内則》。免，見《檀弓》。

齊衰，惡笄以終喪。

婦人居齊衰之喪，以榛木爲笄以卷髮，謂之惡笄。以終喪者，謂中間更無變易，至服竟則一并除之也。

男子冠平聲。而婦人笄，男子免而婦人髽。莊加反。其義，爲男子則免，爲婦人則髽。

吉時男子首有吉冠，婦人首有吉笄。若親始死，男去冠，女則去笄。父喪成服也，男以六升布爲冠，女則箭篠爲笄。若喪母，男則七升布爲冠，女則榛木爲笄，故云「男子冠而婦人笄」也。男子免而婦人髽者，言今遭齊衰之喪，當男子著免之時，婦人則髽其首也。髽有二，斬衰則麻髽，齊衰則布髽，皆名露紒。其義爲男子則免，爲婦人則髽者，言其義不過以此免與髽分别男女而已。

苴雎。杖，竹也。削杖，桐也。

竹杖圓以象天，削杖方以象地，父母之别也。○疏曰：「苴者，黯也。必用竹者，以其體圓性貞，四時不改，明子爲父禮伸痛極，自然圓足，有終身之痛也。削者，殺也。桐隨時凋落。謂母喪外雖削殺，服從時除，而終身之心，當與父同也。」

❶「縰」，原作「縱」，據元刻本、四庫本、殿本改。下兩「縰」字同。

祖父卒，而后爲祖母後者三年。

適孫無父，既爲祖三年矣，今祖母又死，亦終三年之制。蓋祖在而喪祖母，則如父在而爲母期也。子死則孫爲後，故以爲後者言之。

爲去聲。父母，長子稽顙。大夫弔之，雖緦必稽顙。

服重者，先稽顙而後拜賓。服輕者，先拜賓而後稽顙。父母，尊也；長子，正體也，故從重。大夫弔於士，是以尊臨卑，雖是緦服之喪，亦必稽顙而後拜。蓋尊大夫，不敢以輕待之也。

婦人爲去聲。夫與長子稽顙，其餘則否。

婦人受重於他族，故夫與長子之喪則稽顙。其餘，謂父母也。降服移天，其禮殺矣。

男主必使同姓，婦主必使異姓。

喪必有男主以接男賓，必有女主以接女賓。若父母之喪，則適子爲男主，適婦爲女主。今無男主而使人攝主，則必使喪家同姓之男。無女主而使人攝主，則必使喪家異姓之女，謂同宗之婦也。

爲父後者，爲去聲。出母無服。

出母，母爲父所遺者也。適子爲父後者不服之，蓋尊祖敬宗，家無二主之義也。非爲後者服期。

親親以三爲五，以五爲九。上殺，色介反。下殺，旁殺，而親畢矣。

由己身言之，上有父，下有子，宜言以一爲三。而不言者，父子一體，無可分之義。故惟言以三爲五，謂因此三者，而由父以親祖，由子以親孫，是以三爲五也。又不言以五爲七者，蓋由祖以親曾、高二祖，由孫而親曾孫、玄孫，其恩皆已疏略，故惟言以五爲九也。由父而上殺之至高祖，由子而下殺之至玄孫，是上殺、下殺也。同父則期，同祖則大功，同曾祖則小功，同高祖則緦麻，是旁殺也。高祖外無服，故曰「畢矣」。

王者禘其祖之所自出，以其祖配之，而立四廟。庶子王亦如之。

四廟，謂高、曾、祖、禰四親廟也。始祖居中爲五，并高祖之父祖爲七。或世子有廢疾不可立，而庶子立爲王者，其禮制亦然。○趙氏曰：「禘，王者之大祭也。王者既立始祖之廟，又推始祖所自出之帝，祀之於始祖之廟，而以始祖配之也。」

別子爲祖，繼別爲宗。繼禰者爲小宗。有五世而遷之宗，其繼高祖者也。是故祖遷於上，宗易於下。尊祖，故敬宗。敬宗，所以尊祖禰也。

別子有三：一是諸侯適子之弟，別於正適；二是異姓公子來自他國，別於本國不來者；三是庶姓之起於是邦爲卿大夫，而別於不仕者，皆稱別子也。爲祖者，別與後世爲始祖也。繼別爲宗者，別子之後，世世以適長子繼別子，與族人爲百世不遷之大宗也。繼禰者爲小宗，謂別子之庶子以其長子繼己爲小宗，而其同父之兄弟宗之也。五世者，高祖至玄孫之子。此子於父之高祖無服，不可統其父同高祖之兄弟，故遷易而各從其近者爲宗矣，故曰「有五世而遷之宗，其繼高祖者也」。四世之時，尚事高祖。五世則於高祖之父無服，是祖遷於上也。四世之時，猶宗三從族人。至五世則不復宗四從族人矣，是宗易於下也。宗是先祖正體，惟其尊祖，是以敬宗也。○疏曰：「族人一身事四宗：事親兄弟之適，是繼禰小宗也；事同堂兄弟之適，是繼祖小宗也；事再從兄弟之適，是繼曾祖小宗也；事再從兄弟之適，是繼高祖小宗也。小宗凡四，獨云『繼禰』者，初皆繼禰爲始，據初而言之也。」

庶子不祭祖者，明其宗也。

此據適士立二廟，祭禰及祖。今兄弟二人，一適一庶，而俱爲適士。其適子之爲適士者，固祭祖及禰矣。其庶子雖適士，止得立禰廟，不得立祖廟而祭祖者，明其宗有所在也。

庶子不爲去聲。長子斬，不繼祖與禰故也。

庶子不得爲長子服斬衰三年者，以己非繼祖之宗，又非繼禰之宗，則長子非正統故也。

庶子不祭殤與無後者。殤與無後者，從祖祔食。

長中下殤，見前篇。蓋未成人而死者也。無後者，謂成人未昏，或已娶而無子而死者也。庶子所以不得祭此二者，以己是父之庶子，不得立父廟，故不得自祭其殤子也。若己是祖之庶孫，不得立祖廟，故無後之兄弟，己亦不得祭之也。祖廟在宗子之家，此殤與此無後者，當祭祖之時，亦與祭於祖廟也。故曰「從祖祔食」。

庶子不祭禰者，明其宗也。

庶子不得立禰廟，故不得祭禰。所以然者，明主祭在宗子，廟必在宗子之家也。庶子雖貴，止得供具牲物，而宗子主其禮也。上文言「庶子不祭祖」，是猶得立禰廟，以其爲適士也。此言「不祭禰」，以此庶子非適士，或未仕，故不得立廟以祭禰也。

親親，尊尊，長長，男女之有別，人道之大者也。

疏曰：「此論服之降殺。親親，謂父母也。尊尊，謂祖及曾祖高祖也。長長，謂兄及旁親也。不言卑幼，舉尊長則卑幼可知也。男女之有別者，若爲父斬，爲母齊衰；姑姊妹在室期，出嫁大功；爲夫斬，爲妻期之屬是也。此四者，於人之道爲最大。」

從服者，所從亡則已。屬從者，所從雖没也服。

疏曰：「服術有六，其一是徒從。徒，空也。與彼非親屬，空從此而服彼，有四者：一是妾爲女君之黨，二是子從母服於母之君母，三是妾子爲君母之黨，四是臣從君而服君之黨。此四徒之中，惟女君雖没，妾猶服女君之黨。餘三徒，所從既亡，則止而不服。已，止也。屬者，骨血連續以爲親也。亦有三：一是子從母服母之黨，二是妻從夫服夫之黨，三是夫從妻服妻之黨。此三從，雖没猶從之服其親也。」

妾從女君而出，則不爲去聲。女君之子服。

妾，謂女君之姪娣也。其來也與女君同入，故服女君之子與女君同。若女君犯七出而出，則此姪娣亦從之出。子死，則母自服其子。姪娣不服，義絶故也。

禮，不王不禘。

禘，王者之大祭，諸侯不得行之，故云「不王不禘」。○石梁王氏曰：「此句合在『王者禘其祖之所自出』上，錯亂在此。」

世子不降妻之父母。其爲去聲。妻也，與大夫之適子同。

世子，天子諸侯之適子傳世者也。不降殺其妻父母之服者，以妻故親之也。大夫適子死，服齊衰不杖。今世子既不降其妻之父母，則其爲妻服，與大夫服適子之服同也。

父爲士，子爲天子諸侯，則祭以天子諸侯，其尸服以士服。

祭用生者之禮，盡子道也。尸以象神，自用本服。

父爲天子諸侯，子爲士，祭以士，其尸服以士服。

以天子諸侯之禮，祭其父之爲士者，其禮伸，故尸服死者之服，爲禮之正。以士之禮，祭其父之爲天子諸侯者，其禮屈，故尸服生者之服，爲禮之變。禮有曲而殺者，此類是也。

婦當喪而出，則除之。

婦當舅姑之喪而爲夫所出，則即除其服，恩義絶故也。

爲父母喪，未練而出則三年，既練而出則已。

若當父母之喪未期而爲夫所出，則終父母三年之制。爲己與夫族絶，故其情復隆於父母也。若在父母小祥後被出，則是己之期服已除，不可更同兄弟爲三年服矣，故已也。已者，止也。

未練而反則期，既練而反則遂之。

若被出後，遇父母之喪，未及期，而夫命之反，則但終期服。反在期後，則遂終三年。蓋緣已隨兄弟小祥服，三年之喪不可中廢也。

再期之喪，三年也。期之喪，二年也。九月、七月之喪，三時也。五月之喪，二時也。三月之喪，一時也。故期而祭，禮也。期而除喪，道也。祭不爲除喪也。

《儀禮》大功章有「中殤七月」之文，即此「七月之喪」也。期而祭，謂再期之喪致小祥之祭也。期而除喪，謂除衰絰，易練服也。小祥之祭，乃孝子因時以伸其思親之禮也。練時男子除首絰，婦人除要帶，乃生者隨時降殺之道也。祭與練雖同時並舉，然祭非爲練而設也。

三年而後葬者，必再祭。其祭之間不同時而除喪。

孝子以事故不得及時治葬，中間練祥時月，以尸柩尚存，不可除服。今葬畢必舉練祥兩祭，故云「必再祭」也。但此二祭仍作兩次舉行，不可同在一時。如此月練祭，則男子除首絰，婦人除要帶。次月祥祭，乃除衰服。故云「其祭之間不同時而除喪」也。

大功者主人之喪，有三年者，則必爲之再祭。朋友虞、祔而已。

大功者主人之喪，謂從父兄弟來主此死者之喪也。三年者，謂死者之妻與子也。妻既不可爲主，而子又幼小，別無近親，故從父兄弟主之，必爲之主行練祥二祭。朋友但可爲之虞祭、祔祭而已。

士妾有子而爲之緦，無子則已。

《喪服》云，大夫爲貴妾緦。士卑，故妾之有子者爲之緦，無子則不服也。

生不及祖父母、諸父、昆弟，而父稅吐外反。喪，己則否。

稅者，日月已過，始聞其死，追而爲之服也。此言生於他國，而祖父母、諸父、昆弟皆在本國，己皆不及識之。今聞其死，而日月已過，父則追而服之，己則不服也。

爲君之父母、妻、長子，君已除喪，而後聞喪，則不稅。

卿大夫爲君之父母、妻、長子皆有服。今以出使他國，或以事久留，君除喪之後，己始聞喪，不追服也。

降而在緦、小功者，則稅之。

此句承「父稅喪，己則否」之下，誤在此。降者，殺其正服也。如叔父及適孫正服皆不杖期，死在下殤，則皆降服小功。如庶孫之中殤，以大功降而爲緦也。從祖昆弟之長殤，以小功降而爲緦也。如此者皆追服之。《檀弓》曾子所言「小功不稅」，是正服小功，非謂降也。凡降服重於正服。詳見《儀禮》。

近臣，君服，斯服矣，其餘從而服，不從而稅。

近臣，卑賤之臣也。此言小臣有從君往他國既返，而君之親喪已過服之月日，君稅之，此臣亦從君而服。其餘，謂卿大夫之從君出爲介、爲行人宰史者，返而君服限未滿，亦從君而服。若在限外而君稅，則不從君而稅也。

君雖未知喪，臣服已。

此言君在他國，而本國有喪，君雖未知，而諸臣之留國者，自依禮成服，不待君返也。

虞，杖不入於室。祔，杖不升於堂。

虞祭在寢，祭後不以杖入室。祔祭在祖廟，祭後不以杖升堂。皆殺哀之節也。

爲君母後者，君母卒，則不爲君母之黨服。

此言無適子而庶子爲後者，即上章「從服者，所從亡則已」之義也。

絰殺色介反。**五分而去**下聲。**一。杖大如絰。**

《喪服傳》曰：「苴絰大搹，左本在下，去五分一以爲帶。」絰，大搹者，謂首絰也。五分減一分，則要絰之大也。遞減之，則齊衰之絰，大如斬衰之帶，去五分一以爲齊衰之帶。大功之絰，大如齊衰之帶，去五分一以爲大功之帶。小功之絰，大如大功之帶，去五分一以爲小功之帶。緦麻之絰，大如小功之帶，去五分一以爲緦麻之帶。麻在首在要，皆曰絰。分言之，則首曰絰，要曰帶。所以五分者，象五服之數也。杖大如絰，如要絰也。搹者，搤也。○朱子曰：「首絰大一搤，只是拇指與第二指一圍。」

妾爲君之長子，與女君同。

女君爲長子三年，妾亦同服三年，以正統故重也。

除喪者，先重者。易服者，易輕者。

男子重在首，婦人重在要。凡所重者，有除無變。故雖卒哭，不受輕服。直至小祥，而男子除首絰，婦人除要絰。此之謂「除喪者，先重者」也。易服者，謂先遭重喪，後遭輕喪，而變易其服也。輕，謂男子要、婦人首也。此言先是斬衰，虞而卒哭，已變葛絰。葛絰之大小，如齊衰之麻絰。今忽又遭齊衰之喪，齊衰要首絰皆牡麻，牡麻重於葛也。服宜從重，故男不變首，女不變要，以其所重也。但以麻易男要女首而已。故云「易服者，易輕者」也。若未虞、卒哭，則後喪不能變。

無事不辟毗亦反。廟門，哭皆於其次。

辟，開也。廟門，殯宮之門也。鬼神尚幽闇，故有事則辟，無事不辟也。次，倚廬也。朝夕之哭，與受弔之哭，皆即門內之位。若或晝或夜無時之哭，則皆於倚廬也。

復與書銘，自天子達於士，其辭一也。男子稱名，婦人書姓與伯仲，如不知姓，則書氏。

復，招魂以復魄也。書銘，書死者名字於明旌也。《檀弓》疏云：「《士喪禮》：『爲銘，各以其物。』士長三尺，大夫五尺，諸侯七尺，天子九尺。若不命之士，以緇長半幅長一尺，赬末長終幅長二尺，總長三尺。」周禮，天子之復，曰「皐天子復」。諸侯，則曰「皐某甫復」。此言「天子達於士，其辭一」者，殷以上質不諱名，故臣可以名君歟？男子稱名，謂復與銘皆名之也。婦人銘則書姓及伯仲。此或亦是殷以上之制，如周則必稱夫人也。姓，如魯是姬姓。後三家各自稱氏，所謂氏也。殷以前，六世之外，則相與爲昏，故婦人有不知姓者。周不然矣。

斬衰之葛，與齊衰之麻同。齊衰之葛，與大功之麻同。麻同皆兼服之。

上章言絰殺皆是五分去一。此言斬衰卒哭後所受葛絰，與齊衰初死之麻絰大小同。齊衰變服之葛絰，與大功初死之麻絰大小同。麻同皆兼服之者，謂居重喪而遭輕喪，服麻又服葛也。上章言男子易要絰，不易首絰。故首仍重喪之葛，要乃輕喪之麻也。婦人卒哭後無變，上下皆麻。此言麻葛兼服者，止謂男子耳。

報赴。葬者報虞，三月而後卒哭。

報，讀爲赴，急疾之義。謂家貧或以他故，不得待三月，死而即葬者。既疾葬，亦疾虞。虞以安神，不可後也。惟卒哭，則必俟三月耳。

父母之喪偕，句。先葬者不虞祔，待後事。其葬服斬衰。

父母之喪偕，即《曾子問》「並有喪」，言父母同時死也。葬，先輕而後重。先葬，葬母也。不虞祔，不爲母設虞祭祔祭也。蓋葬母之明日，即治父葬。葬父畢虞祔，然後爲母虞祔，故云「待後事」。祭則先重而後輕也。其葬母亦服斬衰者，從重也。以父未葬，不敢變服也。

大夫降其庶子，其孫不降其父。

大夫爲庶子服大功，而庶子之子，則爲父三年也。大夫不服其妾，故妾子爲其母大功。

大夫不主士之喪。

謂士死無主後，其親屬有爲大夫者，不得主其喪，尊故也。

爲慈母之父母無服。

恩所不及故也。

夫爲人後者，其妻爲舅姑大功。

此舅姑謂夫之所生父母。

士祔於大夫，則易牲。

祖爲大夫，孫爲士。孫死祔祖，則用大夫牲。士牲卑，不可祭於尊者也。此與「葬以大夫，祭以士」者不同，如妾無妾祖姑可祔，則易牲而祔於女君也。

繼父不同居也者。必嘗同居，皆無主後，同財而祭其祖禰，爲同居。有主後者，爲異居。

母再嫁而子不隨往，則此子與母之繼夫猶路人也，故自無服矣。今此子無大功之親，隨母以往，其人亦無大功之親，故云「同居皆無主後」也。於是以其貨財爲此子同築宫廟，使之祭祀其先。如此，則是繼父同居，其服期也。異居有三：一是昔同今異；二是今雖同居，却不同財；三是繼父自有子，即爲異居。異居者，服齊衰三月而已。此云「有主後者，爲異居」，則此子有子，亦爲異居也。

哭朋友者，於門外之右，南面。

《檀弓》曰：「朋友，吾哭諸寢門之外。」南向者，爲主以待弔賓也。

祔葬者，不筮宅。

宅，謂塋壙也。前人之葬已筮而吉，故祔葬則不必再篋也。

士、大夫不得祔於諸侯。祔於諸祖父之爲士、大夫者，其妻祔於諸祖姑，妾祔於妾祖姑，亡則中一以上而祔，祔必以其昭穆。

公子、公孫之爲士爲大夫者，不得祔於先君之廟也。諸祖父，其祖爲國君者之兄弟也。諸祖姑，諸祖父之妻也。若祖爲國君，而無兄弟可祔，亦祔宗族之疏者。上言士易牲而祔於大夫。而大夫不得易牲而祔諸侯者，諸侯之貴絶宗，故大夫士不得親之也。妾祔於妾祖姑，言妾死則祔於祖之妾也。亡，無也。中，間也。若祖無妾，則又間曾祖一位，而祔高祖之妾，故云「亡則中一以上而祔」也。所以間曾祖者，以昭穆之次不同列，祔必以昭穆也。

諸侯不得祔於天子，天子、諸侯、大夫可以祔於士。

卑孫不可祔於尊祖，孫貴而不祔其祖之爲士者，是自尊而卑其祖，不可也。故可以祔於士。

爲母之君母，母卒則不服。

母之君母者，母之適母也。非母所生之母，故母在而爲之服，則已亦從而服，是徒從也。徒從者，所從亡則已，故母卒則不服。

宗子母在爲妻禫。

父在，則適子爲妻不杖，不杖則不禫。父没母存，則杖且禫矣。此宗子，百世不遷者也。恐疑於宗子之尊厭其妻，故明言雖母在，亦當爲妻禫也。然則非宗子而母在者不禫矣。

爲慈母後者，爲庶母可也，爲祖庶母可也。

《傳》曰：「妾之無子者，妾子之無母者，父命之爲子母。」此謂爲慈母後者也。若庶母嘗有子，而子已死，命他妾之子爲其後，故云「爲庶母可也」。若父之妾有子而子死，已命己之妾子後之亦可，故云「爲祖庶母可也」。〇石梁王氏曰：「爲慈母後者，爲庶母、爲祖庶母後皆可。謂既是妾子，此三母皆妾，皆可以妾生之子爲後。」

爲父、母、妻、長子禫。

此言當禫之喪有此四者。然妻爲夫亦禫，又慈母之喪無父在亦禫，記者略耳。

慈母與妾母，不世祭也。

不世祭者，謂子祭之而孫不祭也。上章言「妾祔於妾祖姑」者，疏云：「妾無廟，今乃云祔及高祖，當是爲壇以袝之耳。」

丈夫冠去聲。而不爲殤，婦人笄而不爲殤。爲殤後者，以其服服之。

男子死在殤年，則無爲父之道。然亦有不俟二十而冠者，冠則成人也。此章舉不爲殤者言之，則此當立後者，乃是已冠之子，不可以殤禮處之，其族人爲之後者，即爲之子也。以其服服之者，子爲父之服也。舊說，爲殤者父之子，而依兄弟之服服此殤，非也。其女子已笄而死，則亦依在室之服服之，不降而從殤服也。

久而不葬者，唯主喪者不除。其餘以麻終月數者，除喪則已。

主喪者不除，謂子於父，妻於夫，孤孫於祖父母，臣於君，未葬不得除衰絰也。麻終月數者，期以下至緦之親，以主人未葬不得變葛，故服麻以至月數足而除，不待主人葬後之除也。然其服猶必收藏，以俟送葬也。

箭笄終喪三年。齊衰三月，與大功同者，繩屨。

前章言「齊衰惡笄以終喪」，爲母也。此言「箭笄三年」，女子在室爲父也。箭，篠也。齊衰爲尊，大功爲卑；然三月者恩之輕，九月者恩稍重，故可以同用繩屨。此制禮者淺深之宜也。繩屨，麻繩爲屨也。

練，筮日，筮尸，視濯，皆要平聲。絰，杖，繩屨。有司告具，而后去上聲。杖。筮日，筮尸，有司告事畢，而後杖，拜送賓。大祥吉服而筮尸。

練，小祥也。筮日，筮祥祭之日也。筮尸，筮爲尸之人也。視濯，視祭器之滌濯也。小祥除首絰，而要之葛絰未除。將欲小祥，則預著此小祥之服以臨此三事。不言衰與冠者，則亦必同小祥之制矣。有司，謂執事者。向者變服猶杖，今執事者告三事辦具，將欲臨事，故孝子即去杖而致敬。此三事者，惟筮日筮尸有賓來，今執事者告筮占之事畢，則孝子復執杖以拜送於賓。視濯無賓，故不言。至大祥時，則吉服行事矣。吉服，朝服也。不言筮日視濯，與小祥同可知也。

庶子在父之室，則爲其母不禫。

此言不命之士父子同宫者。

庶子不以杖即位。

此言適庶俱有父母之喪者，適子得執杖進阼階哭位，庶子至中門外則去之矣。

父不主庶子之喪，則孫以杖即位可也。

父主適子喪而有杖，故適子之子不得以杖即位，避祖之尊故然，非厭之也。今父既不主庶子之喪，故庶子之子得以杖即位。祖不厭孫，孫得伸也。父皆厭子，故舅主適婦喪，而適子不杖。大夫不服賤妾，故妾子亦以厭而降服以服其母。祖雖尊貴，不厭其孫。故大夫降庶子，而孫不降其父也。

父在，庶子爲妻以杖即位可也。

舅主適婦，故適子不得杖。舅不主庶婦，故庶子爲妻可以杖即位。此以即位言者，蓋庶子厭於父母，雖有杖不得持以即位，故明言之也。

諸侯弔於異國之臣，則其君爲主。

君無弔外臣之禮。若來在此國，而適遇其卿大夫之喪，則弔之。以主君之故耳，故主君代其臣之子爲主。

諸侯弔，必皮弁錫衰。所弔雖已葬，主人必免。問。主人未喪服，則君亦不錫衰。

錫者，治其布使之滑易也。弔異國臣，則皮弁錫衰也。國君自弔其臣，則素弁環絰錫衰。凡免之節，大功以上爲重服，自始死至葬卒哭後，乃不復免。小功以下爲輕服，自始死至殯，殯後不復免。至葬啓殯之後而免，以至卒哭，如始死。今人君來弔，雖非服免之時，必爲之免，以尊重人君故也。禮，既殯而成服。此言「未喪服」，謂未成服也。

養去聲。有疾者不喪服，遂以主其喪。非養者入主人之喪，則不易己之喪服。養尊者必易服，養卑者否。

親屬無近親而遇疾者，已往養之，而身有喪服，則釋去其服，惡其凶也。故云「養有疾者不喪服」。若此疾者遂死，既無主後，已既養之，當遂主其喪。蓋養者於死者有親也。然亦不著己之喪服，故云「遂以主其喪」。非養者入主人之喪，謂疾時不曾釋服來致其養，今死乃入來主其喪，則亦不易去己之喪服也。尊謂父兄，卑謂子弟。

妾無妾祖姑者，易牲而祔於女君可也。

妾當祔於妾祖姑，上章言「亡則中一以上而祔」，是祔高祖之妾。今又無高祖妾，則當易妾之牲而祔於適祖姑。女君，謂適祖姑也。

婦之喪，虞、卒哭，其夫若子主之；祔，則舅主之。

虞、卒哭在寢，祭婦也。祔於廟，祭舅之母也。尊卑異，故所主不同。

士不攝大夫。士攝大夫，唯宗子。

士喪無主，不敢使大夫兼攝爲主。若士是宗子，則主喪之任可使大夫攝之，以宗子尊故也。一説，大夫之喪無主，士不敢攝而主之。若士是宗子，則可。

主人未除喪，有兄弟自他國至，則主人不免問。而爲主。

葬後而君弔之，則非時亦免。以敬君，故新其事也。兄弟，親屬也。親則尚質，故不免而爲主也。

陳器之道，多陳之而省納之可也，省陳之而盡納之可也。

陳器，陳列從葬之明器也。凡朋友賓客所贈遺之明器，皆當陳列，所謂多陳之也。而所納於壙者有定數，故云「省納之可也」。省，減殺也。若主人所作者，依禮有限，故云「省陳之而盡納之可也」。

奔兄弟之喪，先之墓而後之家，爲位而哭。所知之喪，則哭於宮而後之墓。

兄弟，天倫也。所知，人情也。係於天者，情急於禮；由於人者，禮勝於情。宮，故殯宮也。

父不爲衆子次於外。

適長子死，父爲之居喪次於中門外，庶子否。

與諸侯爲兄弟者，服斬。

卿大夫於君，自應服斬。若不爲卿大夫，而有五屬之親者，亦皆服斬衰。此記者恐疑服本親兄弟之服，故特明之。蓋謂國君之兄弟，先爲本國卿大夫，今居他國，未仕而本國君卒，以有兄弟之親，又是舊君，必當反而服斬也。不言與君爲兄弟，而言與諸侯爲兄弟，明在異國也。

下殤小功，帶澡麻，不絶本，詘屈。而反以報之。

本是期服之親，以死在下殤，降爲小功，故云「下殤小功」也。其帶以澡麻爲之，謂戛治其麻，使之潔白也。不絶本，不斷去其根也。報，猶合也。垂麻向下，又屈之而反向上以合而糾之，故云「詘而反以報之」也。凡殤服之麻皆散垂，此則不散；首絰麻無根，而要帶猶有根，皆示其重也。

婦祔於祖姑，祖姑有三人，則祔於親者。

此言祔廟之禮。三人或有二繼也。親者，謂舅所生母也。

其妻爲大夫而卒，而後其夫不爲大夫，而祔於其妻，則不易牲。妻卒而後夫爲大夫，而祔於其妻，則以大夫牲。

妻卒時夫爲大夫，❶卒後夫黜退遂死。以無祖廟，故祔於妻之禮，止得依夫今所得用之牲，不得易用昔大夫之牲也。若妻死時夫未爲大夫，死後夫乃爲大夫而死，今祔祭其妻，則得用大夫牲矣。○疏曰：「此謂始來仕而無廟者。若有廟，則死者當祔於祖，不得祔於妻也。惟宗子去他國以廟從。」

爲父後者，爲出母無服。無服也者，喪者不祭故也。

出母父所棄絶，爲他姓之母以死，則有他姓之子服之。蓋居喪者不祭，若喪他姓之母，而廢己宗廟之祭，豈禮也哉！故爲父後者不喪出母，重宗祀也。然雖不服，猶以心喪自居爲恩也。非爲後者，期而不禫。○朱子曰：「出母爲父後者無服，此尊祖敬宗，家無二主之意。先王制作，精微不苟蓋如此。」

婦人不爲主而杖者，姑在爲夫杖，母爲長子削杖，女子子在室爲父母，其主喪者不杖，則子一人杖。

此明婦與女當杖之禮。女子在室而爲父母杖者，以無男昆弟，而使同姓爲攝主也。

緦、小功，虞、卒哭則免。

緦與小功，服之輕者也。殯之後，啓之前，雖有事不免。及虞與卒哭，則必免，不以恩輕而略於後也。

既葬而不報赴。虞，則雖主人皆冠，及虞則皆免。

前章言赴葬者赴虞，今言不赴虞，謂以事故阻之也。既未得虞，故且冠以飾首。及虞，則主人至緦、小功者皆免也。

爲兄弟既除喪已，及其葬也，反服其服。報虞卒哭則免，如不報虞則除之。

此言爲兄弟除服，及當免之節。

遠葬者，比反哭者皆冠，及郊而後免，反哭。

遠葬，謂葬地在四郊之外也。葬訖而反，主人以下皆冠，道路不可無飾也。及至郊，乃去冠著免，而反哭于廟焉。

君弔，雖不當免時也，主人必免，不散麻。

❶「大」，原作「夫」，據元刻本、四庫本、殿本改。

雖異國之君，免也，親者皆免。

君弔，本國之君來弔也。不散麻，謂糾其要絰，不使散垂也。親者皆免，謂大功以上之親，皆從主人而免，所以敬異國之君也。餘見前章「諸侯弔」下。

除殤之喪者，其祭也必玄。除成喪者，其祭也朝服，縞冠。

玄，謂玄冠、玄端也。殤無虞、卒哭及練之變服，其除服之祭，用玄冠、玄端、黄裳，此於成人爲釋禫之服，所以異於成人之喪也。若除成人之喪，則祥祭用朝服、縞冠。朝服玄冠、緇衣、素裳，今不用玄冠而用縞冠，是未純吉之祭服也。又按玄端黄裳者，若素裳，則與朝服純吉同。若玄裳，又與上士吉服玄端同。故知此爲黄裳也。

奔父之喪，括髮於堂上，袒，降踊，襲、絰于東方。奔母之喪，不括髮，袒於堂上，降踊，襲、免于東方，絰，即位成踊，出門，哭止。三日而五哭，三袒。

不言笄纚者，異於始死時也。至即以麻括髮于殯宮之堂上，袒去上衣，降阼階之東而踊。踊畢而升堂，襲掩所袒之衣，而著要絰于東方。東方者，東序之東也。此奔父喪之禮如此。若奔母喪，初時括髮，至又哭以後至於成服，皆不括髮。其袒於堂上、降踊者，與父同。父則括髮而加絰，母則不括髮而加免，此所異也。著免加要絰，而即位於阼階之東，而更踊，故云「絰即位成踊」也。其即位成踊，父母皆然。出門，出殯宮之門而就廬次也，故哭者止。初至一哭，明日朝夕哭，又明日朝夕哭，所謂三日而五哭也。三袒者，初至袒，明日朝袒，又明日朝袒也。

適婦不爲舅姑後者，則姑爲之小功。

禮，舅姑爲適婦大功，爲庶婦小功。今此言不爲後者，以其夫有廢疾或他故不可傳重，或死而無子不受重者，故舅姑以庶婦之服服之也。

大傳第十六

鄭氏曰：「記祖宗人親之大義。」

禮，不王不禘。王者禘其祖之所自出，以其祖配之。

方氏曰：「此禘也，以其非四時之常祀，故謂之間祀；以其及祖之所自出，故謂之追享；以其比常祭爲特大，故謂之大祭；以其猶事生之有享焉，故謂之肆獻裸。名雖不同，通謂之禘也。」

諸侯及其太祖。大夫、士有大事，省於其君，干祫，及其高祖。

上文言諸侯不得行禘禮，此言諸侯以下有祫祭之禮。二昭二穆，與太祖而五者，諸侯之廟也。諸侯之祫，固及其太祖矣。大事，謂祫祭也。大夫三廟，士二廟，一廟，不敢私自舉行，必省問於君，而君賜之，乃得行焉。而其祫也，亦上及於高祖。干者，自下干上之義。以卑者而行尊者之禮，故謂之「干祫」。禮説見《王制》。

牧之野，武王之大事也。既事而退，柴於上帝，祈於社，設奠於牧室，遂率天下諸侯，執豆籩，逡奔走。追王去聲。大王亶父、王季歷、文王昌，不以卑臨尊也。

既事，殺紂之後也。燔柴以告天，陳祭以告社，奠告行主於牧野之館室，然後率諸侯以祭告祖廟。逡，疾也。追加先公以天子之號者，蓋爲不可以諸侯之卑號，臨天子之尊也。○石梁王氏曰：「《周頌》作『駿』。以此章參之《書·武成》及《中庸》，有不同者，先儒言文王已備禮。亶父、季歷，克商後但尊稱其號，若王者禮制，至周公相成王而後備也。」

上治祖禰，尊尊也。下治子孫，親親也。旁治昆弟，合族以食，序以昭繆。穆。別之以禮義，人道竭矣。

治，理而正之也。謂以禮義理正其恩之隆殺、屬之戚疏也。合會族人以飲食之禮，次序族人以昭穆之位。上治、下治、旁治之道，皆有禮義之別，則人倫之道竭盡於此矣。

聖人南面而聽天下，所且先者五，民不與去聲。焉。一曰治親，二曰報功，三曰舉賢，四曰使能，五曰存愛。五者一得於天下，民無不足，無不贍者。五者一物紕篇夷反。繆，民莫得其死。聖人南面而治天下，必自人道始矣。

民不與焉，謂未及治民也。治親，即「上治」「下治」「旁治」也。君使臣以禮，故功曰「報」。行成而上，故賢曰「舉」。藝成而下，故能曰「使」。存，察也。人於其所親愛而辟焉，有以察之，則所愛者一出於公，而四者皆無私意之累矣。一得，猶皆得也。贍，賙也。物，事也。紕繆，舛戾也。民莫得其死，言此五事之得失，關國家之治亂也。人道，申言上文之意。

立權、度、量，考文章，改正朔，易服色，殊徽號，異器械，別衣服，此其所得與民變革者也。

權，稱錘。度，丈尺。量，斗斛也。文章，典籍也。正者，年之始。朔者，月之初。服之色，隨所尚而變易。徽，旌旗之屬。徽之號亦隨所尚而殊異，如殷之大白，周之大赤之類也。器者，禮樂之器。械者，軍旅之器。衣服各有章采，時王因革不同。此七者以「立」「考」「改」「易」「殊」「異」「別」爲言，是與民變革者也。

其不可得變革者，則有矣。親親也，尊尊也，長長也，男女有別，此其不可得與民變革者也。

此天地之常經，故不可變革。

同姓從宗，合族屬。異姓主名，治際會。名著而男女有別。

同姓，父族也。從宗，從大宗小宗也。合聚其族之親屬，則無離散陵犯之事。異姓，他姓之女來歸者也。禮莫大於分，分莫大於名。卑者爲婦，尊者爲母，以婦與母之名，治昏姻交際會合之事。名分顯著，尊卑有等，然後男女有別，而無淫亂賊逆之禍也。

其夫屬燭。乎父道者，妻皆母道也。其夫屬乎子道者，妻皆婦道也。謂弟之妻婦者，是嫂亦可謂之母乎？名者人治之大者也，可無慎乎！

屬，聯也。父之兄弟爲伯叔父，則其妻謂之伯叔母。兄弟之子爲從子，則其妻謂之婦，此於昭穆爲宜。弟之妻不可謂之爲婦，猶兄之妻不可謂之爲母，以紊昭穆也。故云：「謂弟之妻婦者，是嫂亦可謂之母乎？」言皆不可也。舊説，弟妻可婦，嫂不可母，失其指矣。

四世而緦，服之窮也。五世袒免，問。殺色介反。同姓也。六世親屬竭矣。其庶姓別彼列反。於上，而戚單丹。於下，昏姻可以通乎？

四世，高祖也。同高祖者服緦麻，服盡於此矣，故云「服之窮也」。五世袒免，謂共承高祖之父者，相爲袒免而已，是減殺同姓也。六世則共承高祖之祖者，并袒免亦無矣，故曰「親屬竭」也。上，指高祖以上也。姓爲正姓，氏爲庶姓。故魯姬姓而三家各自爲氏，春秋諸國皆然。是庶姓別異於卜世也。戚，親也。單，盡也。四從兄弟，恩親已盡，各自爲宗，是戚單於下也。殷人五世以後，則相與通昏。故記者設問云，今雖周世，昏姻可以通乎？

繫計。之以姓而弗別，綴株衛反。之以食嗣。而弗殊，雖百世而昏姻不通者，周道然也。

周禮，大宗百世不遷，庶姓雖別，而有本姓世繫以聯繫之，不可分別也。又連綴族人以飲食之禮，不殊異也。雖百世之遠，無通昏之事，此周道所以爲至，而人始異於禽獸者也。此是答上文設問之辭。

服術有六：一曰親親，二曰尊尊，三曰名，四曰出入，五曰長幼，六曰從服。

疏曰：「親親者，父母爲首，次妻、子、伯、叔。尊尊者，君爲首，次公卿、大夫。名者，若伯叔母及子婦、弟婦、兄嫂之屬。出入者，女在室爲入，適人爲出，及爲人後者。長幼者，長謂成人，幼謂諸殤。從服者，下文六等是也。」

從服有六：有屬從，有徒從，有從有服而無服，有從無服而有服，有從重而輕，有從輕而重。

屬，親屬也。子從母而服母黨，妻從夫而服夫黨，夫從妻而服妻黨，是屬從也。徒，空也。非親屬而空從之服其黨，如臣從君而服君之黨，妻從夫而服夫之君，妾服女君之黨，庶子服君母之父母，子服母之君母，是徒從也。如公子之妻爲父母期，而公子爲君所厭，不得服外舅外姑，是妻有服而公子無服；如兄有服而嫂無服，是從有服而無服也。公子爲君所厭，不得爲外兄弟服，而公子之妻則服之；妻爲夫之昆弟無服，而服娣姒，是從無服而有服也。妻爲其父母期，重也。夫從妻而服之三月則爲輕。母爲其兄弟之子大功，重也。子從母而服之三月則爲輕。此從重而輕也。公子爲君所厭，自爲其母練冠，輕矣。而公子之妻爲之服期，此從輕而重也。

自仁率親，等而上之至于祖，名曰輕。自義率祖，順而下之至于禰，名曰重。一輕一重，其義然也。

疏曰：「自，用也。仁，恩也。率，循也。親，父母也。等，差也。子孫若用恩愛依循於親，節級而上至於祖，遠者恩愛漸輕，故名曰輕也。義主斷割，用義循祖順而下之至於禰，其義漸輕，祖則義重，故名曰重也。義則祖重而父母輕，仁則父母重而祖輕，一輕一重，宜合如是，故云『其義然也』。按喪服條例，衰服表恩，若高、曾之服，本應緦麻、小功，而進以齊衰，豈非爲尊重而然邪？至親以期斷，而父母三年，寧不爲恩深乎？

君有合族之道，族人不得以其戚戚君，句。位也。

君恩可以下施，故於族人有合聚燕飲之禮，而族人則皆臣也。不敢以族屬父兄子弟之親而上親於君者，一則君有絶宗之道，二則以嚴上下之辨，而杜篡代之萌也。○石梁王氏曰：「詳註下文以十一字爲句，然『位也』當自爲句。蓋族人不敢戚君者，限於位也。」

庶子不祭，明其宗也。庶子不得爲去聲。長子三年，不繼祖也。

説見前篇。

別子爲祖，繼別爲宗。繼禰者爲小宗。有百世不遷之宗，有五世則遷之宗。百世不遷者，別子之後也。宗其繼別子之所自出者，百世不遷者也。宗其繼高祖者，五世則遷者也。尊祖，故敬宗。敬宗，尊祖之義也。

宗其繼別子者，百世不遷者也。「之所自出」四字，朱子曰衍文也。凡大宗族人與之爲絶族者，五世外皆爲之齊衰三月，母妻亦然。爲小宗者，則以本親之服服之。餘並説見前篇。

有小宗而無大宗者，有大宗而無小宗者，有無宗亦莫之宗者，公子是也。

君無適昆弟，使庶兄弟一人爲宗，以領公子，其禮亦如小宗，此之謂「有小宗而無大宗」也。君有適昆弟，使之爲宗，以領公子，更不得立庶昆弟爲宗，此之謂「有大宗而無小宗」也。若公子止一人，無他公子可爲宗，是無宗也，則亦無他公子宗於己矣，此之謂「無宗亦莫之宗」也。前所論宗法，是通言卿大夫大小宗之制。此則專言國君之子，上不得宗君，下未爲後世之宗，有此三事也。

公子有宗道。公子之公，爲其士、大夫之庶者，宗其士、大夫之適者，公子之宗道也。

此又申言公子之宗道。公子之公，謂公子之適兄弟爲君者，爲其庶兄弟之爲士、爲大夫者，立適公子之爲士、大夫者爲宗，使此庶者宗之，故云「宗其士、大夫之適者」。此適是君之同母弟，適大人所生之子也。

絶族無移去聲。服，親者屬也。

三從兄弟，同高祖，故服緦麻。至四從，則族屬絶，無延及之服矣。移讀爲施，在旁而反之曰施。服之相爲以有親，而各以其屬爲之服耳，故云「親者屬也」。

自仁率親，等而上之至于祖；自義率祖，順而下之至于禰。是故人道親親也。親親故尊祖，尊祖故敬宗，敬宗故收族，收族故宗廟嚴，宗廟嚴故重社稷，重社稷故愛百姓，愛百姓故刑罰中，去聲。刑罰中故庶民安，庶民安故財用足，財用足故百志成，百志成故禮俗刑，禮俗刑然後樂。洛。《詩》云：「不顯不承，無斁亦。於人斯。」此之謂也。

祖之遷者逾遠，宗之繼者無窮，必知尊祖，乃能敬宗。收，不離散也。宗道既尊，故族無離散，而祭祀之禮嚴肅。內嚴宗廟之事，故外重社稷之禮。知社稷之不可輕，則知百官族姓之當愛。官得其人，則刑不濫，而民安其生。安生樂業，而食貨所資，上下俱足。有恒産者有恒心，倉廩實而知禮節，故非心邪念不萌，而百志以成。乖争陵犯不作，而禮俗一致。刑，猶成也。如此則協氣嘉生，薰爲大和矣，豈不可樂乎！《詩・周頌・清廟》之篇言文王之德，豈不光顯乎？豈不見尊奉於人乎？無厭斁於人矣。引此以喻人君自親親之道，推之而家而國而天下，至於禮俗大成，其可樂者，亦無有厭斁也。

少儀第十七

朱子曰：「小學之支流餘裔。」〇石梁王氏曰：「非幼少之少，此篇《曲禮》之類。」

聞始見現。君子者辭。

石梁王氏曰：「此句絶。」

曰：「某固願聞名於將命者。」不得階主。適敵。者，曰：「某固願見。」罕見，曰：「聞名。」亟器。見，曰：「朝夕。」瞽，曰：「聞名。」

記者謙言我嘗聞之於人云，初見有德有位之君子者，其辭云：「某固願通聞己名於將命之人。」固，如固辭之固。不曰願而曰固，願，慮主人不即見己，而假此荐請之辭也。將命者，通客主言語出入之人也。階者，升進之喻。主，主人也。言賓請見之辭，不得徑指主人也。適者，賓主敵體之人也，則曰「某固願見於將命者」。罕見，謂久不相見也，亦曰「願聞名於將命者」。蓋疑疎闊之久，未必主人肯見也。亟見，數見也。於君子則曰：「某願朝夕聞名於將命者。」於敵者則曰：「某願朝夕見於將命者。」若瞽者來見，無問貴賤，惟曰：「某願聞名於將命者。」以無目，故不言「願見」也。

適有喪者曰：「比。」妣。童子曰：「聽事。」

適，往也。其辭云：「某願比於將命者。」喪不主相見，來欲比方於執事之人也。童子未成人，其辭則云：「某願聽事於將命者。」謂來聽主人以事見使令也。

適公卿之喪，則曰：「聽役於司徒。」

「孟獻子之喪，司徒旅歸四布。」則公卿之喪，司徒掌其事也。故云：「某願聽役於司徒。」

君將適他，臣如致金玉貨貝於君，則曰：「致馬資於有司。」敵者，曰：「贈從去聲。者。」

適他，謂以朝會之事而出也。馬資，謂資給道路車馬之費也。

臣致襚於君，則曰：「致廢衣於賈架。人。」敵者，曰：「襚。」親者兄弟，不以襚進。

以衣送死者謂之襚。稱廢衣者，不敢必用之以斂，將廢棄之也。賈人，識物價貴賤，而主君之衣物者也。敵者，則直以「襚」言矣。凡致襚，若非親者，則須擯者傳辭將進以爲禮。若親者兄弟之類，但直將進而陳之，不須執以將命。故云「不以襚進」也。《士喪禮》，大功以上同財之親，襚不將命，即陳於房中。小功以下及同姓等皆將命。

臣爲去聲。君喪，納貨貝於君，則曰：「納甸於有司。」賵芳鳳反。馬入廟門。賻附。馬與其幣，大白兵車，不入廟門。

納，入也。甸，田也。臣受君之田邑，此納者田野所出，故云「納甸」也。賵馬以送死者，故可入廟門。賻馬與幣，所以助主人喪事之用，故不入廟門。大白之旗與兵車，雖並爲送喪之用，以其本戰伐之具，故亦不可入於廟門。此謂國君之喪，鄰國有以此爲賵者。亦或本國自有之也。

賻者既致命，坐委之，擯者舉之，主人無親受也。

來賻者既致其主之命，即跪而委置其物於地，擯者乃舉而取之。主人不親受，異於吉事也。

受立授立，不坐。性之直者，則有之矣。

受人之物而立，與以物授人之立者，皆不跪，此皆委曲以盡禮之當然耳。然直情徑行之人，亦或有跪者，故曰「性之直者，則有之矣」。

始入而辭，曰：「辭矣。」

賓始入門，主人當辭讓令賓先入，故擯者告主人曰：「辭矣。」謂當致辭以讓賓也。至階亦然，此不言者，禮可知也。

即席，曰：「可矣。」

及賓主升堂各就席，擯者恐賓主再辭，故告之曰：「可矣。」言可即席，不須再辭也。

排闔，説他括反。屨於户内者，一人而已矣。有尊長在，則否。

闔，門扇也。推排門扇，而脱屨於户内者，一人而已。言止許最長者一人如此，餘人不可也。若先有尊長在堂或在室，則後入之人皆不得脱屨於户内，故云「有尊長在則否」也。

問品味，曰：「子亟器。食於某乎？」問道藝，曰：「子習於某乎？」「子善於某乎？」

方氏曰：「人之情，品味有偏嗜，道藝有異尚。問品味，不可斥之以好惡而昭其癖，故曰：『子亟食於某乎？』問道藝，不可斥之以能否而暴其短，故曰：『子習於某乎？』『子善於某乎？』」

不疑在躬，不度大洛反。民械，不願於大家，不訾咨。重器。

一言一行，皆其在躬者也。口無擇言，身無擇行，是不疑在躬也。器械之備，所以防患，不可度其利鈍，恐人以非心議己。大家之富，爵位所致，不可願望於己，以其有僭竊之萌。訾，鄙毁之也。重器之傳，寳之久矣，乃從而毁之，豈不起人之怒乎？

氾泛。埽去聲。曰埽，埽席前曰拚。糞。拚席不以鬣。獵。執箕膺擖。葉。

氾埽，廣埽也。拚，除穢也。鬣，帚也。席上不可用帚。膺，胸也。擖，箕舌也。執箕而拚，則以箕舌向己胸前，不可持向尊者也。

不貳問。問卜筮，曰：「義與？平聲。志與？」義則可問，志則否。

不貳問，謂謀之龜筮，事雖正而兆不吉，則不可以不正者再問之也。見人卜筮，欲問其所卜何事，則曰：「義與？志與？」義者，事之宜爲。志，則心之隱謀也。故義者則可問其事，志則不可問其事也。一説，卜者問求卜之人，義則爲卜之，志則不爲之卜，亦通。

尊長於己踰等，不敢問其年。燕見，現。不將命。遇於道，見則面，不請所之。喪俟事，不犆特。弔。

踰等，祖與父之行也。不敢問年，嫌若序齒也。燕見不將命，謂卑幼者燕私來見，不使擯者傳命，非賓主之禮也。若遇尊長於道路，尊者見己則面見之，不見則隱避，不欲煩動之也。不請所之，不問其所往也。若於尊長之喪，則待主人哭之時而往，不非時特弔。

侍坐，弗使，不執琴瑟。

侍坐於尊者，不使之執琴瑟，則不得擅執而鼓之。

不畫地，手無容，不翣也。寢，則坐而將命。

無故而畫地，亦爲不敬。手容恭，若舉手以爲容，亦爲不恭。時雖暑熱，不得揮扇。若當尊者寢卧之時而傳命，必跪而言之，不可直立以臨之也。

侍射，則約矢。

凡射，必二人爲耦。楅在中庭，箭倚於楅。上耦前取一矢，次下耦又進取一矢，如是更進，各得四矢。若卑者侍射，則不敢更迭取之，但一時并取四矢，故謂之「約矢」也。

侍投，則擁矢。

投壺之禮，亦賓主各四矢。尊者則委四矢於地，一一取而投之。卑者不敢委於地，故悉擁抱之也。

勝則洗蘇典反。而以請。客亦如之。不角。不擢馬。

射與投壺之禮，勝者之弟子酌酒置于豐上，其不勝者跪而飲之。若卑者得勝，則不敢徑酌，當前洗爵而請行觴也。客若不勝，則主人亦洗而請，所以優賓也。角，兕觥也。今飲尊者及客，不敢用角，但如常獻酬之爵也。擢，進而取之也。馬者，投壺之勝筭。每一勝，則立一馬，至三馬而成勝。若一朋得二馬，一朋得一馬，則二馬者取彼之一馬，足成己之三馬。今卑者雖得二馬，不敢取尊者之一馬以成己勝也。

執君之乘車則坐，僕者右帶劒，負良綏，申之面，拖徒我反。諸幦。覓。以散綏升，執轡，然後步。

方氏曰：「執，謂執轡也。凡御必立，今坐者，君未升車而車未行也。劍在左，以便右抽。僕則右帶者，以君在左，嫌妨君也。良綏，正綏也，猶良車、良材之良。

散綏，貳綏也，猶散材之散。正綏君所執，貳綏則僕執之。僕在車前，而君自後升，故曰『負良綏』。申之面者，言垂綏之末於前也。拖諸幦者，引之於車闌覆苓之上也。以散綏升者，復言僕初升時也。執轡然後步者，防馬之逸也。」○今按，苓，即軾也。

請見不請退。朝廷曰退，燕遊曰歸，師役曰罷。

方氏曰：「跂慕則來，厭斁則去，人之情也。請見不請退，嫌有厭斁之心也。朝廷人之所趨，故於其還曰退，退則爲出故也。燕遊不可以久，故於其還曰歸，歸有所止故也。師役勞苦爲甚，故於其還曰罷，以其疲故也。」○愚按，「罷」當讀如「欲罷不能」之「罷」。

侍坐於君子，君子欠伸，運笏，澤劍首，還屨，問日之蚤莫，雖請退可也。

運，轉動之也。澤，玩弄而生光澤也。還屨，謂轉而正之，示欲著也。餘見《曲禮》。

事君者，量去聲。而後入，不入而後量。凡乞假於人，爲去聲。人從事者亦然。然，故上無怨，而下遠去聲。罪也。

先度其君之可事而後事之，則道可行而身不辱。入而後量，則有不勝其輕進之悔者矣。或乞或假，或任人之事，亦必量其可而後行。「上無怨，下遠罪」，爲事君者言之。○馬氏曰：「古之人有能盡臣道量而後入者，莫如伊周；不入而後量者，莫如孔孟。」

不窺密，不旁狎，不道舊故，不戲色。

窺覘隱密之處，論説故舊之非，非重厚者所爲也。○應氏曰：「旁狎，非必正爲玩狎，旁近循習而流於狎也。戲色，非必見諸笑言，外貌斯須不敬，則色不莊矣。」

爲人臣下者，有諫而無訕，所諫反。有亡而無疾，頌而無諂，諂。諫而無驕，怠則張而相去聲。之，廢則埽而更平聲。之，謂之社稷之役。

疏曰：「諫而無驕者，謂君若從己之諫，己不得恃己言行謀用而生驕慢也。」○方氏曰：「君有過，諫之使止可也，訕之則不恭。諫不從，逃而去之可也，疾之則太傷。頌而無諂，則所頌爲公。諫而無驕，則所諫爲正。事他而不力爲怠，事弊而無用爲廢，相之更之，則君豈有失德，國豈有廢事哉！謂之社稷之役，以其有勞於社稷也。」

毋拔蒲末反。來，毋報赴。往。

朱子曰：「拔，是急走倒從這邊來。赴，是又急再還倒向那邊去。來、往只是向背之意。此兩句文義，猶云其就義若熱，則其去義若渴。言人見有箇好事，火急歡喜去做，這樣人不耐久，少間心懶意闌，則速去之矣。所謂其進鋭者，其退速也。」

毋瀆神，毋循枉，毋測未至。

神不可瀆，必敬而遠之。言行過而邪枉，當改以從直。後復循襲，是貳過矣。君子以誠自處，亦以誠待人，不逆料其將然也。未至而測之，雖中亦僞。

士依於德，游於藝。工依於法，游於説。

依者，據以爲常。游則出入無定。工之法，規矩尺寸之制也。説，則講論變通之道焉。

毋訾咨。衣服成器，毋身質言語。

訾，毁其不善也。《曲禮》「疑事毋質」，與此「質」字義同。謂言語之際，疑則闕之。不可自我質正，恐有失誤也。

言語之美，五「美」字皆讀爲「儀」。然皆如本字亦可通。穆穆皇皇。朝廷之美，濟濟上聲。翔翔。祭祀之美，齊齊如字。皇皇。舊音往。方讀如字。車馬之美，匪匪非。翼翼。鸞和之美，肅肅雍雍。

方氏曰：「穆穆者，敬以和。皇皇者，正而美。濟濟者，出入之齊。翔翔者，翕張之善。齊齊，致齊而能定也。皇皇，有求而不得也。匪匪，言行而有文。翼翼，言載而有輔。肅肅，唱者之敬。雍雍，應者之和。此即保氏所教『六儀』也。」

問國君之子長幼，長，則曰「能從社稷之事矣」；幼，則曰「能御」、「未能御」。問大夫之子長幼，長，則曰「能從樂人之事矣」；幼，則曰「能正於樂人」、「未能正於樂人」。問士之子長幼，長，則曰「能耕矣」；幼，則曰「能負薪」、「未能負薪」。

社稷之事，如祭祀、軍旅之類皆是也。御者，六藝之一。國君尊，故以社稷言。樂人之事，如《周禮》「樂德」「樂語」「樂舞」之類，大司樂以教國子者。正者，正其善否。大夫下於君，故以教子言。士賤，則以耕與負薪言。此與《曲禮》所記不同，蓋記者之辭異耳。

執玉、執龜筴不趨，堂上不趨，城上不趨。武車不式，介者不拜。

説見《曲禮》。

婦人吉事，雖有君賜，肅拜。爲尸坐，則不手拜，肅拜。爲喪主，則不手拜。

肅拜，如今婦人拜也。《左傳》「三肅使者」亦此拜。手拜，則手至地，而頭在手上，如今男子拜也。婦人以肅拜爲正，故雖君賜之重，亦肅拜而受。爲尸，虞祭爲祖姑之尸也。爲喪主，夫與長子之喪也。爲喪主則稽顙，故不手拜。若有喪而不爲主，則手拜矣。或曰，爲喪主不手拜，則亦肅拜也。

葛絰而麻帶。

婦人遭喪，卒哭後，以葛絰易首之麻絰，而要之麻絰不變，故云「葛絰而麻帶」也。

取俎，進俎，不坐。

取俎，就俎上取肉也。進俎，進肉於俎也。俎有足，立而取進爲便，故不跪。

執虚如執盈，入虚如有人。

皆敬心之所寓。

凡祭於室中、堂上無跣，燕則有之。

凡祭，通言君臣上下之祭也。跣，脱屨也。祭禮主敬，凡祭在室中者，非惟室中不脱屨，堂上亦不敢脱屨。燕則有之者，謂行燕禮，則堂上可跣也。又按下大夫及士，陰陽二厭及燕尸，皆於室中。上大夫陰厭及祭在室，若儐尸則於堂。

未嘗不食新。

嘗者，薦新物於寢廟也。未薦則孝子不忍先食。一云，嘗，秋祭也。

僕於君子，君子升、下則授綏。始乘則式。君子下行，然後還旋。立。乘貳車則式，佐車則否。

君子或升或下，僕者皆受之綏。始乘之時，君子猶未至，則式以待君子之升。凡僕之禮，升在君子之先，下在君子之後。故君子下車而步，僕者乃得下而還車以立，以待君子之去也。貳車，朝祀之副車也。佐車，戎獵之副車也。朝祀尚敬，故式。戎獵尚武，故不式。

貳車者，諸侯七乘，上大夫五乘，下大夫三乘。有貳車者之乘馬，服車，不齒。觀君子之衣服，服劍，乘馬，弗賈。嫁。

《周禮》，貳車，公九乘，侯伯七乘，子男五乘。又《典命》云，卿六命，大夫四命，車服各如命數。與此不同者，或《周禮》成而未行，亦或異代之制也。服車，所乘之車也。馬有老少，車有新舊，皆不可齒次其年歲。

服劍，所佩之劍也。弗賈，不可評論其所直多少之價。《曲禮》云：「齒路馬有誅。」此皆貴貴之道，以廣敬也。

其以乘壺酒、束脩、一犬賜人。若獻人，則陳酒，執脩以將命，亦曰乘壺酒、束脩、一犬。

乘壺，四壺也。束脩，十脡脯也。卑者曰賜，尊者曰獻。

其以鼎肉，則執以將命。

鼎肉，謂肉之已解剔而可升鼎者，故可執也。

其禽加於一雙，則執一雙以將命，委其餘。

加於一雙，不止一雙也。委其餘，陳列于門外也。

犬則執緤，息列反。守去聲犬、田犬，則授擯者。既受，乃問犬名。

緤，牽犬繩也。犬有三種：守禦宅舍曰守犬，田獵所用曰田犬，充庖厨所烹曰食犬。

牛則執紖，直軫反。馬則執靮。的。皆右之。

紖、靮，皆執之以牽者。右之者，以右手牽由便也。

臣則左之。

臣，征伐所獲民虜也。《曲禮》云：「獻民虜者，操右袂。」左之，以左手操其右袂，而右手得以制其非常也。

車則説脱。綏，執以將命。甲若有以前之，則執以將命，無以前之，則袒櫜羔。奉上聲。胄。

前之，謂以他物先之也。古人獻物，必有先之者，如《左傳》所云乘韋先牛十二之類是也。袒，開也。櫜，弢甲之衣也。胄，兜鍪也。謂開櫜出甲，而奉胄以將命也。

器則執蓋。弓則以左手屈韣獨。執拊。撫。

執蓋，蓋輕便於執也。韣，弓衣。拊，弓把。左手屈弓衣并於把而執之，而右手執簫以將命。《曲禮》云「右手執簫，左手承弣」是也。

劍則啓櫝，蓋襲之，加夫扶。襓饒。與劍焉。

啓，開也。櫝，劍苞也。蓋者，匣之蓋也。襲，卻合也。夫襓，劍衣也。開匣以其蓋卻合於匣之底下，乃加襓於匣中，而以劍置襓上也。

笏、書、脩、苞苴、弓、茵、席、枕、几、穎、京領反。杖、琴、瑟，句。戈有刃者櫝，句。筴、籥，其執之，皆尚左手。刀卻刃授穎，削笑。授拊。凡有刺次。刃者以授人，則辟僻。刃。

笏也，書也，脯脩也，苞苴也。苴藉而苞裹之，非特魚肉，他物亦可苞苴以遺人也。弓也，茵褥也，席也，枕也，几也。穎，警枕也。杖也，琴也，瑟也。戈有刃者，櫝而致之也。筴，蓍也。籥，如笛而三孔也。凡十六物。左手執上，右手捧下，陰陽之義也。穎，刀鐶也。削，曲刀也。拊，刀把也。辟，偏也。謂不以刃正向人也。

乘兵車，出先刃，入後刃。軍尚左，卒尚右。

先刃，刃向前也。入後刃，不以刃向國也。左陽，生道也。右陰，死道也。左將軍爲尊，其行伍皆尊尚左方，欲其無覆敗也。士卒之行伍尊尚右方，示有必死之志也。

賓客主恭，祭祀主敬，喪事主哀，會同主詡。許。軍旅思險，隱情以虞。

恭以容言，敬以心言。詡者，辭氣明盛之貌。前篇「德發揚，詡萬物」，義亦相近。軍行舍止經由之處，必思爲險阻之防。又當隱密己情，以虞度彼之情計也。

燕侍食於君子，則先飯上聲。而後已。毋放飯，毋流歠，小飯而亟棘。之，數朔。噍，醮。毋爲口容。客自徹，辭焉，則止。

先飯，猶嘗食之禮也。後已，猶勸食之意也。放飯、流歠，見《曲禮》。小飯，則無嚱噎之患。亟之，謂速咽下，備或有見問之言也。數噍，毋爲口容，言數嚼之，不得弄口以爲容也。若食訖而客欲自徹食器，主人辭之，則止也。

客爵居左，其飲居右。介爵、酢爵、僎遵。爵，皆居右。

疏曰：「《鄉飲酒禮》，主人酬賓之爵，賓受奠觶于薦東，是客爵居左也。旅酬之時，一人舉觶于賓，賓奠觶于薦西。至旅酬，賓取薦西之觶，以酬主人，是其飲居右也。介，賓副也。酢，客酬還答主人也。僎，鄉人來觀禮副主人者也。《鄉飲禮》，介爵及主人受酢之爵并僎爵，皆不明奠置之所，故記者於此明之。」〇今按賓坐南向，故以東西分左右也。

羞濡魚者進尾，冬右腴，夏右鰭，奇。祭膴。許。

擘濕魚從後起，則脇肉易離，故以尾向食者。若乾魚，則進首也。腴，腹下肥處。鰭在脊。冬時陽氣在下，夏則陽在上，凡陽氣所在之處肥美。右之者，便於食也。祭膴者，刳魚腹下大臠以祭也。此言尋常燕食進魚者如此，祭祀及饗食正禮者不然。

凡齊，去聲。執之以右，居之於左。

凡調和鹽、梅者，以右手執之，而居虀器於左，則以右所執者調之爲便也。

贊幣自左，詔辭自右。

此言相禮者爲君受幣，則由君之左；傳君之辭命於人，則由君之右也。

酌尸之僕，如君之僕。其在車，則左執轡，右受爵，祭左右軌、范，乃飲。

尸之僕，御尸車者。軌，轂末也。范，軾前也。尸僕君僕之在車，以左手執轡，右手受爵，祭軌之左右及范，及飲之也。

凡羞有俎者，則於俎内祭。

羞在豆，則祭之豆間之地。俎長而横於人之前，則祭之俎内也。

君子不食圂豢。腴。

圂與豢同，謂犬豕也。腴，腸也。犬豕亦食米穀，其腹與人相似，故不食其腸也。

小子走而不趨，舉爵則坐祭立飲。

小子不敢與尊者並禮，故行步舉爵，皆異於成人也。

凡洗必盥。

洗，洗爵也。盥，洗手也。凡洗爵必先洗手，示潔也。

牛羊之肺，離而不提丁禮反。心。

提，猶絶也。心，中央也。牛羊之肺，雖割離之而不絶中央少許，使可手絶之以祭也。不言豕，事同可知。

凡羞有湆泣。者，不以齊。去聲。

湆，大羹也。大羹不和，故不用鹽、梅之齊也。

爲君子擇葱薤，則絶其本末。羞首者，進喙，充芮反。祭耳。

喙，口也。以口向尊者，而尊者先取耳以祭也。

尊者，以酌者之左爲上尊。

尊者，謂設尊之人也。酌者，酌酒之人也。人君陳尊在東楹之西，南北列之。設尊者在尊西而向東，以右爲上；酌人在尊東而向西，以左爲上。二人俱以南爲上也。上尊在南，故云「以酌者之左爲上尊」。

尊壺者面其鼻。

尊與壺皆有面，面有鼻。鼻宜向尊者，故云「尊壺者面其鼻」。言設尊設壺，皆面其鼻也。

飲酒者、機暨。者、醮者，有折俎不坐。未步爵，不嘗羞。

機，沐而飲酒也。醮，冠而飲酒也。折俎，折骨體於俎也。機醮小事爲卑，折俎禮盛，故機醮而有折俎則不坐，無俎則可坐也。步，行也。無筭爵之禮，行爵之後乃得嘗羞，謂庶羞也。若正羞脯醢，則飲酒之前得嘗之。

牛與羊、魚之腥，聶泥涉反。而切之爲膾。麋、鹿爲菹，野豕爲軒，去聲。皆聶而不切。麕俱倫反。爲辟壁。雞，兔爲宛脾，皆聶而切之。切葱若薤實之，醯以柔之。

聶而切之者，謂先聶爲大臠，而後報切之爲膾也。餘見《内則》。

其有折俎者，取祭，反之，不坐。燔煩。亦如之。尸則坐。

有折骨體之俎者，若就俎取肺而祭之，及祭竟而反此所祭之物於俎，皆立而爲之。燔，燒肉也。此肉亦在俎，其取祭與反亦皆不坐，故云「燔亦如之」。尸則坐者，言不坐者，賓客之禮耳。尸尊，祭反皆坐也。

衣服在躬，而不知其名爲罔。

衣裳之制，取諸乾坤，有其名，則有其義。服之而不審名義，是無知之人矣。○石梁王氏曰：「『學而不思則罔』，當如此『罔』字。」

其未有燭而後至者，則以在者告。道瞽亦然。凡飲酒，爲獻主者，執燭抱燋，側角反。客作而辭，然後以授人。執燭，不讓，不辭，不歌。

獻主，主人也。人君則使宰夫。燋，未爇之炬也。飲酒之禮，賓主有讓，及更相辭謝，又各歌《詩》以見意。今以暮夜，略此三事。一説，執燭在手，故不得兼爲之。

洗、盥、執食飲者，勿氣。有問焉，則辟匹亦反。咡二。而對。

奉進洗盥之水於尊長，及執食飲以進之時，皆不可使口氣直衝尊者。若此時尊者有問，則偏其口之所向而對。咡，口旁也。

爲去聲。人祭曰「致福」。爲己祭而致膳於君子，曰「膳」。

爲人祭，攝主也。其歸胙將命之辭言「致福」，謂致其祭祀之福也。曰膳，則善味而已。

祔練曰「告」。

言告其事也。顔淵之喪，亦饋孔子祥肉。

凡膳、告於君子，主人展之，以授使者于阼階之南面，再拜稽首，送。反命，主人又再拜稽首。其禮，大牢則以牛左肩、臂臑奴道反。折九箇，少牢則以羊左肩七箇，犆特。豕則以豕左肩五箇。

膳、告，承上文而言。臂臑，肩脚也。九箇，自肩上至蹄折爲九段也。周人牲體尚右，右邊已祭，故獻其左。

國家靡平聲。敝。

謂師旅饑饉之餘，財力靡散，民庶彫敝也。

則車不雕幾，祈。甲不組縢，食器不刻鏤，君子不履絲屨，馬不常秣。

雕，刻鏤之也。幾，漆飾之畿限也。縢者，縛約之名，不用組以連甲及爲紟帶也。以穀食馬曰秣。

學記第十八

石梁王氏曰：「六經言學字，莫先於《説命》。此篇不詳言先王學制與教者、學者之法，多是泛論，不如《大學》篇，教是教箇甚，學是學箇甚。」

發慮憲，求善良，足以謏小。聞，去聲。不足以動衆。

發慮憲，謂致其思慮以求合乎法則也。求善良，親賢也。此二者，可以小致聲譽，不能感動衆人。

就賢體遠，足以動衆，未足以化民。

就賢，禮下賢德之士也，如「王就見孟子」之「就」。體，如《中庸》「體羣臣」之「體」，謂設以身處其地而察其心也。遠，疏遠之臣也。此二者，可以感動衆人，未能化民也。

君子如欲化民成俗，其必由學乎！

化民成俗，必如唐虞之「於變時雍」，乃爲至耳，然則舍學何以哉？此學乃大學之道，明德新民之事也。

玉不琢，不成器。人不學，不知道。是故古之王者，建國君民，教學爲先。《兑説。命》曰：「念終始典于學。」其此之謂乎？

建國君民，謂建立邦國以君長其民也。教學爲先，以立教立學爲先務也。《兑命》，《商書》。典，常也。

雖有嘉肴，弗食不知其旨也。雖有至道，弗學不知其善也。是故學然後知不足，教然後知困。知不足，然後能自反也。知困，然後能自强上聲。也。故曰教學相長也。《兑命》曰：「學效。學半。」其此之謂乎？

學然後知不足，謂師資於人，方知己所未至也。教然後知困，謂無以應人之求，則自知困辱也。自反，知反求而已。自强，則有黽勉倍進之意。教學相長，謂我之教人與資人，皆相爲長益也。引《説命》「斅學半」者，劉氏曰：「教人之功，居吾身學問之半。蓋始之修己，所以立其體，是一半；終之教人，所以致其用，又是一半。此所以『終始典于學』，成己成物合内外之道，然後爲學問之全功也。」

古之教者，家有塾，黨有庠，術當爲「州」。有序，國有學。比毗志反。年入學，中平聲。年考校。一年視離經辨志，三年視敬業樂五教反。羣，五年視博習親師，七年視論學取友，謂之小成。九年知類通達，强立而不反，謂之大成。

古者二十五家爲閭，同在一巷。巷首有門，門側有塾，民在家者，朝夕受教於塾也。五百家爲黨，黨之學曰

庠，教閭塾所升之人也。術，當爲州。萬二千五百家爲州，州之學曰序。《周禮》鄉大夫「春秋以禮會民而射于州序」是也。序則教黨學所升之人。天子所都，及諸侯國中之學，謂之國學，以教元子衆子，及卿大夫士之子，與所升俊選之士焉。比年，每歲也，每歲皆有入學之人。中年，間一年也，與《小記》「中一以上」之「中」同，每間一年，而考校其藝之進否也。離經，離絶經書之句讀也。辨志，辨別其趨向之邪正也。敬業，則於所習無怠忽。樂羣，則於朋徒無睽貳。博習，則不以程度爲限制。親師，則於訓誨知嗜好。論學，講求學問之緼奥也。取友，擇取益者而友之也。能如此，是學之小成也。至於九年，則理明義精，觸類而長，無所不通，有卓然自立之行，而外物不得以奪之矣，是大成也。○朱子曰：「這幾句都是上兩字説學，下兩字説所得處。如離經便是學，辨志是所得處。他倣此。」

夫然後足以化民易俗，近者説服，而遠者懷之，此大學之道也。《記》曰：「蛾魚起反。子時術之。」其此之謂乎？

前言成俗，成其美俗也。此言易俗，變其汙俗也。以此大成之士而官使之，其功效如此，是所謂大學教人

之道也。蛾子，蟲之微者，亦時時述學銜土之事而成大垤，以喻學者由積學而成大道也。此古《記》之言，故引以證其説。

大學始教，皮弁祭菜，示敬道也。

始教，學者入學之初也。有司衣皮弁之服，祭先師以蘋藻之菜，示之以尊敬道藝也。

《宵雅》肄異。三，官其始也。

當祭菜之時，使歌《小雅》中《鹿鳴》《四牡》《皇皇者華》之三篇而肄習之。此三詩皆君臣燕樂相勞苦之辭，蓋以居官受任之美，誘諭其初志，故曰「官其始也」。○朱子曰：「聖人教人，合下便要他用，便要用賢以治不賢，舉能以教不能，所以公卿大夫在下，思各舉其職。」

入學鼓篋，孫去聲。其業也。

入學時，大胥之官擊鼓以召學士。學士至，則發篋以出其書籍等物，警之以鼓聲，使以遜順之心進其業也。《書》言「惟學遜志」。

夏、古雅反。楚二物，收其威也。

夏，榎也。楚，荆也。榎形圓，楚形方。以二物爲扑，以警其怠忽者，使之收斂威儀也。

未卜禘，不視學，游其志也。時觀而弗語，去聲。存其心也。幼者聽而弗問，學石梁王氏曰：「此『學』字如字讀。」不躐等也。此七者，教之大倫也。《記》曰：「凡學，官先事，士先志。」其此之謂乎？

禘，五年之大祭也。不五年不視學，所以優游學者之心志也。此又非仲春、仲秋視學之禮，使觀而感於心，不言以盡其禮，欲其自得之也。故曰「存其心」。幼者未必能問，問亦未必知要，故但聽受師説而無所請。亦長幼之等當如是，不可踰躐也。○劉氏曰：「自『皮弁祭菜』至『聽而弗問』，凡七事，皆大學爲教之大倫。大倫，猶言大節耳。『官先事，士先志』，竊意官是已仕者，士是未仕者。謂已仕而爲學，則先其職事之所急；未仕而爲學，則未得見諸行事，故先其志之所尚也。子夏曰：『仕而優則學。』是已居官而爲學也。王子墊問：『士何事？』孟子曰：『尚志。』是未仕而學，則先尚志也。然大學之道，明德新民而已。先志者，所以明德；先事者，所以新民。七事，上句皆教者之事，下句皆學者之志。」

大學之教也，時教必有正業，退息必有居學。句。不學操縵，莫半反。不能安弦。不學博依，上聲。不能安《詩》。不學雜服，不能安《禮》。不興去聲。其藝，不能樂五教反。學。故君子之於學也，藏焉，脩焉，息焉，遊焉。

舊說，「大學之教也時」句絶，「退息必有居」句絶。今讀「時」字連下句，「學」字連上句。謂四時之教，各有正業。如「春秋教以《禮》《樂》，冬夏教以《詩》《書》」「春誦夏絃」之類是也。退而燕息，必有燕居之學。如「退而省其私，亦足以發」是也。絃也，《詩》也，《禮》也，此時教之正業也。操縵、博依、雜服，此退息之居學也。凡爲學之道，貴於能安，安則心與理融而成熟矣。然未至於安，則在乎爲之不厭，而不可有作輟也。操縵，操弄琴瑟之絃也。初學者手與絃未相得，故雖退息時亦必操弄之不廢，乃能習熟而安於絃也。詩人比興之辭，多依託於物理。而物理至博也，故學《詩》者但講之於學校，而不能於退息之際廣求物理之所依附者，則無以驗其實，而於《詩》之辭，必有疑殆而不能安者矣。雜服，冕、弁、衣、裳之類。先王制作，禮各有服，極爲繁雜。學者但講之於學，而不於退息時，游觀行禮者之雜服，則無以盡識其制，而於禮之文，必有彷彿而不能安者矣。興者，意之興起而不能自已者。藝，即三者之學是也。言退息時若不興此三者之藝，則謂之不能好學矣。故君子之於學也，藏焉、修焉之時，必有正業，則所習者專而志不分；息焉、遊焉之際，必有居學，則所養者純而藝愈熟。故其學易成也。○朱子曰：「古人服各有等降，若理會得雜服，則於禮思過半矣。」

夫然，故安其學而親其師，樂其友而信其道，是以雖離師輔而不反也。《兑命》曰：「敬孫去聲。務時敏，厥修乃來。」其此之謂乎？

承上文而言，藏、修、遊、息，無不在於學，是以安、親、樂、信，雖離師友，亦不畔於道也。時敏，無時而不敏也。厥修乃來，言其進修之益，如水之源源而來也。

今之教者，呻申。其佔皚。畢，多其訊，言及于數，進而不顧其安，使人不由其誠，教人不盡其材。其施之也悖，其求之也佛。弗。夫然，故隱其學而疾其師，苦其難而不知其益也。雖終其業，其去之必速。教之不刑，其此之由乎？

呻，吟諷之聲也。佔，視也。畢，簡也。訊，問也。言今之教人者，但吟諷其所佔視之簡牘，不能通其緼奥，乃多發問辭以訊問學者，而所言又不止一端，故云「言及于數」也。不顧其安，不恤學者之安否也。不由其誠，不肯實用其力也。不盡其材，不能盡其材之所長也。夫多其訊，而言及于數，則與時教必有正業者異矣。使人不由其誠，教人不盡其材，則與退息必有居學者異矣。惟其如此，是以師之所施者常至於悖逆，學者之所求每見其拂戾也。隱其學，不以所學自表見也。終業而又速去之，以其用工間斷，鹵莽滅裂，而不安不樂故也。刑，成也。○朱子曰：「横渠作簡與人，言其子日來誦書不熟，且教他熟誦以盡其誠與材。他解此兩句，只作一意解。言人之材足以有爲，但以不由於誠，則不盡其材。」

大學之法，禁於未發之謂豫，當其可之謂時，不陵節而施之謂孫，相觀而善之謂摩。此四者，教之所由興也。

豫者，先事之謂。時者，不先不後之期也。陵，踰犯也。節，如節候之節。禮有禮節，樂有樂節，人有長幼之節，皆言分限所在。不陵節而施，謂不教幼者以長者之業也。相觀而善，如稱甲之善，則乙者觀而效之。乙有善可稱，甲亦如之。孫，以順言。摩，以相厲而進爲言也。○方氏曰：「若『七年男女不同席，不共食』。『幼子常視母誑』，則可謂之豫矣。若『十年學書計』，『十三年舞《勺》』，『成童舞《象》』，可謂之時矣。」○石梁王氏曰：「註專以『時』爲『年二十之時』，非也。」

發然後禁，則扞格胡客反。而不勝。升。時過然後學，則勤苦而難成。雜施而不孫，則壞怪。亂而不脩。獨學而無友，則孤陋而寡聞。燕朋逆其師，燕辟僻。廢其學。此六者，教之所由廢也。

扞，拒扞也。格，讀如「凍洛」之「洛」。謂如地之凍，堅强難入也。不勝，不能承當其教也。一讀爲去聲，謂教不能勝其爲非之心，亦通。雜施，謂躐等陵節也。燕私之朋，必不責善，或相與以慢其師。燕遊邪僻，必惑外誘，得不廢其業乎？此燕朋燕辟之害，皆由於「發然後禁」以下四者之失。皆與上文四者相反也。○鄭氏曰：「燕，猶褻也。褻其朋友，褻師之譬喻。」

君子既知教之所由興，又知教之所由廢，然後可以爲人師也。故君子之教喻也，道而弗牽，强而弗抑，開而弗達。道而弗牽則和，强而弗抑則易，異。開而弗達則思。和、易以思，可謂善喻矣。

示之以入道之所由，而不牽率其必進。作興其志氣之所尚，而不沮抑之使退。開其從入之端，而不竟其所通之地。如此，則不扞格而和，不勤苦而易，不雜施以亂其心，有相觀以輔其志，而思則得之矣。

學者有四失，教者必知之。人之學也，或失則多，或失則寡，或失則易，異。或失則止。此四者，心之莫同也。知其心，然後能救其失也。教也者，長善而救其失者也。

方氏曰：「或失則多者，知之所以過。或失則寡者，愚之所以不及。或失則易，賢者之所以過。或失則止，不肖者之所以不及。多聞見而適乎邪道，多之失也。寡聞見而無約無卓，寡之失也。子路『好勇過我，無所取材』，易之失也。冉求之『今女畫』，止之失也。『約我以禮』，所以救其失之多。『博我以文』，所以救其失之寡。『兼人』則『退之』，所以救其失之易。『退』則『進之』，所以救其失之止也。」

善歌者，使人繼其聲。善教者，使人繼其志。其言也約而達，微而臧，罕譬而喻，可謂繼志矣。

約而達，辭簡而意明也。微而臧，言不峻而善則明也。罕譬而喻，比方之辭少而感動之意深也。繼志，謂能使學者之志與師無間也。

君子知至學之難易，而知其美惡，然後能博喻。能博喻然後能爲師，能爲師然後能爲長，能爲長然後能爲君。故師也者，所以學爲君也。是故擇師不可不慎也。《記》曰：「三王四代唯其師。」其此之謂乎？

至學，至於學也。鈍者至之難，敏者至之易；質美者向道，不美者叛道。知乎此，然後能博喻。謂循循善誘，不拘一塗也。《周官·太宰》：「長，以貴得民。師，以賢得民。」長者，一官之長。君，則一國之君也。言爲君之道，皆自務學充之。三王四代之所以治，以能「作之君，作之師」爾。周子曰：「師道立，則善人多。善人多，則朝廷正而天下治矣。」

凡學之道，嚴師爲難。師嚴然後道尊，道尊然後民知敬學。是故君之所不臣於其臣者二，當其爲尸則弗臣也，當其爲師則弗臣也。大學之禮，雖詔於天子，無北面，所以尊師也。

嚴師，如《孝經》嚴父之義，謂尊禮嚴重之也。無北面，不處之以臣位也。石梁王氏曰：「『詔於天子無北面』，註引『武王踐阼』出《大戴禮》。」

善學者，師逸而功倍，又從而庸之。不善學者，師勤而功半，又從而怨之。善問者，如攻堅木，先其易者，後其節目，及其久也，相説如字。以解。下介反。不善問者反此。善待問者，如撞鍾，叩之以小者則小鳴，叩之以大者則大鳴，待其從舂。容，然後盡其聲。不善答問者反此。此皆進學之道也。

庸，功也。感師之有功於己也。相説以解，舊讀説爲悦。今從朱子説，讀如字。○疏曰：「從讀爲舂者，舂，謂擊也，以爲聲之形容。言鍾之爲體，必待其擊。每一舂而爲一容，然後盡其聲。善答者，亦待其一問，然後一答，乃盡説義理也。」愚謂「從容」言優游不迫之意。不急疾擊之，則鍾聲之小大長短，得以自盡，故以爲善答之喻。○朱子曰：「『説』字人以爲『悦』，恐只是『説』字。先其易者，難處且放下。少間見多了，自然相證而解。解物爲解，自解釋爲解，恐是相證而曉解也。」

記問之學，不足以爲人師，必也其聽語乎。力不能問，然後語去聲。之。語之而不知，雖舍之可也。

記問，謂記誦古書，以待學者之問也。以此爲學，無得於心，而所知有限，故不足以爲人師。聽語，聽學者所問之語也。不能問，則告之。不知而舍之，以其終不可入德也。「不以三隅反，則不復」，亦此意。

良冶之子，必學爲裘。良弓之子，必學爲箕。始駕馬者反之，車在馬前。君子察於此三者，可以有志於學矣。

疏曰：「善冶之家，其子弟見其父兄陶鎔金鐵，使之柔合，以補治破器。故此子弟能學爲袍裘，補續獸皮，片片相合，以至完全也。箕，柳箕也。善爲弓之家，使幹角橈屈調和成弓。故其子弟亦覩其父兄世業，學取柳條和軟橈之成箕也。馬子始學駕車之時，大馬駕在車前，將馬子繫隨車後而行，故云『反之』。所以然者，此駒未曾駕車，若忽駕之，必驚奔。今以大馬牽車於前，而繫駒於後，使日日見車之行，慣習而後駕之，不復驚矣。言學者亦須先教小事操縵之屬，然後乃示其業，則易成也。」○應氏曰：「冶鑛難精，而裘軟易紉；弓勁難調，而箕曲易製； 車重難駕，而馬反則易馴。皆自易而至於難，自粗而至於精。習之有漸而不可驟進，學之以類而不可泛求，是之謂有志矣。」

古之學者，比妣。物醜類。鼓無當去聲。於五聲，五聲弗得不和。水無當於五色，五色弗得不章。學無當於五官，五官弗得不治。師無當於五服，五服弗得不親。

比物醜類，謂以同類之事相比方也。當，猶主也。鼓聲不宮不商，於五聲本無所主。然而五聲不得鼓，則無諧和之節。水無色，不在五色之列。而繢畫者不得水，則不章明。五官，身、口、耳、目、心之所職，即《洪範》之「五事」也。學於吾身五者之官，本無所當。而五官不得學，則不能治。師於弟子，不當五服之一。而弟子若無師之教誨，則五服之屬不相和親。○陳氏曰：「類者，物之所同。醜之爲言衆也。理有所不顯，則比物以明之；物有所不一，則醜類以盡之。然後因理以明道，而善乎學矣。總而論之，鼓非與乎五聲，而五聲待之而和；水非與乎五色，而五色待之而章；學非與乎五官，而五官待之而治；師非與乎五服，而五服待之而親。是五聲、五色、五官、五服雖不同，而同於有之以爲利。鼓也、水也、學也、師也雖不一，而一於無之以爲用。然則古之學者，比物醜類，而精微之意，有寓於是。非窮理之至者，孰能與此！」

君子曰：「大德不官，大道不器，大信不約，大時不齊。察於此四者，可以有志於本矣。」

大德、大道、大信，皆指聖人而言。大時，天時也。不官，不拘一職之任也。不器，無施而不可也。不約，不在期約之末也。元化周流，一氣屈伸，不可以截然分限求之。故方榮之時而有枯者焉，寂之時而有萼者焉。惟其不齊，是以不可窮。凡此四者，皆以本原盛大，而體無不具，故變通不拘，而用無不周也。君子察於此，可以有志於學而洪其本矣。

三王之祭川也，皆先河而後海，或源也，或委去聲。也，此之謂務本。

河爲海之源，海乃河之委，承上文「志於本」而言。水之爲物，盈科而後進，放乎四海，有本者如是也。君子之於學，不成章不達，故先務本。

禮記卷之十

禮記卷之十一

陳澔集説

樂記第十九

凡音之起，由人心生也。人心之動，物使之然也。感於物而動，故形於聲。聲相應，故生變。變成方，謂之音。比毗至反。音而樂如字。之，及干戚羽旄謂之樂。

凡樂音之初起，皆由人心之感於物而生。人心虛靈不昧，感而遂通。情動於中，故形於言而爲聲。聲之辭意相應，自然生清濁高下之變。變而成歌詩之方法，則謂之音矣。成方，猶言成曲調也。比合其音而播之樂器，及舞之干戚羽旄，則謂之樂焉。干戚，武舞也。羽旄，文舞也。

樂者，音之所由生也，其本在人心之感於物也。是故其哀心感者，其聲噍焦。以殺。色介反。其樂洛。心感者，其聲嘽昌展反。以緩。其喜心感者，其聲發以散。其怒心感者，其聲粗以厲。其敬心感者，其聲直以廉。其愛心感者，其聲和以柔。六者非性也，感於物而後動。

方氏曰：「人之情，得所欲則樂，喪所欲則哀；順其心則喜，逆其心則怒；於所畏則敬，於所悦則愛。噍則竭而無澤，殺則減而不隆，蓋心喪其所欲，故形於聲者如此。嘽則闡而無餘，緩則紓而不迫，蓋心得其所欲，故形於聲者如此。發則生而不窮，散則施而無積，蓋順其心，故形於聲者如此。直則無委曲，廉則有分際，蓋心有所畏，故形於聲者如此。和則不乖，柔則致順，蓋心有所悦，故形於聲者如此。」○愚謂粗以厲者，高急而近於猛暴也。六者心感物而動，乃情也，非性也。性則喜、怒、哀、樂未發者也。

是故先王慎所以感之者。故禮以道其志，樂以和其聲，政以一其行，去聲。刑以防其姦。禮、樂、刑、政，其極一也，所以同民心而出治道也。

劉氏曰：「慎其政之所以感人心者，故以禮而道其志之所行，使必中節；以樂而和其聲之所言，使無乖戾。政以教不能而一其行，刑以罰不率而防其姦。禮、樂、刑、政四者之事雖殊，而其致則一歸於慎其所以感之者，所以同民心而出治道也。」

凡音者，生人心者也。情動於中，故形於聲。聲成文，謂之音。是故治世之音安以樂，其政和。亂世之音怨以怒，其政乖。亡國之音哀以思，其民困。聲音之道，與政通矣。

此言音生於人心之感，而人心哀樂之感，由於政治之得失。此所以慎其所以感之者也。治世政事和諧，故形於聲音者安以樂。亂世政事乖戾，故形於聲音者怨以怒。將亡之國，其民困苦，故形於聲音者哀以思。此聲音所以與政通也。○《詩疏》曰：「雜比曰音，單出曰聲。哀樂之情，發見於言語之聲，於時雖言哀樂之事，未有宮商之調，惟是聲耳。至於作詩之時，則次序清濁節奏高下，使五聲爲曲，似五色成文，即是爲音。此音被諸絃管，乃名爲樂。」

宮爲君，商爲臣，角爲民，徵爲事，羽爲物。五者不亂，則無怗覘。懘昌制反。之音矣。

劉氏曰：「五聲之本，生於黃鍾之律，其長九寸，每寸九分，九九八十一，是爲宮聲之數。三分損一以下生徵，則去二十七，得五十四也。徵三分益一以上生商，則加十八，得七十二也。商三分損一以下生羽，則去二十四，得四十八也。羽三分益一以上生角，則加十六，得六十四也。角聲之數，三分之不盡一筭，其數不行，故聲止於五。此其相生之次也。宮屬土，絃用八十一絲爲最多，而聲至濁，於五聲獨尊，故爲君象。商屬金，絃用七十二絲，聲次濁，故次於君而爲臣象。角屬木，絃用六十四絲，聲半清半濁，居五聲之中，故次於臣而爲民象。徵屬火，絃用五十四絲，其聲清，有民而後有事，故爲事象。羽屬水，絃用四十八絲爲最少，而聲至清，有事而後用物，故爲物象。此其大小之次也。五聲固本於黃鍾爲宮，然還相爲宮，則其餘十一律皆可爲宮。宮必爲君而不可下於臣，商必爲臣而不可上於君。角民、徵事、羽物，皆以次降殺。其有臣過君、民過臣、事過民、物過事者，則不用正聲而以半聲應之，此八音所以克諧而無相奪倫也。然聲音之道與政相通，必君、臣、民、事、物五者各得其理而不亂，則聲音和諧而無怗懘也。怗懘者，敝敗也。」

宮亂則荒，其君驕。商亂則陂，畀。其臣壞。角亂則憂，其民怨。徵亂則哀，其事勤。羽亂則危，其財匱。五者皆亂，迭相陵，謂之慢。如此，則國之滅亡無日矣。

此言審樂以知政。若宫亂則樂聲荒散，是知由其君之驕恣使然也。餘四者例推。○陳氏曰：「五聲含君、臣、民、事、物之象，必得其理，方調得律吕。否則有臣陵君，民過臣，而謂之奪倫矣。此却不比漢儒附會效法之言，具有此事，毫髮不可差。設或樂聲奪倫，即其國君、臣、民、物必有不盡分之事。如州鳩、師曠皆能以此知彼，正是樂與政通。」

鄭衛之音，亂世之音也。比毗至反。於慢矣。桑間濮卜。上之音，亡國之音也。其政散，其民流，誣上行私而不可止也。

此「慢」字，承上文「謂之慢」而言。比，近也。桑間濮上，衛地濮水之上，桑林之間也。《史記》言衛靈公適晉，舍濮上，夜聞琴聲，召師涓聽而寫之。至晉，命涓爲平公奏之。師曠曰：「此師延靡靡之樂。武王伐紂，師延投濮水死，故聞此聲，必於濮水之上也。」政散故民罔其上，民流故行其淫蕩之私也。○張子曰：「鄭衛地濱大河，沙地土薄，故其人氣輕浮；其地平下，故其質柔弱；其地肥饒，不費耕耨，故其人心怠惰。其人情性如此，其聲音亦然。故聞其樂，使人如此懈慢也。」○朱子曰：「鄭聲之淫甚於衛，夫子論爲邦獨以鄭聲爲戒，蓋舉重而言也。」

凡音者，生於人心者也。樂者，通倫理者也。是故知聲而不知音者，禽獸是也。知音而不知樂者，衆庶是也。唯君子爲能知樂。是故審聲以知音，審音以知樂，審樂以知政，而治道備矣。是故不知聲者，不可與言音。不知音者，不可與言樂。知樂，則幾於禮矣。禮樂皆得，謂之有德。德者，得也。

倫理，事物之倫類各有其理也。○方氏曰：「凡耳有所聞者，皆能知聲。心有所識者，則能知音。道有所通者，乃能知樂。若瓠巴鼓瑟，流魚出聽；伯牙鼓琴，六馬仰秣，此禽獸之知聲者也。魏文侯好鄭衛之音，齊宣王好世俗之樂，此衆庶之知音者也。若孔子在齊之所聞，季札聘魯之所觀，此君子之知樂者也。」○應氏曰：「倫理之中，皆禮之所寓。知樂，則通於禮矣。不曰通而曰幾者，辨折精微之極也。」

是故樂之隆，非極音也。食嗣。饗之禮，非致味也。《清廟》之瑟，朱絃而疏越，如字。壹倡而三歎，有遺音者矣。大饗之禮，尚玄酒而俎腥魚，大泰。羹不和，去聲。有遺味者矣。是故先王之制禮樂也，非以極口腹耳目之欲也，將以教民平好去聲。惡，去聲。而反人道之正也。

樂之隆盛，不是爲極聲音之美。食饗禘祫之重禮，不是爲極滋味之美。蓋樂主於移風易俗，而祭主於報本反始也。鼓《清廟》之詩之瑟，練朱絲以爲絃。絲不練則聲清，練之則聲濁。疏，通也。越，瑟底之孔也。疏而通之，使其聲遲緩。瑟聲濁而遲，是質素之聲，非要妙之音也。此聲初發，一倡之時，僅有三人從而和之，言和者少也。以其非極聲音之美，故好者少。然而其中則有不盡之餘音存焉，故曰「有遺音者矣」。尊以玄酒爲尚，俎以生魚爲薦，太羹無滋味之調和，是質素之食，非人所嗜悅之味也。然而其中則有不盡之餘味存焉，故曰「有遺味者矣」。由此觀之，是非以極口腹耳目之欲也。教民平好惡，謂不欲其好惡之偏私也。人道不正，必自好惡不平始。好惡得其平，則可以復乎人道之正，而風移俗易矣。○朱子曰：「一倡而三歎，謂一人倡而三人和。今解者以爲三歎息，非也。」

人生而靜，天之性也。感於物而動，性之欲也。物至知知，

朱子曰：「上『知』字是體，下『知』字是用。」

然後好惡形焉。好惡無節於內，知誘於外，不能反躬，天理滅矣。夫物之感人無窮，而人之好惡無節，則是物至而人化物也。人化物也者，滅天理而窮人欲者也。於是有悖逆詐僞之心，有淫泆作亂之事。是故强者脅弱，衆者暴寡，知去聲。者詐愚，勇者苦怯，疾病不養，老幼孤獨不得其所，此大亂之道也。

劉氏曰：「人生而靜者，喜、怒、哀、樂未發之中，天命之性也。感於物而動，則性發而爲情也。人心虛靈知覺，事至物來，則必知之而好惡形焉。好善惡惡，則道心之知覺原於義理者也。好妍惡醜，則人心之知覺發於形氣者也。好惡無節於內，而知誘於外，則是道心昧而不能爲主宰，人心危而物交物，則引之矣。不能反躬以思其理之是非，則人欲熾而天理滅矣。況以無節之好惡，而接乎無窮之物感，則心爲物役而違禽獸不遠矣。違禽獸不遠，則爪剛者決，力强者奪，此所以爲大亂之道也。」

是故先王之制禮樂，人爲之節。衰麻哭

泣，所以節喪紀也。鍾鼓干戚，所以和安樂洛。也。昏姻冠笄，所以別男女也。射、鄉、食、嗣。饗，所以正交接也。禮節民心，樂和民聲，政以行之，刑以防之。禮、樂、刑、政四達而不悖，則王道備矣。

劉氏曰：「先王之制禮樂，因人情而爲之節文。因其哀死而喪期無數，故爲衰麻哭泣之數以節之。因其好逸樂而不能和順於義理，故爲鍾鼓干戚之樂以和之。因其有男女之欲而不知其別，故爲昏姻冠笄之禮以別之。因其有交接之事而或失其正，故爲射、鄉、食、饗之禮以正之。節其心，所以使之行而無過不及。和其聲，所以使之言而無所乖戾。爲之政以率其怠倦，而使禮樂之教無不行。爲之刑以防其恣肆，而使禮樂之道無敢廢。禮、樂、刑、政四者通行於天下，而民無悖違之者，則王者之治道備矣。」

樂者爲同，禮者爲異。同則相親，異則相敬。樂勝則流，禮勝則離。合情飾貌者，禮樂之事也。禮義立，則貴賤等矣。樂文同，則上下和矣。好惡著，則賢不肖別矣。刑禁暴，爵舉賢，則政均矣。仁以愛之，義以正之，如此則民治行矣。

和以統同，序以辨異。樂勝則流，過於同也；禮勝則離，過於異也。合情者，樂之和於內，所以救其離之失；飾貌者，禮之檢於外，所以救其流之失。此禮之義、樂之文所以相資爲用者也。仁以愛之，則相敬而不至於離；義以正之，則相親而不至於流。此又以仁義爲禮樂之輔者也。等貴賤，和上下，別賢不肖，均政，此四者皆所以行民之治，故曰「民治行矣」。○應氏曰：「上言『王道備』，言其爲治之具也。此言『民治行』，言其爲治之效。」

樂由中出，禮自外作。樂由中出，故靜。禮自外作，故文。大樂必易，大禮必簡。樂至則無怨，禮至則不爭。揖讓而治天下者，禮樂之謂也。暴民不作，諸侯賓服，兵革不試，五刑不用，百姓無患，天子不怒，如此則樂達矣。合父子之親，明長幼之序，以敬四海之內，天子如此，則禮行矣。

應氏謂「四海之內」四字恐在「合」字上，如此，則文理爲順。○劉氏曰：「欣喜歡愛之和出於中，進退周旋之序著於外。和則情意安舒，故靜。序則威儀交錯，故文。大樂與天地同和，如『乾以易知』而不勞。大禮與天地同節，如『坤以簡能』而不煩。樂至，則人皆得其所而無怨。禮至，則人各安其分而不争。如帝世揖讓而天下治者，禮樂之至也。達者，徹於彼之謂。行者，出於此之謂。行者，達之本。達者，行之效。天子自能合其父子之親，明其長幼之序，則家齊族睦矣。又能親吾親以及人之親，長吾長以及人之長，是謂『以敬四海之内』，則禮之本立而用行矣。禮之用行，而後樂之效達。故於樂但言天子無可怒者，而於禮則言『天子如此』，是樂之達，乃天子行禮之效也。周子曰『萬物各得其理而後和，故禮先而樂後』是也。」

大樂與天地同和，大禮與天地同節。和，故百物不失。節，故祀天祭地。明則有禮樂，幽則有鬼神。如此，則四海之内，合敬同愛矣。禮者，殊事合敬者也。樂者，異文合愛者也。禮樂之情同，故明王以相沿也。故事與時並，名與功偕。

百物不失，言各遂其性也。○朱子曰：「禮主減，樂主盈；鬼神亦止是屈伸之義。禮樂鬼神一理。」又曰：「在聖人制作處，便是禮樂；在造化功用處，便是鬼神。禮有經禮曲禮之事殊，而敬一；樂有五聲六律之文異，而愛一。所以能使四海之内合敬同愛者，皆大樂大禮之所感化也。禮樂之制，在明王雖有損益，而情之同者則相因述也。惟其如此，是以王者作興，事與時並。如唐虞之時，則有揖讓之事；夏殷之時，則有放伐之事。名與功偕者，功成作樂，故歷代樂名，皆因所立之功而名之也。」○蔡氏曰：「禮樂本非判然二物也。人徒見樂由陽來，禮由陰作，即以爲禮屬陰，樂屬陽，判然爲二。殊不知陰陽一氣也。陰氣流行即爲陽，陽氣凝聚即爲陰，非真有二物也。禮樂亦止是一理。禮之和即是樂，樂之節即是禮，亦非二物也。善觀者，既知陰陽禮樂之所以爲二，又知陰陽禮樂之所以爲一，則達禮樂之體用矣。」

故鍾鼓管磬，羽籥干戚，樂之器也。屈伸俯仰，綴拙兆舒疾，樂之文也。簠簋俎豆，制度文章，禮之器也。升降上下，周還旋。裼襲，禮之文也。故知禮樂之情者能作，識禮樂之文者能述。作者之謂聖，述者之謂明。明聖者，述作之謂也。

綴，舞者行位相連綴也。兆，位外之營兆也。裼襲，説見《曲禮》。情，謂理趣之深奥者。知之悉，故能作。文，謂節奏之宣著者。識之詳，故能述。若黄帝堯舜之造律呂、垂衣裳，禹湯文武之不相沿襲，皆聖者之作也。周公經制，盡取先代之禮樂而參用之，兼聖明之作述也。季札觀樂，而各有所論，此明者之述也。夫子之聖，乃述而不作者，有其德無其位故耳。」

樂者，天地之和也。禮者，天地之序也。和，故百物皆化。序，故羣物皆別。樂由天作，禮以地制。過制則亂，過作則暴。明於天地，然後能興禮樂也。

朱子曰：「樂由天作，屬陽，故有運動底意。禮以地制，如由地出，不可移易。」○劉氏曰：「前言『大樂與天地同和，大禮與天地同節』，以成功之所合而言也。此言『樂者天地之和，禮者天地之序』，以效法之所本而言也。蓋聖人之禮樂，與天地之陰陽相爲流通，故始也法陰陽以爲禮樂，終也以禮樂而贊陰陽。天地之和，陽之動而生物者也。氣行而不乖，故百物皆化。天地之序，陰之静而成物者也。質具而有秩，故羣物皆别。樂由天作者，法乎氣之行於天者而作，故動而屬陽。聲音，氣之爲也。禮以地制者，法乎質之具於地者而制，故静而屬陰。儀則，質之爲也。過制則失其序，如陰過而肅，則物之成者復壞矣，故亂。過作則失其和，如陽過而亢，則物之生者反傷矣，故暴。明乎天地之和與序，然後能興禮樂以贊化育也。」

論倫無患，樂之情也。欣喜歡愛，樂之官也。中正無邪，禮之質也。莊敬恭順，禮之制也。若夫禮樂之施於金石，越於聲音，用於宗廟社稷，事乎山川鬼神，則此所與民同也。

方氏曰：「金石、聲音，特樂而已。亦統以禮爲言者，凡行禮然後用樂，用樂以成禮。未有用樂而不爲行禮者也。情、官、質、制者，禮樂之義也。金石、聲音者，禮樂之數也。其數可陳，則民之所同。其義難知，則君之所獨。故於金石聲音曰『此所與民同也』。」○劉氏曰：「論者，《雅》《頌》之辭。倫者，律呂之音。惟其辭足論而音有倫，故極其和而無患害，此樂之本情也。而在人者則以欣喜歡愛爲作樂之主焉。中者，行之無過不及。正者，立之不偏不倚。惟其立之正而行之中，故得其序而無邪僻，此禮之本質也。而在人者則以莊敬恭順爲行禮之制焉。此聖賢君子之所獨知也。若夫施之器而播之聲，以事乎鬼神者，則衆人之所共知者也。」

王者功成作樂，治定制禮。其功大者其樂備，其治辯偏。者其禮具。干戚之舞，非備樂也。孰亨烹。而祀，非達禮也。五帝殊時，不相沿樂。三王異世，不相襲禮。樂極則憂，禮粗則偏矣。及夫敦樂而無憂，禮備而不偏者，其唯大聖乎！

干戚之舞，武舞也，不如《韶》樂之盡善盡美，故云「非備樂也」。孰烹牲體而薦，不如古者血腥之祭爲得禮意，故云「非達禮也」。若奏樂而欲極其聲音之娛樂，則樂極悲來，故云「樂極則憂」。行禮粗略而不能詳審，則節文之儀必有偏失而不舉者，故云「禮粗則偏矣」。惟大聖人則道全德備，雖敦厚於樂，而無樂極悲來之憂；其禮儀備具，而無偏粗之失也。

天高地下，萬物散殊，而禮制行矣。流而不息，合同而化，而樂興焉。春作夏長，仁也。秋斂冬藏，義也。仁近於樂，義近於禮。樂者敦如字。和，率神而從天。禮者別宜，居鬼而從地。故聖人作樂以應天，制禮以配地。禮樂明備，天地官矣。

物各賦物，而不可以强同，此造化示人以自然之禮制也。絪緼化醇，而不容以獨異，此造化示人以自然之樂情也。合同者，春夏之仁，故曰「仁近於樂」。散殊者，秋冬之義，故曰「義近於禮」。敦和，厚其氣之同者。別宜，辨其物之異者。率神，所以循其氣之伸。居鬼，所以斂其氣之屈。伸陽而從天，屈陰而從地也。由是言之，則聖人禮樂之精微寓於制作者，既明且備，可得而知矣。官，猶主也。言天之生物，地之成物，各得其職也。○劉氏曰：「此申明禮者天地之序，樂者天地之和。高下散殊者，質之具，天地自然之序也。而聖人法之，則禮制行矣。周流同化者，氣之行，天地自然之和也。而聖人法之，則樂興焉。春作夏長，天地生物之仁也。氣行而同和，故近於樂。秋斂冬藏，天地成物之義也。質具而異序，故近於禮。此言效法之所本也。敦和者，厚其氣之同。別宜者，辨其質之異。神者，陽之靈。鬼者，陰之靈。率神以從天者，達其氣之伸而行於天。居鬼而從地者，斂其氣之屈而具於地。蓋樂可以敦厚天地之和，而發達乎陽之所生；禮可以辨別天地之宜，而安定乎陰之所成。故聖人作樂以應助天之生物，制禮以配合地之成物。禮樂之制作既明且備，則足以裁成其道，輔相其宜，而天之生、地之成，各得其職矣。此言成功之所合也。」

天尊地卑，君臣定矣。卑高以陳，貴賤位矣。動靜有常，小大殊矣。方以類聚，物以羣分，則性命不同矣。在天成象，在地成形。如此，則禮者，天地之別也。

此與《易·繫辭》略同。記者引之，言聖人制禮，其本於天地自然之理者如此。定君臣之禮者，取於天地尊卑之勢也。列貴賤之位者，取於山澤卑高之勢也。小者不可爲大，大者不可爲小。故小大之殊，取於陰陽動静之常也。此「小大」，如《論語》「小大由之」之義，謂小事大事也。方，猶道也。聚，猶處也。君臣、父子、夫婦、長幼、朋友，各有其道，則各以其類而處之，所謂「方以類聚」也。物，事也。行禮之事，即謂天理之節文，人事之儀則，行之不止一端，分之必各從其事，所謂「物以羣分」也。所以然者，以天所賦之命，人所受之性，自然有此三綱五常之倫，其間尊卑厚薄之等，不容混而一之也。故曰「性命不同矣」。在天成象，如衣與旗常之章，著爲日月星辰之象也。在地成形，如宫室器具各有高卑大小之制，是取法於地也。由此言之，禮之有別，非天地自然之理乎？○應氏曰：「此即所謂『天高地下，萬物散殊，而禮制行矣』。」○劉氏曰：「此又申言『禮者，天地之序也』。天地萬物，各有動静之常。大者有大動静，小者有小動静。則小大之事法之，而久近之期殊矣。方以類聚，言中國、蠻、夷、戎、狄之民，各以類而聚。物以羣分，言飛、潛、動、植之物，各以羣而分。則以其各正性命之不同也，故聖人亦因之而異其禮矣。在天成象，則日月星辰之曆數，各有其序。在地成形，則山川人物之等倫，各有其儀。由此言之，則禮者，豈非天地之別乎？」

地氣上上聲。齊，躋。天氣下降，陰陽相摩，天地相蕩，鼓之以雷霆，奮之以風雨，動之以四時，煖暄。之以日月，而百化興焉。如此，則樂者，天地之和也。

應氏曰：「此即所謂『流而不息，合同而化，而樂興焉』。」○劉氏曰：「此申言『樂者，天地之和也』。齊，讀爲躋。天地相蕩，亦言其氣之播蕩也。百化興焉，所謂『天地絪緼』，而『萬物化醇』也。以上言效法之所本。」

化不時則不生，男女無辨則亂升，天地之情也。

此言禮樂之得失與天地相關，所謂和氣致祥，乖氣致異也。總結上文兩節之意。

及夫禮樂之極乎天而蟠乎地，行乎陰陽而通乎鬼神，窮高極遠而測深厚。樂著直略切。太始，而禮居成物。著如字。不息者，天也。著不動者，地也。一動一静者，天地之間也。故聖人曰「禮樂」云。

朱子曰：「『乾知太始，坤作成物』，知者，管也，乾管却太始。太始，即物生之始。乾始物而坤成之也。」○應氏曰：「及，至也。言樂出於自然之和，禮出於自然之序。二者之用，充塞流行，無顯不至，無幽不格；無高不屆，無深不入。則樂著乎乾知太始之初，禮居乎坤作成物之位。而昭著不息者，天之所以爲天。昭著不動者，地之所以爲地。著不動者，藏諸用也。著不息者，顯諸仁也。天地之間，不過一動一静而已。故聖人昭揭以示人，而名之曰『禮樂』也。或曰，不息不動，分著於天地；而一動一静，循環無端者，天地之間也。動静不可相離，則禮樂不容或分。故聖人言禮樂，必合而言之，未嘗析而言之也。以上言成功之所合。」○劉氏曰：「自一陽生於子，至六陽極於巳而爲乾，此乾知太始也。自一陰生於午，至六陰極於亥而爲坤，此坤作成物也。又乾坤交於否泰，一歲則正月泰，二壯，三夬，四乾，五姤，六遯，皆有乾以統陰，是乾主春夏也。七月否，八觀，九剥，十坤，子復，丑臨，皆有坤以統陽，是坤主秋冬也。」

昔者舜作五絃之琴，以歌《南風》。夔始制樂，以賞諸侯。故天子之爲樂也，以賞諸侯之有德者也。德盛而教尊，五穀時熟，然後賞之以樂。故其治民勞者，其舞行杭。綴短。故其治民逸者，其舞行綴拙。遠；其治民逸者，其舞行綴短。故觀其舞，知其德；聞其謚，知其行去聲。也。

應氏曰：「勤於治民，則德盛而樂隆，故舞列遠而長。怠於治民，則德薄而樂殺，故舞列近而短。」○石梁王氏曰：「夔制樂豈專爲賞諸侯？此處皆無義理。」

《大章》，章之也。《咸池》，備矣。《韶》，繼也。《夏》，大也。殷周之樂盡矣。

疏曰：「堯樂謂之《大章》者，言堯德章明於天下也。咸，皆也。池，施也。黄帝樂名《咸池》，言德皆施被於天下，無不周徧，是爲備具矣。『《韶》，繼也』者，言舜之道德繼紹於堯也。『《夏》，大也』，禹樂名《夏》者，言能光大堯、舜之德也。殷周之樂，謂湯之《大濩》，武王之《大武》也。盡矣，言於人事盡極矣。」

天地之道，寒暑不時則疾，風雨不節則饑。教者，民之寒暑也，教不時則傷世。事者，民之風雨也，事不節則無功。然則先王之爲樂也，以法治也，善則行去聲。象德矣。

寒暑者，一歲之分劑。風雨者，一旦之氣候。教重而事輕，故以寒暑喻教，而以風雨喻事也。然則先王之制禮樂，事皆有教，是法天地之道以爲治於天下也。施於政治而無不善，則民之行象君之德矣。

夫豢豕爲酒，非以爲禍也。而獄訟益繁，則酒之流生禍也。是故先王因爲酒禮。壹獻之禮，賓主百拜，終日飲酒而不得醉焉，此先王之所以備酒禍也。故酒食者，所以合歡也。樂者，所以象德也。禮者，所以綴拙。淫也。是故先王有大事，必有禮以哀之；有大福，必有禮以樂之。哀樂之分，去聲。皆以禮終。樂也者，聖人之所樂洛。也，而可以善民心。其感人深，其移風易俗，故先王著其教焉。

一獻之禮，士之饗禮惟一獻也。綴，止也。大事，死喪之事也。大福，吉慶之事也。以大福對大事而言，則大事爲禍矣。哀樂皆以禮終，則不至於過哀過樂矣。此章言禮處多，而末亦云樂者，明禮樂非二用也。應氏本《漢志》，「俗」下增「易」字，音以豉反。○疏曰：「按今《鄉飲酒》之禮，是一獻無百拜。此云『百拜』，喻多也。」

夫民有血氣心知之性，而無哀樂喜怒之常。應感起物而動，然後心術形焉。是故志微、噍焦。殺色介反。之音作，而民思去聲。憂。

劉氏曰：「此申言篇首『音之生，本在人心之感於物也』一條之義。民心無常，而喜怒哀樂之情應其感起於物者而動，然後其心術形於聲音矣。故采詩可以觀民風，審樂可以知國政也。志，疑當作『急』。急，促。微，細。噍，枯。殺，減也。其哀心感者，其聲噍以殺。故作樂而有急微噍殺之音，則其民心之哀思憂愁可知矣。」

嘽昌展反。諧、慢易、繁文、簡節之音作，而民康樂。

嘽，寬。諧，和。慢，緩。易，平也。繁文簡節，多文理而略節奏也。其樂心感者，其聲嘽以緩。故此等音作，則其民心之安樂可知矣。

粗厲、猛起、奮末、廣賁扶粉反。之音作，而民剛毅。

粗厲，粗疏嚴厲也。猛，威盛貌。奮，振迅貌。起，初。

末，終也。猛起奮末者，猛盛於初起，而奮振於終末也。廣，大。賁，憤也。廣憤，言中間絲、竹、匏、土、革、木之音皆怒也。其怒心感者，其聲粗以厲。故此等音作，則可知其民之剛毅。

廉直、勁正、莊誠之音作，而民肅敬。

廉，有稜隅也。勁，堅强也。其敬心感者，其聲直以廉。故此等音作，則可知其民之肅敬。

寬裕、肉而救反。好、去聲。順成、和動之音作，而民慈愛。

《考工記》註云：「好，璧孔也。肉倍好曰璧，好倍肉曰瑗，肉好均曰環。」如此，則肉乃璧之肉地也。此言肉好，則以璧喻樂音之圓瑩通滑耳。其愛心感者，其聲和以柔。故此等音作，則知其民之慈愛。

流辟僻。邪散、狄他歷反。成、滌濫之音作，而民淫亂。

狄，與逖同，遠也。成者，樂之一終。狄成，言其一終甚長，淫泆之意也。滌，洗也。濫，侵僭也。言其音之泛濫侵僭，如以水洗物，而浸漬侵濫無分際也。此是其喜心感者，而其聲然也。故聞此音之作，則其民之淫亂可知矣。

是故先王本之情性，稽之度數，制之禮義。合生氣之和，道五常之行，去聲。使之陽而不散，陰而不密，剛氣不怒，柔氣不慴。四暢交於中而發作於外，皆安其位而不相奪也。然後立之學等，廣其節奏，省悉井切。其文采，以繩德厚。律小大之稱，去聲。比毗至切。終始之序，以象事行，使親疏、貴賤、長幼、男女之理，皆形見現。於樂，故曰「樂觀其深矣」。

此承上文聲音之應感而言。本之情性，即民有血氣心知之性，喜怒哀樂之情也。度數，十二律上生下生損益之數也。禮義，貴賤、隆殺、清濁、高下，各有其義也。生氣之和，造化發育之妙也。五常之行，仁、義、禮、知、信之德也。言聖人之作樂，本於人心七情所感之音，而稽考於五聲、十二律之度數，而制之以清濁、高下、尊卑、隆殺之節，而各得其宜。然後用之以合天地生氣之和，而使其陽之動而不至於散，陰之靜而不至於密。道人心五常之行，而使剛者之氣不至於怒，柔者之氣不至於慴。天地之陰陽，人心之剛柔，四者各得其中而和暢焉，則交暢於中而發形於外。於是宮君、商臣、角民、徵事、羽物，皆安其位而不相奪倫也。

此言聖人始因人情而作樂，有度數禮義之詳，而以之和天地之氣，平天下之情。及天氣人情感而太和焉，則樂無怗懘之音矣，然後推樂之教以化民成俗也。立之學，若樂師掌國學之政，大胥掌學士之版是也。立之等，若十三舞《勺》，成童舞《象》之類是也。廣其節奏，曾益學者之所習也。省其文采，省察其音曲之辭，使五聲之相和相應，若五色之雜以成文采也。厚，如《書》「惟民生厚」之「厚」。以繩德厚，謂檢約其固有之善而使之成德也。律，以法度整齊之也。比，以次序聯合之也。宫音至大，羽音至小，律之使各得其稱。始於黄鍾之初九，終於仲吕之上六，比之使各得其序。以此法象而寓其事之所行，如宫爲君，宫亂則荒之類，故曰「以象事行」也。人倫之理，其得失皆可於樂而見之。是樂之所觀，其義深奥矣。此古有是言，記者引以爲證。

土敝則草木不長，水煩則魚鼈不大，氣衰則生物不遂，世亂則禮慝而樂淫。是故其聲哀而不莊，樂而不安，慢易以犯節，流湎以忘本。廣則容姦，狹則思欲，感條暢之氣，滅平和之德，是以君子賤之也。

土敝，地力竭也，故草木不長。水煩，謂澤梁之入無時，水煩擾而魚鼈不得自如，故不大也。物類之生，必資陰陽之氣。氣衰耗，故生物不得成遂也。此三句皆以喻世道衰亂。上下無常，故禮慝；男女無節，故樂淫也。樂淫，故哀而不莊，樂而不安。若《關雎》，則樂而不淫，哀而不傷。禮慝，故慢易以犯節，流湎以忘本。若正禮，則莊敬而有節，知反而報本也。廣，猶大也。狹，猶小也。言淫樂慝禮，人則使人容爲姦宄，小則使人思爲貪欲，感傷天地條暢之氣，滅敗人心和平之德，是以君子賤之而不用也。感，或作「蹙」。感條暢之氣，則與合生氣之和者反矣。滅平和之德，則與道五常之行者異矣。

凡姦聲感人，而逆氣應之。逆氣成象，而淫樂興焉。正聲感人，而順氣應之。順氣成象，而和樂興焉。倡和有應，回邪曲直，各歸其分，去聲。而萬物之理，各以類相動也。

疏曰：「倡和有應者，姦聲正聲感人是倡也，而逆氣順氣應之是和也。回，謂乖違。邪，謂邪僻。及曲之與直，各歸其善惡之分限，善歸善分，惡歸惡分。而萬物之情理，亦各以善惡之類自相感動也。」○應氏曰：「聲感於微，而氣之所應者甚速。氣應於微，而象之所成者甚著。成象則有形而可見，見乃謂之象也。各歸其分者，所謂『樂之道歸焉耳』。」

是故君子反情以和其志，比類以成其行。去聲。姦聲亂色，不留聰明；淫樂慝禮，不接心術；惰慢邪僻之氣，不設於身體。使耳目鼻口心知百體，皆由順正，以行其義。

反情，復其情性之正也。情不失其正，則志無不和。比類，分次善惡之類也。不入於惡類，則行無不成。曰「不留」「不接」「不設」，如《論語》四勿之謂，皆反情比類之事。如此，則百體從令，而義之與比矣。此一節乃學者脩身之要法。

然後發以聲音，而文以琴瑟，動以干戚，飾以羽旄，從以簫管。奮至德之光，動四氣之和，以著萬物之理。是故清明象天，廣大象地，終始象四時，周還旋。象風雨。五色成文而不亂，八風從律而不姦，百度得數而有常。小大相成，終始相生，倡和清濁，迭相爲經。故樂行而倫清，耳目聰明，血氣和平，移風易俗，天下皆寧。

《大章》之章，《咸池》之備，《韶》之繼，皆聖人極至之德發於樂者，其輝光猶若可見也。《書》言「光被四表」「光天之下」，皆所謂至德之光也。四氣之和，四時之和氣也。小大終始，即前章「小大之稱」「終始之序」也。迭相爲經，即前篇「還相爲宮」之說也。○疏曰：「八風，八方之風也。律，十二月之律也。距冬至四十五日，條風至。條者，生也。四十五日，明庶風至。明庶者，迎衆也。四十五日，清明風至。清明者，芒也。四十五日，景風至。景者，大也，言陽氣長養也。四十五日，涼風至。涼，寒也，陰氣行也。四十五日，閶闔風至。閶闔者，咸收藏也。四十五日，不周風至。不周者，不交也，言陰氣未合化也。四十五日，廣莫風至。廣莫者，大莫也，開陽氣也。」○方氏曰：「清明者，樂之聲，故象天。廣大者，樂之體，故象地。終始者，樂之序，故象四時。周還者，樂之節，故象風雨。」○應氏曰：「五聲配乎五行之色，故各成文而不亂。八音配乎八卦之風，故各從律而不姦。自一度衍之而至於百，則百度各得其數。猶八卦至於六十四，而其變無窮也。大而日月星辰之度，小而百工器物之度，各有數焉，不止晝夜之百刻也。曰『不亂』『不姦』，以至『有常』，言其常而不紊也。曰『相成』『相生』，以至『迭相爲經』，言其變而不窮也。順其常，則能極其變矣。」

故曰，樂者，樂也。君子樂得其道，小人樂得其欲。以道制欲，則樂而不亂。以欲忘道，則惑而不樂。

君子之樂道，猶小人之樂欲。君子以道制欲，故坦蕩蕩。小人徇欲忘道，故長戚戚。

是故君子反情以和其志，廣樂以成其教。樂行而民鄉去聲。方，可以觀德矣。

承上文而言，所以君子復情和志以脩其身，廣樂成教以治乎民。及樂之教行而民知向道，則可以觀君子之德矣。

德者，性之端也。樂者，德之華也。金石絲竹，樂之器也。詩，言其志也。歌，咏其聲也。舞，動其容也。三者本於心，然後樂器從之。是故情深而文明，氣盛而化神。和順積中，而英華發外，惟樂不可以爲僞。

石梁王氏曰：「註以志、聲、容三者爲本，非也。德有心爲本，性又德之本，然後詩、歌、舞三者出焉。」○劉氏曰：「性之端，和順積中者也。德之華，英華發外者也。三者，謂志也、聲也、容也。志，則端之初發者。聲、容，則華之既見者。志動而形於詩，詩成而永歌其聲。永歌之不足，則不知手舞足蹈而動其容焉。三者皆本於心之感物而動，然後被之八音之器，以及干戚羽旄也。情之感於中者深，則文之著於外者明。如天地之氣盛於内，則化之及於物者神妙不測也。故曰『和順積中而英華發外』也。由是觀之，則樂之爲樂，可以矯僞爲之乎？」

樂者，心之動也。聲者，樂之象也。文采節奏，聲之飾也。君子動其本，樂其象，然後治其飾。是故先鼓以警戒，三步以見現。方，再始以著往，復亂以飭歸。奮疾而不拔，蒲末反。極幽而不隱。獨樂其志，不厭其道。備舉其道，不私其欲。是故情見現。而義立，樂終而德尊，君子以好善，小人以聽過，故曰「生民之道，樂爲大焉」。

動其本，心之動也。心動而有聲，聲出而有文采節奏，則樂飾矣。樂之將作，必先擊鼓以聳動衆聽，故曰「先鼓以警戒」。舞之將作，必先三舉足以示其舞之方法，故曰「三步以見方」。再始，謂一節終而再作也。往，進也。亂，終也，如云《關雎》之亂。歸，舞畢而退就位也。再始以著往者，再擊鼓以明其進也。復亂以飭歸者，復擊鐃以謹其退也。此兩句，言舞者周旋進退之事。拔，如「拔來赴往」之「拔」。言舞之容雖若奮迅疾速，而不過於疾也。樂之道雖曰幽微難知，而不隱於人也。是故君子以之爲己，則和而平。故「獨樂其志，不厭其道」，言學而不厭也。以之爲人，則愛而公。故「備舉其道，不私其欲」，言誨人不倦也。情見於樂之初，而見其義之立。化成於樂之終，而知其德之尊。君子聽之而好善，感發其良心也。小人聽之而知過，蕩滌其邪穢也。「故曰」以下亦引古語結之。此章諸家皆以爲論《大武》之樂，以明伐紂之事。且以「再始」爲十一年觀兵，十三年伐紂。此誤久矣。愚謂此特通論樂與舞之理如此耳，故曰「生民之道，樂爲大焉」。豈可以生民之道，莫大於戰伐哉！

樂也者，施去聲。也；禮也者，報也。樂，樂其所自生；禮，反其所自始。樂章德，禮報情反始也。

文蔚問：「如何是『章德』？」朱子曰：「和順積諸中，英華發於外，便是章著其內之德。」○馬氏曰：「樂由陽來，陽散其文而以生育爲功，故樂主於施。禮由陰作，陰斂其質而以反朴爲事，故禮主於報。舜生於紹堯而施及於天下，故作《大韶》；武王生於武功而施及於天下，故作《大武》，此樂其所自生也。萬物本乎天，故先王以郊明天之道；人本乎祖，故王者禘其祖之所自出，此反其所自始也。」○應氏曰：「樂有發達動盪之和，宣播而出於外，一出而不可反，故曰『施』。禮有交際酬答之文，反復而還於內，故曰『報』。《韶》《濩》《夏》《武》，皆章德而道和。祭享朝聘，皆報情而反始。所謂反者，有收斂之節也。」

所謂大輅者，天子之車也；龍旂九旒，天子之旌也；青黑緣去聲。者，天子之寶龜也；從之以牛羊之羣，則所以贈諸侯也。

天子賜車，則上公及同姓侯伯金輅，異姓則象輅，四衛則革輅，蕃國則本輅。受於天子，則總謂之大輅也。龍旂九旒亦上公，侯伯則七旒，子男則五旒也。寶龜，則以青黑爲之緣飾。牛羊非一，故稱「羣」。此明報禮之事。○石梁王氏曰：「此八句專言禮，與上下文不相承，當是他篇之錯簡。」

樂也者，情之不可變者也。禮也者，理之不可易者也。樂統同，禮辨異。禮樂之說，管乎人情矣。

劉氏曰：「人情感物無常，固多變。然既發於聲音而爲樂，則其哀樂一定而不可變矣。事理隨時有異，固多易也。然既著之節文而爲禮，則其威儀一定而不可易矣。惟其不可變，故使人佚能思初，安能惟始，和順道德而純然罔間，所謂『統同』也。惟其不可易，故使人親疎有序，貴賤有等，謹審節文而截然不亂，所謂『辨異』也。此禮樂之説，所以管攝乎人情也。」

窮本知變，樂之情也。著誠去上聲。僞，禮之經也。禮樂偩負。天地之情，達神明之德，降興上下之神，而凝是精粗之體，領父子君臣之節。

朱子曰：「偩，依象也。」○劉氏曰：「人情理同而氣異，同則本一，異則變多。樂以統同，故可使人窮其本之同，而知其變之異。人情理微而欲危，微則誠隱，危則僞生。禮以辨異，故可使人去其欲之僞，而著其理之誠也。窮本知變者，感通之自然，故曰『情』。著誠去僞者，脩爲之當然，故曰『經』。」○愚謂禮樂之作，道與器未始相離，故曰「凝是精粗之體」也。

是故大人舉禮樂，則天地將爲昭焉。天地訢欣。合，陰陽相得，煦吁句反。嫗於句反。覆方姤反。育萬物，然後草木茂，區勾。萌達，羽翼奮，角觡格。生，蟄蟲昭蘇，羽者嫗伏，扶又反。毛者孕鬻，育。胎生者不殰，瀆。而卵生者不殈，吁闃反。則樂之道歸焉耳。

大人舉禮樂，言聖人在天子之位而制禮作樂也。天地將爲昭焉，言將以禮樂而昭宣天地化育之道也。訢，與欣同。訢合，和氣之交感，即陰陽相得之妙也。天以氣煦之，地以形嫗之，天煦覆而地嫗育，是「煦嫗覆育萬物」也。屈生曰勾，謂勾曲而生者也。角之無鰓者曰觡，鰓謂角外皮之滑澤者。蟄藏之蟲初出，如暗而得明，如死而更生，故曰「昭蘇」也。嫗伏，體伏而生子也。孕鬻，妊孕而育子也。殰，未及生而胎敗也。殈，裂也。凡物皆得自生自育而無所害者，是皆歸於聖人禮樂參贊之道耳。

樂者，非謂黄鍾、大吕、弦歌、干揚也，樂之末節也，故童者舞之。鋪筵席，陳尊俎，列籩豆，以升降爲禮者，禮之末節也，故有司掌之。樂師辨乎聲詩，故北面而弦。宗祝辨乎宗廟之禮，故後尸。商祝辨乎喪禮，故後主人。是故德成而上，藝成而下；行成而先，事成而後。是故先王有上有下，有先有後，然後可以有制於天下也。

禮樂之事，有道有器。前經皆言禮樂之道，此以器言。謂道之精者，非習藝習事者所能知也。干、揚，皆舞者所執。商祝，習知殷禮者。殷尚質，喪禮以質爲主，故兼用殷禮也。北面，位之卑也。宗廟之敬在尸，喪禮之哀在主人。在尸與主人之後，其輕可知也。德行在君尸主人，童子有司習於藝，宗祝商祝習於事，故上下先後之序如此。○石梁王氏曰：「『德成而上』，註云：『德，三德也。』漢儒訓解，每以三德爲德。」

魏文侯問於子夏曰：「吾端冕而聽古樂，則唯恐臥。聽鄭衛之音，則不知倦。敢問古樂之如彼何也？新樂之如此何也？」子夏對曰：「今夫古樂，進旅退旅，和正以廣，弦匏笙簧，會守拊鼓。始奏以文，復亂以武。治亂以相，去聲。訊疾以雅。君子於是語，於是道古。脩身及家，平均天下，此古樂之發也。

厭之，故惟恐臥。好之，故不知倦。如彼，外之也。如此，內之也。旅，衆也。或進或退，衆皆齊一，無參差也。和正以廣，無姦聲也。弦匏笙簧之器雖多，必會合相守，待擊拊鼓然後作也。文，謂鼓也。武，謂金鐃也。樂之始奏先擊鼓，故云「始奏以文」。亂者，卒章之節。欲退之時，擊金鐃而終，故云「復亂以武」。相，即拊也。所以輔相於樂，治亂而使之理，故云「治亂以相」也。訊，亦治也。雅，亦樂器也。過而失節謂之疾，奏此雅器以治舞者之疾，故云「訊疾以雅」也。於此而語樂，是道古樂之正也。知古樂而明修身之道，則家齊國治而天下平矣。○方氏曰：「鼓聲爲陽，故謂之文。鐃聲爲陰，故謂之武。平，言無上下之偏。均，言無遠近之異。」

今夫新樂，進俯退俯，姦聲以濫，溺而不止，及優侏儒，儒。獶乃刀反。雜子女，不知父子。樂終，不可以語，不可以道古。此新樂之發也。

進俯退俯，謂俯僂曲折，行列雜亂也。姦聲以濫，即前章所謂「滌濫」之音，謂姦邪之聲侵濫不正也。溺而不止，即前章所謂「狄成」之音，謂其聲沉淫之久也。及俳優雜戲，侏儒短小之人，如獮猴之狀，間雜於男子婦人之中，不復知有父子尊卑之等。作樂雖終，無可言者，況可與之言古道乎！獶，與猱同。

今君之所問者，樂也。所好者，音也。夫樂者，與音相近而不同。」文侯曰：「敢問何如？」子夏對曰：「夫古者天地順而四時當，去聲。民有德而五穀昌，疾疢丑刃反。不作，而無妖祥，此之謂大當。然後聖人作爲父子君臣以爲紀綱。紀綱既正，天下大定。天下大定，然後正六律，和五聲，弦歌詩頌，此之謂德音。德音之謂樂。《詩》云：『莫默。其德音，其德克明。克明克類，克長克君。王去聲。此大邦，克順克俾。讀爲比，皮乂反。俾于文王，其德靡悔。既受帝祉，恥。施異。于孫子。』此之謂也。

四時當，謂不失其序也。妖祥，祥亦妖也。《書》言「亳有祥」。大當，大化之均調也。「作爲父子君臣以爲紀綱」是一句讀，言聖人立父子君臣之禮，爲三綱六紀之目也。綱，維綱大繩。紀，附綱小繩。綱目則附於紀也。三綱，謂君爲臣綱，父爲子綱，夫爲妻綱也。六紀，謂諸父有善，諸舅有義，族人有叙，昆弟有親，師長有尊，朋友有舊也。先序之以禮，乃可和之以樂，故然後有正六律以下之事。周子曰：「古者聖王制禮法，修教化，三綱正，九疇叙，百姓大和，萬物咸若。乃作樂以宣八風之氣，以平天下之情。」意蓋本此。《詩》，《大雅・皇矣》之篇。莫，静也。德音，名譽也。俾，當依《詩》作「比」。子夏引《詩》以證德音之説。○嚴氏曰：「王季雖無心於干譽，然其德明而類，長而君，順而比，自不可掩。類者，明之充。君者，長之推。比者，順之積。克明，謂知此理。克類，謂觸類而通，一理混融，徹上徹下也。君又尊於長，《學記》言『能爲長然後能爲君』是也。以之君臨大邦，則克順而能和其民，克比而能親其民。順言不擾，比則驩然相愛矣。比及文王，其德無有可悔，從容中道，無毫髮之慊也。言王季之德，傳于文王而益盛，故能受天之福，而延于子孫也。」

今君之所好者，其溺音乎？」文侯曰：「敢問溺音何從出也？」子夏對曰：「鄭音好濫淫志，宋音燕女溺志，衛音趨促。數速。煩志，齊音敖去聲。辟匹力反。喬驕。志。此四者皆淫於色而害於德，是以祭祀弗用也。

溺音，淫溺之音也。濫者，泛濫之義，謂泛及非已之色也。燕者，晏安之意，謂耽於娱樂而不反也。趨數，迫促而疾速也。敖辟，倨肆而偏邪也。四者皆以志言，淫溺較深，煩驕較淺，然皆以害德，故不可用之宗廟。

《詩》云：『肅雝和鳴，先祖是聽。』夫肅，肅敬也。雝，雝和也。夫敬以和，何事不行？

《詩》，《周頌・有瞽》之篇。因上文言溺音害德，祭祀弗用，故引之。

爲人君者，謹其所好惡而已矣。君好之，則臣爲之。上行之，則民從之。《詩》云：『誘民孔易。』此之謂也。

德音之正，溺音之邪，皆易以感人，故人君不可不謹所好惡也。《詩》，《大雅・板》之篇。誘，《詩》作「牖」。

然後聖人作爲鞉、鼓、椌、腔。楬、丘八反。壎、宣。篪。池。此六者，德音之音也。然後鍾、磬、竽、瑟以和之，干、戚、旄、狄以舞之。此所以祭先王之廟也，所以獻酬酳酢也，所以官序貴賤各得其宜也，所以示後世有尊卑長幼之序也。

鞉，如鼓而小，持柄摇之，旁耳自擊。椌、楬，柷、敔也。壎，六孔，燒土爲之。篪，大者長尺四寸，小者尺二寸，竹也。六者皆質素之聲，故云「德音」。既用質素爲本，然後用鍾、磬、竽、瑟四者華美之音，以贊其和。干，楯也；戚，斧也，武舞所執。旄，旄牛尾也；狄，翟雉羽也，文舞所執。此則宗廟之樂也。酳，説見前篇。有事於宗廟，則有獻酬酳酢之禮也。宗廟朝廷無非禮樂之用，所以貴賤之官序，長幼之尊卑，自今日而垂之後世也。

鍾聲鏗，鏗以立號，號以立横，古曠反。横以立武。君子聽鍾聲，則思武臣。

鏗然有聲，號令之象也。號令欲其威嚴，横則盛氣之充滿也。令嚴氣壯，立武之道，故君子聽之而思武臣。

石聲磬，上聲。磬以立辨，辨以致死。君子聽磬聲，則思死封疆之臣。

舊説：「磬」讀爲「罄」，上聲。謂其聲音罄罄然，所以爲辨别之意。死生之際，非明辨於義而剛介如石者不能決。封疆之臣，致守於彼此之限，而能致死於患難之中，故君子聞聲而知所思也。

絲聲哀，哀以立廉，廉以立志。君子聽琴瑟之聲，則思志義之臣。

人之處心，雖當放逸之時，而忽聞哀怨之聲，亦必爲之惻然而收斂，是哀能立廉也。絲聲凄切，有廉劌裁割之義。人有廉隅，則志不誘於欲。士無故不去琴瑟，有以也夫。

竹聲濫，上聲。濫以立會，會以聚衆。君子

聽竽笙簫管之聲，則思畜敕六反。聚之臣。

舊説，濫爲攣聚之義，故可以會，可以衆。畜聚之臣，謂節用愛人，容民畜衆者，非謂聚斂之臣也。○劉氏曰：「竹聲汎濫，汎則廣及於衆而衆必歸之，故以立會聚。而君子聞竹聲，則思容民畜衆之臣也。」

鼓鼙之聲讙，讙以立動，動以進衆。君子聽鼓鼙之聲，則思將帥之臣。君子之聽音，非聽其鏗鏘而已也，彼亦有所合之也。」

讙，謂讙囂也。其聲諠雜，使人心意動作，故能進發其衆。前言武臣，泛言之也。此專指將帥而言，蓋師以鼓進，而進之權在主將也。彼，謂樂聲也。合之，契合於心也。○應氏曰：「八音舉其五，而不言匏、土、木者，匏聲短滯，土聲重濁，木聲樸質而無輕清悠颺之韻。然木以擊鼓，而匏亦在竽笙之中矣。」

賓牟賈侍坐於孔子。孔子與之言及樂，曰：「夫《武》之備戒之已久，何也？」對曰：「病不得其衆也。」

賓牟，姓。賈，名。孔子問《大武》之樂，先擊鼓備戒已久，乃始作舞，何也？賈答言，武王伐紂之時，憂病不得士衆之心，故先鳴鼓以戒衆，久乃出戰。今欲象此，故令舞者久而後出也。

「咏歎之，淫液之，何也？」對曰：「恐不逮事也。」

此亦孔子問而賈答也。咏歎，長聲而歎也。淫液，聲音之連延流液不絶之貌。逮，及也。言武王恐諸侯後至者不及戰事，故長歌以致其望慕之情也。

「發揚蹈厲之已蚤，何也？」對曰：「及時事也。」

問初舞時，即手足發揚蹈地而猛厲，何其太蚤乎？賈言象武王及時伐紂之事，故不可緩。然下文孔子言是「太公之志」，則此答非也。

「《武》坐致右憲軒。左，何也？」對曰：「非《武》坐也。」

坐，跪也。問舞《武》樂之人，何故忽有時而跪，以右膝至地，而左足仰之，何也？憲，讀爲軒輊之軒。賈言非《武》人坐，舞法無坐也。然下文孔子言「《武》亂皆坐」是「周召之治」，則《武》舞有坐，此答亦非也。

「聲淫及商，何也？」對曰：「非《武》音也。」子曰：「若非《武》音，則何音也？」對曰：

「有司失其傳也。若非有司失其傳，則武王之志荒矣。」子曰：「唯。丘之聞諸萇弘，亦若吾子之言，句。是也。」

淫，貪欲之意也。《武》樂之中有貪商之聲，則是武王貪欲紂之天下，故取之也。賈言非《武》樂之聲也。孔子又問既非《武》樂之聲，則是何樂聲乎？賈又言此典樂之官失其相傳之説也。若非失其所傳之真，而謂武王實有心於取商，則是武王之志有荒繆矣。豈精明神武，應天順人之志哉！孔子於是然其言，而謂其言與萇弘相似也。一説，商聲爲殺伐之聲，淫謂商聲之長也。若是《武》樂之音，則是武王有嗜殺之心矣，故云「志荒」也。

賓牟賈起，免席而請曰：「夫《武》之備戒之已久，則既聞命矣。敢問遲之，遲而又久，何也？」子曰：「居，吾語去聲。汝。夫樂者，象成者也。總干而山立，武王之事也。發揚蹈厲，太公之志也。《武》亂皆坐，周召之治也。

免席，避席也。備戒已久，所謂遲也。久立於綴，是遲而又久也。孔子言，作樂者，倣象其成功。故將舞之時，舞人總持干盾，如山之立，嶷然不動。此象武王持盾以待諸侯之至，故曰「武王之事也」。所以發揚蹈厲，象太公威武鷹揚之志也。亂，樂之卒章也，上章言「復亂以武」。言《武》舞將終而坐，象周公召公文德之治，蓋以文而止武也。

且夫《武》始而北出，再成而滅商，三成而南，四成而南國是疆，五成而分，周公左、召公右，六成復綴拙。以崇天子。

成者，曲之一終。《書》云：「簫《韶》九成。」孔子又言，《武》之舞也，初自南第一位而北至第二位，故云「始而北出」也，此是一成。再成，則舞者從第二位至第三位，象滅商也。三成，則舞者從第三位至第四位，極於北而反乎南，象克殷而南還也。四成，則舞者從北頭第一位却至第二位，象伐紂之後，疆理南方之國也。五成，則舞者從第二位至第三位，乃分爲左右，象周公居左，召公居右也。綴，謂南頭之初位也。六成，則舞者從第三位而復于南之初位。樂至六成而復初位，象武功成而歸鎬京，四海皆崇武王爲天子矣。○陳氏曰：「樂終而德尊也。」

夾振之而駟伐，盛威於中國也。

此又申言《武》始北出以下事。二人夾舞者而振鐸以爲節，則舞者以戈矛四次擊刺，象伐紂也。駟，讀爲四。伐，如《泰誓》「四伐五伐」之「伐」。此象武王之兵所以盛威於中國也。一説，引「君執干戚就舞位」，讀「天子」連下句。但舊註以崇訓充，❶則未可通耳。四伐，或象四方征伐。武勝殷而滅國者五十，則亦有東征西討南征北伐之事矣。

分去聲。夾而進，事蚤濟也。久立於綴，以待諸侯之至也。

分，部分也。舞者各有部分，而振鐸者夾之而進也。濟，猶成也。此於武王之事爲早成也。舞者久立於行綴之位，象武王待諸侯之集也。

且女獨未聞牧野之語乎？武王克殷，反及。商，未及下車，而封黃帝之後於薊，計。封帝堯之後於祝，封帝舜之後於陳。下車而封夏后氏之後於杞，投殷之後於宋。封王子比干之墓，釋箕子之囚，使之行去聲。商容而復其位。庶民弛政，庶士倍禄。

反，讀爲及。言牧野克殷師之後，即至紂都也。殷後不曰「封」而曰「投」者，舉而徙置之辭也。然封微子於宋，在成王時。此特歷叙黃帝、堯、舜、禹、湯之次而言之耳。其曰「未及下車而封」與「下車而封」，先後之辭，讀者不以辭害意可也。行商容，即《書》所謂「式商容閭」也。弛政，解散紂之虐政也。一説，謂罷其征役。倍禄，禄薄者倍增之也。

濟河而西，馬散之華山之陽而弗復乘，牛散之桃林之野而弗復服，車甲衅許靳反。而藏之府庫而弗復用，倒載干戈，包之以虎皮，將帥之士使爲諸侯，名之曰『建上聲。櫜』。高。然後天下知武王之不復用兵也。

衅，與釁同，以血塗之也。凡兵器之載，出則刃向前，入則刃向後。今載還鎬京而刃向後，有似於倒，故云「倒載」也。建，讀爲鍵，鎖也。櫜，韜兵器之具。兵器皆以鍵櫜閉藏之，示不用也。封將帥爲諸侯，賞其功也。今詳文理，「名之曰『建櫜』」一句，當在「虎皮」之下，「將帥」之上。

散軍而郊射，左射石。《貍首》，右射《騶虞》，而貫革之射息也。裨冕搢笏，而虎賁之士説脱。劍也。祀乎明堂，而民知孝。

❶「充」，原作「克」，據元刻本、四庫本、殿本改。

朝覲，然後諸侯知所以臣。耕籍，然後諸侯知所以敬。五者，天下之大教也。

散軍，放散軍伍也。郊射，習射於郊學之中也。左，東學也，在東郊。東學之射，歌《貍首》之詩以爲節。右，西學，在西郊。西學之射，則歌《騶虞》之詩以爲節也。貫，穿也。革，甲鎧也。軍中不習禮，其射但主於穿札。今既行禮射，則此射止而不爲矣。裨冕，見《曾子問》。搢，插也。說劍，解去其佩劍也。

食嗣。三老、五更平聲。於大泰。學，天子袒而割牲，執醬而饋，執爵而酳，冕而總干，所以教諸侯之弟也。若此，則周道四達，禮樂交通。則夫《武》之遲久，不亦宜乎！」

冕而總干，謂首戴冕而手執干盾也。餘說各見前篇。孔子語賓牟賈《武》樂之詳，其言止此。

君子曰：「禮樂不可斯須去身。」致樂以治心，則易直子慈。諒良。之心油然生矣。易直子諒之心生則樂，樂則安，安則久，久則天，天則神。天則不言而信，神則不怒而威，致樂以治心者也。

致，謂研窮其理也。樂由中出，故以治心言之。子諒，從朱子說，讀爲「慈良」。樂之感化人心，至於天而且神，可以識窮本知變之妙矣。○朱子曰：「『易直子諒之心』一句，從來說得無理會。却因見《韓詩外傳》，『子諒』作『慈良』字，則無可疑矣。」

致禮以治躬，則莊敬。莊敬，則嚴威。心中斯須不和不樂，而鄙詐之心入之矣。外貌斯須不莊不敬，而易慢之心入之矣。

禮自外作，故以治躬言之。此言著誠去僞之心，不可少有間斷。

故樂也者，動於內者也。禮也者，動於外者也。樂極和，禮極順。內和而外順，則民瞻其顏色而弗與爭也，望其容貌而民不生易慢焉。故德輝動於內，而民莫不承聽。理發諸外，而民莫不承順。故曰致禮樂之道，舉而錯之天下，無難矣。

動於內，則能治心矣。動於外，則能治躬矣。極和、極順，則無斯須之不和不順矣。所以感人動物，其效如此。德以輝言，乃英華發外之驗。理發諸外，是動容周旋之中禮。君子極致禮樂之道，其於治天下乎何有！

樂也者，動於内者也。禮也者，動於外者也。故禮主其減，樂主其盈。禮減而進，以進爲文。樂盈而反，以反爲文。禮減而不進則銷，樂盈而不反則放。故禮有報，如字。而樂有反。禮得其報則樂，樂得其反則安。禮之報，樂之反，其義一也。

馬氏曰：「以體言之，禮減樂盈。以用言之，禮進樂反。樂動於内，故其體主盈。蓋樂由中出，而爲人心之所喜。禮動於外，故其體主減。蓋禮自外作，而疑先王有以强世也。禮主減，故勉而作之，而以進爲文。樂主盈，故反而抑之，而以反爲文。故七介以相見，不然則已愨。三辭三讓而至，不然則已蹙。一獻之禮，而賓主百拜。日莫人倦，而齊莊正齊。此皆勉而進之者也。進旅退旅，以示其和。弦匏笙簧，會守拊鼓，以示其統。治亂則以相，訊疾則以雅。作之以柷，止之以敔。此皆反而抑之者也。減而不進，則幾於息矣，故銷。盈而不反，則至於流矣，故放。先王知其易偏，故禮則有報，樂則有反。禮有報者，資於樂也。樂有反者，資於禮也。」○劉氏曰：「禮之儀動於外，必謙卑退讓以自牧，故主於減殺。樂之德動於中，必和順充積而後形。故主於盈盛。蓋樂由陽來，故盈；禮自陰作，故減也。然禮之體雖主於退讓，而其用則貴乎行之以和，故以進爲文也。樂之體雖主於充盛，而其用則貴乎抑之以節，故以反爲文也。禮若過於退讓而不進，則威儀銷沮，必有禮勝則離之失。樂過於盛滿而不反，則意氣放肆，必有樂勝則流之弊。故禮必有和以爲減之報，報者，相濟之意也。樂必有節以爲盈之反，反者，知止之謂也。禮減而得其和以相濟，則從容欣愛而樂矣，此樂以和禮也。樂盈而得其節以知止，則優柔平中而安矣，此禮以節樂也。禮樂相須並用，而一歸於無過無不及之中，而合其事理之宜，故曰「禮之報，樂之反，其義一也」」。

夫樂者，樂洛。也，人情之所不能免也。樂必發於聲音，形於動静，人之道也。聲音動静，性術之變，盡於此矣。故人不耐能。無樂，樂不耐無形。形而不爲道，不耐無亂。先王恥其亂，故制《雅》《頌》之聲以道之，使其聲足樂而不流，使其文足論而不息，使其曲直、繁瘠、廉肉、而救反。節奏，足以感動人之善心而已矣，不使放心邪氣得接焉。是先王立樂之方也。

方氏曰：「聲足樂者，樂其道。文足論者，論其理也。道所以制用而有節，故雖樂而不至於流。理所以明義而無窮，故可論而不至於息。曲者，聲之柔，若絲是也。直者，聲之剛，若金是也。繁者，聲之雜，若笙是也。瘠者，聲之純，若磬是也。廉者，聲之清，若羽是也。肉者，聲之濁，若宫是也。節者，聲之制，若徵是也。奏者，聲之作，若合是也。」○劉氏曰：「人情有所樂，而發於詠歌；詠歌之不足，而不知手舞足蹈，則性情之變，盡於此矣。故人情不能無樂，樂於中者，不能不形於外而爲歌舞。形於歌舞，而不爲文辭以道之於禮義，則必流於荒亂矣。先王恥其然，故制爲《雅》《頌》之聲詩以道迪之，使其聲音足以爲娱樂，而不至於流放。使其文理足以爲講明，而不至於怠息。使其樂律之清濁高下，或宛轉而曲，或徑出而直，或豐而繁，或殺而瘠，或稜隅而廉，或圓滑而肉，或止而節，或作而奏，皆足以感發人之善心，而不使放肆之心、邪僻之氣得接於吾身焉。是乃先王立樂之方法也。」

是故樂在宗廟之中，君臣上下同聽之，則莫不和敬；在族長鄉里之中，長幼同聽之，則莫不和順；在閨門之内，父子兄弟同聽之，則莫不和親。故樂者，審一以定和，比物以飾節，節奏合以成文，所以合和父子君臣，附親萬民也。是先王立樂之方也。

應氏曰：「一者，心也。心一而所應者不一，守一以凝定其和，雜比以顯飾其節。及其成文，可以合和至親至嚴之倫，附親其至疏至衆者，蓋樂發於吾心，而感於人心，無二理也。」○劉氏曰：「作樂之道，先審人聲之所形，或《風》或《雅》或《頌》，或喜或敬或愛，各從一體，以定其調度之和。然後比之樂器之物，以飾其節奏。此一條言樂以和禮也。」

故聽其《雅》《頌》之聲，志意得廣焉；執其干戚，習其俯仰詘伸，容貌得莊焉；行其綴兆，要平聲。其節奏，行杭。列得正焉，進退得齊焉。故樂者，天地之命，中和之紀，人情之所不能免也。

天地之教命，中和之統紀，所以防範人心者在是。曰「莊」，曰「正」，曰「齊」，曰「紀」，皆言禮之節樂。

夫樂者，先王之所以飾喜也。軍旅鈇鉞者，先王之所以飾怒也。故先王之喜怒，皆得其儕柴。焉。喜則天下和之，怒則暴亂者畏之。先王之道，禮樂可謂盛矣。

皆得其儕，言各從其類，喜非私喜，怒非私怒也。

子贛見師乙而問焉，曰：「賜聞聲歌，各有宜也。如賜者，宜何歌也？」師乙曰：「乙，賤工也，何足以問所宜？請誦其所聞，而吾子自執焉。寬而静，柔而正者，宜歌《頌》；廣大而静，疏達而信者，宜歌《大雅》；恭儉而好禮者，宜歌《小雅》；正直而静，廉而謙者，宜歌《風》；肆直而慈愛者，宜歌《商》；温良而能斷者，宜歌《齊》。夫歌者，直己而陳德也。動己而天地應焉，四時和焉，星辰理焉，萬物育焉。

子贛，孔子弟子端木賜也。樂師名乙。各有宜，言取詩之興趣以理其情性，使合於宜也。有此德而宜此歌，是正直己身而敷陳其德也，故曰「直己而陳德」。動己，性天之流行也。「動天地，感鬼神，莫近於詩」，故有四者之應。○方氏曰：「肆，寬大而舒緩也。《商》音剛決，故性之柔緩者宜歌之，而變其柔爲剛斷。《齊》音柔緩，故性剛決者宜歌之，而終至於柔遜。蓋各濟其所偏，而融會之於平和之地也。」

故《商》者，五帝之遺聲也，商人識志。之，故謂之《商》。《齊》者，三代之遺聲也，齊人識之，故謂之《齊》。明乎《商》之音者，臨事而屢斷。明乎《齊》之音者，見利而讓。臨事而屢斷，勇也。見利而讓，義也。有勇有義，非歌孰能保此？

保，猶安也。言安於勇、安於義而不移也。○疏曰：「宋是商後，此商人謂宋人也。」

故歌者，上如抗，下如隊，墜。曲如折，止如槀木，倨中去聲。矩，句中鉤，纍纍乎端如貫珠。故歌之爲言也，長言之也。說悦。之，故言之；言之不足，故長言之；長言之不足，故嗟嘆之；嗟嘆之不足，故不知手之舞之，足之蹈之也。」子貢問樂。

「上如抗，下如隊」，言歌聲之高者如抗舉，其下者如墜墮也。槀木，枯木也。倨，微曲也。句，甚曲也。端，正也。長言之，所謂「歌永言」也。○朱子曰：「看《樂記》大段形容得樂之氣象，當時許多名物度數，人人曉得，不須説出，故止説樂之理如此其妙。今許多度數都没了，只有許多樂之意思是好，只是没頓放處。」又曰：「今禮樂之書皆亡，學者但言其義，至於器數，則不復曉。蓋失其本矣。」

禮記卷之十一

禮記卷之十二

雜記上第二十

陳澔集説

諸侯行而死於館，則其復如於其國。如於道，則升其乘去聲。車之左轂，以其綏而追反。復。

館，謂主國有司所授館舍也。復，招魂復魄也。如於其國，其禮如在本國也。道，路也。乘車，其所自乘之車也。在家則升屋之東榮，車向南，則左在東也。綏，讀爲緌，旌旗之旄也，去其旒而用之耳。凡五等諸侯之復，人數視命數。今轂上狹，止容一人。

其輤千見反。有裧，尺占反。緇布裳帷，素錦以爲屋而行。

輤，載柩之車上覆飾也。輤象宮室。舊説，輤用染赤色以蒨而名。裧者，輤之四旁所垂下者。緇布裳帷者，輤下棺外，用緇色之布爲裳帷，以圍繞棺也。素錦以爲屋者，用素錦爲小帳如屋，以覆棺之上。設此飾乃行也。

至於廟門，不毁牆，遂入適所殯，唯輤爲説脱。於廟門外。

廟門，殯宫之門也。不毁牆，謂不拆去裳帷也。所殯在兩楹間，脱輤於門外者，既入宫室，則不必象宫之輤也，故脱之。

大夫、士死於道，則升其乘車之左轂，以其綏復。如於館死，則其復如於家。大夫以布爲輤而行，至於家而説輤，載以輲遄。車，入自門，至於阼階下而説車，舉自阼階，升適所殯。

布輤，以白布爲輤也。輲，讀爲輇，音與船同。《説文》：「有輻曰輪，無輻曰輇。」有輻者，別用木以爲輻也。無輻者，合大木爲之也。大夫初死及至家，皆用輇車載之。今至家而脱去輤，則惟尸在輇車上耳，故云「載以輇車」。凡死於外者，尸入自門，升自阼階。柩則入自闕，升自西階。周禮，殯則於西階之上。惟死於外者，殯當兩楹之中，蓋不忍遠之也。

士輤，葦席以爲屋，蒲席以爲裳帷。

士卑，故質略如此。

凡訃於其君，曰：「君之臣某死。」父、母、妻、長子，曰：「君之臣某之某死。」君訃於他國之君，曰：「寡君不禄，敢告於執事。」夫人，曰：「寡小君不禄。」大子之喪，曰：「寡君之適的。子某死。」

君與夫人訃，不曰「薨」而曰「不禄」，告他國謙辭也。敢告於執事者，凶事不敢直指君身也。

大夫訃於同國適敵。者，曰：「某不禄。」訃於士，亦曰：「某不禄。」訃於他國之君，曰：「君之外臣寡大夫某死。」訃於適者，曰：「吾子之外私寡大夫某不禄，使某實。」至。訃於士，亦曰：「吾子之外私寡大夫某不禄，使某實。」

適者，謂同國大夫位命相敵者。外私，在他國而私有恩好者也。實，讀爲至。言爲訃而至此也。

士訃於同國大夫，曰：「某死。」訃於士，亦曰：「某死。」訃於他國之君，曰：「君之外臣某死。」訃於大夫，曰：「吾子之外私某死。」訃於士，亦曰：「吾子之外私某死。」

士卑，故其辭降於大夫。

大夫次於公館以終喪，士練而歸，士次於公館。大夫居廬，士居堊室。

此言君喪，則大夫居喪之次，在公館之中，終喪乃得還家。若邑宰之士，至小祥得還其所治之邑。其朝廷之士，亦留次公館以待終喪。廬在中門外東壁，倚木爲之，故云「倚廬」。堊室在中門外屋下，壘墼爲之，不塗墍。○劉氏曰：「鄭云：『居堊室，亦謂邑宰也。朝士亦居廬。』蓋斬衰之喪居廬，既練居堊室。朝士大夫皆斬衰，未練時皆當居廬也。」

大夫爲去聲。其父母兄弟之未爲大夫者之喪服，如士服。

石梁王氏曰：「父母喪，自天子達。周人重爵，施於尊親，乃異其服，非也。周公制禮時，恐其弊未至此。」

士爲去聲。其父母兄弟之爲大夫者之喪服，如士服。大夫之適的。子，服大夫之服。

大夫適子，雖未爲士，亦得服大夫之服，則爲士而服大夫服可知矣。今此所言士，是大夫之庶子爲士者也。庶子卑，故不敢服尊者之服，所以止如士服也。《孟子》言「齊疏之服，自天子達」，而此經之文若此，蓋大夫喪禮亡，不得聞其説之詳矣。

大夫之庶子爲大夫，則爲去聲。其父母服大夫服，其位與未爲大夫者齒。

大夫庶子若爲大夫，可以大夫之喪服喪其親。然其行位之處，則與適子之未爲大夫者相齒列。○疏曰：「此庶子雖爲大夫，其年雖長於適子，猶在適子下，使適子爲主也。」

士之子爲大夫，則其父母弗能主也，使其子主之。無子，則爲去聲。之置後。

石梁王氏曰：「此最無義理。充其説，則是子爵高，父母遂不能子之。舜可臣瞽瞍，皆齊東野人語也。」

大夫卜宅與葬日，有司麻衣，布衰，催。布帶，因喪屨，緇布冠不蕤。而追反。占者皮弁。

卜宅，卜葬地也。有司，治卜事之人也。麻衣，白布深衣也。布衰者，以三升半布爲衰，長六寸，廣四寸，就綴於深衣前當胸之上。布帶，以布爲帶也。因喪屨，因喪服之繩屨也。蕤，與緌同。古者緇布冠無緌，後代加蕤，故此明言之也。有司爲卜，故用半吉半凶之服。占者，卜龜之人也，尊於有司，故皮弁，其服彌吉也。皮弁者，於天子則爲視朝之服，諸侯、大夫、士，則爲視朔之服也。

如筮，則史練冠、長衣以筮。占者朝服。

筮史，筮人也。練冠，縞冠也。長衣，與深衣制同，而以素爲純緣。占者，審卦爻吉凶之人也。朝服卑於皮弁服，以筮輕於卜也。

大夫之喪，既薦馬，薦馬者哭踊，出乃包奠，而讀書。

薦，進也。駕車之馬，每車二匹。按《既夕禮》，柩初出至祖廟，設遷祖之奠訖，乃薦馬。至日側祖奠之時，又薦馬。明日設遣奠時，又薦馬。此言「既薦馬」，謂遣奠時也。馬至則車將行，故孝子感之而哭踊。包奠者，取遣奠牲之下體，包裹而置於遣車以送死者。馬至在包奠之前，而云「出乃包奠」者，明包奠爲出之節也。讀書者，《既夕》云：「書賵於方。」方，版也。謂書賵奠賻贈之人名與其物於版，柩將行，主人之史於柩東西面而讀之。此明大夫之禮與士同。

大夫之喪，大宗人相，去聲。小宗人命龜，卜人作龜。

大宗人、小宗人，即大宗伯、小宗伯也。相，佐助禮儀也。命龜，告龜以所卜之事也。作龜，鑽灼之也。○劉氏曰：「大宗人或是都宗人，小宗人或是家宗人，掌都家之禮者。」

復，諸侯以褒衣、冕服、爵弁服。

復，解見前。褒衣者，始命爲諸侯之衣，及朝覲時天子所加賜之衣也。冕服者，上公自衮冕而下，備五冕之服。侯伯自鷩冕而下，其服四。子男自毳冕而下，其服三。諸侯之復也，兼用褒衣及冕服、爵弁之服也。

夫人税象。**衣、揄狄，❶狄税素沙。**

此言夫人始死所用以復之衣也。税衣，色黑而緣以纁。揄，與摇同。揄狄色青，江淮而南，青質而五色皆備成章曰摇狄。狄，當爲翟，雉名也。此服蓋畫摇翟之形以爲文章，因名也。狄税素沙，言自摇翟至税衣，❷皆用素沙爲裏，即今之白絹也。〇按《内司服》，六服者，褘衣，揄狄，闕狄，鞠衣，展衣，褖衣也。〇《儀禮》註云：「王之服九而祭服六，后之服六而祭服三。王之服，衣裳之色異。后之服，連衣裳而其色同。以婦人之德，本末純一故也。王之服襌而無裏，后之服裏而不襌。以陽成於奇，陰成於偶故也。」

内子以鞠衣、褒衣，素沙；下大夫以襢之彦反。**衣。其餘如士。復西上。**

内子，卿之適妻也。其服用鞠衣，此衣蓋始命爲内子時所褒賜者，故云「鞠衣褒衣」也。亦以素沙爲裏。下大夫，謂下大夫之妻也。襢，《周禮》作「展」。其餘如士者，謂士妻之復用褖衣，内子與下大夫之妻，復亦兼用褖衣也。復西上者，復之人數多寡，各如其命數。若上公九命，則復者九人。以下三命，則用三人。北面，則西在左。左爲陽，冀其復生，故尚左也。尊者立於左。

大夫不揄摇。**絞**爻。**屬**燭。**於池下。**

此言大夫喪車之飾。揄，翟雉也。絞，青黄之繒也。池，織竹爲之，形如籠，衣以青布。若諸侯以上，則畫揄翟於絞，而屬於池之下。大夫降於人君，故不揄絞屬於池下也。

大夫附於士，士不附於大夫，附於大夫之昆弟。無昆弟，則從其昭穆，雖王父母在亦然。

附，讀爲祔。祖爲士，孫爲大夫而死，可以祔祭於祖之爲士者，故曰大夫祔於士。若祖爲大夫，孫爲士而死，不可祔祭於祖之爲大夫者，惟得祔祭於大夫之兄弟爲士者，故曰士不祔於大夫，祔於大夫之昆弟。若祖之

---

❶「揄」下，元刻本有小字注文「摇」。

❷「摇」，元刻本作「揄」。

兄弟無爲士者，則從其昭穆。謂祔於高祖之爲士者。若高祖亦是大夫，則祔於高祖昆弟之爲士者也。雖王父母在亦然者，謂孫死應合祔於祖，今祖尚存，無可祔，亦是祔於高祖也。《小記》云「中一以上而祔」，與此義同。

婦附於其夫之所附之妃，無妃，則亦從其昭穆之妃。妾附於妾祖姑，無妾祖姑，則亦從其昭穆之妾。

夫所祔之妃，夫之祖母也。昭穆之妃，亦謂間一代而祔高祖之妃也。妾亦然。

男子附於王父則配，女子附於王母則不配。

男子死而祔祖者，其祝辭云「以某妃配某氏」，是并祭王母也。未嫁之女，及嫁未三月而死，歸葬女氏之黨者，其祔於祖母者，惟得祭祖母，不祭王父也，故云祔於王母則不配。蓋不言「以某妃配某氏」耳。有事於尊者可以及卑，有事於卑者不敢援尊也。

公子附於公子。

疏曰：「若公子之祖爲君，公子不敢祔之，祔於祖之兄弟爲公子者。不敢戚君故也。」

君薨，大子號稱「子」，待猶君也。

君在稱「世子」，君薨則稱「子」，踰年乃得稱「君」也。僖九年《傳》云：「凡在喪，王曰『小童』，公侯曰『子』。」待猶君者，謂與諸侯並列。供待之禮，猶如正君也。

有三年之練冠，則以大功之麻易之，唯杖、屨不易。

大功之服，爲殤者凡九條。其長殤皆九月，中殤皆七月，皆降服也。又有降服者六條，正服者五條，正服不降者三條，義服者二條，皆九月。詳見《儀禮》。此章言居三年之喪，至練時首絰已除，故云「有三年之練冠」也。當此時，忽遭大功之喪，若是降服，則其衰七升，與降服齊衰葬後之服同，故以此大功之麻絰，易去練服之葛絰也。惟杖、屨不易者，言大功無杖，無可改易。而三年之練，與大功初喪，同是繩屨耳。

有父母之喪，尚功衰，而附兄弟之殤，則練冠附。句。於殤稱「陽童某甫」，不名，神也。

三年喪練後之衰，升數與大功同，故云「功衰」也。此言居父母之喪，猶尚身著功衰，而小功兄弟之殤，又當祔祭，則仍用練冠而行禮，不改服也。祝辭稱「陽童」者，庶子之殤，祭於室之白處，故曰「陽童」。宗子爲殤，則祭於室之奥，故稱「陰童」。童者，未成人之稱也。今按己是曾祖之適，與小功兄弟同曾祖，其死者及其父皆庶人，不得立祖廟，故曾祖之適孫爲之立壇而祔之。若己是祖之適孫，則大功兄弟之殤，得祔祖廟。其小功兄弟之殤，則祖之兄弟之後也。今以練冠而祔，謂小功及緦麻之殤耳。若正服大功，則變練冠矣。某甫者，爲之立字而稱之。蓋尊而神之，則不可以名呼之也。

凡異居，始聞兄弟之喪，唯以哭對可也。其始麻，散帶絰。

兄弟異居而訃至，唯以哭對其來訃之人。以哀傷之情重，不暇他言也。其帶絰之麻始皆散垂，謂大功以上之兄弟，至三日而後絞之也。小功以下不散垂。

未服麻而奔喪，及主人之未成絰也，疏者與主人皆成之，親者終其麻帶絰之日數。

若聞訃未及服麻而即奔喪者，以道路既近，聞死即來，此時主人未行小斂，故未成絰。小功以下謂之疏，疏者值主人成服之節，則與主人皆成之。大功以上謂之親，親者奔喪而至之時，雖值主人成服，己必自終竟其散麻帶絰之日數，而後成服也。

主妾之喪，則自祔。至於練祥，皆使其子主之。其殯、祭不於正室。

女君死而妾攝女君，此妾死則君主其喪，其祔祭亦君自主。若練與大祥之祭，則其子主之。殯祭不於正室者，雖嘗攝女君，猶降於正適，故殯與祭不得在正室也。不攝女君之妾，君則不主其喪。

君不撫僕、妾。

死而君不撫其尸者，略於賤也。

女君死，則妾爲去聲。女君之黨服。攝女君，則不爲先女君之黨服。

女君死而妾猶服其黨，是徒從之禮也。妾攝女君則不服，以攝位稍尊也。

聞兄弟之喪，大功以上，上聲。見喪者之鄉而哭。

《奔喪禮》云：「齊衰望鄉而哭，大功望門而哭。」此言「大功以上」，謂降服大功者也。凡喪服，降服重於正服。

適如字。兄弟之送葬者弗及，遇主人於道，則遂之於墓。

適，往也。往送兄弟之葬，而不及當送之時，乃遇主人葬畢而反，則此送者不可隨主人反哭，必自至墓所而後反也。

凡主兄弟之喪，雖疏亦虞之。

小功、緦麻，疏服之兄弟也。彼無親者主之，而已主其喪，則當爲之畢虞祔之祭也。

凡喪服未畢，有弔者，則爲位而哭，拜，踊。

疏曰：「不以殺禮而待新弔之賓也。言『凡』者，五服悉然。」

大夫之哭大夫，弁絰。大夫與去聲。**殯，亦弁絰。**

大夫之喪既成服，而大夫往弔，則身著錫衰，首加弁絰。弁絰者，如爵弁而素，加以環絰也。若與其殯事，是未成服之時也，首亦弁絰，但身不錫衰耳。不錫衰，則皮弁服也。

大夫有私喪之葛，則於其兄弟之輕喪則弁絰。

私喪，妻子之喪也。卒哭以葛代麻，於此時而遭兄弟之喪，雖緦麻之輕，亦用弔服，弁絰而往，不以私喪之末臨兄弟也。大夫降旁親，於緦麻兄弟無服。○疏曰：「若已成服，則錫衰。未成服，則身素裳而首弁絰也。」

爲長子杖，則其子不以杖即位。

其子，長子之子也。祖不厭孫，此長子之子亦得杖。但與祖同處，不得以杖獨居己位耳。

爲妻，父母在，不杖，不稽顙。

此謂適子妻死，而父母俱存，故其禮如此。然大夫主適婦之喪，故其夫不杖。若父没母存，母不主喪，則子可以杖，但不稽顙耳。此并言之，讀者不以辭害意可也。

母在，不稽顙。稽顙者，其贈也拜。

贈，謂人以物來贈己助喪事也。母在雖不稽顙，惟拜謝此贈物之人，則可以稽顙。故云「稽顙者，其贈也拜」。一説，贈謂以物送别死者，即《既夕禮》所云「贈用制幣」也。

違諸侯之大夫不反服，違大夫之諸侯不反服。

違，去也。己本是國君之臣，今去國君而往爲他國大夫之臣，是自尊適卑，若舊君死，己不反服。以仕於卑臣，不可反服於前之尊君也。本是大夫之臣，今去而仕爲諸侯之臣，是自卑適尊，若反服卑君，則爲新君之耻矣，故亦不反服。若新君與舊君等，乃爲舊君服也。

喪冠條屬，燭。**以别吉凶。三年之練冠，亦條屬，右縫。小功以下左。**

喪冠以一條繩屈而屬於冠，以爲冠之武，而垂下爲纓，故云「喪冠條屬」。屬，猶著也，言著於冠也。是纓與武共此一繩。若吉冠則纓與武各一物，《玉藻》云「縞冠玄武」之類是也。吉凶之制不同，故云「別吉凶」也。三年練冠，小祥之冠也。其條屬亦然。吉冠則襵縫向左，左爲陽，吉也。凶冠則襵縫向右，右爲陰，凶也。小功緦麻之服輕，故襵縫向左而同於吉。

緦冠繰早。纓。大功以上散帶。

緦服之縷，其麤細與朝服十五升之布同，而縷數則半之。治其縷，不治其布，冠與衰同是此布也。但爲纓之布，則加以灰澡治之耳，故曰「緦冠繰纓」。繰，讀爲澡。大功以上服重，初死麻帶散垂，至成服乃絞。小功以下，初死即絞也。

朝服十五升，去上聲。其半而緦，加灰，句。錫也。

朝服精細，全用十五升布爲之。去其半，則七升半布也，用爲緦服。緦云者，以其縷之細如絲也。若以此布而加灰以澡治之，則謂之錫，所謂弔服之錫衰也。錫者，滑易之貌。緦服不加灰治也。朝服一千二百縷終幅，緦之縷細與朝服同，但其布終幅止六百縷而疏，故《儀禮》云：「有事其縷，無事其布，曰緦。」

諸侯相襚，以後路與冕服。先路與褒衣不以襚。

後路，貳車也。貳車在後，故曰後路。冕服，上冕之後次冕也。上公以鷩冕爲次，侯伯以毳冕爲次，子男以絺冕爲次。先路，正路也。褒衣，説見前章。相襚不可用己之正車服者，以彼不用之以爲正也。

遣去聲。車視牢具。疏布輤，四面有章。去聲。置于四隅，載粻，張。有子曰：「非禮也。喪奠，脯醢而已。」

遣車，説見《檀弓》。視牢具者，天子太牢包九箇，則遣車九乘。諸侯太牢包七箇，則七乘。大夫亦太牢，包五箇，則五乘。天子之上士三命，少牢包三箇，則三乘也。諸侯之士無遣車。遣車之上，以麤布爲輤。輤，蓋也。四面有物以鄣蔽之。章，與鄣同。四隅，椁之四角也。粻，米糧也。遣奠之饌無黍稷，故有子以載粻爲非禮。牲體則脯醢之義也。

祭稱孝子、孝孫，喪稱哀子、哀孫。端衰、喪車皆無等。

祭，吉祭也。卒哭以後爲吉祭，故祝辭稱孝子或孝孫。自虞以前爲凶祭，故稱哀。端，正也。端衰，喪服上衣也。吉時玄端服，身與袂同以二尺二寸爲正。喪衣亦如之，而綴六寸之衰於胸前，故曰「端衰」也。喪車，孝子所乘惡車也。此二者，皆無貴賤之差等。

大白冠，緇布之冠，皆不蕤。委武玄縞而后蕤。

大白冠，太古之白布冠也。緇布冠，黑布冠也。此二冠無飾，故皆不蕤。然《玉藻》云「緇布冠繢緌」是「諸侯之冠」，則此不緌者，謂大夫士也。委、武，皆冠之下卷。秦人呼卷爲委，齊人呼卷爲武。玄，玄冠也。縞，縞冠也。玄縞二冠既別有冠卷，則必有蕤。故云「委武玄縞而后蕤」也。

大夫冕而祭於公，弁而祭於己。士弁而祭於公，冠而祭於己。士弁而親迎，去聲。然則士弁而祭於己可也。

冕，絺冕也。祭於公，助君之祭也。弁，爵弁也。祭於己，自祭其廟也。冠，玄冠也。助祭爲尊，自祭爲卑，故冠服有異也。《儀禮·少牢》上大夫自祭用玄冠，此云弁而祭於己者，此大夫指孤而言也。記者以士之親迎用弁，以爲可以弁而祭於己。然親迎之弁，暫焉攝用耳。祭有常禮，不可紊也。

暢臼以椈，菊。杵以梧。枇七。以桑，長去聲。三尺，或曰五尺。畢用桑，長三尺，刊其柄與末。

暢，鬱鬯也。椈，柏也。擣鬱鬯者，以柏木爲臼，梧木爲杵。柏香芳而梧潔白，故用之。牲體在鑊，用枇升之以入鼎，又以枇自鼎載之入俎。主人舉肉之時，執事者則以畢助之舉。此二器，吉祭以棘木爲之，喪祭則用桑木。畢之柄與末加刊削，枇亦必然也。

率律。帶，諸侯、大夫皆五采，士二采。

率，與繂同，死者著衣畢而加此帶。謂之繂者，但繘帛邊而熨殺之，不用箴線也。以五采飾之。《士喪禮》緇帶，此二采，天子之士也。

醴者，稻醴也。甕、甒、武。筲思交反。衡，杭。實見諫。間，平聲。而后折入。

此言葬時所藏之物。稻醴，以稻米爲醴也。甕、甒，皆瓦器。甕盛醯醢，甒盛醴酒。筲，竹器，以盛黍稷。衡，讀爲桁，以木爲之，所以庋舉甕甒之屬也。見，棺衣也。言此甕甒筲衡實於見之外、椁之內。而後折入者，折，形如床而無足，木爲之，直者三，橫者五，窆事畢而後加之壙上，以承抗席也。

重平聲。既虞而埋之。

重，說見《檀弓》。虞祭畢，埋於祖廟門外之東。

凡婦人，從其夫之爵位。

治婦人喪事，皆以夫爵位尊卑爲等降，無異禮也。

小斂、大斂、啓，皆辯偏。拜。

禮當大斂、小斂及啓攢之時，君來弔，則輟事而出拜之。若他賓客至，則不輟事，侍事畢乃即堂下之位而偏拜之，故特舉此三節言之。若士於大夫，當事而大夫至，則亦出拜之也。

朝夕哭，不帷。無柩者，不帷。

朝夕之間，孝子欲見殯，故哭則褰舉其帷，哭畢仍垂下之。無柩，謂葬後也。神主祔廟之後還在室，無事於堂，故不復施帷。

君若載而後弔之，則主人東面而拜，門右北面而踊，出待，反而後奠。

此謂君來弔臣之喪，而柩已朝廟畢，載在柩車。君既弔位在車之東，則主人在車西東面而拜。門右，祖廟門之西偏也。自内出，則右在西。孝子既拜君從位而立，故於門内西偏北面而哭踊爲禮也。踊畢先出門，以待拜送，不敢必君之久留也。君命之反還喪所，即設奠以告死者，使知君之來弔也。一説，此謂在廟載柩車之時。奠，謂反設祖奠。

子羔之襲也，繭衣裳與税象。衣纁袡而占反。爲一，素端一，皮弁一，爵弁一，玄冕一。曾子曰：「不襲婦服。」

子羔，孔子弟子高柴也。襲，以衣斂尸也。繭衣裳，謂衣裳相連，而綿爲之著也。税衣，黑色。纁，絳色帛。袡，裳下緣也。繭衣褻，故用緣衣爲表，合爲一稱。故云「繭衣裳與税衣纁袡爲一」。素端一，第二稱也。賀氏云：「衣、裳並用素爲之。」皮弁一，第三稱也。皮弁之服，布衣而素裳。爵弁一，第四稱也。其服玄衣而纁裳。玄冕一，第五稱也。其服亦玄衣纁裳，衣無文而裳刺黼，大夫之上服也。婦服，指纁袡而言。曾子非之，以其不合於禮也。

爲君使去聲。而死，公館復，私館不復。公館者，公宫與公所爲也。私館者，自卿大夫以下之家也。

説見《曾子問》。

公七踊，大夫五踊，婦人居間。士三踊，婦人皆居間。

國君五日而殯，自死至大斂，凡七次踊者：始死，一也；明日襲，二也；襲之明日之朝，三也；又明日之朝，四也；其日既小斂，五也；小斂明日之朝，六也；明日大斂時，七也。大夫三日而殯，凡五次踊者：始死，一也；明日襲之朝，二也；明日之朝及小斂，四也；小斂之明日大斂，五也。士二日而殯，凡三次踊者，始死，一也；小斂時，二也；大斂時，三也。凡踊，男子先踊，踊畢而婦人乃踊。婦人踊畢，賓乃踊。是婦人居主人與賓之中間，故云「居間」也。然記者固云「動尸舉柩，哭踊無數」，而此乃有三、五、七之限者，此以《禮經》之常節言，彼以哀心之泛感言也。又所謂「無數」者，不以每踊三跳、九跳爲三踊之限也。

公襲，卷衮。衣一，玄端一，朝服一，素積一，纁裳一，爵弁二，玄冕一，褒衣一，朱緑帶，申加大帶於上。

卑者以卑服親身，如子羔之襲是也。公，貴者，故上服親身。褒衣最外，尊顯之也。褒衣，上公之服也。玄端，玄衣朱裳，齊服也。天子以爲燕服，士以爲祭服，大夫士以爲私朝之服。朝服，緇衣素裳，公日視朝之服也。素積，皮弁之服，諸侯視朝之服也。❶ 纁裳，冕服之裳也。爵弁二者，玄衣纁裳二通也。以其爲始命所受之服，故特用二通，示重本也。玄冕，見上章。褒衣者，君所加賜之衣。最在上，榮君賜也。諸侯襲尸用小帶以爲結束，此帶則素爲之，而飾以朱緑之采也。申，重也。已用革帶，又重加大帶，象生時所服大帶也。此帶，即上章所云「率帶，諸侯大夫皆五采，士二采」者是也。

小斂環絰，公、大夫、士一也。

疏曰：「環絰，一股而纏也。親始死，孝子去冠。至小斂，不可無飾。士素委貌，大夫以上素弁，而貴賤悉得加於環絰。故云『公、大夫、士一也』。」

公視大斂，公升，商祝鋪平聲。席，乃斂。

君臨臣喪而視其大斂。商祝，習知殷禮者，專主斂事。主人雖先已鋪席，布絞、紟等物，聞君將至，悉徹去之。待君至升堂，商祝乃始鋪席爲斂事，蓋榮君之至而舉其禮也。

魯人之贈也，三玄，二纁，廣去聲。尺，長去聲。終幅。

贈，以物送別死者於椁中也。《既夕禮》曰：「贈用制幣玄纁束。」一丈八尺爲制。今魯人雖用玄與纁，而短狹如此，則非禮矣，故記者譏之。幅之度二尺二寸。

弔者即位于門西，東面。其介在其東南，北面，西上，西於門。主孤西面。相者受命曰：「孤某使某請事。」客曰：「寡君使某，如何不淑。」相者入告，出曰：「孤某須

❶「朝」，元刻本作「朔」。

矣。」弔者入。主人升堂，西面。弔者升自西階，東面致命曰：「寡君聞君之喪，寡君使某，如何不淑。」子拜稽顙。弔者降反位。

此言列國遣使弔喪之禮。弔者，君所遣來之使也。介，副也。門西，主國大門之西也。西上者，介非一人，其長者在西，近正使也。主孤西面，立於阼階之下也。西於門，不敢當門之中也。相者受命，相禮者受主人之命也。「如何不淑」，慰問之辭，言何爲而罹此凶禍也。須，待也。凶禮不出迎，故云「須矣」。主人升堂，由阼階而升也。降反位，降階而出復門外之位也。《曲禮》云「升降不由阼階」，謂平常無弔賓時耳。○石梁王氏曰：「此一段頗詳，可補諸侯喪禮之缺。」

含去聲。者執璧將命曰：「寡君使某含。」相者入告，出曰：「孤某須矣。」含者入，升堂致命，子拜稽顙。含者坐委于殯東南，有葦席。既葬，蒲席。降出反位。宰夫朝服，即喪屨，升自西階，西面坐取璧，降自西階以東。

此言列國致含之禮。含玉之形制如璧。舊註云：「分寸大小未聞。」坐委，跪而致之也。未葬之前，設葦席以承之。既葬，則設蒲席承之。鄰國有遠近，故有葬後來致含者。降出反位，謂含者委璧訖，降階而復門外之位也。上文弔者爲正使，此含者乃其介耳。凡初遭喪，則主人不親受，使大夫受於殯宫。此遭喪已久，故嗣子親受之，然後宰夫取而藏之也。朝服，吉服也。執玉不麻，故箸朝服。以在喪不可純變吉，故仍其喪屨。坐取璧，亦跪而取之也。以東，藏於内也。疏云：「宰謂上卿。『夫』字衍。」

襚者曰：「寡君使某襚。」相者入告，出曰：「孤某須矣。」襚者執冕服，左執領，右執要，平聲。入。升堂致命曰：「寡君使某襚。」子拜稽顙。委衣于殯東。襚者降，受爵弁服於門内霤，將命。子拜稽顙如初。受皮弁服於中庭，自西階受朝服，自堂受玄端，將命。子拜稽顙，皆如初。襚者降出反位。宰夫五人舉以東，降自西階，其舉亦西面。

此言列國致襚之禮，衣服曰襚。委于殯東，即委璧之席上也。左執領，則領向南。此襚者既致冕服訖，復降而出，取爵弁服以進，至門之内霤而將命。子拜如初者，如受冕服之禮也。受訖，襚者又出取皮弁服、及朝服、及玄端服。每服進受之禮皆如初，但受之之所不同耳。致五服皆畢，襚者乃降出反位。而宰夫五人，各舉一服以東。而其舉之也，亦如襚者之西面焉。

上介賵，芳鳳反。執圭將命曰：「寡君使某賵。」相者入告，反命曰：「孤須矣。」陳乘去聲。黄、大路於中庭，北輈。執圭將命。客使自下由路西。子拜稽顙。坐委于殯東南隅，宰舉以東。

此言列國致賵之禮，車馬曰賵。乘黄，四黄馬也。大路，車也。北輈，車之輈轅北向也。客使，上介所役使之人也。爲客所使，故曰客使。自，率也。下，謂馬也。由，在也。路，即大路也。陳車北轅畢，賵者執圭升堂致命。而客之從者，率馬設在車之西也。車亦此從者設之。子拜之後，賵客即跪而置其圭於殯東南隅之席上，而宰舉之以東而藏於内也。又按《覲禮》車在西，統於賓也；《既夕禮》車以西爲上者，爲死者而設於鬼神之位也。此賵禮車馬，爲助主人送葬而設，統於主人，故車在東也。○陸氏曰：「『孤須矣』，從此盡篇末，皆無『某』字。有者非。」

凡將命，鄉去聲。殯將命，子拜稽顙，西面而坐委之。宰舉璧與圭，宰夫舉襚，升自西階，西面坐取之，降自西階。

凡將命者，總言上文弔、含、襚、賵將命之禮也。鄉殯者，立于殯之西南，而面東北以向殯也。將命之時，子拜稽顙畢，客即西向跪而委其所執之物。其含璧與圭，則宰舉之。襚衣，則宰夫舉之。而其舉也，皆自西階升，而西面以跪而取之，乃自西階以降也。

賵者出，反位于門外。

此句當屬於前章「上介賵云云宰舉以東」之下。

上客臨如字。曰：「寡君有宗廟之事，不得承事，使一介老某相去聲。執綍。」弗。相者反命曰：「孤須矣。」臨者入門右，介者皆從之，立于其左，東上。宗人納賓，升受命于君，降曰：「孤敢辭吾子之辱，請吾子之復位。」客對曰：「寡君命，某毋敢視賓客，敢辭。」宗人反命曰：「孤敢固辭吾子之辱，請吾子之復位。」客對曰：「寡君命，某毋敢視賓客，敢固辭。」宗人反命曰：「孤敢固辭吾子之辱，請吾子之復位。」客對曰：「寡君命，使去聲。臣某毋敢視賓客，是以敢固辭。固辭不獲命，敢不敬從！」客立于門西，介立于門左，東上。孤降自阼階，拜之。升哭，與客拾其劫反。踊三。客出，送于門外，拜稽顙。

上客，即前章所云弔者，蓋鄰國來弔之正使也。弔、含、襚、賵皆畢，自行臨哭之禮，若《聘禮》之有私覿然，蓋私禮爾。主人入門而右，客入門而左，禮也。今此客入門之右，是不敢以賓禮自居也。宗人，掌禮之官，欲納此弔賓，先受納賓之命於主國嗣君，然後降而請於客，使之復門左之賓位也。宗人以客答之辭入告於君，而反命于客，如是者三，客乃自稱「使臣」而從其命。於是立于門西之賓位，主君自阼階降而拜之。主客俱升堂哭，而更踊者三，所謂成踊也。客出，送而拜之，謝其勞辱也。

其國有君喪，不敢受弔。

言卿大夫以下有君喪，而又有親喪，則不敢受他國賓客之弔，尊君故也。

外宗房中南面。小臣鋪席，商祝鋪絞、爻。紟、其鳩反。衾。士盥于盤北，舉遷尸于斂上。卒斂，宰告。子馮憑。之踊，夫人東面坐馮之，興踊。

此是《喪大記》君大斂章文，重出在此。說見本章。

士喪有與天子同者三：其終夜燎，及乘人，專道而行。

終夜燎，謂遷柩之夜，須光明達旦也。乘人，使人執引也。專道，柩行於路，人皆避之也。

雜記下第二十一

有父之喪，如未沒喪而母死，其除父之喪也，服其除服。卒事，反喪服。

沒，猶終也，除也。父喪在小祥後大祥前，是未沒父喪也。又遭母喪，則當除父喪之時，自服除喪之服，以行大祥之禮。此禮事畢，即服喪母之服。若母喪未葬，而值父之二祥，則不得服祥服者，以祥祭爲吉，未葬爲凶，不忍於凶時行吉禮也。

雖諸父、昆弟之喪，如當父母之喪，其除諸父、昆弟之喪也，皆服其除喪之服。卒事，反喪服。

諸父、昆弟之喪，自始死至除服，皆在父母服内。輕重雖殊，而除喪之服不廢者，篤親愛之義也。若遭君喪，則不得自除私服，《曾子問》言之矣。

如三年之喪，則既穎，犬迥反。其練祥皆行。

前喪後喪，俱是三年之服，其後喪既受葛之後，得爲前喪行練祥之禮也。既穎者，既虞受服之時，以葛絰易要之麻絰也。穎，草名。無葛之鄉以穎代。

王父死，未練祥而孫又死，猶是附於王父也。

孫之祔祖，禮所必然。故祖死雖未練祥，而孫又死，亦必祔於祖。

有殯，聞外喪，哭之他室。入奠，卒奠出，改服即位，如始即位之禮。

有殯，謂父母喪未葬也。外喪，兄弟之喪在遠者也。哭不於殯宮而於他室，明非哭殯也。入奠者，哭之明日之朝，著己本喪之服，入奠殯宮。奠畢而出，乃脱己本喪服，著新死者未成服之服，而即昨日他室所哭之位。如始即位之禮者，謂今日之即哭位，如昨日始聞喪而即位之禮也。

大夫、士將與去聲。祭於公，既視濯而父母死，則猶是與祭也，次於異宮。既祭，釋服出公門外，哭而歸。其他如奔喪之禮。如未視濯，則使人告，告者反而後哭。

視濯，監視器用之滌濯也。猶是與祭者，猶是在吉禮之中，不得不與祭，但居次於異宮耳。以吉凶不可同處也。如未視濯而父母死，則使人告於君，俟告者反而後哭父母也。

如諸父、昆弟、姑、姊妹之喪，則既宿，則與祭。卒事，出公門，釋服而後歸。其他如奔喪之禮。如同宮，則次于異宮。

既宿，謂祭前三日。將致祭之時，既受宿戒，必與公家之祭，以期以下之喪服輕故也。如同宮，則次於異宮者，謂此死者是已同宮之人，則既宿之後，出次異宮。亦以吉凶不可同處也。○鄭氏曰：「古者昆弟異居同財，有東宮，有西宮，有南宮，有北宮。」

曾子問曰：「卿大夫將爲尸於公，受宿矣，而有齊衰内喪，則如之何？」孔子曰：「出舍乎公宮以待事，禮也。」孔子曰：「尸弁冕而出，卿、大夫、士皆下之，尸必式，必有前驅。」

説見《曾子問》篇。

父母之喪，將祭而昆弟死，既殯而祭。如同宮，則雖臣妾，葬而後祭。

將祭，將行小祥或大祥之祭也。適有兄弟之喪，則待殯訖乃祭。然此死者乃是異宮之兄弟耳，若是同宮，則雖臣妾之卑賤，亦必待葬後乃祭，以吉凶不可相干也。故《喪服傳》云：「有死於宮中者，則爲之三月不舉祭。」

祭，主人之升降散等，執事者亦散等，雖虞附亦然。

散，栗也。等，階也。吉祭則涉級聚足，喪祭則栗階。二祥之祭吉禮，宜涉級聚足，而栗階者，以有兄弟之喪，故略威儀也。《燕禮》云：「栗階不過二等。」蓋始升猶聚足。連步，至二等，則左右足各一發而升堂也。雖虞袝亦然者，謂主人至昆弟虞袝時，而行父母祥祭，則與執事者亦皆散等也。

自諸侯達諸士，小祥之祭，主人之酢也，嚌才細反。之。衆賓、兄弟則皆啐七内反。之。

大祥，主人啐之，衆賓、兄弟皆飲之可也。

至齒爲嚌，入口爲啐。主人之酢嚌之，謂正祭之後，主人獻賓長，賓長酢主人，主人受酢則嚌之也。衆賓、兄弟啐之，謂祭末受獻之時則啐之也。

凡侍祭喪者，告賓祭薦而不食。

侍祭喪，謂相喪祭禮之人也。薦，謂脯醢也。相禮者但告賓祭此脯醢而已，賓不食之也。若吉祭，賓祭畢則食之。此亦謂練祥之祭，主人獻賓，賓受獻，主人設薦時也。虞袝無獻賓之禮。

子貢問喪，子曰：「敬爲上，哀次之，瘠爲下。顏色稱去聲。其情，戚容稱其服。」

問喪，問居父母之喪也。附於身，附於棺者，皆欲其必誠必信，故曰「敬爲上」。子游言「喪致乎哀而止」，先儒謂「而止」二字，微有過於高遠而簡略細微之弊，此言「哀次之」可見矣。毁瘠不形，不勝喪，乃比於不慈不孝，故曰「瘠爲下」也。齊斬之服，固有重輕。稱其情，稱其服，則中於禮矣。

請問兄弟之喪，子曰：「兄弟之喪，則存乎書策矣。」

存乎書策者，言依禮經所載而行之。非若父母之喪，哀容體狀之不可名言，而經不能備言也。

君子不奪人之喪，亦不可奪喪也。

君子不奪廢他人居喪之情，而君子居喪之情，亦不可爲他事所奪廢，要使各得盡其禮耳。○疏曰：「不奪人喪，恕也。不奪己喪，孝也。」

孔子曰：「少連、大連善居喪，三日不怠，三月不解，懈。期悲哀，三年憂，東夷之子也。」

少連，見《論語》。三日，親始死時也。不怠，謂哀痛之切，雖不食，而能自力以致其禮也。三月，親喪在殯時也。解，與懈同，倦也。或讀如本字，謂寢不脱絰帶也。憂，謂憂戚憔悴。

三年之喪，言而不語，對而不問。廬、堊室之中，不與人坐焉。在堊室之中，非時見現。乎母也，不入門。

言，自言己事也。語，爲人論説也。倚廬及堊室，説見前篇。時見乎母，謂有事行體之時而入見母也，非此則不入中門。

疏平聲。衰皆居堊室，不廬。廬，嚴者也。

疏衰，齊衰也。齊衰有三年者，有期者，有三月者。凡喪次，斬衰居倚廬，齊衰居堊室，大功有帷帳，小功緦麻有牀第。廬嚴者，謂倚廬乃哀敬嚴肅之所，服輕者不得居。

妻視叔父母，姑、姊妹視兄弟，長、中、下殤視成人。

哀戚輕重之等，各有所比。殤服皆降，而哀之如成人，以本親重故也。

親喪外除，兄弟之喪內除。

鄭氏曰：「外除，日月已竟，而哀未忘。內除，日月未竟，而哀已殺。」

視君之母與君之妻，比之兄弟，發諸顔色者，亦不飲食也。

君母、君妻，小君也，服輕，哀之比兄弟之喪。然於酒肴之珍醇，可以發見顔色者，亦不飲之食之也。

免喪之外，行於道路，見似目瞿，九遇反。聞名心瞿，弔死而問疾，顔色戚容必有以異於人也，如此而後可以服三年之喪。其餘則直道而行之是也。

見人貌有類其親者，則目爲之瞿然驚變。聞人所稱名與吾親同，則心爲之瞿然驚變。喪服雖除，而餘哀未忘，故於弔死問疾之時，戚容有加異於無憂之人也。如此而後可以服三年之喪，言其哀心誠實無僞也。其餘，服輕者。直道而行，則不過循喪禮而已。

祥，主人之除也。於夕爲期，朝服，祥因其故服。

祥，大祥也。○疏曰：「祥祭之時，主人除服之節。於夕爲期，謂於祥祭前夕，預告明日祭期也。朝服，謂主人著朝服，緇衣素裳。其冠，則縞冠也。祥因其故服者，謂明旦祥祭時，主人因著其前夕故朝服也。」又曰：「此據諸侯卿大夫言之，從祥至吉，凡服有六：祥祭，朝服縞冠，一也；祥訖，素縞麻衣，二也；禫祭，玄冠黄裳，三也；禫訖，朝服綅冠，四也；踰月吉祭，玄冠朝服，五也；既祭，玄端而居，六也。」○陸氏曰：「綅，息廉反。黑經白緯曰綅。」

子游曰：「既祥，雖不當縞者，必縞，然後反服。」

疏曰：「既祥，謂大祥後有來弔者。雖不當縞，謂不正當祥祭縞冠之時也。必縞然後反服者，主人必須著此祥服縞冠，以受弔者之禮，然後反服大祥後素縞麻衣之服也。」

當袒，大夫至，雖當踊，絶踊而拜之。反，改成踊，乃襲。於士，既事成踊襲，而後拜之，不改成踊。

疏曰：「此明士有喪，大夫及士來弔之禮。士有喪，當袒之時，而大夫來弔，蓋斂竟時也。雖當主人踊時，必絶止其踊而出拜此大夫。反，還也。改，更也。拜竟而反還先位更爲踊，而始成踊。尊大夫之來，新其事也。乃襲者，踊畢乃襲初袒之衣也。於士既事成踊襲者，既，猶畢也。若當主人有大小斂諸事，而士來弔，則主人畢事而成踊，踊畢而襲，襲畢乃拜之。拜之而止，不更爲之成踊也。」

上大夫之虞也，少牢；卒哭成事，附，皆大牢。下大夫之虞也，犆特。牲；卒哭成事，附，皆少牢。

卒哭謂之成事，成吉事也。附，祔廟也。

祝稱卜葬虞，子孫曰「哀」，夫曰「乃」，兄弟曰「某」。卜葬其兄，句。弟曰「伯子某」。

初虞即葬之日，故并言「葬虞」。子卜葬父，❶則祝辭云：「哀子某卜葬其父某甫。」孫則云：「哀孫某卜葬其祖某甫。」夫則云：「乃某卜葬其妻某氏。」乃者，助語之辭，妻卑故爾。若弟爲兄，則云：「某卜葬兄伯子某。」兄爲弟，則云：「某卜葬其弟某。」

古者貴賤皆杖。叔孫武叔朝，見輪人以其杖關轂而輠胡罪反。輪者，於是有爵而後

❶「父」，原作「文」，據四庫本、殿本改。

杖也。

輪人，作車輪之人也。關，穿也。轐，迴也。謂以其衰服之杖，穿於車轂中，而迴轉其輪，鄙褻甚矣。自後無爵者不得杖。此記庶人廢禮之由也。

鑿巾以飯，上聲。公羊賈爲之也。

飯，含也。大夫以上貴，使賓爲其親含。恐尸爲賓所憎穢，故以巾覆尸面，而當口處鑿穿之，令含玉得以入口。士賤，不得使賓，子自含。無憎穢之心，故不以巾覆面。公羊賈，士也，而鑿以飯，是憎穢其親矣。此記士失禮之所由也。

冒者何也？所以掩形也。自襲以至小斂，不設冒則形，是以襲而後設冒也。

冒，說見《王制》。襲，沐浴後以衣衣尸也。則形者，言尸雖已著衣，若不設冒，則尸象形見，爲人所惡，是以襲而設冒也。「後」字衍。

或問於曾子曰：「夫既遣而包其餘，❶猶既食而裹其餘與？平聲。君子既食則裹其餘乎？」曾子曰：「吾子不見大饗乎？夫大饗既饗，卷三牲之俎歸于賓館。❷父母而賓客之，所以爲哀也。子不見大饗乎？」

設遣奠訖，即以牲體之餘，包裹而置之遣車，以納于壙中。或人疑此禮，謂如君子食於他人家，食畢而又包其餘以歸，豈不傷廉乎？曾子告以大饗之禮畢，卷俎內三牲之肉送歸賓之館中，猶此意耳。父母家之主，今死將葬，而孝子以賓客之禮待之，此所以悲哀之至也。重言以喻之。

非爲去聲。人喪問與？平聲。賜與？

此上有闕文。言非爲其有喪而問遺之歟？賜予之歟？問，敵者之禮。賜，尊上之命。

三年之喪，以其喪拜。非三年之喪，以吉拜。

拜問、拜賜、拜賓，皆拜也。喪拜，稽顙而後拜也。吉拜，拜而後稽顙也。今按《檀弓》鄭註以拜而後稽顙爲殷之喪拜，稽顙而後拜爲周之喪拜。疏云：「鄭知此者，以孔子所論，每以二代對言，故云『三年之喪，吾從其至者』。但殷之喪拜，自斬衰至緦麻，皆拜而後稽顙，以其質故也。周制，則杖期以上，皆先稽顙而後拜；不杖期以下，乃作殷之喪拜。」此章疏義與《檀

❶「遣」下，元刻本有小字注文「去聲」。
❷「卷」下，元刻本有小字注文「上聲」。

弓》疏互看，乃得其詳。

三年之喪，如或遺去聲。之酒肉，則受之必三辭，主人衰絰而受之。如君命，則不敢辭，受而薦之。喪者不遺人。人遺之，雖酒肉受也。從父昆弟以下，既卒哭，遺人可也。

《喪大記》云：「既葬，君食之則食之，大夫、父之友食之則食之。」此云「衰絰而受」，雖受而不食也。薦之者，尊君之賜。喪者不遺人，以哀戚中不當行禮於人也。卒哭可以遺人，服輕哀殺故也。〇石梁王氏曰：「居喪有酒肉之遺，必疾者也。」

縣玄。子曰：「三年之喪如斬，期之喪如剡。」

剡，削也。此言哀痛淺深之殊。

三年之喪，雖功衰不弔。自諸侯達諸士，如有服而將往哭之，則服其服而往。

疏曰：「小祥後衰與大功同，故曰『功衰』。如有五服之親喪而往哭，不著己之功衰，而依彼親之節以服之也。不弔與往哭二者，貴賤皆同之。」

期之喪，十一月而練，十三月而祥，十五月而禫。練則弔。

鄭氏曰：「凡齊衰十一月，皆可以出弔。」又曰：「此爲父在爲母。」

既葬大功，句。弔哭而退，不聽事焉。

既葬大功者，言己有大功之喪已葬也。弔哭而退，謂往弔他人之喪，則弔哭既畢，即退去，不待與主人襲斂等事也。

期之喪未葬，弔於鄉人，哭而退，不聽事焉。功衰弔，待事不執事。

《儀禮・喪服傳》，姑、姊妹適人無主者，姪與兄弟爲之齊衰不杖期。此言「期之喪」，正謂此也。雖未葬，亦可出弔，但哭而退，不聽事也。此喪既葬，受以大功之衰，謂之功衰。此後弔於人，可以待主人襲斂等事，但不親自執其事耳。

小功、緦執事，不與於禮。

執事，謂擯相也。禮，饋奠也。輕服可以爲人擯相，擯相事輕故也。饋奠之禮重，故不與。

相趨也，出宮而退。相揖也，哀次而退。相問也，既封窆。而退。相見也，反哭而退。朋友，虞附而退。

此言弔喪之禮，恩義有厚薄，故去留有遲速。相趨者，古人以趨示敬，《論語》「過之必趨」，《左傳》「免胄趨風」之類是也。言此弔者與主人昔嘗有相趨之敬，故來弔喪。以情輕，故柩出廟之宮門即退去也。相揖者，己嘗相會相識，故待柩至大門外之哀次而退也。相問遺者，是有往來恩義，故待窆畢而退。嘗執贄行相見之禮者，情又加重，故待孝子反哭於家乃退。朋友恩義更重，故待虞祭附祭畢而後退也。

弔非從主人也，四十者執紼。弗。鄉人，五十者從反哭，四十者待盈坎。

言弔喪者，是爲相助凡役，非徒隨從主人而已。故年四十以下者力壯，皆當執紼。同鄉之人，五十者，始衰之年，故隨主人反哭；而四十者，待土盈壙乃去。

喪食雖惡，必充飢。飢而廢事，非禮也。飽而忘哀，亦非禮也。視不明，聽不聰，行不正，不知哀，君子病之。故有疾，飲酒食肉。五十不致毀，六十不毀，七十飲酒食肉，皆爲去聲。疑死。

疑死，恐其死也。

有服，人召之食，不往。大功以下，既葬適人，人食嗣。之，其黨也食之，非其黨弗食也。

黨，謂族人與親戚也。

功衰，食菜果，飲水漿，無鹽、酪。洛。不能食食，嗣。鹽、酪可也。

功衰，斬衰、齊衰之末服也。酪，《說文》：「乳漿也。」

孔子曰：「身有瘍羊。則浴，首有創平聲。則沐，病則飲酒食肉。毀瘠爲病，君子弗爲也。毀而死，君子謂之無子。」

《曲禮》曰：「不勝喪，比於不慈不孝。」是有子與無子同也。

非從柩與反哭，無免問。於堩。❶

堩，道路也。道路不可無飾，故從柩送葬，與葬畢反哭，皆著免而行於道路。非此二者，則否也。然此亦謂葬之近者，《小記》云：「遠葬者，比反哭皆冠，及郊而後免也。」

凡喪，小功以上，上聲。非虞、附、練、祥，無沐浴。

---

❶「堩」下，元刻本有小字注文「亘」。

潔飾所以交神，故非此四祭，則不沐浴也。

疏衰之喪，既葬，人請見之則見，不請見人。小功請見人可也。大功不以執摯。唯父母之喪，不辟避。涕泣而見人。

疏衰，齊衰也。摯，與贄同。

三年之喪，祥而從政。期之喪，卒哭而從政。九月之喪，既葬而從政。小功、緦之喪，既殯而從政。

從政，謂庶人供力役之征也。《王制》云：「齊衰、大功，三月不從政。」庶人依士禮，卒哭與葬同三月也。

曾申問於曾子曰：「哭父母有常聲乎？」曰：「中路嬰兒失其母焉，何常聲之有？」

哀痛之極，無復音節，所謂哭不偯也。

卒哭而諱。王父母、兄弟、世父、叔父、姑、姊妹，子與父同諱。

卒哭以前，猶以生禮事之，故不諱其名。卒哭後，則事以鬼道，故諱其名而不稱也。此專言父之所諱，則子亦不敢不諱，故曰「子與父同諱」也。父之祖父母、伯父、叔父及姑等，於己小功以下，本不合諱。但以父之所諱，己亦從而諱也。若父之兄弟及姊妹，己自當諱，不以從父而諱也。又按，「不逮事父母，則不諱王父母」，謂庶人。此所言以父是士，故從而諱也。

母子諱，宮中諱。妻之諱，不舉諸其側。與從去聲。祖昆弟同名，則諱。

母爲其親諱，則子於一宮之中，亦爲之諱。妻爲其親諱，則夫亦不得稱其辭於妻之左右。非宮中，非其側，則固可稱矣。若母與妻所諱者，適與己從祖昆弟之名同，則雖他所亦諱之也。

以喪冠去聲。者，雖三年之喪可也。既冠於次，入哭踊，三去聲。者三，乃出。

當冠而遭五服之喪，則因成喪服而遂加冠。此禮無分服之輕重，故曰「雖三年之喪可也」。既冠於居喪之次，乃入哭踊。凡踊，三踊爲一節。三者三，言如此者三次也。乃出，出就次所也。詳見《曾子問》。

大功之末，可以冠子，可以嫁子。父小功之末，可以冠子，可以嫁子，可以取去聲。婦。己雖小功，既卒哭，可以冠，取妻。下殤之小功則不可。

末，服之將除也。舊說以末爲卒哭後，然大功卒哭後尚有六月，恐不可言末。小功既言末，又言卒哭，則末非卒哭明矣。下言「父小功之末」，則上文「大功之末」是據己身而言。舊説父及己身俱在大功之末，或小功之末，恐亦未然。下殤之小功，自期服而降，以本服重，故不可冠、娶也。

凡弁絰，其衰侈袂。

弁絰之服，弔服也。首著素弁而加以一股環絰。其服有三等，錫衰、緦衰、疑衰也。侈，大也。袂之小者二尺二寸，此三尺三寸。

父有服，宫中子不與去聲。於樂。母有服，聲聞去聲。焉，不舉樂。妻有服，不舉樂於其側。大功將至，辟婢亦反。琴瑟。小功至，不絶樂。

宫中子，與父同宫之子也，命士以上乃異宫。不與於樂，謂在外見樂，不觀不聽也。若異宫，則否。此亦謂服之輕者。如重服，則子亦有服，可與樂乎！聲之所聞，又加近矣。其側，則尤近者也。輕重之節如此。大功將至，謂有大功喪服者將來也。爲之屏退琴瑟，亦助之哀戚之意。小功者輕，故不爲之止樂。

姑、姊妹，其夫死，而夫黨無兄弟，使夫之族人主喪。妻之黨，雖親弗主。夫若無族矣，則前後家，東西家。無有，則里尹主之。或曰主之，而附於夫之黨。

此明姑、姊妹死而無夫無子者，喪必有主，婦人於本親降服，以其成於外族也。故本族不可主其喪。里尹，蓋閭胥、里宰之屬也。或以爲妻黨主之，而祔祭於其祖姑，此非也，故記者并著之。

麻者不紳。執玉不麻。麻不加於采。

麻，謂喪服之絰也。紳，大帶也。吉凶異道，居喪以絰代大帶也。執玉不麻，謂著衰絰者，不得執玉行禮也。采，玄纁之衣也。○疏曰：「按《聘禮》，己國君薨，至於主國，衰而出。註云：『可以凶服將事。』蓋受主君小禮，得以凶服。若聘享大事，則必吉服也。」

國禁哭則止，朝夕之奠，即位自因也。

國有大祭祀，則喪者不敢哭。然朝奠夕奠之時，自即其阼階下之位，而因仍禮節之故事以行也。

童子哭不偯，不踊，不杖，不菲，扶味反。不廬。

偯，委曲之聲也。菲，草屨也。廬，倚廬也。童子爲父後者則杖。

孔子曰：「伯母、叔母疏衰，踊不絶地。姑、姊妹之大功，踊絶於地。如知此者，由文矣哉！由文矣哉！」

伯、叔母之齊衰，服重而踊不離地者，其情輕也。姑、姊妹之大功，服輕而踊必離地者，其情重也。孔子美之，言知此絶地不絶地之情者，能用禮文矣哉！○鄭氏曰：「伯母、叔母，義也。姑、姊妹，骨肉也。」

泄柳之母死，相者由左。泄柳死，其徒由右相。由右相，泄柳之徒爲之也。

悼公弔有若之喪，而子游擯由左。則由右相者，非禮也。此記失禮所自始。

天子飯上聲。九貝，諸侯七，大夫五，士三。

飯，含也。貝，水物，古者以爲貨。《士喪禮》：「貝三，實于笲。」周禮，天子飯含用玉。此蓋異代之制乎？

士三月而葬，是月也卒哭。大夫三月而葬，五月而卒哭。諸侯五月而葬，七月而卒哭。士三虞，大夫五，諸侯七。

疏曰：「大夫以上位尊，念親哀情，於時長遠。士職卑位下，禮數未伸。」

諸侯使人弔，其次含、襚、賵、臨，皆同日而畢事者也，其次如此也。

諸侯薨，鄰國遣使來，先弔，次含，次襚，次賵，次臨。四者之禮，一日畢行。詳見上篇。

卿大夫疾，君問之無筭。士壹問之。君於卿大夫，比畀。葬不食肉，比卒哭不舉樂。爲去聲。士，比殯不舉樂。

《喪大記》云「三問」，此云「無算」，或恩義如師保之類乎？或三問者，君親往；而無算者，遣使乎？士有疾，君問之惟一次，卑賤也。比，及也。

升正柩，諸侯執綍五百人，四綍，皆銜枚。司馬執鐸，左八人，右八人。匠人執羽葆御柩。大夫之喪，其升正柩也，執引去聲。者三百人，執鐸者左右各四人，御柩以茅。

升正柩者，將葬柩朝祖廟，升西階，用輁軸載柩于兩楹間而正之也。柩有四綍。枚形似箸，兩端有小繩，銜于口而繫于頸後，則不能言，所以止諠譁也。五百人皆用之。司馬十六人執鐸，分居左右夾柩，以號令於衆也。葆形如蓋，以羽爲之。御柩者，在柩車之前，若道塗有低昂傾虧，則以所執者爲抑揚左右之節，使執綍者知之也。引，即綍，互言之耳。茅，以茅爲麾也。

孔子曰：「管仲鏤簋而朱紘，旅樹而反坫，店。山節而藻棁。拙。賢大夫也，而難爲上也。」

鏤簋，簋有雕鏤之飾也。紘，冕之飾，天子朱，諸侯青，大夫士緇。旅，道也。樹，屏也。立屏當所行之路，以蔽内外也。反坫，反爵之坫也，土爲之，在兩楹間。山節，刻山於柱頭之斗栱也。藻，水草。藻棁，畫藻於梁上之短柱也。難爲上，言僭上也。

晏平仲祀其先人，豚肩不揜豆。賢大夫也，而難爲下也。君子上不僭上，下不偪下。」

大夫祭用少牢，不合用豚肩。在俎不在豆，此但喻其極小，謂併豚兩肩亦不能揜豆耳。難爲下，言偪下也。

婦人非三年之喪，不踰封而弔。如三年之喪，則君夫人歸。夫人其歸也，以諸侯之弔禮。其待之也，若待諸侯然。夫人至，入自闈門，升自側階，君在阼。其他如奔喪禮然。

三年之喪，父母之喪也。女嫁者爲父母期，此以本親言也。踰封，越疆也。言國君夫人奔父母之喪，用諸侯弔禮。主國待之，亦用待諸侯之禮。闈門，非正門，宮中往來之門也。側階，非正階，東房之房階也。此皆異於女賓。主國君在阼階上，不降迎也。奔喪禮，謂哭踊髽麻之類。

嫂不撫叔，叔不撫嫂。

撫，死而撫其尸也。嫂叔宜遠嫌，故皆不撫。

君子有三患：未之聞，患弗得聞也；既聞之，患弗得學也；既學之，患弗能行也。君子有五恥：居其位無其言，君子恥之；有其言無其行，君子恥之；既得之而又失之，君子恥之；地有餘而民不足，君子恥之；衆寡均而倍焉，君子恥之。

三患，言爲學之君子。五恥，言爲政之君子也。居位而無善言之可聞，是不能講明政事，一恥也；有言無行，是言行不相顧，二恥也；始以有德而進，今以無德而退，三恥也；不能撫民，使之逃散，四恥也；國有功役，己與彼衆寡相等，而彼之功績倍於己，是不能作興率勵其下，五恥也。

孔子曰：「凶年則乘駑馬，祀以下牲。」

《周禮·校人》「六馬」：曰種馬、戎馬、齊馬、道馬、田馬、駑馬。駑馬，其最下者。下牲，如常祭用太牢者降用少牢，少牢者降用特牲，特豕者降用特豚之類。以年凶，故貶損也。《王制》云：凡祭，「豐年不奢，凶年不儉」。與此不同，未詳。

恤由之喪，哀公使孺悲之孔子學士喪禮，《士喪禮》於是乎書。

鄭氏曰：「時人轉而僭上，士之喪禮已廢矣。孔子以教孺悲，國人乃復書而存之。」

子貢觀於蜡，乍。孔子曰：「賜也，樂乎？」對曰：「一國之人皆若狂，賜未知其樂也。」子曰：「百日之蜡，一日之澤，非爾所知也。

蜡祭，見《郊特牲》。若狂，言飲酒醉甚也。未知其樂，言醉無禮儀，方且可惡，何樂之有？孔子言百日勞苦，而有此蜡，農民終歲勤動，今僅使之爲一日飲酒之歡，是乃人君之恩澤，非爾所知。言其義大也。

張而不弛，文、武弗能也；弛而不張，文、武弗爲也。一張一弛，文、武之道也。」

張，張絃也。弛，落絃也。孔子以弓喻民，謂弓之爲器，久張而不弛，則力必絶；久弛而不張，則體必變。猶民久勞苦不休息，則其力憊；久休息而不勞苦，則其志逸。弓必有時而張，有時而弛；民必有時而勞，有時而息。文武弗能，言雖文王、武王，亦不能爲治也。一於逸樂則不可，故言「文、武弗爲」。

孟獻子曰：「正月日至，可以有事於上帝。七月日至，可以有事於祖。」七月而禘，獻子爲之也。

獻子，魯大夫仲孫蔑。正月，周正建子之月也。日至，冬至也。有事上帝，郊祭也。七月，建午之月也。日至，夏至也。有事於祖，禘祭也。《明堂位》云：「季夏六月，以禘禮祀周公於太廟。」蓋夏正建巳之月，郊用冬至，禮之當然。此言獻子變禮用七月禘祭，然不言自獻子始，而但言「獻子爲之」，蓋一時之事耳。

夫人之不命於天子，自魯昭公始也。

昭公娶吴爲同姓，不敢告天子，天子亦不命之，後遂以爲常。此記魯失禮之由。○疏曰：「天子命畿外諸侯夫人。若畿内諸侯夫人，及卿大夫之妻，則《玉藻》註云天子諸侯命其臣，后夫人亦命其妻也。」

外宗爲去聲。君夫人，猶内宗也。

疏曰：「外宗者，謂君之姑、姊妹之女，及舅之女，及從母皆是也。内宗者，君五屬内之女。内宗爲君服斬衰，爲夫人齊衰。此云『猶内宗也』，則齊斬皆同。君夫人者，是國人所稱號。此外宗，謂嫁在國中者。若國外，當云諸侯也。古者大夫不外娶，故君之姑、姊妹嫁於國内大夫爲妻，是其正也。諸侯不内娶，故舅女及從母不得在國中。凡内外宗，皆據有爵者。其無服而嫁於諸臣，從爲夫之君者，内外宗皆然。若嫁於庶人，則亦從其夫爲國君服齊衰三月者，亦内外宗皆然。」〇又按《儀禮·喪服》疏云：「外宗有三：《周禮》外宗之女有爵，通卿大夫之妻，一也；《雜記》註謂君之姑、姊妹之女，舅之女，從母，皆是，二也；若姑之子婦，從母之子婦，其夫是君之外親，爲君服斬，其婦亦名外宗，爲君服期，三也。内宗有二：《周禮》『内女之有爵』，謂同姓之女悉是，一也；《雜記》註，君之五屬之内女，二也。」

廄焚，孔子拜鄉人爲去聲。火來者。拜之，士壹，大夫再，亦相弔之道也。

鄭氏曰：「《宗伯》職曰：『以弔禮哀禍災。』」

孔子曰：「管仲遇盜，取二人焉，上以爲公臣，❶曰：『其所與遊辟也，❷可人也。』管仲死，桓公使爲之服。宦於大夫者之爲之服也，自管仲始也，有君命焉爾也。」

管仲遇羣盜，簡取二人而薦進之，使爲公家之臣。且曰，爲其所與交遊者，是邪僻之人，故相誘爲盜爾。此二人，本是堪可之人，可任用也。其後管仲死，桓公使此二人爲管仲服。記者言仕於大夫而爲之服，自此始，以君命不可違也。蓋於禮違大夫而之諸侯，不爲大夫反服。桓公之意，蓋不忘管仲之舉賢也。

過而舉君之諱，則起。與君之諱同，則稱字。

過，失誤也。舉，猶稱也。起，起立也。失言不自安，故起立，示改變之意。諸臣之名或與君之諱同，則稱字也。

内亂不與去聲。焉，外患弗辟避。也。

内亂，謂本國禍難也。言卿大夫在國，若同僚中有謀作亂者，力能討則討之，力不能討，則謹自畏避，不得干與。其或寇患在外，如隣國來攻，或夷狄侵擾，❸則不可逃避，當盡力捍禦，死義可也。

《贊大行》曰：「圭，公九寸，侯、伯七寸，子、男五寸。博三寸，厚半寸，剡上左右各寸半，玉也。藻三采六等。」

《贊大行》，古禮書篇名也，其書必皆贊説大行人之職事。今記者引之，故云「《贊大行》曰」。子、男執璧，非

❶「上」下，元刻本有小字注文「上聲」。

❷「辟」下，元刻本有小字注文「僻」。

❸「夷」，元刻本作「戎」。

圭也，記者失之。博三寸，圭也。厚半寸，圭、璧各厚半寸也。剡上，削殺其上也。藉玉者，以韋衣板而藻畫朱、白、蒼三色爲六行，故曰「藻三采六等」也。

哀公問子羔曰：「子之食奚當？」對曰：「文公之下執事也。」

問其先人始仕食禄，當何君時。文公至哀公七君。

成廟則釁之。其禮：祝、宗人、宰夫、雍人皆爵弁、純緇。衣。雍人拭羊，宗人祝之，宰夫北面于碑南，東上。雍人舉羊升屋自中，中屋南面，刲羊，血流于前，乃降。門、夾室皆用雞，先門而後夾室。其衈二。皆於屋下。割雞，門當門，夾室中室。有司皆鄉去聲。室而立，門則有司當門北面。既事，宗人告事畢，乃皆退。反命于君曰：「釁某廟事畢。」反命于寢，君南鄉于門內，朝服。既反命，乃退。

宗廟初成，以牲血塗釁之，尊神明之居也。爵弁，士服也。純衣，玄衣纁裳也。拭羊，拭之使浄潔也。宗人祝之，其辭未聞。碑，麗牲之碑也，在廟之中庭。升屋自中，謂由屋東西之中而上也。門，廟門也。夾室，東西廂也。門與夾室各一雞，凡三雞也。亦升屋而割之。衈者，未刲羊割雞之時，先滅耳旁毛以薦神。耳主聽，欲神聽之也。廟則在廟之屋下，門與夾室，則亦在門與夾室之屋下也。門則當門屋之中，夾室則當夾室屋之中，故云「門當門，夾室中室」也。有司，宰夫、祝、宗人也。宗人告事畢，告于宰夫也。宰夫爲攝主，反命于寢，其時君在路寢也。

路寢成，則考之而不釁。釁屋者，交神明之道也。

疏曰：「考之者，謂盛饌以落之。庾蔚云：『落謂與賓客燕會，以酒食澆落之，即歡樂之義也。』」

凡宗廟之器，其名者成，則釁之以豭加。豚。

名者，有名之器，若尊、彝之屬也。豭豚，牡豚也。

諸侯出夫人，夫人比畀。至于其國，以夫人之禮行。至，以夫人入。使者將命曰：「寡君不敏，不能從而事社稷宗廟，使使臣某敢告於執事。」主人對曰：「寡君固前辭不教矣。寡君敢不敬須以俟命！」有司官陳器皿，主人有司亦官受之。

出夫人，有罪而出之還本國也。在道至入，猶以夫人禮者，致命其國，然後義絶也。將命者謙言寡君不敏，不能從夫人以事宗廟社稷，而不斥言夫人之罪。答言「前辭不教」，謂納采時，固嘗以此爲辭矣。○疏曰：「有司官陳器皿者，使者使從己來有司之官，陳夫人嫁時所齎器皿之屬，以還主國也。主人有司亦官受之者，主國亦使有司官領受之也。並云『官』者，明付受悉如法也。」

妻出，夫使人致之曰：「某不敏，不能從而共供。粢盛，使某也敢告於侍者。」主人對曰：「某之子不肖，不敢辟避。誅，敢不敬須以俟命！」使者退，主人拜送之。如舅在則稱舅，舅没則稱兄，無兄則稱夫。主人之辭曰：「某之子不肖。」如姑、姊妹亦皆稱之。

遣妻必命由尊者，故稱舅稱兄。兄，謂夫之兄也。此但言夫致之之辭，未聞舅與兄致之之辭也。上文已有主人對辭，下文因姑、姊妹故重言。對言「某之姑不肖」，或「某之姊不肖」，或「某之妹不肖」，故云「亦皆稱之」也。

孔子曰：「吾食於少施氏而飽，少施氏食嗣。我以禮。吾祭，作而辭曰：『疏食不足祭也。』吾飧，孫。作而辭曰：『疏食嗣。也，不敢以傷吾子。』」

少施氏，魯惠公子施父之後。作而辭，起而辭謝也。疏食，麤疏之食也。飧，以飲澆飯也。禮，食竟，更作三飧以助飽實。不敢以傷吾子者，言麤疏之飯，不可强食以致傷害也。

納幣一束，束五兩，如字。兩五尋。

此謂昏禮納徵也。一束，十卷也。八尺爲尋，每五尋爲匹，從兩端卷至中，則五匹爲五箇兩卷矣，故曰「束五兩」。○鄭氏曰：「四十尺謂之匹，猶匹偶之匹。」❶言古人每匹作兩箇卷子。

婦見舅姑，兄弟、姑、姊妹皆立于堂下，西面，北上，是見已。見諸父，各就其寢。

立于堂下，則婦之入也，已過其前，此即是見之矣，不復各特見之也。諸父旁尊，故明日各詣其寢而見之。

女雖未許嫁，年二十而笄，禮之。婦人執其禮。燕則鬈拳。首。

❶「匹」，元刻本作「云」。

疏曰：「十五許嫁而笄。若未許嫁，至二十而笄，以成人禮言之。婦人執其禮者，十五許嫁而笄，則主婦及女賓爲笄禮。主婦爲之著笄，女賓以醴禮之。未許嫁而笄者，則婦人禮之，無主婦、女賓，不備儀也。燕則鬈首者，謂既笄之後，尋常在家燕居，則去其笄而分髮爲鬌紒也。此爲未許嫁，故雖已笄，猶爲少者處之。」

韠長去聲。三尺，下廣去聲。二尺，上廣一尺。會膾。去上五寸；紕毗。以爵韋六寸，不至下五寸；純準。以素，紃旬。以五采。

疏曰：「韠，韍也。會，領縫也。韠旁緣謂之紕，下緣曰純。紃，絛也，謂以五采之絛置於諸縫之中。」詳見《玉藻》。

禮記卷之十二

禮記卷之十三

陳澔集説

喪大記第二十二

疾病，外内皆埽。去聲。君、大夫徹縣，玄。士去上聲。琴瑟。寢，東首去聲。於北牖下，廢牀，徹褻衣，加新衣，體一人。男女改服，屬燭。纊曠。以俟絶氣。男子不死於婦人之手，婦人不死於男子之手。

病，疾之甚也。以賓客將來候問，故埽潔所居之内外。若君與大夫之病，則徹去樂縣；士則去琴瑟。東首於北牖下者，東首向生氣也。按《儀禮宫廟圖》無北牖，而西北隅謂之屋漏，以天光漏入而得名。或者北牖指此乎？古人病將死，則廢牀而置病者於地，以始生在地，庶其生氣復反而得活。及死，則復舉尸而置之牀上。手足爲四體，各一人持之，爲其不能自屈伸也。男女皆改服，亦擬賓客之來也。貴者朝服，庶人深衣。纊，新綿也，屬之口鼻，觀其動否，以驗氣之有無也。男子不死於婦人之手，婦人不死於男子之手，惡其褻也。

君夫人卒於路寢，大夫世婦卒於適的。寢。内子未命則死於下室，遷尸于寢。士之妻皆死于寢。

諸侯與夫人皆有三寢。君正者曰路寢，餘二曰小寢。夫人一正寢，二小寢。卒當於正處也。大夫妻曰命婦，而云「世婦」者，世婦乃國君之次婦，其尊卑與命婦等，故兼言之。内子，卿妻也。下室，燕處之所，又燕寢亦曰下室也。士之妻皆死于寢，謂士與其妻，故云「皆」也。《士喪禮》云「死于適室」，此云「寢」，寢、室通名也。

復，有林麓，則虞人設階。無林麓，則狄人設階。

復，始死升屋招魂也。虞人，掌林麓之官。階，梯也。狄人，樂吏之賤者。死者封疆内若有林麓，則使虞人設梯以升屋。其官職卑下，不合有林麓者，則使狄人設之，以其掌設簨簴，或便於此。

小臣復，復者朝服。君以卷，衮。夫人以屈

闕。狄。大夫以玄赬，赤貞反。世婦以襢知彥反。衣。士以爵弁，士妻以稅彖。衣。皆升自東榮，中屋履危，北面三號，平聲。捲衣投于前，司服受之。降自西北榮。

小臣，君之近臣也。君以衮，謂上公用衮服也。循其等而用之，則侯伯用鷩冕之服，子男用毳冕之服。上公之夫人用褘衣，侯伯夫人用揄狄，子男夫人用屈狄。此言君以衮，舉上以見下也。夫人以屈狄，舉下以知上也。赬，赤色。玄赬，玄衣纁裳也。世婦，大夫妻。言世婦者，大夫妻與世婦同用襢衣也。褘衣而下六服，說見前篇。爵弁，指爵弁服而言，非用弁也。六冕則以衣名冠，四弁則以冠名衣也。榮，屋翼也。天子諸侯，屋皆四注。大夫以下，但前簷後簷而已。翼在屋之兩頭，似翼，故名屋翼也。中屋，當屋之中也。履危，立于高峻之處，蓋屋之脊也。三號者，一號於上，冀魂自天而來；一號於下，冀魂自地而來；一號於中，冀魂自天地四方之間而來。其辭則「皋某復」也。皋，長聲也。三號畢，乃捲斂此衣，自前投而下，司服者以篋受之。復之小臣，即自西北榮而下也。

其爲賓，則公館復，私館不復。其在野，則升其乘車之左轂而復。

說見《曾子問》及《雜記》。

復衣不以衣去聲。尸，不以斂。婦人復，不以袡。如占反。凡復，男子稱名，婦人稱字。唯哭先去聲。復，復而後行死事。

《士喪禮》，復衣初用以覆尸，浴則去之。此言不以衣尸，謂不用以襲也。以絳緣衣之下曰袡，蓋嫁時盛服，非事鬼神之衣，故不用以復也。

始卒，主人啼，兄弟哭，婦人哭踊。

啼者，哀痛之甚，嗚咽不能哭，如嬰兒失母也。兄弟情稍輕，故哭有聲。婦人之踊，似雀之跳，足不離地，《問喪》篇云「爵踊」是也。

既正尸，子坐于東方，卿大夫、父兄、子姓立于東方，有司、庶士哭于堂下，北面。夫人坐于西方，內命婦、姑、姊妹、子姓立于西方，外命婦率外宗哭于堂上，北面。

此言國君之喪。正尸，遷尸於牖下南首也。姓，猶生也。子姓，子所生，謂衆子孫也。內命婦，子婦、世婦之屬。姑、姊妹，君之姑、姊妹也。子姓，君女孫也。外命婦，卿大夫之妻也。外宗，謂姑、姊妹之女。

大夫之喪，主人坐于東方，主婦坐于西方。

其有命夫、命婦則坐，無則皆立。士之喪，主人、父兄、子姓皆坐于東方，主婦、姑、姊妹、子姓皆坐于西方。凡哭尸于室者，主人二手承衾而哭。

承衾而哭，猶若致其親近扶持之情也，謂初死時。○疏曰：「君與大夫位尊，故坐者殊其貴賤。士位下，故坐者等其尊卑。」

君之喪，未小斂，爲寄公、國賓出。大夫之喪，未小斂，爲君命出。士之喪，於大夫，不當斂則出。

寄公，諸侯失國而寄託鄰國者也。國賓，他國來聘之卿大夫也。出，出迎也。爲君命出，謂君有命及門則出也。《檀弓》云：「大夫弔，當事而至則辭焉。」辭，告也。故不當斂時，則亦出迎。《雜記》云「大夫至，絶踊而拜之」者，亦謂斂後也。

凡主人之出也，徒跣，扱插。衽，拊撫。心，降自西階。君拜寄公、國賓于位。大夫於君命，迎于寢門外，使者升堂致命，主人拜于下。士於大夫親弔，則與之哭，不逆於門外。

徒跣者，未著喪屨，吉屨又不可著也。扱衽者，扱深衣前襟於帶也。拊心，擊心也。《曲禮》云：「升降不由阼階。」拜寄公、國賓于位者，寄公位在門西，國賓位在門東，主人於庭各向其位而拜之也。《士喪禮》云：「賓有大夫，則特拜之。即位于西階下，東面，不踊。」

夫人爲寄公夫人出，命婦爲夫人之命出。士妻不當斂，則爲命婦出。

婦人不下堂，此謂自房而出，拜於堂上也。

小斂，主人即位于户内，主婦東面，乃斂。卒斂，主人馮憑。之踊，主婦亦如之。主人袒，説脱。髦，括髮以麻。婦人髽，側瓜反。帶麻于房中。徹帷，男女奉尸夷于堂，降拜。

《檀弓》云：「小斂于户内。」馮之踊者，馮尸而踊也。髦，幼時翦髮爲之，年雖成人，猶垂于兩邊。若父死，脱左髦；母死，脱右髦。「親沒不髦」，謂此也。髽，亦用麻，如男子括髮以麻也。帶麻，麻帶也，謂婦人要絰。小斂畢，即徹去先所設帷堂之帷。諸侯大夫之禮，賓出乃徹帷，此言士禮耳。夷，陳也。小斂竟，相者舉尸出户，往陳于堂。而孝子、男女親屬，並扶捧之也。降拜，適子下堂而拜賓也。

君拜寄公、國賓。大夫、士，句。拜卿大夫於位，於士旁三拜。夫人亦拜寄公夫人於堂上。大夫内子、士妻，特拜命婦，氾泛。拜衆賓於堂上。

君，謂遭喪之嗣君也。寄公與國賓入弔，固拜之矣。其於大夫士也，卿大夫則拜之於位，士則旁三拜而已。旁，謂不正向之也。士有上、中、下三等，故共三拜。大夫、士皆先君之臣，俱當服斬。今以小斂畢而出庭列位，故嗣君出拜之。夫人亦拜寄公夫人於堂上矣。其於卿大夫之内子、士之妻，則亦拜之。但内子與命婦，則人人各拜之；衆賓，則士妻也，氾拜之而已。亦旁拜之比也。

主人即位，襲帶絰，踊。母之喪，即位而免問。乃奠。弔者襲裘，加武，帶、絰，與主人拾其劫反。踊。

主人拜賓後，即阼階下之位。先拜賓時袒，今拜畢，乃掩襲其衣，而加要帶首絰，乃踊。士喪禮，先踊，乃襲絰。此諸侯禮，故先襲絰，乃踊也。母喪降於父，拜賓竟而即位，以免代括髮之麻，免而襲絰，至大斂乃成踊也。乃奠者，謂小斂奠。弔者小斂後來，則掩襲裘上之裼衣，加素弁於吉冠之武。武，冠下卷也。帶絰者，要帶首絰。有朋友之恩，則加帶與絰。無朋友之恩，則無帶，惟絰而已。拾踊，更踊也。

君喪，虞人出木、角，狄人出壺，雍人出鼎，司馬縣玄。之，乃官代哭。大夫官代哭，不縣玄。壺。士代哭，不以官。

虞人，主山澤之官。出木爲薪，以供爨鼎，蓋冬月恐漏水冰凍也。角，斠水之斗。狄人，樂吏也，主挈壺漏水之器，故出壺。雍人主烹飪，故出鼎。司馬，夏官卿也，其屬有挈壺氏，司馬自臨，視其縣此漏器。乃官代哭者，未殯，哭不絶聲。爲其不食疲倦，故以漏器分時刻，使官屬以次依時相代，而哭聲不絶也。士代哭不以官者，親疏之屬，與家人自相代也。

君堂上二燭，下二燭。大夫堂上一燭，下二燭。士堂上一燭，下一燭。

疏曰：「有喪，則於中庭終夜設燎。至曉滅燎，而日光未明，故須燭以照祭饌也。」古者未有蠟燭，呼大炬爲燭也。

賓出徹帷。

小斂畢即徹帷，士禮也。此君與大夫之禮。小斂畢，下階拜賓，賓出乃徹帷也。

哭尸于堂上，主人在東方，由外來者在西方，諸婦南鄉。向。

婦人哭位，本在西，而東面。今以奔喪者由外而來，合居尸之西，故退而近北以鄉南也。

婦人迎客、送客不下堂；下堂不哭。男子出寢門外見人，不哭。

堂以內至房，婦人之事。堂以外至門，男子之事。非其所而哭，非禮也。此言小斂後，男主女主迎送弔賓之禮。婦人於敵者，固不下堂。若君夫人來弔，則主婦下堂至庭，稽顙而不哭也。男子於敵者之弔，亦不出門。若有君命而出迎，亦不哭也。

其無女主，則男主拜女賓于寢門內。其無男主，則女主拜男賓于阼階下。子幼，則以衰催。抱之，人爲之拜。爲後者不在，則有爵者辭；無爵者，人爲之拜。在竟境。內，則俟之。在竟外，則殯葬可也。喪有無後，無無主。

爲後者不在，謂以事故在外也。此時若有喪事，而弔賓及門，其爲後者是有爵之人，則辭以攝主無爵，不敢拜賓；若此爲後者是無爵之人，則攝主代之拜賓可也。出而在國境之內，則俟其還乃殯葬；若在境外，則當殯即殯。殯後又不得歸，而及葬期，則葬之可也。無後，不過己自絶嗣而已。無主，則闕於賓禮。故可無後，不可無主也。

君之喪三日，子、夫人杖。五日既殯，授大夫、世婦杖。子、大夫寢門之外杖，寢門之內輯集。之。夫人、世婦在其次則杖，即位則使人執之。子有王命則去上聲。杖，國君之命則輯杖，聽卜、有事於尸則去杖。大夫於君所則輯杖，於大夫所則杖。

子，兼適、庶及世子也。寢門，殯宮門也。輯，斂也，謂舉之不以拄地也。子、大夫廬在寢門外，得拄杖而行至寢門。子與大夫并言者，據禮，大夫隨世子以入，子杖則大夫輯，子輯則大夫去杖，故下文云「大夫於君所則輯杖」也。此言大夫特來，不與子相隨，故云門外杖，門內輯。若庶子之杖，則不得持入寢門也。夫人、世婦居次在房內，有王命至，則世子去杖，以尊王命也。有隣國君之命則輯杖者，下成君也。聽卜，卜葬卜日也。有事於尸，虞與卒哭，及祔之祭也。於大夫所則杖者，諸大夫同在門外之位，同是爲君，故並得以杖拄地而行也。

大夫之喪，三日之朝既殯，主人、主婦、室老皆杖。大夫有君命則去杖，大夫之命則輯杖。内子爲夫人之命去杖，爲世婦之命授人杖。

大夫有君命，此大夫指爲後子而言。世婦，君之世婦也。

士之喪，二日而殯，三日之朝，主人杖，婦人皆杖。於君命、夫人之命，如大夫。於大夫、世婦之命，如大夫。

如大夫，謂去杖、輯杖、授人杖三者輕重之節也。

子皆杖，不以即位。大夫、士哭殯則杖，哭柩則輯杖。棄杖者，斷短。而棄之於隱者。

子，凡庶子，不獨言大夫、士之庶子也。不以杖即位，避適子也。哭殯則杖，哀勝敬也。哭柩，啓後也。輯杖，敬勝哀也。獨言大夫、士者，天子諸侯尊，子不敢以杖入殯宫門，故哭殯、哭柩皆去杖也。杖於喪服爲重，大祥棄之，必斷截使不堪他用，而棄於幽隱之處，不使人褻賤之也。

始死，遷尸于牀，幠呼。用斂衾，去死衣。小臣楔先結反。齒用角柶，四。綴拙。足用燕几。君、大夫、士一也。

病困時遷尸于地，冀其復生，死則舉而置之牀上也。幠，覆也。斂衾，擬爲大斂之衾也。先時徹褻衣而加新衣以死，今覆以衾而去此死時之新衣也。楔，拄也。以角爲柶，長六寸，兩頭屈曲。爲將含，恐口閉，故以柶拄齒，令開而受含也。尸應著屨，恐足辟戾，故以燕几拘綴之令直也。

管人汲，不説脱。繘，聿。屈之，盡階，不升堂，授御者。御者入浴，小臣四人抗衾，御者二人浴。浴水用盆，沃水用枓，主。浴用絺巾，挋震。用浴衣，如他日。小臣爪足。浴餘水棄于坎。其母之喪，則内御者抗衾而浴。

管人，主館舍者。汲，汲水以供浴事也。繘，汲水綆上索也。急遽不暇解脱此索，但縈屈而執於手。水從西階升，盡等而不上堂，授與御者。抗衾，舉衾以蔽尸也。此浴水用盆盛之，乃用枓酌盆水以沃尸，以絺爲巾，蘸水以去尸之垢。挋，拭也。浴衣，生時所用以浴者，用之以拭尸令乾也。如他日者，如生時也。爪足，浴竟而翦尸足之爪甲也。浴之餘水棄之坎中，此坎是甸人取土爲竈所掘之坎。内御者，婦人也。

管人汲，授御者。御者差七何反。沐于堂上。君沐粱，大夫沐稷，士沐粱。甸人爲垼役。于西牆下，陶人出重平聲。鬲，歷。管人受沐，乃煮之。甸人取所徹廟之西北厞，扶味反。薪用爨之。管人授御者沐，乃沐。沐用瓦盤，挋用巾，如他日。小臣爪手，翦須。濡乃亂反。濯棹。棄于坎。

此言尸之沐。差，猶摩也。謂淅粱或稷之潘汁以沐髮也。君與士同用粱者，士卑，不嫌於僭上也。垼，塊竈也。將沐時，甸人之官，取西牆下之土爲塊竈。陶人，作瓦器之官也。重鬲，縣重之罌，瓦缾也，受三升。管人受沐汁於堂上之御者，而下往西牆於垼竈鬲中煮之令温。甸人爲竈畢，即往取復者所徹正寢西北厞，以爨竈煮沐汁。謂正寢爲廟，神之也。舊説，厞是屋簷，謂抽取屋西北之簷。一説，西北隅厞，隱處之薪也。用瓦盤以貯此汁也。挋用巾，以巾拭髮及面也。爪手，翦手之爪甲也。濡，煩撋其髮也。濯，不浄之汁也。

君設大盤造七到反。冰焉，大夫設夷盤造冰焉。士併步頂反。瓦盤，無冰。設牀，襢展。第，滓。有枕。含去聲。一牀，襲一牀，遷尸于堂又一牀，皆有枕席。君、大夫、士一也。

大盤造冰，納冰於大盤中也。夷盤，小於大盤。夷，猶尸也。併，並也。瓦盤小，故併設之。無冰，盛水也。冰在下，設牀於上。襢，單也。去席而袒露笫簀，尸在其上，使寒氣得通，免腐壞也。含、襲、遷尸三節，各自有牀。此謂沐浴以後，襲斂以前之事。

君子喪，子、大夫、公子、衆士皆三日不食。子、大夫、公子、衆士食粥，納財，朝一溢米，莫暮。一溢米，食之無算。士疏食嗣。水飲，食之無算。夫人、世婦、諸妻皆疏食水飲，食之無算。

納財，謂有司供納此米也。鄭註：「財，穀也。」謂米由穀出，故言財。一溢，二十四分升之一也。食之無算者，謂居喪不能頓食，隨意欲食則食，但朝暮不過此二溢之米也。疏食，粗飯也。

大夫之喪，主人、室老、子姓皆食粥，衆士疏食水飲，妻妾疏食水飲。士亦如之。

室老，家臣之長。子姓，孫也。衆士，室老之下也。士亦如之，謂士之喪，亦子食粥，妻妾疏食水飲也。

既葬，主人疏食水飲，不食菜果，婦人亦如之。君、大夫、士一也。練而食菜果，祥而食肉。食粥於盛平聲。不盥，食於簋思管反。者盥。食菜以醯醬。始食肉者，先食乾干。肉。始飲酒者，先飲醴酒。

盛，杯圩之器也。簋，竹筥也。杯圩盛粥，歠之以口，故不用盥手。飯在簋，須手取而食之，故當盥手也。

期之喪，三不食。食疏食，水飲，不食菜果。三月既葬，食肉飲酒。期終喪不食肉，不飲酒，父在爲母，爲妻。九月之喪，食飲猶期之喪也。食肉飲酒，不與人樂洛。之。

不與人樂之，言不以酒肉與人共食爲歡樂也。與，舊音預，非。○疏曰：「期喪三不食，謂大夫、士旁期之喪，正服則二日不食。見《間傳》。」

五月、三月之喪，壹不食，再不食可也。比葬，食肉飲酒，不與人樂之。叔母、世母、故主、宗子，食肉飲酒。

一不食，三月之喪也。再不食，五月之喪也。故主，舊君也。大夫本稱主。

不能食粥，羹之以菜可也。有疾，食肉飲酒可也。五十不成喪，七十唯衰麻在身。

不成喪，謂不備居喪之禮節也。

既葬，若君食之則食之，大夫、父之友食之則食之矣。不辟避。粱肉，若有酒醴則辭。

君食之，食臣也。大夫食之，食士也。父友，父同志者。此並是尊者食卑者，故雖粱肉不避。酒醴見顔色，故當辭。

小斂於户内，大斂於阼。君以簟席，大夫以蒲席，士以葦席。

簟席，竹席也。

小斂，布絞爻。縮者一，横者三。君錦衾，

大夫縞衾，士緇衾，皆一。衣十有九稱。❶去聲。君陳衣于序東，大夫、士陳衣于房中，皆西領，北上。絞、紟其鴆反。不在列。

此明小斂之衣衾。絞，既斂所用以束尸使堅實者。從者在橫者之上，從者一幅，橫者三幅。每幅之末，析爲三片，以便結束。皆一者，君、大夫、士皆一衾。衾在絞之上。天數終於九，地數終於十，故十有九稱也。袍，夾衣。衣裳，單衣。故註云「單複具曰稱」。紟，單被也。不在列，不在十九稱之數也。

大斂，布絞縮者三，橫者五。布紟，二衾。君、大夫、士一也。君陳衣于庭，百稱，北領，西上。大夫陳衣于序東，五十稱，西領，南上。士陳衣于序東，三十稱，西領，南上。絞、紟如朝服。絞一幅爲三，不辟。百。紟五幅，無紞。都敢反。

此明大斂之事。縮者三，謂一幅直用，裂其兩頭爲三片也。橫者五，謂以布二幅，分裂作六片，而用五片橫於直者之下也。紟，一說在絞下，用以舉尸。一說在絞上，未知孰是。二衾者，小斂一衾，大斂又加一衾也。如朝服，其布如朝服十五升也。絞一幅爲三不辟者，一幅兩頭分爲三段，而中不擘裂也。紟五幅，用以舉尸者。無紞，謂被頭不用組紐之類爲識別也。又按士沐粱及陳衣，與《士喪禮》不同，舊説此爲天子之士。

小斂之衣，祭服不倒。君無襚。大夫、士畢主人之祭服。親戚之衣，受之，不以即陳。小斂，君、大夫、士皆用複福。衣、複衾。大斂，君、大夫、士祭服無算。君褶牒。衣、褶衾，大夫、士猶小斂也。

小斂十九稱，不悉著於身，但取其方，故有領在下者。惟祭服尊，故必領在上也。君無襚，謂悉用己衣，不用他人襚送者。大夫、士盡用己衣，然後用襚。言祭服，舉尊美者言之也。親戚所襚之衣，雖受之，而不以陳列。複衣、複衾，衣衾之有綿纊者。祭服無算，隨所有皆用，無限數也。褶衣、褶衾，衣衾之裌者。君衣尚多，故大斂用裌衣衾。大夫、士猶用小斂之複衣、複衾也。

袍必有表，不禪丹，衣必有裳，謂之一稱。

❶「衣」，原作「衾」，據元刻本及阮刻《十三經注疏》本《禮記正義》改。

袍衣之有著者，乃褻衣也。必須有禮服以表其外，不可禪露衣與裳，亦不可偏，有如此乃成稱也。

凡陳衣者實之篋，取衣者亦以篋，升降者自西階。凡陳衣不詘屈，非列采不入，絺、綌、紵宁。不入。

陳衣者實之篋，自篋中取而陳之也。取衣，收取襚者所委之衣也。不詘，舒而不卷也。非列采，爲間色、雜色也。斂尸者當暑，亦有袍，故絺、綌與紵布皆不入也。

凡斂者袒，遷尸者襲。

執小斂、大斂之事者，其事煩，故必袒以取便。遷尸入柩，則其事易矣，故不袒。

君之喪，大泰。胥祝。是斂，衆胥佐之。大夫之喪，大胥侍之，衆胥是斂。士之喪，胥爲侍，士是斂。

胥讀爲祝者，以胥是樂官，不掌喪事也。《周禮·大祝》之職，「大喪」「贊斂」。喪祝，卿大夫之喪掌斂。《士喪禮》商祝主斂，故知當爲祝。侍，猶臨也。

小斂、大斂，祭服不倒，皆左衽，結絞不紐。

疏曰：「衽，衣襟也。生向右，左手解抽帶便也。死則襟向左，示不復解也。結絞不紐者，生時帶並爲屈紐，使易抽解。死時無復解義，故絞束畢結之，不爲紐也。」

斂者既斂，必哭。士與去聲。其執事則斂，斂焉則爲之壹不食。凡斂者六人。

與其執事，謂相助凡役也。舊說，謂與此死者，平生共執事，則不至褻惡死者，故以之斂。未知是否。

君錦冒黼殺，色介反。綴旁七。大夫玄冒黼殺，綴旁五。士緇冒赬尺貞反。殺，綴旁三。凡冒，質長與手齊，殺三尺。自小斂以往用夷衾，夷衾質殺之裁去聲。猶冒也。

冒者，韜尸之二囊，上曰質，下曰殺。先以殺韜足而上，後以質韜首而下。君質用錦，殺畫黼文，故云「錦冒黼殺」也。其制縫合一頭，又縫連一邊，餘一邊不縫，兩囊皆然。綴旁七者，不縫之邊，上下安七帶，綴以結之也。上之質從頭而下，其長與手齊。殺則自下而上，其長三尺也。小斂有此冒，故不用衾。小斂以後，則用夷衾覆之。夷，尸也。裁，猶製也。夷衾與質殺之制，皆爲覆冒尸形而作也。舊說，夷衾亦上齊手，下三尺，繒色及長短制度，如冒之質殺。

君將大斂，子弁絰即位于序端。卿大夫即位于堂廉楹西，北面，東上。父兄堂下，北面。夫人、命婦尸西，東面。外宗房中，南面。小臣鋪席，商祝鋪絞、紟、衾、衣。士盥于盤上，士舉遷尸于斂上。卒斂宰告，子馮之踊，夫人東面亦如之。

弁絰，素弁上加環絰，未成服故也。序，謂東序。端，序之南頭也。堂廉，堂基南畔廉稜之上也。楹，南近堂廉者。父兄堂下北面，謂諸父諸兄之不仕者。以賤，故在堂下。外宗，見《雜記下》。小臣鋪席，絞、紟、衾鋪于席上。士，商祝之屬也。斂上，即斂處也。卒斂宰告，太宰告孝子以斂畢也。馮之踊者，馮尸而起踊也。

大夫之喪，將大斂，既鋪絞、紟、衾、衣，君至，主人迎，先入門右，巫止于門外。君釋菜，祝先入，升堂。君即位于序端。卿大夫即位于堂廉楹西，北面，東上。主人房外，南面。主婦尸西，東面。遷尸，卒斂，宰告。主人降，北面于堂下。君撫之，主人拜稽顙。君降，升主人馮之，命主婦馮之。

君釋菜，禮門神也。宰告，亦告主人以斂畢也。君撫之，撫尸也。主人拜稽顙，謝君之恩禮也。升主人馮之，君使主人升堂馮尸也。命，亦君命之。

士之喪，將大斂，君不在，其餘禮猶大夫也。

其餘禮，如鋪衣、列位等事。

鋪絞、紟踊，鋪衾踊，鋪衣踊，遷尸踊，斂衣踊，斂衾踊，斂絞、紟踊。

此踊之節也。動尸舉柩，哭踊無數，不在此節。

君撫大夫，撫內命婦。大夫撫室老，撫姪迭。娣。

撫，以手按之也。內命婦，君之世婦也。大夫、內命婦皆貴，故君自撫之，以下則不撫也。室老，貴臣；姪娣，貴妾。故大夫撫之也。古者諸侯一娶九女，二國各以女媵之爲娣姪以從。大夫內子，亦有姪娣。姪者，兄之子。娣，女弟也。娣尊姪卑。《士昏禮》：「雖無娣，媵先。」言姪若無娣，猶先媵。士有娣媵，則大夫有可知矣。

君、大夫馮父母、妻、長子，不馮庶子。士馮父母、妻、長子、庶子。庶子有子，則父母不馮其尸。凡馮尸者，父、母先，妻、子後。

父母先妻子後，謂尸之父母妻子也。尊者先馮，卑者後馮。○疏曰：「君、大夫之庶子雖無子，並不得馮。」

君於臣撫之，父母於子執之，子於父母馮之，婦於舅姑奉上聲。之，舅姑於婦撫之，妻於夫拘俱。之，夫於妻、於昆弟執之。馮尸不當君所。凡馮尸，興必踊。

撫之者，當尸之心胸處撫按之也。執之者，執持其衣。馮之者，身俯而馮之。奉之者，捧持其衣。拘之者，微牽引其衣。皆於心胸之處。不當君所者，假令君已撫心，則餘人馮者必少避之，不敢當君所撫之處也。馮尸之際，哀情切極，故起必爲踊以泄哀也。

父母之喪，居倚廬，不塗，寢苫始占反。枕去聲。甴，塊。非喪事不言。君爲廬宮之。大夫、士襢展。之。

疏曰：「倚廬者，於中門外東牆下倚木爲廬也。不塗者，但以草夾障，不以泥塗飾之也。寢苫，卧於苫也。枕甴，枕土塊也。爲廬宮之者，廬外以帷障之，如宮牆也。襢，袒也。其廬袒露，不以帷障之也。」

既葬，柱主。楣，塗廬，不於顯者。君、大夫、士皆宮之。

柱楣者，先時倚木於牆以爲廬，葬後哀殺，稍舉起其木，柱之於楣以納日光，略寬容也。又於内用泥以塗之，而免風寒。不於顯者，不塗廬外顯處也。皆宮之，不襢也。

凡非適子者，自未葬，以於隱者爲廬。

疏曰：「既非喪主，故於東南角隱映處爲廬。經雖云『未葬』，其實葬竟亦然也。」

既葬，與人立，君言王事，不言國事。大夫、士言公事，不言家事。君既葬，王政入於國，既卒哭而服王事。大夫、士既葬，公政入於家，既卒哭，弁絰帶，金革之事無辟避。也。

不言國事家事，禮之經也；既葬政入以下，禮之權也。弁絰帶，謂素弁加環絰，而帶則仍是要絰也。大夫士弁絰，則國君亦弁絰也。君言服王事，則此亦服國事也。

既練，居堊室，不與人居。君謀國政，大夫、士謀家事。既祥，黝、於糾反。堊。烏故反。祥而外無哭者，禫而內無哭者，樂作矣故也。

堊室，在中門外。練後服漸輕，可以謀國政謀家事也。祥，大祥也。黝，治堊室之地令黑；堊，塗堊室之壁令白，皆稍致其飾也。祥後中門外不哭，故曰「祥而外無哭者」。禫則門內亦不復哭，故曰「禫而內無哭者」。所以然者，以樂作故也。

禫而從御，吉祭而復寢。

從御，鄭氏謂御婦人，杜預謂從政而御職事，杜說近是。蓋復寢乃復其平時婦人當御之寢耳。吉祭，四時之常祭也。禫祭後值吉祭同月，則吉祭畢而復寢。若禫祭不值當吉祭之月，則踰月而吉祭乃復寢也。孔氏以下文不御於內爲證，故從鄭說。又按《間傳》言既祥復寢者，謂大祥後復殯宮之寢，與此復寢異。

期，居廬，終喪不御於內者，父在爲母，爲妻。齊衰期者，大功布衰九月者，皆三月不御於內。婦人不居廬，不寢苫。喪父母，既練而歸。期、九月者，既葬而歸。

喪父母，謂婦人有父母之喪也。既練而歸，練後乃歸夫家也。女子出嫁，爲祖父母及爲父後之兄弟，皆期服。九月者，謂本是期服而降在大功者，此皆哀殺，故葬後即歸也。

公之喪，大夫俟練，士卒哭而歸。

《雜記》曰：「大夫次於公館以終喪，士練而歸。」言大夫、士爲國君喪之禮也。此言公者，家臣稱有地之大夫爲公也。有地大夫之喪，其大夫與士治其采地者，皆來奔喪。大夫則俟小祥而反其所治，士則待卒哭而反其所治也。

大夫士，父母之喪，既練而歸。朔日、❶忌日，則歸哭于宗室。諸父、兄弟之喪，既卒哭而歸。

命士以上，父子皆異宮。庶子爲大夫、士而遭父母之喪，殯宮在適子家，既練各歸其宮。至月朔與死之日，則往哭于宗子之家，謂殯宮也。諸父、兄弟期服輕，故卒哭即歸也。

❶「日」，阮刻《十三經注疏》本《禮記正義》作「月」。

父不次於子，兄不次於弟。

疏曰：「喪畢，故尊者不居其殯宮之次也。」

君於大夫、世婦，大斂焉；爲之賜，則小斂焉。於外命婦，既加蓋而君至。於士，既殯而往；爲之賜，大斂焉。爲字並去聲。

君於大夫及内命婦之喪，而視其大斂，常禮也。若爲之加恩賜，則視其小斂也。外命婦乃臣之妻，其恩輕，故君待其大斂入棺加蓋之後，而後至也。士雖卑，亦宜有恩賜，故亦視其大斂。

夫人於世婦，大斂焉；爲之賜，小斂焉。於諸妻，爲之賜，大斂焉。於大夫外命婦，既殯而往。

疏曰：「諸妻，姪娣及同姓女也。同士禮，故賜大斂。若夫人姪娣尊同世婦，當賜小斂。已上言君夫人視之，皆有常禮。而爲之賜，則加禮也。」

大夫、士既殯，而君往焉，使人戒之。主人具殷奠之禮，俟于門外，見馬首，先入門右。巫止于門外，祝代之先。君釋菜于門内，祝先升自阼階，負墉南面。君即位于阼，小臣二人執戈立于前，二人立于後。擯者進，主人拜稽顙。君稱言，視祝而踊，主人踊。

大夫、士之喪，君或以他故不及斂者，則殯後亦往，先使告戒主人，使知之。主人具盛饌之奠，身自出候於門外，見君車前之馬首，入立于門東北面。巫本在君之前，今巫止不入，祝乃代巫先君而入。君釋菜以禮門神之時，祝先由東階以升。負墉南面者，在房户之東，背壁而向南也。主人拜稽顙者，以君之臨喪，故於庭中北面拜而稽顙也。君稱言者，君舉其所來之言，謂弔辭也。祝相君之禮，稱言畢而祝踊，故君視祝而踊。君踊畢，主人乃踊也。

大夫則奠可也。士則出俟于門外，命之反奠，乃反奠。卒奠，主人先俟于門外。君退，主人送于門外，拜稽顙。

若君所臨是大夫喪，則踊畢即釋此殷奠于殯可也。若是士喪，則主人卑，不敢留君待奠，故先出俟于門，謂君將去也。君使人命其反而奠，乃反奠。奠畢，主人又先俟于門外，君去即拜以送也。奠畢出俟，大夫與士皆然。

君於大夫疾，三問之；在殯，三往焉；士疾，一問之；在殯，一往焉。君弔，則復殯服。

殯後主人已成服，而君始來弔，主人則還著殯時未成服之服，蓋苴絰、免、布深衣也，不散帶。故《小記》云：「君弔，雖不當免時也，主人必免，不散麻。」一則不敢謂君之弔後時，又且以君來，故新其禮也。

夫人弔於大夫、士，主人出迎于門外，見馬首，先入門右。夫人入，升堂即位。主婦降自西階，拜稽顙于下。夫人視世子而踊，奠如君至之禮。夫人退，主婦送于門內，拜稽顙。主人送于大門之外，不拜。

夫人弔，則主婦爲喪主。故主婦之待夫人，猶主人之待君也。世子，夫人之世子也。夫人來弔，則世子在前道引，其禮如祝之道君，故夫人視世子而踊也。主人送而不拜者，喪無二主，主婦已拜，主人不當拜也。

大夫君，不迎于門外。入即位于堂下，主人北面，衆主人南面，婦人即位于房中。若有君命，命夫、命婦之命，四鄰賓客，其君後主人而拜。

大夫之臣亦以大夫爲君，故曰「大夫君」也。言此大夫君之弔其臣喪也，主人不迎于門外。此君入而即堂下之位，位在阼階下西向。主人在其位之南，而北面也。此大夫君來弔之時，若有本國之君命，或有國中大夫及命婦之命，或鄰國卿大夫遣使來弔者，此大夫君必代主人拜命及拜賓，以喪用尊者主其禮故也。然此君終不敢如國君專代爲主，必以主人在己後，待此君拜竟，主人復拜也。○石梁王氏曰：「後主人者，己在前拜，使主人陪後。」

君弔，見尸柩而後踊。

前章既殯而君往，是不見尸柩也，乃視祝而踊。此言見尸柩而後踊，似與前文異。舊説殯而未塗則踊，塗後乃不踊。未知是否。

大夫、士，若君不戒而往，不具殷奠，君退必奠。

以君之來，告於死者，且以爲榮也。

君大棺八寸，屬燭。六寸，椑僻。四寸。上大夫大棺八寸，屬六寸。下大夫大棺六寸，屬四寸。士棺六寸。

君，國君也。大棺最在外，屬在大棺之內，椑又在屬之內，是國君之棺三重也。寸數以厚薄而言。

君裏里。棺用朱緑，用雜金鐕。兹甘反。大夫裏棺用玄緑，用牛骨鐕。士不緑。

疏曰：「裏棺，謂以繒貼棺裏也。朱繒貼四方，緑繒貼四角。鐕，釘也。用金釘以琢朱緑著棺也。大夫四面玄，四角緑。士不緑者，悉用玄也，亦用大夫牛骨鐕。」○石梁王氏曰：「用牛骨爲釘，不可從。」

君蓋用漆，三衽三束。大夫蓋用漆，二衽二束。士蓋不用漆，二衽二束。

蓋，棺之蓋板也。用漆，謂以漆塗其合縫用衽處也。衽、束並説見《檀弓》。

君、大夫鬊，舜。爪實于緑角。中，士埋之。

鬊，亂髮也。爪，手足之爪甲也。生時積而不棄，今死，爲小囊盛之，而實于棺內之四隅。故讀「緑」爲「角」，四角之處也。士則以物盛而埋之耳。

君殯用輴，春。欑才冠反。至于上，畢塗屋。大夫殯以幬，燾。欑至于西序，塗不暨于棺。士殯見衽，塗上帷之。

君，諸侯也。輴，盛柩之車也，殯時以柩置輴上。欑，猶叢也，叢木于輴之四面，至于棺上。畢，盡也，以泥盡塗之。此欑木似屋形，故曰「畢塗屋」也。大夫之殯不用輴，其棺一面貼西序之壁，而欑其三面。上不爲屋形，但以棺衣覆之。幬，覆也。故言「大夫殯以幬，欑至于西序」也。塗不暨于棺者，天子諸侯之欑木廣而去棺遠，大夫欑狹而去棺近，所塗者僅僅不及于棺而已。士殯，掘肂以容棺，肂即坎也。棺在肂中不沒，其蓋縫用衽處，猶在外而可見。其衽以上，亦用木覆而塗之。帷，幛也。貴賤皆有帷，故惟朝夕之哭乃褰舉其帷耳。所以帷者，鬼神尚幽闇故也。此章以《檀弓》參之，制度不同。

熬，君四種上聲。八筐，大夫三種六筐，士二種四筐。加魚腊焉。

熬，以火熠穀令熟也。熟則香，置之棺旁，使蚍蜉聞香而來食，免侵尸也。四種，黍、稷、稻、粱也，每種二筐。三種，黍、稷、粱。二種，黍、稷也。加魚與腊，筐同異未聞。○石梁王氏曰：「棺旁用熬穀加魚腊，不可從。」

飾棺，君龍帷，三池。

疏曰：「君，諸侯也。帷，柳車邊障也，以白布爲之，王侯皆畫爲龍，故云『君龍帷』也。池者，織竹爲籠，衣以青布，挂於柳上荒邊爪端，象宫室承霤。天子四注，屋四面承霤，柳亦四池。諸侯屋亦四注，而柳降一池，闕後，故三池也。」

振容。

振容者，振動容飾也。以青黄之繒，長丈餘如幡，畫爲雉，懸於池下爲容飾，車行則幡動，故曰「振容」也。

黼荒，火三列，黻弗。三列。

荒，蒙也。柳車上覆，謂鼈甲也。緣荒邊爲白黑斧文，故云「黼荒」。荒之中央，又畫爲火三行，故云「火三列」。又畫兩「巳」相背爲三行，故云「黻三列」。

素錦褚，加僞帷。荒。

素錦，白錦也。褚，屋也。荒下用白錦爲屋，象宫室也。加帷荒者，帷是邊牆，荒是上蓋，褚覆竟，而加帷荒於褚外也。

纁紐六。

上蓋與邊牆相離，故又以纁帛爲紐連之，兩旁各三，凡六也。

齊如字。五采，五貝。

齊者，臍之義，以當中而言。謂鼈甲上當中形圓如車之蓋，高三尺，徑二尺餘，以五采繒衣之，列行相次。五貝者，又連貝爲五行，交絡齊上也。

黼翣二，黻翣二，畫翣二，皆戴圭。

翣，形似扇，木爲之，在路則障車，入椁則障柩。二畫黼，二畫黼，二畫雲氣。六翣之兩角皆戴圭玉也。

魚躍拂池。

以銅魚懸於池之下，車行則魚跳躍上拂於池。魚在振容間也。

君纁戴六。

戴，猶值也。用纁帛繫棺紐著柳骨，棺之横束有三，每一束兩邊各屈皮爲紐，三束則六紐，今穿纁戴於紐以繫柳骨，故有六戴也。

纁披去聲。六。

亦用絳帛爲之，以一頭繫所連柳纁戴之中，而出一頭於帷外，人牽之。每戴繫之，故亦有六也。謂之披者，若牽車，登高則引前以防軒車，適下則引後以防翻車，欹左則引右，欹右則引左，使不傾覆也。已上並孔説。

大夫畫帷，二池，不振容。畫荒，火三列，黻三列，素錦褚。纁紐二，玄紐二，齊三采，三貝。黻翣二，畫翣二，皆戴綏。而追反。魚躍拂池。大夫戴前纁後玄，披亦如之。

畫帷，畫爲雲氣也。二池，一云兩邊各一，一云前後各一。畫荒，亦畫爲雲氣也。齊三采，絳、黄、黑也。皆戴綏者，用五采羽作蕤，綴翣之兩角也。披亦如之，謂色及數，悉與戴同也。

士布帷布荒，一池，揄搖。絞。爻。纁紐二，緇紐二，齊三采，一貝。畫翣二，皆戴綏。士戴前纁後緇，二披用纁。

布帷布荒，皆白布不畫也。一池，在前。揄，摇翟也，雉類，青質五色。絞，青黄之繒也。畫翟於絞。繒在池上，戴當棺束，每束各在兩邊，前頭二戴用纁，後二用緇。二披用纁者，據一邊前後各一披，故云「二披」。若通兩邊言之，亦四披也。

君葬用輴，春。四綍，二碑，御棺用羽葆。大夫葬用輴，船。二綍，二碑，御棺用茅。士葬用國船。車，二綍，無碑，比畀。出宫，御棺用功布。

此章二「輴」字二「國」字，註皆讀爲「輇」，船音。然以《檀弓》「諸侯輴而設幬」言之，則諸侯殯得用輴，豈葬不得用輴乎？今讀大夫葬用「輴」，與「國」字並作船音，君葬用「輴」，音春。○天子之窆，用大木爲碑，謂之豐碑。諸侯謂之桓楹。碑、綍，詳見《檀弓》。御棺、羽葆，並見《雜記》。功布，大功之布也。輇車，《雜記》作「輲」字。

凡封，窆。用綍去碑負引。君封以衡，大夫、士以咸。緘。君命毋譁，去聲。以鼓封。大夫命毋哭，士哭者相止也。

二「封」字皆讀爲「窆」，謂下棺也。○疏曰：「下棺時，將綍一頭繫棺緘，又將一頭繞碑間鹿盧，所引之人在碑外背碑而立，負引者漸漸應鼓聲而下，故云『用綍去碑負引』也。以衡，謂下棺時，别以大木爲衡，貫穿棺束之緘，平持而下，備傾頓也。以緘者，以綍直繫棺束之緘而下也。命毋譁，戒止其諠譁也。以鼓封，擊鼓爲負引者縱捨之節也。命毋哭，戒止哭聲也。士則衆哭者自相止而已。」

君松椁，大夫栢椁，士雜木椁。

天子栢椁，故諸侯以松。大夫同於天子者，卑遠不嫌僭也。

棺椁之間，君容柷，昌六反。大夫容壺，士容甒。武。

柷，樂器，形如桶。壺，漏水之器。一説，壺、甒皆盛酒之器。此言闊狹之度。古者棺外椁內，皆有藏器也。

君裹椁、虞筐，大夫不裹椁，士不虞筐。

疏曰：「盧氏雖有解釋，鄭云『未聞』，今不録。」

祭法第二十三

祭法：有虞氏禘黄帝而郊嚳，祖顓頊而宗堯；夏后氏亦禘黄帝而郊鯀，祖顓頊而宗禹；殷人禘嚳而郊冥，祖契息列反。而宗湯；周人禘嚳而郊稷，祖文王而宗武王。

《國語》曰：「有虞氏禘黄帝而祖顓頊，郊堯而宗舜；夏后氏禘黄帝而祖顓頊，郊鯀而宗禹；商人禘嚳而祖契，郊冥而宗湯；周人禘嚳而郊稷，祖文王而宗武王。」〇石梁王氏曰：「此四代禘、郊、祖、宗，諸經無所見，多有可疑。雜以緯書，愈紛錯矣。」〇劉氏曰：「虞、夏、殷、周，皆出黄帝。黄帝之曾孫曰帝嚳，堯則帝嚳之子也。黄帝至舜九世，至禹五世。以世次言，堯、禹兄弟也。按《詩傳》，姜嫄生棄爲后稷，簡狄生契爲司徒。稷、契皆堯之弟。契至冥六世，至湯十四世。后稷至公劉四世，至大王十三世。四代禘、郊、祖、宗之説，鄭氏謂經文差互。今以成周之禮例而推之，有天下者，立始祖之廟，百世不遷。又推始祖所自出之帝，祭於始祖之廟，而以始祖配之。則虞、夏皆當以顓頊爲始祖，而禘黄帝於顓頊之廟。祭天於郊，則皆當以顓頊配也。殷當以契爲始祖，而禘帝嚳於契廟。郊則當以契配也。至於祖有功而宗有德，則舜之曾祖句芒，嘗有功，可以爲祖。今既不祖之矣，瞽瞍頑而無德，非所得而宗者，故當祖嚳而宗堯也。蓋舜受天下於堯，堯受之於嚳。故堯授舜，而舜受終于文祖，蘇氏謂即嚳廟也。舜授禹，禹受命于神宗，即堯廟也。即是可以知虞不祖句芒而祖嚳，不宗瞽瞍而宗堯也明矣。先儒謂配天必以始祖，配帝必以父。以此『宗』字即爲『宗祀明堂』之『宗』，故疑舜當宗瞽瞍，不當宗堯。竊意五帝官天下，自虞以上，祖功宗德，當如鄭註『尚德』之説。三王家天下，則自當祖宗所親。然鯀嘗治水而殛死，有以死勤事之功，非瞽瞍比也，故當爲祖，但亦不當郊耳。冥亦然。由是論之，則經文當云：『有虞氏禘黄帝而郊項，祖嚳而宗堯；夏后氏亦禘黄帝而郊項，祖鯀而宗禹；殷人禘嚳而郊契，祖冥而宗湯；周人禘嚳而郊稷，祖文王而宗武王。』如此，則庶乎其無疑矣。大抵『祖功宗德』之『宗』，與『宗祀明堂』

之『宗』不同。祖其有功者，宗其有德者，百世不遷之廟也。宗祀父於明堂以配上帝者，一世而一易，不計其功德之有無也。有虞氏宗祀之禮未聞，借使有之，則宗祀瞽瞍以配帝，自與宗堯之廟不相妨。但虞不傳子，亦無百世不遷之義耳。」〇今按以此章之「宗」，爲宗其有德者，自無可疑。但殷有三宗，不惟言宗湯，則未能究其說也。

燔煩。柴於泰壇，祭天也。瘞於滯反。埋於泰折，祭地也。用騂犢。

燔，燎也。積柴於壇上，加牲玉於柴上，乃燎之，使氣達於天，此祭天之禮也。泰壇，即圜丘。泰者，尊之之辭。瘞埋牲幣，祭地之禮也。泰折，即方丘。折，如磬折，折旋之義，喻方也。《周禮》：「陽祀，用騂牲。陰祀，用黝牲。」此并言「騂犢」者，以周人尚赤。而所謂陰祀者，或是他祀歟？

埋少牢於泰昭，祭時也。相祖。近迎。於坎壇，祭寒暑也。王宮，祭日也。夜明，祭月也。幽宗，如字。祭星也。雩宗，祭水旱也。四坎壇，祭四方也。山林、川谷、丘陵，能出雲，爲風雨，見現。怪物，皆曰神。有天下者祭百神。諸侯在其地則祭之，亡其地則不祭。

泰昭，壇名也。祭時，祭四時也。相近，當爲「祖迎」字之誤也。寒暑一往一來，往者祖送之，來者迎這之。《周禮》：「仲春晝迎暑，仲秋夜迎寒。」則送之亦必有其禮也。坎以祭寒，壇以祭暑。亡其地，謂見削奪也。〇方氏曰：「天無二日，土無二王，則王有日之象。而宮，乃其居也。故祭日之壇曰王宮。日出於晝，月出於夜，則夜爲月之時，而明乃其用也。故祭月之坎曰夜明。幽以言其隱而小也。揚子曰：『視日月而知衆星之蔑。』故祭星之所，則謂之幽宗焉。吁而求雨之謂雩，主祭旱言之耳。兼祭水者，雨以時至，則亦無水患也。幽、雩皆謂之宗者，宗之爲言尊也。《書》曰：『禋于六宗。』《詩》曰：『靡神不宗。』無所不用其尊之謂也。泰壇、泰折不謂之宗者，天地之大，不嫌於不尊也。四方，百物之神也。方有四，而位則八。若乾位西北，艮位東北，坎位正北，震位正東，皆陽也。坤西南，巽東南，離正南，兑正西，皆陰也。故有坎有壇，而各以四焉。」

大凡生於天地之間者皆曰命，其萬物死皆曰折，人死曰鬼，此五代之所不變也。七代之所更平聲。立者，禘、郊、祖、宗，其餘不變也。

五代，唐、虞、三代也。加顓頊、帝嚳爲七代。舊説五代始黄帝，然未聞黄帝禘、郊、祖、宗之制，恐未然。○方氏曰：「人物之生，數有長短，分有小大，莫不受制於天地，故大凡生者曰命。及其死也，物謂之折，言其有所毁也；人謂之鬼，言其有所歸也。不變者，不改所命之名也。更立者，更立所祭之人也。名既當於實，故無事乎變。人既異於世，故必更而立焉。名之不變，止自堯而下者，蓋法成於堯而已。由堯以前，其法未成，其名容有變更也。更立不及於黄帝者，七代同出於黄帝而已，黄帝無統於上，七代更立於下故也。其餘不變者，謂禘、郊、祖、宗之外不變也。若天地日月之類，其庸可變乎！」

天下有王，分地建國，置都立邑，設廟、祧、壇、墠而祭之，乃爲親疏多少之數。

方氏曰：「分地建國，置都立邑，所以尊賢也。設廟、祧、壇、墠而祭之，所以親親也。親親不可以無殺，故爲親疏之數焉。尊賢不可以無等，故爲多少之數焉。有昭有穆，有祖有考，親疏之數也。以七以五，以三以二，多少之數也。」

是故王立七廟，一壇一墠。曰考廟，曰王考廟，曰皇考廟，曰顯考廟，曰祖考廟，皆月祭之。遠廟爲祧，有二祧，享嘗乃止。去祧爲壇，去壇爲墠。壇、墠有禱焉祭之，無禱乃止。去墠曰鬼。

七廟，三昭三穆，與太祖爲七也。一壇一墠者，七廟之外，又立壇、墠各一，起土爲壇，除地曰墠也。考廟，父廟也。王考，祖也。皇考，曾祖也。顯考，高祖也。祖考，始祖也。始祖百世不遷，而高、曾、祖、禰以親，故此五廟皆每月一祭也。遠廟爲祧，言三昭三穆之當遷遷者，其主藏於二祧也。古者祧主藏於太祖廟之東西夾室，至周則昭之遷主皆藏文王之廟，穆之遷主皆藏武王之廟也。此不在月祭之例，但得四時祭之耳，故云「享嘗乃止」。去祧爲壇者，言世數遠，不得於祧處受祭，故云「去祧」也，祭之則爲壇。其又遠者，亦不得於壇受祭，故云「去壇」也，祭之則爲墠。然此壇、墠者，必須有祈禱之事，則行此祭；無祈禱則止，終不祭之也。去墠，則又遠矣，雖有祈禱，亦不及之，故泛然名之曰鬼而已。○今按此章曰「王立七廟」，而以文、武不遷之廟，爲二祧以足其數，則其實五廟而已。若商有三宗，則爲四廟乎？壇、墠之主，藏於祧而祭於壇墠，猶之可也。直謂有禱則祭，無禱則止，則大祫升毁廟之文何用乎？又宗廟之制，先儒講之甚詳，未有舉壇、墠爲言者。周公「三壇同墠」，非此義也。又諸儒以周之七廟，始於共王之時。夫以周公制作如此其盛，而宗廟之制，顧乃下同列國，吾知其必不然矣。然則朱子然劉歆之説，豈無見乎？鄭註此章，謂祫乃祭之，蓋亦覺記者之失矣。

諸侯立五廟，一壇一墠。曰考廟，曰王考廟，曰皇考廟，皆月祭之。顯考廟，祖考廟，享嘗乃止。去祖爲壇，去壇爲墠。壇、墠有禱焉祭之，無禱乃止。去墠爲鬼。

諸侯太祖之廟，始封之君也。月祭三廟，下於天子也。顯考、祖考四時之祭而已。去祖爲壇者，高祖之父，雖遷主寄太祖之廟，而不得於此受祭，若有祈禱，則去太祖之廟而受祭於壇也。去壇而受祭於墠，則高祖之祖也。

大夫立三廟，二壇。曰考廟，曰王考廟，曰皇考廟，享嘗乃止。顯考、祖考無廟，有禱焉，爲壇祭之。去壇爲鬼。

大夫三廟，有廟而無主。其當遷者，亦無可遷之廟。故有禱則祭於壇而已。然墠輕於壇，今二壇而無墠者，以太祖雖無廟，猶重之也。去壇爲鬼，謂高祖若在遷去之數，則亦不得受祭於壇，祈禱亦不得及也。

適士二廟，一壇。曰考廟，曰王考廟，享嘗乃止。皇考無廟，有禱焉，爲壇祭之。去壇爲鬼。

適士，上士也。天子上、中、下之士，及諸侯之上士，皆得立二廟。

官師一廟，曰考廟，王考無廟而祭之。去王考爲鬼。

官師者，諸侯之中士、下士爲一官之長者，得立一廟，祖、禰共之。曾祖以上，若有所禱，則就廟薦之而已，以其無壇也。

庶士、庶人無廟，死曰鬼。

庶士，府史之屬。死曰鬼者，謂雖無廟，亦得薦之於寢也。《王制》云：「庶人祭於寢。」

王爲羣姓立社，曰大泰社；王自爲立社，曰王社。諸侯爲百姓立社，曰國社；諸侯自爲立社，曰侯社。大夫以下成羣立社，曰置社。

疏曰：「太社，在庫門之内右。王社所在，書傳無文。崔氏云：『王社在籍田，王所自祭，以供粢盛。』國社亦在公宫之右，侯社在籍田。置社者，大夫以下包士、庶，成羣聚而居，滿百家以上得立社。爲衆特置，故曰置社。」○方氏曰：「王有天下，故曰『羣姓』。諸侯有一國，故曰『百姓』而已。天子曰『兆民』，諸侯曰『萬民』，亦此之意。」

王爲羣姓立七祀，曰司命，曰中霤，曰國門，曰國行，曰泰厲，曰户，曰竈。王自爲立七祀。諸侯爲國立五祀，曰司命，曰中霤，曰國門，曰國行，曰公厲。諸侯自爲立五祀。大夫立三祀，曰族厲，曰門，曰行。適士立二祀，曰門，曰行。庶士、庶人立一祀，或立户，或立竈。

司命，見《周禮》。中霤、門、行、户、竈見《月令》。泰厲，古帝王之無後者。公厲，古諸侯之無後者。族厲，古大夫之無後者。《左傳》云：「鬼有所歸，乃不爲厲。」以其無所歸，或爲人害，故祀之。又按五祀之文，散見經傳者非一。此言七祀、三祀、二祀、一祀之説，殊爲可疑。《曲禮》「大夫祭五祀」，註言殷禮；《王制》「大夫祭五祀」，註謂有地之大夫，皆未可詳。

王下祭殤五：適子、適孫、適曾孫、適玄孫、適來孫。諸侯下祭三，大夫下祭二，適士及庶人祭子而止。

方氏曰：「玄孫之子爲『來』者，以其世數雖遠，方來而未已也。以尊祭卑，故曰『下祭』。」○石梁王氏曰：「庶殤全不祭，恐非。」

夫聖王之制祭祀也，法施於民則祀之，以死勤事則祀之，以勞定國則祀之，能禦大菑則祀之，能捍大患則祀之。

此五者所當祭祀也。下文可見。

是故厲山氏之有天下也，其子曰農，能殖百穀；夏之衰也，周弃繼之，故祀以爲稷。

厲山氏，一云烈山氏，炎帝神農也。其後世子孫有名柱者，能殖百穀，作農官，因名農。見《國語》。弃，見《舜典》。稷，穀神也。

共恭。工氏之霸九州也，其子曰后土，能平九州，故祀以爲社。

《左傳》言共工氏以水紀官，在炎帝之前，太昊之後。社，土神也。

帝嚳能序星辰以著衆。

序星辰，知推步之法也。著衆，謂使民占星象而知休作之候也。

堯能賞，句。均刑法，句。以義終。

能賞，當其功也。均刑法，當其罪也。以義終，禪位得人也。

舜勤衆事而野死。

巡守而崩也。○石梁王氏曰：「舜死蒼梧之説不可信。鄭氏謂因征有苗，尤不可信。」

鯀鄣章。鴻水而殛死，禹能脩鯀之功。

鄣，壅塞之也。脩者，繼其事而改正之。○石梁王氏曰：「祀禹，非祀鯀也。」

黄帝正名百物，以明民共恭。財，顓頊能脩之。

正名百物者，立定百物之名也。明民，使民不惑也。共財，供給公上之賦斂也。

契爲司徒而民成。

司徒，教官之長。民成，化民成俗也。

冥勤其官而水死。

冥，即玄冥也，《月令》冬之神。水死，未聞。

湯以寬治民而除其虐。

書曰「克寬克仁」，又言「代虐以寬」。

文王以文治，武王以武功。去上聲。民之菑，災。此皆有功烈於民者也。

陳氏曰：「自農、弃至堯，自黄帝至契，法施於民者也。舜、鯀與冥，以死勤事者也。禹脩鯀功，以勞定國者也。湯除其虐，文、武之去民菑，能禦大菑、能捍大患者也。」

及夫日月星辰，民所瞻仰也；山林川谷丘陵，民所取財用也，非此族也，不在祀典。

族，類也。祀典，祭祀之典籍。

祭義第二十四

祭不欲數，朔。數則煩，煩則不敬。祭不欲疏，疏則怠，怠則忘。是故君子合諸天道，春禘，禴。秋嘗。霜露既降，君子履之，必有悽愴初亮切。之心，非其寒之謂也。春雨露既濡，君子履之，必有怵惕之心，如將見之。樂以迎來，哀以送往，故禘禴。有樂而嘗無樂。

《王制》言天子、諸侯宗廟之祭，春礿，夏禘，秋嘗，冬烝。註云「夏、殷之祭名」，周則春祠，夏禴，秋嘗，冬烝也。《郊特牲》：「饗、禘有樂，而食、嘗無樂。」禘讀爲禴，然則此章二禘字，亦皆當讀爲禴也。但《祭統》言「大嘗、禘，升歌《清廟》，下管《象》」，與《那》詩言「庸鼓有斁，《萬》舞有奕」，下云「顧予烝嘗」，是殷周秋冬之祭，不可言無樂也。此與《郊特牲》皆云「無樂」，未詳。○鄭氏曰：「迎來而樂，樂親之將來也。送去而哀，哀其享否不可知也。」○方氏曰：「於雨露言『春』，則知霜露之爲秋矣。霜露言『非其寒』，則雨露爲非其溫之謂矣。雨露言『如將見之』，則霜露爲如將失之矣。蓋春夏所以迎其來，秋冬所以送其往也。」

致齊齋。於內，散上聲。齊於外。齊之日，思其居處，思其笑語，思其志意，思其所樂，五教反。思其所嗜。齊三日，乃見其所爲去聲。齊者。

五「其」字及下文「所爲」，皆指親而言。○疏曰：「先思其粗，漸思其精，故居處在前，樂嗜居後。」

祭之日，入室，僾愛。然必有見現。乎其位。周還旋。出户，肅然必有聞乎其容聲。出户而聽，愾苦代反。然必有聞乎其歎息之聲。

入室，入廟室也。僾然，彷彿之貌。見乎其位，如見親之在神位也。周旋出户，謂薦俎酌獻之時，行步周旋之間，或自户内而出也。肅然，儆惕之貌。容聲，舉動容止之聲也。愾然，太息之聲也。

是故先王之孝也，色不忘乎目，聲不絶乎耳，心志嗜欲不忘乎心。致愛則存，致慤則著，著存不忘乎心，夫安得不敬乎！君子生則敬養，去聲。死則敬享，思終身弗辱也。

致愛，極其愛親之心也。致慤，極其敬親之誠也。存，以上文三者「不忘」而言。著，以上文「見乎其位」以下三者而言。不能敬，則養與享，祇以辱親而已。

君子有終身之喪，忌日之謂也。忌日不用，非不祥也，言夫日志有所至，而不敢盡其私也。

忌日，親之死日也。不用，不以此日爲他事也。非不祥，吉非以死爲不詳而避之也。夫日，猶此日也。志有所至者，此心極於念親也。不敢盡其私，此「私」字，如「不有私財」之「私」，言不敢盡心於己之私事也。

唯聖人爲能饗帝，孝子爲能饗親。饗者，鄉去聲。也。鄉之然後能饗焉，是故孝子臨尸而不怍。君牽牲，夫人奠盎。君獻尸，夫人薦豆。卿大夫相去聲。君，命婦相夫人。齊齊如字。乎其敬也，愉愉乎其忠也，勿勿諸其欲其饗之也！

臨尸不怍，則其鄉親之心，致愛致慤可知矣。奠盎，設盎齊之奠也。齊齊，整肅之貌。愉愉其忠，有和順之實也。勿勿，猶切切也。諸，語辭，猶然也。

文王之祭也，事死者如事生，思死者如不欲生。忌日必哀，稱諱如見親。祀之忠也，如見親之所愛，如欲色然，其文王與？平聲。《詩》云：「明發不寐，有懷二人。」文王之詩也。祭之明日，明發不寐，饗而致之，又從而思之。祭之日，樂洛。與哀半。饗之必樂，已至必哀。

如不欲生，似欲隨之死也。宗廟之禮，上不諱下，故有稱諱之時。如祭高祖，則不諱曾祖以下也。如欲色然，言其想像親平生所愛之物，如見親有欲之之色也。《詩》，《小雅·小宛》之篇。明發，自夜至光明開發之時也。《詩》本謂宣王永懷文王、武王之功烈，此借以喻文王念父母之勤耳。文王之詩，言此詩足以咏文王也。饗之必樂，迎其來也。已至而禮畢則往矣，故哀也。

仲尼嘗，奉薦而進，其親也慤，其行也趨趨促。以數。朔。已祭，子贛問曰：「子之言祭，濟濟上聲。漆漆切。然。今子之祭，無濟濟漆漆，何也？」子曰：「濟濟者，容也，遠也。漆漆者，容也，自反也。容以遠，若容以自反也，夫何神明之及交？夫何濟濟漆漆之有乎？反饋樂成，薦其薦俎，序其禮樂，備其百官，君子致其濟濟漆漆，夫何恍晃。惚忽。之有乎？夫言豈一端而已，夫各有所當去聲。也。」

嘗，秋祭也。奉薦而進，進於尸也。親，身自執事也。慤，專謹貌。趨趨，讀爲促促，行步迫狹也。數，舉足頻也。皆不事威儀之貌。子貢待祭畢，以夫子所嘗言者爲問，蓋怪其今所行與昔所言異也。夫子言濟濟者，衆盛之容也。遠也，言非所以接親親也。漆漆者，專致之容也。自反，猶言自脩整也。若，及也。容之疏遠，及容之自反者，夫何能交及於神明乎？我之自祭，何可有濟濟漆漆乎？言以誠慤爲貴也。若言天子、諸侯之祭，尸初在室，後出在堂，更反入而設饋，作樂既成，主人薦其饋食之豆與牲體之俎。先時則致敬以交於神明，至此則序禮樂，備百官，獻酬往復，凡助祭之君子，各以威儀相尚而致其濟濟漆漆之容。當此之際，何能有思念慌惚交神之心乎？各有所當，言各有所主。謂濟濟漆漆乃宗廟中賓客之容，非主人之容也。主人之事親，宜慤而趨數也。

孝子將祭，慮事不可以不豫，比畀。時具物，不可以不備，虛中以治之。

比時，及時也，謂當行禮之時。具物，陳設器饌之屬。虛中，清明在躬，心無雜念也。

宮室既脩，牆屋既設，百物既備，夫婦齊戒沐浴，奉承而進之。洞洞乎，屬屬乎，如弗勝，平聲。如將失之，其孝敬之心至也與！平聲。薦其薦俎，序其禮樂，備其百官，奉承而進之。於是諭其志意，以其慌惚以與神明交，庶或饗之。庶或饗之，孝子之志也。

洞洞、屬屬，見《禮器》。兩言「奉承而進之」，上謂主人，下謂助祭者。諭其志意，祝以孝告也。

孝子之祭也，盡其慤而慤焉，盡其信而信焉，盡其敬而敬焉，盡其禮而不過失焉。進退必敬，如親聽命，則或使之也。

盡其慤而爲慤，盡其信而爲信，盡其敬而爲敬，言無一毫之不致其極也。禮有常經，不可以私意爲隆殺，故曰「盡其禮而不過失焉」。進退之間，其敬心之所存，如親聆父母之命，而若有使之者。亦前章「著存」之意。

孝子之祭可知也。其立之也，敬以詘；屈。其進之也，敬以愉；其薦之也，敬以欲。退而立，如將受命。已徹而退，敬齊如字。之色不絶於面。孝子之祭也，立而不詘，固也；進而不愉，疏也；薦而不欲，不愛也；退立而不如受命，敖傲。也。已徹而退，無敬齊之色，而忘本也。如是而祭，失之矣。

方氏曰：「孝子之祭可知者，言觀其祭，可以知其心也。立之者，方待事而立也。進之者，既從事而進也。薦之者，奉物而薦也。退而立者，進而復退也。已徹而退者，既薦而後徹也。蓋退而立，則少退而立；已徹而退，則於是乎退焉，此其所以異也。立之敬以詘，則身之屈而爲之變焉。故立而不詘，固也。進之敬以愉，則色之愉而致其親焉。故進而不愉，疏也。薦之敬以欲，則心之欲而冀其享焉。故薦而不欲，不愛也。退而立如將受命，則順聽而無所忽焉。故退立而不如受命，敖也。已徹而退，敬齊之色不絶於面，則慎終如始矣。故已徹而退，無敬齊之色，而忘本也。」

孝子之有深愛者，必有和氣。有和氣者，必有愉色。有愉色者，必有婉容。孝子如執玉，如奉上聲。盈，洞洞屬屬然，如弗勝，如將失之。嚴威儼恪，非所以事親也，成人之道也。

和氣、愉色、婉容，皆愛心之所發。如執玉、如奉盈、如弗勝、如將失之，皆敬心之所存。愛敬兼至，乃孝子之道。故嚴威儼恪，使人望而畏之，是成人之道，非孝子之道也。

先王之所以治天下者五：貴有德，貴貴，貴老，敬長，慈幼。此五者，先王之所以定天下也。貴有德何爲去聲。也？爲其近於道也。貴貴，爲其近於君也。貴老，爲其近於親也。敬長，爲其近於兄也。慈幼，爲其近於子也。是故至孝近乎王，去聲。至弟近乎霸。至孝近乎王，雖天子必有父。至弟近乎霸，雖諸侯必有兄。先王之教，因而弗改，所以領天下國家也。

應氏曰：「仁以事親而廣其愛，極其至，則王者以德行仁之心也。義以從兄而順其序，極其至，則霸者以禮明義之舉也。孝弟之根本，立乎一家。王霸之功業，周乎天下。雖未能盡王霸之能事，而亦近之矣。天子至尊，内雖致睦於兄弟，而族人不敢以長幼齒之，故所尊者惟父，而諸侯特言有兄。道渾全無跡，德純實有方，蓋以人行道而有得於身也，故曰近之矣。」○石梁王氏曰：「王孝霸弟，此非孔子之言。」○劉氏曰：「道之理一，而德之分殊。人之有德者，未必皆能盡道之大全也。然曰有德，則亦違道不遠矣，此德之所以近道也。」

子曰：「立愛自親始，教民睦也；立敬自長始，教民順也。教以慈睦，而民貴有親；教以敬長，而民貴用命。孝以事親，順以聽命，錯措。諸天下，無所不行。」

此言愛敬二道，爲齊家治國平天下之本。君自愛其親以教民睦，則民皆貴於有親。君自敬其長以教民順，則民皆貴於用上命。愛敬盡於事親事長，而德教加於百姓，舉而措之而已。

郊之祭也，喪者不敢哭，凶服者不敢入國門，敬之至也。

吉凶異道，不得相干。

祭之日，君牽牲，穆答君，卿大夫序從。去聲。既入廟門，麗于碑。卿大夫袒，而毛牛尚耳，鸞刀以刲，奎。取膟律。膋，刀凋反。乃退。爓徐廉反。祭、祭腥而退。敬之至也。

祭之日，謂祭宗廟之日也。父爲昭，子爲穆。穆答君，言君牽牲之時，子姓對君共牽也。卿大夫佐幣，士奉芻，以次序左牲之後，故云「序從」也。麗牲之碑，在廟之中庭。麗，猶繫也。謂以牽牲之紖，繫于碑之孔也。祖衣，示有事也。將殺牲，則先取耳旁毛以薦神。毛以告全，耳以主聽，欲神聽之也。以耳毛爲上，故云「尚耳」也。鸞刀、膟膋，並見前篇。乃退，謂薦毛血膟膋畢而暫退也。爓祭，祭湯中所爓之肉也。祭腥，祭生肉也。爓腥之祭畢，則禮終而退矣。此皆敬心之極至也。

郊之祭，大報天而主日，配以月。夏后氏祭其闇，暗。殷人祭其陽，周人祭日以朝及闇。

道之大原出于天，而懸象著明，莫大乎日月。故郊以報天，而日以主神。制禮之意深遠矣。○方氏曰：「郊雖以報天，然天則尊而無爲，可祀之以其道，不可主之以其事，故止以日爲之主焉。猶之王燕飲，則主之以大夫；王嫁女，則主之以諸侯而已。有其祀，必有其配，故又配以月也。猶祭社則配以勾龍，祭稷則配以周棄焉。闇者，日既没而黑。夏尚黑，故祭其闇。陽者，日方中而白。殷尚白，故祭其陽也。日初出而赤，將落亦赤。周尚赤，故祭以朝及闇。及者，未至於闇，蓋日將落時也。祭日，謂祭之日也。」

祭日於壇，祭月於坎，以別幽明，以制上下。祭日於東，祭月於西，以別外内，以端其位。日出於東，月生於西，陰陽長短，終始相巡，如字。以致天下之和。

終始相巡，止是終始往來，周回不息之義，不必讀爲「沿」也。○方氏曰：「壇之形則圓而無所虧，以象日之無所虧而盈也。坎之形則虚而有所受，以象月之有所受而明也。壇高而顯，坎深而隱。一顯一隱，所以別陰陽之幽明。一高一深，所以制陰陽之上下。東動而出，西静而入；出則在外，入則反内，故東西所以別陰陽之外内。東爲陽中，西爲陰中，中則得位，故東西所以端陰陽之位。別幽明之道，然後能制上下之分；別外内之所，然後能端陰陽之位，言之序所以如此。且壇坎者，人爲之形；東西者，天然之方。出於人爲，故言制；出於天然也，故言以端其位而已。日出於東，言其象出於天地之東也。月生於西，言其明生於輪郭之西也。此又復明祭日月於東西之意也。日言出於東，則知爲入於西。《堯典》於東曰『寅賓出日』，於西曰『寅餞納日』者以此。月言生於西，則知爲死於東。揚雄言『未望則載魄於西，既望則終魄於東』者以此。日之出入也，歷朝夕晝夜而成一日。月之死生也，歷晦朔弦望而成一月。日往則月來，月往則日來，而陰陽之義配焉。陽道常饒，陰道嘗乏，故運而爲氣，賦而爲形，凡屬乎陽者皆長，屬乎陰者皆短。一長一短，終則有始，相巡而未嘗相絶，故足以致天下之和者，陰陽相濟之效也。獨陰而無陽，獨陽而無陰，是同而已，又何以致和乎？」

天下之禮，致反始也，致鬼神也，致和用也，致義也，致讓也。致反始，以厚其本也。致鬼神，以尊上也。致物用，以立民紀也。致義，則上下不悖逆矣。致讓，以去上聲。争也。合此五者，以治天下之禮也，雖有奇居衣反。邪而不治者，則微矣。

疏曰：「和，謂百姓和諧。用，謂財用豐足。致物用以立民紀者，民豐於物用，則知榮辱禮節，故可以立人紀也。奇，謂奇異。邪，謂邪惡。皆據異行之人言。用此五事爲治，假令有異行不從治者，亦當少也。」○應氏曰：「致者，推致其極也。致反始，所以極吾心報本之誠。致鬼神，所以極鬼神尊嚴之理。」

宰我曰：「吾聞鬼神之名，不知其所謂。」子曰：「氣也者，神之盛也。魄也者，鬼之盛也。合鬼與神，教之至也。

程子曰：「鬼神，天地之功用，而造化之迹也。」○張子曰：「鬼神者，二氣之良能也。」○朱子曰：「以二氣言，則鬼者陰之靈也，神者陽之靈也。以一氣言，則至而伸者爲神，反而歸者爲鬼，其實一物而已。」○陳氏曰：「如口鼻呼吸是氣，那靈處便屬魂。視聽是體，那聰明處便屬魄。」○方氏曰：「魂氣歸于天，形魄歸于地。故必合鬼與神，然後足以爲教之至。」《中庸》曰：「使天下之人，齊明盛服，以承祭祀。」此皆教之至也。

衆生必死，死必歸土，此之謂鬼。骨肉斃于下，陰去聲。爲野土。其氣發揚于上，爲昭明，焄熏。蒿悽愴，此百物之精也，神之著也。

朱子曰：「如鬼神之露光處是昭明，其氣蒸上處是焄蒿，使人精神悚然是悽愴。」又曰：「昭明是光耀底，焄蒿是衮然底，悽愴是凛然底。」又曰：「昭明，乃光景之屬。焄蒿，氣之感觸人者。悽愴，如《漢書》所謂『神君至，其風肅然』之意。」又曰：「焄蒿是鬼神精氣交感處。」

因物之精，制爲之極，明命鬼神，以爲黔首則。百衆以畏，萬民以服。

因其精靈之不可掩者，制爲尊極之稱，而顯然命之曰鬼神，以爲天下之法則。故民知所畏而無敢慢，知所服而無敢違。○方氏曰：「極之爲言至也。名曰鬼神，則尊敬之至，不可以復加，是其所以制爲之極也。且鬼神本無名也，其名則人命之爾。鬼神至幽，不可測也。命之以名，則明而可測矣。然後人得而則之，故曰『以爲黔首則』。是乃所以爲教之至也。」○馮氏曰：「秦稱民爲『黔首』，夫子時未然也，顯是後儒竄入。」

聖人以是爲未足也，築爲宫室，設爲宗祧，以别親疏遠邇，教民反古復始，不忘其所由生也。衆之服自此，故聽且速也。

言聖人制宗廟祭祀之禮以教民，故衆民由此服從而聽之速也。

二端既立，報以二禮。建設朝如字。事，燔燎羶如字。薌，見澗。以蕭光，以報氣也。此教衆反始也。薦黍稷，羞肝、肺、首、心，見間「見間」二字合爲「覸」。以俠甒，武。加以鬱鬯，以報魄也，教民相愛，上下用情，禮之至也。

二端，謂氣者神之盛，魄者鬼之盛也。二禮，謂朝踐之禮，與饋熟之禮也。朝事，謂祭之日，早朝所行之事也。燔燎羶薌，謂取膟膋燎於爐炭，使羶薌之氣上騰也。見，讀爲覸，雜也。以蕭蒿雜膟膋而燒之，故曰「覸以蕭光」。光者，煙上則有照映之光采也。此是報氣之禮，所以教民反古復始也。至饋熟之時，則以黍稷爲薦，而羞進肝、肺、首、心四者之饌焉。見間，即「覸」字，誤分也。俠甒，兩甒也。當此薦與羞，而雜以兩甒醴酒，故曰「覸以俠甒」也。加以鬱鬯者，魄降在地，用鬱鬯之酒以灌地。本在祭初，而言於薦羞之下者，謂非獨薦羞二者爲報魄，初加鬱鬯，亦是報魄也。此言報魄之禮。教民相愛，上下用情者，饋熟之時，以酬酢爲禮。祭之酒食，徧及上下，精義無間，所以爲禮之至極也。

君子反古復始，不忘其所由生也。是以致其敬，發其情，竭力從事，以報其親，不敢弗盡也。是故昔者天子爲藉在亦反。千畝，冕而朱紘，宏。躬秉耒；諸侯爲藉百畝，冕而青紘，躬秉耒。以事天地、山川、社稷、先古，以爲醴酪洛。齊咨。盛，成。於是乎取之，敬之至也。

藉，藉田也。紘，冠冕之繫，所以爲固也。先古，先祖也。於是乎取之，言皆於此藉田中取之也。

古者天子、諸侯必有養獸之官，及歲時，齊戒沐浴而躬朝之。犧牷祭牲，必於是取之，敬之至也。君召牛，納而視之，擇其毛而卜之，吉，然後養之。君皮弁素積，朔月、月半，君巡牲，所以致力，孝之至也。

色純曰犧，體完曰牷，牛、羊、豕曰牲。《周禮》「牧人掌牧六牲」，牛、馬、羊、豕、犬、雞也。然後養之，謂在滌三月也。皮弁素積，見前。

古者天子、諸侯必有公桑蠶室，近川而爲之，築宫仞有三尺，棘牆而外閉之。及大昕欣。之朝，君皮弁素積，卜三宫之夫人、世婦之吉者，使入蠶于蠶室，奉上聲。種浴于川，桑于公桑，風戾以食嗣。之。

公桑，公家之桑也。蠶室，養蠶之室也。近川，便於浴種也。棘牆，置棘于牆上也。外閉，户扇在外，而閉則向内也。大昕之朝，季春朔之旦也。三宫，在天子，則謂三夫人；在諸侯之夫人，則立三宫，半后之六宫也。桑，采桑也。戾，乾也。蠶惡濕，故葉乾乃以食也。〇方氏曰：「戾，至也。風至則乾矣。」

歲既單丹。矣，世婦卒蠶，奉上聲。繭古典反。以示於君，遂獻繭于夫人。夫人曰：『此所以爲君服與。上聲。』遂副禕揮。而受之，因少牢以禮之。古之獻繭者，其率用此與。

單，盡也。副之爲言覆也，婦人首飾，所以覆首者。禕，禕衣也。禮之，禮待獻繭之婦人也。率，舊讀爲類，今如字。〇方氏曰：「三月之盡，非歲單之時，然蠶成之時也。自去歲蠶成之後，迄今歲蠶成之時，期歲矣，故謂之歲單。若孟夏稱『麥秋』者，亦此之意。」

及良日，夫人繅，蘇刀反。三盆手，遂布于三宮夫人、世婦之吉者，使繅。遂朱、緑之，玄、黄之，以爲黼黻文章。服既成，君服以祀先王先公，敬之至也。」

良日，吉日也。三盆手者，置繭于盆中，而以手三次淹之，每淹則以手振出其緒，故云「三盆手」也。〇方氏曰：「夫人之繅，止於三盆，猶天子之耕，止於三推。」

君子曰：禮樂不可斯須去身。致樂以治心，則易直子慈。諒良。之心油然生矣。易直子諒之心生則樂，樂則安，安則久，久則天，天則神。天則不言而信，神則不怒而威，致樂以治心者也。致禮以治躬，則莊敬。莊敬，則嚴威。心中斯須不和不樂，而鄙詐之心入之矣。外貌斯須不莊不敬，而慢易之心入之矣。故樂也者，動於内者也。禮也者，動於外者也。樂極和，禮極順。内和而外順，則民瞻其顔色而不與争也，望其容貌而衆不生慢易焉。故德煇動乎内，而民莫不承聽。理發乎外，而衆莫不承順。故曰致禮樂之道，而天下塞焉，舉而措之無難矣。樂也者，動於内者也。禮也者，動於外者也。故禮主其減，樂主其盈。禮減而進，以進爲文。樂盈而反，以反爲文。禮減而不進則銷，樂盈而不反則放。故禮有報，而樂有反。禮得其報則樂，樂得其反則安。禮之報，樂之反，其義一也。

説見《樂記》。

曾子曰：「孝有三：大孝尊親，其次弗辱，其下能養。」去聲。公明儀問於曾子曰：「夫子可以爲孝乎？」曾子曰：「是何言與！是何言與！君子之所謂孝者，先去聲。意承志，諭父母於道。參，直養者也，安能爲孝乎？」

大孝尊親，嚴父配天也。公明儀，曾子弟子。

曾子曰：「身也者，父母之遺體也。行父母之遺體，敢不敬乎！居處不莊，非孝也。事君不忠，非孝也。涖官不敬，非孝也。朋友不信，非孝也。戰陳去聲。無勇，非孝也。五者不遂，烖及於親，敢不敬乎！

承上文弗辱與養而言，此五者皆足以辱親，故曰「烖及於親」。

亨烹。孰羶薌，嘗而薦之，非孝也，養也。君子之所謂孝也者，國人稱願然，曰：『幸哉，有子如此！』所謂孝也已。衆之本教曰孝，其行曰養。去聲。養可能也，敬爲難。敬可能也，安爲難。安可能也，卒爲難。父母既没，慎行其身，不遺去聲。父母惡名，可謂能終矣。仁者，仁此者也。禮者，履此者也。義者，宜此者也。信者，信此者也。强者，强此者也。樂自順此生，刑自反此作。」

願，猶羡也。稱願，稱揚羡慕也。然，猶而也。《孝經》曰：「夫孝，德之本也，教之所由生也。」衆之本教曰孝，亦此意，言孝爲教衆之本也。其行曰養，行，猶用也，言用之於奉養之間也。安爲難者，謂非勉强矯拂之敬也。卒爲難者，謂不特終父母之身，孝子亦自終其身也。能終，即説上文「卒」字。「仁者仁此者也」以下，凡七「此」字，皆指孝而言也。

曾子曰：「夫孝，置之而塞乎天地，溥如字。之而横乎四海，施諸後世而無朝夕，推上聲。而放諸東海而準，推而放諸西海而準，推而放諸南海而準，推而放諸北海而準。《詩》云：『自西自東，自南自北，無思不服。』此之謂也。」

溥，舊讀爲敷，今如字。《詩》，《大雅·文王有聲》之篇。○方氏曰：「置者，直而立之。溥者，敷而散之。

施，言其出無窮。推，言其進不已。放，與《孟子》『放乎四海』之『放』同。準，言人以是爲準。」

曾子曰：「樹木以時伐焉，禽獸以時殺焉。夫子曰：『斷短。一樹，殺一獸，不以其時，非孝也。』

上言「仁者，仁此者也」，此二者亦爲惡其不仁，故言非孝。曾子又引夫子之言以爲證。

孝有三：小孝用力，中孝用勞，大孝不匱。思慈愛忘勞，可謂用力矣。尊仁安義，可謂用勞矣。博施去聲。備物，可謂不匱矣。父母愛之，嘉而弗忘。父母惡之，懼而無怨。父母有過，諫而不逆。父母既没，必求仁者之粟以祀之。此之謂禮終。」

庶人思父母之慈愛，而忘己躬耕之勞，可謂用力矣。此「其下能養」之事也。諸侯、卿大夫、士，尊重於仁，安行於義，功勞足以及物，可謂用勞矣。此「其次弗辱」之事也。匱，乏也。博施，謂德教加於百姓，刑于四海也。備物，謂四海之内，各以其職來助祭，可謂不匱矣。此即「大孝尊親」之事也。

樂正子春下堂而傷其足，數上聲。月不出，猶有憂色。門弟子曰：「夫子之足瘳抽。矣，數月不出，猶有憂色，何也？」樂正子春曰：「善如爾之問也！善如爾之問也！吾聞諸曾子，曾子聞諸夫子，曰：『天之所生，地之所養，無人爲大。父母全而生之，子全而歸之，可謂孝矣。不虧其體，不辱其身，可謂全矣。故君子頃跬。步而弗敢忘孝也。』今予忘孝之道，予是以有憂色也。壹舉足而不敢忘父母，壹出言而不敢忘父母。壹舉足而不敢忘父母，是故道而不徑，舟而不游，不敢以先父母之遺體行殆。壹出言而不敢忘父母，是故惡言不出於口，忿言不反於身。不辱其身，不羞其親，可謂孝矣。」

無人爲大，言無如人最爲大。蓋大地之性，人爲貴也。道，正路也。徑，捷出邪徑也。游，徒涉也。惡言不出於口，己不以惡言加人也。忿言不反於身，則人自不以忿言復我也。如此，則不辱身，不羞親矣。

昔者有虞氏貴德而尚齒，夏后氏貴爵而尚

齒，殷人貴富而尚齒，周人貴親而尚齒。虞、夏、殷、周，天下之盛王也，未有遺年者。年之貴乎天下久矣，次乎事親也。

劉氏曰：「大舜貴以德化民，有天下如不與，而民化之，幾於不知爵之爲貴矣。故禹承之以爵爲貴，而使民知貴貴之道也。然貴爵之弊，其終也在上者過於亢，而澤不及下。故湯承之以務富其民爲貴，然富民之弊，終也民各私其財，而不知親親之道。故武王承之以親親爲貴，所謂『周之宗盟，異姓爲後』是也。四代之治，隨時救弊，所貴雖不同，而尚齒則同也，未有遺年齒而不尚者。齒居天下之達尊久矣。老吾老以及人之老，故尊高年次於事親也。然四者之所貴，亦四代之所同，記者但主於自古尚齒爲言耳，讀者不以辭害意可也。」

是故朝廷同爵則尚齒。七十杖於朝，君問則席；八十不俟朝，君問則就之，而弟達乎朝廷矣。

古者視朝之禮，君臣皆立。七十杖於朝，據杖而立也。君問則席，謂君若有問，則爲之布席於堂，而使之坐也。不俟朝，謂見君而揖之即退，不待朝事畢也。就之，即其家也。

行，肩而不併，步頂反。不錯則隨；見老者，則車、徒辟；避。斑白者不以其任行乎道路，而弟達乎道路矣。

此言少者與長者同行之禮。併，並也。肩而不併，謂少者不可以肩齊並長者之肩，當差退在後也。不錯則隨，謂此長者若是兄之輩，則爲鴈行之差錯，稍偏而後之。若是父之輩，則直隨從其後矣。車徒辟，言或乘車，或徒行，皆當避之也。任，所負戴之物也。不以任行道路，即《孟子》「頒白者不負戴於道路矣」。

居鄉以齒，而老窮不遺，强不犯弱，衆不暴寡，而弟達乎州巷矣。

遺，棄也。○鄭氏曰：「一鄉者五州。巷，猶閭也。」

古之道，五十不爲甸徒，頒禽隆諸長者，而弟達乎獀蒐。狩矣。

四井爲邑，四邑爲丘，四丘爲甸。君田獵，則起其民爲卒徒，故曰「甸徒」。五十始衰，故不供此役也。頒，猶分也。隆，猶多也。田畢分禽，則長者受賜多於少者。春獵爲獀，冬獵爲狩。舉此，則夏秋可知。

軍旅什五，同爵則尚齒，而弟達乎軍旅矣。

五人爲伍，二伍爲什。

孝弟發諸朝廷，行乎道路，至乎州巷，放上聲。乎搜狩，脩乎軍旅，衆以義死之，而弗敢犯也。

自朝廷至軍旅，其人可謂衆矣。然皆以通達孝弟之義，死於孝弟，而不敢干犯也。

祀乎明堂，所以教諸侯之孝也。食嗣。三老五更於大泰。學，所以教諸侯之弟也。祀先賢於西學，所以教諸侯之德也。耕藉，所以教諸侯之養去聲。也。朝覲，所以教諸侯之臣也。五者，天下之大教也。

西學，西郊之學，周之小學也。《王制》云「虞庠在國之西郊」是也。○方氏曰：「先賢，則樂祖是也。西學，則瞽宗是也。樂祖有道德者，故曰『教諸侯之德』。耕藉所以事神致養之道，故曰：『教諸侯之養。』朝覲所以尊天子，故曰『教諸侯之臣』。《樂記》先朝覲而後耕藉者，武王初有天下，君臣之分，辨之不可不早也。」

食三老五更於大學，天子袒而割牲，執醬而饋，執爵而酳，以刃反。冕而揔干，所以教諸侯之弟也。是故鄉里有齒，而老窮不遺，強不犯弱，衆不暴寡，此由大學來者也。

袒而割牲者，袒衣而割制牲體爲俎實也。饋，進食也。酳，食畢而以酒虚口也。揔干，揔持干盾以立于舞位也。鄉里有齒，言人皆知長少之序也。

天子設四學，當入學而大泰。子齒。

四學，虞、夏、殷、周四代之學也。大子齒，謂大子與同學者序長幼之位，不以貴加人也。

天子巡守，去聲。諸侯待于竟。境。天子先見百年者。八十、九十者東行，西行者弗敢過；西行，東行者弗敢過。欲言政者，君就之可也。

應氏曰：「彼向東，此向西；彼西行，此趨東，是相違而不相值。然必駐行反，迂謁而見之，不敢超越徑過也。」

壹命齒于鄉里，再命齒于族，三命不齒。族有七十者，弗敢先。七十者，不有大故不入朝，若有大故而入，君必與之揖讓，而后及爵者。

方氏曰：「一命齒于鄉里，非其鄉里，則以爵而不以齒可知。再命齒于族，非其族，則以爵而不以齒亦可知。三命不齒，雖於其族，亦不得而齒之矣，則鄉里又可知。然此特貴貴之義耳，至於老老之仁，又不可得而廢焉。故族有七十者，弗敢先也。先，謂鄉飲之席，待七十者先入而後入也。君與之揖讓，而後及爵者，豈族之三命得以先之乎！　五州爲鄉，五鄰爲里。於遠舉鄉，則近至於五比之閭可知。於近舉里，則遠達於五縣之遂可知。六鄉六遂，足以互見也。此言族，《周官》所謂父族也。蓋有天下者謂之王族，有國者謂之公族，有家者則謂之官族。以傳世言之，則曰世族。以主祭言之，則曰宗族。」

天子有善，讓德於天。諸侯有善，歸諸天子。卿大夫有善，薦於諸侯。士、庶人有善，本諸父母，存諸長老。禄爵慶賞，成諸宗廟，所以示順也。

成諸宗廟，言於宗廟中命之也。詳在《祭統》「十倫」章。

昔者聖人建陰陽天地之情，立以爲《易》。《易》抱龜南面，天子卷袞。冕北面，雖有明知去聲。之心，必進斷其志焉，示不敢專，以尊天也。善則稱人，過則稱己，教不伐以尊賢也。

方氏曰：「明吉凶之象者，莫如《易》。示吉凶之象者，莫如龜。南，則明而有所示之方也，故《易》抱龜南面焉。天子北面，則以臣禮自處，而致其尊也。南面，内也。北面，外也。自外至内謂之進，故曰『進斷其志』。」○應氏曰：「《易》，書也。抱龜者，人也。不曰掌《易》之人，而直以爲《易》者，蓋明以示天下者《易》也。《易》之道不可屈，故不於北而於南，明此以北面者臣也。臣之位不可踰，故不曰人而曰《易》，蓋有深意焉。」○石梁王氏曰：「此説卜者之位，與《儀禮》不合，亦近於張大之辭。」○劉氏曰：「《易》代天地鬼神，以吉凶告天子，故南面。如祭祀之尸，代神之尊也。天子北面問卜，以斷其志，蓋尊天事神之禮也。」

孝子將祭祀，必有齊莊之心以慮事，以具服物，以脩宮室，以治百事。及祭之日，顔色必温，行必恐，如懼不及愛然。其奠之也，容貌必温，身必詘，屈。如語焉而未之然。宿者皆出，其立卑静以正，如將弗見然。及祭之後，陶陶如字。遂遂，如將復入然。是故慤善不違身，耳目不違心，思去聲。慮不違親。結諸心，形諸色，而術省息井反。之，孝子之志也。

愨善不違身，周旋升降，無非敬也。耳目不違心，所聞所見，不得以亂其心之所存也。結者，不可解之意。術，與述同。述省，猶循省也，謂每事思省。○方氏曰：「於其來也，如懼不及愛然。及既來也，又如語而未之然。於其往也，如將弗見然。及既往也，又如將復入然。則是孝子之思其親，無物足以慊其心，無時可以絶其念。如懼不及愛然，即前經所謂『致愛則存』是矣。如語焉而未之然，即所謂『如親聽命』是矣。如將弗見然，即所謂『如將失之』是矣。如將復入然，即所謂『又從而思之』是矣。愛者，愛其親也。懼不及愛者，懼愛親之心有所未至也。語者，親之語也。語而未之然，如親欲有所語而未發也。陶陶，言思親之心存乎内。遂遂，言思親之心達乎外。祭後猶如此者，以其如將復入故也。」

建國之神位，右社稷而左宗廟。

方氏曰：「神無方也，無方則無位。所謂神位者，亦人位之耳。故以建言之，建之斯有矣。」王氏謂右，陰也，地道所尊，故右社稷；左，陽也，人道之所鄉，故左宗廟。位宗廟於人道所鄉，亦不死其親之意。

禮記卷之十三

禮記卷之十四

陳澔集說

祭統第二十五

鄭氏曰：「統，猶本也。」

凡治人之道，莫急於禮。禮有五經，莫重於祭。夫祭者，非物自外至者也，自中出生於心者也。心怵黜。而奉之以禮，是故唯賢者能盡祭之義。

五經，吉、凶、軍、賓、嘉之五禮也。心怵，即前篇「君子履之，必有怵惕之心」，謂心有感動也。○方氏曰：「盡其心者祭之本，盡其物者祭之末，有本然後末從之。故祭非物自外至，自中出生於心也。心怵而奉之以禮者，心有所感於內，故以禮奉之於外而已。蓋以其自中出，非外至者也。奉之以禮者，見乎物。盡之以義者，存乎心。徇其物而忘其心者，衆人也。發於心而形於物者，君子也。故曰『唯賢者能盡祭之義』。」

賢者之祭也，必受其福，非世所謂福也。福者，備也。備者，百順之名也，無所不順者之謂備。言內盡於己，而外順於道也。忠臣以事其君，孝子以事其親，其本一也。上則順於鬼神，外則順於君長，內則以孝於親，如此之謂備。唯賢者能備，能備然後能祭。是故賢者之祭也，致其誠信，與其忠敬，奉之以物，道之以禮，安之以樂，參之以時，明薦之而已矣，不求其爲。去聲。此孝子之心也。

方氏曰：「誠、信、忠、敬，四者祭之本。所謂物者，奉乎此而已。所謂禮者，道乎此而已。所謂樂者，安乎此而已。所謂時者，參乎此而已。」○應氏曰：「不求其爲，無求福之心也。所謂『祭祀不祈』也。」

祭者，所以追養去聲。繼孝也。孝者，畜敕六反。也。順於道，不逆於倫，是之謂畜。

應氏曰：「追其不及之養，而繼其未盡之孝也。畜，固爲畜養之義，而亦有止而畜聚之意焉。」○劉氏曰：「追養其親於既遠，繼續其孝而不忘。畜者，藏也。中心藏之而不忘，是順乎率性之道，而不逆天叙之倫焉。」

《詩》曰：『心乎愛矣，遐不謂矣。中心藏之，何日忘之？』此畜之意也。」

是故孝子之事親也，有三道焉：生則養，去聲。沒則喪，喪畢則祭。養則觀其順也，喪則觀其哀也，祭則觀其敬而時也。盡此三道者，孝子之行去聲。也。

生事之以禮，死葬之以禮，祭之以禮。養以順爲主，喪以哀爲主，祭以敬爲主。時者，以時思之。禮，時爲大也。

既内自盡，又外求助，昏禮是也。故國君取去聲。夫人之辭曰：「請君之玉女，與寡人共有敝邑，事宗廟社稷。」此求助之本也。夫祭也者，必夫婦親之，所以備外内之官也，官備則具備。水草之菹，陸産之醢，小物備矣。三牲之俎，八簋之實，美物備矣。昆蟲之異，草木之實，陰陽之物備矣。凡天之所生，地之所長，苟可薦者，莫不咸在，示盡物也。外則盡物，内則盡志，此祭之心也。

按《内則》可食之物有蜩、范者，蟬與蜂也。又如蚳醢是蟻子所爲。此言昆蟲之異，亦此類乎？

是故天子親耕於南郊，以共齊盛。王后蠶於北郊，以共純緇。服。諸侯耕於東郊，亦以共齊盛。夫人蠶於北郊，以共冕服。天子、諸侯，非莫耕也。王后、夫人，非莫蠶也。身致其誠信，誠信之謂盡，盡之謂敬。敬盡然後可以事神明，此祭之道也。

祭服皆上玄下纁。天子言緇服，諸侯言冕服，緇服亦冕服也。緇以色言，冕服則顯其爲祭服耳。非莫耕、非莫蠶，言非無可耕之人，非無可蠶之人也。

及時將祭，君子乃齊。齊之爲言齊也，齊不齊以致齊者也。是故君子非有大事也，非有恭敬也，則不齊。不齊則於物無防也，耆嗜。欲無止也。及其將齊也，防其邪物，訖其耆欲，耳不聽樂。故《記》曰：「齊者不樂。」言不敢散其志也。心不苟慮，必依於道。手足不苟動，必依於禮。是故君子之齊也，專致其精明之德也。故散上聲。齊七日以定之，致齊三日以齊之。定之之謂齊。齊者，精明之至也，然後可以交於神明也。

於物無防，物，猶事也。不苟慮、不苟動，皆所謂防也。

是故先去聲。期旬有一日，宮宰宿夫人，夫人亦散齊七日，致齊三日。君致齊於外，夫人致齊於內，然後會於大廟。君純緇。冕立於阼，夫人副褘立於東房。君執圭瓚祼尸，大宗執璋瓚亞祼。及迎牲，君執紖，赤軫反。卿大夫從，去聲。士執芻。宗婦執盎從，句。夫人薦涚詩畏反。水。君執鸞刀羞嚌，才乂反。夫人薦豆。此之謂夫婦親之。

宿，讀爲肅，猶戒也。○鄭氏曰：「大廟，始祖廟也。圭瓚、璋瓚，祼器也。以圭璋爲柄，酌鬱鬯曰祼。大宗亞祼，容夫人有故攝焉。紖，所以牽牲。芻，藁也，殺牲用以薦藉。」○疏曰：「宗婦執盎從者，謂同宗之婦，執盎齊以從夫人也。夫人薦涚水者，涚即盎齊，以濁，用清酒以涚泲之。涚水是明水。宗婦執盎齊從夫人，而來奠盎齊於位，夫人乃就盎齊之尊，酌此涚齊而薦之。因盎齊有明水，連言水耳。君執鸞刀羞嚌者，嚌，肝肺也。嚌有二時，一是朝踐之時，取肝以膋貫之，入室燎於爐炭，而出薦之主前。二是饋熟之時，君以鸞刀割制所羞嚌肺，橫切之不使絶，亦奠於俎上。尸並嚌之，故云羞嚌。一云，羞，進也。夫人薦豆者，君羞嚌時，夫人薦此饋食之豆也。」又曰：「《郊特牲》云：『祭齊加明水。』天子諸侯祭禮，先有祼尸之事。」

及入舞，君執干戚就舞位。君爲東上，冕而總干，率其羣臣，以樂皇尸。是故天子之祭也，與天下樂之。諸侯之祭也，與竟境。內樂之。冕而總干，率其羣臣，以樂皇尸，此與竟內樂之之義也。

東上，近主位也。此明祭時天子、諸侯親在舞位。

夫祭有三重焉：獻之屬莫重於祼，聲莫重於升歌，舞莫重於《武宿夜》，此周道也。凡三道者，所以假於外，而以增君子之志也。故與志進退，志輕則亦輕，志重則亦重。輕其志而求外之重也，雖聖人弗能得也。是故君子之祭也，必身自盡也，所以明重也。道之以禮，以奉三重，而薦諸皇尸，此聖人之道也。

祼以降神，於禮爲重。歌者在上，貴人聲也。《武宿夜》，武舞之曲名也，其義未聞。假於外者，祼則假於鬱鬯，歌則假於聲音，舞則假於干戚也。誠敬者，物之未將者也。誠敬之志存於內，而假外物以將之，故其輕重隨志進退。若內志輕而求外物之重，雖聖人不可得也。聖人固無內輕而求外重之事，此特以明役志爲本耳。

夫祭有餕。俊。餕者，祭之末也，不可不知也。是故古之人有言曰：「善終者如始。」餕其是已。是故古之君子曰：「尸亦餕鬼神之餘也。」惠術也，可以觀政矣。

方氏曰：「牲既殺，則薦血腥於鬼神；及熟之於俎，而尸始食之，是尸餕鬼神之餘也。」○劉氏曰：「祭畢而餕餘，是祭之終事也。必謹夫餕之禮者，慎終如始也。故引古人曰，善終者如其始之善。今餕餘之禮，其是此意矣。所以古之君子有言，尸之飲食，亦是餕鬼神之餘也。此即施惠之法也，觀乎餕之禮，則可以觀爲政之道矣。」

是故尸謖，縮。君與卿四人餕；君起，大夫六人餕，臣餕君之餘也；大夫起，士八人餕，賤餕貴之餘也；士起，各執其具以出，陳于堂下，百官進讀爲餕。徹之，下餕上之餘也。凡餕之道，每變以衆，所以別貴賤之等，而興施去聲。惠之象也。是故以四簋黍，見現。其修於廟中也。廟中者，竟內之象也。

謖，起也。天子之祭八簋，諸侯六簋。此言四簋者，留二簋爲陽厭之祭，故以四簋餕也。簋以盛黍稷，舉黍則稷可知矣。自君卿至百官，每變而人益衆，所以別貴賤、象施惠也。施惠之禮修舉於廟中，則施惠之政必偏及於境內，此「可以觀政」之謂也。

祭者，澤之大者也。是故上有大澤，則惠必及下。顧上先下後耳，非上積重平聲。而下有凍餒之民也。是故上有大澤，則民夫人待于下流，知惠之必將至也。由餕見之矣，故曰「可以觀政矣」。夫祭之爲物大矣，其興物備矣。順以備者也，其教之本與？是故君子之教也，外則教之以尊其君長，內則教之以孝於其親。是故明君在上，則諸臣服從；崇事宗廟、社稷，則子孫順孝。盡其道，端其義，而教生焉。

爲物，以事言也。興物，以具言也。興舉牲羞之具，凡以順於禮而致其備焉耳。聖人立教，其本在此。

是故君子之事君也，必身行之。所不安於上，則不以使下。所惡於下，則不以事上。非諸人，行諸己，非教之道也。是故君子之教也，必由其本。順之至也，祭其是與？故曰「祭者，教之本也已」。

以己之心，度人之心，即《大學》「絜矩之道」，如此而後能盡其道，端其義也。申言教之本，以結上文之意。

夫祭有十倫焉：見現。事鬼神之道焉，見君臣之義焉，見父子之倫焉，見貴賤之等焉，見親疏之殺色介反。焉，見爵賞之施焉，見夫婦之別焉，見政事之均焉，見長幼之序焉，見上下之際焉。此之謂十倫。

鄭氏曰：「倫，猶義也。」

鋪筵設同几，爲去聲。依神也。詔祝於室，而出于祊，伯更反。此交神明之道也。

筵，席也。几，所馮以爲安者。人生則形體異，故夫婦之倫，在於有別。死則精氣無間，共設一几，故祝辭云「以某妃配」也。依神，使神馮依乎此也。詔，告也。祝，祝也。謂祝以事告尸於室中也。出于祊者，謂明日繹祭，出在廟門外之旁也。《郊特牲》云「索祭祝于祊」是也。祊，説見前篇。神之所在於彼乎？於此乎？故曰「此交神明之道也」。

君迎牲而不迎尸，別嫌也。尸在廟門外則疑於臣，在廟中則全於君。君在廟門外則疑於君，入廟門則全於臣、全於子。是故不出者，明君臣之義也。

尸本是臣，爲尸而象神，則尊之如君父矣。然在廟外未入，則猶疑是臣也。及既入廟，則全其象君父之尊矣。君祭固主於尊君父而盡臣子之道，然未入廟，則猶疑是君也。及既入廟，則全爲臣子，而事尸無嫌矣。若君出門迎尸，則疑以君而迎臣。故不出者，所以別此嫌，而明君臣之義也。

夫祭之道，孫爲王父尸。所使爲尸者，於祭者子行杭。也。父北面而事之，所以明子事父之道也。此父子之倫也。

行，猶列也。父北面而事子行之尸者，欲子知事父之道當如是也。○方氏曰：「十倫皆倫也，止於父子言倫者，有父子之倫，然後有宗廟之祭。則祭之倫，本於父子而已。故止於父子爲倫焉。」

尸飲五，君洗玉爵獻卿。尸飲七，以瑶爵

獻大夫。尸飲九，以散爵獻士及羣有司。皆以齒，明尊卑之等也。

自獻卿以下至羣有司，凡同爵，則長者必先飲，故云「皆以齒」。○疏曰：「此據備九獻之禮者。至主人酳尸，故尸飲五也。凡祭二獻，祼用鬱鬯，尸祭奠而不飲。朝踐二獻，饋食二獻，及食畢主人酳尸，此皆尸飲之，故云『尸飲五』。於此時以獻卿。獻卿之後，主婦酳尸；酳尸畢，賓長獻尸；是尸飲七也。乃以瑶爵獻大夫。是正九獻禮畢，但初二祼不飲，故云『飲七』。自此以後，長賓、長兄弟更爲加爵，尸又飲二，是并前尸飲九，主人乃以散爵獻士及羣有司也。此謂上公九獻，故以酳尸之一獻爲尸飲五也。若侯伯七獻，朝踐饋食時各一獻，食訖酳尸，但飲三也。子男五獻，食訖酳尸，尸飲一。」

夫祭有昭穆。昭穆者，所以別父子、遠近、長幼、親疏之序而無亂也。是故有事於大廟，則羣昭羣穆咸在，而不失其倫。此之謂親疏之殺也。

疏曰：「祭大廟，則羣昭羣穆咸在。若餘廟之祭，唯有當廟尸主，及所出之子孫，不得羣昭羣穆咸在也。」

古者明君爵有德而禄有功，必賜爵禄於大廟，示不敢專也。故祭之日，一獻，君降立于阼階之南，南鄉。去聲。所命北面。史由君右，執策命之。再拜稽首，受書以歸，而舍釋。奠于其廟。此爵賞之施也。

疏曰：「酳尸之前，皆承奉鬼神，未暇策命。此一獻，則上文尸飲五、君獻卿之時也。若天子命羣臣，則不因常祭之日，特假於廟。釋奠，告以受君之命也。」

君卷袞。冕立于阼，夫人副禕立于東房。夫人薦豆執校，效。執醴授之執鐙。登。尸酢夫人執柄，夫人受尸執足。夫婦相授受，不相襲處，酢必易爵，明夫婦之別也。

卷冕、副禕，見前。校，豆中央直者。執醴，執醴齊之人也，此人兼掌授豆。鐙，豆之下跗也。爵形如雀，柄則尾也。襲處，謂因其處。

凡爲俎者，以骨爲主。骨有貴賤，殷人貴髀，俾。周人貴肩，凡前貴於後。俎者，所以明祭之必有惠也。是故貴者取貴骨，賤者取賤骨。貴者不重，平聲。賤者不虛，示均也。惠均則政行，政行則事成，事成則功立。功之所以立者，不可不知也。俎者，所以明惠之必均也。善爲政者如此，故曰「見政事之均焉」。

疏曰：「殷質，貴髀之厚，賤肩之薄。周文，貴肩之顯，賤髀之隱。前貴於後，據周言之。」○方氏曰：「俎者，對豆之器。俎以骨爲主，則豆以肉爲主可知。骨，陽也。肉，陰也。俎之數以奇而從陽，豆之數以偶而從陰，爲是故也。」

凡賜爵，昭爲一，穆爲一；昭與昭齒，穆與穆齒；凡羣有司皆以齒，此之謂長幼有序。

爵，行酒之器也。○疏曰：「此旅酬時，賜助祭者酒。衆兄弟子孫等在昭列者則爲一色，在穆列者自爲一色，各自相旅。長者在前，少者在後。是『昭與昭齒，穆與穆齒』也。」○方氏曰：「宗廟之中，授事則以爵；至於賜爵，則以齒，何也？蓋授事主義，而行於旅酬之前；賜爵主恩，而行於旅酬之後。以其主恩，故皆以齒也。《司士》所謂『祭祀，賜爵，呼昭穆而進之』是矣。夫齒所以序長幼，故曰『此之謂長幼有序』。」

夫祭有畀煇、運。胞、庖。翟、狄。閽者，惠下之道也。唯有德之君，爲能行此，明足以見之，仁足以與之。畀之爲言與也，能以其餘畀其下者也。煇者，甲吏之賤者也。胞者，肉吏之賤者也。翟者，樂吏之賤者也。閽者，守門之賤者也。古者不使刑人守門，此四守者，吏之至賤者也。尸又至尊，以至尊既祭之末而不忘至賤，而以其餘畀之。是故明君在上，則竟内之民無凍餒者矣。此之謂上下之際。

不使刑人守門，恐是周以前如此，周則墨者使守門也。際，接也。言尊者與賤者恩意相接也。

凡祭有四時，春祭曰礿，藥。夏祭曰禘，秋祭曰嘗，冬祭曰烝。

周禮，春祠、夏禴、秋嘗、冬烝。鄭氏謂此夏、殷之禮。

礿、禘，陽義也。嘗、烝，陰義也。禘者，陽之盛也。嘗者，陰之盛也。故曰「莫重於禘、嘗」。

方氏曰：「陽道常饒，陰道常乏。饒，故及於夏始爲盛焉。乏，故及於秋已爲盛矣。此禘所以爲陽之盛，嘗所以爲陰之盛歟？以其陰陽之盛，故曰莫重於禘、嘗。」

古者於禘也，發爵賜服，順陽義也。於嘗

也，出田邑，發秋政，順陰義也。故《記》曰：「嘗之日，發公室，示賞也。」草艾刈。則墨，未發秋政，則民弗敢草也。

方氏曰：「爵，命之者也；服，勝於陰者也，故爲順陽義。禄，食之者也；田邑，制於地者也，故爲順陰義。嘗之日發公室，因物之成而用之以行賞也，故曰『示賞』。草刈則墨者，因其枯槁之時刈之以給爨。刈草謂之草，猶采桑謂之桑歟？墨，五刑之輕者。左氏言『賞以春夏，刑以秋冬』，而此言『嘗之日，發公室』，何也？蓋賞雖以春夏爲主，而亦未始不用刑，《月令》『孟夏，斷薄刑，決小罪』是也。刑雖以秋冬爲主，亦未始不行賞，此所言是也。」○應氏曰：「不曰艾草，而曰草艾者，草自可艾也。」

故曰「禘嘗之義大矣，治國之本也，不可不知也」。明其義者，君也。能其事者，臣也。不明其義，君人不全。不能其事，爲臣不全。夫義者，所以濟志也，諸德之發也。是故其德盛者其志厚，其志厚者其義章，其義章者其祭也敬。祭敬，則竟境。内之子孫莫敢不敬矣。是故君子之祭也，必身親涖之。有故，則使人可也。雖使人也，君不失其義者，君明其義故也。其德薄者其志輕，疑於其義而求祭，使之必敬也，弗可得已。祭而不敬，何以爲民父母矣！

《中庸》言「明乎郊社之禮、禘嘗之義，治國如視諸掌」，此因上文陽義、陰義而申言之。濟志，成其所欲爲也。發德，顯其所當爲也。○方氏曰：「《大宗伯》『若王不與祭祀，則攝位』，先儒謂王有故，代之行其祭事，正謂是矣。代之雖在乎人，使之則出乎君。代之雖行其事，使之則本乎義。」

夫鼎有銘，銘者，自名也，自名以稱揚其先祖之美，而明著之後世者也。爲先祖者，莫不有美焉，莫不有惡焉。銘之義，稱美而不稱惡，此孝子、孝孫之心也，唯賢者能之。

自名，下文謂「自成其名」是也。○方氏曰：「稱則稱之以言，揚則揚其所爲；明則使之顯而不晦，著則使之見而不隱。」

銘者，論譔撰。其先祖之有德善、功烈、勳勞、慶賞、聲名，列於天下，而酌之祭器，自成其名焉，以祀其先祖者也。顯揚先祖，所以崇孝也。身比毗志反。焉，順也。明示後世，教也。

論，説。譔，録也。王功曰勳，事功曰勞。酌，斟酌其輕重大小也。祭器，鼎彝之屬。自成其名者，自成其顯揚先祖之孝也。比，次也，謂己名次於先祖之下也。順，無所違於禮也。示後世而使子孫效其所爲，則是教也。

夫銘者，壹稱而上下皆得焉耳矣。是故君子之觀於銘也，既美其所稱，又美其所爲。爲之者，明足以見之，仁足以與之，知去聲。足以利之，可謂賢矣。賢而勿伐，可謂恭矣。

上，謂先祖。下，謂己身也。見之，見其先祖之善也，非明不能。與之，使君上與己銘也，非仁莫致。利之，利己之得次名於下也，非知莫及。

故衛孔悝恢。之鼎銘曰：「六月丁亥，公假格。于大廟。公曰：『叔舅，乃祖莊叔，左右並去聲。成公，成公乃命莊叔隨難去聲。于漢陽，即宮于宗周，奔走無射。亦。

孔悝，衛大夫。周六月，夏四月也。公，衛莊公蒯聵也。假，至也，至廟祫祭也。因祭而賜之銘，蓋德悝之立己，故褒顯其先世也。異姓大夫而年幼，故稱「叔舅」。莊叔，悝七世祖孔達也。成公爲晉所伐而奔楚，故云「隨難于漢陽」。後雖反國，又以殺弟叔武，晉人執之，歸于京師，寘諸深室，故云「即宮于宗周」也。射，厭也。○石梁王氏曰：「悝，乃蒯聵姊之子。蒯聵，悝之舅，而悝則甥。今反謂之舅，其放《周禮》同姓之臣稱伯、叔父，異姓之臣稱伯、叔舅歟？」

啓右獻公，獻公乃命成叔纂乃祖服。

獻公，成公之曾孫，名衎。啓，開。右，助也。魯襄十四年，衛孫文子、甯惠子逐衛侯，衛侯奔齊。言莊叔餘功流於後世，能右助獻公，使之亦得反國也。成叔，莊叔之孫烝鉏也。其時成叔事獻公，故公命其纂繼爾祖舊所服行之事也。○疏曰：「按《左傳》無孔達之事。獻公反國，亦非成叔之功。」

乃考文叔，興舊耆嗜。欲，作率慶士，躬恤衛國。其勤公家，夙夜不解。邂。民咸曰：休哉！』公曰：『叔舅，予上聲。女汝。銘，若纂乃考服。』

應氏曰：「嗜欲者，心志之所存。言其先世之忠，皆以愛君憂國爲嗜欲，文叔孔圉慕尚而能興起之也。作率，奮起而倡率之也。慶，卿也。古卿、慶同音，字亦同用，故『慶雲』亦言『卿雲』。」

悝拜稽首，曰：『對揚以辟璧。之勤大命施于烝彝鼎。』」此衛孔悝之鼎銘也。

「對揚」至「彝鼎」十三字，止作一句讀。言對答揚舉，用吾君殷勤之大命，施勒于烝祭之彝尊及鼎也。

古之君子，論譔其先祖之美，而明著之後世者也，以比其身，以重其國家如此。子孫之守宗廟社稷者，其先祖無美而稱之，是誣也。有善而弗知，不明也。知而弗傳，不仁也。此三者，君子之所恥也。

勳在鼎彝，是國有賢臣也，故足爲國家之重。

昔者周公旦有勳勞於天下，周公既没，成王、康王追念周公之所以勳勞者，而欲尊魯，故賜之以重祭。外祭則郊社是也，内祭則大嘗禘是也。夫大嘗禘，升歌《清廟》，下而管《象》，朱干玉戚以舞《大武》，八佾以舞《大夏》，此天子之樂也。康周公，故以賜魯也。子孫纂之，至于今不廢，所以明周公之德，而又以重其國也。

《詩·維清》，奏《象》舞。嚴氏云：「文王之舞謂之《象》，文舞也。」《大武》，武舞也。管《象》，以管播其聲也。餘見前。

經解第二十六

孔子曰：「入其國，其教可知也。其爲人也，温柔敦厚，《詩》教也；疏通知遠，《書》教也；廣博易異。良，《樂》教也；絜静精微，《易》教也；恭儉莊敬，《禮》教也；屬燭。辭比毗志反。事，《春秋》教也。故《詩》之失，愚；《書》之失，誣；《樂》之失，奢；《易》之失，賊；《禮》之失，煩；《春秋》之失，亂。其爲人也，温柔敦厚而不愚，則深於《詩》者也；疏通知遠而不誣，則深於《書》者也；廣博易良而不奢，則深於《樂》者也；絜静精微而不賊，則深於《易》者也。恭儉莊敬而不煩，則深於《禮》者也；屬辭比事而不亂，則深於《春秋》者也。

方氏曰：「六經之教善矣，然務温柔敦厚而溺其志，則失於自用矣，故《詩》之失，愚；務疏通知遠而趨於事，則失於無實矣，故《書》之失，誣；務廣博易良而徇其情，則失於好大矣，故《樂》之失，奢。務絜静精微而蔽於道，則失於毁則矣，故《易》之失，賊；務恭儉莊敬而亡其體，則失於過當矣，故《禮》之失，煩。務屬辭比事而作其法，則失於犯上矣，故《春秋》之失，亂。夫六經之教，先王所以載道也，其教豈有失哉！由其所得有淺深之異耳。」○應氏曰：「淳厚者未必深察情僞，故失之愚；通達者未必篤確誠實，故失之誣；寬博者未必嚴立繩檢，故失之奢；沉潛思索，多自耗蠹，且或害道，故失之賊；品節未明，德性未定，無以飾貌正行，❶故失之煩；弄筆褒貶，易紊是非，且或召亂，故失之亂。惟得之深，則養之固，有以見天地之純全，古人之大體，而安有所謂失哉！」○石梁王氏曰：「孔子時，《春秋》之筆削者未出，又曰『加我數年，卒以學《易》』，『性與天道，不可得聞』，豈遽以此教人哉！所以教者，多言《詩》、《書》、《禮》、《樂》。且有愚、誣、奢、賊、煩、亂之失，豈《詩》、《書》、《樂》、《易》、《禮》、《春秋》使之然哉？此決非孔子之言。」

天子者，與天地參，故德配天地，兼利萬物，與日月並明，明照四海而不遺微小。其在朝廷，則道仁聖禮義之序；燕處，則聽《雅》《頌》之音；行步，則有環佩之聲；升車，則有鸞和之音。居處有禮，進退有度，百官得其宜，萬事得其序。《詩》云：『淑人君子，其儀不忒。其儀不忒，正是四國。』此之謂也。

鸞、和，皆鈴也。鸞在衡，和在軾前。《詩》，《曹風·鳲鳩》篇。○石梁王氏曰：「此段最粹。」

發號出令而民説，悦。謂之和。上下相親，謂之仁。民不求其所欲而得之，謂之信。除去上聲。天地之害，謂之義。義與信，和與仁，霸王去聲。之器也。有治民之意而無其器，則不成。

馮氏曰：「論義信和仁之道，而以王霸並言之，豈孔子之言！」

禮之於正國也，猶衡之於輕重也，繩墨之於曲直也，規矩之於方圜也。故衡誠縣，

❶「品節」至「正行」凡十四字，原標「缺文」，元刻本、殿本同，據四庫本補。

玄。不可欺以輕重；繩墨誠陳，不可欺以曲直；規矩誠設，不可欺以方圜。君子審禮，不可誣以姦詐。」

方氏曰：「輕者，禮之小；重者，禮之大。若大者不可損，小者不可益是矣。曲者，禮之煩；直者，禮之簡。若易則易，于則于是矣。方者，禮之常；圜者，禮之變。若以禮爲體者，禮之常也；以義起禮者，禮之變也。禮之用如是，故君子審禮，不可誣以姦詐也。」

是故隆禮、由禮，謂之有方之士。不隆禮、不由禮，謂之無方之民。敬讓之道也。故以奉宗廟，則敬；以入朝廷，則貴賤有位；以處室家，則父子親、兄弟和；以處鄉里，則長幼有序。孔子曰：「安上治民，莫善於禮。」此之謂也。

篇首「孔子曰」，記者述孔子之言也。「是故」以下，疑是記者之言，故引《孝經》孔子之言以結之也。○方氏曰：「隆，言隆之而高。由，言由乎其中。隆禮，所以極高明。由禮，所以道中庸。極高明，所以立本。道中庸，所以趨時。立本趨時，雖若不同，要之不離於道而已，故謂之有方之士也。道無方也，體之於禮，則爲有方。此以禮爲主，故謂之方焉。士志於道，故於有方曰士。民無常心，故於無方曰民。」

故朝覲之禮，所以明君臣之義也；聘問之禮，所以使諸侯相尊敬也；喪祭之禮，所以明臣子之恩也；鄉飲酒之禮，所以明長幼之序也；昏姻之禮，所以明男女之別也。夫禮，禁亂之所由生，猶坊防。止水之所自來也。故以舊坊爲無所用而壞怪。之者，必有水敗。以舊禮爲無所用而去上聲。之者，必有亂患。

壻於婦家曰昏，婦於壻家曰姻。○方氏曰：「君臣之亂，生於無義，故以朝覲之禮禁之。諸侯之亂，生於不和，故以聘問之禮禁之。臣子之亂，生於無恩，故以喪祭之禮禁之。以至鄉飲之施於長幼，昏姻之施於男女，其義亦若是而已。」

故昏姻之禮廢，則夫婦之道苦，而淫辟僻。之罪多矣。鄉飲酒之禮廢，則長幼之序失，而爭鬭之獄繁矣。喪祭之禮廢，則臣子之恩薄，而倍死忘生者衆矣。聘覲之禮廢，則君臣之位失，諸侯之行去聲。惡，而倍畔侵陵之敗起矣。故禮之教化也微，其止邪也於未形，使人日徙善遠去聲。罪而不自知也，是以先王隆之也。《易》曰：「君子慎始，差若豪氂，繆以千里。」此之謂也。

此又自昏姻覆説至聘問朝覲，以明上文之義。所引《易》曰，緯書之言也。若，如也。○鄭氏曰：「苦，謂不至、不答之屬。」

哀公問第二十七

哀公問於孔子曰：「大禮何如？君子之言禮，何其尊也？」孔子曰：「丘也小人，不足以知禮。」君曰：「否，吾子言之也。」

哀公，魯君，名蔣。大禮，謂禮之大者。何其尊，言稱揚之甚。

孔子曰：「丘聞之，民之所由生，禮爲大。非禮無以節事天地之神也，非禮無以辨君臣、上下、長幼之位也，非禮無以别男女、父子、兄弟之親，昏姻疏數之交也。君子以此之爲尊敬然。

此皆禮之大者，故不得不尊敬之也。

然後以其所能教百姓，不廢其會節。

禮本天秩，聖人因人情而爲之節文，非强之以甚高難行之事也，故曰「以其所能教百姓」。會節，謂行禮之期節。如葬祭有葬祭之時，冠昏有冠昏之時，不可廢也。

有成事，然後治其雕鏤、文章黼黻以嗣。

有成事，謂諏日而得卜筮之吉，事可成也。雕鏤，祭器之飾。文章黼黻，祭服之飾也。嗣者，傳續不絶之義。此器服常存，則此禮必不泯絶矣。

其順之，然後言其喪筭，備其鼎俎，設其豕腊，修其宗廟，歲時以敬祭祀，以序宗族。即安其居，節醜其衣服，卑其宫室，車不雕幾，祈。器不刻鏤，食不貳味，以與民同利。昔之君子之行禮者如此。」

順之，謂上下皆無違心也。言，猶明也。喪筭，五服歲月之數，殯葬久近之期也。即安其居者，隨其所處而安之也。節，儉也。醜，猶惡也。雕幾，見《郊特牲》。器，養器也。自奉如此其薄者，蓋欲不傷財，不害民，而與民同其利也。

公曰：「今之君子胡莫之行也？」孔子曰：「今之君子，好實無厭，去聲。淫德不倦，荒怠敖去聲。慢，固民是盡，午去聲。其衆以伐有道，求得當去聲。欲，不以其所。昔之用民者由前，今之用民者由後，今之君子莫爲禮也。」

實，貨財也。淫德，放蕩之行也。固，如固獲之固，言取之力也。盡，謂竭其所有也。午，與迕同。午其衆，違逆衆心也。求得當欲，言不過求以稱其私欲而已。不以其所，不問其理之所在也。由前，由古之道。由後，由今之道也。

孔子侍坐於哀公。哀公曰：「敢問人道誰爲大？」孔子愀七小反。然作色而對曰：「君之及此言也，百姓之德也，固臣敢無辭而對。人道，政爲大。」

愀然，悚動之貌。作色，變色也。百姓之德，猶言百姓之幸也。敢無辭，猶言豈敢無辭。

公曰：「敢問何謂爲政？」孔子對曰：「政者，正也。君爲正，則百姓從政矣。君之所爲，百姓之所從也。君所不爲，百姓何從？」公曰：「敢問爲政如之何？」孔子對曰：「夫婦別，父子親，君臣嚴，三者正，則庶物從之矣。」公曰：「寡人雖無似也，願聞所以行三言之道，可得聞乎？」

夫婦、父子、君臣，三綱也。庶物，衆事也。無似，無所肖似，言無德也。

孔子對曰：「古之爲政，愛人爲大。所以治愛人，禮爲大。所以治禮，敬爲大。敬之至矣，大昏爲大，大昏至矣！大昏既至，冕而親迎，去聲。親之也。親之也者，親之也。是故君子興敬爲親，舍敬是遺親也。弗愛不親，弗敬不正。愛與敬，其政之本與！」

方氏曰：「夫婦有内外之位，故曰別。父子有慈孝之恩，故曰親。君臣有上下之分，故曰嚴。《易》曰：『有夫婦，然後有父子。有父子，然後有君臣。』故先後之序如此。三者之正，一以夫婦爲之本，故後言『大昏爲大』也。政在養人，故古之爲政，愛人爲大。然而愛之無節，則墨氏之兼愛矣，安能無亂乎！故曰『所以治愛人，禮爲大』。禮止於敬而已，故曰『所以治禮，敬爲大』。禮以敬爲主，而大昏又爲至焉，故曰『敬之至矣，大昏爲大』。大昏既爲敬之至，故雖天子、諸侯之尊，亦必冕而親迎也。已親其人，乃所以使人之親己而已，故曰『親之也者，親之也』。冕而親迎，可謂敬矣，故曰『興敬爲親，舍敬是遺親也』。弗愛則無以相合，而其情踈，故曰『弗愛不親』。弗敬則無以相別，而其情褻，故曰『弗敬不正』。愛敬之道，其始本於閨門之內。及擴而充之，其愛至於不敢惡於人，其敬至於不敢慢於人，而德教加于百姓，刑于四海，故曰『愛與敬，其政之本與』。」

公曰：「寡人願有言然。冕而親迎，不已重乎？」孔子愀然作色而對曰：「合二姓之好，以繼先聖之後，以爲天地宗廟社稷之主，君何謂已重乎？」公曰：「寡人固。句。不固，焉得聞此言也？寡人欲問，不得其辭，請少進。」

已重，太重也。寡人固，自言其固陋也。不固焉得聞此言者，言若不固陋，則不以此爲問，安得聞此言乎？請少進者，幸孔子更略有以進教我也。○石梁王氏曰：「併言天地，非止諸侯之禮也。」

孔子曰：「天地不合，萬物不生。大昏，萬世之嗣也，君何謂已重焉？」孔子遂言曰：「內以治宗廟之禮，足以配天地之神明；出以治直言之禮，足以立上下之敬。物恥足以振之，國恥足以興之。爲政先禮，禮其政之本與？」

「直言」二字未詳，或云當作「朝廷」。○陸氏曰：「物以不振爲恥，國以不興爲恥。」○應氏曰：「物恥，謂事物之汙陋。國恥，謂國體之卑辱。內外之禮交治，則國家安富尊榮，何恥之不伸？是時魯微弱，哀公欲振而興之，而不知禮之爲急，故夫子以是告之。」

孔子遂言曰：「昔三代明王之政，必敬其妻、子也有道。妻也者，親之主也，敢不敬與？平聲。子也者，親之後也，敢不敬與？君子無不敬也，敬身爲大。身也者，親之枝也，敢不敬與？不能敬其身，是傷其親。傷其親，是傷其本。傷其本，枝從而亡。三者，百姓之象也。身以及身，子以及子，妃以及妃，君行此三者，則愾迄。乎天下矣，大泰。王之道也。如此，則國家順矣。」

敬吾身以及百姓之身，敬吾子以及百姓之子，敬吾妻以及百姓之妻。愾，猶至也，暨也，如「朔南暨聲教」之意。大王，愛民之君也。嘗言不以養人者害人，故曰「大王之道也」。○方氏曰：「冕而親迎，所以敬其妻也；冠於阼階，所以敬其子也。爲主於內者，妻也，故曰『親之主』；傳後於下者，子也，故曰『親之後』。內非有主，則外不足以治其國家矣；下非有後，則上不足以承其祖考矣。此所以不敢不敬也。君子雖無所不敬，又以敬身爲大焉。非苟敬身也，以其爲親之枝故也。身之於親，猶木之有枝；親之於身，猶木之有本，相須而共體，又非特爲主、爲後而已。此尤不敢不敬也。」

公曰：「敢問何謂敬身？」孔子對曰：「君子過言則民作辭，過動則民作則。君子言不過辭，動不過則，百姓不命而敬恭，如是則能敬其身。能敬其身，則能成其親矣。」

君子，以位言也。在上者言雖過，民猶以爲辭。辭者，言之成文者也。動雖過，民猶以爲則。則者，動之成法者也。此所以君子之言動不敢有過。俱無過，則民不待命令之及，而自知敬其上矣。民皆敬上，則君之身不爲人所辱，方謂之能敬身。成其親者，不使親名爲人所毀也。

公曰：「敢問何謂成親？」孔子對曰：「君子也者，人之成名也，百姓歸之名，謂之『君子之子』，是使其親爲君子也。是爲成其親之名也已。」孔子遂言曰：「古之爲政，愛人爲大。不能愛人，不能有其身。不能有其身，不能安土。不能安土，不能樂歷各切。天。不能樂天，不能成其身。」

方氏曰：「不能愛人，則傷之者至矣，故不能有其身。不能有其身，則一身無所容矣，故不能安土。安土，則所居無所擇。樂天，則所遭無所怨。俯能無所擇，則仰亦無所怨矣。故不能安土，不能樂天。能樂天，則於理無所不順。成身之道，亦順其理而已。」

公曰：「敢問何謂成身？」孔子對曰：「不過乎物。」

應氏曰：「物者，實然之理也。性分之內，萬物皆備。仁人孝子不過乎物者，即其身之所履，皆在義理之內而不過焉，猶《大學》之「止於仁」「止於孝」也。違則過之，止則不過矣。夫物有定理，理有定體，雖聖賢豈能加毫末於此哉！亦盡其當然而止耳。」

公曰：「敢問君子何貴乎天道也？」孔子對曰：「貴其不已。如日月東西相從而不已也，是天道也。不閉其久，是天道也。無爲而物成，是天道也。已成而明，是天道也。」

日月相從不已，繼明照于四方也。不閉其久，窮則變，變則通也。無爲而成，不言而信，不怒而威也。已成而明，爲法於天下，可傳於後世也。○劉氏曰：「天道至誠無息，所謂『維天之命，於穆不已』也。君子貴之，純亦不已焉。然其不已者，一動一静，互爲其根。如日往則月來，月往則日來，是以不窮其久。無思無營，而萬物自然各得其成。及其既成，皆粲然可見也。蓋其機緘密運而不已者，雖若難名，而成功則昭著也。無爲而成者，不見其爲之迹，而但見有成也。」此「唯天爲大，唯堯則之。蕩蕩乎，民無能名焉。巍巍乎，其有成功也。焕乎，其有文章」之謂也。

公曰：「寡人惷尸雍反。愚冥煩，子志如字。之心也。」

惷愚，蔽於氣質也。冥者，暗於理。煩者，累於事。志，讀如字。哀公自言其不能敏悟所教，欲孔子以簡切之語志記於我心。故孔子下文所對，是舉其要者言之。

孔子蹴蹙。然辟避。席而對曰：「仁人不過乎物，孝子不過乎物。是故仁人之事親也如事天，事天如事親，是故孝子成身。」公曰：「寡人既聞此言也，無如後罪何？」孔子對曰：「君之及此言也，是臣之福也。」

蹴然，變容爲肅敬貌。無如後罪何，言雖聞此言，然無奈後日過乎物而有罪何。此言是有意於寡過矣，故孔子以爲是臣之福。○方氏曰：「仁人者，主事天言之也。孝子者，主事親言之也。親則近而疑其不尊，天則遠而疑其難格。徒以近而不尊，則父子之間或幾乎褻矣。徒以遠而難格，則天人之際或幾乎絶矣。故事親如事天者，所以致其尊而不欲其褻也。事天如事親者，所以求其格而不欲其踈也。」○石梁王氏曰：「『仁人之事親也如事天，事天如事親』，此兩句非聖人不能言。」

仲尼燕居第二十八

石梁王氏曰：「文雖有首尾，然辭旨散漫處多，未必孔子之言。」

仲尼燕居，子張、子貢、言游侍，縱言至於禮。子曰：「居，女汝。三人者，吾語去聲。女禮，使女以禮周流無不徧也。」子貢越席而對曰：「敢問何如？」子曰：「敬而不中去聲。禮謂之野，恭而不中禮謂之給，勇而不中禮謂之逆。」子曰：「給奪慈仁。」

縱言，汎言諸事也。周流無不徧者，隨遇而施，無不中節也。敬以心言，恭以容言。禮雖以敬恭爲主，然違於節文，則有二者之弊。給者，足恭便佞之貌。逆者，悖戾争鬭之事。夫子嘗言「恭而無禮則勞，勇而無禮則亂」，給則勞，逆則亂矣。夫子於三者之弊，獨言給之爲害，何也？蓋野與逆二者，猶是直情徑行而然，使習於禮，則無此患矣。惟足恭便給之人，是曲意徇物，致飾於外，務以悦人。貌雖類於慈仁，而本心之德則亡矣，故謂之「奪慈仁」。謂「巧言令色，鮮矣仁」，而恥乎足恭，正此意也。

子曰：「師，爾過，而商也不及。子産猶衆人之母也，能食嗣。之，不能教也。」子貢越席而對曰：「敢問將何以爲此中者也？」子曰：「禮乎禮！夫禮所以制中也。」

能食不能教，亦爲不及，故子貢并以中爲問。

子貢退，言游進曰：「敢問禮也者，領惡而全好者與？」子曰：「然。」「然則何如？」子曰：「郊社之義，所以仁鬼神也；嘗禘之禮，所以仁昭穆也；饋奠之禮，所以仁死喪也；射鄉之禮，所以仁鄉黨也；食嗣。饗之禮，所以仁賓客也。」

前言禮「釋回，增美質」，此言領惡全好，大意相類。仁昭穆，謂祭時則羣昭羣穆咸在也。饋奠，喪奠也，非吉祭。鄉射、鄉飲酒皆行之於鄉，故曰「仁鄉黨」。「人而不仁，如禮何？」此五者之禮，皆發於本心之仁也。○應氏曰：「領，謂總攬收拾之也。好惡對立，一長一消。惡者收斂而無餘，則善者渾全而無虧矣。夫禮之制中，非屑屑然與惡爲敵而去之也。養其良心，啓其善端，而不善者自消矣。仁者，善之道也。祭祀聘享，周旋委曲焉者，凡以全此而已。仁心發於中，而後禮文見於外。及禮之既舉而是心達焉，則幽明之間，咸順其序；驩欣浹洽，皆在吾仁之中，是仁之周流暢達也。」○劉氏曰：「領惡，猶言克己也。視聽言動，非禮則勿，所以克去己私之惡，而全天理之善也。一日克己復禮，則天下歸仁。所以鬼神、昭穆、死喪、鄉黨、賓客之禮，無所往而不爲仁也。」

子曰：「明乎郊社之義，嘗禘之禮，治國其如指諸掌而已乎！

明乎郊社之義，則事天如事親。明乎嘗禘之禮，則事親如事天。仁人孝子明於此，故能惟民胞物與之心，而天下國家有不難治者矣。

是故以之居處有禮，故長幼辨也；以之閨門之内有禮，故三族和也；以之朝廷有禮，故官爵序也；以之田獵有禮，故戎事閑也；以之軍旅有禮，故武功成也。三族，父、子、孫也。上文言「郊社」以下五者，此又言「居處」以下五事，皆所以明禮之無乎不在也。是故宮室得其度，量鼎得其象，味得其時，樂得其節，車得其式，鬼神得其饗，喪紀得其哀，辨説得其黨，官得其體，政事得其施，加於身而錯措。於前，凡衆之動得其宜。」

方氏曰：「奥爲尊者所居，阼爲主者所在。寢則無侵，房則有方。至是極而中者爲極，自是衰而殺者爲榱。楹以盈而有所任也，檐以瞻而有所至也。櫨若顱然，楣若眉然。如是則宮室得其度矣。若魯莊公丹楹刻桷，臧文仲山節藻棁，蓋失其度故也。量，左爲升，以象陽之所升。右爲合，以象陰之所合。仰者爲斛，以象顯而有所承。覆者爲斗，以象隱而有所庇。外圜其形，動以天也。内方其形，静以地也。鼎口在上，以象有所安乎上；足在下，以象有所立乎下。大者爲鼐，以象氣之所仍。揜者爲鼒，以象才之所任。足奇其數，參乎天也。耳偶其數，兩乎地也。非特此而已，以兆之則有庣，以既之則有概。而量之所象又有如此者，以貫之則有耳，以舉之則有鉉。而鼎之所象又有如此者，其音足以中黄鍾，而量又有樂之象焉。其亨足以享上帝，而鼎又有禮之象焉。《易》曰：「以制器者尚其象」，蓋謂是矣。然其器疏以達者所以象春，高以粗者所以象夏，廉以深之象秋，閎以奄之象冬。器固無適而非象也，止以量鼎爲言者，蓋量爲器之大者，大者得其象，則小者從可知。鼎爲器之重者，重者得其象，則輕者從可知。若春多酸，夏多苦，秋多辛，冬多鹹，所謂味得其時也。陽而不散，陰而不密，剛氣不怒，柔氣不懾，所謂樂得其節也。車得其式者，六等之數，作車之式也；五路之用，乘車之式也。鬼神得其饗者，若天神皆降，地祇皆出，人鬼皆格，可得而禮是矣。喪紀得其哀者，或發於容體，或發於聲音，或發於言語飲食，或發於居處衣服，而各得其哀也。辨説得其黨，若在官言官，在府言府，在庫言庫，在朝言朝之類。官得其體，若天官掌邦治，地官掌邦教之類。政事得其施，若施典于邦國，施則於都鄙，施法于官府之類。」○劉氏曰：「禮以制中，無過無不及。克己復禮爲仁，則溥博淵泉，而時出之。故凡衆之動，無不得其時中之宜。經禮三百，曲禮三千，無一事之非仁也。」

子曰：「禮者何也？即事之治也。君子有其事，必有其治。治國而無禮，譬猶瞽之無相去聲。與？平聲。倀倀昌。乎其何之？

譬如終夜有求於幽室之中，非燭何見？若無禮，則手足無所錯，措。耳目無所加，進退揖讓無所制。是故以之居處，長幼失其別，閨門三族失其和，朝廷官爵失其序，田獵戎事失其策，軍旅武功失其制，宮室失其度，量鼎失其象，味失其時，樂失其節，車失其式，鬼神失其饗，喪紀失其哀，辨説失其黨，官失其體，政事失其施，加於身而錯於前，凡衆之動失其宜。如此，則無以祖洽於衆也。」

倀倀，無定向之貌。祖，始也。洽，合也。言無以率先天下而使之協合也。

子曰：「慎聽之，女三人者，吾語女：禮猶有九焉，大饗有四焉。苟知此矣，雖在畎畝之中，事之，聖人已。兩君相見，揖讓而入門，入門而縣玄。興。揖讓而升堂，升堂而樂闋。缺。下管《象》《武》，《夏》籥序興，陳其薦俎，序其禮樂，備其百官，如此而后君子知仁焉。行中去聲。規，還旋。中矩，和鸞中《采齊》，慈。客出以《雍》，徹以《振羽》，是故君子無物而不在禮矣。入門而金作，示情也；升歌《清廟》，示德也；下而管《象》，示事也。是故古之君子，不必親相與言也，以禮樂相示而已。

知者，知其理也。事者，習其儀也。聖人已者，言可以進於聖人禮樂之道也。兩君相見，諸侯相朝也。縣，樂器之懸於筍簴者也。興，作也。升堂而樂闋者，既升堂，主人獻賓酒，賓卒爵而樂止也。此饗禮之一節也。賓酢主君，又作樂，主君飲畢則樂止。此饗禮之二節也。下管《象》《武》之上，缺「升歌《清廟》」一句，或記者略耳。升堂而歌《清廟》之詩，是三節也。堂下以管吹《象》《武》之曲，是四節也。《夏》籥，禹《大夏》之樂曲，以籥吹之也。與《象》《武》次序更迭而作，故云「《夏》籥序興」。言禮而必曰「君子知仁」，使三子求節文於天理之中也。行中規，第五節也。還中矩，第六節也。《采齊》，樂章名。和鸞，車上之鈴也。車行整緩，則鈴聲與樂聲相中，蓋出門迎賓之時。此第七節也。客出之時，歌《雍》詩以送之，此第八節也。《振羽》即《振鷺》。禮畢徹器，則歌《振鷺》之詩，九節也。九者之禮，大饗有其四：一是賓卒爵而樂闋；二是賓酢主卒爵，則樂又闋；三是升歌《清廟》；四是下管《象》《武》。餘五者，則非饗禮所得專也。○方氏曰：「《雍》，禘太祖之詩也，其用爲大，故歌之以送客。《振鷺》，助祭之詩，其用爲小，故歌之以徹器而已。二詩本主於禘太祖與助祭，而又用之於此者，猶《鹿鳴》本以燕羣臣，而又用於鄉飲也。然《論語》言『以《雍》徹』，其用與此不同，又何也？蓋彼言天子饗神之事，此言諸侯饗賓之事，重輕固可知矣。示情者，欲賓主以情相接也。示德者，欲賓主以德相讓也。示事者，欲賓主以事相成也。」○劉氏曰：「仁者，天下之正理。禮序樂和，天下之正理不外是矣，故曰『如此而後君子知仁』。」

子曰：「禮也者，理也；樂也者，節也。君子無理不動，無節不作。不能《詩》，於禮繆。不能樂，於禮素。薄於德，於禮虛。」

《樂記》言「樂者，天地之和也；禮者，天地之序也」，此言「禮者，理也；樂者，節也」，蓋禮得其理，則有序而不亂；樂得其節，則雖和而不流。君子無理不動，防其亂也；無節不作，防其流也。人而不爲《周南》《召南》，猶正牆面而立。不能《詩》者，能不繆於禮乎？禮之用，和爲貴。不能樂，則無從容委曲之度，是達於禮而不達於樂謂之素也。素，謂質朴也。忠信之人，可以學禮。薄於德者，必不能充於禮也。

子曰：「制度在禮，文爲在禮，行之其在人乎？」子貢越席而對曰：「敢問夔其窮與？」子曰：「古之人與？平聲。古之人也。達於禮而不達於樂謂之素，達於樂而不達於禮謂之偏。夫夔達於樂而不達於禮，是以傳於此名也，古之人也。」

文，謂文章之顯設者。苟非其人，則禮不虛道，是以行之在人也。子貢之意，謂夔以樂稱，而不言其知禮，其不通於禮乎？窮，不通也。夫子再言「古之人」，亦微示不可貶之意。言夔以偏於知樂，是以傳此不達禮之名於後世耳。然而畢竟是古之賢者也，故又終之以「古之人也」之言。然則禮樂之道，學者能知其相爲用之原，則無素與偏之失矣。

子張問政。子曰：「師乎，句。前吾語女乎。君子明於禮樂，舉而錯之而已。」

前吾語女，謂昔者已嘗告汝矣。舉而錯之，謂舉禮樂之道而施之政事也。

子張復扶又反。問。子曰：「師，爾以爲必鋪几筵，升降、酌獻、酬酢，然後謂之禮乎？爾以爲必行綴拙。兆，興羽籥，作鐘鼓，然後謂之樂乎？言而履之，禮也。行而樂洛。之，樂也。君子力此二者，以南面而立，夫是以天下大泰。平也。諸侯朝，萬物服體，而百官莫敢不承事矣。

筵，席也。綴兆，舞者之行列也。萬物服體，謂萬事皆從其理。

禮之所興，衆之所治也。禮之所廢，衆之所亂也。目巧之室則有奥阼，席則有上下，車則有左右，行則有隨，立則有序，古之義也。

衆之治亂，由禮之興廢，此所以爲政先禮也。目巧，謂不用規矩繩墨，但據目力相視之巧也。言雖苟簡爲之，亦必有奥阼之處。蓋室之有奥，所以爲尊者所處；堂之有阼，所以爲主人之位也。席或以南方爲上，或以西方爲上，詳見《曲禮》。車之尊位在左，父之齒隨行，貴賤長幼各有所立之位，此皆古聖人制禮之義也。

室而無奥阼，則亂於堂室也。席而無上下，則亂於席上也。車而無左右，則亂於車也。行而無隨，則亂於塗也。立而無序，則亂於位也。昔聖帝、明王、諸侯，辨貴賤、長幼、遠近、男女、外內，莫敢相踰越，皆由此塗出也。」三子者既得聞此言也於夫子，昭然若發矇矣。

此言禮之爲用，無所不在，失之則隨事致亂，爲政者可舍之而他求乎！貴賤以爵言，長幼以齒言，遠近以親疏言，男女以同異言，外內以位序言也。○方氏曰：「發矇者，若目不明，爲人所發而有所見也。」○石梁王氏曰：「篇末二句，是記者自作結語。」

孔子閒居第二十九

孔子閒居，子夏侍。子夏曰：「敢問《詩》云『凱弟君子，民之父母』，何如斯可謂民之父母矣？」孔子曰：「夫民之父母乎？必達於禮樂之原，以致『五至』而行『三無』，以橫於天下。四方有敗，必先知之。此之謂民之父母矣。」

《詩》，《大雅・泂酌》之篇。凱，樂也。弟，易也。橫者，廣被之意，言「三無」「五至」之道廣被於天下也。四方將有禍敗之釁，而必能先知者，以其切於憂民，是以能審治亂之幾也。

子夏曰：「民之父母，既得而聞之矣。敢問何謂『五至』？」孔子曰：「志之所至，詩亦至焉。詩之所至，禮亦至焉。禮之所至，樂亦至焉。樂之所至，哀亦至焉。哀樂洛。相生，是故正明目而視之，不可得而見也。傾耳而聽之，不可得而聞也。志氣塞乎天地，此之謂『五至』。」

五至三無者，至則極盛而無以復加，無則至微而不泥於迹之謂也。在心爲志，發言爲詩。志盛則言亦盛，故曰「志之所至，詩亦至焉」。詩有美刺，可以興起好善惡惡之心。興於詩者，必能立於禮，故曰「詩之所至，禮亦至焉」。禮貴於序，樂貴於和；有其序則有其和，無其序則無其和，故曰「禮之所至，樂亦至焉」。樂至則樂民之生，而哀民之死，故曰「樂之所至，哀亦至焉」。君能如此，故民亦樂君之生，而哀君之死，是哀樂相生也。樂民之樂者，民亦樂其樂；憂民之憂者，民亦憂其憂，即下文「無聲之樂」「無服之喪」是也。目正視則明全，耳傾聽則聰審。今正視且不見，傾聽且不聞，是五至無體無聲，而惟其志氣之充塞乎天地也。塞乎天地，即所謂横於天下也。

子夏曰：「《五至》既得而聞之矣。敢問何謂『三無』？」孔子曰：「無聲之樂，無體之禮，無服之喪，此之謂『三無』。」子夏曰：「『三無』既得略而聞之矣。敢問何詩近之？」孔子曰：「『夙夜其基。命宥密』，無聲之樂也。『威儀逮逮，不可選也』，無體之禮也。『凡民有喪，匍匐救之』，無服之喪也。」

夙，早也。基，始也。宥，寬也。密，寧也。《周頌・昊天有成命》篇言文王、武王夙夜憂勤，以肇基天命，惟務行寬静之政以安民。夫子以喻無聲之樂者，言人君政善，則民心自然喜悦，不在於鐘鼓管絃之聲也。逮逮，《詩》作「棣棣」，盛也。選，擇也。《邶風・柏舟》之篇言仁人威儀之盛，自有常度，不容有所選擇，初不待因物以行禮而後可見，故以喻無體之禮也。手行爲匍，伏地爲匐。《邶風・谷風》之篇言凡人有死喪之禍，必汲汲然往救助之。此非爲有服屬之親，特周救其急耳，故以喻無服之喪也。

子夏曰：「言則大矣，美矣，盛矣！言盡於此而已乎？」孔子曰：「何爲其然也？君子之服之也，猶有五起焉。」

疏曰：「服，習也。言君子習此三無，猶有五種起發其義。」

子夏曰：「何如？」孔子曰：「無聲之樂，氣志不違；無體之禮，威儀遲遲；無服之喪，内恕孔悲。無聲之樂，氣志既得；無體之禮，威儀翼翼；無服之喪，施異。及四國。無聲之樂，氣志既從；無體之禮，上下和同；無服之喪，以畜萬邦。無聲之樂，日聞去聲。四方；無體之禮，日就月將；無服之喪，純德孔明。無聲之樂，氣志既起；無體之禮，施及四海；無服之喪，施于孫子。」

方氏曰：「無聲之樂，始之以氣志不違者，言内無所戾也。無所戾則無所失，故繼之以氣志既得。得之於身，則人亦與之，故繼之以氣志既從。人從之矣，則聲聞于外，故繼之以日聞四方。日聞不已，則方興而未艾，故繼之以氣志既起。無體之禮，始之以威儀遲遲者，言緩而不迫也。緩或失之於怠，故繼之以威儀翼翼。威儀得中，則無乖離之心，故繼之以上下和同。和同而無乖離，則久而愈大，故繼之以日就月將。愈大則不特施于近而可以及乎遠，故終之以施及四海。無服之喪，始之以内恕孔悲者，言其以仁存心也。仁者愛人，故繼之以施及四國。以仁及人，則所養者衆，故繼之以以畜萬邦。所養者衆，則其德發揚于外，故繼之以純德孔明。德既發揚于外，則澤足以被于後世，故終之以施于孫子。其序如此，謂之五起，不亦宜乎！」○應氏曰：「大抵援《詩》句以發揚詠歎之，蓋贊美之不已也。」○劉氏曰：「志氣塞乎天地，則是君之志動天地之氣也。『氣志不違』以下，則是君心和樂之氣感天下之志也。」

子夏曰：「三王之德，參於天地。敢問何如斯可謂參天地矣？」孔子曰：「奉『三無私』以勞去聲。天下。」子夏曰：「敢問何謂『三無私』？」孔子曰：「天無私覆，地無私載，日月無私照。奉斯三者以勞天下，此之謂『三無私』。其在《詩》曰：『帝命不違，至於湯齊。如字。湯降不遲，聖敬日齊。躋。昭假格。遲遲，上帝是祗。帝命式于九圍。』是湯之德也。

「三王之德，參於天地」，蓋古語，故子夏舉以爲問。《詩》，《商頌·長發》之篇，孔子引之以證湯無私之德。○嚴氏曰：「商自契以來，天命所嚮，未嘗去之。然至湯而後與天齊，謂王業至此而成，天命至此而集，天人適相符合也。湯之謙抑，所以自降下者甚敏而不遲，故聖敬之德日以躋升也。敬爲聖人之敬，言至誠也。日躋，言至誠無息也。德日新，又日新，是聖敬日躋之盛，即文王之『純亦不已』也。其昭格於天，遲遲甚緩，言湯無心於得天，付之悠悠也。湯無所覬倖，故唯上帝是敬，其誠專一。然天自命之以爲法於天下，使爲王也。」

天有四時，春秋冬夏，風雨霜露，無非教也。地載神氣，神氣風霆，風霆流形，庶物露生，無非教也。

上章引《詩》以明王道之無私，此言天地之無私也。春夏之啓，秋冬之閉，風雨之發生，霜露之肅殺，無非天道至公之教也。載，猶承也。由神氣之變化，致風霆之顯設。地順承天施，故能發育羣品。形，猶迹也。流形，所以運造化之迹，而庶物因之以生。此地道至公之教也。聖人之至德，與天道之至教，均一無私而已。

清明在躬，氣志如神。耆嗜。欲將至，有開必先。天降時雨，山川出雲。其在《詩》曰：『嵩高維嶽，峻極于天。維嶽降神，生甫及申。維申及甫，周之翰。四國于蕃，四方于宣。』此文、武之德也。

清明在躬，氣志如神，即至誠前知之謂也。耆欲，所願欲之事也。有開必先，言先有以開發其兆聯者。如將興必有禎祥，若時雨將降，山川必先爲之出雲也。國家將興，天必爲之豫生賢佐，故引《大雅·嵩高》之篇，言文武有此無私之德，故天爲之生賢佐以興周。而文武無此詩，故取宣王詩爲喻，而曰「此文武之德也」。○嚴氏曰：「嵩然而高竦者嶽也，其山峻大，極至于天。維此嶽降其神靈，以生仲山甫及申伯。此申伯及山甫，皆爲周室之翰榦，四國則于以蕃蔽其患難，四方則于以宣布其德澤。」

三代之王也，必先其令聞。去聲。《詩》云『明明天子，令聞不已』，三代之德也。『弛其文德，協此四國』，大王之德也。」子夏蹶然而起，負牆而立，曰：「弟子敢不承乎！」

先其令聞者，未王之先，其祖宗積德已有令善之聲聞也。《詩》《大雅·江漢》之篇。弛，猶施也。《詩》作「矢」，陳也。協，《詩》作「洽」。《詩》美宣王，此亦取以爲喻。子夏問三王之德，夫子但舉殷周言之者，禹以禪無可疑；殷周放伐，故特明其非私也。蹶然，喜躍之貌。負牆而立者，問竟則退後背壁而立，以避進問之人也。承者，奉順不失之意。○應氏曰：「嵩高生賢，本於文武；德洽四國，始於大王，其積累豈一日哉！」

坊記第三十

子言之：「君子之道，辟譬。則坊防。與？平聲。坊民之所不足者也。大爲之坊，民猶踰之。故君子禮以坊德，刑以坊淫，命以坊欲。」

辟，讀爲譬。坊，與防同。言君子以道防民之失，猶以隄防遏水之流也。○應氏曰：「理欲相爲消長，人欲熾盛而有餘，則天理消滅而不足。禮則防其所不足，而制其所有餘焉。性之善爲德，禮以防之而養其源；情之蕩爲淫，刑以防之而遏其流。聖人防民之具至矣，然人之欲無窮，而非防閑之所能盡也。聖人於是而有命之説焉。命出於天，各有分限，而截然不可踰也。天之命令，人力莫施，以是防之，則覬覦者塞，羨慕者止，而欲不得肆矣。」

子云：「小人貧斯約，富斯驕。約斯盜，驕斯亂。禮者，因人之情而爲之節文，以爲民坊者也。故聖人之制富貴也，使民富不足以驕，貧不至於約，貴不慊口簟反。於上，故亂益亡。」

方氏曰：「小人無道以安貧，故貧斯約；無德以守富，故富斯驕。約者不獲恣，則有羨彼之志，故約斯盜；驕者不能遜，則有犯上之心，故驕斯亂。凡此皆人之情也，而禮則因而爲之節文。富者不以有餘而慢於人，貧者不以不足而窮其身，貴者不以在上而慊於物，皆由有禮故也。若家富不過百乘，所以制富而不使之驕也；一夫受田百畝，所以制貧而不使之約也；伐冰之家不畜牛羊，所以制貴而不使之慊也。」

子云：「貧而好樂，洛。富而好禮，衆而以寧者，天下其幾上聲。矣！《詩》云：『民之貪亂，寧爲荼毒。』故制國不過千乘，都城不過百雉，家富不過百乘。以此坊民，諸侯猶有畔者。」

衆而以寧，謂家族衆盛，而不以悖亂致禍敗也。天下其幾，言此三者不多見也。《詩》，《大雅·桑柔》之篇。貪，猶欲也。荼，苦菜也。毒，螫蟲也。刺厲王。言民苦政亂，欲其亂亡，故寧爲荼苦毒螫之行以相侵暴，而不之恤也。千乘，諸侯之國，其地可出兵車千乘也。都城，卿大夫都邑之城也。雉，度名也，高一丈長三丈爲一雉。家富，卿大夫之富也。不過百乘，其采地所出之兵車，不得過此數也。○石梁王氏曰：「『貧而好樂』，添一『好』字，恐非孔子語。」

子云：「夫禮者，所以章疑别微，以爲民坊者也。故貴賤有等，衣服有别，朝廷有位，則民有所讓。」

疑者，惑而未決；微者，隱而不明。惟禮足以章明之、分别之也。

子云：「天無二日，土無二王，家無二主，尊無二上，示民有君臣之别也。《春秋》不稱楚、越之王喪。禮，君不稱天，大夫不稱君，恐民之惑也。《詩》云：『相去聲。彼盍渴。旦，尚猶患之。』」子云：「君不與同姓同車，與異姓同車不同服，示民不嫌也。以此坊民，民猶得同姓以弑其君。」

楚、越之王喪，書「卒」不書「葬」，夷之也。君不稱天，避天子也。大夫不稱君而稱主，避國君也。《詩》，逸詩也。盍旦，夜鳴求旦之鳥。患，猶惡也。言視彼盍旦之夜鳴以求曉，是欲反夜作晝，求所不當求者，人尚且惡之，況人臣而求犯其上乎！不同車，遠害也。篡弑之禍，常起於同姓，故與異姓同車則不嫌。

子云：「君子辭貴不辭賤，辭富不辭貧，則亂益亡。故君子與其使食浮於人也，寧使人浮於食。」

食，禄也。浮，在上也。才德薄而受禄厚，是食浮於人也。

子云：「觴酒豆肉，讓而受惡，民猶犯齒。衽席之上，讓而坐下，民猶犯貴。朝廷之位，讓而就賤，民猶犯君。《詩》云：『民之無良，相怨一方。受爵不讓，至于己斯亡。』」子云：「君子貴人而賤己，先人而後己，則民作讓。故稱人之君曰君，自稱其君曰寡君。」

《詩》，《小雅·角弓》之篇。爵，酒器也。嚴氏云：「兄弟有因杯酒得罪而怨者，此爲持平之論以解之。言凡人之不善者，其相怨各執一偏，而不能參彼己之曲直，故但知怨其上而不思己過。然其端甚微，或止因受爵失辭遜之節，而或至於亡其身，亦可念矣。」○方氏曰：「禮，六十以上籩豆有加，故酒肉以犯齒言。三命不齒席于尊東，故衽席以犯貴言。族人不得戚君位，故朝廷以犯君言。」

子云：「利禄先死者而後生者，則民不偝；先亡者而後存者，則民可以託。《詩》云：『先君之思，以畜寡人。』以此坊民，民猶偝死而號平聲。無告。」

《詩》，《邶風·燕燕》之篇。畜，《詩》作「勗」，勉也。莊姜言歸妾戴嬀思念先君莊公，以婦道勗勉寡人。寡人，莊姜自謂。此以「勗」爲「畜」者，言能容畜我於心而不忘，是不偝死忘生之意也。○疏曰：「財利榮禄之事，假令死之與生並合俱得，君上則先與死者，後與生者。以此化民，則民皆不偝於死者。亡，謂身爲國事而出亡在外。存，謂存在國内者。君有利禄，先與在外亡者，而後與國内存者。以此化民，民皆仁厚，可以大事相付託也。偝死而號無告者，言民偝棄死者，其生者老弱號呼無所控告也。」

子云：「有國家者，貴人而賤禄，則民興讓；尚技而賤車，則民興藝。故君子約言，小人先言。」

貴人，貴有德之人也。言君能貴有德者，而不吝於班禄，則民興於讓善。尚有能者，而不吝於賜車，則民興於習藝。賤禄、賤車，非輕禄器也，特以貴賢尚能而不吝於所當與耳，讀者不以辭害意可也。言之不怍，則爲之也難，故君子之言常約。小人則先言而後行，不必其言行之相顧也。○鄭氏曰：「約與先互言，君子約則小人多矣。小人先則君子後矣。」

子云：「上酌民言，則下天上施。去聲。上不酌民言，則犯也。下不天上施，則亂也。故君子信讓以涖百姓，則民之報禮重。《詩》云：『先民有言，詢于芻蕘。』」

上酌民言，謂人君將施政教，必斟酌參挹乎輿論之可否。如此則政教所加，民尊戴之如天所降下者矣。否則民必違犯也。民不天上之所施，則悖慢之亂作矣。信則不欺於民，讓則不恃乎己。以此臨民，民得不親其上、死其長乎？故曰「民之報禮重」也。《詩》，《大雅·板》之篇。詢于芻蕘，問于取草取薪之賤者也。引此以明「酌民言」之意。

子云：「善則稱人，過則稱己，則民不争。善則稱人，過則稱己，則怨益亡。《詩》云：『爾卜爾筮，履無咎言。』」

《詩》，《衛風·氓》之篇。履，當依《詩》作「體」，謂卜之於龜，筮之於蓍，其卦兆之體皆無凶咎之辭也。以無咎明不争不怨之意。○石梁王氏曰：「鄭箋《詩》既以

「體」爲卦兆之體，何故於此曲附「履」字之訛？」

子云：「善則稱人，過則稱己，則民讓善。《詩》云：『考卜惟王，度徒洛反。是鎬京。惟龜正之，武王成之。』」

《詩》，《大雅·文王有聲》之篇。言稽考龜卜者，武王也。謀度鎬京之居，蓋武王之志已先定矣。及以吉凶取正於龜，而龜亦協從，武王遂以龜爲正而成此都焉。是武王不自以爲功，而讓之龜卜也，故引以爲讓善之證。然此兩節所引《詩》，意義皆不甚協。

子云：「善則稱君，過則稱己，則民作忠。《君陳》曰：『爾有嘉謀嘉猷，入告爾君于內，女乃順之于外，曰：此謀此猷，惟我君之德。於烏。乎！呼。是惟良顯哉！』」

《君陳》，《周書》。與今《書》文小異，引以證「善則稱君」之義。

子云：「善則稱親，過則稱己，則民作孝。《大誓》曰：『予克紂，非予武，惟朕文考無罪；紂克予，非朕文考有罪，惟予小子無良。』」

《泰誓》，《周書》，引以證「善則稱親」之義。

子云：「君子弛其親之過，而敬其美。《論語》曰：『三年無改於父之道，可謂孝矣。』高宗云『三年其惟不言，言乃讙』。」

弛，猶棄忘也。三年不言，見《商書·説命》篇。讙，今《周書·無逸》篇作「雍」，讙與歡同，言天下喜悦之也。此條引《論語》近之，引《書》義不協。○石梁王氏曰：「既有『子云』，又引《論語》曰，不應孔子自言，因知皆後人爲之。且不應孔子發言，段段引證如此齊同。」

子云：「從命不忿，微諫不倦，勞而不怨，可謂孝矣。《詩》云：『孝子不匱。』」

從命不忿，謂承受父母命令之時，不可有忿戾之色。蓋或以他事致忿，而其色未平也。一説，忿當作怠，亦通。《詩》，《大雅·既醉》之篇。言孝子事親無乏止之時。

子云：「睦於父母之黨，可謂孝矣。故君子因睦以合族。《詩》云：『此令兄弟，綽綽有裕。不令兄弟，交相爲瘉。庾。』」

因睦以合族，謂會聚宗族爲燕食之禮，因以致其和睦之情也。《詩》，《小雅·角弓》之篇。令，善也。綽綽，寬容之貌。瘉，病也。

子云：「於父之執，可以乘其車，不可以衣

去聲。其衣，君子以廣孝也。」子云：「小人皆能養其親，君子不敬，何以辨。」子云：「父子不同位，以厚敬也。《書》云：『厥辟不辟，忝厥祖。』」

父之執，與父執志同者也。車所同，衣所獨；故車可乘，衣不可衣。廣孝，謂敬之同於父，亦錫類之義也。辨，别也。同位則尊卑相等，是不敬也。故不同位者，所以厚敬親之道。《書》，《商書・太甲》篇。今《書》文無上「厥」字。言君不君而與臣相褻，則辱其先祖。以喻父不自尊而與卑者同位，亦爲忝祖也。

子云：「父母在，不稱老，言孝不言慈。閨門之内，戲而不歎。君子以此坊民，民猶薄於孝而厚於慈。」

《曲禮》云「恒言不稱老」，與此意同。孝所以事親，慈所以畜子。言孝不言慈者，慮其厚於子而薄於親故也。可以娱人而使之樂者，戲也；可以感人而使之傷者，歎也。閨門之内，謂父母之側。戲而不歎，非專事於戲也。謂爲孺子之容止，或足以娱親，猶云可爾。恨歎之聲則傷親，故不爲也。

子云：「長民者，朝廷敬老，則民作孝。」子云：「祭祀之有尸也，宗廟之有主也，示民有事也。修宗廟，敬祀事，教民追孝也。以此坊民，民猶忘其親。」

方氏曰：「爲親之死，故爲尸以象其生；爲神之亡，故爲主以寓其存。經曰『事死如事生，事亡如事存』，此所以言示民有事也。追孝，與《祭統》言『追養繼孝』同義。」

子云：「敬則用祭器，故君子不以菲廢禮，不以美没禮。故食嗣。禮，主人親饋則客祭，主人不親饋則客不祭。故君子苟無禮，雖美不食焉。《易》曰：『東鄰殺牛，不如西鄰之禴祭，寔受其福。』《詩》云：『既醉以酒，既飽以德。』以此示民，民猶争利而忘義。」

籩、豆、簠、鉶之屬，皆祭器，用之賓客，以寓敬也。菲薄而廢禮，與過文而没禮，皆不得爲敬。主人親饋，是敬客也；客祭其饌，是敬主也。《易》，《既濟》九五爻辭。禴，薄也。《詩》，《大雅・既醉》之篇。○方氏曰：「食者，利之所存；禮則義之所出，故言争利以忘義。」

子云：「七日戒，三日齊，承一人焉以爲尸，過之者趨走，以教敬也。醴酒在室，醍體。

酒在堂，澄酒在下，示民不淫也。尸飲三，衆賓飲一，示民有上下也。因其酒肉，聚其宗族，以教民睦也。故堂上觀乎室，堂下觀乎上。《詩》云：『禮儀卒度，笑語卒獲。』」

承，奉事之也。醴齊、醍齊、澄酒，此三酒味薄者在上，味厚者在下，貴薄而賤厚，是示民以不貪淫於味也。尸飲三，主人、主婦、賓長各一獻也。然後主人獻賓，是衆賓飲一也。尊上者得酒多，卑下者少，是示民以上下之等也。祭禮之末，序昭穆，相獻酬，此以和睦之道教民也。堂上者觀室中之禮儀，堂下者又觀堂上之禮儀，其容有不肅者乎！《詩》《小雅・楚茨》之篇。卒，盡也。言禮儀盡合於法度，笑語盡得其宜也。

子云：「賓禮每進以讓，喪禮每加以遠。浴於中霤，飯上聲。於牖下，小斂於户内，大斂於阼，殯於客位，祖於庭，葬於墓，所以示遠也。殷人弔於壙，上聲。周人弔於家，示民不偝也。」子云：「死，民之卒事也，吾從周。以此坊民，諸侯猶有薨而不葬者。」

賓自外而入，其禮不可以不讓。喪自内而出，其禮不容於不遠。其進其加，皆以漸致禮之道也。章首賓喪並言，下獨言喪禮者，重卒葬而言。餘説見《檀弓》。

子云：「升自客階，受弔於賓位，教民追孝也。未没喪，不稱君，示民不争也。故《魯春秋》記晉喪曰：『殺其君之子奚齊，及其君卓。』以此坊民，子猶有弒其父者。」

魯僖公九年，晉侯詭諸卒。冬，里克弒其君之子奚齊。十年，里克弒其君卓子。○方氏曰：「升自客階而不敢由於主人之階，受弔於賓位而不敢居於主人之位，所以避父之尊，盡爲子之孝而已。父既往，而猶未忍升其階、居其位焉，故曰『教民追孝也』。居君之位，而未敢稱君之號，則推讓之心固可見矣，故曰『示民不争也』」。

子云：「孝以事君，弟以事長，示民不貳也。故君子有君不謀仕，唯卜之日稱二君。

推事父之道以事君，推事兄之道以事長，皆誠實之至，豈敢有副貳其上之心乎！欲貳其君，是與尊者相敵矣，故云「示民不貳也」。君子，人君之子也。有君，君在也。不謀仕，嫌欲急於爲政也。世子他事皆不得稱君貳，唯命龜之時，或君有故而已代之，則自稱曰「君之貳某」。《左傳》「卜貳圉」，正謂君之貳，故鄭引之，云「『二』當爲『貳』」也。

喪父三年，喪君三年，示民不疑也。

疏曰：「君無骨肉之親，若不爲重服，民則疑君不尊。今與喪父同，示民不疑於君之尊也。」

父母在，不敢有其身，不敢私其財也，示民有上下也。

與《曲禮》「不許友以死，不有私財」意同。有上下，謂卑當統於尊也。

故天子四海之内無客禮，莫敢爲主焉。故君適其臣，升自阼階，即位於堂，示民不敢有其室也。父母在，饋獻不及車馬，示民不敢專也。以此坊民，民猶忘其親而貳其君。」

《曲禮》云：「三賜不及車馬，故州閭鄉黨稱其孝。」以上四節，皆明事君、事親之道，故總結之曰「忘其親而貳其君」。

子云：「禮之先幣帛也，欲民之先事而後禄也。先財而後禮則民利，無辭而行情則民争。故君子於有饋者，弗能見，則不視其饋。《易》曰：『不耕穫，户郭反。不菑緇。畬，余。凶。』以此坊民，民猶貴禄而賤行。」

禮之先幣帛，謂先行相見之禮，後用幣帛以致其情也。此是欲教民以先任事而後得禄之義。若先用財而後行禮，則民必貪於財利矣。無辭，無辭讓之節也。行情，直行己情也。禮略而利行，民不能無争奪矣。人有饋遺於己禮也。己或以他故，或以疾病，不能出見其人，則不視其饋。視，猶納也。此蓋不敢以無禮而當人之禮。《易·无妄》六二爻辭，今文無「凶」字。田一歲曰菑，三歲曰畬。不耕而穫，不菑而畬，以喻人臣無功而食君之禄。引之以證不行禮而貪利也。

子云：「君子不盡利以遺民。《詩》云：『彼有遺秉，此有不斂穧，才乂反。伊寡婦之利。』故君子仕則不稼，田則不漁，食時不力珍。大夫不坐羊，士不坐犬。《詩》云：『采葑采菲，無以下體。德音莫違，及爾同死。』以此坊民，民猶忘義而争利，以亡其身。」

《詩》，《小雅·大田》之篇。秉，禾之束爲把者；穧，鋪而未束者。言彼處有遺餘之秉把，此處有不收斂之鋪穧，寡婦之不能耕者，取之以爲利耳。伊，語辭。與今《詩》文顛倒不同。仕則不稼，禄足以代耕也。田則不漁，有禽獸不可再取魚鱉也。食時，食四時之膳也。不力珍，不更用力務求珍羞也。坐羊、坐犬，殺食而坐其皮也。皆言不盡利之道。《詩》，《衛風・谷風》之篇。葑，蔓菁菜也。菲，亦菜名。詩之意，與此所引之意不同。詩意謂如葑菲常食之菜，不可以其近地黄腐之莖葉，遂棄其上而不采，猶夫婦之間，亦不當以小過而棄其善。此引以爲「不盡利」之喻者，謂采葑菲者，但當采取其葉，不可以其根本之美而并取之。如此則人君盛德之聲遠播，無有違之者，而人皆知親其上、死其長矣。詩則以「及爾同死」爲偕老也。

子云：「夫禮，坊民所淫，章民之别，使民無嫌，以爲民紀者也。故男女無媒不交，無幣不相見，恐男女之無别也。《詩》云：『伐柯如之何？匪斧不克。取去聲。妻如之何？匪媒不得。』『蓺麻如之何？横從兹弓反。其畝。取妻如之何？必告父母。』以此坊民，民猶有自獻其身。」

章，明也。無嫌，無可嫌之行也。《詩》，《齊風・南山》之篇，今《詩》作「析薪如之何」，而《豳風・伐柯》篇言「伐柯如何？匪斧不克」。克，能也。横從其畝，言從横耕治其田畝也。自獻其身，謂女自進其身於男子也。「以此坊民」以下十一字，舊本在「詩云」之上。今以類推之，當在所引《詩》下。

子云：「取妻不取同姓，以厚别也。故買妾不知其姓，則卜之。以此坊民，《魯春秋》猶去上聲。夫人之姓曰『吳』，其死曰『孟子卒』。」

厚别，厚其有别之禮也。卜之，卜其吉凶也。吳，大伯之後，魯同姓也。昭公取吳女，又見《論語》。

子云：「禮，非祭，男女不交爵。以此坊民。陽侯猶殺繆穆。侯，而竊其夫人。故大饗廢夫人之禮。」

陽侯、繆侯，兩君之謚也。鄭云：「其國未聞。」○方氏曰：「大饗者，兩君相見之饗也。因陽侯之事，而廢夫人之禮。則陽侯以前，夫人固與乎大饗，而有交爵之禮矣。」乃云「非祭，不交爵者」，先儒謂同姓則親獻，異姓則使人攝。此云「不交爵」，謂饗異姓國君耳。○石梁王氏曰：「陽侯、繆侯，既同是侯，則『殺』字當如字讀。鄭既未聞其國，何以知陽侯爲弑君？」

子云：「寡婦之子，不有見現。焉，則弗友也，君子以辟避。遠去聲。也。故朋友之交，主人不在，不有大故，則不入其門。以此坊民，民猶以色厚於德。」

寡婦之子，見《曲禮》。避遠者，以避嫌，故遠之也。

子云：「好德如好色。

鄭云：「此句似不足。」

諸侯不下漁色，故君子遠去聲。色以爲民紀。故男女授受不親，御婦人則進左手。姑、姊妹、女子子已嫁而反，男子不與同席而坐。寡婦不夜哭。婦人疾，問之，不問其疾。以此坊民，民猶淫泆而亂於族。」

諸侯不内娶。若下娶本國卿大夫、士之女，則是如漁者之於魚，但以貪欲之心求之也，故云「漁色」。荒於色，則紀綱弛，民之昏禮亦化之而廢。故遠色者，所以立民之紀，使不以色而廢禮亂常也。餘並見前。

子云：「昏禮，壻親迎，去聲。見現。於舅姑。舅姑承子以授壻，恐事之違也。以此坊民，婦猶有不至者。」

舅姑，女之父母也。承，進也。子，女也。《論語》註云：「送與之也。」《儀禮》，父戒女曰「夙夜無違命」，母戒女曰「無違宮事」，皆恐事之違也。末世禮壞，故有男行而女不隨者，亦有親迎而女不至者。○成氏曰：「婦人謂夫之父母曰舅姑，男子亦謂妻之父母曰舅姑，但加『外』字耳。夫婦齊體，父母互相敬也。」

中庸第三十一 朱子《章句》。

禮記卷之十四

禮記卷之十五

陳澔集説

表記第三十二

鄭氏曰：「記君子之德，見於儀表者。」

子言之：「歸乎！君子隱而顯，不矜而莊，不厲而威，不言而信。」

方氏曰：「此篇稱『子言之』者八，皆總其大同之略也。稱『子曰』者四十五，皆列其小異之詳也。」〇應氏曰：「『歸乎』之嘆，聖人周流不遇，覩世道之益衰，念儀刑之有本，何必歷聘駕説而後足以行道哉！隱而顯，即《中庸》所謂『潛雖伏矣，亦孔之昭』是也。不矜而莊，不厲而威，不言而信，即所謂『不動而敬，不言而信』是也。《中庸》以是終篇，蓋示人以進德之事。《表記》以是爲始，蓋發明聖人立教之故。」

子曰：「君子不失足於人，不失色於人，不失口於人。是故君子貌足畏也，色足憚也，言足信也。《甫刑》曰：『敬忌而罔有擇言在躬。』」

疏曰：「《甫刑》，《吕刑》也。甫侯爲穆王説刑，故稱《甫刑》。」〇馬氏曰：「見其所可行而不慮其所可止，則失足於人；見其所可喜而不慮其所可怒，則失色於人；見其所可語而不慮其所可默，則失口於人。不失足於人，故貌足畏；不失色於人，故色足憚；不失口於人，故言足信。」〇劉氏曰：「君子謹獨，不待矜而莊，故不失足於人而貌足畏；不待厲而威，故不失色於人而色足憚；不待言而信，故不失口於人而言足信也。蓋其尋常敬忌，故動處無不中節如此。又引《書》以證之，而義益顯矣。」

子曰：「裼、襲之不相因也，欲民之毋相瀆也。」

裼、襲，見《曲禮》。〇應氏曰：「裼、襲以示文質各有異宜。所謂『不相因』者，恐一時或有異事，必易服從事，各存其敬，不以襲衣而因爲裼，不以裼衣而因爲襲。蓋節文既辨，而又不憚其勞，則無相褻之患。」

子曰：「祭極敬不繼之以樂，洛。朝極辨不繼之以倦。」

吕氏曰：「極敬者，誠意至也。苟至於樂，則敬弛。極辨者，節文明也。苟至於倦，則入於苟簡。」

子曰：「君子慎以辟避。禍，篤以不揜，恭以遠去聲。恥。」

馬氏曰：「篤者，居其厚不居其薄，處其實不處其華，則輝光發於外，而人不能揜也。」○應氏曰：「君子經德不回，所以正行，則其戒謹篤恭，皆非有爲而爲之也，豈區區於避禍患、防揜恥乎！記禮之垂是言，亦以曉人知避困辱之道耳。」

子曰：「君子莊敬日强，安肆日偷。君子不以一日使其躬儳仕鑑反。焉如不終日。」

馬氏曰：「莊敬所以自强，而有進德之漸，故日强；安肆所以自棄，而有敗度之漸，故日偷。」○應氏曰：「儳者，參錯不齊之貌。心無所檢束，而紛紜雜亂，遂至儳焉錯出。外既散亂而不整，則內亦拘迫而不安，故不能終日也。若主一以直內，而心廣體胖，何至於如不終日乎？」

子曰：「齊戒以事鬼神，擇日月以見現。君，恐民之不敬也。」

幽明之交，上下之際，尤其所當敬者，故並言之。

子曰：「狎侮死焉而不畏也。」

馬氏曰：「狎侮至於死而不畏者，蔽其所褻也。」

子曰：「無辭不相接也，無禮不相見也，欲民之毋相褻也。《易》曰：『初筮告，再三瀆，瀆則不告。』」

《易》，《蒙》卦辭。謂凡占者，初筮則誠敬必全。若以明而治蒙，必其學者如初筮之誠，則當告之。若如再筮三筮之瀆慢，則不必告之矣。引此以言賓主之交際，當慎始敬終如初筮之誠，不可如再三筮之瀆慢也。○吕氏曰：「辭者，相接之言，如『公與客宴，曰：寡人有不腆之酒，以請吾子之與寡人須臾焉，使某也以請』之類是也。禮者，相見之摯，如羔、鴈、雉、鶩之類是也。必以辭、必以禮者，交際不可苟也。苟則褻，褻則不敬，此交所以易疏也。」

子言之：「仁者，天下之表也。義者，天下之制也。報者，天下之利也。」

應氏曰：「仁之體大而尊，昭揭衆善，而人心儼然知所敬，故曰表。義之體方而嚴，裁割事物，而人心凜然知所畏，故曰制。報之爲禮，以交際往來，彼感此應，而有不容已者，所以使人有文以相接，有恩以相愛，其何利如之！」

子曰：「以德報德，則民有所勸。以怨報怨，則民有所懲。《詩》曰：『無言不讎，無德不報。』《太甲》曰：『民非后，無能胥以寧；后非民，無以辟四方。』」子曰：「以德報怨，則寬身之仁也。以怨報德，則刑戮之民也。」

以《論語》「以直報怨，以德報德」之言觀之，此章恐非夫子之言。○方氏曰：「以德報怨，則忘人之怨，雖不足以有懲，而衆將德之而有裕矣，故曰『寬身之仁』。以怨報德，則忘人之德，既不足以有所勸，而衆且怨之而不容矣，故曰『刑戮之民』。」

子曰：「無欲而好仁者，無畏而惡不仁者，天下一人而已矣。是故君子議道自己，而置法以民。」

呂氏曰：「安仁者，天下一人而已，則非聖人不足以性仁。苟志於仁矣，無惡也，則衆人皆可以爲仁。以聖人所性而議道，則道無不盡。以衆人之可爲而制法，則法無不行。」○方氏曰：「欲而好仁，則知者利仁之事也。畏而惡不仁，則畏罪者强仁之事也。若所好生於無欲，所惡生於無畏，非中心安仁者不能，故曰『天下一人而已』。」

子曰：「仁有三，與仁同功而異情。與仁同功，其仁未可知也。與仁同過，然後其仁可知也。仁者安仁，知者利仁，畏罪者强上聲。仁。仁者右也，道者左也。仁者人也，道者義也。厚於仁者薄於義，親而不尊。厚於義者薄於仁，尊而不親。

呂氏曰：「安仁、利仁、强仁，三者之功，同歸於仁，而其情則異。此堯舜性之，湯武身之，五霸假之，所以異也。桓公九合諸侯，一匡天下，雖湯武之舉，不過乎是，而其情則不同，故其仁未可知也。過者，人所避，有不幸而致焉。周公使管叔以殷畔，過於愛兄而已。孔子對陳司敗以昭公知禮，過於諱君而已。皆出乎情，而其仁可知也。道非仁不立，義非人不行。凡人之舉動，必右先而後左隨之，故曰仁右道左。」

道有至，有義，有考。至道以王，義道以霸，考道以爲無失。」

應氏曰：「至道，即仁也。至道渾而無迹，故得其渾全精粹以爲王。義道嚴而有方，故得其裁割斷制以爲霸。盡稽考之道，而事不輕舉焉，亦可以無失矣。」○石梁王氏曰：「義道以霸，非孔子之言。」

子言之：「仁有數，義有長短小大。中心憯七感反。怛，多八反。愛人之仁也。率法而强上聲。之，資仁者也。《詩》云：『豐水有芑，武王豈不仕？詒厥孫謀，以燕翼子。』數上聲。世之仁也。《國風》曰：『我今不閲，皇恤我後。』終身之仁也。」

仁有數，言行仁之道非止一端，蓋爲器重，爲道遠，隨其所舉之多寡，所至之遠近，皆可謂之仁也。義有長短小大，言義無定體，在隨事而制其宜也。中心憯怛，惻隱之端也，故爲愛人之仁。率循古人之成法而勉强行之，此爲求仁之事。資仁，取諸人以爲善也，即上文「强仁」之意。《詩》，《大雅·文王有聲》之篇。言豐水之傍，以潤澤生芑穀，喻養成人才也。武王豈不官使之乎？言無遺才也。聖人爲後嗣計，莫大於遺之以人才。是欲傳其孫之謀，而燕安翼輔其子耳。曾玄以下皆孫也，故夫子以爲數世之仁。蓋中心憯怛，所發者深，故所及者遠也。《國風》，《邶風·谷風》之篇。今，《詩》作「躬」。閲，容也。言我身且不見容，何暇憂後事乎。此但欲以仁終其身而已耳。蓋勉强資仁，所發者淺，故所及者近也。

子曰：「仁之爲器重，其爲道遠，舉者莫能勝升。也，行者莫能致也。取數多者，仁也。夫勉於仁者，不亦難乎？是故君子以義度待洛反。人，則難爲人。以人望人，則賢者可知已矣。」

吕氏曰：「管仲之功，微子之去，箕子之囚，比干之死，皆得以仁名之；語仁之盡，則堯舜其猶病諸？此仁所以取數之多也。以義度人，盡義以度人者也。以人望人者，舉今之人相望也。盡義以求人，非聖人不足以當之，故難爲人。舉今之人相望，則大賢愈於小賢，故賢者可知已。」

子曰：「中心安仁者，天下一人而已矣。《大雅》曰：『德輶如毛，民鮮克舉之。我儀圖之，惟仲山甫舉之，愛莫助之。』《小雅》曰：『高山仰止，景行去聲。行止。』」子曰：「《詩》之好仁如此。鄉去聲。道而行，中道而廢，忘身之老也，不知年數之不足也。俛焉日有孳孳，斃而後已。」

《大雅》，《烝民》之篇，言德之在人，其輕如毛，非難能也，而民少能舉之者。尹吉甫於儀匹之中圖謀之，求其能舉德者，乃惟仲山甫能舉之。我愛其人，使其或有不及，我思效忠以助之。今吉甫雖愛山甫而欲助之，而山甫全德，吉甫無可以致其助者也。《小雅》，《車舝》之篇，言有高山，則人瞻望而仰之；有景大之德行，則人視法而行之。二「止」字，皆語辭。夫子引此兩詩而贊之曰：「詩人之好仁如此哉！」中道而廢，言力竭而止。若非力竭，則不止也。不足，少也，人老則未來之歲月少矣。俛焉，無他顧之意。孳孳，勤勉之貌。斃，死也。○應氏曰：「前章言仁重且遠，而人不可以全責。此又總叙而勸勉之。」

子曰：「仁之難成久矣，人人失其所好。故仁者之過，易辭也。」子曰：「恭近禮，儉近仁，信近情。敬讓以行，此雖有過，其不甚矣。夫恭寡過，情可信，儉易容也。以此失之者，不亦鮮乎？《詩》云：『温温恭人，維德之基。』」

仁之難成，私欲間之也。私意行，則所好非所當好，故曰「失其所好」也。苟志於仁，雖或有過，其情則善，故不待多言而可辨，故曰「易辭也」。恭、儉、信三者未足以爲仁，而亦行仁之資。曰「不甚」曰「鮮」，皆勉人致力於此，可以由此寡過而進德也。《詩》《大雅·抑》之篇。○石梁王氏曰：「『信近情』，當爲『情近信』。」

子曰：「仁之難成久矣，唯君子能之。是故君子不以其所能者病人，不以人之所不能者愧人。是故聖人之制行也，不制以己，使民有所勸勉愧恥，以行其言。禮以節之，信以結之，容貌以文之，衣服以移讀爲「稱」，尺正反。之，朋友以極之，欲民之有壹也。《小雅》曰：『不愧于人，不畏于天。』」

吕氏曰：「聖人制行以立教，必以天下之所能行者爲之法，所以爲達道也。惟不制乎己，故民知跂乎此而有所勸勉。知不及乎此而有所愧恥，則於仁也知所向矣。非特此也，制禮以節其行而使之齊，立信以結其志而使之固，容貌以驗其文之著於外，衣服以稱其德之有於中，朋友切磋相成，以至於極而後已。」○應氏曰：「五者輔道而夾持之，欲其趨向之專壹也。縱有懈怠而欲爲惡者，獨不愧于人而畏于天乎？」《小雅》，《何人斯》之篇。

是故君子服其服，則文以君子之容；有其容，則文以君子之辭；遂其辭，則實以君子之德。是故君子恥服其服而無其容，恥有其容而無其辭，恥有其辭而無其德，恥有其德而無其行。去聲。是故君子衰絰則有哀色，端冕則有敬色，甲冑則有不可辱之色。《詩》云：『維鵜在梁，不濡其翼。彼記之子，不稱其服。』」

此承上文「容貌」「衣服」而言，欲有其德行以實之也。德，謂得之於己。行，謂見之於事。《詩》，《曹風·候人》之篇。鵜，鵜鶘也，俗名淘河。鵜鶘當入水中食魚，今乃在魚梁之上，竊人之魚以食，未嘗濡濕其翼。如小人居高位以竊禄，而不稱其服也。

子言之：「君子之所謂義者，貴賤皆有事於天下。天子親耕，粢盛秬鬯，以事上帝，故諸侯勤以輔事於天子。」

應氏曰：「義者，截然正方而無偏私也。知賤之事貴，而不知貴之率賤，豈絜矩之道哉！故天子竭力致敬以事乎上帝，則諸侯亦服勤以輔乎天子也。」

子曰：「下之事上也，雖有庇民之大德，不敢有君民之心，仁之厚也。是故君子恭儉以求役仁，信讓以求役禮，不自尚其事，不自尊其身，儉於位而寡於欲，讓於賢，卑己而尊人，小心而畏義，求以事君。得之自是，不得自是，以聽天命。《詩》云：『莫莫葛藟，力水反。施異。于條枚。凱弟君子，求福不回。』其舜、禹、文王、周公之謂與？有君民之大德，有事君之小心。《詩》云：『惟此文王，小心翼翼。昭事上帝，聿懷多福。厥德不回，以受方國。』」

役，猶爲也。得之、不得，即《中庸》「獲乎上」「不獲乎上」也。《詩》，《大雅·旱麓》之篇。莫莫，茂密也。藟，似葛。枝曰條，幹曰枚。嚴氏云：「是葛也、藟也，乃蔓於木之枝幹，喻文王憑先祖之功而起也。文王凱樂弟易，其求福不回邪也。《表記》言『得之自是，不得自是，以聽天命』，遂引此章。蓋有一毫覬倖之心則邪矣。」《詩》，《大雅·大明》之篇，言文王小心翼翼然，恭敬以明事上帝，遂能懷來多福。蓋其德不回邪，故受此四方侯國之歸也。○應氏曰：「數章之内，自『恭近禮，儉近仁，信近情』之後，又言『恭儉役仁，信讓役禮』；曰『自卑而尊人』，又曰『自卑而民敬尊之』；曰『不自尚其事，不自尊其身』，又曰『不自大其事，不自尚其功』。」

子曰：「先王謚以尊名，節以壹惠，恥名之浮於行也。是故君子不自大其事，不自尚其功，以求處情。過行去聲。弗率，以求處厚。彰人之善，而美人之功，以求下賢。是故君子雖自卑而民敬尊之。」子曰：「后稷天下之爲烈也，豈一手一足哉！唯欲行之浮於名也，故自謂便人。」

諡以尊名，爲美謚以尊顯其聲名也。壹，專也。惠，善也。善行雖多，難以枚舉，但節取其大者以專其善，故曰「節以壹惠」也。以求處情，謂君子所以不自大尚其事功者，以求處情實，不肯虚爲矯飾也。過行弗率，以求處厚者，謂若有過高之行，則不敢率循，惟求以處乎篤厚之道而已，本分上不可加毫末也。后稷教民稼穡，爲周之始祖，其功烈之在天下，豈一人之手、一人之足遵而用之哉！固當以仁聖自居矣，惟欲行過於名也，故自謂便習民事之人而已。

子言之：「君子之所謂仁者，其難乎。《詩》云：『凱弟君子，民之父母。』凱以强平聲。教之，弟以説悦。安之。樂音洛。而毋荒，有禮而親，威莊而安，孝慈而敬，使民有父之尊，有母之親，如此而後可以爲民父母矣。非至德，其孰能如此乎？

吕氏曰：「强教之者，以道驅之，如『佚道使民，雖勞不怨』者也。説安之者，得其心之謂也。『説以使民，民忘其勞；説以犯難，民忘其死』者也。樂，説安也。毋荒則有教矣。威莊，强教也，安則説矣。孝慈，説也，敬則有教矣。强教，則父之尊存焉。説安，則母之親存焉。此言君子仁民之道如此，非聖人莫能與也。」

今父之親子也，親賢而下無能；母之親子也，賢則親之，無能則憐之。母親而不尊，父尊而不親。水之於民也，親而不尊；火尊而不親。土之於民也，親而不尊，天尊而不親。命之於民也，親而不尊，鬼尊而不親。」

下無能，賤其無能之子也。○應氏曰：「命者，造化所以示人者也，顯而易見，故人玩之。鬼幽而難測，故人畏之。」或曰，命謂君之教令，故下文言「夏道尊命」。

子曰：「夏道尊命，事鬼敬神而遠去聲。之，近人而忠焉，先禄而後威，先賞而後罰，親而不尊。其民之敝，惷尸容反。而愚，喬音驕。而野，朴而不文。殷人尊神，率民以事神，先鬼而後禮，先罰而後賞，尊而不親。其民之敝，蕩而不静，勝而無恥。周人尊禮尚施，去聲。事鬼敬神而遠之，近人而忠焉，其賞罰用爵列，親而不尊。其民之敝，利而巧，文而不慚，賊而蔽。」

先禄後威，先賞後罰，皆是忠厚感人之意，故民雖知親其上，而尊君之意則未也。故曰「親而不尊」。惷愚、驕傲、鄙野、質朴之敝，皆忠之末流也。殷人欲矯其敝，故以敬畏爲道，以事神之道率民。先其鬼之不可知者，後其禮之可知者；先其罰之可畏，後其賞之可慕。尊則尊矣，而親愛之情則無由生也。故曰「尊而不親」。流蕩而不知静定之所者，尊上鬼神之敝；務自勝以免刑而無恥者，先罰後賞之敝也。周人見其然，故尊禮以矯後禮之失，尚施惠以爲恩，亦如夏時之近人而忠。其賞罰亦無先後，但以爵列之高下爲準。如車服土田之賞有命數之異，刑罰之施有八辟之議，及命夫命婦不躬坐獄訟之類，皆是也。故亦如夏世之親而不尊。其後民皆便利而多機巧，美文辭而言之不怍，賊害而蔽於理，皆尊禮太過，文没其實之所致。○應氏曰：「三代之治，其始各有所尊，其終各有所敝。夏之道，惟思盡心於民，惟恐人之有所不正，不得不重其文告之命。遠神近人，後威先禄，皆其忠實之過而徇於近也。近則失之玩，故商矯之而尊神焉。君民上下，情不相接，率民事神，先鬼先罰，後禮後賞，而遠於物也。遠則失於亢，故周矯之而尊禮焉。禮文委曲而徇人，禮繁文勝，利巧而賊，其敝又有甚者焉。凡此非特見風氣既開，而澆漓之日異，抑亦至德之不復見而已歟？」○石梁王氏曰：「此一章未敢信以爲孔子之言。」

子曰：「夏道未瀆辭，不求備，不大望於民，民未厭其親。殷人未瀆禮，而求備於民。周人强上聲。民，未瀆神，而賞爵刑罰窮矣。」

未瀆辭，以其尊命也。未瀆禮，以其後禮也。未瀆神，以其敬神而遠之也。不求備，不大望於民，即省刑罰、薄税斂之事。未厭其親，尊君親上之心自不能忘也。言夏之民未厭其親，則殷周之民不然矣。强民，言殷民，不服，而成王、周公化之之難也。賞爵刑罰之制，至周而詳悉備具，無以復加，故曰「窮矣」。窮，極也。一説，賞爵不能勸善，刑罰不能止惡，故曰「窮」。

子曰：「虞、夏之道，寡怨於民。殷、周之道，不勝升。其敝。」子曰：「虞、夏之質，殷、周之文，至矣。虞、夏之文不勝去聲。其質，殷、周之質不勝其文。」

前章言夏、殷、周之事，此又兼言虞氏以起下章。

子言之曰：「後世雖有作者，虞帝弗可及也已矣。君天下，生無私，死不厚其子。子民如父母，有憯怛之愛，有忠利之教。親而尊，安而敬，威而愛，富而有禮，惠而能散。其君子尊仁畏義，恥費輕實，忠而不犯，義而順，文而静，寬而有辨。《甫刑》曰：『德威惟威，德明惟明。』非虞帝，其孰能如此乎？」

吕氏曰：「憯怛之愛，猶慈母之愛，非責報於其子也，非要譽於他人也，發於誠心而已。忠利之教者，若使契爲司徒，教以人倫，作爲衣裳、舟楫、臼杵、弧矢、宫室、棺椁、書契，使天下利用而不倦。是皆有教人以善之誠，無所不利之功者也。富而有禮，節於物者也。惠而能散，周於物者也。義以相正而不傷乎割，文以相接而不傷乎動，故寬裕有容，而容之中有辨焉。」○應氏曰：「生無私，有天下而不與也。死不厚其子，傳諸賢而爲天下得人也。生死無所私，而心乎斯民，真若父母之於子。『親而尊』至『惠而能散』，猶元氣之運，妙用無迹，此《中庸》所謂『用其中於民』也。其君子化之皆爲全德，尊仁畏義，不敢犯天下之公理；恥費輕實，不敢徇一己之私欲。恥費用者，儉於自奉也。輕財實者，薄於言利也。自『庇民大德』而下凡三章，言臣道之難於盡仁，惟舜、禹、文王、周公可以爲仁之厚，而后稷庶幾近之。自『凱弟君子』而下凡四章，言君道之難於盡仁，惟虞帝可以爲德之至，而夏、商、周皆未免有所偏也。」

子言之：「事君先資其言，拜自獻其身，以成其信。是故君有責於其臣，臣有死於其言。故其受禄不誣，其受罪益寡。」

應氏曰：「資，憑藉也。古之爲臣，其經世之學，皆豫定於胸中。至於事君，則前定之規模，先形於言以爲藉，然後自獻其身以成其信。自獻者，非屈己以求售也，如《書》之『自靖』『自獻』，致命而無所愧也。畎畝幡然之數語，《説命》對揚之三篇，此伊、傅先資之言也。齊桓問答而爲書，燕昭命下而有對，此管、樂先資之言也。言於先而信於後，無一不酬者，後世若登壇東向之答，草廬三顧之策，亦庶幾焉。」○馬氏曰：「受禄不誣，言不素餐也。」

子曰：「事君大言入則望大利，小言入則望小利。故君子不以小言受大禄，不以大言受小禄。《易》曰：『不家食吉。』」

不家食吉，《大畜》之彖辭也。謂大畜之君子，才德所藴者大，則當食禄於朝，以有爲於天下，而不食於家則吉。此言不以大言受小禄，所謂「達可行於天下而後行之者也」。○吕氏曰：「大言，所言者大也。小言，所言者小也。利及天下，澤及萬世，大利也。進一介之善，治一官之事，小利也。諫行言聽，利斯從之矣。先儒謂利爲禄賞，人臣事君，各效其忠而已，言人而遂望其禄賞，乃小人之道，非所以事君也。所謂『不以小言受大禄，不以大言受小禄』者，此君之所以報臣，非臣之所以望君也。受之有義，亦稱其大小而已。小言而大禄，則報踰其分；大言而小禄，則君不我知，亦不可受也。」○石梁王氏曰：「此非孔子之言。」

子曰：「事君不下達，不尚辭，非其人弗自。《小雅》曰：『靖共爾位，正直是與。神之聽之，式穀以女。』」

下達，謂趨乎汙下，如曰吾君不能，如曰長君之惡、逢君之惡，皆是也。伊尹使君爲堯舜之君，孟子非堯舜之道不陳，則謂之上達也。尚辭，利口捷給也。自，所由以進者也。《小雅》，《小明》之篇，言人臣能安靖恭敬其職位，惟正直之道是與，則神明聽之，將用福禄與汝矣。以，與也。

子曰：「事君遠而諫，則讇諂。也；近而不諫，則尸利也。」子曰：「邇臣守和，宰正百官，大臣慮四方。」

吕氏曰：「陵節犯分，以求自達，故曰『讇』；懷禄固寵，主於爲利，故曰『尸利』也。」○方氏曰：「所謂『守和』者，過於和，則流而爲同；不及於和，則乖而爲異。故在於能守，守則適中而無過與不及之患矣。」○應氏曰：「宰以職言，大臣以位言。自三公以下皆是，不特六卿。其序則先君德而後朝廷，先朝廷而後天下也。」○石梁王氏曰：「『遠而諫，則讇』，非孔子之言。」

子曰：「事君欲諫不欲陳。《詩》云：『心乎愛矣，瑕不謂矣。中心藏之，何日忘之？』」

諫者，止君之失。陳者，揚君之失也。《詩》，《小雅·隰桑》之篇。瑕，《詩》作「遐」。本謂我心愛慕此賢者，思相與語，以其相去遐遠，故不得共語。然欲發之言，藏於我心，何日而忘之乎？此記者借以爲喻，言我有愛君之心，欲諫其過，胡不言乎？縱未得進諫，亦藏於心而不忘，但不以語他人耳。

子曰：「事君難進而易退，則位有序。易進而難退，則亂也。故君子三揖而進，一辭而退，以遠去聲。亂也。」

吕氏曰：「所謂有序者，小德役大德，小賢役大賢之謂也。所謂亂者，賢不肖倒置之謂也。君信我可以爲師，非學焉而後臣之，則不進也。信我可以執國政，雖待以季孟之間，亦不進也。膰肉不至而即行，靈公問陳而即行，君子之道，正君而已。枉己者，未有能直人者也。人之相見，三揖至于階，三讓以賓升。而其退也，一辭而出，主人拜送，賓去不顧。若主人之敬未至而强進，主人之意已懈而不辭，則賓主之分亂矣。可仕可已，可見可辭，進退之義一也。」

子曰：「事君三違而不出竟，上聲。則利禄也。人雖曰不要，平聲。吾弗信也。」

違，猶去也。不出竟，實無去志也。謂非要利可乎？○吕氏曰：「孔子去魯，遲遲吾行，以不忍於父母之國也。孟子去齊，三宿出晝，冀齊王之悔悟也。然卒出竟以去，君子之義可見矣。」

子曰：「事君慎始而敬終。」子曰：「事君可貴可賤，可富可貧，可生可殺，而不可使爲亂。」

馬氏曰：「在物者有命，故可貴可賤，可生可殺。在己者有義，故不可使爲亂也。」

子曰：「事君，軍旅不辟音避。難，去聲。朝廷不辭賤。處其位而不履其事，則亂也。故君使其臣，得志則慎慮而從之，否則孰慮而從之。終事而退，臣之厚也。《易》曰：『不事王侯，高尚其事。』」

吕氏曰：「亂者，如絲之不治而無緒也。臣受君命，雖有所合，不敢以得志而自滿，故慎慮而從之，乃臨事而懼，好謀而成者也。有所不合，又非所宜辭，亦不敢怨於不得志，故孰慮而從之。卒事則致爲臣而去，故可以自免而不累於上，故曰『臣之厚也』。《易》，《蠱》之上九。事之終且無位也，有似乎仕焉而已者，故曰不事王侯，乃可以高尚其事，而不見役于人也。」

子曰：「唯天子受命于天，士受命于君。故君命順，則臣有順命；君命逆，則臣有逆命。《詩》曰：『鵲之姜姜，鶉之賁賁。人之無良，我以爲君！』」

《詩》，《衛風·鶉之奔奔》篇。嚴氏云：「鶉之奔奔然鬬者，不亂其匹也。鵲之彊彊然剛者，不淫其匹也。刺宣姜與公子頑非匹偶也。人之不善者，我乃以爲小君乎！」○吕氏曰：「天道無私，莫非理義。君所以代天而治者，推天之理義以治斯人而已。天叙、天秩、天命、天討，莫非天也。臣之受命于君者，命合乎理義，爲順天命；不合，則爲逆天命。順則爲臣者將不令而行，逆則爲臣者雖令不從矣。」

子曰：「君子不以辭盡人，故天下有道，則行去聲。有枝葉；天下無道，則辭有枝葉。」

不以辭盡人，謂不可以言辭而盡見其人之實，蓋有言者不必有德也。行有枝葉，根本盛而條達者也。辭有枝葉，則蕪辭蔓説而已。此皆世教盛衰所致，故以有道無道言之。

是故君子於有喪者之側，不能賻焉，則不問其所費；於有病者之側，不能饋焉，則不問其所欲；有客不能館，則不問其所舍。故君子之接如水，小人之接如醴。君子淡以成，小人甘以壞。《小雅》曰：『盜言孔甘，亂是用餤。』」

三者不能則不問，不可以虛言待人也。接，交也。《小雅》、《巧言》之篇。盜言，小人讒賊之言也。餤，進也。

子曰：「君子不以口譽平聲。人，則民作忠。故君子問人之寒則衣去聲。之，問人之飢則食嗣。之，稱人之善則爵之。《國風》曰：『心之憂矣，於我歸說。』」稅。

譽者，揚人之善而過其實者也。《國風》、《曹風·蜉蝣》之篇。詩人憂昭公之無所依，故曰其於我而歸稅乎。說，讀爲稅，舍息也。

子曰：「口惠而實不至，怨菑災。及其身。是故君子與其有諾責也，寧有已怨。《國風》曰：『言笑晏晏，信誓旦旦。不思其反，反是不思，亦已焉哉。』」

《國風》、《衛風·氓》之篇。晏晏，和柔也。旦旦，明也。始焉不思其反覆，今之反覆，是始者不思之過也。今則無如之何矣，故曰「亦已焉哉」。○吕氏曰：「有求而不許，始雖咈人之意，而終不害乎信，故其怨小。諾人而不踐，始雖不咈人意，而終害乎信，故其責大。」

子曰：「君子不以色親人。情疏而貌親，在小人則穿窬之盜也與？」子曰：「情欲信，辭欲巧。」

情欲信，即《大學》「意誠」之謂也。巧，當作考，即《曲禮》「則古昔，稱先王」之謂也。否則爲無稽之言矣。○吕氏曰：「穿窬之盜，欺人之不見以爲不義而已。色親人者，巧言、令色、足恭，無誠心以將之。情疏貌親，主於爲利，亦欺人之不見也。孔子曰：『色厲而內荏，譬諸小人，其猶穿窬之盜也與？』孟子曰：『士未可以言而言，是以言餂之也，是皆穿窬之類也。』二者亦欺人之不見以爲不義，故所以爲穿窬也。」○石梁王氏曰：「『辭欲巧』，決非孔子之言。『巧言令色，鮮矣仁！』」

子言之：「昔三代明王，皆事天地之神明，無非卜筮之用，不敢以其私褻事上帝。是以不犯日月，不違卜筮。卜筮不相襲也。

不相襲，説見《曲禮》。○劉氏曰：「此段經文言事天地神明，無非卜筮之用，而又云大事有時日。吕氏以爲冬、夏至祀天地，四時迎氣用四立，他祭祀之當卜日者，不可犯此素定之日。非此，則其他自不可違卜筮也。然《曲禮》止云『大饗不問卜』，《周官·太宰》『祀五帝卜日，祀大神示亦如之』，《太卜》『大祭祀，眂高命龜』，《春秋》魯禮又有『卜郊』之文，《郊特牲》又有『郊用辛』之語，是蓋互相牴牾，未有定説。又如卜筮不相襲，大事卜，小事筮，而《洪範》有『龜從筮從』『龜從筮逆』之文，《簭人》有『凡國之大事，先簭而後卜』，《大卜》又『凡事涖卜』；又如外事用剛日，内事用柔日，而《特牲》社用甲，《召誥》丁巳郊，戊午社，《洛誥》『戊辰烝，祭歲』。凡此皆不合禮家之説，未知所以一之也，姑闕以俟知者。」

大事有時日，小事無時日，有筮。外事用剛日，内事用柔日，不違龜筮。」子曰：「牲牷、禮樂、齊咨。盛，成。是以無害乎鬼神，無怨乎百姓。」

大事，祭大神也。小事，祭小神也。外剛内柔，見《曲禮》。詳文理，「不違龜筮」四字，當在「牲牷禮樂齊盛」之下。以其一聽於龜筮，故神、人之心皆順也。

子曰：「后稷之祀，易富也。其辭恭，其欲儉，其禄及子孫。《詩》曰：『后稷兆祀，庶無罪悔，以迄于今。』」

富，備也。《詩》，《大雅·生民》之篇。兆，《詩》作「肇」，始也。以迄于今，明其禄及子孫也。

子曰：「大人之器威敬。天子無筮。諸侯有守去聲。筮，天子道以筮。諸侯非其國不以筮，卜宅寢室。天子不卜處大廟。」

龜筴之爲器，聖人所以寓神道之教，故言「大人之器」也。以其威敬而不敢玩褻，故大事則用，小事則否。天子無筮，惟用卜也。而又云「道以筮」者，謂在道途中則用筮也。守筮，謂在國居守，有事則用筮也。龜亦曰「守龜」，《左傳》：「國之守龜，何事不卜？」非其國不筮，謂出行在他國，不欲人疑其吉凶之問也。宅，居也。諸侯出行，則必卜其所處之地，慮他故也。太廟，天子所必當處之地，故不卜也。

子曰：「君子敬則用祭器。是以不廢日月，不違龜筮，以敬事其君長。是以上不瀆於民，下不褻於上。」

敬其禮，故用祭器。敬其事，故詢龜筮。不瀆不褻，以其敬故也。○疏曰：「敬事君長，謂諸侯朝天子，及小國之於大國。」

緇衣第三十三

子言之曰：「爲上易事也，爲下易知也，則刑不煩矣。」

吕氏曰：「上好信，則民莫敢不用情。易事者，以好信故也。易知者，以用情故也。若上以機心待民，則民亦以機心待其上，姦生詐起，欲刑之不煩，不可得矣。」

子曰：「好賢如《緇衣》，惡惡如《巷伯》，則爵不瀆而民作愿，願。刑不試而民咸服。《大雅》曰：『儀刑文王，萬國作孚。』」

《緇衣》，《鄭國風》首篇，美鄭武公之詩。《小雅・巷伯》，寺人刺幽王之詩。《大雅》，《文王》之篇。國，《詩》作「邦」。○吕氏曰：「好賢必如《緇衣》之篤，則人知上之誠好賢矣。不必爵命之數勸，而民自起愿心以敬上，故曰『爵不瀆而民作愿』。惡惡必如《巷伯》之深，則人知上之誠惡惡矣。不必刑罰之施，而民自畏服，故曰『刑不試而民咸服』。文王好惡得其正，而一出乎誠心，故爲天下之所儀刑，德之所以孚乎下也。」

子曰：「夫民教之以德，齊之以禮，則民有格心。教之以政，齊之以刑，則民有遯心。故君民者，子以愛之，則民親之；信以結之，則民不倍；恭以涖之，則民有孫去聲。心。《甫刑》曰：『苗民匪用命，制以刑，惟作五虐之刑曰法。』是以民有惡德，而遂絶其世也。」

遯，謂逃遯苟免也。○應氏曰：「命，當依《書》作『靈』善也。」○石梁王氏曰：「倣《論語》爲此言，意便不足。」

子曰：「下之事上也，不從其所令，從其所行。上好是物，下必有甚者矣。故上之所好惡，不可不慎也，是民之表也。」

《大學》曰：「其所令反其所好，而民不從。」

子曰：「禹立三年，百姓以仁遂焉，豈必盡仁？《詩》云：『赫赫師尹，民具爾瞻。』《甫刑》曰：『一人有慶，兆民賴之。』《大雅》曰：『成王之孚，下土之式。』」

豈必盡仁者，言不必朝廷盡是仁人，而後足以化民也。得一仁人爲民之表，則天下皆仁矣，所謂君仁莫不仁也。此所以禹以一仁君立三年，而百姓皆以仁遂。故引《詩》《書》以明之。《詩》，《小雅・節南山》之篇。赫赫，顯盛貌。師尹，周太師尹氏也。具，俱也。《大雅》，《下武》之篇。言武王能成王者之德，孚信于民，而天下皆法式之。

子曰：「上好仁，則下之爲仁争先人。故長民者章志、貞教、尊仁，以子愛百姓，民致行己以説悦。其上矣。《詩》云：『有梏覺。德行，去聲。四國順之。』」

章志者，明吾好惡之所在也。貞教者，身率以正也。所志所教，莫非尊仁之事，以此爲愛民之道，是以民皆感其子愛之心，致力於行己之善而悦其上，如子從父母之命也。《詩》，《大雅·抑》之篇。梏，當依《詩》作「覺」。言有能覺悟人以德行者，則四國皆服從之也。

子曰：「王言如絲，其出如綸。王言如綸，其出如綍。弗。故大人不倡游言。可言也不可行，君子弗言也。可行也不可言，君子弗行也。則民言不危行，而行不危言矣。《詩》云：『淑慎爾止，不僭愆。于儀。』」

綸，綬也。疏云「如宛轉繩」。綍，引棺大索也。危，高也。《詩》，《大雅·抑》之篇。止，容止也。僭，過也。○吕氏曰：「大人，王公之謂也。游言，無根不定之言也。《易》曰：『誣善之人，其辭游。』爲人上者，倡之以誠慤篤實之言，天下猶有欺詐以罔上者；苟以游言倡之，則天下蕩然虚浮之風作矣，可不慎乎？可言而不可行，過言也。可行而不可言，過行也。君子弗言弗行，則言行不越乎中，民將效之，言不敢高於行，而言之必可行也；行不敢高於言，而必爲可繼之道也。」

子曰：「君子道人以言，而禁人以行。去聲。故言必慮其所終，而行必稽其所敝，則民謹於言而慎於行。《詩》云：『慎爾出話，胡快反。敬爾威儀。』《大雅》曰：『穆穆文王，於烏。緝熙敬止。』」

道，化誨之也。道人以言，而必慮其所終，恐其行之不能至，則爲虚誕也。禁，謹飭之也。禁人以行，而必稽其所敝，慮其末流之或偏也。如是，則民皆謹言而慎行矣。《詩》，《大雅·抑》之篇。《大雅》，《文王》之篇。朱子云：「穆穆，深遠之意。於，嘆美辭。緝，繼續也。熙，光明也。敬止，無不敬而安所止也。」兩引《詩》皆爲謹言行之證。○吕氏曰：「進取於善者，夷考其行而不掩，猶不免於狂，況不在於善者乎！故曰『言必慮其所終』。夷、惠之清和，其末猶爲隘與不恭，故曰『行必稽其所敝』。文王之德，亦不越敬其容止而已。」

子曰：「長民者衣服不貳，從千雍反。容有常，以齊其民，則民德壹。《詩》云：『彼都人士，狐裘黄黄。其容不改，出言有章。行歸于周，萬民所望。』」

《詩》，《小雅・都人士》之篇。周，忠信也。○馬氏曰：「狐裘黄黄，服其服也。其容不改，文以君子之容也。出言有章，遂以君子之辭也。行歸於周，實以君子之德也。」

子曰：「爲上可望而知也，爲下可述而志也，則君不疑於其臣，而臣不惑於其君矣。《尹吉》告。曰：『惟尹躬及湯，咸有壹德。』《詩》云：『淑人君子，其儀不忒。』」

君之待臣，表裏如一，故曰「可望而知」；臣之事君，一由忠誠，其職業皆可稱述而記志。此所以上下之間不疑不惑也。《尹告》，伊尹告太甲之書也，今《咸有一德》篇文。《詩》，《曹風・鳲鳩》之篇。引《書》以證君臣相得，又引《詩》以證「壹德」之義。

子曰：「有國家者，章善癉丁但反。惡，以示民厚，則民情不貳。《詩》云：『靖共爾位，好是正直。』」

鄭本作「章義」，今從《書》作「善」。○呂氏曰：「章，明也。癉，病也。明之，斯好之矣。病之，斯惡之矣。善居其厚，惡居其薄，此所以示民厚也。好善惡惡之分定，民情所以不貳也。」《詩》，《小雅・小明》之篇，引之以明「章善」之義。

子曰：「上人疑，則百姓惑；下難知，則君長勞。故君民者，章好以示民俗，慎惡以御民之淫，則民不惑矣。臣儀行，去聲。不重辭，不援其所不及，不煩其所不知，則君不勞矣。《詩》云：『上帝板板，下民卒⿸疒亶。』丁但反。《小雅》曰：『匪其止共，恭。維王之卭。』」

《詩》，《大雅・板》之篇。板板，反戾之意。卒，盡也。⿸疒亶，《詩》作「癉」，病也。假上帝以言幽王反其常道，使下民盡病也。《小雅》，《巧言》之篇。卭，病也。言此讒人非止於敬，徒爲王之卭病耳。《板》詩證君道之失，《巧言》詩證臣道之失也。○呂氏曰：「以君之力所不能及而援其君，則君難從；以君之智所不能知而煩其君，則君難聽。徒爲難從難聽以勞其君而無益，非所以事君也。」○方氏曰：「示民不以信，則爲上之人可疑，可疑則百姓其有不惑者乎？事君不以忠，則爲下之人難知，難知則君長其有不勞者乎？章其所好之善，故足以示民而成俗；慎其所惡之惡，故足以御民而不淫。若是則上下無可疑者，故曰『民不惑矣』。

臣有可儀之行，而所重者不在乎辭，則凡有所行者，無僞行矣；苟有所言者，無虚辭矣。」

子曰：「政之不行也，教之不成也，爵禄不足勸也，刑罰不足耻也，故上不可以褻刑而輕爵。《康誥》曰：『敬明乃罰。』《甫刑》曰：『播刑之不迪。』」

《康誥》《甫刑》，皆《周書》。播，布也。「不」字衍。言伯夷布刑以啓迪斯民也。○吕氏曰：「政不行，教不成，由上之人爵禄刑罰之失當也。爵禄非其人，則善人不足勸；刑罰非其罪，則小人不足耻，此之謂褻刑輕爵。」

子曰：「大臣不親，百姓不寧，則忠敬不足，而富貴已過也。大臣不治，而邇臣比毗志反。矣。故大臣不可不敬也，是民之表也。邇臣不可不慎也，是民之道也。君毋以小謀大，毋以遠言近，毋以内圖外，則大臣不怨，邇臣不疾，而遠臣不蔽矣。葉失涉反。公之顧命曰：『毋以小謀敗大作，毋以嬖御人疾莊后，毋以嬖御士疾莊士、大夫、卿士。』」

大臣不見親信，則民不服從其令，故不寧也。此蓋由臣之忠不足於君，君之敬不足於臣，徒富貴之太過而然耳。由是邇臣之黨相比，以奪大臣之柄，而使之不得治其事。故大臣所以不可不敬者，以其爲民所瞻望之儀表也。邇臣所以不可不慎者，以君之好惡係焉，萬民之所從以爲道者也。人君不使小臣謀大臣，則大臣不至於怨乎不以。不使遠臣間近臣，則近臣不至於疾其君。不使内之寵臣圖四方宣力之士，則遠臣之賢無所壅蔽，而得見知於上矣。葉公，楚葉縣尹沈諸梁，字子高，僭稱公。顧命，臨死回顧之言也。毋以小謀敗大作，謂不可用小臣之謀，而敗大臣所作之事也。疾，毁惡之也。莊，猶正也，敬也，君所取正而加敬之謂也。

子曰：「大人不親其所賢，而信其所賤，民是以親失，而教是以煩。《詩》云：『彼求我則，如不我得。執我仇仇，亦不我力。』《君陳》曰：『未見聖，若已弗克見。既見聖，亦不克由聖。』」

親善遠惡，人心所同，所謂舉直錯諸枉，則民服。今君既不親賢，故民亦不親其上，教令徒煩無益也。《詩》，《小雅·正月》之篇。言彼小人初用事，求我以爲法則，惟恐不得。既而不合，則空執留之，視如仇讎然，不用力於我矣。仇仇者，言不一仇之，無往而不忤其意也。《君陳》、《周書》。兼引之，皆爲不親賢之證。

子曰：「小人溺於水，君子溺於口，大人溺於民，皆在其所褻也。夫水近於人而溺人，德易狎而難親也，易以溺人。口費而煩，易出難悔，易以溺人。夫民閉讀爲蔽。於人而有鄙心，可敬不可慢，易於溺人。故君子不可以不慎也。

小人，民也。溺，爲其所陷也。水爲柔物，人易近之，然其德雖可狎，而勢不可親。忘險而不知戒，則溺矣。君子，士大夫也。言行君子之樞機，出好興戎，皆由於口。於己費，則於人煩，出而召禍，不可悔矣。大人，謂天子、諸侯也。國以民存，亦以民亡。蓋惟其蔽於情而不可以理喻，故鄙陋而不通。《書》言「可畏非民」，此所以不可慢也。棄而不保，則離叛繼之矣。三者皆在其所褻，故曰君子不可不慎也。

《太甲》曰：『毋越厥命，以自覆也。若虞機張，往省括于度則釋。』《兑悦。命》曰：『惟口起羞，惟甲胄起兵，惟衣裳在笥，惟干戈省厥躬。』《太甲》曰：『天作孽，可違也；自作孽，不可以逭。乎亂反。』《尹吉》告。曰：『惟尹躬先舊本作「天」，今從《書》。見于西邑夏，自周有終，相亦惟終。』」

毋，《書》作「無」。伊尹告太甲，不可顛越其命，以自取覆亡。虞，虞人也。機，弩牙也。括，矢括也。度者，法度，射者之所準望。釋，發也。言如虞人之射，弩機既張，必往察其括之合於法度，然後發之，則無不中也。傅説告高宗，謂言語所以文身，輕出則有起羞之患。甲胄所以衛身，輕動則有起戎之憂。衣裳所以命有德，謹於在笥者，戒輕與也。干戈所以討有罪，嚴於省躬者，戒輕動也。孽，災也。逭，逃也。夏都安邑，在亳之西，故曰「西邑夏」。《國語》曰：「忠信爲周。」言夏之先王以忠信有終，故其輔相者亦能有終也。凡四引《書》，皆明不可不慎之意。

子曰：「民以君爲心，君以民爲體。心莊則體舒，心肅則容敬。心好之，身必安之。君好之，民必欲之。心以體全，亦以體傷。君以民存，亦以民亡。《詩》云：『昔吾有先正，其言明且清。國家以寧，都邑以成，庶民以生。』『誰能秉國成，不自爲正，卒勞百姓。』《君雅》牙。曰：『夏日暑雨，小民惟曰怨資。與「咨」同。冬祈寒，小民亦惟曰怨。』」

此承上文「大人溺於民」之意而言。「昔吾有先正」以下五句，逸《詩》也。下三句，今見《小雅·節南山》之篇。言今日誰人秉持國家之成法乎？ 師尹實秉持之。乃不自爲政，而信任羣小，終勞苦百姓也。《君牙》、《周書》。資，《書》作「咨」，此傳寫之誤，而下復缺一「咨」字。鄭不取《書》文爲定，乃讀資爲至，今從《書》，以「資」字屬上句。○方氏曰：「民以君爲心者，言好惡從於君也。君以民爲體者，言休戚同於民也。體雖致用於外，然由於心之所使，故曰『心好之，身必安之』。心雖爲主於内，然資乎體之所保，故曰『心以體全，亦以體傷』。」

子曰：「下之事上也，身不正，言不信，則義不壹，行無類也。」子曰：「言有物而行去聲。有格也，是以生則不可奪志，死則不可奪名。故君子多聞，質而守之； 多志，質而親之； 精知，略而行之。《君陳》曰：『出入自爾師虞，庶言同。』《詩》云：『淑人君子，其儀一也。』」

義不壹，或從或違也。行無類，或善或否也。《君陳》書言謀政事者，當出入反覆與衆人共虞度其可否，而觀庶言之同異也。《詩》、《曹風·鳲鳩》之篇，引以證義壹行類。○吕氏曰：「有物則非失實之言，有格則無踰矩之行。歸於一而不可變，生乎由是，死乎由是，故志也，名也，不可得而奪也。多聞，所聞博也。多志，多見而識之者也。質，正也。不敢自信，而質正於衆人之所同，然後用之也。守之者，服膺勿失也。親之者，問學不厭也。雖由多聞多知而得之，又當精思以求其至約而行之。略者，約也。此皆義壹行類之道也。」

子曰：「唯君子能好去聲。其正，如字。小人毒其正。如字。故君子之朋友有鄉，去聲。其惡烏路反。有方。是故邇者不惑，而遠者不疑也。《詩》云：『君子好如字。仇。』」

舊讀正爲匹，今從吕氏説，讀如字。蓋君子與君子以同道爲朋，小人與小人以同利爲朋。君子固好其爲道之朋矣，小人亦未嘗不好其同利之朋，不當言毒害其匹也。小人視君子如仇讎，常有禍之之心，此所謂「毒其正」也。君子所好不可以非其人，故曰「朋友有鄉」； 所惡不可以及善人，故曰「其惡有方」。前章言「章善癉惡，以示民厚，則民情不貳」。今好惡既明，民情歸一，故邇者遠者不惑不疑也。《詩》、《周南·關雎》之篇。言君子有良善之仇匹，引以證同道之朋。

子曰：「輕絶貧賤，而重絶富貴，則好賢不

堅，而惡惡不著也。人雖曰不利，吾不信也。《詩》云：『朋友攸攝，攝以威儀。』」

《詩》，《大雅·既醉》之篇。言朋友所以相檢攝者在威儀，以喻不在貧賤富貴也。○馬氏曰：「賢者宜富貴，而富貴者未必皆賢。惡者宜貧賤，而貧賤者未必皆惡。於其貧賤而輕有以絶之，則是好賢不堅也。於其富貴而重有以絶之，則是惡惡不著也。是志在於利，而不在於道。人雖曰不利者，吾不信也。」

子曰：「私惠不歸德，君子不自留焉。《詩》云：『人之好我，示我周行。』」如字。

上文言好惡皆當循公道，故此言人有私惠於我，而不合於德義之公，君子決不留之於己也。《詩》，《小雅·鹿鳴》之篇。周行，大道也。言人之好愛我者，示我以大道而已。引以明不留私惠之義。

子曰：「苟有車，必見其軾；苟有衣，必見其敝。人苟或言之，必聞其聲；苟或行之，必見其成。《葛覃》曰：『服之無射。』」亦。

吕氏曰：「此言有是物，必有是事。登車而有所禮則憑軾，有軾則有車，無車則何所憑而式之乎？衣之久必敝，有衣然後可敝，無衣則何敝之有？言必有聲，行必有成，亦猶是也。蓋誠者，物之終始，不誠無物。引《葛覃》言實有是服，乃可久服而無厭也。」

子曰：「言從而行之，則言不可飾也。行從而言之，則行不可飾也。故君子寡舊讀爲「顧」，今如字。言而行，以成其信，則民不得大其美而小其惡。《詩》云：『白圭之玷，尚可磨也。斯言之玷，不可爲也。』《小雅》曰：『允也君子，展也大成。』《君奭》曰：『在昔上帝周割。田申。觀勸。文王之德，其集大命于厥躬。』」

從，順也，謂順於理也。言順於理而行之，則言爲可用，而非文飾之言矣。行順於理而言之，則行爲可稱，而非文飾之行矣。言之不怍，則爲之也難。寡言而行，即「訥於言而敏於行」之意。以成其信，謂言行皆不妄也。大其美者，所以要譽；小其惡者，所以飾非，皆言之所爲也。君子寡言以示教，故民不得如此。《詩》，《大雅·抑》之篇。玷，缺也。《小雅》，《車攻》之篇。允，信也。展，誠也。《君奭》，《周書》。言昔者上帝降割罰于殷，而申重奬勸文王之德，集大命於其身，使有天下。《抑》詩證言不可飾，《車攻》詩證行不可飾，引《書》亦言文王之實有此德也。

子曰：「南人有言曰：『人而無恒，不可以爲卜筮。』古之遺言與？平聲。龜筮猶不能知也，而況於人乎！《詩》云：『我龜既厭，不我告猶。』《兑命》曰：『爵無及惡德，民立而正事。純而祭祀，是爲不敬。事煩則亂，事神則難。』《易》曰：『不恒其德，或承之羞。』『恒其德偵，貞。婦人吉，夫子凶。』」

《論語》言「不可以作巫醫」，是爲巫爲醫。此言「爲卜筮」，乃是求占於卜筮。龜筮猶不能知，言無常之人，雖先知如龜筴，亦不能定其吉凶，況於人乎！《詩》，《小雅・小旻》之篇。猶，謀也。言卜筮煩數，龜亦厭之，不復告以所謀之吉凶也。《易》，《恒》卦三、五爻辭。承，進也。婦人之德，從一而終，故吉。夫子制義，故從婦則凶也。○應氏曰：「引《兑命》有誤，當依今《書》文。」○馮氏曰：「此篇多依倣聖賢之言，而理有不純，義有不足者多矣。」

奔喪第三十四

奔喪之禮，始聞親喪，以哭答使者，盡哀。問故，又哭，盡哀。遂行，日行百里，不以夜行。唯父母之喪，見星而行，見星而舍。若未得行，則成服而後行。過國至竟，境。哭，盡哀而止。哭辟避。市朝。望其國竟哭。

始聞親喪，總言五服之親也。不以夜行，避患害也。未得行，若奉君命而使事未竟也。辟市朝，爲驚衆也。

至於家，入門左，升自西階。殯東，西面坐，哭，盡哀，括髮，袒。降，堂東即位，西鄉，去聲。哭，成踊。襲、絰于序東，絞帶，反位。拜賓，成踊，送賓反位。

此言奔父喪之禮。爲人子者，升降不由阼階。今父新死，未忍異於生，故入自門左，升自西階也。在家而親死則笄纚，小斂畢乃括髮。此自外而至，故即括髮而袒衣也。鄭云：「已殯者位在下。」此奔喪在殯後，故自西階降而即其堂下東之位也。襲、絰者，掩其袒而加要絰也。序東者，在堂下而當堂上序牆之東也。不散麻者，亦異於在家之節也。此絞帶，即襲、絰之絰，非象革帶之絞帶也。絰重，象革帶之絞帶輕。反位，復先所即之位也。凡拜賓，皆就賓之位而拜之。拜竟，則反己之位而哭踊也。成踊，説見前。

有賓後至者，則拜之，成踊，送賓，皆如初。

衆主人、兄弟皆出門，出門哭止，闔門。相去聲。者告就次。於又哭，括髮，袒，成踊。於三哭，猶括髮，袒，成踊。三日成服，拜賓送賓，皆如初。

皆如初者，如先次之拜賓成踊與送賓反位也。次，倚廬也，在中門外。又哭，明日之朝也。三哭，又其明日之朝也。皆升堂而括髮且袒，如始至時。三日，三哭之明日也。

奔喪者非主人，則主人爲之拜賓送賓。奔喪者自齊衰以下，入門左，中庭北面，哭，盡哀。免，問。麻于序東，即位袒，與主人哭，成踊。於又哭、三哭，皆免、袒。有賓，則主人拜賓送賓。丈夫、婦人之待之也，皆如朝夕哭位，無變也。

非主人，其餘或親或疏之屬也。故下云齊衰以下，亦入自門之左，而不升階，但於中庭北面而哭也。免、麻，謂加免于首，加絰于要也。上文言「襲、絰于序東」，此言「免、麻于序東」，輕重雖殊，皆是堂下序牆之東，凡袒與襲不同位也。待之，謂待此奔喪者。以其非賓客，故不變所哭之位也。

奔母之喪，西面，哭，盡哀。括髮，袒，降，堂東即位，西鄉，哭，成踊。襲、免、絰于序東。拜賓送賓，皆如奔父之禮。於又哭，不括髮。

父喪襲、絰于序東，此言襲、免、絰于序東，即加免，輕於父也。○疏曰：「此謂適子，故云『拜賓送賓，皆如奔父之禮』也。」

婦人奔喪，升自東階，殯東，西面坐，哭，盡哀。東髽，側瓜切。即位，與主人拾其劫反。踊。

婦人，謂姑、姊妹、女子子。東階，東面階，非阼階也。婦人入者由闈門，闈門是東邊之門。東階，即《雜記》所謂「側階」也。髽，説見《小記》。東髽，髽於東序。不髽於房，變於在室者也。拾，更也。主人與之更踊，賓客之也。

奔喪者不及殯，先之墓，北面坐，哭，盡哀。主人之待之也，即位於墓左，婦人墓右。成踊，盡哀，括髮。東即主人位，絰絞帶，哭，成踊。拜賓，反位，成踊。相者告事畢。

不及殯，葬後乃至也。尸柩既不在家，則當先哭墓。

此奔喪者是適子，故其衆主人之待之者，與婦人皆往墓所，就墓所分左右之位。奔者括髮，而於東偏即其主人之位。禮畢，則相者以畢事告。

遂冠平聲。歸，入門左，北面，哭，盡哀，括髮，袒，成踊。東即位，拜賓，成踊。賓出，主人拜送。有賓後至者，則拜之，成踊。送賓，如初。衆主人、兄弟皆出門，出門哭止。相者告就次。於又哭，括髮，成踊。於三哭，猶括髮，成踊。三日成服。於五哭，相者告事畢。

遂冠而歸者，不可以括髮行於道路也。冠，謂素委貌。入門，出門，皆謂殯宫門也。五哭者，初至象始死爲一哭，明日象小斂爲二哭，又明日象大斂爲三哭，又明日成服之日爲四哭，又明日爲五哭。皆數朝哭，不數夕哭。鄭云：既期而至者則然，故相者告事畢。若未期，則猶朝夕哭，不五哭而畢也。哭雖五，而括髮成踊則止於三，下文免成踊亦同。

爲去聲。母所以異於父者，壹括髮，其餘免問。以終事，他如奔父之禮。

疏曰：「壹括髮，謂歸入門哭時也。及殯壹括髮，不及殯亦壹括髮。」

齊衰以下不及殯，先之墓，西面哭，盡哀。免、麻于東方，即位，與主人哭，成踊，襲。有賓，則主人拜賓送賓。賓有後至者，拜之如初。相者告事畢。遂冠，歸，入門左，北面，哭，盡哀。免，袒，成踊。東即位，拜賓，成踊。賓出，主人拜送。於又哭，免，袒，祖，衍文。成踊。於三哭，猶免，袒，祖，衍文。成踊。三日成服，於五哭，相者告事畢。

疏曰：「齊衰以下，有大功、小功、緦麻，月日多少不同。若奔在葬後，而三月之外，大功以上，則有免、麻東方，三日成服。若小功、緦麻，則不得有三日成服。小功以下不税，無追服之理。若葬後通葬前未滿五月，小功則亦三日成服。其緦麻者，止臨喪節而來，亦得三日成服也。『東即位，拜賓，成踊』者，東即位，謂奔喪者於東方就哭位。拜賓，則是主人代之拜。此奔喪者當主人代拜賓時，己則成踊也。」又曰：「經直言『免、麻于東方，即位』，不稱袒。而下云『成踊，襲』，襲則有袒理。經若言袒，恐齊衰以下皆袒，故不得總言袒。而稱襲者，容齊衰重得爲之襲也。又按上文爲父不及殯，於又哭，括髮成踊，不言袒；今齊衰以下之喪，經文於又哭、三哭乃更言袒，故知二『袒』字衍文也。」

聞喪不得奔喪，哭，盡哀。問故，又哭，盡哀。乃爲位，括髮，袒，成踊。襲，絰絞帶，即位。拜賓，反位，成踊。賓出，主人拜送于門外，反位。若有賓後至者，拜之，成踊。送賓如初。於又哭，括髮，袒，成踊。於三哭，猶括髮，袒，成踊。三日成服。於五哭，拜賓送賓如初。

篇首言「若未得行，則成服而後行」，此乃詳言其節次。餘見前章。

若除喪而後歸，則之墓，哭，成踊。東括髮，袒，絰。拜賓，成踊。送賓，反位，又哭，盡哀，遂除。句。於家不哭。主人之待之也，無變於服，與之哭，不踊。

袒、絰者，袒而襲，襲而加絰也。遂除，即於墓除之也。主人無變於服，謂在家者但著平常吉服也。雖與之哭於墓，而不爲踊，以服除哀殺也。故云「與之哭，不踊」。

自齊衰以下，所以異者免、麻。

齊衰、大功、小功、緦之服，其奔喪在除服之後者，惟首免要麻絰，於墓所哭罷即除，無括髮等禮也。故云「所異者免、麻」。

凡爲位，非親喪，齊衰以下皆即位，哭，盡哀，而東免、絰，即位，袒，成踊。襲，拜賓，反位，哭，成踊。送賓，反位。相者告就次。三日五哭，卒。主人出送賓，衆主人、兄弟皆出門，哭止。相者告事畢。成服，拜賓。若所爲位家遠，則成服而往。

人臣奉君命以出，而聞父母之喪，則固爲位而哭，其餘不得爲位也。此言非親喪，而自齊衰以下亦得爲位者，必非奉君命以出，而爲私事未奔者也。此以上言「五哭」者四，前三節言「五哭」，皆止計朝哭，故五日乃畢。獨此所言「三日五哭卒」者，謂初聞喪一哭，明日朝夕二哭，又明日朝夕二哭。并計夕哭者，以私事可以早畢，而亟謀奔喪故也。曰「主人出送賓」者，謂既奔喪至家，則喪家之主人，爲之出送賓也。所謂奔喪者非主人，則主人爲之出送賓是也。衆主人、兄弟，亦謂在喪家者。成服拜賓者，謂三日五哭卒之明日爲成服，其後有賓，亦與之哭而拜之也。前兩節五哭後不言拜賓者，省文耳。若所爲位者之家道遠，則成服而後往亦可。蓋外喪緩，可容辦集而行也。

齊衰望鄉而哭，大功望門而哭，小功至門而哭，緦麻即位而哭。

《雜記》云大功望鄉而哭者，謂本是齊衰，降而服大功也。故與此不同。

哭父之黨於廟，母、妻之黨於寢，師於廟門外，朋友於寢門外，所識於野張帷。凡爲位不奠。

《檀弓》云：「師吾哭諸寢。」又云：「有殯，聞遠兄弟之喪，哭於側室。」若無殯，則在寢矣。舊説，異代之禮，所以不同。不然，記者所聞或誤歟？ ○鄭氏曰，不奠，「以其精神不存乎是也」。

哭，天子九，諸侯七，卿大夫五，士三。大夫哭諸侯，不敢拜賓。諸臣在他國，爲位而哭，不敢拜賓。與諸侯爲兄弟，亦爲位而哭。凡爲位者壹袒。

九，九哭也。七，七哭也。九哭者九日，七哭者七日。餘倣此。此以尊卑爲日數之差也。大夫哭諸侯，哭其舊君也。不敢拜賓，避爲主也。在他國，爲使而出也。與諸侯爲兄弟，亦謂在異國者。壹袒，謂爲位之日也，明日以往不袒矣。若父母之喪，則必三袒。

所識者弔，先哭于家，而後之墓，皆爲之成踊，從主人北面而踊。

已所知識之人死，而往弔之時已在葬後矣，必先哭于其家者，情雖由於死者，而禮則施於生者故也。主人墓左西向，賓北面向墓而踊，固賓主拾之，然必主人先而賓從之，故曰「從主人」也。言「皆」者，必于家、于墓皆踊也。

凡喪，父在，父爲主。父没，兄弟同居，各主其喪。親同，長者主之；不同，親者主之。

此言父在而子有妻、子之喪，則父主之，統於尊也。父没之後，兄弟雖同居，各主妻、子之喪矣。同宫猶然，則異宫從可知也。「親同，長者主之」，謂父母之喪，長子爲主；其同父母之兄弟死，亦推長者爲主也。「不同親者主之」，謂從父兄弟之喪，則彼親者爲之主也。

聞遠兄弟之喪，既除喪而後聞喪，免、袒，成踊。拜賓則尚左手。

此言小功、緦麻之兄弟死，而聞訃在本服月日之外，雖不税，而初聞之亦必免、袒而成其踊者，以倫屬之親，不可不爲之變也。但拜賓則從吉拜，而左手在上耳。

無服而爲位者，唯嫂叔，及婦人降而無服者麻。

《檀弓》云：「子思之哭嫂也爲位。」婦人降而無服，謂姑、姊妹在室者緦麻，嫁則降在無服也，哭之亦爲位。麻者，弔服而加緦之環絰也。○鄭氏曰：「正言『嫂叔』，尊嫂也。兄公，於弟之妻則不能也。」○疏曰：「既云『無服』，又云『麻』，故知弔服加麻也。」

凡奔喪，有大夫至，袒，拜之，成踊，而後襲。於士，襲而後拜之。

此言大夫、士來弔此奔喪之人也，尊卑禮異。

問喪第三十五

親始死，雞笄。斯，色買反。徒跣，扱插。上衽，交手哭。惻怛之心，痛疾之意，傷腎，乾干。肝，焦肺。水漿不入口，三日不舉火，故隣里爲之糜粥以飲去聲。食嗣。之。夫悲哀在中，故形變於外也；痛疾在心，故口不甘味，身不安美也。

雞斯，讀爲笄纚。笄，骨笄也。纚，韜髮之繒也。親始死，孝子先去冠，惟留笄纚也。徒，空也。徒跣，無屨而空跣也。上衽，深衣前襟也。以號踊履踐爲妨，故扱之於帶也。交手哭，謂兩手交以拊心而哭也。糜厚而粥薄，薄者以飲之，厚者以食之也。

三日而斂，在牀曰尸，在棺曰柩。動尸舉柩，哭踊無數。惻怛之心，痛疾之意，悲哀志懣謨本反。氣盛，故袒而踊之，所以動體安心下氣也。

哭踊本有數，此言無數者，又在常節之外也。懣，煩也。

婦人不宜袒，故發胸，擊心，爵踊，殷殷上聲。田田，如壞怪。牆然，悲哀痛疾之至也。故曰：「辟婢尺反。踊哭泣，哀以送之。」送形而往，迎精而反也。

發，開也。爵踊，似爵之跳，足不離地也。殷殷田田，擊之聲也。辟，拊心也。

其往送也，望望然，汲汲然，如有追而弗及也。其反哭也，皇皇然，若有求而弗得也。故其往送也如慕，其反也如疑。求而無所得之也，入門而弗見也，上上聲。堂又弗見也，入室又弗見也。亡矣，喪去聲。矣，不可復扶又反。見已矣！故哭泣辟踊，盡哀而止矣。

望望，瞻望之意也。汲汲，促急之情也。皇皇，猶彷徨之意。盡哀而止者，他無所寓其情也。

心悵焉愴焉，惚焉愾苦代反。焉，心絶志悲而已矣。祭之宗廟，以鬼享之，徼幸復反也。成壙上聲。而歸，不敢入處室，居於倚廬，哀親之在外也。寢苫枕去聲。塊，哀親之在土也。故哭泣無時，服勤三年，思慕之心，孝子之志也，人情之實也。

此言反哭至終喪之情。惚，猶恍惚也。愾，猶嘆恨也。勤，謂憂苦。

或問曰：「死三日而後斂者，何也？」曰：「孝子親死，悲哀志懣，故匍匐而哭之，若將復生然，安可得奪而斂之也？故曰三日而後斂者，以俟其生也。三日而不生，亦不生矣，孝子之心亦益衰矣。家室之計，衣服之具，亦可以成矣。親戚之遠者，亦可以至矣。是故聖人爲之斷丁亂反。決，以三日爲之禮制也。」

此記者設問以明三日而斂之義。

或問曰：「冠者不肉袒，何也？」曰：「冠，至尊也，不居肉袒之體也，故爲之免問。以代之也。然則禿者不免，傴於縷反。者不袒，跛補火反。者不踊。非不悲也，身有錮疾，不可以備禮也。故曰喪禮唯哀爲主矣。女子哭泣悲哀，擊胸傷心；男子哭泣悲哀，稽顙觸地無容，哀之至也。」

免而袒，袒而踊，先後之次也。有一疾則廢一禮。女子不踊，則惟擊胸；男子不踊，則惟稽顙觸地，皆可以爲哀之至也。

或問曰：「免者以何爲也？」曰：「不冠者之所服也。《禮》曰：『童子不緦，唯當室緦。』緦者其免也，當室則免而杖矣。」

劉氏曰：「已冠者爲喪變而去冠，則必著免。蓋雖去冠，猶嫌於不冠，故加免也。童子初未冠，則雖爲喪亦不免。以其未冠，故不嫌於不冠也。若爲孤子而當室，則雖童子亦免。以其爲喪主，而當成人之禮也。如童子不杖，以其不能病也，而當室則杖。童子不緦，幼不能知疏遠之哀也，而當室則緦。緦者，以其當室而爲成人之免且杖，則亦可爲成人之緦矣。故曰『緦者以其免也』。」

或問曰：「杖者何也？」曰：「竹、桐，一也。

故爲去聲。父苴七須反。杖，苴杖，竹也。爲母削杖，削杖，桐也。」或問：「曰杖者以何爲也？」曰：「孝子喪親，哭泣無數，服勤三年，身病體羸，力垂反。以杖扶病也。則父在不敢杖矣，尊者在故也。堂上不杖，辟避。尊者之處去聲。也。堂上不趨，示不遽其慮反。也。此孝子之志也，人情之實也，禮義之經也。非從天降也，非從地出也，人情而已矣。」

苴杖圓而象天，削杖方而象地，又以桐爲同之義，言哀戚同於喪父也。堂上不趨，亦謂父在時也。急遽則或動父之情，故示以寬暇。

服問第三十六

《傳》去聲。曰「有從輕而重」，公子之妻爲其皇姑。

有屬從，有徒從，故皆以「從」言。○疏曰：「公子，諸侯之妾子也。皇姑，即公子之母也。諸侯在，尊厭妾子，使爲母練冠。諸侯没，妾子得爲母大功。而妾子之妻，則不論諸侯存没，爲夫之母期也。其夫練冠，是輕也；而妻爲之期是重，故云『有從輕而重』也。皇，君也。此妾既賤，若惟云『姑』，則有嫡女君之嫌。今加『皇』字，明非女君，而此婦尊之與女君同，故云『皇姑』也。」

「有從重而輕」，爲妻之父母。

妻爲其父母齊衰，是重也；夫從妻而服之，乃緦麻，是從重而輕也。

「有從無服而有服」，公子之妻爲公子之外兄弟。

疏曰：「公子被厭，不服己母之外家，是無服也；妻猶從公子而服公子外祖父母、從母緦麻，是從無服而有服也。經惟云『公子外兄弟』，而知其非公子姑之子者，以《喪服小記》云：『夫之所爲兄弟服，妻皆降一等。』夫爲姑之子緦麻，妻則無服。今公子之妻爲之有服，故知其爲公子外祖父母、從母也。此等皆小功之服。凡小功者，謂爲兄弟。若同宗，直稱兄弟；以外族，故稱外兄弟也。」

「有從有服而無服」，公子爲其妻之父母。

鄭氏曰：「凡公子厭於君，降其私親。女君之子不降。」○疏曰：「雖爲公子之妻，猶爲父母期，是有服也。公子被厭，不從妻而服之，是從有服而無服也。」

《傳》曰：「母出則爲繼母之黨服，母死則爲其母之黨服。」爲其母之黨服，則不爲繼母之黨服。

母死，謂繼母死也。其母，謂出母也。○鄭氏曰：「雖外親，亦無二統。」

三年之喪既練矣，有期之喪既葬矣，則帶其故葛帶，絰期之絰，服其功衰。

疏曰：「謂三年之喪練祭之後，又當期喪既葬之節也。故葛帶，謂三年喪之練葛帶也。今期喪既葬，男子則應著葛帶。此葛帶與三年之葛帶麤細正同，而以父葛爲重，故帶其故葛帶也。絰期之絰者，謂三年之喪練後，首絰既除，故絰期之葛絰。若婦人練後，麻帶除矣，則絰其故葛絰，帶期之麻帶，以婦人不葛帶故也。功衰者，父喪練後之衰也。」《雜記》疏云：「三年喪練後之衰，升數與大功同，故云『功衰』也。」

有大功之喪，亦如之。小功無變也。

疏曰：「三年喪練後，有大功喪亦既葬，亦帶其故葛帶，而絰期之葛絰也，故云『亦如之』。小功無變者，言先有大功以上喪服，今遭小功之喪，無變於前服，不以輕服減累於重也。」

麻之有本者，變三年之葛。

疏曰：「大功以上爲帶者，麻之根本并留之，合糾爲帶。如此者，得變三年之練葛。小功以下，其絰澡麻斷本，不得變三年之葛也。言變三年之葛，舉其重者。其實期之葛有本者，亦得變之。」

既練，遇麻斷短。本者，於免絰之，既免去絰。每可以絰必絰，既絰則去之。

疏曰：「斬衰既練之後，遭小功之喪，雖不變服，得爲之加絰也。於免絰之者，以練無首絰，於此小功喪有事於免之時，則爲之加小功之絰也。既免之後，則脱去其絰。每可以絰之時，必爲之加絰，既絰則去之，自練服也。」

小功不易喪之練冠。如免，則絰其緦、小功之絰，因其初葛帶。緦之麻，不變小功之葛；小功之麻，不變大功之葛。以有本爲稅。吐外反。

疏曰：「言小功以下之喪，不合變易三年喪之練冠；其期之練冠，亦不得易也。如當緦、小功著免之節，則首絰其緦與小功之絰。所以爲後喪緦絰者，以前喪練冠首絰已除故也。要中所著，仍因其初喪練之葛帶。輕喪之麻，本服既輕，雖初喪之麻，不變前重喪之葛也。稅，謂變易也。緦與小功麻絰既無本，不合稅變前喪。惟大功以上麻絰有本者，得稅變前喪也。」

殤長、中，變三年之葛，終殤之月筭，而反三年之葛。是非重麻，爲其無卒哭之税。下殤則否。

疏曰：「殤長、中者，謂本服大功，今乃降在長、中殤，男子則爲之小功，婦人爲長殤小功，中殤則緦麻。如此者，得變三年之葛。著此殤服之麻，終竟此殤月數，如小功則五月，緦則三月，還反服其三年之葛也。既服麻不改，又變三年之葛，不是重此麻也。以殤服質略，自初死服麻以後，無卒哭時税麻服葛之禮也。下殤則否者，以大功以下之殤，男子婦人俱爲之緦麻，其情輕，不得變三年之葛也。按上文『麻有本者，得變三年之葛』，則齊衰下殤雖是小功，亦是麻之有本者，故《喪服小記》云：『下殤小功，帶澡麻，不絶本。』然齊衰下殤，乃變三年之葛。今大功長殤，麻既無本，得變三年之葛者，以無虞卒哭之税，故特得變之。若成人小功、緦麻，麻既無本，故不得變也。」

君爲天子三年，夫人如外宗之爲君也。世子不爲天子服。

諸侯爲天子服斬衰三年。外宗，見前篇。諸侯外宗之婦爲君期，夫人爲天子亦期，故云「夫人如外宗之爲君也」。世子有繼世之道，不爲天子服者，遠嫌也。

君所主夫人妻、大子、適婦。

夫人者，君之適妻，故云「夫人妻」。大子，適子也，其妻爲適婦。三者皆正，故君主其喪。

大夫之適子，爲君、夫人、大子如士服。

鄭氏曰：「士爲國君斬，小君期。大子君服斬，臣從服期。」○疏曰：「大夫無繼世之道，其子無嫌，故得爲君與夫人及君之大子，著服如士服也。」

君之母非夫人，則羣臣無服。唯近臣及僕、驂乘從服，唯君所服服也。

疏曰：「君母是適夫人，則羣臣服期。非夫人則君服緦，故羣臣無服也。近臣，閽、寺之屬。僕，御車者。驂乘，車右也。唯君所服服者，君緦，則此等人亦緦也。」

公爲卿大夫錫衰以居，出亦如之，當事則弁絰。大夫相爲亦然。爲其妻，往則服之，出則否。

疏曰：「君爲卿大夫之喪，成服之後，著錫衰以居也。出，謂以他事而出，非至喪所，亦著錫衰，首則皮弁也。當事，若大斂及殯，并將葬啓殯等事，則首著弁絰，身衣錫衰。若於士，則首服皮弁也。大夫相爲亦然者，亦如君於卿大夫也。若君於卿大夫之妻，及卿大夫爲其妻而往臨其喪，亦服錫衰，但不常著之以居。或以他事出，則不服也。」○錫衰之布以緦布而加灰治。弁絰制如爵弁，素爲之，加環絰其上。

凡見人無免如字。絰，雖朝於君無免絰，唯公門有稅脱。齊衰。《傳》曰：「君子不奪人之喪，亦不可奪喪也。」

見人，往見於人也。絰重，故不可釋免。入公門雖稅齊衰，亦不稅絰也。此謂不杖齊衰，若杖齊衰及斬衰，雖入公門亦不稅。

《傳》曰：「辠多而刑五，喪多而服五。上附，下附，列如字。也。」

罪重者附於上刑，罪輕者附於下刑，此五刑之上附、下附也。大功以上附於親，小功以下附於疏，此五服之上附、下附也。等列相似，故云「列也」。

間傳第三十七

鄭氏曰：「名《間傳》者，以其記喪服之間輕重所宜。」

斬衰何以服苴？苴，惡貌也，所以首其内而見現。諸外也，斬衰貌若苴，齊衰貌若枲，大功貌若止，小功、緦麻容貌可也。此哀之發於容體者也。

斬衰服苴，苴絰與苴杖也。麻之有子者以爲苴絰，竹杖亦曰苴杖。惡貌者，疏云：「苴是黎黑色。」又《小記》疏云：「至痛内結，必形色外章，所以衰、裳、絰、杖俱備苴色也。」首者，標表之義，蓋顯示其内心之哀痛於外也。枲，牡麻也，枯黯之色似之。大功之喪，雖不如齊斬之痛，然其容貌亦若有所拘止而不得肆者，蓋亦變其常度也。

斬衰之哭，若往而不反；齊衰之哭，若往而反；大功之喪，三曲而偯；於豈反。小功、緦麻，哀容可也。此哀之發於聲音者也。

若，如也。往而不反，一舉而至氣絶，似不回聲也。三曲，一舉聲而三折也。偯，餘聲之委曲也。小功、緦麻情輕，雖哀聲之從容亦可也。

斬衰唯上聲。而不對，齊衰對而不言，大功言而不議，小功、緦麻議而不及樂。此哀之發於言語者也。

唯，應辭也。不對，不答人以言也。不言，不先發言於人也。不議，不泛論他事也。

斬衰三日不食，齊衰二日不食，大功三不食，小功、緦麻再不食，士與去聲。斂焉則壹不食。故父母之喪，既殯食粥，朝一溢米，莫一溢米。齊衰之喪，疏食飼。水飲，不食菜果。大功之喪，不食醯醬。小功、緦麻，不飲醴酒。此哀之發於飲食者也。

一溢，二十四分升之一也。疏食，粗飯也。

父母之喪，既虞卒哭，疏食水飲，不食菜果。期而小祥，食菜果。又期而大祥，有醯醬。中如字。月而禫，禫而飲醴酒。始飲酒者，先飲醴酒。始食肉者，先食乾肉。

中月，間一月也。前篇「中一以上」，亦訓爲間。二十五月大祥，二十七月而禫也。○疏曰：「孝子不忍發初御醇厚之味，故飲醴酒，食乾肉。」

父母之喪，居倚廬，寢苫枕塊，不稅脱。絰帶。齊衰之喪，居堊室，苄下。翦不納。大功之喪，寢有席。小功、緦麻，牀可也。此哀之發於居處者也。

倚廬、堊室，見《喪大記》。苄，蒲之可爲席者，但翦之使齊，不編納其頭而藏於內也。

父母之喪，既虞卒哭，柱主。楣翦屏，苄翦不納。期而小祥，居堊室，寢有席。又期而大祥，居復寢。中月而禫，禫而牀。

柱楣，謂舉倚廬之木柱之於楣，使稍寬明也。翦屏者，翦去户旁兩廂屏之餘草也。自上章「唯而不對」以下至此，有與《雜記》《喪大記》《喪服小記》之文不同者，記者所聞之異，亦或各有義歟？

斬衰三升。齊衰四升、五升、六升。大功七升、八升、九升。小功十升、十一升、十二升。緦麻十五升去其半。有事其縷，無事其布，曰緦。此哀之發於衣服者也。

每一升凡八十縷。斬衰正服三升，義服三升半。齊衰降服四升，正服五升，義服六升。大功降服七升，正服八升，義服九升。小功降服十升，正服十一升，義服十二升。緦麻降、正、義同用十五升布，去其七升半之縷。蓋十五升者，朝服之布，其幅之經一千二百縷也。今緦布用其半，六百縷爲經，是去其半也。「有事其縷」者，事，謂煑治其紗縷，而後織也。「無事其布」者，及織成，則不洗治其布，而即以製緦服也。若用爲錫衰，則加灰以洗治之，故前經云：「加灰，錫也。」然則緦服是熟縷生布。其小功以上，皆生縷以織矣。

斬衰三升，既虞卒哭，受以成布六升，冠七升。爲母疏衰四升，受以成布七升，冠八升。去麻服葛，葛帶三重。期而小祥，練冠縓七眷反。緣，去聲。要平聲。絰不除。

五服惟斬衰、齊衰、大功有受者，葬後以冠之布升數爲衰服，如斬衰冠六升，則葬後以六升布爲衰；齊衰冠七升，則葬後以七升布爲衰也。謂之成布者，三升以下之布，麤疏之甚，若未成然。六升以下，則漸精細，與吉服之布相近，故稱成也。「去麻服葛」者，葬後男子去要之麻絰而繫葛絰，婦人去首之麻絰而著葛絰也。葛帶三重，謂男子也。葬後以葛絰易要之麻絰，差小於前，四股糾之，積而相重，則三重也。蓋單糾爲一重，兩股合爲一繩是二重，二繩又合爲一繩是三重也。○疏曰：「至小祥，又以卒哭後冠受其衰，而以練易其冠。又以練爲中衣，以縓爲領緣也。」要絰，葛絰也。縓緣，見《檀弓》。

男子除乎首，婦人除乎帶。男子何爲除乎首也？婦人何爲除乎帶也？男子重首，婦人重帶，除服者先重者，易服者易輕者。

小祥，男子除首絰，婦人除要帶，此除先重也。居重喪而遭輕喪，男子則易要絰，婦人則易首絰，此易輕者也。

又期而大祥，素縞麻衣。中月而禫，禫而纖，無所不佩。

疏曰：「二十五月大祥祭，此日除脱，則首服素冠，以縞紕之，身著朝服而祭。祭畢而哀情未除，更反服微凶之服，首著縞冠，以素紕之；身著十五升麻深衣，未有采緣，故云『素縞麻衣』也。大祥之後，更間一月而爲禫祭。禫祭之時，玄冠朝服。祭訖，則首著纖冠，身著素端黄裳，以至吉祭。平常所服之物，無不佩也。黑經白緯曰纖。」

易服者，何爲易輕者也？斬衰之喪，既虞卒哭，遭齊衰之喪，輕者包，重者特。

鄭氏曰：「卑可以兩施，而尊者不可貳。」○疏曰：「斬衰受服之時，而遭齊衰初喪，男子所輕要者，得著齊衰要帶，而兼包斬衰之帶；婦人輕首，得著齊衰首絰，而包斬衰之絰，故云『輕者包』也。男子重首，特留斬衰之絰；婦人重要，特留斬衰要帶，是『重者特』也。」愚謂「特」者，單獨而無所兼之義，非謂特留也。

既練，遭大功之喪，麻、葛重。

疏曰：「斬衰既練，男子惟有要帶，婦人惟有首絰，是單也。今遭大功之喪，男子首空，著大功麻絰，又以大功麻帶易練之葛帶；婦人要空，著大功麻帶，又以大功麻絰易練之葛絰，是重麻也。至大功既虞卒哭，男子帶以練之故葛帶，首著期之葛絰；婦人絰其練之故葛絰，著期之葛帶，是重葛也。」○疏言「期之葛絰」「期之葛帶」，謂麤細與期同，其實是大功葛絰、葛帶也。○又按《檀弓》云婦人不葛帶者，謂斬衰、齊衰服也。《喪服》大功章，男女並陳，有「即葛九月」之文，是大功婦人亦受葛也。又《士虞禮》餞尸章註云：「婦人大功、小功者葛帶。」

齊衰之喪，既虞卒哭，遭大功之喪，麻、葛兼服之。

此據男子言之。以大功麻帶，易齊衰之葛帶，而首猶服齊衰葛絰。首有葛，要有麻，是麻、葛兼服之也。

斬衰之葛，與齊衰之麻同；齊衰之葛，與大功之麻同；大功之葛，與小功之麻同；小功之葛，與緦之麻同。麻同則兼服之。兼服之，服重者則易輕者也。

同者，前喪既葬之葛，與後喪初死之麻，麤細無異也。兼服者，服後麻，兼服前葛也。服重者，即上章「重者特」之説也。易輕者，即「輕者包」是也。《服問》篇云「緦之麻，不變小功之葛；小功之麻，不變大功之葛」，言成人之喪也。此言大功以下同則兼服者，是據大功之長殤、中殤也。○疏曰：「兼服之，但施於男子，不包婦人。今言易輕者，則是男子易於要，婦人易於首也。」

三年問第三十八

三年之喪何也？曰：稱去聲。情而立文，因以飾羣，別親疏、貴賤之節，而弗可損益也，故曰「無易之道也」。創平聲。鉅者其日久，痛甚者其愈遲。三年者，稱情而立文，所以爲至痛極也。斬衰，苴杖，居倚廬，食粥，寢苫，枕塊，所以爲至痛飾也。三年之喪，二十五月而畢。哀痛未盡，思慕未忘，然而服以是斷丁亂反。之者，豈不送死有已，復生有節也哉？

人不能無羣，羣不可無別。立文以飾之，則親疏、貴賤之等明矣。弗可損益者，中制不可不及，亦不可過，是所謂無易之道也。治親疏、貴賤之節者，惟喪服足以盡其詳。服莫重於斬衰，時莫久於三年，故此篇列言五服之輕重，而自重者始。○石梁王氏曰：「二十四月再期，其月餘日不數，爲二十五月。中月而禫，註謂間一月，則所間之月是空一月，爲二十六月。出月禫祭，爲二十七月。徙月則樂矣。」

凡生天地之間者，有血氣之屬必有知，有知之屬莫不知愛其類。今是大鳥獸則失喪去聲。其羣匹，越月踰時焉，則必反巡過其故鄉，翔回焉，鳴號平聲。焉，蹢直亦反。躅直六反。焉，踟馳。蹰厨。焉，然後乃能去之。小者至於燕雀，猶有啁周。噍秋。之頃焉，然後乃能去之。故有血氣之屬者，莫知去聲。於人，故人於其親也，至死不窮。

　鳥獸知愛其類，而不如人之能充其類。此所以天地之性人爲貴也。

將由夫患邪淫之人與？則彼朝死而夕忘之。然而從之，則是曾鳥獸之不若也，夫焉能相與羣居而不亂乎？

　患，猶害也。邪淫之害性，如疾痛之害身，故云「患邪淫」也。不如鳥獸，爲無禮也。無禮則亂矣。

將由夫修飾之君子與？則三年之喪，二十五月而畢，若駟之過隙。然而遂之，則是無窮也。故先王焉爲之立中制節，壹使足以成文理，則釋之矣。

　先王制禮，蓋欲使過之者俯而就之，則送死有已，復生有節；不至者跂而及之，則不至於鳥獸之不若矣。「壹使足以成文理」，謂無分君子小人，皆使之遵行禮節，以成其飾羣之文理。則先王憂世立教之心遂矣，故曰「釋之也」。

然則何以至期也？曰：至親以期斷。是何也？曰：天地則已易矣，四時則已變矣，其在天地之中者，莫不更始焉，以是象之也。

　疏曰：「父母本三年，何以至期？是問其一期應除之義，故答云『至親以期斷』，是明一期可除之節。故期而練，男子除絰，婦人除帶。下文云『加隆』，故至三年。」

然則何以三年也？曰：加隆焉爾也。焉使倍之，故再期也。

　又問，既是以期斷矣，何以三年也？答謂孝子加隆厚於親，故如此也。焉，語辭，猶云所以也。

由九月以下何也？曰：焉使弗及也。故三年以爲隆，緦、小功以爲殺，色介反。期、九月以爲間。平聲。上取象於天，下取法於地，中取則於人，人之所以羣居和壹之理盡矣。故三年之喪，人道之至文者也。夫是之謂至隆，是百王之所同，古今之所壹也，未有知其所由來者也。孔子曰：「子生三年，然後免於父母之懷。夫三年之喪，天下之達喪也。」

弗及，恩之殺也。三月不及五月，五月不及九月，九月不及期也。期與大功在隆殺之間，故云「期、九月以爲間」也。取象於天地者，三年象閏，期象一歲，九月象物之三時而成，五月象五行，三月象一時也。取則於人者，如生三月而翦髮，三年而免父母之懷也。和以情言，謂情無不睦也。壹以禮言，謂禮無不至也。人之所以相與羣居而情和禮壹者，其理於喪服盡之矣。父母之喪無貴賤，故曰「天下之達喪也」。達，《論語》作「通」。

深衣第三十九

古者深衣，蓋有制度，以應規、矩、繩、權、衡。短毋見現。膚，長毋被土。續衽鉤邊，要平聲。縫去聲。半下。

朝服、祭服、喪服，皆衣與裳殊，惟深衣不殊。則其被於體也深邃，故名深衣。制同而名異者有四焉：純之以采曰深衣，純之以素曰長衣，純之以布曰麻衣，著在朝服、祭服之内曰中衣。但大夫以上助祭用冕服，自祭周爵弁服，則以素爲中衣；士祭用朝服，則以布爲中衣也。皆謂天子之大夫與士也。喪服亦有中衣，《檀弓》云「練衣黄裏縓緣」是也，但不得繼揜尺耳。○楊氏曰：「深衣制度，惟續衽鉤邊一節難考。鄭註『續衽』二字，文義甚明，特疏家亂之耳。鄭註云：『續，猶屬也。衽，在裳旁者也。屬連之，不殊裳前後也。』鄭意蓋言凡裳前三幅，後四幅，既分前後，則其旁兩幅分開而不相屬。惟深衣裳十二幅，交裂裁之，皆名爲衽。所謂『續衽』者，指在裳旁，兩幅言之。謂屬連裳旁兩幅，不殊裳之前後也。又《衣圖》云，既合縫了，又再覆縫，方便於著。以合縫者爲續衽，覆縫爲鉤邊。」○要縫七尺二寸，是比下齊之一丈四尺四寸爲半之也。《玉藻》云「縫齊倍要」是也。

袼各。之高下，可以運肘。袂之長短，反詘屈。之及肘。帶下毋厭於甲反。髀，俾。上毋厭脅，當無骨者。

劉氏曰：「袼，袖與衣接當腋下縫合處也。運，回轉也。《玉藻》云『袂可以回肘』是也。肘，臂中曲節。袂，袖也。袼之高下與衣身齊二尺二寸，古者布幅亦二尺二寸。而深衣裁身用布八尺八寸，中屈而四疊之，則正方。袖本齊之，而漸圓殺以至袪，則廣一尺二寸，故下文云袂圓應規也。衣四幅而要縫七尺二寸，又除負繩之縫，與領旁之屈積各寸，則兩腋之餘，前後各三寸許。續以二尺二寸幅之袖，則二尺有五寸也。然周尺二尺五寸，不滿今舊尺二尺，僅足齊手，無餘可反屈也。曰反屈及肘，則接袖初不以一幅爲拘矣。凡經言短毋見膚，長毋被土，及袼可運肘，袂反及肘，皆以人身爲度，而不言尺寸者，良以尺度布幅有古今之異，而人身亦有大小長短之殊故也。朱子云『度用指尺，中指中節爲寸』，則各自與身相稱矣。《玉藻》朝、祭服之帶，三分帶下，紳居二焉。而紳長制，士三尺，則帶下四尺五寸矣。深衣之帶，下不厭髀骨，上不可當脇骨，惟當其間無骨之處，則少近下也。然此不言帶之制。《玉藻》云『士練帶率，下辟』等，皆言朝、祭服之帶也。朱子深衣帶，蓋亦彷彿《玉藻》之文，但襌複異耳。」

制十有二幅，以應十有二月。袂圜以應規，曲袷劫。如矩以應方，負繩及踝胡瓦反。以應直，下齊咨。如權衡以應平。

袷，交領也。衣領既交，自有如矩之象。踝，足跟也。衣之背縫，及裳之中縫，上下相接如繩之直，故云「負繩」也。下齊，裳末緝處也，欲其齊如衡之平。

故規者，行舉手以爲容。負繩抱方者，以直其政，方其義也。故《易》曰：「坤六二之動，直以方也。」下齊如權衡者，以安志而平心也。五法已施，故聖人服之。故規矩取其無私，繩取其直，權衡取其平，故先王貴之。故可以爲文，可以爲武，可以擯相，可以治軍旅。完且弗費，善衣之次也。

疏曰：「所以袂圜中規者，欲使行者舉手揖讓以爲容儀也。抱方，領之方也。以『直其政』解『負繩』，以『方其義』解『抱方』也。」○呂氏曰：「深衣之用，上下不嫌同名，吉凶不嫌同制，男女不嫌同服。諸侯朝朝服，夕深衣；大夫、士朝玄端，夕深衣；庶人吉服深衣而已。此上下同也。有虞氏深衣而養老；將軍文子除喪受弔，練冠深衣；親迎女在途，而壻之父母死，深衣縞總以趨喪，此吉凶、男女之同也。蓋簡便之服，非朝、祭皆可服之也。」○方氏曰：「十二幅應十二月者，仰觀於天也。直其政，方其義者，俯察於地也。袼之高下，可以運肘者，近取諸身也。應規、矩、繩、權、衡者，遠取諸物也。其制度固已深矣。然端冕則有敬色，所以爲文。介胄則有不可辱之色，所以爲武。端冕不可以爲武，介胄不可以爲文，兼之者惟深衣而已。《玉藻》曰：「夕深衣。」深衣，燕居之服也。端冕雖所以脩禮容，亦有時而燕處，則深衣可以爲文矣。介胄雖所以臨戎事，亦有時而燕處，則深衣可以爲武矣。雖可爲文，非若端冕可以視朝臨祭，特可贊禮而爲擯相而已。雖可爲武，非若介胄可以臨衝，特可運籌以治軍旅而已。制有五法，故曰『完』。其質則布，其色則白，故曰『弗費』。吉服以朝、祭爲上，燕衣則居其次焉，故曰『善衣之次也』。」

具父母、大泰。父母，衣純準。以繢。會。具父母，衣純以青。如孤子，衣純以素。純袂緣、去聲。純邊，廣去聲。各寸半。

繢，畫文也。純，衣之緣也。袂緣，緣袖口也。純邊，緣襟旁及下也。各廣一寸半。袷則廣二寸也。○呂氏曰：「三十以下無父者，可以稱孤。若三十之上，有爲人父之道，不言孤也。純袂緣、純邊，三事也。謂袂口、裳下、衣裳邊皆純也。亦見《既夕禮》。」

禮記卷之十五

禮記卷之十六

陳澔集說

投壺第四十

投壺之禮，主人奉上聲。矢，司射奉中，使人執壺。主人請曰：「某有枉矢哨七笑反。壺，請以樂賓。」賓曰：「子有旨酒嘉肴，某既賜矣，又重以樂，岳。敢辭。」主人曰：「枉矢哨壺，不足辭也，敢固以請。」賓曰：「某既賜矣，又重以樂，敢固辭。」主人曰：「枉矢哨壺，不足辭也，敢固以請。」賓曰：「某固辭不得命，敢不敬從。」

中者，盛筭之器，或如鹿，或如兕，或如虎，或如閭。閭，如驢形，一角而岐蹄。或如皮樹。皮樹，亦獸名，其狀未聞。皆刻木爲之，上有圓圈以盛筭。枉，材不直也。哨，口不正也。此篇投壺是大夫、士之禮。《左傳》晉侯與齊侯燕投壺，則諸侯亦有之也。

賓再拜受，主人般盤。還，旋。曰：「辟。」避。主人阼階上拜送，賓般還，曰：「辟。」

方氏曰：「般還，言不敢直前，則辟之容也。曰『辟』，則告之使知其不敢當也。」

已拜，受矢，進即兩楹間，退反位，揖賓就筵。

主人拜送矢之後，主人之贊者持矢授主人，主人於阼階上受之，而進就楹間，視投壺之處所，復退反阼階之位，西向揖賓以就投壺之席也。賓主之席皆南向。

司射進度徒洛反。壺，句。間以二矢半，反位設中，東面，執八筭興。

疏曰：「司射於西階上，於執壺之人處受壺來賓主筵前，量度而置壺於賓主筵之南。間以二矢半者，投壺有三處，室中、堂上及庭中也。日中則於室，日晚則於堂，太晚則於庭中，各隨光明故也。矢有長短，亦隨地之廣狹。室中狹，矢長五扶；堂上稍廣，矢長七扶；庭中太廣，矢長九扶。四指曰扶，扶廣四寸。五扶者，二尺也；七扶者，二尺八寸也；九扶者，三尺六寸也。矢雖有長短，而度壺則皆使去賓主之席各二矢半也。是室中去席五尺，堂上去席七尺，庭中則去席九尺也。度壺畢，仍還西階上之位，而取中以進而設之。既設中，乃於中之西而東面，手執八筭而起。」

請賓曰：「順投爲入，比毗志反。投不釋，勝飲去聲。不勝者。正爵既行，請爲勝者立馬，一馬從二馬。三馬既立，請慶多馬。」請主人亦如之。

疏曰：「司射執八筭起，而告于賓曰，投矢於壺，以矢本入者乃名爲入，則爲之釋筭。若以末入則不名爲入，亦不爲之釋筭也。比，頻也。賓主要更遞而投，不得以前既入而喜，不待後入投之而已頻投。頻投雖入，亦不爲之釋筭也。若投之勝者，則酌酒以飲不勝者。正爵，即此勝飲不勝之爵也。以其正禮，故謂之正爵。既行，行爵竟也。爲勝者立馬者，謂取筭以爲馬，表其勝之數也。謂筭爲馬者，馬是威武之用，投壺及射亦是習武，故云馬也。一馬從二馬者，每一勝輒立一馬，禮以三馬爲成，若專三馬，則爲一成。但勝偶未必專頻得三，若勝偶得二，劣偶得一，一既劣於二，故徹取劣偶之一，以足勝偶之二爲三，故云『一馬從二馬』。若頻得三成，或取彼足爲三馬，是其勝已成，又酌酒以慶賀多馬之人也。此告賓之辭。其告主人亦此辭也，故曰『請主人亦如之』。」

命弦者曰：「請奏《貍首》，間去聲。若一。」大師曰：「諾。」

司射命樂工奏《詩》章以爲投壺之節。《貍首》，《詩》篇名也，今亡。「間若一」者，《詩》樂作止，所間疏數之節，均平如一也。大師，樂官之長也。

左右告矢具，請拾其劫反。投。有入者，則司射坐而釋一筭焉，賓黨於右，主黨於左。

主賓席皆南向，則主居左，賓居右。司射告主賓以矢具，又請更迭而投，於是乃投壺也。若矢入壺者，則司射乃坐而釋一筭於地。司射東面而立，釋筭則坐也。賓黨於右者，在司射之前稍南。主黨於左者，在司射之前稍北。蓋司射東面，則南爲右，北爲左矣。

卒投，司射執筭曰：「左右卒投，請數。」上聲。二筭爲純，全。一純以取，一筭爲奇。居衣反。遂以奇筭告曰：「某賢於某若干純。」奇則曰奇，鈞則曰左右鈞。

疏曰：「純，全也，二筭合爲一全。地上取筭之時，一純則別而取之。一筭，謂不滿純者。奇，隻也。故云『一筭爲奇』。以奇筭告者，奇，餘也。左右數鈞等之餘筭，手執之而告曰：『某賢於某若干純。』賢，謂勝也。勝者若有雙數，則云若干純。假令十筭，則云五純也。奇則曰奇者，假令九筭，則曰九奇也。鈞則曰左右鈞者，鈞猶等也，等則左右各執一筭以告。」

命酌曰：「請行觴。」酌者曰：「諾。」當飲去聲。者皆跪奉觴，曰：「賜灌。」勝者跪曰：「敬養。」去聲。

司射命酌酒者行罰爵。酌者，勝黨之弟子也。既諾，乃於西階上南面設豐，洗觶升酌，坐而奠於豐之上。其當飲者，跪取豐上之酒手捧之，而言「賜灌」。灌，猶飲也，謂蒙賜之飲也。服善而爲尊敬之辭也。其勝者則跪而言，敬以此觴爲奉養也。雖行罰爵，猶爲尊敬之辭，以答「賜灌」之辭也。

正爵既行，請立馬。馬各直其筭，一馬從二馬以慶。慶禮曰：「三馬既備，請慶多馬。」賓主皆曰：「諾。」正爵既行，請徹馬。

正禮罰酒之爵既行，飲畢，司射乃告賓主，請爲勝者樹立其馬。直，當也。所立之馬，各當其初釋筭之前。投壺與射禮，皆三番而止，每番勝則立一馬。假令賓黨三番俱勝，則立三馬。或兩勝而立二馬，其主黨但一勝立一馬，即舉主之一馬，益賓之二馬，所以助勝者爲樂也。以慶，謂以此慶賀多馬也。飲正禮慶爵之後，司射即請徹去其馬，以投壺禮畢也。禮畢則行無筭爵。○鄭氏曰：「飲慶爵者，偶親酌，不使弟子，無豐。」○疏曰：「請立馬者，是司射請辭。馬各直其筭，一馬從二馬以慶，是禮家陳事之言。慶禮曰『三馬既備，請慶多馬』者，此還是司射。請辭。」

筭多少視其坐。籌，室中五扶，膚。堂上七扶，庭中九扶。筭長去聲。尺二寸。壺頸修七寸，腹修五寸，口徑二寸半，容斗五升。壺中實小豆焉，爲其矢之躍而出也。壺去席二矢半。矢以柘若棘，毋去上聲。其皮。

筭之多少，視坐上之人數。每人四矢，亦四筭也。籌，矢也。扶，與膚同。「室中五扶」以下三句，說見上章。○吕氏曰：「棘、柘之心實，其材堅且重也。毋去其皮，質而已矣。」

魯令弟子辭曰：「毋憮，呼。毋敖，傲。毋偝立，毋踰言。偝立、踰言有常爵。」薛令弟子辭曰：「毋憮，毋敖，毋偝立，毋踰言，若是者浮。」司射、庭長及冠去聲。士立者，皆屬賓黨；樂人及使如字。者、童子，皆屬主黨。

石梁王氏曰：「『司射』至『主黨』二十四字，與上文『薛令弟子，若是者浮』相屬。」今從之。○弟子，賓黨主黨之年稺者。投壺時立於堂下，以其或相褻狎，故戒令之。魯、薛之辭，意同而文小異，故記者並列之。幠，亦敖也。偝立，不正所向也。踰言，遠談他事也。有常爵，謂有常例罰爵也。○疏曰：「浮，亦罰也。」一説，謂罰爵之盈滿而浮泛也。庭長，即司正也。冠士，外人來觀投壺，成人加冠之士也。樂人，國子之能爲樂者，非作樂之瞽人也。使者，主人所使薦羞者也。

鼓：○□○○□□○□○○□半○□○□○○○□□○□○，魯鼓；○□○○○□□○□○○□□○□○○□□○半○□○○○□□○，薛鼓。取「半」以下爲投壺禮，盡用之爲射禮。魯鼓：○□○○□□○○半○□○○□○○○○□○□○；薛鼓：○□○○○○□○□○□○○○□○□○○□○半○□○□○○○○□○。

鄭氏曰：「圓者擊鼙，方者擊鼓。」○疏曰：「記者因魯、薛擊鼓之異，圖而記之。但年代久遠，無以知其得失。用半鼓節爲投壺，用全鼓節爲射禮。」

儒行第四十一

魯哀公問於孔子曰：「夫子之服，其儒服與？」孔子對曰：「丘少居魯，衣去聲。逢掖之衣；長居宋，冠去聲。章甫之冠。丘聞之也，君子之學也博，其服也鄉。丘不知儒服。」

鄭氏曰：「逢，猶大也，大掖之衣。」○疏曰：「謂肘掖之所寬大，故鄭云『大袂禪衣也』。」○應氏曰：「儒之名始見於《周官》，曰『儒以道得民』。末世不充其道，而徒於其服。哀公覘孔子之被服儒雅，而威儀進趨，皆有與俗不同者，怪而問之。孔子不敢以儒自居也，故言『不知儒服』。」○《郊特牲》云：「章甫，殷道也。」蓋緇布冠，殷世則名章甫。章，明也，所以表明丈夫，故謂之「章甫」耳。

哀公曰：「敢問儒行？」孔子對曰：「遽數之不能終其物，悉數之乃留，更僕未可終也。」哀公命席，孔子侍，曰：「儒有席上之珍以待聘，夙夜强上聲。學以待問，懷忠信以待舉，力行以待取。其自立有如此者。

卒遽而數之，則不能終言其事。詳悉數之，非久留不可。僕，臣之擯相者。久則疲倦，雖更代其僕，亦未可得盡言之也。公於是命設席，使孔子坐侍而言之。○吕氏曰：「席上之珍，自貴而待賈者也。儒者講學於閒燕，從容乎席上，而知所以自貴以待天下之用。强學以待問，懷忠信以待舉，力行以待取，皆我自立而有待也。德之可貴者，人必禮之；學之博者，人必問之；忠信可任者，人必舉之；力行可使者，人必取之。故君子之用於天下，有所待而不求焉。」

儒有衣冠中，動作慎；其大讓如慢，小讓如僞；大則如威，小則如愧；其難進而易退也，粥粥燭。若無能也。其容貌有如此者。

中，猶正也。《論語》曰：「君子正其衣冠。」○方氏曰：「衣冠中者，言衣之在身，冠之在首，皆中於禮也。動作慎者，言心之所動，事之所作，皆慎其德也。大讓所以自抗，故如慢而不敬；小讓所以致曲，故如僞而不誠。方其容貌之大也，則有所不可犯，故如威；及其容貌之小也，則有所不敢爲，故如愧；三揖而後進，故曰『難進』；一辭而遂退，故曰『易退』。粥粥者，柔弱之狀，故若無能也。是皆禮之所修，道之所與也。」

儒有居處齊齋。難，去聲。其坐起恭敬。言必先信，行去聲。必中正。道塗不爭險易之利，冬夏不爭陰陽之和。愛其死以有待也，養其身以有爲也。其備豫有如此者。

鄭氏曰：「齊難，齊莊可畏難也。」○吕氏曰：「事豫則立，不豫則廢，儒者之學皆豫也。擬之而後言，議之而後動，故學有豫則義精，義精則用不匱。若其始也不敬，則身不立，不立則道不充。仲弓問仁，子曰：『出門如見大賓，使民如承大祭。己所不欲，勿施於人。』居處齊難，坐起恭敬，言必先信，行必中正，所謂『如見大賓，如承大祭』，敬也。道塗不爭險易之利，冬夏不爭陰陽之和，所謂『己所不欲，勿施於人』，恕也。惟敬與恕，則忿懲欲窒，身立德充，可以當天下之變而不避，任天下之重而不辭。備豫之至，有如此者也。」○劉氏曰：「不爭非特恕也，亦以愛死養身以有待有爲。不爭小者近者，以害大者遠者也。」

儒有不寶金玉，而忠信以爲寶；不祈土地，立義以爲土地；不祈多積，茲四反。多文以爲富；難得而易禄也，易禄而難畜許六反。也。非時不見，現。不亦難得乎？非義不合，不亦難畜乎？先勞而後禄，不亦易禄乎？其近人有如此者。

吕氏曰：「儒者之於天下，所以自爲者，德而已；所以應世者，義而已。趙孟之所貴，趙孟能賤之。我之所可貴，人不得而奪也。此金玉、土地、多積，不如信、義、多文之貴也。難得難畜，主於義而所以自貴也。雖曰自貴，時而行，義而合，勞而食，未始遠於人而自異也。」

儒有委之以貨財，淹之以樂五教反。好，見利不虧其義；劫之以衆，沮之以兵，見死不更其守；鷙蟲攫搏不程勇者，引重鼎不程其力；往者不悔，來者不豫；過言不再，流言不極；不斷短。其威，不習其謀。其特立有如此者。

過言出於己之失，知過則改，故不再。流言出於人之毀，禮義不愆，故不極。極，猶終也，言不終爲所毀也。不斷其威者，言其威容不可得而挫折也。不習其謀者，言其謀必可成，不待嘗試而後見於用也。○鄭氏曰：「淹，謂浸漬之。劫，脅也。沮，恐怖之也。鷙蟲，猛鳥獸也。」○方氏曰：「鷙猛之蟲，當攫搏之，不程量其勇而後往，此況儒者勇足以犯難而無顧也。引重鼎不程其力，又以況儒者材足以任事而有所勝也。往者不悔，非有所吝而不改也。爲其動則當理，而未嘗至於悔。來者不豫，非有所忽而不防也。爲其機足以應變，而不必豫耳。過言則失其正，流言則失其原。過言不免乎出，然一之爲甚也，矧可再而二乎！流言不免乎聞，必止之以智也，詎可極而窮乎！」

儒有可親而不可劫也，可近而不可迫也，可殺而不可辱也。其居處不淫，其飲食不溽，其過失可微辨而不可面數也。其剛毅有如此者。

吕氏曰：「儒者之立，立於義理而已。剛毅而不可奪，以義理存焉；以義交者，雖疏遠必親；非義加之，雖强禦不畏。故有可親、可近、可殺之理，而不可劫、迫、辱也。淫，侈溢也。溽，濃厚也。侈其居處，厚其飲食，欲勝之也。欲勝，則義不得立。不淫不溽，所以立義也。其過失可微辨而不可面數，此一句尚氣好勝之言，於義理未合。所貴於儒者，以見義必爲，聞過而改者也，何謂可微辨不可面數？待人可矣，自待則不可也。子路聞過則喜，孔子幸人之知過，成湯改過不吝。推是心也，苟有過失，雖怨詈且將受之，況面數乎！」

儒有忠信以爲甲冑，禮義以爲干櫓；戴仁而行，抱義而處，雖有暴政，不更其所。

其自立有如此者。

鄭氏曰：「甲，鎧。冑，兜鍪也。干櫓，小楯大楯也。」○吕氏曰：「忠信，則不欺。不欺者，人亦莫之欺也。禮者，敬人。敬人者，人亦莫之侮也。忠信禮義所以禦人之欺侮，猶甲冑干櫓可以捍患也。行則尊仁，居則守義，所以自信者篤，雖暴政加之，有所不變也。自立之至者也。首章言自立，論其所信所守，足以更天下之變而不易。二者皆自立也，有本末先後之差焉。」

儒有一畝之宮，環堵之室，篳門圭窬，豆。蓬户甕牖，易衣而出，并日而食。上答之，不敢以疑；上不答，不敢以諂。其仕有如此者。

疏曰：「一畝，謂徑一步，長百步也。折而方之，則東西南北各十步。宮，牆垣也，牆方六丈。環，周迴也。方丈爲堵，東西南北各一堵。篳門，以荆竹織門也。圭窬，穿牆爲之，門旁小户也，上鋭下方，狀如圭。蓬户，編蓬爲户也。甕牖者，牕牖圓如甕口也，又云以敗甕口爲牖。易衣而出者，合家共一衣，出則更著之也。并日而食者，謂不日日得食，或三日、二日并得一日之食也。」○「上答之，不敢以疑」者，道合則就，即信之而不疑，無患失之心也。「上不答，不敢以諂」者，不合則去，即安之而不諂，無患得之心也。

儒有今人與居，古人與稽。今世行之，後世以爲楷。適弗逢世，上弗援，下弗推。讒諂之民有比黨而危之者，身可危也，而志不可奪也。雖危起居，竟信申。其志，猶將不忘百姓之病也。其憂思去聲。有如此者。

楷，法式也。上弗援，在上者不引我以升也。下弗推，在下者不舉我以進也。危起居，謂因事中傷之也。信其志，謂志不可奪也。時有否泰，道有通塞，然其憂思則未嘗一日而忘生民之患也。

儒有博學而不窮，篤行而不倦；幽居而不淫，上通而不困；禮之以和爲貴，忠信之美，優游之法；慕賢而容衆，毁方而瓦合。其寬裕有如此者。

博學不窮，温故知新之益也；篤行不倦，賢人可久之德也。幽居不淫，窮不失義也；上通不困，達不離道也。禮之體嚴，而用貴於和。忠信禮之質也，故以忠信爲美；優游用之和也，故以優游爲法。賢雖在所當慕，衆亦不可不容。「汎愛衆而親仁」，亦是意也。毁方而瓦合者，陶瓦之事，其初則圓。剖而爲四，其形則方。毁其圓以爲方，合其方而復圓。蓋於涵容之中，未嘗無分辨之意也，故曰「其寬裕有如此者」。

儒有内稱不辟避。親，外舉不辟怨；程功積事，推賢而進達之，句。不望其報；君得其志，苟利國家，不求富貴。其舉賢援平聲。能有如此者？

疏曰：「君得其志，謂此賢者輔助其君，使君得遂其志也。」○應氏曰：「程筭其功，積累其事，不輕薦也。下不求報於人，上不求報於國。」

儒有聞善以相告也，見善以相示也；爵位相先也，患難去聲。相死也；久相待也，遠相致也。其任舉有如此者。

吕氏曰：「舉賢援能，儒者所以待天下之士也。任舉者，所以待其朋友而已。必同其好惡也，故聞善相告，見善相示；必同其憂樂也，故爵位相先，患難相死。彼雖居下，不待之同升則不升；彼雖疏遠，不致之同進則不進。此任舉朋友加重於天下之士者，義有厚薄故也。」

儒有澡早。身而浴德，陳言而伏；静而正之，上弗知也；麤而翹之，又不急爲也；不臨深而爲高，不加少而爲多；世治不輕，世亂不沮；同弗與，異弗非也。其特立獨行有如此者。

翹，與「招其君之過」「招」字同，舉也。舉其過而諫之也。○吕氏曰：「惟大人能格君心之非。在我者未正，未有能正人者也。故澡身浴德者，所以正己也。陳言而伏者，入告嘉謀而順之于外也。静而正之者，將順其美，匡救其惡，常在於未形也。故曰『上弗知也』。」○方氏曰：「静而正之者，隱進之也；麤而翹之者，明告之也。静而正之既不見知，然後麤而翹之。然亦緩而不失節，故曰『不急爲也』。其行之高，皆自然而已。不必臨深以相形，然後顯其爲高。其文之多，皆素有而已。不必加少以相益，然後成其爲多。世治而德常見重，故曰『不輕』；世亂而志常自若，故曰『不沮』；與其所可與，不必同乎己也；非其所可非，不必異乎己也。」○應氏曰：「治不輕進，若伯夷不仕於武王；亂不退沮，若孔子歷聘於諸國。非但處而特立於一身，亦出而獨行於一世。」

儒有上不臣天子，下不事諸侯；慎静而尚寬，强毅以與人，博學以知服；近文章，砥厲廉隅；雖分國如錙銖，不臣不仕。其規爲有如此者。

慎静者，謹飭而不妄動，守身之道也。尚寬者，寬裕以有容，待人之道也。强毅以與人，不苟詭隨於人也。

知服，知力行之要也。博學知服，即博文約禮之謂也。遠於文，則質勝而野。近文章，則亦不使文揜其質也。砥厲廉隅者，求切磋琢磨之益，不刓方以爲圓也。筭法十黍爲絫，十絫爲銖，二十四銖爲兩，八兩爲錙。言人君好賢，雖分其國以禄賢者，視之如錙銖之輕，猶不臣不仕也。其所謀度，其所作爲，有如此者。

儒有合志同方，營道同術；並立則樂，相下不厭；久不相見，聞流言不信；句。其行去聲。本方立義，同而進，不同而退。其交友有如此者。

合志，以所向言。營道，以所習言。方，即術也。並立，爵位相等也。相下，以尊位相讓，而己處其下也。流言，惡聲之傳播也。聞之不信，不以爲實也。其行本方立義，謂所本者必方正，所立者必得其宜也。同於爲義則進而從之，不同則退而避之，故曰「同而進，不同而退」。

温良者，仁之本也；敬慎者，仁之地也；寬裕者，仁之作也；孫去聲。接者，仁之能也；禮節者，仁之貌也；言談者，仁之文也；歌樂者，仁之和也；分散者，仁之施也。儒皆兼此而有之，猶且不敢言仁也。其尊讓有如此者。

仁之本，謂根本於仁也。地，猶踐履也。作，充廣也。能，能事也。八者皆仁之發見。哀公問儒行，夫子既歷數以告之矣。仁包四德，百行之原，故於其終也以仁爲説焉。兼有此仁之行而不敢自以爲仁，是尊仁而讓善也。故曰「尊讓有如此者」。

儒有不隕穫於貧賤，不充詘屈。於富貴，不慁胡困反。君王，不累去聲。長上，不閔有司，故曰『儒』。今衆人之命儒也妄，如字，句絶。常以儒相詬呼構反。病。」孔子至舍，哀公館之，聞此言也，言加信，行加義，「終没吾世，不敢以儒爲戲」。

隕者，如有所墜失。穫者，如有所割刈。充者，驕氣之盈。詘者，吝氣之斂。○鄭氏曰：「隕穫，困迫失志之貌。充詘，喜失節之貌。慁，猶辱也。累，猶係也。閔，病也。言不爲天子、諸侯、卿大夫、羣吏所困迫而違道，孔子自謂也。」○方氏曰：「無儒者之行，而爲儒者之服；無儒者之實，而盗儒者之名，故曰『今衆人之命儒也妄』。以其妄，故常爲人所詬病。既至舍矣，又曰『館之』者，具食以致其養，具官以治其事也。言加信，則不以儒相詬矣。行加義，則不以儒相病矣。」

〇李氏曰：「《儒行》，非孔子之言也，蓋戰國時豪士所以高世之節耳。其條十有五，然旨意重複，要其歸不過三數塗而已。一篇之内，雖時與聖人合，而稱説多過。或曰，哀公輕儒，孔子有爲而言，故多自夸大以播其君。此豈所謂孔子者哉！」

大學第四十二 朱子《章句》。

冠義第四十三

疏曰：「冠禮起早晚，書傳無正文。《世本》云：『黄帝造旃冕。』是冕起於黄帝也。黄帝以前，以羽皮爲冠，以後乃用布帛。其冠之年，天子、諸侯皆十二。」〇吕氏曰：「冠、昏、射、鄉、燕、聘，天下之達禮也。《儀禮》所載謂之『禮』者，禮之經也。《禮記》所載謂之『義』者，皆舉其經之節文以述其制作之義也。」

凡人之所以爲人者，禮義也。禮義之始，在於正容體，齊顔色，順辭令。容體正，顔色齊，辭令順，而後禮義備。以正君臣，親父子，和長幼。君臣正，父子親，長幼和，而後禮義立。故冠而後服備，服備而後容體正，顔色齊，辭令順。故曰冠者，禮之始也。是故古者聖王重冠。

方氏曰：「容體欲其可度，故曰『正』；顔色欲其可觀，故曰『齊』；辭令欲其可從，故曰『順』。」

古者冠禮筮日、筮賓，所以敬冠事。敬冠事所以重禮，重禮所以爲國本也。

吕氏曰：「禮重則人道立，此國之所以爲國也，故曰『爲國本』。」〇方氏曰：「筮日所以求夫天之吉，筮賓所以擇夫人之賢。然筮而不卜，何哉？蓋古者大事用卜，小事用筮。天下之事，始爲小，終爲大。冠爲禮之始，聖王之所重者，重其始而已，非大事也，故止用筮焉。至於喪祭之慎終，則所謂大事也，故於是乎用卜。」

故冠於阼，以著代也。醮於客位，三加彌尊，加有成也。已冠而字之，成人之道也。

吕氏曰：「主人升立于序端西面，贊者筵于東序少北西面，將冠者即筵而冠，是位與主人同在阼也。父老則傳之子，所以著其傳付之意也。酌而無酬酢曰醮。醮于户西南面，賓位也。以禮賓之禮禮其子，所以爲成人敬也。始加緇布冠，再加皮弁，次加爵弁。三加而服彌尊，亦所以爲成人敬也。冠於阼，醮於客位者，適子也。若庶子，則冠于房外南面，遂醮焉。所以異者，不著代也。古者童子雖貴，名之而已。冠而後賓字之，以成人之道，故敬其名也。」

見於母，母拜之；見於兄弟，兄弟拜之，成人而與爲禮也。玄冠、玄端，奠摯於君；遂以摯見於鄉大夫、鄉先生，以成人見也。

母之拜子，先儒疑焉。疏以爲脯自廟中來，故拜受，非拜子也。吕氏以爲母有從子之義，故屈其庸敬以伸斯須之敬。方氏從疏義。皆非也。此因「成人而與爲禮」一句，似乎凡冠者皆然，故啓讀者之疑。惟石梁王氏云：「記者不知此禮爲適長子代父承祖者，與祖爲正體，故禮之異於衆子也。」斯言盡之矣。玄冠，齊冠也。玄端服，天子燕居之服，諸侯及卿大夫、士之齊服也。摯用雉。鄉先生，鄉之年德俱高者，或致仕之人也。

成人之者，將責成人禮焉也。責成人禮焉者，將責爲人子、爲人弟、爲人臣、爲人少者之禮行去聲。焉。將責四者之行於人，其禮可不重與？故孝弟忠順之行立，而後可以爲人。可以爲人，而後可以治人也。故聖王重禮。故曰冠者，禮之始也，嘉事之重者也。是故古者重冠。重冠，故行之於廟。行之於廟者，所以尊重事。尊重事而不敢擅重事，不敢擅重事，所以自卑而尊先祖也。

吕氏曰：「所謂成人者，非謂四體膚革異於童稚也，必知人倫之備焉。親親、貴貴、長長不失其序之謂備。此所以爲人子、爲人弟、爲人臣、爲人少者之禮行，孝弟忠順之行立也。有諸己，然後可以責諸人，故成人然後可以治人也。古者重事必行之廟中。昏禮納采至親迎，皆主人筵几於廟；聘禮君親拜迎於大門之外而廟受；爵有德，禄有功，君親策命于廟；喪禮既啓則朝廟。皆所以示有所尊，而不敢專也。冠禮者，人道之始，所不可後也。孝子之事親也，有大事必告而後行。没則行諸廟，猶是義也。故大孝終身慕父母者，非終父母之身，終其身之謂也。」

昏義第四十四

疏曰：「謂之昏者，娶妻之禮，以昏爲期，因名焉。必以昏者，取陽往陰來之義。」○吕氏曰：「『物不可以苟合而已，故受之以賁。』天下之情，不合則不成。而其所以合也，敬則克終，苟則易離。必受之以致飾者，所以敬而不苟也。昏禮者，其受賁之義乎？」

昏禮者，將合二姓之好，上以事宗廟，而下以繼後世也，故君子重之。是以昏禮納采、問名、納吉、納徵、請期，皆主人筵几於廟，而拜迎於門外，入揖讓而升，聽命於廟，所以敬慎重正昏禮也。

方氏曰：「納采者，納鴈以爲采擇之禮也。問名者，問女生之母名氏也。納吉者，得吉卜而納之也。納徵者，納幣以爲昏姻之證也。請期者，請昏姻之期日也。夫采擇自我，而名氏在彼，故首之以納采，而次之以問名。此資人謀以達之也。謀既達矣，則宜貴鬼謀以決之，故又次之以納吉焉。人謀鬼謀皆協從矣，然後納幣以徵之，請日以期之。故其序如此。」

父親醮子而命之迎，去聲。男先去聲。於女也。子承命以迎，主人筵几於廟，而拜迎於門外。壻執鴈入，揖讓升堂，再拜奠鴈，蓋親受之於父母也。降，出。御婦車，而壻授綏，御輪三周。先俟于門外。婦至，壻揖婦以入。共牢而食，合巹謹。而酳，以刃反。所以合體、同尊卑以親之也。

疏曰：「共牢而食者，同食一牲，不異牲也。合巹而酳者，以一瓠分爲兩瓢謂之巹，壻與婦各執一片以酳。酳，演也。謂食畢飲酒，演安其氣也。」○程子曰：「奠鴈，取其不再偶。」○朱子曰：「取其順陰陽往來之義也。」○方氏曰：「筵几於廟者，交神以筵之，奉神以安之也。父必親醮，非重子也，重禮而已。御其婦車，所以尊之也。授之綏，所以安之也。以輪三周爲節者，取陰陽奇偶之數成也。既三周，則御者代之矣。共牢則不異牲，合巹則不異爵。合巹有合體之義，共牢有同尊卑之義。體合則尊卑同，同尊卑則相親而不相離矣。」

敬慎重正而后親之，禮之大體而所以成男女之別，而立夫婦之義也。男女有別，而後夫婦有義；夫婦有義，而後父子有親；父子有親，而後君臣有正。故曰昏禮者，禮之本也。夫禮，始於冠，本於昏，重於喪、祭，尊於朝、聘，和於射、鄉。此禮之大體也。

父子親而後君臣正者，資於事父以事君，而敬同也。

夙興，婦沐浴以俟見。現。質明，贊見婦於舅姑。婦執笲煩。棗、栗、段丁亂反。脩以見。贊醴婦。婦祭脯醢，祭醴，成婦禮也。舅姑入室，婦以特豚饋，明婦順也。

質明，昏禮之次日正明之時也。贊，相禮之人也。笲之爲器似筥，以竹或葦爲之，衣以青繒，以盛此棗、栗、段脩之贄。脩，脯也，加薑桂治之曰段脩。贄醴婦者，婦席於户牖間，贊者酌醴置席前，婦於席西東面拜受，贊者西階上北面拜送。又拜，薦脯醢。婦升席，左執觶，右祭脯醢訖，以柶祭醴三，是祭脯醢、祭醴者，所以成其爲婦之禮也。舅姑入于室，婦盥饋特豚，合升而分載之，左胖載之舅俎，右胖載之姑俎。無魚腊，無稷。舅姑並席于奥東面南上，饌亦如之。此明其爲婦之孝順也。

厥明，舅姑共饗婦以一獻之禮，奠酬。舅姑先降自西階，婦降自阼階，以著代也。

厥明，昏禮之又明日也。《昏禮》註云：「舅姑共饗婦者，舅獻爵，姑薦脯醢。」又云：「舅洗于南洗，洗爵以獻婦也。姑洗于北洗，洗爵以酬婦也。」賈疏云：「舅獻姑酬，共成一獻，仍無妨姑薦脯醢。」此説是也。但婦酢舅，更爵自薦。又云奠酬酬酢，皆「不言處所」。以例推之，舅姑之位當如婦見，舅席于阼，姑席于房外，而婦行更爵自薦及奠獻之禮歟？〇疏曰：「舅酌酒于阼階獻婦，婦西階上拜受，即席，祭薦、祭酒畢，於西階上北面卒爵。婦酢舅，舅於阼階上受酢，飲畢乃酬。婦更爵先自飲畢，更酌酒以酬姑。姑受爵奠於薦左，不舉爵，正禮畢也。降階，各還燕寢也。」〇方氏曰：「阼者，主人之階。子之代父將以爲主於外，婦之代姑將以爲主於内，故此與冠禮並言『著代』也。」〇石梁王氏曰：「此皆爲冢婦也。」今按此一節難曉，《儀禮圖》亦不詳明，闕之以俟知者。

成婦禮，明婦順，又申之以著代，所以重責婦順焉也。婦順者，順於舅姑，和於室人，而後當去聲。於夫，以成絲麻布帛之事，以審守委去聲。積恣。蓋藏。去聲。是故婦順備，而後内和理；内和理，而後家可長久也。故聖王重之。

方氏曰：「於舅姑言順，於室人言和者，蓋上下相從謂之順，順則不逆；可否相濟謂之和，和則不同。舅姑之禮至隆也，故可順而不可逆；室人之禮相敵也，故雖和而不必同。兹其别歟？」

是以古者婦人先去聲。嫁三月，祖廟未毁，教于公宫；祖廟既毁，教于宗室。教以婦德、婦言、婦容、婦功。教成祭之，牲用魚，芼冒。之以蘋藻，所以成婦順也。

祖廟未毁者，言此女猶於此祖有服也。則於君爲親，故使女師教之于公宫。公宫，祖廟也。既毁，謂無服也。則於君爲疏，故教之于宗子之家。德，貞順也。言，辭令也。容則婉娩，功則絲麻。祭之者，祭所出之祖也。魚與蘋藻皆水物，陰類也。芼之，爲羹也。

古者天子后立六宫，三夫人、九嬪、二十七世婦、八十一御妻，以聽天下之内治，以明章婦順，故天下内和而家理。天子立六官，三公、九卿、二十七大夫、八十一元士，以聽天下之外治，以明章天下之男教，故外和而國治。故曰天子聽男教，后聽女順；天子理陽道，后治陰德；天子聽外治，后聽内職。教順成俗，外内和順，國家理治，此之謂盛德。

方氏曰：「六官，天、地、四時之官也。有六卿而又有九卿者，兼三公數之，則謂之九卿。由公至士，其數三而倍之，止於九者，陽成於三，而窮於九，以其理陽道，故其數如此。后治陰德，而其數亦如之者，婦人從夫故也。六宫，謂大寢一，小寢五也。先言六宫而后言六官者，欲治其國先齊其家之意也。」

是故男教不修，陽事不得，適責。見現。於天，日爲去聲。之食；婦順不修，陰事不得，適見於天，月爲之食。是故日食，則天子素服而修六官之職，蕩天下之陽事；月食，則后素服而修六宫之職，蕩天下之陰事。故天子之與后，猶日之與月，陰之與陽，相須而后成者也。天子修男教，父道也；后修女順，母道也。故曰天子之與后，猶父之與母也。故爲天王服斬衰，服父之義也；爲后服齊衰，服母之義也。

鄭氏曰：「適之言責也。蕩，蕩滌其穢惡也。」〇朱子曰：「王者修德行政，用賢去姦，能使陽盛足以勝陰，陰衰不能侵陽，則日月之行，雖或當食不食也。若國無政，臣子背君父，妾婦乘其夫，小人陵君子，夷狄侵中國，則陰盛陽微，當食必食。雖曰行有常度，實爲非常之變矣。」〇葉氏曰：「日月之食，理所常有也。反之陰陽之事者，躬自厚之道也。天子以男教勉天下之爲子者，其道猶父也。故其卒也，天卜爲之服斬衰。后以女順化天下之爲婦者，其道猶母也。故其亡也，天下爲之服齊衰。父母爲之服者，報其恩也。王與后爲之服者，報其義也。」

鄉飲酒義第四十五

吕氏曰：「鄉飲酒者，鄉人以時會聚飲酒之禮也。因飲酒而射，則謂之鄉射。鄭氏謂三年大比，興賢者能者，鄉老及鄉大夫，率其吏與其衆以禮賓之則是禮也，三年乃一行。諸侯之卿大夫貢士於其君，蓋亦如此。黨正每歲國索鬼神而祭祀，則以禮屬民而飲酒于序，但此禮略而不載。則黨正因蜡飲酒，亦此禮也。先儒謂鄉飲有四：一則三年賓賢能，二則鄉大夫飲國中賢者，三則州長習射，四則黨正蜡祭。然鄉人凡有會聚當行此禮，恐不特四事也。《論語》『鄉人飲酒，杖者出，斯出矣』，亦指鄉人而言之。」

鄉飲酒之義，主人拜迎賓于庠門之外。入，三揖而后至階，三讓而后升，所以致尊讓也。盥洗揚觶，音志。所以致絜也。拜至，拜洗，拜受，拜送，拜既，所以致敬也。尊讓絜敬也者，君子之所以相接也。君子尊讓則不争，絜敬則不慢。不慢不争，則遠於鬬辨矣。不鬬辨，則無暴亂之禍矣。斯君子所以免於人禍也。

鄭氏曰：「庠，鄉學也。州黨曰序。揚，舉也。」○疏曰：「此謂鄉大夫，故迎賓于庠門外。若州長黨正，則於序門外也。盥洗揚觶者，主人將獻賓，以水盥手而洗爵揚觶也。拜至者，賓主升堂，主人於阼階上北面再拜也。拜洗者，主人拜至訖，洗爵而升，賓於西階上北面再拜，拜主人之洗也。拜受者，賓於西階上拜受爵也。拜送者，主人於阼階上拜送爵也。拜既者，既盡也，賓飲酒既盡而拜也。」

故聖人制之以道。鄉人、士、君子，尊於房户之間，賓主共之也。尊有玄酒，貴其質也。羞出自東房，主人共恭。之也。洗當東榮，主人之所以自絜而以事賓也。

疏曰：「鄉人，謂鄉大夫也。士，謂州長黨正也。君子，謂鄉大夫也。尊於房户之間，賓主共之者，設酒尊於東房之西，室户之東，在賓主之間。酒雖主人之設，而賓亦以之酢主人，故云『賓主共之也』。北面設尊，玄酒在左，是在酒尊之西也。地道尊右，設玄酒在西者，貴其質素故也。共之者，供於賓也。榮，屋翼也。設洗於庭，當屋之翼，必在東者，示主人以此自絜而事賓也。從《冠義》以來，皆記者疊出《儀禮》經文於上，而陳其義於下以釋之。他皆倣此。」

賓主，象天地也。介僎，遵。象陰陽也。三賓，象三光也。

贊皇浩齋曰：「立賓以象天，所以尊之也。立主以象地，所以養之也。介以輔賓，僎以輔主人，象陰陽之輔天地也。三賓，衆賓之長也。其以輔賓，猶三光之輔于天也。三光，星之大者有三，其名不可得而考。先儒謂三大辰，心爲大辰，伐爲大辰，北辰亦爲大辰，理或然也。」

讓之三也，象月之三日而成魄也。

劉氏曰：「以月魄思之，望後爲生魄，然人未嘗見其魄，蓋以明盛則魄不可見。月魄之可見，惟晦前三日之朝，月自東出，明將滅而魄可見；朔後三日之夕，月自西將墮，明始生而魄可見。過此則明漸盛，而魄不復可見矣。蓋明讓魄則魄現，明不讓魄則魄隱。魄陰象賓，明陽象主。主人讓賓至於三，象明之讓魄在前後三日，故曰『讓之三也，象月之三日而成魄也』。」

四面之坐，象四時也。

浩齋曰：「謂賓主介僎之坐，象春夏秋冬也。或曰，介有剛辨之義，僎有巽入之義，各從其類，理或然歟？」

天地嚴凝之氣，始於西南，而盛於西北，此天地之尊嚴氣也，此天地之義氣也。天地溫厚之氣，始於東北，而盛於東南，此天地之盛德氣也，此天地之仁氣也。主人者尊賓，故坐賓於西北，而坐介於西南以輔賓。賓者，接人以義者也，故坐於西北。主人者，接人以仁以德厚者也，故坐於東南。而坐僎於東北，以輔主人也。仁義接，賓主有事，俎豆有數曰聖，聖立而將之以敬曰禮，禮以體長幼曰德。德也者，得於身也。故曰古之學術道者，將以得身也，是故聖人務焉。

主人者厚其飲食之禮，仁之道也。爲賓者謹其進退之節，義之道也。求諸天地之氣，以定其主賓之位。至於俎豆，亦莫不有當然之數焉。聖，通明也。謂禮義所在，通貫而顯明也。敬其天理之節，體夫人倫之序，所得者皆吾身之實理也。孔子觀於鄉而知王道之易易，謂其足以正身而安國也。聖人務焉，豈無意哉！

○浩齋曰：「天下之禮義無所不通，而器數皆有合於自然者，聖之謂也。無所不通，無所不敬，禮之所由制也。禮之行不在乎他，在吾長幼之分而已。性之德也，禮得於身之謂德。由學而後得於身，則與先得於人心之同然者，亦無異矣。故曰『古之學術道者，將以得身也』。」

祭薦，祭酒，敬禮也。嚌才乂反。肺，嘗禮也。啐取内反。酒，成禮也，於席末。言是席之正，非專爲去聲。飲食也，爲行禮也，此所以貴禮而賤財也。卒觶，致實於西階上。言是席之上，非專爲飲食也，此先禮而後財之義也。先禮而後財，則民作敬讓而不争矣。

疏曰：「祭薦者，主人獻賓，賓即席祭所薦脯醢也。祭酒者，賓既祭薦，又祭酒也。此是賓敬重主人之禮也。賓既祭酒之後，興取俎上之肺嚌齒之，所以嘗主人之禮也。啐，謂飲主人酒而入口，所以成主人之禮也。席末，席西頭也。按《儀禮》祭薦、祭酒、嚌肺皆在席之中，惟啐酒在席末。又嚌肺在前，祭酒在後。此先云祭酒者，嚌是嘗嚌之名，祭酒是未飲之稱，故祭酒與祭薦相連，表其敬禮之事。敬主人之物，故祭薦、祭酒、嚌肺皆在席中。啐酒入於己，故在席末。於席上者，是貴禮。於席末啐酒，是賤財也。啐纔始入口，猶在席末。卒觶則盡爵，故遠在西階上。云卒觶者，論其將欲卒觶之事。致實，則論其盡酒之體。酒爲觴中之實，今致盡此實也。」○吕氏曰：「敬，禮也。食，財也。人之所以争者，無禮而志於財也。如知貴禮而賤財，先禮而後財之義，則敬讓行矣。」

鄉飲酒之禮，六十者坐，五十者立侍，以聽政役，所以明尊長也。六十者三豆，七十者四豆，八十者五豆，九十者六豆，所以明養老也。民知尊長養老，而後乃能入孝弟。民入孝弟，出尊長養老，而後成教。成教而後國可安也。君子之所謂孝當作教。者，非家至而日見之也，合諸鄉射，教之鄉飲酒之禮，而孝弟之行立矣。

坐者，坐于堂上。立者，立于堂下。豆當從偶數，此但十年而加一豆，非正禮也。舊説，此是黨正屬民飲酒正齒位之禮，非賓興賢能之飲也。

孔子曰：「吾觀於鄉，而知王道之易易也。」主人親速賓及介，而衆賓自從之；至于門外，主人拜賓及介，而衆賓自入，貴賤之義別矣。三揖至于階，三讓以賓升，拜至、獻酬，辭讓之節繁，及介省眚。矣；至于衆賓，升受，坐祭，立飲，不酢而降，隆殺之義辨矣。

疏曰：「主人既拜其來至，又酌酒獻賓，賓酢主人，主人又酌而自飲以酬賓。介酢主人則止，主人不酢介，是及介省矣。主人獻衆賓于西階上，受爵，坐祭，立飲，不酢主人而降。於賓禮隆，衆賓禮殺，是隆殺之義別矣。」○方氏曰：「主酌賓爲獻，賓答主，主又答賓爲酬。

是禮也，三賓則備之。至於介，則省酬焉。至於衆賓，則又省酢矣。升受，坐祭，立飲者，其升而受爵者，惟祭酒得坐，飲酒則立也。蓋飲酒所以養老，以其卑，不敢坐而當其養故也，此所以殺於三賓。」

工入，升歌三終，主人獻之；笙入，三終，主人獻之；間去聲。歌，三終；合樂，三終。工告樂備，遂出。句。一人揚觶，乃立司正焉，知其能和樂洛。而不流也。

工入而升堂，歌《鹿鳴》《四牡》《皇皇者華》，每一篇而一終。三篇終，則主人酌以獻工焉。吹笙者入於堂下，奏《南陔》、《白華》、《華黍》，亦每一篇而一終。三篇終，則主人亦酌以獻之也。間者，代也。笙與歌皆畢，則堂上與堂下更代而作。堂上先歌《魚麗》，則堂下笙《由庚》，此爲一終。次則堂上歌《南有嘉魚》，則堂下笙《崇丘》，此爲二終。又其次堂上歌《南山有臺》，則堂下笙《由儀》爲三終也。合樂三終者，謂堂上下歌瑟及笙並作也。工歌《關雎》，則笙吹《鵲巢》合之。工歌《葛覃》，則笙吹《采蘩》合之。工歌《卷耳》，則笙吹《采蘋》合之。如此皆竟，工以樂備告樂正，樂正告于賓而遂出。蓋樂正自此不復升堂矣，故云「遂出」也。一人者，主人之吏也。此人舉觶之後，主人使相禮者一人爲司正，恐旅酬時有懈惰失節者以董正之也。如此，則雖和樂而不至於流放矣。

賓酬主人，主人酬介，介酬衆賓，少長以齒，終於沃洗者焉，知其能弟長而無遺矣。

浩齋曰：「前言介之無酬，衆賓之無酢者，蓋未歌之時也。此言賓酬主人，主人酬介，介酬衆賓者，既歌之後行旅酬之時也。沃洗者，滌濯之人也。雖至賤，旅酬之際猶以齒焉，則貴者可知矣。自貴及賤，無不序齒，此所以知其能弟長而無遺矣。」

降，説脱。屨，升坐，修爵無數。飲酒之節，朝不廢朝，莫不廢夕。賓出，主人拜送，節文終遂焉，知其能安燕而不亂也。

浩齋曰：「前此皆立而行禮，未徹俎，故未説屨。至此徹俎之後，乃説屨升坐而坐燕也。修，舉也。修爵無數，無筭爵是也。凡治事者，朝以聽政。而鄉飲聽政罷方行，是朝不廢朝也。夕以修令，而鄉飲禮畢，猶可以治私事，是莫不廢夕也。若黨正飲酒，一國若狂，則無不醉矣。節文終遂者，終，竟也。遂，猶申也。言雖禮畢，主人猶拜以送賓，節文之禮終，申遂而無所缺，則知其安於燕樂而不至於亂矣。」

貴賤明，隆殺辨，和樂而不流，弟長而無遺，安燕而不亂，此五行去聲。者，足以正身安國矣。彼國安而天下安，故曰：「吾觀於鄉，而知王道之易易也。」

總結上文五事之目。

鄉飲酒之義，立賓以象天，立主以象地，設介僎以象日月，立三賓以象三光。古之制禮也，經之以天地，紀之以日月，參之以三光，政教之本也。

浩齋曰：「飲酒之禮，莫先於賓主。立賓象天，立主象地，禮之經也。其次立介僎以輔之者，紀也。其次立三賓以陪之者，參也。政教之立，必有經、有紀、有參，然後可行。故飲酒之禮，必有賓、主、介僎、三賓，然後可行。故曰『政教之本也』。前言介僎陰陽，此言象日月者，前章言氣，故以陰陽象之；此章言體，故以日月象之也。僎在東北，象日出也；介在西南，象月出也。以三光爲三大辰。《正義》：『按昭公十七年，有星孛于大辰。《公羊》曰：大辰者，大火也。伐爲大辰，北辰亦爲大辰。《爾雅》房、心、尾、大火謂之大辰，北極謂之北辰。大火與伐，天所以示民時早晚，天下之所取正，是亦政教所出也。』」

烹狗於東方，祖陽氣之發於東方也。洗之在阼，其水在洗東，祖天地之左海也。

方氏曰：「海有四，正言東者，取夫水之所歸也。水位居坎，而其流歸東者，由其生於天一，行於地中故也。天傾西北而不足，故水之源自此而生。地缺東南而不滿，故水之流順此而行。天之所傾，地之所缺，則其形下矣。而善下者，水之性也。故其理如此。然則水位居北者，本天位也。其流歸東者，因地勢也。南與北合，水位居北而流不歸南者，蓋東方之德木，木則水之所生；南方之德火，火則水之所勝。生之爲利，勝之爲害。而善利者，水之德也，故趨其所生焉。」○浩齋曰：「烹狗以養賓，陽氣以養萬物，故祖而法之，烹于東方焉。海，水之委也。天地之間，海居于東，東則左也。故洗之在阼。其水在洗東，有左海之義焉。」○天地之位，南前而北後，故以東爲左。

尊有玄酒，教民不忘本也。

太古之世無酒，以水行禮，故後世因謂水爲玄酒。不忘本者，思禮之所由起也。

賓必南鄉。東方者春，春之爲言蠢也，産萬物者聖也。南方者夏，夏之爲言假也，養之、長之、假之，仁也。西方者秋，秋之爲言愁揫。也，愁之以時察，守義者也。北方者冬，冬之爲言中也，中者藏也。是以

天子之立也，左聖鄉仁，右義偝藏也。❶

蠢者，物生動之貌。天地大德曰生，聖人德合天地，故曰「産萬物者聖也」。假，大也。揫，斂縮之貌。察，猶察察，嚴肅之意。揫之以時察，言揫斂之以秋時嚴肅之氣也。物之藏必自外而入内，故曰「中者藏也」。天子南面而立，則左東右西，南前北後也。

介必東鄉，介賓、主也。主人必居東方。東方者春，春之爲言蠢也，産萬物者也，主人者造之，産萬物者也。月者，三日則成魄，三月則成時，是以禮有三讓，建國必立三卿。三賓者，政教之本，禮之大參也。

張子曰：「坐有四位者，禮不主於敬主，欲以尊賢。若賓主相對，則是禮主於敬主矣。故其位賓主不相對，坐介僎於其間，以見賓賢之義。因而説四時之坐皆有義，其實欲明其尊賢。」〇吕氏曰：「天子南面而立，而坐賓亦南鄉者，尊賓之至也。介，間也。坐賓主之間，所以間之也。」〇方氏曰：「飲食之養，則主人之所造也，而有産萬物之象，所以居東。」

射義第四十六

疏曰：「《繫辭》云：『弦木爲弧，剡木爲矢。』又《世本》云：『揮作弓，夷牟作矢。』註云：『二人黄帝臣。』《書》云：『侯以明之。』夏殷無文，周則具矣。」

古者諸侯之射也，必先行燕禮；卿大夫、士之射也，必先行鄉飲酒之禮。故燕禮者，所以明君臣之義也；鄉飲酒之禮者，所以明長幼之序也。

吕氏曰：「諸侯之射，大射也。卿大夫、士之射，鄉射也。射者，男子之事。必飾之以禮樂者，所以養人之德，使之周旋中禮也。蓋燕與鄉飲，因燕以娱賓，不可以無禮，故有大射、鄉射之禮。禮不可以無義，故明君臣之義與長幼之序焉。」

故射者，進退周還必中禮。内志正，外體直，然後持弓矢審固。持弓矢審固，然後可以言中。去聲。此可以觀德行矣。

吕氏曰：「禮，射者必先比耦，故一耦皆有上耦下耦，皆執弓而挾矢。其進也，當階及階，當物及物，皆揖。其退也，亦如之。其行有左右，其升降有先後，其射皆拾發。其取矢于楅也，始進揖，當楅揖，取矢揖，既搢挾

❶「偝」，原作「偕」，據元刻本、四庫本、殿本及阮刻《十三經注疏》本《禮記正義》改。

揖，退與將進者揖。其取矢也，有横弓、卻手、兼弣、順羽拾取之節焉。卒射而飲，勝者袒決遂，執張弓；不勝者襲，説決拾，加弛弓升飲，相揖如初。則進退周旋必中禮可見矣。夫先王制禮，豈苟爲繁文末節，使人難行哉？亦曰以善養人而已。蓋君子之於天下，必無所不中節然後成德，必力行而後有功。其四肢欲安佚也，苟恭敬之心不勝，則怠惰傲慢之氣生，動容周旋不能中乎節，體雖佚而心亦爲之不安。安其所不安，則手足不知其所措，故放辟邪侈，踰分犯上，將無所不至，天下之亂自此始矣。聖人憂之，故常謹於繁文末節，以養人於無所事之時，使其習之而不憚煩，則不遜之行亦無自而作。至於久而安之，則非禮不行，無所往而非義矣。君子敬以直内，義以方外。所存乎内者敬，則所以形乎外者莊矣。内外交脩，則發乎事者中矣。射，一藝也，容比於禮，節比於樂。發而不失正鵠，是必有樂於義理，久於敬恭，用志不分之心，然後可以得之。則其所以得之者，其爲德可知矣。」

其節，天子以《騶虞》爲節，諸侯以《貍首》爲節，卿大夫以《采蘋》爲節，士以《采蘩》爲節。《騶虞》者，樂官備也。《貍首》者，樂會時也。《采蘋》者，樂循法也。《采蘩》者，樂不失職也。是故天子以備官爲節，諸侯以時會天子爲節，卿大夫以循法爲節，士以不失職爲節。故明乎其節之志以不失其事，則功成而德行立。德行立，則無暴亂之禍矣；功成則國安。故曰射者，所以觀盛德也。

節者，歌《詩》以爲發矢之節度也，一終爲一節。《周禮·射人》云，《騶虞》九節，《貍首》七節，《采蘋》、《采蘩》皆五節。尊卑之節雖多少不同，而四節以盡乘矢則周。如《騶虞》九節，則先歌五節以聽，餘四節則發四矢也。七節者三節先以聽，五節者一節先以聽也。四詩惟《貍首》亡。騶，廄官。虞，山澤之官。此二職皆不乏人，則官備可知。○吕氏曰：「彼茁者葭，則草木遂其生矣。一發五豝，則鳥獸蕃殖矣。吁嗟乎騶虞者，所以歸功於二官也。天子之射，以是爲節者，言天子繼天，當推天地好生之德以育萬物，此所以樂官備也。《貍首》詩亡，《記》有原壤所歌，及此篇所引『曾孫侯氏』，疑皆《貍首》詩也。貍首，田之所獲，物之至薄者也。君子相會，不以微薄廢禮。諸侯以燕射會其士大夫，物薄誠至，君臣相與習禮而結歡，奉天子而修朝事。故諸侯之射以是爲節，所以樂會時也。《采蘋》之詩，言大夫之妻，能循在家母教之法度，乃可承先祖共祭祀。猶卿大夫已命，能循其未仕所學先王之法，乃可以與國政矣。故卿大夫之射以是爲節，所以樂循法也。《采蘩》之詩，言夫人不失職。蓋夫人無外事，祭祀乃其職也，惟敬以從事，是爲不失職。士之事君，何以異此？故士之射以此爲節者，所以樂不失職也。」

是故古者天子以射選諸侯、卿大夫、士。射者，男子之事也，因而飾之以禮樂也。故事之盡禮樂，而可數朔。爲以立德行者，莫若射，故聖王務焉。

疏曰：「諸侯雖繼世而立，卿大夫有功乃升，非專以射而選也。但既爲諸侯、卿大夫，又考其德行，更以射辨其材藝之高下，非謂直以射選補始用之也。『射者，男子之事』，謂生有懸弧之義也。」

是故古者天子之制，諸侯歲獻貢士於天子，天子試之於射宮。其容體比於禮，其節比於樂，而中多者，得與於祭；其容體不比於禮，其節不比於樂，而中少者，不得與於祭。數與於祭，而君有慶；數不與於祭，而君有讓。數有慶而益地，數有讓則削地。故曰射者，射爲諸侯也。是以諸侯君臣盡志於射，以習禮樂。夫君臣習禮樂而以流亡者，未之有也。

鄭氏曰：「三歲而貢士，舊說大國三人，次國二人，小國一人。」○疏曰：「《書傳》云：『古者諸侯之於天子也，三年一貢士，一適謂之好德，再適謂之賢賢，三適謂之有功。一不適謂之過，再不適謂之傲，三不適謂之誣。』」

故《詩》曰：「曾孫侯氏，四正具舉。大夫君子，凡以庶士，小大莫處，御于君所。以燕以射，則燕則譽。」言君臣相與盡志於射，以習禮樂，則安則譽也。是以天子制之，而諸侯務焉。此天子之所以養諸侯而兵不用，諸侯自爲正之具也。

「曾孫侯氏」者，諸侯推本始封之君，故以「曾孫」言，如《左傳》「曾孫蒯聵」之類是也。四正，謂舉正爵以獻賓、獻君、獻卿、獻大夫，凡四也。具，皆也。此四獻皆畢然後射，此時大夫君子，下及衆士，無問大小之官，無有處其職司而不來者，皆御侍于君所也。以燕以射，言先行燕禮而後射也。「則燕則譽」者，燕，安也。言君臣上下以射而習禮樂，則安樂而有名譽也。天子養諸侯以禮樂，則無所事征討矣。而此藝者，又諸侯所以自爲正身安國之具也。舊説「曾孫侯氏」以下八句，《貍首》篇文。

孔子射於矍攫。相去聲。之圃，蓋觀者如堵牆。射至于司馬，使子路執弓矢出延射，曰：「賁奮。軍之將，亡國之大夫，與去聲。爲人後者，不入。其餘皆入。」蓋去者半，入者半。

矍相，地名。如堵牆，言圍繞而觀者衆也。鄉飲之禮，將旅酬，使相者一人爲司正，至將射則轉司正爲司馬，故云「射至于司馬」也。延，進也，誓衆選賢，而進其來觀欲射之人也。賁與僨同，覆敗也。亡國，亡其君之國也。與爲人後，言人有死而無子者，則宗族既爲之立後矣，此人復求爲之後也。賁軍之將無勇，亡國之臣不忠，求爲人後者忘親而貪利，此三等人皆在所當棄，故不使之入。其餘則皆可與之進也。

又使公罔之裘、序點揚觶而語。公罔之裘揚觶而語曰：「幼壯孝弟，耆耋好禮，不從流俗，修身以俟死者，句。不？否。句。在此位也。」蓋去者半，處者半。

公罔，姓。裘，名。之，語助也。序，姓。點，名也。揚，舉也。射畢，則使主人之贊者二人，舉觶于賓與大夫。《儀禮》云：「古者於旅也語。」故裘舉觶曰：「幼壯而盡孝弟之道，老耋而守好禮之心，不與流俗同其頽靡，而守死善道者，不？」言今此衆人之中，有如此樣人否？當在此賓位也。於是先時之入者又半去矣。

序點又揚觶而語曰：「好學不倦，好禮不變，旄耄。期稱道不亂者，句。不？句。在此位也。」蓋廑僅。有存者。

八十、九十曰旄，百年曰期。年雖高而言道無所違誤，故云「稱道不亂」也。廑有存者，蓋去者多而留者寡矣。子路之延射，直指惡者而斥之，則無此惡者自入。裘、點之揚觶，但舉善者而留之，則非其人者自退。裘之言尚疏，點之言則愈密矣。

射之爲言者繹也，或曰舍去聲。也。繹者，各繹己之志也。故心平體正，持弓矢審固。持弓矢審固，則射中矣。故曰：「爲人父者以爲父鵠，工毒反。爲人子者以爲子鵠，爲人君者以爲君鵠，爲人臣者以爲臣鵠。」故射者，各射己之鵠。故天子之大射，謂之射侯。射侯者，射爲諸侯也。射中則得爲諸侯，射不中則不得爲諸侯。

繹己之志者，各尋其理之所在也。射己之鵠者，各中其道之當然也。舍，止也。道之所止，如君止於仁，父止於慈之類。○鄭氏曰：「得爲諸侯，謂有慶也。不得爲諸侯，謂有讓也。」又《司裘》註云：「侯者，其所射也。以虎、熊、豹、麋之皮飾其側，又方制之以爲準，謂之鵠，著于侯中。謂之鵠者，取名於鳱鵠。鳱鵠，小鳥，難中，是以中之爲雋。」○吕氏曰：「張皮侯而棲鵠，方制之，置侯之中以爲的者也。」

天子將祭，必先習射於澤。澤者，所以擇士也。已射於澤，而後射於射宫。射中者得與於祭，不中者不得與於祭。不得與於祭者有讓，削以地；得與於祭者有慶，益以地，進爵絀地是也。

澤，宫名，其所在未詳。疏云：「於寬閑之處，近水澤而爲之。」射宫，即學宫也。進爵絀地者，疏云：「進則爵輕於地，故先進爵而後益以地也；退則地輕於爵，故先削地而後絀爵也。」

故男子生，桑弧、蓬矢六，以射天地四方。天地四方者，男子之所有事也。故必先有志於其所有事，然後敢用穀也，飯食之謂也。

石。飯上聲。食嗣。宇宙内事，皆己分内事，此男子之志也。人臣所以先盡職事，而後敢食君之禄者，正以始生之時，先射天地四方，而後使其母食之也。故曰「飯食之謂也」。飯食，食子也。

射者，仁之道也。射求正諸己，己正而後發。發而不中，則不怨勝己者，反求諸己而已矣。

爲仁由己，射之中否亦由己，非他人所能與也。故不怨勝己者，而惟反求諸其身。

孔子曰：「君子無所争，必也射乎。揖讓而升下，而飲，其争也君子。」

朱子曰：「揖讓而升者，大射之禮，耦進三揖而後升堂也。下而飲，謂射畢揖降，以俟衆耦皆降，勝者乃揖不勝者升，取觶立飲也。言君子恭遜不與人争，惟於射而後有争。然其争也，雍容揖遜乃如此。則其争也君子，而非若小人之争矣。」○今按揖讓而升，未射時也。下而復升以飲，則射畢矣。「揖讓而升下」五字，當依鄭註爲句。

孔子曰：「射者何以射？何以聽？循聲而發，發而不失正鵠者，其唯賢者乎。若夫不肖之人，則彼將安能以中。」《詩》云：

「發彼有的，以祈爾爵。」祈，求也，求中以辭爵也。酒者，所以養老也，所以養病也。求中以辭爵者，辭養也。

《郊特牲》：「孔子曰：『射之以樂也，何以聽？何以射？』謂射者何以能不失射之容節，而又能聽樂之音節乎？何以能聽樂之音節，而使射之容與樂之節相應乎？言其難而美之也。循聲而發，謂射者依循樂聲而發矢也。畫布曰正，棲皮曰鵠。賢者持弓矢審固，故能中的，不肖者不能也。《詩》，《小雅·賓之初筵》。發，猶射也。爵，謂罰酒之爵。中則免於罰，故云「求中以辭爵也」。酒所以養老病，今求免於爵者，以己非老者病者，不敢當其養禮耳。此讓道也。

燕義第四十七

此明君臣燕飲之義。

古者周天子之官有庶子官。庶子官職諸侯、卿、大夫、士之庶子之卒，取内反。掌其戒令，與其教治，別其等，正其位。國有大事，則率國子而致於大子，唯所用之。若有甲兵之事，則授之以車甲，合其卒子忽反。伍，置其有司，以軍法治之，司馬弗正。征。凡國之政事，國子存游卒，使之修德學道，春合諸學，秋合諸射，以考其藝而進退之。

庶子，即《夏官》諸子職也，下大夫二人。「掌其戒令」以下皆《周禮》文。卒，讀爲倅，副貳也。此官專主諸侯以下衆庶之子副倅於父之事。戒令，謂任之征役也。教治，謂修德學道也。別其等者，分別其貴賤也。此屬皆未命，以父之爵爲上下也。正其位者，朝廷之位尚爵，學校之位尚齒也。大事，謂大祭祀、大喪紀、大賓客、大燕享之類也。唯所用之，唯太子之所役使也。百人爲卒，五人爲伍。有司，統領卒伍者也。司馬弗征者，以其統屬於太子，故司馬不得而征役之也。凡國之政事，非上文所言大事也。游卒，倅之未仕者也。此既小事，乃民庶所爲，不使國子之未仕者爲之，蓋欲存之使修德學道，以成其材也。故春則合聚之於大學，秋則合聚之於射宮，考藝而爲之進退焉。○疏曰：「庶者，衆也。適子衆多，故總謂之庶子，非適子庶弟而稱庶子也。必知適子者，以其倅是副貳於父之言。」○吕氏曰：「《燕禮》有『主人升自西階，獻庶子阼階之上』，又『宵則執燭於阼階上』，故此篇因陳庶子官之所掌，且明所以建官之義也。」

諸侯燕禮之義，君立阼階之東南，南鄉爾

卿，句。大夫皆少進，句。定位也。君席阼階之上，居主位也。君獨升立席上，西面特立，莫敢適敵。之義也。

爾，與邇同。「南鄉爾卿」句絶，「大夫皆少進」句絶。少進，稍前也。定位者，定諸臣之位也。適，讀爲敵。自此以下，皆記者舉《儀禮》正文而釋其義也。

設賓主，飲酒之禮也。使宰夫爲獻主，臣莫敢與君亢禮也。不以公卿爲賓，而以大夫爲賓，爲疑也，明嫌之義也。賓入中庭，君降一等而揖之，禮之也。

獻主，代主人舉爵獻賓也。君尊，臣不敢抗行賓主之禮。宰夫，主膳食之官也，卑，故抗禮無嫌。《記》曰「與卿燕則大夫爲賓」，謂與本國之臣燕則然。若鄰國之臣，則以上介爲賓也。公，孤也。上公之國，得置孤一人。公卿之尊次於君，復以之爲賓，則疑於尊卑無辨，且嫌於偪上也。大夫位卑，雖暫尊之爲賓，無所嫌疑也。○方氏曰：「既曰『爲疑』，而又曰『明嫌』者，蓋疑未至於嫌，特明嫌之義而已。」

君舉旅於賓，及君所賜爵，皆降、再拜稽首，升成拜，明臣禮也。君答拜之，禮無不答，明君上之禮也。臣下竭力盡能以立功於國，君必報之以爵禄。故臣下皆務竭力盡能以立功，是以國安而君寧。禮無不答，言上之不虚取於下也。上必明正道以道民，民道之而有功，然後取其什一，故上用足而下不匱也，是以上下和親而不相怨也。和寧，禮之用也，此君臣上下之大義也。故曰燕禮者，所以明君臣之義也。

先是宰夫代主人行爵，酬賓之後，君命下大夫二人媵爵。公取此媵爵以酬賓，賓以旅酬於西階上。旅，序也，以次序勸卿大夫飲酒也。此之謂君舉旅於賓也。君所賜爵，則特賜臣下之爵也。此二者，賓皆降西階下再拜稽首，公命小臣辭，則賓升而成拜，謂復再拜稽首也。先時以君辭之，於禮未成，故云「成拜」也。○楊氏曰：「按公取媵爵以酬賓，此別是一禮，與尋常酬賓不同，此所謂公爲賓舉旅也。燕禮君使宰夫爲獻主，以臣莫敢與君抗禮也。今君舉觶於西階之上以酬賓，可乎？蓋君臣之際，其分甚嚴，其情甚親。使宰夫爲獻主，所以嚴君臣之分。今舉觶以酬賓，賓西階下拜，小臣辭，升成拜。公奠觶，答再拜，公卒觶。賓下拜，公答再拜。略去勢分，極其謙卑，所以通君臣之情也。註云：「不言君酬賓於西階上及君反位，尊君空其文也。」此又所以嚴君臣之分也。」

席，小卿次上卿，大夫次小卿。士、庶子以次就位於下。獻君，君舉旅行酬；而後獻卿，卿舉旅行酬；而後獻大夫，大夫舉旅行酬；而後獻士，士舉旅行酬；而後獻庶子。俎豆牲體、薦羞，皆有等差，所以明貴賤也。

設席之位，上卿在賓席之東，小卿在賓席之西，皆是南面東上，而遥相次，此所謂小卿次上卿也。大夫在小卿之西，是大夫次小卿也。士受獻于西階之上，退立于阼階下，西面北上；庶子受獻于阼階上，亦退立于阼階下，庶子次於士，是士、庶子以次就位于下也。獻君者，主人酌以獻也。公取媵爵以酬賓，賓以旅酬於西階上，此所謂獻君，君舉旅行酬也。而後獻卿者，亦主人獻之也。公又行一爵，亦媵者之爵也。若卿若賓，惟公所酬。卿亦以旅于西階之上，禮亦如初。此亦是君舉旅，而言「卿舉」者，蓋君爲卿舉耳。下言「大夫舉旅」、「士舉旅」，其義同。而後獻大夫，亦主人之獻也。公又舉奠觶以賜，是爲大夫舉旅也。主人獻士，公復賜之，是爲士舉旅也。公舉旅之禮止於士，不及庶子矣。而後獻庶子者，主人獻之于阼階之上也。牲，狗也。○疏曰：「公及卿、大夫、士等，牲體、薦羞之等差，《燕禮》不載。」

聘義第四十八

吕氏曰：「天子之與諸侯，諸侯之與鄰國，皆有朝禮，有聘禮。朝則相見，聘則相問也。朝、宗、覲、遇、會、同，皆朝也。存、頫、省、聘、問，皆聘也。故聘禮有天子所以撫諸侯者，《大行人》『歲徧存，三歲徧頫，五歲徧省』是也；有諸侯所以事天子者，《大行人》『時聘以結諸侯之好，殷頫以除邦國之慝』是也；有鄰國交修其好者，《大行人》『諸侯之拜交，歲相問，殷相聘』是也。《儀禮》所載，鄰國交聘之禮也。《聘義》者，釋《聘禮》之義。」

聘禮，上公七介，侯、伯五介，子、男三介，所以明貴賤也。

此言卿出聘之介數。上公七介者，上公親行，則介九人。諸侯之卿，禮下於君二等，故七介也。以下放此。○吕氏曰：「古者賓必有介。介，副也，所以輔行斯事，致文於斯禮者也。」

介紹而傳命，君子於其所尊弗敢質，敬之

至也。

紹，繼也，其位相承繼也。先時上擯入受主君之命，出而傳與承擯，承擯傳與末擯，此是傳而下也；賓之末介受命於末擯，而傳與次介，次介傳與上介，上介傳與賓，是傳而上也。此所謂「介紹而傳命」也。質，正也。於所尊者不敢正自相當，故以介傳命，敬之至也。賓在大門外西北面，介自南向北爲序；主君在內迎，擯者出大門自北向南爲序。

三讓而後傳命，三讓而後入廟門，三揖而後至階，三讓而後升，所以致尊讓也。

疏曰：「三讓而後傳命者，謂賓在大門外見主人陳擯，以大客之禮待己，己不敢當，三度辭讓，主人不許，乃後傳聘賓之命也。三讓而後入廟門者，謂賓既傳命之後，主君延賓而入至廟，將欲廟受，賓不敢當之，故三讓而後入。主君在東，賓差退在西，相向三讓，乃入廟門也。三揖而後至階者，初入廟門，一揖也；當階北面又揖，二揖也；當碑又揖，三揖也。三讓而後升者，謂主君揖賓至階，主君讓賓升，賓讓主君，如此者三，主君乃先升，賓乃升也。」

君使士迎于竟，境。大夫郊勞，去聲。君親拜迎于大門之內而廟受，北面拜貺，拜君命之辱，所以致敬也。敬讓也者，君子之所以相接也。故諸侯相接以敬讓，則不相侵陵。

郊勞，勞之于近郊也，用束帛。北面拜貺，亦主君之拜也，其拜於阼階上。拜君命之辱者，釋「北面拜貺」之義也。

卿爲上擯，大夫爲承擯，士爲紹擯。君親禮賓，賓私面私覿，致饔餼，吁既反。還旋。圭璋，賄贈，饗、食、嗣。燕，所以明賓客君臣之義也。

卿，主國之卿也。承擯者，承副上擯也。紹擯者，繼續承擯也。賓行聘事畢，主國君親執醴以禮賓，是君親禮賓也。私面，謂私以己禮物面見主國之卿大夫也。私覿，私以己禮物覿見主國之君也。牲殺者曰饔，生者曰餼。致饔餼者，聘覿皆畢，賓介就館，主君使卿致饔餼之禮於賓也。還圭璋者，賓來時執以爲信，主君既受之矣。今將去，君使卿送至賓館以還之也。還玉畢，加以賄贈之禮。經云：「賄用束紡。」紡，今之絹也。饗禮、食禮皆在朝，燕禮在寢。一食再饗，燕無常數。○呂氏曰：「擯者，主國之君所使接賓者也。主之有擯，猶賓之有介也。擯有三者，以多爲文也。大宗伯朝覲會同，則爲上相。相即擯也，入詔禮曰相，出接賓曰擯。宗伯，卿也，故曰『卿爲上擯』。小行人諸侯入王，則爲承而擯。行人，大夫也，故曰『大夫爲承擯』。士職卑，承官之乏，以繼擯之事，故曰『士爲紹擯』也。使臣之義，則致其君臣之敬於所聘之君；主君之義，則致其賓主之敬於來聘之臣也。」

故天子制諸侯，比年小聘，三年大聘，相厲以禮。使者聘而誤，主君弗親饗食也，所以愧厲之也。諸侯相厲以禮，則外不相侵，内不相陵。此天子之所以養諸侯，兵不用，而諸侯自爲正之具也。

天子制諸侯者，天子制此禮而使諸侯行之也。比年，每歲也。小聘使大夫，大聘使卿。誤，謂禮節錯誤也。○吕氏曰：「上下不交，則天下無邦，人道所以不能羣也。故先王之御諸侯，使之相交以修其好，必使之相敬以全其交。其相交也，必求乎疏數之中，故比年小聘，三年大聘也；其相敬也，必相厲以禮，故使者之誤，主君不親饗食，以愧厲之。然後仁達而禮行，外則四鄰相親而不相侵，内則君臣有義而不相陵也。先王制禮，以善養人於無事之際，多爲升降之文，酬酢之節。賓主有司有不可勝行之憂，先王未之有改者，蓋以養其德意，使之安於是而不憚也。故不安於偷惰而安於行禮，不恥於相下而恥於無禮也。天子以是養諸侯，諸侯以是養其士大夫，上下交相養，此兵所以不用，天下所以平也。節文之多惟聘、射，養人之至者也。諸侯自爲正，於射禮、聘禮二禮之義，天子養諸侯之意爲深，故其義皆曰『兵不用』『自爲正之具也』。」

以圭璋聘，重禮也。已聘而還圭璋，此輕財而重禮之義也。諸侯相厲以輕財重禮，則民作讓矣。

聘使之行禮於君則用圭，於夫人則用璋。其行享禮於君則束帛加璧，於夫人則琮。享，猶獻也。及禮畢則還其圭璋者，以圭璋是行禮之器，故重之而不敢受也。璧琮與幣皆財也，財在所輕，故受而不還。故曰「此輕財而重禮之義也」。○吕氏曰：「諸侯相厲以輕財而重禮，則遠利而有恥，所以民作讓。」

主國待客，出入三積。子賜反。餼客於舍，五牢之具陳於内；米三十車，禾三十車，芻薪倍禾，皆陳於外。乘禽日五雙，羣介皆有餼牢。壹食，再饗，燕與時賜無數，所以厚重禮也。古之用財者不能均如此，然而用財如此其厚者，言盡之於禮也。盡之於禮，則内君臣不相陵，而外不相侵，故天子制之，而諸侯務焉爾。

出，既行也。入，始至也。積，謂餼之牢禮米禾芻薪之屬，其來與去，皆三餼之積，故云「出入三積」也。饔餼於舍，謂致饔餼於賓之館舍也。三牲備爲一牢，五牢之具陳於内，謂飪一牢在賓館西階，腥二牢在賓館東階，餼二牢在賓館門内之西也。禾，稾實并刈者也。米車設於門東，禾車設於門西。倍禾，倍其數也。《禮》註云：「薪從米，芻從禾。」疏云：「薪以炊爨，故從米；芻以食馬，故從禾。」此四物皆在門外。乘禽，乘行羣匹之禽，鴈鶩之屬也。《掌客》云：「凡禮賓客，國新殺禮，凶荒殺禮，札喪殺禮，禍災殺禮，在野在外殺禮。」故曰「古之用財者不能均如此」，言不能皆如此豐厚也。然而於聘禮則用財如此之厚者，是欲極盡之於禮也。用財雖厚，盡禮而止，不敢加美以没禮。故内不相陵，外不相侵，皆爲有禮以制之故也。

聘、射之禮，至大禮也。質明而始行事，日幾中而後禮成，非强有力者弗能行也，故强有力者將以行禮也。酒清，人渴而不敢飲也；肉乾，人飢而不敢食也；日莫人倦，齊莊正齊，而不敢解惰，以成禮節，以正君臣，以親父子，以和長幼。此衆人之所難，而君子行之，故謂之有行。有行之謂有義，有義之謂勇敢。故所貴於勇敢者，貴其能以立義也；所貴於立義者，貴其有行也；所貴於有行者，貴其行禮也。故所貴於勇敢者，貴其敢行禮義也。故勇敢强有力者，天下無事，則用之於禮義；天下有事，則用之於戰勝。用之於戰勝則無敵，用之於禮義則順治。外無敵，内順治，此之謂盛德。故聖王之貴勇敢强有力如此也。勇敢强有力而不用之於禮義戰勝，而用之於爭鬬，則謂之亂人。刑罰行於國，所誅者，亂人也。如此，則民順治而國安也。

吕氏曰：「節文之多，惟聘、射之禮爲然，故曰『至大禮也』。君臣、父子、長幼之義，皆形見於節文之中，人之所難，我之所安；人之所懈，我之所敬，故能行之者君子也。君子自養其强力勇敢之氣，一用之於義禮戰勝，而教化行矣，此國之所以安也。射禮，諸侯之射，必先行燕禮；卿大夫士之射，必先行鄉飲酒之禮。酬獻之節，極爲繁縟，故有酒清肉乾而不敢飲食者。若聘禮，則受聘、受享、請覿，然後酌醴禮賓，無酒清肉乾之事。特以節文之繁與射禮等，皆至日幾中而後禮成，故與射禮兼言之也。」

子貢問於孔子曰：「敢問君子貴玉而賤碈者何也？爲玉之寡而碈之多與？」孔子曰：「非爲碈之多故賤之也，玉之寡故貴之也。夫昔者君子比德於玉焉。温潤而澤，仁也；縝密以栗，知也；廉而不劌，姑衛反。義也；垂之如隊，墜。禮也；叩之其聲清越以長，其終詘屈。然，樂也；瑕不揜瑜，瑜不揜瑕，忠也；孚如字。尹如字。旁達，信也；氣如白虹，天也；精神見于山川，地也；圭璋特達，德也；天下莫不貴者，道也。《詩》云：『言念君子，温其如玉。』故君子貴之也。」

鄭氏曰：「碈，石，似玉。縝，緻也。栗，堅貌。劌，傷也。義者不苟傷人。越，猶楊也。詘，絶止貌。《樂記》曰：『止如槀木。』瑕，玉之病也。瑜，其中間美者。」○陸氏曰：「尹，正也。孚尹，猶言信正。」○應氏曰：「尹，當作允。孚、允，皆信也。」○疏曰：「圭璋特達，謂行聘之時，惟執圭璋，特得通達，不加餘幣也。」○馬氏曰：「能柔能剛，能抑能揚，能斂能彰，而能備精粗之美，以全天人之道者，玉之爲物也。能柔則温潤而澤，所以爲仁；能剛則廉而不劌，所以爲義；能抑則垂之如隊，所以爲禮；能揚則其聲清越以長，其終詘然，所以爲樂；能斂則縝密以栗，所以爲智；能彰則瑕不掩瑜，瑜不掩瑕，所以爲忠；孚尹於中，旁達於外，所以爲信。始之以仁，而成之以信，凡此皆粗而爲人道也。於氣如白虹，所以爲天；精神見于山川，所以爲地；圭璋特達，所以爲德；天下莫不貴之，所以爲道。凡此皆精而爲天道也。七者合而言之，皆謂之德，君子所貴以此德也。温者德之始，言始所以見終。《論語》言孔子之五德，則始於温；夔教胄子以四德，亦始於温；《詩》亦曰：『温温恭人，惟德之基。』古人用玉，皆象其美。若鎮圭以召諸侯，以恤凶荒，用其仁也；齊有食玉，用其智也；牙璋以起軍旅，用其義也；國君相見以瑞，相享以璧，用其禮也；樂有鳴球，服有佩玉，用其樂也；邦國玉節，用其信也；琬以結好，琰以除慝，用其忠也；兩圭祀地，黃琮禮地，用其能達於地也；四圭祀天，蒼璧禮天，用其能達於天也； 圭璋特達，用其能達於德也。已聘而還圭璋，已朝而班瑞，此皆古之爲器而用玉之美者也。古之善比君子於玉者，曰『言念君子，温其如玉』； 曰『追琢其章，金玉其相』； 曰『如圭如璧』； 曰『有美玉於斯，韞匵而藏諸』； 曰『玉振，終條理』； 曰『瑾瑜匿瑕』； 曰『如玉如瑩，爰變丹青』，此古人比君子於玉者也」。○石梁王氏曰：「因聘禮用玉，故論玉之德以結此篇。」

喪服四制第四十九

疏曰：「以其記喪服之制，取於仁、義、禮、智也。」

凡禮之大體，體天地，法四時，則陰陽，順人情，故謂之禮。訾紫。之者，是不知禮之所由生也。夫禮，吉凶異道，不得相干，取之陰陽也。喪有四制，變而從宜，取之四時也。有恩有理，有節有權，取之人情也。恩者，仁也。理者，義也。節者，禮也。權者，知也。仁、義、禮、知，人道具矣。

體天地以定尊卑，法四時以爲往來，則陰陽以殊吉凶，順人情以爲隆殺，先王制禮，皆本於此，不獨喪禮爲然也，故曰「凡禮之大體」。「吉凶異道」以下，始專以喪禮言之。喪有四制，謂以恩制，以義制，以節制，以權制也。

其恩厚者其服重，故爲父斬衰三年，以恩制者也。

疏曰：「父最恩深，故特舉父而言之。其實門内諸親爲之著服，皆是恩制也。」

門内之治恩揜義，門外之治義斷恩。資於事父以事君，而敬同。貴貴尊尊，義之大者也。故爲君亦斬衰三年，以義制者也。

門内主恩，故常揜蔽公義； 門外主義，故常斷絶私恩。 父母之喪，三年不從政，恩揜義也； 有君喪服於身，不敢私服，義斷恩也。 資，猶取也，用也。 用事父之道以事君，故其敬同也。 人臣爲君重服，乃貴貴尊尊之大義，故曰「以義制者也。」然五服皆有義，服亦是以義制，此舉重者言之耳。

三日而食，三月而沐，期而練，毁不滅性，不以死傷生也。喪不過三年，苴衰不補，墳墓不培。祥之日鼓素琴，告民有終也，以節制者也。

三日而食，始食粥也。葬而虞祭始沐。不補，雖破不補完也。不培，一成丘壟之後，不再加益其土也。祥日，大祥之日也。素琴，無漆飾也，與素几、素俎之「素」同。

資於事父以事母，而愛同。天無二日，土無二王，國無二君，家無二尊，以一治之也。故父在爲母齊衰期者，見無二尊也。

齊衰之服，期而除之，以心喪終三年。

杖者，何也？爵也。三日授子杖，五日授大夫杖，七日授士杖。或曰「擔瞻。主」，或曰「輔病」。婦人、童子不杖，不能病也。百官備，百物具，不言而事行者，扶而起。言而後事行者，杖而起。身自執事而後行者，面垢而已。禿者不髽，傴其縷反。者不祖，跛者不踊，老病不止酒肉。凡此八者，以權制者也。

疏曰：「杖之所設，本爲扶病。而以爵者有德，其恩必深，其病必重，故杖爲爵者而設，故云『爵也』。遂歷叙有爵之人，故云『三日授子杖，五日授大夫杖，七日授士杖』。《喪服傳》云：『無爵而杖者何？擔主也。』擔，假也。尊其爲主，假之以杖。或曰輔病者，《喪服傳》云：『非主而杖者何？輔病也。』謂庶子以下皆杖，爲輔病故也。婦人，未成人之婦人。童子，幼少之男子。百官備，謂王侯也。委任百官，不假自言而事得行，故許子病深，雖有扶病之杖，亦不能起，故又須人扶乃起也。大夫、士既無百官百物，須己言而後喪事乃行，故不許極病，所以杖而起，不用扶也。庶人卑，無人可使，但身自執事，不可許病，故有杖不用，但使面有塵垢之容而已。子於父母，貴賤情同，而病不得一，故爲權制。禿者無髮，女禿不髽，故男子禿亦不免也。袒者露膊，傴者可憎，故不袒也。踊是跳躍，跛人脚蹇，故不跳躍也。老及病者，身已羸瘠，又使備禮，必至滅性，故酒肉養之。此八者，謂應杖不杖，不應杖而杖，一也；扶而起，二也；杖而起，三也；面垢，四也；禿者，五也；傴者，六也；跛者，七也；老病者，八也。《喪大記》大夫與士之喪，皆云三日授子杖，謂爲親也。此云五日、七日，爲君也。」

始死三日不怠，三月不解，期悲哀，三年憂，恩之殺也。聖人因殺以制節，此喪之所以三年，賢者不得過，不肖者不得不及。此喪之中庸也，王者之所常行也。《書》曰：「高宗諒闇，三年不言。」善之也。

自三日不怠以至三年憂，其哀漸殺而輕，故曰「恩之殺也」。○鄭氏曰：「諒，古作『梁』，楣謂之梁。闇，讀如鶉鵪之鵪，闇謂廬也。廬有梁者，所謂柱楣也。」

王者莫不行此禮，何以獨善之也？曰：高宗者，武丁。武丁者，殷之賢王也。繼世即位，而慈良於喪。當此之時，殷衰而復興，禮廢而復起，故善之。善之，故載之《書》中而高之，故謂之「高宗」。三年之喪，君不言。《書》云「高宗諒闇，三年不言」，此之謂也。然而曰「言不文」者，謂臣下也。

君不言，謂百官百物不言而事行者也。臣下不能如此，必言而後事行，但不文其言辭耳。故曰「『言不文』者，謂臣下也」。

禮，斬衰之喪，唯而不對；齊衰之喪，對而不言；大功之喪，言而不議；緦、小功之喪，議而不及樂。

説見《間傳》。

父母之喪，衰冠、繩纓、菅屨，三日而食粥，三月而沐，期十三月而練冠，三年而祥。比終兹三節者，仁者可以觀其愛焉，知者可以觀其理焉，彊者可以觀其志焉。禮以治之，義以正之，孝子、弟弟、貞婦，皆可得而察焉。

比，及也。三月，一節也；練，一節也；祥，一節也。非仁者不足以盡愛親之道，故於仁者觀其愛。非知者不足以究居喪之理，故於知者觀其理。非强者不足以守行禮之志，故於强者觀其志。一説，理，治也。謂治斂殯葬祭之事，惟知者能無悔事也，故曰「觀其理」。篇首言仁、義、禮、知爲四制之本，此獨曰「禮以治之，義以正之」者，蓋恩亦兼義，權非悖禮也。孝子、弟弟、貞婦，專言門内之治，而不及君臣者，亦章首專言父母之喪，而恩制爲四制之首故也。

禮記卷之十六

大戴禮記

〔西漢〕戴德 撰
〔北周〕盧辯 注
張顯成 校點

目録

校點説明

今本《大戴禮記》舊題漢戴德撰，今本《小戴禮記》（即《禮記》）舊題戴聖撰。戴聖是戴德從兄之子，二人都是西漢時期的禮學家，世稱大戴、小戴。戴德爲文帝時期人，生卒年不詳，與戴聖同受學於后倉，《漢書·儒林傳》和《藝文志》有其簡略記載。《大戴禮記》又稱《大戴禮》、《大戴記》，《小戴禮記》又稱《小戴禮》、《小戴記》。認爲《大戴禮記》和《小戴禮記》的作者分别是戴德和戴聖之説最早見於東漢學者鄭玄的《六藝論》。唐孔穎達《禮記正義序》：「《六藝論》云：『今《禮》行於世者，戴德、戴聖之學也。』又云：『戴德傳《記》八十五篇，則《大戴禮》是也；戴聖傳《禮》四十九篇，則此《禮記》是也。』」此説後世頗爲流行，《隋書·經籍志》更謂：「（古《記》）凡五種合二百十四篇。戴德删其煩重，合而記之爲八十五篇，謂之《大戴記》；而戴聖又删大戴之書爲四十六篇，謂之《小戴記》。」晉陳邵《周禮論序》也持此説（説見陸德明《經典釋文叙録》所引）。

今所見《大戴禮記》的最早注本是北朝盧辯注。辯字景宣，生卒年不詳，約生活於北魏至北周間，幽州人，「博通經籍」。《周書》和《北史》有傳。盧氏作注的態度非常嚴謹，不輕易改動原文，發現文字錯誤，則在注中予以説明。

《大戴禮記》版本，據載最早爲宋代韓元吉刻本，今未見，當已佚亡。今所見最早版本是元至正十四年（一三五四）劉貞嘉興路儒學刻本。此本後有清嵇承謙校跋、俞樾跋本，清丁丙跋本，清劉氏玉海堂影刻本等刻本。

明代的版本主要有：嘉靖十二年（一五三三）袁氏嘉趣堂刻本，今《四部叢刊》本即據此本影印；此本後有清高不騫校本，清黄丕烈跋本，清宋大麓批並跋本等刻本。萬曆程榮刻《漢魏叢書》本，此本後有清黄丕烈校跋並録清惠棟跋刻本，何允中刻《廣漢魏叢書》本，金閶擁萬堂刻《秘書九種》本。

清代的版本多爲校注刻本，主要有：康熙朱

軾刻本，一名高安本，該本有朱氏句讀，有何焯、閻若璩校語。乾隆盧見曾刻《雅雨堂叢書》本，此本吸收了戴震和盧文弨的校勘成果，勘正之處多出校語，訂正了舊本的大量錯誤，在很大程度上恢復了原本的面貌；此本另有清人的一些校本或批校本。戴震等在四庫館所校的武英殿聚珍本（今《叢書集成初編》本即據以排印）和《四庫全書》本，進一步吸收了此前各家的校勘成果，並詳列異同，是對此書的又一深入整理。清代的校注刻本較多，它如：彭元端校注本，姚椿校注本，楊研畇校注本，胡培系校注本，陳其榮校注本，孔廣森的《大戴禮記補注》等等。

就《大戴禮記》盧辯注而言，元、明兩代多爲該書宋本的刻本，清代多爲校注刻本（如上所述）。諸重刻本中，元至正十四年嘉興路儒學刻本、明嘉靖十二年袁氏嘉趣堂刻本、明萬曆程榮刻《漢魏叢書》本影響較大，但錯誤都較多，且嘉興路儒學刻本還有大段脱文。

諸校注本中，最好的當是《雅雨堂叢書》本、武英殿聚珍本和《四庫全書》本，均比宋本諸重刻本好，錯誤最少，但因有校語已非盧氏原本，故不選作底本。

此次校點所選底本爲國家圖書館藏元至正十四年嘉興路儒學刻本，校本爲《四部叢刊》影印袁氏嘉趣堂刻本（簡稱「四部叢刊本」），程榮刻《漢魏叢書》本（簡稱「漢魏叢書本」），《雅雨堂叢書》本（簡稱「雅雨堂本」），《四庫全書》本（稱「四庫全書本」），並參考《雅雨堂叢書》本校注（簡稱「雅雨堂本校」），《四庫全書》本四庫館臣校注（簡稱「四庫館臣校」）；參校本爲孔廣森《大戴禮記補注》本（簡稱「孔氏補注本」），一並參《大戴禮記補注》孔廣森校注（簡稱「孔氏補注」）。

今本《大戴禮記》佚失泰半，已非全帙，只有十三卷，三十九篇，佚亡了四十六篇。所佚篇次是：第一篇至第三十八篇，第四十三篇至四十五篇，第六十一篇，第八十二篇至第八十五篇。且今各傳本從第六十五篇至第七十三篇各篇所標篇序往往不一，下表是底本、四部叢刊本、漢魏叢書本、雅雨堂本、四庫全書本，各本卷八至卷十一，即第六十五篇至第七十六篇各篇序對照表：

底本、四部叢刊本	漢魏叢書本	雅雨堂本	四庫全書本
卷八子張問入官第六十五	**卷八**子張問入官第六十五	**卷八**子張問入官第六十五	**卷八**子張問入官第六十五
盛德第六十六	盛德第六十六	盛德第六十六	盛德第六十六
明堂第六十七	明堂第六十七		
卷九千乘第六十八	**卷九**千乘第六十八	**卷九**千乘第六十八	**卷九**千乘第六十七
四代第六十九	四代第六十九	四代第六十九	四代第六十八
虞戴德第七十	虞戴德第七十	虞戴德第七十	虞戴德第六十九
誥志第七十一	誥志第七十一	誥志第七十一	誥志第七十
卷十文王官人第七十二	**卷十**文王官人第七十二	**卷十**文王官人第七十二	**卷十**文王官人第七十一
諸侯遷廟第七十二（四部叢刊本《目録》作「七十三」，與正文篇序作「七十二」不統一）	諸侯遷廟第七十三	諸侯遷廟第七十三	諸侯遷廟第七十二
諸侯釁廟第七十三（四部叢刊本《目録》作「七十四」，與正文篇序作「七十三」不統一）	諸侯釁廟第七十四	諸侯釁廟第七十三	諸侯釁廟第七十三
卷十一小辨第七十四	**卷十一**小辨第七十四	**卷十一**小辨第七十四	**卷十一**小辨第七十四
用兵第七十五	用兵第七十五	用兵第七十五	用兵第七十五
少閒第七十六	少閒第七十六	少閒第七十六	少閒第七十六

雅雨堂本與四庫全書本認爲，傳本的《明堂》篇本爲《盛德》篇的後半部分，不當分爲兩篇，故合爲一篇，取消「明堂」之目，以還其舊貌。此説爲是，此次校點即依此説，還《明堂》於《盛德》篇。如上表所示，底本、四部叢刊本、漢魏叢書本、雅雨堂本，均存在篇目序號相重問題，唯四庫全書本不重，故此次校點篇序編號依四庫全書本。

底本原無總目録，而分别在卷一至卷三、卷四至卷六、卷七至卷九、卷十至卷十三之前列其目録，此次校點則改於書首列一總目録。另，所據底本，即國圖藏元刻本缺卷第九《王乘第六十七》，「以財投長曰貸」至「有不火食者」（見正文第九○頁上欄第五行至第九一頁上欄第五行）凡四百零一字。今據清宣統間劉氏玉海堂影元刻本補。

校點者　張顯成

鄭元祐序

漢儒傳經，雖未必盡純，而其間多可采者，若《大戴禮》是已。按《漢書·儒林傳》，戴聖字次君，嘗爲信都太傅，今《大戴禮》乃題「九江太守戴德撰」也。宣和間山陰傅崧卿蓋已病其訛謬，以爲世亡漢史而《大戴禮》獨傳，後人渠知德爲信都太傅歟？其爲書凡十三卷總四十篇，《隨志》亦以爲十三卷，而《夏小正》別爲卷，《唐志》但云十三卷而無《夏小正》之別，至傅氏釐析經傳始可讀。然今不敢鈔入傅氏說，懼紊舊章也。若《崇文總目》則十卷而云三十五篇者，無諸本可定也。或謂漢儒得記《禮》之書凡二百四篇，戴德删之爲八十五篇，謂之《大戴禮》，聖又删德之書爲四十九篇，謂之《小戴禮》。小戴爲人見《何武傳》，此所不論。然《大戴禮》首題三十九，終八十一，凡四十三篇，中間缺者四篇，重出一篇，其不可復見者則三十八篇，故不能合於八十篇之數。其缺者既不可復見，抑聖取以爲小戴之書歟？其間《禮察》篇與小戴《經解》同，《曾子大孝》篇與《祭義》同，《勸學》則荀卿首篇也，《哀公問》、《投壺》二篇盡在小戴書，然其諸書亦多有可采。潁川韓元吉在淳熙間得范太史家本校定，蓋已謂小戴取之以記《禮》，其文無所删者也。若夫此書取舍《保傅》等篇，雖見於賈誼政事書，然其間增益三公三少之責任與夫胎教，古必有其說，否則不應有是也。至於《文王官人》篇則與《汲冢周書·官人解》相出入。夫《汲冢書》出於晉太康中，不審何由相似也。若

《公苻》成王祝辭而稱「陛下」，❶於考古何居？餘諸篇先儒取以爲訓。論者謂其探索陰陽，窮析物理，推本性命，嚴禮樂之辨，究數度之詳，要皆有所從來，第不可致詰。然其爲書度越諸子也明已。海岱劉貞庭榦，父以中朝貴官出爲嘉興路總管，政平訟理，發其先府君御史公節軒先生所藏書，刊諸梓，寘之學官，《大戴禮》其一也。遂昌鄭元祐鄉嘗學於金華胡汲仲先生之門，每以諸生拜御史公，得聞緒論，上下數千載，亹亹忘倦。而公位不究德，故始發於嘉興公。公念元祐嘗承教於御史公也，故俾元祐識之卷首云。甲午十二月朔旦序

❶「苻」，當作「冠」，爲「冠」形近而誤。

大戴禮記卷第一

漢九江太守戴　德

主言第三十九❶

孔子閒居，曾子侍。孔子曰：「參，今之君子，惟士與大夫之言之閒也，其至於君子之言者，甚希矣。於乎！吾主言其不出而死乎？哀哉！」

曾子起曰：「敢問何謂主言？」孔子不應。曾子懼，肅然摳衣下席，曰：「弟子知其不孫也，得夫子之閒也難，是以敢問也。」孔子不應。曾子懼，退負序而立。

孔子曰：「參，女可語明主之道與？」曾子曰：「不敢以爲足也。得夫子之閒也難，是以敢問。」孔子曰：「吾語女。道者所以明德也，德者所以尊道也，是故非德不尊，非道不明。雖有國馬，❷不教不服，不可以取千里。里，一本作「理」。雖有博地衆民，不以其地治之，❸不可以霸主。是故昔者明主内脩七教，外行三至。七教脩焉可以守，三至行焉可以征。七教不脩，雖守不固，三至不行，雖征不服。是故明主之守也，必折衝乎千里之外；其征也，衽席之上還師。是故内脩七教而上不勞，外行三至而財不費，此之謂明主之道也。」

曾子曰：「敢問不費不勞可以爲明乎？」孔子愀然揚麋麋，一作「眉」。曰：「參，

❶「主言」，四庫全書本作「王言」。本篇正文「主」凡十八見，四庫全書本均作「王」。

❷「馬」，原作「焉」，據雅雨堂本、孔氏補注本、四庫全書本改。

❸「地」，四庫全書本作「道」。

女以明主爲勞乎？昔者舜左禹而右皋陶，不下席而天下治。夫政之不中，君之過也。政之既中，令之不行，職事者之罪也。明主奚爲其勞也？昔者明主關譏而不征，市鄽而不稅，稅十取一，使民之力，歲不過三日，入山澤以時，有禁而無征，一作「入山澤以時而不禁，夫圭田無征」。此六者取財之路也。明主捨其四者而節其二者，明主焉取其費也？」

曾子曰：「敢問何謂七教？」孔子曰：「上敬老則下益孝，上順齒則下益悌，上樂施則下益諒，上親賢則下擇友，上好德則下不隱，一作「上好德則下隱慝」。上惡貪則下耻爭，上强果則下廉耻。民皆有別，則貞，❶則正，亦不勞矣。此謂七教。七教者，治民之本也，教定是正矣。❷上者，民之表也，表正，則何物不正。是故君先立於仁，則大夫忠而士信，民敦，工璞，商慤，女憧，婦空空，七者教之志也。七者布諸天下而不窕，内諸尋常之室而不塞。是故聖人等之以禮，立之以義，行之以順，而民棄惡也如灌。」曾子曰：「弟子則不足，道則至矣。」孔子曰：「參，姑止，又有焉。昔者明主之治民有法，必別地以州之，分屬而治之，然後賢民無所隱，暴民無所伏。使有司日省如時考之，歲誘賢焉，則賢者親，不肖者懼。使之哀鰥寡，養孤獨，恤貧窮，誘孝悌，選賢舉能。此七者脩，則四海之内無刑民矣。上之親下也如腹心，則下之親上也如保子之見慈母也。上下之相親如此，然後令則從，施則行。因民既邇者說，遠者來懷，然後布指知寸，布手知尺，舒肘知尋，十尋而索。百步而堵，三百步而里，千

❶「則貞」，四庫全書本無此二字。
❷「是」，四庫全書本作「則本」。

步而井，❶三井而句烈，三句烈而距，五十里而封，百里而有都邑，乃爲畜積衣裘焉，使處者恤行者有與亡。❷是以蠻夷諸夏，雖衣冠不同言語不合，莫不來至朝覲於王，故曰：無市而民不乏，無刑而民不違。畢弋田獵之得，不以盈宮室也；徵斂於百姓，非以充府庫也。懮怛以補不足，❸禮節以損有餘。故曰：多信而寡貌。其禮可守，其信可復，其迹可履。其於信也，如四時春秋冬夏；其博有萬民也，如飢而食，如渴而飲；下土之人信之，如暑熱凍寒。❹遠若邇，非道邇也，及其明德也。是以兵革不動而威，用利不施而親，此之謂明主之守也。折衝乎千里之外，此之謂也。」

曾子曰：「敢問何謂三至？」孔子曰：「至禮不讓而天下治，至賞不費而天下之士說，至樂無聲而天下之民和。明主篤行三至，故天下之君可得而知也，天下之士可得而臣也，天下之民可得而用也。」

曾子曰：「敢問何謂也？」孔子曰：「昔者明主以盡知天下良士之名，❺既知其名，又知其數，既知其數，又知其所在。明主因天下之爵以尊天下之士，此之謂至禮不讓而天下治。因天下之祿以富天下之士，此之謂至賞不費而天下之士說。天下之士說，則天下之明譽興，此之謂至樂無聲而天下之民和。故曰：所謂天下之至仁者，能合天下之至親者也；所謂天下之至知者，能用天下之至和者也；所謂天下之至明者，能選天下之至良者也。此三者咸通，然後可以征。是故仁者莫大於愛人，

❶「千步」，四庫全書本作「方里」。
❷「與」，原作「興」，據四庫全書本改。
❸「懮」，原作「慢」，據四庫全書本改。
❹「如」，原作「夫」，據雅雨堂本、四庫全書本改。
❺「以」，四庫本書本作「必」。

知者莫大於知賢，政者莫大於官賢。有土之君修此三者，則四海之内拱而俟，然後可以征。明主之所征，必道之所廢者也。彼廢道而不行，然後誅其君，致其征，弔其民而不奪其財也。故曰：明主之征也，猶時雨也，至則民説矣。是故行施彌博，得親彌衆，此之謂衽席之上乎還師。」

哀公問五義第四十

魯哀公問於孔子曰：「吾欲論吾國之士，與之爲政，何如者取之？」孔子對曰：「生乎今之世，志古之道，居今之俗，服古之服，舍此而爲非者，不亦鮮乎！」哀公曰：「然則今夫章甫、句屨、紳帶而縉笏者，此皆賢乎？」孔子曰：「否！不必然。今夫端衣玄裳冕而乘路者，志不在於食葷；斬衰簡屨杖而歠粥者，❶志不在於飲食。故生乎今之世，志古之道，居今之俗，服古之服，舍此而爲非者，雖有，不亦鮮乎！」

哀公曰：「善！何如則可謂庸人矣？」孔子對曰：「所謂庸人者，口不能道善言，而志不邑邑。不能選賢人善士而託其身焉，以爲己憂。動行不知所務，止立不知所定。日選於物，不知所貴，從物而流，不知所歸。五鑿爲政，心從而壞。若此，則可謂庸人矣。」

哀公曰：「善！何如則可謂士矣？」孔子對曰：「所謂士者，雖不能盡道術，必有所由焉；雖不能盡善盡美，必有所處焉。是故知不務多，而務審其所知；行不務多，而務審其所由；言不務多，而務審其所謂。

❶「簡」，四部叢刊本、漢魏叢書本、雅雨堂本、四庫全書本作「蕑」。

知既知之，行既由之，言既順之，若夫性命肌膚之不可易也。富貴不足以益，貧賤不足以損。若此，則可謂士矣。」

哀公曰：「善！何如則可謂君子矣？」孔子對曰：「所謂君子者，躬行忠信，其心不置。❶仁義在己，而不害不志。聞志廣博而色不伐，思慮明達而辭不争。君子猶然如將可及也，而不可及也。如此可謂君子矣。」

哀公曰：「善！敢問何如可謂賢人矣？」❷孔子對曰：「所謂賢人者，好惡與民同情，取舍與民同統，行中矩繩而不傷於本，言足法於天下而不害於其身，躬爲匹夫而願富，貴爲諸侯而無財。如此則可謂賢人矣。」

哀公曰：「善！敢問何如可謂聖人矣？」孔子對曰：「所謂聖人者，知通乎大道，應變而不窮，能測萬物之情性者也。大道者，所以變化而凝成萬物者也。情性也者，所以理然不然取舍者也。故其事大，配乎天地，參乎日月，雜於雲蜺，總要萬物，穆穆純純，其莫之能循，若天之司，莫之能職，百姓淡然不知其善。❸若此，則可謂聖人矣。」

哀公曰：「善！」孔子出，哀公送之。

哀公問於孔子第四十一

哀公問於孔子曰：「大禮何如？君子之言禮，何其尊也？」孔子曰：「丘也小人，何足以知禮。」

❶「置」，原作「買」，據四庫全書本改。
❷「可」，原脱，據雅雨堂本、四庫全書本補。
❸「不」，四庫全書本作「莫」。

君曰：「否，吾子言之也。」孔子曰：「丘聞之也，民之所由生，禮爲大，非禮無以節事天地之神明也，非禮無以辨君臣上下長幼之位也，非禮無以別男女父子兄弟之親、昏姻疏數之交也，君子以此之爲尊敬然。然後以其所能教百姓，不廢其會節。有成事，然後治其雕鏤文章黼黻以嗣。其順之，然後言其喪葬，備其鼎俎，設其豕腊，修其宗廟，歲時以敬祭祀，以序宗族，則安其居處，醜其衣服，卑其宮室，車不雕幾，器不刻鏤，食不貳味，以與民同利。昔之君子之行禮者如此。」

公曰：「今之君子胡莫之行也？」孔子曰：「今之君子好色無厭，淫德不倦，荒怠敖慢，固民是盡，忤其衆以伐有道，求得當欲不以其所。古之用民者由前，今之用民者由後。今之君子莫爲禮也。」

孔子侍坐於哀公。哀公曰：「敢問人道誰爲大？」孔子愀然作色而對曰：「君及此言也，百姓之德也，固臣敢無辭而對。人道政爲大。」公曰：「敢問何謂爲政？」孔子對曰：「政者正也。君爲正，則百姓從政矣。君之所爲，百姓之所從也。君所不爲，百姓何從？」

公曰：「敢問爲政如之何？」孔子對曰：「夫婦別，父子親，君臣嚴，❶三者正則庶民從之矣。」

公曰：「寡人雖無似也，願聞所以行三言之道，可得而聞乎？」孔子對曰：「古之爲政，愛人爲大；所以治愛人，禮爲大；所以治禮，敬爲大；敬之至也，大昏爲大。大昏至矣！大昏既至，冕而親迎，親之也。

❶「嚴」，四庫全書本作「義」。

親之也者，親之也。是故君子興敬爲親，舍敬是遺親也。❶ 弗愛不親，弗敬不正，愛與敬其政之本與！」

公曰：「寡人願有言。然冕而親迎，不已重乎？」孔子愀然作色而對曰：「合二姓之好，以繼先聖之後，以爲天地社稷宗廟之主，君何謂已重乎？」

公曰：「寡人固。不固，焉得聞此言也。寡人欲問，不得其辭，請少進。」孔子曰：「天地不合，萬物不生。大昏，萬世之嗣也，君何以謂已重焉！」❷ 孔子遂有言曰：「内以治宗廟之禮，足以配天地之神明；出以治直言之禮，足以立上下之敬。物耻足以振之，國耻足以興之。爲政先禮，禮者，政之本與！」孔子遂言曰：「昔三代明王之政，必敬其妻、子也有道。妻也者，親之主也，敢不敬與？子也者，親之後也，敢不敬與？君子無不敬也，敬身爲大。❸ 身也者，親之枝也，敢不敬與？不能敬其身，是傷其親；傷其親，是傷其本；傷其本，枝從而亡。三者，百姓之象也。身以及身，子以及子，配以及配，君子行此三者，則愾乎天下矣，大王之道也。❹ 如此，國家順矣。」

公曰：「敢問何謂敬身？」孔子對曰：「君子過言則民作辭，過動則民作則。君子言不過辭，動不過則，百姓不命而敬恭，如是則能敬其身。能敬其身，則能成其親矣。」

❶ 「是」，原脱，據雅雨堂本、四庫全書本補。
❷ 「以」，四庫全書本無此字。
❸ 「大昏既至」至「君子無不敬也敬身」凡二百五十六字，原錯簡於下文「敢問君子何貴乎」後，據四部叢刊本、漢魏叢書本、雅雨堂本、四庫全書本移於此。
❹ 「大」，四庫全書本作「先」。

公曰：「敢問何謂成親？」孔子對曰：「君子也者，人之成名也。百姓歸之名，謂之君子之子，是使其親爲君子也。是爲成其親名也已。」

孔子遂言曰：「古之爲政，❶愛人爲大。不能愛人，不能有其身。❷不能有其身，不能安土。不能安土，不能樂天。不能樂天，不能成身。」

公曰：「敢問何謂成身？」孔子對曰：「不過乎物？」

公曰：「敢問君子何貴乎天道也？」❸孔子對曰：「貴其不已。如日月西東相從而不已也，是天道也。不閉其久也，是天道也。無爲物成，是天道也。已成而明，是天道也。」

公曰：「寡人惷愚冥煩，子識之心也。」孔子蹴然避席而對曰：「仁人不過乎物，孝子不過乎物，是故仁人之事親也如事天，❹事天如事親，是故孝子成身。」

公曰：「寡人既聞是言也，無如後罪何？」孔子對曰：「君之及此言也，是臣之福也。」

禮三本第四十二

禮有三本：天地者，性之本也；❺先祖者，類之本也；君師者，治之本也。無天地焉生，無先祖焉出，無君師焉治，三者偏亡，無安之人。故禮，上事天，下事地，宗

❶「之」，原作「人」，據雅雨堂本、四庫全書本改。
❷「能」，原脱，據雅雨堂本、四庫全書本補。
❸「子」，原脱，據四庫全書本補。
❹「故」，原脱，據四庫全書本補。
❺「性」，四庫全書本作「生」。

祀先祖而寵君師，❶是禮之三本也。

王者天太祖，諸侯不敢懷，❷大夫士有常宗，所以別貴始，德之本也。郊止天子，社止諸侯，❸道及士大夫，一本有「荀子云」。所以別尊卑，❹尊者事尊，卑者事卑，宜鉅者鉅，宜小者小也。故有天下者事七世，有國者事五世，有五乘之地者事三世，有三乘之地者事二世，待年而食者不得立宗廟，❺所以別積厚者流澤光，❻積薄者流澤卑亦如之。❼大饗尚玄尊，俎生魚，先大羹，貴飲食之本也。大饗尚玄尊而用酒，食先黍稷而飯稻粱，祭嚌大羹而飽乎庶羞，貴本而親用也。❽貴本之謂文，親用之謂理，兩者合而成文，以歸太一，夫是謂大隆。故尊之尚玄酒也，俎之生魚也，豆之先大羹也，一也。❾利爵之不卒也，❿成事之俎不嘗也，三侑之不食也，一也。大昏之未發齊也，廟之未納尸也，始卒之未小斂也，一也。⓫大路車之素幭也，郊之麻冕也，喪服之先散帶也，⓬一也。三年之哭不文也，《清廟》之歌一倡而三歎也，縣一磬而尚拊搏，朱弦而通越也，⓭一也。

凡禮始於脫，成於文，終於隆。故至

---

❶「祀」，四庫全書本作「事」。
❷「懷」，四庫全書本作「壞」。
❸「社」，原脱，據四部叢刊本、漢魏叢書本、雅雨堂本、四庫全書本補。「止」，四庫全書本作「至」。
❹「尊卑」，四庫全書本無此二字。
❺「待年」，雅雨堂本作「持手」。
❻「光」，四庫全書本作「廣」。
❼「亦如之」，雅雨堂本、四庫全書本作「也」。
❽「也」，原脱，據四庫全書本補。
❾「一也」，原脱，據四庫全書本補。
❿「爵」，原作「省」，據雅雨堂本、四庫全書本改。
⓫「一也」，原脱，據雅雨堂本、四庫全書本補。
⓬「也」，原脱，據雅雨堂本、四庫全書本補。
⓭「也」，原脱，據雅雨堂本、四庫全書本補。

備，情文俱盡；其次，情文佚興；❶其下，復情以歸太一。天地以合，四時以洽，日月以明，星辰以行，江河以流，萬物以倡，好惡以節，喜怒以當。以爲下則順，以爲上則明，萬變不亂，貸之則喪。

大戴禮記卷第一

❶「佚」，四庫全書本作「迭」。

大戴禮記卷第二

禮察第四十六

孔子曰：「君子之道，譬猶防與？」夫禮之塞，亂之所從生也，猶防之塞，水之所從來也。故以舊防爲無用而壞之者，必有水敗；以舊禮爲無所用而去之者，必有亂患。故婚姻之禮廢，則夫婦之道苦，而淫辟之罪多矣。鄉飲酒之禮廢，則長幼之序失，而爭鬬之獄繁矣。聘射之禮廢，則諸侯之行惡，而盈溢之敗起矣。喪祭之禮廢，則臣子之恩薄，而陪死忘生之徒衆矣。❶

凡人之知，能見已然，不能見將然。禮者禁將然之前，❷而法者禁於已然之後，是故法之用易見，而禮之所爲至難知也。❸若夫慶賞以勸善，刑罰以懲惡，先王執此之正，堅如金石，行此之信，順如四時，處此之功，無私如天地爾，豈顧不用哉！然如曰禮云禮云，貴絶惡於未萌，而起教於微眇，❹使民日徙善遠罪而不自知也。孔子曰：「聽訟吾猶人也，必也使無訟乎！」此之謂也。

爲人主計者，莫如安審取舍，❺取舍之極定於内，安危之萌應於外也。安者非一

❶ 「陪」，四庫全書本作「倍」。「徒」，原作「禮」，據四庫全書本改。
❷ 「禁」下，雅雨堂本、四庫全書本有「於」字。
❸ 「至」，原作「生」，據四庫全書本改。
❹ 「教」，原作「敬」，據雅雨堂本、四庫全書本改。
❺ 「安」，四庫全書本作「先」。

日而安也，危者非一日而危也，皆以積然，不可不察也。善不積不足以成名，惡不積不足以滅身，而人之所行，各在其取舍。以禮義治之者積禮義，以刑罰治之者積刑罰，刑罰積而民怨倍，禮義積而民和親。故世主欲民之善同，而所以使民之善者異。或導之以德教，或敺之以法令。導之以德教者，德教行而民康樂。敺之以法令者，法令極而民哀戚。哀樂之感，禍福之應也。

我以爲秦王之欲尊宗廟而安子孫與湯武同，然如湯武能廣大其德，❶久長其後，行五百歲而不失，秦王亦欲至是而不能，持天下十餘年即大敗之。此無他故也，湯武之定取舍審，而秦王之定取舍不審也。《易》曰：「君子慎始，差若毫氂，繆之千里。」取舍之謂也。然則爲人主師傅者，不可不日夜明此。❷

問：「爲天下如何？」曰：「天下，器也。今人之置器，置諸安處則安，置諸危處則危，而天下之情與器無以異，在天子所置爾。湯王置天下於仁義禮樂，而德澤洽禽獸草木，廣育被蠻貊四夷，累子孫十餘世，歷年久五六百歲，此天下之所共聞也。秦王置天下於法令刑罰，德澤無一有，而怨毒盈世，民憎惡如仇讎，禍幾及身，子孫誅絶，此天下之所共見也。夫用仁義禮樂爲天下者，行五六百歲猶存，用法令爲天下者，十餘年即亡，是非明斆大驗乎！人言曰：『聽言之道，必以其事觀之，則言者莫敢妄言。』❸今子或言禮義之

❶「然如」，原作「然則如」，據雅雨堂本改。四庫全書本作「然而」。

❷下「不」字，原作「以」，據雅雨堂本、四庫全書本改。

❸「敢」，原脱，據四部叢刊本、漢魏叢書本、四庫全書本補。

不如法令，❶教化之不如刑罰，人主胡不承殷周秦事以觀之乎？」❷

夏小正第四十七

正月：

啓蟄。言始發蟄也。

雁北鄉。先言雁而後言鄉者何也？見雁而後數其鄉也。鄉者何也？鄉其居也，雁以北方爲居。何以謂之爲居？❸生且長焉爾。「九月遰鴻雁」，先言遰而後言鴻雁何也？見遰而後數之，則鴻雁也。何不謂南鄉也？曰：非其居也，故不謂南鄉。記鴻雁之遰也，如不記其鄉，何也？曰：鴻不必當《小正》之遰者也。

雉震呴。呴也者，鳴也。震也者，❹鼓其翼也。正月必雷，雷不必聞，惟雉爲必聞之，何以謂之？雷則雉震呴，相識以雷。

魚陟負冰。陟，升也。負冰云者，言解蟄也。

農緯厥耒。緯，束也。束其耒云爾者，用是見君之亦有耒也。

初歲祭耒，始用暢也。暢，一作「暘」。其曰初歲云者，暢也者，❺終歲之用祭也。言是月之始用之也。初者，始也。

囿有見韭。❻囿也者，❼園之燕者也。

---

❶「子」，四庫全書本無。

❷「周」，原作「用」，據雅雨堂本、四庫全書本改。

❸「爲居」，四庫全書本以爲衍字。雅雨堂本作「居」。

❹「呴也者鳴也震也者」，原作「震也者鳴也呴也者」，據四庫全書本改。

❺「其曰初歲云者暢也者」，原作「其用初云爾暢也者」，據四庫全書本改。雅雨堂本作「初歲祭耒始用暢也者」。

❻「見」，原脱，據雅雨堂本、四庫全書本補。

❼「者」，原脱，據雅雨堂本、四庫全書本補。

或曰：祭韭也。❶

時有俊風。俊者，大也。大風，南風也。何大於南風也？曰：合冰必於南風，解冰必於南風，生必於南風，收必於南風，故大之也。

寒日滌凍涂。滌也者，變也，變而暖也。凍塗也者，❷凍下而澤上多也。

田鼠出。田鼠者，嗛鼠也。記時也。

農率均田。率者，循也。均田者，始除田也。言農夫急除田也。

獺獻魚。❸獺祭魚，其必與之與，疑作「謂」。獻何也？曰：非其類也。祭也者，得多也。善其祭而後食之。十月豺祭獸謂之祭，獺祭魚謂之獻，何也？豺祭其類，獺祭非其類，故謂之獻，大之也。

鷹則爲鳩。鷹也者，其殺之時也。鳩也者，非其殺之時也。善變而之仁也，❹故具言之也曰「則」，盡其辭也。鳩爲鷹，變而之不仁也，故不盡其辭也。

農及雪澤。言雪澤之無高下也。

初服於公田。古有公田焉者，古者先服公田而後服其田也。❺

采芸。爲廟采也。

鞠則見。鞠者何也？星名也。鞠則見者，歲再見云爾。❻

初昏參中。蓋記時也。

斗柄縣在下。

言斗柄者，所以著參之中也。

❶「或曰祭韭也」，原在上文「初者始也」下，據四庫館臣校移此。
❷「也」，原脱，據雅雨堂本、四庫全書本補。
❸「獺獻魚」，原脱，據雅雨堂本、四庫全書本補。
❹「之仁」，四庫全書本作「知仁」。
❺「者」，原作「言」，據雅雨堂本、四庫全書本改。
❻「云」，原在下文「蓋記時也」下，據四庫全書本乙正。

柳稊。❶稊也者，發孚也。

梅杏杝桃則華。杝桃，山桃也。

緹縞。縞也者，❷莎隨也。緹也者，其實也。先言緹而後言縞者何也？緹先見者也。何以謂之？《小正》以著名也。

雞桴粥。粥也者，相粥之時也。或曰：桴，嫗伏也。粥，養也。

二月：

往耰黍，禪。禪，單也。

初俊羔，助厥母粥。俊也者，大也。粥也者，養也。言大羔能食草木而不食其母也。羊蓋非其子而後養之，❸善養而記之也。或曰：夏有暑祭，❹祭也者用羔。是時也不足喜樂，喜羔之爲生也而記之，與羊牛腹時也。❺

綏多女士。綏，安也。冠子取婦之時也。

丁亥，萬用入學。丁亥者，吉日也。萬也者，干戚舞也。入學也者，大學也。謂今時大舍采也。

祭鮪。祭不必記，記鮪何也？鮪之至有時，美物也。鮪者，魚之先至者也，而其至有時，謹記其時。

榮菫，采蘩。菫，采也。❻蘩，由胡。蘩由胡者，蘩母也。蘩，旁勃也。❼皆豆實也，故記之。

昆小蟲，抵蚳。昆者，衆也，由魂魂

❶「稊」，原作「梯」，據雅雨堂本、四庫全書本改。下「稊」字同。

❷「縞」，原脱，據雅雨堂本、四庫全書本補。

❸「蓋」，原作「羔」，據雅雨堂本、四庫全書本改。

❹「夏有暑祭」，原作「憂有煑祭」，據雅雨堂本、四庫全書本改。

❺「與羊牛」，雅雨堂本、四庫全書本作「謂羔羊」。

❻「采蘩菫采也」，原作「菜色菜」，據四庫全書本改。

❼「旁」，原作「方」，據四庫全書本改。

也。魂魂也者，❶動也，小蟲動也。其先言動而後言蟲者何也？萬物至是動而後著。❷抵，猶推也。蚳，螘卵也，爲祭醢也。取之則必推之，推之不必取，❸取必推而不言取。❹

來降燕，乃睇。燕，乙也。降者，下也。言來者何也？莫能見其始出也，故曰來降。言乃睇，何也？睇者，眄也。眄者，視可爲室者也。百鳥皆曰巢，突穴取與之室，❺何也？摻泥而就家，❻入人內也。❼

剝鱓。以爲鼓也。

有鳴倉庚。倉庚者，商庚也。商庚者，長股也。

榮芸。

時有見稊，❽始收。有見稊而後始收，是《小正》序也。《小正》之序時也，皆若是也。稊者，所爲豆實。

三月：

參則伏。伏者，非亡之辭也。❾星無時而不見，我有不見之時，故曰伏云。

攝桑。桑攝而記之，❿急桑也。

委委，一作「萎」。⓫楊。楊則花而後記

❶「魂魂也」，原脱，據四庫全書本補。雅雨堂本作「由魂魂也」。

❷「至」，原脱，據四庫全書本補。

❸「不必」，原作「必不」，據雅雨堂本、四庫全書本乙正。

❹「取必」，四庫全書本作「故言」。

❺「突穴取與之室」，雅雨堂本作「室穴也與之室」，四庫全書本作「突穴又謂之室」。

❻「摻」，雅雨堂本、四庫全書本作「操」。

❼「入」，原作「人」，據雅雨堂本、四庫全書本改。

❽「稊」，原作「梯」，據雅雨堂本、四庫全書本改。下二「稊」字同。

❾「亡」，原作「忘」，據雅雨堂本、四庫全書本改。

❿「桑」字，四庫全書本無。

⓫「委一作萎」，雅雨堂本作「萎一作委」，四庫館臣校曰「乃校書者所加，非盧氏注文」。

之。

韡羊。羊有相還之時，其類韡韡然，記變爾。或曰：韡，羝也。

榖則鳴。榖，天螻也。

頒冰。頒冰者，❶分冰以授大夫也。

采識。識，草也。

妾子始蠶。先妾而後子，何也？曰：事有漸也，言事自卑者始。❷

執養宮事。執，操也。養，長也。

祈麥實。麥實者，❸五穀之先見者，故急祈而記之也。

越有小旱。越，于也。記是時恒有小旱。

田鼠化爲鴽。❹鴽，鵪也。變而之善，故盡其辭也。鴽爲鼠，變而之不善，❺故不盡其辭也。

拂桐芭。拂也者，拂也，桐芭之時也。或曰：言桐芭始生，貌拂拂然也。

鳴鳩。言始相命也。先鳴而後鳩，何也？鳩者鳴而後知其鳩也。

四月：

昴則見。

初昏，南門正。南門者，星也。歲再見，壹正，蓋大正所取法也。

鳴扎。扎者，寧縣也。鳴而後知之，故先鳴而後扎。

囿有見杏。囿者，山之燕者也。

鳴蜮。蜮也者，或曰屈造之屬也。

❶「者」上，雅雨堂本有「也」字。

❷「事」，原在「者」字上，據雅雨堂本、四庫全書本乙正。

❸「實」，四庫全書本無。

❹「鴽」，原作「駕」，據雅雨堂本、四庫全書本改。下「鴽」字同。

❺「不」，原脱，據四部叢刊本、漢魏叢書本、雅雨堂本、四庫全書本補。

王萯莠。❶

取荼。荼也者，以爲君薦蔣也。

莠幽。

越有大旱。記時爾。

執陟攻駒。執也者，始執駒也。執駒也者，離之去母也。陟，升也，❷執而升之君也。攻駒也者，教之服車，數舍之也。

五月：

參則見。參也者，伐星也，❸故盡其辭也。

浮游有殷。殷，衆也，浮游殷之時也。浮游者，渠略也，朝生而暮死。稱有何也？有見也。

鴂則鳴。鴂者，百鷯也。鳴者，相命也。其不辜之時也，是善之，故盡其辭也。

時有養白。❹養，長也。一則在本，一則在末，故其記曰「時有養白」云也。❺

乃瓜。乃者，急瓜之辭也。瓜也者，始食瓜也。

良蜩鳴。良蜩也者，五采具。匽之興，五日翕，望乃伏。其不言生而稱興，何也？不知其生之時，故曰興。以其興也，故言之興。五日翕也。望也者，月之望也。而伏云者，不知其死也，故謂之伏。五日也者，十五日也。翕也者，合也。伏也者，入而不見也。

啓灌藍蓼。啓者，别也，陶而疏之也。灌者，❻聚生者也。記時也。

鳩爲鷹。

❶「莠」，四庫全書本、雅雨堂本作「秀」。
❷「陟升也」，原無，據雅雨堂本、四庫全書本補。
❸「伐」，原作「牧」，據雅雨堂本、四庫全書本改。
❹「白」，雅雨堂本、四庫全書本作「日」。下「白」字同。
❺「時有養白云也」，原作「時養曰之也」，據雅雨堂本、四庫全書本改。
❻「者」上，雅雨堂本有「也」字。

唐蜩鳴。唐蜩者，❶匽也。

初昏大火中。❷大火者，心也。心中，種黍、菽、糜時也。

煮梅。爲豆實也。

蓄蘭。爲沐浴也。

菽糜。以在經中，又言之時，何也？是食矩關而記之。❸

頒馬。分夫婦之駒也。

將閒諸則。或取離駒納之則法也。矩關，一作「短閔」。夫婦，一作「夫卿」。❹

六月：

初昏，斗柄正在上。五月大火中，六月斗柄正在上，用此見斗柄之不正當心也，❺蓋當依。依，尾也。

煮桃。桃也者，杝桃也。杝桃也者，山桃也。煮以爲豆實也。

鷹始摯。始摯而言之何也？諱煞之辭也，❻故言摯云。❼

七月：

秀雚葦。未秀則不爲雚葦，秀然後爲雚葦，故先言秀。

狸子肇肆。肇，始也。肆，遂也。言其始遂也。其或曰：❽肆，殺也。

湟潦生苹。湟，下處也。有湟然後有潦，有潦而後有苹草也。❾

爽死。爽也者，猶疏也。

---

❶「蜩」下，原有「鳴」字，據雅雨堂本、四庫全書本刪。

❷「中」下，雅雨堂本有「種黍菽糜」四字。

❸「以在」至「記之」，四庫全書本作「已在經中又言之是何也時食矩關而記之」。

❹「矩關」至「夫卿」，四庫館臣校曰：「乃校書者所加，非盧氏注文。」

❺「正」，原作「在」，據四庫全書本改。

❻「煞」，雅雨堂本、四庫全書本作「殺」。

❼「言」，原脱，據雅雨堂本補。

❽「其」，雅雨堂本校、四庫館臣校以爲衍文。

❾「有潦」，四庫本書本用「潦」。

苹莠。❶苹也者，馬帚也。❷

漢案户。漢也者，天漢也。❸案户也者，直户也，言正南北也。

寒蟬鳴。蟬也者，❹蝭蠑也。

初昏，織女正東鄉。

時有霖雨。

灌荼。灌，聚也。荼，萑葦之莠，爲蔣褚之也。萑未秀爲菼，葦未秀爲蘆。

斗柄縣在下，則旦。

八月：

剥瓜。畜瓜之時也。❺

玄校。玄也者，黑也。校也者，若緑色然。婦人未嫁者衣之。

剥棗。剥也者，取也。

栗零。零也者，降也。零而後取之，故不言剥也。

丹鳥羞白鳥。丹鳥也者，❻謂丹良也。白鳥也者，謂蚊蚋也。❼其謂之鳥者何也？❽重其養者也。有翼者爲鳥。羞也者，進也。不盡食也。❾

辰則伏。辰也者，❿謂星也。⓫伏也者，入而不見也。

鹿人從。⓬鹿人從者，⓭從群也。鹿之

❶「苹」，雅雨堂本作「荓」。下「苹」字同。
❷「馬」上，原衍「有」字，據雅雨堂本、四庫全書本删。
❸「漢也者天漢也」，原作「漢也」，據四庫全書本改。
❹「蟬」，雅雨堂本作「寒蟬」。
❺「畜」上，四庫全書本有「剥瓜也者」四字。
❻「也」字，原無，據上下文例及四庫全書本、孔補注本補。下「鳥也」之「也」字同。
❼「蚊」，雅雨堂本作「閩」。
❽「者何」，原脱，據四庫全書本補。
❾「食」，原作「實」，據四部叢刊本、漢魏叢書本、雅雨堂本、四庫全書本改。
❿「者」，原脱，據雅雨堂本、四庫全書本補。
⓫「謂」，四庫全書本作「房」。
⓬「鹿人從」，原脱，據雅雨堂本補。
⓭「鹿人從」，原脱，據雅雨堂本、四庫全書本補。

養也離，群而善之。❶ 離而生，非所知時也，故記從不記離。君子之居幽也不言。或曰：人從也者，❷大者於外，小者於內，率之也。

鴐爲鼠。❸

參中則旦。

九月：

內火。內火也者，大火。大火也者，心也。

遰鴻雁。遰，往也。

主夫出火。主夫也者，主以時縱火也。

陟玄鳥蟄。陟，升也。玄鳥者，鷰也。先言陟而後言蟄，何也？❹ 陟而後蟄也。

熊羆貊貉鼶鼬則穴，❺若蟄而。❻

榮鞠。❼ 鞠，草也。鞠榮而樹麥，時之急也。

王始裘。王始裘者何也？❽ 衣裘之時也。

辰繫于日。

雀入于海爲蛤。蓋有矣，非常入也。

十月：

豺祭獸。善其祭而後食之也。

初昏，南門見。南門者，星名也。及此再見矣。

---

❶「之」上，原衍「而」字，據全書例及雅雨堂本、四庫全書本刪。

❷「人」，原重文，據雅雨堂本、四庫全書本刪。

❸「鴐」，原作「駕」，據雅雨堂本、四庫全書本改。

❹「何也」下，原有小字「下重六字」注及正文「而後言蟄何也」，據四部叢刊本、漢魏叢書本、雅雨堂本、四庫全書本刪。

❺「鼶鼬」，原作「鼬鼪」；「穴」，原作「大」。據雅雨堂本、四庫全書本改。

❻「若蟄而」，四庫全書本作「言蟄也」，雅雨堂本作「穴也者言蟄也」。

❼「榮鞠」，雅雨堂本作「榮鞠樹麥」。

❽「王始裘」，原脱，據雅雨堂本、四庫全書本補。

黑鳥浴。黑鳥者何也？❶烏也。❷浴也者，飛乍高乍下也。

時有養夜。❸養者，長也，若日之長也。

玄雉入于淮爲蜃。蜃者，蒲蘆也。

織女正北鄉，則旦。❹織女，星名也。

十有一月：

王狩。狩者，❺言王之時田。冬獵爲狩。

陳筋革。陳筋革者，省兵革也。❻

嗇人不從。不從者，弗行。於時月也，萬物不通。

隕麋角。隕，墜也。日冬至，陽氣至始動，諸向生皆蒙蒙符矣。故麋角隕，記時焉爾。

十有二月：

鳴弋。弋也者，禽也。先言鳴而後言弋者何也？❼鳴而後知其弋也。

玄駒賁。玄駒也者，螘也。賁者何也？走於地中也。

納卵蒜。卵蒜也者，本如卵者也。納者何也？納之君也。

虞人入梁。虞人，官也。梁者，主設罔罟者也。

隕麋角。蓋陽氣旦睹也，故記之也。

大戴禮記卷第二

❶「黑鳥」，原脱，據雅雨堂本、四庫全書本補。
❷「也」，原脱，據雅雨堂本、四庫全書本補。
❸「養夜」，原脱，據雅雨堂本、四庫全書本補。
❹「旦」，原作「具」，據雅雨堂本、四庫全書本改。
❺「狩者」，四庫全書本作「王狩者」。
❻「兵革」，四部叢刊本、漢魏叢書本、雅雨堂本、四庫全書本作「兵甲」。
❼「鳴」，原作「民」，據四部叢刊本、漢魏叢書本、雅雨堂本、四庫全書本改。

大戴禮記卷第三

保傅第四十八

殷爲天子三十餘世而周受之，凡三十一世。周爲天子三十餘世而秦受之，凡三十七世。秦爲天子二世而亡。人性非甚相遠也，孔子曰：「性相近。」何殷、周有道之長而秦無道之暴？暴，卒疾也。其故可知也。

古之王者，太子及生，❶固舉之禮，❷古，即殷、周時也。使士負之。卜其吉也。有司齊肅，❸端冕，見之南郊，見之天也。齊肅，❹謂三月朝也。端，正也。冕，服之正。過闕則下，敬君典法之處。過廟則趨，過闕故下，❺望廟則趨。孝子之道也。故自爲赤子時，教固以行矣。

昔者周成王幼，在襁褓之中，召公爲太保，周公爲太傅，太公爲太師。武王崩，成王十有三也，而云在襁褓之中，言其小。保，保其身體；保謂安守之。傅，傅其德義；傅猶敷也。師，導之教訓。❻師、傅之教大同也，師主於訓導，傅即受而述之。❼《書叙》曰：周公爲師，召公爲保，相成王，爲左右也。此三公之職也。今《尚書》説三公，司馬、司徒、司空也。古《尚書》及《周禮》説而文與此同，❽故先儒論者，多依此爲説也。於是爲置三少，皆上大夫

❶「及」，四庫全書本作「乃」。
❷「固舉之禮」，四庫全書本作「因舉以禮」。
❸「齊肅」，原作「參夙興」，據四庫全書本改。
❹「齊肅」，原作「參職」，據四庫全書本改。
❺「過闕故下」，原作「遥闕故不」，據四庫全書本改。
❻「訓」，原作「順」，據雅雨堂本、四庫全書本改。
❼「之」，原脱，據四部叢刊本、漢魏叢書本、雅雨堂本、四庫全書本補。
❽「古」，原脱，據四庫全書本補。「而文」，四庫全書本作「義」。

也，卿也，謂之孤也。曰少保、少傅、少師，是與太子宴者也。記者因成王幼稚，周公居攝，又以王少漸賢聖之訓，長終封禪之美，故據其成事，成事同於太子，❶而始末叙之，取明殷、周之隆師友爲先也。故孩提，三少又親近，故孩提而教之。三公、三少固明孝仁禮義，以導習之也。逐去邪人，不使見惡行。於是比選天下端士、孝悌閑博有道術者，以輔翼之，使之與太子居處出入。❷故太子乃目見正事，聞正言，行正道，左視右視前後皆正人。夫習與正人居，不能不正也，猶生長於楚，不能不楚言也。故擇其所嗜，必先受業，乃得嘗之；擇其所樂，必先有習，乃得爲之。恐其懈惰，故以所味好而誘之。孔子曰：「少成若天性，習貫之爲常。」言人性本雖無善，少教成之，若天性自然也。《周書》曰：「習之爲常，自氣血始。」此殷、周之所以長有常道也。其太子幼擇師友亦然。

及太子少長，知妃色，則入于小學。小者，所學之宮也。❸古者太子八歲入小學，十五入太學也。《學禮》曰：「帝入東學，上親而貴仁，則親疏有序，始恩相及矣。帝入南學，上齒而貴信，則長幼有差，始民不誣矣。❹帝入西學，上賢而貴德，則聖智在位，而功不匱矣。帝入北學，上貴而尊爵，則貴賤有等，而下不踰矣。❺成王年十五亦入諸學，觀禮布政，故引天子之禮以言之。四學者，東序、瞽宗、虞庠及四郊之學也。❻春氣温養，故上親；夏物咸，小大殊，故上齒；秋物成實，故貴德；冬時物藏於地，唯象於天半

❶「成事」，四庫全書本無，雅雨堂本作「大概」。

❷「使」，原作「吏」，據四部叢刊本、漢魏叢書本、雅雨堂本、四庫全書本改。

❸「小者所學之宮也」，四庫全書本作「學者所學之官也」。

❹「始」，雅雨堂本、四庫全書本作「如」。

❺「而」下，原衍「始」字，據雅雨堂本、四庫全書本删。

❻「宗」，原作「寇」；「之學」下，原脱「也」字，據四庫全書本、四部叢刊本、漢魏叢書本、雅雨堂本分别改補。

見也，故尚爵也。帝入太學，承師問道，退習而端於太傅，太傅罰其不則而達其不及，則德智長而理道得矣。」此五義者既成於上，則百姓黎民化輯輯，一作「緝」。於下矣。學成治就，此殷、周之所以長有道也。成王學並於正三公也。獨云太傅，舉中言。❶

及太子既冠，成人，免於保傅之嚴，則有司過之史，有虧膳之宰。❷太子齒於學，有榎楚之威。成王雖幼，固與成人等，且王既冠。太子有過，史必書之，史之義不得不書過，不書過則死；過書而宰徹去膳，夫膳宰之義，❸不得不徹膳，不徹膳則死。於是有進膳之旍，堯置之，令進善者立於旍下也。有誹謗之木，堯設之，使書政之愆失也。有敢諫之鼓，舜置之，使諫擊之以自聞也。瞽史誦詩，❹賈誼云：「敢諫之鼓，瞽史誦詩。」然瞽與鼓聲誤也。夜，「史」爲字誤。❺工誦正諫，❻工，樂人也。瞽官長誦，謂隨其過誦詩以諷。大夫諫，是以義使於瞽叟。❼士傳民語。習與智長，故切而不攘；量知受業，故雖勞能授也。化與心成，故中道若性，觀心施化，故變善如性也。是殷、周所以長有道也。

三代之禮，天子春朝朝日，秋暮夕月，祭日東壇，祭月西壇，故以別內外，以端其位。所以明有別也。教天下之臣也。春秋入學，坐國老，執醬而親饋之，中春舍菜合儛，仲秋班學合聲，天子視學而遂養老。所以明有孝也。教天下之孝也。行中鸞和，步中《采茨》，作「薺」。趨中《肆夏》，車亦應聲節步，❽又中珮聲，互言之也。《爾雅》曰：「堂上謂之行，門外謂之趨。」《周禮》及《玉藻》曰：

❶「舉」，原作「學」，據四庫全書本改。
❷「虧」上，原衍「徹」字，據四庫全書本删。
❸「夫膳」二字，四庫全書本無。
❹「史」，雅雨堂本、四庫全書本作「夜」。
❺「史爲」，原作「及謂」，據雅雨堂本、四庫全書本改。
❻「諫」下，四庫全書本有「大夫進謀」四字。
❼「是」，原作「足」，據文意改。
❽「聲」，四部叢刊本、漢魏叢書本、四庫全書本作「樂」。

「行以《肆夏》，趨以《采茨》。」此云「步中《采茨》，趨中《肆夏》」，❶又云「行以《采茨》，趨以《肆夏》」，則於太寢之内奏《采茨》，朝廷之中奏《肆夏》與？《周禮》文誤也。所以明有度也。教天下儀也。於禽獸，見其生不食其死，聞其聲不嘗其肉，故遠庖厨，《玉藻》曰：凡血氣之類弗身踐。所以長恩且明有仁也。皆先正於己。食以禮，謂俎豆傳列及嗜之等。❷徹以樂。於飲食之間，又不忘禮樂。失度，則史書之，工誦之，三公進而讀之，宰夫減其膳，是天子不得爲非也。失孝敬禮樂之度也。《明堂之位》曰：❸「篤仁而好學，多聞而道慎，天子疑則問，應而不窮者，謂之道。道者，導天子以道者也。常立於前，是周公也。誠立而敢斷，輔善而相義者，謂之充。充者，充天子之志也。常立於左，是太公也。言能忠誠有立而果於斷割。絜廉而切直，匡過而諫邪者，謂之弼。弼者，拂天子之過者也。常立於右，是召公也。博聞强記，接給而善對者，謂之承。承者，承天子之遺忘者也。常立於後，是史佚也。」接給，謂應所問而給也。史佚，周太史尹佚也。立道於前，承於後，置充於左，列諫於右，順名義也。道者，有疑則問，故或謂之疑。充者，輔善，故或謂之輔。故成王中立而聽朝，則四聖維之，是以慮無失計，而舉無過事，殷、周之前以長久者，❹其輔翼天子，有此具也。

及秦不然，其俗固非貴辭讓也，所尚者告得也；賈誼云：「所上者告訐也。」然，「得」字之誤也。固非貴禮義也，所尚者刑罰也。故趙高傅胡亥，趙高，宦者，秦車府令。胡亥，始皇少子，

❶「趨以」至「肆夏」，原脱，據四部叢刊本、漢魏叢書本、雅雨堂本、四庫全書本補。

❷「謂俎豆傳列」，原作「男俎豆争列」，據雅雨堂本、四庫全書本改。「嗜」，雅雨堂本、四庫全書本作「食」。

❸「位」，雅雨堂本校、四庫館臣校：「當作『禮』。」

❹「前以」，四庫全書本作「所以」。

二世也。而教之獄，所習者，非斬劓人則夷人三族也。故今日即位，明日射人，忠諫者謂之誹謗，深爲計者謂之訞誣，昔伊尹諫夏桀，桀笑曰：「子爲訞言矣。」莊辛諫襄王，襄王曰：「先生爲楚國訞與？」❶是也。其視殺人若艾草菅然。豈胡亥之性惡哉？彼其所以習導非其治故也。鄙語曰：「不習爲吏，如視已事。」觀前成事也。古諺云：「前事之不忘，後事之師也。」鄙，猶今言俗語然也。又曰：「前車覆，後車誡。」

夫殷、周所以長久者，其已事可知也；然如不能從，是不法聖知也。秦世所以亟絶者，其轍迹可見也；然而不辭者，是前車覆而後車必覆也。夫存亡之變，❷治亂之機，其要在是矣。

天下之命，縣於天子，天子之善，在於早諭教與選左右，心未疑而先教諭，則化易成也。心未疑，謂未有所知時也。夫開於道術，知義理之指，則教之功也。若夫服習積貫，則左右已。胡越之人，生而同聲，嗜慾不異，及其長而成俗也，絫數譯而不能通，❸行雖有死不能相爲者，教習然也。生而同聲，及其長也，❹重譯而曉之，不能使言語相通。嗜慾不異，至於成俗，其所行，雖有死之可畏，猶不相放爲者，皆教習使之然也。❺故曰選左右、早諭教最急。夫教得而左右正，左右正則天子正矣，天子正而天下定矣。《孟子》曰：「君正莫不正也，君正則國定矣。」《書》曰：「一人有慶，萬民賴之。」❻此時務也。時，猶是也。

---

❶「楚國訞與」，原作「定國訞典」，據雅雨堂本、四庫全書本改。

❷「變」，原作「敗」，據雅雨堂本、四庫全書本改。

❸「絫」，原作「參」，據四庫全書本改。「通」上，四部叢刊本、漢魏叢書本、雅雨堂本有「相」字。

❹「生而同聲及其長也」，原作「生而聲及其長者」，據雅雨堂本、四庫全書本改。

❺「教」，原作「未」，據雅雨堂本、四庫全書本改。

❻「萬民」，雅雨堂本作「兆民」。

天子不論先聖王之德，❶不知國君畜民之道，不見禮義之正，不察應事之理，不博古之典傳，不閑於威儀之數，詩書禮樂無經，學業不法，凡是其屬太師之任也。天子無恩於父母，不惠於庶民，無禮於大臣，不中於制獄，❷無，一作輕。無經於百官，不哀於喪，不敬於祭，不信於諸侯，不誠於戎事，不誠於賞罰，不厚於德，不强於行，賜與侈於近臣，鄰愛於疏遠卑賤，❸不能懲忿窒欲，言不勝其情。《易》曰：「君子以懲忿窒慾。」不從太師之言，凡是其屬太傅之任也。❹天子處位不端，受業不敬，言語不序，聲音不中律，聲有準，乃中律。進退節度無禮，節度，或爲「即席」。升降揖讓無容，周旋俯仰視瞻無儀，妄顧咳唾，❺趨行不得，趨，或爲「走」。色不比順，隱琴瑟，隱，據也，言按禮樂之器。凡此其屬太保之任也。天子宴瞻其學，少師與天子宴者也。左右之習反其師，左右所習之不順於師也。答遠方諸侯不知文雅之辭，應群臣左右不知已諾之正，簡聞小誦不傳不習，凡此其屬少師之任也。天子居處出入不以禮，冠帶衣服不以制，御器在側不以度，❻上下雜采不以章，❼惑於朱紫，不以典章。忿怒說喜不以義，賦與集讓不以節，凡此其屬少傅之任也。天子宴私，安如易，自放縱也。樂而湛，❽湛以樂。飲酒而醉，食肉而

❶「論」，四庫全書本作「諭」。
❷「制」，四庫全書本作「刑」。
❸「鄰」，四庫全書本作「遴」。
❹「其」，原作「之」，據四庫全書本改。
❺「妄」，原作「安」，據四庫全書本改。
❻「以」，原脱，據四部叢書本、漢魏叢書本、雅雨堂本、四庫全書本改。
❼「上」上，原衍「縱」字，據四庫全書本删。
❽「而」，原作「其」，據四部叢刊本、漢魏叢書本、雅雨堂本、四庫全書本改。

餕，過其性也。飽而强，强，猶强也。饑而惏，❶惏，貪殘也。暑而暍，❷寒而嗽，寢而莫宥，坐而莫侍，行而莫先莫後，天子自爲開門户，取玩好，自執器皿，亟顧環面，環，旋也。❸御器之不舉不藏，凡此其屬少保之任也。號呼歌謡聲音不中律，宴樂雅誦迭樂序，輕用雅誦也。凡禮不同，樂各有秩。苟從所好，亂其次。聲樂之失任在太史者，樂應天也。《國語》曰：「吾非瞽史，焉知天道也！」不知日月之時節，不知先王之諱與大國之忌，《周禮·小史職》曰「若有事，則詔王之忌諱」也。不知風雨雷電之眚，凡此其屬太史之任也。

《易》曰：「正其本，萬物理。失之毫釐，差之千里。」故君子慎始也。據《易》説言也。《春秋》之元，《詩》之《關雎》，《禮》之《冠》《婚》，《易》之乾巛，皆慎始敬終云爾。元者，氣之始也。夫婦，化之始也。❹冠婚，人之始也。乾、巛，物之始也。獲麟，《春秋》終也。《頌》者，《詩》之終也。吉禮，《禮》之終也。未濟，《易》之終也。此其重始令終之義也，以言人道當謹始而貴終也。素成。❺謹爲子孫娶妻嫁女，必擇孝悌世世有行義者，如是則其子孫慈孝，不敢淫暴，黨無不善，三族輔之。三族，父族、母族、妻族。故曰：鳳凰生而有仁義之意，虎狼生而有貪戾之心，兩者不等，各以其母。嗚呼，戒之哉！無養乳虎，將傷天下。謂居號斯言。❻故曰素成。胎教之道，書之玉板，藏之金匱，置之宗廟，以爲後世戒。斯王業隆替之所由也。當重

❶「惏」，原作「淋」，據四部叢刊本、漢魏叢書本、雅雨堂本、四庫全書本改。

❷「暍」，原作「喝」，據四庫全書本改。四庫全書本下並有注「暍傷暑也」四字。

❸「旋」，原作「短」，據雅雨堂本、四庫全書本改。

❹「也」，原脱，據四部叢刊本、雅雨堂本、漢魏叢書本、四庫全書本補。

❺「素成」，原作「素誠繁成」，據四庫全書本改。

❻「居號」，四庫全書本作「古有」。

而祕之，故置於宗廟，藏以金匱也。

《青史氏之記》曰：一曰《青史子》。❶古者胎教，王后腹之七月，而就宴室。宴室，郊室，❷次宴寢也，❸亦曰側室。自王后以下有子、月震，❹女史皆以金環止御。王后以七月就宴室，❺夫人婦嬪即以三月就其側室，皆閉房而處也。王后以七月爲節者，君聽天下之内政，自諸侯以下妻同之也。太師持銅而御户左，❻太宰持升而御户右。❼太師，瞽者，宗伯之屬，下大夫。太宰，膳夫也，冢宰之屬，上士二人。言太宰，因諸侯之稱也。樂爲陽，故在左；飲食爲陰，故在右。升所以斟。比及三月者，王后所求聲音非禮樂，則太師緼瑟而稱不習。謂逆序，若淫聲。所求滋味者非正味。則太宰倚升而言曰：「不敢以待王太子。」謂非秩，若不時。緼瑟倚升，示不用。太子生而泣，太師吹銅曰：「聲中某律。」貴中月管。太宰曰：「滋味上某。」上某時味。然後卜名，上無取於天，謂昊旻之事。下無取於墜，謂神州及社稷。中無取於名山通谷，無拂於鄉俗，言不苟易於鄉俗也。是故君子名難知而易諱也。此所以養恩之道。謂避後之諱。

古者年八歲而出就外舍，學小藝焉，履小節焉；束髮而就大學，學大藝焉，履大節焉。小學，❽謂庠門，庠門一作虎闈。❾師保之學也。大學，王宮之東者。束髮，謂成童。《白虎通》曰「八歲入小學，十五入大學」是也。此太子之禮，《尚書大傳》曰：「公卿之太子，大夫元士嫡子，年十三，始入小學，見

❶「一」，原作「工」，據雅雨堂本、四庫全書本改。

❷「郊」，原作「邦」，據四庫全書本改。

❸「次宴」，四庫全書本作「次于」，四部叢刊本、漢魏叢書本、雅雨堂本作「於宴」。

❹「震」，四庫全書本作「辰」。

❺「以」，四庫全書本作「比」。「室」，原脱，據四庫全書本補。

❻「師」，原作「史」，據四庫全書本改。下注「師」字同。

❼「升」，雅雨堂本、四庫全書本作「斗」。下「升」字同。

❽「小學」上，四庫全書本有「外舍」二字。

❾「庠門一作虎闈」，原在「師」下，據文意移於此。

小節而踐小義。年二十，入大學，見大節而踐大義。」此世子入學之期也。❶又曰「十五年入小學，十八入大學」者，謂諸子性既成者，至十五入小學，其早成者，十八入大學。《內則》曰「十年出就外傅，居宿於外，學書計」者，謂公卿已下教子於家也。居則習禮文，行則鳴佩玉，升車則聞和鸞之聲，是以非僻之心無自入也。在衡爲鸞，在軾爲和，馬動而鸞鳴，鸞鳴而和應，聲曰和，和則敬，此御之節也。上車以和鸞爲節，下車以佩玉爲度，上有雙衡，下有雙璜、衡，❷平也。半璧曰璜。衝牙，衝在中，牙在傍。玭珠以納其間，納於衡璜之間。❸玭，亦作蠙。琚瑀以雜之，總曰玭珠，而赤者曰琚，白者曰瑀。或曰：瑀，美玉；琚，石，次玉。行以《采茨》，趨以《肆夏》，步環中規，折還中矩，進則揖揖，一作厭。之，退則揚之，然後玉鏘鳴也。古之爲路車也，蓋圓以象天，二十八橑以象列星，橑，蓋弓也。軫方以象地，三十輻以象月。故仰則觀天文，俯則察地理，前視則睹鸞和之聲，側聽則觀四時之運，謂視輪也。車爲月。此巾車教之道也。巾車，宗伯之屬，下大夫二人。自《青史氏》已下，太子之事也。

周后妃任成王於身，立而不跂，跂，一作跛。❹坐而不差，獨處而不倨，雖怒而不詈，胎教之謂也。大任孕文王，目不視惡色，耳不聽婬聲，口不起惡言，故君子謂大任爲能胎教也。古者婦人孕子之禮，寢不側，坐不邊，立不蹕，❺不食邪味，割不正不食，席不正不坐，目不視邪色，耳不聽婬聲，誦詩，道正事，如此則生子形容端，❻心平正，才過人矣。任子之時必慎所感，感於善則善，感於惡則惡也。成王生，仁

❶「世」，原作「王」，據雅雨堂本、四庫全書本改。
❷「衡」，原作「衝」，據四部叢刊本、漢魏叢書本、雅雨堂本、四庫全書本改。
❸「之」上，四庫全書本有「衝牙」二字。
❹「跂一作跛」四字，四庫全書本無，四庫館臣校：「非盧氏注文。」
❺「立不」，原脱，據雅雨堂本、四庫全書本補。
❻「生子」，原脱，據四庫全書本補。

者養之，謂乳母也。孝者襁之，謂保母也。四賢傍之。謂慈母及子師。成王有知，而選太公爲師，周公爲傅。此前有與計，謂諸公也。而後有與慮，是以封泰山而禪梁甫，朝諸侯而一天下。猶此觀之，王左右不可不練也。《白虎通》曰：「王者易姓而起，必升封太山，報告之義。天以高爲尊，地以厚爲德，故增太山之高以報天，附梁甫之厚以報地，明以成功事就，有益於天地，若高者加高而廣者增厚矣。」《尚書中候》曰：❶「昔者聖主功成道洽符出，❷乃封泰山。」《禮緯》曰：「刑法格藏，世作頌聲，封於泰山，考績柴燎，禪於梁甫，尅石紀號，英炳巍巍，功平世教。」《白虎通》又曰：「王始起，日月尚促，德化未宣，獄訟未息，近不治，遠不安，故太平巡狩也。」案：古授命之君，❸太平然後行巡狩封禪之事者，諒有義也。故管夷吾記凡封禪之君七十二家。至於三代，唯夏禹、殷湯、周成王而已。其封山之禮要於岱，禪地之義別以云繹，其故何也？以岱宗東方之岳，❹非所易者，其於衆山，可因義取尚。故《白虎通》以繹繹者爲無窮之意，❺亭亭者爲德法審著。凡封禪之禮，固於恒、霍，❻及繼體之君，獨言泰山及受命者，舉其始也。封，謂負土石於泰山之陰，爲壇而祭天也。禪，謂除地於梁甫之陰，爲墠以祭地也。變墠爲禪，神之也。

昔者禹以夏王，桀以夏亡；湯以殷王，紂以殷亡；闔廬以吳戰勝無敵，夫差以見禽於越；夫差，內不納子胥之忠諫，外結怨於諸侯，無德，罷百姓，故終縊於勾踐也。文公以晉國霸，而厲公以見殺於匠黎之宮；厲公有鄢陵之會，❼而驕暴無道，及遊於匠黎氏之家，爲欒書、中行偃劫而幽之，諸侯百姓不哀救，三月而死也。威王以齊强於

❶「候」，原作「猴」，據四部叢刊本、漢魏叢書本、雅雨堂本、四庫全書本改。

❷「主」，四庫全書本作「王」。

❸「古」，原作「以」，據四部叢刊本、漢魏叢書本、雅雨堂本、四庫全書改。

❹「岳」，原作「樂」，據四部叢刊本、漢魏叢書本、雅雨堂本、四庫全書本改。

❺「故」，原作「敬」，據四庫全書本改。

❻「固」，四庫全書本作「周」。

❼「有」，原作「自」，據四部叢刊本、漢魏叢書本、雅雨堂本、四庫全書本改。

天下，而簡公以弒於檀；一有藁字。❶檀，臺名也。簡公，悼公之子齊侯壬也。威王，陳敬仲之後，田常之六世孫，田和之孫也。田常弒簡公，至和爲齊侯，其孫號稱王，大强於天下。穆公以秦顯名尊號，❷二世以刺於望夷之宫：穆公，秦伯任好也，德公之少子，宣公之季弟。其孫孝公曰：「昔我穆公自岐之間，脩德行武，東平晉亂，以河爲界，西霸戎狄，❸地廣千里，天子致伯，諸侯畢賀。」顯名尊號謂此也。望夷宫，在長陵西北，長平觀東，臨涇水作之，以望北夷。二世常夢白虎齧其左驂，殺之，心不樂，乃問占夢者，上言涇水爲祟，二世就望夷之宫而祠焉。趙高爲丞相，二世以天下兵寇之事而責之，趙懼誅，遂使其壻閻樂將士卒殺之望夷宫之右。❹其所以君王同，功迹不等者，所任異也。君謂齊、晉，王謂夏、殷。故成王處襁抱之中朝諸侯，周公用事也；武靈王五十而弒沙丘，任李兑也。武靈王，甫侯之子趙武王也。舍其太子章，而立王子何，自號爲王父。❺後有太子難，李兑圍之於沙丘，終餓於沙宫也。沙丘在今趙郡鍾臺之南也。齊桓公得管仲，九合諸侯，《國語》曰：兵車之屬六，乘車之會三。一匡天下，匡，正也。謂陽穀之會施四教於諸侯。再爲義王。陽穀與召陵也。失管仲，任豎刁、狄牙，身死不葬，而爲天下笑。一人之身榮辱具施焉者，在所任也。葬之爲言藏也。管仲死，桓公任豎刁、狄牙，使專國政。桓公卒，二子各欲立其所傳之公子，而諸子並爭，國亂無主。桓公屍在床，積六十七日，十二月乙亥，其子無詭立，乃棺赴焉，五日辛巳夜殯，❻至九月而後葬矣。故魏有公子無忌，而削地復得；公子無忌，信陵君也。時魏地多爲秦所并削，安釐王二十六年，秦昭

---

❶ 此注雅雨堂本、四庫全書本無。注下原衍正文「臺」字，據四部叢刊本、漢魏叢書本、雅雨堂本、四庫全書本删。

❷ 「秦」，原脱，據四庫全書本補。

❸ 「狄」，四部叢刊本、漢魏叢書本、雅雨堂本、四庫全書本作「翟」。

❹ 「右」，原作「名」，據孔氏補注本改。四庫全書本作「内」。

❺ 「父」，原脱，據雅雨堂本、四庫全書本補。

❻ 「五」，四庫全書本作「七」。

王卒，三十年，信陵君率五國之兵攻秦而敗之，復得其地。❶趙得藺相如，而秦不敢出；藺相如，趙惠文王之相也。嘗以和氏之璧使於秦，完璧而歸。及澠池之會，又偪秦王爲趙王擊缶，是以秦人憚焉。故曰趙有藺相如，❷强秦不敢闚兵阱陘。安陵任周瞻，而國人而獨立；諸記多爲「唐雎」。又《賈子·胎教》與此同。安，或爲「鄢」。❸或云：秦破韓威魏，而鄢陵君獨以五十里國存者，周瞻、唐雎之力。楚有申包胥，而昭王反復；昭王爲闔廬敗於柏莒，而越在草莽。包胥棄糧跣走請救秦，遂得甲車千乘，步卒十萬，敗吴師於濁上，王反而國存。齊有田單，襄王得其國。襄王，閔王之子法章也。❹初，齊之敗，楚使淖齒將兵救齊，因相閔王，淖齒遂殺閔王。其子法章變易姓名，爲莒太史家庸夫。❺齒去，❻莒中齊亡臣相聚求閔王之子欲立之，❼於是莒人共立法章爲襄王也，❽以保莒城，而布告齊國曰：王既立在於莒也。❾襄王五年，而田單卒以即墨之師攻破燕，❿迎襄王於莒，入臨菑，齊故地盡復屬齊，封田單爲安平君。由是觀之，無賢佐俊仕而能成功立名、安危繼絶者，未之有也。⓫

是以國不務大而務得民心，佐不務多而務得賢臣，得民心者民從之，有賢佐者士歸之。文王請除炮烙之刑而殷民從，昔紂爲長夜之飲，百姓怨望，諸侯有叛之者，⓬紂乃重刑辟，

❶「地」，原作「也」，據四部叢刊本、漢魏叢書本、雅雨堂本、四庫全書本改。
❷「有」，原作「又」，據四庫全書本改。
❸「鄢」，原作「隱」，據四庫全書本改。下「鄢」字同。
❹「法」，原脱，據四庫全書本補。下「法」字同。
❺「家庸夫」，原脱，據雅雨堂本補。四庫全書本作「家庸」。
❻「去」下，四庫全書本有「莒」字。
❼「法章」，四庫全書本作「法章是」。
❽「亡」，原作「三」，據雅雨堂本、四庫全書本改。
❾「王」，原脱，據雅雨堂本、四庫全書本補。
❿「田單卒以」，原作「卒田單以」，據雅雨堂本、四庫全書本改。
⓫「之」，原作「知」，據四部叢刊本、漢魏叢書本、雅雨堂本、四庫全書本改。
⓬「者」，原作「省」，據四部叢刊本、漢魏叢書本、雅雨堂本、四庫全書本改。

有炮烙之法。文王出牖里，求以洛西之田請除炮烙之刑，紂乃許之。湯去張網者之三面而二垂至，湯常出田，見野張網四面，祝曰「自上下四方皆入吾網」。湯曰：「噫！盡之矣。」乃去其三面，而祝曰：「欲左欲右，不用命者乃入吾網。」諸侯聞之，曰：「湯德至矣！乃及禽獸。」於是朝商者三十國。二垂，謂天地之際，言通感處遠。《淮南子》曰：「文王砥德修政，二垂至。」越王不頹舊冢而吴人服，蓋勾踐也。以其前爲慎於人也。皆得民心也。故同聲則異而相應，意合則未見而相親，賢者立於本朝，而天下之豪相率而趨之也。從其類也，故《詩》有伐木之歌，《易》有拔茅之喻也。何以知其然也？管仲者，桓公之讎也。乾時之役，管仲射桓公，中其鉤。鮑叔以爲賢於己而進之桓公，七十言説乃聽，遂使桓公除仇讎之心，而委之國政焉。桓公垂拱無事而朝諸侯，鮑叔之力也。垂拱，言無所指麾者也。管仲之所以北走桓公而無自危之心者，同聲於鮑也。❶齊在魯北。衛靈公之時，蘧伯玉賢而不用，迷子瑕不肖而任事。彌，當聲誤爲「迷」也。因言賢者殁猶得士也。史鰌患之，數言蘧伯玉賢而不聽，病且死，謂其子曰：「我即死，言死於今。一曰即就。治喪於北堂。吾生不能進蘧伯玉而退迷子瑕，是不能正君者，死不當成禮。而置屍於北堂，❷於我足矣。」靈公往吊，問其故，其子以父言聞，靈公造然失容造然，❸驚慘之皃。曰：「吾失矣。」立召蘧伯玉而貴之，進之爲卿。召迷子瑕而退之，❹徙喪於堂，成禮而後去，衛國以治，史鰌之力也。成禮，復正室。夫生進賢而退不肖，死且未止，又以屍諫，可謂忠不衰矣。故《論語》

❶「鮑」，原作「飽」，據雅雨堂本、四庫全書本改。
❷「堂」下，四庫全書本有注文「而猶汝也」四字。
❸「然」，原作「焉」，據雅雨堂本、四庫全書本改。
❹「之」，原脱，據四庫全書本補。

曰：「直哉史魚。」紂殺王子比干，而箕子被髮陽狂，比干諫而死，箕子曰：「知不用而言，愚也；殺其身以彰君之惡名，不忠也。二者不可，然且爲之，不祥莫大焉。」解衣被髮爲狂而去之。靈公殺泄冶，而鄧元去陳以族從，凡諸侯之卿大夫有功德者，則命之立族，使其子世之，以守宗廟。鄧元知陳之必亡，❶故以族去。昔宮之奇諫虞不從，亦族行之。自是之後，殷并於周，陳亡於楚，以其殺比干與泄冶，而失箕子與鄧元也。紂以文王十二年殺比干，十三年爲武王滅。陳靈公魯宣九年殺泄冶，十一年而楚子縣焉。燕昭王得郭隗，而鄒衍、樂毅以齊、魏至，❷昭王，易王之子，燕王平也。能師事郭隗，而爲之立宮室，於是修先君之怨，爲齊以求士也。《韓詩外傳》以有至者昭王欲修先君之怨爲齊以求士也。❸《韓詩外傳》云：「以魏、齊至之。」於是舉兵而攻齊，棲閔王於莒。閔王，威王之孫，宣王之子，齊王地也。❹閔王三十年，昭王與晉、楚合謀而伐齊，齊師大敗。樂毅爲上將，遂入臨淄。閔王出奔於衛，衛不安，去之鄒、魯，又不納焉，遂去於莒也。燕度地計衆，❺不與齊均也，然如所以能申意至於此者，❻由得士也。度，猶計也。昭王曰：「孤極知燕小，力不足以報之，然得賢士，與之共國，以雪先耻，孤之願也。」故無常安之國，無宜治之民，❼得賢者安存，失賢者危亡，自古及今，未有不然者也。故《韓詩外傳》曰：「賢者之所在，其君未嘗不尊，其國未嘗不安也。」

明鏡者，所以察形也；往古者，所以知今也。《詩》云：「殷鑒不遠，在夏后之世。」今知惡

❶「亡」，原作「立」，據四部叢刊本、漢魏叢書本、雅雨堂本、四庫全書本改。

❷「以」，四庫全書本作「自」。「魏」，原脱，據四庫全書本補。

❸「韓詩外傳」至「以求士也」凡二十二字，四庫全書本無，當衍。

❹「地」，原脱，據四庫全書本補。

❺「度」，原作「支」，據四庫全書本改。下注「度」字同。

❻「然如」，四庫全書本作「然而」。

❼「宜」，四庫全書本作「恒」。

古之危亡，❶不務襲迹於其所以安存，則未有異於却走而求及於前人也。太公知之，故興微子之後，而封比干之墓。夫聖人之於當世存者乎，其不失可知也。興微子之後，封比干之墓，於《本紀》。❷《樂記》云：太公者，公共之也。而猶汝矣。❸

凡二章新別凡三千五百五十四字

大戴禮記卷第三

❶「今」，原作「夫」，據雅雨堂本、四庫全書本改。
❷「於」上，四庫全書本有「見」字。
❸「樂記」句，四庫全書本作「樂記云太公者公襄之也」。

大戴禮記卷第四

曾子立事第四十九

曾子曰：君子攻其惡，計其失。求其過，省其身。强其所不能，去私欲，從事於義，可謂學矣。

君子愛日以學，及時以行，難者弗辟，易者弗從，唯義所在，日旦就業，夕而自省思，以歿其身，亦可謂守業矣。

君子學必由其業，故業必請之。問必以其序，問而不決，承間觀色而復之，復，白也。雖不說，亦不强争也。雖不說未解，不强争。

君子既學之，患其不博也；既博之，患其不習也；既習之，患其無知也；既知之，患其不能行也；既能行之，貴其能讓也。貴不以己能而競於人。君子之學，致此五者而已矣。五者，爲患其不博、不習、無知、不能行、能以讓。

君子博學而孱守之，孱，小貌，不務大。微言而篤行之，行必先人，言必後人，君子欲訥於言而敏於行。君子終身守此悒悒。悒悒，憂念也。行無求數有名，事無求數有成，數，猶促速。身言之，後人揚之，身行之，後人秉之，非法不言，言則爲人輔之；非德不行，行則爲人安之。君子終身守此憚憚。憚憚，憂惶也。

君子不絶小不殄微也，殄，亦絶也。行自微也不微人，人知之則願也，人不知苟吾自知也，君子終身守此勿勿也。勿勿，猶勉勉。

君子禍之爲患，辱之爲畏，見善恐不得與焉，見不善者恐其及己也，《論語》曰：「見善如不及，見惡如探湯。」是故君子疑以終身。疑善之不與，惡之及己也。

君子見利思辱，見惡思詬，詬，耻也。嗜

欲思耻，忿怒思患，故愚惑者朝忿忘身。❶君子終身守此戰戰也。

君子慮勝氣，血氣勝則害身，❷故君子有三戒。思而後動，論而後行，行必思言之，貴其可談言。言之必思復之，《論語》曰：❸「信近於義，言可復也。」思復之必思無悔言，思唯可復。❹亦可謂慎矣。人信其言，從之以行，以言不虛。人信其行，從之以復，《易》曰：「終日乾乾，反復其道。」復宜其類，《詩》云：「宜爾室家，樂爾妻孥。」類宜其年，《詩》云：「樂只君子，❺萬壽無期。」亦可謂外内合矣。

君子疑則不言，未問則不言，兩問則不行其難者。

君子患難除之，財色遠之，流言滅之。禍之所由生，自孅孅也，是故君子夙絶之。

君子己善，亦樂人之善也；己能，亦樂人之能也；己雖不能，亦不以援人。

君子好人之爲善，而弗趣也；不促速之，恐其倦也。惡人之爲不善，而弗疾也。疾其過而不補也，補，謂改也。飾其美而不伐也，顔淵曰：「願無伐善。」伐則不益，補則不改矣。

君子不先人以惡，不疑人以不信，謂不億，不信，不逆詐。不說人之過，成人之美，❻存往者，❼在來者，在，猶存也。朝有過夕改則與之，夕有過朝改則與之。

君子義則有常，善則有鄰。德不孤。見

---

❶「朝忿忘身」，四庫全書本作「一朝之忿忘其身」。
❷「害」，原作「周」，據雅雨堂本、四庫全書本改。
❸「曰」，原脱，據四部叢刊本、漢魏叢書本、雅雨堂本、四庫全書本補。
❹「思唯」，四庫全書本作「無不」。
❺「樂」，原作「禁」，據四部叢刊本、漢魏叢書本、雅雨堂本、四庫全書本改。
❻「美」下，四部叢刊本、漢魏叢書本、雅雨堂本、四庫全書本有注「説解説也」。
❼「往」，原作「性」，據四部叢刊本、漢魏叢書本、雅雨堂本、四庫全書本改。

其一，冀其二，見其小，冀其大。苟有德焉，亦不求盈於人也。言器之也。

君子不絶人之歡，不盡人之禮，通飲食之饋，序其歡也。簡服物之禮，令其忠也。來者不豫，往者不慎也，❶慎，故於物來者不猶豫，往者無所慎。去之不謗，以義去之。就之不賂，以道往也。亦可謂忠矣。

君子恭而不難，安而不舒，遜而不諂，寬而不縱，惠而不儉，直而不徑，徑，行夷狄之道。亦可謂知知，一作「無私」。矣。

君子入人之國，不稱其諱，不犯其禁，諱，國諱。禁，國禁。不服華色之服，服，法服。不稱懼惕之言，故曰：「與其奢也，寧儉；與其倨也，寧句。」倨，猶慢也。句以喻敬。

可言而不信，寧無言也。君子終日言，不在尤之中；小人一言，終身爲罪。

君子亂言而弗殖，夙絶之。❷神言弗致也，怪力亂神，子所不語。道遠日益云。衆信弗主，靈言弗與，道遠日益，積習之也。不主，謂僉議所同，不爲主。人言不信不和。不合忠信之道。

君子不唱流言，不折辭，言不苟折窮人辭也。❸不陳人以其所能。言必有主，行必有法，依前言往行也。親人必有方。方，猶常也。多知而無親，無所親行。博學而無方，好多而無定者，君子弗與也。君子多知而擇焉，博學而算焉，多言而慎焉。多言者，謂時事須殺也。❹言雖多而皆慎焉。博學而無行，進給而不讓，好直而徑，儉而好佞者，君子不與也。

❶「慎」，四庫全書本作「嗔」。下注「慎」字同。
❷「絶」，原作「施」，據四部叢刊本、漢魏叢書本、雅雨堂本、四庫全書本改。
❸「折」，原作「行」，據四部叢刊本、漢魏叢書本、雅雨堂本、四庫全書本改。
❹「須」，孔氏補注本作「煩」。「殺」，四庫全書本作「繁」。

侄，塞也。言好直即太徑，❶爲儉又太逼塞於下也。❷夸而無耻，强而無憚，好勇而忍人者，君子不與也。亟達而無守，亟，數也。數自達而無所守。好名而無體，無容體。忿怒而爲惡，不以爲惡，或曰無惡而怒。足恭而口聖，而無常位者，君子弗與也。

巧言令色，能小行而篤，難於仁矣。嗜酤酒，好謳歌，巷遊而鄉居者乎！吾無望焉耳。無可望也。《尚書大傳》曰：「古者聖帝之治天下也，五十已下非蒸社不敢遊飲，唯六十以上遊飲也。」出入不時，言語不序，安易而樂暴，懼之而不恐，説之而不聽，雖有聖人亦無若何矣。臨事而不敬，惰於從事。居喪而不哀，祭祀而不畏，不畏其神。朝廷而不恭，則吾無由知之矣。

三十四十之間而無藝，即無藝矣；五十而不以善聞，則無聞矣，❸終可知。七十而無德，雖有微過，亦可以勉矣。言其過不大也。其少不諷誦，其壯不論議，其老不教誨，亦可謂無業之人矣。

少稱不弟焉，耻也；壯稱無德焉，辱也；老稱無禮焉，罪也。過而不能改，倦也；倦，傾病人。❹行而不能遂，耻也；謂不能終也。慕善人而不與焉，辱也；弗知而不問焉，固也；固，專固也。説而不能，窮也；喜怒異慮，惑也；❺不能行而言之，誣也；非其事而居之，矯也；道言而飾其辭，虚也；謂道聽求言文飾其辭也。無益而厚受禄，竊也；好

❶「即」，雅雨堂本、四庫全書本作「則」。

❷「逼」，原作「通」，據四部叢刊本、漢魏叢書本、雅雨堂本、四庫全書本改。

❸「則無聞」，原脱，據雅雨堂本、四庫全書本補。

❹「傾」，原脱，據四部叢刊本、漢魏叢書本、雅雨堂本、四庫全書本補。「人」，孔氏補注：「當作『也』。」

❺「惑」，原作「感」，據四部叢刊本、漢魏叢書本、雅雨堂本、四庫全書本改。

道煩言，亂也；殺人而不戚焉，賊也。

人言不善而不違，色順之也。近於說其言；說，古通以爲「悅」字。說其言，殆於以身近之也；殆，危之。❶言危於以身近之。殆於以身近之，殆於身之矣。危害於身。❷人言善而色葸焉，近於不說其言；葸焉，不悅繹之貌。不悅其言，殆於以身近之也；遠，當字誤爲「近」。❸殆於以身近之，殆於身之矣。

故目者，心之浮也，言者，行之指也，作於中而播於外也。心見行於言目也。❹故曰：以其見者，占其隱者。謂心目也。❺故曰：聽其言也，可以知其所好矣。觀說之流，可以知其術也。流，謂部分。術，心術也。久而復之，可以知其信矣。觀其所愛親，可以知其人矣。臨懼之而觀其不恐也，怒之而觀其不惽也，喜之而觀其不誣也，惽，亂也。誣，妄也。近諸色而觀其不踰也，飲食之而觀其有常也，利之而觀其能讓也，居哀而觀其貞也，❻文王曰：「省其喪，觀其貞良也。」居約而觀其不營也，勤勞之而觀其不擾人也。

君子之於不善也，身勿爲能也，色勿爲不可能也；無奈刑於色也。色也勿爲可能也，心思勿爲不可能也。太上樂善，太上，德之最上者，謂其心不爲也。其次安之，其次，德之次者，謂其色不爲也。其下亦能自强。謂其身不爲。太上謂五帝，其次謂三王，其下謂五霸。《孟子》曰：「堯、舜性之，湯、武身之，五霸假之。」仁者樂道，上者率其性也。智者利道，次者利而爲之。愚者從，弱者

❶「之」，四庫全書本作「也」。

❷「害」，原作「周」，據雅雨堂本、四庫全書本改。

❸「遠當字誤爲近」，原作「近當字誤爲遠」，據四庫全書本改。

❹「見行」，雅雨堂本、四庫全書本作「行見」。

❺「心」，原作「必」，據四部叢刊本、漢魏叢書本、雅雨堂本、四庫全書本改。

❻「其」，原脱，據雅雨堂本、四庫全書本補。

畏。不愚不弱，執誣以强，亦可謂棄民矣。自執而輕於善。❶太上不生惡，無爲過之意也。其次而能夙絶之也，有意而隨絶之。其下復而能改也。既爲而能改之。復而不改，殞身覆家，大者傾覆社稷。是故君子出言以鄂鄂，鄂鄂，辨厲也。《論語》曰：「其言之不作，❷其後爲之難。」行身以戰戰，亦殆勉於罪矣。是故君子爲小由爲大也，常思正也。居由仕也，故曰，父母爲嚴君，子孫爲臣民也。備則未爲備也，恒謙虚也。而勿慮存焉。不忘危也。

事父可以事君，事兄可以事師長；使子猶使臣也，使弟猶使承嗣也；承嗣，謂冢子也。能取朋友者，亦能取所予從政者矣。賜與其宫室，亦猶慶賞於國也；忿怒其臣妾，亦猶用刑罰於萬民也。是故爲善必自内始也。内人怨之，雖外人亦不能立也。《大學》曰：「欲治其國，先齊其家。」居家治則移官亦理也。

居上位而不淫，臨事而栗者，鮮不濟矣。淫，大。先憂事者後樂事，先樂事者後憂事。昔者天子日旦思其四海之内，戰戰唯恐不能乂；❸乂，治也。諸侯日旦思其四封之内，戰戰唯恐失損之；大夫士日旦思其官，戰戰唯恐不能勝；庶人日旦思其事，戰戰唯恐刑罰之至也。是故臨事而栗者，鮮不濟矣。禍福唯人，宜其慎也。是以《易》有「履虎」之言，《詩》有「臨淵」之誡。❹

君子之於子也，愛而勿面也，不形於面。使而勿貌也，不以貌勞倈之。導之以道而勿强也。宫中雍雍，外焉肅肅，兄弟僖僖，朋友切切，《論語》曰「朋友切切偲偲，兄弟怡怡」也。遠者

❶「輕」，四庫全書本作「誣」。
❷「作」，今本《論語》當作「怍」。
❸「乂」，原作「又」，據四部叢刊本、漢魏叢書本、雅雨堂本、四庫全書本改。
❹「誡」，原作「誠」，據雅雨堂本、四庫全書本改。

以貌，近者以情。友以立其所能，而遠其所不能。苟無失其所守，亦可與終身矣。

凡一千七百六十字

曾子本孝第五十

曾子曰：忠者，其孝之本與！孝子不登高，不履危，敬父母之遺體，故跬步未敢忘其親。痹亦弗憑，不苟笑，不苟訾，隱不命，人有隱僻，不訐之也。臨不指，凡居上不爲惑衆。故不在尤之中也。孝子惡言死焉，死且不行。流言止焉，美言興焉，故惡言不出於口，煩言不及於己。故孝子之事親也，居易以俟命，處安易之道以聽命也。❶不興險行以徼幸。孝子游之，暴人違之。就其常也，《春秋左傳》曰其。❷出門而使不以，或爲父母憂也。不爲事或貽憂於父母也。險塗隘巷，不求先焉，以愛其身，以不敢忘其親也。身者，親之枝也，可不敬乎？孝子之使人也，不敢肆行，不敢自專也。父死三年，不敢改父之道。故曰：「三年無改於父之道，可謂孝矣。」又能事父之朋友，又能率朋友以助敬也。使敬其父母也。君子之孝也，以正致諫；謂卿大夫。❸士之孝也，以德從命；庶人之孝也，以力惡食。分地任力致甘美。任善不敢臣三德。謂王者之孝。❹三德，三老也。《白虎通》曰：「不臣三老，崇孝。」故孝子於親也，❺生則有義以輔之，喻於道。死則哀以莅焉，莅，臨。祭祀則莅之，以敬如此，而成於孝子也。

❶「之」，原作「也」，據雅雨堂本、四庫全書本改。
❷「其」下，疑有脱文。
❸「謂」，原作「諫」，據四庫全書本改。
❹「王」，原作「三」，據四庫本書本改。
❺「子」，原作「之」，據四庫全書本改。

曾子立孝第五十一

曾子曰：君子立孝，其忠之用，禮之貴。有忠與禮，孝道立。❶故爲人子而不能孝其父者，不敢言人父不能畜其子者；爲人弟而不能承其兄者，不敢言人兄不能順其弟者；爲人臣而不能事其君者，不敢言人君不能使其臣者也。不可以己能而責人之不能，況以所不能。故與父言，言畜子；與子言，言孝父；與兄言，言順弟；與弟言，言承兄；與君言，言使臣；與臣言，言事君。《士相見禮》曰「與君言言使臣，與大夫言言事君，與老者言言使弟子，與幼者言言孝父兄，與衆言言慈祥，與莅官者言言忠信」也。

君子之孝也，忠愛以敬，反是亂也。盡力而有禮，莊敬而安之，微諫不倦，聽從而不怠，歡欣忠信，咎故不生，可謂孝矣。盡力無禮，則小人也；豈小人而已哉，乃犬馬之養。致敬而不忠，則不入也。是故禮以將其力，敬以入其忠，飲食移味，隨所欲也。居處温愉，著心於此，濟其志也。子曰：「可人也，吾任其過；吾知其能自取過。不可人也，吾辭其罪。」《詩》云：「有子七人，莫慰母心。」子之辭也。《衛詩・凱風》之末章也，七子自責任過之辭。「夙興夜寐，無忝爾所生。」言不自舍也。《小雅・小菀》之四章也，申可以人之義也。不恥其親，君子之孝也。

是故未有君而忠臣可知者，孝子之謂也；未有長而順下可知者，弟弟之謂也；《孝經》曰：「以孝事君則忠，以敬事長則順。」未有治而能仕可知者，先修之謂也。故曰孝子善事君，弟弟善事長。君子一孝一悌，❷可謂

❶「道」，原作「通」，據雅雨堂本、四庫全書本改。

❷「悌」，雅雨堂本、四庫全書本作「弟」。

知終矣。

凡三章新別凡三百二十四字

曾子大孝第五十二

曾子曰：「孝有三：大孝尊親，其次不辱，其下能養。」公明儀問於曾子曰：「夫子可謂孝乎？」公明儀，曾子弟子。曾子曰：「是何言與！是何言與！君子之所謂孝者，先意承志，諭父母以道。❶凡言於事親，❷未意，則先善舉之；親若有志，則承而奉之。參直養者也，安能爲孝乎！身者，親之遺體也。行親之遺體，敢不敬乎？故居處不莊，非孝也；事君不忠，非孝也；莅官不敬，非孝也；朋友不信，非孝也；戰陣無勇，非孝也。五者不遂，灾及乎身，身，一作親。敢不敬乎？故烹熟鮮一作羶。香，嘗而進之，非孝也，養也。君子之所謂孝者，國人皆稱願焉，曰『幸哉！有子如此』，所謂孝也。民之本教曰孝，《孝經》曰：「夫孝，德之本也，教之所由生也。」其行之曰養。謂致衣食、省安否。養可能也，敬爲難；敬可能也，安爲難；以忠禮將也。安可能也，久爲難；久可能也，卒爲難。父母既歿，慎一作「順」。行其身，不遺父母惡名，可謂能終也。謂能卒也。夫仁者，仁此者也；義者，宜此者也；忠者，中此者也；❸信者，信此者也；禮者，體此者也；行者，行此者也；强者，强此者也。樂自順此生，刑自反此作。❹夫孝者，天下之大經也。夫孝，置之而塞於天地，衡之而

❶「以」，四部叢刊本、漢魏叢書本作「於」，四庫全書本作「于」。
❷「於」，四庫全書本作「與」。
❸「中」，四庫全書本作「忠」。
❹「反」，原作「友」，據四部叢刊本、漢魏叢書本、雅雨堂本、四庫全書本改。

衡於四海，置，猶立也。衡，猶横也。施諸後世，而無朝夕，言常行也。推而放諸東海而準，推而放諸西海而準，推而放諸南海而準，推而放諸北海而準。九夷、八蠻、七戎、六狄，謂之四海。放，猶至。準，猶平也。《詩》云：『自西自東，自南自北，無思不服。』此之謂也。《大雅・文王有聲》之六章也。❶ 孝有三：大孝不匱，《詩》云「孝子不匱，永錫爾類」也。中孝用勞，勞，猶功也。小孝用力。博施備物，可謂不匱矣；尊仁安義，可謂用勞矣；慈愛忘勞，可謂用力矣。父母愛之，喜而不忘；父母惡之，懼而無怨；父母有過，諫而不逆。當柔聲下氣也。父母既殁，以哀祀之加之，如此，謂禮終矣。」哀，謂服之三年。祀，謂春秋享之。

樂正子春下堂而傷其足，傷瘳，❷數月不出，猶有憂色。門弟子問曰：「夫子傷足瘳矣，數月不出，猶有憂色，何也？」樂正子春曰：「善如爾之問也，吾聞之曾子，曾子聞諸夫子曰：『天之所生，地之所養，人爲大矣。父母全而生之，子全而歸之，可謂孝矣。《孝經》曰「天地之性，人爲貴。人之行，莫大於孝」也。不虧其體，可謂全矣。』故君子頃步之不敢忘也。跬，當聲誤爲「頃」。今予忘夫孝之道矣，予是以有憂色。」故君子一舉足不敢忘父母，一出言不敢忘父母。一舉足不敢忘父母，故道而不徑，不由徑也。❸ 舟而不游，不敢以先父母之遺體行殆也。殆，危也。一出言不敢忘父母，是故惡言不出於口，忿言不及於己。然後不辱其身，不憂其親，則可謂孝矣。

草木以時伐焉，禽獸以時殺焉。夫子

❶「六」，原作「大」，據四部叢刊本、漢魏叢書本、雅雨堂本、四庫全書本改。
❷「瘳」，原作「廖」，據雅雨堂本、四庫全書本改。
❸「由」，原作「曲」，據四部叢刊本、漢魏叢書本、雅雨堂本、四庫全書本改。

曰：「伐一木，殺一獸，不以其時，非孝也。」夫子，孔子。

凡三章　新别凡六百五十五字

曾子事父母第五十三

單居離問於曾子曰：「事父母有道乎？」單居離，曾子弟子也。曾子曰：「有。愛而敬。父母之行，若中道則從，若不中道則諫，諫而不用，行之如由己。且俯從所行，而思諫道也。從而不諫，非孝也；同父母之非，不匡諫。諫而不從，亦非孝也。徒以義諫而行不從。孝子之諫，達善而不敢争辨。争辨者，作亂之所由興也。《内則》曰：「父母有過，下氣怡色，❶柔聲以諫，諫若不入，起敬起孝，説則復諫。」由己爲無咎則寧，謂順諫。由己爲賢人則亂。謂争辨，賢與無咎互相足。❷孝子無私樂，父母所憂憂之，父母所樂樂之。孝子爲巧變，故父母安之。若夫坐如尸，立如齊，弗訊不言，❸齊，謂祭祀時。訊，問也。❹言必齊色，嚴敬其色。此成人之善者也，未得爲人子之道也。」爲人父之事。

單居離問曰：「事兄有道乎？」曾子曰：「有。尊事之以爲己望也，謂儀象也。兄事之不遺其言。奉其所令。兄之行若中道，則兄事之；兄之行若不中道，則養之。養，猶隱之。養之内，不養於外，則是越之也；養之外，不養於内，則是疏之也：是故君子内外養之也。」

單居離問曰：「使弟有道乎？」曾子

❶「下」，原作「正」，據雅雨堂本、四庫全書本改。
❷「咎互」，原作「若立」，據雅雨堂本、四庫全書本改。
❸「訊」，原作「信」，據四部叢刊本、漢魏叢書本、雅雨堂本、四庫全書本改。
❹「時訊」，原脱，據四部叢刊本、漢魏叢書本、雅雨堂本、四庫全書本補。

曰：「有。嘉事不失時也。謂冠、娶也。弟之行若中道，則正以使之；正以使之，以弟道。弟之行若不中道，則兄事之。且以兄禮敬之。詘事兄之道，若不可，然後舍之矣。」屈事兄之道，❶然猶不變，則怒罰之。

曾子曰：「夫禮，大之由也，不與小之自也。言大者得。自，由也。飲食以齒，❷以長幼也。力事不讓，辱事不齒，執觴觚杯豆而不醉，和歌而不哀。觚，器也。實之曰觴。杯，盤盎盆盞之總名也。豆，醬器，以木曰豆，以瓦曰登。❸夫弟者，不衡坐，不苟越，不干逆色，趨翔周旋，俛仰從命，不見於顏色，未成於弟也。」

大戴禮記卷第四

❶「道」，原脱，據四庫全書本補。

❷「以」，原爲注文「以少」二字，據四部叢刊本、漢魏叢書本、雅雨堂本、四庫全書本改。

❸「豆以瓦曰」，原脱，據雅雨堂本、四庫全書本補。

大戴禮記卷第五

曾子制言上第五十四

曾子曰：「夫行也者，行禮之謂也。夫禮，貴者敬焉，老者孝焉，幼者慈焉，少者友焉，賤者惠焉。此禮也，行之則行也，立之則義也。今之所謂行者，犯其上，危其下，衡道而强立之，衡，❶横也。天下無道故若，且自如也。天下有道，則有司之所求也。言爲法吏所校誅也。❷故君子不貴興道之士，而貴有恥之士也。若由富貴興道者與貧賤，吾恐其或失也；或，猶惑也。若由貧賤興道者與富貴，吾恐其羸驕也。夫有恥之士，富而不以道，則恥之；貧而不以道，則恥之。弟子無曰『不我知也』。❸鄙夫鄙婦相會于廧陰，可謂密矣，明日則或揚其言矣。《中庸》曰：「莫見於隱，莫顯於微，故君子慎其獨也。」故士執仁與義，而明行之未篤故也，胡爲其莫之聞也。殺六畜不當，及親，吾信之矣；凡殺有時，禮也。使民不時，失國，吾信之矣。蓬生麻中，不扶自直；白沙在泥，與之皆黑。古説云，言扶化之者衆。是故人之相與也，譬如舟車然，相濟達也。己先則援之，彼先則推之。是故人非人不濟，馬非馬不走，土非土不高，水非水不流。君子之爲弟也，行則爲人負，分重合輕，班白不任，弟達於道路也。無席則寢其趾，寢，猶止也。言裁自容也。

❶「衡」，原作「衜」，據四部叢刊本、漢魏叢書本、雅雨堂本、四庫全書本改。

❷「校」，四部叢刊本、雅雨堂本、四庫全書本作「收」。

❸「弟」，原作「第」，據四部叢刊本、漢魏叢書本、雅雨堂本、四庫全書本改。

使之爲夫人，則否。夫人，行無禮也。近市無賈，無鄽邸也。在田無野，田無廬也。行無據旅，❶守直道無所私。苟若此，則夫杖可因篤焉。言行如此，則其所杖者皆可因厚焉。富以苟，不如貧以譽，貧則常也，義不可無。生以辱，不如死以榮。見危致命，死之榮也。辱可避，避之而已矣；及其不可避也，君子視死若歸。不苟免也。父母之讎，不與同生；生，辱之不可避也。《曲禮》曰：「父之讎，弗與同戴天。」兄弟之讎，不與聚國；《檀弓》曰：「昆弟之讎，仕不與共國。其從父兄弟，則不爲魁也。」朋友之讎，不與聚鄉；《曲禮》曰：「朋友之讎不同國，失厚矣。」族人之讎，不與聚鄰。族人者，謂絶屬者。良賈深藏如虛，君子有盛教如無。」言珍寶深藏若虛，君子懷德若愚也。

弟子問於曾子曰：「夫士何如則可以爲達矣？」曾子曰：「不能則學，疑則問，欲行則比賢，雖有險道，循行達矣。今之弟子，病下人不知事賢，耻不知而又不問，好責於人而不知自反也。欲作則其知不足，是以惑闇，惑闇終其世而已矣，是謂窮民也。」

曾子門弟子或將之晉，❷曰：「吾無知焉。」曾子曰：「何必然！往矣。有知焉謂之友，曰友之也。❸無知焉謂之主。且客之而已。且夫君子執仁立志，先行後言，千里之外，皆爲兄弟。故曰君子何患乎無兄弟。苟是之不爲，則雖汝親，庸孰能親汝乎！」庸，用也。孰，誰也。

凡三章新別凡五百七十字

❶「旅」，四庫全書本作「依」。

❷「將」，原作「捋」，據四部叢刊本、漢魏叢書本、雅雨堂本、四庫全書本改。

❸「之」，原作「云」，據四部叢刊本、漢魏叢書本、雅雨堂本、四庫全書本改。

曾子制言中第五十五

曾子曰：君子進則能達，退則能静。豈貴其能達哉，貴其有功也；豈貴其能静哉，貴其能守也。夫唯進之何功？退之何守？問君子進退其功守何如。是故君子進退有二觀焉。言有二等可觀。❶故君子進則能益上之譽，而損下之憂；謂其功也。不得志，不安貴位，不懷厚禄，❷負耜而行道，凍餓而守仁：謂其守也。❸則君子之義也。其功守之義，有知之，則願也；莫之知，苟吾自知也。吾不仁其人，❹雖獨也，吾弗親也。人而不仁，不足友也。故周公曰：「不如我者，吾不與處，損我者也。與我等，吾不與處，無益我者也。吾所與處者，必賢於我。」故君子不假貴而取寵，不因人之貴苟求寵愛也。不比譽而取食，不校名譽以求禄也。直行而取禮，行正則見禮也。比説而取一作交。友，言脩己可事人。❺有説，我則願也，莫我説，苟吾自説也。説，讀爲悦字。故君子無悒悒於貧，無勿勿於賤，❻無憚憚於不聞，憚憚，憂惶也。布衣不完，疏食不飽，蓬户穴牖，日孜孜一作「孳」。上仁，知我吾無訢訢，不知我吾無悒悒。是以君子直言直行，不宛言而取富，不屈行而取位。仁之見逐，❼智之見殺，固不難；詘身而爲不仁，宛言而爲不智，則君子弗爲也。小人在朝，多逐害於仁智者。

❶「言」，原作「信」，據雅雨堂本、四庫全書本改。
❷「懷」，原作「壞」，據雅雨堂本、四庫全書本改。下注「懷」字同。
❸「謂其守也」，原爲正文，據雅雨堂本、四庫全書本改。
❹「人」，原作「仁」，據四部叢刊本、漢魏叢書本、雅雨堂本、四庫全書本改。
❺「己」，原作「以」，據雅雨堂本改。四庫全書作「己以」。
❻「勿勿」，四庫全書本作「忽忽」。
❼「仁」，原作「畏」，據四庫全書本改。

君子之人，不枉言行而懷其禄也。君子雖言不受必忠，曰道；雖行不受必忠，曰仁；謂發施言爲於君之前，實善而君不納，然猶忠誠勉行，可謂仁道也。雖諫不受必忠，曰智。猶忠誠而詳之。天下無道，循道而行，衡塗而僨，衡，横也。僨，偃也。手足不揜，四支不被。手足，即四支。説者申慇懃耳。《詩》云：「行有死人，尚或墐之。」❶此則非士之罪也，❷有土者之羞也。❸是故君子以仁爲尊。天下之爲富，何爲富？則仁爲富也；天下之爲貴，何爲貴？則仁爲貴也。一作：君子天下之爲仁，則以仁爲尊也；天下之爲富，則以仁爲富也；天下之爲貴，則以仁爲貴也。❹昔者，舜匹夫也，土地之厚，則得而有之；人徒之衆，則得而使之；舜唯仁得之也。❺是故君子將説富貴，必勉於仁也。昔者，伯夷、叔齊死於溝澮之間，其仁成名於天下。夫二子者，居河濟之間，非有土地之厚，貨粟之富也，伯夷、叔齊，孤竹君之子，初無父母也，後交讓國，❻遂退北海之濱，而終死於首陽。言爲文章，行爲表綴於天下。是故君子思仁義，晝則忘食，夜則忘寐，日旦就業，夕而自省，以役其身，❼亦可謂守業矣。

凡四百八十字

曾子制言下第五十六

曾子曰：天下有道，則君子訢然以交

❶「手足」至「墐之」，原爲正文；「即」，原作「節」，均據四庫全書本改。
❷「此則」，原作「則此」，據四庫全書本乙正。
❸「土」，原作「士」，據雅雨堂本、四庫全書本改。
❹「一作」至「貴也」，原在上文正文「是故」後，據雅雨堂本、四庫全書本乙正。
❺「仁」，原作「以」，據四庫全書本改。
❻「初無父母也後交讓國」，四庫全書本作「初因父命交讓其國」。
❼「役」，四庫全書本作「殁」。

同；天下無道，則衡言不革。衡，平也。言不苟合也。諸侯不聽，則不干其土；聽而不賢，則不踐其朝。是以君子不犯禁而入人境，❶及郊問禁請命，❷不避患而出危邑，❸師敗不苟免也。則秉德之士不讇矣。故君子不讇富貴以爲己説，不乘貧賤以居己尊。凡行不義，則吾不事；不仁，則吾不長。奉相仁義，則吾與之聚群嚮爾；相，助也。寇盜，則吾與慮。❹國有道則突若入焉，❺《詩》云「鴥彼晨風，鬱彼北林」也。國無道則突若出焉，如大鳥奮翼而去也。如此之謂義。夫有世義者哉？義，宜。❻曰：「仁者殆，恭者不入，殆，危也。仁者危之，恭者又不受也。❼慎者不見使，正直者則邇於刑，弗違則殆於罪。邇，近。違，去。是故君子錯在高山之上，深澤之污，聚橡栗藜藿而食之，藜，藿。❽藿，豆。生耕稼以老十室之邑。是故昔者禹見耕者五耦而式，過十室之邑則下，爲秉德之士存焉。」不悔之也。

曾子疾病第五十七

曾子疾病，疾困曰病。曾元抑首，曾華抱足。元、華，其子。曾子曰：「微乎！吾無夫顏氏之言，吾何以語汝哉！然而君子之

❶「人」，原作「入」，據雅雨堂本、四庫全書本改。
❷「及郊問禁請命」，四庫全書本爲注文。
❸「避」，原作「通」，據四庫全書本改。
❹「吾」下，四庫全書本有「不」字。
❺「突」，四庫全書本作「鴥」，下「突」字同。
❻此注原在下文「曰」字後，據雅雨堂本、四庫全書本乙正。
❼「不」，原作「又」，據四部叢刊本、漢魏叢書本、雅雨堂本、四庫全書本改。
❽「藿」，原脱，據四部叢刊本、漢魏叢書本、雅雨堂本、四庫全書本補。

務，盡有之矣。❶夫華繁而實寡者，❷天也；言多而行寡者，人也。鷹鶽以山爲卑，而曾巢其上；魚鼈黿鼉以淵爲淺，而蹶穴其中，卒其所以得之者，餌也。生生之厚，❸動之死地也。是故君子苟無以利害義，則辱何由至哉！親戚不悦，不敢外交；近者不親，不敢求遠；❹小者不審，不敢言大。故人之生也，百歲之中，有疾病焉，有老幼焉，故君子思其不可復者而先施焉。❺親戚既歿，雖欲孝，誰爲孝？年既耆艾，雖欲弟，誰爲弟，故孝有不及，弟有不時，其此之謂與！言不遠身，言之主也；行不遠身，行之本也。言有主，行有本，謂之有聞矣。知身是言行之基，可謂聞矣。君子尊其所聞，則高明矣；行其所聞，則廣大矣。高明廣大，不在於他，在加之志而已矣。與君子遊，苾乎如入蘭芷之室，❻久而不聞，則與之化矣；與小人遊，貸乎如入鮑魚之次，❼久而不聞，則與之化矣。《離騷》曰「經鮑魚肆而失香」也。是故君子慎其所去就。與君子遊，如長日加益，而不自知也；如日之長，雖日加益而不自知也。❽與小人遊，如履薄冰，每履而下，幾何而不陷乎哉！吾不見好學盛而不衰者矣，吾不見好教如食疾子者

❶「盡」，四庫全書本作「蓋」。

❷「實」，原作「華繁而寡」，據四部叢刊本、漢魏叢書本、雅雨堂本、四庫全書本改。

❸「生生」，雅雨堂本作「求生」。

❹「遠」，原作「達」，據四部叢刊本、漢魏叢書本、雅雨堂本、四庫全書本改。

❺「可」，原脱，據四庫全書本補。

❻「室」，原作「寶」，據四部叢刊本、漢魏叢書本、雅雨堂本、四庫全書本改。

❼「貸」，四庫全書本作「膩」。

❽「加益」，原作「益益」，據四部叢刊本、漢魏叢書本、雅雨堂本、四庫全書本改。

矣，❶言未見好教，欲人之受如餔疾子也。❷吾不見日省而月考之其友者矣，吾不見孜孜而與來而改者矣。謂擇善而改非也。

曾子天圓第五十八

單居離問於曾子曰：「天圓而地方者，誠有之乎？」曾子曰：「離！而聞之云乎？」而，猶汝也。汝聞則言之也。單居離曰：「弟子不察，此以敢問也。」❸曾子曰：「天之所生上首，地之所生下首。人，首圓足方，因繫之天地。上首之謂圓，下首之謂方。因謂天地爲方圓也。《周髀》曰「方屬地，圓屬天，天圓地方」也。《淮南子》曰：「天之圓不中規，地之方不中矩。」《白虎通》曰：「天，鎮也，其道曰圓；地，諦也，其道曰方。」一曰：圓謂水也。」如誠天圓而地方，則是四角之不揜也。且來，吾語汝。參嘗聞之夫子曰：天道曰圓，地道曰方，道曰方圓耳，非形也。方曰幽而圓曰明。方者陰義，而圓者陽理，故以明天地也。明者，吐氣者也，是故外景；景，古通以爲影字。外景者，陽道施也。❹幽者，含氣者也，❺是故内景。内景者，陰道含藏也。故火日外景，而金水内景。金質陰也。吐氣者施，而含氣者化，施，賦也。❻化，體生。是以陽施而陰化也。陽之精氣曰神，陰之精氣曰靈。神靈者，❼品物之本也。神爲魂，靈爲魄。魂者陰陽之精，有生之本也。及其死也，魂氣上升於天，爲神，體魄下降於地，爲鬼，各及其所自出也。而禮樂仁義之

❶「者」，原脱，據四庫全書本補。
❷「欲人之受」，原作「敬人之愛」，據四庫全書本改。
❸「此以」，四庫全書本作「以此」。
❹「施」，四庫全書本作「吐施」。
❺「含」，原作「合」，據四部叢刊本、漢魏叢書本、雅雨堂本、四庫全書本改。
❻「賦」，原作「施」，據四庫全書本改。
❼「靈」，原脱，據雅雨堂本、四庫全書本補。

祖也，樂由陽來，❶禮由陰作，仁近樂，義近禮，故陰陽爲祖也。而善否治亂所興作也。陰陽之氣各從其所，❷則静矣，偏則風，謂氣勝負。俱則雷，交則電，自仲春至仲秋，陰陽交泰，故雷電也。亂則霧，和則雨。偏則風而和則雨，此謂一時之氣也。至若春多雨，則時所宜也。陽氣勝則散爲雨露，陰氣勝則凝爲霜雪。陽之專氣爲雹，陰之專氣爲霰，霰雹者，一氣之化也。陽氣在雨，温暖如湯，❸陰氣薄之，不相入，轉而爲雹。陰氣在雨，凝滯爲雪，陽氣薄之，不相入，散而爲霰。故《春秋穀梁》説曰：「雹者，陰脅陽之象；霰者，陽脅陰之符也。」毛蟲毛而後生，羽蟲羽而後生，毛羽之蟲，陽氣之所生也。介蟲介而後生，鱗蟲鱗而後生，介鱗之蟲，陰氣之所生也。言陰陽所生者，舉其多也。唯人爲倮匈而後生也，倮匈，謂無毛羽與鱗介也。陰陽之精也。人受陰陽純粹之精，有生之貴也。凡倮蟲則亦並陰陽氣而生也。毛蟲之精者曰麟，羽蟲之精者曰鳳，介蟲之精者曰龜，❹鱗蟲之精者曰龍，倮蟲之精者曰聖人。龜、龍、麟、鳳，所謂四靈。龍非風不舉，龜非火不兆，此皆陰陽之際也。龜龍爲陰，風火爲陽，陰陽會也。兹四者，所以聖人役之也，❺謂爲之瑞。是故聖人爲天地主，爲山川主，爲鬼神主，爲宗廟主。鬼神，百神也，❻因外祀，❼故在宗廟之上也。聖人慎守日月之數，以察星辰之行，以序四時之順逆，謂之曆；審十二月分數於昏旦，定辰宿之中見與伏，以驗時節之僭否。截十

❶「陽」，原作「湯」，據四部叢刊本、漢魏叢書本、雅雨堂本、四庫全書本改。
❷「從」，原作「静」，據四庫全書本改。
❸「湯」，原作「陽」，據四庫全書本改。
❹「精者曰龜」至本章末，原脱，據四庫全書本補。
❺「所以聖人役之也」，雅雨堂本作「所以役於聖人之也」。
❻「神」，四部叢刊本、漢魏叢書本、雅雨堂本作「祥」。
❼「祀」，四部叢刊本、漢魏叢書本，雅雨堂本作「説」。

二管，以察八音之上下清濁，❶謂之律也。八音，八卦之音，以律定八風之高下清濁，而准配金石絲竹也。律居陰而治陽，因地主氣。曆居陽而治陰，因天主事。律曆迭相治也，曆以治時，律以候氣。其間不容髮。其致一也。聖人立五禮以爲民望，五禮其別三十六，生民之紀在焉。制五衰以別親疏，和五聲之樂以導民氣，致樂以治心也。合五味之調以察民情，察，猶別也。正五色之位，成五穀之名。五穀，黍稷麻麥菽也。序五牲之先後貴賤，五牲，牛羊豕犬雞。先後，謂四時所尚也。諸侯之祭牲牛，曰太牢；天子之大夫亦太牢。太牢，天子之牲角握，諸侯角尺，大夫索牛也。大夫之祭牲羊，曰少牢；天子之士亦少牢也。士之祭牲特豕，曰饋食。不言時牲，其文已著，又與大夫互相足也。無祿者稷饋，庶人無常牲，故以稷爲主。稷饋者無尸，無尸者厭也。宗廟曰芻豢，牛羊曰芻，犬豕曰豢。山川曰犧牷，色純曰犧，體完曰牷。宗廟言豢，山川言牲，互文也。山川，謂岳瀆。以方色，角尺。其餘用尨索之。割列禳瘞，割，割牲也。列，疈辜也。禳，面禳也。瘞，埋也。是有五牲。此之謂品物之本，禮樂之祖，善否治亂之所由興作也。

大戴禮記卷第五

❶「察」，四部叢刊本、漢魏叢書本，雅雨堂本作「宗」。

大戴禮記卷第六

武王踐阼第五十九

武王踐阼，三日，既王之後。召士大夫而問焉，曰：「惡有藏之約，行之行，萬世可以爲子孫恒者乎？」❶惡，猶於何也。言於何有約言而行之，乃行萬世而猶得其福。諸大夫對曰：「未得聞也。」然後召師尚父而問焉，曰：「黄帝、顓頊之道存乎？意亦忽不可得見與？」言忽然謂不得可見。❷師尚父曰：「在丹書。王欲聞之，則齊矣。」三日，王端冕，師尚父亦端冕，奉書而入，❸負屏而立。端，正也。樹謂之屏。王下堂，南面而立。師尚父曰：「先王之道，不北面。」王行西，折而南，東面而立。❹

師尚父西面道書之言，曰：「『敬勝怠者吉，❺怠勝敬者滅，❻義勝欲者從，欲勝義者凶。凡事不强則枉，凡事不能自强去執，❼於此則枉也。弗敬則不正，枉者滅廢，敬者萬世。』藏之約，行之行，可以爲子孫恒者，此言之謂也。問先帝之道，庶聞要約之旨，故對此而已。且臣聞之，以仁得之，以仁守之，其量

❶「恒」，原作「常」，係避漢文帝諱，今回改。下「恒」字同。

❷「謂」，雅雨堂本、四庫全書本無此字。

❸「三日」至「而入」，四庫全書本作「王齊三日端冕奉書而入」。

❹「王行西折而南東面而立」，四庫全書本作「王行折而東面」。

❺「吉」，四庫全書本作「强」。

❻「滅」，四庫全書本作「亡」。

❼「去」，四庫全書本作「而」。

百世；以不仁得之，以仁守之，❶其量十世；以仁得之，以仁守之，以不仁得之，以仁守之，皆謂創業之君。❷十百世，❸謂子孫無咎譽者，於十百之外，天命即善與民，❹其廢立大節依於此。以不仁得之，以不仁守之，必及其世。」謂止於其身也。

王聞書之言，惕若恐懼，❺退而爲戒書。託於物以自警戒也。❻於席之四端爲銘焉，於柷爲銘焉，於鑑爲銘焉，於盥盤爲銘焉，於楹爲銘焉，於杖爲銘焉，於帶爲銘焉，於履屨爲銘焉，於觴豆爲銘焉，於户爲銘焉，於牖爲銘焉，於劍爲銘焉，於弓爲銘焉，於矛爲銘焉。席前左端之銘曰：「安樂必敬。」安不忘危。前右端之銘曰：「無行可悔。」當恭敬朝夕，故以懷安爲悔也。後左端之銘曰：「一反一側，亦不可以忘。」言雖反側之間，不可以忘道也。後右端之銘曰：「所監不遠，視邇所代。」周監不遠，近在有殷之世。机之銘曰：「皇皇惟敬，口生㖃，㖃，耻也。言爲君子榮辱之主，可不慎乎？㖃，㖃詈也。❼口戕口。」言口能害口也。❽机者，人君出令所依，故以言語爲戒也。❾鑑之銘曰：「見爾前，慮爾後。」盥盤之銘曰：「與其溺於人也，寧溺於淵，溺於淵猶

❶「以不」至「守之」，四庫全書本作「以仁得之以不仁守之」。下注文同。

❷「業」，四部叢刊本、漢魏叢書本、雅雨堂本、四庫全書本作「基」。

❸「十百世」，原作「子百姓」，據四庫全書本改。

❹「即善與民」，四庫全書本作「則有興改」。

❺「惕」，原作「暢」，據雅雨堂本、四庫全書本改。

❻「託」，原作「記」，據四部叢刊本、漢魏叢書本、雅雨堂本、四庫全書本改。「戒」下，四庫全書本有「不忘」二字。

❼「㖃㖃詈也」，四庫全書本無此四字。

❽「口」，原作「可」，據四部叢刊本、漢魏叢書本、雅雨堂本、四庫全書本改。

❾「戒」，原作「戎」，據四部叢刊本、漢魏叢書本、雅雨堂本、四庫全書本改。

可游也，溺於人不可救也。」日知所亡，❶學者之功，溺於民庶，大人之禍。故或以自新取戒，或以游溺爲鑑也。　楹之銘曰：「毋曰胡殘，❷其禍將然；毋曰胡害，其禍將大；毋曰胡傷，其禍將長。」夫爲室者慎其楹，君天下者難其相也。　杖之銘曰：「惡乎危？於忿疐。惡，於何也。忿者，危之道，怒甲及乙，又危之甚。杖危，故以危戒也。　惡乎失道？於嗜欲。杖依道而行之。　惡乎相忘？於富貴。」言身杖相資也。因失道相忘，乃嗜慾安樂之戒也。　帶之銘曰：「火滅修容，慎戒必恭，恭則壽。」雖夜解怠，❸其容不可以苟，帶於寢先釋，故因言之也。　屨履之銘曰：「慎之勞，勞則富。」行慎躬勞，躬勞終福。論慎屨，亦財不費也。屨在下尤勞辱，因爲此戒。　榮與富音義兩施，❹互取焉。　觴豆之銘曰：「食自杖，食自杖，戒之憍，憍則逃。」無求醉飽，自杖而已。　户之銘曰：「夫名難得而易失。無懃弗志，而曰我知之乎？無懃弗及，而曰我杖之乎？志，識也。杖立不能懲其鶩怠，而自謂杖成功無可就，故終失其名也。　擾阻以泥之，若風將至，必先搖搖，搖搖，無所託，言有風而則先困。❺雖有聖人，不能爲謀也。」論人行論亦然。❻　牖之銘曰：「隨天之時，❼任也。❽以地之財，質也。敬祀皇天，敬以先時。」先祭時而敬齊。　劍之銘曰：「帶之以爲服，動必行德，行德則興，倍德則崩。」以順誅也。　弓之銘

❶「亡」，原作「忘」，據四部叢刊本、漢魏叢書本、雅雨堂本改。四庫全書本、雅雨堂本作「無」。

❷「殘」，原脱，據漢魏叢書本、四部叢刊本、雅雨堂本、四庫全書本補。

❸「怠」，四部叢刊本、漢魏叢書本、四庫全書本作「息」。

❹「榮」，雅雨堂本作「勞」，四庫全書本作「福」。

❺「而」，雅雨堂本、四庫全書本無此字。

❻「論人行論」，雅雨堂本、四庫全書本作「論人行」。

❼「之」，原脱，下正文「以」字誤入所致，據雅雨堂本、四庫全書本補。

❽「任」，原作「任以」，下正文「以」字誤入所致，據四庫全書本刪正。

曰：「屈伸之義，❶廢興之行，無忘自過。」言得時也。矛之銘曰：「造矛造矛，少間弗忍，終身之羞。」重言「造矛」，見造矛之不易也。言少間之不忍，則爲終身羞，以君子於殺之中禮恕存焉。❷予一人所聞，以戒後世子孫。「貽厥孫謀，以燕翼子」，武王之詩也。

凡三百六十五字

衛將軍文子第六十

衛將軍文子文子，衛卿也，名彌牟。問於子贛曰：子貢，端木賜也，衛人，衛之相也。「吾聞夫子之施教也，先以詩，《論語》曰：「先進於禮樂，野人也；後進於禮樂，君子也。」世道者孝悌，説之以義而觀諸體，成之以文德。蓋受教者七十有餘人，言能受教者，謂七十二子也。❸聞之孰爲賢也？」子貢對，辭以不知。

文子曰：「吾子學焉，何謂不知也？」子貢對曰：「賢人無妄，知賢則難。故君子曰『智莫難於知人』，此以難也。」《書》曰：「知人則哲，惟帝其難之。」

文子曰：「若夫知賢，人莫不難。吾子親游焉，是敢問也。」❹子貢對曰：「夫子之門人，蓋三就焉。謂大成、次成、小成也。賜有逮及焉，有未及焉，不得辯知也。」夫及者，爲先就夫子，而或止或退，未得及己見也。或以子貢違夫子之後，有新來者也。

文子曰：「吾子之所及，請問其行也。」子貢對曰：「夙興夜寐，諷誦崇禮，❺行不

❶「伸」，原作「神」，據四部叢刊本、漢魏叢書本、雅雨堂本、四庫全書本改。

❷「恕」，原作「怒」，據四部叢刊本、漢魏叢書本、雅雨堂本、四庫全書本改。

❸「二」，原作「子」，據四部叢刊本、漢魏叢書本、雅雨堂本、四庫全書本改。

❹「是」，四庫全書本作「是以」。

❺「誦」，四庫全書本作「詩」。

貳過，稱言不苟，是顏淵之行也。顏回，魯人，字子淵也。孔子説之以《詩》，《詩》云：『媚茲一人，應侯順德。永言孝思，孝思惟則。』《大雅·下武》之四章也。「媚茲一人」，謂御于天子而蒙寵愛。「應侯順德」，逢國君能成其德。「孝思惟則」，此文在前章，兼以説之，故連言也。故國一逢有德之君，世受顯命，不失厥名，以御于天子以申之。於諸侯受爵命，未盡其能。在貧如客，言安貧也。使其臣如藉，藉，借也，如借力然也。不遷怒，不探怨，不録舊罪，是冉雍之行也。冉雍，❶魯人也，字仲弓。孔子曰：『有土君子，有衆使也，有刑用也，然後怒；匹夫之怒，惟以亡其身。』使，舉也。夫子因其性不好怒，故説妄怒之敗也。《書》曰「惟辟作威」也。《詩》云『靡不有初，鮮克有終』，以告之。《大雅·蕩》首章也。言冉雍能終其行也。不畏强禦，不侮矜寡，其言曰性，其言惟陳其性，不苟虚妄。都其富哉，仲由，亦於政事，❷故能備治其都也。任其戎，是仲由之行也。仲由，衛人也，字子路，一字季路，❸大夫也。夫子未知以文也。節其勇也。《詩》云：『受小共大共，共，一作拱。❹爲下國恂蒙。何天之寵，傅奏其勇。』《殷頌·長發》之五章也。頌湯伐桀除災之事。❺恂，信也，言下國信蒙其富。《詩》爲「駿寵」，或古有二文，或以義賦。寵傳，又爲「龍敷」。❻夫强乎武哉，文不勝其質。恭老恤孤，不忘賓旅，好學省物而不懃，是冉求之行

❶「冉」，原作「用」，據四部叢刊本、漢魏叢書本、雅雨堂本、四庫全書本改。

❷「亦」，四庫全書本作「優」。

❸「一」，原爲空格，據四部叢刊本、漢魏叢書本、雅雨堂本、四庫全書本補。

❹「共一作拱」，此注原在下文「爲」後，據全書體例乙正。雅雨堂本、四庫全書本無此四字。

❺「頌」，原作「頃」，據四部叢刊本、漢魏叢書本、雅雨堂本、四庫全書本改。

❻「殷頌」至「龍敷」，此注原在下文「夫强乎武哉」下，據四庫全書本乙正。

也。❶物，猶事也。事省則不懃也。冉求，字子有，冉雍之子，爲季氏之宰。孔子因而語之曰：『好學則智，恤孤則惠，恭老則近禮，克篤恭以天下，其稱之也。宜爲國老。』宜爲國之尊也，❷言任爲卿相也。志通而好禮，擯相兩君之事，篤雅其有禮節也，是公西赤之行也。公西赤，魯人也，字子華。孔子曰：『禮儀三百，可勉能也；禮經三百，可勉學而能知。威儀三千，則難也。』能躬行三千之威儀則難，而公西赤能躬行也。公西赤問曰：『何謂也？』孔子曰：『貌以擯禮，禮以擯辭，是之謂也。禮待貌而行，辭得禮而發，言貌所以擯贊三千之儀也。主人主，言行比在於人。❸聞之以成。』公西赤聞之以成。《家語》云：「衆人聞之爲成。」主，或聲誤也。孔子之語人也曰：『當賓客之事則通矣。』謂門人曰：『二三子欲學賓客之禮者，於赤也。』滿而不滿，實如虛，過之如不及，❹先生難之，云先生者猶難之，亦所謂先子之所畏也。不學其貌，竟其德，敦其言，於人也無所不信，其橋大人也，橋，高也，高大之人也。常以皓皓，是以眉壽，皓皓，虛曠。無長生久視之意，且長生久視之術。❺是曾參之行也。曾參，魯之南武城人也，字子輿。齊聘以相，楚迎以令尹，晉迎以上卿，不應其命也。❻孔子曰：『孝，德之始也；天道曰至德，地道曰敏德，人道曰孝德。《四代》曰：「有天德，有地德。」夫學天地之德者，❼皆以無私爲能也。動而樂施者，天德也；安而待化者，地德也。故天之德有廣狹矣。自餘禮義忠信已下，皆爲人德。因事則爲禮，厚其行則爲孝也。弟，德之序也；信，德之厚也；忠，德之正也。參

❶「也」，原脱，據雅雨堂本、四庫全書本補。

❷「宜」，四庫全書本作「言」。

❸「比」，四庫全書本作「此主」，孔氏補注本作「此」。

❹「過」，原作「通」，據雅雨堂本、四庫全書本改。

❺「且」，雅雨堂本作「是」，四庫全書本作「見」。

❻「不」上，四庫全書本有「皆」字。

❼「學」，原作「季」，據四部叢刊本、漢魏叢書本、雅雨堂本、四庫全書本改。

也中夫四德者矣哉！』以此稱之也。業功不伐，貴位不善，不侮可侮，不佚可佚，不侮可侮者，不佚可佚者，仁之至也。不敖無告，天民之窮無所告者，❶不陵敖之也。是顓孫之行也。顓孫師，陳人也，子張字也。孔子言之曰：『其不伐則猶可能也，其不弊百姓者則仁也。《詩》云：「愷悌君子，民之父母。」』《大雅·洞酌》之首章也。夫子以其仁爲大也。學以深，能深致隱賾也。厲以斷，性嚴厲而能斷決。《七十篇》説子夏云：❷爲人性不弘，❸好精微，時人無以尚也。送迎必敬，上友下交，銀乎如斷，❹是卜商之行也。卜商，衛人，字子夏，爲魏文侯師。銀，廉鍔也。❺如斷，言便能。子張曰「子夏之門人，灑埽應對，進退出入則可」也。孔子曰：『《詩》云：「式夷式已，無小人殆。」《小雅·節》之四章。殆，近也。而商也，其可謂不險也。』言其鄰於德也。貴之不喜，賤之不怒，苟於民利矣，惟在利民，《春秋左傳》曰：「上思利民，忠也。」廉於其事上也，以佐其下，佐，助也。是澹臺滅明之行也。澹臺滅明，東魯之東武城人也，字子羽，魯大夫。孔子曰：『獨貴獨富，君子耻之，夫也中之矣。』先成其慮，及事而用之，是故不忘，❻是言偃之行也。言偃，魯人也，字子游，爲武城宰也。孔子曰：『欲能則學，欲知則問，欲善則訊，❼欲給則豫，當是如偃也得之矣。』獨居思仁，公言言義，其聞之《詩》也，❽一日三復白圭之玷，是南宮

❶「天民之窮」，四部叢刊本、漢魏叢書本作「夫民之窮」，四庫全書本作「夫窮之民」。

❷「十」下，四庫全書本有「子」字。

❸「弘」，原作「引」，據四部叢刊本、漢魏叢書本、雅雨堂本改。

❹「乎」，原作「手」，據四庫全書本改。

❺「廉」，原作「廣」，據四部叢刊本、漢魏叢書本、雅雨堂本、四庫全書本改。

❻「忘」，四庫全書本作「妄」。

❼「善」，四庫全書本作「行」。

❽「之」，四庫全書本無此字。

縚之行也。南宮縚，魯人也，字子容。夫子信其仁，以爲異姓。爲以兄之子妻之也。《周禮·司儀職》曰：「時揖異姓，土揖庶姓。」《家語》曰：「以爲異士。」❶言殊異之士，似妄也。目見孔子，❷入户未嘗越屨，凡在於室，卑者之屨，皆陳於户外，故雖後至而不越焉。❸往來過人不履影，不越人之屨，不履人之影，謙慎之至也。開蟄不殺，方長不折，執親之喪，未嘗見齒，是高柴之行也。高柴，齊人也，字子羔，爲祈宰。❹孔子曰：『高柴執親之喪，則難能也。開蟄不殺，則天道也。方長不折，則恕也。恕則仁也，湯恭以恕，是以日躋也。』北事於葛，恭也；教綱者呪，❺恕也。《詩·殷頌》曰：「聖敬日躋。」此賜之所親睹也。吾子有命而訊，賜則不足以知賢。」文子曰：「吾聞之也，國有道，則賢人興焉，中人用焉，百姓歸焉。❻若吾子之語審茂，則一諸侯之相也，亦未逢明君也。」茂，盛也。一，皆也。

子貢既與衛將軍文子言，適魯，見孔子曰：「衛將軍問二三子之行於賜也，不一而三，賜也辭不獲命，以所見者對矣，見其行也。未知中否，請嘗以告。」請嘗以對者告也。❼孔子曰：「言之。」子貢以其質告。孔子既聞之，笑曰：「賜，汝偉爲知人，賜！」質，由實也。偉爲知人，言大爲知人也。再言賜者，善之。子貢對曰：「賜也焉能知人，此賜之所親睹也。」

❶ 以上四句之「時」、「土」、「士」，原分別作「天」、「士」、「事」，據四庫全書本及《周禮》、《孔子家語》改。
❷ 「目」，四部叢刊本、漢魏叢書本、四庫全書本作「自」。
❸ 「至」，原爲空格，據四部叢刊本、漢魏叢書本、雅雨堂本、四庫全書本補。
❹ 「祈」，四部叢刊本、漢魏叢書本作「祁」，雅雨堂本作「郈」，四庫全書本作「郕」。
❺ 「呪」，雅雨堂本、四庫全書本作「祝」。
❻ 「歸」，原作「婦」，據四部叢刊本、漢魏叢書本、雅雨堂本、四庫全書本改。
❼ 「以」下，四庫全書本有「所」字。

孔子曰：「是女所親也。吾語女耳之所未聞，目之所未見，思之所未至，智之所未及者乎？」言未至者未及也，❶爲其德廣厚也。子貢曰：「賜得，則願聞之也。」孔子曰：「不克不忌，不念舊惡，蓋伯夷、叔齊之行也。克，好勝人。忌，有惡於人也。❷《論語》曰「伯夷、叔齊，不念舊惡，怨是用希」也。晉平公問於祁傒曰：❸『羊舌大夫，晉國之良大夫也。其行如何？』平公，悼公之子，晉侯也。❹祁傒，祁午也。❺羊舌肸，羊舌職之子。❻祁傒對，辭曰：『不知也？』公曰：『吾聞女少長乎其所，女其闇知之。』言居處之同者桓爲相也。祁傒對曰：『其幼也恭而遜，耻而不使其過宿也。其爲侯大夫也悉善，而謙其端也。主於善，謙而正。❼其爲公車尉也信，而好直其功也。公車尉，公行也。《詩》云「殊異於公行」也。至於其爲和容也，温良而好禮，博聞而時出其志。』和容，主賓客也。公曰：『嚮者問女，女何曰弗知也？』祁傒對曰：『每位改變，未知所止，是以不知。』蓋羊舌大夫之行也。畏天而敬人，服義而行信，孝乎父而恭於兄，好從善而敦往，蓋趙文子之行也。晉大夫趙武也。其事君也，不敢愛其死，不苟免於難也。然亦不忘其身，不死於不義也。謀其身不遺其友，君陳則進，不陳則行而退，陳爲陳其德教。蓋隨

❶「言未至者未及也」，四庫全書本作「言未至未及者」。

❷「惡」，原作「思」，據四部叢刊本、漢魏叢書本、雅雨堂本、四庫全書本改。

❸「傒」，原作「徯」，據四部叢刊本、漢魏全書本、雅雨堂本、四庫全書本改。

❹「侯」下，四庫全書本有「彪」字。

❺「祁傒祁」，原作「祈徯祈」，據四部叢刊本、漢魏叢書本、雅雨堂本、四庫全書本改。下「祁傒」同。「午」下，四庫全書本有「之父」二字。

❻「子」，原作「父」，據四庫全書本改。

❼「主於善謙而正」六字，四庫全書本無。

武子之行也。晉大夫也，世掌天官，❶後受隨范。會，名也；季，字也；武，謚也。其爲人之淵泉也，多聞而難誕也，不內辭足以沒世，國家有道，其言足以生，國家無道，其默足以容，蓋桐提伯華之行也。晉大夫羊舌赤也，邑於桐提。外寬而內直，自設於隱栝之中，能以禮自聳直也。孔子曰：「隱栝之傍多曲木也。」直己而不直於人，以善存，亡汲汲，蓋蘧伯玉之行也。衛大夫蘧瑗也。孝子慈幼，❷允德稟義，約貨去怨，蓋柳下惠之行也。魯士師展禽也，食菜於柳下。惠，謚也。其言曰：『君雖不量於臣，臣不可以不量於君。是故君擇臣而使之，❸臣擇君而事之，有道順君，無道橫命。』晏平仲之行也。齊大夫晏嬰也。德恭而行信，終日言，不在尤之內。在尤之外，❹貧而樂也，蓋老萊子之行也。楚人，隱者也。易行以俟天命，居下位而不援其上，觀於四方也，不忘其親，苟思其親，不盡其樂，以不能學爲己終身之憂，蓋介山子推之行也。」晉大夫介之推也。《離騷》曰：「封介山封而爲之禁兮，報大德之優游。」❺

大戴禮記卷第六

❶「世」，四部叢刊本、漢魏叢書本作「出」。「天」，四部叢刊本、漢魏叢書本、四庫全書本作「刑」。

❷「子」，四庫全書本作「老」。

❸「使之」下，原有注「下重五字」和正文「擇臣而使之」，據四部叢刊本、漢魏叢書本、雅雨堂本、四庫全書本刪。

❹「在尤之外」，四庫全書本爲注文。

❺「離騷」至「優游」，原作「離騷曰火滋曰封介山封而爲之禁輟號火德之」，當傳寫訛誤，據四庫全書本改。

大戴禮記卷第七

五帝德第六十二

宰我問於孔子曰：「昔者予聞諸榮伊，言黃帝三百年。❶請問黃帝者人邪？抑非人邪？何以至於三百年乎？」孔子曰：❷「予！禹、湯、文、武、成王、周公，可勝觀也。夫黃帝尚矣，女何以爲？先生難言之。」宰我曰：「上世之傳，隱微之說，卒業之辨，闇昏忽之意，❸非君子之道也，則予之問也固矣。」孔子曰：「黃帝，少典之子也，曰軒轅。生而神靈，弱而能言，幼而慧齊，❹長而敦敏，成而聰明。❺治五氣，設五量，撫萬民，度四方，教熊羆貔豹虎，❻以與赤帝戰于版泉之野。❼三戰，然後得行其志。黃黼黻衣，❽大帶，黼裳，乘龍扆雲，以順天地之紀，幽明之故，死生之說，存亡之難。時播百穀草木，故教化淳鳥獸昆蟲，❾曆離日月星辰，極畋土石金玉，勞心力耳目，❿節用水火材物。生而民得其利百年，死而民畏其神百年，亡而民

❶「言」，原作「令」，據四庫全書本改。
❷「孔」，原重文，據四部叢刊本、漢魏叢書本、雅雨堂本、四庫全書本删。
❸「昏」，四庫全書本無此字。
❹「而」，原脱，據四部叢刊本、漢魏叢書本、雅雨堂本、四庫全書本補。
❺「成」，原脱，據四部叢刊本、漢魏叢書本、雅雨堂本、四庫全書本補。
❻「豹」，四庫全書本作「貅貙」。
❼「版」，四庫全書本作「阪」。
❽「黃」下，原衍「帝」字，據四庫全書本删。
❾「故教化淳」，四庫全書本作「淳化」。
❿「勞」，四庫全書本作「勤勞」。

用其教百年，故曰三百年。」

宰我曰：❶「請問帝顓頊。」孔子曰：「五帝用説，❷三王用度，女欲一日辨聞古昔之説，躁哉予也！」宰我曰：「昔者，予也聞諸夫子曰：『小子無有宿問。』」孔子曰：「顓頊，黄帝之孫，昌意之子也，曰高陽。洪淵以有謀，疏通而知事，養材以任地，❸履時以象天，依鬼神以制義，治氣以教民，絜誠以祭祀。乘龍而至四海，北至于幽陵，南至于交趾，西濟于流沙，東至于蟠木。動静之物，大小之神，日月所照，莫不祇勵。」❹

宰我曰：「請問帝嚳。」孔子曰：「玄囂之孫，蟜極之子也，曰高辛。生而神靈，自言其名。博施利物，不於其身。聰以知遠，明以察微。順天之義，知民之急。❺仁而威，惠而信，脩身而天下服。取地之財而節用之，撫教萬民而利誨之，曆日月而迎送之，明鬼神而敬事之。其色郁郁，❻其德嶷嶷。❼其動也時，其服也士。春夏乘龍，秋冬乘馬，黄黼黻衣，執中而獲天下，日月所照，風雨所至，莫不從順。」

宰我曰：「請問帝堯。」孔子曰：「高辛之子也，曰放勳。其仁如天，其知如神，就之如日，望之如雲。富而不驕，貴而不豫。黄黼黻衣，丹車白馬，伯夷主禮，龍、夔教舞，舉舜、彭祖而任之，四時先民治之。流共工于幽州，以變北狄；放驩兜于崇山，以變南蠻；殺三苗于三危，以變西戎；殛鯀

❶「曰」，原脱，據四庫全書本補。
❷「説」，四部叢刊本、漢魏叢書本、雅雨堂本、四庫全書本作「記」。
❸「材」，四庫全書本作「財」。
❹「砥」，原作「祇勵」，四庫全書本作「砥礪」。
❺「急」，四庫全書本作「隱」。
❻「郁郁」，四庫全書本作「穆穆」。
❼「嶷嶷」，四庫全書本作「俟俟」。

于羽山，以變東夷。其言不貳，其德不回，四海之内，舟輿所至，莫不説夷。」

宰我曰：「請問帝舜。」孔子曰：「蟜牛之孫，瞽叟之子也，曰重華。好學孝友，聞于四海，陶家事親，❶寬裕温良，敦敏而知時，❷畏天而愛民，恤遠而親親。❸承受大命，依于倪皇。❹叡明通知，爲天下王。使禹敷土，主名山川，以利於民；使后稷播種，務勤嘉穀，以作飲食；羲和掌曆，敬授民時；使益行火，以辟山菜；伯夷主禮，以節天下；夔作樂，以歌籥舞，和以鐘鼓；皋陶作士，忠信疏通，知民之情；契作司徒，教民孝友，敬政率經。其言不惑，其德不慝，❺舉賢而天下平。南撫交趾大教，一作放。❻鮮支、渠瘦、氐、羌，北山戎、發、息慎，東長、鳥夷羽民。舜之少也，惡顇勞苦，二十以孝聞乎天下，三十在位，嗣帝所，五十乃死，葬于蒼梧之野。」

宰我曰：「請問禹。」孔子曰：「高陽之孫，鯀之子也，曰文命。敏給克濟，其德不回，其仁可親，其言可信；聲爲律，❼身爲度，稱以上士；亹亹穆穆，爲綱爲紀。巡九州，通九道，陂九澤，度九山。爲神主，爲民父母，左准繩，右規矩，履四時，據四海，平九州，戴九天，明耳目，治天下。舉皋陶與益以贊其身，舉干戈以征不享不道無德

❶「家」，雅雨堂本、四庫全書本作「漁」。
❷「敦敏」，原作「教敦」，據雅雨堂本、四庫全書本改。
❸「親親」，四庫全書本作「親近」。
❹「于」，原脱，據四部叢刊本、漢魏叢書本、雅雨堂本、四庫全書本補。
❺「慝」，原作「愚」，據四部叢刊本、漢魏叢書本、雅雨堂本、四庫全書本改。
❻「一作放」，此注原在上文「大」字下，據四庫全書本乙正。
❼「聲」，原作「身」，據四部叢刊本、漢魏叢書本、雅雨堂本、四庫全書本改。

之民，❶四海之内，舟車所至，莫不賓服。」孔子曰：「予，大者如説，民説至矣。予也非其人也。」宰我曰：「予也不足誠也，敬承命矣！」他日，宰我以語人。有爲道諸夫子之所，孔子曰：「吾欲以顔色取人，於滅明邪改之。吾欲以語言取人，於予邪改之。吾欲以容貌取人，於師邪改之。」宰我聞之，懼，不敢見。

帝繫第六十三

少典産軒轅，是爲黄帝。黄帝産玄囂，玄囂産蟜極，蟜極産高辛，是爲帝嚳。帝嚳産放勳，是爲帝堯。黄帝産昌意，昌意産高陽，是爲帝顓頊。顓頊産窮蟬，窮蟬産敬康，敬康産句芒，句芒産蟜牛，蟜牛産瞽叟，瞽叟産重華，是爲帝舜，及産象、❷敖。顓頊産鯀，鯀産文命，是爲禹。

黄帝居軒轅之丘，娶于西陵氏，西陵氏之子謂之嫘祖氏，❸産青陽及昌意。青陽降居泜水，昌意降居若水。昌意娶于蜀山氏，蜀山氏之子謂之昌濮氏，産顓頊。顓頊娶于滕奔氏，❹滕奔氏之子謂之女禄氏，❺産老童。老童娶于竭水氏，竭水氏之子謂之高緺氏，産重黎及吴回。吴回氏産陸終，陸終氏娶于鬼方氏，鬼方氏之妹謂之女隤氏，産六子，孕而不粥，三年，啓其左脅，六人出焉。❻其一曰樊，是爲昆吾；其二曰惠連，是爲參胡；其三曰籛，是爲彭

❶「道」，雅雨堂本、四庫全書本作「庭」。
❷「産象」，原作「象産」，據四庫全書本乙正。
❸「西陵氏」，原脱，據四庫全書本補。
❹「奔」，原脱，據四庫全書本補。
❺「奔氏」，原作「氏奔」，據四庫全書本乙正。
❻「六」，原作「大」，據四部叢刊本、漢魏叢書本、雅雨堂本、四庫全書本改。

祖；其四曰萊言，❶是爲云鄶人；其五曰安，是爲曹姓；其六曰季連，是爲芈姓。❷季連産付祖氏，❸付祖氏産穴熊，❹九世至于渠婁鯀出。自熊渠有子三人：❺其孟之名爲無康，爲句亶王；其中之名爲紅，爲鄂王；其季之名爲疵，爲戚章王。❻

昆吾者，衛氏也。參胡者，韓氏也。彭祖者，彭氏也。云鄶人者，鄭氏也。曹姓者，邾氏也。季連者，楚氏也。

帝嚳卜其四妃之子，而皆有天下。上妃，有邰氏之女也，曰姜原氏，産后稷；❼次妃，有娀氏之女也，曰簡狄氏，産契；次妃，曰陳隆氏，❽産帝堯；次妃，❾曰陬訾氏，産帝摯。

帝堯娶于散宜氏，散宜氏之子謂之女皇氏。❿帝舜娶于帝堯，帝堯之子謂之女匽氏。⓫鯀娶于有莘氏，有莘氏之子謂之女志氏，⓬産文命。禹娶于塗山氏，塗山氏之子謂之女憍氏，⓭産啓。

---

❶「四」，原作「回」，據四部叢刊本、漢魏叢書本、雅雨堂本、四庫全書本改。

❷「芈」，原作「羊」，據四部叢刊本、漢魏叢書本、雅雨堂本、四庫全書本改。

❸「付」，雅雨堂本作「什」，四庫全書本作「附」。下同。

❹「付祖氏」，原脱，據四部叢刊本、漢魏叢書本、雅雨堂本、四庫全書本補。「穴」，原作「内」，據四庫全書本改。

❺「九世」至「三人」，四庫全書本作「季通之裔孫鬻熊九世至于渠渠有子三人」。

❻「戚」，四庫全書本作「越」。

❼「后」，原作「石」，據四部叢刊本、漢魏叢書本、雅雨堂本、四庫全書本改。

❽「曰陳隆氏」，四庫全書本作「陳鋒氏之女也曰慶都氏」。

❾「次」，原脱，據四部叢刊本、漢魏叢書本、雅雨堂本、四庫全書本補。

❿「散宜氏」，原脱，據四庫全書本補。

⓫「帝堯」，原脱，據四庫全書本補。

⓬「有莘氏」，原脱，據四庫全書本補。

⓭「塗山氏」，原脱，據四庫全收本補。

勸學第六十四

君子曰：學不可以已矣。青取之於藍而青於藍，❶水則爲冰而寒於水。木直而中繩，輮而爲輪，其曲中規，枯暴不復挺者，❷輮使之然也。是故不升高山，不知天之高也；不臨深溪，不知地之厚也；不聞先王之遺道，不知學問之大也。于越、戎貉之子，生而同聲，長而異俗者，教使之然也。是故木從繩則直，金就礪則利，君子博學知日參己焉，❸故知明則行無過。《詩》云：「嗟爾君子，無恒安息。靖恭爾位，好是正直。神之聽之，介爾景福。」神莫大於化道，福莫長於無咎。

孔子曰：「吾嘗終日思矣，不如須臾之所學；吾嘗跂而望之，不如升高而博見也。」升高而招，非臂之長也，而見者遠；順風而呼，非聲加疾也，而聞者著。假車馬者，非利足也，❹而致千里；假舟楫者，非能水也，而絶江海。君子之性非異也，而善假於物也。南方有鳥，名曰蝱鳩，以羽爲巢，編之以髮，繫之葦苕，風至苕折，子死卵破，巢非不完也，所繫者然也。西方有木，名曰射干，莖長四寸，生於高山之上，而臨百仞之淵，❺木莖非能長也，所立者然也。蓬生麻中，不扶自直。蘭氏之根、懷氏之苞，漸之滫中，君子不近，庶人不服，質非不美也，所漸者然也。是故君

❶「而青於藍」，原脱，據四部叢刊本、漢魏叢書本、雅雨堂本、四庫全書本補。

❷「枯」，四庫全書本作「槁」。

❸「知」，雅雨堂本作「如」，四庫全書本作「而」。

❹「也」，原脱，據四部叢刊本、漢魏叢書本、雅雨堂本、四庫全書本補。

❺「淵」，原脱，據雅雨堂本、四庫全書本補。

子靖居恭學，脩身致志，處必擇鄉，游必就士，所以防僻邪而道中正也。物類之從，必有所由。❶榮辱之來，各象其德。肉腐出蟲，魚枯生蠹。殆教亡身，禍災乃作。强自取折，柔自取束。❷邪穢在身，怨之所構。布薪若一，火就燥；平地若一，水就濕。草木疇生，禽獸群居，物各從其類也。是故正一作質。❸鵠張而弓矢至焉，林木茂而斧斤至焉，樹成蔭而鳥息焉，醯酸而蜹聚焉。故言有召禍，行有招辱，君子慎其所立焉。

積土成山，風雨興焉；積水成川，蛟龍生焉；積善成德，神明自傳，❹聖心備矣。是故不積跬步無以致千里，不積小流無以成江海。騏驥一躒，不能千里；駑馬無極，功在不舍。楔而舍之，朽木不折；❺楔而不舍，金石可鏤。夫螾無爪牙之利，筋脉之强，上食晞土，下飲黄泉者，用心一也；蟹二螯八足，非蛇組之穴而無所寄託者，用心躁也。是故無憤憤之志者，無昭昭之明；無綿綿之事者，無赫赫之功。行跂途者不至，❻事兩君者不容。目不能兩視而明，耳不能兩聽而聰。騰蛇無足而騰，鼫鼠五伎而窮。《詩》云：「鳴鳩在桑，其子七兮。淑人君子，其儀一兮。其儀一兮，心若結兮。」君子其結於一也。昔者，瓠巴鼓瑟而沉魚出聽，伯牙鼓琴而六馬仰秣。❼夫聲無細而不聞，行無隱而不形。玉居山而木潤，淵生珠而岸不枯。爲善而不積

❶「從必有所由」，四庫全書本作「起必有所始」。
❷「束」，原作「東」，據四部叢刊本、漢魏叢書本、雅雨堂本、四庫全書本改。
❸「一作質」，此注原在上文「正」字上，據雅雨堂本、四庫全書本乙正。
❹「傳」，四庫全書本作「得」。
❺「折」，原作「知」，據雅雨堂本、四庫全書本改。
❻「跂」，四庫全書本作「歧」。
❼「琴」，原作「瑟」，據雅雨堂本、四庫全書本改。

乎，豈有不至哉！

孔子曰：「野哉！❶君子不可以不學。見人不可以不飾，不飾無貌，無貌不敬，❷不敬無禮，無禮不立。❸夫遠而有光者，飾也；近而逾明者，學也。譬之如洿邪，水潦灟焉，莞蒲生焉，從上觀之，誰知其非源泉也。珠者，陰之陽也，故勝火；玉者，陽之陰也，故勝水：其化如神。故天子藏珠玉，諸侯藏金石，大夫畜犬馬，百姓藏布帛。不然，則强者能守之，知者能秉之，賤其所貴而貴其所賤。不然，矜寡孤獨不得焉。」

子貢曰：「君子見大川必觀，何也？」孔子曰：「夫水者，❹君子比德焉。偏與之而無私，❺似德；所及者生，所不及者死，似仁；其流行庳下倨句，皆循其理，似義；其赴百仞之溪不疑，似勇；淺者流行，深淵不測，似智；弱約危通，❻似察；受惡不讓，似包蒙；❼不清以入，❽鮮潔以出，似善化；出量必平，❾似正；盈不求概，似度；萬折必以東，似意：是以君子見大川必觀焉。」❿

大戴禮記卷第七

❶「野哉」，四庫全書本作「鯉」。

❷「無貌」，原脱，據四部叢刊本、漢魏叢書本、雅雨堂本、四庫全書本補。

❸「無禮」，原脱，據四部叢刊本、漢魏叢書本、雅雨堂本、四庫全書本補。

❹「夫」，原作「天」，據四部叢刊本、漢魏叢書本、雅雨堂本、四庫全書本改。

❺「而」，原脱，據四部叢刊本、漢魏叢書本、雅雨堂本、四庫全書本補。

❻「危」，四庫全書本作「微」。

❼「包蒙」，原作「真苞裹」，據四庫全書本改。四部叢刊本、漢魏叢書本、雅雨堂本作「貞苞裹」。

❽「以」，原作「似」，據雅雨堂本、四庫全書本改。

❾「出量必平」上，原衍「必」字，據雅雨堂本、四庫全書本改。

❿「似度」至「觀焉」，原作「似厲折必以東西似意是以見大川必觀焉」，據四庫全書本改。

大戴禮記卷第八

子張問入官第六十五

子張問入官於孔子，孔子曰：「安身取譽爲難也。」子張曰：「安身取譽如何？」孔子曰：「有善勿專，專爲自納於己。❶教不能勿搢，勿搢，《家語》爲「勿怠」也。❷進，或聲誤爲「搢」。「勿進」，嫌其倦也。已過勿發，失言勿踦，踦，邪也。出言既失，勿爲邪途以成之。不善辭勿遂，人言不中，勿貳遂之。行事勿留。凡行政事，勿稽留之。君子入官，自行此六路者，則身安譽至而政從矣。上六者可以自通，故稱路也。且夫忿數者，獄之所由生也；距諫者，慮之所以塞也；慢易者，禮之所以失也；墮怠者，時之所以後也；奢侈者，財之所以不足也；儉則有餘，奢則不足。專者，事之所以不成也；歷者，獄之所由生也。歷，歷亂也。君子入官，除七路者，則身安譽至而政從矣。七者亦致亡之道也。故君子南面臨官，大城而公治之，大城，列國無公私也。❸精知而略行之，精知者，當先是二路。❹略行者，謂度時而施。合是忠信，考是大倫，存是美惡，而進是利，而除是害，而無求其報焉，而民情可得也。能合是六路之忠信，及進除七路之利害，❺施焉而不求報，則民情不失矣。故臨之無抗民之志，勝之無犯民之言，量之無狡民之辭，狡，害也。恒勝，謂民辭情短。

❶「爲」，四庫全書本作「謂」。
❷「勿搢」，原作「來若」，據四庫全書本改。四部叢刊本、漢魏叢書本、孔氏補注本作「未若」。
❸「無公」，四庫全書本作「公無」。
❹「二路」，雅雨堂本作「六路」。
❺「七路」，原作「二路」，據雅雨堂本、孔氏補注本改。

言無害也。養之無擾於時，愛之勿寬於刑，言此則身安譽至，而民自得也。故君子南面臨官，所見邇，故明不可弊也；言所見先求於近者。《中庸》曰：「舜其大知也與！舜好問而好察邇言也。」所求邇，故不勞而得也；言所求自近始，故《詩》云：「無田甫田，勞心忉忉。」所以治者約，故不用衆而譽至也。法象在內故不遠，言內有法象，則百姓亦有禮度。源泉不竭故天下積也，積爲歸湊也。❶而木不寡短長，人得其量，量而用之，以泉、木二用諭君子之政。故治而不亂。故六者貫乎心，藏乎志，志者，心之府也。形乎色，發乎聲，聲，言也。若此則身安而譽至，而民自得也。故君子南面臨官，不治則亂至，民錯亂也。亂至則爭，爭之至又反於亂。亂，反亂也。是故寬裕以容其民，慈愛以優柔之，而民自得也已。故躬行者，政之始也；身行之也。調悅者，情之道也。言調説者，治人情之道也。善政行易則民不怨，先王善政能躬行之，使平易，則民悅。言調悅則民不辨法，謂不爭也，《周禮》曰：「凡辨法者考焉。」仁在身則民顯以佚之也。財利之生微矣，貪以不得；善政必簡矣，初聞善政必記之。苟以亂之；善言必聽矣，聞善言始亦聽之也。詳以失之；後政不行詳爲陋矣。❷規諫日至，煩以不聽矣。《詩》云「老夫灌灌，小子蹻蹻」也。言之善者，在所日聞；行之善者，在所能爲。君子言之善者，在於終日言之；君子行之善者，在其能躬行。記聽而失之，則無益於言行也。故上者，民之儀也；有司執政，❸民之表也；邇臣便辟者，群臣僕之倫也。倫，理也。言是羣臣羣僕之綱理也。故儀不正則民失誓，表弊則百姓亂，邇臣便辟不正廉，而羣

❶「歸」，原爲「婦」，據四部叢刊本、漢魏叢書本、雅雨堂本、四庫全書本改。

❷「陋矣」，四部叢刊本、漢魏叢書本作「陋失」，四庫全書本作「漏失」。

❸「政」下，四庫全書本有「者」字。

臣服汗矣。誓，勅也。服，事也。汙，濫也。言私謁也。故不可不慎乎三倫矣。故君子修身，反道察説，而邇道之服存焉。脩身當本於道，而省其説，則近道之事存。是故夫工女必自擇絲麻，良工必自擇齎材，《周禮·巾車》職曰：「毀折入齎於職弊。」❶《家語》爲「完材也」。❷賢君良上必自擇左右始。故佚諸取人，勞於治事；勞於取人，佚於治事。郭象曰：主上無爲於日事，而有爲於用也。❸故君子欲譽，則謹其所便；便，所便習。欲名，則謹於左右。故上者辟如緣木者，務高而畏下者滋甚。言在民上者譬若此，《淮南子》曰：「君子之居民上也，譬以腐索御良馬。」❹六馬之離，必於四面之衢；衢，四達道。民之離道，必於上之佚政也。故上者尊嚴而絶，百姓者卑賤而神，《孟子》曰「民爲貴，社稷次之，君爲輕」也。民而愛之則存，惡之則亡也。故君子南面臨官，貴而不驕，富恭有本能圖，本爲身也，❺謂能謀其身也。脩業居久而譚，譚，誕也，謂安縱也。情邇暢而及乎遠，察一而關于多。一物治而萬物不亂者，以身爲本者也。故君子莅民，不可以不知民之性，達諸民之情，性爲仁義禮智之等，情爲喜怒愛惡之屬。❻性者生之質，情者人之欲。《詩》云：「天生烝民，有物有則。」既知其以生有習，然後民特從命也。生謂性也。習，調節也。故世舉則民親之，世舉，言治。政均則民無怨。故君子莅民，不臨以高，不道以遠，不責民之所不能。今臨之明王之成功，則民嚴而不迎也；明王之

❶「入」，原作「人」，據雅雨堂本、四庫全書本改。
❷「材」，原作「林」，據四部叢刊本、漢魏叢書本、雅雨堂本、四庫全書本改。
❸「日事」至「於用」，四庫全書本作「親事而有爲于用臣」。
❹「索」，原脱，據四庫全書本及《淮南子》補。
❺「爲」，四庫全書本作「謂」。
❻「情」，原脱，據雅雨堂本、四庫全書本補。

民，比屋可封，苟欲齊之，則憚而不能迎致王命。❶道以數年之業，則民疾，使成數年之業則民困矣。疾則辟矣。故古者冕而前旒，所以蔽明也；統絖塞耳，❷所以弇聰也。故水至清則無魚，人至察則無徒。《禮緯含文嘉》「以懸絖垂旒爲閑奸聲、弇亂色，❸令不惑視聽」，❹則纊瑱之設，❺兼此二事也。絖，《莊子》爲「黈」，黄也。案此記與《莊》説及著《詩》之義，❻則人君以黄旒充耳，❼大夫用素，皆尚以玉也。然毛、王徒以石飾玉，❽及鄭謂充耳爲玉，❾名義乖錯，故未詳。故枉而直之，使自得之；民有邪枉，教之使自得也。《孟子》曰：「匡之直之，使自得之。」優而柔之，使自求之；謂寬教之。揆而度之，使自索之。謂量民之才而施教之。民有小罪，必以其善以赦其過，如死使之生，其善也。❿其善也，⓫若死而使之復生也。⓬是以上下親而不離。故惠者，政之始也。政不正，則不可教也；不習，則民不可使也。故君子欲言之見信也者，莫若先虛其內也；謂内外相應。欲政之速行也者，莫若以身先之也；欲民之速服也者，莫若以道御之也。故不先以身，雖行必鄰矣；⓭鄰，郄。⓮不以

❶「憚」，原作「情」，據四部叢刊本、漢魏叢書本、雅雨堂本、四庫全書本改。
❷「統」，四庫全書本作「黈」。
❸「垂」，原作「乘」，據四部叢刊本、漢魏叢書本、雅雨堂本、四庫全書本改。
❹「令不」，原作「今云」，據四庫全書本改。
❺「瑱」，原作「須」，據雅雨堂本、四庫全書本改。
❻「詩」，原作「書」，據四部叢刊本、漢魏叢書本、雅雨堂本、四庫全書本改。
❼「旒」，四庫全書本作「絖」。
❽「徒以」，四庫全書本作「之徒以爲」。
❾「玉」，原作「欲」，據雅雨堂本、四庫全書本改。
❿「其善也」三字，四庫全書本無。
⓫「善」，原作「若」，據四部叢刊本、漢魏叢書本、雅雨堂本、四庫全書本改。
⓬「死」，原作「此」，據雅雨堂本、四庫全書本改。
⓭「鄰」，四庫全書本作「遴」。下「鄰」字同。
⓮「郄」，原作「鄭」，據雅雨堂本、孔氏補注本改。

道御之，雖服必强矣；故非忠信，則無可以取親於百姓矣；此忠信寬於言行相顧也。上無此條者，以言行不違，在忠信之間。外内不相應，則無可以取信者矣。四者治民之統也。」四者，謂以身先及以道御之、忠信及内外相應。

凡一千六十五字

盛德第六十六

聖王之盛德，人民不疾，六畜不疫，五穀不灾，陰陽順序，故人物不害也。諸侯無兵而正，小民無刑而治，蠻夷懷服。《國語》曰：「先王耀德不觀兵。」古者天子常以季冬考德，❶以觀治亂得失。辨其法政也。凡德盛者治也，德不盛者亂也；德盛者得之也，德不盛者失之也。是故君子考德，而天下之治亂得失可坐廟堂之上而知也。❷言不出户庭而周知海内之善惡也。德盛則修法，德不盛則飾政，法，德法。政，禁令。法政而德不衰，❸故曰王也。王者，往也，民所歸也。

凡人民疾、六畜疫、五穀灾者，❹生於天道不順，❺天道不順生於明堂不飾，故有天灾則飾明堂也。《淮南子》云：「明堂之廟，行明堂之令，以調陰陽之氣，而知四時之節，以辟疾之灾也。」凡民之爲奸邪竊盗歷法妄行者，生於不足，亂法者生於不知足。不足生於無度量也。無度量則小者偷墮，大者侈靡而不知足。偷，苟且。墮，解墮。故有度量則民足，民足則

---

❶「德」，原作「往」，據四部叢刊本、漢魏叢書本、雅雨堂本、四庫全書本改。

❷「辨其法政也」至「治亂得失」四十四字原重，據四部叢刊本、漢魏叢書本、雅雨堂本删。

❸「法」，原作「澂」，據四部叢刊本、漢魏叢書、雅雨堂本、四庫全書本改。

❹「凡」，原作「兄」；「灾」，原作「尖」，據四部叢刊本、漢魏叢書本、雅雨堂本、四庫全書本改。

❺「道不順」，原脱，據四庫全書本補。

無爲奸邪竊盗歴法妄行者。故有奸邪竊盗歴法妄行之獄，則飾度量也。凡不孝生於不仁愛也，不仁愛生於喪祭之禮不明。喪祭之禮，所以教仁愛也，致愛故能致喪祭，春秋祭祀之不絶，致思慕之心也。《孝經》曰：「春秋祭祀以時，思之也。」夫祭祀，致饋養之道也。死且思慕饋養，❶況於生而存乎？故曰：喪祭之禮明，則民孝矣。故有不孝之獄，則飾喪祭之禮。❷《經解》曰：「喪祭之禮廢，則君臣之恩薄，❸而倍死亡生者衆。」凡弑上生於義不明。義者，所以等貴賤、明尊卑，貴賤有序，民尊上敬長矣。民尊上敬長而弑者，寡有之也。❹朝聘之禮，所以明義也，故有弑獄，則飾朝聘之禮也。《經解》曰：「朝聘之禮廢，則君臣之義失，諸侯之行惡，❺而倍畔侵陵之敗起矣。」❻凡鬬辨生於相侵陵也，相陵生於長幼無序，而教以敬讓也。故有鬬辨之獄，則飾鄉飲酒之禮也。《經解》曰：「鄉飲酒之禮廢，則長幼之序失，而争鬬之獄煩。」❼凡淫亂生於男女無別，夫婦無義。婚禮享聘者，所以別男女，明夫婦之義也。享爲享婦及召闔也。❽故有淫亂之獄，則飾昏禮享聘也。《經解》曰：「婚姻之禮廢，則夫婦之道苦，而淫辟之罪多。」故曰：刑罰之所從生有源，不務塞其源，而務刑殺之，是爲民設陷以賊之也。

❶「之道也死且思慕饋養」，原脱，據四部叢刊本、漢魏叢書本、雅雨堂本、四庫全書本補。
❷「禮」下，雅雨堂本、四庫全書本有「也」字。
❸「君臣」，雅雨堂本、四庫全書本作「臣子」。
❹「有之」，原作「之有」，據四部叢刊本、漢魏叢書本、雅雨堂本、四庫全書本乙正。
❺「惡」，原作「忠」，據四部叢刊本、漢魏叢書本、雅雨堂本、四庫全書本改。
❻「敗」，原作「則」，據雅雨堂本、四庫全書本改。
❼「而」，原作「時」，據四部叢刊本、漢魏叢書本、雅雨堂本、四庫全書本改。
❽「闔」，四庫全書本作「族黨」。

《禮察》曰「禮禁將然之前，❶法施已然之後」也。刑罰之源，生於嗜慾好惡不節。總言百姓犯刑罰之所由。故明堂，天法也，天神所在也。王者於此，則天無私，勤施之法。禮度，德法也，禮謂三百三千也，唯有仁德也。所以御民之嗜慾好惡，以慎天法，以成德法也。天地不可成，順之而已，其禮度則使成之。刑法者，❷所以威不行德法者也。天道遠不責之，德法不行則罰之。故季冬聽獄論刑者，所以正法也。歲終聽不德之刑，爲正德法而論也。❸法正，論吏公行之。是故古者天子孟春論吏德行，考羣臣之德行。能理功、能德法者爲有德，謂內外善也。能行德法者爲有行，謂能皆行。能理德法者爲有能，謂能綜理之而又弗盡行。能成德法者爲有功。謂內外成之而未能善也。故論吏而法行，事治而功成。季冬正法，孟春論吏，治國之要也。春論班賞，冬考量刑，則莫不懲勸矣。德法者，御民之銜也；吏者，轡也；刑者，筴也；天子御者，內史太史左右手也。太史內史，皆宗伯之屬。太史下大夫二人，❹內史中大夫一人，俱親王之官也。《書》曰太史內史，云內史太史左右手，則太史爲左史，內史爲右史焉。古者以法爲銜勒，以官爲轡，以刑爲筴，以人爲手，故御天下數百年而不懈墮。史，當字誤爲「人」。善御馬者，正銜勒，齊轡筴，均馬力，和馬心，故口無聲，手不搖，筴不用，而馬爲行也。善御民者，正其德法，飾其官，而均民力，❺和民心，故聽言不出於口，刑不用而民治，是以民德美之。夫民善其德，必稱其人，故今之人稱五帝

❶「禮察」，原作「祭禮」，據雅雨堂本、四庫全書本改。
❷「法」，四庫全書本作「罰」。
❸「歲終」至「論也」，此注原在下文「法正論」後，據四庫全書本乙正。
❹「皆宗伯之屬太史」，原脱，據四部叢刊本、漢魏叢書本、雅雨堂本、四庫全書本補。
❺「力」，原脱，據四部叢刊本、漢魏叢書本、雅雨堂本、四庫全書本補。

三王者，依然若猶存者，其法誠德，法，天法也。其德誠厚。謂禮度也。夫民思其德，必稱其人，朝夕祝之，升聞於皇天，上帝歆焉，故永其世而豐其年。不能御民者，棄其德法，譬猶御馬，棄轡勒而專以筴御馬，馬必傷，車必敗，無德法而專以刑法御民，民必走，國必亡。故《淮南子》曰：「舜無佚民，造父無佚馬。」❶亡德法，民心無所法循，迷惑失道，謂民。上必以爲亂無道，謂君。苟以爲亂無道，刑罰必不克，又不能中。成其無道，上下俱無道。故今之稱惡者，必比之於夏桀、殷紂，何也？曰：法誠不德，其德誠薄。夫民惡之，必朝夕祝之，升聞于皇天，上帝不歆焉。故水旱並興，災害生焉。故曰：德法者，御民之本也。

古之御政以治天下者，冢宰之官以成道，司徒之官以成德，天性發施故爲道，❷地理合藏故主德。道德者，包五性内外之稱也。❸天地之官尊，故總焉。宗伯之官以成仁，木爲仁也。司馬之官以成聖，聖，通也。夏氣物充達。又征伐者所以平通天下。司寇之官以成義，金爲義。司空之官以成禮。不主智者，已兼司馬。凡宗社之設，城郭之度，宫室之量，輿服之制，❹皆冬官所職也。❺故六官以爲轡，司會均入以爲軜，軜在軾前，斂六轡之餘。《詩》云：「鋈以觖軜。」❻司會，冢宰之屬，中大夫二人。會，計也，主天下之大計。《王制》曰「司馬以歲之成質於天子」也。❼故御四馬，執六轡，御天地與

❶「馬」，原作「焉」，據四部叢刊本、漢魏叢書本、雅雨堂本、四庫全書本改。

❷「天性」，四部叢刊本、漢魏叢書本、四庫全書本作「天道」。

❸「性」，原作「姓」，據四部叢刊本、漢魏叢書本、雅雨堂本、四庫全書本改。

❹「輿」，四部叢刊本、漢魏叢書本、雅雨堂本、四庫全書本作「典」。

❺「冬」，原缺，據四庫全書本補。

❻「觖」，原作「缺」，據雅雨堂本改。今本《詩》作「觼」。

❼「司馬」，四庫全書本作「司會」。

人與事者，亦有六政。六政，謂道、德、仁、聖、禮、義也。是故善御者，正身同轡，《詩》云：「六轡既均。」均馬力，齊馬心，惟其所引而之，不違於節，故任其馳。以取長道，遠行可以之，急疾可以御。言皆從人心也。❶天地與人事，此四者聖人之所乘也。四者，天地與人與事。是故天子御者，太史內史左右手也，六官亦六轡也。天子三公合以執六官，三公無官，佐王論道而已。均五政，齊五法，五政，謂天子、公、卿、大夫、士。五法，謂仁、義、禮、智、信。以御四者，故亦惟其所引而之。以之道則國治，治典經邦國。以之德則國安，教典安邦國。❷以之仁則國和，禮典和邦國。以之聖則國平，政典平邦國。以之義則國成，刑典詰邦國。以之禮則國定：體國經野，事官之職。此御政之體也。過，失也，人情莫不有過，過而改之，是不過也。是故官屬不理，分職不明，法政不一，❸百事失紀，曰亂也，亂則飭冢宰。❹地宜不殖，財物不審，萬民飢寒，教訓失道，風俗淫僻，百姓流亡，人民散敗，曰危也，危則飭司徒。父子不親，長幼無序，君臣上下相乖，曰不和也，不和則飭宗伯。賢能失官爵，功勞失賞禄，爵禄失則士卒疾怨，兵弱不用，曰不平也，不平則飭司馬。刑罰不中，暴亂姦邪不勝，曰不成也，不成則飭司寇。百度不審，立事失理，財物失量，曰貧也，貧則飭司空。冢宰掌六典。司徒掌十二教。宗伯掌五禮。司馬掌九伐。司寇掌五刑。《小

---

❶「言皆從人心也」，此注原在上文「争疾」下，據四庫全書本乙正。

❷「教典安邦國」，原脱，據雅雨堂本、四庫全書本補。

❸「法」，原作「治」，據四部叢刊本、漢魏叢書本、雅雨堂本、四庫全書本改。

❹「飭」，原作「飾」，據四部叢刊本、漢魏叢書本、雅雨堂本、四庫全書本改。

宰》職曰：❶一曰治職，以平邦國，以均萬民，以節財用；二曰教職，以安邦國，以寧萬民，以懷賓客；三曰禮職，以和邦國，以諧萬民，以事鬼神；四曰政職，以服邦國，以正萬民，以聚百物；五曰刑職，以詰邦國，以糾萬民，以除盜賊；六曰事職，以富邦國，以養萬民，以生百物。司馬之屬：司勳掌六鄉之賞田，以等其功；又司士之官，❷掌羣吏之數，以詔其爵禄。凡度量財物考之猶有其事。❸故曰：御者同是車馬，或以取千里，或數百里者，所進退緩急異也；治者同是法，或以治，或以亂者，亦所進退緩急異也。❹

明堂者，古有之也。明堂之作，其代未得而詳也。案《淮南子》言神農之世，祀於明堂，明堂有蓋，四方。又漢武帝時，有獻《黃帝明堂圖》者，四面無壁，中有一殿。然其猶或始於此也。❺凡九室，一室而有四户八牖，三十六户，七十二牖。以茅蓋屋，茅，取其潔質也。上圓下方。明堂者，所以明諸侯尊卑。明堂非所以朝諸侯於杞也，諸侯亦備焉。外水曰辟雍。《韓詩》說：「辟員如璧，雍以水。」不言員言辟者，取辟有德。不言辟水言雍，雍，和也。南蠻，東夷，北狄，西戎。言四海之君於祭也，各以其所列於水外。❻明堂月令。於明堂之中，施十二月之令。赤綴户也，白綴牖也。綴，飾也。二九四七五三六一八。《記》用九室，謂法龜文，故取此數以明其制也。❼堂高三尺，東西九筵，南北七筵，上圓下方。九室十二堂，室四户，户

❶「職」，原作「禮」，據四部叢刊本、漢魏叢書本、雅雨堂本、四庫全書本改。

❷「又」，原作「文」，據四部叢刊本、漢魏叢書本、雅雨堂本、四庫全書本改。

❸「之」，四庫全書本作「工」。

❹《盛德》篇原止此，下文「明堂者古有之也」至篇末，原析爲「明堂第六十七」，據雅雨堂本、四庫全書本删去「明堂」篇目，與上文合爲一篇，以復古本原貌。

❺「猶」，四庫全書本作「由」。

❻「各」，原作「名」，據四部叢刊本、漢魏叢書本、雅雨堂本、四庫全書本改。「所」，四部叢刊本、漢魏叢書本、四庫全書本作「方」。

❼「此」，原作「比」，據四部叢刊本、漢魏叢書本、雅雨堂本、四庫全書本改。

二牖，其宫方三百步。在近郊，近郊三十里。淳于登説，明堂在國之陽三里之外，七里之内，丙巳之地。《韓詩》説，❶明堂在南方七里之郊，❷然三十里無所取也。再言方圓及户牖之數，❸亦煩重。或以爲明堂者，文王之廟也。明堂與文主之廟不爲同處，或説謬也。朱草日生一葉，至十五日，生十五葉，十六日一葉落，終而復始也。《孝經援神契》曰：「朱草生，蓂莢孳，嘉禾成，蓮莆生。❹」蓂莢，堯時俠階而生，以記朔也。朱草可食，王者慈仁則生。其形無記朔之狀，❺蓋説不詳。周時德澤洽和，蒿茂大以爲宫柱，名爲蒿宫也。《晏子春秋》曰：「明堂之制，下之潤濕不及也，上之寒暑不入也，木工之鏤，❻示民知節也。」然或以蒿爲柱，表其餘質也。明堂别有圖論，不復詳焉。此天子之路寢也。不齊不居其屋。路寢亦爲此制。待朝在南宫，將視朝時。揖朝出其南門。《周禮·司士》職曰：「正朝之位，❼辨其貴賤之等。王南向，三公北面東上，❽孤東面北上，卿大夫西面北上，❾王族故士，虎士在路門之右，南面東上，太僕、太右、太僕從者在路門之左，南面西上，司士擯孤卿特揖大夫，以其等旅揖，士旁三揖，王還揖門左，揖門右，太僕前，正視朝位，王入内，❿皆退也。」⓫

大戴禮記卷第八

---

❶「詩」，原作「諸」，據四部叢刊本、漢魏叢書本、雅雨堂本、四庫全書本改。

❷「在」，原脱，據四部叢刊本、漢魏叢書本、雅雨堂本、四庫全書本補。

❸「户」，原重文，據四部叢刊本、漢魏叢書本、雅雨堂本、四庫全書本删。

❹「蓮」，原脱，據雅雨堂本、四庫全書本補。

❺「形」，原作「刑」，據四部叢刊本、漢魏叢書本、雅雨堂本、四庫全書本改。

❻「之」，四庫全書本作「不」。

❼「朝」，《周禮·司士》作「朝儀」。

❽「三」，原作「王」，據雅雨堂本、四庫全書本改。

❾「面」，原作「南」，據雅雨堂本、四庫全書本改。

❿「内」下，四庫全書本有「朝」字。

⓫「也」，原作「已」，據四部叢刊本、漢魏叢書本、雅雨堂本、四庫全書本改。

大戴禮記卷第九

千乘第六十七❶

公曰：「千乘之國，受命於天子，通其四疆，❷教其書社，脩其灌廟，❸建其宗主，❹設其四佐，列其五官，處其朝市，爲仁如何？」子曰：「不仁，國不化。」

公曰：「何如之謂仁？」子曰：「不淫於色。」子曰：「立妃設如太廟然，乃中治，中治不相陵，不相陵斯庶嬪遧，遧則事上靜，靜斯潔信在中。朝大夫必慎以恭，出會謀事必敬以慎，言長幼小大必中度。此國家之所以崇也。立子設如宗社，❺宗社先示威，威明顯見，辨爵集德，是以母弟官子咸有臣志，莫敢援於外，大夫中婦私謁不得，❻此所以使五官治執事政也。夫政以教百姓，百姓齊以嘉善，故蠱佞不生，此之謂良民。國有道則民昌，此國家之所以大遂也。卿設如大門，大門顯美，小大尊卑中度，開明閉幽，內祿出災，以順天道，近者閑焉，遠者稽焉。君發禁，宰受而行之以時，❼通于地，散布于小，理天之災祥，地寶豐省，及民共饗其祿，共任其災，此國家之所以和也。國有四輔，輔，卿也。卿

❶「七」，原作「八」，據四庫全書本改。
❷「疆」，原作「彊」，據四部叢刊本、漢魏叢書本、雅雨堂本、四庫全書本改。
❸「脩其」，原作「循」，據四庫全書本改。
❹「宗」，原脱，據雅雨堂本、四庫全書本補。
❺「如」，原脱，據雅雨堂本、四庫全書本補。
❻「得」，四部叢刊本、漢魏叢書本、雅雨堂本、四庫全書本作「行」。
❼「受」，原脱，據四庫全書本補。

設如四體，毋易事，毋假名，毋重食。凡事，尚賢進能使知事，爵不世，能之不愆。凡民戴名以能食力，以時成，以事立。此所以使民讓也。民咸孝弟而安讓，此以怨省而亂不作也，此國家之所以長也。❶下無用，則國家富；上有義，則國家治；長有禮，則民不爭；立有神，則國家敬；兼而愛之，則民無怨心；以爲無命，❷則民不偷。昔者先王立此六者而樹之德，❸此國家之所以茂也。❹設其四佐而官之。❺司徒典春，以教民之不則時、不若、不令。❻成長幼老疾孤寡，以時通于四疆。有闔而不通，有煩而不治，則民不樂生，不利衣食。凡民之藏貯以及山川之神明加于民者，發一作圖。功謀，齋戒必敬，會時必節。日、歷、巫、祝，執伎以守官，俟命而作，祈王年，禱民命及畜穀、蜚征、庶虞草。❼方春三月，緩施生育，動作百物，於時有事，享于皇祖皇考，朝孤子八人，以成春事。司馬司夏，以教士車甲。凡士執伎論功，修四衛。强股肱，質射御，才武聰慧，治衆長卒，可以爲儀綴於國。❽出可以爲率，誘於軍旅。四方諸侯之遊士，國中賢餘，秀興閲焉。❾方夏三月，養長秀，蕃庶物，於時有事，享于皇祖皇考，爵士之有慶者七人，以成夏事。司寇司秋，以聽獄訟，治民之煩亂，執權變民中。凡民之不刑，萌本以

❶「家」，原脱，據四庫全書本補。
❷「無命」，四庫全書本作「典令」。
❸「立」，雅雨堂本、四庫全書本作「本」。
❹「之」，原脱，據雅雨堂本、四庫全書本補。
❺「之」，原脱，據四部叢刊本、漢魏叢書本、雅雨堂本、四庫全書本補。
❻「時」，四庫全書本作「治」。
❼「草」，四庫全書本作「百草」。
❽「可」，原作「所」，據四庫全書本改。
❾「與」，四庫全書本作「與」。

安閒，❶作起不敬，以欺惑憧愚。作於財賄、六畜、五穀曰盜；誘居室家及幼子曰不義；❷子女專曰媄；飭五兵及木石曰賊；以中情出，小曰間，大曰講；利辭以亂屬曰讒；以財投長曰貸。凡犯天子之禁，陳刑制辟，以追罔民之不率上教者。❸夫是故一家三夫道行，三人飲食，❹哀樂平，無獄。方秋三月，收斂以時，於時有事，嘗新于皇祖皇考，食農夫九人，以成秋事。司空司冬，以制度制地事。準揆山林，規表衍沃，畜水行衰濯浸，以節四時之事。治地遠近，以任民力，以節民食。太古食壯之食，攻老之事。」

公曰：「功事不少而餱糧不多乎？」子曰：「太古之民，秀長以壽者，食也；在今之民，羸醜以胔者，事也。太古無游民，食節事時，民各安其居，樂其宮室，❺服事信上，上下交信，地移民聚。❻在今之世，上治不平，民治不和，百姓不安其居，不樂其宮，❼老疾用財，壯狡用力，於茲民游，薄事貪食，於茲民憂。古者殷書爲成男成女名屬，升于公門，此以氣食得節，作事得時，勸民有功，❽夏服君事不及暍，冬服君事不及凍，是故年穀不成，❾天之饑饉，道無殣者。在今之世，男女屬散，名不升于公門，此以氣食不節，作事不成，❿天之饑饉，於

❶「萌本以安」，原作「崩本以要」，據四庫全書本改。
❷「及幼子曰不義」，原作「有君子曰義」，據四庫全書本改。
❸「罔」，原作「國」，據四庫全書本改。
❹「飲」，四庫全書本作「餘」。
❺「宮室」，四庫本書本作「官」。
❻「聚」，原脱，據四庫全書本補。
❼「官」，四庫全書本作「官」。
❽「民」，原脱，據四庫全書本補。
❾「不」，四庫全書本作「順」。
❿「成」，四庫全書本作「時」。

時委民，不得以疾死。是故立民之居，必於中國之休地。因寒暑之和，六畜育焉，五穀宜焉。辨輕重，制剛柔，和五味，以節食時事。東辟之民曰夷，精以僥，至于大遠，有不火食者矣。南辟之民曰蠻，信以樸，至于大遠，有不火食者矣。西辟之民曰戎，勁以剛，至于大遠，有不火食者矣。北辟之民曰狄，肥以戾，至于大遠，有不火食者矣。及中國之民曰五方之民，咸有安居和味，❶咸有實用利器，知通之，信令之。及量地度居，邑有城郭，立朝市，地以度邑，以度民，❷以觀安危。距封後利，先慮久固，依固可守，爲奥可久，能節四時之事，霜露時降。方冬三月，草木落，庶虞藏，五穀必入于倉，於時有事，蒸于皇祖皇考，息國老六人，以成冬事。民咸知孤寡之必不末也，❸咸之有大功之必進等也，咸知用勞力之必以時息也，推而內之水火，人也弗之顧矣；而況有强適在前，有君長正之者乎？」公曰：「善哉！」

四代第六十八❹

公曰：「四代之政刑，論其明者，可以爲法乎？」子曰：「何哉！四代之政刑皆可法也。」

公曰：「以我行之，其可乎？」子曰：「否，不可。臣願君之立知而以觀聞也。四代之政刑，君若用之，則緩急將有所不節，不節君將約之，約之卒將棄法，棄法是

❶「咸」，原脱；「居」，原作「民」，據四庫全書本分别補改。

❷「以」上，四庫全書本有「邑」字。

❸「末」，原作「未」，據四庫全書本改。雅雨堂本作「失」。

❹「八」，原作「九」，據四庫全書本改。

無以爲國家也。」

公曰：「巧匠輔繩而斲，胡爲其棄法也？」子曰：「心未之度，習未之狎，此以數踰而棄法也。夫規矩準繩鈞衡，此昔者先王之所以爲天下也。小以及大，近以知遠。今日行之，可以知古，可以察今，其此耶！水火金木土穀，此謂六府，廢一不可，進一不可，民並用之。今日行之，可以知古，可以察今，其此耶！昔夏商之未興也，伯夷謂此三帝之眇。」❶

公曰：「長國治民恒幹，論政之大體以教民辨，歷大道以時地性，興民之陽德以教民事，上服周室之典以順事天子，脩政勤禮以交諸侯，大節無廢，小眇其後乎？」子曰：「否，不可後也。《詩》云『東有開明』，於時鷄三號以興，庶虞動，❷蜚征作。❸嗇民執功，百草咸淳，地傾水流之。是以天子盛服朝日于東堂，以教敬示威于天下也。❹是以祭祀，昭有神明；燕食，昭有慈愛；宗廟之事，昭有義；率禮朝廷，昭有五官；無廢甲胄之戒，昭果毅以聽；天子曰崩，諸侯曰薨，大夫曰卒，士曰不祿，庶人曰死，昭哀。哀愛無失節，❺是以父慈子孝，兄愛弟敬。此昔先王之所先施於民也。君而後此，則爲國家失本矣。」

公曰：「善哉！子察教我也。」子曰：「鄉也君之言善，執國之節也。君先眇而後善，中備以君之言，❻可以知古，可以察

❶「帝」，四庫全書本作「常」。
❷「庶虞」，四部叢刊本、漢魏叢書本、雅雨堂本重「庶虞」二字。
❸「蜚」，原作「茧」，據四部叢刊本、漢魏叢書本、雅雨堂本、四庫全書本改。
❹「于」，原作「子」，據四部叢刊本、漢魏叢書本、雅雨堂本、四庫全書本改。
❺「愛」，四庫全書本作「慶」。
❻「之」，原作「子」，據四庫全書本改。

今，奂然而與民壹始。」❶公曰：「是非吾言也，吾一聞於師也。」子吁焉其色曰：❷「嘻！君行道矣。」公曰：「道邪？」❸子曰：「道也。」公曰：「吾未能知人，未能取人。」子曰：「君何爲不觀器視才？」公曰：「視可明乎？」子曰：「可以表儀。」公曰：「願學之。」子曰：「平原大藪，瞻其草之高豐茂者，必有怪鳥獸居之。且草可財也，如艾而夷之，其地必宜五穀。高山多林，必有怪虎豹蕃孕焉，深淵大川必有蛟龍焉。民亦如之，君察之，此可以見器見才矣。」公曰：「吾猶未也。」子曰：「羣然、戚然、頤然、睪然、踖然、柱然、抽然、首然、僉然、湛然、淵淵然、淑淑然、齊齊然、節節然、穆穆然、皇皇然。見才色脩聲不視聞，怪物怪命不改志，❹舌不更氣，君見之舉也。得之取之，有事事也。事必與食，食必與位，無相越踰。昔虞舜天德嗣堯，取相十有六人如此。」公曰：「嘻，美哉！子道廣矣。吾恐惛而不能用也，何以哉！」❺子曰：❻「由德徑徑。」

公曰：「請問圖德何尚？」子曰：「聖，知之華也。知，仁之實也。仁，信之器也。信，義之重也。義，利之本也。委利生孼。」

公曰：「嘻，言之至也！道天地以民輔之，聖人何尚？」子曰：「有天德，有地德，有人德，此謂三德。三德率行，乃有陰

❶「與」，原作「興」，據四庫全書本改。

❷「吁」，原作「呼」，據四部叢刊本、漢魏叢書本、雅雨堂本、四庫全書本改。

❸「邪」，原作「曰」，據四部叢刊本、漢魏叢書本、雅雨堂本、四庫全書本改。

❹「怪」，原作「恪」，據四庫全書本改。

❺「吾恐惛而不能用也何以哉」十一字，原在下文「由德徑徑」後，據四庫全書本乙正。

❻「子」，原脱，據四庫全書本補。

陽，陽曰德，陰曰刑。」公曰：「善哉！再聞此矣。陽德何出？」子曰：「陽德出禮，禮出刑，刑出慮，慮則節事於近，而揚聲於遠。」

公曰：「善哉！載事何以？」子曰：「德以監位，位以充局，局以觀功，功以養民，民於此乎上。」

公曰：「祿不可後乎？」子曰：「食爲味，味爲氣，氣爲志，發志爲言，發言定名，名以出信，信載義而行之，祿不可後也。」

公曰：「所謂民與天地相參者，何謂也？」子曰：「天道以視，地道以履，人道以稽。廢一曰失統，恐不長饗國。」公愀然其色。子曰：「君藏玉，惟慎用之，雖慎敬而勿愛。❶民亦如之。執事無貳，五官有差，喜無並愛，卑無加尊，淺無測深，❷小無招大，此謂楣機。楣機賓薦不蒙。昔舜徵薦此道於堯，堯親用之，不亂上下。」

公曰：「請問民徵。」子曰：「無以爲也，難行。」公曰：「願學之，幾必能。」子曰：「貪於味不讓，妨於政；願富不久，妨於政；慕寵假貴，妨於政；治民惡衆，妨於政；爲父不慈，妨於政；爲子不孝，妨於政；大縱耳目，妨於政；好色失忘，妨於政；好見小利，妨於政；變從無節，妨於政；❸撓弱不立，妨於政；剛毅犯神，妨於政；鬼神過節，妨於政。幼勿與衆，克勿與比，依勿與謀，放勿與游，徽勿與事。臣聞之弗薦，❹非事君也。君聞之弗用，以亂厥德，臣將薦其簡者。蓋人有可知者焉：貌色聲衆有美焉，必有美質在其中者矣；

❶「雖」，四庫全書本作「惟」。

❷「淺」，原作「錢」，據四部叢刊本、漢魏叢書本、雅雨堂本、四庫全書本改。

❸「妨於政」，原脱，據四庫全書本補。

❹「薦」，原作「慶」，據四庫全書本改。下「薦」字同。

貌色聲衆有惡焉，必有惡質在其中者矣。此者，❶伯夷之所後出也。」子曰：「伯夷建國建政，修一作循。國修政。」公曰：「善哉！」

虞戴德第六十九❷

公曰：「昔有虞戴德何以？深慮何及？高舉安取？」子曰：「君以聞之，唯丘無以更也。君之聞如未成也，黄帝慕脩一作循。之。」曰：「明法于天，明開施教于民。❸行此，以上明于天化也，物必起，是故民命而弗改也。」❹

公曰：「善哉！以天教于民，可以班乎？」子曰：「可哉。雖可而弗由，此以上知所以行斧鉞也。❺父之於子，天也；君之於臣，天也。有子不事父，有臣不事君，是非反天而到行邪？故有子不事父，不順；有臣不事君，必刃。順天作刑，地生庶物。是故聖人之教于民也，率天如祖地，能用民德，是以高舉不過天，深慮不過地，質知而好仁，能用民力。此三常之禮明，而名不蹇。禮失則壞，名失則惽。是故上古不諱，正天名也。天子之官四通，正地事也。天子御珽，諸侯御荼，大夫服笏，正民德也。斂此三者而一舉之，戴天履地，以順民事。天子告朔於諸侯，率天道而敬行之，以示威於天下也。諸侯内貢於天子，率名斆地實也。是以不至必誅。諸侯相見，卿爲介，❻以其教士畢行，使仁守，會

❶「者」，四庫全書本作「皆」。
❷「六十九」，原作「七十」，據四庫全書本改。
❸「開」，四庫全書本無。
❹「命」，四庫全書本作「聽命」。
❺「以」，四庫全書本無。
❻「介」，原作「分」，據雅雨堂本、四庫全書本改。

朝于天子。天子以歲二月，爲壇于東郊，建五色，設五兵，具五味，陳六律，品奏五聲，❶聽明教。置離，抗大侯，規鵠，堅物。九卿佐三公，三公佐天子。天子踐位，諸侯各以其屬就位，乃升諸侯之教士。❷教士執弓挾矢，揖讓而升，履物以射其地，心端色容正，❸時以斆伎。時有慶以地，不時有讓以地。天下之有道也，有天子存；國之有道也，君得其正；家之不亂也，有仁父存。是故聖人之教于民也，以其近而見者，稽其遠而明者。天事曰明，地事曰昌，人事曰樂，❹比兩以慶。違此三者，謂之愚民，愚民曰姦，姦必誅。是以天下平而國家治，❺民亦無貸，居小不約，居大則治，衆則集，寡則繆，祀則得福，❻以征則服，此唯官民之上德也。」

公曰：「三代之相授，必更制典物，道乎？」子曰：「否。猷德保。保惛乎前，以小繼大，變民示也。」❼公曰：「善哉！子之察教我也。」子曰：「丘於君唯無言，言必盡，於他人則否。」公曰：「教他人則如何？」子曰：「否。丘則不能。昔商老彭及仲傀，政之教大夫，官之教士，技之教庶人，揚則抑，抑則揚，綴以德行，不任以言。庶人以言，❽猶以夏后氏之袝懷袍褐也，行不越境。」公曰：「善哉！我則問政，子事教我。」子曰：「君問已參黃帝之制制之大

❶「品」，四庫全書本無。
❷「諸侯」，原重文，據雅雨堂本、四庫全書本删。
❸「地心」，四庫全書本作「心志」。
❹「樂」，原脱，據四庫全書本補。
❺「國」，原脱，據四部叢刊本、漢魏叢書本、雅雨堂本、四庫全書本補。
❻「得」，原作「德」，據四部叢刊本、漢魏叢書本、雅雨堂本、四庫全書本改。
❼「示」，四庫全書本作「視」。
❽「庶」上，四庫全書本有「任」字。

禮也。」公曰：「先聖之道，斯爲美乎？」子曰：「斯爲美。雖有美者，必偏。屬於斯，昭天之福，迎之以祥；作地之穡，❶制之以昌；興民之德，守之以長。」公曰：「善哉！」

凡七百八十字

誥志第七十❷

公曰：「誥志無荒，以會民義，齋戒必敬，會時必節，犧牲必全，齊盛必絜，上下禋祀，外内無失節，其可以省怨遠灾乎？」子曰：「丘未知其可以省怨也。」公曰：「然則何以事神？」子曰：「以禮會時。夫民見其禮，則上下援，援則樂，❸樂斯毋憂，以此怨省而亂不作也。❹夫禮會其四時，四孟、四季，五牲、五穀，順至必時其節也，丘未知其可以爲遠灾也。」公曰：「然則爲此何以？」子曰：「知仁合則天地成，天地成則庶物時，庶物時則民財敓，❺一作欲。民財敓以時作，時作則節事，節事以動衆，動衆則有極，有極以使民則勸，勸則有功，有功則無怨，無怨則嗣世久，世久唯聖人。❻是故政以勝衆，非以陵衆；衆以勝事，非以傷事；事以靖民，非以徵民；故地廣而民衆，非以爲灾，長之禄也。丘聞周太史曰：『政不率天，下不由人，❼則凡事易壞而難成。』虞史伯夷曰：『明，孟也。幽，幼也。明幽，

---

❶「穡」，原作「福」，據四庫全書本改。

❷「七十」，原作「七十一」，據四庫全書本改。

❸「援援」，四庫全書本作「不援不援」。

❹「以此」，四庫全書本作「此以」。「怨省」，雅雨堂本作「省怨」。

❺「敓」，原作「敬」，據四庫全書本、孔氏補注本改，下「敓」字同。

❻「世久」，原脱，據四庫全書本補。

❼「下」，四庫全書本無。

雌雄也。雌雄迭興而順至正之統也。』日歸于西，起明于東；月歸于東，起明于西。虞夏之歷，正建於孟春，❶於時冰泮，發蟄，百草權輿，瑞雉無釋。物乃歲俱生于東，以順四時，❷卒于冬方。❸於時鷄三號，卒明。載于青色，撫十二月節，卒于丑。日月成歲曆，再閏以順天道，此謂歲虞汁月。❹天曰作明，日與，惟天是戴；地曰作昌，日與，惟地是事；人曰作樂，日與，惟民是嬉。民之動能，不遠厥事；民之斐色，❺不遠厥德。此謂表裏時合，物之所生，而蕃昌之道如此。天生物，地養物，物備興而時用常節，曰聖人；主祭於天，曰天子。天子崩，步于四川，代于四山，卒葬曰帝。天作仁，地作富，人作治，樂治不倦，財富時節，是故聖人嗣則治。文王治以俟時；湯治以伐亂；禹治以移衆，衆服以立天下；堯貴以樂治時，舉舜；舜治以德使力。在國統民如恕，在家撫官而國，安之勿變，勸之勿沮，民咸廢惡如進良，上誘善而行罰，百姓盡於仁而遂安之，此古之明制之治天下也。仁者爲聖，貴次，力次，美次，射御次，古之治天下者必聖人。聖人有國，則日月不食，星辰不孛，❻海不運，河不滿溢，川澤不竭，山不崩解，陵不施，❼川谷不處，❽深淵不涸。於時龍至不閉，鳳降忘翼，鷙獸忘攫，爪鳥忘距，蜂蠆不螫嬰

❶「正建」，四庫全書本作「建正」。
❷「以」，四庫全書本作「次」。
❸「方」，原作「萬」，據四庫全書本改。雅雨堂本作「分」。
❹「歲」，四庫全書本無。
❺「斐」，原作「悲」，據孔氏補注改。
❻「孛」，原作「勃」，據四庫全書本改。「不」下，雅雨堂本有「隕」字。
❼「施」，四庫全書本作「阤」。
❽「谷」，原作「浴」，據四庫全書本改。

兒，蟲虻不食夭駒，雒出服，河出圖。自上世以來，莫不降仁。國家之昌，國家之臧，信仁。是故不賞不罰，如民咸盡力，車不建戈，遠邇咸服，胤使來往，地賓畢極，無怨無惡，率惟懿德。此無空禮，無空名，賢人並憂，殘毒以時省，舉良良，舉善善，恤民使仁，日敦仁賓也。」

大戴禮記卷第九

大戴禮記卷第十

文王官人第七十一❶一本作「觀人」。

王曰：「太師，慎維深思，内觀民務，察度情僞，謂視中觀隱也。變官民能，歷其才藝，女維敬哉！試以衆位，歷觀其才也。女何慎乎非倫，倫，理次也。宜所慎。倫有七屬，屬有九用，用有六徵：一曰觀誠，二曰考志，三曰視中，四曰觀色，五曰觀隱，六曰揆德。」其説在下。

王曰：「於乎！女因方以觀之。富貴者觀其禮施也；觀其禮，及其施。《曲禮》曰：「積而能散。」貧窮者，觀其有德守也；觀其德，與其守。孔子曰：「君子固窮。」嬖寵者，觀其不驕奢也；隱約者，觀其不懾懼也。《曲禮》曰：「富貴而知好禮，則不驕不淫；貧賤而知好禮，則志不懾。」其少，觀其恭敬好學而能弟也；其壯，觀其絜廉務行而勝其私也；其老，觀其意憲慎，❷强其所不足而不踰也。孔子射矍相之圃，蓋觀者如堵墻。使公罔之裘、❸序點揚觶而語。公罔之裘揚觶而語曰：「幼壯孝弟，耆耋好禮，不從流俗，脩身以俟死者，❹不在此位也。」蓋去者半，處者半。序點又揚觶而語曰：「好學不倦，好禮不變，旄期稱道不亂者，不在此位也。」蓋勵有存者。父子之間觀其孝慈也，兄弟之間觀其和友也，君臣之間觀其忠惠也，父慈子孝，兄友弟和，君惠臣忠也。鄉黨之間觀其信憚也。信而敬憚。省其居處，觀其義方；省

❶「一」，原作「二」，據四庫全書本改。
❷「意」，四庫全書本無。
❸「裘」，原作「喪」，據雅雨堂本、四庫全書本改。下「裘」字同。
❹「脩」，原作「攸」，據四庫全書本改。

其喪哀，觀其貞良；省其出入，觀其交友；省其交友，觀其任廉。任，以恩相親信。考之，以觀其信；挈之，❶以觀其知；示之難，以觀其勇；煩之，以觀其治；淹之以利，以觀其不貪；藍之以樂，以觀其不寧；藍，猶鑑也。喜之以物，以觀其不輕；怒之，以觀其重；醉之，以觀其不失也；縱之，以觀其常；遠使之，以觀其不貳；邇之，以觀其不倦；探取其志，以觀其情；考其陰陽，以觀其誠；陰陽，謂隱顯也。❷覆其微言，以觀其信；曲省其行，以觀其備成。❸此之謂觀誠也。

二曰：方與之言，以觀其志。志殷如湥，殷，盛也。湥，蓋深字。其氣寬以柔，其色儉而不諂，其禮先人，其言後人，見其所不足，曰日益者也。言日就也。如臨人以色，❹高人以氣，賢人以言，防其不足，不欲見之。伐其所能，曰日損者也。其貌直而不侮，其言正而不私，不飾其美，不隱其惡，不防其過，如日月之食。曰有質者也。其貌固嘔，其言工巧，嘔，以貌色下人，謂形柔而辭巧。❺飾其見物，務其小徵，有浮淺之事，則工飾之，而務尚其小成。以故自說，言以事自解說。曰無質者也。喜怒以物而色不作，煩亂之而志不營，營，猶亂也。深道以利而心不移，道也者，❻導也。臨懾以威而氣不卑，曰平心而固守者也。喜怒以物而變易知，煩亂之而志不裕，示之以利而易移，臨懾以威而易懾，曰鄙心而假氣

❶「挈」，四庫全書本作「絜」。
❷「謂」，原作「位」，據雅雨堂本改。
❸「成」，四庫全書本無。
❹「如」，四庫全書本作「好」。
❺「巧」，原作「苟」，據雅雨堂本、四庫全書本改。四部叢刊本、漢魏叢書本作「人苟」。
❻「者」，原作「考」，據四部叢刊本、漢魏叢書本、雅雨堂本、四庫全書本改。

者也。❶執之以物而遫决，驚之以卒而度料，❷言引之以卒然之事而能應時度焉。不學而性辨，曰有慮者也。難投以物，物，事。難説以言，知一如不可以解也，言因一端。困而不知其止，無辨而自慎，曰愚怒者也。❸謂闇佷也。營之以物而不虞，虞，度也。至則攻辨之，不豫計度。犯之以卒而不懼，❹置義而不可遷，臨之以貨色而不可營，❺曰絜廉而果敢者也。果敢，謂不虞不懼也。絜廉，謂不營於貨色。在義而不可遷，則兼之也。易移以言，存志不能守錮，已諾無斷，言正慎諸於人，❻又不能自裁斷。曰弱志者也。順與之弗爲喜，非奪之弗爲怒，沉静而寡言，多稽而儉貌，稽，考也。曰質静者也。辨言而不固行，有道而先困，自慎而不讓，當如强之，曰始妬誣者也。❼謂始妬賢誣善。徵清而能發，❽爲攻發幽賾也。度察而能盡，曰治志者也。❾華如誣，巧言令色，足恭，一也，皆以無爲有者也。孔子曰：「巧言令色，鮮矣仁。」此之爲考志也。考度其志。三曰：誠在其中，此見於外，此上之諸志。以其見，占其隱，案其陽，察其慝。❿以其細，占其大，據其小，省其大。以其聲，處其氣。聽處其聲氣也。初氣生物，⓫與物在於胞胎。⓬物生有聲，聲有

❶「假」，原作「勢」，據雅雨堂本、四庫全書本改。
❷「决驚」，原作「驚决」，據四庫全書本乙正。
❸「怒」，四庫全書本作「戇」。
❹「之」，原作「人」；「不」，原脱，據雅雨堂本、四庫全書本分别改補。
❺「貨」，原作「貸」，據雅雨堂本、四庫全書本改。下注「貨」字同。
❻「正」，四庫全書本作「止」。
❼「始」，四庫全書本無，下注「始」字同。
❽「清」，四庫全書本作「情」。
❾「治志」，四庫全書本作「志治」。
❿「慝」，四庫全書本作「陰」。
⓫「初氣」，四庫全書本作「氣初」。「生」，原作「主」，據四庫全書本改。
⓬「與」，四庫全書本作「謂」。

剛有柔，有濁有清，有好有惡，咸發於聲也。心氣華誕者，其聲流散；心氣順信者，其聲順節；心氣鄙戾者，其聲嘶醜；❶心氣寬柔者，其聲温好。嘶，當聲誤爲「斯」。❷《春秋左傳》曰：「蜂目豺聲，忍人也。」夫音之美惡尚通於金石，而況於身乎！ 信氣中易，義氣時舒，義者剛，其氣亦充，故舒縱也。 智氣簡備，簡，通。 勇氣壯直。 聽其聲，處其氣，考其所爲，觀其所由，察其所安；❸以其前，占其後，以前行占後行。 以其見，占其隱，以其小，占其大，此之謂視中也。 四曰：民有五性，喜怒欲懼憂也。喜怒懼憂欲，❹以其俱生於人而有常，故亦謂之性也，此五者之性，人心兼盡。 喜氣内畜，雖欲隱之，陽喜必見；怒氣内畜，雖欲隱之，陽怒必見；欲氣内畜，雖欲隱之，陽欲必見；懼氣内畜，雖欲隱之，陽懼必見；憂悲之氣内畜，雖欲隱之，陽憂必見。 五氣誠于中，發形於外，民情不隱也。 喜色由然以生，由，當爲「油」。油然，新生好皃。 怒色拂然以侮，欲色嘔然以偷，❺偷，苟且也，言惟求悦人。 懼色薄然以下，憂悲之色纍然而静。《玉藻》曰「喪容纍纍」也。 誠智必有難盡之色，誠仁必有可尊之色，誠勇必有難懾之色，誠忠必有可親之色，誠絜必有難污之色，誠静必有可信之色。 質色皓然固以安，僞色縵然亂以煩，雖欲故之中，色不聽也。言雖欲故隱之於中，而無奈色見於外，故子夏問孝，子曰「色難」，❻是以君子戒慎不失色於人也。 雖變可知，此之謂觀色

❶「嘶」，雅雨堂本、四庫全書本、孔氏補注本作「斯」。下注「斯」字同。
❷「聲」上，原衍「爲」字，據雅雨堂本、四庫全書本、孔氏補注本删。
❸「察其所安」，四庫全書本無。
❹「欲」，四庫全書本在上「怒」字下。
❺「嘔」，四庫全書本作「嫗」。
❻「曰」，原在上「問」字下，據雅雨堂本、四庫全書本乙正。

也。五曰：生民有陰陽，言人含陰陽之氣，生而有知，有知故生機僞也。人有多隱其情，❶飾其僞，以賴於物，以攻其名也。有隱於仁質者，有隱於知理者，有隱於文藝者，有隱於廉勇者，有隱於忠孝者，有隱於交友者。如此者，不可不察也。小施而好大得，小讓而好大爭，❷言願以爲質，愿，當聲誤爲「願」也。❸僞愛以爲忠，面寬而貌慈，假節以示之，假節，假仁質之節。❹故其行以攻其名：如此者，隱於仁質也。故其行者，故爲是行。推前惡忠府知物焉，❺謂有詢義之攻其所不知者，❻則推援於人而恃以爲忠府，而形皃又如曉然也。首成功，少其所不足，謂有先功者因首之，有不足者因薄之，詐以爲知。慮誠不及，佯爲不言，内誠不足，色示有餘，故知以動人，自執而不讓，❼及其所不知正也，觀人之動，因執爲意，而不推讓於人也。錯辭而不遂，莫知其情：本非其意，故辭情不終。《詩》云：「虵虵碩言，出自口矣。」如是者，隱於知理者也。素動人以言，爲先偏習之，及於衆前爲方欲陳説也。涉物而不終，務廣聞而不究其言也。問則不對，詳爲不窮，色示有餘有道而自順用之，物窮則爲深：妄言深遠。如此者，隱於文藝者也。廉言以爲氣，苟作廉言，以見佚氣自然。驕厲以爲勇，❽内恐外悴，❾無所不至，敬再其説，言苟自驕厲，持以爲勇，終必恐懾而更至

❶「有」，四庫全書本無此字。
❷「争」，原作「事」，據四庫全書本改。
❸「聲」上，原衍「爲」字，據雅雨堂本、四庫全書本、孔氏補注本删。
❹「仁」，原作「人」，據雅雨堂本、四庫全書本改。
❺「惡」，四庫全書本作「恃」。
❻「詢」，原作「詣」，據四部叢刊本、漢魏叢書本、雅雨堂本、四庫全書本改。
❼「執」，原作「順」，據四庫全書本改。
❽「驕」，四庫全書本作「矯」。
❾「悴」，四庫全書本作「悖」。

恭佞也。❶以詐臨人：如此者，隱於廉勇者也。自事其親，好以告人，乞言勞醉醉，言悴也。而面於敬愛，飾其見物，故得其名，名揚於外，不誠於内，伐名以事其親戚，以故取利，以如此故要取其利。分白其名，以私其身：如此者，隱於忠孝者也。陰行以取名，陰行，❷竊謂求諸人也。❸比周以相譽，迭相親比，交相談譽。明知賢可以徵，與左右不同而交，交必重己，言知其賢而不與交，交必取其重己者也。心説之而身不近之，身近之而實不至，而懽忠不盡，懽忠盡見於衆而貌克：雖盡其忠及衆人之前，猶相克事。❹如此者，隱於交友者也。此之謂觀隱也。六曰：言行不類，終始相悖，陰陽克易，外内不合，雖有隱節見行，曰非誠質者也。隱節，隱於仁質之等。其言甚忠，其行甚平，其志無私，施不在多，静而寡類，不好狎。莊而安人，❺曰有仁心者也。❻事變而能治，物善而能説，浚窮而能達，浚，深也。錯身立方而能遂，曰廣知者也。少言如行，恭儉以讓，有知而不伐，有施而不置，不形於心色也。曰慎謙良者也。微忽之言，久而可復，謂微細及忽然之語。幽間之行，獨而不克，克，好勝人也。行其亡，如其存，爲奉先君及祖考之教令。曰順信者也。貴富雖尊，恭儉而能施；衆强嚴威，有禮而不驕，曰有德者也。隱約而不懾，安樂而不奢，勤勞之不變，喜怒之如度晰，曰守也。❼晰，明也。有喜怒之來，能置量度而明焉。置方而不毁，不瓦合也。廉絜而不戾，立强而無私，曰

❶「必恐」，原作「恐恐」，據雅雨堂本、四庫全書本改。
❷「行」，原作「陽」，據四庫全書本改。
❸「竊謂」，四庫全書本作「謂竊」。
❹「事」，四庫全書本作「争」。
❺「莊」，原作「壯」，據雅雨堂本、四庫全書本改。
❻「仁」，原作「行」，據雅雨堂本、四庫全書本改。
❼「守」，四庫全書本作「有守者」。

經者也。❶正静以待命，命，期命。不召不至，不問不言，言不過行，行不過道，曰沉静者也。忠愛以事其親，歡欣以敬之，❷盡力而不面，敬以安人，以名故不生焉，❸曰忠孝者也。合志如同方，共其憂而任其難，行忠信而不相疑，迷隱遠而不相舍，曰至友者也。心色辭氣，其入人甚俞，甚俞，言無已。進退工工，能也。故，其與人甚巧，其就人甚速，其叛人甚易，曰位志者也。位志者，言其不一如爵位及人志也。位有高卑，人各有志也。飲食以親，貨賄以交，接利以合，故得望譽征利而依隱於物，曰貪鄙者也。妄，當聲誤爲「望」。❹征，行也。❺隱，據也。質不斷，辭不至，言心既不能裁斷，而辭又不及。少其所不足，謀而不已，曰僞詐者也。言行亟變，從容謬易，安然反覆。好惡無常，行身不類，曰無誠志者也。小知而不大決，小能而不大成，顧小物而不知大論，亟變而多私，曰華誕者也。規諫而不類，道行而不平。曰巧名者也。云能規諫而反不類，言以道行復不平也。故事阻者不夷，畸鬼者不仁，恃禱祀而不自修也。面譽者不忠，飾貌者不情，隱節者不平，隱節者，亦謂六隱之等。多私者不義，揚言者寡信：此之謂揆德。」謂揆度於德也。

王曰：「太師，女推其往言，以揆其來行，聽其來言，以省往行，孔子曰：「始吾於人聽其言而信其行，今吾於人聽其言而觀其行也。」觀其陽以考其陰，察其內以揆其外，是故隱節者可知，僞飾無情者可辨，質誠居善者可得，忠惠守義者可見也。」

王曰：「於乎，敬哉！女何慎乎非心，

❶「經」，雅雨堂本作「經正」，四庫全書本作「有經」。
❷「敬」，四庫全書本作「致」。
❸「名故」，四庫全書本作「故名」。
❹「當」，原作「言爲」，據雅雨堂本、四庫全書本改。
❺「征行」，原作「行征」，據雅雨堂本、四庫全書本乙正。

何慎乎非人。言當内慎其心，外慎於人。人有六徵，六徵既成，以觀九用，九用既立。一曰取平人而有慮者，❶二曰取慈惠而有理者，三曰取直愍一作「質」。而忠正者，四曰取順直而察聽者，五曰取臨事而絜「正者」，六曰取慎察而絜廉者，七曰取好一作「巧」。謀而知務者，八曰取接給而廣中者，接給，謂應所問而勤。廣中，謂博於聞識也。九曰取猛毅而度斷者：此之謂九用也。平人而有慮者，❷使是治國家而長百姓。國，諸侯。家，采邑。慈惠而有理者，使是長鄉邑而治父子。鄉，鄉遂。邑，公邑。直愍而忠正者，使是莅百官而察善否，於《周禮》則治官。慎直而察聽者，使是長民之獄訟，出納辭令。於《周禮》則刑官。臨事而絜正者，使是守内藏而治出入。於《周禮》則天官。❸慎察而絜廉者，使是分財臨貨、主賞賜，於《周禮》則司禄、司勳。巧謀而知務者，使治壤地而長百工。於《周禮》則遂人、匠、車之等。接給而廣中者，❹使是治諸侯而待賓客。於《周禮》則行人、掌客。猛毅而度斷者，使是治軍事爲邊境。於《周禮》則政官也。因方而用之，此之謂官能也。九用者徵，乃任七屬：一曰國則任貴，《周禮》曰：「長以貴得民。」二曰鄉則任貞，幹事曰貞。《周禮》曰「吏以治得民」也。三曰官則任長，《周禮》曰：「大事聽其長，小事則專達。」四曰學則任師，《周禮》曰：「師以賢得民。」五曰族則任宗，《周禮》曰：「宗以族得民。」六曰家則任主，《易》曰：「家有嚴君焉。」父母之謂也。❺七曰先則任賢。」

正月，王親命七屬之人曰：「於乎！

❶「人」，雅雨堂本、四庫全書本作「仁」。

❷「人」，四部叢刊本、漢魏叢書本、雅雨堂本、四庫全書本作「仁」。

❸「於」，原作「案」，據雅雨堂本、四庫全書本改。

❹「廣」，原作「廉」，據雅雨堂本、四庫全書本改。

❺「謂」，原作「爲」，據雅雨堂本、四庫全書本改。

慎維深，内觀民務，本慎在人，女平心去私，慎用六證，六證，六徵。論辨九用，以交一人，一人，文王自謂也。予亦不私。女廢朕命，亂我法，罪致不赦。」三戒然後及論，三戒之後亂法者，則有司課其罪。王親受而考之，然後論成。

凡十一章。自「王曰太師」以上五章舊別之。

諸侯遷廟第七十二

成廟將遷之新廟。❶君前徙三日，齋。祝、宗人及從者皆齋。謂親遇高祖則毁廟，以昭穆遷之。《春秋穀梁傳》曰：「作主壞廟有時日，於練焉壞廟。❷壞廟之道，易簷可也，改塗可也。」范甯云：「納新神，❸故示有所加焉。」❹鄭玄《士虞禮記》注曰：「練而後遷也。」《禮志》云：「遷廟者，更釁其廟而移故主焉。」案此篇成廟之文，與《穀梁》相傳也。徙之日，君玄服，從者皆玄服。《周禮·司服》職曰：「公之服，自衮冕而下，如王之服。侯伯之服，自鷩冕而下，如公之服。子男之服，❺自毳冕而下，如侯伯之服。孤之服，❻自絺冕而下，如子男之服。卿大夫之服，❼自玄冕而下，如孤之服。」《玉藻》曰：「君命屈狄，再命褘衣。」❽《内司服》職曰：「辨外内命婦之服，鞠衣、展衣、緣衣、素紗，其於祭也，君與夫人皆申其服。」《祭統》曰：「公衮冕立於阼，夫

❶「將」，原作「揆」，據四部叢刊本、漢魏叢書本、雅雨堂本、四庫全書本改。
❷「壞廟」，原脱，據四庫全書本及《春秋穀梁傳》文公二年補。
❸「納」上，四庫全書本有「將」字。
❹「所加」，原作「知」，據四庫全書本、《春秋穀梁傳》文公二年注改。
❺「伯」，原脱，據雅雨堂本、四庫全書本補。
❻「孤之服」，原脱，據雅雨堂本、四庫全書本補。
❼「卿」，原作「男之服」，據雅雨堂本、四庫全書本改。
❽「再命」，原脱，據四部叢刊本、漢魏叢書本、雅雨堂本、四庫全書本補。

人副褘立於東房是也。臣及命婦助祭於君，❶皆盡其服，自祭於家，咸降一等，陰爵不敢申也。」《雜記》曰：「大夫冕而祭於公，弁而祭於己，❷士弁而祭於公，冠而祭於己。」《特牲饋食禮》曰「主婦纚笄宵衣立於房中」是也。然鄭氏頓貶公侯，使一同玄冕以祭於己，非其差也。且諸侯專國，禮樂車服王命有之，何獨抑其服乎？《玉藻》曰：「玄端以祭，裨冕以朝。」孫炎云：「端，當爲冕。玄冕，祭服之下也，其祭先君亦裨冕矣。」孫説爲合，下未即吉，❸故畧同爵弁也。君命屈狄與再命褘衣者，謂其夫爲君，則命其妻以屈狄，加再等之命，則上公夫人乃褘衣。孫、鄭等改鞠衣，❹非也。又云一命展衣者，❺此則申子男臣妻之服耳。❻言小國臣妻一命者，亦展衣；不命者，則亦緣衣。玄又分公卿大夫及其妻爲三等而升降其服，經云：孤絺冕，卿大夫玄冠，何爲易之，又命小國之卿及内子更同列國之卿？孤絺冕與鞠衣錯易其次，尤非宜邪！

從至于廟，廟，殯宮。❼群臣如朝位。列於廟門外，如路門之位。君入，立於阼階下，西向。有司如朝位。立於門内，如門外之位。宗人擯舉手曰：「有司具，❽請升。」君升，祝奉幣從在左，北面，祝主辭，故在左。神將遷，故出在户牖間南面矣。再拜，興。祝聲三曰：「孝嗣侯某，敢以嘉幣告于皇考某侯，言嗣以遷代，不言國，未忍有之也。成廟將徙，敢告。」卒不奠幣者，禮畢矣，於此將有事於新廟。君及祝再拜，興。祝曰：「請導。」君降立於階下，奉衣服者皆奉以從祝。不言奉主而稱奉衣服者，以毀易祖考，❾誠人神之不忍。從祝者，祝所以導神也。言皆者，衣服非一稱。《周禮·守祧》職曰：「掌先王先公之廟，祧其遺衣服藏焉。」奉衣服者降堂，君及在位者皆辟

❶「助」，原作「耿」，據四部叢刊本、漢魏叢書本、雅雨堂本、四庫全書本改。
❷「弁」，原作「卒」，據雅雨堂本、四庫全書本改。
❸「吉」，原作「告」，據雅雨堂本、四庫全書本改。
❹「鞠」，原作「褘」，據雅雨堂本、四庫全書本改。
❺「云」，原作「六」，據雅雨堂本、四庫全書本改。
❻「申」，原作「由」，據雅雨堂本、四庫全書本改。
❼「宮」，原作「言」，據雅雨堂本、四庫全書本改。
❽「具」，原作「其」，據雅雨堂本、四庫全書本改。
❾「祖」，原作「祝」，據四部叢刊本、漢魏叢書本、雅雨堂本、四庫全書本改。

也。奉衣服者至碑，君從，有司皆以次從出廟門。奉衣服者升車，乃步。君升車，從者皆就車也。皆就車，謂乘貳車者。凡出入門及大溝渠，祝下擯。神車祝爲左，故於步處則下。

至于新廟。筵于户牖間，始自外來，故先於堂。樽於西序下，四時之祭，在室筵隩中，在堂筵序下，是以設樽恒於東方。今惟布南面之席，故置樽於西，以因其便矣。❶ 脯醢陳于房中，房，西房也。❷ 諸侯在右房也。設洗當東榮，南北堂深。❸ 記因卿士，當言東霤。❹ 有司皆先入，如朝位。祝導奉衣服者乃入，君從。奉衣服者入門左，門左，門西。在位者皆辟也。奉衣服者升堂，皆反位。君從升。奠衣服于席上，祝奠幣于几東。君北向，祝在左。贊者盥，升，適房，薦脯醢。君盥，酌，奠于薦西，反位。君及祝再拜，興。祝聲三曰：「孝嗣侯某，敢用嘉幣告于皇考某侯：今月吉日，可以徙于新廟，敢告。」再拜。君就東廂，西面；祝就西廂，東面。東西侯也。祝就西廂，因其便也。在位者皆反走辟如食間。走，疾趨也。擯者舉手曰：「請反位。」君反位，祝從在左。卿大夫及衆有司諸在位者皆反位。祝聲三曰：「孝嗣侯某，潔爲而明薦之享。」《詩》云：「絜蠲爲饎，是用孝享。」君及祝再拜，君反位，東郊之位。❺ 祝徹反位。西郊之位。擯者曰：「遷廟事畢，請就燕。」君出廟門，卿大夫有司執事者皆出廟門。告事畢，事，謂内主藏衣服、斂幣、徹几筵之等。乃曰擇日而祭焉。所

❶「便」，原作「使」，據四部叢刊本、漢魏叢書本、雅雨堂本、四庫全書本改。

❷「西」，原作「四」，據雅雨堂本、四庫全書本改。

❸「北」下，雅雨堂本、四庫全書本有「以」字。

❹「霤」，原脱，據雅雨堂本、四庫全書本補。

❺「郊」，雅雨堂本作「廂」，四庫全書本作「郊」。下「郊」字同。

以安神。

諸侯釁廟第七十三

成廟，釁之以羊。廟新成而釁者，尊而神之。祭器名者成，則釁之以豭豚。君玄服立于寢門內，南向。祝、宗人、宰夫、雍人皆玄服。以神事，故亦同爵弁。《小戴》：❶「君朝服者，謂不與也。」宗人曰：「請令以釁某廟。」君曰：「諾。」遂入。雍人拭羊。拭，挩。❷乃行入廟門，碑南，北面東上。東上者，❸宰夫也。宰夫，攝主也。雍人舉羊，升屋自中，中屋南面，刲羊，血流于前，乃降。門以雞。有司當門北面，有司，宰夫、祝、宗人也。雍人割雞屋下，當門。❹郟室割雞於室中，有司亦北面也。郟室，門郟之室，一曰東西廂也。釁東西室，有司猶北面統於廟也。《雜記》曰：「雍人舉羊，升屋自中，中屋南向，刲羊，血流於前，乃降。門、郟室皆用雞，先門而後郟室，其衈皆於屋下，割雞。門，❺當門。郟室，中屋。❻有司皆鄉室而立，❼門則有司當門北面。」案《小戴》割雞亦於屋上，記者不同耳。此不言衈，畧也。既事，宗人告事畢，皆退，反命于君。君寢門中南向，宗人曰：「釁某廟事畢。」君曰：「諾。」宗人請就宴，君揖之乃退。

大戴禮記卷第十

❶「小」，原作「以」，據雅雨堂本、四庫全書本改。
❷「挩」，原作「悅」，據四庫全書本改。
❸「東」，原作「居」，據雅雨堂本、四庫全書本改。
❹「門」，原脱，據四部叢刊本、漢魏叢書本、雅雨堂本補。
❺「門」，原脱，據雅雨堂本、四庫全書本補。
❻「屋」，四部叢刊本、漢魏叢書本、四庫全書本及今本《禮記》作「室」，雅雨堂本作「堂」。
❼「鄉」，原作「即」，據四部叢刊本、漢魏叢書本、雅雨堂本、四庫全書本改。

大戴禮記卷第十一

小辨第七十四

公曰：「寡人欲學小辨，以觀於政，其可乎？」小辨，爲小辨給也。子曰：「否，不可。社稷之主愛日，曾子曰：「君子愛日以學」。《書》云「日夜不遑」也。❶日不可得，學不可以辨，不可輕有所學。❷是故昔者先王學齊大道，以觀於政。天子學樂辨風，別四方之風也。制禮以行政；政，禁令也。諸侯學禮辨官政，以行事，以尊事天子；官政不錯，則百事不紊也。❸大夫學德別義，別，猶辨也。矜行以事君；矜，猶厲也。❹士學順，學順成之道。辨言以遂志；致命遂志，❺士之節也。庶人聽長辨禁，農以行力。辨禁，識刑憲也。如此猶恐不濟，奈何其小辨乎？」

公曰：「不辨則何以爲政？」子曰：「辨而不小。夫小辨破言，小言破義，小義破道。道小不通，通道必簡。簡，約也，言約而有統。《易》曰：「乾以易知，坤以簡能。」❻是故循弦以觀於樂，足以辨風矣；爾雅以觀於古，足以辨言矣；邇，近也，謂依於《雅》《頌》。孔子曰：「《詩》可以言，可以怨，邇之事父，遠之事君，多識鳥獸草木之名也。」傳言以象，反舌皆至，可謂簡矣。

❶「夜」，四庫全書本作「昃」。
❷「不可輕有所學」，此注原在上文「學」字下，據四庫全書本乙正。
❸「紊」，原作「亲」，據雅雨堂本、四庫全書本改。
❹「厲」，四庫全書本作「莊」。
❺「志」，原作「至」，據四部叢刊本、漢魏叢書本、雅雨堂本、四庫全書本改。
❻「坤」，原作「神」，據四部叢刊本、漢魏叢書本、雅雨堂本、四庫全書本及今本《周易》改。

夫道不簡則不行，不行則不樂。《易》曰：「簡則易從，易從則有功，有功則可大，可大則賢人之業。」夫亦固十棋之變，❶由不可既也，而況天下之言乎？」公於十棋之中，變數尚不可盡，天下之言，其可窮乎？故至道以不言爲辨。

曰：「微子之言，吾壹樂辨言。」子曰：「辨言之樂，不若治政之樂。❷辨言之樂不下席，治政之樂皇於四海。夫政善則民說，民說則歸之如流水，親之如父母，諸侯初入而後臣之，安用辨言！」

公曰：「然則吾何學而可？」子曰：「禮樂而力，忠信其君，其習可乎？」公曰：「多與我言忠信，而不可以入患。」備與我言忠信，而使不入於患。子曰：「毋乃既明忠信之備，而口倦其君，則不可而有；謂言而不行。明忠信之備，而又能行之，則可立待也。君朝而行忠信，百官承事，忠滿於中而發於外，刑於民而放於四海，天下其孰能患之。」言所推無不準。

公曰：「請學忠信之備。」子曰：「唯社稷之主，實知忠信。若丘也，綴學之徒，安知忠信。」

公曰：「非吾子問之而焉也？」焉問之乎。子三辭，將對。公曰：「强避。」謂避强也。一曰：公以夫子三辭，欲避左右之强者也。子曰：「强侍。丘聞大道不隱，言不可隱蔽也。丘言之，君發之於朝，行之於國，一國之人莫不知，何一之强辟？丘聞之忠有九知，知忠必知中，能内思自盡也。知中必知恕，❸能自盡知，故能知人。知恕必知外，内恕，故外能處於度物也。外知必知德，知德必知政，知政必知

❶「棋」，原作「祺」，據四庫全書本改。下注「棋」字同。

❷「不」，原作「之」，據四部叢刊本、漢魏叢書本、雅雨堂本、四庫全書本改。

❸「中」，原作「忠」，據雅雨堂本、四庫全書本改。

官，知官必知事，知事必知患，知患必知備。若動而無備，患而弗知，死亡而弗知，❶安與知忠信？內思畢心曰知中，❷中以應實曰知恕，內恕外度曰知外，外內參意曰知德，德以柔政曰知政，❸正義辨方曰知官，官治物則曰知事，事戒不虞曰知備。毋患曰樂，樂義曰終。」於知事而越言知備者，❹因義言之，足明於上也。

用兵第七十五

公曰：「用兵者，其由不祥乎？」祥，善。子曰：「胡爲不祥也？❺聖人之用兵也，以禁殘止暴於天下也。言非利金攘土，❻將以存亡繼絕，平天下之亂也。及後世貪者之用兵也，以刈百姓、危國家也。」刈，翦。

公曰：「古之戎兵，何世安起？」子曰：「傷害之生久矣，與民皆生。」人含五常之氣，❼生有喜則和親，怒則離害，其相害者，皆由兵也。❽

公曰：「蚩尤作兵與？」子曰：「否。蚩尤，庶人之貪者也，❾云蚩尤古之諸侯，或妄耳。❿一曰衆人之貪者也。及利無義，不顧厥親，以喪厥身。蚩尤惛慾而無厭者也，何器之能作？蜂蠆挾螫，云如蜂蠆之挾毒也。而生見害，謂黃帝殺之於涿鹿之野。而校以衛厥身者也。止教習干戈自衛身，非作者也。人生有喜怒，故兵之作，與民皆生，聖人利用而彌

❶「死亡而弗知」，四庫全書本爲注文。
❷「心」，原作「必」，據四庫全書本改。
❸「德」，原脱，據雅雨堂本、四庫全書本補。
❹「越」，四部叢刊本、漢魏叢書本作「趨」。
❺「不」上，四部叢刊本、漢魏叢書本有「其」字。
❻「攘土」，原作「壊王」，據雅雨堂本、四庫全書本改。
❼「含」，原作「合」，據雅雨堂本、四庫全書本改。
❽「由」，原作「曰」，據雅雨堂本、四庫全書本改。
❾「貪」，四庫全書本作「强」。
❿「或」，四庫全書本在上文「云」字上。

之，亂人興之喪厥身。《詩》云：『魚在在藻，厥志在餌。』由心在於利，用兵以取危。蓋逸《詩》也。『鮮民之生矣，不如死之久矣。』《小雅・蓼莪》之三章也。❶亦困於兵革之《詩》也。『校德不塞，嗣武孫武子。』亦同上二章。❷但用兵革，喪除其德，不以塞亂，而徒傳續武事於子孫者也。聖人愛百姓而憂海內，及後世之人，思其德必稱其仁，故今之道堯、舜、禹、湯、文、武者，猶威致王，今若存。夫民思其德，必稱其人，朝夕祝之，升聞皇天，上神歆焉，故永其世而豐其年也。夏桀、❸商紂羸暴於天下，暴極不辜，殺戮無罪，《詩》云：「無罪無辜，亂如此憮。」不祥于天，粒食之民，布散厥親；雖諸夏能相養。❹疏遠國老，幼色是與，言疏遠老成而與幼色者，若楚恭王遠申叔時而用子反也。而暴慢是親，讒貸處穀，《千乘》曰：「以財投長曰貸。」❺穀，禄也。法言法行處辟；辟，罪辟也。殀替天道，逆亂四時，禮樂不行，而幼風是御；任童幼之人使專政。曆失制，君臣昏亂，時候錯緒。攝提失方，攝提左右六星，與斗應相直，恒指中氣。《尚書中候》曰：「攝提移居。」鄒大無紀；邦，當字誤爲「鄒」，❻或深聲爲「鄒」也。不告朔於諸侯，《周禮・太史》職曰「正歲年以序事，❼頒之于官府及都鄙，頒告朔于邦國」也。❽玉瑞不行，玉者，所以等神祇，別人事，其用重焉。諸侯力政，不朝於天

❶「莪」，原作「祓」，據四部叢刊本、漢魏叢書本、雅雨堂本、四庫全書本改。
❷「亦同上二章」，原作「言用上一章」，據雅雨堂本、四庫全書本改。
❸「夏」，原作「憂」，據四部叢刊本、漢魏叢書本、雅雨堂本、四庫全書本改。
❹「諸夏」，四庫全書本作「親莫」。
❺「財」，原作「射」，據雅雨堂本、四庫全書本改。
❻「邦」，原作「那」，據四部叢刊本、漢魏叢書本改。
❼「史」，原作「師」，據四庫全書本改。「事」，原脱，據雅雨堂本、四庫全書本及《周禮》補。
❽「朔」，原脱，據雅雨堂本、四庫全書本補。

子，言以威力侵爭。《周書》：「力政則無讓，❶無讓則無禮，無禮雖得所好，❷民皆樂之乎？」六蠻、四夷交伐於中國。《周禮·職方氏》四夷、八蠻、七閩、九貉、五戎、六狄，此周所伏四海其種落之數也。《明堂位》曰：「九夷、八蠻、六戎、五狄，此朝明堂時來者數國也。」《爾雅》曰：「九夷、八狄、七戎、六蠻，其夏之所伏，與殷之夷國，東方十，南方六，西方九，北方十有三。」然鄭玄以西夷爲四方，九貉爲九夷，又引《爾雅》，其數不同，及六四文闕而不定，是終使學者疑於所聞也。於是降之災，水旱臻焉，霜雪大滿，甘露不降，百草殨黄，五穀不升，民多夭疾，六畜䬸眥，❸瘁，當字誤爲「䬸」也。❹瘁，病也。眥，瘻也。此大上之不論不議也。帝皇之世無灾疫，故百姓不議。殀傷厥身，失墜天下。夫天下之報殃於無德者，必與其民。」故《書》曰「天明威自我民明威」也。公懼焉，曰：「在民上者，可以無懼乎哉！」

少閒第七十六

公曰：「今日少閒，我請言情於子。」子愀焉變色，遷席而辭曰：「君不可以言情於臣，臣請言情於君，君則不可。」

公曰：「師之而不言情焉。其私不同。」言己師禮事夫子，故不使言情也。其私人不同於此也。子曰：「否。臣事君而不言情於君，則不臣；君而言情於臣，❺則不君。有臣

❶「力」上，四庫全書本有「曰力争則力政」六字。「政」，原作「致」，據四部叢刊本、漢魏叢書本、雅雨堂本、四庫全書本改。

❷「無」，原脱，據雅雨堂本、四庫全書本及《周禮》補。「雖」，四庫全書本作「則」。

❸「眥」，四庫全書本作「胔」。下注「眥」字同。

❹「爲」，原脱，據雅雨堂本補。

❺「而」，原作「而不」，據四庫全書本改。

而不臣，猶可；有君而不君，民無所錯手足。」

公曰：「吾度其上下，咸通之；使上下皆達也。權其輕重，居之；謂事役及刑罰。❶準民之色，目既見之；鼓民之聲，耳既聞之；動民之德，心既和之；通民之欲，兼而壹之；言皆稱百姓之欲也。愛民親賢而教不能：民庶說乎？」子曰：「說則說矣，可以爲家，不可以爲國。」

公曰：「可以爲家，胡爲不可以爲國？國之民，家之民也。」子曰：「國之民，誠家之民也。然其名異，不可同也。同名同食曰同等，名位不同，禮亦異數。唯不同等，民以知極。《周禮·大司徒》職曰「以儀辨等，則民不越」也。故天子昭有神於天地之間，以示威於天下也。《祭法》曰：「有天下者事百神。」諸侯脩禮於封內，以事天子；大夫脩官守職，以事其君；士脩四衛，執技論力，以聽乎大夫；四衛，四方之職。《曲禮》曰：「地廣大，荒而不治，此亦士之辱也。」庶人仰視天文，俯視地理，力時使以聽乎父母。《孝經》曰：「用天之道，分地之利，謹身節用，以養父母，此庶人之孝者也。」此唯不同等，民以可治也。」

公曰：「善哉！上與下不同乎？」子曰：「將以時同時不同。言有可同不可同也。上謂之閑，下謂之多疾。不正之政，君謂閑，民謂之多疾，同所惡也。君時同於民，布政也；施善政也。民時同於君，服聽也。上下相報而終於施。施，恩施也。大猶已成，發其小者；遠猶已成，發其近者。遠大之謀，緣近小治。❷將行重器，❸先其輕者。將持重器，❹必先効輕

❶「役」，原作「後」，據四庫全書本改。
❷「治」，四庫全書本作「始」。
❸「行」，四庫全書本作「持」。
❹「持」，原作「待」，據雅雨堂本、四庫全書本改。

者，亦以於政也。❶先清而後濁者，天地也。清濁，謂陰陽也。天政曰正，地政曰生，人政曰辨。辨，别。苟本正，則華英必得其節以秀孚矣。言專陽則正華英也，得陰陽之孚秀也。❷此官民之道也。」官人當取終始。

公曰：「善哉！請少復進焉。」子曰：「昔堯取人以狀，❸觀其容狀施發。舜取人以色，禹取人以言，湯取人以聲，文王取人以度。觀其志度。此四代五王之取人，以治天下如此。」四代據文距殷。或曰：文王取人以度，四代謂兼之也。

公曰：「嘻！善之不同也。」嘻，歎惜之聲。公謂五王取人，德有不同也。子曰：「何謂其不同也？」公曰：「同乎？」子曰：「同。」

公曰：「人狀可知乎？」問四代以人狀得善之事。子曰：「不可知也。」公曰：「五王取人，各有以舉之，胡爲人之不可知也？」子曰：「五王取人，比而視，相而望，五王取人各以己焉，是以同狀。」聖王通而虛己，故於求人雖言色不同，而善惡無異。

公曰：「以子相人何如？」子曰：「否。丘則不能五王取人。言不能如五王。丘也傳聞之，以委於君。丘則否，能傳聞而已，❹不能如也。亦又不能。」又不能備問也。❺

公曰：「我聞子之言，始蒙矣。」自言蒙亂。子曰：「由君居之，成於純，胡爲其蒙也。由，用也。言能居之則成純，❻何爲其蒙也。雖古之治天下者，豈生於異州哉！昔虞舜以天德嗣堯，凡質以天德，文以地德。《禮緯含文嘉》

❶「於」，雅雨堂本、四庫全書本作「諭」。
❷「陽則」至「孚秀」，四庫全書本作「務其本則華英得陰陽之節而秀孚」。
❸「以」，原作「民」，據四庫全書本改。
❹「能」，原爲正文，據雅雨堂本、四庫全書本改爲注。
❺「問」，四庫全書本作「聞」。
❻「成」，原作「桀」，據雅雨堂本、四庫全書本改。

曰：❶「殷授天而王，周據地而王也。」布功散德制禮，朔方幽都來服，南撫交趾，出入日月，莫不率俾，俾，使。西王母來獻其白琯，粒食之民，昭然明視，西王母，神也，其狀如人。琯所以候氣，漢明帝時於舜廟下得玉琯一枚也。❷民明教，通於四海，民明於教，❸夷夏同風。海外肅慎、北發、渠搜、氐、羌來服。❹北發，北狄地名，其地出迅走鹿。❺周武王時肅慎貢楛矢文麈，❻渠搜貢露犬，❼氐、羌貢鸞鳥也。舜崩，有禹代興，❽禹卒受命，乃遷邑姚姓于陳。遷邑姚姓于陳，謂改封虞氏之後于陳，因使氏焉。《春秋左傳》曰：「胙之以土，命之氏。」作物配天，脩德使力，民明教，通于四海，海之外肅慎、北發、渠搜、氐、羌來服。

禹崩，十有七世乃有末孫桀即位。桀不率先王之明德，乃荒耽于酒，淫泆于樂，德昏政亂，作宮高臺，❾《淮南子》云：「桀爲琁宮、瑶臺、象筯、玉盃也。」汙池土察，汙，深也。❿察，深也。言洞地爲池也。以民爲虐，逞其濫酷。粒食之民，惛焉幾亡。乃有商履代興。履，湯名。《論語》曰：「履敢用玄牡。」《王侯世家》曰：「湯名天乙。」《白虎通》曰：「湯王之後，更定名爲子孫法，本名履也。」商履循禮法以觀天子，天子不說，則嫌於死。成湯怒至於亂。成湯卒受天命，不忍天下粒食之民刈戮，不得以疾死，故乃放移夏桀，散

❶「嘉」，原作「加」，據四部叢刊本、漢魏叢書本、雅雨堂本、四庫全書本改。

❷「下」，原作「不」，據四庫叢刊本、漢魏叢書本、雅雨堂本、四庫全書本改。

❸「於教」，原作「教於」，據四庫全書本乙正。

❹「氐」，原作「互」，據雅雨堂本、四庫全書本改。下四「氐」字同。

❺「出迅走鹿」，原作「土迅足塵」，據四庫全書本改。

❻「時肅慎」，原脱；「矢」原作「失」，據雅雨堂本、四庫全書本分別補改。「麈」，疑當作「麈」。

❼「露」，原作「虛」，據四庫全書本改。

❽「崩」，原脱，據四庫全書本補。

❾「宮」下，雅雨堂本、四庫全書本有「室」字。

❿「深」，雅雨堂本、四庫全書本作「窪」。

亡其佐，伐之於南巢，放之於夏宮，❶而去其臣佐。乃遷姒姓于杞。封夏后氏之後於杞，亦命氏焉。發厥明德，順民天心嗇地，作物配天，制典慈民。發其明德，而順天之心。嗇，收也。咸合諸侯，作八政，命於總章。八政，《洪範》所云是也。總章，重屋之西堂，於此命事，取萬物之成功也。服禹功，以脩舜緒，爲副于天，粒食之民，昭然明視，民明教，通于四海，海之外肅慎、北發、渠搜、氐、羌來服。成湯卒崩，❷殷德小破，二十有二世乃有武丁即位。開先祖之府，取其明法，以爲君臣上下之節，殷民更服，❸近者説，遠者至，粒食之民昭然明視。武丁，小乙之子。盤庚之時，❹有雊雉之變，懼而脩德，重興殷道，號爲高宗。武丁年崩，❺殷德大破，九世乃有末孫紂即位。紂不率先王之明德，乃上祖夏桀行，荒耽于酒，淫泆於樂，德昏政亂，作宮室高臺，謂傾宮鹿臺之等也。汙池土察，以爲民虐，粒食之民忽然幾亡。乃有周昌霸諸侯以佐之。紂不説諸侯之聽於周昌，則嫌於死。乃退伐崇、許、魏，以客事天子。許、魏不在五伐，❻蓋時小伐也。客事天子，❼謂忍而臣之也。文王卒受天命，作物配天，制法任地，❽行三明，親親尚賢。民明教，通于四海，海之外肅慎、北發、渠搜、氐、羌來服。君其志焉，或徯將至也。」君，哀

❶「宮」，原作「官」，據雅雨堂本、四庫全書本改。
❷「卒」，四庫全書本作「既」。
❸「服」，原作「眩」，據四庫全書本改。
❹「時」，雅雨堂本作「孫」。「小乙」至「之時」，四庫全書本作「盤庚弟小乙之子也」。
❺「年」，雅雨堂本作「卒」，四庫全書本作「既」。
❻「伐」，原作「代」，據上文及四庫全書本改。下「伐」字同。
❼「客」，原作「各」，據四部叢刊本、漢魏叢書本、雅雨堂本、四庫全書本改。
❽「制法任地」，原作「制無用」，據四庫全書本改。孔氏補注本作「制典用」。

公也。言今周衰之甚，有繼之者將至也。❶

公曰：「大哉！子之教我政也。列五王之德，煩煩如繁諸乎？」煩，衆也。如繁者，言如萬物之繁蕪也。❷子曰：「君無譽臣，臣之言未盡，請盡臣之言，君如財之。」曰：「於此有功匠焉，王非獨善，言有師保。有利器焉，言有先王之禮度也。有措扶焉，謂股肱之良也。以時令其藏必周密，發如用之，《易》曰：「藏器於身，待時而發。」可以知古，可以察今，可以事親，可以事君，可用于生，又用之死，吉凶並興，禍福相生，言職其並興及相生之義。❸《老子》曰「禍兮福所倚，福兮禍所伏」也。卒反生福，大德配天。」終爲福德以配於天。

公愀然其色，變容色也。曰：「難立哉？」子曰：「臣願君之立知如以觀聞也。❹觀君博聞以立知焉。時天之氣，用地之財，以生殺於民，民之死不可以教。」謂辜極可以苟免也。

公曰：「我行之，其可乎？」子曰：「唯此在君。言行此在君也。君曰足，臣恐其不足。未足而君謂足，則臣恐未足，告以不足也。君曰不足，臣恐其足，❺實足可行，而君曰不足，則臣云足，❻所謂可否也。❼舉其前，必舉其後，舉其左，必舉其右。君既教矣，安能無善。」君道之則，民應以善。公吁焉其色曰：「大哉，子之教我制也。政之豐也，如未之成也。」❽子曰：「君知未成，言未盡也。凡草木根鞁傷，則枝葉必偏枯，敗，當字誤爲「鞁」。偏枯是

❶「繼」，原作「流」，據四庫全書本改。
❷「繁」，原作「蘩」，據雅雨堂本、四庫全書本改。
❸「生」，原脱，據雅雨堂本、四庫全書本補。
❹「觀聞」，原作「聞觀」，據雅雨堂本、四庫全書本改。
❺「臣恐其足」，原脱，據四庫全書本補。
❻「云」，原作「去」，據四部叢刊本、漢魏叢書本、雅雨堂本、四庫全書本改。
❼「所」，原作「可」，據雅雨堂本、四庫全書本改。
❽「未」，雅雨堂本、四庫全書本作「木」。

爲不實，穀亦如之。民以君爲本。❶上失政大，及小人畜穀。」穀敗失則傷及人物。公曰：「所謂失政者，若夏、商之謂乎？」子曰：「否。若夏、商者，天奪之魄，不生德焉。」言天地絶夏、商之餘民，乃興周之績。《春秋左氏傳》：「天奪其魄。」有生之魄。

公曰：「然則何以謂失政？」子曰：「所謂失政者，疆蔞未虧，❷言疆域與草木皆未易於常也。人民未變，鬼神未亡，民神猶依附之。水土未絪，絪，猶亂。《韓詩外傳》曰「陰陽相勝，氛祲絪氳」也。糟者猶糟，實者猶實，糟以諭惡，實以諭善。亦言善惡之物未錯亂也。❸玉者猶玉，玉者諭善人，❹言尚賢其賢。血者猶血，酒者猶酒，血，憂色也。酒以諭樂，猶憂其可憂而樂其所樂。優以繼愖，❺政出自家門，此之謂失政也。愖，猶忍也。言天下安然，人物不亂，方優佚樂，繼之出其忍政也。非天是反，人是反。臣故曰：君無言情於臣，君無假人器，君無假人名。」《春秋左傳》曰「唯器與名不可以假人」者也。公曰：「善哉！」

大戴禮記卷第十一

❶「以」下，原衍「爲」字，據雅雨堂本、四庫全書本删。
❷「蔞」，四庫全書本作「藪」。
❸「未」，原作「仍」，據四庫全書本改。
❹「者」，四部叢刊本、漢魏叢書本、雅雨堂本、四庫全書本作「以」。
❺「以繼」，四庫全書本作「繼以」。

大戴禮記卷第十二

朝事第七十七

古者聖王明義，以別貴賤，以序尊卑，以體上下，然後民知尊君敬上，而忠順之行備矣。是故古者天子之官，有典命官掌諸侯之儀，大行人掌諸侯之儀，以等其爵，故貴賤有別，尊卑有序，上下有差也。

典命諸侯之五儀，諸臣之五等，以定其爵，故貴賤有別，尊卑有序，上下有差也。❶命：上公九命爲伯，❷其國家、宮室、車旗、衣服、禮儀，皆以九爲節；諸侯、諸伯七命，其國家、宮室、車旗、衣服、禮儀，皆以七爲節；子、男五命，其國家、宮室、車旗、衣服、禮儀，皆以五爲節。王之三公八命，其卿六命，其大夫四命。及其封也，皆加一等。其國家、宮室、車旗、衣服、禮儀，亦如之。凡諸侯之適子，省於天子，攝君，則下其君之禮一等；未省，則以皮帛繼子、男。公之孤四命，以皮帛視小國之君，其卿三命，❸其大夫再命，士一命，其宮室、車旗、衣服、禮儀，各視其命之數。侯伯之卿、大夫、士亦如之。子、男之卿再命，其大夫一命，其士不命，其宮室、車旗、衣服、禮儀，各如其命之數。

禮，大行人以九儀別諸侯之命，等諸

---

❶ 「以定其爵」至「上下有差也」凡十八字，四庫全書本無。

❷ 「命」，原作「卿」，據雅雨堂本、四庫全書本改。

❸ 「三」，原作「二」，據雅雨堂本改。

臣之爵，以同域國之禮，而待其賓客。❶上公之禮，執桓圭九寸，繅藉九寸，冕服九章，建常九斿，樊纓九就，貳車九乘，介九人，禮九牢，其朝位賓主之間九十步，饗禮九獻，食禮九舉。諸侯之禮，執信圭七寸，繅藉七寸，冕服七章，建常七斿，樊纓七就，貳車七乘，介七人，禮七牢，其朝位賓主之間七十步，饗禮七獻，食禮七舉。諸伯執躬圭，其他皆如諸侯之禮。諸子執穀璧五寸，繅藉五寸，冕服五章，建常五斿，樊纓五就，貳車五乘，介五人，禮五牢，其朝位賓主之間五十步，饗禮五獻，食禮五舉。諸男執蒲璧，其他皆如諸子之禮。凡大國之孤，執帛皮以繼小國之君。❷諸侯之卿，禮各下其君二等，以下及大夫、士皆如之。

天子之所以明章著此義者，以朝聘之禮。是故千里之内，歲一見；千里之外，千五百里之内，二歲一見；千五百里之外，二千里之内，三歲一見；二千里之外，二千五百里之内，四歲一見；二千五百里之外，三千里之内，五歲一見；三千里之外，三千五百里之内，六歲一見。各執其圭瑞，服其服，乘其輅，建其旌旂，施其樊纓，從其貳車，委積之以其牢禮之數，所以明别義也。然後天子冕而執鎮圭尺有二寸，藻藉尺有二寸，搢大圭，乘大輅，建大常十有二旒，樊纓十有再就，貳車十有二乘，率諸侯而朝日東郊，所以教尊尊也。退而朝諸侯。爲壇三成，宫旁一門。天子南鄉見諸侯，土揖庶姓，時揖異姓，天揖同姓，所以别親疏外内也。公、侯、伯、子、男各以其旂就

❶ 「待其賓客」，原作「行其賓主」，據雅雨堂本、四庫全書本改。

❷ 「帛皮」，雅雨堂本、四庫全書本作「皮帛」。

其位：諸公之國，中階之前，北面東上；諸侯之國，東階之東，西面北上；諸伯之國，西階之西，東面北上；諸子之國，門東，北面東上；❶諸男之國，門西，北面東上。及其將幣也，公於上等，所以別貴賤、序尊卑也。奠圭降拜，升，成拜，明臣禮也。奉國地所出重物而獻之，明臣職也。肉袒入門而右，以聽事也。明臣禮，職臣事，所以教臣也。率而祀天於南郊，配以先祖，所以教民報德不忘本也。率而享祀於太廟，所以教孝也。與之大射，以考其習禮樂，而觀其德行；與之圖事，以觀其能；儐而禮之，三饗三食三宴，以與之習立禮樂。是故一朝而近者三年，遠者六年。有德焉，禮樂爲之益習，德行爲之益修，天子之命爲之益行。然後使諸侯世相朝，交歲相問，殷相聘，以習禮考義，正刑一德，以崇天子。故曰朝聘之禮者，所以正君臣之義也。

諸侯相朝之禮，各執其圭瑞，服其服，乘其輅，建其旌旂，施其樊纓，從其貳車，委積之以其牢禮之數，所以別義也。介紹而相見，君子於其所尊不敢質，敬之至也。君使大夫迎於境，卿勞於道，君親郊勞致館，及將幣，拜迎於大門外而廟受，北面拜貺，所以致敬也。三讓而後升，所以致尊讓也。敬讓也者，君子之所以相接也。諸侯相接以敬讓，則不相侵陵也。此天子之所以養諸侯，兵不用而諸侯自爲正之具也。君親致雍既、還圭，饗食、致贈、郊送，所以相與習禮樂也。諸侯相與習禮樂，則德行修而不流也，故天子制之而諸侯務焉。聘禮，上公七介，侯、伯五介，子、男三

❶「諸子之國門東北面東上」，原脱，據雅雨堂本、四庫全書本補。

介，所以明貴賤也。介紹而傳命，君子於其所尊不敢質，敬之至也。三讓而後傳命，三讓而後入門，❶三揖而後至階，三讓而後升，所以致尊讓也。君使士迎于境，大夫郊勞，君親拜迎大門之內，而廟受，❷北面拜貺，拜君命之辱，❸所以致敬讓也。致敬讓者，君子之所以相接也。故諸侯相接以敬讓，則不相侵陵也。卿爲上擯，大夫爲丞擯。❹君親醴賓，❺私覿，致饔餼既，❻還圭璋賄贈，饗食燕，所以明賓主君臣之義也。故天子之制，諸侯交歲相問，殷相聘，相厲以禮。使者聘而誤，主君不親饗食，所以耻厲之也。諸侯相厲以禮，則外不相侵，内不相陵，此天子所以養諸侯，兵不用而諸侯自爲正之具也。以圭璋聘，重禮也；已聘而還圭璋，輕財重禮之義也。諸侯相厲以輕財重禮，則作讓矣。主國待客，出入三積。❼既客於舍，五牢之具陳於內，米三十車，禾三十車，芻薪倍禾，皆陳於外，乘禽日五雙，群介皆餼牢，壹食再饗，宴與時賜無數，所以厚重禮也。古之用財不能均如此，然時用財如此其厚者，言盡之於禮也。盡之於禮，則內君臣不相陵，而外不相侵，故天子制之而諸侯務焉。

古者大行人掌大賓之禮及大客之義，以親諸侯。春朝諸侯而圖天下之事，秋覲以比邦國之功，❽夏宗以陳天下之謀，冬遇

❶「門」上，雅雨堂本、四庫全書本有「廟」字。

❷「廟」，原作「朝」，據雅雨堂本、四庫全書本改。

❸「命」，原脱，據雅雨堂本、四庫全書本補。

❹「擯」下，四庫全書本有「士爲紹擯」四字。

❺「賓」下，雅雨堂本有「賓私面」三字。

❻「餼」，雅雨堂本、四庫全書本無。

❼「三」，原作「五」，據雅雨堂本、四庫全書本改。

❽「以」，原脱，據雅雨堂本、四庫全書本補。

以協諸侯之慮，❶時會以發四方之禁，殷同以施天下之政，時聘以結諸侯之好，殷眺以成邦國之貳，間問以諭諸侯之志，歸脤以交諸侯之福，❷賀慶以贊諸侯之喜，致會以補諸侯之灾。天子之所撫諸侯者，❸歲遍在；三歲遍眺；五歲遍省；七歲屬象胥，諭言語，計辭令；九歲屬瞽史，諭書名，聽音聲；十有一歲建瑞節，同度量，成牢禮，同數器，修法則；十有二歲，天子巡狩殷國。是故諸侯上不敢侵陵，下不敢暴小民。然後諸侯之國，札喪，則令賻補之；凶荒，則令賙委之；師役，則令槁禬之；有福事，則令慶賀之；有禍灾，則令哀吊之。凡此五物者，治其事故。及其利害爲一書，❹其禮俗、政事、教治、刑禁之逆順爲一書，其勃逆、暴亂、作慝、欲犯令者爲一書，❺其札喪、凶荒、厄貧爲一書，❻其康樂、和親、安平爲一書。凡此五物者，每國別異之，天子以周知天下之政。是故諸侯附於德，服於義，則天下太平。古者天子爲諸侯不行禮義，不修法度，不附於德，不服於義，故使射人以射禮選具德行，職方氏、大行人以其治國，選其能功。諸侯之得失治亂定，然後明九命之賞以勸之，明九伐之法以震威之。尚猶有不附於德不服於義者，則使掌交説之，❼故諸侯莫不附於德服於義者。此天子之所以養諸侯，兵不用而諸侯自爲政之法也。❽

❶「以」，原脱，據雅雨堂本、四庫全書本補。
❷「交」，原作「教」，據雅雨堂本、四庫全書本改。
❸「所」，雅雨堂本、四庫全書本有「以」字。
❹「其」下，雅雨堂本有「萬民之」三字。
❺「勃」，雅雨堂本、四庫全書本作「悖」。
❻「札喪凶荒厄」，原作「禮俗政事」，據雅雨堂本、四庫全書本改。
❼「之」，原脱，據雅雨堂本、四庫全書本補。
❽「法」，四庫全書本作「具」。

投壺第七十八

投壺之禮：主人奉矢，司射奉中，使人執壺。主人請曰：「某有枉矢峭壺，請樂賓。」賓曰：「子有旨酒嘉肴，又重以樂，敢辭。」主人曰：「枉矢峭壺，不足辭也，敢以請。」賓曰：「某賜旨酒嘉殽，又重以樂，敢固辭。」主人曰：「枉矢峭壺，不足辭也，敢固以請。」賓對曰：「某固辭不得命，敢不敬從。」賓再拜受，主人般還曰避。主人阼階上再拜送，賓般還曰避。以拜，受矢，進即兩楹間，❶退反位，❷揖賓就筵。司射進度壺，反位。設中，執八筭。請于賓曰：「奏投壺之令曰：順投爲入，比投不釋筭。勝飲不勝，正爵既行，請爲勝者立馬，三馬既立，慶多馬。」請主人亦如之。命弦者曰：「請奏《貍首》，間若一。」太師曰：「諾。」左右告矢具，請拾投，投入者，❸則司射坐而釋一筭焉。❹賓黨於右，主黨於左。卒投，❺司射執餘筭曰：「右左卒投，❻請數。」二筭爲純，一純以取，一筭爲奇。有勝則司射以奇筭告曰：「某黨賢於某黨，賢若干純。」奇則曰奇，鈞則曰左右鈞。舉手曰：「請勝者之弟子爲不勝者酌。」❼酌者曰：「諾。」以酌，皆請舉酒。當飲，皆跪奉觶曰：「賜灌。」勝者跪曰：「敬養。」司正曰：「正爵既行，請爲勝者立馬。」各直其筭

❶「即」，原作「則」，據雅雨堂本、四庫全書本改。
❷「退」，原作「追」，據雅雨堂本、四庫全書本改。
❸「投」，雅雨堂本作「有」。
❹「焉」，原作「曰」，據雅雨堂本、四庫全書本改。
❺「卒」，原作「率」，據雅雨堂本、四庫全書本改。下「卒」字同。
❻「右左」，雅雨堂本、四庫全書本作「左右」。
❼「請」，原作「諸」，據雅雨堂本、四庫全書本改。

上，一馬從二馬以慶。慶禮曰：「三馬既立，請慶多馬。」賓主人皆曰：「諾。」正爵既行，請徹馬，周則復始。既筭，筭多少視其坐。❶矢八分，❷堂上七扶，堂中五扶，❸庭下九扶。筭長尺二寸。堂下司正、司射、庭長及冠士立者，皆屬賓黨；樂人及童子、使者，皆屬主黨。降揖，其阼階及樂事，皆與射同節。壺中置小豆，爲其矢躍而去也。壺去席二矢半。矢以柘若棘，❹無去其皮，大七分。

曾孫侯氏，今日泰射，干一張，侯參之。曰：「今日泰射，❺四正具舉。大夫君子，凡以庶士。小大莫處，御于君所。以燕以射，則燕則譽。質參既設，執旌既載。干侯既亢，❻中獲既置。」壺脰脩七寸，口徑二寸半，壺高尺二寸，受斗五升，❼壺腹脩五寸。「弓既平張，四侯且良。決拾有常，既順乃讓。乃揖乃讓，乃隮其堂。乃節其行，既志乃張。射夫命射，射者之聲。御車之旌，❽既獲卒莫。」

凡雅二十六篇。其八篇可歌，歌《鹿鳴》、《貍首》、《鵲巢》、《采蘩》、《采蘋》、《伐檀》、《白駒》、《騶虞》；八篇廢，不可歌；七篇《商》、《齊》，可歌也；三篇間歌。《史辟》、《史義》、《史見》、《史童》、《史謗》、《史

---

❶「周則」至「其坐」，雅雨堂本校：「此文倒，當從吴本作『筭多少視其坐既筭周則復始』。」

❷「矢」，雅雨堂本作「籌」。

❸「堂」，雅雨堂本作「室」。

❹「矢」，原脱，據雅雨堂本、四庫全書本補。

❺「干一張」至「泰射」十一字，四庫全書本無。

❻「干」，雅雨堂本作「大」。

❼「壺高尺二寸受斗五升」九字，原爲注文，據雅雨堂本、四庫全書本改。

❽「御車」，雅雨堂本，四庫全書本作「獲者」。

賓》、《拾聲》、《叡挾》。❶

魯命弟子辭曰：「無荒無傲，無倨立，無踰言。若是者，有常爵。」「嗟爾不寧侯，爲爾不朝于王所，故亢而射女，强食，食爾曾孫侯氏百福。」

大戴禮記卷第十二

❶ 「史辟」至「叡挾」，四庫館臣校：「案《史辟》以下，八篇之名當即此，訛舛在下。」則此八篇之名當移於「八篇廢不可歌」下。

大戴禮記卷第十三

公冠第七十九❶

公冠自爲主，迎賓，揖升自阼，立於席。入堂深，異於士。❷既醴，降自阼。君尊，故其降也不使就賓阼也。❸其餘自爲主者，其降也自西階以異，不敢終於正。❹其餘皆與公同也。❺爲迎賓升阼之等。❻公玄端與皮弁皆韠，玄端，緇布冠及玄冠之服也。《玉藻》曰：「始冠緇布之冠，自諸侯達，冠而弊之可。」❼二服皆韠也。古者田狩而食其肉，衣其皮，先以兩皮如韠以蔽其前後。及後世，聖人易之以布帛，猶存其蔽前，示不忘古。尊祭服，異其名曰韠。其制，上廣一尺，下廣二尺，長三尺，其徑五寸，❽肩革帶博二寸。❾朝服素韠。玄端，諸侯之服。皮弁，天子朝服。韠從裳色，❿皆素也。⓫公冠，四加玄冕。「四」當爲「三」，「玄」當爲「衮」字之誤。饗之以三獻之禮，饗賓也，士於賓以一獻之禮也。⓬無介，於饗而贊冠者，退爲衆賓者，君禮於臣本無介也。無樂，亦饗時也。冠者成人代父始，宜盡孝子之感，不

---

❶「冠」，原作「符」，據雅雨堂本、四庫全書本改。下「冠」字同。
❷「士」，原作「上」，據雅雨堂本、四庫全書本改。
❸「阼」，雅雨堂本、四庫全書本作「階」。
❹「終」，原作「忠」，據四部叢刊本、漢魏叢書本、雅雨堂本、四庫全書本改。
❺「與」，原脱，據雅雨堂本、四庫全書本改。
❻「阼」，原作「作」，據雅雨堂本、四庫全書本改。
❼「冠」，原作「官」，據雅雨堂本、四庫全書本改。
❽「徑」，雅雨堂本、四庫全書本作「頸」。
❾「革帶」，原脱，據雅雨堂本、四庫全書本補。
❿「韠從裳」，原作「必從色」，據雅雨堂本、四庫全書本改。
⓫「素」，原作「表」，據雅雨堂本、四庫全書本改。
⓬「士」，原作「上」，據雅雨堂本、四庫全書本改。

可以歡樂取之。孔子曰：「娶婦之家，❶三日不舉樂，思嗣親。」然則冠禮一舉樂可也。❷《春秋左氏傳》曰「以金石之樂節之」，謂冠之時爲節也。❸皆玄端。君臣同服。其幬幣朱錦采，四馬，其慶也。❹其慶賓也如是。太子擬焉。❺擬公禮也。太子與庶子，其冠皆自爲主，主，❻侯自主之。重言「太子」，誤也。《家語》曰：「王太子、庶子之冠擬焉，❼非也。」其禮與士同，其饗賓也皆同。《士冠禮記》曰：「天子之元子，猶士也。天下無生而貴者也。」

成王冠，周公使祝雍祝王，雍，太祝。定左與王爲祝辭，❽於冠告焉。曰：「達而勿多也。」辭多則史，少則不達。❾祝雍曰：「使王近於民，視民如子。❿遠於年，⓫嗇於時，惠於財，及時而施。親賢使能。」

「陛下離顯先帝之光耀，離，明也。以承皇天嘉禄，欽順仲夏之吉日，古者冠以仲春。遵並大道邠或，邠或，當爲「芬或」，聲字之誤也。秉集萬福之休靈，始加昭明之元服，推遠稚免之幼志，免，猶弱也。崇積文武之寵德，文皇帝，⓬武皇帝。肅勤高祖清廟，高祖，高皇帝也。六合之内靡不息，陛下永永與天無極。」凡一百。孝昭冠辭。漢孝昭帝冠辭。

「皇皇上天，照臨下土，集地之靈，降甘風雨，《禮運》曰：「地秉陰竅於山川。」庶物群生，各得其所，靡今靡古，言覆施均。維予一

❶「之家」，原脱，據四庫全書本補。
❷「一」，四庫全書本作「不」。
❸「冠之」，原作「之冠」，據雅雨堂本、四庫全書本乙正。
❹「也」下，雅雨堂本、四庫全書本有「同」字。
❺「太」，原作「天」，據雅雨堂本、四庫全書本改。
❻「主」，原作「王」，據雅雨堂本、四庫全書本改。
❼「焉」，原作「爲」，據雅雨堂本、四庫全書本改。
❽「定」，雅雨堂本、四庫全書本作「當」。
❾「達」，原作「遠」，據雅雨堂本、四庫全書本改。
❿「視民如子」，原脱，據雅雨堂本、四庫全書本補。
⓫「年」下，原有注「少則視民不達而」七字，據雅雨堂本、四庫全書本刪。
⓬「皇」，原作「章」，據雅雨堂本、四庫全書本改。

人某，敬拜皇天之祐。古祝辭則云嗣王某，或曰一人某。王者親告之辭也。薄薄之土，承天之神，薄，旁薄也。《易》曰「乃順承天」也。興甘風雨，庶卉百穀，莫不茂者，既安且寧，維予一人某，敬拜下土之靈。維某年某月上日。」年，謂太歲所在。月，正月也。其天地祝辭皆爾省文，故曰下明之也。❶「明光于上下，勤施于四方，旁作穆穆，惟予一人某，敬拜迎于郊。以正月朔日迎日於東郊。」古者帝王以正月朝聘，率有司迎日于東郊也，所以爲萬品先而尊事天也。

本命第八十

分於道謂之命，道爲冥化自然之道也，人資始焉，或分得其長，分得其短，❷其中脩促謂之命也。❸孔子曰：「死生有命。」形於一謂之性，形，法象也，凡人稟於木則象之以仁，受於金則以義。❹孔子曰：「天命之謂性。」性者，資於未生之前，發於既生之後，原其所，❺故於此言之。化於陰陽，象形而發謂之生，象微昧，《易》曰「男女搆精，萬物化生」也。化窮數盡謂之死。化窮者，身也。數盡者，午也。故命者，性之終也，命初分於道，則是生之始也。分道則脩短已定，故爲生之終，是以始末舉也。則必有終矣。

人生而不具者五：目無見，不能食，不能行，不能言，不能化。三月而徹眗，❻眗，睛也，轉視皃。徹，或爲「微」也。然後能有見；八月生齒，然後食；朞而生臏，然後能行；三年瞦合，然後能言；三月萬物一成，朞年天道一備，三年而天道大成，故因之以變化也。十有六情通，然後能化。

❶「曰」，雅雨堂本作「日」，四庫全書本作「于」。
❷「分」上，四庫全書本有「或」字。
❸「中」，四部叢刊本、漢魏叢書本作「變」。
❹「則」下，四庫全書本有「象之」二字。
❺「所」下，四庫全書本有「始」字。
❻「眗」，原作「昀」，據四庫全書本改，下注「眗」字同。

陰窮反陽，陽窮反陰，夏至陽往陰動，冬至陰消陽息。辰故陰以陽化，陽以陰變。故男以八月而生齒，八歲而齔，❶一陰一陽，然後成道，《易》曰「一陰一陽之謂道」也。二八十六，然後情通，然後其施行。施道，行道。❷女七月生齒，七歲而齔，❸二七十四，然後其化成。化道成，陽施而陰化，亦天地之道也。合於三也，小節也。男女合於三十。中古男三十而娶，女二十而嫁，合於五也，中節也。合於五十。太古男五十而室，女三十而嫁，備於三五，合於八也。❹備三五十合於八十也。不言大節，省文。案《周禮·媒氏》職曰：「今男三十而娶，女二十而嫁。」《内則》曰：「二十而冠，三十而有室。十五笄，二十而嫁。」《尚書大傳》曰：「男三十而娶，女二十而嫁。」《書》曰「有鰥在下」，曰虞舜喪服爲夫之姑姊妹之長殤。然則古者皆以二十、三十爲婚姻之年，十六、十四爲嫁娶之期，今有三十、五十，❺創非也。❻故譙周云：「師言此説，近漢初學者所續焉。」八者，維剛也，❼天地以發明，故聖人以合陰陽之數也。八爲方維，八卦之數也。天地以之明，聖人以之合陰陽。九六大衍之數也。

禮義者，恩之主也。冠、昏、朝、聘、喪、祭、賓主、鄉飲酒、軍旅，此之謂九禮也。君臣、冠、婚、朝、聘五也，喪、祭七也，鄉飲、賓主八也，軍旅九也。禮經三百，禮經，統於心也。威儀三千。曲禮也，行於兑也。机其文之變也。机，危也。謂二禮動行，九事皆有其文，每變不同也。其文變也，禮之象五行也，其義四時也。象五行，謂内外爵與五服。義，宜也。故以四舉，有恩，有

❶「齔」，原作「毁齒」，據雅雨堂本、四庫全書本改。

❷「行道」，雅雨堂本作「行」，四庫全書本作「行也」。

❸「齔」，原作「毁」，據雅雨堂本、四庫全書本改。

❹「八」，原重文，據四庫全書本改。

❺「三」，原作「二」，據四部叢刊本、漢魏叢書本、雅雨堂本、四庫全書本改。

❻「創」，四庫全書本作「則」。

❼「剛」，四庫全書本作「綱」。

義，有節，有權。恩厚者其服重，故爲父斬衰三年。以恩制者，門内之治恩掩義，門外之治義斷恩。資於事父以事君，而敬同，貴貴尊尊，義之大者也。故爲君亦服斬衰三年，以義制者也。貴貴，謂爲大夫、君。尊尊，謂爲天子、諸侯也。三日而食，食，食粥也。三月而沐，將虞時。朞而練，毀不滅性，不以死傷生，喪不過三年，苴衰不補，異於吉，無飾也。墳墓不坯，同於丘陵，除之日鼓素琴，漸有終，因省哀。示民有終也，以節制者也。資於事父以事母而愛同，天無二日，國無二君，家無二尊，以治之也。❶父在爲母齊衰朞，見無二尊也。百官備，百制具，不言而事行者，❷扶而起；謂天子、諸侯。言而後事行者，杖而起；❸謂士大夫。身自執事而後事行者，面垢而已。❹謂庶人。凡此，以權制者也。❺始死，三日不怠，三月不解，朞悲號，三年憂，恩之殺也。❻東夷二連。其所不懈不怠者，❼哭不絶聲。不懈者，不脱絰帶也。聖人因教以制節也。爲卒哭祥禫之變。

男者任也，子者孳也，男子者，言任天地之道，❽如長萬物之義也。故謂之丈夫。丈者長也，夫者扶也，言長萬物也。知可爲者，知不可爲者；知可言者，知不可言者；知可行者，知不可行者。是故審論而明其別，謂之知。所以正夫德者。

女者如也，子者孳也，女子者，言如男

❶「治」上，四庫全書本有「一」字。
❷「事」，原作「浄」，據四部叢刊本、漢魏叢書本、雅雨堂本、四庫全書本改。
❸「杖」，原作「扶」，據雅雨堂本、四庫全書本改。
❹「垢」，原作「詬」，據雅雨堂本、四庫全書本改。
❺「制」，原作「利」，據雅雨堂本、四庫全書本改。
❻「殺」，原作「教」，據雅雨堂本、四庫全書本改。
❼「不懈」，四庫全書本無。
❽「任天地」，原作「順天子」，據四部叢刊本、漢魏叢書本、雅雨堂本、四庫全書本改。

子之教，而長其義理者也。故謂之婦人。婦人，伏於人也。是故無專制之義，有三從之道，在家從父，適人從夫，夫死從子，無所敢自遂也。從其教令。故令不出閨門，❶事在饋食之間而已矣。《易》曰「無由遂，在中饋」，《詩》云「無非無儀，惟酒食是議」也。是故女及日乎閨門之内，專其志，且遠嫌。不見星而奔喪。❷言及日，故經成見星。事無獨爲，行無獨成之道，參知而後動，可驗而後言，宵夜行燭，宮事必量，六畜蕃于宮中，謂之信也。如此乃爲信固也。所以正婦德也。

女有五不取：逆家子不取，亂家子不取，亂，淫亂也。世有刑人不取，世有惡疾不取，喪婦長子不取。逆家子者，爲其逆德也。亂家子者，爲其亂人倫也。世有刑人者，爲其棄於人也。世有惡疾者，爲其棄於天也。喪婦長子者，爲其無所受命也。

婦有七去：不順父母去，無子去，淫去，妒去，有惡疾去，多言去，竊盜去。不順父母去，❸爲其逆德也。無子，爲其絶世也。淫，爲其亂族也。妒，爲其亂家也。有惡疾，爲其不可與共粢盛也。口多言，爲其離親也。❹《詩》云：「婦爲長舌，惟厲之階。」盜竊，爲其反義也。婦有三不去：有所取無所歸不去，與更三年喪不去，前貧賤後富貴不去。

大罪有五：逆天地者，罪及五世；欺造次及要君者。❺誣文、武者，罪及四世；非聖人者。逆人倫者，罪及三世；非孝者。此皆大亂之道也。誣鬼神者，罪及二世；殺人者，罪止

❶「故令」，四庫全書本無，雅雨堂本作「教令」。
❷「見星」，原作「百里」，據雅雨堂本、四庫全書本改。
❸「去」，四庫全書本無。
❹「也」，原脱，據雅雨堂本、四庫全書本補。
❺「次」，四庫全書本作「化」。

一身。❶《周書》曰：「大命世，小命身。」故大罪有五，殺人爲下。

易本命第八十一

子曰：夫易之生人、禽獸、萬物、昆蟲，各有以生。《易》曰：「渾元之始，是曰大易，二象之所資，萬品之所生。」《易》曰：「易有太極，是生兩儀，兩儀生四象，四象生八卦。」《易·説卦》曰：「太易者，未見氣也。❷太初者，氣之始。太素者，質之始也。」《禮運》曰：「夫禮必本於太一，分而爲天地，轉而爲陰陽，變而爲四時。」然《禮》、《易》之説雖殊，而會歸一。❸或奇或偶，或飛或行，而莫知其情，惟達道德者，能原本之矣。孔子曰：「聖人智通於大道，應化而不窮，能測萬品之情也。」天一，地二，❹人三，三三而九。九九八十一，一主日，天之神，日爲尊。日數十，甲乙之屬。故人十月而生，萬類人爲貴也。八九七十二，偶以承奇，貴偶用奇。奇主辰，辰方面各三也。辰主月，月主馬，月契天駟於上，馬統乾於下。故馬十二月而生。七九六十三，三主斗，❺象以日月。❻斗主狗，斗之次以狗，❼故擇人也。❽故狗三月而生。六九五十四，四主時，時主豕，豕知時。《詩》云：「有豕白蹢，烝涉波矣。」故豕四月而生。五九四十五，五主音，音主猨，故猨五月而生。四九三十六，六主律，律主禽鹿，麇鹿角長短大小似律。

---

❶「一」，雅雨堂本、四庫全書本作「其」。

❷「見」，原作「有是」，據雅雨堂本、四庫全書本改。

❸「一」，原脱，據雅雨堂本、四庫全書本補。

❹「二」，原作「地」，據四部叢刊本、漢魏叢書本、雅雨堂本、四庫全書本改。

❺「斗」，原作「升」，據雅雨堂本、四庫全書本改。下二「斗」字同。

❻「以」，四庫全書本作「次」。

❼「以」，雅雨堂本、四庫全書本作「似」。

❽「故」，原脱，據四部叢刊本、漢魏叢書本、雅雨堂本、四庫全書本補。

故禽鹿六月而生也。麏麋之屬皆以六月生也。宋均曰：「以所包者多，❶故舉禽獸之名，❷雖有飛走之異，其亦通也。」❸三九二十七，七主星，二十八宿，方各七。星主虎，❹虎炳文似星也。故虎七月而生。二九十八，八主風，風之大數盡於八也。❺風主蟲，蟲有蟄，見似風動息也。故蟲八日化也。❻蟲多生非類也。其餘各以其類也。謂貍兔魚鱉之屬。各以其類化者，言亦有生而生之也。鳥魚皆生于陰而屬於陽，生於陰者，謂卵生也。屬於陽者，謂飛游於虛也。故鳥魚皆卵。魚游于水，鳥飛于雲。釋上事也。故冬燕雀入于海，化而爲蚧。以同生于陰而屬於陽，故其有形性也。萬物之性各異類，故蠶食而不飲，蟬飲而不食，蜉蝣不飲不食，《淮南子》曰：「蠶食而不飲，三十二日而化。蟬飲而不食，三十日而死。蜉蝣不飲不食，三日而終也。」介鱗夏食冬蟄。熊、羆、魚、蛇之屬。齕吞者八竅而卵生，鳥屬也，凡物之有異類者。《韓詩内傳》曰「鵠鴿胎生，孔子渡江見而異之」者乎？咀嚾者九竅而胎生，人及獸屬。《異物志》又曰：❼「貍十有一種，囊貍，卵生也。」四足者無羽翼，戴角者無上齒，董仲舒曰：「受於大者不取於小。」無角者膏，凝者爲膏。而無前齒，無前齒者，齒盛於後，不用前也。有羽者脂，❽譯者爲脂也已。而無後齒。齒盛於前不任後也。晝生者類父，夜生者類母。至陰至陽，類其多也。❾至陰爲男、至

❶「以所包」，原作「所以苟」，據四庫全書本改。

❷「舉」，原作「以」，據四部叢刊本、漢魏叢書本、雅雨堂本、四庫全書本改。

❸「其」，四庫全書本作「實」。

❹「星」，原作「生」，據四部叢刊本、漢魏叢書本、雅雨堂本、四庫全書本改。

❺「盡於八」，原作「止於大」，據四部叢書本、漢魏叢書本、雅雨堂本、四庫全書本改。

❻「日」，原作「月」，據四庫全書本改。

❼「志」，原作「忘」，據四部叢刊本、漢魏叢書本、雅雨堂本、四庫全書本改。

❽「羽」，四庫全書本作「角」。

❾「其」，四庫全書本作「甚」。

陽爲女者，即陰窮反陽、陽窮反陰之義。凡地東西爲緯，南北爲經。山爲積德，川爲積刑。山積陽，川積陰。陽爲德，陰爲刑。高者爲生，下者爲死。丘陵爲牡，溪谷爲牝。蚌蛤龜珠，與月盛虚。月者太陰之精，故龜蛤之屬因之以盛虧。《呂氏春秋》曰：「日月望則蚌蛤實，月晦則蚌蛤虚。」❶《孝經援神契》曰：「日月虧於天，則陰類消於淵也。」是故堅土之人肥，虚土之人大，肥者象地堅實，大者象地虚縱也。沙土之人細，沙土養細乃薄。息土之人美，秏土之人醜。息土，謂沃之田。秏土，謂疏薄之地。地有美惡，故生人有好醜也。《周禮・大司徒職》曰：「山林之民毛而方，川澤之民黑而津，丘陵之民博而長，墳衍之民皙而瘠，原隰之民豐肉而痺。」此大辨五土之分。是故食水者善游能寒，魚鱉之屬。食土者無心而不息，蚯蚓之屬，不氣息也。若魚無耳而聽，蟋蟀無口而鳴，皆自然之性。食木者多力而拂，熊羆之屬。拂，戾也。食草者善走而愚，麋鹿之屬。食桑者有絲而蛾，食肉者勇敢而捍，虎狼鷹鶻之屬。食穀者智惠而巧，食氣者神明而壽，王喬、赤松之類也。西極亦有食氣之民也。不食者不死而神。申於道者則神而常存也。❷故曰：有羽之蟲三百六十，而鳳皇爲之長；有毛之蟲三百六十，而麒麟爲之長；有甲之蟲三百六十，而神龜爲之長；有鱗之蟲三百六十，而蛟龍爲之長；倮之蟲三百六十，而聖人爲之長。此乾坤之美類，禽獸萬物之數也。三百六十，乾坤之中央；萬一千五百二十，當萬物之數也。故帝王好壞巢破卵，則鳳凰不翔焉；好竭水搏魚，則蛟龍不出焉；好刳胎殺夭，則麒麟不來焉；好填溪塞谷，則神龜不出焉。故王者動必以道，靜必以理。動不以道，靜不以理，則自夭而不壽，訞孽數起，神靈不見，風雨不

❶「晦」，四庫全書本作「虧」。

❷「申」，原作「甲」，據雅雨堂本改。

時，暴風水旱並興，人民夭死，五穀不滋，六畜不蕃息。

大戴禮記卷第十三

跋

右《大戴禮》十三卷，總四十篇。《隋志》所載亦十三卷，而《夏小正》別爲卷；《唐志》但云十三卷，而無《夏小正》之别矣；《崇文總目》則十卷，而云三十五篇，無諸本可正定也。蓋自漢興得先儒所記《禮》書凡二百四篇，戴德删之爲八十五篇，謂之《大戴禮》，戴聖又删德之書爲四十九篇，謂之《小戴禮》，今立之學官者小戴書也。然《大戴》篇始三十九終八十一，當爲四十三篇，中間缺者四篇，而重出者一篇，兩篇七十三。其上不見者猶三十八篇，復不能合於八十五篇之數，豈但當爲八十一邪？其缺者或既逸，其不見者抑聖所取者也？然《哀公問》、《投壺》二篇，與小戴書無甚異，《禮察》篇與《經解》亦同，《曾子大孝》篇與《祭義》相似，則聖已取之篇豈其文無所删者也？《勸學》《禮三本》見於《荀卿子》，至取舍之説及《保傅》則見於賈誼疏間。與經、子同者，尚多有之。按《儒林傳》德事孝宣，嘗爲信都太傅，聖則爲九江太守，今德書乃題九江太守，未知何所據也。大抵漢儒所傳皆出於七十子之徒，後之學者僅習《小戴記》，不知大戴書多矣。其探索陰陽、窮析物理、推本性命、雜言禮樂之辨器數之詳，必有自來，以是知聖門之學無不備也。予家舊傳此書，嘗得范太史家一本，校之，篇卷悉同，其訛缺謬誤則不敢改益，懼其寖久而傳又加舛也。乃刊置建安郡齋，庶可攷焉。淳熙乙未歲後九月，潁川韓元吉書

大戴禮記補注

〔清〕孔廣森　撰
胥洪泉　校點

目録

校點説明

《大戴禮記補注》十三卷，《序録》一卷，清代經學家孔廣森撰。

孔廣森（一七五二—一七八六），字衆仲，一字撝約，號顨軒，山東曲阜人，孔子七十代孫。祖父孔傳鐸襲封衍聖公，父親孔繼汾官至户部主事。孔廣森十七歲鄉試中舉，二十歲進士及第，選翰林院庶吉士，授檢討等職。他聰穎特達，勤奮好學，嘗受學於戴震、姚鼐之門，經、史、小學，博覽妙解。居官不久，辭官歸里，潛心著述。「作堂于其居，名曰『儀鄭』，自庶幾于康成。」（《清史稿·孔廣森傳》）乾隆五十一年（一七八六），遭祖母與父喪，竟以哀卒，年三十五。

孔廣森一生短暫，而著述宏富。除《大戴禮記補注》外，還有《春秋公羊經傳通義》十一卷、《經學卮言》六卷、《禮學卮言》六卷、《詩聲類》十三卷等。其經史著述，博采漢晋以來的有關注疏，翔實宏博，成爲一代範本。姚鼐稱其「以孔子之裔傳孔子之學，雖康成猶不足以限之」（《清史稿·孔廣森傳》）。孔廣森也是清代駢文大家之一，著有《駢儷文》三卷。其駢文兼有漢、魏、六朝、初唐之勝，清代駢文大家汪中「歎爲絶手」。孔廣森還是清代的數學家，著有《少廣正負術》内、外篇六卷。他傳戴震的「測算之學」，對古代數學中的「方田」、「粟米」、「差分」、「少廣」、「商功」、「均輸」、「贏不足」、「方程」、「勾股」等原理有詳細的闡述。

《大戴禮記》是研究上古社會和儒家思想的重要文獻，相傳爲西漢禮學名家戴德所選編。戴德從兄之子戴聖選編有《小戴禮記》（即《禮記》）。東漢經學家鄭玄爲《禮記》做了精審的注釋，遂得到較爲廣泛的傳習，唐代將其升列爲「經書」之後，又成爲一般士子的必讀書。而《大戴禮記》卻很少有人傳習、研讀，幸而北周學者盧辯爲之作注，使其没有全部亡佚而得以流傳。然而盧辯之注簡略粗疏，文字訛脱亦不少。清代乾隆年間，有戴震、盧文弨對《大戴禮記》「相繼校訂，蹊徑略闢」，而「曲阜孔檢討顨軒，乃博稽群書，參會衆説，爲注十三卷，使二千餘年古經傳復明白于世，用力勤而爲功鉅矣」（阮元《大戴禮記補注序》）。

乾隆五十九年，孔廣森之弟孔廣廉將《大戴禮記補注》刊行，阮元爲之作序。嘉慶年間，孔氏儀鄭堂將孔廣森的七種著作彙印成《顨軒孔氏所著書》，其中《大戴禮記補注》據乾隆五十九年刻本刊印。此後，《大戴禮記補注》還有嘉慶五年刻本、學海堂書院道光九年初刻咸豐十年補刊的學海堂經解（又名《皇清經解》，此本無序録）本、同治十三年淮南書局刻本和光緒五年定州王灝刊刻的《畿輔叢書》本。

《大戴禮記補注》刊行後，受到學界廣泛關注。光緒年間王樹枏撰《校正孔氏大戴禮記補注》，指出：「孔氏據宋刊舊籍，旁稽博采，作爲補注，疏通而證明之，洵爲盧氏之功臣。然往往拘守古本，穿鑿附會，以成其失。」因而他「廣稽群籍，參互諸家，補漏訂訛」（《大戴禮記補注跋》），對失誤多有訂正。光緒九年《畿輔叢書》本刻有王樹枏《大戴禮記補注跋》，也有參考價值，現附於本書之後。

這次整理《大戴禮記補注》，以《續修四庫全書》影印嘉慶刻《顨軒孔氏所著書》本爲底本，以咸豐十年補刊學海堂本（簡稱「學海堂本」）和臺灣《百部叢書集成》所影印《畿輔叢書》本（簡稱「畿輔叢書本」）爲校本。底本、校本均無目録，今據正文增補。校勘中難免出現疏漏之處，敬請讀者指正。

校點者　胥洪泉

大戴禮記補注序

日講起居注官文淵閣直閣事南書房翰林詔勘石經詹事府詹事山東學政阮元撰

今學者皆舉十三經之目，十三經之外，宜亟治者，惟《大戴禮記》矣。《夏小正》爲夏時書，《禹貢》惟言地理，兹則言天象，與《堯典》合。《公冠》、《諸侯遷廟》、《釁廟》、《朝事》等篇，足補《儀禮》十七篇之遺；《盛德》、《明堂》之制，爲《考工記》所未備。《孔子三朝記》，《論語》之外，兹爲極重。《曾子》十篇，儒言純粹，在《孟子》之上。《投壺》儀節，較《小戴》爲詳。《哀公問》字句，較《小戴》爲確。然則此經宜亟治，審矣。

顧自漢至今，惟北周盧僕射爲之注，且未能精備。自是以來，章句溷淆，古字多舛，良可慨歎。近時戴東原編修、盧紹弓學士相繼校訂，蹊逕略闢。曲阜孔檢討顨軒乃博稽群書，參會衆説，爲注十三卷，使二千餘年古經傳復明白于世，用力勤而爲功鉅矣。

元從檢討之嗣昭虔得觀是書。檢討之弟廣廉乃以乾隆五十九年春付刻，因爲之序。元年來亦治是經，有注有釋，鄙陋之見與檢討閒有異同。今檢討書先行，元定稿後，再以質之治經者。

大戴禮記補注序録

文林郎翰林院檢討加一級
紀録四次曲阜孔廣森譔

昔甘讒宅鼎，天秩既敘，淹中發簡，《古經》亦出。后倉《曲臺》，文成數萬，則有信都太傅戴德延君與其兄子戴聖次君，皆著録牒，親受章句，二戴《禮記》由是興焉。

赤兑之世，大小並業，黄序以降，顯晦斯判。《大戴》全篇八十有五，今所存見劣及四十，文句譌互，卷帙散亡，因未列于校官，亦罔聞于傳述。唯北周僕射范陽公盧辯景宣始爲之注，起漢氏之墜學，紹涿郡之家緒矣。但經記綿褫，詞旨簡略，大義雖舉，微言仍隱。廣森不揣淺聞，輒爲補注，更釐亥虎，參證丣穀，敢希後鄭，足申禆于毛義，庶比小劉，兼規正于杜失。其第一、第二、第七、第九、第十二，凡五卷，舊注既逸，稍以己意備其詁訓云爾。

王言第三十九

舊本題爲「主言」。篇中「王」字，凡十九見，皆誤作「主」，唯第十六字不誤，今據以改正。古者「主」之稱，亞於君，故三世仕家君之，再世以下主之。鄭君《坊記》注曰：「大夫有臣者稱之曰『主』，不言君，避諸侯也。」然《左傳》云：「以德輔此，則明主也。」是周末已有以「主」爲王侯之通稱者。但此篇至於「霸王」，亦作「霸主」，其誤明耳。王肅《家語》取此，即名《王言》篇。

哀公問五義第四十

文同《荀子・哀公篇》。「五義」，《荀子》作「五儀」，此「義」字正當讀「儀」。鄭司農《周官解詁》曰：「古者書『儀』但爲『義』，今時所謂『義』爲『誼』。」

哀公問於孔子第四十一

文同《小戴記・哀公問》。

禮三本第四十二

文同《荀子・禮論》，《史記・禮書》取此。

右第一卷

禮察第四十六

言人君審察取舍之事，故以《禮察》名篇。首章文同《經解》，自「凡人之知」以下，取賈誼《論時政疏》也。

夏小正第四十七

太史公曰：「孔子正夏時，學者多稱《夏小正》。」今其遺篇，上紀星文之昏旦、雨澤之寒暑，下陳草木稊秀之候、蟲羽飛伏之時，旁及冠昏、祭薦、耕穫、蠶桑之節，先王所以敬授人時，與《明堂》、《月令》，實表裏焉。漢世諸經解詁，皆與本書別行，故熹平石經《春秋傳》，不載經文。《小正》亦別有全經，此特其傳耳。傳或一事分釋，或兩言兼訓，後人復就此篇分別經傳，失其真矣。《記》本文頗脱誤，世單行《夏小正》非一家，唯宋山陰傅崧卿所定者，尤多可取云。

右第二卷

保傅第四十八

取賈子書，《保傅》、《傅職》、《容經》、《胎教》四篇，其《保傅》一篇，《漢書》誼傳有之。

右第三卷

曾子立事第四十九

以下十篇，並取曾子書。《漢・藝文志》「儒家」有《曾子》十八篇，今其八篇亡。

曾子本孝第五十

曾子立孝第五十一

曾子大孝第五十二

《祭義》有其文。

曾子事父母第五十三

右第四卷

曾子制言上第五十四

曾子制言中第五十五

曾子制言下第五十六

制言者，法言也。篇大，故分爲三。

曾子疾病第五十七

曾子天圓第五十八

右第五卷

武王踐阼第五十九

宋王應麟有注。

衛將軍文子第六十

右第六卷

五帝德第六十二

太史公曰：「孔子所傳《宰予問五帝德》及《帝繫姓》，儒者或不傳。」謂此篇及下《帝繫》篇也。《五帝本紀》、《三代世表》多依此爲之。

帝繫第六十三

《周官・瞽矇》「世奠繫」，故書爲「帝繫」。杜子春云：「謂帝繫，諸侯卿大夫世本之屬是也。小史次序先王之世，昭穆之繫，述其德行。瞽矇主誦詩，并誦世繫，以戒勸人君也。故《國語》曰：『教之世，爲之昭明德而廢幽昏焉，以怵懼其動。』」然則《帝繫》者，先王所藏諸册府，以爲勸戒。此篇猶古史之遺乎？

勸學第六十四

文與《荀子・勸學》同。《珠玉》一章見《管子・侈靡》篇，《問水》一章見《荀子・宥坐篇》，《説苑》亦有之。

右第七卷

子張問入官第六十五

盛德第六十六

許叔重《五經異義》說明堂之制，引《禮》戴說《盛德記》，即此篇也。未知何時析《明堂》別爲一篇，故以後篇第錯易，乃有兩七十四，今仍合之，以復古本。

右第八卷

千乘第六十七

劉向曰：「孔子三見哀公，作《三朝記》七篇，今在《大戴禮》。」蓋《千乘》、《四代》、《虞戴德》、《誥志》、《小辨》、《用兵》、《少閒》是也。《漢書・藝文志》：「《孔子三朝》七篇。」師古曰：「今《大戴禮》有其一篇。」《高帝紀》注：臣瓚引《三朝記》「蚩尤，庶人之貪者」，師古曰：「出《用兵》篇，非《三朝記》也。」以《別録》證之，小顔說誤。

四代第六十八

虞戴德第六十九

誥志第七十

右第九卷

文王官人第七十一

文同《逸周書・官人》篇。舊本云：「官人」，一作「觀人」。

諸侯遷廟第七十二

諸侯釁廟第七十三

《漢・藝文志》曰：「《禮古經》者，出於魯淹中及孔氏，學七十（當作十七。）篇文相似，多三十九篇。及《明堂陰陽》、《王史氏記》所見，多天子、諸侯、卿、大夫之制，雖不能備，猶瘉倉等推《士禮》而致於天子之說。」按《戴記・遷廟》、《釁廟》、《公冠》、《投壺》、《奔喪》諸篇，即其遺也。鄭君《禮》注，每引《烝嘗禮》、《禘於太廟禮》、《朝貢禮》、《巡守禮》、《中霤禮》、《王居明堂禮》，皆《古經》之逸篇，惜今不存焉。

右第十卷

小辨第七十四

用兵第七十五

少閒第七十六

以上三篇，當次《文王官人》之前，使《三朝記》相屬。

右第十一卷

朝事第七十七

此篇多録《周官·典命》、《行人》、《司儀》諸職，中有《覲義》、《聘義》、《諸侯相朝義》，則《儀禮》之傳也。其《聘義》與《小戴記》同。

投壺第七十八

與《小戴記·投壺》篇文互相備，末附《射事》一章，《小戴》無之。舊説戴聖删戴德之書爲今《禮記》，故《大戴》缺篇，並是《小戴》所取，然《哀公問》、《大孝》、《聘義》、《投壺》之等已見《小戴》者，是書猶存，斯言不然矣。唐皮日休有《補〈大戴禮·祭法〉》文，今《記》無《祭法》篇，似又後人以其重出《小戴》而去之者。東邃戴震曰：《隋志》：戴聖删大戴之書，爲四十六篇；馬融足《月令》、《明堂位》、《樂記》，合爲四十九篇。今考孔穎達《義疏》，於《樂記》云：按《别録》，《禮記》四十九篇，《樂記》第十九。然則《樂記》篇第，劉向列之《别録》，即與今不殊。《後漢書·橋玄傳》云：七世祖仁，著《禮記章句》四十九篇。劉向當成帝時校理祕書，橋仁親受業小戴之門，亦成帝時爲大鴻臚。劉、橋所見篇數，已爲四十有九，不待融足三篇甚明。作《隋書》者，徒附會《大戴》闕篇，以爲即《小戴》所録，而尚多三篇，不符，遂漫歸之融耳。

右第十二卷

公冠第七十九

《冠義》曰：「公侯之有冠禮，夏之末造也。」則周公制禮時，固有公冠禮矣。此篇亦《古經》之遺也。經唯言公冠與士異者，餘皆大同，可推而知，故其儀略焉。末有昭帝冠頌及郊祀祝辭，則漢世述禮者所附耳。

篇題舊作《公符》，字誤。

本命第八十

《説苑・辯物》篇、《小戴・喪服四制》文有與此同者。

易本命第八十一

《淮南子・墬形訓》取此。

右第十三卷

録曰：《大戴禮記》八十五篇，第三十八以上今亡。中閒又缺四十三、四十四、四十五、六十一四篇，及八十二以後四篇，凡存三十九篇，爲十三卷，如右。按《隋・經籍志》、《唐・藝文志》著録，亦十三卷。然唐人《正義》稱《大戴禮》尚有《王度記》、《辨名記》、《禘于太廟》諸篇，見《曲禮》及《詩・魏風》、《儀禮・少牢饋食》疏。豈今本較唐時舊本卷雖同而篇或逸與？

鄭君《喪服》注云：「神不歆非族。」《檀弓》注云：「吉笄無首素總。」《郊特牲》注云：「庭燎之差，公蓋五十，侯、伯、子、男皆三十。」疏者並以爲《大戴禮》文。又《詩・雲漢》正義引：「一穀不升，徹鶉鷃；二穀不升，去鳧雁；三穀不升，去兔；四穀不升，去囿獸；五穀不升，祭不備牲。」《樂記》正義引：「文王年十五而生武王發。」《士冠禮》疏引：「文王十三生伯邑考。」《喪服》疏引：「大功以上，唯唯；小功以下，頷頷然。」《士喪禮》疏引：「大夫於君命，升聽命，降拜。」《少牢饋食》疏引：「卿大夫之蓍長五尺。」《白虎通義》：「《三正記》曰：天子蓍長九尺，諸侯七尺，大夫五尺，士三尺。」據此疏，似《三正記》亦《大戴》篇名也。《文選・景福殿賦》注引「禮義之不愆，何恤人言」，《舞賦》注引「驪駒在門，僕夫具存」，《歸去來辭》注引「君道當，則萬物皆得其宜」，《後漢書》注引「六十無妻曰鰥，五十無夫曰寡」，今《記》皆無其語，則唐本信有增多於今者矣。

今最舊唯宋刊本，已多脱衍譌互，顧尚未大離。淳熙乙未，潁川韓元吉刻于建安郡齋者。別有元本、元至正甲午，海岱劉貞庭刻于嘉興路學宫，分上下卷，無注。漢魏叢書本、舛謬最甚，注亦不完。朱本、明浙江朱養純刻。高安本、故大學士高安朱文端公軾所刻藏書十三種之一。盧本、前輩仁和盧學士文弨刻者，多所是正。戴氏校本。休寧戴吉士震在四庫全書館所校。其旁見它書者，《儀禮經傳通解》有九篇，《夏小正》、《保傅》、《曾子事父母》、《踐阼》、《遷廟》、《釁廟》、《朝事》、《投壺》、《公冠》。慈湖楊氏《先聖大訓》有十三篇，《王言》、《五義》、《哀公問》、《衛將軍文子》、《入官》、《本命》及《三朝記》七篇。臨川吴氏《儀禮逸經》有五篇，《遷廟》、《釁廟》、《朝事》、《投壺》、《公冠》。《永樂大典》有二十二篇，《大典》以《戴記》諸篇分隸韻字之下，今中祕貯本已殘缺，唯《五義》、《哀公問》、《夏小正》、《曾子立事》、《事父母》、《制言》上中下、《疾病》、《天圓》、《踐阼》、《衛將軍文子》、《官人》、《遷廟》、《釁廟》、《小辨》、《少閒》、《朝事》、《投壺》、《公冠》、《本命》、《易本命》，在所存韻中。互相讎勘，從其善者，義有兩通，則並著之。凡宋本字誤，以別本校改者，注云：「宋本譌某。」其誤之不顯者，必議云：「从某本改。」有諸本俱誤，以意正者八處，云：「今校改別之。」至於盧注異字，但依善本，不悉標識。《小戴記》、《周禮》、《周書》、《管子》、《荀子》、《呂氏春秋》、《淮南子》、賈誼《新書》、《韓詩外傳》、《史記》、《漢書》、《説苑》諸籍，多與是《記》相出入，亦並載之。音義取資博驗，其一字之異同，片言之多少，無關意訓，乃省略焉。

《家語》者，先儒馬昭之徒以爲王肅增加。《漢志》：「《孔子家語》二十七篇。」師古曰：「非今所有《家語》。」肅横詆鄭君，自爲《聖證論》，其説不見經據，皆借證於《家語》。大氏抄撮二《記》，採集諸子，而古文奥解，悉潤色之，使易通俗讀。唯《問郊》、《五帝》之等傳記所無者，斯與肅説若合符券，其爲依託，不言已明。《公冠》篇述《孝昭冠辭》云「陛下」者，謂昭帝也；「文武」者，謂漢文帝、武帝也。而肅竊其文，遂并列爲《成王冠頌》，是尚不能尋章摘句。舉此一隅，謬陋彌顯，況以《禮》是鄭學，無取妄滋異端，故於《家語》殊文別讀，獨置而弗論也。

大戴禮記補注卷之一

王言第三十九

孔子閒居，曾子侍。孔子曰：「參，今之君子，惟士與大夫之言之聞也。○「聞」，宋本訛「閒」，从楊氏《大訓》改。其至於君子之言者，甚希矣。於乎！吾王言其不出而死乎？哀哉！」【補】不出而死，言終身不得其人而以王言教之。○「於乎」，音「嗚呼」。

曾子起曰：「敢問何謂王言？」孔子不應。曾子懼，肅然摳衣下席，曰：「弟子知其不孫也。得夫子之閒也難，是以敢問也。」【補】閒，暇也。《曲禮》曰：「少閒，願有復也。」○「孫」，音「遜」。「閒」，朱本作「聞」。孔子不應，曾子懼，退，負序而立。【補】序，東西牆也。堂上之牆曰序，堂下之牆曰壁，室中之牆曰墉。負序，示不敢復問也。《文王世子》曰：「凡侍坐于大司成者，遠近閒三席，可以問，終則負牆。」

孔子曰：「參，女可語明王之道與？」○「女」，音「汝」。下同。曾子曰：「不敢以爲足也。得夫子之閒也難，是以敢問。」孔子曰：「居，吾語女。○宋本脱「居」字，从《大訓》增。道者所以明德也，德者所以尊道也，是故非德不尊，非道不明。雖有國馬，不教不服，不可以取千里。【補】《周禮》：王馬六物。種馬以駕玉路，齊馬以駕金路，道馬以駕象路，戎馬以駕革路，皆爲國馬，其下有田馬、駑馬。○「馬」，宋本訛「焉」。舊本云：「里」，一作「理」。雖有博地衆民，不以其道治之，不可以霸王。○「道」，宋本訛「地」，从《大訓》改。是故昔者明王內脩七教，外行三至。七教脩焉可以守，三至行焉可以征。七教不脩，雖守不固；三至不行，雖征不服。是故明王之守也，必折衝乎千里之外；其征也，衽席之上還師。【補】衽，卧席也，喻易。是故內脩七教而上不勞，外行三至而財不費，此之謂明王之道也。」

曾子曰：「敢問不費不勞可以爲明乎？」孔子愀然揚麋曰：○舊本云：「麋，一作眉。」按：麋，古「眉」字。《士冠禮》：「眉壽萬年。」古文爲「麋壽」。「參，女以明王爲勞乎？昔者舜左禹而右皋陶，不下席而天下治。【補】天道左陽而右陰，王者左德而右刑。禹宅百揆，故言左；皋陶作士，故言右。不下席，所謂無爲而治。夫政之不中，君之過也。政之既中，令之不行，職事者之罪也。明王奚爲其勞也！昔者明王關譏而不征，市鄽而不稅，【補】鄭君《王制》注曰「譏，譏異服，識異言。鄽，市物邸舍。稅其舍，不稅其物」也。廣森謂《周禮》，門關有征，凶札然後弛之。《左傳》亦云：「宋公以門賞耏班，使食其征。」此言不征者，遠法文王治岐之政，猶論爲邦取四代之意也。稅十取一，使民之力歲不過三日。【補】雖豐歲，城道之役，亦不過三日，中熟二日，下熟一日。入山澤以時，有禁而無征，【補】《王制》曰：「獺祭魚，然後虞人入澤梁。草木黃落，然後入山林。」禁者，禁非時。○舊本云：一作「入山澤，以時而不禁，夫圭田無征」。此六者取財之路也。明王捨其四者【補】關、市、山、澤。而節其二者，【補】田稅、力役。明王焉取其費也！」【補】無取於費，故不殖財。

曾子曰：「敢問何謂七教？」孔子曰：「上敬老則下益孝，上順齒則下益悌，上樂施則下益諒，【補】施，予也。諒，誠也。○「樂」，音「洛」。上親賢則下擇友，上好德則下不隱，【補】不隱，無蔽賢也。○舊本云：一作「上好德則下隱慝」。上惡貪則下恥爭，上强果則下廉恥。民皆有別，【補】强果，謂勇於義也。則政亦不勞矣。【補】楊簡曰：「上脩德而下自應，是不勞。」○「則政」，宋本譌作「則貞則正」四字，从戴氏校本删改。此謂七教。七教者，治民之本也，教定則正矣。○「則」，宋本譌「是」，从朱本改。上者，民之表也，表正則何物不正？【補】表，建木以測影者，影隨表移，民隨君化。是故君先立於仁，則大夫忠而士信，民敦，工璞，【補】玉未治曰璞，喻質素也。商愨，女憧，婦空空，【補】憧，愿也。空空，不識不知之貌。七者教之志也。【補】志，準也，如「射之有志」之「志」。敷教以七者爲準。七者布諸天下而不窕，【補】窕，不實也。《春秋左傳》曰：「大者不窕。」内諸尋常之室而不塞。【補】八尺曰尋，倍之曰常。〇「内」，音「納」。是故聖人等之以禮，立之以義，行之以順，而民弃惡也如灌。」【補】如灌，猶《傳》言：「洒濯其心」。

曾子曰：「弟子則不足，道則至矣。」孔子曰：「參，姑止，又有焉。昔者明王之治民有法，必別地以州之，【補】《管子》曰：「群萃而州處。」分屬而治之，【補】《考工記》曰：「九分其國，以爲九，分九卿治之。」然後賢民無所隱，暴民無所伏，使有司日省如時考之，【補】如，而也。《左氏春秋》：「星隕如雨。」以「如」爲「而」。《孟子》：「望道而未之見。」以「而」爲「如」。古「如」、「而」字，皆通用。《記》中甚多，各望文爲解。歲誘賢焉，則賢者親，不肖者懼。【補】誘，進也。〇「肖」下宋本脱「者」字，从《大訓》及元本增。使之哀鰥寡，養孤獨，恤貧窮，誘孝悌，選賢舉能。此七者脩，則四海之内無刑民矣。【補】言七者，以孝悌爲二。❶上之親下也如腹心，則下之親上也如保子之見慈母也。上下之相親如此，然後令則從，施則行。【補】保子，幼子在保抱者。因民既邇者説，遠者來懷，〇「説」，音「悦」。下同。然後布指知寸，布手知尺，舒肘知尋，【補】《説文解字》曰：「人手卻十分，動脉爲寸口，十寸爲尺。」中人手長八寸，謂之咫，周尺也。周制：寸、尺、咫、尋、常、仞諸度量，皆以人之體爲法。《小爾雅》曰：「尋，舒兩肱也。」十尋而索。【補】索，大繩也。營國者先視繩直。百步而堵，【補】《春秋公羊》説：「八尺爲板，五板爲堵。」則堵者，五尋也。此文似有誤。三百步而里，千步而井，【補】千步，亦字誤。《韓詩外傳》曰：「方里爲一井。廣三百步，長三百步，爲一里。其田九百畝。廣一步，長百步，爲一畝。」三井而句烈，三句烈而距，【補】《書大傳》曰：八家爲鄰，三鄰爲朋，三朋爲

❶「以」，原誤作「者」，今據學海堂本、畿輔叢書本改。

里。古者分田，八家同井。三井，一朋之田也。三句烈，一里之田也。〇「句」，音「鉤」。五十里而封，百里而有都邑，【補】天子近郊五十里，遠郊百里。封，謂近郊之四疆溝封之也。百里之外曰甸，甸有都邑。《周禮》「以公邑之田任甸地」是也。《春秋左傳》曰：「凡邑有宗廟，先君之主曰都。」〇「封」，宋本譌「對」。乃爲畜積衣裘焉，使處者恤行者有與亡。【補】言使居者畜積，以待行客之有無。《周禮》：「凡國野之道，十里有廬，廬有飲食；三十里有宿，宿有路室，路室有委；五十里有市，市有候館，候館有積。」亦其事也。〇「與」，宋本譌「興」，从《大訓》改。「亡」，音「無」。是以蠻夷諸夏，雖衣冠不同，言語不合，莫不來至，朝覲於王，故曰：無市而民不乏，無刑而民不違。畢弋田獵之得，不以盈宮室也；徵斂於百姓，非以充府庫也。【補】畢，長柄小網，所以揜獸。鄭君《曲禮》注曰：「府謂寶藏貨賄之處，庫謂車馬兵甲之處。」懮怛以補不足，禮節以損有餘。【補】懮，憂也。《九章》曰：「傷余心之懮懮。」懮怛，若賙賻之事。〇「懮」，宋本譌「慢」，从《大訓》改。故曰：多信而寡貌。【補】少虛文也。〇《大訓》無「曰」字。其禮可守，其信可復，其跡可履。其於信也，如四時春秋冬夏。【補】四時喻有常。其博有萬民也，如飢而食，如渴而飲。【補】民樂得其上，如飢渴之思飲食。下土之人信之，若夫暑熱凍寒，遠若邇，非道邇也，及其明德也。【補】楊簡曰：「暑則遠邇皆熱，凍則遠邇皆寒。明民信之，無遠邇之異，遠方非道邇也。而民咸信之者，明德之所及也。」〇「夫」上，宋本脱「若」字，从《大訓》增。是以兵革不動而威，用利不施而親，【補】用，財用也。此之謂明王之守也。折衝乎千里之外，此之謂也。」

曾子曰：「敢問何謂三至？」孔子曰：「至禮不讓而天下治，至賞不費而天下之士說，至樂無聲而天下之民和。明王篤行三至，故天下之君可得而知也，天下之士可得而臣也，天下之民可得而用也。」

曾子曰：「敢問何謂也？」孔子曰：「昔者明王必盡知天下良士之名，既知其名，又知其數，既知其數，又知其所在。【補】

明王之政，卿大夫以時獻賢能之書，❶諸侯又歲貢士于天子，故盡知天下之良士。○「必」，宋本譌「以」，从《大訓》改。明王因天下之爵以尊天下之士，此之謂至禮不讓而天下治；因天下之禄以富天下之士，此之謂至賞不費而天下之士說；天下之士說，則天下之明譽興，此之謂至樂無聲而天下之民和。【補】戴震曰：「明譽，猶顯譽也。」故曰：所謂天下之至仁者，能合天下之至親者也；所謂天下之至知者，能用天下之至和者也；所謂天下之至明者，能選天下之至良者也。此三者咸通，然後可以征。是故仁者莫大於愛人，知者莫大於知賢，政者莫大於官賢。有土之君脩此三者，則四海之内拱而俟，然後可以征。明王之所征，必道之所廢者也。彼廢道而不行，然後誅其君，致其征，○《御覽》引此文，作「改其政」，與《家語》同。弔其民而不奪其財也。故曰明王之征也，猶時雨也，至則民說矣。是故行施彌博，得親彌衆，此之謂衽席之上乎還師。」

凡一千三百六十四字。舊本篇末，或記字數，或否，今悉補列，以資校核。

哀公問五義第四十

魯哀公問於孔子曰：「吾欲論吾國之士，與之爲政，何如者取之？」○「爲政」，《荀子》作「治國」。孔子對曰：「生乎今之世，志古之道，居今之俗，服古之服，舍此而爲非者，不亦鮮乎？」【補】楊倞曰：「此謂古也。」

哀公曰：「然則今夫章甫、句屨、紳帶而搢笏者，此皆賢乎？」【補】楊倞曰：「章甫，殷冠。紳，大帶也。」廣森按：《莊子》：「履句屨者，知地形。」李頤注：「句，方也。」○「句」，音「鉤」，《荀子》作「絇」。孔子曰：「否！不必然。今夫端衣、玄裳、冕而乘路者，志不在於食葷；【補】端

❶「卿」，原誤作「鄉」，今從畿輔叢書本改。

衣，正幅裁之，袪尺有二寸，袂二尺有二寸。凡冕服、冠服皆端。《樂記》曰：「端冕而聽古樂。」《論語》曰「端章甫」是也。唯弁服有侈袂半而益一。此冕謂玄冕也，齋戒之服。楊倞曰：「路，車之大者。葷，葱薤之屬也。」斬衰、蕑屨、杖而歠粥者，志不在於飲食。【補】蕑，草名，似茅而滑韌。希曰粥，厚曰饘。○《荀子》「蕑」作「菅」，「飲食」作「酒肉」。故生乎今之世，志古之道，居今之俗，服古之服，舍此而爲非者，雖有，不亦鮮乎？」【補】楊倞曰：「言服被於外，亦所以制其心也。」

哀公曰：「善！○戴氏校本云：此下，《荀子》有「孔子曰：『人有五儀。有庸人，有士，有君子，有賢人，有大聖。』哀公曰：『敢問。』」凡二十六字，此文脱。何如則可謂庸人矣？」孔子對曰：「所謂庸人者，口不能道善言，而志不邑邑，【補】邑邑，憂貌。○《荀子》作「色色」。不能選賢人善士而託其身焉，以爲己憂，【補】楊倞曰：「親近小人，故致憂患。」動行不知所務，止立不知所定；日選於物，不知所貴；從物而流，不知所歸；五鑿爲政，心從而壞。若此，則可謂庸人矣。」【補】楊倞曰：「鑿，竅也。五鑿，謂耳目鼻口及心之竅也。」一曰：五鑿，五情也。《莊子》：「六鑿相攘。」司馬彪云：「六情相攘奪。」廣森謂：政，主也。《春秋左傳》曰：「今日之事，我爲政。」○《荀子》：「動」作「勤」，「立」作「交」，「而」作「如」，「政」作「正」。「鑿」，曹報反，《韓詩外傳》作「藏」。

哀公曰：「善！何如則可謂士矣？」孔子對曰：「所謂士者，雖不能盡道術，必有所由焉；雖不能盡善盡美，必有所處焉。【補】楊倞曰：「雖不能盡徧，必循處其一隅。言有所執守也。」○《荀子》「由」作「率」，「盡善盡美」作「徧美善」。是故知不務多，而務審其所知；行不務多，而務審其所由；言不務多，而務審其所謂。知既知之，行既由之，言既順之，若夫性命肌膚之不可易也。富貴不足以益，貧賤不足以損。若此，則可謂士矣。」○《荀子》「順」作「謂」，「貧」作「卑」。

哀公曰：「善！何如則可謂君子矣？」孔子對曰：「所謂君子者，躬行忠信，其心不置；仁義在己，而不害不知；聞志廣博，而色不伐；思慮明達，而辭不爭；君子猶然如將可及也，而不可及也。如此，可謂君子矣。」【補】不害不知，所謂人不知而不慍。志，記也；伐，矜也。楊倞曰：「猶然，舒遲之貌。」○「信」，《永樂大典》作「節」，「置」，宋本譌「買」，从元本改。《荀子》云：「言忠信而心不德，仁義在身而色不伐，思慮明通而辭不争，故猶然如將可及者，君子也。」

哀公曰：「善！敢問何如可謂賢人矣？」○宋本脱「可」字。孔子對曰：「所謂賢人者，好惡與民同情，取舍與民同統，○《荀子》無此二句。行中矩繩而不傷於本，言足法於天下而不害於其身，【補】楊倞曰：本，亦身也。所謂言滿天下無口過，行滿天下無怨惡。○《荀子》「矩」作「規」，「害」亦作「傷」。躬爲匹夫而不願富，貴爲諸侯而無財。○「躬」，讀爲窮。「富」字絶句。「願」上，宋本脱「不」字，从《文選·歸去來辭》注引此文增。《荀子》作「富有天下而無怨財，布施天下而不病貧」。如此，則可謂賢人矣。」

哀公曰：「善！敢問何如可謂聖人矣？」孔子對曰：「所謂聖人者，知通乎大道，應變而不窮，能測萬物之情性者也。○「能測」，《荀子》作「辨乎」。《易本命》注引此文，字即多異。大道者，所以變化而凝成萬物者也；情性也者，所以理然不然取舍者也。【補】理，謂條理分别之。○《荀子》「凝」作「遂」，「不」下無「然」字。故其事大，配乎天地，參乎日月，○《荀子》「配」作「辨」，「參」作「明察」。雜於雲蜺，【補】雜文也。虹雌曰蜺。○《荀子》無此句。總要萬物，【補】楊倞曰：「總要，猶統領也。」○「物」下，《荀子》有「於風雨」三字。穆穆純純，其莫之能循，若天之司，莫之能職，【補】若，順也；司，事也；職，主也。○「職」，音「志」。《荀子》作「繆繆肫肫，其事不可循，若天之嗣，其事不可識」。百姓淡然不知其善。【補】《孟子》曰：「民日遷善而不知爲之者。」○《荀子》「淡」作「淺」，「善」作「鄰」。「不」，《大典》作「莫」。若此，則可謂聖人矣。」哀公曰：「善！」孔子出，哀公送之。○《荀子》無末七字。

凡六百三十九字。今補。

哀公問於孔子第四十一

哀公問於孔子曰：「大禮何如？君子之言禮，何其尊也？」孔子曰：「丘也小人，何足以知禮。」【補】鄭君曰：「謙不答也。」○「何」，《小戴記》作「不」。 君曰：「否，吾子言之也。」孔子曰：「丘聞之也，民之所由生，禮爲大，非禮無以節事天地之神明也，○《小戴記》無「明」字。 非禮無以辨君臣上下長幼之位也，非禮無以别男女父子兄弟之親、昏姻疏數之交也，君子以此之爲尊敬。【補】鄭君曰：「言君子以此故尊禮。」○「數」，音「促」。「敬」下，《小戴記》有「然」字，宋本亦同，从元本删。凡篇中字與《小戴》異者，後人或據彼文妄改，今皆校定復其舊云。 夫然後以其所能教百姓，不廢其會節，【補】王肅曰：「所能，謂禮也。會，謂男女之會；節，謂親疏之節。」○《小戴記》無「夫」字，宋本亦脱，从朱本增。 有成事，然後治其雕鏤文章黼黻以嗣。【補】成事，行之有成也。《爾雅》曰：「玉謂之雕，金謂之鏤。」皆禮器飾也。《考工記》曰：「青與赤謂之文，赤與白謂之章，白與黑謂之黼，黑與青謂之黻。」皆禮服飾也。嗣，繼也。夫禮，爲可傳也，爲可繼也。 其順之，然後言其喪葬，備其鼎俎，設其豕腊，脩其宗廟，歲時以敬祭祀，以序宗族，【補】順之，民皆順從也。鼎所以亨，俎所以載腊乾肉也。❶禮，祭以孟月，薦以仲月，祭于宗室。既祭，宗子燕族人于堂，宗婦燕族人于房，序之以昭穆。○「葬」，《小戴記》作「算」，宋本亦同，从《大典》及元本改。 則安其居處，醜其衣服，卑其宫室，車不雕幾，器不刻鏤，食不貳味，以與民同利。昔之君子之行禮者如此。」【補】鄭君曰：「醜，類也；幾，附纏之也。」廣森謂：附纏者，飾爲沂鄂，若五粲梁輈約軝錯衡。○《小戴記》「則」作「即」，「處」作「節」。「幾」，音「祈」。

公曰：「今之君子胡莫之行也？」孔子曰：「今之君子好色無厭，淫德不倦，荒怠敖慢，固民是盡，【補】固，錮也，言窮盡民力。

❶「肉」，原誤作「獸」，據畿輔叢書本改。

○「色」，《小戴記》作「實」。「敖」，音「傲」。怍其衆以伐有道，求得當欲不以其所。古之用民者由前，今之用民者由後。今之君子莫爲禮也。」【補】鄭君曰：「當，猶稱也；所，猶道也。由前，用上所言；由後，用下所言。」○《小戴記》「怍」作「午」，「古」作「昔」。

孔子侍坐於哀公。哀公曰：「敢問人道誰爲大？」孔子愀然作色而對曰：「君及此言也，百姓之德也，固臣敢無辭而對。人道政爲大。」【補】鄭君曰：「作，猶變也。德，猶福也。」廣森謂：固，猶故也。無辭而對，言不辭讓而徑對。○「君」下，《小戴記》有「之」字。公曰：「敢問何謂爲政？」孔子對曰：「政者正也。君爲正，則百姓從政矣。君之所爲，百姓之所從也。君所不爲，百姓何從？」公曰：「敢問爲政如之何？」孔子對曰：「夫婦別，父子親，君臣義，○「義」，《小戴記》作「嚴」，宋本亦同，从《大典》改。三者正，則庶民從之矣。」○「民」，《小戴記》作「物」。公曰：「寡人雖無似也，願聞所以行三言之道，可得而聞乎？」【補】鄭君曰：「無似，猶言不肖。」○《小戴記》無「而」字。孔子對曰：「古之爲政，愛人爲大。所以治愛人，禮爲大；所以治禮，敬爲大；敬之至也，大昏爲大。【補】鄭君曰：「大昏，國君娶禮也。」○「也」，《小戴記》作「矣」。大昏至矣！大昏既至，冕而親迎，親之也。親之也者，親之也。是故君子興敬爲親，舍敬是遺親也。弗愛不親，弗敬不正，愛與敬其政之本與！」【補】輔廣曰：冕而親迎，躬親之也。躬親之者，所以致其親愛之意也。彼以褻爲親者，未要其終也。唯敬以爲親，則愛得其正。

公曰：「寡人願有言，然冕而親迎，不已重乎？」【補】鄭君曰：「已，猶太也。怪親迎乃服祭服。」廣森按：《春秋穀梁傳》以此爲子貢問也。孔子愀然作色而對曰：「合二姓之好，以繼先聖之後，以爲天地社稷宗廟之主，君何謂已重乎？」【補】云天地者，通天子之禮也。按《五經異義》：《春秋公羊》説「自天子至庶人，皆親迎」。《左氏》

說「天子至尊無敵，故無親迎之禮。」鄭據此篇駁言：「親迎繼先聖之後，以爲天地宗廟社稷之主，非天子則誰乎？」從《公羊》義。〇《小戴記》「宗廟」在「社稷」上。

公曰：「寡人固，不固，焉得聞此言也。【補】王肅曰：「固，鄙陋也。」〇「不固」，《大典》作「不問」。寡人欲問，不得其辭，請少進。」【補】鄭君曰：「欲其爲言以曉己。」孔子曰：「天地不合，萬物不生。大昏，萬世之嗣也，君何以謂已重焉。」〇《小戴記》無「以」字。孔子遂有言曰：〇《小戴記》無「有」字。「內以治宗廟之禮，足以配天地之神明；出以治直言之禮，足以立上下之敬。物恥足以振之，國恥足以興之。爲政先禮，禮者，政之本與！」【補】鄭君曰：「宗廟之禮，祭宗廟也。夫婦配天地，有日月之象焉。《禮器》曰：『君在阼，夫人在房，大明生於東，月生於西，此陰陽之分，夫婦之位也。』直，猶正也。正言，謂出政教也。《昏義》曰：『天子聽外治，后聽內職。』物，猶事也。事恥，臣恥也。振，猶救也。國恥，君恥也。君臣之行有可恥者，禮足以救之，足以興復之。」〇「者」，《小戴記》作「其」。孔子遂言曰：「昔三代明王之政，必敬其妻子也有道。妻也者，親之主也，敢不敬與？子也者，親之後也，敢不敬與？【補】子，長子也。《喪服》傳曰：「正體於上，又乃將所傳重也。」君子無不敬也，敬身爲大。身也者，親之枝也，敢不敬與？不能敬其身，是傷其親；傷其親，是傷其本；傷其本，枝從而亡。三者，百姓之象也。身以及身，子以及子，配以及配。【補】猶《孟子》言「老吾老，以及人之老；幼吾幼，以及人之幼」。〇「配」，《小戴記》作「妃」。君子行此三者，則愾乎天下矣。【補】鄭君曰：「愾，猶至也。」〇《小戴記》無「子」字。大王之道也【補】《孟子》曰：「昔者大王好色，內無怨女，外無曠夫。」〇「大」，音「太」，《大典》作「先」。如此，國家順矣。」〇「國」上，《小戴記》有「則」字。

公曰：「敢問何謂敬身？」孔子對曰：「君子過言則民作辭，【補】以爲口實。過動則民作則。【補】尤而效之。君子言不過辭，動不過則，百姓不命而敬恭，如是則能敬其身。能敬其身，則能成其親矣。」

公曰：「敢問何謂成親？」孔子對曰：「君子也者，人之成名也。百姓歸之名，謂之君子之子，是使其親爲君子也。是爲成其親名也已。」○「親」下「名」上，《小戴記》有「之」字。孔子遂言曰：「古人爲政，愛人爲大。不能愛人，不有其身；【補】鄭君曰：「有，猶保也。」○《小戴記》「古人」作「古之」，「有」上有「能」字。不能有其身，不能安土；【補】言將失國。不能安土，不能樂天；【補】鄭君曰：「不知己過而怨天也。」不能樂天，不能成身。」○「身」上，《小戴記》有「其」字。

公曰：「敢問何謂成身？」孔子對曰：「不過乎物。」【補】物，射者畫地所立處也。言君止仁，臣止敬，父止慈，子止孝，各有定則，如射之有物，不可以過。故《大學》曰：「致知在格物。」格，至也。至乎物則不過，不過乎物則知止矣。公曰：「敢問君何貴乎天道也？」孔子對曰：「貴其不已。」【補】鄭君曰：「已，猶止也。」○「君」下，《小戴記》有「子」字。如日月西東相從而不已也，是天道也。不閉其久也，是天道也。無爲物成，是天道也。已成而明，是天道也。」【補】不閉，不窮也。《易》曰：「窮則變，變則通，通則久。」明，言縣象著明。○《小戴記》「西東」作「東西」，「久」下無「也」字，「爲」下有「而」字。

公曰：「寡人惷愚冥煩，子識之心也。」【補】鄭君曰：「識，知也。冥煩者，言不能明理此事。子之心所知也，欲其要言，使易行。」○「識」，《小戴記》作「志」，注讀爲「識」。孔子蹴然避席而對曰：「仁人不過乎物，孝子不過乎物，是仁人之事親也如事天，事天如事親，是故孝子成身。」【補】鄭君曰：「事親、事天，孝敬同也。《孝經》曰：『事父孝，故事天明。』」○「是」下「仁」上，《小戴記》有「故」字。公曰：「寡人既聞是言也，無如後罪何？」【補】恐後日不能行。○「是」，《小戴記》作「此」。孔子對曰：「君之及此言也，是臣之福也。」【補】勉公勤行之。

凡一千一百十一字。今補。

禮三本第四十二

禮有三本：天地者，性之本也；先祖者，類之本也；君師者，治之本也。無天地焉生，無先祖焉出，無君師焉治，【補】性，生也；類，族也。○《荀子》、《史記》「性」作「生」，「焉」作「惡」。三者偏亡，無安之人。【補】楊倞曰：「偏亡，謂闕一也。」○「偏」，《史記索隱》作「徧」。故禮，上事天，下事地，宗事先祖而寵君師，是禮之三本也。○《荀子》、《史記》「宗」作「尊」，下無「事」字，「寵」作「隆」。

王者天太祖，【補】楊倞曰：「謂以配天也。太祖若周之后稷。」○句首，《荀子》、《史記》並有「故」字。諸侯不敢壞，【補】楊倞曰：「謂不祧其廟，若魯周公。」○「壞」，《史記》作「懷」，宋本亦同，从元本改。大夫士有常宗，【補】常宗，大宗也。《禮》：「大夫不敢祖諸侯。」諸侯之支子祀於家爲始祖，其適子孫世世收族。《大傳》曰：「宗其繼別子之所自出者，百世不遷者也。」所以別貴始，德之本也。【補】德之本在敬其始祖。○《荀子》疊出「貴始」字，「德」作「得」。《史記》作「所以辨貴賤，貴賤治，得之本也。」郊止天子，○「止」，《史記》作「疇」。社止諸侯，○「止」字誤，當依《荀子》、《史記》作「至」。道及士大夫，【補】《祭法》曰：「王爲群姓立社曰太社，王自爲立社曰王社，諸侯爲百姓立社曰國社，諸侯自爲立社曰侯社，大夫以下成群立社曰置社。」天，父道也；地，母道也。父尊勝於親，母親勝於尊。唯天子事天，而諸侯以下皆得事土，親親之義也。楊倞曰：「道，通也。」○「道」，《史記》作「函」。此下舊本云：一本有《荀子》云。所以別尊卑，尊者事尊，卑者事卑，宜鉅者鉅，宜小者小也。○《荀子》、《史記》並無「尊卑」二字。「別」，《史記》作「辨」。「宜鉅者鉅」，《荀子》作「宜大者鉅」。故有天下者事七世，有國者事五世，【補】《王制》曰：「天子七廟，三昭三穆，與太祖之廟而七。諸侯五廟，二昭二穆，與太祖之廟而五。」○「七」，《荀子》作「十」。有五乘之地者事三世，【補】楊倞曰：「謂大夫有采地者。」廣森按：《王制》曰：「大夫三廟，一昭一穆，與太祖之廟而三。」此繼別爲宗者則然。若別子之子孫更有始爵爲大夫者，亦事三世，有考廟，有王考廟，有皇考廟，親盡迭毁，不立始祖，乃所以重大宗。有三乘之地者事二世，【補】《春秋左傳》曰：「唯卿備百邑。」四井爲邑。百邑者，四百井也。百井爲成，成出革車一乘，四百井則四乘之地。彼言衛侯國之法，以次差之：大國之卿，有地五乘；次國之卿，有地四乘；小國之卿，有地三乘。得立二廟，優于士也。《祭法》云：「適士二廟。」謂天子之元士，與小國上大夫同矣。不言事一世者，士雖一廟，亦事二世。鄭君以爲祖禰共廟也。待年而食者不得立宗廟，【補】待年，農夫力田者也。《王制》曰：「庶人祭於寢。」○「待年」，《荀子》作「持手」，盧本同，《史記》作「有特牲」。所以別積厚者流澤光，積薄者流澤卑也。【補】積，積德也。○「別」，《荀子》作「表」，《史記》作「辨」。《荀子》叠出「積厚」字，朱本同。「光」，《荀子》、《史記》並作「廣」，「卑」，並作「狹」也，宋本譌亦如之。三字从朱本改。大饗尚玄尊，【補】楊倞曰：「大饗，祫祭先王也。」廣森謂：玄尊，玄酒之尊。玄酒者，明水也。《禮運》曰：「玄酒在室，醴醆在户，粢醍在堂，澄酒在下。」尚之故尊於室中。○「尚」，《史記》作「上」，後同。俎生魚，【補】大饗九獻，王祼一，后祼二，朝踐王獻三，后獻四，饋食王獻五，后獻六，酳尸王獻七，后獻八，賓獻九。朝踐之事，牲俎腥肆，故有生魚，至饋食時，乃薦熟也。○《史記》作「俎上腥魚」。先大羹，【補】大羹，肉湆無鹽梅之和。○「大」，音「泰」。貴飲食之本也。【補】楊倞曰：「本，謂造飲食之始。」○《荀子》、《史記》並作「食飲」。大饗尚玄尊而用酒，【補】玄酒設而不酌。○《荀子》無「大」字，「酒」下有「醴」字。《史記》「酒」上有「薄」字。食先黍稷而飯稻粱，【補】黍稷，簋實正饌也。稻粱，簠實加饌也。飯，啖之也。《食禮》今存者，有《公食大夫》篇，其經曰：「賓左擁簠粱，右執湆以降。公辭賓升，三飯卒食，坐取粱與醬。以降，坐奠于階西。」黍稷先設乃不親徹者，蓋以賓所不飯故矣。○「食」，音「嗣」，《荀子》無此字。祭嚌大羹而飽乎庶羞，【補】祭，祭食也。嚌，至齒也。大羹湆，但祭之嚌之，不盡食也。庶羞，醢胾肴核之屬。《周禮》：「羞用百有二十品。」其名物略見《内則》。○「嚌」，《荀子》作「齊」。「嚌」下，《史記》有「先」字。貴本而親用。【補】玄酒、黍稷、大羹，是貴本。酒、稻粱、庶羞味美，故親用。○「用」下，《荀子》、《史記》有「也」字。貴本之謂文，親用之謂理，兩者合而成文，以歸太一，夫是謂大隆。【補】楊倞曰：「文謂脩飾，理謂合宜，太一謂太古時。」《禮運》曰：「夫禮必本於太一。」故尊之尚玄酒也，俎之生魚也，○「生」上，《荀子》有「尚」字。豆之先大羹也，【補】大羹盛於登。云豆者，《爾雅》曰：「瓦豆謂之登。」亦通言之。○「先」，《史記》作「上」。一也。【補】三者皆所以反本復古。○宋本脱此句，戴氏校本依《荀子》、《史記》增。利爵之不卒也，【補】楊倞曰：「祭禮必告利成，利成之時，其爵不卒奠於筵前也。」○「爵」，宋本譌「省」，从盧本改。「卒」，《荀子》作「醮」，《史記》作「啐」。成事之俎不嘗也，【補】司馬貞曰：「成事，卒哭之祭，始從吉祭，故受爵而不嘗俎也。」三侑之不食也，【補】《特牲饋食禮》：「尸三飯，告飽，祝侑。尸又三飯，告飽，祝侑之如初。尸又三飯，告飽，祝侑之如初。」注云：「不復飯者三，三者，士之禮大成也。」○「侑」，《荀子》作「臭」。「三」、「不」字，《史記》並作「弗」。一也。【補】三者，皆禮之終。○《史記》無。大昏之未發齊也，【補】發，始也。《昏禮》：「將親迎，必先齊。」《郊特牲》曰：「玄冕齊戒，鬼神陰陽也。將以爲社稷主，爲先祖後，而可以不致敬乎。」○「發」，《史記》作「廢」。「齊」，音「齋」。廟之未納尸也，【補】謂若饋食，尸未入之前，爲陰厭也。○「廟」上，《荀子》、《史記》並有「大」字。「納」，《荀子》作「入」，《史記》作「内」。始卒之未小斂，一也。【補】三者，皆禮之始。○「卒」，《史記》作「絶」。宋本脱「一」字，从盧本增。大路車之素幭也，【補】大路，木路也。周郊以玉路，殷郊以木路。《禮器》曰：「大路繁纓一就，素而越席。」幭，覆式也，字亦或爲幦。禮有虎幦、羔幦、鹿幦。此素幭，蓋織素絲爲之，《荀子》所謂絲末。○「幭」，《荀子》作「未集」，《史記》作「幬」。郊之麻冕也，【補】楊倞曰：「麻冕，緝麻爲冕，所謂大裘而冕。」喪服之先散帶，【補】帶，要絰也。《喪禮》：「小斂，主人始絰散垂之，既成服乃絞。」《雜記》曰：「大功以上散帶。」○「帶」，《荀子》、《史記》作「麻」。一也。【補】三者皆從質。三年之哭不文也，【補】楊倞曰：「不文，謂無曲折也。」《閒傳》曰：「斬衰之哭，若往而不反。」○《荀子》「哭」上有「喪」字，「哭」下有「之」字。「文」，《史記》作「反」，盧本同。《清廟》之歌，一倡而三歎也，【補】《清廟》，升歌頌篇也。鄭君《樂記》注曰：「倡，發歌句也。三歎，三人從歎之。」縣一磬而尚拊搏，【補】《春秋左傳》：「室如縣罄。」服虡以爲「磬」字。一磬，堂上特縣玉磬也。笙磬、頌磬，皆編縣堂下。拊搏，以韋爲之，形如小鼓，實之以糠。《樂記》所謂相也。《周官》：「大師，大祭祀，帥瞽登歌，令奏擊拊。」○「縣」，音「懸」。《荀子》作：「縣一鐘，尚拊之膈。」《史記》同，無「之」字。朱弦而通越，【補】朱弦，練弦也。絲熟則聲濁。《書大傳》曰：「古者帝王升歌《清廟》之樂，大琴練弦達越，大瑟朱弦達越。」楊倞曰：「越，瑟底孔，所以發越其聲，故謂之越，疏通之，使聲遲也。」○《荀子》注云：《史記》作「洞越」。按：今本《史記》亦作「通越」。一也。【補】司馬貞曰：「皆不取其聲也。」

凡禮始於脫，成於文，終於隆。【補】司馬貞曰：「脫，猶脫略也。」○《荀子》「於」並作「乎」，「脫」作「棁」，「隆」作「悅」，校《史記》作「終乎稅」。故至備，情文俱盡；【補】楊倞曰：情謂禮意，喪主哀，祭主敬之類。文謂禮物威儀也。其次，情文迭興；其下，復情以歸太一。【補】復情，所謂直情而徑行者。○「迭興」，《荀子》、《史記》並作「代勝」，宋本譌「佚興」，从元本改。天地以合，四時以洽，日月以明，星辰以行，江河以流，萬物以倡，好惡以節，喜怒以當。以爲下則順，以爲上則明，【補】洽，和也。倡，作也。此復極言禮之用。○《荀子》、《史記》「洽」作「序」，「倡」作「昌」，「日月以明」在「四時」句上。古韻：「明」音「盲」，「行」音「杭」。萬變不亂，貸之則喪。【補】貸，差也。○《荀子》「變」上有「物」字，「變」下有「而」字，「貸」作「貳」。按：《月令》「宿離不貸」。徐仙民音「二」，蓋古「貸」、「貳」字多通用。《史記》無此兩句。

凡四百五十三字。今補。

大戴禮記補注卷之二

禮察第四十六

孔子曰：「君子之道，譬猶防與？」夫禮之塞，亂之所從生也，猶防之塞，水之所從來也。【補】防，隄也。○《經解》「塞亂」作「禁亂」，「塞水」作「止水」，上並無「之」字。「從生」作「由生」，下無「也」字。「從來」作「自來」。故以舊防爲無用而壞之者，必有水敗；以舊禮爲無所用而去之者，必有亂患。故婚姻之禮廢，則夫婦之道苦，而淫辟之罪多矣。【補】鄭君曰：「苦，謂不至不答之屬。」○「辟」，音「僻」。鄉飲酒之禮廢，則長幼之序失，而爭鬭之獄繁矣。聘射之禮廢，則諸侯之行惡，而盈溢之敗起矣。○此節《經解》在「喪祭」下，「射」作「覲」，「諸侯」上有「君臣之位失」五字，「盈溢」作「倍畔侵陵」。喪祭之禮廢，則臣子之恩薄，而倍死忘生之徒衆矣。【補】倍，猶背也。《檀弓》曰：「人死，斯惡之矣。無能也，斯倍之矣。」○「徒」，宋本譌「禮」，从戴氏校本改。《經解》作「倍死忘生者」。

凡人之知，能見已然，不能見將然。禮者禁將然之前，而法者禁於已然之後，是故法之用易見，而禮之所爲生難知也。○《漢書》「禁」下「將」上有「於」字，盧本同。《盛德》注引此文作「法施已然之後」。若夫慶賞以勸善，刑罰以懲惡，先王執此之正，堅如金石，行此之信，順如四時，處此之功，無私如天地，○《漢書》「正」作「政」，「信」作「令」，「順」作「信」，「處」作「據」，「功」作「公」。爾豈顧不用哉！【補】顏籀曰：「顧，猶反也。」然如曰禮云禮云，貴絕惡於未萌，而起敬於微眇，使民日徙善遠罪而不自知也。【補】重曰「禮云」，重禮之詞，猶言「禮乎禮也」。先王之治天下，户户而賞之，不能徧也；人人而刑之，又不可勝誅也。是故因人之情而爲之節文。以喪祭之禮作其孝，以射鄉之禮作其讓，以朝覲聘享之禮作其恭，天下卉然知天子之意，曰：禮於死者尚不忘也，況生存乎？禮於他人之長尚如此其敬也，況君父乎？是故示之以恭，則不臣者愧；示之以讓，則不弟者恥；示之以孝，則不子者悔。其不可化也，然後從而刑之。禮行於上，則四海之内鮮刑民矣。故曰使民日徙善遠罪而不自知也。○《漢書》「如」作「而」，「云」下有「者」字，「敬」作「教」，「徙」作「遷」。盧本亦作「起教」。孔子曰：「聽訟，吾猶人也，必也使無訟乎？」○「無」，《漢書》作「毋」。此之謂也。○《漢書》無此句。

爲人主計者，莫如安審取舍，取舍之極定於内，安危之萌應於外也。【補】取禮舍刑者安，取刑舍禮則危。○「安審」，《漢書》作「先審」。安者，非一日而安也；危者，非一日而危也，皆以積然，不可不察也。○「積」下，《漢書》有「漸」字。善不積不足以成名，惡不積不足以滅身，○《漢書》無此十六字。而人之所行，各在其取舍。○《漢書》「而人」作「人主」，「行」作「積」，無「各」字。以禮義治之者，積禮義；以刑罰治之者，積刑罰。刑罰積而民怨倍，禮義積而民和親。○「倍」，《漢書》作「背」。故世主欲民之善同，而所以使民之善者異。○「異」上，《漢書》有「或」字。或導之以德教，或敺之以法令。導之以德教者，德教行而民康樂；敺之以法令者，法令極而民哀戚。哀樂之感，禍福之應也。○「敺」，古文「驅」字。《漢書》「行」作「洽」，「康」作「氣」，「哀戚」作「風哀」。

我以爲秦王之欲尊宗廟而安子孫與湯武同，○《漢書》無「我以爲」三字。然如湯武能廣大其德，久長其後，行五百歲而不失，○「然」下，宋本衍「則」字，从盧本删。《漢書》「如」作「而」，無「能」字及「久長其後」句，「五」作「六七」，「不」作「弗」。秦王亦欲至是而不能，○《漢書》無下七字。持天下十餘年，即大敗之。此無佗故也，湯武之定取舍審，而秦王之定取舍不審也。○《漢書》「持」作「治」，「年」作「歲」，「即」作「則」，「敗」下無「之」字。兩「也」並作「矣」。《易》曰：「君子慎始，差若毫釐，繆以千里。」取舍之謂也。然則爲人主師傅者，不可不日夜明此。【補】引《易》文，今在《易緯通卦驗》。《新書》曰：「十毫爲髮，十髮爲釐，十釐爲分。」○「可不」，宋本譌「可以」，从盧本改。

問：「爲天下如何？」○自《易》曰」以下四十字，《漢書》並無。曰：「天下，器也。今人之置器，置諸安處則安，置諸危處則危，而天下之情與器無以異，在天子所置爾。○《漢書》「曰」作「夫」，「器也」上有「大」字，「所置爾」作「之所置之」。湯武置天下於仁義禮樂，而德澤洽禽獸草木，廣育被蠻貉四夷，○「武」，宋本譌「王」。《漢書》「育」作「裕」，「被」上有「德」字，衍也。此讀當於「木」字絶之。「廣育」與「德澤」對文耳。「貉」，音「陌」。累子孫十餘世，歷年久五六百歲，此天下之所共聞也。○《漢書》「十餘」作「數十」，「歷年」以下七字無。秦王置天下於法令刑罰，德澤無一有，而怨毒盈世，民憎惡如仇讎，既幾及身，子孫誅絶，此天下之所共見也。【補】殷周遠，故言「聞」；秦事近，故言「見」。○「民」，《漢書》作「下」。「既」與「禍」同。夫用仁義禮樂爲天下者，行五六百歲猶存；用法令爲天下者，十餘年即亡，○《漢書》無此二十九字。是非明教大驗乎！○「教」，《漢書》作「效」。人言曰：『聽言之道，必以其事觀之，則言者莫敢妄言。』今子或言禮義之不如法令，教化之不如刑罰，人主胡不承殷周秦事以觀之乎？」○《漢書》無「子」字，「承」作「引」，「乎」作「也」。「周」，宋本譌「用」。

凡七百八十二字。今補。

夏小正第四十七

正月。【補】夏正建寅之月也。此章經文凡二十二事：啟蟄一也，鴈北鄉二也，雉震呴三也，魚陟負冰四也，農緯厥耒五也，初歲祭耒六也，囿有見韭七也，時有俊風八也，寒日滌九也，凍塗十也，田鼠出十一也，農率均田十二也，獺獸祭魚十三也，鷹則爲鳩十四也，農及雪澤、初服于公田十五也，采芸十六也，鞠則見十七也，初昏參中斗柄縣在下十八也，柳稊十九也，梅杏杝桃則華二十也，緹縞二十一也，雞桴粥二十二也。傳有一事分釋者，有二事並釋者。文既錯糅，故條別之，著於每月之下。啟蟄。言始發蟄也。【補】始發蟄，言未出蟄也。《月令》：「孟春，蟄蟲始振；仲春，蟄蟲咸動，啟户始出。」鄭君曰：「漢始亦以驚蟄爲正月中。」鴈北鄉。先言鴈而後言鄉者，何也？見鴈而後數其鄉也。鄉者何也？鄉其居也，鴈以北方爲居。何以謂之爲居？生且長焉爾。「九月遰鴻鴈」，先言遰而後言鴻鴈，何也？見遰而後數之，則鴻鴈也。何不謂南鄉也？曰：非其居也，故不謂南鄉。記鴻鴈之遰也，如不記其鄉，何也？曰：鴻不必當《小正》之遰者也。【補】蔡德晉曰：《月令》：「季冬，鴈北鄉；孟春，鴻鴈來。」此合而記之。廣森謂《北山經》有：「鴈門，鴈所居也。」《爾雅》以爲北陵。如，而也。鴻不必當《小正》之遰者，鴈南鄉時，不在中國。《小正》見其遰，不見其鄉。鄉不必當遰之月，故不記。○「鄉」，音「向」。「遰」，音「逝」。山陰傳氏本「之」下「居」上無「爲」字，兩「南鄉」上並有「之」字，「如」作「而」。「見遰」，宛平黄氏本作「見其遰」。雉震呴。呴也者，鳴也。震也者，鼓其翼也。正月必雷，雷不必聞，惟雉爲必聞之。何以謂之？句。雷則雉震呴，相識以雷。【補】「呴」，讀若《詩》「雉之朝雊」。《説文解字》曰：「雷始動，雉鳴而句其頸，从隹从句。」鼓，動也。何以謂之者？傳設問。何以謂正月必雷？言雷則雉必震呴，人見其震呴，因相知爲有雷也。何氏《春秋傳解詁》曰「夏之正月，雷當聞於地中」是矣。《月令》：「季冬，雉雊。」視此爲蚤。○宋本作「震也者，鳴也；呴也者，鼓其翼也」，从《初學記》引此文改。「謂」之下，黄本衍「震」字。魚陟負冰。陟，升也。負冰云者，言解蟄也。【補】金履祥曰：《月令》「魚上冰」是也。春冰薄，魚既升，背若負之。農緯厥耒。緯，束也。束其耒云爾者，用是見君之亦有耒也。【補】束其耒者，使耜與柄相堅著也。言見君之亦有耒，則傳意以此。農爲農官也，將有事于藉田，故脩君耒。《月令》曰：「天子親載耒耜，措之于參保介之御閒。」初歲祭耒，始用暢也。其曰初云爾也者，暢也者，終歲之用祭也。言是月之始用之也。初者，始也。

或曰：祭韭也。【補】暢，鬱鬯也。《國語》説：「藉田之禮，鬱人薦鬯，犧人薦醴，王祼鬯，饗醴乃行。」祼鬯者，蓋以鬯灌地而祭末，與諸家並以「始用暢」爲經文，非也。始用暢也者，傳釋「祭末之用暢也」，下文復釋「初歲」之義，言終歲之祭皆用暢，以是月爲始爾。或曰「祭韭」者，記別家經文，或作「初歲祭韭」。○舊本云：暢，一作「暘」。按：篆文「暢」正从田、从申者，俗書耳。宋本「其曰」譌「其用」，「爾」下脱「也者」二字，从《儀禮經傳通解》增改，但《通解》移此句於「用祭也」之下，亦非。

囿有見韭。囿也者，園之燕者也。【補】蔡德晉曰：有藩曰園，有牆曰囿。見，始生也。廣森謂燕者，可燕樂之處也。《詩》曰：「四之日其蚤，獻羔祭韭。」將用之，故先時而記之。○宋本「有」下脱「見」字，「囿也」下脱「者」字，並從傳本增。「見」，音「現」。

時有俊風。俊者，大也。大風，南風也。何大於南風也？曰：合冰必於南風，解冰必於南風，生必於南風，收必於南風，故大之也。【補】此傳似失其義。《山海經》曰：「東方曰折，來風曰俊。」然則俊風者，東風也。《月令》所謂「東風解凍」。

寒日滌凍塗。滌也者，變也，變而煖也。凍塗者，凍下而澤上多也。【補】「澤」，讀若「其耕澤澤」之「澤」。《毛詩》：「雨雪載塗。」傳曰：塗，凍釋也。《管子》曰：「日至六十日而陽凍釋，七十日而陰凍釋。」在上者，陽凍也，多釋矣；在下者，陰凍也，時猶未釋也。○此「澤」及下「雪澤」，並音「釋」。

田鼠出。田鼠者，嗛鼠也。記時也。【補】嗛鼠，即《爾雅》「鼸鼠」。郭璞曰：「以頰裹藏食。」一云地行鼢鼠也。八蜡之祭，迎貓，爲其食田鼠也。田鼠害稼，故謹記其出。

農率均田。率者，循也。均田者，始除田也。言農夫急除田也。【補】「均」讀爲「耘」。故傳言「除田也」。古書字少，音同相借。循者，言履畝以次而徧也。《月令》正義：「以農率爲田畯」，與傳訓異。

獺獸祭魚。其必與之獸，何也？曰：非其類也。祭也者，得多也。善其祭而後食之。十月豺祭獸謂之祭，獺祭魚謂之獸祭，何也？豺祭其類，獺祭非其類，故謂之獸，大之也。【補】言獺則獸見，必曰獺獸，深著其非魚類也。與之者，許而謂之之詞。豺自食其類，雖善其能祭，然不足美大之矣。《埤雅》曰：「獺獸似狐而小，青黑色，膚如伏翼，水居食魚，亦自祭其先，取鯉於水裔，四方陳之，進而弗食。」或曰：豺祭方，獺祭圓。○諸本經文脱「獸」字，傳文三「獸」字並譌「獻」。謂之獸祭，「祭」字亦脱。或遂疑經爲「獺獻魚」，非也，今从傳本增改。

鷹則爲鳩。鷹也者，其殺之時也。鳩也者，非其殺之時也。善變而之仁也，故其言之也，曰「則」，盡其辭也。鳩爲鷹，變而之不仁也，故不盡其辭也。【補】鳩，布穀也。非其殺之時，言不復搏擊也。「則」者，速化之辭也。《月令》：「鷹化爲鳩，在仲春。」《小正》例：凡言「則」者，候皆較蚤，喜之，故急記之云爾。○「其言」，傳本及《通解》作「具言」。

農及雪澤。言雪澤之無高下也。

初服于公田。古有公田焉者，古言先服公田而後服其田也。【補】此「農」，亦農夫也。《春秋傳》曰：「及，猶汲汲也。」《管子》曰：「正月令農始作，服于公田，農耕及雪釋，耕始焉，芸卒焉。」蓋本於此。服，事也。夏后氏五十而貢，未爲井地。周之遂法，十夫有溝，百夫有洫，其遺象也。故《孟子》云：「唯助爲有公田。」然則《小正》言公田者何？蓋君田也。君田者何？蓋藉田也。先服公田，謂庶人終于千畝。○「有」上，《通解》有「者」字，「者」下，濟陽張氏本無「古」字。愚疑「者古言」三字倒，當爲「言古者」。

采芸。爲廟采也。芸似邪蒿，可食。【補】蔡德晉曰：芸，香草也。《吕氏春秋》云：「菜之美者，陽華之芸。」十一月，芸始生，至此月采之，以薦寢廟。○注文，宋本脱，从傳本及《初學記》引此注增。據此條，知《小正》篇盧君舊有注，傳刻失之。

鞠則見。鞠者何也？星名也。鞠則見者，歲再見爾。【補】戴震曰：「鞠」讀爲「噣」，字之譌也。《詩》：「三五在東。」傳云：「三，心。五，噣。四時更見。」箋云：「心在東方，三月時也。噣在東方，正月時也。」廣森按：噣，柳星也。歲再見者，正月昏見，七月晨見。○「見」，音「現」，後同。

初昏參中，蓋記時也云。句。

斗柄縣在下，言斗柄者，所以著參之中也。【補】斗柄以南爲上，北爲下，斗魁枕參首。參南正，則斗杓北下矣。○「縣」，音「懸」。「柄」，《大衍曆議》引此文作「杓」，諱唐嫌名也。

柳稊。稊也者，發孚也。【補】發孚者，發芽也。《易》曰：「枯楊生稊。」《通卦驗》：「立春楊柳樺。」○「稊」，宋本譌「梯」，从傳本改。

梅杏杝桃則華。杝桃，山桃也。【補】山桃似桃而小。經意蓋杝與桃爲二物也。今時杏常以二月華，此與梅桃併記之曰「則」，亦盡其辭也。○「杝」，音「斯」，《爾雅》字爲「榹」。「山」上，黄本無「桃」

字。緹縞。縞也者，莎隨也。緹也者，其實也。先言緹而後言縞者，何也？緹先見者也。何以謂之？句。《小正》以著名也。【補】《爾雅》「薃侯莎，其實媞」，鄭樵注云：「即香附子，其根生塊似實。」《廣雅》曰：「莎隨地毛也。」戴震曰：「《小正》以著名者，謂《小正》立言之體，以緹著而先見，故不曰縞緹，而名其物候曰緹縞。」○「縞也者」，宋本脱「縞」字，从黄本增，但黄本依金氏《通鑑前編》字作「薃」。「著」上，《通解》衍「小」字，因以爲篇題釋名。愚謂於此始説《小正》之義，非其次。雞桴粥。粥也者，相粥之時也。或曰：桴，嫗伏也，粥，養也。【補】「桴」，讀爲「孚」。《説文解字》曰：「孚，卵孚也。」正月者，雞抱卵粥子之時也。《月令》：「季冬，雞乳。」亦視此爲蚤。《樂記》曰：「羽者嫗伏。」○「粥」，音「育」。黄本「桴」作「孚」，「時」作「呼」，盧本作「相粥粥呼也」。

二月。【補】此章經文凡十四事：往耰黍禪，一也；初俊羔助厥母粥，二也；綏多女士，三也；丁亥萬用入學，四也；祭鮪，五也；榮堇，六也；采繁由胡，七也；昆小蟲，八也；抵蚳，九也；來降燕乃睇，十也；剥鱓，十一也；有鳴倉庚，十二也；榮芸，十三也；時有見稊始收，十四也。往耰黍，禪。禪，單也。【補】此早黍也。二月種，五月熟。或謂之蟬鳴黍。《管子》曰：「日至百日，黍秫之始也。」耰，摩田覆種也。農術：春耕尋手耰，秋耕待白背耰。是月春煖，耰黍者始單衣矣。衣有裏曰褶，無裏曰禪。《玉藻》曰：「禪爲絅。」初俊羔助厥母粥。俊也者，大也。粥也者，養也。言大羔能食草木而不食其母也。羊蓋非其子而後養之，善養而記之也。或曰：夏有煮祭，祭也者，用羔。是時也不足喜樂，喜羔之爲生也而記之與？羔，句。羊腹時也。【補】黄尚書曰：「他獸非其子不乳之，獨羊有乳鹿者，是非其子亦乳之也。」畢沅曰：「古者養字从羊，大則能助厥母粥者，其性善也。」廣森謂：「羔長大不食於其母，母乃有餘乳養非其子者，若羔能助母養然，故善而記之。」煮祭，饋熟之祭也。禮：牲未成羊曰羔，未成豕曰豚，未成牛曰犢。凡牛羊豕胖升，羔豚犢合升。《周禮》曰：「祭祀飾羔。」「蓋」者、「與」者，皆傳謙不質言之辭。腹，謂母於腹下乳之也，言腹時名羔，不腹時名羊。○「粥」，音「育」。「與」，音「歟」。「蓋」，宋本譌「羔」，从傅氏注引關澮本改。「記」，《通解》作「繼」。「夏」，宋本譌「憂」，从傅本改。「煮」，盧本作「暑」。「喜羔」，傅本、黄本作「善羔」。「與」，盧本譌

「謂」。「羊」，宋本譌「羊牛」，《通解》作「牛羊」，从黄本改。

綏多女士。綏，安也。冠子取婦之時也。【補】金履祥曰：「女有家，士有室，所以安之也。」廣森謂「士者未娶之稱」。《荀子》曰：『婦人莫不願得以爲夫，處女莫不願得以爲士。」《禮》：「霜降而婦功成，嫁娶之事始焉。」故自十月初昏至二月，其盛也，過是則晚矣。《周禮》亦以「仲春會男女」。《士冠禮》云：「夏葛屨，冬皮屨。」則周冠無常月。○冠、取，並去聲。《儀禮》疏引此文作「冠子取妻時也」。

丁亥，萬用入學。丁亥者，吉日也。萬也者，干戚舞也。入學也者，大學也。謂今時大舍采也。【補】《月令》：「仲春之月，上丁，命樂正習舞釋菜。仲丁，又命樂正入學習樂。」丁不必得亥，亥爲天門，先王吉焉，故舉以言之。《禘于太廟禮》曰：「日用丁亥。」《少牢饋食》曰：「來日丁亥，用薦歲事于皇祖伯某。」干，朱干。戚，玉戚。《春秋傳》曰：「萬者何？干舞也。籥者何？籥舞也。」《文王世子》曰：「春夏學干戈，秋冬學羽籥。」然則釋菜亦春尚武舞，秋尚文舞矣。○「用」，《月令》注引此文作「舞」。「舍采」，音「釋菜」，《周官·大胥》字亦爲「舍采」。

祭鮪。祭不必記，記鮪何也？鮪之至有時，美物也。鮪者，魚之先至者也。而其至有時，謹記其時。【補】鮪魚無鱗，口在頷下，似鱣而味美。大者爲王鮪，小者爲鮇鮪。《月令》：「季春，薦鮪于寢廟者。」鮪至有蚤晚，古今物候殊異也。《水經注》曰：「鞏縣北有山，臨河，謂之崟原邱。其下有穴，謂之鞏穴，言潛通淮浦，北達于河，直穴有渚，謂之鮪渚。成公子安《大河賦》曰：『鱣、鯉、王鮪，暮春來遊。』」《周禮》：「春薦鮪，然非時及他處則無。」○黄本無「而」字。

榮堇，采也。【補】榮，華也。先言榮而後言堇，何也？見榮而後知其堇也。《小正》之記卉也，皆如是也。堇，堇葵也，所以滑羹。《儀禮》曰：「夏用堇，冬用荁。」○「堇」，音「謹」，《説文》本从廾堇聲，隸省如此作。「采」，音「菜」，宋本「堇」譌「黄」，「也」譌「色」，从傅本改。

采繁由胡，繁由胡者，繁母也。繁，旁勃也。皆豆實也，故記之。【補】「繁」，古通以爲「蘩」字。黄尚書曰：蘩，始生一莖耳，采食其上體，留下體寸許，四旁皆勃然生。又采其上食之，則旁生彌衆，故謂之旁勃。謂其母曰由胡。廣森謂：皆者，皆蘩與蘩母，釋經不專言采繁而必兼由胡意也。《毛詩·采蘩》傳曰：「蘩，皤蒿也。」箋曰：「執蘩菜者，以豆薦蘩菹。」○宋本「采」譌「菜」，「由」譌「田」，从傅本改。但傅本第二「繁」字倒在「采繁」之下，而脱「繁旁勃也」四字。《通解》

及元本，又以「采繁」二字倒在「堇菜也」之上，並誤。「繁」，《通解》作「蘩」，按：《爾雅》，「繁由胡」亦不著艸。「由」，《左傳正義》引此文作「游」。「旁」，宋本譌「萬」，《通解》作「方」，蓋本「旁」字脱去上半，或誤爲「万」，因轉爲「萬」耳，从黄本改。

昆小蟲，抵蚳。昆者，衆也，由魂，句。魂也者。動也，小蟲動也。其先言動而後言蟲者，何也？萬物至是動而後著。抵，猶推也。蚳，螘卵也，爲祭醢也。取之則必推之，推之不必取，取必推而不言取。【補】由，即「猶」字。《孟子》：「王由足用爲善。」亦以「由」爲「猶」。傳言：昆猶魂也，魂之言動也。《孝經説》曰：魂，芸也。芸，動也。昆既爲衆，又爲動，轉相注釋。昆小蟲者，小蟲衆而動也。此當《月令》「蟄蟲咸動」矣。著，見也。動而後見其爲蟲，故《小正》先言動。推，以手取物之名。《上林賦》曰「推蜚廉」是也。《周禮》：「饋食之豆有蚳醢。」○「由」，傳本作「猶」。「衆也」下，黄本叠出「由魂魂也」四字，以臆加耳。「魂也者」，宋本譌「螺也者」，从元本改。宋本脱「至」字，「抵猶」譌「括猶」，「不必」譌「必不」，並从傳本增改。「至是」下，黄本叠出「動」字，「取必」，戴氏校本改「故言」。

來降燕，乃睇。燕，乙也。降者，下也。言來者，何也？莫能見其始出也，故曰來降。言乃睇，何也？睇者，眄也。眄者，視可爲室者也。百鳥皆曰巢，突穴取與之室，何也？摻泥而就家，入人内也。【補】燕名乙者，取其鳴自呼也。《詩》曰：「天命玄鳥，降而生商。」燕者莫知其居，若自上而降。然昔有娀氏吞燕卵而生契，先王以爲媒官嘉祥，常以燕來降之日祠高禖焉。《説文解字》曰：「眄，邪視也。南楚謂眄曰睇。」突，竄也。鳥亦有竄穴者，若鴝鵒之屬。「取」字誤，當爲「其」。與之，謂之也，與「正月」傳「其必與之獻」同義。内，房室也。《漢書》曰：「家有一堂二内。」○「乙」，音「軋」，與「甲乚」之「乚」非一字。盧本「突」作「室」，「取」作「也」。「摻」，傳本作「操」，舊説魏晉閒避曹氏諱，書「操」多爲「摻」。「入人」，宋本譌「人人」，从傳氏注引關本改。❶

剥鱓以爲鼓也。【補】「鱓」讀如《詩》「鼉鼓逢逢」。《吕氏春秋》曰「顓頊令鱓先爲樂倡，鱓乃偃浸，以其尾鼓其腹」是也。河鮀江鱓，禹時貢之，見《書大傳》。鱓皮堅厚，可以冒鼓。《考工記》：「凡冒鼓必以啓蟄之日。」以此經驗之，蓋謂蟄蟲咸動時也。《説文解字》曰：「鼓，春分

❶「氏」，畿輔叢書本作「本」。

之音。」有鳴倉庚。倉庚者，商庚也。商庚者，長股也。【補】有者，始有之也。長股者，黄鸝也，以爲蠶候。古語曰：「黄栗留，看我麥黄葚熟不。」榮芸。【補】何以記也？著采芸者未榮而采之。時有見稊，始收。有見稊而後始收，是《小正》序也。《小正》之序時也，皆若是也。稊者，所爲豆實。【補】張爾岐曰：萌蘖之可食者，如筍蒲椿楷之屬。收，蓄也。○「稊」，宋本譌「梯」。

三月。【補】此章經文凡十三事：參則伏，一也；攝桑，二也；委楊，三也；䍧羊，四也；縠則鳴，五也；頒冰，六也；采識，七也；妾子始蠶，執養宮事，八也；祈麥實，九也；越有小旱，十也；田鼠化爲駕，十一也；拂桐芭，十二也；鳴鳩，十三也。

參則伏。伏者，非亡之辭也。星無時而不見，我有不見之時，故曰伏云。【補】參辰不相比。三月之昏，心出於東，參没於西矣。○「亡」，音「無」，宋本譌「忘」，从傳本改。攝桑。桑攝而記之，急桑也。委楊。楊則苑而後記之。【補】攝，讀如《爾雅》「葉畫聶」，謂桑葉始生未舒之貌。委，垂也。楊葉之垂者也。苑，茂也。《國語》曰：「人皆集于苑。」讀當如「有菀者柳」之「菀」。桑所急也，故始生而記之；楊非所急也，故菀而後記之。用此見《小正》之重民衣也。○「桑」字，《通解》及傳本並不疊。舊本云：「委」，一作「萎」，金氏《前編》云：舊注「萎」作「苑」。按：傳「則苑」，諸本作「則花」，古文有「華」無「花」，即「苑」字形誤耳，今校改。䍧羊。羊有相還之時，其類䍧䍧然，記變爾。或曰：䍧，羝也。【補】「還」，讀爲「環」，圜聚也。羊性寒而散，熱而聚，物之變也。或曰：羝者，羝抵也。二月初俊羔，至是始生角相抵觸。縠則鳴。縠，天螻也。【補】天螻者，螻蛄也。《月令》：「孟夏，螻蟈鳴。」蔡邕《章句》曰：螻，螻蛄。蟈，蛙也。然則三月螻鳴，亦候之蚤者，故其言之也曰「則」。頒冰。頒冰者，分冰以授大夫也。【補】《春秋左傳》曰：「火出而畢賦，自命夫命婦至於老疾，無不受冰。」火出，於夏爲三月，於商爲四月，於周爲五月，故《小正》「三月頒冰」，《周禮》「夏頒冰」。采識。識，草也。【補】金履祥曰：「識，當作蘵。」《爾雅》：「蘵，黄蒢。」注云：蘵，葉似酸漿，花小而白，中心黄，江東以作菹食。廣森按：《顔氏家訓》云：「蘵味苦，河北謂之龍葵。」《月令》：「孟夏，苦菜秀。」梁世講禮者以爲即此，若然，此「采識」亦候之蚤於《月令》者。妾子始蠶。先妾而後子，何也？曰：事有漸也。言事自卑者始。執養宮事。執，操也。養，長也。【補】子，女子子也。卑妾而尊子，何也？重嫡也。養，長養蠶也。宮，蠶宮也。《祭義》曰：「古者天子諸侯必有公桑蠶室，近川而爲之，築宮仞有三尺。」婦事莫重於蠶，故《昏禮》戒女詞云：「夙夜無違宮事。」○「妾」上，傳本無「先」字，「事自卑」，宋本倒作「自卑事」，从黄本改。長，上聲。祈麥實。麥實者，五穀之先見者，故急祈而記之也。【補】蓋祈於廟。○「者」上，傳本無「實」字。越有小旱。越，于也。記是時恒有小旱。【補】于、越，皆發語辭。小旱而記之，勤雨也，用此見《小正》之重民食也。田鼠化爲鴽。鴽，鵪也。變而之善，故盡其辭也。鴽爲鼠，變而之不善，故不盡其辭也。【補】盡其辭則言化，不盡其辭則不言化。田鼠爲鴽，不復害稼，故善之也。鵪，鶉之類也。無斑者爲鵪，有斑者爲鶉；鶉有後趾，鵪無後趾；恒以是別之。《公食大夫禮》云：「雉兔鶉鴽。」明鶉鴽二物也。傳記或有言「田鼠化爲鶉」者，《淮南子》又云：「蝦蟆化鶉。」○「鴽」，宋本譌「駕」。拂桐芭。拂也者，拂也，桐芭之時也。或曰：言桐芭始生，貌拂拂然也。【補】芭，葩也。葩，華也。《月令》：「季春，桐始華。」蔡邕曰：「桐，木之後華者。」○傳本無「拂也者」三字。鳴鳩。言始相命也。先鳴而後鳩，何也？鳩者鳴而後知其鳩也。【補】鳩，鶻鵃也。青黑色，短尾多聲。○或據《月令》「鳴鳩拂其羽」，疑「拂」字本在「鳴鳩」之下，而「桐芭」自爲一事，亦似。

四月。【補】此章經文凡十事：昴則見，一也；初昏，南門正，二也；鳴札，三也；囿有見杏，四也；鳴蜮，五也；王萯莠，六也；取荼，七也；莠幽，八也；越有大旱，九也；執陟攻駒，十也。昴則見。【補】晨見也。《左傳》所謂「西陸朝覿」。初昏，南門正。南門者，星也。歲再見，壹正，蓋大正所取法也。【補】《天官書》曰：「亢爲疏廟，其南北兩大星，曰南門。」《月令》：「仲夏，昏乃亢中。」《小正》躔度與《月令》恒差一氣。《大正》，疑亦夏記時之書。此篇之事，對彼爲小，故以《小正》名。《周語》引《夏令》曰：「九月除道，十月成梁。其時儆曰：收而場功，偫而畚挶。營室之中，土功其始。火之初見，期于司里。」豈即《大正》之遺與？鳴札。札者，寧縣也。鳴而後知之，故先鳴而後札。【補】札，小蟬鳴札札者也。札鳴而麥熟。《方言》謂之「麥蚻」。○《爾雅》注引此文云：「鳴蚻虎縣。」囿有見杏。囿者，山之燕者也。【補】杏，始實也。其言「山之燕者」何？因山爲囿也。韭，菜也，宜於園者也；杏，木也，宜於山者也。鳴蜮。蜮也者，或曰屈造之屬也。【補】此則《月令》「蟈鳴」是也。《周官》「蟈氏」，先鄭讀爲「蜮」。蜮，蝦蟆也。畢沅曰：《淮南子》：「鼓造辟兵。」高誘謂造亦蝦蟆。又《詩》有「戚施」，《説文》作「鼀鼁」。「鼀」與「造」，古聲相近，然則「造」即「鼀」字矣。王萯莠。【補】「莠」，讀爲「秀」，不榮而實曰秀。《小正》皆用「莠」字，假借也。《本草》曰：「萯生田中，葉青刺人，有實。」鄭君箋《詩》：疑「王萯」即「萯」，其注《月令》又疑「王萯」即「王瓜」，未審焉。○「莠」，《月令》注引此文作「秀」。取荼。荼也者，以爲君薦蔣也。【補】荼，茅秀也。《周官》：「掌荼，掌以時聚荼。」《儀禮》：「用爲茵著。」《廣雅》曰：「薦蔣，席也。」蓋「茵」亦通稱焉。莠幽。【補】張爾岐曰：《豳風》：「四月秀葽。」得非以「葽」、「幽」聲相近而誤與。廣森按：葽，葽繞也，今遠志草。越有大旱。記時爾。【補】時有雩祀，故記之。執陟攻駒。執也者，始執駒也。執駒也者，離之去母也。執而升之君也。攻駒也者，教之服車數舍之也。【補】《周禮》：「春執駒，夏攻特。」鄭君曰：「執，猶拘也。通淫之時，駒弱，血氣未定，爲其乘匹傷之。」姜上均曰：母，猶牝也。舍，休也，爲其小故也。馬二歲曰駒，三歲曰駣。畢沅曰：陟，疑當作「騭」，牡馬也。《月令》：「執騰駒。」即所謂執騭矣。廣森按：執而升之君者，申上言牡駒既離之去牝，即令升而爲君服車，但稍節其力耳。尊君駕，故以「升」言之。傳意亦未必以「升」訓「陟」，或因此「升」字，遂妄加「陟升也」一句，舊本所無，不可用。○「數」，音「疏數」之「數」。

五月。【補】此章經文凡十五事：參則見，一也；浮游有殷，二也；鴂則鳴，三也；時有養日，四也；乃瓜，五也；良蜩鳴，六也；匽之興五日翕，望乃伏，七也；啓灌藍蓼，八也；鳩爲鷹，九也；唐蜩鳴，十也；初昏，大火中，十一也；煮梅，十二也；蓄蘭，十三也；菽糜，十四也；頒馬，將閒諸則，十五也。參則見。參也者，伐星也，故盡其辭也。【補】五月，日在東井之末，參距日三十度，將旦先出東方也。伐三星，在參下，然古者或互名之。《毛詩·小星》

傳曰：「參，伐也。」《考工記》曰：「熊旗六斿，以象伐也。」謂參與伐連體而六星也，故曰。參也者，伐星也。《春秋傳》曰：「伐爲大辰。」重之是「盡其辭」。○「伐」，宋本譌「牧」，从傳本改。浮游有殷。殷，衆也，浮游殷之時也。浮游者，渠略也，朝生而莫死。稱「有」何也？有見也。【補】浮游，蟲名。郭璞曰：似蛣蜣，身狹而長，有角，黄黑色，叢生糞土中。○「浮游」，朱本作「蜉蝣」。《通解》無「浮游殷之時也」六字。「莫」，去聲。鴂則鳴。鴂者，百鷯也。鳴者，相命也。其不辜之，句。時也。是善之，故盡其辭也。【補】百鷯者，伯勞也。伯勞者，伯趙也。恒以夏至來冬至去，故少昊氏以鳥名官。伯趙氏司至也。善之者，善其知至也。辜，略也。古語稱「大略」曰「辜較」。不云鳴鴂，而云鴂則鳴，是不略之也。不略之者，以記夏至之時也。《春秋》辭繁而不殺者，正也；《小正》辭盡而不辜者，善也。《詩》曰：「七月鳴鴂，八月載績。」《離騷》曰：「恐鵜鴂之先鳴兮，使夫百草爲之不芳。」蓋鴂鳴盛于秋，五月鳴之始也。始鳴而急記之，故言則也。凡言則者，盡其辭也。○「百」，傳本作「伯」。時有養日。養，長也。一則在本，一則在末，故其記曰「有養日」云也。【補】黄尚書曰：此即《月令》所謂「日長至」也。夏陽故舉日，冬陰故舉夜。廣森謂：一，猶或也。如《春秋穀梁傳》「一有一無」之「一」。言夏至之氣，或在月初，或在月終，無定日，故但以「有」言之。鄭君《月令》注云：「辰角見，九月本也。天根見，九月末也。」可見月初爲本，月終爲末，古時語如此。養之言羕也。《韓詩》曰「江之羕矣」。○宋本「日」譌「白」，「有養日云也」譌「時養日之也」。《通解》作「時養日云也」，从傅氏注引舊本改。乃瓜。乃者，急瓜之辭也。瓜也者，始食瓜也。【補】《豳風》：「七月食瓜。」五月其蚤熟者，故云「急瓜之辭」。○傅氏引别本云：「乃衣瓜。」乃衣者，急衣之辭也。衣也者，始創衣也。按：「衣」與「瓜」、「創」與「食」，並字形相似而誤。黄本兩句兼存，失之。良蜩鳴。良蜩也者，五采具。【補】蔡德晉曰：《月令》「仲夏，蟬始鳴」是也。○「良」，《爾雅》字爲「蜋」，注引此文亦作「蜋」。匽之興五日翕，望乃伏。其不言生而稱興，何也？不知其生之時，故曰興。以其興也，故言之興。五日翕也。望也者，月之望也。而伏云者，不知其死也，故謂之伏。五日也者，十五日也。翕也者，合也。伏也者，入而不見也。【補】匽，蟬首上有冠緌者。《論衡》曰：「蠐螬化爲復育，復育轉而爲蟬。」蟬者，化而蛻也，故不知其生也。黄尚書曰：《淮南子》云：「蟬三十日而死。」謂既興十五日而鳴，又十五日而伏也。廣森按：《漢書音義》云：「漢使東郡送梟，五月五日作梟羹。」高誘《淮南子》注云：「五月望作梟羹。」由此言之，古云五月五日節者，本謂五月望也。傳以五日爲十五日，或因諸此，然似非經意。經言「乃伏」，傳言「而伏」，文亦錯焉。《春秋》之義，「乃」難乎「而」也。 啟灌藍蓼。啟者，别也，陶而疏之也。灌者，聚生者也。記時也。【補】熊安生曰：灌，謂叢生也。分移使之稀散。《月令》：「仲夏，令民無刈藍以染。」張爾岐曰：「種藍之法，先蒔于畦，生五六寸許，乃分别栽之，所謂啟也。」廣森謂：蓼，香菜可食者，亦於是月别之。《淮南子》曰：「蓼菜成行。」陶，芟也。疏，分也。「灌」，若「集于灌木」之「灌」。〇「聚」，盧本作「藂」。黄本無「記時也」三字。 鳩爲鷹。【補】傳在「正月」。《王制》曰：「鳩化爲鷹，然後設罻羅。」説者以爲仲秋也，亦古今氣候之異。 唐蜩鳴。唐蜩者，匽也。【補】既記其興矣，鳴又言之，何也？一則目治，一則耳治。〇「者」上，宋本衍「鳴」字，从黄本删。《爾雅》注引此文作「蟪蜩者蝘」。 初昏，大火中。大火者，心也。心中，種黍菽穈時也。【補】《小正》「五月，心中」，合於《堯典》「日永，星火，以正仲夏」，此虞夏時曆也。《月令》「六月，心中」，合於《左傳》「火中，寒暑乃退」，此周秦時曆也。恒星東行，故古今差焉。《書考靈曜》曰：「主春者鳥星，昏中可以種稷；主夏者心星，昏中可以種黍；主秋者虚星，昏中可以種麥；主冬者昴星，昏中則入山，可以斬伐，具器械。」然此種黍乃晚黍也。或增「種黍菽穈」於經，非是。傳言經記「心中」者，所以著種黍食菽穈之時耳，與「九月」傳「鞠榮而樹麥」，其例同也。於文「穈芑」之「穈」从禾，「糜粥」之「糜」从米，此傳字爲「穈」，不爲「糜」，諸家以爲赤粱粟，抑失其訓。 煮梅。爲豆實也。【補】煮而暴之，以爲乾䕩也。此籩實也。云豆者，籩謂之竹豆。 蓄蘭。爲沐浴也。【補】蓄之以待來歲上巳祓除釁浴。《九歌》曰：「浴蘭湯兮沐芳。」 菽穈以在經中，又言之，句。時何也？是食矩，句。關而記之。【補】黄尚書曰：令民爲豆粥，以辟暑氣。矩，法也。以爲食法之所關而記之也。廣森謂：「以」、「已」通，「已在經中」者，食菽穈以心中爲候。經言心中，則菽穈已在其中矣。時，是也。昔光武帝舍無蔞亭，馮異上豆粥，是古食法有之。

○「麋」，傳本作「蘪」。「中」下，傳本及《通解》有「矣」字。舊本云：「矩關」，一作「短閔」。

頒馬。分夫婦之駒也。將閒諸則。或取離駒納之，句。則法也。【補】分夫婦之駒者，游牝之馬，至是別之，止其妊育也。閒，閑也。《詩》曰：「比物四驪，閑之維則。」離駒，離母之駒也。馬六尺以下通稱駒，故其齒弱者別稱離駒，亦取而納之法教之駕焉。○舊本云「夫婦」，一作「夫卿」，按，傳本作「大夫卿」。

六月。【補】此章經文凡三事：初昏，斗柄正在上，一也；煮桃，二也；鷹始摯，三也。

初昏，斗柄正在上。五月大火中，六月斗柄正在上，用此見斗柄之不在當心也，蓋當依。依，尾也。【補】此斗柄，謂斗衡也。正在上，謂正南也。六月之昏，尾中南方，衡當尾，故南指。《天官書》曰：「衡殷南斗。」言當尾者，尾與南斗相近。○「在當」，盧本作「正當」。

煮桃。桃也者，杝桃也。杝桃也者，山桃也。煮以爲豆實也。【補】黄尚書曰：桃實可食，杝桃之實不可食也。禮：豆實曰桃。「桃諸」無舉杝者，傳似小誤。○「杝」，傳本作「柂」。

鷹始摯。始摯而言之，何也？諱煞之辭也，故言摯云。【補】黄尚書曰：《月令》：「季夏，鷹乃學習；孟秋，鷹乃祭鳥。用始行戮。」始摯，即學習之謂也，於此一言之。而後「祭鳥」、「行戮」皆不言，諱殺，不忍盡其辭也。君子於鳥之殺，且不忍盡其辭，而況於人乎。○「始摯」二字，傳本不疊，「煞」即「殺」字，隸變體也。「故」下，宋本脱「言」字，从傳本增。

七月。【補】此章經文凡十一事：秀萑葦，一也；狸子肇肆，二也；湟潦生苹，三也；爽死，四也；荓秀，五也；漢案户，六也；寒蟬鳴，七也；初昏，織女正東鄉，八也；時有霖雨，九也；灌荼，十也；斗柄縣在下則旦，十一也。

秀萑葦。未秀則不爲萑葦，秀然後爲萑葦，故先言秀。【補】萑似葦而小，中實，未秀則下言「菼」、「薍」是也。於此發傳者對「荓秀」後言「秀」。○「萑」、「葦」字，篆作「雈」，隸省作「萑」，此經文爲「萑」，从艸，萑省聲，與「萑雀」之「萑」異。

狸子肇肆。肇，始也。肆，遂也。言其始遂也。其或曰：肆，殺也。【補】廣森以爲「或曰」，是也。「肆」，讀如《禮》「故書『肆』、『儀』」。肆，殺者，始習搏殺也。《爾雅》：「貍子貄。」衆家作「肆」，倘亦取此義名之與？○「狸」，宋本譌「理」。「肆」，依或説音「肆」，傳氏疑其字衍，愚謂此與《穀梁傳》「其一曰」，句法正同。湟潦生苹。湟，下處也。有湟然後有潦，有潦而後有苹草也。【補】苹，水上浮萍也。湟，隍也。有水曰池，無水曰隍。潦，行潦也。七月雨盛，湟之涸者亦爲潦，故曰「有湟然後有潦」。○傳本「生苹」下有「湟潦生苹也者」六字，「潦而」上無「有」字。爽死。爽也者，猶疏也。【補】疏者，「爽」之陰聲，故相轉注也。蔡德晉曰：《周禮》「臣妾聚斂疏材」。此時疏材既死，則可收斂矣。荓莠。荓也者，馬帚也。【補】郭璞曰：「荓，似蓍，可以爲埽彗。」○「荓」，宋本譌「苹」，从黄本改。「馬」上，宋本衍「有」字，从傳本删。漢案户。漢，天漢也。案户也者，直户也，言正南北也。【補】古者爲户於室東南隅，天漢昏見當户，則南北直而偏東也。斗在漢右，是時南正矣。漢自天津之閒兩道相會，上屬大陵積水，其直如繩。○宋本脱「漢天」二字，从《文選·西征賦》及《月賦》注引此文增，傳本作「漢也者河也」，《通解》及黄本从之。寒蟬鳴。蟬也者，蝭蠑也。【補】蝭蠑，蝭蟧也。《爾雅》謂之蜺，屈原謂之螿。色青而小，秋風未至時，瘖不能鳴。初昏，織女正東鄉。【補】織女，兩距小星，恒鄉陬訾之口。七月初昏斗中，析木加午，則陬訾加卯，故織女正東鄉。○「鄉」，音「嚮」。時有霖雨。【補】《春秋左傳》曰：「凡雨，自三日以往爲霖。」季夏大雨時行，初秋猶時有焉。灌荼。灌，聚也。荼，雚葦之莠，爲蔣楮之也。雚末莠爲菼，葦末莠爲蘆。【補】蔣，茵也。「楮」，讀如「上褚五十衣」之「褚」。謂以荼著茵中，今時人猶用蘆花也。將以褚蔣，故聚之，既記其秀之候，復詳人事也。菼，一名薍。蘆，一名葭。○「聚」，盧本作「藂之」。「莠」下，傳本有「也」字。「楮」，黄本作「褚」。「末莠」，宋本作「末秀」，按《小正》：「秀」字皆借用「莠」，今从傳本。斗柄縣在下，則旦。【補】《三統曆》：立秋旦，畢入度中。❶處暑旦，井初度中，參在井前。夏時星候較蚤，七月，參已得旦中矣。唐一行推《小正》躔宿，以八月參中，則旦，爲失其傳。蓋本七月經文，寫者失之，誤綴下章之末，遂於此複衍「則旦」二字。當云：「參中則旦，斗柄縣在下。」《正月》傳曰：「言斗柄者，所以著參之中也。」足以明之矣。

八月。【補】此章經文凡九事：剥瓜，一也；

❶「入」，原誤作「八」，據學海堂本改。

玄校，二也；剝棗，三也；栗零，四也；丹鳥羞白鳥，五也；辰則伏，六也；鹿人從，七也；鴽爲鼠，八也；參中則旦，九也。然此句疑本在「七月」，説具前章。剝瓜。畜瓜之時也。【補】剝，盡取之也。五月食瓜不言「剝」，此其言「剝」何？瓜將盡矣，故取而蓄之。曷爲則必蓄之。《詩》曰：「疆埸有瓜，是剝是菹，獻之皇祖。」瓜也者，所以爲豆薦也。《禮》：「天子樹瓜華。」○「畜瓜」上，傅本及《通解》有「剝瓜也者」四字。玄校。玄也者，黑也。校也者，若緑色然。婦人未嫁者衣之。【補】《周禮》：「春暴練，夏纁玄。」《月令》：「季夏，命婦官染采。」皆視此爲蚤。《豳風》曰：「八月載績，載玄載黄。」蓋徵夏時染采以八月焉。黑而有赤曰玄。「校」，讀爲「絞」。《禮》有「絞衣」。鄭君云：「絞，蒼黄之色也。」廣森謂：緑之近蒼黄者，若俗所稱平果緑矣。未嫁者未成人，可以服閒色。○「校」，音「肴」。「緑」，傅本作「緣」。「衣」，去聲。剝棗。剝也者，取也。栗零。零也者，降也。零而後取之，故不言剝也。【補】剝棗，擊棗也，亦有「盡」義。《禮》：「籩豆之實，棗烝栗擇。」棗也者，早也。栗也者，慄也。早，夙也。慄，敬也。夫夙以敬先王，尚令名焉，故取之也時，謹記其時。○「栗」，宋本譌「粟」，傅本及《通解》作「㮚」，篆文「栗」字。丹鳥羞白鳥。丹鳥也者，謂丹良也。白鳥也者，謂閩蚋也。其謂之鳥者，重其養者也。有翼者爲鳥。羞也者，進也。不盡食也。【補】皇侃説：丹良，螢火也。其食蚊蚋，進而不盡食，若養羞然。○宋本「丹鳥」、「白鳥」下，兩「也」字並脱，从《月令》注引此文增。「閩」，宋本作「蚊」，从傅本改，與《月令》注合。按：「閩」，《説文》本作「蟁」，亦「蚊」字也。「鳥者」，宋本譌「鳥也」，亦从《月令》注改。傅本於「也」上增「何」字。「翼者」之「者」及「進也」二字，《月令》注無，「羞也者」作「養也者」。又鄭君説：此經以爲「九月」，容所見本異。辰則伏。辰也者，星也。伏也者，入而不見也。【補】辰，晨也。《説文解字》曰：「晨，房星，爲民田時者也。」《爾雅》曰：「大辰，房心尾也。」《小正》謂房曰辰，謂心曰火。八月之昏，房先心而没，故於此言「辰則伏」，於九月乃言「内火」。○「者」，宋本譌「謂」，傅本於「謂」上增「者」字，盧本改「星」爲「心」，並非。鹿人從者，從群也。鹿之養也，離群而善之。句。離而生，非所知時也，故記從不記離。君子之居幽也，不言。或曰：人從。人從也者，大者於外，小者於内率之也。【補】「鹿人」，疑當作「鹿從」。蓋傳首呼經句也。古「從」字作「从」，妄者遂因下「或曰人從」而改耳。鹿性，得美食必呦呦相呼，是善養其離群也。兩鹿曰離，三鹿曰群。離，麗也，牝牡，偶也。鹿偶而媲之時，非君子所知也。《小正》言「著」不言「幽」，故不記其偶牝，記從群而已。「或曰人從」，則傳謂別家經文有作「鹿人從」者，言鹿大小相率有序，若人之相從也。金氏以爲「鹿人」官名。從，從禽也，尤不辭。○宋本「善」下衍「而」字，或曰「人」下脱「從」字，从傳本删增。駕爲鼠。【補】傳在「三月」。參中則旦。○「旦」，《大衍曆議》引此文作「曙」，避唐諱改也。

九月。【補】此章經文凡九事： 内火，一也； 遰鴻鴈，二也； 主夫出火，三也； 陟玄鳥蟄，四也； 熊羆貉貈鼶鼬則穴，五也； 榮鞠，六也； 王始裘，七也； 辰繫于日，八也； 雀入于海爲蛤，九也。内火。内火也者，大火。大火也者，心也。【補】《春秋左傳》曰：「古之火正，或食於心，或食於咮，以出内火。是故咮爲鶉火，心爲大火。」内，入也。九月之昏，心星伏也。○「内」，音「納」。遰鴻鴈。遰，往也。【補】鴈以北方爲居，則北爲來，南爲往。主夫出火。主夫也者，主以時縱火也。【補】「夫」，如「夫圭田」之「夫」，治也。火伏則令民亦納火，有不以時縱火者，有司主治之。《周禮》「焚萊」之禁，其是與。陟玄鳥蟄。陟，升也。玄鳥者，燕也。先言陟而後言蟄，何也？陟而後蟄也。【補】金履祥曰： 古人重玄鳥，當其至而祠之，故其來也書降，其去也書陟，皆貴之也。蟄者，玄鳥去則多蟄於島岸閒土穴中。秦蕙田曰： 仲秋，玄鳥歸。季秋之月，始畢蟄也。熊羆貉貈鼶鼬則穴。【補】熊，山獸，似豕。羆如熊，黄白文。貉，白豹，多力食鐵。貈，狐屬，善睡。鼶，鼷鼠也，有螫毒。鼬，類鼠，赤黄而大，能捕鼠。郭璞曰：「江東呼爲鼪。」六物皆畏寒冬伏者。○「羆」，宋本譌「罷」。「貉貈」，傳本作「豹貉」，宋本作「貊貉」。按：《説文韵譜》：「貉，莫白切。貈，下各切。」後人以「貉」爲「貈」，又別造「貊」字，俗體乖謬，不合六書之正。「鼶鼬則穴」，宋本譌「鼬鼪則穴」，从《爾雅》注引此文改。若蟄而榮鞠。鞠，草也。鞠榮而樹麥，時之急也。【補】若蟄，若上燕及蟄獸皆蟄也，抑或若即「燕」字形誤。言燕蟄而榮鞠，鞠榮而樹麥，物候之相踵者也。此「榮鞠」之傳，但傳首未舉經句耳，下「王始裘」，亦不別出經句，可證矣。鞠，草之細也。其榮不足記，以爲麥候而記之。《月令》：「仲秋，乃勸種麥。季秋，鞠有黄華。」與此異。○「榮鞠」下，《通解》增「樹麥」二字，非。 王始裘者，何也？ 衣裘之時也。【補】其言「始」，何也？獻裘前乎此矣。獻而未衣也，言是月之始衣之也。《禮》：「仲秋獻良裘，季秋獻功裘。」良裘者，王之裘也。功裘者，王所以賜也。古者九月授衣，功裘未授，不服良裘。臣之獻紅也，必先尊而後卑。君之爲惠也，燠必均乎下。於裘見之矣。單子曰：駟見而隕霜，隕霜而冬裘具。《月令》：「孟冬，天子始裘。」言乎寒之晚者也。○「衣」，去聲。 辰繫于日。【補】辰，亦謂房星也。九月，日躔大火，龍尾伏辰，房在日前，如繫之然。 雀入于海爲蛤。蓋有矣，非常入也。【補】雀，黄雀也。《通卦驗》曰：立冬，賓雀入水爲蛤。小雪，熊羆入穴，皆視此爲晚。

十月。【補】此章經文凡七事：豺祭獸，一也；初昏，二也；南門見，三也；黑鳥浴，四也；時有養夜，五也；雉入于淮爲蜃，六也；織女正北鄉則旦，七也。豺祭獸。善其祭而後食之也。【補】《月令》以爲「九月」。○黄本、盧本無「後」字。 初昏。【補】昏，謂昏姻也。《荀子》曰：「霜降逆女，冰泮殺内。」故是月始令民昏姻，逮來歲春仲而止。《毛詩》：「三星在天。」傳説以爲十月參星昏見，可以嫁娶是也。此經無傳，又適與「南門見」相屬，《大衍曆議》遂疑十月定星方中，南門昏伏，不當言「見」，乃誤讀之故耳。 南門見。南門者，星名也。及此再見矣。【補】此晨見也。不言「則見」者，南門以九月本始見，十月旦已在隅。《小正》凡記候之晚者，文無「則」也。 黑鳥浴者，何也？ 烏浴也者，飛乍高乍下也。【補】《小爾雅》曰：「純黑而反哺者，謂之烏；小而腹下白，不反哺者，謂之鴉。」浴者，言烏乘暄飛上下若浴然。○傳本作「黑鳥浴。黑鳥者，何也？烏也。浴也者，飛乍高乍下也。」 時有養夜。養者，長也，若日之長也云。【補】黄尚書曰：「此時夜之長，如夏時日之長也。」廣森謂：冬至之氣，在十一月將短至，而急記之，君子愛日之意也。○宋本「有」下脱「養夜」二字，从黄本增。「云」，宋本譌「玄」，或屬下「雉」爲讀，非也，从傳本改。《小正》文句有用「也云」者，「正月」傳「蓋記時也云」，與此同。 雉入于淮爲蜃。蜃者，蒲盧也。【補】蜃，大蛤也。《國語》曰：「移就蒲嬴於東海之濱。」蒲盧，猶蒲嬴也。或曰：蒲盧是變化之名，故果嬴亦爲蒲盧。

〇「盧」，宋本譌「蘆」，从傳本改。　織女正北鄉則旦。　織女，星名也。【補】十月，日在析木之津，析木東升，則陬訾正北，故織女亦北鄉。　織女恒鄉陬訾者也。〇「旦」，宋本譌「具」。

十有一月。【補】此章經文凡三事：　王狩，陳筋革，嗇人不從，一也；　於時月也，萬物不通，二也；　隕麋角，三也。　王狩。　狩者，言王之時田。　冬獵爲狩。【補】四時皆田，獨記狩者，冬氣殺伐，武事盛也。《周禮》曰：「中冬教大閱，遂以狩田。」〇「狩者」上，傳本有「王」字。　黄本「王」上無「言」字，「田」下有「也」字。　陳筋革。　陳筋革者，省兵甲也。【補】筋，弓也。　革，函也。　因狩之時，料簡軍實。　嗇人不從。　不從者，弗行。【補】弗行，不從王而行也。　嗇人，嗇夫也。《夏書》曰：「嗇夫馳，庶人走。」《覲禮》曰：「嗇夫承命，告于天子。」蓋小臣給王使令者也，於狩無事，故不從。　於時月也，萬物不通。【補】諸家以「於時月也」屬上絶之，失其讀也。　時，是也，猶《月令》更端之事，每言「是月也」。　以發之「萬物不通」，則《月令》所謂「天氣上騰，地氣下降，天地不通，閉塞而成冬者也」。　隕麋角。　隕，墜也。　日冬至，陽氣至始動，諸向生皆蒙蒙符矣。　故麋角隕，記時焉爾。【補】蔡德晉曰：《月令》「仲冬，麋角解」是也。　廣森謂：　蒙蒙，萌生之貌。　鄭君《易》注曰：「齊人謂萌爲蒙。」符，驗也。〇「墜」，傳本作「墮」。　日，人實反。　篇中「日」舊多作「曰」，寔「日」字也。　唐石經書「日」皆爲「曰」。　其音「聿」之「曰」，缺上以別之。

十有二月。【補】此章經文凡五事：　鳴弋，一也；　玄駒賁，二也；　納卵蒜，三也；　虞人入梁，四也；　隕麋角，五也。　鳴弋。　弋也者，禽也。　先言鳴而後言弋者，何也？　鳴而後知其弋也。【補】弋，未聞。《類篇》有「⿰弋鳥」字，云鳥名，然不詳其狀。　金氏云：　當作「鳶」。　按：　篆文「鳶」雖非从弋，但此《記》已經隸寫，或又轉誤而脱其半，亦近似。　玄駒賁。　玄駒也者，螘也。　賁者，何也？　走於地中也。【補】螘大者曰駒，猶云馬蚍蜉也。《方言》曰：「蚍蜉，西南梁、益之閒謂之玄蚼。」《古今注》說：「河内人嘗見人馬數千萬，遊動往來，以火燒之，人皆是蚊蚋，馬皆是大螘，因名蚊曰黍民，螘曰玄駒。」誕哉言矣。「賁」，讀若「三家詩」「鶉之賁賁」。〇「駒也者」上，傳本無「玄」字。　納卵蒜。　卵蒜也者，本如卵者也。

納者，何也？納之君也。【補】蔡德晉曰：卵蒜，小蒜也，其根如卵。○《干禄字書》云：「蒜，俗蒜字。」「何也」二字，黄本無。虞人入梁。虞人，官也。梁者，主設罔罟者也。【補】蔡德晉曰：虞人，澤虞也。入梁，始漁也。《月令》「季冬，命漁師始漁」是也。廣森按：《周官》：「𢻯人掌以時，𢻯爲梁。」鄭司農曰：「梁，水偃也。偃水爲關空，以笱承其空。《詩》曰：『敝笱在梁。』」隕麋角。蓋陽氣旦睹也，故記之也。【補】姜上均曰：旦睹，猶言明見也。向始動，今明見，始終之辭。○「旦」，傳本作「且」。

凡十二章，凡二千四百七十字。今補。

大戴禮記補注卷之三

保傅第四十八

殷爲天子，三十餘世，而周受之；凡三十一世。【補】《國語》曰：「商之饗國，三十一王。」然《史記》自湯至紂唯三十世，所未詳也。○「三十」，《漢書》作「二十」，篇首更有「夏爲天子，十有餘世，而殷受之」一句，故以下「殷周」字，《漢書》並作「三代」。周爲天子，三十餘世，而秦受之；凡三十七世。秦爲天子，二世而亡。人性非甚相遠也，孔子曰：「性相近。」○「非」，《漢書》作「不」。何殷周有道之長而秦無道之暴？其故可知也。暴，卒疾也。○賈子《新書》「周」下有「之君」二字，「其」作「有」。

古之王者，太子乃生，固舉之禮，「古」，即殷周時也。【補】顏籀曰：「乃，始也。」廣森謂：舉之禮，《春秋左傳》所謂「以太子生之禮舉之，接以太牢」是也。○「乃」，宋本譌「及」，从《儀禮經傳通解》改，《漢書》作「迺」，《新書》作「初」。「之禮」，《漢書》、《新書》並作「以禮」。使士負之。卜其吉也。有司參，夙興，參職，謂三月朝也。端冕，見之南郊，見之天也。端，正也，冕服之正。【補】《白虎通義》曰：「使士負子於南郊，以桑弧蓬矢六射。」○「參夙興」，《漢書》、《新書》並作「齊肅」。《通解》云：「參」乃「齊」字之誤，而注文「職」字亦誤。「見」，音「現」。過闕則下，敬君典法之處。【補】闕，象魏也。《禮》「天子外闕兩觀，諸侯内闕一觀。」下，下車也。昔荆莊王爲茅門之法，太子入朝，馬蹄踐霤，而戮其御。魯有茅闕門，則茅門者闕與？○「闕」即「闕」字。過廟則趨，逕闕故下，望廟則趨。【補】《古曲禮》曰：「國君下宗廟，式齊牛。」過廟亦下，二文互耳。殷廟在闕内右，周廟在闕内左。孝子之道也。故自爲赤子時，教固以行矣。【補】顏籀曰：「赤子，言其新生，未有眉髮，其色赤。」○《漢書》「時」作「而」，「以」作「已」。昔者周成王幼，在繦褓之中，召公爲太保，周公爲太傅，太公爲太師。武王崩，成王十有三也。而云「在繦褓之中」，言其小。【補】《新書·脩政語》曰：「成王年六歲即位，故云襁褓。」注言「十有三」者，《書》古文説與賈子異也。據六歲即位，加以攝政七年，正合十有三歲之數，蓋誤以嗣王之初歲爲復子明辟之元年，故却少七年耳。但以《保傅》亦賈子書，援彼證此，於事則非，於文則當。○《通解》無「昔者」，云本篇作「昔者成王」，今從《大戴》，是，古本《大戴》無此二字。「褓」，《漢書》作「抱」。保，保其身體。保，謂安守之。【補】《文王世子》曰：「保也者，慎其身以輔翼之，而歸諸道者也。」傅，傅其德義。傅，猶敷也。【補】《文王世子》曰：「太傅審父子君臣之道以示之，少傅奉世子以觀太傅之德行而審諭之。」○「其」，《漢書》、《新書》並作「之」，盧本同。師，導之教順。師、傅之教大同也。師主於訓道，傅即受而述之。《書叙》曰：「周公爲師，召公爲保，相成王爲左右也。」○「順」，《漢書》、《新書》並作「訓」，盧本同。此三公之職也。《今尚書》説：「三公，司馬，司徒，司空也。」《古文尚書》及《周禮》説與此同，故先儒論者，多依此爲説也。於是爲置三少，皆上大夫也，卿也，謂之孤也。○「少」，去聲。曰少保，少傅，少師。是與太子宴者也。記者因成王幼稚，周公居攝，又以王少漸賢聖之訓，長終封禪之美，故據其成事同於太子，而始末叙之，取明殷周之隆，師友爲先也。○「宴」，《新書》作「燕居」。故孩提三公，三少固明孝仁禮義，以導習之也。三少又親近，故孩提而教之。【補】言自孩提之時，三公、三少固已教之。盧君絶「故孩提」爲讀，非是。《説文解字》曰：「孩，古文『咳』，小兒笑也。」○「故」下，《漢書》有「迺」字，「提」下，《漢書》、《新書》並有「有識」二字。逐去邪人，不使見惡行。於是比選天下端士、孝悌閑博有道術者，以輔翼之，使之與太子居處出入，【補】比，選校而擇之也。○「行」，去聲。《漢書》、《新書》「比」作「皆」，「閑博」作「博聞」，「輔」作「衛」。故太子乃目見正事，聞正言，行正道，左視右視，前後皆正人。○「目見」，高安本作「日見」，《漢書》作「生而見」。兩「視」字，《漢書》、《新書》並無。夫習與正人居，不能不正也，猶生長於楚，不能不楚言也。○《漢書》云：「夫習與正人居之，不能毋正，猶生長於齊，不能不齊言也。習與不正人居之，不能毋不正，猶生長於楚之地，不能不楚言也。」故擇其所嗜，必先受業，乃得嘗之；擇其所樂，必先有習，乃得爲之。恐其懈墮，故以所味好而誘之。○樂，魚教反。孔子曰：「少成若性，習貫之爲常。」言人性本雖無善，少教成之，若天性自然也。《周書》曰：「習之爲常，自氣血始。」○「性」上，《漢書》、《新書》有「天」字，元本同。「之爲常」，《漢書》、《新書》作「如自然」。此殷周之所以長有道也。其太子幼，擇師友亦然。○「道」上，宋本衍「常」字，从朱本刪，《漢書》無此句。

及太子少長，知妃色，【補】顔籀曰：妃色，妃匹之色。○「妃」，《新書》作「好」。則入于小學。小者，所學之宮也。古者，太子八歲入小學，十五入大學也。○《漢書》、《新書》「學」上無「小」字，「小者」作「學者」，「宮」作「官」。《學禮》曰：「帝入東學，上親而貴仁，則親疏有序，如恩相及矣。帝入南學，上齒而貴信，則長幼有差，如民不誣矣。帝入西學，上賢而貴德，則聖智在位，而功不匱矣。帝入北學，上貴而尊爵，則貴賤有等，而下不踰矣。成王年十五，亦入諸學，觀禮布政，故引天子之禮以言之。四學者，東序、瞽宗、虞庠及四郊之學也。春氣温養，故上親；夏物盛，小大殊，故上齒；秋物成實，故貴德；冬時物藏於地，唯象於天半見也，故上爵也。【補】天子之學，與明堂同制，故明堂、靈臺、辟雍，謂之三雍。太學者，辟雍之中室也。虞名學爲庠，夏爲序，殷爲瞽宗，周人兼取之以名其四堂。《詩》曰：「鎬京辟雍，自西自東，自南自北。」謂辟雍居其中，四學環之。東堂曰東序，一曰東膠，養國老在焉。西堂曰瞽宗。《周禮》：「凡有道者有德者死，則以爲樂，祖祭于瞽宗。」故《祭義》云：「祀先賢于西學。」合於此。上賢，貴德之事也。北堂曰上庠。北爲冬方。《文王世子》云：「冬讀《書》，《書》在上庠，以此。」南堂曰成均，乃周學之正名，故《大司樂》獨言「掌成均之法」。五學先成均，猶五宮先明堂矣。《易·太初篇》曰：「天子旦入東學，晝入南學，夕入西學，莫入北學。」○《漢書》、《新書》「如」作「而」，「匱」作「遺」。按：「如」，古通用爲「而」字，宋本譌「始」，从盧本改。帝入太學，承師問道，退習而端於太傅，太傅罰其不則，而達其不及，則德智長而理道得矣。」成王學並正於三公也。獨云「太傅」，舉中言。【補】顔籀曰：「則，法也。」○《漢書》、《新書》「端」作「考」，「達」作「匡」。「理」，《漢書》作「治」。此五義者既成於上，則百姓黎民化緝於下矣。【補】百姓，百官也。《書》

曰：「辯章百姓。」○「義」，《漢書》、《新書》並作「學」。舊本云：「緝」，一作「輯」。學成治就，此殷周之所以長有道也。○《漢書》無。

及太子既冠，成人，免於保傅之嚴，則有司過之史，有虧膳之宰。太子齒於學，有榎楚之威。成王雖幼，固與成人等，且王既冠。【補】《荀子》曰：「天子諸侯子，十九而冠。」虧，減也。宰，膳夫也。《文王世子》云：「公與族燕，膳宰爲主人。」《燕義》云：「使宰夫爲獻主。」《檀弓》云：「蕢也，宰夫也，非刀匕是供。」《國語》云：「宰夫陳饗，膳宰監之。」經傳多通言也。○「司」，《漢書》作「記」。「虧」，《漢書》、《新書》並作「徹」。宋本又於「虧」上衍出「徹」字，从《太平御覽》引此文删。太子有過，史必書之，史之義，不得不書過，不書過則死；過書而宰徹去膳，夫膳宰之義，不得不徹膳，不徹膳則死。○「去」，《御覽》作「其」。《新書》云：「天子有過，史必書之，史之義，不得書過則死。而宰收其膳，宰之義，不得收膳即死。」按：此《記》似言史宰失其記過、徹膳之職，則有死刑，如彼文似言史宰不得伸其職則以死争之，意微殊也。於是有進善之旍，堯置之，令進善者立於旍下也。【補】旍首注析羽曰旍。○「旍」即「旌」字。自「太子有過」至「於是有」，凡四十六字，《漢書》並無，下文兩「有」字亦無。有誹謗之木，堯設之，使書政之僽失也。【補】《古今注》曰：「誹謗木，今之華表木也。以横木交柱頭，形似桔槔，大路交衢悉施焉。」如淳《漢書音義》曰：「舊亭傳於四角面百步築土四方，上有屋，屋上有柱，出高丈餘，有大板貫柱四出，名曰桓表。縣所治夾兩邊各一桓。陳宋之俗言『桓』，聲如『和』，今猶謂之和表。」按：桓、和、華，聲相近遞轉。魯有桓楹，即桓表也。《西京賦》云：「次和樹表。」蓋軍門前亦爲和表，因名和門，是皆誹謗木之遺象。有敢諫之鼓，舜置之，使諫者擊之以自聞也。【補】禹之令曰：「教寡人以道者擊鼓。」《周官》：「太僕建路鼓于大寢之門外，以待達窮者，與遽令。」鄭司農云：「若今時上變事擊鼓。」亦其意也。○《白虎通義》引此文云：「立進善之旍，縣誹謗之木，建招諫之鼓。」鼓夜誦詩，賈誼云：「敢諫之鼓，瞽史誦詩。」然「瞽」與「鼓」，聲誤也。「夜」，「史」爲字誤。【補】「夜」，非誤字也。《漢書·禮樂志》曰：「立樂府，采詩夜誦。」○「夜」，宋本依注作「史」，从盧本改。工誦正諫，工，樂人也。瞽官長誦，謂隨其過誦詩以諷，大夫諫足之義使於瞽史。○「正」，《漢書》、《新書》並作「箴」，下有「大夫進謀」四字，推注「大夫」云云，似正釋此句，豈今本脱與？然注亦有錯文，不可解。士傳民語。【補】士傳，《春秋左傳》所謂「士傳言」，杜預曰：「士卑，不得逕達聞君過失，傳告大夫是也。民語傳，所謂庶人謗。」習與智長，故切而不攘，量知授業，故雖勞能受也。【補】古以「攘」爲「揖讓」字。《曲禮》曰：「左右攘辟。」不攘，言受教不辭也。○「攘」，《漢書》、《新書》並作「媿」。化與心成，故中道若性，觀心施化，故變善如性也。【補】「中」，音「訓」，並如「從容中道」之「中」。是殷周所以長有道也。○《漢書》無。

三代之禮，天子春朝朝日，秋暮夕月，祭日東壇，祭月西坎，以别内外，以端其位。【補】舊説春分朝日，秋分夕月。按《公冠》篇云：「以正月朔日迎日于東郊。」《春秋》：「莊公十八年春王三月，日有食之。」《穀梁傳》云：「不言日，不言朔，夜食也。何以知其夜食也？曰：王者朝日。」由此言之，朝日於朔，夕月於望，與顔籀曰「朝日以朝，夕月以暮」，皆迎其初出也。○《漢書》無「天子」二字。所以明有别也。教天下之臣也。○「别」，《漢書》、《新書》並作「敬」。春秋入學，坐國老，執醬而親饋之，仲春舍菜合儛，仲秋班學合聲，天子視學而遂養老。【補】國老，三老也。《王制》曰：「凡養老，有虞氏以燕禮，夏后氏以饗禮，殷人以食禮，周人脩而兼用之。」然此饋醬者，食禮也。《漢辟雍儀》曰：「三公設几，九卿正履，天子親袒割牲，執醬而饋，執爵而酳，祝鯁在前，祝饐在後。」所以明有孝也。教天下之子也。【補】《祭義》曰：「貴老，爲其近於親也。」行中鸞和，【補】行，車行也。鸞和，鈴也。○「中」，《漢書》、《新書》並作「以」。步中《采茨》，趨中《肆夏》，車亦應樂節步，又中珮聲，互言之也。《爾雅》曰：「堂上謂之行，門外謂之趨。」《周禮》及《玉縏》曰：「行以《肆夏》，趨以《采茨》。」此云「步中《采茨》，趨中《肆夏》」，又云「行以《采茨》，趨以《肆夏》」，則於大寢之内奏《采茨》，朝廷之中奏《肆夏》，與《周禮》文誤也。【補】《燕禮》記曰：「賓及庭，奏《肆夏》。」《郊特牲》曰：「賓入大門，而奏《肆夏》。」《肆夏》奏於門内，以《爾雅》證之，不當言「趨」，《周禮》文是也。《采茨》，逸《詩》篇名，或以爲《齊夏》。《國語》：「金奏《肆夏》、《繁》、《遏》、《渠》。」吕叔玉説：《肆夏》，時邁也。《繁》、《遏》，執競也。《渠》，思文也。○舊本云：「茨」，一作「薺」，按《漢書》、《新書》作「齊」。所以明有度也。教天下儀也。於禽獸，見其生不食其死，聞其聲不嘗其肉，故遠庖厨，《玉纙》曰：「凡血氣之類弗身踐。」○《新書》「不食」作「不忍見」，「不嘗」作「不忍食」。所以長恩且明有仁也。皆先正於己。○「長」，上聲。食以禮，謂俎豆傳列及嗜之等。徹以樂。於飲食之閒，又不忘禮樂。【補】《周官·膳夫》：「王卒食，以樂徹于造。」《魯詩》傳曰：「天子食日舉樂，諸侯不釋縣，大夫士日琴瑟。」失度，失孝敬禮樂之度也。則史書之，工誦之，三公進而讀之，宰夫減其膳，是天子不得爲非也。○《白虎通義》引此文，「減」作「徹」，「是」下有「以」字。《明堂之位》曰：【補】《漢·藝文志》有《明堂陰陽》三十三篇，此出彼文，非今《小戴記·明堂位》。「篤仁而好學，多聞而道慎，天子疑則問，應而不窮者，謂之道。道者，導天子以道者也。常立於前，是周公也。○「道慎」，《御覽》引此文作「順道」。誠立而敢斷，言能忠誠自立而果於斷割。輔善而相義者，謂之充。充者，充天子之志也。常立於左，是太公也。絜廉而切直，匡過而諫邪者，謂之弼。弼者，拂天子之過者也。常立於右，是召公也。博聞强記，接給而善對者，謂之承。承者，承天子之遺忘者也。常立於後，是史佚也。」接給，謂應所問而給也。史佚，周太史尹佚也。立道於前，承於後，置充於左，列諫於右，順名義也。道者，有疑則問，故或謂之疑。充者輔善，故或謂之輔。【補】將順其美曰充，匡救其惡曰拂。「接」，讀爲「捷」，古今字也。《春秋經》「接菑」，《左氏》作「捷菑」。《盛德》注云：「太史爲左史，内史爲右史。」按：《國語》：「訪于辛、尹。」謂辛甲、尹佚，並周史也。《左傳》以辛甲爲太史，則尹佚内史矣。《周官》：「内史，掌贊，王命諸侯。」故《書》曰：「作册佚告。」○「相」，去聲。「絜」，音「潔」。「聞」下，《新書》有「而」字。故成王中立而聽朝，則四聖維之，是以慮無失計，而舉無過事，【補】維，持也。《虞書》曰：「欽四鄰。」○自「食以禮」以下至此，《漢書》並無。殷周之前以長久者，其輔翼天子有此具也。○《漢書》「前」作「所」，「天」作「太」。

及秦不然，其俗固非貴辭讓也，所尚者告得也；賈誼云：「所上者告訐也。」然「得」字之誤也。【補】得，捕獲也。《書》曰：「罪人斯得。」固非貴禮義也，所尚者刑罰也。故趙高傅胡亥，而教之獄，趙高，宦者，秦中車府令。胡亥，始皇少子二世也。○「故」，《漢書》作「使」。所習者，非斬劓人則夷人三族也。【補】割鼻曰劓。夷，滅也。張晏曰：「三族，父母、兄弟、妻子也。」如淳曰：「父族、母族、妻族。」盧君後注依如説。故今日即位，明日射人，○「故」下，《漢書》有「胡亥」二字。忠諫者謂之誹謗，深爲計者謂之訞誣，昔伊尹諫夏桀，桀笑曰：「子爲訞言矣。」莊辛諫襄王，襄王曰：「先生爲楚國訞與。」是也。○「訞誣」，《漢書》、《新書》並作「妖言」。其視殺人若艾草菅然。【補】顏籀曰：「艾」，讀曰「刈」。菅，茅也。○「艾」，盧本作「芟」。豈胡亥之性惡哉？彼其所以習導非其治故也。鄙語曰：「不習爲吏，如視已事。」觀前成事也。古諺云：「前事之不忘，後事之師也。」鄙，猶今言俗語然也。【補】顏籀曰：「已事，已往之事。」○《漢書》、《新書》並「導」下有「之者」二字，「治」作「理」，「語」作「諺」。「如」，《新書》作「而」，《漢書》作「視已成事」。又曰：「前車覆，後車誡。」夫殷周所以長久者，其已事可知也；然如不能從，是不法聖知也。秦世所以亟絶者，其轍迹可見也；然而不辭者，是前車覆而後車必覆也。【補】顏籀曰：亟，急也。車迹曰轍。○「知」，音「智」。《漢書》、《新書》「如」作「而」，「辭」作「避」，末句作「是後車又將覆也」。夫存亡之敗，治亂之機，其要在是矣。天下之命，懸於天子，天子之善，在於早諭教與選左右，○「敗」，《漢書》、《新書》並作「變」，盧本同。以下四「天」字，《漢書》、《新書》並作「太」。心未疑而先教諭，則化易成也。心未疑，謂未有所知時也。○「疑」，《漢書》、《新書》作「濫」。夫開於道術，知義理之指，則教之功也。若夫服習積貫，則左右已。○《漢書》「知義」作「智誼」，無「理」字，「功」作「力」，「已」上有「而」字。胡越之人，生而同聲，嗜慾不異，及其長而成俗也，絫數譯而不能相通行，雖有死不能相爲者，教習然也。生而同聲，及其長也，重譯而曉之，不能使言語相通。嗜慾不異，至於成俗，其所行，雖有死之可畏，猶不相救爲者，皆教習使之然也。○「絫」，宋本譌

「參」，从戴氏校本改，《漢書》作「累」，「雖有」作「者雖」，「不能」作「而不」，「爲」去聲。故曰選左右早諭教最急。夫教得而左右正，左右正則天子正矣，天子正而天下定矣。《孟子》曰：「君正莫不正也，君正而國定也。」○「左右正」，《漢書》、《新書》並不疊。《書》曰：「一人有慶，萬民賴之。」○「萬」，《漢書》、《新書》並作「兆」，與今《呂刑》文同。按：《淮南子・主術訓》亦引《書》「萬民賴之」，或古所見本異，朱本輒改「兆」字，未敢从。此時務也。時，猶是也。○《通解》作「此之謂也」。

天子不論先聖王之德，不知君國畜民之道，不見禮義之正，不察應事之理，不博古之典傳，不閑於威儀之數，詩書禮樂無經，學業不法，凡是其屬太師之任也。【補】畜，養也。閑，習也。經，常也。○「君國」，宋本倒作「國君」，从《御覽》引此文改。《新書》「論」作「諭」，下有「於」字，「學」上有「天子」二字。末云「古者，齊太公職之」。天子無恩於父母，○《新書》作「不姻於親戚」。不惠於庶民，無禮於大臣，○舊本云：「無」，一作「輕」。不中於制獄，【補】制，斷也。《魯論語》曰：「片言可以制獄。」○「制」，《御覽》作「折」，《通解》作「刑」。《新書》云：「不忠於刑獄。」無經於百官，不哀於喪，不敬於祭，不信於諸侯，不誠於戎事，不誠於賞罰，不厚於德，不强於行，○「誠」，《御覽》作「議」。賜與侈於近臣，鄰愛於疏遠卑賤，【補】言賜近臣則濫，賜遠臣則吝，不知匪頒之式也。「鄰」，讀若《孟氏》「易以往遴」，古字假借，以「遴」爲「吝」，又轉爲「鄰」。《子張問入官》曰：「雖行必鄰。」○《新書》「近臣」上有「左右」二字，「鄰」作「厺」。不能懲忿窒欲，言不勝其情。《易》曰：「君子以懲忿窒慾。」不從太師之言，凡是其屬太傅之任也。○「其」，宋本譌「之」，从朱本改。《新書》「不從」上有「大行大禮大義大道」八字，「言」作「教」，末云「古者魯周公職之」。天子處位不端，受業不敬，【補】處位，坐也。○此下，《新書》有「教誨諷誦詩書禮樂之不經不法不古」十五字。言語不序，聲音不中律，聲有準，乃中律。【補】鄭君《樂記》注云：「雜比曰音，單出曰聲。」進退節度無禮，「節度」，或爲「即席」。○《新書》云：「將學趨讓進退節度，不以禮。」升降揖讓無容，周旋俯仰視瞻無儀，安顧咳唾○「安」字誤，《新書》云：「妄咳唾數顧。」趨行不得，「趨」，或爲「走」。色不比順，○「比」，音「協比」之「比」。隱琴瑟，隱，據也，言按禮樂之器。【補】隱，倚也，如「隱几之隱」。慢其雅器，且容褻也。○「瑟」上，《新書》有「肆」字。凡此其屬太保之任也。○《新書》云：「古者燕召公職之。」天子宴瞻其學，少師與天子宴者也。○「瞻」字誤，《新書》云：「燕辟廢其學。」左右之習反其師，左右所習，不順於師也。【補】朱子曰：「《學記》所謂燕朋逆其師者也。」○「反」，《新書》作「詭」。答遠方諸侯，不知文雅之辭，應群臣左右，不知已諾之正，【補】辭，若《覲禮》曰「非他，伯父寔來，予一人嘉之」，是其類也。已諾，猶然諾也。緩應曰諾，急應曰唯。○《新書》「侯」下有「遇貴大人」四字，「正」作「適」，「應」下，《通解》有「對」字。簡聞小誦，不傳不習，○「傳」，宋本譌「傅」，从《通解》及元本改，《新書》作「博」，「誦」下有「之」字。凡此其屬少師之任也。○《新書》云：「古者，史佚職之。」天子居處出入不以禮，冠帶衣服不以制，御器在側不以度，【補】御器，用器也。縱上下雜采不以章，惑於朱紫，不以典章。【補】上謂衣，下謂裳也。《玉藻》曰：「衣正色，裳閒色。」○「縱」字衍，戴氏校本删，《新書》作「雜采從美」。忿怒説喜不以義，賦與集讓不以節，【補】「集」，當爲「譙」，字形之誤，古讀「集」或亦如「譙」。《小雅》「是用不集」，與「咎」、「道」字爲韵。譙，責也。忿怒非義，則譙讓無節。説喜非義，則賦與無節。○「説」，音「悦」。「集」，《新書》作「嚼」。凡此其屬少傅之任也。○「凡此」上，《新書》有「小行小禮，小義小道，不從少師之教」十四字。天子宴私，安如易，自放縱也。○「易」，去聲。《新書》作「居處宴私，安所易」。樂而湛，過於樂也。飲酒而醉，食肉而餕，過其性也。○《新書》「飲」上有「夜漏屏人而數」六字，「餕」作「飽」。飽而强，强，猶强也。【補】若云强飲强食。○「强」，上聲。飢而惏，惏，貪殘也。暑而暍，寒而嗽，暍，傷暑也。○宋本「暍」譌「喝」，注文亦脱，从《通解》改補。寢而莫宥，坐而莫侍，行而莫先莫後，【補】《周官·保氏》：「凡祭祀、賓客、會同、喪紀、軍旅，王舉則從。聽治亦如之。」天子自爲開門户，【補】昔應門晏柝則歌《關雎》以諷焉，故師保所謹。至於門户啟閉，見纖悉之必周也。○《新書》作「尚自爲開户」。取玩好，○「取」上，《新書》有「自」字。自執器皿，【補】《春秋》之義：尊者不親小事。亟顧環面，環，旋也。【補】亟，屢也。○亟，去例反。御器之不舉不藏，凡此其屬少保之任也。【補】舉，若「使舉是禮」之「舉」。凡御器必籍而記之，榻而書之。○「藏」下，《新書》有「拆毀喪傷」四字。號呼歌謡，聲音不中律，宴樂雅誦逆樂序，輕用雅誦也。凡禮不同，樂各有秩。苟從所好，亂其次。聲樂之失，任在太史者，樂應天也。《國語》曰：「吾非瞽史，焉知天道也。」【補】《爾雅》曰：「徒歌謂之謡。」古以「誦」爲「頌」字，逸《詩》曰：「勅爾衆工，奏爾悲誦。」樂序，若升歌笙閒之等，盧君附會樂責太史之義，謬也。《新書》云：「凡此其屬詔工之任也。」記文脱耳。○號，平聲。《新書》「號」上有「干戚戈羽之舞，管籥琴瑟之會」十二字。「逆」，宋本譌「送」，《通解》及盧本作「迭」，今據後「所求聲音非禮樂」句注校改。不知日月之時節，【補】太史掌正歲年以序事者也。昔殷之衰也，亡其甲子，内史向摯去之。不知先王之諱與大國之忌，《周禮・小史職》曰：「若有事，則詔王之忌諱也。」【補】大國之忌，若誦訓所道方慝。○《新書》作「國之大忌」。不知風雨雷電之眚，凡此其屬太史之任也。○篇末云：「凡二章，新别。」然今本不復分章。攷案文義，當於此爲斷也。

《易》曰：「正其本，萬物理。失之毫釐，差之千里。」故君子慎始也。據《易説》言也。【補】《易説・通卦驗》文。《春秋》之元，《詩》之《關雎》，《禮》之《冠》、《婚》，《易》之《乾》、《巛》，皆慎始敬終云爾。元者，氣之始也。夫婦，化之始也。冠、婚，人之始也。乾、巛，物之始也。「獲麟」，《春秋》終也。「頌」者，《詩》之終也。「吉禮」，《禮》之終也。「未濟」，《易》之終也。此其重始令終之義也，以言人道當謹始而貴終也。○漢隸書寫「坤」皆爲「巛」，象坤卦三畫中斷。素誠繁成。○《新書》無「誠繁」二字。按：「繁」，「素」之誤而衍也，「誠」，「成」之誤而衍也。古書往往有似此者，緣校讎家鉛黄乙之，後人轉寫，遂兩存其本，不復識别。謹爲子孫娶妻嫁女，必擇孝悌世世有行義者，如是則其子孫慈孝，不敢婬暴，黨無不善，三族輔之。三族，父族、母族、妻族。○《新書》「娶」作「婚」。《通解》

「妻」作「婦」，無「嫁女」二字。「義」上，朱本有「仁」字。「慈孝」，《御覽》引此文作「慈悌孝愛」。故曰：鳳皇生而有仁義之意，虎狼生而有貪戾之心，兩者不等，各以其母。嗚呼，戒之哉！無養乳虎，將傷天下。謂居號斯言。【補】商臣蠭目，食我豺聲，不慎其始，必禍其終也。○此古諺，「母」與「等」爲韵，「下」與「虎」爲韵。「下」，古讀如「芐」；「母」，古讀如「每」。《廣韵》「十五海」，有「等」字，多改反。故曰素成。【補】素，平素也。生子賢否，慎之於母，是平日預成之也。胎教之道，書之玉板，藏之金匱，置之宗廟，以爲後世戒。斯王業隆替之所由也。當重而祕之，故置於宗廟，藏以金匱也。【補】娶妻擇婦，既有素成之道矣。及其既妊，復有胎教之道。下引《青史記》文，即古玉板所書也。板，方也。編之曰策，不編曰方。《聘禮》記曰：「百名以上書於策，不及百名書於方。」凡國之大事，皆著於板。《逸書》：「周公陳大聚之法，治而銘之金板，太公有金板六弢，用玉之意，重亦同焉。」金匱，《書》所謂金縢之匱也。鄭君説：「凡藏祕書，藏之於匱，必以金緘其表。」《青史氏之記》曰：一曰《青史子》。【補】

《漢・藝文志》：「《青史子》五十七篇，古史官記事也。」古者胎教，王后腹之七月，而就宴室。宴室，郟室，次宴寢也。亦曰側室。自王后已下有子，月震，女史皆以金環止御。王后比七月就宴室，夫人婦嬪即以三月就其側室，皆閉房而處也。王后以七月爲節者，君聽天下之内政，自諸侯已下妻同之也。○《新書》「教」下有「之道」二字，「腹」作「有身」，「宴」作「蔞」。太師持銅而御户左，太宰持升而御户右。太師，瞽者，宗伯之屬，下大夫。太宰，膳夫也，冢宰之屬，上士二人。言太宰，因諸侯之稱也。樂爲陽，故在左；飲食爲陰，故在右。升，所以斞。【補】銅，律管以銅爲之。《漢書》曰：「凡律、度、量、衡用銅者，所以同天下、齊風俗也。銅爲物之至精，不爲燥溼、寒暑變其節，不爲風雨、暴露改其形，是以用銅也。」云升，所以斞者。鄭君《士冠禮》注曰：「勺，尊升，所以𣂪酒。」然則持升者持勺，非量器也。○「師」，宋本譌「史」，从《通解》改。「升」，盧本依《新書》作「斗」，古字「𣁬」、「𠦃」相似，《新書》寫誤耳。此下，《新書》有「太卜持蓍龜而御堂下，諸官皆以其職御於門内」十九字。比及三月者，王后所求聲音非禮樂，則太師緼瑟而稱不習。謂逆序，若淫聲。【補】韜瑟於囊曰緼。○《新書》「比」作「此」，無「及」字，

「組瑟」作「撫樂」。所求滋味者非正味，則太宰倚升而言曰：「不敢以待王太子。」謂非秩，若不時。組瑟倚升，示不用。○《新書》無「者」字，「倚升」作「荷斗」，「而言」作「而不敢煎調」。太子生而泣，太師吹銅曰：「聲中某律。」貴中月管。【補】《官人》篇曰：「心氣鄙戾者，其聲嘶醜。心氣寬柔者，其聲温好。」故泣聲剛柔、清濁，以律辨之，知其性術焉。古者，樂官吹軍聲以詔吉凶，鼓琴瑟以奠世繫，至漢猶傳吹律定姓之法。聲音之理，微乎微矣。太宰曰：「滋味上某。」上某時味。【補】春上酸，夏上苦，秋上辛，冬上鹹。然後卜名，上無取於天，謂昊旻之事。【補】《曲禮》曰：「不以日月。」下無取於墜，謂神州及社稷。【補】《曲禮》曰：「不以國。」○「墜」，古文「地」。中無取於名山通谷，【補】《曲禮》曰：「不以山川。」凡此皆爲其難諱。無拂於鄉俗，言不苟易於鄉俗也。○《新書》「無」並作「毋」，「拂」作「悖」。是故君子名難知而易諱也。此所以養恩之道。謂避後之諱。古者年八歲而出就外舍，學小藝焉，履小節焉，束髮而就大學，學大藝焉，履大節焉。小學，謂虎門師保之學也。大學，王宫之東者。束髮，謂成童。《白虎通》曰「八歲入小學，十五入大學」是也。此太子之禮。《尚書大傳》曰：「公卿之太子，大夫元士嫡子，年十三，始入小學，見小節而踐小義。年二十入大學，見大節而踐大義。」此世子入學之期也。又曰「十五年入小學，十八入大學」者，謂諸子姓晚成者，至十五入小學，其早成者，十八入大學。《内則》曰「十年出就外傅，居宿於外，學書計」者，謂公卿已下教子於家也。【補】《王制》曰：「小學在公宫南之左，大學在郊。」郊，西郊也。辟雍在西郊，故《詩》言西雍，公宫南之左，則師保之學也。此天子諸侯同之。舊説天子小學在外，大學在内，似不然，盧注亦沿誤。○「古者」下，《通解》有「王子」二字，非。注：虎門，一作庠門。居則習禮文，行則鳴珮玉，升車則聞和鸞之聲，是以非僻之心無自入也。在衡爲鸞，在軾爲和，【補】乘車一轅，轅端有横木，長六尺六寸，以駕服馬者，謂之衡，車前板謂之軾。古者，車皆立乘，道逢所尊敬，則俯憑其軾。《韓詩内傳》曰：「鸞在衡，和在軾前。」《魯詩訓》曰：「和，設軾者也。鸞，設衡者也。」並與此記同。《毛詩傳》云：「在軾曰和，在鑣曰鸞。」鄭君説：「乘車置鸞於衡，田車置鸞於鑣。」《五經異義》云：「經無明文，且殷周或異。」馬動而鸞鳴，鸞鳴而和應。聲曰和，和則敬，此御之節也。【補】《禮》有「五御」，「鳴和鸞」，其一矣。○「聲」上，《御覽》引此文有「其」字。上車以和鸞爲節，下車以珮玉爲度，上有葱衡，下有雙璜、衡牙，衡，平也。半壁曰璜。衡在中，牙在傍。【補】葱，玉青色者。《禮》：「再命黝衡，三命葱衡。」鄭君《玉藻》注云：「衡牙居中央，以前後觸。」似衡牙一玉耳。皇侃説：「衡居中央，牙是外畔兩邊之璜。」與盧義同也。《三禮舊圖》曰：「衡長五寸，博一寸，璜徑二寸，衡牙長三寸。」○「葱」，宋本譌「雙」，从《通解》改。玭珠以納其間，納於衡、璜、衡牙之間。「玭」亦作「蠙」。【補】《説文解字》曰：「淮水中出玭珠，玭，珠之有聲者。」○「納」，《新書》作「約」。琚瑀以雜之。總曰玭珠，而赤者曰琚，白者曰瑀。或曰：瑀，美玉；琚，石，次玉。【補】言琚瑀即玭珠，非也。衡、璜、衡牙，珮之大名，其中仍雜貫他玉，故《詩》云「佩玉瓊琚」，又云「貽我佩玖」，皆雜珮也。行以《采茨》，趨以《肆夏》，步環中規，折還中矩，進則揖之，退則揚之，然後玉鏘鳴也。【補】步環尚圓，若般避時也。折還尚方，若揖曲時也。揖小俯，揚小仰。○「還」，音「旋」。舊本云：揖，一作「厭」。古之爲路車也，蓋圓以象天，【補】此於路車言蓋，則鄭君説「潦車有蓋，乘車無蓋」失之也。《周官》：「道右王下，則以蓋從。」道車亦有蓋，明五路同矣。二十八橑以象列星，橑，蓋弓也。【補】屋上椽謂之橑，蓋弓似之，故名焉。軫方以象地，三十輻以象月。【補】軫，車底也。《老子》曰：「三十輻共一轂。」故仰則觀天文，俯則察地理，前視則睹鸞和之聲，側聽則觀四時之運，謂視輪也，車爲月。【補】鈴言視、輪言聽者，互文。此巾車教之道也。巾車，宗伯之屬，下大夫二人。自「青史氏」已下，太子之事也。○「車」，《新書》作「輿」，無「巾」字。

周后妃任成王於身，立而不跂，坐而不差，獨處而不倨，雖怒而不詈，胎教之謂也。太任孕文王，目不視惡色，耳不聽淫聲，口不起惡言，故君子謂太任爲能胎教也。古者，婦人孕子之禮，寢不側，坐不邊，立不蹕，不食邪味，割不正不食，席不正不坐，目不視邪色，耳不聽淫聲，誦詩，道正事，如此則形容端，心平正，才過人矣。任子之時，必慎所感，感於善則善，感於惡則惡也。【補】舉踵曰跂。〇舊本云：「跂」，一作「跛」。「不差」下，《新書》有「笑而不喧」四字。《文選・西京賦》注引此文云：「獨坐不倨。」成王生，仁者養之，謂乳母也。孝者繈之，謂保母也。四賢傍之。謂慈母及子師。【補】《内則》曰：「必求其寬裕、慈惠、温良、恭敬、慎而寡言者，使爲子師，其次爲慈母，其次爲保母，皆居子室，他人無事不往。」成王有知，而選太公爲師，周公爲傅，此前有與計，謂諸公也。〇《新書》無「此」字。而後有與慮也，是以封泰山而禪梁甫，朝諸侯而一天下。猶此觀之，王左右不可不練也。《白虎通》曰：「王者易姓而起，必升封太山，報告之義。天以高爲尊，地以厚爲德，故增太山之高以報天，附梁甫之厚以報地，明以成功事就，有益於天地，若高者加高而厚者增厚矣。」《尚書中候》曰：「昔者聖王功成道洽符出，乃封太山。」《禮緯》曰：「刑法格藏，世作頌聲，封於太山，考績柴燎，禪於梁甫，尅石紀號，英炳巍巍，功平世教。」《白虎通》又曰：「王始起，日月尚促，德化未宣，獄訟未息，近不治，遠不安，故太平巡狩也。」案古受命之君，太平然後行巡狩封禪之事者，諒有義也。故管夷吾記凡封禪之君，七十二家。至於三代，唯夏禹、殷湯、周成王而已。其封山之禮要於岱，禪地之義別以云繹，其故何也？以岱宗，東方之岳，非所易者，其於衆山，可因義取尚。故《白虎通》以繹繹者，爲無窮之意；亭亭者，爲德法審著。凡封禪之禮，固於恒霍，及繼體之君，獨言太山及受命者，舉其始也。封，謂負土石於太山之陰，爲壇而祭天也；禪，謂除地於梁甫之陰，爲墠以祭地也。變墠爲禪，神之也。【補】封禪者，帝王巡守之事。《書》曰：「封十有二山。」《禮》曰：「因名山升中于天。」即此也。且其名始見於《管子》，則三代固有之，但不若漢世方士神奇之説耳。梁甫，泰山旁小山，疑即新甫也。《管子》云：「成王禪社首。」此云禪梁甫，傳聞之異。練，擇也。〇「猶」，《新書》作「由」，古字通用。「王」，《新書》作「立」。

昔者，禹以夏王，桀以夏亡；湯以殷王，紂以殷亡；闔廬以吴戰勝無敵，夫差以見禽於越；夫差内不納子胥之忠諫，外結怨於諸侯，無德罷百姓，故終縊於句踐也。文公以晉國霸，而厲公以見殺於匠黎之宫；厲公有鄢陵之會，而驕暴無道，及遊於匠黎氏之家，爲欒書、中行偃劫而幽之，諸侯百姓不哀救，三月而死也。〇「殺」，音「弑」，古「殺」、「弑」同讀。《春秋傳》：「吾將弑季氏。」是殺下亦爲弑。《坊記》:「殺其君之子奚齊。」是弑上亦爲殺。「黎」,《新書》作「麗」。威王以齊强於天下,而簡公以弑於檀;檀,臺名也。簡公,悼公之子齊侯壬也。威王,陳敬仲之後,田常之六世孫,田和之孫也。田常弑簡公,至和爲齊侯,其孫號稱王,大强於天下。○盧氏云:「檀」字下,舊刻「一有『橐』字」四小字,「橐」乃「臺」字之誤。注釋「檀,臺名也。」則正文本無「臺」字可知矣。舊本仍增一「臺」字於正文,並誤。穆公以秦顯名,尊號二世,以刺於望夷之宫。穆公,秦伯任好也。德公之少子,宣公之季弟。其孫孝公曰:「昔我穆公,自岐之閒,脩德行武,東平晉亂,以河爲界,西霸戎翟,地廣千里,天子致伯,諸侯畢賀。」顯名尊號謂此也。望夷宫,在長陵西北,長平觀東,臨涇水作之,以望北夷。二世嘗夢白虎齧其左驂,殺之,心不樂,乃問占夢者,卜言涇水爲祟,二世就望夷之宫而祠焉。趙高爲丞相,二世以天下兵寇之事而責之,趙懼誅,遂使其壻閻樂將士卒殺之望夷宫之右。○「顯」上,宋本脱「秦」字,从戴氏校本增。其所以君王同而功迹不等者,所任異也。君謂齊、晉,王謂夏、殷。故成王處繈抱之中朝諸侯,周公用事也;武靈王五十而弑沙邱,任李兑也。武靈王,肅侯之子趙武王也。舍其太子章,而立王子何,自號爲主父。後有太子難,李兑圍之於沙邱,終餓於沙宫也。沙邱今在趙郡鍾臺之南也。○「抱」,《新書》作「褓」。齊桓公得管仲,九合諸侯,《國語》曰:「兵車之屬六,乘車之會三。」【補】韋昭注曰:「屬,亦會也。兵車之會,謂魯莊十三年會于北杏,十四年會于鄄,十五年復會于鄄,魯僖元年會于檉,十三年會于鹹,十六年會于淮也;乘車之會,謂僖三年會于陽穀,五年會于首止,九年會于葵邱。凡九也。」一匡天下,匡,正也。謂陽穀之會,施四教於諸侯。【補】廣森謂:「匡天下者,指言召陵之役,尊周怗荆。」再爲義王。陽穀與召陵也。【補】謂首止尊世子,葵邱尊周公,再明王義也。召陵、首止、葵邱,《管子》所謂「三匡天子」。○《新書》云:「稱爲義主。」失管仲,任豎刁、狄牙,身死不葬,而爲天下笑。一人之身榮辱具施焉者,在所任也。葬之爲言藏也。管仲死,桓公任豎刁、狄牙,使專國政。桓公卒,二子各欲立其所傅之公子,而諸子並争,國亂無主。桓公屍在牀,積六十七日,十二月乙亥,其子無詭立,乃棺赴焉,七日辛巳夜殯,至九月而後葬矣。【補】豎刁,即寺人貂;狄牙,即易牙。故魏有公子無忌，而削地復得； 公子無忌，信陵君也。時魏地多爲秦所并削，安釐王二十六年，秦昭王卒，三十年，信陵君率五國之兵攻秦而敗之，復得其地。趙得藺相如，而秦不敢出； 藺相如，趙惠文王之相也。嘗以和氏之璧使於秦，完璧而歸。及澠池之會，又偪秦王爲趙王擊缶，是以秦人憚焉。故曰趙有藺相如，强秦不敢闚兵阱陘。○《新書》「得」作「任」，「秦」下有「兵」字。安陵任周瞻，而國人獨立； 諸記多爲「唐睢」，又《賈子·胎教》與此同。「安」或爲「隱」。或云：秦破韓威魏，而隱陵君獨以五十里國存者，周瞻、唐睢之力。【補】「周」，形近「唐」；「瞻」，形近「睢」，並轉寫之誤。安陵，魏所封小國也。《戰國策》云：「安陵君使唐睢使於秦，秦王謂唐睢曰：『寡人以五百里之地易安陵，安陵君不聽寡人，何也？』對曰：『安陵君受地於先王而守之，雖千里不敢易也。』挺劍而起，秦王色撓，長跪而謝之曰：『韓魏滅亡，而安陵以五十里之地存者，徒以有先生也。』」是其事矣。○「獨」上，元本有「不」字。楚有申包胥，而昭王反復； 昭王爲闔廬敗於柏莒，而越在草莽。包胥棄糧跣走，請救於秦，遂得甲車千乘，步卒十萬，敗吴師于濁上，王反而國存。【補】按：《左傳》：「秦使子蒲、子虎以車五百乘救楚，大敗夫概王于沂。」此云「千乘」及「濁上」，並依《淮南子》爲説也。「濁上」，高誘以爲「江水之上」。齊有田單，襄王得其國。 襄王，閔王之子法章也。初，齊之敗，楚使淖齒將兵救齊，因相閔王，淖齒遂殺閔王。其子法章變易姓名，爲莒太史家庸。齒去，莒中齊亡臣相聚求閔王之子欲立之，於是莒人共立法章爲襄王也，以保莒城，而布告齊國曰：「王既立在於莒也。」襄王五年，而田單以即墨之師攻破燕軍，迎襄王於莒，入臨淄，齊故地盡復屬齊，封田單爲安平君。○「田」，《新書》作「陳」。由是觀之，無賢佐俊士而能成功立名、安危繼絶者，未之有也。○元本無「佐」字。

是以國不務大而務得民心，佐不務多而務得賢臣，得民心者民從之，有賢佐者士歸之。文王請除炮烙之刑而殷民從，昔紂爲長夜之飲，百姓怨望，諸侯有叛之者，紂乃重刑辟，有炮烙之法。文王出牖里，求以洛西之地請除炮烙之刑，紂乃許之。【補】《吕氏春秋》曰：「紂命文王稱西伯，賜之千里之地。文王辭曰：『願爲民請炮烙之刑。』」湯去張網者之三面而二垂至， 湯嘗出田，見野張網四面，祝曰：「自下上四方，皆入吾網。」湯曰：「噫！盡之矣。」乃去其三面，而祝曰：「欲左，左，欲右，右，不用命者，乃入吾網。」諸侯聞之，曰：「湯德至矣！乃及禽獸。」於是朝商者三十國。二垂，謂天地之際，言通感處遠。《淮南子》曰：「文王砥德脩政，二垂至。」越王不頽舊冢而吴人服，蓋句踐也。【補】蓋句踐脩政，思報吴時也。其後越人伐衛，掘褚師定子之墓，焚之于平莊之上，非不積舊冢之義矣。是以鮮克有終，詩人戒焉。○「冢」，宋本譌「家」，从元本改。以其前爲慎於人也。皆得民心也。○《新書》「前」作「所」，「慎」作「順」，並當從之。「慎」、「順」，古多通用。《易》：「君子以順德。」九師爲「慎德」。《詩》：「應侯順德。」《淮南子》亦引作「慎德」。故同聲則異而相應，意合則未見而相親，賢者立於本朝，而天下之豪相率而趨之也。從其類也。故《詩》有伐木之歌，《易》有拔茅之喻也。○《新書》「異」上有「處」字，「豪」作「士」。何以知其然也？管仲者，桓公之讎也。乾時之役，管仲射桓公，中其鉤。鮑叔以爲賢於己而進之桓公，七十言説乃聽，遂使桓公除仇讎之心，而委之國政焉。桓公垂拱無事而朝諸侯，鮑叔之力也。垂拱，言無所指麾者也。

管仲之所以北走桓公而無自危之心者，同聲於鮑也。齊在魯北。○「鮑」下，《新書》有「叔」字。衛靈公之時，蘧伯玉賢而不用，迷子瑕不肖而任事，「彌」，當聲誤爲「迷」也。因言賢者歿猶得士也。○「迷」，《新書》作「彌」。史鰌患之，數言蘧伯玉賢而不聽，病且死，謂其子曰：「我即死，言死於今。一曰即就。治喪於北堂。【補】房中半以北曰北堂。禮：死於適室，小斂於户内，侇於兩楹之間。大斂於阼，殯於西階上。今將殯側階，示不以禮也。吾生不能進蘧伯玉而退迷子瑕，是不能正君者，死不當成禮。而置屍於北堂，於我足矣。」而，猶汝矣。○《新書》「君」下有「也」，「生不能正君」六字，「而」上有「死」字。注文舊脱在篇末，从戴氏校本移於此。靈公往弔，【補】《喪禮》：「君於大夫視大斂，有加則視小斂。」問其故，其子以父言聞，靈公造然失容，造然，驚慘之貌。○《新書》作「戚然易容而寤」。按：古「戚」、「造」二字，異形同聲。《韓非子》：「舜見瞽叟，其容造焉。」《孟子》作「蹙」。《詩·小明》以「戚」與「奥」爲韵。《周官》：「眡瞭鼓鼜。」

杜子春讀爲「憂戚」之「戚」。《掌固》注則云：「杜子春讀爲「造次」之「造」。明古音「戚」與「造」同也。曰：「吾失矣。」立召蘧伯玉而貴之，進之爲卿。○「貴」，《新書》作「進」。召迷子瑕而退之，○宋本脱「之」字，从戴氏校本增。徙喪於堂，成禮而後去，成禮，復正室。衛國以治，史鰌之力也。夫生進賢而退不肖，死且未止，又以屍諫，可謂忠不衰矣。故《論語》曰：「直哉史魚。」紂殺王子比干，而箕子被髮陽狂，比干諫而死，箕子曰：「知不用而言，愚也；殺其身以彰君之惡名，不忠也。二者不可，然且爲之，不祥莫大焉。」解衣被髮，爲狂而去之。【補】箕子，紂諸父，名胥餘。○「陽」，《新書》作「佯」。靈公殺泄冶，而鄧元去陳以族從，凡諸侯之卿大夫有功德者，則命之立族，使其子嗣之，以守宗廟。鄧元知陳之必亡，故以族去。昔宫之奇諫虞不從，亦族行之。○《新書》「靈」上有「陳」字，「從」作「徙」。自是之後，殷并於周，陳亡於楚，以其殺比干與泄冶而失箕子與鄧元也。紂以文王十二年殺比干，十三年爲武王滅。陳靈公魯宣九年殺泄冶，十一年而楚子縣焉。【補】此言失賢者危亡也。盧云「文王十二年殺比干」者，依先儒説文王改元九年崩，武王嗣之，仍稱文王受命之十年也。伏生及太史公皆謂文王受命，一年斷虞芮之訟，二年伐邘，三年伐密須，四年伐犬夷，五年伐耆，六年伐崇，七年而崩。武王脩文王緒業，九年，東觀兵至于孟津，還師歸居。二年，聞紂殺王子比干，囚箕子，乃東伐紂。故《大誓序》曰：「惟十有一年，武王伐紂，一月戊午，師度于孟津。」唯劉歆《三統曆》以爲文王受命九年，似見真《古文書》而云然者。但據《序》無十三年之文，今《書》則晚出東晉，未敢深信也。《文王世子》曰：「文王九十七乃終，武王九十三而終。」《正義》引《大戴禮》云：「文王十五而生武王。」今記文逸。然《淮南子》亦有此語。計文王崩時，武王年八十三矣，又五年而克殷，又五年而崩。《多方》曰：「天惟五年，須暇之子孫。」謂服喪三年，觀兵還居二年也。更不得如宋儒言「武王嗣侯十三年而後伐紂」之事。燕昭王得郭隗，而鄒衍、樂毅以齊至，昭王，易王之子，燕王平也。能師事郭隗，而爲之立宫室，於是□□□□□□□□□□□「以齊至」者，昭王欲脩先君之怨，爲齊以求士也。《韓詩外傳》云：「以隗、齊至之。」○「以齊至」，《新書》作「自齊、魏至」。注缺文，以《燕世家》攷之，當作「於是鄒衍自齊往，樂毅自魏往，劇辛自趙往」。宋本於缺處複刻「偹先」至「外傳」十五字，誤。「以齊」舊作「以有」，亦誤。於是舉兵而攻齊，棲閔王於莒。閔王，威王之孫，宣王之子齊王地也。閔王三十年，昭王與晉、楚合謀而伐齊，齊師大敗。樂毅爲上將，遂入臨淄。閔王出奔於衛，衛不安，去之鄒、魯，又不納焉，遂去於莒也。燕支地計衆不與齊均也，然如所以能申意至於此者，由得士也。支，猶計也。昭王曰：「孤極知燕小，力不足以報也，然得賢士，與之共國，以雪先恥，孤之願也。」【補】此言得賢者安存也。○《新書》「支」作「度」，「如」作「而」，「申」作「信」。故無常安之國，無宜治之民，【補】宜治，言其性偏近於治，與稱「婦人宜子」之「宜」同意。○《説苑》作「恒治」。得賢者安存，失賢者危亡，自古及今，未有不然者也。故《韓詩外傳》曰：「賢者之所在，其君未嘗不尊，其國未嘗不安也。」○「安存」，《新書》作「顯昌」。

明鏡者，所以察形也；往古者，所以知今也。《詩》云：「殷鑒不遠，在夏后之世。」○《新書》「察」作「照」，無兩「者」字。夫知惡古之危亡，不務襲迹於其所以安存，則未有異於却走而求及於前人也。【補】却，退也。○「夫」，盧本作「今」，「危亡」上，《新書》有「所以」二字。太公知之，故興微子之後，而封比干之墓。「興微子之後，封比干之墓」，見於《本紀》。《樂記》云：「太公者，公共之也。」○「興」，《新書》作「國」。夫聖人之於當世存者乎，其不失可知也。【補】《新書》云：「夫聖人之於聖者之死，尚如此其厚也，況當世存者乎，其弗失可知矣。」文視此爲備。此篇上章言宗社之本，在於太子，貴甄簡左右，以導習之。雖爲貳君，猶有所尊；雖爲天子，猶有拂士。是殷周所由久安乂也。下章申言教太子者，必慎之於妃匹之始，端之於衽席之上，重之以震夙之禮，而又臨以師保，佐以聖賢，乃能終底太平，歷過其卜。故上陳三代，下究六國，推夫古今興廢之迹，未有不得賢而昌、失賢而亡者，繫之傅職，以爲帝王之極範，儲嗣之炳戒。劉向稱賈生通達國體，雖古之伊、管，未能遠過，豈不諒哉。

凡二章，新別。凡三千五百五十四字。

今少四百十四字。

大戴禮記補注卷之四

曾子立事第四十九

曾子曰：君子攻其惡，計其失。求其過，省其身。彊其所不能，去私欲，從事於義，可謂學矣。君子愛日以學，【補】學如不及，唯日不足。及時以行，難者弗辟，易者弗從，唯義所在，○「辟」，音「避」。日旦就業，夕而自省思，以歿其身，亦可謂守業矣。君子學必由其業，故業必請之。【補】不攻異端也。問必以其序。問而不決，承閒觀色而復之，復，白也。【補】復，再問也。雖不說，亦不彊争也。「雖不說」，未解，不彊争。【補】「說」，如「相說以解」之「說」。君子既學之，患其不博也；既博之，患其不習也；既習之，患其無知也；【補】習者，温故；知者，知新。既知之，患其不能行也；既能行之，貴其能讓也。貴不以己能而競於人。君子之學，致此五者而已矣。五者，謂患其不博、不習、無知、不能行、能以讓。

君子博學而孱守之，孱，小貌，不務大。微言而篤行之，行必先人，言必後人，君子欲訥於言而敏於行。君子終身守此悒悒。悒悒，憂念也。行無求數有名，事無求數有成。數，猶促速。○「數」，音「促」。身言之，後人揚之；身行之，後人秉之。非法不言，言則爲人稱之；非德不行，行則爲人安之。○注：「安」，疑「守」字之誤。君子終身守此憚憚。憚憚，憂惶也。君子不絶小、不殄微也，殄，亦絶也。行自微也，不微人，【補】自卑而尊人。人知之則願也，人不知苟吾自知也，【補】屈原曰：「不吾知其亦已兮，苟余情其信芳。」君子終身守此勿勿也。勿勿，猶勉勉。○「勿」，音「没」。君子禍之爲患，辱之爲畏，見善恐不得與焉，見不善者恐其及己也，《論語》曰：「見善如不及，見惡如探湯。」○「與」，音「預」。是故君子疑以終身。疑善之不與，惡之及己也。君子見利思辱，見惡思詬，詬，恥也。嗜欲思恥，忿怒思患，故愚惑者朝忿忘身。君子終身守此戰戰也。

君子慮勝氣，血氣勝則害身，故君子有三戒。思而後動，論而後行，行必思言之，貴其可談言。言之必思復之，《論語》曰：「信近於義，言可復也。」思復之必思無悔言，思唯可復。亦可謂慎矣。人信其言，從之以行，以言不虛。人信其行，從之以復，《易》曰：「終日乾乾，反復其道。」復宜其類，《詩》云：「宜爾室家，樂爾妻孥。」類宜其年，《詩》云：「樂只君子，萬壽無期。」亦可謂外內合矣。【補】人信君子之言者，以其言之必從而行之也；人信君子之行者，以其今日行之，明日復行之，而前後相類也。久而驗之，至於積年，所行無弗類者，可謂外內合一，無虛假矣。君子疑則不言，未問則不言，兩問則不行其難者。【補】人以兩端來問，則擇其易行者告之。君子患難除之，財色遠之，流言滅之。【補】《荀子》曰：「流丸止於甌、臾，流言止於智者。」禍之所由生，自孅孅也，是故君子夙絶之。【補】孅孅，小也。夙，早也。《金人之銘》曰：「涓涓不壅，終爲江河。毫末不札，將尋斧柯。」

君子己善，亦樂人之善也；己能，亦樂人之能也；己雖不能，亦不以援人。【補】不引人以自解。君子好人之爲善，而弗趣也；不促速之，恐其倦也。○「趣」，音「促」。惡人之爲不善，而弗疾也。【補】疾，謂惡之已甚。疾其過而不補也，補，謂改也。○尋下云「補則不改」，似此注「改」字誤，戴氏校本作「謂文也」。飾其美而不伐也，顏淵曰：「願無伐善。」伐則不益，補則不改矣。君子不先人以惡，不疑人以不信，謂不億，不信，不逆詐。不説人之過，説，解説也。【補】彼有過者，方畏人非議，我從而爲之辭説，則彼將無意於改，是成人之過矣。故君子不爲也。不揚人之過，厚也；不説人之過，忠也。成人之美，存往者，在來者，在，猶存也。【補】按，《爾雅》：「存、在，皆察也。」察人往行來行，知其過改否。朝有過夕改，則與之；夕有過朝改，則與之。君子義則有常，善則有鄰，德不孤。見其一，冀其二，見其小，冀其大，苟有德焉，亦不求盈於人也。言器之也。【補】雖冀人爲善之心無窮，然其人止有小德一善者，亦不責難求備也。君子不絶人之歡，不盡人之禮，通飲食之饋，序其歡也；簡服物之禮，令其忠也。來者不豫，往者不慎也，慎，故於物來者不猶豫，往者無所慎。【補】豫，謂未來而推度之也。「慎」，古通以爲「順」字，順猶遂也。事已往者，無所繫戀，不必期於遂成之。君子之接物，因境順應云爾。去之不謗，以義去之。就之不賂，以道往也。亦可謂忠矣。君子恭而不難，安而不舒，遜而不諂，寬而不縱，惠而不儉，直而不徑，徑行夷狄之道。亦可謂知矣。○舊本云：「知」，一作「無私」。

君子入人之國，不稱其諱，不犯其禁，諱，國諱。禁，國禁。【補】故獻子譏於具敖，孟氏問於麋鹿。不服華色之服，服法服。不稱懼惕之言，故曰：與其奢也，寧儉；與其倨也，寧句。倨，猶慢也。句以喻敬。【補】此以數術喻倨言過，句言不及，凡三角。過於矩爲倨，不及矩爲句。古曰倨、句，今曰鈍、鋭。○「句」，音「鉤」。可言而不信，寧無言也。君子終日言，不在尤之中；小人一言，終身爲罪。君子亂言而弗殖，夙絶之。○「而」，疑衍字。神言弗致也，怪力亂神，子所不語。道遠日益云。衆信弗主，道遠日益，積習之也。不主，謂僉議所同，不爲主。○「云」，絶句，《荀子・大略》作「矣」。靈言弗與，【補】靈言，靈異之言。與，許也。人言不信不和。不合忠信之道。【補】「和」，讀「唱和」之「和」。

君子不唱流言，不折辭，言不苟折窮人辭也。不陳人以其所能。言必有主，行必有法，依前言往行也。親人必有方。方，猶常也。多知而無親，無所親行。【補】知，所知也。言汎愛衆而不能親仁。博學而無方，好多而無定者，君子弗與也。君子多知而擇焉，博學而算焉，【補】算，選也。多言而慎焉。多言者，謂時事煩殺也。言雖多而皆慎焉。博學而無行，進給而不讓，好直而俓，儉而好⿰亻室者，君子不與也。⿰亻室，塞也。言好直即太徑，爲儉又太逼塞於下也。○「俓」，即「徑」字。《史記》：《上林賦》：「俓陵赴險。」字亦从人。「⿰亻室」，音「窒」，高安本作「⿰亻厓」。夸而無恥，彊而無憚，好勇而忍人者，君子不與也。亟達而無守，亟，數也。數自達而無所守。【補】亟，急也。急於求通達，所云邦家必聞者也。好名而無體，無容體。忿怒而爲惡，不以爲惡。或曰：無惡而怒。○「爲」，戴氏校本改「無」。足恭而口聖，而無常位者，君子弗與也。【補】足恭，便辟爲恭也。口聖，大言自聖也。巧言令色，能小行而篤難於仁矣。【補】篤難，甚難也。嗜酤酒，好謳歌，巷遊而鄉居者乎！吾無望焉耳。無可望也。《尚書大傳》曰：「古者，聖帝之治天下也，五十已下，非蒸社不敢遊飲，唯六十已上遊飲也。」【補】酒一宿熟者曰酤，或謂之鷄鳴酒。○「居」，高安本作「飲」。出入不時，言語不序，安易而樂暴，懼之而不恐，説之而不聽，雖有聖人，亦無若何矣。臨事而不敬，惰於從事。居喪而不哀，祭祀而不畏，不畏其神。朝廷而不恭，則吾無由知之矣。

三十四十之閒而無藝，即無藝矣；五十而不以善聞，則無聞矣。終可知。○宋本脱「則無聞」三字，从盧本增。七十而無德，雖有微過，亦可以勉矣。言其過不大也。【補】「勉」，當爲「免」，言不足責。其少不諷誦，其壯不論議，其老不教誨，亦可謂無業之人矣。少稱不弟焉，恥也；壯稱無德焉，辱也；老稱無禮焉，罪也。過而不能改，倦也；倦，傾病人。○注：「人」當作「也」。行而不能遂，恥也；謂不能終也。慕善人而不與焉，辱也；○「與」，音「預」。弗知而不問焉，固也；固，專固也。説而不能，窮也；喜怒異慮，惑也；【補】愛之欲其生，惡之欲其死，是惑也。不能行而言之，誣也；非其事而居之，矯也；道言而飾其辭，虛也；謂道聽來言，文飾其辭也。無益而厚受禄，竊也；好道煩言，亂也；

殺人而不戚焉，賊也。○「厚受」，盧本作「食厚」。人言不善而不違，色順之也。近於說其言；「說」，古通以爲「悅」字。說其言，殆於以身近之也；殆，危也。言危於以身近之。殆於以身近之，殆於身之矣。危害於身。【補】此解失之。殆，幾也。悅之則幾於近之，近之則幾於身爲之。人言善而色葸焉，近於不說其言；葸焉，不悅繹之貌。【補】葸，畏難也。不說其言，殆於以身近之也；殆於以身近之，殆於身之矣。「遠」，當字誤爲「近」。【補】不悅善言，則亦幾於以身近不善矣。其去身爲不善者，亦幾希矣。此深言樂善之當速，違惡之當嚴也。○宋本注作：「近」當字誤，爲「遠」譌。此於諸家注體宜云：「近」字誤，當爲「遠」。唯盧君文例，先出所破字，下爲某者，本經字也，前後皆然。然愚意此「近」字似不誤。故目者，心之浮也，言者，行之指也，作於中則播於外也。心行見於言目也。○「則」，元本作「而」。故曰：以其見者，占其隱者。謂心目也。○「見」，音「現」。故曰：聽其言也，可以知其所好矣。觀說之流，可以知其術也。流，謂部分。術，心術也。久而復之，可以知其信矣。【補】「復」，如「言可復也」之「復」。觀其所愛親，可以知其人矣。臨懼之而觀其不恐也，怒之而觀其不惛也，喜之而觀其不誣也，惛，亂也。誣，妄也。近諸色而觀其不踰也，飲食之而觀其有常也，利之而觀其能讓也，居哀而觀其貞也，文王曰：「省其喪，觀其貞良也。」○「貞也」上，宋本脱「其」字，从朱本增。居約而觀其不營也，勤勞之而觀其不擾人也。○「勤」，宋本譌「勳」，从元本改。

君子之於不善也，身勿爲能也，色勿爲不可能也；無奈形於色也。色也勿爲可能也，心思勿爲不可能也。【補】言君子之屏去不善，無所勉强於心色之閒，是人所難能也。太上樂善，太上，德之最上者，謂其心不爲也。其次安之，其次，德之次者，謂其色不爲也。其下亦能自彊。謂其身不爲。太上謂五帝，其次謂三王，其下謂五霸。《孟子》曰：「堯舜性之，湯武身之，五霸假之。」仁者樂道，上者率其性也。智者利道，次者利而爲之。愚者從，弱者畏。不愚不弱，執誣以彊，亦可謂棄民矣。自執而誣於善。【補】此「彊」讀「屈彊」之「彊」。太上不生惡，無爲過之意也。其次而能夙絶之也，有意而隨絶之。○「次」下，當有「生」字。其下復而能改也。既爲而能改之。【補】復，貳也。夙絶之，則不貳過也。貳而改之，猶無過也。復而不改，殞身覆家，大者傾覆社稷。是故君子出言以鄂鄂，鄂鄂，辨厲也。《論語》曰：「其言之不作，其後爲之難。」○文與今《論語》異。朱本、高安本改「不作」，❶非。❷行身以戰戰，亦殆免於罪矣。○「免」，宋本譌「勉」，从元本改。是故君子爲小由爲大也，常思正也。○「由」，古通以爲「猶」字。居由仕也，故曰：父母爲嚴君，子孫爲臣民也。備則未爲備也，恒謙虚也。而勿慮存焉。不忘危也。【補】推家而致之國，事有小大，人有衆寡，其道亦未備也。然能齊其家，而國有勿慮難治之理，存乎此矣。事父可以事君，事兄可以事師長，使子猶使臣也，使弟猶使承嗣也；承嗣，謂冢子也。【補】承，丞也。《春秋左傳》曰：「請承。」「嗣」，讀爲「司」。丞司者，官之偏貳，故弟視之。臣則私臣，自所謁除也，可以子視之。能取朋友者，亦能取所予從政者矣。賜與其宮室，亦猶慶賞於國也；忿怒其臣妾，亦猶用刑罰於萬民也。【補】宮室，謂家人也。○「所予」之「予」，當爲「與」；「賜與」之「與」，當爲「予」。寫者互之。是故爲善必自内始也。内人怨之，雖外人亦不能立也。《大學》曰：「欲治其國，先齊其家。居家治，則移官亦理也。」居上位而不淫，臨事而栗者，鮮不濟矣。淫，大。【補】栗，敬。先憂事者後樂事，先樂事者後憂事。昔者天子日旦思其四海之内，戰戰唯恐不能乂；乂，治也。諸侯日旦思其四封之内，戰戰唯恐失損之；大夫、士日旦思其官，戰戰唯恐不能勝；庶人日旦思其事，戰戰唯恐刑罰之至也。是故臨事而栗者，鮮不濟矣。禍福唯人，宜其慎也。是以《易》

❶「改」，畿輔叢書本作「作」。

❷「非」，畿輔叢書本作「妄改」。

有「履虎」之言，《詩》有「臨淵」之誡。○「勝」，平聲。

君子之於子也，愛而勿面也，不形於面。使而勿貌也，不以貌勞徠之。導之以道而勿强也。宮中雍雍，外焉肅肅，兄弟憘憘，朋友切切，《論語》曰「朋友切切偲偲，兄弟怡怡」也。遠者以貌，近者以情。【補】所疏尚文，所親尚質。友以立其所能，而遠其所不能。苟無失其所守，亦可與終身矣。

凡一千七百六十字。今多二十七字。

曾子本孝第五十

曾子曰：忠者，其孝之本與！【補】孝貴忠誠，無飾僞也。孝子不登高，不履危，敬父母之遺體，故跬步未敢忘其親。庳亦弗憑，【補】庳，卑也。弗憑，卑者不臨深也。○「庳」，宋本譌「痺」。不苟笑，不苟訾，【補】訾，毁也。隱不命，人有隱僻，不訐之也。臨不指，凡居上不爲惑衆。故不在尤之中也。孝子惡言死焉，死且不行。流言止焉，美言興焉，故惡言不出於口，煩言不及於己。【補】不以横逆加人，則惡聲亦不至。

故孝子之事親也，居易以俟命，處安易之道以聽命也。不興險行以徼幸。孝子游之，暴人違之。就其常也。《春秋左傳》曰：其。○注有缺文。出門而使不以，或爲父母憂也。不爲事，或貽憂於父母也。險塗隘巷，不求先焉，以愛其身，以不敢忘其親也。身者，親之枝也，可不敬乎！

孝子之使人也，不敢肆，行不敢自專也。【補】使人以恕也。父死三年，不敢改父之道。故曰：「三年無改於父之道，可謂孝矣。」【補】無改者，三年之内，常若父存，若居不主奧，行不由阼，立不當隧之類。又能事父之朋友，又能率朋友以助敬也。使敬其父母也。

君子之孝也，以正致諫；謂卿大夫。士之孝也，以德從命；【補】言以德者，親之命有失德，亦致諫，不以曲從爲孝。庶人之孝也，以力惡食。分地任力致甘美。【補】惡食，言養以甘美，自食其惡者也。任善不敢臣三德。謂王者之孝。三德，三老也。《白虎通》曰：「不臣三老，崇孝。」

故孝子於親也，生則有義以輔之，諭於道。○「子」，宋本譌「之」，从高安本改。死則哀以莅焉，莅，臨。祭祀則莅之，以敬如此，而成於孝子也。

凡二百三十四字。今補。

曾子立孝第五十一

曾子曰：君子立孝，其忠之用，禮之貴。有忠與禮，孝道立。故爲人子而不能孝其父者，不敢言人父不能畜其子者，爲人弟而不能承其兄者，不敢言人兄不能順其弟者，爲人臣而不能事其君者，不敢言人君不能使其臣者也。不可以己能而責人之不能，況以所不能。○「順」，盧本作「訓」，下同。故與父言，言畜子；與子言，言孝父；與兄言，言順弟；與弟言，言承兄；與君言，言使臣；與臣言，言事君。《士相見禮》曰：「與君言，言使臣；與大夫言，言事君；與老者言，言使弟子；與幼者言，言孝父兄；與衆言，言慈祥；與莅官者言，言忠信也。」○今《儀禮》文，「慈祥」上亦有「忠信」字，敖繼公《集說》據此注以爲衍也。

君子之孝也，忠愛以敬，反是亂也。盡力而有禮，莊敬而安之，微諫不倦，【補】微諫，幾諫也。不倦，熟諫也。聽從而不怠，懽欣忠信，咎故不生，可謂孝矣。盡力無禮，則小人也；豈小人而已哉？乃犬馬之養。致敬而不忠，則不入也。【補】不入，不得乎親也。敬而未安，是色莊也。嚴威儼恪，非所以事親也。是故禮以將其力，敬以入其忠，飲食移味，隨所欲也。居處溫愉，【補】孝子必有和氣愉色。著心於此，濟其志也。【補】此者，如上所言也。居心於此，以成其孝之志。

子曰：「可入也，吾任其過。吾知其能自取過。【補】此言微諫之道，過則稱己也。入，謂納其言。

○「入」，宋本譌「人」，从戴氏校本改，下同。不可入也，吾辭其罪。」【補】諫若不從，又爲之辭說，使親若無罪然，所謂子爲父隱。《詩》云「有子七人，莫慰母心」，子之辭也。《衛詩・凱風》之末章也，七子自責任過之辭。「夙興夜寐，無忝爾所生」，言不自舍也。《小雅・小菀》之四章也，申可以入之義也。不恥其親，君子之孝也。【補】解《詩》之言「所生」者，謂父母也。不使父母有可恥之行，所謂「無忝」也。

是故未有君而忠臣可知者，孝子之謂也；未有長而順下可知者，弟弟之謂也；《孝經》曰：「以孝事君則忠，以敬事長則順。」【補】臣以人不非其君爲能忠，子以人不閒其父母爲能孝，弟弟亦思不恥其兄也。未有治而能仕可知者，先脩之謂也。故曰孝子善事君，弟弟善事長。君子一孝一弟，可謂知終矣。【補】孝終於事君，弟終於事長，君子以其孝弟，知其能終。

凡三章，新別。凡三百二十四字。今多二字，疑「子曰」衍文。

曾子大孝第五十二

曾子曰：「孝有三：大孝尊親，其次不辱，【補】不辱親。其下能養。」○「養」，去聲，篇內同。公明儀問於曾子曰：「夫子可謂孝乎？」公明儀，曾子弟子。曾子曰：「是何言與！是何言與！君子之所謂孝者，先意承志，諭父母於道。凡言與事，親未意，則先善舉之，親若有志，則敬而奉之。○「於道」，元本作「以道」。參，直養者也，安能爲孝乎！【補】直，猶特也。身者，親之遺體也。行親之遺體，敢不敬乎！○「親」，《小戴》作「父母」。「身者」上，別出「曾子曰」。故居處不莊，非孝也；事君不忠，非孝也；莅官不敬，非孝也；朋友不信，非孝也；○「信」，《呂氏春秋》作「篤」。戰陣無勇，非孝也。五者不遂，災及乎身，敢不敬乎！【補】鄭君曰：「遂，猶成也。」○舊本云：「身」一作

「親」。按：《小戴》作「栽及於親」。故烹熟鮮香，嘗而進之，非孝也，養也。○舊本云：「鮮」，一作「羶」。按：《小戴》作「亨孰羶薌，嘗而薦之」。君子之所謂孝者，國人皆稱願焉，曰『幸哉！有子如此』，所謂孝也。○《小戴》無「皆」字，「焉」作「然」，「也」下有「已」字。民之本教曰孝，《孝經》曰：「夫孝，德之本也，教之所由生也。」○「民」，《小戴》作「衆」。其行之曰養。謂致衣食，省安否。養可能也，敬爲難；敬可能也，安爲難；以忠禮將也。安可能也，久爲難；久可能也，卒爲難。○《小戴》及《吕氏春秋》並無「久爲」以下七字。父母既歿，慎行其身，不遺父母惡名，可謂能終也。謂能卒也。○舊本云：「慎」，一作「順」。按：《吕氏春秋》作「敬」。夫仁者，仁此者也；義者，宜此者也；【補】古文「仁義」之「義」本作「誼」。凡小學皆以形聲相訓詁，故「誼」爲「宜」也。忠者，中此者也；信者，信此者也；禮者，體此者也；【補】分布於事，各有條理之謂禮。故禮者，體也。《墨子·經説》曰：「體分於兼也，若二之一尺之端也。」○「體」，《小戴》、《吕氏春秋》並作「履」。行者，行此者也；彊者，彊此者也。樂自順此生，刑自反此作。○「反」，《吕氏春秋》作「逆」。夫孝者，天下之大經也。○《小戴》無此句。夫孝，置之而塞於天地，衡之而衡於四海，置，猶立也。衡，猶横也。○《小戴》上「衡」作「溥」，下「衡」作「横」。施諸後世，而無朝夕，言常行也。【補】施，延也。○施，以豉反。推而放諸東海而準，推而放諸西海而準，推而放諸南海而準，推而放諸北海而準。九夷、八蠻、七戎、六狄，謂之四海。放，猶至。準，猶平也。《詩》云：『自西自東，自南自北，無思不服。』此之謂也。《大雅·文王有聲》之六章也。孝有三：大孝不匱，《詩》云「孝子不匱，永錫爾類」也。中孝用勞，勞，猶功也。小孝用力。博施備物，可謂不匱矣；【補】此王者之孝，德教加於百姓，形於四海，博施之謂也。四海之內，各以其職來祭，備物之謂也。尊仁安義，可謂用勞矣；【補】大夫士之孝。慈愛忘勞，可謂用力矣。【補】庶人之孝。○「慈」上，《小戴》有「思」字。「愛」，宋本譌「受」。父母愛之，喜而不忘；父母惡之，懼而無怨；○「喜」，《小戴》作「嘉」。父母有過，諫而不逆。當柔聲下氣也。父母既歿，以哀祀之加之，如此謂禮終矣。」哀，謂服之三年。祀，謂春秋享之。○《小戴》云：「必求仁者之粟以祀之，此之謂禮終。」

樂正子春下堂而傷其足，傷瘳，○《小戴》脱此二字。數月不出，猶有憂色。門弟子問曰：「夫子傷足瘳矣，數月不出，猶有憂色，何也？」○「傷」，《小戴》作「之」。樂正子春曰：「善如爾之問也。○《小戴》叠此句。吾聞之曾子，曾子聞諸夫子曰：『天之所生，地之所養，人爲大矣。○《小戴》作「無人爲大」。父母全而生之，子全而歸之，可謂孝矣；《孝經》曰「天地之性，人爲貴。人之行，莫大於孝」也。不虧其體，○《小戴》下有「不辱其身」句。可謂全矣。』故君子頃步之不敢忘也。「跬」當聲誤爲「頃」。【補】《小爾雅》曰：「跬，一舉足也。倍跬謂之步。」字本从足，圭聲，亦或爲蹞，以《唐韻》言之，「耿」、「迥」之陰聲，即轉入「紙」、「蟹」也。○《小戴》「之」作「而」，「忘」下有「孝」字。《呂氏春秋》云：「君子無行，咫步而忘之。」今予忘夫孝之道矣，予是以有憂色。」故君子一舉足不敢忘父母，一出言不敢忘父母。○《小戴》無「故君子」三字。一舉足不敢忘父母，故道而不徑，不由徑也。舟而不游，【補】浮行水上曰游，潛行水中曰泳。不敢以先父母之遺體行殆也。殆，危也。【補】《孝行覽》云：「曾子曰：父母生之，子弗敢殺；父母置之，子弗敢廢；父母全之，子弗敢闕。故舟而不游，道而不徑，能全支體以守宗廟，可謂孝矣。」一出言不敢忘父母，是故惡言不出於口，忿言不及於己。○「及於己」，今《小戴》作「反於身」，唐定本「反」亦爲「及」。然後不辱其身，不憂其親，則可謂孝矣。○《小戴》無「然後」字、「則」字，「憂」作「羞」。

草木以時伐焉，禽獸以時殺焉。夫子曰：「伐一木，殺一獸，不以其時，非孝也。」夫子，孔子。○《小戴》「草」作「樹」，「伐一木」作「斷一樹」。

凡三章，新別。凡六百五十五字。今多

二十八字。按：「草木」以下二十八字，《小戴》原在「此之謂也」下，疑《大戴》舊本脱此章，故未計入字數，後人從別本校補，遂附之篇末，不與前文相屬。

曾子事父母第五十三

單居離問於曾子曰：「事父母有道乎？」單居離，曾子弟子也。曾子曰：「有。愛而敬。父母之行，若中道則從，若不中道則諫，諫而不用，行之如由己。且俯從所行，而思諫道也。【補】「如由己」，使若父母之過由己致之者。《立孝》云：「不可入也，吾辭其罪。」義相備也。○「中」，去聲，篇内皆同。從而不諫，非孝也；同父母之非，不匡諫。諫而不從，亦非孝也。徒以義諫，而行不從。【補】從，順也。無犯者，事親之義也。雖臣之於君，亦務引諸當道，非徒自沽直而已。故《春秋》賢曹羈，以爲能順諫也。孝子之諫，達善而不敢争辨。争辨者，作亂之所由興也。《内則》曰：「父母有過，下氣怡色，柔聲以諫。諫若不入，起敬起孝，説則復諫。」【補】達善，以善言達於親也。由己爲無咎則寧，謂順諫。由己爲賢人作亂。謂争辨「賢」與「無咎」互相足。【補】言諭親於道，使無大咎，則可以安也。將責難陳善，使其親由己而爲賢人，則失無犯之義。孝子無私樂，父母所憂憂之，父母所樂樂之。孝子唯巧變，故父母安之。若夫坐如尸，立如齊，弗訊不言，齊，謂祭祀時訊問也。言必齊色，嚴敬其色。○上「齊」音「齋」，此「齊」如字。此成人之善者也，未得爲人子之道也。」爲人父之事。【補】《莊子》曰：「以敬孝易，以愛孝難。」

單居離問曰：「事兄有道乎？」曾子曰：「有。尊事之以爲己望也，謂儀象也。○「尊事」，《通解》作「尊視」。兄事之不遺其言。奉其所令。兄之行若中道，則兄事之；兄之行若不中道，則養之。養，猶隱之。【補】如「中也養不中」之「養」。養之内，不養於外，則是越之也；養之外，不養於内，則是疏之也。是故君子内外養之也。」【補】越，過也。言以能賢加其兄。一曰：越，謂視若越人，亦疏之也。

單居離問曰：「使弟有道乎？」曾子曰：「有。嘉事不失時也。謂冠娶也。弟之行若中道，則正以使之；正以使之，以弟道。弟之行若不中道，則兄事之。且以兄禮敬之。詘事兄之道，若不可，然後舍之矣。」屈事兄之道，然猶不變，則怒罰之。

曾子曰：「夫禮，大之由也，不與小之自也。言大者得自由也。【補】自，亦由也。言禮貴由其大者，不謂能由其小者。與，謂也。《小正》傳曰：「其必與之獸。」飲食以齒，以長幼也。力事不讓，辱事不齒，【補】不自以齒長辭辱事也。執觴觚杯豆而不醉，觚，器也。實之曰觴。杯，盤盎盆盞之總名也。豆，醬器，以木曰豆，以瓦曰登。【補】觚實二升，豆實倍之。言「不醉」者，亦謂以豆盛酒。《考工記》曰：「飲一豆酒。」和歌而不哀。【補】傳曰：「哀樂而樂哀，皆喪心也。故君子哭則不歌，歌則不哀。」夫弟者，○此三字當在「飲食以齒」之上。不衡坐，不苟越，不干逆色，【補】《曲禮》曰：「並坐不橫肱。」又曰：「先生書策，琴瑟在前，坐而遷之，戒勿越。」干，犯也。逆色，怒色。趨翔周旋，俛仰從命，【補】行而張拱曰翔。不見於顏色，【補】言勞而無愠。未成於弟也。」【補】禮：不與小之。自以上諸事，皆禮之小者，故未成於弟之道也。

凡三百六十一字。今補。

大戴禮記補注卷之五

曾子制言上第五十四

曾子曰：「夫行也者，行禮之謂也。夫禮，貴者敬焉，老者孝焉，幼者慈焉，少者友焉，賤者惠焉。此禮也，行之則行也，立之則義也。今之所謂行者，犯其上，危其下，衡道而彊立之，衡，横也。〇「夫行」、「則行」，謂「行」去聲。天下無道故若，且自如也。【補】故若，猶言如故。天下有道，則有司之所求也。言爲法吏所收誅也。【補】求，拘罪人也。《淮南子》曰：「求不孝不悌，戮暴傲悍而罰之。」故君子不貴興道之士，而貴有恥之士也。若由富貴興道者與貧賤，吾恐其或失也；若由貧賤興道者與富貴，吾恐其贏驕也。夫有恥之士，富而不以道，則恥之；貧而不以道，則恥之。或，猶惑也。【補】富貴不淫，或要譽也；貧賤不懾，或慢人也。恥不以道，然後貧富無易志。〇「與」，平聲。「贏」，宋本譌「嬴」，从高安本改。弟子無曰『不我知也』。鄙夫鄙婦相會于廧陰，可謂密矣，明日則或揚其言矣。《中庸》曰：「莫見於隱，莫顯於微，故君子慎其獨也。」〇「廧」，隸書「牆」字。故士執仁與義而明行之，未篤故也，胡爲其莫之聞也。【補】執，守也。殺六畜不當，及親，吾信之矣；凡殺有時，禮也。【補】不能愛物，則不能仁民，不仁於民者，亦將不仁於親也。〇「當」，去聲。使民不時，失國，吾信之矣。【補】皆以小及大。蓬生麻中，不扶自直；白沙在泥，與之皆黑。古説云，言扶化之者衆。【補】善惡無常，唯人所習。故《魯詩·干旄》傳曰「譬猶練絲，染之藍則青，染之朱則赤」也。是故人之相與也，譬如舟車然，相濟達也。己先則援之，彼先則推之。【補】前者引後者，後者推前者。故曰：莫爲之前，雖美不彰；莫爲之後，雖盛不傳。是故人非人不濟，馬非馬不走，土非土不高，水非水不流。【補】各從其類也。君子之爲弟也，行則爲人負，分重合輕，班白不任，弟達於道路也。無席則寢其趾，寢，猶止也，言裁自容也。【補】寢於尊者之席末，猶所云坐於足。使之爲夫人則否。夫人行無禮也。〇古音「負」、「否」皆與「趾」合韻。近市無賈，無廛邸也。〇「賈」，音「古」。在田無野，田無廬也。〇「野」，古通以爲「墅」字。行無據旅，守直道，無所私。【補】據，安也。旅，逆旅也。言行無常舍。〇「旅」，元本作「依」，誤。苟若此，則夫杖可因篤焉。言行如此，則其所杖者，皆可因厚焉。【補】因，親也。富以苟，不如貧以譽；貧則常也，義不可無。生以辱，不如死以榮。見危致命，死之榮也。辱可避，避之而已矣；及其不可避也，君子視死若歸。不苟免也。【補】董仲舒說：春秋齊頃公不死於位，以曾子此義責之。父母之讎，不與同生；生辱之不可避也。《曲禮》曰：「父之讎，弗與同戴天。」兄弟之讎，不與聚國；《檀弓》曰「昆弟之讎，仕不與共國。其從父兄弟，則不爲魁」也。朋友之讎，不與聚鄉；《曲禮》曰：「朋友之讎不同國，失厚矣。」【補】同師曰朋，同執曰友，其下有相見、相問、相揖、相趨，親疏異焉。君子皆謂面朋面友，不讎其讎也。族人之讎，不與聚鄰。族人者，謂絶屬者。良賈深藏若虛，君子有盛教如無。」言珍寶深藏若虛，君子懷德若愚也。

弟子問於曾子曰：「夫士何如則可以爲達矣？」曾子曰：「不能則學，疑則問，欲行則比賢，雖有險道，循行達矣。【補】比，親也。道雖險而行則循其常，無弗達者。今之弟子，病下人，不知事賢，恥不知而又不問，好責於人，而不知自反也。【補】病，病之也。下人，下於人也。子張問「達」，子曰：「慮以下人。」欲作則其知不足，是以惑闇，惑闇終其世而已矣，是謂窮民也。」【補】重言「惑闇」，甚之也。

曾子門弟子或將之晉，曰：「吾無知焉。」【補】無相知者。曾子曰：「何必然！往矣。有知焉謂之友，曰友之也。無知焉謂之主。且客之而已。【補】若「主顔犨由」之「主」。且夫君子執仁立志，先行後言，千里之外，皆爲兄弟。故曰：君子何患無兄弟也。苟是之不爲，則雖汝親，庸孰能親汝乎！」庸，用也。孰，誰也。【補】與「答子張問『行』」同意。

凡三章，新別。凡五百七十字。今少六字。

曾子制言中第五十五

曾子曰：君子進則能達，退則能静。豈貴其能達哉？貴其有功也；豈貴其能静哉？貴其能守也。夫唯進之何功，退之何守，問君子進退其功守如何。是故君子進退有二觀焉。言有二等可觀。故君子進則能益上之譽，而損下之憂；謂其功也。不得志，不安貴位，不懷厚禄，負耜而行道，凍餓而守仁，謂其守也。○「懷」，宋本譌「博」，又以注誤入正文，並从《大典》及盧本改。則君子之義也。其功守之義。○此注舊亦誤入正文，今校改。有知之，則願也；莫之知，苟吾自知也。○「之知」，《大典》作「知之」。

吾不仁其人，雖獨也，吾弗親也。人而不仁，不足友也。故周公曰：「不如我者，吾不與處，損我者也。與我等，吾不與處，無益我者也。吾所與處者，必賢於我。」故君子不假貴而取寵，不因人之貴苟求寵愛也。不比譽而取食，不校名譽以求禄也。【補】比，附也。盜附虛聲，以干禄也。直行而取禮，行正則見禮也。比説而取友，言脩己以事人。○舊本云：「取」，一作「交」。有説我則願也，莫我説，苟吾自説也。「説」，讀爲「悦」字。

故君子無悒悒於貧，無勿勿於賤，○「勿勿」，戴氏校本作「忽忽」。無憚憚於不聞，憚憚，憂惶也。布衣不完，蔬食不飽，蓬户穴牖，日孜孜上仁，【補】上，尚也。○「蔬」，元本作「疏」。舊本云：「孜」，一作「孳」。知我吾無訢訢，不知我吾無悒悒。是以君子直言直行，不宛言而取富，不屈行而取位，【補】宛，曲也。仁之見逐，智之見殺，固不難；詘身而爲不仁，宛言而爲不智，則君子弗爲也。小人在朝，多逐害於仁智者，君子之人，不枉言行而懷其禄也。○「仁」，宋本譌「畏」，从戴氏校本改。君子雖言不受必忠，曰道；雖行不受必忠，曰仁；謂發施言行於君之前，實善而君不納，然猶忠誠勉行，可謂仁道也。雖諫不受必忠，曰智。猶忠誠而諫之。❶天下無道，循道而行，衡塗而僨，衡，横也。僨，僵也。手足不揜，四支不被。手足即四支。説者申慇懃耳。《詩》云：「行有死人，尚或墐之。」○注二十一字，宋本譌入正文，从《大典》改。此則非士之罪也，有士者之羞也。【補】有士不用，則君之恥。○「則」字，宋本倒在「此」上，从《大典》改。

是故君子以仁爲尊。天下之爲富，何爲富？則仁爲富也；天下之爲貴，何爲貴？則仁爲貴也。○舊本云：一作「君子天下之爲仁，則以仁爲尊也；天下之爲富，則以仁爲富也；天下之爲貴，則以仁爲貴也。」昔者，舜匹夫也，土地之厚，則得而有之；人徒之衆，則得而使之；舜唯仁得之也。是故君子將説「富貴」，必勉於仁也。【補】君子未嘗説「富貴」也，爲此語者，猶禄在其中之意。○「唯仁」，宋本譌「唯以」，从《大典》改。昔者，伯夷、叔齊死於溝澮之閒，其仁成名於天下。伯夷、叔齊，孤竹君之子。初無父母，後交讓國，遂退北海之濱，而終死於首陽。【補】言君子雖不富貴，亦勉於仁，以足上意也。《少陽篇》曰：「伯夷名允，叔齊名智。」夫二子者，居河、濟之間，非有土地之厚，貨粟之富也，言爲文章，行爲表綴於天下。【補】首陽山在蒲坂河曲中，其南王屋，濟水所出，故云河、濟之閒。表綴，言爲人準望也。凡樹臬以著位曰表，舞列之表曰綴。○「表」，宋本譌「衷」。是故君子思仁義，晝則忘食，夜則忘寐，日旦就業，夕而自省，以歿其身，亦可謂守業矣。○「歿」，宋本譌「役」。

凡四百八十字。今少一字。

❶「諫」，原誤作「詳」，據學海堂本、畿輔叢書本改。

曾子制言下第五十六

曾子曰：天下有道，則君子訢然以交同；天下無道，則衡言不革。衡，平也。言不苟合也。【補】革，改也。平言，不危言也。然亦無改其所守，❶故君子和而介。諸侯不聽，則不干其土；聽而不賢，則不踐其朝。【補】不賢，不以爲賢而用之。是以君子不犯禁而入人境，及郊，問禁請命。○「入人」，宋本譌「入入」，从盧本改。注六字，舊誤入正文，从戴氏校本改。不避患而出危邑，師敗，不苟免也。○宋本「避」譌「通」，「邑」譌「色」，並从戴氏校本改。則秉德之士不諂矣。故君子不諂富貴，以爲己説；不乘貧賤，以居己尊。【補】乘，陵也。○「説」，音「悦」。凡行不義，則吾不事；不仁，則吾不長。奉相仁義，則吾與之聚群；相，助也。○「長」，上聲。「相」，去聲。注舊在「嚮爾」下，失其句讀。嚮爾寇盜，則吾與慮。【補】人有與寇盜親邇者，則爲憂之。國有道，則突若入焉；《詩》云「鴪彼晨風，鬱彼北林」也。○「突」字誤，依注當爲「鴪」。國無道，則突若出焉。如大鳥奮翼而去也。如此之謂義。

夫有世義者哉。義，宜。【補】有世，猶言有時也。「義者哉」，當爲「禍裁」之「裁」，與「仁者殆」對文。仁者殆，恭者不入，殆，危也。仁者危之，恭者又不受也。○「仁」上，宋本衍「曰」字，从《大典》删。慎者不見使，【補】使，用也。正直者則邇於刑，弗違則殆於罪。邇，近。違，去。是故君子錯在高山之上，深澤之汙，聚橡栗藜藿而食之，生耕稼以老十室之邑。藜，藿。藿，豆。【補】錯，居也。言無道則隱也。《小爾雅》曰：「柞之實，謂之橡。」是故昔者禹見耕者五耦而式，過十室之邑則下，爲秉德之士存焉。不侮之也。【補】《曲禮》曰：「入里必式。」鄭君以爲「不誣十室」。○「式」，宋本譌「武」。

凡二百二十八字。今補。

❶「無」，畿輔叢書本作「不」。

曾子疾病第五十七

曾子疾病，疾困曰病。曾元抑首，曾華抱足。元、華，其子。【補】《檀弓》曰：「曾子寢疾，病，曾元、曾申坐於足。」據申字子西，則「華」字當作「申」，形似故誤耳。曾子曰：「微乎！吾無夫顏氏之言，吾何以語汝哉！然而君子之務，盡有之矣。【補】微乎，歎辭。顏氏，子淵也。○「語」，去聲。「盡」，《大典》作「蓋」。夫華繁而實寡者，天也；言多而行寡者，人也。鷹鶽以山爲卑，而曾巢其上；魚鼈黿鼉以淵爲淺，而蹷穴其中。卒其所以得之者，餌也。生生之厚，動之死地也。【補】曾，重也。蹷，窟也。○「曾」，《大典》作「增」。是故君子苟無以利害義，則辱何由至哉！親戚不說，不敢外交；近者不親，不敢求遠；小者不審，不敢言大。【補】古者謂父母爲親戚，《春秋左傳》：「伍尚曰：『親戚爲戮。』」故人之生也，百歲之中，有疾病焉，有老幼焉，故君子思其不可復者而先施焉。○「有老」，宋本譌「者老」。「可」字，宋本脱，从《大典》增。親戚既殁，雖欲孝，誰爲孝？年既耆艾，雖欲弟，誰爲弟？故孝有不及，弟有不時，其此之謂與！【補】六十曰耆，五十曰艾。言不遠身，言之主也；行不遠身，行之本也。言有主，行有本，謂之有聞矣。知身是言行之基，可謂聞矣。君子尊其所聞，則高明矣；行其所聞，則廣大矣。高明廣大，不在於他，在加之志而已矣。○董仲舒《對策》引此文云：「行其所知。」與君子游，苾乎如入蘭芷之室，久而不聞，則與之化矣；○「久」，宋本作「入」。與小人游，貸乎如入鮑魚之肆，久而不聞，則與之化矣。《離騷》曰「經鮑魚肆而失香」也。❶ ○「貸」，音「貣」，《文選·辨命論》注引此文作「臭」。「肆」，宋本作「次」，从《大典》改，《辨命論》注亦爲

❶ 「離騷」至「香也」，據中華書局校點本《楚辭補注》，文出《七諫·沈江》，作「過鮑肆而失香」。

「肆」字。是故君子慎其所去就。○《辨命論》注：「就」下有「者也」二字。與君子游，如長日加益，而不自知也；如日之長，雖日加益，而不自知也。與小人游，如履薄冰，毋履而下，幾何而不陷乎哉！吾不見好學盛而不衰者矣，吾不見好教如食疾子者矣，言未見好教，欲人之受，如餔疾子也。【補】子疾新愈，冀其能食，而又餔之有節，如善誘人者，誨之不倦，而又必以漸也。○「食」，音「飤」。「子」下，宋本脱「者」字，从《大典》增。吾不見日省而月考之其友者矣，吾不見孜孜而與來而改者矣。」謂擇善而改非也。【補】與來，樂聞善言，來者與之也。

凡三百八十五字。今補。

曾子天圓第五十八

單居離問於曾子曰：「天圓而地方者，誠有之乎？」曾子曰：「離！而聞之云乎？」而，猶汝也。汝聞則言之也。單居離曰：「弟子不察，此以敢問也。」

曾子曰：「天之所生上首，地之所生下首。上首之謂圓，下首之謂方。人首圓足方，因繫之天地，因謂天地爲方圓也。《周髀》曰「方屬地，圓屬天，天圓地方」也。《淮南子》曰：「天之圓不中規，地之方不中矩。」《白虎通》曰：「天，鎮也，其道曰圓；地，諦也，其道曰方。」一曰：圓，謂水也。【補】上首，謂動物。下首，謂植物。《易·文言》曰「本乎天者親上，本乎地者親下」是也。圓形動，故動物象之；方體静，故植物象之。凡圓環而三，方周而四，是爲天地奇偶之數。如誠天圓而地方，則是四角之不揜也。【補】渾天之象，天地皆渾圓如丸。天旋於外，地止於内，水繞地而流，人附地而行。雖自北極至於南極，首恒戴天，足恒履地，如蟻行案底，初不知有側立之時，倒懸之患。世人據齊州爲地平，指所未見者爲地下，此拘墟之識耳。昔者黄帝問於岐伯曰：「地之爲下否乎？」岐伯曰：「地爲人之下。太虚之中，大氣舉之。」然則地圓之理，古聖發之矣。蓋天家言天如倚笠，地法覆槃。按《荀子》云：「槃圓而水圓，盂方而水方。」知槃者圓器，是亦説地爲圓形也。且來，吾語汝。參嘗聞之夫子曰：天道曰圓，地道曰方，道曰方圓耳，非形也。【補】《吕氏春秋》曰：「何以説天道之圓也？精氣一上一下，圜周復雜，無所稽留，故曰天道圓。何以説地道之方也？萬物殊類殊形，皆有分職，不能相爲，故曰地道方。」方曰幽而圓曰明。方者陰義，而圓者陽理，故以名天地也。明者，吐氣者也，是故外景；「景」，古通以爲「影」字。外景者，陽道施也。幽者，含氣者也，是故内景。内景者，陰道含藏也。故火日外景，火，氣陽也。○宋本脱此注。而金水内景。金，質陰也。【補】《荀子》曰：「濁明外景，清明内景。」吐氣者施，而含氣者化，是以陽施而陰化也。施，賦也。化，體生。陽之精氣曰神，陰之精氣曰靈。神靈者，品物之本也，神爲魂，靈爲魄。魂魄，陰陽之精，有生之本也。及其死也，魂氣上升於天爲神，體魄下降於地爲鬼，各反其所自出也。○「者」上，宋本脱「靈」字，从朱本增。而禮樂仁義之祖也，樂由陽來，禮由陰作，仁近樂，義近禮，故陰陽爲祖也。而善否治亂所興作也。陰陽之氣，各從其所，則静矣。○「從」，宋本譌「静」，从高安本改。偏則風，謂氣勝負。俱則靁，交則電，自仲春至仲秋，陰陽交泰，故雷電也。亂則霧，【補】《爾雅》曰：「天氣下，地不應，曰雺；地氣發，天不應，曰霧。」和則雨。偏則風而和則雨，此謂一時之氣也。至若春多雨，則時所宜也。陽氣勝則散爲雨露，陰氣勝則凝爲霜雪。陽之專氣爲雹，陰之專氣爲霰，霰雹者，一氣之化也。陽氣在雨，温暖如湯，陰氣薄之，不相入，轉而爲雹。陰氣在雨，凝滯爲雪，陽氣薄之，不相入，散而爲霰。故《春秋穀梁説》曰：「雹者，陰脅陽之象；霰者，陽脅陰之符也。」【補】《易・中孚》傳曰：「降陽爲風，降陰爲雨。昇氣上，降氣微。是故陽還其風必暴，陰還其雨亦暴。降陽下迎，陰起合和。而陽氣自上薄之，則爲雷。陰陽和合，其電燿燿也，其光長而雷殷殷也。温爲尊，寒爲卑，故尊見卑益自尊，卑見尊益自卑，則寒温決絶矣。」毛蟲毛而後生，羽蟲羽而後生，毛羽之蟲，陽氣之所生也。介蟲介而後生，鱗蟲鱗而後生，介鱗之蟲，陰氣之所生也。言陰陽所生者，舉其多也。【補】動物皆天之所生，天氣又自分陰分陽，毛羽外見故陽，介鱗水伏故陰也。唯人爲倮匈而後生也，倮匈，謂無毛羽與鱗介也。陰陽之精也。人受陰陽純粹之精，有生之貴也。凡倮蟲則亦兼陰陽氣而生也。【補】人倮匈而生，謂之倮蟲。五方之民，殊形異性，故云倮蟲之屬，三百六十，而聖人爲之長。《月令》注以「虎豹之類，淺毛」者，皆爲倮蟲，廣森所疑。毛蟲之精者曰麟，羽蟲之精者曰鳳，介蟲之精者曰龜，鱗蟲之精者曰龍，倮蟲之精者曰聖人。龜、龍、麟、鳳，所謂四靈。龍非風不舉，龜非火不兆，此皆陰陽之際也。龜龍爲陰，風火爲陽，陰陽會也。【補】兆謂以火灼龜。兆吉凶也。《管子》曰：「龜生于水，發之于火，於是爲萬物先，爲禍福正。」《白虎通義》曰：「龜非火不兆，以陽動陰也。」〇「兆」下，《大典》多「鳳非梧不棲，麟非藪不止」二句。「際」，元本作「會」。兹四者，所以聖人役之也。謂爲之瑞。【補】役，使也。聖人以四靈爲畜也。古《春秋左氏説》：「龍爲木，鳳爲火，麟爲土，白虎爲金，神龜爲水。王者脩其母，則致其子。故視明禮脩而麟至，思睿信立而白虎擾，言從義成而神龜在沼，聽聰知正而名川出龍，貌恭體仁則鳳皇來儀。」〇「役」字，宋本倒在「聖人」上，从元本改。是故聖人爲天地主，爲山川主，爲鬼神主，爲宗廟主。鬼神，百神也。因外祀，故在宗廟之上也。【補】主，祭主也。聖人慎守日月之數，以察星辰之行，以序四時之順逆，謂之曆；審十二月分數於昏旦，定辰宿之中見與伏，以驗時節之僣否。截十二管，以索八音之上下清濁，謂之律也。八音，八卦之音，以律定八風之高下清濁，而准配金石絲竹也。【補】索，求也。管短則音上而清，管長則音下而濁。八卦之音，乾爲石，坎爲革，艮爲匏，震爲竹，巽爲木，離爲絲，坤爲土，兑爲金也。〇「索」，宋本譌「宗」，从高安本改。律居陰而治陽，因地土氣。曆居陽而治陰，因天主事。律曆迭相治也，其閒不容髮。曆以治時，律以候氣，其致一也。【補】揚子雲曰：「上曆施之，下律和之。」聖人立五禮以爲民望，五禮其別三十六，生民之紀在焉。制五衰以別親疏，【補】五服謂之五衰。衰，差也。所以衰分親屬。和五聲之樂以導民氣，致樂以治心也。合五味之調以察民情，察，猶別也。【補】樂以養陽，食以養陰。凡酸入肝，苦入心，甘入脾，辛入肺，鹹入腎。五味失調，則各偏一藏，故五情之發，亦不得其正。正五色之位，【補】位青於東，朱於南，白於西，黑於北，黄位中焉。成五穀之名。五穀，黍、稷、麻、麥、菽也。【補】《月令》：「春食麥，夏食菽，季夏食稷，秋食麻，冬食黍。」注依此文也。鄭君説：「豫州穀宜五種，有稻無麻。」序五牲之先後貴賤，五牲，牛、羊、豕、犬、雞。先後，謂四時所尚也。【補】牛土畜，司徒奉之；雞木畜，宗伯奉之；羊火畜，司馬奉之；犬金畜，司寇奉之；豕水畜，司空奉之。《周禮》與《五行傳》所説同也。《月令》以羊爲木，雞爲火。諸侯之祭牲，牛，曰太牢；天子之大夫亦太牢。太牢，天子之牲角握，諸侯角尺，大夫索牛也。【補】太牢舉牛，以該羊豕；少牢舉羊，亦該豕也。《國語》曰：「士食魚炙，祀以特牲。大夫舉以特牲，祀以少牢；卿舉以少牢，祀以特牛；諸侯舉以特牛，祀以太牢；天子舉以太牢，祀以會。」○宋本脱「牲」字，从朱本增。大夫之祭牲，羊，曰少牢；天子之士，亦少牢也。士之祭牲，特豕，曰饋食。不言特牲，其文已著。又與大夫互相足也。無禄者稷饋，稷饋者無尸，無尸者厭也。庶人無常牲，故以稷爲主。【補】祭殤者無尸，有陰厭陽厭，庶人薦不立尸，其禮亦准焉。宗廟曰芻豢，牛羊曰芻，犬豕曰豢。山川曰犧牷，色純曰犧，體完曰牷。宗廟言豢，山川言牲，互文也。山川，謂岳瀆。以方色，角尺。其餘用厖索之。割列禳瘞，是有五牲。割，割牲也。列，疈辜也。禳，面禳也。瘞，埋也。【補】割者，披磔牲以祭，蓋疈辜近之。《月令》曰：「大割祠于公社，及門閭。」列，陳也。陳牲而不瘞，若祭山庋縣是也。○「禳」，宋本譌「穰」，从盧本改。此之謂品物之本，禮樂之祖，善否治亂之所由興作也。」【補】自「律曆」以下，備言聖人法天地之事。

凡五百九十一字。今補。

大戴禮記補注卷之六

武王踐阼第五十九

武王踐阼三日，既王之後。【補】邢子才曰：「君位在阼階，故有《武王踐阼》篇。」云「既王之後」者，銘詞有所監不遠，視邇所代。又王自稱予一人，故盧君知之也。《竹書》：「紂四十一年，西伯昌薨；四十二年，西伯發受丹書于吕尚。」按「居喪之禮，升降不由阼階」，況武王喪終觀兵，猶自稱太子發，安得文王薨之逾年，遂踐阼階？當君位乎？汲郡古文出於依託，非可取驗。召士大夫而問焉，曰：「惡有藏之約，行之行，萬世可以爲子孫常者乎？」惡，猶於何也。言於何有約言而行之，乃行萬世而猶得其福。〇「惡」，音「烏」。「常」，《通解》及王氏注本作「恒」，後同。諸大夫對曰：「未得聞也。」然後召師尚父而問焉，曰：「昔黄帝、顓頊之道存乎，句。意亦忽不可得見與？」言忽然謂不可得見。【補】「意」，古通以爲「抑」字，熹平石經《論語》曰：「意與之與。」〇宋本脱「昔」字，从《學記》注引此文增，按：《正義》、唐本，有「昔」字，無「黄」字。

師尚父曰：「在丹書。王欲聞之，則齊矣。」【補】丹書，古策府之遺典。舊説以爲赤雀所銜瑞書，誕也。〇「齊」，音「齋」。王齊三日，端冕，師尚父亦端冕，奉書而入，負屏而立。端，正也。樹謂之屏。【補】禮：天子外屏，諸侯内屏。此文尚父既入門，負屏北面，王乃下路寢堂，則屏在路門内也。《鄭志》云：「鎬京宫室，因諸侯之制，更不改作。」於是可信矣。〇宋本脱「齊」字，而「王」字倒在「三日」之下，从《學記》注增改。王下堂，南面而立。師尚父曰：「先王之道，不北面。」王行西，折而南，東面而立。

師尚父西面道書之言，曰：【補】人君尊東，故王自就西方之位。《學記》曰：「大學之禮，雖詔於天子，無北面。」〇《學記正義》以爲「而南」之「南」及上「師尚父亦端冕」六字，並鄭君所加。按：今記文有之，與唐本異。「『敬勝怠者吉，怠勝敬者滅，義勝欲者從，欲勝義者凶。○《正義》引此書，「吉」作「强」，「滅」作「亡」。别引《瑞書》文爲「吉」「滅」字也。凡事不强則枉，弗敬則不正，枉者滅廢，敬者萬世。』凡事不能自强去，執於此則枉也。【補】强，勉也。言不勉於自立，則不能直道而行也，注意未曉。○此皆韵語，「强」上聲，與「枉」協，「敬」與「正」協，「廢」與「世」協。「弗」，《正義》作「不」。藏之約，行之行，可以爲子孫常者，此言之謂也。問先帝之道，庶聞要約之旨，故對此而已。且臣聞之，以仁得之，以仁守之，其量百世；以不仁得之，以仁守之，其量十世；以仁得之，以仁守之，以不仁得之，以仁守之，皆謂創基之君。十百世，謂子孫無咎譽者，於十百之外，天命即善與民，其廢立大節依於此。○「以不仁得之，以仁守之」，《正義》作「以仁得之，以不仁守之」。以不仁得之，以不仁守之，必及其世。」謂止於其身也。○「及」，《正義》作「傾」。

王聞書之言，惕若恐懼，退而爲戒書。託於物以自警戒也。○「惕若恐懼」，《正義》作「惕然若懼」。《通解》無「退」字。於席之四端爲銘焉，於机爲銘焉，○「机」，《通解》作「几」，按：《左傳》：「投之以机。」亦以「机」爲「几」字。於鑑爲銘焉，於盥盤爲銘焉，於楹爲銘焉，於杖爲銘焉，於帶爲銘焉，於履屨爲銘焉，於觴豆爲銘焉，於户爲銘焉，於牖爲銘焉，於劍爲銘焉，於弓爲銘焉，於矛爲銘焉。【補】盥盤，洗手器。古者以匜沃盥，其下有盤承水也。《韓詩説》：酒器一升曰爵，二升曰觚，三升曰觶，四升曰角，五升曰散，總名曰爵，實之曰觴。

席前左端之銘曰：「安樂必敬。」安不忘危。前右端之銘曰：「無行可悔。」當恭敬朝夕，故以懷安爲悔也。後左端之銘曰：「一反一側，亦不可以忘。」言雖反側之閒，不可以忘道也。○王注云：「以忘」，一作「不志」。按：席四銘通爲一章，當从「志」字，方與上「悔」下「代」合韵。後右端之銘曰：「所監不遠，視邇所代。」周監不遠，近在有殷之世。○「邇」，王本作「爾」。机之銘曰：「皇皇惟敬，口生㖃，㖃，恥也。言爲君子榮辱之主，可不慎乎！㖃，㖃詈也。○注：「㖃」有兩訓，疑《記》文本作「㖃生㖃」，故盧意謂君有㖃恥之言，則致人之㖃詈也。

王本「敬」下多「口口生敬」四字，恐後人所加。口戕口。」言口能害口也。机者，人君出令所依，故以言語爲戒也。鑑之銘曰：「見爾前，慮爾後。」【補】照鏡者不能見肩背，故以是寓戒。盥盤之銘曰：「與其溺於人也，寧溺於淵。溺於淵猶可游也，溺於人不可救也。」日知所亡，學者之功，溺於民庶，大人之禍。故或以自新取戒，或以游溺爲鑑也。○古讀「淵」如「因」，《詩》：「秉心塞淵。」亦與「人」爲韵。楹之銘曰：「毋曰胡殘，其禍將然；毋曰胡害，其禍將大；毋曰胡傷，其禍將長。」夫爲室者慎其楹，君天下者難其相也。杖之銘曰：「惡乎危？於忿疐。惡，於何也。忿者危之道，怒甲及乙，又危之甚。杖扶危，故以危戒也。惡乎失道？於嗜慾。杖依道而行之。○「嗜慾」，當作「慾嗜」，與「疐」、「貴」合韵。惡乎相忘？於富貴。」言身杖相資也。因失道相忘，乃嗜慾安樂之戒也。帶之銘曰：「火滅脩容，慎戒必恭，恭則壽。」雖夜解息，其容不可以苟。帶於寢先釋，故因言之也。【補】以壽言者，於寢戒色過。履屨之銘曰：「慎之勞，勞則富。」行慎躬勞，躬勞終福。論慎履，亦財不費也。屨在下，尤勞辱，因爲此戒。「勞」與「富」，音義兩施，互取焉。【補】楚子之箴，亦曰「民生在勤，勤則不匱」也。○注意以「慎之勞」與下「戒之憍」爲韵。「富」，方又反，與「恭則壽」亦通韵，故云「兩施」、「互取」矣。「屨」字，宋本倒在「履」上，从《通解》改。觴豆之銘曰：「食自杖，食自杖，戒之憍，憍則逃。」無求醉飽，自杖而已。【補】憍，驕也。「逃」如「民逃其上」之「逃」。户之銘曰：「夫名難得而易失。無懃弗志，而曰我知之乎？無懃弗及，而曰我杖之乎？志，識也。杖立不能懲其駑怠，而自謂杖成功，無可就，故終失其名也。【補】「杖」，朱子謂别本作「枝」，今以韵讀之，當从「枝」字。志，記也。枝，支也。雖若已知，不懃則忘弗能記也；雖若可支，不懃則墮弗能及也。擾阻以泥之，若風將至，必先搖搖，搖搖無所託，言有風雨則先困。【補】泥之，似謂墐户也。然「擾阻」則未詳。雖有聖人，不能爲謀也。」論人行亦然。牖之銘曰：「隨天之時，任也。【補】牖開塞以時。○「天」下，宋本脱「之」字，从《通解》增。以地之財，質也。○「以」字，宋本誤爲上注，从《通解》改。敬祀皇天，敬以先時。」先祭時而敬齋。【補】朱子曰：「牖下，齋祭之處也。」劍之銘曰：「帶之以爲服，動必行德，行德則興，倍德則崩。」以順誅也。○古讀「服」如「僰」，《詩・下武》四章、《泮水》五章，並與「德」爲韵。弓之銘曰：「屈伸之義，廢興之行，無忘自過。」言得時也。【補】一張一弛，文武之道，於弓取訓焉。○「義」，从我諧聲，古音與「過」協。漢《忠惠父碑》：「悲蓼義之不報」，以「義」爲「我」也。「廢興之行」，一作「廢之行之」。矛之銘曰：「造矛造矛，少閒弗忍，終身之羞。」重言「造矛」，見造矛之不易也。言少閒之不忍，則爲終身羞矣，君子於殺之中，禮恕存焉。【補】少閒，猶須臾也。一朝之忿，匹夫之勇，君子戒之。

予一人所聞，以戒後世子孫。「貽厥孫謀，以燕翼子。」武王之詩也。【補】右銘凡十七章。按蔡邕《銘論》云：「武王踐阼，咨于太師，作席几楹杖器械之銘，十有八章。」未知記軼其一，抑蔡説誤也。《太公金匱》、《陰謀》又有武王《觴銘》曰：「樂極則悲，沈湎致非，社稷爲危。」《鏡銘》曰：「以鏡自照見形容，以人自照見吉凶。」《冠銘》曰：「寵以著首，將身不正，遺爲德咎。」《衣銘》曰：「桑蠶苦，女工難。得新捐故後必寒。」《書几》曰：「安無忘危，存無忘亡。孰惟二者，必後無凶。」《書杖》曰：「輔人無苟，扶人無咎。」《書履》曰：「行必慮正，無懷僥倖。」《書户》曰：「出畏之，入懼之。」《書牖》曰：「闚望審，且念所得，可思所忘。」《書劍》曰：「常以服兵而行道，德行則福，廢則覆。」《書車》曰：「自致者急，載人者緩。取欲無度，自致而反。」《書井》曰：「原泉滑滑，連旱則絶。取事有常，賦斂有節。」《書門》曰：「敬遇賓客，貴賤無二。」《書鑰》曰：「昏謹守，深察譌。」《書筆》曰：「毫毛茂茂，陷水可脱，陷文不活。」《書硯》曰：「石墨相著而黑，邪心讒言，無得汙白。」《書箠》曰：「馬不可極，民不可劇。馬極則蹶，民劇則敗。」《書刀》曰：「刀利磑磑，無爲汝開。」《書鋒》曰：「忍之須臾，乃全汝軀。」以上唯《書劍》一章與此文句雖異，意旨大同。其餘詞多淺易，似後人依類廣造，非是篇之倫矣。

凡三百六十五字。「三百」當是「六百」之誤。

衛將軍文子第六十

衛將軍文子問於子貢曰：文子，衛卿也，名彌牟。子貢，端木賜也，衛人，衛之相也。【補】《世本》

曰：「衛靈公生昭子郢，郢生文子木。」《左傳》以爲「彌牟」也。○宋本唯篇首「貢」字作「贛」。「吾聞夫子之施教也，先以詩世，《論語》曰：「先進於禮樂，野人也；後進於禮樂，君子也。」【補】詩世者，誦其詩，論其世也。《周禮》曰：「諷誦詩世奠繫。」道者孝悌，【補】道，導也。「者」，讀爲「諸」，古音相近，通用之。《詛楚文》「諸侯」字爲「者侯」。說之以義而觀諸體，成之以文德。【補】體，禮也。《論語》曰：「興於《詩》，立於禮，成於樂。」故教先詩次禮樂也。蓋入室升堂，七十有餘人，言能受教者，謂七十二子也。○「入室升堂」，宋本作「受教者」，因注而誤也，从《文選・閒居賦》注引此文改。聞之孰爲賢也？」

子貢對，辭以不知。文子曰：「吾子學焉，何謂不知也？」子貢對曰：「賢人無妄，知賢則難。【補】賢人，稱人之賢也。無妄，言不苟譽。故君子曰『智莫難於知人』，此以難也。」《書》曰：「知人則哲，惟帝其難之。」文子曰：「若夫知賢，人莫不難。吾子親游焉，是敢問也。」子貢對曰：「夫子之門人，蓋三就焉。謂大成、次成、小成也。賜有逮及焉，有未及焉，不得辯知也。」未及者，謂先就夫子，而或止或退，未得及已見也。或以子貢違夫子之後，有新來者也。【補】辯，徧也，讀如「辯殺」之「辯」。文子曰：「吾子之所及，請問其行也。」

子貢對曰：「夙興夜寐，諷誦崇禮，行不貳過，稱言不苟，是顏淵之行也。顏回，魯人，字子淵也。○「誦」，朱本作「詩」。孔子說之以《詩》，《詩》云：『媚兹一人，應侯順德。永言孝思，孝思惟則。』《大雅・下武》之四章也。「媚兹一人」，謂御于天子而蒙寵愛。「應侯順德」，逢國君能成其德。「孝思惟則」，此文在前章，兼以說之，故連言也。【補】篇中引《詩》，皆斷章取義。故國一逢有德之君，世受顯命，不失厥名，以御于天子以申之。於諸侯受爵命，未盡其能。【補】御，進也。在貧如客，言安貧也。使其臣如藉，藉，借也，如借力然也。不遷怒，不探怨，【補】人有匿怨，不逆探之。不録舊罪，是冉雍之行也。冉雍，魯人也，字仲弓。孔子曰：『有土君子，有衆使也，有刑用也，然後怒；匹夫之怒，惟以亡其身。』使，舉也。夫子因其性不好怒，故説妄怒之敗也。《書》曰「惟辟作威」也。《詩》云『靡不有初，鮮克有終』，以告之。《大雅·蕩》首章也。言冉雍能終其行也。不畏强禦，不侮矜寡，○「矜」，音「鰥」。其言曰性，其言惟陳其性，不苟虛妄。都其富哉，仲由亦於政事，故能備治其都也。任其戎，○一讀「哉任其戎」爲句。「哉」，古通以爲「材」字。是仲由之行也。仲由，衛人也，字子路，一字季路，大夫也。【補】子路，卞人，爲衛大夫，注有誤文。夫子知未以文也。節其勇也。○「未」字，宋本倒在「知」上，从朱本改。曰《詩》云：『受小共大共，爲下國恂蒙。何天之寵，傅奏其勇。』夫强乎武哉，文不勝其質。《殷頌·長發》之五章也，頌湯伐桀除災之事。恂，信也。言下國信蒙其富。《詩》爲「駿厖」，或古有二文，或以義賦。「寵傅」又爲「龍敷」。【補】夫目子路也，言好勇質直，未文以禮樂。○宋本脱「曰」字，从朱本增。舊本云：「共」，一作「拱」。恭老恤孤，不忘賓旅，好學省物而不懃，物，猶事也。事省則不懃也。是冉求之行也。冉求，字子有，冉雍之子，爲季氏之宰。【補】冉有，仲弓之族。按：古《家語》及《弟子傳》，求、雍並少孔子二十九歲，明非父子也，注誤。○宋本脱「也」字。孔子因而語之曰：『好學則智，恤孤則惠，恭老則近禮，克篤恭以天下，其稱之也，宜爲國老。』宜爲國之尊也，言任爲卿相也。【補】克，能也。以天下，行之於天下也。《周禮》：「三公稱老。」《春秋左傳》曰：「子爲國老。」志通而好禮，擯相兩君之事，篤雅其有禮節也，是公西赤之行也。公西赤，魯人也，字子華。孔子曰：『禮儀三百，可勉能也；禮經三百，可勉學而能知。威儀三千，則難也。』能躬行三千之威儀則難，而公西赤能躬行也。【補】此教子華之語，故下問「何謂也」，注因廣言其能躬行耳，非本文意。公西赤問曰：『何謂也？』孔子曰：『貌以擯禮，禮以擯辭，是之謂也。禮待貌而行，辭得禮而發，言貌所以擯贊三千之儀也。主人言行此主在於人。聞之以成。』公西赤聞之以成，《家語》云「衆人聞之爲成」。「主」或聲誤也。【補】此通爲一句，言威儀三千，主人聞之足以成其禮也。當對文有「賓聞之」云云，而今脱佚耳。孔子之語人也曰：『當賓客之事則通矣。』謂門人曰：『二三子欲學賓客之禮者，於赤也。』【補】「則通矣」者，爲不足之辭，故語孟武伯曰：「可使與賓客言也，不知其仁也。」滿而不滿，實如虛，過之如不及，先生難之，云先生猶有難之，亦所謂先子之所畏也。【補】曾子曰：「以能問於不能，以多問於寡。」故下文稱其「弟」也。○「過」，宋本訛「通」。不學其貌，【補】不貌爲君子。竟其德，敦其言，【補】竟，盡也。敦，厚也。於人也，無所不信，【補】故下文稱其「忠」與「信」也。其橋大人也，橋，高也。高大之人也。常以皓皓，是以眉壽，皓皓，虛曠無長生久視之意，是長生久視之術。【補】橋，蓋字誤。大人，父之稱也。言曾子能養志，常使皓皓無所憂怒，不損其性，以壽父母，故下文稱其「孝」也。按：《弟子傳》，曾子少孔子四十六歲，此文子問時，年未三十，不得以壽言之。知「眉壽」者，謂曾皙也。是曾參之行也。曾參，魯之南武城人也，字子輿，齊聘以相，楚迎以令尹，晉迎以上卿，皆不應其命也。孔子曰：『孝，德之始也；天道曰至德，地道曰敏德，人道曰孝德。《四代》曰：「有天德，有地德。」夫學天地之德者，皆以無私爲能也。動而樂施者，天德也；安而待化者，地德也。故天之德有廣狹矣。自餘禮義忠信已下，皆爲人德。因事則爲禮，厚其行則爲孝也。弟，德之序也；信，德之厚也；忠，德之正也。參也中夫四德者矣！』故以此稱之也。○「中」，去聲。「故」，宋本訛「哉」，从元本改。業功不伐，貴位不善，【補】善，自喜也。不侮可侮，不佚可佚，不侮可侮者，不佚可佚者，仁之至也。不敖無告，天民之窮無所告者，不陵敖之也。○「敖」，音「傲」。是顓孫之行也。顓孫師，陳人也，字子張。孔子言之曰：『其不伐則猶可能也，其不弊百姓者則仁也。【補】弊，傷也。《詩》云：「愷悌君子，民之父母。」』《大雅·洞酌》之首章也。夫子以其仁爲大也。【補】大，美大之也。《春秋傳》曰：「君子大其不鼓不成列。」學以深，能深致隱賾也。厲以斷，性嚴厲而能斷決。《七十篇》説子夏云：爲人性不宏，好精微，時人無以尚也。送迎必敬，上友下交，銀乎如斷，是卜商之行也。卜商，衛人，字子夏，爲魏文侯師。銀，廉鍔也。如斷，言便能。子張曰：「子夏之門人，灑掃應對，進退出入，則可也。」【補】銀，猶斷斷也。如斷，有限制也。子夏交友，可者與之，不可者拒之，故子貢云然。○「乎」，宋本訛「手」，从戴氏校本改。孔子曰：『《詩》云：「式夷式已，無小人殆。」《小雅·節》之四章。殆，近也。【補】夷，平也。殆，危也。無友小人，以取危險。而商也，其可謂不險也。』言其鄰於德也。貴之不喜，賤之不怒，苟於民利矣，廉於其事上也，以佐其下，惟在利民。《春秋左傳》曰：「上思利民，忠也。」佐，助也。」【補】廉，省也。言苟利於民者，必損上以益下。是澹臺滅明之行也。澹臺滅明，魯之東武城人也，字子羽，魯大夫。孔子曰：『獨貴獨富，君子恥之，夫也中之矣。』【補】夫，目滅明也。先成其慮，及事而用之，是故不忘，是言偃之行也。言偃，魯人也，字子游，爲武城宰也。【補】《弟子傳》曰：「言偃，吴人。」孔子曰：『欲能則學，欲知則問，欲善則訊，欲給則豫，當如是偃也得之矣。』【補】訊，亦問也。給，捷也。先成其慮，豫也。

及事而用之，故給。《中庸》曰：「凡事豫則立。」○「善」，《大典》作「行」。「是」字，宋本倒在「如」上，从朱本改。獨居思仁，公言言義，其聞《詩》也。一日三復白圭之玷，是南宫縚之行也。南宫縚，魯人也，字子容。○「聞」下，宋本有「之」字，从《周官·司儀》注引此文删。夫子信其仁，以爲異姓。謂以兄之子妻之也。《周禮·司儀職》曰：「時揖異姓，土揖庶姓。」《家語》曰：「以爲異士，言殊異之士，似妄也。」自見孔子，入户未嘗越屨，凡在於室，卑者之屨，皆陳於户外，故雖後至而不越焉。往來過人不履影，不越人之屨，不履人之影，謙慎之至也。開蟄不殺，方長不折，執親之喪，未嘗見齒，【補】哂則齒見，笑則矧見。是高柴之行也。高柴，齊人也，字子羔，爲郕宰。孔子曰：『高柴執親之喪，則難能也；開蟄不殺，則天道也；方長不折，則恕也。恕則仁也，湯恭以恕，是以日躋也。』北事於葛，恭也；教網者咒，恕也。《詩·殷頌》曰：「聖敬日躋。」此賜之所親覩也。吾子有命而訊，賜則不足以知賢。」

文子曰：「吾聞之也，國有道，則賢人興焉，中人用焉，百姓歸焉。若吾子之語審茂，則一諸侯之相也，亦未逢明君也。」茂，盛也。一，皆也。【補】審茂，信美也。

子貢既與衛將軍文子言，適魯，見孔子曰：「衛將軍問二三子之行於賜也，不一而三，賜也辭不獲命，以所見者對矣，見其行也。未知中否，請嘗以告。」請嘗以對者告也。孔子曰：「言之。」子貢以其質告。孔子既聞之，笑曰：「賜！女偉爲知人，賜！」質，由實也。偉爲知人，言大爲知人也。再言「賜」者，善之。子貢對曰：「賜也焉能知人，此賜之所親覩也。」孔子曰：「是女所親也。吾語女耳之所未聞，目之所未見，思之所未至，智之所未及者乎？」子貢曰：「賜得願聞之也。」言未至未及者，謂其德廣厚也。〇「得」下，宋本衍「則」字，从《大典》刪。

孔子曰：「不克不忌，不念舊惡，蓋伯夷、叔齊之行也。克，好勝人。忌，有惡於人也。《論語》曰「伯夷、叔齊不念舊惡，怨是用希」也。晉平公問於祁傒曰：『羊舌大夫，晉國之良大夫也。其行如何？』平公，悼公之子，晉侯也。祁傒，祁午也。羊舌肸，羊舌職之父。【補】祁傒，午之父也。職，肸之父也。注並誤。然此羊舌大夫，未審何指也。《左傳》：「晉申生伐東山皋落氏，羊舌大夫爲尉」，則又職之父。祁傒對，辭曰：『不知也。』公曰：『吾聞女少長乎其所，女其闇知之。』言居處之同者，恒相爲也。【補】闇，猶奄也，言盡知之。〇「長」，上聲。祁傒對曰：『其幼也恭而遜，恥而不使其過宿也。【補】過而能恥，恥而能改，無宿留也。其爲侯大夫也，悉善而謙，句。其端也。主於善，謙而正。【補】「侯」字誤，蓋候大夫也。晉官有候正、候奄。悉，盡也。盡善而謙，是其端也。其爲公車尉也，信而好直，句。其功也。公車尉，公行也。《詩》云「殊異於公行」也。【補】晉有公行軼車之官，並以公族庶子爲之。《左傳》：「叔向曰：肸之宗十一族，唯羊舌氏在而已。」則羊舌亦公族，故得爲公車尉也。舊説羊舌先姓李，有人盜羊而遺以頭，受而埋之。及盜事發，乃出羊頭，明已不食，唯識其舌存，因號爲羊舌氏。

異聞之傳，近詭戾焉。至於其爲和容也，温良而好禮，博聞而時出，句。其志也。』和容，主賓客也。【補】時出，謂出言有時。公曰：『嚮者問女，女何曰弗知也？』祁傒對曰：『每位改變，未知所止，是以不知。』蓋羊舌大夫之行也。畏天而敬人，服義而行信，孝乎父而恭於兄，好從善而斆往，蓋趙文子之行也。晉大夫趙武也。【補】文子觀乎九原，亦斆往之事。其事君也，不敢愛其死，不苟免於難也。然亦不亡其身。不死於不義也。○「亡」，元本作「忘」。謀其身不遺其友，君陳則進，不陳則行而退，陳，謂陳其德教。蓋隨武子之行也。晉大夫也，世掌刑官，後受隨。范會，名也。季，字也。武，謚也。其爲人之淵泉也，多聞而難誕也，不内辭，足以没世，國家有道，其言足以生，國家無道，其默足以容，【補】淵泉，深静也。難誕，不可欺也。○「内」，音「納」。「生」，《史記索隱》引此文作「興」。蓋桐提伯華之行也。晉大夫羊舌赤也，邑於桐提。【補】「桐提」，《左傳》字爲「銅鞮」。羊舌氏之田有三縣：

伯華食銅鞮，叔向食楊氏，季夙食平陽也。子曰：「銅鞮伯華而無死，天下其有定矣。其幼也，敏而好學；其壯也，有勇而不屈；其老也，有道而能以下人。」語在《説苑》。外寬而内直，自設於隱栝之中，能以禮自聳直也。孔子曰：「隱栝之旁，多曲木也。」【補】揉曲者曰隱，正方者曰栝。直己而不直於人，【補】能曲以下人。○宋本脱「於」字，从元本增。以善存亡汲汲，【補】言終身勉於善。蓋蘧伯玉之行也。衛大夫蘧瑗也。孝子慈幼，允德稟義，○「子」，戴氏校本作「老」。約貨去怨，【補】行不放於利，則寡怨矣。蓋柳下惠之行也。魯士師展禽也，食采於柳下。惠，謚也。其言曰：『君雖不量於臣，臣不可以不量於君。【補】《少儀》曰：「事君者，量而後入。」○宋本作「量於其君」，从元本删「其」字。是故君擇臣而使之，臣擇君而事之，有道順君，無道横命。』【補】横命者，君曰「可」，臣曰「否」，不曲從君之命。蓋晏平仲之行也。齊大夫晏嬰也。○宋本脱「蓋」字，从《楊氏大訓》增。德恭而行信，終日言不在尤之内，在尤之外，貧而樂也，蓋老萊子之行也。楚人，隱者也。○《索隱》引《大戴記》云：「蹈忠而行信，終日言不在尤之内。國無道，處賤不悶，貧而能樂，蓋老萊子之行。」按：此文與今《家語》同也。易行以俟天命，居下位而不援其上，○易，去聲。觀於四方也，不忘其親，苟思其親，不盡其樂，【補】觀於四方，謂從亡時也。以不能學爲己終身之憂，蓋介山子推之行也。」晉大夫介之推也。《離騷》曰：「封介山而爲之禁兮，報大德之優游。」【補】王逸《章句》曰：「介子推從行，道乏糧，割股肉以食文公。文公得國，賞諸從行者，失忘子推，子推遂逃介山隱。文公覺寤，追而求之，子推遂不肯出，文公因燒其山，子推抱樹燒而死。」

凡一千五百八十四字。今補。

大戴禮記補注卷之七

五帝德第六十二

宰我問於孔子曰：「昔者，予聞諸榮伊言：黄帝三百年。請問黄帝者人邪？抑非人邪？何以至於三百年乎？」【補】榮伊，人名。○「言」，宋本譌「令」，从《史記索隱》引此文改。《索隱》「者」作「何」，二「邪」並作「也」，《樂記正義》亦引作「也」，無「者」字。孔子曰：「予！禹、湯、文、武、成王、周公可勝觀邪。夫黄帝尚矣，女何以爲？【補】此六君，子已不能盡知，黄帝久遠，何以問爲。先生難言之。」【補】上古之事，長者猶不能詳也。太史公曰：「百家言黄帝，其文不雅馴，薦紳先生難言之。」宰我曰：「上世之傳，隱微之說，卒業之辨，【補】卒，終也。業，事也。終事，猶已事也。闇昏忽之意，【補】言荒忽不可明也。《列子》曰：「三皇之事，若存若亡；五帝之事，若覺若夢；三王之事，若隱若顯。」○戴氏校本刪「昏」字。非君子之道也，則予之問也固矣。」【補】固，陋也。

孔子曰：「黄帝，少典之子也，【補】司馬貞曰：「少典者，諸侯國號，非人名也。」《國語》云：「少典取有蟜氏女，而生炎帝。」然則炎帝亦少典之子，中間凡隔八帝，五百餘年，黄帝即少典氏後代之子孫。賈逵亦以《左傳》「高陽氏有才子八人」，謂其後代子孫而稱爲子是也。曰軒轅。【補】《帝王世紀》曰：「長於姬水，因以爲姓，居軒轅之邱，因以爲名。」生而神靈，弱而能言，幼而彗齊，長而敦敏，成而聰明。【補】彗，勤也。齊，疾也。《書大傳》曰：「多聞而齊給。」○「彗」，高安本作「慧」，《史記》作「狥」，案：《索隱》，《大戴》别本或爲「叡」字。治五氣，【補】五行之氣。《周禮》曰：「以五氣養之。」設五量，【補】黄鐘之實千二百黍而成龠，龠兩爲合，合十爲升，升十爲斗，斗十爲斛，是謂五量。○《史記》作「蓺五種」。撫萬民，度四方，【補】度地宅民。教熊羆貔貅豹虎，以與赤帝戰于版泉之野。三戰，然後得行其志。【補】貔，執夷。司馬貞曰：「此六者猛獸，可以教戰。」《周禮》有「服不氏掌教擾猛獸」也。赤帝，神農氏之後。版泉，地在上谷。〇宋本脱「貅」字，从《太平御覽》引此文增。《史記》「豹」作「貙」，「赤」作「炎」，「版」作「阪」，無「行」字。　黄帝黼黻衣，大帶，黼裳，乘龍扆雲，【補】《周禮》曰：「馬八尺以上爲龍。」扆，制如後世綈素屏風，其上蓋畫雲氣。昔者，黄帝受景雲之瑞，故以雲紀官，又以爲扆也。周制：天子斧扆。〇「帝」疑衍文，戴氏校本删。「扆」，《御覽》作「駕」。　以順天地之紀，幽明之故，〇「故」，《史記》作「占」。　死生之説，存亡之難。【補】若《内經》、《素問》之屬。〇「難」，去聲。　時播百穀中木，【補】時播，順時所宜也。《説文解字》曰：「中，讀若徹。古文或以爲艸字。」案：是篇本《古文書》，多古音古訓，故《五帝本紀》言不離乎古文。　故教化淳鳥獸昆蟲，【補】《史記》云：「淳化鳥獸蟲蛾。」此衍「故教」字耳。　歷離日月星辰，【補】「離」，讀如「月離」之「離」，謂七政行所次也。《世本》曰：「大撓作甲子，容成作歷，皆黄帝臣。」〇「歷離」，《史記》作「旁羅」。　極畋土石金玉，【補】畋，治也。極言至於四遠。〇「極畋」，《史記》作「水波」。　勞心力耳目，節用水火材物。〇「勞」下，《史記》有「勤」字，此文脱，《御覽》作「旁動」。　生而民得其利百年，死而民畏其神百年，亡而民用其教百年，故曰三百年。」【補】《山海經》曰：「射者不敢西嚮，畏軒轅之臺。」所謂畏其神也。亡，死之久也。案：《帝王世紀》：黄帝在位百年而崩，子少昊受之；又百年而崩，顓頊受之。於子之世稱死，於孫之世稱亡。〇「得其利」，《樂記正義》作「利其德」。

宰我請問帝顓頊。〇「我」下，戴氏校本增「曰」字。　孔子曰：「五帝用記，三王用度，【補】記，傳籍所記也。三王近，可以見其法度。〇「記」，元本作「説」。　女欲一日辯聞古昔之説，躁哉予也！」【補】辯，徧也。　宰我曰：「昔者，予也聞諸夫子曰：『小子無有宿問。』」【補】疑則問，無更宿。　孔子曰：「顓頊，黄帝之孫，昌意之子也，曰高陽。【補】宋衷曰：「高陽，有天下號也。」洪淵以有謀，疏通而知事，〇「洪」，《史記》作「静」。　養財以任地，【補】「任」，如「任土作貢」之「任」，謂別其貫利，以盡地力。〇「財」，《史記》作「材」，宋本亦爲「材」，从《索隱》引此文改。　履時以象天，依鬼神以制義，治氣以教民，潔誠以祭祀。○「民」，《史記》作「化」。乘龍而至四海，北至于幽陵，南至于交趾，西濟于流沙，東至于蟠木。【補】幽陵，幽都也。《漢·地理志》：「居延澤在居延縣東北，古文以爲流沙。」濟，涉也。西境遠，或涉流沙之外，故變言之。《王制》：「九州之域，西不盡流沙。」三王德薄，所至彌近。《海外經》曰：「東海中有山焉，名曰度索，上有大桃樹，屈蟠三千里。」裴駰謂蟠木即此也。○「濟」，《史記》亦作「至」。動靜之物，大小之神，日月所照，莫不砥礪。」【補】砥礪，喻平均也。礪之精者謂之砥。○「砥礪」，宋本譌「祗勵」，从朱本改，《史記》作「砥屬」，《索隱》亦云《大戴》爲「砥礪」也。

宰我曰：「請問帝嚳。」○「嚳」，《三代世表》作「佶」。孔子曰：「玄囂之孫，蟜極之子也，【補】黄帝之曾孫也。太史公曰：「自黄帝至舜、禹，皆同姓而異其國號，以章明德。」曰高辛。【補】宋衷曰：高辛，地名，因以爲號。生而神靈，自言其名，博施利物，不於其身。聰以知遠，明以察微。順天之義，知民之㥯。仁而威，惠而信，修身而天下服。【補】「㥯」，痛也，讀如「勤恤民隱」之「隱」。○「博」，《史記》作「普」。「㥯」，高安本作「隱」，諸本依《史記》作「急」，今从宋本之舊。取地之財而節用之，撫教萬民而利誨之，【補】撫以利之，教以誨之。歷日月而迎送之，明鬼神而敬事之。【補】寅賓出日曰迎，寅餞納日曰送。《祭法》曰：「帝嚳能序星辰以著衆。」其色郁郁，其德嶷嶷。○《索隱》云：《大戴禮》「郁」作「穆」，「嶷」作「俟」。案：今《記》文與《史記》同，彼唐時所見本異。其動也時，其服也士。【補】服士之服，尚質儉也。春夏乘龍，秋冬乘馬，【補】龍，亦謂馬也。於《易》，「震爲龍，乾爲馬」。春乘木氣，秋乘金氣，夏陽從春，冬陰從秋。黄黼黻衣，執中而獲天下，○《史記》云：「帝嚳溉執中而偏天下。」日月所照，風雨所至，莫不從順。」○「順」，《史記》作「服」。

宰我曰：「請問帝堯。」孔子曰：「高辛之子也，曰放勳。【補】放勳，號也。堯、舜、禹爲名，放勳、重華、文命皆其號。故《孟子》稱「放勳曰」，又云「放勳乃徂落。」王肅以爲《書》美堯之辭者，謬也。肅造

《家語》遂更此文曰「陶唐」，以實其説，良爲拙僞。其仁如天，其知如神，就之如日，望之如雲。【補】如日者，其色温也。如雲者，其容盛也。富而不驕，貴而不豫。【補】豫，樂也。○「豫」，《史記》作「舒」。黄黼黻衣，丹車白馬，○《史記》云：「黄收純衣，彤車乘白馬。」伯夷主禮，【補】《鄭語》曰：「姜，伯夷之後也。伯夷能禮於神以佐堯者也。」龍、夔教舞，【補】王肅曰：「舜時，夔典樂，龍作納言。」然則堯時龍亦典樂。○「夔」，宋本譌「憂」。舉舜、彭祖而任之，【補】彭祖，陸終氏之三子籛也。昔堯舉彭祖于斟雉，湯識伊尹于緣鵠，故曰：立賢無方。四時先民治之。【補】謂分命羲和，敬授人時。流共工于幽州，以變北狄；放驩兜于崇山，以變南蠻；殺三苗于三危，以變西戎；殛鯀于羽山，以變東夷。【補】此四凶族：窮奇、渾敦、饕餮、檮杌。《春秋左傳》曰：「舜臣堯，投諸四夷，以禦魑魅。」言變戎狄者，所以示警使徙善也。「殺」，「䆐」字之誤，《古文尚書》曰：「䆐三苗。」「䆐」之言「竄」也。三危，山名，《括地志》曰：「山有三峰，故曰三危，在沙州燉煌縣東南三十里。」羽山，《禹貢》所謂羽畎也。殛，亦放也。《天問》曰：「永遏在羽山，夫何三年不施？」《洪範》曰「鯀則殛死」者，言其終死殛所，非謂誅殺之。○《史記》「州」作「陵」，「殺」作「遷」。其言不貳，其德不回，四海之内，舟輿所至，莫不説夷。【補】回，邪也。夷，安也。《詩》曰：「亦不夷懌。」「説」，音「悦」。

宰我曰：「請問帝舜。」孔子曰：「蟜牛之孫，瞽叟之子也，曰重華。○「蟜」，《史記》作「橋」。好學孝友，聞于四海，陶稼事親，【補】《本紀》曰：「舜耕歷山，歷山之人皆讓畔；陶河濱，河濱器皆不苦窳。」○「稼」，宋本譌「家」，朱本、盧本作「漁」，从《御覽》引此文改。寬裕温良，敦敏而知時，畏天而愛民，恤遠而親親。○宋本「敦敏」作「教敦」，「知時」下，衍「畏天而知時」五字。「親親」，朱本作「親近」。承受大命，【補】受堯禪命。依于倪皇。【補】「倪」字誤，當爲「儀」。儀皇即舜妃娥皇。《吕氏春秋》以「尚儀」爲「常娥」。儀、娥，並从我諧聲，古音同借也。依，爲所依法也。《書》曰：「觀厥刑于二女。」叡明通知，爲天下王。【補】爲天下所歸往。使禹敷土，主名山川，以利於民；【補】敷，分也，分九州之土。《爾雅》曰：「自《釋地》以下至九河，皆禹所名也。」○「名」，宋本譌「明」，从元本改。使后稷播種，務勤嘉穀，以作飲食；【補】后稷，棄之官也。《國語》曰：「稷爲天官。」羲和掌曆，敬授民時；【補】羲和，重黎之後。羲氏掌天，和氏掌地，其四子分掌四時。舜因堯之舊。使益行火，以辟山萊；【補】益，字大費，女脩之孫，皋陶之子也，爲舜虞。劉向曰：「皋子生五歲而佐禹。」○「萊」，宋本譌「菜」。伯夷主禮，以節天下；夔作樂，以歌籥舞，和以鐘鼓。【補】籥舞，羽舞也。古者唯有文舞，至湯以武功受命，始爲干戚之舞。《詩》毛説籥六孔，鄭司農云三孔，《廣雅》云七孔。皋陶作士，忠信疏通，知民之情；【補】士，刑官也。唐虞曰士，夏曰大理，殷周曰司寇。《書》今文説虞六卿：一后稷，二司徒，三秩宗，四司馬，五作士，六共工。以「作士」爲官名，失之。契作司徒，教民孝友，敬政率經。【補】率，循。經，常也。其言不惑，其德不慝，舉賢而天下平。南撫交趾大教，【補】大，大人汪芒氏之國也。教，教民也。其爲人黑，《山海經》有焉。司馬貞曰：「此言帝舜之德皆撫及四方夷人，故先以『撫』字總之。」○舊本云：「大」，一作「放」。案：《説苑》作「大發」，《史記》作「北發」。鮮支、渠廋、氐羌，【補】鮮支、渠廋，《禹貢》所言「析支、渠搜」者也。此西方所撫國名，不言西者，《書大傳》曰：「西方者，鮮方也，言鮮支則西已見。」《史記》云「西戎析枝」。《後漢書》謂之「賜支」。鄭君説：「鮮白」之「鮮」，齊魯之閒聲近「斯」，故「析支」轉爲「賜支」，又爲「鮮支」，「鮮支」猶「西支」矣。《隋書·西域傳》曰：「鏺汗國，都葱嶺之西五百餘里，古渠搜國也。」漢隴西有氐道羌道。《山海經》曰：「氐羌乞姓。」北山戎、發、息慎，【補】此北方所撫國名。山戎，葷粥也。發，北發也。王會謂之發人。息慎，肅慎也。《古文百篇》有《賄肅慎之命》。鄭君書爲「息慎」。《後漢書》曰：「挹婁，古肅慎之國也。在夫餘東北千餘里，東濱大海，南與北沃沮接，不知其北所極。」○《説苑》云：「北至山戎、肅慎。」東長、鳥夷羽民。【補】此東方所撫國名。長，長夷也。《禹貢》：「鳥夷皮服。」古文爲「鳥夷」。鄭君曰：「東方之民，搏食鳥獸者。」《歸藏開筮》曰：「羽民之狀，鳥喙赤目而白首。」○《説苑》云：「東至長夷、鳥夷。」舜之少也，惡顇勞苦，二十以孝聞乎天下，三十在位，嗣帝所，五十乃死，葬于蒼梧之野。」【補】「三十在位」者，舜相堯二十有八載，通避南河三載爲三十也。「帝所」，猶《詩》言「公所」，《春秋》言「王所」。嗣，繼也。繼堯爲天子也。案：《今尚書》「舜年一百十歲」，依此記，前後唯百歲耳。《漆書古文》曰：「舜生三十登庸，二十在位五十載。」《本紀》曰：「舜年二十，以孝聞；年三十，堯舉之；年五十，攝行天子事；年五十八，堯崩；年六十一，代堯踐帝位；三十九年，南巡守，崩于蒼梧之野，葬於江南九嶷，是爲零陵。」並與此百歲之數合也。史言「南巡守」者，《書》所謂「陟方乃死」也。《祭法》曰：「舜勤衆事而野死。」《檀弓》曰：「舜葬于蒼梧之野，蓋三妃未之從也。」《山海經》曰：「赤水之東，有蒼梧之野，舜與叔均之所葬也。」古文舊傳，徵驗非一，宋儒疑之，諒爲未達。○「下」，古音「户」；「野」，古音「墅」。此篇前後文，皆可以韻讀之。

宰我曰：「請問禹。」孔子曰：「高陽之孫，鯀之子也，曰文命。【補】高陽，顓頊之後，爲高陽氏之君者也。《三統曆》曰：「顓頊五世而生鯀。」此爲近之。《傳》云：「檮杌世濟其惡。」則鯀之前已歷數世。自顓頊至舜七世，禹小於舜，不應反爲其孫，故知高陽非即顓頊。但上古質略，鯀父以前，既無令德，名字不著，通稱高陽云爾。鄭君說：《虞書》「三帛」云：「高陽之後用赤繒，高辛之後用黑繒。」得明堯時有高陽氏，亦猶唐郊存於帝嚳之年，有虞賓於少康之世，故《命曆序》曰：「少昊傳八世，顓頊傳九世，帝嚳傳十世。」《稽覽圖》曰：「黄帝一千五百二十年，少昊四百年，顓頊五百年，帝嚳三百五十年。」皆謂帝者之後。降爲諸侯，不改其國氏者也。

敏給克濟，其德不回，其仁可親，其言可信；【補】濟，成也。○《史記》「濟」作「勤」，「回」作「違」。

聲爲律，身爲度，【補】聲之高下，與律相中。身爲度，則「布手知尺，舒肘知尋」是焉。

稱以上士；【補】稱爲上德之士。○《史記》作「稱以出」。

亹亹穆穆，爲綱爲紀，巡九州，通九道，【補】九州之道也。《虞人之箴》曰：「茫茫禹跡，畫爲九州，經啟九道。」○「巡」，《史記》作「開」。

陂九澤，度九山。【補】陂，障也。《禹貢》曰：「九山刊旅，九澤既陂。」説《禹貢》者以汧、壺口、底柱、太行、西傾、熊耳、嶓冢、内方、岷爲九山，雷首、大野、彭蠡、震澤、雲夢、滎播、菏澤、孟諸、豬野爲九澤。《周禮·職方》：「揚州澤藪具區，山鎮會稽；荆州澤藪雲瞢，山鎮衡；豫州澤藪圃田，山鎮華；青州澤藪望諸，山鎮沂；兖州澤藪大野，山鎮岱；雍州澤藪弦蒲，山鎮嶽；幽州澤藪貕養，山鎮醫無閭；冀州澤藪楊紆，山鎮霍；并州澤藪昭餘祁，山鎮恒。」《淮南子》：「九藪曰具區、雲瞢、陽紆、大陸、圃田、孟諸、海隅、鉅鹿、昭余。九山曰會稽、太山、王屋、首山、太華、岐山、太行、羊腸、孟門。」《左傳》：「九州之險曰四嶽、三塗、陽城、太室、荆山、中南。」《爾雅》：「九府曰醫無閭、會稽、梁山、華山、霍山、崑崙、幽都、斥山、岱岳。」凡九山、九澤之名，諸書錯舉不同。今以九山通謂九州之山，九澤通謂九州之澤。必指其地，以目其數，非達論矣。　爲神主，爲民父母，左准繩，右規矩，履四時，據四海，平九州，戴九天，【補】《廣雅》曰：「九天，東方昦天、東南陽天、南方赤天、西南朱天、西方成天、西北幽天、北方玄天、東北變天、中央鈞天。」明耳目，治天下。舉皐陶與益以贊其身，【補】贊，佐也。舉干戈以征不享不道無德之民，【補】不享，若防風氏。不道無德，若有苗。○「道」，朱本、盧本作「庭」。「德」，宋本譌「道」，从元本改。四海之內，舟車所至，莫不賓服。」【補】賓，來朝也。《呂氏春秋》曰：「禹東至榑木之地，日出九津，青羌之野，攢樹之所，揞天之山，鳥谷、青邱之鄉，黑齒之國；南至交阯、孫樸、續樠之國，丹粟漆樹沸水漂漂九陽之山，羽人裸民之處，不死之鄉；西至三危之國，巫山之下，飲露吸氣之民，積金之山，共肱一臂三面之鄉；北至人正之國，夏海之窮，衡山之上，犬戎之國，夸父之野，禺強之所，積水積石之山。」

孔子曰：「予！大者如説民説至矣。予也非其人也。」【補】民，猶人也。説人事大者如是至矣，非其人不足以説之。宰我曰：「予也不足，句。誠也，句。敬聞命矣！」【補】言予誠不足以説五帝之德，但受命而識之。他日，宰我以語人。有爲道諸夫子之所，【補】或以宰我説五帝之事告夫子。孔子曰：「吾欲以顔色取人，於滅明邪改之；吾欲以語言取人，於予邪改之；吾欲以容貌取人，於師邪改之。」【補】《弟子傳》曰：「澹臺滅明，狀貌甚惡，欲事孔子，孔子以爲材薄。既已受業，退而修行，孔子聞之曰：『吾以言取人，失之宰予；以貌取人，失之子羽。』」言以言貌取人，或失之賢，或失之否，詞同而旨異。王肅《家語》輒反之曰：「子羽有君子之容，而行不勝其貌。」望文構造，毀誣賢哲，可嗤憫也。宰我聞之，懼不敢見。

凡一千一百三十五字。今補。

帝繫第六十三

少典産軒轅，是爲黄帝。【補】産，生也。古者謂子孫爲子姓，姓之言生也。故是篇本其族姓所自出，皆謂之「産」。以代年校之，往往非父子繼世。郭景純亦云：「《山海經》諸言『生』者，多謂其苗裔，未必是親所産也。」黄帝産玄囂，玄囂産蟜極，蟜極産高辛，是爲帝嚳。帝嚳産放勳，是爲帝堯。○「蟜」，《古今人表》作「僑」。

黄帝産昌意，昌意産高陽，是爲帝顓頊。顓頊産窮蟬，窮蟬産敬康，敬康産句芒，句芒産蟜牛，蟜牛産瞽叟，瞽叟産重華，是爲帝舜，及産象敖。【補】象爲人傲很，因以爲號。劉景升《與袁譚書》云：「昆弟之嫌，未若重華之於象敖。」因此文也。○「蟬」，《世本》作「係」。「芒」，《史記》及《人表》作「望」。「瞽」，《人表》作「鼓」。「産象」，宋本譌「象産」，从《祭法》正義引此文改。顓頊産鯀，鯀産文命，是爲禹。【補】《漢書》稱《帝繫》曰：「顓頊五世而生鯀。」今文無「五世」，簡之脱爛存焉。《山海經》曰：「黄帝生駱明，駱明生白馬，白馬是爲鯀。」

黄帝居軒轅之邱，【補】《海外西經》曰：「軒轅之邱，在軒轅國北，鸞鳥自歌，鳳鳥自舞。」娶于西陵氏之子，謂之嫘祖氏，産青陽及昌意。【補】《國語》曰：「黄帝之子二十五人，唯青陽與夷鼓皆爲己姓。青陽，方雷氏之甥也。夷鼓，彤魚氏之甥也。其同生而異姓者，四母之子別爲十二姓。姬、酉、祁、己、滕、葴、任、荀、僖、姞、儇、依是也。唯青陽與倉林氏同于黄帝，故皆爲姬姓。」若然，黄帝子有兩青陽。《三統曆》曰「少昊」、曰「清清」者，黄帝之子清陽也，是方雷氏所出，己姓青陽也。此文嫘祖之子，是姬姓青陽，即玄囂也。昌意則倉林氏也。○戴氏校本依前後文例，疊出「西陵氏」，下「娶于散宜氏」、「娶于帝堯」亦並增疊之。「嫘」，《人表》作「絫」，《國語》注引此文作「纍」。青陽降居泜水，昌意降居若水。【補】司馬貞曰：「降，下也。言帝子爲諸侯也。」泜水，湳水也，在蜀，非漢斬陳餘泜水。若水亦出蜀旄牛徼外，其下流爲瀘江。《吕氏春秋》曰：「顓頊生自若水。」○「泜」，音「氏」，《史記》作「江」。昌意娶于蜀山氏，蜀山氏之子謂之昌濮氏，産顓頊。【補】《山海經》曰：「黄帝妻雷祖，生昌意，昌意降處若水，生韓流。韓流取淖子曰阿女，生帝顓項。」彼以顓頊爲昌意之孫，與此文異也。「韓流」，《竹書》又爲「乾荒」。○「蜀」，《世本》作「濁」。「濮」，《史記》作「僕」。

顓頊娶于滕隍氏，滕隍氏奔之子，謂之女禄氏，產老童。老童娶于竭水氏，竭水氏之子，謂之高緺氏，產重黎及吳回。【補】奔，蓋滕隍氏之君名。《山海經》曰：「顓頊生老童，老童生重及黎，帝令重獻上天，令黎卬下地。」然則重、黎二人也。顓頊之世，重爲南正司天，黎爲火正司地。少昊氏亦有子曰重，爲木正。古人自有同名者，非此南正之重也。《楚世家》云：「高陽生稱，稱生卷章，卷章生重黎。」又以重黎爲一人，並失其實。黎無子，以弟吳回爲後，復居火正。故後世祀黎神爲祝融，吳回之神爲回禄。○「滕」下，宋本脱「隍」字，从《楚詞章句》引此文增。「滕」，《章句》作「騰」，《路史》引作「勝奔氏」。「緺」，宋本譌「絅」，从盧本改。《世本》云：「老童娶于根水氏，謂之驕禍。」《人表》作「嬌極」。

吳回氏產陸終。陸終氏娶于鬼方氏，鬼方氏之妹，謂之女隤氏，【補】鬼方，西落鬼戎，宋衷曰：「於漢則先零羌是也。」○「隤」，《世本》作「嬇」，《人表》作「潰」。產六子，孕而不粥，三年，啟其左脅，六人出焉。【補】干寶曰：先儒學士，多疑此事。譙允南作《古史考》，以爲作者妄記，廢而不論。然案六子之世，子孫有國，升降六代，數千年閒，迭至霸王。天將興之，必有尤物乎？若夫前志所傳：修己背坼而生禹，簡狄胸剖而生契，歷代久遠，莫足相證。近魏黃初五年，汝南屈雍妻王氏生男兒，從右胳下、水腹上出，而平和自若，數月創合，母子無恙。以今況古，固知注記者之不妄也。天地云爲，陰陽變化，安可守之一端，概以常理。○「粥」，音「育」。《世本》云：「剖其左脅，獲三人焉；剖其右脅，獲三人焉。」其一曰樊，是爲昆吾；【補】昆吾，樊所封國名。於夏爲伯，湯伐桀，并滅之。凡陸終之後八姓。己姓諸國：昆吾、蘇、顧、溫、董。董姓別爲鬷夷、豢龍。其二曰惠連，是爲參胡；【補】宋衷曰：「參胡，國名，斟姓，無後。」其三曰籛，是爲彭祖；【補】彭姓之祖也。彭姓諸國：大彭、豕韋、諸稽。別爲舟人，禿姓。大彭歷事虞夏，於商爲伯，武丁之世滅之。故曰彭祖八百歲，謂彭國八百年而亡，非實籛不死也。○《世本》作「籛鏗」。其四曰萊言，是爲云鄶人；【補】云，妘姓也。妘姓諸國：鄶、鄅、路、偪陽。唯鄶人實處祝融故墟。左史戎夫之《記》曰：「昔有鄶君嗇儉，滅爵損禄，上下不臨，禁罰不行，重氏伐之，鄶君以亡。」此古鄶國也。周興滅國，繼絶世，復封萊言之裔於鄶。《詩》有《檜風》焉。○《世本》「萊」作「求」，無「云」字。「鄶」，《史記》作「會」。其五曰安，是爲曹姓；其六曰季連，是爲芊姓。【補】安、連之後，古未有國，至周始封之邾、楚，故但言其姓。季連産付祖氏，付祖氏産穴熊，九世至于渠。【補】《楚世家》云：「附沮生穴熊，其後中微，弗能紀其世。周文王之世，季連之苗裔曰鬻熊。」廣森謂「鬻熊」即「穴熊」，聲讀之異，史誤分之。穴熊子事文王蚤卒，其孫以熊爲氏，是爲熊麗。歷熊狂、熊繹、熊艾、熊䵣、熊勝、熊楊至熊渠，凡九世也。但穴熊上距季連，劣及千歲，所云「産」者，亦非父子繼世。杜預以爲鬻熊，祝融之十二世孫。○「穴」，宋本譌「内」，从戴氏校本改。婁鯀出自熊渠，有子三人：其孟之名爲無康，爲句亶王；其中之名爲紅，爲鄂王；其季之名爲疵，爲戚章王。【補】婁鯀，未詳，或當爲夔越。《國語》曰：「芊姓夔越，不足命也。」夔出自紅，越出自疵。紅，《世家》所謂摯紅也。無康蚤死無後，熊渠卒，楚人廢摯紅而立其弟延，摯紅遂竄于夔。紅嘗爲鄂王，故夔人稱之曰：「我先王熊摯也。」《世家》曰：「少子執疵，爲越章王。」越，即越章也。此文云「戚章」，字形之誤。○「中」，音「仲」。《世本》無「無」字，「康」作「庸」，「亶」作「祖」，「戚」作「就」。

昆吾者，衛氏也。【補】氏，是也。謂昆吾之國於周爲衛，《禮》所謂「因國」也。衛莊公夢見人登昆吾之觀，是昆吾故都在其地。楚靈王曰：「昔我皇祖伯父昆吾，舊許是宅。」説者以爲夏之末，昆吾遷于許。○「氏」，《世本》作「是」，下五句同。案：《覲禮》「太史是右注云」，古文「是」爲「氏」。《漢書・地理志》：「氏爲莊公。」師古曰：「氏」與「是」同，古通用字。參胡者，韓氏也。【補】韓武王子所封侯國，在馮翊梁山之野。彭祖者，彭氏也。【補】春秋時，彭爲宋邑。○《世本》云：「彭城是也。」云鄶人者，鄭氏也。【補】鄭武公兼虢鄶之地，號爲新鄭。《春秋左傳》曰：「鄭，祝融之虚也。」曹姓者，邾氏也。【補】武王封安之裔孫俠于邾，春秋初進爵爲子，後改號鄒。宋景公之時，大夫邢史言邾當王天下，其後曹氏遂帝有魏。故傳曰：「祝融能昭顯天地之光明，以生柔嘉材者也。」夫成天地之大功者，其子孫未嘗不章也。季連者，楚氏也。【補】熊繹始封于荆，至熊通僭王，改國曰楚。

帝嚳卜其四妃之子，而皆有天下。【補】

鄭君曰：「帝嚳立四妃，象后妃四星。」○宋本「卜」譌「十」，「四妃」譌「妃嚳」，从《檀弓》及《詩・生民》正義引此文改，正義無「而」字。上妃，有邰氏之女也，曰姜嫄氏，產后稷；次妃，有娀氏之女也，曰簡狄氏，產契；【補】有邰、有娀，並姜姓國名。《山海經》曰：「帝俊生后稷。」俊即嚳也。《中候苗興》曰：「契之卵生，稷之迹乳。」○《生民》正義云：「上妃有邰氏之女，曰姜嫄，而生后稷； 次妃有娀氏之女，曰簡狄，而生契。」《檀弓》正義「上」作「長」，無「而」字。「契」，宋本譌「棄」。「嫄」，元本作「原」。《人表》「狄」作「逷」，「契」作「卨」。次妃曰陳豐氏，產帝堯；次妃曰陬訾氏，產帝摯。【補】陳豐、陬訾，皆國名。星土衛爲陬訾，蓋古陬訾氏居衛地，猶亥爲豕韋，子爲顓頊之虛，並以國名其次也。《五帝本紀》曰：「帝嚳崩，而摯代立。帝摯立，不善，崩，而弟放勳立。」○「豐」，宋本譌「隆」，从《檀弓》正義及《漢書》引此文改。《生民》正義云：「次妃陳鋒氏之女，曰慶都，生帝堯； 下妃陬訾之女，曰常儀，生摯。」《檀弓》正義作「次妃陬氏之女，曰常宜。」

帝堯娶于散宜氏之子，謂之女皇氏。帝舜娶于帝堯之子，謂之女匽氏。【補】丹朱、商均，皆未爲帝，故不言所產。○「匽」，《人表》作「罃」，《帝王世紀》作「英」。鯀娶于有莘氏，有莘氏之子，謂之女志氏，產文命。禹娶于塗山氏，塗山氏之子，謂之女憍氏，產啟。【補】有莘國在陳留，塗山國在壽春。或云：女憍方孕而化爲石，破其北方，是生啟。○「有莘氏」、「塗山氏」，元本並不疊。「莘」，《人表》作「㜪」。「憍」，《世本》作「嬌」，《人表》作「趫」。

凡五百七字。今補。

勸學第六十四

君子曰：學不可以已矣。青取之於藍，而青於藍；水則爲冰，而寒於水。【補】楊倞曰：「以喻學，則才過其本性也。」○「取」，《荀子》作「出」。木直而中繩，輮而爲輪，其曲中規，枯暴不復挺者，輮使之然也。【補】喻學能改其質也。輮，以火柔之也。《考工記》有「揉牙」。楊倞曰：「暴，乾挺直也。」○「枯暴」，《荀子》作「雖有槁暴」。

是故不升高山，不知天之高也；不

臨深谿，不知地之厚也； 不聞先王之遺道，不知學問之大也。○「道」，《荀子》作「言」。于越、戎貉之子，生而同聲，長而異俗者，教使之然也。【補】于，發聲。于越，猶《春秋》「於越」。一曰：于，吴也。○「于」，《荀子》作「干」。 是故木從繩則直，金就礪則利，君子博學如日參己焉，故知明則行無過。【補】如，而也。參己者，學乎兩端，以己參之。○「如」，宋本譌「知」，从盧本改。《荀子》云：「博學而日參省乎己，則知明而行無過矣。」《詩》云：「嗟爾君子，無恒安息。 靖恭爾位，好是正直。 神之聽之，介爾景福。」【補】楊倞曰：《詩·小雅·小明》之篇。靖，謀。介，助。景，大也。 神莫大於化道，福莫長於无咎。【補】《孟子》曰：「化而不可知之謂神。」咎，過也。學則免於咎。○「无咎」，《荀子》作「無禍」。

孔子曰：「吾嘗終日思矣，不如須臾之所學； 吾嘗跂而望之，不如升高而博見也。」【補】跂望喻思，升高喻學。《説苑》以此爲子思子之言。○《荀子》無「孔子曰」。 升高而招，非臂之長也，而見者遠； 順風而呼，非聲加疾也，而聞者著。 假車馬者，非利足也，而致千里； 假舟檝者，非能水也，而絶江海。【補】順流曰溯，衡流曰絶。○「足」下，宋本脱「也」字。《荀子》「之」作「加」，「著」作「彰」，「海」作「河」，後同。君子之性非異也，而善假於物也。【補】假於朋友懿行，以成其學。○《荀子》「性」作「生」，無「之」字。南方有鳥，名曰⿰虫安鳩，以羽爲巢，編之以髮，繫之葦苕，風至苕折，子死卵破，巢非不完也，所繫者然也。【補】⿰虫安鳩，鷦鷯。鷦鷯，桃蟲也。楊倞曰：苕，葦之秀也。今巧婦鳥之巢，至精密，多繫於葦竹之上。○「⿰虫安」，《荀子》作「蒙」。 西方有木，名曰射干，莖長四寸，生於高山之上，而臨百仞之淵，木莖非能長也，所立者然也。【補】楊倞曰：「射干，一名烏翣。」陶宏景云：「花白莖長，如射人之執竿。」阮公詩云「射干臨層城」，是生於高處也。仞，鄭君曰七尺也，《小爾雅》云四尺，趙岐云八尺。廣森按：《祭義》曰「築宫仞有三尺」，古者五板而堵，板廣八尺，高二尺，一堵之牆，高丈仞有三尺，合於一丈。鄭義爲長。應劭《漢書音義》云：「仞，五尺六寸也。」亦依仞七尺言之。周八寸當漢尺。○「而」，宋本譌「西」。「淵」字，宋本脱，从朱本增。 蓬生麻中，不扶自直。蘭氏之根，懷氏之苞，漸之滫中，君子不近，庶人不服，質非不美也，所漸者然也。【補】氏，語詞。「懷」，讀爲「櫰」。《爾雅》曰：「櫰，槐大葉而黑。」苞，本也。《荀子》云：「蘭槐之根，是爲芷。」楊倞曰：滫，溺也。言雖香草，浸漬於溺中，則可惡也。○「滫中」，宋本譌「滫夫」，从元本改。「漸」，平聲。 是故君子靖居恭學，脩身致志，○八字《荀子》無。 處必擇鄉，游必就士，所以防僻邪而道中正也。○「道」，宋本譌「通」，从元本改。《荀子》作「近」。

物類之從，必有所由。榮辱之來，各象其德。【補】吉德致榮，凶德致辱。○「從」，宋本譌「徒」，从元本改。《荀子》「從」作「起」，「由」作「始」，「各」作「必」。 肉腐出蟲，魚枯生蠹。殆教亡身，禍災乃作。【補】物自敗，蟲入之；人自侮，殃及之。○《荀子》作「怠慢忘身」，「作」，則故反，與「蠹」爲韵。 强自取折，柔自取束。邪穢在身，怨之所構。【補】物剛則易折，柔則易束，所自取也。構怨於人，則致邪穢，亦所自取也。○「折」，《荀子》作「柱」。「束」，古音「嗽」，與「構」爲韵。 布薪若一，火就燥；平地若一，水就濕。【補】言薪雖均，燥者易焚；水雖同，濕者易鍾也。○「布」，《荀子》作「施」。 草木疇生，禽獸群居，物各從其類也。【補】疇，亦類也。 是故正鵠張而弓矢至焉，林木茂而斧斤至焉，樹成蔭而鳥息焉，醯酸而蜹聚焉。故言有召禍，行有招辱，君子慎其所立焉。【補】正鵠，皆侯中的也。采布爲正，賓射以之；棲皮爲鵠，大射以之。《釋名》曰：「醢多汁者曰醯。」或以醯爲醋，非也。古者無醋，和酸以梅醯。酸，謂味爽也。蜹，《列子》所謂醯雞。○舊本云：「正」，一作「質」。《荀子》「正鵠」作「質的」，「鳥」上有「衆」字，末「焉」作「乎」。

積土成山，風雨興焉；積水成川，蛟龍生焉；積善成德，神明自得，聖心備矣。○「得」，宋本譌「傳」，从《文選·典引》注引此文改。「備矣」，《荀子》作「循焉」。 是故不積跬步，無以致千里；不積小流，無以成江海。騏驥一躒，不能千里；駑馬無極，功在不舍。【補】躒，跨也。無極，行不止也。五穀不熟，不如荑稗，雖有忠信，不如好學。○《荀子》「跬」作「蹞」，「躒」作「躍」，「千里」作「十步」，「無極」作「十駕」。　楔而舍之，朽木不折；　楔而不舍，金石可鏤。【補】「楔」，讀爲「栔」，刻也。○「楔」，《荀子》作「鍥」。宋本「朽」譌「杇」，「折」譌「知」。　夫螾無爪牙之利，筋脉之强，上食晞土，下飲黄泉者，用心一也；【補】螾，蚯蚓也。晞，乾也。《孟子》曰：「上食槁壤。」○「螾」，宋本譌「蟥」，从元本改。《荀子》「脉」作「骨」，「晞」作「埃」。　蟹二螯八足，非虵䱇之穴，而無所寄託者，用心躁也。【補】陸龜蒙《蟹志》曰：「蟹始窟穴于沮洳中。稻之登也，率執一穗以朝其魁，然後從其所之。蚤夜觱沸，指江而奔。既入于江，則形質寖大于舊，自江復趨于海。」《太玄》：「鋭，初一，蟹之郭索，後蚓黄泉。測曰：蟹之郭索，心不一也。」○《荀子》云：「蟹六跪而二螯。」今目驗之，蟹實八足，彼文誤也。「䱇」，宋本譌「鮔」，从盧本改，《荀子》作「蟺」。　是故無憤憤之志者，無昭昭之明；　無緜緜之事者，無赫赫之功。【補】憤憤，志之勇也。緜緜，功之純也。○《荀子》「憤」作「冥」，「緜」作「惛」。　行歧塗者不至，事兩君者不容。【補】《爾雅》曰：「二達謂之歧旁。」○「歧」，宋本譌「跂」，从戴氏校本改。《荀子》作「衢道」。　目不能兩視而明，耳不能兩聽而聰。　○《荀子》無二「能」字。　螣蛇無足而騰，【補】郭璞曰：「螣蛇，龍類也，能興雲霧而遊其中。《淮南》云蟒蛇。」○「螣」，宋本譌「騰」，从高安本改。「騰」，《荀子》作「飛」。　鼫鼠五伎而窮。【補】楊倞曰：五伎，謂能飛不能上屋，能緣不能窮木，能游不能渡谷，能穴不能掩身，能走不能先人。言伎能雖多，而不能如螣蛇專一，故窮。○「鼫」，《荀子》作「梧」。　《詩》云：「鳲鳩在桑，其子七兮。　淑人君子，其儀一兮。　其儀一兮，心若結兮。」君子其結於一也。【補】楊倞曰：《詩·曹風·鳲鳩》之篇。毛萇云：「鳲鳩，秸鞠也。」鳲鳩之養七子，旦從上而下，夕從下而上，平均如一。善人君子，其執義亦當如鳲鳩之一。執義一則用心堅固，故曰「心如結」也。○「若」，《荀子》作「如」。

昔者，瓠巴鼓瑟而沈魚出聽，【補】高誘曰：瓠巴，楚人。○「沈」，《荀子》作「流」。　伯牙鼓琴而六馬仰秣。【補】《春秋公羊》説天子六馬。鄭君《駁異義》曰：《周禮》：「校人掌王馬之政，乘馬一師四圉。」四馬爲乘。《康王之誥》云「皆布乘黃朱」。漢世天子駕六，非常法也。廣森案：《詩》有「駟驪」、「四驪」、「四黃」、「四牡」，無「駕六」之文。《干旄》：「良馬六之」，言聘賢者，以馬爲儀，亦非駕數。漢以前，傳記言「六馬」者，即謂校人六馬之物，不謂一車所駕。○「琴」，宋本譌「瑟」，从盧本改。夫聲無細而不聞，行無隱而不形。【補】誠於中，形於外。玉居山而木潤，淵生珠而岸不枯。爲善而不積乎，豈有不至哉！【補】爲善或不積耳，積則未有不至於成者。自篇首盡此，荀卿《勸學》本文也，別其條趣，凡爲五端：第一，「君子曰」已下，言性與習移，質由學化；第二，「孔子曰」已下，言德必有鄰，善必有師，慎其所與，無涅而緇；第三，「物類之從」已下，言言爲樞機，行爲坊表，遠恥之萌，絶禍之兆；第四，「積土成山」已下，言遵道而行，積小高大，壹志者成，攻異斯害；第五，「昔者瓠巴鼓瑟」已下，又言學之成效，以申誘勵，《詩》曰「鼓鐘于宮，聲聞于外」者也。○「至」，《荀子》作「聞」，朱本同。「乎」，元本作「辱」。

孔子曰：野哉！君子不可以不學。見人不可以不飾，【補】雖有學焉，不飾則野。○「野」，《說苑》作「鯉」，以爲誨泗水侯辭也。不飾無貌，無貌不敬，不敬無禮，無禮不立。夫遠而有光者，飾也；近而逾明者，學也。【補】《檀弓》曰：「盡飾之道，斯其行者遠矣。」譬之如洿邪，水潦灟焉，莞蒲生焉，從上觀之，誰知其非源泉也。【補】洿邪，地之窊者也。《史記》曰：「汙邪滿車。」灟，注也。莞，苻蘺也。「源泉」喻學，「水潦」、「莞蒲」喻飾。珠者，陰之陽也，故勝火；玉者，陽之陰也，故勝水。其化如神。【補】前文有「珠」、「玉」，故旁及之。珠稟於月爲陰，其光爲陽；玉生於山爲陽，其質爲陰也。《淮南子》：「水圓折者有珠，方折者有玉。」高誘注云：「圓折者陽也，珠陰中之陽；方折者陰也，玉陽中之陰。」《楚語》曰：「珠足以禦火災。」玉之勝水未聞。○「陽之」，《管子》作「陰之」，《藝文類聚》引此文，「之」上並有「中」字。故天子藏珠玉，諸侯藏金石，大夫畜犬馬，百姓藏布帛。【補】《禮器》曰：「家不藏圭。」不然，則强者能守之，知者能秉之，賤其所貴而貴其所賤。【補】上下無制，則民皆賤菽粟而貴珠玉。○「秉」，《管子》作「牧」。不然，矜寡孤獨不得焉。【補】言珠玉金石，强知者有之，則貧者不得。君藏之，則與民同利。○《管子》云：「鰥寡獨老，不與得焉。」

子貢曰：「君子見大川必觀，何也？」孔子曰：「夫水者，君子比德焉。偏與之而無私，似德；【補】上德不德。○「偏」，宋本譌「徧」。《荀子》云：「大偏與諸生而無爲也，似德。」所及者生，所不及者死，似仁；○《荀子》無。其流行庳下倨句，皆循其理，似義；【補】水流曲折，順地之理。《考工記》曰：「凡溝逆地防，謂之不行。」○「庳」，宋本譌「痺」。《荀子》「行庳」作「也埤」，「倨句皆」，作「裾拘必」。其赴百仞之谿不疑，似勇；○《荀子》「谿」作「谷」，「疑」作「懼」。上有「其洸洸乎不淈盡，似道。若有決行之，其應佚若聲響」二十字。淺者流行，深淵不測，似智；○《荀子》無。弱約危通，似察；【補】「危」，聲誤。《荀子》云：「淖約微達。」楊倞曰：「雖至柔弱而浸淫微通達於物，似察之見細微也。」受惡不讓，似貞苞裹；【補】「貞」，蓋衍字。「苞裹」，納也。言川澤納汙也。《説苑》云：「似包蒙。」○「裹」，舊誤作「裏」，今校改。《荀子》無此句。不清以入，鮮潔以出，似善化；【補】楊倞曰：「萬物出入於水則必鮮潔，似善化者之使人去惡就美也。」○宋本「以」、「似」二字互錯，从盧本改。《荀子》云：「以出以入就鮮絜。」必○此衍字。出量必平，似正；盈不求概，似度；萬折必以東西，似意。【補】楊倞曰：「概，平斗斛之木也。」《考工記》曰：「概而不稅。」言水盈滿，不待概而自平也。「西」字衍。《荀子》云：「其萬折也必東，似志。」○《荀子》「出」作「主」，「正」作「法」，「度」作「正」，《説苑》爲「度」字。此文舊脱爛，唯存「度」上「广」，合於「萬」字之首，譌成「厲」字，今从戴氏校本改。是以見大川必觀焉。」○「見」上，高安本有「君子」二字。

凡一千八十二字。今補。

大戴禮記補注卷之八

子張問入官第六十五

子張問入官於孔子，【補】入官，仕也。孔子曰：「安身取譽爲難也。」子張曰：「安身取譽如何？」

孔子曰：「有善勿專，專，謂自納於己。教不能勿搢，未若《家語》爲「勿怠」也。進或聲誤爲「搢」。「勿進」嫌其倦也。【補】字當爲「晉」，進也。言教不陵節。已過勿發，【補】王肅曰：「人已過誤，無所傷害，勿發揚。」失言勿踦，踦，邪也。出言既失，勿爲邪途以成之。不善辭勿遂，人言不中，勿貳遂之。【補】遂，順過也。出辭不善，勿因而順之。行事勿留。凡行政事，勿稽留之。君子入官，自行此六路者，則身安譽至而政從矣。上六者可以自通，故稱路也。且夫忿數者，獄之所由生也；○「數」，音「促數」之「數」。距諫者，慮之所以塞也；慢易者，禮之所以失也；墮怠者，時之所以後也；奢侈者，財之所以不足也；儉則有餘，奢則不足。專者，事之所以不成也；歷者，獄之所由生也。歷，歷亂也。君子入官，除七路者，則身安譽至而政從矣。七者，亦致亡之道也。故君子南面臨官，大城而公治之，大城列國，公無私也。精知而略行之，精知者，當先是二路；略行者，謂度時而施。【補】鄭君《緇衣》注曰：「精知熟慮於衆也。」案：二路謂所行所除。合是忠信，考是大倫，存是美惡，而進是利，而除是害，而無求其報焉，而民情可得也。能合是六路之忠信，及進除七路之利害，施焉而不求報，則民情不失矣。【補】存，察也。故臨之無抗民之志，勝之無犯民之言，勝，謂民辭情短。量之無狡民之辭，狡，害也。恒言無害也。【補】民之情僞，能測量之，而無欺狡鉤距之術。養之無擾於時，【補】《孟子》曰：「百畝之田，勿奪其時。」愛之勿寬於刑，【補】猛以濟寬，令乃行也。昔吴漢將死，光武帝問所欲言，漢曰：「願陛下慎無赦而已。」若此則身安譽至而民自得也。○「若」，宋本譌「言」，从戴氏校本改。故君子南面臨官，所見邇，故明不可弊也；言所見先求於近者。《中庸》曰：「舜其大知也與！舜好問而好察邇言也。」【補】所不見者無强爲明，則明之用不窮也。所求邇，故不勞而得也；言所求自近始，故《詩》云：「無田甫田，勞心忉忉。」所以治者約，故不用衆而譽至也。【補】守約而施博。法象在内，故不遠，言内有法象，則百姓亦有禮度。【補】在内，求諸己也。君子作事可法，德行可象。源泉不竭，故天下積也，積，謂歸湊也。【補】泉不竭，則衆水歸之；澤不竭，則衆民歸之。而木不寡，短長人得其量，故治而不亂。量而用之，以泉木二用，諭君子之政。【補】而，如也。君子之使人器之，各得其用，故庶事治而不亂，譬如木然。材不寡，則或短或長，隨量而取也。故六者貫乎心，藏乎志，形乎色，發乎聲，若此則身安而譽至，而民自得也。志者，心之府也。聲，言也。【補】六者，「所見邇」以下六事。故君子南面臨官，不治則亂至，民錯亂也。亂至則争，争之至，又反於亂。亂，反亂也。是故寬裕以容其民，慈愛以優柔之，而民自得也已。故躬行者，政之始也；身行之也。調悦者，情之道也。言調悦者，治人情之道也。善政行易，則民不怨，先王善政，能躬行之，使平易，則民悦。言調悦，則民不辨法，謂不争也。《周禮》曰：「凡辨法者考焉。」仁在身，則民顯以佚之也。【補】民譽之則顯，民安之則佚。財利之生微矣，貪以不得；【補】以貪爲利，則民之生財益微，故不得利。○「微」，宋本譌「徵」，从楊氏《大訓》改。善政必簡矣，初聞善政必記之。苟以亂之；【補】初行善政必簡易，久而倦，倦而苟，苟則散亂。善言必聽矣，聞善言始亦聽之也。詳以失之；後政不行，詳爲陋失。○「詳」，依注音「佯」，《史記》「佯狂」字爲「詳」也。規諫日至，煩以不聽矣。《詩》曰「老夫灌灌，小子蹻蹻」也。

【補】詳以失之，則規諫者衆，後且煩厭，善言不聽矣。言之善者，在所日聞；行之善者，在所能爲。君子言之善者，在於終日言之；君子行之善者，在其能躬行。記聽而失之，則無益於言行也。故上者，民之儀也；有司執政，民之表也；邇臣便辟者，群臣僕之倫也。倫，理也。言是群臣群僕之綱理也。【補】儀，法也。便辟，左右給使令者也。○「政」下，《大訓》有「者」字。故儀不正則民失，誓表弊則百姓亂，邇臣便辟不正廉，而群臣服汙矣。誓，勑也。服，事也。汙，濫也。言私謁也。【補】弊，仆也。如「狩田弊旗」之「弊」。故不可不慎乎三倫矣。【補】三者，儀也，表也，倫也。○「慎」，元本作「懼」。故君子修身反道，察説而邇道之服存焉。修身當本於道，而省其説，則近道之事存。【補】察説，所謂好察邇言也。是故夫工女必自擇絲麻，良工必自擇齎材，《周禮·巾車職》曰：「毁折入齎于職幣。」《家語》爲「完材」也。○鄭司農《周官解詁》曰：「禮家定『齎』作『資』。」鄭君曰：「齎、資，同耳。其字以『齊』、『次』爲聲，從貝變易。」賢君良

上必自擇左右始。故佚諸取人，勞於治事，勞於取人，佚於治事。郭象曰：「主上無爲於日事，而有爲於用臣。」○「始」，戴氏校本改爲「是故」之「是」。故君子欲譽，則謹其所便；欲名，則謹於左右。便所便習。【補】所便，邇臣便辟也。左右，有司執政也。故上者辟如緣木者，務高而畏下者滋甚。言在民上者譬若此。《淮南子》曰：「君子之居民上也，譬以腐索御良馬。」【補】升木者易傎，居上者易傾，高而不畏，則亢龍之悔至。○「辟」，音「譬」。六馬之離，必於四面之衢；衢，四達道。民之離道，必於上之佚政也。【補】政佚則二三其令，若岐路之惑也。故上者尊嚴而絶，【補】尊絶於上，情不相比也。百姓者卑賤而神，《孟子》曰「民爲貴，社稷次之，君爲輕」也。民而愛之則存，惡之則亡也。故君子南面臨官，貴而不驕，富恭有本能圖，本，謂身也。謂能謀其身也。修業居久而譚，譚，誕也。謂安縱也。【補】居久，居之無倦也。譚，大也。《易》曰：「可久則賢人之德，可大則賢人之業。」情邇暢而極乎遠，察一而關于

多，一物治而萬物不亂者，以身爲本者也。【補】關，通也。物，事也。《孟子》曰：「天下之本在國，國之本在家，家之本在身。」故君子莅民，不可以不知民之性，達諸民之情，性爲仁義禮智之等，情爲喜怒愛惡之屬。性者生之質，情者人之欲。《詩》云：「天生烝民，有物有則。」既知其以生有習，然後民特從命也。生，謂性也。習，調節也。【補】以，已也。民生而有性，已生之後，復有習俗，因其習而治之，則民易從。」故世舉則民親之，政均則民無怨。世舉，言治。故君子莅民，不臨以高，不道以遠，不責民之所不能。【補】責以高遠，則民不能。今臨之明王之成功，則民嚴而不迎也；明王之民，比屋可封，苟欲齊之，則憚而不能迎致王命。【補】此臨以高之失。道以數年之業，則民疾，疾則辟矣。使成數年之業，則民困矣。【補】此道以遠之失。○「辟」，音「避」。故古者冕而前旒，所以蔽明也；黈絖塞耳，所以弇聰也。《禮緯·含文嘉》以懸絖垂旒爲閑姦聲、弇亂色，今云惑視聽，則璪瑱之設，兼此二事也。「黈」，《莊子》爲「黈黃」也。案：此《記》與《莊子》及《著》詩之義，則人君以黃絖充耳、大夫用素，皆尚以玉也。然毛、王徒以石飾玉，及鄭謂充耳爲玉名，義乖錯，故未詳。【補】《禮圖》：冕後亦有旒，不合蔽明之義。漢公卿冕旒，皆有前無後也。《玉篇》曰：黈，黃色也。絖，綿也。以綿爲充耳，垂冕兩旁，其下綴玉謂之瑱，懸絖之絛謂之紞。天子玄紞，諸侯黃，大夫青，士素。○「黈」，宋本譌「統」，元本譌「紸」，从《玉篇》引此文改。「絖」即「纊」字。「弇」，《文選·薦士表》注引此文作「揜」。故水至清則無魚，人至察則無徒。【補】東方朔曰：「明有所不見，聰有所不聞，舉大德，赦小過，無求備于一人之義也。」故枉而直之，使自得之；民有邪枉，教之使自得也。《孟子》曰：「匡之直之，使自得之。」優而柔之，使自求之；謂寬教之。○「而」，《文選·洞簫賦》注引此文作「之」。揆而度之，使自索之。謂量民之才而施教之。民有小罪，必以其善以赦其過，【補】以其昔日之善，赦其今日之過。如死使之生，其善也。其善也，若死而使之復生也。是以上下親而不離。故惠者，政之始也。政不正，則不可教也；不習，則民不可使也。故君子欲言之見信也者，莫若先虛其内也；謂内外相應。【補】虛其内，無私隱也。欲政之速行也者，莫若以身先之也；欲民之速服也者，莫若以道御之也。故不先以身，雖行必鄰也；不以道御之，雖服必强矣；鄰，郄。○「鄰」，去聲，《大訓》作「僯」。「强」，上聲。故非忠信，則無可以取親於百姓矣；此忠信寡於言行相顧也。上無此條者，以言行不違，在忠信之閒。外内不相應，則無可以取信者矣。四者治民之統也。」四者，謂「以身先」及「以道御之」，「忠信」及「内外相應」。

凡一千六十五字。今少二十三字。

盛德第六十六

聖王之盛德，人民不疾，六畜不疫，五穀不災，陰陽順序，故人物不害也。諸侯無兵而正，小民無刑而治，蠻夷懷服。《國語》曰：「先王耀德不觀兵。」

古者天子常以季冬考德，以觀治亂得失。辨其法政也。【補】考德，考諸侯之德。凡德盛者治也，德不盛者亂也；德盛者得之也，德不盛者失之也。是故君子考德，而天下之治亂得失可坐廟堂之上而知也。言不出户庭，而周知海内之善惡也。德盛則修法，德不盛則飾政，法，德法。政，禁令。【補】飾者，增修之。法政而德不衰，故曰王也。王者，往也，民所歸也。

凡人民疾、六畜疫、五穀災者，生於天道不順。天道不順，生於明堂不飾。故有天災，則飾明堂也。《淮南子》云：「明堂之廟，行明堂之令，以調陰陽之氣，而知四時之節，以辟疾之災也。」○「生於天」下，宋本脱「道不順」三字，从《隋書》宇文愷《明堂議》引此文增。凡民之爲姦邪竊盜歷法妄行者，生於不足，亂法者，生於不知足。【補】歷，亂也。《子張問入官》曰：「歷者，獄之所由生也。」○「歷」，宋本作「靡」。不足生於無度量也。無度量則小者偷墮，大者侈靡而不知足。偷，苟且。墮，解墮。【補】小，不及制也，若魯人幣終幅。

大，侈於制也，若陳氏量加一。故有度量則民足，民足則無爲姦邪竊盜歷法妄行者。故有姦邪竊盜歷法妄行之獄，則飾度量也。【補】《周官》：「質人掌稽市之書契，同其度量，壹其淳制，巡而考之。」《月令》：「日夜分，則同度量。」凡不孝，生於不仁愛也；不仁愛，生於喪祭之禮不明。喪祭之禮所以教仁愛也，致愛故能致喪祭，春秋祭祀之不絶，致思慕之心也。《孝經》曰「春秋祭祀，以時思之」也。大祭祀，致饋養之道也。死且思慕饋養，況於生而存乎？故曰：喪祭之禮明，則民孝矣。故有不孝之獄，則飾喪祭之禮也。《經解》曰：「喪祭之禮廢，則臣子之恩薄，❶而倍死亡生者衆。」○宋本脱末「也」字。凡弑上生於義不明。義者，所以等貴賤、明尊卑，貴賤有序，民尊上敬長矣。民尊上敬長而弑者，寡有之也。朝聘之禮所以明義也，故有弑獄，則飾朝聘之禮也。《經解》曰：「朝聘之禮廢，則君臣之義失，諸侯之行惡，而倍畔侵陵之敗起也。」凡鬭辨生於相侵陵也，相侵陵生於長幼無序，○此下有脱文。而教以敬讓也。故有鬭辨之獄，則飾鄉飲酒之禮也。《經解》曰：「鄉飲酒之禮廢，則長幼之序失，而争鬭之獄煩。」凡婬亂生於男女無別，夫婦無義，昏禮享聘者，所以別男女，明夫婦之義也。享，謂享婦及召鬬也。【補】聘，聘女也。天子以穀圭，諸侯以大璋，大夫、士有儷皮束帛。「召鬬」字誤。《曲禮》曰：「爲酒食以召鄉黨僚友。」注或謂此。故有婬亂之獄，則飾昏禮享聘也。《經解》曰：「婚姻之禮廢，則夫婦之道苦，而淫辟之罪多。」

故曰：刑罰之所從生有源，不務塞其源，而務刑殺之，是爲民設陷以賊之也。《禮察》曰「禮禁將然之前，法施已然之後」也。【補】陷，坎也。賊，害也。猶《孟子》言「爲阱於國中」。刑罰之源，生於嗜慾好惡不節。總言百姓犯刑罰之所由。故明堂，天法也，天神所在也。王者於此，則天無私勤施之法。禮度，德法也，禮，謂三百三千

❶「臣子」，原作「君臣」，誤，據學海堂本改。

也。唯有仁德也。【補】禮，謂喪祭朝聘昏鄉。度，謂度量。禮者，德也。度者，法也。所以御民之嗜慾好惡，以慎天法，以成德法也。天地不可成，順之而已，其禮度則使成之。○「慎」，古通以爲「順」字。刑法者，所以威不行德法者也。天道遠，不責之，德法不行，則罰之。【補】刑象秋殺，亦所以慎天法。

故季冬聽獄論刑者，所以正法也。歲終聽不德之刑，爲正德法而論也。【補】《周官·小司寇》：「歲終則令群士計獄弊訟，登中于天府。」○注舊在「法正論」下，失其句讀。法正，論吏公行之。【補】法既正，然後論吏之良者，使奉公而行之。是故古者天子孟春論吏德、行、能、功，考群臣之德行。【補】《周官·冢宰》：「歲終，則令百官府各正其治，受其會，聽其致事，而詔王廢置。三歲，則大計群吏而誅賞之。」○「能」下，宋本衍「理」字，从朱本删。然朱本注在「德行」下，亦沿宋本之誤。「德、行、能、功」，即下文四者，注偏舉「德行」，讀者遂於「德行」斷句，失之。能得德法者爲有德，謂内外善也。○宋本脱「得」字，从朱本增。能行德法者爲有行，謂能皆行。能理德法者爲有能，謂能綜理之，而又弗盡行。能成德法者爲有功。謂内外成之，而未能善也。故論吏而法行，事治而功成，季冬正法，孟春論吏，治國之要也。春論班賞，冬考量刑，則莫不懲勸矣。

德法者御民之銜勒也，吏者轡也，刑者筴也，天子御者，【補】馬銜口曰銜，絡頭曰勒。御者居中，故以比天子。○宋本脱「勒」字，盧本據《通典》引此文增。内史、太史，左右手也。太史、内史，皆宗伯之屬。太史下大夫二人，内史中大夫一人，俱親王之官也。《書》曰「太史友，内史友」，云内史，太史，左右手，則太史爲左史，内史爲右史焉。古者以法爲銜勒，以官爲轡，以刑爲筴，以人爲手，故御天下數百年而不懈墮。「史」當字誤爲「人」。善御馬者，正銜勒，齊轡筴，均馬力，和馬心，故口無聲，手不搖，筴不用，而馬爲行也。善御民者，正其德法，飭其官，而均民力，和民心，故聽言不出於口，刑不用而民治，【補】聽言，聽訟之言。是以民德美之。夫民善其德，必稱其人，故今之人稱五帝三王者，依然若猶存者，其法誠德，法，天法也。

○「德」，當作「得」。其德誠厚。謂禮度也。夫民思其德，必稱其人，朝夕祝之，升聞於皇天，上帝歆焉，故永其世而豐其年。不能御民者，棄其德法，譬猶御馬，棄轡勒而專以筴御馬，馬必傷，車必敗，無德法而專以刑法御民，民必走，國必亡。故《淮南子》曰：「舜無佚民，造父無佚馬。」○「民必」，宋本譌「民心」，从元本改。亡德法，民心無所法循，迷惑失道，謂民。上必以爲亂無道，謂君。苟以爲亂無道，刑罰必不克，又不能中。成其無道，上下俱無道。【補】民迷惑失道，是下無道也；上以爲亂無道從而刑之，是上又無道。故今之稱惡者，必比之於夏桀、殷紂，何也？曰：法誠不德，其德誠薄。夫民惡之，必朝夕祝之，升聞於皇天，上帝不歆焉。故水旱並興，災害生焉。【補】上「祝」，禂也。此「祝」，詛也。古者美惡不嫌同名。故曰：德法者，御民之本也。

古之御政以治天下者，冢宰之官以成道，司徒之官以成德，天道發施故爲道，地理含藏故主德。道德者，包五性内外之稱也。天地之官尊，故總焉。宗伯之官以成仁，木爲仁也。司馬之官以成聖，聖，通也。夏氣物充達。又征伐者所以平通天下。司寇之官以成義，金爲義。司空之官以成禮。不主智者已兼司馬。凡宗社之設，城郭之度，宫室之量，典服之制，皆官所職也。○注「官」上疑脱「冬」字。故六官以爲轡，司會均入以爲軜，軜在軾前，斂六轡之餘。《詩》云：「鋈以觼軜。」司會，冢宰之屬，中大夫二人。會，計也。主天下之大計。《王制》曰：「司會以歲之成，質於天子也。」【補】《毛詩·小戎》傳曰：「軜，驂内轡也。」凡乘馬八轡，御者唯執六轡，以兩驂内轡納於軾前也。故曰：御四馬者，執六轡，御天地與人與事者，亦有六政。六政，謂道、德、仁、聖、禮、義也。○宋本「故」下脱「曰」字，「馬」下脱「者」字，从《孝經序》疏引此文增。是故善御者，正身同轡，《詩》云：「六轡既均。」均馬力，齊馬心，唯其所引而之，不違於節，故任其馳。以取長道，遠行可以之，【補】之，往也。急疾可以御。言皆從人心也。○注舊在「急疾」下，亦失其句讀。天地與人事，此四者，聖人之所乘也。四者，天，地，與人，與事。是故天子御者，太史、內史左右手也，六官亦六轡也。天子三公合以執六官，三公無官，佐王論道而已。均五政，齊五法，以御四者，故亦唯其所引而之。五政，謂天子、公、卿、大夫、士。五法，謂仁、義、禮、智、信。【補】五政，明堂五時之政也。五法，即「飾度量」以下五事。以之道則國治，治典經邦國。以之德則國安，教典安邦國。○宋本脱此注。以之仁則國和，禮典和邦國。以之聖則國平，政典平邦國。以之義則國成，刑典詰邦國。以之禮則國定，體國經野，事官之職。○案下文「貧則飭司空」，此爲對文，似「定」當作「富」，字形之誤也。據楊炯《遂州長江縣夫子廟碑》用此『記』，亦云「以之禮而國定」，則唐時本已然。此御政之體也。過，失也，人情莫不有過，過而改之，是不過也。【補】「改過」下言「飭六官」是也。是故官屬不理，分職不明，法政不一，百事失紀，曰亂也，亂則飭冢宰。地宜不殖，財物不蓄，萬民飢寒，教訓失道，風俗淫僻，百姓流亡，人民散敗，曰危也，危則飭司徒。父子不親，長幼無序，君臣上下相乖，曰不和也，不和則飭宗伯。賢能失官爵，功勞失賞禄，爵禄失則士卒疾怨，兵弱不用，曰不平也，不平則飭司馬。刑罰不中，暴亂姦邪不勝，曰不成也，不成則飭司寇。百度不審，立事失理，財物失量，曰貧也，貧則飭司空。冢宰掌六典，司徒掌十二教，宗伯掌五禮，司馬掌九伐，司寇掌五刑。《小宰職》曰：「一曰治職，以平邦國，以均萬民，以節財用；二曰教職，以安邦國，以寧萬民，以懷賓客；三曰禮職，以和邦國，以諧萬民，以事鬼神；四曰政職，以服邦國，以正萬民，以聚百物；五曰刑職，以詰邦國，以糾萬民，以除盜賊；六曰事職，以富邦國，以養萬民，以生百物。司馬之屬，司勳掌六鄉之賞田，以等其功。」又司士之官，掌群吏之數，以詔其爵禄。凡度量財物考工，猶有其事。【補】地宜，五土所宜生也。不用，不用命也。勝，如「勝殘去殺」之「勝」。○「蓄」，宋本譌「審」，从盧本改。

故曰：御者同是車馬，或以取千里，或數百里者，所進退緩急異也；治者同是法，或以治，或以亂者，亦所進退緩急異也。【補】進賢退不肖，緩刑法，急禮度，所由適於治也，反是則亂。

明堂者，古有之也。明堂之作，其代未得而詳也。案：《淮南子》言「神農之世，祀於明堂，明堂有蓋，四方」。至漢武帝時，有獻《黄帝明堂圖》者，四面無壁，中有一殿。然其由或始於此也。凡九室，一室而有四户八牖，凡三十六户，七十二牖。【補】此據漢明堂言之。《東京賦》曰：「八達九房。」薛綜注：「堂後有九室。所以異於周制。」鄭君曰：「九室，三十六户，七十二牖。似秦相吕不韋作《春秋》時，説者所益，非古制也。」案：古明堂五室，晝方九區，四正爲堂，四隅爲室，中央曰太廟太室，南曰明堂，北曰玄堂，東曰青陽，西曰總章，東北水室，東南木室，西南火室，西北金室。《吕氏春秋》曰：「周明堂，金在其後。」此之謂也。鄭君説《考工記》「五室」，不合卦行之位，竊更正之，亦别有圖論。○下「凡」字，宋本脱，从《儀禮經傳通解》增。以茅蓋屋，茅，取其潔質也。【補】《春秋左傳》曰：「清廟茅屋。」上圓下方。【補】此亦後代之制。《考工記》曰：「四阿重屋。」古明堂檐有四阿，明非上圓。明堂者，所以明諸侯尊卑。明堂，非所以朝諸侯。於祀也，諸侯亦備焉。【補】昔者，周公朝諸侯於明堂之位，《記》有顯文，何云「非所以朝」也。外水曰辟雍。《韓詩説》：「辟圓如璧，雍以水。」不言圓言辟者，取辟有德。不言辟水言雍，雍，和也。【補】古唯學有辟雍耳。記因太學、明堂同制，遂雜言之。漢世以明堂、靈臺、太學爲三雍宫也。南蠻，東夷，北狄，西戎。言四海之君，於祭也，各以其方，列於水外。○「南」上，《御覽》引此文有「列」字。明堂月令。於明堂之中，施十二月之令。【補】《明堂月令》者，古《明堂陰陽》篇名。自「赤綴」以下引其文也，所説獨與周明堂制度多相合。赤綴，户也。綴，飾也。【補】《小招》：「網户朱綴。」王逸《章句》曰：「綴，緣也。」以朱緣户，唯明堂有之。故諸侯受九錫，乃得朱户以居。白綴，牖也。【補】《考工記》曰：「窗白盛。」二九四七五三六一八。《記》用九室，謂法龜文。故取此數，以明其制也。【補】九宫之數，二在西南，八在東北，九在正南，一在正北，四在東南，六在西北，七在正西，三在正東，五位乎中。土室象之。四正之堂，合於遁甲。一爲水，其神天蓬；三爲木，其神軒轅；七爲金，其神咸池；九爲火，其神天乙。四隅之室，合於太一。二爲大威火，四爲高叢木，六爲太蔟金，八爲地主水也。是故觀於明堂，以知六儀之祥，節八風之行，順時察方，授政頒常，若稽者昌，威侮者亡。堂高三丈，【補】此謂檐榮之高，非階崇也。三丈者，一雉也。古者，五板爲堵，板長八尺，高二尺。《春秋公羊》説「五堵爲雉」，此度長之雉也。《古周禮》及《左氏》説「三堵爲雉」，此度高之雉也。堵高一丈，長四丈。雉高三丈，長二十丈。○「丈」，宋本譌「尺」，从元本改，與許叔重《五經異義》引此文合。東西九仞，南北七筵，【補】仞，七尺也。筵，九尺也。九仞七筵，變文言之，實皆六丈三尺，其堂正方。《考工記》云：「東西九筵。」似彼文爲誤。夏堂十四步，殷堂七尋，周人侈於殷，小於夏焉。四堂之深廣同，通計堂基面，方二百八十九尺。○「仞」，宋本譌「筵」，从《異義》引此文改。上圓下方。九室十二堂，室四户，户二牖，【補】此述周制，當云「五室」，因上文有「九室」字誤耳。篆文「五」爲「乂」，與「九」相混。十二堂者，堂各有左右个。凡四堂八个，合之爲十二也。太室之户，四通四正之堂，當太室户牖前入廉深，故謂之太廟。廟者，邈也。四隅之室，户牖外至階上是爲个。木室南之前，曰明堂左个。東之前，曰青陽右个。水室東之前，曰青陽左个。北之前，曰玄堂右个。金室北之前，曰玄堂左个。西之前，曰總章右个。火室西之前，曰總章左个。南之前，曰明堂右个。个在堂之兩旁，若《儀禮》「廟寢有東堂西堂」。隅室直个之後，若東堂西堂後有夾室矣。○《異義》引此文云：「四堂十二室。」其宫方三百步。在近郊，近郊三十里。淳于登説明堂在國之陽，三里之外，七里之内，内已之地。《韓詩説》「明堂在南方七里之郊」，然三十里無所取也。再言方圓及户牖之數，亦煩重。【補】《覲禮》曰：「諸侯朝于天子，爲宫方三百步，四門，壇十有二尋，深四尺，加方明于其上。」「在近郊」者，似謂此也。以其堂祀方明，故或名明堂。《荀子》：「築明堂于塞外而朝諸侯。」楊倞注亦以爲「方明壇」也。或以爲明堂者，文王之廟也。明堂與文王之廟，不爲同處，或説謬也。【補】周公作洛，立文武之廟，制如明堂，謂之文世室、武世室。夏曰世室，周曰明堂，異名而同實也。故《孝經》曰：「宗祀文王于明堂。」或説不謬。

朱草日生一葉，至十五日，生十五葉，十六日一葉落，終而復始也。《孝經援神契》曰：「朱草生，蓂莢孳，嘉禾成，蓮蒲生。」蓂莢，堯時俠階而生，以記朔也。朱草可食，王者慈仁則生。其形無記朔之狀，蓋説不詳。【補】《尚書中候》曰：「堯德匪懈，朱草生郊。」《白虎通義》曰：「朱草者，赤草也，可以染絳，別尊卑也。」周時德澤洽和，蒿茂大以爲宮柱，名爲蒿宮也。《晏子春秋》曰：「明堂之制，下之潤濕不及也，上之寒暑不入也。木工不鏤，示民知節也。」然或以蒿爲柱，表其儉質也。「明堂」別有圖論，不復詳焉。【補】《拾遺記》曰：「條陽山中出神蓬，如蒿，長十丈。周初，國人獻之，周以爲宮柱，所謂蒿宮也。」此天子之路寢也。路寢亦爲此制。不齊，不居其室。【補】天子四仲之月居於堂，孟季之月居於个，閏月居於門，唯齊乃居於室。○「室」，宋本譌「屋」，从《通解》改。「齊」，音「齋」。待朝在南宮，將視朝時。【補】明堂有四門。南宮者，南門之堂也。揖朝出其南門。《周禮》司士職曰：「正朝之位，辨其貴賤之等。王南向，三公北面東上，孤東面北上，卿大夫西面北上。王族故士、虎士，在路門之右，南面東上，太僕、太右、太僕從者，在路門之左，南面西上。司士擯，孤卿特揖，大夫以其等旅揖；士旁三揖。王還，揖門左，揖門右。太僕前，正視朝位，王入內，皆退也。【補】南門，所謂路門也。天子三朝路寢之庭，曰燕朝，路門外，應門內，曰治朝；應門外，皋門內，曰外朝。」

凡二章，凡一千六百一十八字。今補。

大戴禮記補注卷之九

千乘第六十七

公曰：「千乘之國，【補】《周禮》：「大國三軍，次國二軍，小國一軍。」千乘者，侯伯二軍之賦。古以五百乘爲軍。《詩·采芑》曰：「其車三千。」謂天子六軍也。魯侯爵爲次國，故僖公之頌云：「公車千乘。」其後，襄公始作三軍，昭公時復罷之。受命于天子，通其四疆，教其書社，【補】《左傳》曰：「書社五百。」《商子》曰：「里有書社。」《史記索隱》以爲「古者二十五家爲里，里則各立社。書社者，書其社之人名於籍也。」脩其灌廟，【補】灌，社壝也。社有灌木，因以爲名。《墨子》曰：「建國必擇木之脩茂者，以爲叢位。」《呂氏春秋》曰：「問其叢社大祠。」古者皆謂社爲叢。《毛詩》傳云：「灌木，叢木也。」然則社之言「灌」，與「藂」同義。○「脩」，宋本譌「循」，从高安本改。建其宗主，【補】公子繼世爲宗，大夫繼世爲主。○宋本脱「宗」字，从朱本增。設其四佐，列其五官，【補】四佐，卿也。諸侯得置孤一人，與三卿爲四也。五官，大夫也。《王制》：「諸侯之上大夫，卿下大夫五人。」《正義》曰：「司徒之下，置小卿二人：一是小宰，一是小司徒。司空之下，亦置二小卿：一是小司寇，一是小司空。司馬之下，唯置一小卿，小司馬也。」處其朝市，【補】匠人營國，面朝後市。爲仁如何？」【補】以仁爲國則何如。子曰：「不仁國不化。」公曰：「何如之謂仁？」❶子曰：「不淫於色。」【補】哀公爲妾齊衰，蓋多内嬖，故以爲戒。

子曰：【補】楊簡曰：良久而又言，故再書「子曰」。「立妃設如太廟，【補】妃，適妻也。如太廟，言尊適也。然乃中治，【補】然後内治。中治不相陵，不相陵斯庶嬪違，【補】庶嬪，衆妾也。違，彰也。上下之分彰。違則事上静，静斯潔信，【補】禮：諸侯娶九女，夫人居中宫，右媵居西宫，左媵居東宫，姪娣各從其居，接御於君也。五日則徧，姪娣兩兩而御，次左右媵，次夫人專夕。女史書其日月，銀環以進

❶「謂」，學海堂本作「爲」。

之，金環以退之。敘陰禮，息陰訟，如是之謂静。《詩》曰：「静女其孌，貽我彤管。」在中朝大夫，必慎以恭，出會謀事，必敬以慎言，長幼小大必中度。【補】中朝，内宫之朝也。中朝大夫，若司宫内宰之屬。中度，言幼無陵長、小無加大。此國家之所以崇也。【補】崇，尊也。立子設如宗社，【補】子，世子也。如宗社，言無易樹子。○宋本脱「如」字，从《大訓》增。宗社先示威，威明顯見，【補】明世子之威，使衆著知尊畏。辨爵集德，【補】凡立世子，必辨其爵之貴賤，合其德之賢否，而擇貴者賢者立之。《春秋公羊傳》曰：「立適以長不以賢，立子以貴不以長。」《左氏傳》曰「年鈞以德，德鈞以卜」也。是以母弟官子咸有臣志，【補】諸侯之尊，兄弟不得以屬通，雖母弟，猶有臣志於世子，故莫敢覬覦也。楊簡曰：「官子者，群臣之子。」莫敢援於外大夫，中婦私謁不行，【補】援於外大夫，若成風私事季友，敬嬴私事公子遂是也。謁，告也。《毛詩序》曰：「后妃内有進賢之志，而無險詖私謁之心。」○「行」，元本作「得」。此所以使五官治、執事政也。【補】「政」，古通以爲「正」字。夫政以教百姓，百姓齊以嘉善，故蠱佞不生，此之謂良民。國有道則民昌，此國家之所以大遂也。【補】齊，同也。遂，順也。卿設如大門，大門顯美，小大尊卑中度，【補】大門美，則衆室得其度。上卿賢，則衆職得其理。開明閉幽，内禄出災，以順天道，近者閑焉，遠者稽焉。【補】開明，進賢也。閉幽，沮佞也。禄，福也。閑，正也。此皆以門喻。○「内」，音「納」。君發禁宰，受而行之，【補】鄭君《聘禮》注曰：「宰，上卿，貳君事者也。諸侯謂司徒爲宰。」○宋本脱「受」字，从《大訓》增。以時通于地，【補】楊簡曰：「地者，地政也，謂農穀也。農時最不可失，故言時。」散布于小理，【補】理，治也。小治，猶小政也。天之災祥，地寶豐省，及民共饗其禄，共任其災，此國家之所以和也。【補】地寶，穀也。《詩》曰：「稼穡維寶。」豐，豐年。省，凶年。楊簡曰：「有祥則與民共饗其禄，有災則與民共受其災，憂樂與民同之，不自豐而不恤卜，則上下和矣。」國有四輔，輔，卿也。【補】四輔，皆小卿也。下所陳司徒、司馬、司寇、司空是也。卿設如四體，【補】《孟子》曰：「君之視臣如手足。」毋易事，【補】久於其事則事治，毋更易之。毋假名，【補】子曰：「唯器與名，不可以假人。」毋重食。【補】食，禄也。時三家富於國，故云。凡事，尚賢進能使知事，爵不世，【補】古者有世禄，無世位，故《春秋》譏尹氏也。能官之不慭。【補】大夫不世，苟有能者必官之，無失人。○宋本脱「官」字，从《大訓》增。凡民，戴名以能，【補】有其能而後居其名。食力以時，【補】勤於農時，以自食其力。成以事立。○尋句例，「立」字當在「以事」之上。此所以使民讓也。民咸孝弟而安讓，此以怨省而亂不作也，此國之所以長也。「國」下，高安本有「家」字。下無用，則國家富；上有義，則國家治；【補】無用者抑下之，有義者尊上之。長有禮，則民不爭；立有神，則國家敬；兼而愛之，則民無怨心；以爲無命，則民不偷。【補】民以爲有命在天，則必偷惰，不致人事。故曰「民可使由之，不可使知之。」○「無命」，戴氏校本改「典令」。昔者，先王立此六者而樹之德，此國家所以茂也。○「立」，盧本作「本」。「家」下，高安本有「之」字。設其四佐而官之。【補】此「四佐」，即上「四輔」。○「設」，宋本譌「誤」。司徒典春，【補】司徒，地官。諸侯無宗伯兼治春官之事，故三官皆云「司」，唯此云「典」，典者，領其職也。以教民之不時、不若、不令。【補】若，順令善也。○「時」上，宋本衍「則」字，从《御覽》引此文删。成長幼老疾孤寡，以時通于四疆。【補】《周禮》曰：「國中自七尺以及六十，野自六尺以及六十有五，皆征之。老者、疾者皆舍。」有闔而不通，有煩而不治，則民不樂生，不利衣食。【補】闔，民情抑滯也。凡民之藏貯，以及山川之神明，加于民者，發圖功謀，【補】《月令》：「孟冬，命司徒巡行積聚，兼及山川之祀者，典春官故也。」圖，亦謀也。○「圖」，宋本譌「國」，从盧本改。舊本云：一作「同」。齋戒必敬，會時必節。【補】會時，若龍見而雩之類。日曆巫祝，執伎以守官，俟命而作，【補】日曆，太史馮相之屬。命，君命也。作，行也。祈王年，禱民命及畜、穀、蜚征、庶虞、草。【補】云「王年」者，篇中或廣言「王政」，猶「答顔淵問爲邦」也。

禱畜，禂牲禂馬是也。禱穀，順豐年逆時雨是也。蜚征，飛走之物。馬融《廣成頌》曰：「繯橐四野之飛征。」蜚，古文「飛」字。庶虞，記凡三見，後文云「方冬三月，庶虞藏。」《四代》云「庶虞動，蜚征作。」檢尋其義，似謂蟄蟲也。虞官掌若上下草木鳥獸，故以稱之。草，稂莠害稼者也。皆禱之者，若《蜡詞》云：「昆蟲無作，草木歸其澤。」○「草」下疑脱「木」字。方春三月，緩施生育，動作百物，○「施」，音「弛」。於時有事，享于皇祖皇考，【補】《周禮》曰：「以祠，春享先王；以禴，夏享先王。」朝孤子八人，以成春事。【補】孤子，死君事者之子。《郊特牲》曰：「春享孤子。」昔齊顔庚死于隰之役，陳成子屬孤子，三日，朝，設乘車兩馬，繫五邑焉。召顔庚之子而賜之，是其事也。必八人者，就春數也。《太玄經》曰：「一六爲水，二七爲火，三八爲木，四九爲金，五五爲土。」司馬司夏，以教士車甲。凡士執伎論功，脩四衛，强股肱，質射御，【補】士，戰士。四衛，四境也。質，决也。才武聰慧，治衆長卒，可以爲儀綴於國，出可以爲率誘於軍旅，【補】聰慧，能有謀也。長卒，爲衆卒之長。綴，表也。誘，勸也。○上「可」字，宋本譌「所」，从《大訓》改。四方諸侯之遊士，國中賢、餘、秀、興閱焉。【補】遊士，異國之士來寓者也。賢，鄉之賢士升于司徒者。餘，卿大夫之餘子。秀，司徒所論秀士也。國有大閱，皆致其衆焉。興，起也，猶《周禮》言「作六軍之士」。方夏三月，養長秀，蕃庶物，於時有事，享于皇祖皇考，爵士之有慶者七人，以成夏事。【補】《月令》：「孟夏之月，慶賜遂行，行爵出禄。」司寇司秋，以聽獄訟，治民之煩亂，執權變民中。【補】權其輕重，變而通之，以求民之中。凡民之不刑，萌本以安閒，【補】刑，法也。凡民之爲不法，其萌皆本於安閒無所事，則慆淫非僻之心生。○宋本「萌」譌「崩」，「安」譌「要」，並从《大訓》改。作起不敬，以欺惑憧愚。【補】造作不畏法之事，以惑愚民。作於財賄、六畜、五穀曰盜，【補】《周官》：「士師掌邦之八成，六曰爲邦盜。」以下罪名凡八，似當彼「八成」也。誘居室家，有君子曰義；子女專，曰媄；【補】誘居室家，詐奪人産也。子女專，擅人子女也。有君子曰義，未詳。此於八成，當彼「撟邦令」、「犯邦令」。飭五兵及木石，曰賊；【補】五兵之名，案周五陣：春牝陣，弓爲前行；夏方陣，戟爲前行；季夏圓陣，矛爲前行；秋牡陣，劍爲前行；冬伏陣，楯爲前行。《淮南子》説：「春兵矛，夏兵戟，季夏兵劍，秋兵戈，冬兵鍛。」揚雄説：「木爲矛，金爲鉞，火爲戈，水爲楯，土爲弓矢。」《春秋穀梁傳》：「陳五兵五鼓。」徐邈云：「矛在東，戟在南，鉞在西，楯在北，弓矢在中央。」《禮記隱義》云：「東方戟，南方矛，西方弩，北方楯，中央鼓。」《周官》：「司兵掌五兵五盾。」先鄭云：「五兵者，戈、殳、戟、酋矛、夷矛。」後鄭云：「是車之五兵，步卒之五兵則無夷矛而有弓矢。」廣森謂《周禮》及《穀梁傳》五兵之外，別有楯鼓，則諸家數楯與鼓者非也。《司馬法》曰：弓矢圍，殳矛守，戈戟助。凡五兵長以衛短，短以救長。當定從鄭君義。木，槍椁之屬也。石，礌礟之屬也。八成，「二曰邦賊」。以中情出，小曰閒，大曰講；【補】以中情出，謂以國中情實探泄於外者，以小事出曰閒，以大事出曰講。「講」，讀曰「構」。《戰國策》「交構」之字皆爲「講」。閒，「邦諜」也。構，「邦汋」也。利辭以亂屬，曰讒；【補】利辭，利口之辭。亂屬，閒亂戚屬也。此八成，所謂爲「邦誣」。以財投長，曰貸。【補】投，與也。長，若「大事從其長」之「長」。以財賄交長官，所謂爲「邦倗」。〇「貸」，音「貣」。凡犯天子之禁，陳刑制辟，以追國民之不率上教者。【補】凡犯上禁八事，則用刑辟也。追，窮捕之也。《周禮》曰：「唯田與追胥竭作。」〇「國」，《大訓》作「罔」。

夫是故一家三夫道行，三人飲食，哀樂平，無獄。【補】匹夫之家，上父下子，是三夫也。三人，其母妻及子婦也。男子作於外，婦人贍於家，故曰「三人飲食」。〇「飲」，朱本作「餘」。方秋三月，收斂以時，於時有事，嘗新于皇祖皇考，【補】秋享曰嘗。食農夫九人，以成秋事。【補】新穀既登，息田夫也。《月令》：「孟冬，勞農以休息之。」此或於季秋之末。司空司冬，以制度制地事。準揆山林，規表衍沃，【補】準揆，度其形勢也。規表，識其經界也。古者，制地九等，衍沃上上，山林下下，舉以包其中也。下平曰衍，有流曰沃。衍沃之地，九夫爲井，隰皐之地，九夫爲牧，二牧而當一井；原防之地，九夫爲町，三町而當一井；衍豬之地，九夫爲規，四規而當一井；疆潦之地，九夫爲數，五數而當一井；淳鹵之地，九夫爲表，六表而當一井；京陵之地，九夫爲辨，七辨而當一井；藪澤之地，九夫爲鳩，八鳩而當一井；山林之地，九夫爲度，九度而當一井。畜水行衰濯浸，以節四時之事。【補】衰，殺也。水行不畜則竭，濯浸不衰則疾。《考工記》曰：「凡行奠水，磬折以三五。」○「衰濯」，《御覽》引此文作「表灌」。治地遠近，以任民力，以節民事。❶【補】遠近，若周法治鄉以上劑，治遂以下劑。太古食壯之食，攻老之事。」【補】壯者食多，老者事少。《論語》曰：「爲力不同科，古之道也。」

公曰：「功事不少，而餱糧不多乎？」子曰：「太古之民，秀長以壽者，食也；在今之民，羸醜以胔者，事也。【補】胔，死腐也。太古無游民，【補】游民，惰游不治生業者。食節事時，【補】食雖多而得其節，故不費，事雖少而勤其時，故不廢。民各安其居，樂其宮室，服事信上，上下交信，地移民在。【補】言民不棄上也。昔古公杖策，豳民歸岐，紀侯大去，從之者四年乃畢，故曰地移而民在。○《大訓》無「室」字，「宮」作「官」，下「其宮」同。今之世，上治不平，民治不和，百姓不安其居，不樂其宮，老疾用財，壯狡用力，於茲民游，薄事貪食，於茲民憂。【補】「於茲」，猶「於是」也。古者殷書爲成男成女名屬，升于公門，【補】殷，衆也。殷書，蓋户籍之名。成，成人者也。名，名字。屬，親屬。《周官》：「司民掌萬民之數，自生齒以上，皆書於版，異其男女，歲登下其死生。及三年大比，以萬民之數詔司寇。司寇及孟冬祀司民之日獻其數于王，王拜受之，登于天府。」此以氣食得節，作事得時，勸有功，【補】氣，稟也。今俗以此爲「雲气」字，更造「餼」行之。○「勸」上，《大訓》有「民」字。夏服君事不及暍，冬服君事不及凍，【補】暍，傷暑也。《淮南子》曰：「武王蔭暍人於樾下。」是故年穀不成，天之饑饉，道無殣者。【補】言民有餘蓄也。餓死爲殣。《春秋左傳》曰：「道殣相望。」在今之世，男女屬散，名不升於公門，此以氣食不節，作事不成，天之饑饉，於時委民，不得以疾死。【補】時，是也。委，棄也。言將以凍餓死也。此上答哀公問辭，下文乃終言司空之事。○「成」，《大訓》作「時」。是故立民之居，必於中國之休地。因寒暑之和，六畜育焉，

❶「事」，畿輔叢書本作「食」。

五穀宜焉。【補】休，美也。《周官・大司徒》曰：「日至之景，尺有五寸，謂之地中，天地之所合也，四時之所交也，風雨之所會也，陰陽之所和也。然則百物阜安，乃建王國焉。」《職方氏》曰：「豫州畜宜六擾，穀宜五種。」辨輕重，制剛柔，和五味，以節食時事。東辟之民曰夷，精以僥，至于大遠，有不火食者矣。南辟之民曰蠻，信以朴，至于大遠，有不火食者矣。西辟之民曰戎，勁以剛，至于大遠，有不火食者矣。北辟之民曰狄，肥以戾，至于大遠，有不火食者矣。【補】辟，偏也。僥，僞也。大遠，極遠也。四者析之爲異散文，亦通。故《春秋經》曰「齊侯伐北戎」。《詩》曰「因時百蠻，奄受北國」也。《王制》於「戎狄」言「不粒食」。○「辟」，音「僻」。及中國之民，曰五方之民，咸有安居和味，咸有實用利器，○宋本脱上「咸」字，「居」譌「民」，从《大訓》增改。知通之，【補】通其言語。信令之。【補】信著於民，故足以使令之。及量地度居，有城郭，立朝市，地以度邑，邑以度民，【補】「度」，讀曰「宅」。《尚書》：「宅西。五流有宅。三危既宅。」古文並爲「度」。宅，居也。言地以居邑，邑以居民也。○「度邑」之「邑」，宋本倒在「有城郭」上，从戴氏校本改。以觀安危。距封後利，先慮久固，【補】九里曰距，五十里曰封。此言營國也。春秋之時，晉人將居郇瑕沃饒而近鹽，韓獻子以爲不可，是後利之義。依固可守，爲奧可久，【補】阻山爲固，阻水爲奧。能節四時之事，霜露時降。方冬三月，草木落，庶虞藏，五穀必入于倉，【補】必入，言無有露積。○「入」，元本作「畜」。於時有事，蒸于皇祖皇考，【補】冬享曰蒸。蒸，進也。息國老六人，以成冬事。【補】息，亦食禮之屬。《鄉飲酒》曰：「息司正、國老、卿大夫致仕者。」民咸知孤寡之必不末也，【補】末，後也。謂春朝孤子。○「末」，宋本譌「未」，盧本作「失」，从《大訓》及元本改。咸知有大功之必進等也，【補】謂夏爵士。咸知用勞力之必以時息也。【補】謂秋冬食農息老。推而內之水火，入也弗之顧矣。○「內」，音「納」。「入」，宋本譌「人」，从盧本改。而況有强適在前，有君長正之者乎！」【補】言可以即戎矣。

「適」，讀曰「敵」，「燕義莫敢適」之義也。《史記・田單傳》：「適人開户」，並假借以爲「敵」字。　公曰：「善哉！」

凡一千三百七十七字。今補。

四代第六十八

公曰：「四代之政刑，論其明者，可以爲法乎？」子曰：「何哉！四代之政刑皆可法也。」【補】楊簡曰：「四代，虞、夏、商、周也。」公曰：「以我行之，其可乎？」子曰：「否，不可。臣願君之立知，而以觀聞也。【補】言公不能行，但可守其所知，以觀其所聞。　四代之政刑，君若用之，則緩急將有所不節，【補】四代之法，損益因時，若並用之，則文質寬猛，必不得其中。　不節，君將約之，約之卒將棄法，棄法是無以爲國家也。」【補】約，省也。法煩則省之，省之甚則廢。

公曰：「巧匠輔繩而斲，胡爲其棄法也？」【補】輔，依也。　子曰：「心未之度，習未之狎，此以數踰而棄法也。【補】於四代之政刑，思之未審，習之未熟，則數過其法。　夫規矩、準繩、鈞衡，此昔者先王之所以爲天下也。小以及大，近以知遠，今日行之，可以知古，可以察今，其此耶！【補】此六法之用也。鈞，權也。小大近遠，若重差互視之術。《周髀經》曰：「圓出於方，方出於矩，故折矩以爲句廣三，股脩四，徑隅五。禹之所以治天下者，此數之所生也。」　水、火、金、木、土、穀，此謂六府，【補】六者，民所取財用也，若府藏然。廢一不可，進一不可，【補】不可損益。　民並用之。今日行之，可以知古，可以察今，其此耶！【補】此六府之用。　昔夏商之未興也，伯夷謂此二帝之眇。」【補】伯夷，虞史也。二帝，堯舜也。眇，小也。伯夷嘗言此六法六府，爲堯舜之小政。○「二」，《大訓》及盧本作「三」，戴氏校本依後篇改「三常」。

公曰：「長國治民，恒幹論政之大體以教民，【補】幹，統也，讀如《劉向傳》「幹尚書」之「幹」。

辨歷大道，以時地性，興民之陽德，以教民事，【補】《周禮》曰：「以地産作陽德，以和樂防之。」上服周室之典，以順事天子，脩政勤禮，以交諸侯，大節無廢，小眇其後乎？」子曰：「否，不可後也。《詩》云『東有開明』，【補】金星附日而見，昏曰長庚，晨曰開明。今《詩》字爲「啟明」。此記或漢避孝景諱改。於時鷄三號，【補】《春秋》説夏以寅爲朔，殷以鷄鳴爲朔，周以夜半爲朔。以興庶虞，庶虞動，蜚征作。○《大訓》不叠「庶虞」。嗇民執功，【補】嗇民，農夫也。功，田功也。《書》曰：「辨秩東作。」百草咸淳，【補】咸，感也。淳，和也。感和氣而生也。地傾水流之。【補】春凍釋，水流傾溉百物。是以天子盛服朝日于東堂，【補】盛服，衮冕服也。《國語》曰：「大采朝日。」東堂，明堂東門之堂也。❶天子以正月朔日迎日東郊，反而禮日東堂，是謂春朝朝日也。每月之朔，亦朝日於路寢東門，❷其服殺，用玄端。以教敬示威于天下也。【補】饗禘皆所以爲威敬，唯言朝日者，舉見眇小不可後。是以祭祀昭有神明，燕食昭有慈愛，宗廟之事昭有義，率禮朝廷，昭有五官，無廢甲胄之戒，昭果毅以聽，【補】《春秋左傳》曰：「戎昭果毅以聽之之謂禮，殺敵爲果，致果爲毅。」天子曰崩，諸侯曰薨，大夫曰卒，士曰不禄，庶人曰死，昭哀。【補】鄭君《曲禮》注曰：「異死名者，爲人褻其無知，若猶不同然也。自上顛壞曰崩。薨，顛壞之聲。卒，終也。不禄，不終其禄。死之言澌也。精神澌盡也。」哀愛無失節，是以父慈子孝，兄愛弟教。此昔先王之所先施於民也。【補】施教於民，以此爲先。君而後此，則爲國家失本矣。」

公曰：「善哉！子察教我也。」【補】楊簡曰：「察，詳切也。」子曰：「鄉也，君之言善，執國之節也。【補】謂公所言時地性，教陽德，事天子，交諸侯，亦守國之大節。○「鄉」，音「向」。君先眇而後善，中備以君之言，可以知古，可以察今，奐然而興，民壹始。」【補】能先慎其小者，而後

❶「門」，學海堂本作「面」。
❷「路寢」，學海堂本作「東堂」。

以君所言備行之，則治興矣。奂然，新貌。言與民更始。○「之」，宋本譌「子」，从《大訓》改。公曰：「是非吾言也，吾一聞於師也。」【補】一，皆也。子吁焉其色曰：「嘻！君行道矣。」公曰：「道耶？」子曰：「道也。」○元本作「道由子而道也」。公曰：「吾未能知人，未能取人。」子曰：「君何爲不觀器視才。」公曰：「視可明乎？」子曰：「可以表儀。」【補】楊簡曰：「表，外也。即其外之儀狀，可以知其中。」公曰：「願學之。」子曰：「平原大藪，瞻其草之高豐茂者，必有怪鳥獸居之。【補】草喻表儀，鳥獸喻德。且草可財也，【補】其草中爲薪材，又喻表儀即可取也。「財」，古通以爲「材」字。如艾而夷之，其地必宜五穀。【補】「夷」，如「芟夷」之「夷」。地喻質美。○「艾」，音「刈」。高山多林，必有怪虎豹蕃孕焉；深淵大川，必有蛟龍焉。民亦如之，君察之，此可以見器見才矣。」

公曰：「吾猶未也。」子曰：「群然，威然，頤然，睪然，踖然，柱然，抽然，首然，僉然，湛然，淵淵然，淑淑然，齊齊然，節節然，穆穆然，皇皇然。【補】群然，可親。威然，可畏。頤，安也。睪，深思之貌。《家語》曰：「睪然高望而遠眺。」踖然，足容。柱然，身容。抽然，手容。首然，頭容。僉然，和也。湛然，靜也。淵淵，深也。淑淑，美也。齊齊，敬也。節節，飭也。穆穆，純也。皇皇，大也。凡此皆人之儀。○「威」，宋本譌「戚」，从《大訓》改。見才色脩聲不視，【補】才色，美色。脩聲，曼聲。聞怪物怪命不改志，【補】異色異言，聞而不驚，言能靜。○「怪命」，宋本譌「恪命」，从《大訓》改。舌不更氣。【補】慎言之至，口氣出入皆有常度。君見之舉也，得之取也，有事事也。【補】人能如此者，君見則舉之，得則取之，有事當任之。事必與食，食必與位，無相越踰。【補】與之禄位，必稱其事。無食浮於人，人浮於食。昔虞舜天德嗣堯，取相十有六人，如此。」【補】天德，盧君解在《少閒》。十六相，謂八元八愷。公曰：「嘻，美哉！子道廣矣。」曰：「由德徑徑，吾恐惛而不能用也，何以哉！」【補】「曰由德徑徑」，未詳，或當屬「何以哉」之下。蓋公言「惛不能用」，子答以「用之由德」，故下文公問「圖德」也。

公曰：「請問圖德何尚？」子曰：「聖，知之華也。知，仁之實也。仁，信之器也。信，義之重也。義，利之本也。委利生孽。」【補】委，積也。不尚義而積利，則生害。公曰：「嘻，言之至也。道天地以民輔之，聖人何尚？」【補】以，與也。子曰：「有天德，有地德，有人德，此謂三德。【補】《洪範》：「三德：一曰正直，二曰剛克，三曰柔克。」剛，天德也。柔，地德也。正直，人德也。三德率行，乃有陰陽，陽曰德，陰曰刑。」【補】春陽爲德，秋陰爲刑，天之經也。山剛積德，水柔積刑，地之形也。聖人法焉。故德以仁生，刑以義成。公曰：「善哉！再聞此矣。【補】前聞取人之法，今再聞此言。陽德何出？」子曰：「陽德出禮，禮出刑，【補】禮不能治，然後齊之以刑。刑出慮，慮則節事於近，而揚聲於遠。」【補】楊簡曰：「刑不可以不慎，故出慮。慮刑則事有節而不妄，仁聲遠聞。」公曰：「善哉！載事何以？」【補】載，行也。子曰：「德以監位，位以充局，局以觀功，功以養民，民於此乎上。」【補】監，莅也。官有分職曰局。《春秋左傳》曰：「離局，姦也。」上，尚也。公曰：「禄不可後乎？」子曰：「食爲味，味爲氣，○宋本脱此字。氣爲志，發志爲言，發言定名，名以出信，信載義而行之，禄不可後也。」【補】名，謂貴賤之號。

公曰：「所謂民與天地相參者，何謂也？」子曰：「天道以視，【補】在上人仰而瞻之。地道以履，【補】在下人踐而行之。人道以稽。【補】稽，同也。同之天地。廢一曰失統，恐不長饗國。」公愀然其色。子曰：「君藏玉，惟慎用之，雖慎敬而弗愛，【補】愛，吝也。民亦如之。【補】用人亦當慎之，而弗愛爵禄。執事無貳，五官有差，【補】差，等也。○「貳」，《大訓》作「貸」，古通用字。喜無並愛，卑無加尊，淺無測深，小無招大，【補】「招」，讀如「招人過」之「招」。葉公之《顧命》曰：「無以嬖御士，疾莊士、大夫、卿、士。」此謂楣機。【補】此取人之要，若門有楣，若弩有機。楣，門上梁受樞者也。機，弩牙也。楣機賓薦不蒙。【補】楣機既得，則賢者皆見賓禮薦用，無所蒙蔽。昔舜徵薦此道於堯，堯親用之，不亂上下。」

公曰：「請問民徵。」【補】驗人善惡之法。子曰：「無以爲也，難行。」【補】行之惟艱，無以問爲。公曰：「願學之，幾必能。」【補】幾，期也。子曰：「貪於味不讓，妨於政；願富不久，妨於政；【補】不久，無恒也。慕寵假貴，妨於政；【補】曾子曰：「君子不假貴而取寵。」治民惡衆，妨於政；【補】謂威虐其衆。爲父不慈，妨於政；爲子不孝，妨於政；大縱耳目，妨於政；【補】縱耳目之欲。好色失志，妨於政；好見小利，妨於政；【補】《論語》曰：「見小利則大事不成。」變從無節，妨於政；【補】變古易常，去此從彼，若安石用新法之流。○此「妨於政」，宋本脱，从高安本增。撓弱不立，妨於政；剛毅犯神，妨於政；鬼神過節，妨於政。【補】鬼神敬而遠之，犯則不敬，過節則瀆。幼勿與衆，【補】幼穉者，勿使莅衆。克勿與比，【補】忌克者，勿與相親比。依勿與謀，【補】依違者，不足與謀。放勿與游，【補】放縱者，不可與游處。徼勿與事。【補】子貢曰：「惡徼以爲知者。」臣聞之弗薦，非事君也。君聞之弗用，以亂厥德，【補】聞，聞上觀人之法也。薦，謂陳於君。○「薦」，宋本譌「慶」，从《大訓》改，下同。臣將薦其簡者。【補】更進言取人簡約之法。蓋人有可知者焉：貌色聲衆有美焉，必有美質在其中者矣；貌色聲衆有惡焉，必有惡質在其中者矣。【補】衆，皆也。此所謂以其表儀觀器視才。此者，伯夷之所後出也。」○「者」，高安本作「皆」。「後出」，似字誤。子曰：「伯夷建國建政，脩國脩政。」【補】造始曰建，增舊曰脩。○「夷」下，《大訓》有「曰」字。舊本云：「脩」，一作「循」。公曰：「善哉！」

凡一千二百九十字。今補。

虞戴德第六十九

公曰：「昔有虞戴德，何以？【補】問民戴舜之德，何以致之。深慮何及？高舉安取？」【補】其慮遠也，何所及；其高法也，何所取。子曰：「君以聞之，唯丘無以更也。君之聞，如未成也，【補】如，而也。君聞之而未備。○「君以」之「以」，《大訓》作「已」。案：「以」，篆文本爲「㠯」，隸變爲「已」，秦刻石「㠯」旁加「人」，隸變爲今「以」字，故諸書或用「已」，或用「以」，寔皆一字。黄帝慕脩之曰明。【補】舜能慕黄帝之法而述脩之，故稱明也。《樂記》曰：「述者之謂明。」○舊本云：「脩」，一作「循」。法于天明，開施教于民，【補】言法天之明道，以開布政教于百姓也。《春秋左傳》曰：「則天之明。」行此以上明于天化也，物必起，是故民命而弗改也。」【補】起，猶《中庸》云：「明則動，動則變。」

公曰：「善哉！以天教于民，可以班乎？」【補】班，齊也。子曰：「可哉！雖可而弗由，此以上知所以行斧鉞也。【補】雖可教而民或弗從，故上知之君不能無刑誅也。○知，去聲。父之於子，天也；君之於臣，天也。有子不事父，有臣不事君，是非反天而到行耶？故有子不事父，不順；有臣不事君，必刃。【補】不順，治以𠫓子之刑也。《説文解字》曰：「𠫓，不順忽出也。从到古文子。」《易》曰：「𠫓如其來如，焚如死如棄如。」言子不順父，其刑焚也。《周禮》：「凡殺其親者，焚之。」刃，殺也。○「到」，即「倒」字。案：「倒」本無「人」傍，《説文》新附。順天作刑，地生庶物。【補】天尊而地親。義順天，仁順地。是故聖人之教于民也，率天如祖地，能用民德，是以高舉不過天，深慮不過地，【補】如，而也。質知而好仁，❶能用民力。此以三常之禮明，而名不塞。禮失則壞，名失則惛。【補】三常，天地人之常道。名，命號也。塞，過也。是故上古不諱，

❶「知」，學海堂本作「直」。

正天名也。【補】從天之質。天子之宮四通，正地事也。【補】明堂路寢，闢四門，達四方。《白虎通義》曰「門四出何？以通方」也。故《禮・三朝記》曰「天子之宮四通。」○「宮」，宋本譌「官」，從《白虎通》所引改。今《白虎通》亦無此文，見《太平御覽》。天子御珽，諸侯御荼，大夫服笏，正民德也。【補】凡位不同，服各有異。唯言圭笏，舉一隅耳。《玉藻》曰：「天子搢珽，方正於天下也。諸侯荼，前詘後直，讓於天子也。大夫前詘後詘，無所不讓也。」《相玉書》云：「珽玉六寸，明自炤。」或以爲天子執冒四寸，篆文「丣」「卯」字相似，「珽」即「冒」矣。荼，杼也。諸侯圭博三寸，杼上左右各寸半，大夫笏中博三寸，上下皆杼六分而去一。歛此三者而一舉之，戴天履地，以順民事。【補】歛，總也。舉，行也。天子告朔於諸侯，率天道而敬行之，以示威於天下也。【補】何氏《春秋傳解詁》曰：「諸侯受十二月朔政于天子，藏于太祖廟。每月朔朝廟，使大夫南面奉天子命，君北面而受之。」諸侯內貢於天子，率名斅地實也。【補】「斅」，讀爲「效」，致也。《春秋穀梁傳》曰：「古者諸侯時獻於天子，以其國之所有。」○「內」，音「納」。是以不至必誅。【補】誅，責也。《孟子》曰：「一不朝，則貶其爵；再不朝，則削其地；三不朝，則六師移之。」諸侯相見，卿爲介，【補】公九介，侯伯七介，子男五介。唯上介，卿也。○「介」，宋本譌「分」，从盧本改。古書「介」爲「个」，與「分」相似。「卿」上，《御覽》引此文有「治」字。以其教士畢行，【補】教士，貢士也。《射義》曰：「諸侯歲獻貢士于天子，天子試之于射宮。」舊說：大國三人，次國二人，小國一人。使仁守，【補】《春秋穀梁傳》曰：「知者慮，義者行，仁者守，有此三者，然後可以出會。」楊士勛說：「知者爲司徒，義者爲司馬，仁者爲司空也。」○「仁」下，《御覽》有「者」字。會朝于天子。天子以歲二月爲壇于東郊，【補】壇，射宮也。東郊，就陽位也。《考工記》曰：「張皮侯而棲鵠，則春以功。」功，貢也。《小行人》：「令諸侯春入貢。」於入貢時，遂貢教士，若後世計偕，天子因與之射，以觀其能否也。《漢五行志》曰：「春而大射，以順陽氣。」建五色，設五兵，【補】《春秋穀梁傳》曰：「天子救日，置五麾，陳五兵。」然五色亦謂麾也。《覲禮》曰：「公侯伯子男，皆就其旂而立。」具五味，【補】將射，必先行饗禮。陳六律呂，奏五聲，【補】以樂爲射節，王奏《騶虞》，九終；

諸侯《貍首》，七終；大夫《采蘋》，士《采蘩》，五終。○「呂」，舊誤作「品」，今校改。聽明教。【補】明教，誓也。《大射儀》：「司射西面誓之曰：『公射大侯，大夫射參，士射干。射者非其侯，中之不獲。卑者與尊者爲耦，不異侯。』太史許諾。」此諸侯之詞，王禮未聞。置離，【補】離，耦也。王射以六耦，諸侯四耦，大夫、士三耦。凡二人偶曰離。《曲禮》曰：「離坐離立。」《漢律》曰：「離載下帷。」楚公子圍使二人執戈，謂之離衛。抗大侯規鵠，【補】抗，張也。大侯，虎侯也。規，度也。鵠，侯中棲皮也。王大射，以貍步張三侯：虎侯九十，熊侯七十，豹侯五十。虎侯之崇見鵠于熊，熊見鵠于豹，豹下不及地武。豎物。【補】豎，立也。物，獲旌也。《鄉射記》曰：「各以其物獲。」○「豎」，宋本譌「堅」，从《大訓》改。九卿佐三公，三公佐天子。天子踐位，諸侯各以其屬就位，【補】其位，射人有之。三公北面，孤東面，卿大夫西面，諸侯在朝，則皆北面。乃升諸侯之教士。○宋本疊出「諸侯」，从《御覽》删。教士執弓挾矢，揖讓而升，【補】縮矢于弦，側持之，曰執。橫矢于弣，方持之，曰挾。○「挾」，音「浹」。履物以射。【補】物，以丹若墨度地午畫之，縱三尺，橫尺二寸，上射於右，下射於左。《鄉射記》曰：「物長如笴，其閒容弓。」鄭君曰：「射時所立處也。」謂之物者，物猶事也，君子所有事也。其地心端色容正，○「地」字衍。時以斆伎。【補】容比於禮，節比於樂，謂之時。伎，能也。時有慶以地，不時有讓以地。【補】慶，賞也。讓，責也。《射義》曰：「數有慶而益地，數有讓而削地。」天下之有道也，有天子存；國之有道也，君得其正；家之不亂也，有仁父存。是故聖人之教于民也，以其近而見者，稽其遠而明者，【補】故觀于射，而知諸侯之習不習於禮樂也。天事曰明，地事曰昌。【補】明照物，昌育物。人事曰比，兩以慶。【補】兩，即天地也。慶，善也。言合天地之道以爲善。○古讀「明」如「盲」，「慶」如「羌」，與「昌」爲韵。違此三者，謂之愚民，愚民曰姦，姦必誅。是以天下平而國家治，民亦無貸。○「貸」，音「忒」。居小不約，居大則治，衆則集，寡則繆，【補】小，小國。大，大國。衆寡，謂民多少也。約，困也。繆，古通以爲「穆」字。集、繆，皆和也。《孟子章指》曰：「上下和親，君臣集穆。」祀則得福，以征則服，【補】子曰：「我戰則克，祭則受福，蓋得其道矣。」此唯官民之上德也。」【補】官民，猶言君人也。《管子》曰：「爲人君者，脩官上之道。」

公曰：「三代之相授，必更制典物，道乎？」【補】謂若正朔三而改，文質再而復。子曰：「否。猷德【補】「猷」，古通以爲「由」字。德，謂五行之德。言三代更制，各由其德，異德相變，同德則否。舜與黄帝皆土德，故慕脩之，不更制也。保保惛乎前，以小繼大，變民示也。」【補】「保保」，當爲「桀紂」字形之誤。言桀紂惛亂，湯武以諸侯繼天子，故必變易前制，以新民視也。今之字，以目視物作「視」，以物示人作「示」，古不别用。鄭君《昏禮》注曰：「『視』乃正字，今文作『示』，俗誤行之。」《詩·鹿鳴》箋曰：「『視』，古『示』字也。」然則漢時人當用「視」者，多省「見」爲小「示」字。公曰：「善哉！子之察教我也。」子曰：「丘於君唯無言，言必盡，【補】不言則已，言無不盡。於他人則否。」公曰：「教他人則如何？」子曰：「否。丘則不能。昔商老彭及仲傀，政之教大夫，官之教士，技之教庶人，【補】包咸曰：「老彭，殷賢大夫。」仲傀，即湯左相仲虺，《史記》作「中𤳳」。《荀子》作「中蘬」，皆轉寫字異。教大夫以爲政，士以服官，庶人以執技，蓋子之教如此。謙言非己所能，竊比於老彭、仲傀。《傳》曰：「先聖王之傳，恭猶不敢專，稱曰自古。古曰在昔，昔曰先民。」此之謂也。揚則抑，抑則揚，【補】楊簡曰：揚則太過，故必抑之；抑則不及，故必揚之。皆使無失中。綴以德行，不任以言。【補】綴，表也。庶人以言，猶以夏后氏之袝懷袍褐也，行不越境。」【補】袝，盛服也。袍，大襡。褐，毛布，賤者之服也。喻人之以言者，雖飾於外，無實於内，其行不遠。○「庶」上，《大訓》有「任」字。

公曰：「善哉！我則問政，子事教我。」【補】楊簡曰：子乃事事教我。子曰：「君問已參黄帝之制，制之大，禮也。」公曰：「先聖之道，斯爲美乎？」子曰：「斯爲美。雖有美者，必偏屬於斯。【補】偏，亦屬也。《春秋左傳》曰：「舉其偏。」昭天之福，迎之以祥；作地之穡，制之以昌；興民之德，守之以長。」【補】祥，善也。終言率天祖地，以順民事。○「穡」，宋本譌「福」，从

《大訓》改。公曰：「善哉！」

凡七百八十字。「八十」，當是「六十」之誤。

誥志第七十

公曰：「誥志無荒，以會民義，【補】楊簡曰：誥者，所以誥諭臣民之典令。志者，所以記録庶事之書志。❶ 齊戒必敬，會時必節，犧牲必全，齊盛必潔，上下禋祀，外内無失節，其可以省怨遠災乎？」○「齊盛」，音「粢成」。 子曰：「丘未知其可以省怨也。」公曰：「然則何以事神？」子曰：「以禮會時。夫民見其禮，則上下不援，不援則樂，樂斯毋憂，以此怨省而亂不作也。【補】魯人之祭也，宫縣而白牡，設朱干，擊玉磬，僭天子之禮，季氏亦歌《雍》舞八佾，陪臣陽虎從祀僖公，此民不見禮，上下相援之驗也。故以是戒之。不援則樂，猶均無貧、和無寡、安無傾之意。○「援」上兩「不」字，宋本並脱，从《大訓》增。「毋」，戴氏校本改「無」。「以此」，《大訓》作「此以」。 夫禮會其四時，四孟、四季，五牲、五穀，順至必時其節也，丘未知其可以爲遠災也。」○《大訓》「節」下無「也」字，「以」下無「爲」字。

公曰：「然則爲此何以？」子曰：「知仁合則天地成，天地成則庶物時，庶物時則民財儆，【補】儆，聚也。《方言》曰：「凡會物謂之儆。」○「儆」，宋本譌「敬」，注云：「一作『欲』」，从《大訓》改。 民財儆以時作，時作則節事，節事以動衆，動衆則有極。【補】作，用也。極，中也。○宋本叠出「動衆」，从《大訓》删。 有極以使民則勸，勸則有功，有功則無怨，無怨則嗣世久，世久唯聖人。○宋本不叠出「世久」，从《大訓》增。 是故政以勝衆，非以陵衆；衆以勝事，非以傷事；事以靖民，非以徵民。【補】勝，任也。靖，治也。徵，徵發煩擾之。○勝，平聲。 故地廣而民衆，非以爲災，長之禄也。【補】嗣世長久之福也。 丘聞周太史曰：【補】《曾子問》篇每云「吾聞諸老

---

❶ 「録」，學海堂本作「載」。

聃」，《史記》曰：「老子，周守藏室之史也。」『政不率天，下不由人，則凡事易壞而難成。』○「下」，《史記》作「又」，《大訓》無。虞史伯夷曰：【補】引之言率天之事。『明，孟也。幽，幼也。【補】孟，長也。明爲陽，幽爲陰，陽先陰後，長幼之義。明幽，雌雄也。雌雄迭興，而順至正之統也。』日歸于西，起明于東；月歸于東，起明于西。【補】《禮器》曰：「大明生于東，月生于西。」《參同契》説「納甲術」云：「三日出，爲爽。震庚受西方，八日兑受。丁上弦平如繩，十五乾體就盛，滿甲東方。」此謂「月起明于西，歸于東」也。虞夏之曆，正建于孟春，【補】以朔旦立春，七政俱起營室爲曆元，與周曆起冬至者異也。○《晉書》引此文「正」在「建」下。於時冰泮，發蟄，百草權輿，瑞雉無釋。【補】權輿，始也。《史記·曆書》云：「百草奮興，秭鳺先滜。」「無釋」並形誤。《周易》「無咎」字爲「无」，與「先」相近。滜，鳴也。《小正》所謂「雉震呴」。物乃歲俱生于東，以順四時，卒于冬方。【補】言萬物與歲俱起于春，盡于冬也。冬方，北方也。○「以」，《史記》作「次」。「方」，宋本譌「萬」，因「万」之轉也，从《大訓》改，盧本依《史記》作「分」。於時鷄三號，卒明。【補】徐廣曰：「卒，斯也。」司馬貞曰：「三號，三鳴也。」夜至鷄三鳴，則天曉，乃始爲正月一日，言異歲也。載于青色，撫十二月，節卒于丑。【補】載，始也。青，春色也。張守節曰：「撫，猶循也。」日月成歲，【補】中數曰歲，朔數曰年。曆再閏以順天道，此謂虞汁月。【補】五歲再閏，則一巡守。協時月正日以順天道，此謂有虞氏汁月之法。汁，亦協也。○「汁」，音「叶」。「虞」上，宋本衍「歲」字，从《大訓》删。高安本作「歲餘計月」。天曰作明，日與惟天是戴；地曰作昌，日與惟地是事；人曰作樂，日與惟民是嬉。【補】日，猶日日也。嬉，猶熙熙也。與，語辭。民之動能，不遠厥事；民之悲色，不遠厥德。【補】「悲色」，當爲「斐色」，言好色不淫也。「斐」即「妃」字。《蜀都賦》曰：「娉江斐。」○「能」，古音「耐」，與「事」爲韻。此謂表裏時合，物之所生，而蕃昌之道如此。【補】表裏，内外也。民事勤於外，婦不淫於内，則能生財蕃昌。○「表裏」，《大訓》作「表表裏裏」。天生物，地養物，物備興而時用常節，曰聖人。○「時」，《大訓》及高安本作「日」。主祭於天，曰天子。天子崩，步于四川，伐于四山，【補】步者，禜說之祭名。《周禮》：「春秋祭酺，故書爲『步』。」漢祀有人鬼之步、蝝螟之步。四川，江、淮、河、濟也。四山，衡、岱、恒、華也。伐，伐其材也。《檀弓》曰：「虞人致百祀之木，可以爲棺槨者斬之。」○「伐」，宋本譌「代」，从《大訓》改。卒葬曰帝。【補】卒葬，終葬也。《曲禮》曰：「措之廟，立之主，曰帝。」天作仁，地作富，人作治，樂治不倦，財富時節，是故聖人嗣則治。文王治以俟時，【補】俟時，謂服事殷也。《乾元序制記》曰：「文王用其不倦，武發脩其質素。」湯治以伐亂，禹治以移衆，衆服以立天下。【補】移衆，化民也。《緇衣》曰：「禹立三年，百姓以仁遂焉。」堯貴以樂治，【補】無爲而治。時舉舜，舜治以德使力。【補】時，是也。在國統民如恕，在家撫官而國，【補】如，而也。而，如也。君統民而能恕，大夫撫私臣如在國。安之勿變，勸之勿沮，民咸廢惡如進良，上誘善而行罰，百姓盡於仁而遂安之，此古之明制之治天下也。【補】誘，進也。○「誘」，《大訓》作「撫」。仁者爲聖，貴次，力次，美次，射御次，【補】聖人先德而後爵，尚功而賤藝，故貴不如仁，力不如貴，美不如力，射御不如美也。美謂才美。古之治天下者必聖人。聖人有國，則日月不食，【補】日月之道，經緯同度，於是有食。曆象之常，可推而知。然人事愆于下，天譴見于上，則有頻食，有不以朔食，有不入交限而食。聖人有國，日月不食者，非無食也。七政順行，二儀貞明，無不當食而食者耳。星辰不孛，【補】孛，彗類。《春秋經》曰：「有星孛于大辰。」○「孛」，宋本譌「勃」，从《大訓》及高安本改，與《文選·賢良詔》注引此文合。朱本、盧本有「隕」字，「勃海」屬下讀，謬也。海不運，【補】運，改其道也。若瀆言移，河言徙。河不滿溢，川澤不竭，山不崩解，陵不施，【補】解，坼也。施，讀爲「阤」，小崩也。○「施」，《賢良詔》注作「絶」。「施」下，朱本、盧本衍「谷」字。川谷不處，深淵不涸。【補】楊簡曰：處，止也。壅而止也。○「谷」，宋本譌「浴」，从戴氏校本改。《大訓》作「洛」，亦誤。「涸」，《太平御覽》引此文作「涌」。於時龍至不閉，鳳降忘翼，鷙獸忘攫，爪鳥忘距，【補】不閉，不絶也。忘翼，不飛去也。鷙獸，貔貅之屬。爪鳥，鷹隼之屬。忘攫、忘距，皆言不搏殺。○「忘」，《大訓》並作「亡」。蠭蠆不螫嬰兒，【補】蠍短尾者謂之蠆。蚉蝱不食夭駒，【補】《説文解字》曰：「蝱，齧人飛蟲也。」凡物幼曰夭，馬幼曰駒。○「蚉」，「蚊」字。雒出服，河出圖。【補】雒，洛水也。舊説光武都洛陽，以漢火德，畏水，始用「雒」字。服，馬也。《詩》曰：「兩服上襄。」衛有馬名啟服。圖書靈異之物，不必河恒出馬，雒恒出龜，故於雒言服，亦互見之。《漢・五行志》曰：「虙羲氏繼天而王，受河圖，則而畫之，八卦是也。禹治洪水，賜雒書，法而陳之，《洪範》是也。」先儒皆以《洪範》「五行」以下至「六極」，即龜書本文。天生神物，自然成字，希世之符，非可以常理徵測。晉時僞《古文傳》興，始云「龜列于背，有數至于九」。宋人因創列黑白點位，以爲雒書，又取五行生成之數，以爲河圖，尤失其實。盧君説《明堂》「九室」云「法龜文」，亦由惑信古文，取異前哲。自上世以來，莫不降仁。【補】所陳諸瑞，自古以來，無不降於仁者。國家之昌，國家之臧，信仁。是故不賞不罰，如民咸盡力，車不建戈，遠邇咸服，【補】如，而也。兵車建戈於輢，乘車則否。○「服」，古音「僰」。胤使來往，地賓畢極，【補】楊簡曰：「胤，繼也。使者相繼往來。」廣森謂：地賓，讀如《詩》「率土之濱」，言無遠弗至也。無怨無惡，率惟懿德。【補】《洪範》曰：「無有作惡，遵王之路。」此無空禮，無空名，【補】禮以仁行之，名以仁居之。賢人並憂殘毒以時省，【補】憂，讀爲「優」。《今文尚書》曰：「優賢揚歷，省察而去之也。」○《大訓》無「毒」字。舉良良，舉善善，【補】舉良則民莫不良，舉善則民莫不善。恤民使仁，日敦仁賓也。【補】楊簡曰：「凡四方之賓來敦於王庭者，亦皆仁人也。」

凡七百七十七字。今補。

大戴禮記補注卷之十

文王官人第七十一

王曰：「太師！【補】《逸周書》曰：「成王訪周公以民事，周公陳六徵以觀察之，作《官人》。」此《記》題爲《文王官人》，則「王曰」者，謂文王也。太師，蓋尚父也。與彼不合。慎維深思，内觀民務，察度情僞，謂視中觀隱也。變官民能，歷其才藝，試以衆位，歷觀其才也。女惟敬哉！女何慎乎非倫，倫，理次也，宜所慎。【補】言非倫則何所慎也，猶《吕刑》云「何擇非人」。倫有七屬，屬有九用，用有六徵：○「徵」，宋本譌「微」，从元本改。一曰觀誠，二曰考志，三曰視中，四曰觀色，五曰觀隱，六曰揆德。」其説在下。○《周書》「志」作「言」，「中」作「聲」。

王曰：「於乎！女因方以觀之。【補】總下六事。富貴者，觀其禮施也；觀其禮及其施。《曲禮》曰：「積而能散。」○「禮」上，《周書》有「有」字。貧窮者，觀其有德守也；觀其德與其守。孔子曰：「君子固窮。」嬖寵者，觀其不驕奢也；隱約者，觀其不懾懼也。《曲禮》曰：「富貴而知好禮，則不驕不淫；貧賤而知好禮，則志不懾。」其少，觀其恭敬好學而能弟也；其壯，觀其潔廉務行而勝其私也；其老，觀其意憲慎强其所不足而不踰也。孔子射矍相之國，蓋觀者如堵牆，使公罔之裘、序點揚觶而語。公罔之裘揚觶而語曰：「幼壯孝弟，耆耋好禮，不從流俗，修身以俟死者，不在此位也。」蓋去者半，處者半。序點又揚觶而語曰：「好學不倦，好禮不變，旄期稱道不亂者，不在此位也。」蓋厲有存者。【補】憲，法也。《學記》曰：「發慮憲。」所不足，老者力不足也。○《周書》云：「其老者，觀其思慎而□彊，其所不定者，觀其不踰。」父子之閒，觀其孝慈也；兄弟之閒，觀其和友也；君臣之閒，觀其忠惠也；父慈子孝，兄友弟和，君惠臣忠也。鄉黨之閒，觀其信憚也。信而敬憚。○「憚」，《周書》作「誠」。省其居處，觀其義方；

省其喪哀，觀其貞良；○《立事》注引此文作「省其喪，觀其貞良」也。省其出入，觀其交友；省其交友，觀其任廉。任，以信相親也。考之，以觀其信；絜之，以觀其知；【補】絜，度也。《莊子》曰：「絜之百圍。」○「絜」，宋本譌「挈」，从元本改。《周書》云：「設之以謀。」示之難，以觀其勇；煩之，以觀其治；○「煩」之下，《周書》有「以事」二字。淹之以利，以觀其不貪；【補】《儒行》：「淹之以樂好。」鄭君曰：「淹，謂浸漬之。」藍之以樂，以觀其不寧；藍，猶濫也。【補】寧，傷也。《春秋左傳》曰：「不有寧也。」○《周書》「藍」作「濫」，「寧」作「荒」。喜之以物，以觀其不輕；怒之，以觀其重；【補】喜怒不形，則內重不輕佻也。○《周書》無「以物」字，「不」字。醉之，以觀其不失也；縱之，以觀其常；○《周書》云：「醉之酒，以觀其恭；從之色，以觀其常。」遠使之，以觀其不貳；邇之，以觀其不倦；【補】小人近之則不遜，遠之則怨。○《周書》無「使」字，「邇」作「昵」，「倦」作「狎」。探取其志，以觀其情；考其陰陽，以觀其誠；陰陽，謂隱顯也。覆其微言，以觀其信；【補】覆，讀如「言可復也」之「復」。微言，小言也。小者亦信，大者可知。○《周書》「其微」作「微其」，「信」作「精」。曲省其行，以觀其備成。○「成」字衍，《周書》無。此之謂觀誠也。【補】呂不韋書「八觀六驗」之法，蓋取諸此。

「二」曰：方與之言，以觀其志。志殷如淺，殷，盛也。淺，蓋「深」字。【補】如，而也。○「如淺」，《周書》作「以淵」。其氣寬以柔，○《周書》云：「其器寬以悌。」其色儉而不諂，其禮先人，其言後人，見其所不足，曰日益者也。言日就也。如臨人以色，高人以氣，賢人以言，○「如」，《周書》作「好」。防其不足，不欲見之。【補】防，蔽也。○「其」下，《周書》有「所」字。伐其所能，曰日損者也。○「伐」，《周書》作「發」。其貌直而不侮，其言正而不私，○「侮」，宋本譌「傷」，从元本改，《周書》作「止」。不飾其美，不隱其惡，不防其過，如日月之食。曰有質者也。【補】質，實也。其貌固嘔，其言工巧，嘔以躭色下人，謂形柔而人苟。○《周書》「固」作「曲」，「嘔」作「媚」，戴氏校本改「嫗」。 飾其見物，務其小徵，有浮淺之事則工飾之，而務尚其小成。○「徵」，宋本譌「微」，《周書》作「證」。 以故自說，言以事自解說。 曰無質者也。 喜怒以物而色不作，煩亂之而志不營，營，猶亂也。○《周書》「作」作「變」，「之」作「以事」，下同。 深道以利而心不移，道也者，導也。 臨懾以威而氣不卑，曰平心而固守者也。 喜怒以物而變易知，煩亂之而志不裕，示之以利而易移，臨懾以威而易懾，曰鄙心而勢氣者也。【補】勢氣，猶傳言客氣。○下「臨懾」，宋本譌「臨攝」。《周書》「變」上有「心」字，無「知」字，「裕」作「治」，「示」作「導」，「易移」作「心遷移」，「易懾」作「氣慄懼」，「勢」作「假」，盧本亦作「假」。 執之以物而遫決，驚之以卒而度料，言引之以卒然之事，而能應時度焉。○「決驚」，宋本倒作「驚決」，从戴氏校本改。《周書》「執」作「設」，「料」作「應」。 不學而性辨，曰有慮者也。【補】性辨，生而能辨也。○《周書》云：「不文而辯。」 難投以物，難說以言，物，事。○《周書》「投」作「決」，「言」作「守」。 知一如不可以解也，言因一端。【補】如，而也。○《周書》云：「一而不可變。」 困而不知其止，無辨而自慎，【補】慎，古通以爲「順」字。《保傅》曰：「以其前爲慎於人也。」自順，謂順非也。 曰愚怒者也。 謂闇狠也。○「怒」，盧本作「戇」。 營之以物而不虞，虞，度也。至則攻辨之，不豫計度。○「虞」，《周書》作「誤」。 犯之以卒而不懼，置義而不可遷，○「之」，宋本譌「人」，「懼」上脱「不」字，从盧本增改。 臨之以貨色而不可營，○「貨」，宋本譌「貸」。「不可營」，《周書》作「不過」。 曰潔廉而果敢者也。 果敢，謂不虞不懼也。 潔廉，謂不營於貨色。 置義而不可遷，則兼之也。○《周書》無「潔廉而」三字。 易移以言，存志不能守錮，【補】錮，堅也。○《周書》云：「志不能固。」 已諾無斷，言止慎諾於人，又不能自裁斷。 曰弱志者也。 順與之弗爲喜，非奪之弗爲怒，沈靜而寡言，多稽而儉貌，曰質靜者也。 稽，考也。 辨言而不固行，【補】言僞而辨，又不果行。○《周書》云：「屏言弗顧。」 有道而先困，自慎而不讓，當如强之，

【補】當，任也。言强任之。○《周書》云：「自順而弗護，非是而彊之。」曰始妬誣者也。謂始妬賢誣善。○「始」字疑與「妬」相似而衍，戴氏校本删。微清而能發，謂攻發幽隤也。○「微」，宋本譌「徵」。「清」當作「隤」，《周書》無此字，戴氏校本改「情」。察度而能盡，曰治志者也。華如誣，○「如」，《周書》作「而」。巧言、令色、足恭，一也，皆以無爲有者也。孔子曰：「巧言令色，鮮矣仁。」此之爲考志也。考度其志。○「爲」，戴氏校本改「謂」。

「三曰：誠在其中，此見於外，此，上之諸志。【補】此，斯也。○「此」，《周書》作「必」。以其見，占其隱，案其陽，察其陰。以其細，占其大，據其小，省其大。○此十二字，與下文相複，《周書》無之。以其聲，處其氣。聽處其聲氣也。○「氣」，《周書》作「實」。初氣生物，與物在於胞胎。○「生」，宋本譌「主」，从盧本改。物生有聲，聲有剛有柔，有濁有清，有好有惡，咸發於聲也。心氣華誕者，其聲流散；心氣順信者，其聲順節；心氣鄙戾者，其聲斯醜；心氣寬柔者，其聲温好。「嘶」當聲誤爲「斯」。《春秋左傳》曰：「蜂目豺聲，忍人也。」夫音之美惡尚通於金石，而况於身乎。○「斯」，宋本依《註》作「嘶」，从盧本改。案《内則》注：「沙，猶斯也。」《正義》曰：「斯，謂酸嘶。古之『嘶』字，單作『斯』耳。」若然，「斯醜」亦非聲誤。信氣中易，【補】中正平易。義氣時舒，義者剛，其氣亦充，故舒縦也。智氣簡備，簡，通。○「智」，《周書》作「和」。勇氣壯直。聽其聲，處其氣，考其所爲，觀其所由，察其所安，○《周書》無此句，以前後文義例之，似後人因《論語》妄加。以其前，占其後，以前行，占後行。以其見，占其隱，以其小，占其大，此之謂視中也。

「四曰：民有五性，喜怒欲懼憂也。喜怒欲懼憂，以其俱生於人而有常，故亦謂之性也。此五者之性，人心兼盡。○「性」，《周書》作「氣」。喜氣内畜，雖欲隱之，陽喜必見；怒氣内畜，雖欲隱之，陽怒必見；欲氣内畜，雖欲隱之，陽欲必見；懼氣内畜，雖欲隱之，陽懼必見；憂悲之氣内畜，雖欲隱之，陽憂必見。五氣誠于中，發形于外，民情不隱也。○「不」下，《周書》有「可」字。喜色由然以生，「由」當爲「油」。油然，新生好貌。怒色拂然以侮，欲色嘔然以偷，偷，苟且也。言惟求悦人。懼色薄然以下，憂悲之色纍然而静。《玉藻》曰「喪容纍纍」也。○「纍」，《周書》作「瞿」。誠智，必有難盡之色；誠仁，必有可尊之色；誠勇，必有難懾之色；誠忠，必有可親之色；誠絜，必有難污之色；誠静，必有可信之色。【補】難盡，接給不窮也。《表記》曰：「君子衰絰則有哀色，端冕則有敬色，甲胄則有不可犯之色。」質色皓然固以安，僞色縵然亂以煩，【補】皓，顯也。縵，紛也。雖欲故之中，色不聽也。言雖欲故隱之於中，而無奈色見於外，故「子夏問孝，子曰『色難』」，是以君子戒慎不失色於人也。○「故」，《周書》作「改」。雖變可知，此之謂觀色也。

「五曰：生民有霒陽，言人含陰陽之氣，生而有知，有知故生機僞也。○「霒」，宋本譌「靈」，从元本改。案：《説文》「霒」正「陰」字，从雲今聲。人有多隱其情，飾其僞，以賴於物，以攻其名也。【補】賴，託也。攻，爲也。○《周書》無「有」字。有隱於仁質者，○「質」，《周書》作「賢」。有隱於知理者，有隱於文藝者，有隱於廉勇者，有隱於忠孝者，有隱於交友者。如此者，不可不察也。小施而好大得，小讓而好大事，○「事」字誤，《周書》作「争」。言願以爲質，「愿」當聲誤爲「願」也。僞愛以爲忠，面寬而貌慈，假節以示人，假節，假仁質之節。故其行以攻其名，故其行者，故爲是行。○《周書》「故」作「尊」，「行」作「得」，「攻」作「改」。如此者，隱於仁質也。推前惡，忠府知物焉。謂有詢義之攻其所不知者，則推援於人，而待以爲忠府，而形貌又如曉然也。【補】「忠府」，當爲「思附」字形之誤。知物，猶知人也，推求人之舊惡而非訐之，因思自附於知人者也。首成功，少其所不足，謂有先功者因首之，有不足者因薄之，詐以爲知。慮誠不及，佯爲不言，內誠不足，色示有餘，故知以動人，自順而不讓，及其所不知正也。觀人之動，因執爲意，而不推讓於人也。錯辭而不遂，莫知其情，本非其意，故辭情不終。《詩》云：「虵虵碩言，出自口矣。」○《周書》無「故知以動人」及「莫知其情」九字。如是者，隱於知理者也。素動人以言，謂先偏習之，及於衆前，爲方欲陳説也。【補】素，空也。涉物而不終，務廣聞而不究其言也。問則不對，詳爲不窮，○「詳」，朱本作「佯」，古通用字。色示有餘有道而自順用之，物窮則爲深，妄言深遠。○「有」，《周書》作「假」。如此者，隱於文藝者也。廉言以爲氣，苟作廉言，以見佚氣自然。○《周書》作「□言以爲廉」。驕厲以爲勇，内恐外悴，無所不至。言苟自驕厲，持以爲勇，終必恐懾，而更至恭佞也。○「悴」，元本作「悖」。《周書》「驕」作「矯」，「悴」作「誇」，無末四字。敬再其説，以詐臨人，○「敬再」字誤，《周書》作「亟稱」。如此者，隱於廉勇者也。自事其親，好以告人，乞言勞醉而面於敬愛，醉，言悴也。【補】乞，求也。求人言其勞悴，以爲孝名也。飾其見物，故得其名，名揚於外，不誠於内，伐名以事其親戚，【補】伐，誇也。親戚，父母也。曾子曰：「親戚既殁。」以故取利，以如此故，要取其利。分白其名，以私其身，【補】君子善則歸親，過則歸己，分白其名者，蓋反之也。○《周書》云：「自以名私其身。」如此者，隱於忠孝者也。陰行以取名，陰行，謂竊求諸人也。比周以相譽，迭相親比，交相談譽。明知賢可以徵，與左右不同而交，交必重己，言知其賢而不與交，交必取其重己者也。○《周書》「與」作「而」，疊出「不同」字。心説之而身不近之，身近之而實不至，而懽忠不盡，懽忠盡，見於衆而貌克，雖盡其忠懽，及衆人之前猶相克争。【補】克，勝也。與人懽忠，暴見於外，而誠不至，故貌勝其情也。如此者，隱於交友者也。此之謂觀隱也。

「六曰：言行不類，終始相悖，陰陽克易，【補】内外能變。外内不合，雖有隱節見行，曰非誠質者也。隱節，隱於仁質之等。【補】隱，揜其短也。見，暴其長也。○「隱」，《周書》作「假」。其言甚忠，其行甚平，其志無私，施不在多，【補】君子周急不繼富，是以施不務多，而務審其所施。静而寡類，不好狎。莊而安人，曰有仁心者也。○宋本「莊」譌「肚」，「仁」譌「行」，从盧本改。《周書》曰：「言忠行夷，争靡及私，□弗求及，情忠而寬，貌莊而安，曰有仁者也。」事變而能治，物善而能説，浚窮而能達，錯身立方而能遂，曰廣志者也。浚，深也。「廣」，《周書》作「有」。少言如行，恭儉以讓，有知而不伐，有施而不置，不形於心色也。○「置」，《周書》作「德」。曰慎謙良者也。○《周書》無「慎」字。微忽之言，久而可復，謂微細及忽然之語。幽閒之行，獨而不克，克，好勝人也。行其亡，如其存，謂奉先君及祖考之教令。【補】此不必謂事祖考，凡於人皆然。昔延陵季子過徐，徐君悦其佩劍，以將有上國之事未獻也。還聘，徐君已死，季子曰：「吾心許之矣。」解劍挂於墓樹而去。所謂行亡如存者歟？曰順信者也。貴富雖尊，恭儉而能施，衆强嚴威，有禮而不驕，曰有德者也。○《周書》無「雖尊」、「衆强」四字。隱約而不懾，安樂而不奢，勤勞之不變，喜怒之如度晰，晰，明也。有喜怒之來，能置量度而明焉。○《周書》「之」作「而」，「如」作「有」，無「晰」字。曰守也。○《周書》云：「曰有守者也。」置方而不毁，不瓦合也。○「置」，《周書》作「直」。廉潔而不戾，立强而無私，曰經者也。【補】經，常也。○「經」下，朱本、高安本有「正」字。《周書》云：「曰有經者也。」正静以待命，命，期命。不召不至，不問不言，言不過行，行不過道，曰沈静者也。【補】《儒行》曰：「席上之珍以待聘，夙夜强學以待問。」忠愛以事其親，歡欣以敬之，盡力而不面，敬以安人以名，故不生焉。【補】「安」字誤，當爲「要」。言不貌爲恭敬，僞以要名，故名亦不揚於外。○《周書》云：「驩以盡力而不回，敬以盡力而不□。」「名」字，戴氏校本倒在「故」下。曰忠孝者也。【補】忠孝，猶誠孝也。合志如同方，共其憂而任其難，行忠信而不相疑，迷隱遠而不相舍，曰至友者也。○「如」，《周書》作「而」。「迷隱遠」似誤，當爲「殊隱達」。心色辭氣，其入人甚俞，甚俞，言無已。○《周書》云：「其人甚偷。」進退工，故其與人甚巧，工，能也。○《周書》云：「進退多巧。」其就人甚速，其叛人甚易，曰位志者也。位志者，言其不一，如爵位及人志也。位有高卑，人各有志也。飲食以親，貨賄以交，接利以合，故得望譽征利，而依隱於物，曰貪鄙者也。「妄」當聲誤爲「望」。征，行也。隱，據也。質不斷，辭不至，言心既不能裁斷，而辭又不及。少其所不足，謀而不已，曰僞詐者也。言行亟變，從容謬易，安然反覆。○亟，去例反，下同。好惡無常，行身不類，曰無誠志者也。○《周書》「類」作「篤」，無「志」字。小知而不大決，小能而不大成，顧小物而不知大論，亟變而多私，曰華誕者也。○《周書》「顧」作「規」，「論」作「倫」，《王制》：「必即天論。」亦以「論」爲「倫」。規諫而不類，道行而不平，曰巧名者也。云能規諫而反不類，言以道行復不平也。○「巧」，《周書》作「竊」。故事阻者不夷，【補】事阻，猶行險也。夷，平也。畸鬼者不仁，恃禱祀而不自修也。【補】畸，倚也。面譽者不忠，飾貌者不情，隱節者不平，隱節者，亦謂六隱之等。多私者不義，揚言者寡信，此之謂揆德。」謂揆度於德也。○《周書》文止此。

王曰：「太師！女推其往言，以揆其來行，聽其來言，以省其往行，孔子曰：「始吾於人，聽其言而信其行；今吾於人，聽其言而觀其行也。」○「省」下，宋本脱「其」字，从《論衡・答佞篇》引此文增。觀其陽以考其陰，察其内以揆其外，是故隱節者可知，僞飾無情者可辨，質誠居善者可得，忠惠守義者可見也。」○《論衡》「隱節」作「詐善設節」，「忠惠守義」作「含忠守節」。

王曰：「於乎！敬哉！女何慎乎非心，何慎乎非人。言當内慎其心，外慎於人。人有六徵，六徵既成，以觀九用，九用既立。一曰取平仁而有慮者，二曰取慈惠而有理者，三曰取直愍而忠正者，四曰取順直而察聽者，五曰取臨事而絜正者，六曰取慎察而絜廉者，七曰取好謀而知務者，八曰取接給而廣中者，九曰取猛毅而度斷者，此之謂九用也。接給，謂應所問而對。廣中，謂博於聞識也。○「仁」，宋本譌「人」。「接」，音「捷」。舊本云：「愍」一作「質」，「好」一作「巧」。平仁而有慮者，使是治國家而長百姓。國，諸侯。家，采邑。慈惠而有理者，使是長鄉邑而治父子。鄉，鄉遂。邑，公邑。直愍而忠正者，使是莅百官而察善否。於《周禮》則治官。慎直而察聽者，使是長民之獄訟，出納辭令。於《周禮》則刑官。【補】出納辭令，則周官掌臣民之復逆者是也。○慎、順，古通用字。臨事而絜正者，使是守内藏而治出入。於《周禮》則天官。【補】司會之屬。慎察而絜廉者，使是分財臨貨，主賞賜。於《周禮》則司祿、司勳。好謀而知務者，使治壤地而長百工。於《周禮》則遂人、匠車之等。○「好」，宋本作「巧」，从朱本改。「使」下，戴氏校本增「是」字。接給而廣中者，使是治諸侯而待賓客。於《周禮》則行人、掌客。猛毅而度斷者，使是治軍事，爲邊境。於《周禮》則政官也。因方而用之，此之謂官能也。

「九用有徵，乃任七屬：【補】屬，繫也。《周官》：「太宰以九兩繫邦國之民。」此七屬，即九兩之事。一曰國則任貴，《周禮》曰：「長以貴得民。」【補】此於九兩，當牧以地得民。牧，有國者也。二曰鄉則任貞，幹事曰貞。《周禮》曰「吏以治得民」也。三曰官則任長，《周禮》曰：「大事聽其長，小事則專達。」【補】此所謂長，以貴得民。四曰學則任師，《周禮》曰：「師以賢得民。」【補】不言友，兼之。五曰族則任宗，《周禮》曰：「宗以族得民。」【補】宗，大宗，收族者也。六曰家則任主，《易》曰：「家有嚴君焉。」父母之謂也。【補】是則九兩之主以利得民者也。大夫稱主。《晉語》曰：「三世仕家，君之；再世以下，主之。」七曰先則任賢。」【補】儒以道得民。

正月，王親命七屬之人曰：「於乎！慎維深思，内觀民務，本慎在人，【補】所慎之本，在於用人。○宋本脱「思」字，从《大典》增。女平心去私，慎用六證，六證，六徵。論辨九用，以交一人，予亦不私。一人，文王自謂也。女廢朕命，亂我法罪，致不赦三戒，然後及論。」三戒之後亂法者，則有司課其罪。王親受而考之，然後論成。【補】考，黜陟之也。管夷吾治齊，正月之朝，五屬大夫復事，擇是寡功者而謫之，一再則宥，三則不赦，乃因效於此。

凡十一章，自「王曰太師」已上五章，舊別之。

凡二千四百二十三字。今補。

諸侯遷廟第七十二

成廟將遷之新廟。謂親過高祖則毁廟，以昭穆遷之。《春秋穀梁傳》曰：「作主壞廟有時日，於練焉壞廟。壞廟之道，易檐可也，改塗可也。」范甯云：「納新神，故示有加焉。」鄭玄《士虞禮記》注曰：「練而後遷也。」《禮志》云：「遷廟者，更釁其廟而移故主焉。」案：此篇成廟之文，與《穀梁》相傳也。君前徙三日，齋，祝、宗人及從者皆齋。徙之日，君玄服，從者皆玄服。《周禮·司服職》曰：「公之服，自衮冕而下如王之服；侯伯之服，自鷩冕而下如公之服，子男之服，自毳冕而下如侯伯之服。孤之服，自絺冕而下如子男之服；卿大夫之服，❶自玄冕而下如孤之服。」《玉藻》曰：「君命屈狄，再命禕衣。」《内司服職》曰：「辨内外命婦之服，鞠衣，展衣，緣衣，素紗。」其於祭也，君與夫人皆申其服。《祭統》曰「公衮冕立于阼，夫人副禕立于東房」是也。臣及命婦助祭於君，皆盡其服，自祭於家，咸降一等，陰爵不敢申也。《雜記》曰：「大夫冕而祭於公，弁而祭於己；士弁而祭於公，冠而祭於己。」《特牲饋食禮》曰「主婦纚笄宵衣，立於房中」是也。然鄭氏頓貶公侯，使一同玄冕，以祭於己，非其差也。且諸侯專國，禮樂車服，王命有之，何獨抑其服乎？《玉藻》曰：「玄端以祭，裨冕以朝。」孫炎云：「『端』當爲『冕』。」玄冕，祭服之下也。其祭先君，亦裨冕矣。」孫説爲合。今未即吉，故略同爵弁也。「君命屈狄」與「再命禕衣」者，謂其夫爲君，則命其妻以屈狄，加再等之命，則上公夫人乃禕衣。孫、鄭等改鞠衣，非也。又云一命展衣者，此則申子男臣妻之服耳。言小國臣妻，一命者亦展衣，不命者則亦褖衣。玄，又分公卿大夫及其妻爲三等，而升降其服。經云：「孤絺冕，卿大夫玄冕。」何爲易之？又令小國之卿及内子，更同列國之卿。孤絺冕，與鞠衣錯易其次，尤非宜耶。【補】玄服，冠端玄也。練而遷廟，吉事之始。故假吉服易衰絰也。不申祭服者，未純乎吉也。其齋蓋服素

❶「卿」，原脱，據學海堂本補。

端。《禮》：「爵弁緇衣。」注以玄服爲爵弁，誤矣。盧君於此廣説禮服名制，今亦附論之。《周禮》「王享先王則衮冕，享先公則鷩冕」，從尸之服也。若然，諸侯廟事，皆當與尸同服。《士虞記》曰：「尸服卒者之上服。」則主人亦申其上服。《玉藻》「諸侯玄端以祭」者，凡冕服皆玄，其幅皆端，通五等。言之孫叔，然猶沿鄭義破端爲冕，及以裨冕爲鷩毳之等，皆非是。《荀子》曰：「大夫裨冕。」《曾子問》曰：「太宰、太宗、太祝，皆裨冕。」蓋裨冕即玄冕，裨之言卑也，冕服之最卑者。《覲禮》：「侯氏裨冕。」降從大夫之服，與乘墨車爲稱也。凡婦服，其等與男子同。褘衣視衮冕。《記》每言「君衮冕」，「夫人副褘」是也。揄狄視鷩冕，闕狄視毳冕。鄭君云「侯伯之夫人揄狄，子男之夫人闕狄」是也。鞠衣視絺冕。鄭君云「其夫孤也，則服鞠衣」是也。襢衣視玄冕，税衣視爵弁。《喪大記》曰：「復大夫以玄赬，世婦以襢衣，士以爵弁，士妻以税衣」是也。展衣視皮弁。《詩》曰：「瑳兮瑳兮，其之展也。」展衣色白，與皮弁素積色相應。《尚書大傳》：「后夫人將侍於君前，釋朝服。」注云：「朝服展衣。」天子朝服皮弁，故后朝服展衣也。錫衣視冠弁，諸侯大夫以冠弁爲朝服。《少牢饋食禮》「主人朝服，主婦被錫，衣侈袂」是也。宵衣視玄端。《特牲饋食》「主人冠端玄，主婦纚笄宵衣」是也。其下又有褖衣，當男子袗玄，士喪襲有褖衣。疏云「此玄端連衣裳，與婦人褖衣同」也。鄭君唯據「王后六服」，以「襢」與「展」，「税」與「褖」，並合一名。案：《昏禮》「壻爵弁，女次，純衣纁衻，子羔之襲」也。繭衣裳與税衣纁衻爲一，曾子譏其婦服，則税衣者純衣也。爵弁亦純衣，明同等矣。錫，即「緆」字，《燕禮》「冪用綌若錫」，今文爲「緆」。《説文解字》曰：「緆，細布也。」主人朝服用布，錫衣亦用布爲宜。舊改讀「髲髢」，廣森疑焉。

從至于廟，廟，殯宮。【補】殯宮稱廟者，鬼神之也。《雜記》曰：「至于廟門，不毀墻，遂入，適所殯。」群臣如朝位。列於廟門外，如路門之位。【補】諸侯殯於路寢，殯宮門外，即路門治朝之位。君入，立于阼階下，西向，有司如朝位。立于門内，如門外之位。【補】群臣俟于門外，唯有司執事者入。此朝位，門内燕朝之位。宗人擯舉手曰：「有司具，請升。」○「具」，宋本譌「其」，从盧本改。君升，【補】升，自阼。祝奉幣從，在左北面。祝主辭，故在左。神將還，故出在户牖閒，南面矣。【補】釋幣一束，束五兩，玄三纁二純四，咫制丈八尺。《少儀》曰：「贄幣自左。」再拜，興，祝聲三，曰：「孝嗣侯某，敢以嘉幣告于皇考某侯，言嗣以遷代，不言國，未忍有之也。【補】聲者，噫歆，警覺神也。某，名也。某侯，謚也。《曲禮》：「玉曰嘉玉，幣曰量幣。」云嘉幣者，散文通矣。成廟將徙，敢告。」卒不奠幣者，禮畢矣。於此將有事於新廟。君及祝再拜，興，祝曰：「請導。」君降立于階下，奉衣服者皆奉以從祝。不言奉主而稱奉衣服者，以毀易祖考，誠人神之不忍。從祝者，祝所以導神也。言皆者，衣服非一稱。《周禮・守祧職》曰：「掌先王先公之廟祧，其遺衣服藏焉。」【補】不言奉主者，禮：喪主於虞，吉主於練。殯宮所事者，桑主也。練而入新廟，然後作栗主，埳室西墉藏之，是時未有練主。又不當遷虞主以往，故但奉衣服依其神而已。祝導有還鄉之節，若虞禮前尸然。奉衣服者降堂，君及在位者皆辟也。【補】降堂，自西階降也。神道尚右。○「辟」，音「避」，後同。奉衣服者至碑，君從，❶有司皆以次從。【補】碑之節三分庭一在北。出廟門，奉衣服者升車，乃步。【補】步，車行也。《書》曰：「王朝步自周，則至于豐。」君升車，從者皆就車也。皆就車，謂乘貳車者。凡出入門及大溝渠，祝下擯。神車祝爲右，故於步處則下。【補】乘車尊左，故祥車曠左。奉衣服者有神象得在左，則祝爲右矣。凡君之車右，門閭溝渠必步。

至于新廟。筵于户牖間，始自外來，故先於堂。樽于西序下，四時之祭，在室筵隩中，在堂筵序下，是以設樽恒於東方。今唯布南面之席，故置樽於西，以因其便矣。【補】蓋樽以兩甒，玄酒在南。脯醢陳于房中，房，西房也。諸侯左右房也。【補】脯以籩，醢以豆，陳之于北墉下與？設洗當東榮，南北以堂深。《記》因卿士，當言東霤。【補】盥槃謂之洗。《漢禮器制度》曰：「天子黄金，諸侯白金，大夫以銅，士以鐵。」榮，屋翼也。洗北距堂，若階上距户牖之度。○宋本脱「以」字，从《儀禮經傳通解》增。有司皆先入，如朝位，祝導奉衣服者乃入，君從奉衣服者入門左，在位者皆辟也。門左，門西。【補】入門西者，將升西階也。出以東爲左，西爲右；入以東爲右，西爲左。奉衣服者升堂，皆反位，君從升。奠衣服于席上，祝奠幣于几東。君北向，祝在左。贊者盥升，適房薦脯醢。【補】贊者，

---

❶「從」，學海堂本作「及」。

佐助執事者。《公食大夫記》曰：「上贊，下大夫也。」其升亦由西階，自房取脯醢，兼執之出，坐奠于筵前。　君盥酌奠于薦西，反位。【補】薦西，奠於右也。《特牲饋食禮》：「酌奠，奠于鉶南。」彼東面之席，鉶南亦薦右矣。《聘禮》：「釋奠于禰，雖無尸，猶一人舉爵。」此奠不舉者，未即吉也。昔者，魯昭公練而舉酬行旅，非禮也。　君及祝再拜，興。　祝聲三曰：「孝嗣侯某，敢用嘉幣告于皇考某侯：　今月吉日，可以從于新廟，敢告。」再拜。○「今」，吴氏《逸經》作「令」。　君就東廂；　西面；　祝就西廂，東面。東面俟也。祝就西廂，因其便也。【補】廂者，兩序之外，夾室前堂也。　在位者皆反走辟。走，疾趨也。【補】堂下辟者，蓋就東西壁。　如食閒，【補】隱之如尸食十三飯之頃。　擯者舉手曰：「請反位。」　君反位，祝從在左。　卿大夫及衆有司諸在位者，皆反位。　祝聲三曰：「孝嗣侯某，潔爲而明薦之享。」《詩》云：「吉蠲爲饎，是用孝享。」【補】《虞禮》：「饗辭曰：　圭爲而哀薦之。」圭，亦潔也。　君及祝再拜，君反位，東郟之位。　祝徹反位。西郟之位。【補】卷幣實于笲，埋之階間。　擯者曰：「遷廟事畢，請就燕。」【補】燕，閒也。　君出廟門，卿大夫有司執事者，皆出廟門，告事畢，事，謂內主、藏衣服、斂幣、徹几筵之等。【補】廟半以後曰寢，衣服所藏也。　乃曰：「擇日而祭焉。」所以安神。【補】是小祥之祭。

凡四百四十八字。今補。

諸侯釁廟第七十三

成廟，釁之以羊。廟新成而釁者，尊而神之。祭器名者成，則釁之以豭也。○「釁之」，《雜記》正義引此文作「則釁」。　君玄服立于寢門內，南向，【補】路寢門內之庭，所謂內朝也。《國語》曰：「合神事於內朝。」　祝、宗人、宰夫、雍人皆玄服。以神事，故亦同爵弁。《小戴》：「君朝服者，謂不與也。」【補】此玄服，亦玄端也。爵弁、純衣，事神之服。既請命，將入廟，乃易之耳。　雍人，若《周官》「內饔」、「外饔」掌割亨者。　宗人曰：「請命以釁某廟。」君曰：「諾。」遂入。○「命」，宋本譌「令」，从《雜記》正義引此文改。雍人拭羊。拭，挩。【補】《雜記》曰：「宗人視之。」乃行，入廟門，碑南，北面東上。居上者，宰夫也。宰夫，攝主也。○「東」，宋本譌「同」。雍人舉羊，升屋自中，中屋南面，刲羊，血流于前，乃降。【補】自中，由東西霤之間也。中屋，履危當棟上也。刲，割也。

門以雞，有司當門北面，有司，宰夫、祝、宗人也。雍人割雞屋下，當門。郟室割雞于室中，有司亦北面也。郟室，門郟之室，一曰東西廂也。釁東西室，有司猶北面，統於廟也。《雜記》曰：「雍人舉羊，升屋自中，中屋南面，刲羊，血流于前，乃降。門、郟室皆用雞，先門而後郟室。其衈皆於屋下。割雞，門當門。郟室中室，有司皆鄉室而立。門則有司當門，北面。」案：《小戴》「割雞」亦於屋上，記者不同耳。此不言衈，略也。【補】郟室，東西堂之室也。前堂曰廂，後室曰郟。

既事，宗人告事畢，皆退，【補】鄭君曰：「告者，告宰夫。」反命于君。君寢門中南向，宗人曰：「釁某廟事畢。」君曰：「諾。」宗人請就宴，君揖之乃退。「向」，宋本作「面」。「宴」，盧本作「燕」。

凡一百四十五字。今補。

大戴禮記補注卷之十一

小辨第七十四

公曰：「寡人欲學小辨，以觀於政，其可乎？」小辨，爲小辨給也。❶ 子曰：「否，不可。社稷之主愛日，曾子曰：「君子愛日以學。」《書》云「日夜不遑」也。日不可得，句。學不可以辨，不可輕有所學。○「辨」上，《大訓》有「小」字，注舊在「學」字下，失其讀。是故昔者先王學齊大道，以觀於政。天子學樂辨風，別四方之風也。【補】天子巡守，命太師陳詩，以觀民風。制禮以行政；政，禁令也。諸侯學禮辨官政，以行事，以尊事天子；官政不錯，則百事不紊也。大夫學德別義，矜行以事君；別，猶辨也。矜，猶慎也。士學順，學順成之道。辨言以遂志。致命遂志，士之節也。庶人聽長辨禁，農以行力。辨禁，識刑憲也。【補】聽長，從上之令也。如此猶恐不濟，奈何其小辨乎？」

公曰：「不辨則何以爲政？」子曰：「辨而不小。夫小辨破言，小言破義，小義破道。【補】破，傷也。道小不通，【補】致遠恐泥。通道必簡。簡，約也。言約而有統。《易》曰：「乾以易知，坤以簡能。」○戴氏校本曰：《淮南·泰族》篇引孔子曰「小辨破言，小利破義，小藝破道，小見不達，大禮必簡」，與此少異。是故循弦以觀於樂，足以辨風矣。《爾雅》以觀於古，足以辨言矣。爾，近也。謂依於《雅》、《頌》。孔子曰：「《詩》可以言，可以怨，邇之事父，遠之事君，多識鳥獸草木之名也。」【補】《爾雅》，即今《爾雅》書也。《釋詁》一篇，周公所作。詁者，古也。所以詁訓言語，通古今之殊異，故足以辨言。揚子雲云「孔子教魯哀公學《爾雅》」，謂此《記》也。傳言以象，反舌皆至，可謂簡矣。【補】象，《周官》「象胥」也，「掌蠻、夷、閩、貉、戎、狄之國使，傳王之言而

❶「爲」，學海堂本、畿輔叢書本作「謂」。

諭説焉。」反舌，南方國名，其人舌本在前。言四方之言，有象譯存，非君所辨也。君將學之，則非簡易之道。夫道不簡則不行，不行則不樂。《易》曰：「簡則易從，易從則有功，有功則可大，可大則賢人之業。」夫亦固十棋之變，由不可既也，而況天下之言乎！」公於十棋之中，變數尚不可盡，天下之言其可窮乎？故至道以不言爲辨。【補】「亦」，蓋古文借爲「奕」字。由，猶也。既，盡也。言奕者於十著之内，勝負之變固猶不能盡，況天下廣遠，可勝辨乎？〇「棋」，宋本譌「祺」，从《大訓》改。

曰：「微子之言，吾壹樂辨言。」【補】微，無也。壹，專也。《檀弓》曰：「壹不知夫喪之踊。」子曰：「辨言之樂，不若治政之樂。辨言之樂不下席，治政之樂皇於四海。【補】皇，大也。夫政善則民説，民説則歸之如流水，親之如父母，諸侯初入而後臣之，安用辨言。」【補】入，來歸附也。公曰：「然則吾何學而可？」子曰：「行禮樂而力，忠信其君，其習可乎？」〇宋本脱「行」字，从《大訓》增。「君」上，戴氏校本删「其」字。公曰：「多與我言忠信，而不可以入患。」備與我言忠信，而使不入於患。【補】「多」，如「多語寡人辰」之「多」。子曰：「毋乃既明忠信之備，而口倦其君，則不可。謂言而不行。【補】口倦，言之厭也。而有明忠信之備，而又能行之，則可立待也。【補】「而有」，舊屬上讀，非是。而，如也。如有能明忠信之備而行之者，則治效立見也。君朝而行忠信，百官承事，忠滿於中而發於外，刑於民而放於四海，天下其孰能患之。」言所推無不準。【補】刑，法也。放，至也。公曰：「請學忠信之備。」子曰：「唯社稷之主，實知忠信。若丘也，綴學之徒，安知忠信？」【補】綴學，捃拾聞見以爲學也。聖人謙，不率爾而對。公曰：「非吾子問之而焉也？」焉問之乎。

子三辭，將對，公曰：「彊避。」謂避彊也。一曰：公以夫子三辭，欲避左右之彊者也。【補】彊，人名，時侍公側。公疑子有隱言，恐聞於三家，故令之避。子曰：「彊侍。丘聞大道不隱，言不可隱蔽也。

丘言之，君發之於朝，行之於國，一國之人莫不知，何一之彊避？【補】人盡知之，何獨避一彊？丘聞之，忠有九知，知忠必知中，能內思自盡也。知中必知恕，能自盡知，故能知人。○「中」，宋本譌「忠」。知恕必知外，內恕，故外能處於度物也。知外必知德，○「外」，宋本倒在「知」上。知德必知政，知政必知官，知官必知事，知事必知患，知患必知備。若動而無備，患而弗知，死亡而弗知，安與知忠信？【補】楊簡曰：「安謂之知忠信。」內思畢心曰知中，【補】畢心，盡心也。○「心」，宋本譌「必」，从戴氏校本改。中以應實曰知恕，內恕外度曰知外，外內參意曰知德，德以柔政曰知政，【補】柔，和也。○宋本脱下「德」字。正義辨方曰知官，官治物則曰知事，事戒不虞曰知備。於知事而越言知備者，因義言之，足明於上也。毋患曰樂，【補】毋，古通以爲「無」字。《傳》曰：「思則有備，有備無患。」樂義曰終。」【補】令終也。

凡六百十一字。今補。

用兵第七十五

公曰：「用兵者，其由不祥乎？」祥，善。子曰：「胡爲其不祥也。聖人之用兵也，以禁殘止暴於天下也。言非利金攘土，將以存亡繼絶，平天下之亂也。及後世貪者之用兵也，以刈百姓、危國家也。」刈，翦。公曰：「古之戎兵，何世安起？」子曰：「傷害之生久矣，與民皆生。」人含五常之氣，生有喜則和親，怒則離害，其相害者，皆由兵也。【補】《吕氏春秋》曰：「古聖王有義兵而無有偃兵。兵之所自來者上矣，與始有民俱。」○「戎」，《大訓》作「用」。

公曰：「蚩尤作兵與？」子曰：「否。蚩尤，庶人之貪者也，云蚩尤古之諸侯，或妄耳。一曰「衆人之貪者也」。○「貪」，《周禮》疏引此文作「强」。「一曰」已下，似後校書者所加，非注語。及利無義，不顧厥親，以喪厥身。【補】及利，汲汲於利也。《春秋》傳曰：「及，猶汲汲也。」蚩尤，惛慾而無猒者也，何器之能作！【補】猒，足也。《管子》曰：「蚩尤受盧山之金，而作五兵。」《吕氏春秋》曰：「蚩尤非作兵也，利其械矣。」然則蚩尤嘗作兵器，非始造軍法者。鄭君《肆師》注云：「貉，師祭也。其神蓋蚩尤，或曰黄帝。」廣森以爲當祭黄帝，不祭蚩尤。○《周禮》疏「器」作「兵」，「作」作「造」。蜂蠆挾螫，凶如蜂蠆之挾毒也。而生見害，謂黄帝殺之于涿鹿之野。而校以衛厥身者也。止教習于戈自衛身，非作者也。【補】此非説蚩尤也。注失其讀，當以「蜂蠆挾螫而生」爲句，「見害而校」爲句。言蜂蠆生而挾毒，見害已者，則與之校，所以衛其身也。喻聖人作兵，亦所以自衛也。人生有喜怒，故兵之作與民皆生，聖人利用而弭之，【補】用兵之利，而止其害。○「弭」，宋本譌「彌」，从盧本改。亂人興之喪厥身。《詩》云：『魚在在藻，厥志在餌。』由心在於利，用兵以取危，蓋逸詩也。『鮮民之生矣，不如死之久矣。』《小雅·蓼莪》之三章也，亦困於兵革之詩也。『校德不塞，嗣武于孫子。』言用上二章。但用兵革喪除其德，不以塞亂，而徒傳續武事于子孫者也。【補】今《商頌》：「受命不殆，在武丁孫子。」與此形聲相近，然語義不類。三引《詩》無「又云」之文，以韵讀之，「餌」、「矣」、「子」皆相協，古音「久」、「如」、「已」亦得合韵。疑本逸詩通爲一章。「鮮民」二言，特偶同「蓼莪」耳。○「于孫」，宋本譌「孫武」，从元本改。聖人愛百姓而憂海内，及後世之人思其德，必稱其人，故今之道堯、舜、禹、湯、文、武者，猶威致王今若存。○「其人」，宋本譌「其仁」，从《大訓》改。此文與《盛德》大同。「致王」，當作「至于」。夫民思其德，必稱其人，朝夕祝之，升聞皇天，上神歆焉，故永其世而豐其年也。夏桀、商紂嬴暴於天下，暴極不辜，殺戮無罪，《詩》云：「無罪無辜，亂如此憮。」○「嬴」，宋本訛「羸」，从《大訓》改。不祥於天，【補】大所不善。粒食之民，布散厥親，雖諸夏莫能相養。疏遠國老，幼色是與而暴慢是親，言疏遠老成而與幼色者，若楚恭王遠申叔時而用子反也。讒貸處穀，《千乘》曰：「以財投長曰貸。」穀，禄也。法言法行處辟，辟，罪辟也。殀替天道，逆亂四時，【補】替，廢也。禮樂不行而幼風是御，任童幼之人使專政。曆失制，君臣昏亂，時候錯緒。攝提失方，攝提，左右六星與斗應相直，恒指中氣。《尚書中候》曰：「攝提移居。」鄒大無紀。「邦」當字誤爲「鄒」，或深聲爲「鄒」也。【補】「鄒」，讀從「正月爲陬」之「陬」。《史記》曰：「孟陬殄滅，攝提無紀。」「大」，亦「失」字之誤。不告朔於諸侯，《周禮》太史職曰「正歲年以序事，頒之于官府及都鄙，頒告朔于邦國」也。玉瑞不行，玉者，所以等神祇，别人事，其用重焉。【補】諸侯命圭謂之瑞。瑞者，耑也，所以示耑信也。《虞書》曰：「揖五瑞。」諸侯力政，不朝於天子，言以威力侵爭。《周書》曰：「力政則無讓，無讓則無禮，無禮雖得所好，民皆樂之乎？」六蠻、四夷交伐於中國。《周禮·職方氏》：四夷、八蠻、七閩、九貉、五戎、六狄，此周所伏四海，其種落之數也。《明堂位》曰：九夷、八蠻、六戎、五狄，此朝明堂時，來者國數也。《爾雅》曰：九夷、八狄、七戎、六蠻，其夏之所伏，與殷之夷國，東方十，南方六，西方九，北方十有三。然鄭玄以四夷爲四方，九貉爲九夷，又引《爾雅》，其數不同，及六四文闕而不定，是終使學者疑於所聞也。【補】殷之夷國，據《王會》「商四方獻令」知也。云鄭「引《爾雅》，其數不同」者，《詩·蓼蕭》箋引「九夷、八狄、七戎、六蠻，謂之四海」。《職方氏》注作「九夷、八蠻、六戎、五狄」。案：李巡《爾雅》注本，「謂之四海」下，更有「八蠻在南方，六戎在西方，五狄在北方」。鄭君約其文言之，然四方之國，經記皆辜舉大數。《爾雅》亦未必指謂夏也。於是降之災，水旱臻焉，霜雪大滿，甘露不降，百草𣩂黄，【補】𣩂，蔫也。蔫，萎也。五穀不升，民多夭疾，六畜䭫背，「瘁」當字誤爲「䭫」也。瘁，病也。背，瘦也。○「背」即「胔」字，凡从肉者，隸變皆爲月，宋本訛「月」，从《大訓》改。此大上之不論不議也。帝皇之世無災疫，故百姓不議。殀傷厥身，失墜天下，夫天下之報殃於無德者，必與其民。」故《書》曰「天明威，自我民明威」也。○楊氏以「夫天下」之「下」爲衍字。公懼焉，曰：「在民上者，可以無懼乎哉？」

凡四百四十四字。今補。

少閒第七十六

公曰：「今日少閒，我請言情於子。」子愀焉變色，遷席而辭曰：「君不可以言情於臣，臣請言情於君，君則不可。」【補】閒，暇也。遷席，前坐也。楊簡曰：魯君之所不樂者，三家强而已矣。夫子知其不可言，故變色而辭。公曰：「師之而不言情焉。其私不同。」言已師禮事夫子，故不使言情也。其私人不同於此也。子曰：「否。臣事君而不言情於君，則不臣；君而言情於臣，則不君。○「君而」下，宋本衍「不」字，从《大訓》删。有臣而不臣，猶可；有君而不君，民無所錯手足。」【補】諷哀公，不君將致孫國。

公曰：「吾度其上下，咸通之；使上下皆達也。權其輕重，居之；謂事役及刑罰。准民之色，目既見之；鼓民之聲，耳既聞之；動民之德，心既和之；通民之欲，兼而壹之；言皆稱百姓之欲也。【補】鼓，訓「鼓動」之「鼓」。愛民親賢而教不能，民庶説乎？」子曰：「説則説矣，可以爲家，不可以爲國。」公曰：「可以爲家，胡爲不可以爲國？國之民，家之民也。」子曰：「國之民，誠家之民也。然其名異，不可同也。【補】君有國，大夫有家，名位異等。同名同食曰同等，名位不同，禮亦異數。【補】食，禄也。○「食」，朱本作「位」。唯不同等，民以知極。《周禮·大司徒職》曰「以儀辨等，則民不越」也。故天子昭有神於天地之閒，以示威於天下也。《祭法》曰：「有天下者事百神。」諸侯脩禮於封内，以事天子；大夫脩官守職，以事其君；士脩四衛，執技論力，以聽乎大夫；四衛，四方之職。《曲禮》曰：「地廣大，荒而不治，此亦士之辱也。」庶人仰視天文，俯視地理，力時使以聽乎父母。《孝經》曰：「用天之道，分地之利，謹身節用，以養父母，此庶人之孝者也。」此唯不同等，民以可治也。」【補】楊簡曰：明魯無等難治。

公曰：「善哉！上與下不同乎？」子曰：「將以時同時不同。言有可同不可同也。上謂之閑，下謂之多疾。不正之政，君謂閑，民謂之多疾，同所惡也。【補】禮之不同等，自上制之，所以防閑僭踰也；自下視之，則惡其害己。君時同於民，布政也；施善政也。【補】因民之所利而利之，君同於民心也。民時同於君，服聽也。【補】服役聽命，唯君所使，民同於君心也。上下相報而終於施，施，恩施也。【補】上施善政，則下報以服聽。○「報」，高安本作「服」。大猶已成，發其小者；遠猶已成，發其近者。遠大之謀，緣近小始。○「猶」，即「猷」字，本从犬旁酋，左形右聲，後人或著「犬」於右。將行重器，先其輕者，將持重器，必先効輕者，亦以諭政也。先清而後濁者，天地也。清濁，謂陰陽也。天政曰正，地政曰生，人政曰辨。辨，別。【補】陰陽正則物生，上下別則政成。苟本正，則華英必得其節以秀孚矣。言專陽則正，華英得陰陽之孚秀也。【補】吐蘤曰秀，發稃曰孚。節，秀孚之候也。○「本」，朱本作「專」。此官民之道也。」官人當取終始。

公曰：「善哉！請少復進焉。」子曰：「昔堯取人以狀，觀其容狀施發。○「以」，宋本訛「民」，从《大訓》及高安本改。舜取人以色，禹取人以言，湯取人以聲，文王取人以度。觀其志度。此四代五王之取人，以治天下如此。」四代據文距殷。或曰：文王取人以度四代，謂兼之也。○戴氏校本删句首「此」字。公曰：「嘻，善之不同也。」嘻，歎惜之聲。公謂五王取人，德有不同也。子曰：「何爲其不同也？」公曰：「同乎？」子曰：「同。」公曰：「人狀可知乎？」問四代以人狀得善之事。子曰：「不可知也。」公曰：「五王取人，各有以舉之，胡爲人之不可知也？」子曰：「五王取人，比而視，相而望，【補】近視之，遠望之。○比，去聲。五王取人各以己焉，是以同狀。」聖王通而虛己，故於求人，雖言色不同，而善惡無異。【補】各以己者，己聖，故能知人之賢否也。《中庸》曰：「取人以身。」公曰：「以子相人何如？」子曰：「否，丘則不能。言不能如五王。五王取人，丘也傳聞之，以委於君。丘則否，能傳聞而已，不能如也。【補】注失其解，言五王取人之法，傳聞如是，以致於君。若子之取人則否。《四代》曰：「貌色聲衆有美焉，必有美質在其中者矣。」是異於五王貌色聲偏取其一也。○注首「能」字，宋本混入正文，从盧本改。亦又不能。」又不能備聞也。【補】此乃謙言不能如五王知人。

公曰：「我聞子之言，始蒙矣。」自言蒙亂。子曰：「由君居之，成於純，胡爲其蒙也。由，用也。言能居之則成純，何爲其蒙也。【補】居之無倦曰純。雖古之治天下者，豈生於異州哉！【補】言非生於異地，明人皆可爲堯舜也。昔虞舜以天德嗣堯，凡質以天德，文以地德。《禮緯·含文嘉》曰「殷授天而王，周據地而王」也。布功散德制禮，朔方幽都來服，南撫交趾，出入日月，莫不率俾，俾，使。西王母來獻其白琯，西王母，神也，其狀如人。琯所以候氣。漢明帝時，於舜廟下得玉琯一枚也。【補】《爾雅》曰：「觚竹、北户、西王母、日下，謂之四荒。」然則西王母，國名也。《荀子》曰：「禹學乎西王國。」白琯，所謂昭華之琯也。《風俗通義》曰：「章帝時，零陵文學奚景，於泠道舜祠下得笙，白玉琯，知古以玉爲管，後乃易之以竹耳。」注「明帝」誤。○「白」下，《文選·賢良詔》注引此文有「玉」字。粒食之民，昭然明視，【補】楊簡曰：昭然明見舜之功德。民明教，通于四海，民明於教，夷夏同風。海外肅慎、北發、渠搜、氐羌來服。北發，北狄地名，其地出迅足鹿。周武王時，肅慎貢楛矢文麈，渠搜貢露犬，氐羌貢鸞鳥也。【補】注並據《王會》爲説也。《漢書音義》：晉灼曰：「《王恢傳》『北發、月支，可得而臣』，似國名也。」臣瓚曰：「《三朝記》云『北發、渠搜，南撫交趾』，此舉北以南爲對也。」師古曰：「北發，非國名也，言北方即可徵發渠搜而役屬之。」今尋《記》文，「北發」不與「南撫」屬對，瓚説非是。○「氐」，宋本譌「玄」，从盧本改。舜崩，有禹代興，禹卒受命，乃遷邑姚姓于陳。遷邑姚姓于陳，謂改封虞氏之後于陳，因使氏焉。《春秋左傳》曰：「胙之以土，命之氏。」【補】陳者，因周所封言之，其實夏時舜之後仍邑于虞，故《傳》稱「少康逃奔有虞，虞思妻之以二姚」也。○宋本脱「崩」字，从《大訓》增。作物配天，脩德使力，【補】作物，制作典物也。使力，若盡力溝洫之事。民明教，通于四海，海之外，肅慎、北發、渠搜、氐羌來服。禹崩，十有七世，乃有末孫桀即位。【補】禹傳啟、太康、仲康、相、少康、杼、槐、芒、泄、不降、扃、廑、孔甲、皐、發，至桀十七世。桀不率先王之明德，乃荒耽于酒，淫泆于樂，德昏政亂，作宫室高臺，《淮南子》云「桀爲璇宫，瑶臺，象箾，玉杯」也。○宋本脱「室」字，从朱本增。汙池土察，汙，窐也。察，深也。言洞地爲池也。【補】「察」之字从宀，「土察」，蓋窟室之屬與。以民爲虐，逞其濫酷。粒食之民，惛焉幾亡。乃有商履代興。履，湯名。《論語》曰：「履敢用玄牡。」《王侯世家》曰：「湯名天乙。」《白虎通》曰：「湯王之後，更定名爲子孫法，本名履也。」商履循禮法以觀天子，天子不説，則嫌於死。成湯怒至於亂。【補】嫌於死，謂鈞臺之囚也。成湯卒受天命，不忍天下粒食之民刈戮，不得以疾死，故乃放移夏桀，散亡其佐，伐之於南巢，放之於夏宫，而去其臣佐。乃遷姒姓於杞。封夏后氏之後於杞，亦命氏焉。發厥明德，順民天心，嗇地作物，配天制典慈民。發其明德，而順天之心。嗇，收也。【補】嗇地，任地宜而稼穡之。咸合諸侯，作八政，命於總章。八政，《洪範》所云是也。總章，重屋之西堂。於此命事，取萬物之成功也。【補】周人尚赤，吉午，先明堂；殷人尚白，吉酉，先總章。服禹功以脩舜緒，爲副于天，【補】副，猶《詩》言「克配上帝」也。粒食之民，昭然明視，民明教，通于四海，海之外，肅慎、北發、渠搜、氐羌來服。成湯卒崩，殷德小破，二十有二世，乃有武丁即位。【補】湯傳外丙、中壬、太甲、沃丁、太庚、小甲、雍己、太戊、中丁、外壬、河亶甲、祖乙、祖辛、沃甲、祖丁、南庚、陽甲、盤庚、小辛、小乙，至武丁二十二世。開先祖之府，取其明法，以爲君臣上下之節，殷民更服。○「服」，宋本譌「眩」，从《大訓》改。近者説，遠者至，粒食之民，昭然明視。武丁，小乙之子。盤庚之時，有雊雉之變，懼而修德，重興殷道，號爲高宗。○注「庚」之下有脱字。案：《殷本紀》：武丁，盤庚之兄子也。武丁卒崩，殷德大破，九世，乃有末孫紂即位。【補】自武丁歷祖庚、祖甲、廩辛、庚丁、武乙、太丁、帝乙至紂，九世。○「卒」，宋本譌「年」，从《大訓》改。紂不率先王之明德，乃上祖夏桀，行荒耽于酒，淫泆于樂，德昏政亂，作宫室高臺，謂傾宫鹿臺之等也。汙池土察，以爲民虐，○上文「以民爲虐」，亦當依此作「爲民」。粒食之民，忽然幾亡。乃有周昌霸諸侯以佐之。紂不説諸侯之聽於周昌，則嫌於死。【補】霸，長也，謂爲西伯也。牖里之囚亦嫌於死。○「則」，宋本譌「別」。乃退伐崇許魏，以客事天子。許魏不在五伐，蓋時小伐也。客事天子，謂忍而臣之也。【補】五伐者，崇密邘黎犬夷，事具《大傳》。文王卒受天命，作物配天制典，用行三明，親親尚賢，【補】三明，天地人之顯道。○「典」，舊誤作「無」，今校改。民明教，通于四海，海之外，肅慎、北發、渠搜、氐羌來服。君其志焉，或徯將至也。」君，哀公也。言今周衰之甚，有繼之者將至也。

公曰：「大哉！子之教我政也。列五王之德，煩煩如繁諸乎。」煩，衆也。如繁者，言如萬物之繁蕪也。○「如」，讀爲「而」。「諸」，讀爲「者」。子曰：「君無譽臣，臣之言未盡，請盡臣之言，君如財之。」【補】「財」，讀爲「財成天地」之「財」。《漢書》皆以「財」爲「裁察」字。曰：「於此有功匠焉，王非獨善，言有師保。○「功」、「工」同。有利器焉，言有先王之禮度也。有措扶焉，謂股肱之良也。【補】「措扶」，當爲「錯鈇」，匠所用也。以時令其藏必周密，發如用之，《易》曰：「藏器於身，待時而發。」可以知古，可以察今，可以事親，可以事君，可用于生，又用之死，吉凶並興，禍福相生，言識其並興及相生之義。《老子》曰「禍兮福所倚，福兮禍所伏」也。卒反生福，大德配天。」終爲福德，以配於天。【補】居安思危，則生福也。公愀然其色，變客色也。曰：「難立哉？」子曰：「臣願君之立知，如以觀聞也。觀君博聞，以立知焉。○「如」，朱本作「而」。「觀聞」，宋本譌「開觀」，从朱本改。時天之氣，用地之財，以生殺於民，民之死，不可以教。」謂辜極可以苟免也。【補】民之死也，必不可以教而後殺之。

公曰：「我行之，其可乎？」子曰：「唯此在君。言行此在君也。君曰足，臣恐其不足。未足而君謂足，則臣恐未足，告以不足也。君曰不足，臣恐其足。實足可行，而君曰不足，則臣云足，所謂可否也。○宋本脱「臣恐其足」一句，从戴氏校本增。舉其前，必舉其後，舉其左，必舉其右。君既教矣，安能無善。」君道之則民應以善。【補】言民之從教，如後之隨前，右之應左。公吁焉其色曰：「大哉！子之教我制也。政之豐也，如未之成也。」○「未」，宋本譌「木」，从《大訓》及元本改。子曰：「君知未成，言未盡也。【補】言君知之未備者，由臣言之未盡也。凡草木，根鞁傷則枝葉必徧枯，「敗」當字誤爲「鞁」。○「徧」，高安本、盧本作「偏」。徧枯是爲不實，○此「徧」字，宋本亦作「偏」。穀亦如之。民以君爲本。○此「穀」字及下注首「穀」字，皆似「政」字之誤。上失政，大及小人畜穀。」穀敗失，則傷及人物。【補】「小人」字當倒置之，言失政之害，大則及人，小則及畜穀。

公曰：「所謂失政者，若夏商之謂乎？」子曰：「否。若夏商者，天奪之魄，不生德焉。」言天地絶夏商之餘民，乃興周之績。《春秋左氏傳》：「天奪其魄，有生之魄。」公曰：「然則何以謂失政？」子曰：「所謂失政者，疆蔞未虧，言疆域與草木，皆未易於常也。○「蔞」，戴氏校本作「藪」。人民未變，鬼神未亡，民神猶依附之。水土未絪，絪，猶亂。《韓詩外傳》曰「陰陽相勝，氛祲絪氲」也。糟者猶糟，實者猶實，糟以喻惡，實以喻善，亦言善惡之物仍錯亂也。玉者猶玉，玉以喻善人，言尚賢其賢。血者猶血，酒者猶酒，血，憂色也。酒以諭樂，猶憂其可憂而樂其所樂。優以繼慆，政出自家門，此之謂失政也。慆，猶忍也。言天下安然，人物不亂，方優佚樂，繼之出其忍政也。【補】

愖，湛也。君方優游湛樂，而政出於大夫之門，是乃上失其政也。此指謂三家也。非天是反，人自反。【補】君制於臣，反復上下之常道。○「自」，宋本譌「是」，从宋本改。臣故曰：君無言情於臣，君無假人器，君無假人名。」《春秋左傳》曰「唯器與名，不可以假人」者也。公曰：「善哉！」

凡一千五百十一字。今補。

大戴禮記補注卷之十二

朝事第七十七

古者，聖王明義，以別貴賤，以序尊卑，以體上下，然後民知尊君敬上，而忠順之行備矣。是故古者天子之官，有典命官掌諸侯之儀，大行人掌諸侯之儀，以等其爵，故貴賤有別，尊卑有序，上下有差也。

典命諸侯之五儀，諸臣之五等，以定其爵，故貴賤有別，尊卑有序，上下有差也。【補】典命，春官之屬。大行人，秋官之屬。鄭君曰：「五儀，公、侯、伯、子、男之儀。五等，謂孤以下四命、三命、再命、一命、不命也。」〇此文錯誤，當云：「有典命官掌諸侯之五儀，諸臣之五等，以定其爵，大行人掌諸侯之儀，以等其爵。故貴賤有別，尊卑有序，上下有差也。」餘二十字並衍。 命： 上公九命爲伯，其國家、

宮室、車旍、衣服、禮儀，皆以九爲節； 諸侯諸伯七命，其國家、宮室、車旍、衣服、禮儀，皆以七爲節； 子、男五命，其國家、宮室、車旍、衣服、禮儀，皆以五爲節。【補】《春秋》傳曰：「天子三公稱公，王者之後稱公，其餘大國稱侯。」鄭君曰：「國家，國之所居，謂城方也。公之城蓋方九里，宮方九百步； 侯伯之城蓋方七里，宮方七百步； 子男之城蓋方五里，宮方五百步。」〇「九命」，宋本訛「九卿」，「旍」，《周禮》作「旗」。 王之三公八命，其卿六命，其大夫四命。及其封也，皆加一等。其國家、宮室、車旍、衣服、禮儀，亦如之。【補】畿内諸臣，命以偶數。《詩》曰：「豈曰無衣六兮？」謂王卿六命也。封，受地出封也。《孟子》云：「天子之卿，受地視侯，大夫受地視伯，元士受地視子男。」與此不合。鄭君曰：「王之上士三命，中士再命，下士一命。」〇「封也」，《周禮》作「出封」。 凡諸侯之適子，省於天子，攝君則下其君之禮一等，未省則以皮帛繼子男。【補】省，善也，如「省于其君」之「省」。天子善之，命之攝君，加異其禮。鄭君《箴膏肓》曰「父有老耄罷病，子代理其政，預王事」，所謂攝君

也。以皮帛者，比於孤卿也。《春秋》「曹世子射姑來朝」，賓之以上卿，是其未省者。○「省」，《周禮》作「眚」。公之孤四命，以皮帛，視小國之君，【補】鄭司農曰：「九命上公，得置孤卿一人。《春秋》傳曰：『列國之卿，當小國之君，固周制也。』」廣森謂小國之君，蓋附庸也。帛者，玄纁束也。《書》「三帛」傳云：「諸侯世子執纁，公之孤執玄，附庸之君執黄。」於經未聞。鄭君《大宗伯》注曰：「束帛而表以皮爲之飾，天子之孤飾摯以虎皮，公之孤飾摯以豹皮與？」其卿三命，其大夫再命，士一命，其宫室、車旗、衣服、禮儀，各視其命之數。侯伯之卿大夫士，亦如之。子男之卿再命，其大夫一命，其士不命，其宫室、車旗、衣服、禮儀，各如其命之數。【補】大夫一命，韍衣。士雖一命，亦無冕。以爵弁爲上服云，各視命數者，約舉之也。《王制》曰：「小國之卿，與下大夫，一命。」似説異代之制。

《禮》：大行人以九儀別諸侯之命，等諸臣之爵，以同域國之禮，而行其賓主。【補】大宗伯以九儀之命，正邦國之位。一命受職，再命受服，三命受位，四命受器，五命賜則，六命賜官，七命賜國，八命作牧，九命作伯。五命以上，諸侯之命也；四命以下，諸臣之爵也。○《周禮》「别」作「辨」，「域」作「邦」，「行」作「待」，「主」作「客」。域國，似此避漢諱改之。 上公之禮，執桓圭九寸，繅藉九寸，【補】桓，楹也，圭上刻雙植象之。繅藉，以韋衣木藉玉者也。《聘禮記》曰：「所以朝天子，圭與繅皆九寸，剡上寸半，厚半寸，博三寸，繅三采六等，朱白蒼。」冕服九章，【補】《虞書》：十二章之次：日、月、星辰、山、龍、華蟲、宗彝、藻、火、粉米、黼、黻。衮冕九章，自「山」而下。謂之衮者，於文从公从衣，公之衣也。鄭君説「周升龍於山，升火於宗彝」。然衮冕，《荀子》謂之「山冕」，則九章首「山」矣。 建常九斿，【補】鄭君曰：「常，旌旗也。斿，其屬縿垂者也。」《考工記》曰：「龍旂九斿。」樊纓九就，【補】《周官·巾車》曰：「金路，鉤，樊纓九就，建大旂，以賓，同姓以封。」樊馬腹帶。纓，鞅也。鄭君曰：「以罽飾之，每一處五采備爲一就。就，成也。」貳車九乘，【補】貳車，副車也。乘車之副曰貳，田車之副曰佐，戎車之副曰倅。《少儀》云：「貳車者，諸侯七乘，上大夫五乘，下大夫三乘。」亦異代之制。周時，大國貳車九乘，故秦滅九國，兼其車服，大駕屬車，有八十一乘也。 介九人，禮九牢，【補】鄭君曰：「禮，大禮饔餼也。三牲備爲一牢。」廣森案：九牢者，飪一牢、腥四牢、牽四牢。其朝位，賓主之閒九十步，饗禮九獻，食禮九舉。【補】賓主之閒，擯介傳命所立處也。鄭君曰：「九舉，舉牲體九飯也。」諸侯之禮，執信圭七寸，繅藉七寸，冕服七章，建常七旒，樊纓七就，貳車七乘，介七人，禮七牢，其朝位，賓主之閒七十步，饗禮七獻，食禮七舉。【補】信，直也。鷩冕七章，自「華蟲」而下。《考工記》曰：「鳥旟七旒。」《巾車》曰：「象路，朱，樊纓七就，建大赤，以朝，異姓以封。」鄭君以爲王子母弟率以功德出封，雖爲侯伯，其車服猶如上公，若魯衛之屬。然則此經亦謂異姓侯伯也。禮，七牢者，飪一牢，腥、牽各三牢。○「信」，音「申」。諸伯執躬圭，其他皆如諸侯之禮。【補】躬，身也。所以自戒飭也。信躬皆取令名。諸子執穀璧五寸，繅藉五寸，冕服五章，建常五旒，樊纓五就，貳車五乘，介五人，禮五牢，其朝位，賓主之閒五十步，饗禮五獻，食禮五舉。【補】肉倍好謂之璧，外圓內方，刻穀爲瑑飾，尚其養也。凡璧，皆朱綠繅。毳冕五章，自「藻」而下。《釋名》曰：「毳，芮也。畫藻文於衣，象水草之毳芮，温暖而潔也。」《巾車》曰：「革路，龍勒，條纓五就，建大白，以封四衛。」五牢者，飪一牢，腥、牽各二牢也。諸男執蒲璧，其他皆如諸子之禮。【補】蒲，水草，以爲瑑飾，尚其潔也。凡大國之孤，執帛皮以繼小國之君。【補】鄭君曰：「此以君命來聘者也。孤尊，既聘享，更自以其摯見。繼小國之君，言次之也。朝聘之禮，每一國畢，乃前。」○帛皮，《周禮》作「皮帛」，高安本、盧本同。諸侯之卿，禮各下其君二等，【補】鄭君曰：「此亦以君命來聘者也，所下其君者，介與朝位賓主之閒也。其餘則自以其爵。《聘義》曰：『上公七介，侯伯五介，子男三介』，是謂使卿之聘之數也。朝位則上公七十步，侯伯五十步，子男三十步與？」以下及大夫士，皆如之。【補】大夫下於卿二等，士下於大夫二等。

天子之所以明章著此義者，以朝聘之禮也。○宋本脱「也」字。从吴氏《逸經》增。是故千里之內，歲一見；千里之外，千五百里之內，二歲一見；千五百里之外，二千里之內，三歲一見；二千里之外，二千五百里之內，四歲一見；二千五百里之外，三千里之內，五歲一見；三千里之外，三千五百里之內，六歲一見。【補】《周禮》曰：「邦畿方千里，其外方五百里，謂之侯服，歲一見，其貢祀物。又其外方五百里，謂之甸服，二歲一見，其貢嬪物。又其外方五百里，謂之男服，三歲一見，其貢器物。又其外方五百里，謂之采服，四歲一見，其貢服物。又其外方五百里，謂之衛服，五歲一見，其貢材物。又其外方五百里，謂之要服，六歲一見，其貢貨物。」此文「千里之內」，謂距王城千里以內者，當彼侯服也。王城居王畿之中，連於四境，各五百里，外盡侯服之界，則千里矣。以下里數，皆據距王所都言之。各執其圭瑞，服其服，乘其輅，建其旂旐，施其樊纓，從其貳車，委積之以其牢禮之數，所以明別義也。【補】說者云：《覲禮》：「侯氏裨冕，墨車偏駕，不入王門。」與此《記》不合。廣森以爲諸侯朝會，皆伸其車服，《儀禮·覲》篇，乃世子始嗣侯者，以其介圭入覲于王，未有王命，故從大夫之服耳。其篇有天子賜車服命書之事，足以明之矣。○「瑞」，宋本譌「端」。然後天子冕而執鎮圭，尺有二寸，繅藉尺有二寸，搢大圭，乘大輅，建大常十有二旒，樊纓十有再就，貳車十有二乘，率諸侯而朝日東郊，所以教尊尊也。【補】《春秋左傳》曰：「周之王也制禮，上物不過十二。」《郊特牲》曰：「戴冕璪十有二旒，則天數也。」鎮圭以四鎮之山爲瑑飾。搢者，插於紳帶之閒。《考工記》曰：「大圭長三尺，杼上，終葵首。」《典瑞》曰：「王搢大圭，執鎮圭，藻藉五采五就，以朝日。」大輅，玉輅也。大常，旗上畫三辰者也。《覲禮》曰：「天子乘龍，載大旂，象日月，升龍、降龍，出，拜日于東門之外，反祀方明。」○《覲禮》注引此文「再」作「二」，「日」下有「於」字。退而朝諸侯，爲壇三成，宮旁一門。【補】《覲禮》曰：「諸侯覲於天子，爲宮方三百步，四門，壇十有二尋，深四尺。」鄭君曰：「四時朝覲，受之於廟，此謂時會殷同也。爲宮者，於國外，春會同則於東方，夏會同則於南方，秋會同則於西方，冬會同則於北方。王巡狩，至於方岳之下，諸侯會之，亦爲此宮以見之。」成，猶重也。天子南鄉見諸侯，○「鄉」，音「向」。土揖庶姓，時揖異姓，天揖同姓，所以別親疏外內也。【補】鄭君曰：「王揖之者，定其位也。庶姓，無親者也。

土揖，推手小下之也。異姓，婚姻也。時揖，平推手也。天揖，推手小舉之。」公侯伯子男，各以其旂就其位。【補】《覲禮》曰：「上介皆奉其君之旂置於宫，尚左，公侯伯子男皆就其旂而立。」諸公之國，中階之前，北面東上；諸侯之國，東階之東，西面北上；諸伯之國，西階之西，東面北上；諸子之國，門東，北面東上；諸男之國，門西，北面東上。○宋本脱「諸子」以下十字，从盧本增。及其將幣也，公於上等，所以別貴賤、序尊卑也。【補】《周官・司儀》曰：「公於上等，侯伯於中等，子男於下等。」鄭君曰：「謂所奠玉處也。壇三成，深四尺，則一等一尺也。壇十有二尋，方九十六尺，則堂上二丈四尺，每等丈二尺與？」奠圭降拜，升，成拜，明臣禮也。【補】《覲禮》曰：「侯氏坐奠圭，再拜稽首。擯者謁。侯氏坐取圭，升致命，王受之玉。侯氏降階東，北面再拜稽首，擯者延之曰升，升成拜，乃出。」奉國地所出重物而獻之，明臣職也。【補】《覲禮》曰：「四享，皆束帛加璧，庭實，唯國所有。」肉袒入門而右，以聽事也。【補】《覲禮》曰：「事畢。乃右肉袒於廟門之東，乃入門右，北面立，告聽事。擯者謁諸天子。天子辭於侯氏，曰：『伯父無事，歸寧乃邦。』侯氏再拜稽首，出。」明臣禮臣職臣事，所以教臣也。○「職」上，宋本脱「臣」字，从吴氏《逸經》增。率而祀天於南郊，配以先祖，所以教民報德不忘本也。率而享祀於太廟，所以教孝也。【補】《孝經》曰：「昔者周公郊祀后稷以配天，四海之内，各以其職來祭。」《國語》曰：「甸服者祭，侯服者祀，賓服者享。」與之大射，以考其習禮樂，而觀其德行；與之圖事，以觀其能；【補】圖，謀也。儐而禮之，三饗三食三宴，以與之習立禮樂。【補】禮者既將幣，王以鬱鬯禮之，上公再祼而酢，侯伯一祼而酢，子男一祼不酢也。三饗、三食、三宴，謂自來訖去，此上公之禮，侯伯饗食宴皆再，子男皆一。是故一朝而近者三年，遠者六年，有德焉，禮樂爲之益習，德行爲之益脩，天子之命爲之益行。【補】近者，男服以内也；遠者，要服以内也。《吕氏春秋》曰：「王者之封建也，彌近彌大，彌遠彌小。」大國數朝，小國稀朝，所以體之也。○「樂爲」、「行爲」之「爲」，宋本並訛「謂」，从高安本改。然後使諸侯世相朝，交歲相問，殷相聘，以習禮考義，正刑一德，以崇天子。故曰朝聘之禮者，所以正君臣之義也。【補】鄭君曰：「父死子立曰世。凡君即位，大國朝焉，小國聘焉。小聘曰問。殷，中也。鄭司農説殷聘以《春秋》傳曰『孟僖子如齊殷聘』是也。」廣森謂「交歲相問」者，猶言每歲交相問也。《大行人》云：「凡諸侯之邦，交歲相問也。」今誤讀，「交」絶之。殷之爲中，如「中一以上」之「中」，閒一歲也。閒歲相聘，所謂三年大聘，甲聘丙又聘，則涉三年矣。

諸侯相朝之禮，各執其圭瑞，服其服，乘其輅，建其旌旂，施其樊纓，從其貳車，委積之以其牢禮之數，所以別義也。【補】《周官·掌客》曰：「凡諸侯之禮，上公五積，侯伯四積，子男三積。」介紹而相見，君子於其所尊，不敢質，敬之至也。【補】鄭君曰：「質，謂正自相當。」君使大夫迎于境，卿勞于道，君親郊勞，致館，及將幣，拜迎于大門外而廟受，北面拜貺，所以致敬也。【補】君，主君也。道勞，於遠郊也。郊勞，於近郊也。鄭君曰：「遠郊，上公五十里，侯四十里，伯三十里，子二十里，男十里。近郊各半之。」《聘禮記》曰：「卿館於大夫，大夫館於士。」然則君館於卿與？大門，庫門也。必廟受者，朝聘所以脩先君之好也。《春秋》傳曰：「古者，諸侯必有會聚之事，相朝聘之道，號辭必稱先君以相接。」○「勞」，去聲，後同。三讓而後升，所以致尊讓也。敬讓也者，君子之所以相接也。諸侯相接以敬讓，則不相侵陵也。此天子之所以養諸侯，兵不用而諸侯自爲正之具也。君親致雍既、還圭，饗食、致贈、郊送，所以相與習禮樂也。【補】「既」，讀如「既稟稱事」之「既」。雍既，即「饔餼」字。鄭君曰：「此六禮者，唯饗食速賓耳。其餘主君親往。親往者，賓爲主人，主人爲賓。君如有故，不親饗食，則使大夫以酬幣侑幣致之。贈，送以財，既贈又送至于郊。」諸侯相與習禮樂，則德行脩而不流也。故天子制之，而諸侯務焉。【補】流，過也。聘禮：上公七介，侯伯五介，子男三介，所以明貴賤也。介紹而傳命，君子於其所尊，不敢質，敬之至也。三讓而後傳命，三讓而後入門，三揖而後至階，三讓而後升，所以致尊讓也。【補】鄭君曰：「三讓而後傳命，賓至廟門，主人請事時也。賓見主人，陳擯以大客禮當已，則三讓之，不得命，乃傳其君之聘命也。」〇「門」上，《小戴》有「廟」字。君使士迎于境，大夫郊勞，君親拜迎大門之内，而廟受，北面拜貺，拜君之辱，所以致敬讓也。〇「廟」，宋本訛「朝」。《小戴》「拜君」下有「命」字。「敬」下無「讓」字。致敬讓者，君子之所以相接也。故諸侯相接以敬讓則不相侵陵也。卿爲上擯，大夫爲丞擯。君親醴，賓私覿，致雍既，還圭璋賄贈，饗食宴，所以明賓主君臣之義也。【補】醴饗食宴，君親之，賓主之義也。致雍既，還圭璋賄贈，皆使大夫者，君義也。賓私覿者，臣義也。〇《小戴》「丞擯」作「承擯」，下有「士爲紹擯」四字，「醴賓」作「禮賓」，下有「賓私面」三字，「雍既」作「饔餼」，「主」作「客」，宋本依《小戴》亦作「饔餼」，仍於「餼」下疊著「既」字，从《大典》刪改。故天子之制，諸侯交歲相問，殷相聘，〇《小戴》云：「比年小聘，三年大聘。」相厲以禮，使者聘而誤，主君不親饗食，所以恥厲之也。諸侯相厲以禮則外不相侵，内不相陵，此天子所以養諸侯，兵不用而諸侯自爲正之具也。以圭璋聘，重禮也；已聘而還圭璋，輕財重禮之義也。諸侯相厲以輕財重禮，則作讓矣。〇「作」上，《小戴》有「民」字。主國待客，出入三積，【補】《司儀》曰：「諸公之臣，相爲國客，則三積。」以次差之，侯伯之臣再積，子男之臣一積也。《聘禮》無致積者，文不備。〇「三」，宋本訛「五」，从朱本改。既客於舍，五牢之具陳於内，米三十車，禾三十車，芻薪倍禾，皆陳於外，乘禽日五雙，群介皆餼牢，壹食再饗宴，與時賜無數，所以厚重禮也。古之用財不能均如此，然而用財如此其厚者，言盡之於禮也。盡之於禮，則内君臣不相陵，而外不相侵，故天子制之，而諸侯務焉。【補】舍，賓館也。五牢之具，飪一牢，鼎九，陪鼎三；腥二牢，鼎二七；並陳於階前。豆二十，簋二十，壺二十，皆堂上八，東西夾各六，鉶十有四，堂上六，東西夾各四，簠六，堂上與東西夾各二；醯醢百甕，米百筥，陳於庭，牽二牢陳於門西。其群介之餼，則大夫飪、腥牽各一牢，士唯有牽牢也。米一車二十四斛，禾一車千二百秉。《聘禮》曰：「門外米、禾視死牢，牢十車。」《掌客》曰：「車米視生牢，車禾視死牢。」二者文異。芻所以秣，薪所以爨。乘禽，禽之乘匹者，若雁鶩之屬也。《聘記》曰：「既致饔，旬而稍，宰夫始歸乘禽，日如其饔餼之數。」時賜四時新物也。《儀禮》謂之「俶獻，不能均如此」，言不能皆如此也。唯用財於禮，乃必盡厚。○「介皆」下，《小戴》有「有」字。「然而」，元本作「然時」。「餼牢」之「餼」，亦當爲「既」，似後人依《小戴》妄改。

古者，大行人掌大賓之禮，及大客之義，以親諸侯。春朝諸侯而圖天下之事，秋覲以比邦國之功，夏宗以陳天下之謀，冬遇以協諸侯之慮，時會以發四方之禁，殷同以施天下之政，【補】鄭君曰：「大賓，要服以內諸侯。大客，謂其孤卿。圖、比、陳、協，皆考績之言。時會即時見也。王將有征討之事，則既朝，王命爲壇於國外，合諸侯而發禁命事焉。禁，謂九伐之法。殷同即殷見也。王十二歲一巡狩，若不巡狩則殷同。《司馬法》曰：『春以禮朝諸侯，圖同事；夏以禮宗諸侯，陳同謀；秋以禮覲諸侯，比同功；冬以禮遇諸侯，圖同慮；時以禮會諸侯，施同政；殷以禮同諸侯，發同禁。』」廣森謂朝、覲、宗、遇，諸侯皆離至，唯會同旅見。時會者，東方春，南方夏，西方秋，北方冬，分時更迭而至。殷同者，同軌畢至，不以其時，殷之言衆也。○「義」，《周禮》作「儀」，古文省。「肆師治其禮儀」，故書亦爲「義」。「覲」下、「遇」下，宋本並脱「以」字。「謀」，《周禮》作「謨」。

時聘以結諸侯之好，殷眺以成邦國之貳，【補】《王制》曰：「諸侯之於天子也，比年一小聘，三年一大聘。」時聘，小聘也。殷眺，大聘也。成，平也。《周禮》曰：「凡有鬭怒者，成之。」○《周禮》「成」作「除」，「貳」作「慝」。

閒問以諭諸侯之志，歸脤以教諸侯之福，賀慶以贊諸侯之喜，致會以補諸侯之災。【補】鄭君曰：「此四者，王使臣於諸侯之禮也。閒問者，閒歲一問諸侯，謂存省之屬。贊，助也。補諸侯災者，若《春秋》『澶淵之會』，謀歸宋財。」廣林謂大宗伯以脤膰之禮，親兄弟之國；以賀慶之禮，親異姓之國。彼文互耳。葵邱之會，賜齊侯胙，孟子曰：「孔子爲魯司寇，不用，從而祭，膰肉不至。」是異姓亦歸脤膰也。《春秋公羊》說：「腥曰脤，熟曰膰。」《左氏》說：「宜社曰脤，宗廟曰膰。」○《周禮》「教」作「交」，「會」作「禬」。

天子之所撫諸侯者，○「所」下，盧本有「以」字。歲徧在；三歲徧眺；五歲徧省；【補】在、眺、省，皆王使於諸侯之名。《爾雅》曰：「在，存省視察也。」鄭君曰：「歲者，巡守之明歲以爲始也。自五歲之後，遂閒歲徧省也。」○「在」，《周禮》作「存」，高安本同。七歲屬象胥，諭言語，計辭令；九歲屬瞽史，諭書名，聽音聲；【補】象胥、瞽史，皆王官，使於四方，徧諭諸侯也。「計」，讀「從」。《周禮》故書叶字。叶，合也。今《周禮》爲「協辭命」。鄭君曰：「書名，書之字也，古曰名，《聘禮》曰『百名以上』。」○「胥」，音「諝」。十有一歲，達瑞節，同度量，成牢禮，同數器，脩法則；【補】節，所持以爲信也。《小行人》：「達天下之六節：山國用虎節，土國用人節，澤國用龍節，皆以金爲之。道路用旌節，門關用符節，都鄙用管節，皆以竹爲之。」鄭君曰：「達、同、成、脩，皆謂齎其法式，行至則齊等之也。」成，平也，平其僭踰者也。數器，銓衡也。法，八法也。則，八則也。○「達」，宋本訛「建」。十有二歲，天子巡狩殷國。【補】殷國，即殷同也。鄭君曰：「十二歲，王若不巡狩，則六服盡朝，謂之殷國。」是故諸侯上不敢侵陵，下不敢暴小民。然後諸侯之國，札喪則令賻補之，凶荒則令賙委之，師役則令槁禬之，有福事則令慶賀之，有禍災則令哀弔之。凡此五物者，治其事故。【補】此五物者，諸侯自相爲也。厲死曰札。凶荒，歲不熟也。「槁」，讀爲「犒師」之「犒」。宗伯凶禮之目，以禬禮哀圍敗。禍災，水火之災。《春秋左傳》曰：「宋大水，公使弔焉，曰：天作淫雨，害於粢盛，若之何不弔？」及其利害，爲一書；其禮俗、政事、教治、刑禁之逆順，爲一書；其悖逆、暴亂、作慝、欲犯令者，爲一書；其札喪、凶荒、厄貧，爲一書；其康樂、和親、安平，爲一書。凡此五物者，每國別異之，天子以周知天下之政。【補】此小行人使適四方，察其美惡之事，條別書之，以詔王也。禮俗，謂昏姻喪紀。舊俗所行，雖有異者，因之不變。《太宰》「八則」：「六曰禮俗，以馭其民。」○「札喪凶荒厄」，宋本訛「禮俗政事」，从《大典》改。《周禮》「利」上有「萬民之」三字，「欲」作「猶」。末云：「每國辨異之，以反命于王，以周知天下之故。」是故諸侯附於德，服於義，則天下太平。古者，天子爲諸侯不行禮義，不脩法度，不附於德，不服於義，故使射人以射禮選其德行，職方氏、大行人以其治國，選其能功。【補】射人、職方，夏官之屬，德行、能功，義在《盛德》篇。諸侯之得失治亂定，然後明九命之賞以勸之，明九伐之法以震威之。【補】九命之賞者，加九賜，命作方伯。一曰車馬，二曰衣服，三曰樂則，四曰朱户，五曰納陛，六曰虎賁，七曰斧鉞，八曰弓矢，九曰秬鬯。四方所瞻，侯子所望也。九伐之法者，馮弱犯寡則眚之，賊賢害民則伐之，暴内陵外則壇之，野荒民散則削之，負固不服則侵之，賊殺其親則正之，放弑其君則殘之，犯令陵政則杜之，外内亂、鳥獸行則滅之。尚猶有不附於德、不服於義者，則使掌交説之，【補】《周官》：「掌交掌以節與幣巡邦國之諸侯，道王之德意志慮，使咸知王之好惡，避行之。」○宋本脱「之」字，从《逸經》及盧本增。故諸侯莫不附於德、服於義者。此天子之所以養諸侯，兵不用而諸侯自爲正之法也。「正」，宋本訛「政」。

凡二千一百三十六字。今補。

投壺第七十八

投壺之禮，主人奉矢，司射奉中，使人執壺。【補】中，刻木爲伏獸形，鑿其背以盛算者也。《鄉射記》曰：「大夫兕中，士鹿中。」鄭君曰：「射人奉之者，投壺，射之類也。其奉之西階上，北面。」主人請曰：「某有枉矢哨壺，請樂賓。」賓曰：「子有旨酒嘉肴，又重以樂，敢辭。」【補】鄭君曰：「燕飲酒，既脱屨升坐，主人乃請投壺也。否則或射，所謂燕射也。枉、哨，不正貌，爲謙辭。」廣森案：《鄉射禮》：「司射請射，賓對曰：『某不能，爲二三子。』許諾。」彼不辭者，習禮正也。燕射及投壺，皆所以爲宴樂，賓乃有辭法。○「哨」，宋本訛「峭」，从吴氏《逸經》改。「肴」下，《小戴》有「某既賜矣」四字。主人曰：「枉矢哨壺，不足辭也，敢以請。」○「敢」下，《小戴》有「固」字。賓曰：「某賜旨酒嘉肴，○《小戴》云：「某既賜矣。」又重以樂，敢固辭。」【補】一辭而許曰禮辭，再辭曰固辭，三辭曰終辭。鄭君曰：「『固』之言如『故』

也。言如故辭者，重辭也。」主人曰：「枉矢哨壺，不足辭也，敢固以請。」賓對曰：「某固辭不得命，敢不敬從。」賓再拜受，主人般還曰避。主人阼階上再拜送，賓般還曰避。【補】鄭君曰：「賓再拜受，拜受矢也。主人既避，進受矢兩楹之間。拜送，送矢也。避亦於其階上。」○「般還」，音「盤旋」。以拜，受矢，【補】鄭君曰：「主人既拜送矢，又自受矢。」○「以」，《小戴》作「已」。案：「以」、「已」同，說見《虞戴德》篇。下「以酌」，亦「已」字。進即兩楹間，退，反位，揖賓就筵。【補】就楹閒，爲賓正席也。鄭君曰：「賓席、主人席皆南鄉，閒相去如射物。」廣森謂如射物者，兩席相距六尺也。既就筵，各委所受矢於地。投時拾取之。唯與尊者爲偶，不委。《少儀》曰：「侍投則擁矢。」○宋本「即」訛「則」，「退」訛「追」。

司射進度壺，反位。設中，執八算。【補】鄭君曰：「度壺，度其所設之處也。反位，西階上位也。既設中，亦實八算於中，橫委其餘於中西。執算而立，以請賓侯投。」廣森案：算，竹籌，所以記勝負。執八算者，一偶之數也。古者，射與投壺皆行四矢，故矢四爲之乘，乘三謂之發。○《小戴》「壺」下有「閒以二矢半」五字，「執」上有「東面」字，「算」下有「興」字。請于賓曰：「奏投壺之令曰：順投爲入，比投不釋算。勝飲不勝。正爵既行，請爲勝者立馬，三馬既立，慶多馬。」請主人亦如之。【補】請者，司射執算以請也。奏，告也。令，法也。鄭君曰：「順投，矢本入也。比投，不拾也。正爵，所以正禮之爵也。或以罰，或以慶。馬，勝算也。謂之馬者，若云技藝如此，任爲將帥乘馬也。」廣森謂馬者，蓋刻木爲馬象，亦中之類。漢《田律》曰：「爭禽不審者，罰以假馬。」○《小戴》無「奏投壺之令曰」句，「立馬」下衍「一馬從二馬」五字。《正義》云：定本無「之」。比，毗志反。命弦者曰：「請奏《貍首》，閒若一。」太師曰：「諾。」【補】鄭君曰：「弦，鼓瑟者也。」廣森謂閒者，樂聲疏數之節也。《周禮》：「王射，《騶虞》九節；諸侯射，《貍首》七節；大夫射，《采蘋》；士射，《采蘩》五節。」此謂王大射時，諸侯大夫士皆在樂詩，所用各有異也。若大夫士自爲燕射或投壺，亦通用之，但其節數自降殺，不得如天子、諸侯。故《鄉射記》曰：「歌《騶虞》若《采蘋》，皆五終。」此奏《貍首》亦五節矣。

左右告矢具，請拾投，投入者，則司射

坐而釋一算，曰：「賓黨於右，主黨於左。」【補】左右告矢具者，主賓之黨皆已受矢也。鄭君曰：「拾，更也。請更投者，司射也。司射東面立，釋算則坐。以南爲右，北爲左也。已投者退，各反其位。」○拾，其劫反。《小戴》「投入」作「有入」，「曰」作「焉」。

卒投，司射執餘算曰：「右左卒投，請數。」【補】此請於賓也。執餘算者，司射初執八算，每入一矢，則委一算於地，八矢不皆中，故手有餘算也。於此言右左者，明先數賓黨。○「卒」，宋本訛「率」，从朱本改。《小戴》無「餘」字，「左」在「右」上。

二算爲純，一純以取，一算爲奇。【補】純，讀如「淳十五乘」之「淳」。凡物偶曰純。禮，帛合兩束之，謂之純束。司射東面坐於中南，取右算，每一純實于左手，每十純則縮而委之於地，十十別之。餘純不滿十者，橫置於下。有單一算不成純者，又縮置於餘純之下。乃改坐于中北，總取左算，實於左手，每純委之於地，亦十純別之。餘純橫之，奇算縮之，如數右算之法。其數賓算文縟，數主算文簡，以相變爲敬。

有勝則司射以奇算告曰：「某黨賢於某黨，賢若干純。」【補】奇算，勝算也。奇，餘也。左右齊之而取其餘。○《小戴》云：「遂以奇算告曰：某賢於某若干純。」奇則曰奇，【補】假令勝五算，則曰：「賢二純一奇。」鈞則曰左右鈞。【補】鄭君曰：「鈞，猶等也。等則左右手各執一算以告。」

舉手曰：「請諸勝者之弟子，爲不勝者酌。」酌者曰：「諾。」以酌，皆請舉酒。○「諸」上，宋本脱「請」字，从《儀禮經傳通解》增。《小戴》云：「命酌曰請行觴。」「酌者曰諾」，餘文並無。

當飲皆跪奉觚曰：「賜灌。」勝者跪曰：「敬養。」【補】鄭君曰：「灌，猶飲也。賜灌、敬養，各與其偶於西階上，如飲射爵。」廣森謂「觚」當爲「觗」。《射禮》：「罰皆以觶。」《駁異義》曰：「觶字，古書或作角旁，氏則與觚字相近。」言敬養者，爲謙辭。《射義》曰：「酒者，所以養老也，所以養病也。『求中以辭爵』者，辭養也。」劉原父《投壺義》曰：「勝飲不勝者，罰也。辭不曰罰而曰養者，不尚人以勝，不恥人以不能也。飲曰賜灌，不恥過也，不忌人以勝己也。故尚人以勝則矜，恥人以不能則怨，自恥其過則忿，忌人以勝己則懟。矜以怨，忿以懟，此辨訟之所由作也。」○《小戴》「飲」下有「者」字，「觚」作「觴」。

司正曰：「正爵既行，請爲勝者立馬。」各直其算上，一馬從二馬以慶。【補】司正，主人之相。凡飲，將旅必立。司正，使監酒者也。直，當也。置馬，賓黨勝則當右算，主黨勝則當左算。一馬從二馬，所謂擢馬也，侍投於尊者則否。鄭君曰：「三立馬者，投壺如射，亦三而止也。三者，一黨不得三勝，其一勝者，并其馬於再勝者以慶之。」○《小戴》無「司正曰」及「爲勝者」及「上」字。　慶禮曰：「三馬既立，請慶多馬。」賓主人皆曰：「諾。」正爵既行，請徹馬，【補】鄭君曰：「飲慶爵者偶親酌，不使弟子，無豐。」○「立」，《小戴》作「備」。周則復始既算。【補】此六字，當屬於「司正曰」之上。周則復始者，投壺三而止也。三投既算，乃請立馬，故得備三馬耳。文之倒錯顯然。算多少視其坐。【補】鄭君曰：「算用當視坐投壺者之衆寡爲數也。投壺者人四矢，亦人四算。」廣森案：此以下説壺矢制度，若《儀禮》經後之記。矢八分，堂上七扶，室中五扶，庭下九扶，【補】八分，矢圓徑也。「扶」，讀如「膚寸而合」之「膚」。一指爲寸，四指爲扶。《韓非子》曰：「上失扶寸。」鄭君曰：「投壺者或於室，或於堂，或於庭，其禮褻，隨晏早之宜，無常處。」○《小戴》「矢」作「籌」，無「八分」二字。「室」，宋本訛「堂」。　算長尺二寸。【補】射算長尺有握，視此爲長也。《周官·槀人》曰：「矢八物皆三等。」《鄉射》「矢三尺」。彼射於堂，宜用中等，亦視此七扶爲長。

堂下司正、司射、庭長及冠士立者，皆屬賓黨；樂人及童子、使者，皆屬主黨。【補】庭長，《鄉飲酒》有「衆賓之長一人」是也。衆賓立於庭，故謂其長者曰庭長。冠士、童子，皆鄉人來觀者也。冠成人，尊之令屬賓黨。使者，若執壺者之屬。○《小戴》無「堂下司正」。降揖，其阼階及樂事，皆與射同節。【補】投壺或於庭，則主人自阼階降揖賓，其節與射禮取矢時同也。樂事謂奏《貍首》。○此十三字，《小戴》無。壺中置小豆，爲其矢躍而去也。【補】鄭君曰：「實以小豆，取其滑而堅。」○《小戴》「置」作「實」，「去」作「出」，屬於「容斗五升」之下。壺去席二矢半。【補】鄭君曰：「堂上去賓席、主人席，邪行各七尺也。」廣森疑室中則五尺，庭則九尺。矢以柘若棘，無去其皮，【補】若，或也。柘、棘，皆取其質堅重。○宋本脱「矢」字，從盧本增。大七分，【補】前文云「矢八分」，此「大七分」者，似謂室中五扶之矢，其笴既短，圓徑亦殺。鄭君《小戴》注云：「舊説矢大七分。」

曾孫侯氏，今日泰射，【補】此以下《貍首》之詩也。泰射，大射也。大射爲祭擇士，故以曾孫言之。○「射」，古音「序」，與下「舉」、「譽」爲韻。于一張侯參之，曰：「今日泰射，四正具舉。」【補】「今日泰射」，衍句也。「于一」、「日」三字，亦衍。張侯參之，言張三侯也。《大射儀》曰：「量侯道以貍步，大侯九十，參七十，干五十。」鄭君曰：「四正，正爵四行也。」四行者，獻賓、獻公、獻卿、獻大夫，乃後樂作而射。」大夫君子，凡以庶士。小大莫處，御于君所。以燕以射，則燕則譽。【補】以燕，燕飲也。則燕，燕樂也。譽，游也。《春秋左傳》曰：「宣子譽之。」質參既設，執旌既載。干侯既亢，中獲既置。」【補】質，侯中的也。《周禮》曰：「射則充椹質參。」參，侯也，干侯，豻侯也。旌所以唱獲，服不氏執之。載，舉也。亢，張也。中，大射以閭中也。獲，即算也。賈公彦曰：「唱獲則釋算，故名算爲獲。」壺脰脩七寸，口徑二寸半，壺高尺二寸，受㪷五升，壺腹脩五寸。【補】何氏《春秋傳解詁》曰：「腹方口圓曰壺，反之曰方壺。」然則此壺腹亦方，脰脩七寸，謂其上圓者；腹脩五寸，謂其下方者；合之則尺二寸。脩亦高也。受壺腹中容實也。《管子》曰：「所市之地，六步一㪷。」《昌言》曰：「斛取一㪷。」「㪷」亦「斗」字。於《九章·粟米》：「術程」：「斛一尺六寸五分寸之一。」㪷五升，積二百四十三寸，以脩五寸除之，開方求其腹徑，近七寸也。○「壺高」以下九字，宋本並訛作小字。《小戴》云：「壺頸脩七寸，腹脩五寸，口徑二寸半，容斗五升。」屬於「算長尺二寸」之下。

「弓既平張，四侯且良，決拾有常。」【補】亦《貍首》詩也。《小戴》篇末記《貍首》「鼓節」云：「取半以下爲投壺禮，盡用之爲射禮。」此不與前章相屬，所謂「半以下」與？平張，張弓尚半也。《考工記》曰：「張如流水。」「侯」讀若《詩》「四鍭既鈞」，矢金鏃翦羽謂之鍭。決，若今扳指也。士禮用棘，人君用象骨。拾，射韝也，一名遂，以韋爲之，著於左臂。既順乃讓，乃揖乃讓，乃隮其堂。乃節其行，既志乃張。【補】志，志所中也。《書》曰：「若射之有志。」射夫命射，射者之聲。御車之旌，既獲卒莫。【補】射夫，射人也。諸侯以射人爲司射。御車，巾車也。《大射儀》：「巾車張侯。」或亦與唱獲焉。莫，静也。中雖多，不矜功也。○「御車」，盧本作「獲者」。「莫」，音「暮」，與「射」爲韻，「聲」、「旌」自爲韻，與《車攻》五章同。

凡雅二十六篇。其八篇可歌，歌《鹿鳴》、《貍首》、《鵲巢》、《采蘩》、《采蘋》、《伐檀》、《白駒》、《騶虞》；【補】小雅之材七十四，大雅之材三十一。此唯二十六篇，又《鵲巢》諸詩，今皆在風，亦以爲雅，蓋出漢人之記。樂府所存，非周舊也。漢末，杜夔傳雅樂四曲，一《鹿鳴》，二《騶虞》，三《伐檀》，四《文王》，皆古聲詞，後代四廂樂歌，猶依其音節。○「其」，宋本訛「共」，从元本改。八篇廢，不可歌，七篇《商》、《齊》，可歌也；【補】《樂記》曰：「《商》者，五帝之遺聲也。商人識之，故謂之《商》。《齊》者，三代之遺聲也。齊人識之，故謂之《齊》。」七篇之名未聞。三篇閒歌。【補】《鄉飲酒》「歌《魚麗》，笙《由庚》；歌《南有嘉魚》，笙《崇邱》；歌《南山有臺》，笙《由儀》」是也。《史辟》、《史義》、《史見》、《史童》、《史謗》、《史賓》、《拾聲》、《叡挾》。【補】此八篇廢，不可歌。

魯命弟子辭曰：「無荒無慠，無倨立，無踰言。若是者，有常爵。」【補】志怠曰荒，容怠曰慠。倨，跛倚也。踰言，遥相言也。鄭君曰：弟子，賓黨、主黨年稚者也。爲其立堂下相褻慢，司射戒令之。常爵，常所以罰人之爵也。○《小戴》云：「魯令弟子辭曰：『毋憮，毋敖，毋偝立，毋踰言。偝立、踰言有常爵。』薛令弟子辭曰：『毋憮，毋敖，毋偝立，毋踰言。若是者浮。』」「嗟爾不寧侯，爲爾不朝于王所，故亢而射女，强食，食爾曾孫，侯氏百福。」【補】《考工記》曰：「祭侯之禮，以酒脯醢，其辭曰：『唯若寧侯，無或若女不寧侯，不屬于王所，故亢而射女，强飲强食，詒女曾孫，諸侯百福。』」視此文爲備。侯者，侯也，射中則得爲諸侯，射不中則不得爲諸侯。祭侯，祭先爲諸侯者。曾孫，後世爲諸侯者也。諸侯不臣，謂之不寧。《易》曰：「不寧方來。」此《貍首》之首章也，天子大射歌之，以祭侯曾孫。其次章，諸侯以爲射節禮，獸侯皆畫貍首，❶故以「貍首」名篇。《史記》曰：「萇弘設射貍首。」貍首者，諸侯之不來者。」鄭君《儀禮》注曰：「貍之言不來也。其詩有『射諸侯首不朝者』之言。」即此章是已。○「强食」上，《大典》有「孫」字。

凡二章。凡七百三十三字。今補。

❶「畫貍」，原作「盡獸」，誤。據學海堂本改。

大戴禮記補注卷之十三

公冠第七十九

公冠自爲主，【補】《春秋左傳》曰：「國君十五而生子，冠而生子，禮也。」凡君即位於當冠之年，則因喪而冠，若即位時弱，至當冠之年自行冠禮。《士冠禮》曰：「若孤子，則父兄戒宿。」諸侯尊，盡臣諸父兄弟，故自爲主也。○「冠」，宋本譌「符」。迎賓揖，【補】蓋迎於廟門内也。《説苑》曰：「卿爲賓。」升自阼，立于席。入堂深，異於士。【補】《士禮》：「主人，冠者之父也。」於冠無事，故升立于序端。此主人即冠者，故升遂就席爲異也。既醴，【補】賓醴主人，有君臣之義，亦異於士，當降拜送觶與？○「醴」，元本作「禮」。降自阼。君尊，故其降也，不使就賓階也。其餘自爲主者，其降也，自西階以異，不敢終於正。【補】餘若大夫士之孤子，無父兄者，亦得自爲主。《昏禮》記曰：「宗子無父，母命之，親皆没，己躬命之。」其義同也。其餘皆公同也。謂迎賓升阼之等。公玄端與皮弁皆鞸，玄端，緇布冠及玄冠之服也。《玉藻》曰：「始冠緇布之冠，自諸侯達，冠而弊之可也。」二服皆鞸。古者田狩而食其肉，衣其皮，先以兩皮如鞸以蔽其前後。及後世，聖人易之以布帛，猶存其蔽前，示不忘古。尊祭服，異其名曰鞸。其制，上廣一尺，下廣二尺，長三尺，其頸五寸，肩博二寸。【補】玄端爵鞸，皮弁素鞸。○「與」，宋本譌「以」，从吴氏《逸經》改。「鞸」即「韠」字。朝服素鞸。玄端，諸侯朝服皮弁，天子朝服鞸從，裳色皆素也。【補】朝服，冠弁服也，與玄端服異，但同玄冠耳。鄭君説《周禮》「冠弁服」云：「冠弁，委皃，其服緇布衣，亦積素以爲裳，諸侯以爲視朝之服。」公冠四加玄冕。「四」當爲「三」，「玄」當爲「衮」字之誤。【補】四加者，始加緇布冠、玄端服，再加皮弁，三加冠弁，與玄冕爲四也。四加，尊於士也。不加衮，下天子也。《冠義》正義曰：「天子當五加衮冕。」饗之以三獻之禮，饗賓也。士於賓，以一獻之禮也。無介，於饗而贊冠者退爲衆賓者，君禮於臣本無介矣。無樂，亦饗時也。冠者成人代父，始宜盡孝子之感，不可以歡樂取之。孔子曰：「娶婦之家，三日不舉樂，思嗣親也。」然則冠禮不舉樂同也。《春秋左氏傳》曰「以金石之樂節之」，謂冠之時爲節也。皆玄端。君臣同服。其醻幣朱錦采，【補】飲賓客而從以貨財曰醻，所以申暢厚意也。采，錦之雜色者。或疑「采」爲「束」字之誤。《昏禮》曰：「酬以束錦。」四馬其慶也。其慶賓也如是。【補】其慶也以四馬，慶謂慶冠者。《周禮》所謂「賀慶之禮」也。天子儗焉。儗公禮也。○「天」，盧本作「太」，以下注推之，近是。

太子與庶子，其冠皆自爲主，主，侯自主之。重言「太子」，誤也。《家語》曰：「王太子、庶子之冠儗焉。」非也。【補】《説苑》曰：「諸侯太子、庶子冠，公爲主。」其禮與士同，饗賓也皆同。《士冠禮》記曰：「天子之元子，猶士也。天下無生而貴者也。」○「饗」上，吴氏《逸經》有「其」字。

成王冠，【補】譙周《五經然否論》曰：「《古文尚書》説武王崩，成王年十三。」《禮·公冠》記：「周公冠，成王命史作祝辭告，是除喪冠也。周公未反，成王冠弁開金縢之書，時十六矣。是成王十五，周公冠之而后出也。」《異義》云：「成王年十四，是喪冠也者，恐失矣。」周公使祝雍祝王，雍，太祝。定左與王爲祝辭，於冠告焉。曰：「達而勿多也。」辭多則史，少則不達。祝雍曰：「使王近於民，視民不遠。遠於年，【補】永其壽也。○「年」，《説苑》作「佞」。《後漢志》注引此文云：「近於民，遠於年，遠於佞，近於義，嗇於財，任賢使能。」嗇於時，惠於財，及時而施。【補】王肅曰：「嗇，愛也。嗇於時，不奪民時也。」親賢使能。」○「賢」與「年」、「民」爲韻，「能」與「時」、「財」爲韻。古音「能」如「耐」，《樂記》曰：「人不耐無樂。」注云：「耐」，古書「能」字也。古以「能」爲三「台」字。

陛下離顯先帝之光耀，以承皇天嘉禄，離，明也。○《博物記》「離」作「摛」，「天」下有「之」字。欽順仲夏之吉日，古者，冠以仲春。【補】《昭帝本紀》：「元鳳四年春正月丁亥，帝加元服。」此「仲夏」字誤也。○《博物記》云：「欽奉仲春之吉辰。」遵並大道邠或，「邠或」，當爲「芬彧」，聲字之誤也。○《博物記》云：「普遵大道之郊域。」案：「並」、「普」，古假借字。漢《石闕銘》亦以「並天」爲「普天」。秉集萬福之休靈，始加昭明之元服，【補】秉守休美靈善也。元，首也。《儀禮》「冠辭」曰：「令月吉日，始加元服。」○「集萬」，《博物記》作「率百」。推遠稚免之幼志，免，猶弱也。○「稚免」，《博物記》作「沖孺」。崇積文武之寵德，文皇帝，武皇帝。○《博物記》「崇」作「蘊」，「寵」作「就」。肅勤高祖清廟，高祖，高皇帝也。【補】漢儀，帝冠皆如高祖廟謁。○「祖」下，《博物記》有「之」字。六合之内靡不息，【補】息，安也。○《博物記》云：「靡不蒙德。」陛下永永與天無極。凡一百。○此注不可曉，似校書者所記。然推算前後字數，亦不合，姑存之。《孝昭冠辭》。漢孝昭帝冠辭。【補】目上事也，猶《樂記》章末題「子貢問樂」。

皇皇上天，照臨下土，集地之靈，降甘風雨，《禮運》曰：「地秉陰竅于山川。」【補】集，和也。天地和同，風雨時降。庶物群生，各得其所，靡今靡古，言覆施均。維予一人某，敬拜皇天之祜。古祝辭則云「嗣王某」。或曰「一人某」，王者親告之辭也。【補】此祀天辭。漢《祠泰一贊饗》曰：「皇帝敬拜泰祝之饗。」與此相類。○「祜」，宋本譌「祐」，元本譌「佑」，从吴氏《逸經》改。

薄薄之土，承天之神，興甘風雨，薄，旁薄也。《易》曰「乃順承天」也。庶卉百穀，莫不茂者。○「者」，古音「渚」，篆文「者」从𣥠諧聲，𣥠，古「旅」字。《詩》云：「維魴及鱮，薄言觀者。」又云：「綢繆束楚，三星在户。今夕何夕，見此粲者。」既安且寧，維予一人，某敬拜下土之靈。【補】此祭地辭。

維某年某月上日，年謂太歲所在。月，正月也。其天地祝辭皆爾省文，故「日」下「明」之也。【補】某年者，元二之數也。云太歲所在，非也。上日，朔日也。明光于上下，勤施于四方，旁作穆穆，【補】言日無私照也。案：《洛誥》是成王美周公之語，以爲祝辭，所未詳也。維予一人某，敬拜迎于郊。【補】此朝日辭。以正月朔日，迎日于東郊。古者，帝王以正月朝聘，率有司迎日于東郊也，所以爲萬品先而尊事天也。

凡六章，今别。凡三百四十字。今補。

本命第八十

分於道謂之命，道，謂冥化自然之道也。人莫違焉，或分得其長，分得其短，其變修促，謂之命也。孔子曰：「死生有命。」【補】《易》曰：「一陰一陽之謂道。」分陰分陽而人以生，陰則受金火之命，陽則受木水土之命也。**形於一謂之性**，形，法象也。凡人稟於木，則象之以仁，受於金，則以義。孔子曰：「天命之謂性。」性者資於未生之前，發於既生之後，原其所，故於此言之。【補】董仲舒曰：「命者，天之令也；性者，生之質也。」自天與之謂之命，自人得之謂之性，受於木則成仁，受於火則成禮，受於金則成義，受於水則成智，受於土則成信，各得其一，不能相齊。故曰：形於一也。然其要歸，性無不善，守其一養而充之，若伯夷之清，柳下惠之和，其成皆至於聖。**化於陰陽，象形而發謂之生**，象微昧。《易》曰「男女搆精，萬物化生」也。**化窮數盡謂之死**。化窮者，身也。數盡者，年也。**故命者，性之終也**，命初分於道，則是生之始也。分道則脩短已定，故爲生之終，是以始末舉也。**則必有終矣**。【補】人生則必有死。

人生而不具者五：目無見，不能食，不能行，不能言，不能化。三月而徹眗，然後能有見；眗，精轉視貌。「徹」，或爲「微」也。○「徹眗」，《說苑》作「達眼」。案：《廣韻》：「眗，胡涓切。」舊誤作「眴」，从戴氏校本改。**八月生齒，然後食**；○「食」上，《說苑》有「能」字。**朞而生臏，然後能行；三年瞦合，然後能言**；三月萬物一成，朞年天道一備，三年而天道大成，故因之以變化也。【補】臏，膝骨也。瞦，囟也。**十有六情通，然後能化**。○「情」，《說苑》作「精」。

陰窮反陽，陽窮反陰，夏至陽往陰動，冬至陰消陽息。**辰故陰以陽化，陽以陰變**。【補】日月所會謂之辰。建子之月，辰會於丑，陽以陰變也；建丑之月，辰會於子，陰以陽化也。自是而左旋，寅與亥，卯與戌，辰與酉，巳與申，皆一陰一陽而相合也。人法天，故男陽從偶以八數，女陰從奇以七數，合而成施化也。**故男以八月而生齒，八歲而齔**，【補】齔，毀齒也。○「而齔」，宋本作「而毀」，「齒」下，「七歲而齔」，亦作「而毀」，並从《後漢·皇后本紀》注引此文改。**一陰一陽，然後成道**，《易》曰「一陰一陽之謂道」也。**二八十六，然後情通，然後其施行**。施，道行。【補】《素問》：「岐伯曰：『丈夫八歲，腎氣實，髮長齒更。二八，腎氣盛，天癸至，精氣溢寫，陰陽和，故能有子。女子七歲，腎氣盛，齒更髮長。二七而天癸至，任脈通，伏衝脈盛，月事以時下，故有子。男不過盡八八，女不過盡七七，而天地之精氣皆竭矣。」」女七月生齒，七歲而齔，二七十四，然後其化成。化道成，陽施而陰化，亦天地之道也。合於三也，小節也。男女合於三十。中古男三十而娶，女二十而嫁，合於五也，中節也。合於五十。太古男五十而室，女三十而嫁，備於三五，合於八也。備三五十，合於八十也。不言人節者，省文。案：《周禮·媒氏職》曰：「令男三十而娶，女二十而嫁。」《內則》曰：「二十而冠，三十而有室。十五笄，二十而嫁。」《尚書大傳》曰：「男三十而娶，女二十而嫁。」《書》曰：「有鰥在下，曰虞舜。」《喪服》：「爲夫之姑姊妹之長殤。」然則，古者皆以二十、三十爲婚姻之年，十六、十四爲嫁娶之期。今有三十、五十創非也。故譙周云：師言此說，近漢初學者所續焉。○宋本作「合於八八也」，衍出「八」字，朱本、盧本並作「八十」，以上文推之，亦非是，今校改。八者，維剛也，天地以發明，故聖人以合陰陽之數也。八爲方維，八卦之數也。天地以之明，聖人以之合陰陽九六大衍之數也。【補】「剛」，假借以爲「綱」字。四隅曰維，四正曰綱。

禮義者，恩之主也。冠、婚、朝、聘、喪、祭、賓主、鄉飲酒、軍旅，此之謂九禮也。君臣冠、婚、朝、聘五也，喪、祭七也，鄉飲、賓主八也，軍旅九也。【補】依注，似脫「君臣」二字，然賓主與鄉飲酒當爲二，賓主則相見是也。豈注有轉寫之誤與？禮經三百，禮經，統於心也。威儀三千。曲禮也，行於貌也。機其文之變也。機，危也。謂二禮動行九事，皆有其文，每變不同也。其文變也，○此四字疑衍。禮之象五行也，其義四時也。象五行，謂內爵與五服。義，宜也。【補】禮有五：吉、凶、賓、軍、嘉。五行之象也。

故以四舉，有恩，有義，有節，有權。【補】恩象春，義象秋，節象夏，權象冬。○「舉」，朱本依《喪服四制》作「制」。恩厚者其服重，故爲父斬衰三年，以恩制者。○《四制》有「也」字。門內之治恩掩義，門外之治義斷恩，資於事父以事君而敬同，貴貴尊尊，義之大者也，故爲君亦服斬衰三年，以義制者也。貴貴，謂爲大夫君。尊尊，謂爲天子諸侯也。【補】資，取也。三日而食，食，食粥也。三月而沐，將虞時。【補】《雜記》曰：「凡喪，自小功以上，非虞、祔、練、祥無沐浴。」言三月者，據「大夫、士三月而葬」。朞而練，毀不滅性，不以死傷生，〇《四制》有「也」字。喪不過三年，苴衰不補，異於吉，無飾也。【補】苴，苴絰也。不補者，敝則因之。墳墓不坯，同於邱陵。【補】坯，土再成也。《檀弓》曰：「易墓，非古也。」〇「坯」，《四制》作「培」。注四字舊誤入正文，今校改。除之日，鼓素琴，漸有終，因省哀。【補】除，大祥也。鼓素琴，始示存樂禫而後作樂也。魯人有朝祥而莫歌者，子曰：「踰月則其善也。」子蓋既祥五日，彈琴而不成聲。〇「除」，《四制》作「祥」。示民有終也，以節制者也。〇「示」，《四制》作「告」。資於事父以事母而愛同，天無二日，國無二君，家無二尊，以治之也。父在爲母齊衰期，見無二尊也。〇《四制》「日」下有「土無二王」句，「治」上有「二」字。百官備，百制具，不言而事行者，扶而起；謂天子諸侯。〇「制」，《四制》作「物」。言而後事行者，杖而起；謂士大夫。〇「杖」，宋本譌「扶」。身自執事而後事行者，面詬而已。謂庶人。【補】《禮》「有爵而後杖」，故庶人不杖。〇「詬」，《四制》作「垢」。凡此，以權制者也。〇「制」，宋本譌「利」。始死三日不怠，三月不解，朞悲號，三年憂，恩之教也。東夷二連，其所□□。不怠者，哭不絕聲。不解者，不脱絰帶也。〇解，盧義讀如字，此依鄭君《四制》注也。《雜記》注云：「解，倦也。」則當讀爲「懈」。《四制》「號」作「哀」，「教」作「殺」，下同。注缺二字，宋本作「其所不懈」，誤。聖人因教以制節也。爲卒哭祥禫之變。

男者任也，子者孳也，【補】皆以音近，轉相詁訓。《禹貢》「男邦」，《史記》謂之「任國」。新莽封王氏緦麻之屬爲男，其女皆爲任。男與任，聲義並同也。男子者，言任天地之道，如長萬物之義也。故謂之丈夫。丈者，長也。夫者，扶也。言長萬物也。【補】如，而也。《郊特牲》曰：「夫也者，夫也。夫也者，以知帥人者也。」許叔重説：周制以八寸爲尺，十尺爲丈。人長八尺，故曰丈夫。〇長，丁丈反。知可爲者，知不可爲者；知可言者，知不可言者；知可行者，知不可行者。是故審論而明其別，謂之知。所以正夫德者。○「論」，朱本作「倫」。「德者」，戴氏校本改「德也」。

女者如也，子者孳也，女子者，言如男子之教，而長其義理者也。故謂之婦人。婦人，伏於人也。○「伏」，宋本譌「仗」。是故無專制之義，有三從之道，在家從父，適人從夫，夫死從子，從其教令。無所敢自遂也。故令不出閨門，事在饋食之閒而已矣。《易》曰：「无攸遂，在中饋。」《詩》云「無非無儀，惟酒食是議」也。○「故」，朱本、盧本作「教」。是故女及日乎閨門之内，專其志，且遠嫌。【補】及日，猶終日。不百里而犇喪。言及日，故經戒見星。【補】《奔喪禮》曰：「日行百里，不以夜行。唯父母之喪，見星而行，見星而舍。」然則雖百里猶及日，注説不與經意相會。《檀弓》曰：「婦人非三年之喪，不踰封而弔。」成國百里，不百里，猶言不踰封耳。此謂期功以下，若嫁於他國，奔父母之喪，則有踰百里者。古者謂會戚友之喪，皆曰奔喪。故《春秋》經書「邾子來奔喪」矣。○「犇」，古「奔」字。事無獨爲，行無獨成之道，參知而後動，可驗而後言，【補】參知，衆知也。參，三也。古語「三而稱衆」。宵夜行燭，【補】夜行以燭。宮事必量，六畜蕃于宮中，【補】宮事，蠶織也。《夏小正》曰：「執養宮事。」量，審也。宮中，家中也。謂之信也。如此乃爲信固也。所以正婦德也。【補】《郊特牲》曰：「信，婦德也。」

女有五不取：逆家子不取，亂家子不取，亂，淫亂也。世有刑人不取，世有惡疾不取，【補】慮其氣類相傳染。《韓詩》曰「芣苢傷夫，有惡疾也」。喪婦長子不取。【補】喪婦長子，謂長女無母者。自女之父言之，爲喪婦也。長，年長也，成人而未許嫁者也。疑其幼失母訓，婦德不備，人莫與婚，故慎之不輕娶也。然則喪婦者當蚤爲其女擇配。逆家子者，爲其逆德也；亂家子者，爲其亂人倫也；世有刑人者，爲其棄於人也；世有惡疾者，爲其棄於天也；喪婦長子者，爲其無所受命也。【補】何休曰：「無教戒也。」

婦有七去：不順父母去，無子去，【補】年五十無子者。古者，娶必有媵，以姪娣從，皆無子，然後去。《春秋穀梁傳》曰：「一人有子，三人緩帶。」

言姪娣有子，則適不去也。鄭君《易》注曰：「嫁於天子，雖失禮，無出道，廢遠而已。若其無子，不廢遠之。」淫去，妒去，有惡疾去，多言去，竊盜去。【補】古人有言曰：出妻令其可嫁，絶友令其可交。是故曾子藜蒸不熟而去其妻。婦雖有七者之罪，猶託小過，不以其罪去之，可謂存厚矣。不順父母去，爲其逆德也；無子，爲其絶世也；○「子」下，元本有「去」字。淫，爲其亂族也；妒，爲其亂家也；○「家」，高安本作「宗」。有惡疾，爲其不可與共粢盛也；【補】《春秋穀梁傳》曰：「有天疾者，不得入乎宗廟。」《禮》：「妻出，夫使人致之，其辭曰：『某不敏，不能從而共粢盛。』」口多言，爲其離親也；《詩》云：「婦爲長舌，惟厲之階。」○宋本脱「也」字，从朱本增。盜竊，爲其反義也。【補】《韓非子》曰：「衛人嫁其子而教之曰：『必私積聚。爲人婦而出，常也。其成居，幸也。』其子因私積聚，其姑以爲多私而出之。」此所謂竊盜去也。若齊里以亡肉逐婦，王吉以剥棗出妻，抑其末也。婦有三不去：有所取，無所歸，不去；【補】何休曰：「不窮窮也。」廣森案：無所歸者，其母氏無大功以上親。與更三年喪，不去；【補】《内則》曰：「子甚宜其妻，父母不説，出。子不宜其妻，父母曰『是善事我』，子行夫婦之禮焉，没身不衰。」更三年之喪者，婦逮事舅姑，舅姑不以爲不善，今出之。無父母之命，嫌色過，且非孝。前貧賤，後富貴，不去。【補】宋仲子云：「糟糠之妻不下堂。」此之謂也。然婦人雖應此三事，若淫與不孝，猶當去之。《禮》故有「婦當喪而出」者。

大罪有五：逆天地者，罪及五世；欺造次及要君者。誣文武者，罪及四世；非聖人者。逆人倫者，罪及三世；非孝者。此皆大亂之道也。誣鬼神者，罪及二世；【補】《王制》所謂「假於鬼神時日卜筮，以疑衆」者。殺人者，罪止其身。《周書》曰：「大命世，小命身。」○「其」，《大典》及元本作「一」。故大罪有五，殺人爲下。【補】五大罪皆逆也。言此者，釋上文「逆家子」。

凡一千有五字。今補。

易本命第八十一

子曰：夫易之生人，禽獸、萬物、昆

蟲，各有以生。易者渾元之始，是曰大易，二象之所資、萬品之所生。《易》曰：「易有太極，是生兩儀，兩儀生四象，四象生八卦。」《易説》曰：「太易者，未有見氣也。太初者，氣之始也。太素者，質之始也。」《禮運》曰：「夫禮必本於太一，分而爲天地，轉而爲陰陽，變而爲四時。」然《禮》、《易》之説雖殊，而會歸一。○「昆」，《淮南子》作「貞」。或奇或偶，或飛或行，而莫知其情，惟達道德者，能原本之矣。孔子曰：「聖人智通於大道，應化而不窮，能測萬品之情也。」

天一，地二，人三，三三而九。九九八十一，一主日，天之神，日爲尊。【補】諸數皆去十取餘，若太乙主客算亦然。日數十，甲乙之屬。○《淮南子》下有「日主人」三字，此文脱。故人十月而生。萬類，人爲貴也。【補】九九純陽，於《易》爲「乾」。八九七十二，偶以承奇，貴偶用奇。【補】偶謂八，奇謂九。○「二」下，《淮南子》有「二主偶」句。奇主辰，辰，方面各三也。【補】若丑承子、卯承寅之屬，皆陰陽相閒，奇偶相承者也。辰主月，【補】十二辰，當十二月。月主馬，月契天駟於上，馬統乾於下。故馬十二月而生。【補】馬，午也。於《易》爲「離」。七九六十三，三主斗，象次日月。【補】斗有杓、衡、魁三體，故三主斗。○「斗」，宋本譌「升」。斗主狗，斗之次以狗，故擇人也。【補】斗魁枕戌。狗，戌之屬也。故狗三月而生。【補】《易》曰：「艮爲狗。」○宋本脱「故」字。六九五十四，四主時，時主豕，豕知時。《詩》云：「有豕白蹢，烝涉波矣。」故豕四月而生。【補】《易》曰：「坎爲豕。」五九四十五，五主音，音主猨，故猨五月而生。【補】猨善啼，故取五音之象。猨，申之屬也。申爲金，金於《易》爲「兑」。四九三十六，六主律，律主禽鹿，麋鹿角長短大小似律。【補】仲夏蕤賓之氣至，麋角解；仲冬黄鐘之氣至，鹿角解。氣與律相應也。❶○「禽」，《淮南子》作「麋」。故禽鹿六月而生也。麛麋之屬，皆以六月生也。宋均曰：「以所包者多，故舉禽，禽獸之名，雖有飛走之異，實亦通也。」【補】六六純陰，於《易》爲「坤」。三九二十七，七主星，二十八宿，方各七。【補】《春秋左傳》曰：「天以七紀。」○「主」上，宋本脱「七」字。星主虎，

❶「氣」，原作「是」，誤。據學海堂本改。

虎炳文似星也。故虎七月而生。【補】虎，寅之屬也。寅爲木，木於《易》爲「震」。《春秋考異郵》曰：「虎七月而生，陽立於七，故虎首尾長七尺。」二九十八，八主風，風之大數，盡於八也。【補】冬至則北方寒風至，立春則東北炎風至，春分則東方滔風至，立夏則東南熏風至，夏至則南方巨風至，立秋則西南淒風至，秋分則西方飂風至，立冬則西北厲風至，此謂八風。八卦之所紀也，八音之所起也，天地人之所理也，大炅止而陰德始也。風主蟲，蟲有蟄見，似風動息也。【補】《論衡·商蟲篇》曰：「夫蟲，風氣所生，倉頡知之，故『凡』『虫』爲『風』之字。」○「主」，宋本譌「之」。故蟲八月化也。蟲多生非類也。【補】「八月」字誤，《說文解字》云「蟲八日而化」也。風於《易》爲「巽」。其餘各以其類也。謂狸兔魚鼈之屬，各以其類化者，言亦有生而生之也。【補】《荀九家易》曰：「二九十八，主風精爲雞，故雞十八日剖而成雛。」然則風既主蟲，又主雞，所謂各以其類者，此亦一隅也。鳥魚皆生於陰而屬於陽，生於陰者，謂卵生也。屬於陽者，謂飛游於虛也。○「而」，《淮南子》作「陰」。故鳥魚皆卵。魚游于水，鳥飛于雲，釋上事也。○「卵」下，《淮南子》有「生」字。故冬鷰雀入于海，化而爲蚧。以同生於陰而屬於陽，故有其形性也。【補】《說文解字》曰：「千歲鷰化爲蛤。」蚧亦蛤也。雀化，《小正》有焉。○《淮南子》「冬」上有「立」字，「蚧」作「蛤」。萬物之性各異類，故蠶食而不飲，蟬飲而不食，蜉蝣不飲不食，《淮南子》曰：「蠶食而不飲，三十二日而化。蟬飲而不食，三十日而死。蜉蝣不飲不食，三日而終也。」介鱗夏食冬蟄。熊羆魚蛇之屬。○《淮南子》「鱗」下有「者」字，「冬」上有「而」字。齕吞者，八竅而卵生，鳥屬也。凡物之有異類者，《韓詩內傳》曰「鶬鴰胎生，孔子渡江，見而異之」者乎？【補】喙啄曰齕。○「吞」，宋本譌「蚕」。咀嚾者，九竅而胎生，人及獸屬。《異物志》又曰「狸十有一種，囊狸卵生」也。○「嚾」音「唤」。《淮南子》作「嚼咽者」。四足者無羽翼，戴角者無上齒，董仲舒曰：「受於大者不取於小。」【補】皆言不得兼也。牛無上齒，故觸而不噬。《太玄經》曰：「噴以牙者童其角，撣以翼者兩其足。」無角者膏，凝者爲膏。而無前齒，無前齒者，齒盛於後，不用前也。有羽者脂，釋者爲脂也。【補】「羽」亦當爲「角」。脂，羊屬。膏，豕屬。鄭君《内則》注以「釋者爲膏，凝者爲脂」，此注互錯矣。《詩》曰：「膚如凝脂。」而無後齒。齒盛於前，不任後也。晝生者類父，夜生者類母。至陰至陽，類其多也。至陰爲男，至陽爲女者，即陰窮反陽，陽窮反陰之義。

凡地東西爲緯，南北爲經。【補】緯爲之幅，經謂之運。幅，廣也。運，袤也。○「地」下，《淮南子》有「形」字。山爲積德，川爲積刑。山積陽，川積陰。陽爲德，陰爲刑。高者爲生，下者爲死。【補】高誘曰：「高陽主生，下陰主死。」邱陵爲牡，谿谷爲牝。【補】牡實而施，牝虛而受，故邱陵植生，谿谷納流。○牝，頻几反。蚌蛤龜珠，與月盛虛。月者，太陰之精，故龜蛤之屬因之以盛虧。《吕氏春秋》曰：「日月望則蚌蛤實，月晦則蚌蛤虛。」《孝經援神契》曰：「月虧於天，則陰類消於淵也。」【補】高誘曰：「與，猶隨也。」

是故堅土之人肥，虛土之人大，肥者象地堅實，大者象地虛縱也。○《淮南子》云：「堅土人剛，弱土人肥，壚土人大。」沙土之人細，沙土養薄，乃細。息土之人美，耗土之人醜。息土，謂衍沃之田。耗土，謂疏薄之地。地有美惡，故生人有好醜也。《周禮·大司徒職》曰「山林之民毛而方，川澤之民黑而津，邱陵之民搏而長，墳衍之民晳而瘠，原隰之民豐肉而痺」，此大辨五土之分。是故食水者善游能寒，魚鼈之屬。【補】能，耐也，讀亦爲「耐」。食土者無心而不息，蚯蚓之屬，不氣息也。若魚無耳而聽，蟋蟀無口而鳴，皆自然之性。○《淮南子》無「不」字，「息」作「慧」。食木者多力而拂，熊羆之屬。拂，戾也。○「拂」，《淮南子》作「奰」。食草者善走而愚，麋鹿之屬。食桑者有絲而蛾，○「桑」，《淮南子》作「葉」。食肉者勇敢而捍，虎狼鷹鸇之屬。食穀者智惠而巧，【補】人是也。○「巧」，《淮南子》作「夭」。食氣者神明而壽，王喬、赤松之類也。西極亦有食氣之民也。不食者不死而神。申於道者，❶則神而常存也。

---

❶ 「者」，學海堂本作「德」。

故曰：有羽之蟲三百六十，而鳳凰爲之長；有毛之蟲三百六十，而麒麟爲之長；有甲之蟲三百六十，而神龜爲之長；有鱗之蟲三百六十，而蛟龍爲之長；倮之蟲三百六十，而聖人爲之長。此乾坤之美類，禽獸萬物之數也。三百六十，乾坤之筴；萬一千五百二十，當萬物之數也。故帝王好壞巢破卵，則鳳皇不翔焉；好竭水搏魚，則蛟龍不至焉；好刳胎殺夭，則麒麟不來焉；好填谿塞谷，則神龜不出焉。【補】《王制》曰：「不麛，不卵，不殺胎，不殀夭，不覆巢。」○「至」，宋本譌「出」，从《大典》及高安本改。

故王者動必以道，静必以理。動不以道，静不以理，則自夭而不壽。訞孽數起，神靈不見，風雨不時，暴風水旱並興，人民夭死，五穀不滋，六畜不蕃息。【補】《洪範五行傳》曰：「凡草物之類，謂之訞，蟲豸之類，謂之孽。及六畜謂之旤，及人謂之痾，甚則異物生，謂之眚，自外來謂之祥，氣相傷謂之沴。」○「孽」，宋本譌「孼」，从盧本改。

凡六百四十三字。今補。

乾隆甲寅弟廣廉校刊

大戴禮記補注跋

《大戴禮記補注》十三卷，國朝孔廣森撰。《大戴記》舊有北周盧辯注。辯，字景宣，范陽涿人，官尚書右僕射，好學通經，爲大學博士。時以《大戴禮》未有解詁，乃注之，事具《周書》本傳。今注存者二十四篇，餘十五篇注皆亡失。朱子引《明堂》之説，以注爲鄭康成作，王伯厚據《北史》駁之。按注中徵引，有魏晉諸儒，而《子張問入官》、《諸侯遷廟》二篇，又顯斥鄭誼，紫陽豈未之深究耶？後儒治是書者，尠有專家，故經與注文往往舛午淆亂，至不可讀。孔氏據宋刊舊籍，旁稽博采，作爲補注，疏通而證明之，洵爲盧氏之功臣。然往往拘守古本，穿鑿附會，以成其失。如《保傅》篇「縱上下雜采不以章」，據《賈子》及《北堂書鈔》所引，則「上下」二字爲「美」字之譌，而孔注則曰「上謂衣，下謂裳」；「再爲義王」，據《賈子》，當作「爯爲義王」，「爯」即「稱」之古字，而孔注則曰「首止尊世子，葵邱尊周公，爲再明王義」。《五帝德》篇「鮮支、渠瘦、氐羌」，據《史記》、《説苑》，「鮮支」上本有「西」字，而孔注則曰「西方者，鮮方，言鮮支則西已見」；「稱以上士」，據《史記》，本作「稱以出」，「出」與「律」韻，而孔注則曰「稱爲上德之士」。《帝繫》篇「青陽降居泜水」，據《史記》，「泜水」本作「江水」，江水出湔氐道徼外。湔氐，縣名，非水名，而孔注則曰「泜水，湔水也」。《勸學》篇「于越、戎貉之子」，據《荀子》，本作「干越」，而孔注則曰「于，發聲」。《子張問入官》篇「尊嚴而絶」，據《家語》，「絶」本作「危」，而孔注則曰：「尊絶于上，情不相比。」《朝事》篇「然後使諸侯世相朝，交歲相問，殷相聘」，據《周官·大行人》，「世相朝」在「殷相聘」下，「交」字屬上讀，而孔注則曰：「交歲相問，猶言每歲交相問。」反以《大行人》「凡諸侯之邦交」句讀爲誤。《本命》篇「辰故陰以陽化，陽以陰變」，據《韓詩外傳》，「辰故」本作「是故」，而孔注則曰：「日月相會謂之辰。」諸若此類者，孔皆曲爲之説，不肯依他書更正。至於脱奪之甚者，如《夏小正》篇「二月」傳「商庚者，長股也」，「長股也」三字，本在「四月」傳「蜮也者」下。「十月」傳「初昏」二字，本在「織女正北鄉」上；「則旦」二字，本在「南門見」下。《曾子立事》篇「道遠日益云」五字，本在「兩問則不行其難者」下；「居上位而不淫，臨事而栗者，鮮不濟矣」三句，本在「戰戰唯恐刑罰之至也」下，而重衍「臨事而栗者，鮮不濟矣」二句。《用兵》篇「此太上之不論不議也」句，本在「故永其世而豐其年」下。《易本命》篇「晝生者類父，夜生者類母」下，脱「至陰生牝，至陽生牡」八字，「堅土之人」下，脱「剛柔土之人」五字。凡此之顯然脱誤者，孔皆以仍舊文，未加釐訂，故王懷祖先生以「守殘之癖」譏之。今王君文泉，有《大戴禮記補注》之刻，復與廣稽群籍，參互諸家，補漏訂譌，以引伸孔氏之所未備。各爲卷帙，附於其後，其已詳音義中者，則不復重爲標識也。癸未十一月三日，王樹枏自識。

大戴禮記解詁

〔清〕王聘珍 撰
章紅梅 校點

目録

校點説明

《大戴禮記》舊傳是西漢元帝時期禮學家戴德編輯的一部研習禮學的資料彙編。據《漢書·儒林傳》載，戴德和他的從兄之子戴聖同受業於禮學大家后倉習《士禮》，即傳世《儀禮》的前身。西漢時期《士禮》被立於學官，禮學家在研習《士禮》的同時，彙輯了一些與禮制有關的參考資料，附於《士禮》，一並傳習，這些資料被稱作「記」。《漢書·藝文志》著録有「《記》百三十一篇」，便屬於這類著作。唐孔穎達《禮記正義序》引鄭玄《六藝論》，謂戴德所輯之《記》共八十五篇，稱《大戴禮記》；戴聖所輯之《記》共四十九篇，則稱《小戴禮記》，簡稱《禮記》。

不過這些説法有諸多矛盾之處，這裏不作考證。大體説來，二戴所編輯之《記》在西漢並未定型，禮學家在傳習過程中屢有增删，直到東漢中期，才編定成書。二戴是嚴格的今文經學家，而《大戴禮記》中却保存有部分古文經記的内容，這就説明今天的《大戴禮記》決非全出戴德之手。

東漢後期，三禮大師鄭玄爲《小戴禮記》作注，使該書的地位得到很大的提升，到了唐代，又納入經書的行列，確定了它的經學地位。而《大戴禮記》只有北周盧辯注，影響遠不如《小戴禮記》，到唐代該書已亡佚四十六篇，即第一至第三十八篇，第四十三至第四十五篇，第六十一篇，第八十二至第八十五篇。流傳下來的僅三十九篇，其中《諸侯遷廟第七十三》和《諸侯釁廟第七十三》同一篇號而實爲兩篇，而《盛德第六十六》和《明堂第六十七》實應相合爲《盛德》一篇，則《諸侯遷廟》應爲第七十二篇。

《大戴禮記》與《小戴禮記》内容大都不同，是研究儒家經學，特别是禮學的重要典籍； 文中所記内容，多爲先秦史料，故又是研究上古歷史的重要資料。過去由於學界對該書重視不夠，在流傳過程中，文字訛舛十分嚴重，而盧辯舊注亦失之過簡，且不甚精。好在清代學者曾對該書進行過卓有成效的整理、研究工作，最著名者有孔廣森《大戴禮記補注》和王聘珍《大戴禮記解詁》。

王聘珍，字貞吾，號實齋，江西南城人。生活於清乾嘉年間，一生不仕，《清史稿・儒林傳》有傳。他幼承家學，研習《大戴禮記》達三十年，「稿凡數易」，完成《大戴禮記解詁》十三卷，《目録》一卷。主要工作是對原文進行校勘和注釋，而不事義理的闡發。他校勘正文，「與諸家所見，未敢雷同，惟據相承舊本，不復增删改易」，儘量保存舊本原貌。「其解詁專依《爾雅》、《説文》及兩漢經師訓詁，以釋字義」，個人發明不多；「間有不知而闕，必無杜撰之言」；「至於禮典之辨，器數之詳，壹以先師康成緒論爲主」（《大戴禮記解詁自敘》），足見治學態度謹慎。《解詁》不僅對經學研究有幫助，對語言文字的研究也有裨益。《解詁》中未當之處，可與孔廣森《大戴禮記補注》互參。

《大戴禮記解詁》成書後，阮元、汪廷珍、淩廷堪曾爲作序，多所肯定，但並未立即付梓。直到道光三十年（一八五〇），纔由王聘珍之侄王嘉會延請同鄉余藩等詳加讎校付梓，並請汪廷儒作序。刻成之後，又由新城楊希閔覆校，於咸豐元年（一八五一）正式刊刻行世，習稱家刻本。清光緒十三年（一八八七）十二月，廣雅書局重刻，將作者自序和諸家之序移至書後。光緒十九年盱江書院重刊，又將各序移置書前，以復初刻。

本次校點以續修四庫影印清咸豐元年王氏家刻本爲底本，以廣雅書局刻本爲主校本，並以盱江書院刻本參校。此外，還根據原書内容，以意義相對完整爲標準，適當劃分了段落。校點過程中曾參考王文錦先生的校點成果，謹此致謝。

校點者　章紅梅

大戴禮記解詁敍録

揚州阮中丞叙曰：　南城王君實齋著《大戴禮記解詁》十三卷，《目録》一卷。其言曰：　大戴與小戴，同受業於后倉，各取孔壁古文《記》，非《小戴》删《大戴》，馬融足《小戴》也。《禮察》、《保傅》語及秦亡，乃孔襄等所合藏，是賈誼有取於古《記》，非古《記》采及《新書》也。《三朝記》、《曾子》乃劉氏分屬九流，非《大戴》所裒集也。其校經文也，專守古本爲家法，有懲於近日諸儒妄據他書徑改經文之失。其爲《解詁》也，義精語潔，恪守漢法，多所發明，爲孔撝約諸家所未及。能使三千年孔壁古文無隱滯之義，無虚造之文。用力勤而爲功鉅矣。元從北平翁覃谿先生得識王君。王君厚重誠篤，先大夫敬之，以爲有古人風，延教家塾子弟者有年。王君書成，屬序於元。元更出元素校《大戴》本付王君。王君或以己所校者衡量之，加以棄取。別爲《大戴記》作釋文數卷，不更善乎？嘉慶十二年，揚州阮元叙於揅經室。

山陽汪閣學叙曰：　嘉慶丙寅冬，予視學江西。阮芸臺同年以書來，極道南城王君實齋之賢，未之見也。己巳季夏，君將以拔萃就博士選，循例謁予章門，因出其所著《大戴記解詁目録》見示，予受讀之。學古而識卓，理精而論篤。其推明《大戴記》爲孔壁古文，非《小戴》删餘；語及秦亡，乃孔襄所合藏，賈誼所稱引，非《大戴》取賈誼書；《七略》分隸《六藝》、《諸子》，乃劉氏裒《大戴》，非《大戴》輯他説，皆確鑿有根据，不可移易。其斥後人據王肅私竄之《家語》，及唐宋人類書，世俗坊本，改定本經，尤切中近世儒人浮華好異、蔑古不根之失。雖其全書未獲卒業，然觀其發凡大旨，禮典器數，墨守鄭義，解詁文字，一依《爾雅》、《説文》及兩漢經師。有不知而闕，無杜撰之言，殆庶幾古人實事求是之學，而異於世之剽竊附合、堅僻自是以夸世俗者，其亦遠矣。予於是經，無所自得。慚承下問，輒書數語歸之，以志服膺，並以質之芸臺。山陽汪廷珍。

歙淩進士叙曰：南城王實齋先生著《大戴禮記解詁》十三卷，研求古訓，理精義密，足矯以臆説經之弊。其言曰：近代以來，人事校讐，或據王肅私定《家語》，改易經文，是猶聽信盗賊，研審事主也。又或據唐宋類書所引增删字句，是猶舍當官案牘而求情實於風聞也。故其所釋，惟據相承舊本，不敢以他書增删改易。用力之勤，凡二十餘年。其於大傳禮可謂有功矣。嘉慶戊辰歲八月，晤先生於浙西。先生不以爲鄙，發篋見示。廷堪於是書所得甚淺，既無以益之，於是舉其卓絶之識，書諸簡末，以告世之好學深思者。同門年愚弟歙淩廷堪識。

揚州汪編修叙曰：昔朱子謂《大戴禮注》當是鄭康成所爲，此疑辭，無實據。所引有魏、晉人語，必非鄭注可知。《周書·盧辨傳》稱辨少好學，以《大戴禮》無解詁，乃注之。其兄景裕比於侍宗注《小戴》。❶今存盧注只八卷，未可爲全書也。

❶「侍宗」，《周書·盧辨傳》作「侍中」。

乾隆年，盧召弓先生以元時本校定脱誤而未解詁； 南城王實齋先生惜舊注之少，且後人所改，不盡允當，乃融會鄭氏説經諸書，分節注之。如「五義」，「義」字據《周禮注》讀若「儀」。「五鑿」，「五」字釋若「忤」。《青史子》引《漢書》「君子養之」，讀若「中心養養」之「養」，皆能根據經史，發蒙解惑，非不根之説也。夫《小戴禮》頒立學宫，世咸讀之。《大戴禮》篇目錯誤，文多晦澀，世多不讀，讀亦不熟。今此書出，義理瞭如，不特爲《大戴》功臣，其有益於學校匪淺也。萬儀堂孝廉，南城後進之士也。攜以示余，謂將付手民。余欽實齋先生之學，而嘉萬生之好學也，謹讀而序之。時在道光庚戌三月，揚州後學汪廷儒拜譔。

自叙曰： 劉向《別録》云：「古文《記》二百四篇。」古文者，孔子壁中書也。《漢書・藝文志》云：「武帝末，魯共王壞孔子宅，欲以廣其宫，而得《古文尚書》及《禮記》、《論語》、《孝經》凡數十篇，皆古字也。」又云：「《禮古經》者，出於魯淹中。及孔氏學七十篇，文相似，多三十九篇。及《明堂陰陽》、《王史氏記》所見，多天子、諸侯、卿大夫之制，雖不能備，猶瘉倉等推《士禮》而致於天子之説。」其目有《記》百三十一篇，《明堂陰陽》三十三篇，《王史氏》二十一篇。此《禮記》之所由來，惟孔氏壁中之本也。孔穎達《曲禮》疏曰：「鄭康成《六藝論》云戴德傳《記》八十五篇，則《大戴禮》是也。戴聖傳《記》四十九篇，則此《禮記》是也。」晉司空長史陳邵《周禮論叙》云：「戴德删古《禮》二百四篇爲八十五篇，謂之《大戴禮》。」此大戴之書，篇數具在，惟取於孔壁古文，未嘗闌入諸家也。

或曰：「壁藏之書，當在先秦。今《禮察》、《保傅》篇中皆有秦二世而亡之語，與賈誼《新書》同。得無大戴取於賈氏書乎？」聘珍曰：顔注《漢志》引《家語》云：「孔騰，字子襄，藏書於夫子舊堂壁中。」而《漢記・尹敏傳》云孔鮒所藏。案《史記》，孔鮒爲陳涉博士，固在亡秦之時，而子襄爲漢惠博士，則秦亡久矣。《漢・惠本紀》「四年除挾書律」，張晏注云：「秦律，敢有挾書者族。」然則漢惠四年以前，皆是藏書之日。而古文《記》二百四篇，亦非出於一時一人之手。若《禮察》、《保傅》諸記，乃楚漢閒人所爲，合於二百四篇之中，而爲孔氏所藏。亦別有流傳在外之本而爲賈氏所取。此賈書有取於古《記》，非古《記》有待於賈書也。又《大戴禮》有《孔子三朝記》七篇，《曾子》十篇，皆是古文《記》二百四篇中書。自劉氏總群書而奏《七略》，序六藝爲九種，分諸子爲九流，於是出《三朝記》於《論語》之類，出《曾子》於儒家者流，此又劉氏剖析傳記，而非大戴采取諸家也。今小戴《禮記》燦然具備，而《大戴》之篇祇存四十。《隋書・經籍志》謂戴聖删《大戴》之書爲四十六篇，漢末馬融足《月令》一篇，《明堂位》一篇，《樂記》一篇。其説頗爲附會。蓋因《大戴》八十五篇之書，始於三十九，終於八十一，其中又無四十三、四十四、四十五、六十一四篇，多出弟七十三一篇。《隋志》又別出《夏小正》弟四十七一篇，則存三十九，而闕四十六，故支離其辭，以爲小戴所取耳。豈知《月令》、《明堂位》劉向《別録》並屬《明堂陰陽》，固古文三十三篇之内者也。而《樂記》疏引劉向《別録》云：「《禮記》四十九篇，《樂記》弟十九。」則《樂記》之入《禮記》，自劉向所見本已然矣，又何待於馬融之足哉？且當時古本具在，大、小戴同受業於后倉之門，小戴又何庸取大戴之書而删之？蓋二家俱就古文《記》二百四篇中各有去取，故有大戴取之，小戴亦取之。如《哀公問》、《投壺》等篇者也。況《大戴》所闕之篇，其名往往見於他書，如《王度記》、《辨名記》、《政穆篇》之類，皆不在於《小戴記》中，豈得以《大戴》闕篇即《小戴》全篇邪？夫以《大戴》之書，同是聖賢緒餘，自古未立學官，兩漢經師不爲傳注，陸德明不爲音義，迄無定本。後周盧辨雖爲之注，然而隋、唐、宋《志》並不著録，則其書傳者蓋寡，是以闕佚過半，其存者亦譌變不能卒讀。自時厥後，未有專家。近代以來，人事校讐，往往不知家法。王肅本點竄此經，私定《孔子家語》，反據肅本改易經文，是猶聽信盜賊，研審事主，有是理乎？又或據唐、宋類書，如《藝文類聚》、《太平御覽》之流增删字句，或云據《永樂大典》改某字作某，是猶折獄者舍當官案牘，兩造辭證，而求情實於風聞道路，得其平乎？是非無正，人用其私。甚者且云某字據某本作某，豈知某本云者，皆近代坊賈所爲，其人並無依據，是直向聾者而審音，與盲人而辨色。凡兹數端，大率以今義繩古義，以今音證古音，以今文易古文。遂使孔壁古奥之經變而文從字順，洵有以悦俗學者之目，然而經文變矣，經義當由兹而亡，可不懼哉！聘珍今爲《解詁》十三卷，《目録》一卷，與諸家所見，未敢雷同。惟據相承舊本，不復增删改易。其顯然譌誤者，則注云某當爲某。抑或古今文異，假借相成，依聲託類，意義可通，則注云某讀曰某而已。其解詁專依《爾雅》、《説文》及兩漢經師訓詁以釋字義。於古訓之習聞者，不復標明出處。稍涉隱奥，必載原書，亦復多引經傳，證成其義。閒有不知而闕，必無杜撰之言。舊説有可采者，則加「盧注云」以別之。至於禮典之辨，器數之詳，壹以先師康成緒論爲主。以禮本鄭氏專門之學，而其學則聘珍生平所私淑諸人者也。未免膏肓之疾，難辭墨守之愆。以云有功經學，實所不敢。但於三千年來天壤孤經，亦可謂盡心焉爾已。憶垂髫受書，家父口授此經，聘珍年纔幼學，迄今誦習三十餘年矣。爲玆解詁，稿凡數易，亦歷有年所。不但禀承家學，抑亦博問通人。今檢其簡札，弁諸書首，以誌師友淵原，著書歲月，庶傳諸將來，知非鄉壁虛造者也。南城王聘珍。

大戴禮記解詁目録

南城王聘珍學❶

主言弟三十九《廣雅》云：「主，君也。」主言者，君天下之言也。《曲禮》曰：「君天下曰天子。」《諡志》曰：「主祭於天曰天子。」曾子曰：「聖人爲天地主，爲山川主，爲鬼神主，爲宗廟主。」是也。王肅私定《孔子家語》，盜竊此篇，改作「王言」，俗儒反據肅書，改竄本經，亦作「王言」，非是。始於三十九者，已上三十八篇皆佚也。

哀公問五義弟四十義，讀曰「儀」。《周禮》「以儀辨等」，鄭注云：「故書『儀』或爲『義』。杜子春讀爲『儀』。」又《周禮》：「凡國之大事，治其禮儀。」鄭注云：「故書『儀』爲『義』，鄭司農云：『義』讀爲『儀』。古者書『儀』但爲『義』，今時所謂『義』爲『誼』。」聘珍謂：鄭云故書者，古文書也。《大戴禮記》是删取孔壁之書，雖經改寫，閒存古文。俗儒據荀子書改「義」作「儀」者，非是。名曰五義者，篇中所云庸人、士、君子、賢人、大聖是也。

哀公問於孔子弟四十一此於《小戴記》爲《哀公問》弟二十七，孔疏云：「鄭《目録》云：『名曰《哀公問》者，善其問禮，著謚顯之也。此於《别録》屬通論。』」但此篇哀公所問，凡有二事：一者問禮，二者問政。問禮在前，問政在後。

禮三本弟四十二名曰「禮三本」者，本經曰：「禮，上事天，下事地，宗事先祖而寵君師，是禮之三本也。」篇中多推明反本修古，不忘其初之事。《史記·禮書》采取此篇爲之。古文《禮記》是與《尚書》等經同出孔壁。孔氏安國盡得其書。司馬遷嘗從安國問，故遷書多古文説。此類皆是，不獨爲《尚書》也。

已上卷一，凡四篇。

禮察弟四十六此篇之前，弟四十三、四十四、四十五，三篇並闕，而此篇亦多譌竄。自篇首至「倍死忘生之禮衆矣」，同《小戴記·經解》弟二十六。自「凡人之知」以下，《漢書·賈誼傳》有之。篇首稱「孔子曰」，後言

❶「學」，廣雅書局本作「撰」。後各卷卷首皆同此，不再一一出校。

「秦王子孫誅絶」，當中顯有譌脱之處。案《漢書・藝文志》所載「《記》百三十一篇」，班氏自注云「七十子後學者所記也」，不言其爲何時之人，諒非一時同出者也。楚漢之閒，如陳涉博士之徒，皆其支流餘裔，豈不發憤著書？然則《禮察》、《保傅》等篇，皆是楚漢閒人所爲，同在古文《記》二百四篇之中，大戴取之以爲《記》。賈誼亦采以爲書，而班氏又潤色賈書以入史。故此篇中有問「爲天下何如」，又有「今子或言」云云，並非上疏之體也。

夏小正弟四十七

《禮運》曰：「孔子曰：『我欲觀夏道，是故之杞，而不足徵也，吾得夏時焉。』」鄭注云：「得夏四時之書也。其書存者有《小正》。」《史記》云：「孔子正夏時，學者多傳《夏小正》。」案古文《記》皆七十子後學者所爲，而《夏小正》亦二百四篇中之一。太史公所云學者，即班氏所云七十子後學者也。太史公所云「傳《夏小正》」，即是就《小正》元書而爲之傳者也。篇中原自有經有傳。知者，鄭注《月令》引《夏小正》者九，如「正月啟蟄，魚陟負冰」，「農率均田」，「丁亥萬舞入學」，「妾子始蠶」，「九月丹鳥羞白鳥」，「十一月王狩」，皆是經文首句，故直稱爲「《夏小正》曰」。獨於「丹鳥羞白鳥」之下引「丹鳥」也者，謂「丹良也」云云，則以「説曰」二字別之。「説曰」者，即傳者之説也。是鄭所見本，原自有經、有傳，此其明證也。又郭注《爾雅》，有引「《夏小正》曰」者，有引「《夏小正傳》曰」者，則《小正》之有經、有傳，至晉時猶未譌也。《隋書・經籍志》《大戴禮記》十三卷外，有「《夏小正》一卷，戴德撰」。後人遂相承，以《夏小正》乃大戴自爲，無分經傳。不知大戴祇就古文《記》删取成書，未嘗自作。《隋志》所云「戴德撰」者，謂其書從《大戴禮記》中出，並非謂其自作也。宋有傅崧卿倣杜氏《春秋左傳集解》之例，釐析經傳，亦非《大戴》之舊云。

已上卷二，凡二篇。

保傅弟四十八

名曰「保傅」者，本經曰：「保，保其身體。傅，傅之德義。」蓋古者教王大子之禮也。賈誼《新書・保傅》、《傅職》、《容經》、《胎教》等篇，與此大同小異。自篇首「夏爲天子」，❶至「此時務也」，《漢書・賈誼傳》亦有之，字句小有詳略。《漢書・昭帝紀》詔曰「修古帝王之道，通《保傅傳》」，即謂此篇。是古又有《保傅傳》之名也。班氏《白虎通》引此篇語，稱「《禮・保傅》曰」，是此篇本《古文禮記》，蓋楚漢閒人所爲，其人亦七十子後學之流。漢初並在古文二百四篇之中，出自孔壁。故當時即以列於《孝經》、《論語》、《尚書》之類，而進之於君。而賈誼所從而采摭潤色，以成一家之言者，則

❶「夏」，《保傅》正文作「殷」。

在外流傳之本，亦如《古文尚書》出自孔壁，而先有今文行於世，特其篇數多寡不同耳。俗儒不能沿流溯源，猥以大戴取於賈誼之書，則此篇之末又見於劉向《説苑》，豈大戴復取於劉向書耶？蓋古人之書，名曰著述，采取者博。如《史記》明是采《世本》、《左傳》、《國語》、《國策》所爲，《吕覽》、《淮南》亦非盡出一手。賈氏之書，亦何必不有取於古《記》也。

已上卷三，凡一篇。

曾子立事弟四十九 此篇言博學、審問、慎思、明辨、篤行之事。名曰「立事」者，君子所以立身行道也。此以下十篇，題首並云「曾子」者，蓋曾子之後學者，論撰其先師平日所言立身孝行之要，天地萬物之理，同在古文《記》二百四篇之中，並出於孔氏壁中者也。《漢書·藝文志》儒家有《曾子》十八篇，班氏自注云：「名參，孔子弟子。」是即《禮記》中之本。自劉氏析群書爲《七略》，乃從《禮記》類中出之於儒家者流，《藝文志》乃因劉氏之舊耳。當日大戴定《禮記》，祇就古文二百四篇，或删或取，未嘗汎及諸子也。《白虎通·喪服篇》引《禮·曾子記》曰：「大辱加於身，皮體毁傷，即君不臣，士不交，祭不得爲昭穆之尸，食不得昭穆之牲，死不得葬昭穆之域。」今案《大》、《小戴記》中並無此文，則班氏所稱「《禮·曾子記》」者，自是《大戴》佚篇中文也。據此則《曾子記》十八篇，《大戴》所取，必不止此十篇。惜卷帙散亡，不可考矣。

曾子本孝弟五十 名曰「本孝」者，本經曰：「忠者，其孝之本與？」蓋孝必本於忠也。《説文》云：「忠，敬也。」篇中所言，皆敬其身，以敬父母之事。

曾子立孝弟五十一 名曰「立孝」者，本經曰：「君子立孝，其忠之用，禮之貴。」盧氏注云：「有忠與禮，孝道立。」

曾子大孝弟五十二 名曰「大孝」者，孝以尊親爲大，亦舉篇首之字爲篇題也。其中兼言天子、諸侯、卿大夫、士之孝。《小戴記·祭義》弟二十四與此同。又裒取他篇以益之，主言祭祀、齋戒、薦羞之義。不專爲曾子書，故於《别録》屬祭祀也。

曾子事父母弟五十三 名曰「事父母」者，《論語》曰：「事父母幾諫。」篇中主言幾諫之義，並及事兄使弟之道。已上四篇與《孝經》之言相發明。《仲尼弟子列傳》云：「孔子以曾參爲能通孝道，故授之業，作《孝經》。」

已上卷四，凡五篇。

曾子制言上弟五十四 制，法也。《曾子》多篇皆篇首文字標題。制言别撰名目者，是後學纂述先師之語，比諸先王之法言也。三篇之中主言行禮秉德、居仁由義，進退不苟之事。以簡策重多，分爲上中下三篇。

曾子制言中弟五十五

曾子制言下弟五十六

曾子疾病弟五十七名曰「疾病」者，疾病時之言也。本經曰：「尊其所聞，則高明矣。行其所聞，則廣大矣。」曾子生平進德修業之功亦可見矣。

曾子天圓弟五十八名曰「天圓」者，亦以篇首文字標題。篇中發明天地陰陽、禮樂律曆之道。曾子述所聞於孔子，以示後學者也。

已上卷五，凡五篇。

武王踐阼弟五十九武王克殷，踐天子位，受書於師尚父，退而自爲戒書，著於物以自警。此記者，紀録舊聞也。

衛將軍文子弟六十名曰「衛將軍文子」者，善其能咨訪聖門之賢才，著其官號以顯之也。《史記·仲尼弟子列傳》多取此篇語。太史公曰：「《弟子籍》出孔氏，古文近是。」則古文《記》二百四篇中，尚有《弟子籍》篇名也。

已上卷六，凡二篇。

五帝德弟六十二此已前闕弟六十一一篇。

《史記·五帝本紀》云：「孔子所傳《宰予問五帝德》及《帝繫姓》，儒者或不傳。余嘗西至空峒，北過涿鹿，東漸于海，南浮江淮矣。至長老皆各往往稱黄帝、堯、舜之處。風教固殊焉，總之不離古文者近是。」《三代世表》云：「余讀《諜記》，黄帝以來皆有年數。稽其曆譜諜終始五德之傳，古文咸不同，乖異。夫子之弗論次其年月，豈虚哉！」聘珍謂：史遷所云古文者，即此《五帝德》及《帝繫》二篇也。二篇皆在《禮記》二百四篇之中，與《古文尚書》等經同出孔壁，故謂之古文也。此《五帝本紀》、《三代世表》之所本，亦史遷所據以考訂古曆譜諜記傳之異同者也。蓋古文初出屋壁，孔安國悉得其書，班氏謂馬遷嘗從安國問，故遷書多古文説是也。

帝繫弟六十三《周禮·瞽矇》職曰：「世奠繫。」鄭注云：「故書『奠』或爲『帝』。杜子春云：『帝』讀爲『定』，其字爲『奠』，書亦或爲『奠』。世奠繫謂帝繫，諸侯、卿大夫世本之屬是也。小史主次序先王之世，昭穆之繫，述其德行。瞽矇誦世繫，以勸戒人君也。故《國語》曰：『教之世，爲之昭明德而廢幽昏焉。』」據此，則《帝繫》本古史之流。而《大戴禮記》中此篇，則七十子後學者紀録舊文，即《史記》所云「孔子所傳《宰予問五帝德》及《帝繫姓》」者是也。漢武之際出自孔壁，寫以蝌蚪，故史遷謂之古文焉。《索隱》云：「案《大戴禮》有《五帝德》

及《帝繫》篇，蓋太史公取此二篇之諜及《尚書》，集而紀黃帝以來爲系表也。」

勸學弟六十四　文有與《管子》、《荀子》同者，當是記者采摭諸書而潤益之。亦有見於劉向《説苑》者，是又從此經采取者也。説者以爲荀況書云。

已上卷七，凡三篇。

子張問入官弟六十五　鄭注《雜記》云：「官，猶仕也。」「問入官」者，問爲仕之道，聖人告以南面臨民，恢之彌廣，君國子民，不外是也。

盛德弟六十六　此於古《記》當屬《明堂陰陽》，名曰「盛德」者，鄭注《甘誓》云：「五行，四時盛德所行之政也。」《明堂月令》曰：「立春盛德在木，立夏盛德在火，立秋盛德在金，立冬盛德在水。」明堂順五行之德，故謂明堂爲盛德，蓋三十三篇中之一也。

明堂弟六十七　此篇專言明堂之制，故篇題直曰「明堂」也。於古《記》亦當屬《明堂陰陽》。許氏《五經異義》引此經文，稱爲《盛德記》，以《盛德》亦是《明堂》之記，故通稱之也。《漢書·藝文志》有《明堂陰陽》三十三篇，而無《盛德》之名。猶後人稱《盛德》而不别著《明堂》之名也。鄭氏《異義駁》云：「《禮戴》所云，雖出《盛德記》，及其下顯與本異章，九室三十六户七十二牖，似秦相呂不韋作《春秋》時説者所益。」今案《呂氏春秋》禮家鈔爲《月令》者，劉向《别録》屬於《明堂陰陽》。是《大戴禮記》中《明堂》篇目，自是古本所有，不可泯也。俗儒或據《異義》所引，合并此篇於《盛德》篇中，删去《明堂》弟六十七篇題者，非是。

已上卷八，凡三篇。

千乘弟六十八　此於《三朝記》爲弟一。《漢書·藝文志》《論語》類，《孔子三朝記》七篇。《蜀志·秦宓傳》云：「昔孔子三見哀公，言成七卷。」裴注云：「劉向《七略》曰：『孔子三見哀公，作《三朝記》七篇，今在《大戴禮》。』臣松之案：《中經部》有《孔子三朝》八卷，一卷《目録》，餘者所謂七篇。」王伯厚云：「《孔子三朝志》七篇，今考《大戴禮·千乘》、《四代》、《虞戴德》、《誥志》、《小辨》、《用兵》、《少閒》是也。」聘珍謂：此七篇亦七十子後學者所記，原在古文《記》二百四篇之中，故大戴采而録之。自劉氏《七略》乃别出於《論語》類中，亦如《曾子記》别出於儒家類也。

四代弟六十九　此於《三朝記》爲弟二。

虞戴德弟七十　此於《三朝記》爲弟三。

誥志弟七十一　此於《三朝記》爲弟四。

已上卷九，凡四篇。

文王官人弟七十二此記者紀録舊聞也。文與《周書・官人解》弟五十八大同小異。《周書序》云：「成王訪周公以民事，周公陳六徵以觀察之，作《官人》。」據此則事屬成王，信矣。《大戴禮記》作「文王」者，記者所聞異辭也。但如《周書》作「周公曰亦有六徵」云云，訓體也。《大戴》作「王曰嗚呼」云云，誥體也。誥當爲文王。

諸侯遷廟弟七十三「諸侯遷廟」者，《禮古經》五十六篇中之篇名，此乃其記也。亦如《儀禮》各篇之記然。《漢書・藝文志》云：「《禮古經》者，出於魯淹中，及孔氏學，七十篇文相似，多三十九篇。及《明堂陰陽》、《王史氏記》所見，多天子、諸侯、卿大夫之制，雖不能備，猶瘉倉等推《士禮》而致於天子之説。」即此類是也。此篇乃諸侯三年喪畢，遷新死者之主於祖廟。舊説並云「練而遷廟」者，非是。説詳篇中。

諸侯釁廟弟七十三「諸侯釁廟」者，亦《禮古經》五十六篇中之篇名，而此乃其記也。記諸侯既成祖廟，殺牲釁之之事。《小戴》入於《雜記》下弟二十一。篇次重云七十三者，本經闕文之後，簡編俱錯亂，不可考矣。

已上卷十，凡三篇。

小辨弟七十四此於《三朝記》爲弟五。《大戴》原本自當與《誥志》篇相接。今本中隔《文王官人》、《諸侯遷廟》、《諸侯釁廟》三篇者，《大戴》篇次並爲後人所亂也。

用兵弟七十五此於《三朝記》爲弟六。《漢書・高帝紀》云：「祭蚩尤於沛庭。」臣瓚曰：「《孔子三朝記》云：蚩尤，庶人之貪者。」師古云：「瓚所引者，同是《大戴禮》，出《用兵篇》，而非《三朝記》也。」聘珍謂：劉向《七略》云：「孔子三見哀公，作《三朝記》七篇，今在《大戴禮》。」而《漢書・劉向傳》載向疏云「昔孔子對魯哀公，並言夏桀、殷紂暴虐天下，故曆失制，攝提失方，孟陬無紀」云云，正是《用兵篇》文。劉向以爲孔子對哀公之辭，則爲《三朝記》明矣。師古謂《用兵篇》非《三朝記》，又云「《大戴禮》有《三朝記》一篇」，並非是。

少閒弟七十六此於《三朝記》爲弟七。

已上卷十一，凡三篇。

朝事弟七十七鄭注《周禮・大行人》云：「《朝事儀》曰：奉國地所出重物而獻之，明臣職也。」注《儀禮・覲禮》云：「《朝事儀》曰：天子冕而執鎮圭，尺有二寸，繅藉尺有二寸」云云，並是此經之文。而稱曰「朝事儀」，是古本篇題原有「儀」字，後乃脱去耳。經文多同

《周禮・典命》、《大行人》、《小行人》、《司儀》、《掌客》諸職及《小戴記・聘義篇》。是記者鈔録舊聞，以爲《禮經》之記者也。

投壺弟七十八

《小戴記・投壺》弟四十，孔疏云：「案鄭《目録》云： 名曰《投壺》者，以其記主人與客燕飲，講論才藝之禮。此於《別録》屬吉禮，亦實《曲禮》之正篇。是投壺與射爲類，此於五禮宜屬嘉禮也。或云宜屬賓禮。」聘珍謂： 此經篇末附射事及《貍首》之詩，所云「與射爲類」是也，但篇中多闕文錯簡，恐出於孔壁，簡滅札爛，小戴取其明文，著於篇。大戴則仍古本而存之，非盡亂於大戴既删之後也。

已上卷十二，凡二篇。

公符弟七十九

「符」，當爲「冠」之譌。《通典・嘉禮》注引譙周《五經然否論》云「《禮公冠》記周公冠成王」云云，是古本作「公冠」。公，謂諸侯也。《儀禮・士冠記》曰：「公侯之有冠禮也，夏之末造也。」《左氏》襄九年《傳》曰：「君冠必以祼將之禮行之，以金石之樂節之，以先君之祧處之。」是諸侯之有冠禮，當在《禮古經》五十六篇之中，此篇乃其記也。篇末有孝昭冠辭及祭天、祭地、祭日祝辭，是後人竄入，非《大戴》原書所有也。知者，劉昭注《續漢書・禮儀志》云「《冠禮》曰： 成王冠，周公使祝雍曰： 辭達而勿多也。祝雍曰： 近於民，遠於年，遠於佞，近於義，嗇於財，任賢使能。《博物記》曰： 孝昭帝冠辭曰： 陛下摛顯先帝之光曜」云云，所引《冠禮》，即此經之文也。文止於「任賢使能」。其下另引《博物記》中語，若果在此篇之中，劉氏又安用加「《博物記》曰」以別之？其爲後人竄入無疑矣。今因舊本存諸篇末。

本命弟八十

名曰「本命」者，本經曰：「分於道之謂命。」篇中言男女居室、喪服之事，亦禮家《雜記》推本於性命也。

易本命弟八十一

此篇蓋亦《明堂陰陽》之流。名曰「易本命」者，篇中主言測物窮理，盡性致命之事，終之以蓍龜，而統之以乾坤也。鄭云「《大戴記》八十五篇」，此以下闕四篇也。

已上卷十三，凡三篇。

大戴禮記解詁目録終

大戴禮記解詁卷之一

南城王聘珍學

主言弟三十九

孔子閒居，曾子侍。鄭氏《三禮目録》云：「退燕避人曰閒居。」《仲尼弟子列傳》云：「曾參，南武城人，字子輿。」孔子曰：「參，今之君子，君子，在位者之通稱。惟士與大夫之言之閒也，其至於君子之言者，甚希矣。」《白虎通》云：「士者，事也。任事之稱也。大夫職在於適四方，受君之法，施之於民。帝王或稱君子何？道德之稱也。」聘珍謂：閒，猶中也。君子者，君上位，子下民。希，罕也。言今之在位者所言，不出於任事、奉法之中，罕聞君國子民之大道也。於乎，吾主言其不出而死乎？哀哉！」《廣雅》云：「主，君也。」主言，謂君子之言。楊注《荀子》云：「出，行也。」《史記》云：「孔子曰：我欲載之空言，不如見之於行事之深切而著明也。」

曾子起曰：「敢問何謂主言？」《曲禮》曰：「請業則起，請益則起。」孔子不應。曾子懼，肅然摳衣下席，曰：「弟子知其不孫也。得夫子之閒也難，是以敢問也。」應，以言對也。肅然，敬貌。摳，提也。《曲禮》曰：「席閒函丈。」鄭注云：「謂講問之客也。函，容也。講問宜相對。容丈，足以指畫。」「下席」者，因夫子不應，改容申敬也。孫，恭順也。閒，謂閒居。孔子不應。曾子懼，退，負序而立。負之言背也。《爾雅》曰：「東西牆謂之序。」孔子曰：「參，女可語明主之道與？」曾子曰：「不敢以爲足也。得夫子之閒也難，是以敢問。」孔子曰：「吾語女。道者，所以明德也。德者，所以尊道也。是故非德不尊，非道不明。《中庸》曰：「天下之達道五，所以行之者三：曰君臣也，父子也，夫婦也，昆弟也，朋友之交也。五者，天下之達道也。知、仁、勇三者，天下之達德也。」《爾雅》曰：「明，成也。」雖有國焉，不教不服，不可以取千里。國，謂王國也。《周禮》曰：「惟王建國。」《大司馬職》曰：「方千里曰國畿。」教，謂教化。服，謂服事。《廣雅》云：「取，爲也。」上無教化，下不服事，不可以爲國也。雖有博地衆民，不以其地治之，不可以霸主。「博地衆民」，謂諸侯大國也。地治，謂以道治也。高注《秦策》云：「地，猶道也。」霸主，謂爲方伯以主諸侯。《白虎通》云：「霸者，伯也。」《少閒》曰：「乃有周昌霸諸侯以佐之。」謂文王爲西伯也。《王制》曰：「八州八伯，各以其屬屬於天子之老二人，分天下以爲左右，曰二伯。」《公羊》隱五年傳曰：「自陝而東者，周公主之；自陝而西者，召公主之。」是故昔者明主內脩七教，外行三至。七教脩焉，可以守，三至行焉，可以征。七教不脩，雖守不固。三至不行，雖征不服。此經與下文爲總目，其事並在下文。《左氏》昭二十三年傳曰：「古者，天子守在四夷，諸侯守在四鄰。」《孟子》曰：「征者，上伐下也。」又曰：「以力服人者，非心服也。」是故明主之守也，必折衝乎千里之外。其征也，衽席之上還師。」《淮南·說山》云：「國有賢君，折衝萬里。」高注云：「衝，兵車也，所以衝突敵城也。言賢君德不可伐，故能折遠敵之衝車於千里之外，使敵不敢至也。」聘珍謂：衽，卧席也。此言守則有戰之備，戰亦如守之安。是故內脩七教，而上不勞，外行三至，而財不費，此之謂明主之道也。」勞，力極也。財，謂國用費耗也。

曾子曰：「敢問不費不勞，可以爲明乎？」孔子愀然揚麋曰：「參，女以明主爲勞乎？愀然，變動貌。麋，讀曰「眉」。昔者舜左禹而右臯陶，不下席而天下治。《書》曰：「禹宅百揆，臯陶作士。」《尚書大傳》云：「左曰輔，右曰弼。」夫政之不中，君之過也。政之既中，令之不行，職事者之罪也。明主奚爲其勞也？杜注《左傳》云：「在君爲政，在臣爲事。」中，正也。令，命也。《小宰職》曰：「以官府之六職辨邦治。」《大宰職》曰：「廢以馭其罪。」昔者明主關譏而不征，市鄽而不稅，稅十取一，使民之力，歲不過三日，入山澤以時，有禁而無征。此六者，取財之路也。明主捨其四者，而節其二者，明主焉取其費也？」關者，界上之門。譏，呵察也。征，賦也。市，買賣所之也。鄽，市物邸舍。鄽而不稅者，税其舍，不税其物。税十取一，謂田税也。《孟子》曰：「夏后氏五十而貢，殷人七十而助，周人百畝而徹，其實皆什一也。」歲三日者，《均人職》曰：「凡均力政，以歲上下，豐年則公旬用三日焉。」入山澤以時者，《王制》曰：「獺祭魚，然後虞人入澤梁。草木黄落，然後入山林。」《山虞職》曰：「物爲之厲，而爲之守禁。令萬民時斬材，有期日。」《澤虞職》曰：「掌國澤之政令，爲之厲禁。」四者，謂關、市、山、澤，二者，謂田税、民力。

曾子曰：「敢問何謂七教？」孔子曰：「上敬老，則下益孝。上順齒，則下益悌。上樂施，則下益諒。上親賢，則下擇友。上好德，則下不隱。上惡貪，則下恥爭。上强果，則下廉恥。民皆有別則貞，則正亦不勞矣。此謂七教。以敬事長曰順。齒，年也。施，謂施德。諒，信也。隱，匿也。《孟子》曰：「進不隱賢，必以其道。」別，辨也。《釋名》云：「貞，定也。」《易》曰：「君子以辨上下，定民志。」正，政也。七教者，治民之本也。教定是正矣。定，猶成也。《爾雅》曰：「是，則也。」正，謂民無傾邪也。上者，民之表也。表正，則何物不正？表，標準也，識正物之行列者也。是故君先立於仁，則大夫忠，而士信，民敦，工璞，商慤，女憧，婦空空，七者教之志也。《表記》曰：「仁者，天下之表也。」《左氏》僖九年傳曰：「公家之利，知無不爲，忠也。」士，任事者也。《晉語》曰：「定身以行事，謂之信。」敦，厚也。陸氏《爾雅音義》云：「璞，字又作樸。」《説文》云：「樸，木素也。」通物曰商。慤，謹也。女，謂未嫁者。憧，讀曰「僮」，無知也。空空，無識也。七者布諸天下而不窕，内諸尋常之室而不塞。布，散也。《左氏》昭二十一年傳曰：「小者不窕。」又曰：「窕則不咸。」杜注云：「窕，細不滿也。」内，入也。《淮南·氾論》云：「舒之天下而不窕，内之尋常而不塞。」高注云：「不窕，在大能大也。八尺曰尋，倍尋曰常。在小能小，不塞急也。」是故聖人等之以禮，立之以義，行之以順，而民棄惡也如灌。」等，猶差也。禮，謂禮儀。義者，事之宜也。順，循也，循其理也。灌，謂灌洗。洗濯其心，以去惡也。

曾子曰：「弟子則不足，道則至矣。」孔子曰：「參，姑止，又有焉。昔者明主之治民有法，必別地以州之，分屬而治之，然後賢民無所隱，暴民無所伏。《廣雅》云：「州，居也。」《王制》曰：「量地以制邑，度地以居民。」屬，官衆也。《周禮》曰：「以官府之六屬舉邦治。」隱，蔽也。暴，亂也。伏，匿藏也。使有司日省如時考之，歲誘賢焉，則賢者親，不肖者懼。有司，謂《周禮》鄉大夫之屬。州長、黨正、族師、閭胥、比長皆是也。省，察也。如，讀曰「而」。考，校也。日省時考，謂四時孟月月吉日，聚衆讀法，以考其德行道藝，糾其衺惡過失。誘，進也。誘賢，謂鄉大夫三年則大比，考其德行道藝，而興賢者、能者。使之哀鰥寡，養孤獨，恤貧窮，誘孝悌，選賢舉能。此七者脩，則四海之内無刑民矣。使之，謂使民也。《禮運》曰：「民不獨親其親，不獨長其長，使老有所終，壯有所用，幼有所長，鰥寡孤獨廢疾者，皆有所養。」選賢舉能者，《鄉大夫職》曰：「使民興賢，出使長之。使民興能，入使治之。」刑，罰罪也。無刑民者，民皆丕變，刑措不用也。上之親下也如腹心，則下之親上也如保子之見慈母也。上下之相親如此，然後令則從，施則行。親，愛也。保，養也。慈母，養子者也。施，謂設施。有所設施，民皆奉行也。因民既邇者說，遠者來懷，然後布指知寸，布手知尺，舒肘知尋，十尋而索。懷，至也。布，敷也。舒，展也。《說文》云：「寸，十分也。人手卻一寸動脈，謂之寸口。尺，十寸也。周制，寸、尺、咫、尋、常、仞諸度量，皆以人之體爲法。肘，臂節也。从肉，从寸。寸，手口也。度人之兩臂爲尋，八尺也。」《廣雅》云：「索，盡也。」度始於寸，盡於尋。數始於一，終於十也。百步而堵，三百步而里，千步而井，三井而句烈，三句烈而距。《司馬法》：「六尺爲步，步百爲畝。」堵，當爲「畝」，音近而譌也。以百步爲畝計之，應九百步而井。云「千步」者，包田閒水道途徑而言也。趙注《周髀算經》云：「仞員之周爲句。」烈，讀曰「列」。鄭注《稻人》云：「列，田之畦畤也。」距，折而方也。此言造田野形體之法。五十里而封，百里而有都邑，乃爲畜積衣裘焉，使處者恤，行者有興亡。封，起土界也。《左氏》莊二十八年傳曰：「凡邑有宗廟先君之主曰都，無曰邑。」畜，聚也。積，謂芻米禾薪。裘，皮衣也。處，居也。恤，憂也。興，當爲「與」，形近譌也。亡，無也。是以蠻夷諸夏。雖衣冠不同，言語不合，莫不來至，朝覲於王。故曰：『無市而民不乏，無刑而民不違。』《王制》曰：「中國、夷、蠻、戎、狄，五方之民，言語不通，嗜欲不同。」無市而民不乏者，《遺人職》曰：「掌其道路之委積。凡國野之道，十里有廬，廬有飲食。三十里有宿，宿有路室，路室有委。五十里有市，市有候館，候館有積。」乏，匱也。《書》曰：「士制百姓於刑之中，以教祇德。」無刑者不任刑也。不違者，民皆從教也。畢弋田獵之得，不以盈宮室也。徵斂於百姓，非以充府庫也。畢，田罔也。弋，繳射也。田獵，放獵逐禽也。四時之田，總名爲「獵」，爲田除害也。盈，猶充也。徵，求也。斂，賦斂也。《大宰職》曰：「以九賦斂財賄。」鄭注《曲禮》云：「府，謂寶藏貨賄之處。庫，謂車馬兵甲之處。」慢怛以補不足，慢，寬緩也。怛，憂傷也。慢怛，謂君心廣大，憂民之憂也。補不足，謂出宮室府庫所藏，以振貧乏也。禮節以損有餘。《白虎通》云：「禮所以防淫泆，節其侈靡也。」又云：「禮者，盛不足，節有餘，使豐年不奢，凶年不儉，富貧不相縣也。」故曰：多信而寡貌。信，誠也。謂慢怛由於心，而德及於民。貌，謂文貌。禮以節其行，故少文貌也。其禮可守，其信可復，其跡可履。其於信也，如四時春秋冬夏。其博有萬民也，如飢而食，如渴而飲。下土之人信之夫！信者，「與國人交，止於信也」。跡，謂成跡。履，踐也。四時錯行，不失其序。飢渴之切，必求食飲。上之親民如此，民亦信其上之親之也。夫，歎美辭。暑熱凍寒，遠若邇，暑熱凍寒，喻教也。《樂記》曰：「教者，民之寒暑也。」遠若邇，謂無有遠邇，聲教訖於四海也。非道邇也，及其明德也。道，路也。及，與也。《書》曰：「祇台德先，不距朕行。」是以兵革不動而威，用利不施而親，此之謂明主之守也。折衝乎千里之外，此之謂也。」兵，謂五兵。鄭注《司兵》云：「鄭司農云：『五兵，戈、殳、戟、酋矛、夷矛。』玄謂車之五兵，鄭司農所云者是也。步卒之五兵，則無夷矛，而有弓矢。」革，謂三革。賈注《國語》云：「三革，甲、胄、盾，三也。」威，畏也。用，貨賄也。利，爵賞也。施，予也。親，謂民親其上也。

曾子曰：「敢問何謂三至？」孔子曰：「至禮不讓，而天下治；至賞不費，而天下之士說；至樂無聲，而天下之民和。明主篤行三至，故天下之君，可得而知也，天下之士，可得而臣也，天下之民，可得而用也。」篤，固也，厚也。君，謂有土者。士，謂守道者。

曾子曰：「敢問何謂也？」孔子曰：「昔者明主以盡知天下良士之名，既知其名，又知其數；既知其數，又知其所在。良，賢也，能也。《鄉大夫職》曰：「鄉老及鄉大夫群吏獻賢能之書於王，王再拜受之，登於天府。」《射義》曰：「古者天子之制，諸侯歲獻貢士於天子。」此明主所以盡知天下良士之名也。明主因天下之爵，以尊天下之士，此之謂『至禮不讓，而天下治』。因天下之禄，以富天下之士，此之謂『至賞不費，而天下之士說』。天下之士說，則天下之明譽興，此之謂『至樂無聲，而天下之民和』。爵，謂公、侯、伯、子、男、卿、大夫、士也。尊，貴也。《大宰職》曰：「爵以馭其貴，禄以馭其富。」鄭注云：「班禄以富臣下。」《書》曰：「凡厥正人，既富方穀。」譽，聲美也。人心和樂，而頌聲作也。故曰：所謂天下之至仁者，能合天下之至親者也。所謂天下之至知者，能用天下之至和者也。所謂天下之至明者，能選天下之至良者也。此三者咸通，然後可以征。《經解》曰：「上下相親謂之仁。」《逸周書·王佩》曰：「化行在知和。」《大開武》曰：「維王其明，用開和之言。」孔注云：「可否相濟曰和。」《書》曰：「元首明哉！股肱良哉！」是故仁者莫大於愛人，知者莫大於知賢，政者莫大於官賢。有土之君脩此三者，則四海之内拱而俟，然後可以征。《孟子》曰：「仁者愛人。」《書》曰：「知人則哲，能官人。」《中庸》曰：「爲政在人。」拱，斂手也。俟，待也。明主之所征，必道之所廢者也。彼廢道而不行，然後誅其君，致其征，弔其民，而不奪其財也。故曰明主之征也，猶時雨也，至則民說矣。《孟子》曰：「征之爲言正也。」致其征者，《左氏》襄二十五年傳曰：「鄭入陳，司徒致民，司馬致節，司空致地，乃還。」杜注云：「陳亂，故正其衆官，脩其所職，以安定之。」孔疏云：「司徒招致人民，司馬集致符節，司空檢致土地。」《孟子》曰：「誅其君而弔其民，若時雨降，民大悅。」是故行施彌博，得親彌衆，此之謂衽席之上乎還師。」行，謂行師征伐。施，功勞也。彌，益也。博，廣也。《呂氏春秋·懷寵》云：「義兵行地滋遠，得民滋衆也。」

哀公問五義弟四十

魯哀公問於孔子曰：「吾欲論吾國之士，與之爲政，何如者取之？」《魯周公世家》云：「定公十五年，卒，子將立，是爲哀公。」《王制》曰：「凡官民材，必先論之。」士，謂講學道藝者。孔子對曰：「生乎今之世，志古之道，居今之俗，服古之服，舍此而爲非者，不亦鮮乎！」志，慕也。古之服，儒服也。舍，讀曰「宿舍」之「舍」，居也。言自居於士，而爲非者少也。

哀公曰：「然則今夫章甫、句屨、紳帶而搢笏者，此皆賢乎？」《儒行》曰：「邱少居魯，衣逢掖之衣。長居宋，冠章甫之冠。」《士冠禮記》曰：「章甫，殷道也。」《屨人職》曰：「青句素屨。」鄭注云：「句，當爲『絇』，聲之誤也。絇謂之拘，著舄屨之頭，以爲行戒。」紳，帶之垂者也。搢，插也。笏，記事者也。《玉藻》曰：「笏，度二尺有六寸，其中博三寸，其殺六分而去一。」鄭注云：「殺，猶杼也。天子杼上終葵首，諸侯不終葵首，大夫、士又杼其下首，廣二寸半。」孔子曰：「否，不必然。今夫端衣玄裳，冕而乘路者，志不在於食葷，斬衰菅屨杖而歠粥者，志不在於飲食。故生乎今之世，志古之道，居今之俗，服古之服，舍此而爲非者，雖有，不亦鮮乎！」端衣者，禮衣，端正無殺也。鄭注《司服》云：「端者，取其正也。衣袂皆二尺二寸而屬幅，是廣袤等也。」聘珍謂：端衣，天子、諸侯皆以朱爲裳。云元裳者，齊服也。《郊特牲》曰：「齊之玄也，以陰幽思也。」冕，祭服也。路，車也。葷，辛物，辛主散。齊必變食，不茹葷，不敢散其志也。《喪服傳》曰：「斬者何？不緝也。衰，三升。菅屨者，菅菲也。杖者何？爵也。無爵而杖者何？擔主也。非主而杖者何？輔病也。歠粥，朝一溢米，夕一溢米。」

哀公曰：「善，何如則可謂庸人矣？」孔子對曰：「所謂庸人者，口不能道善言，而志不邑邑；不能選賢人善士，而託其身焉，以爲己憂；道，言也。邑，讀曰「悒」。《一切經音義》引《蒼頡》云：「悒悒，不舒之貌。」志不悒悒，謂志意放肆也。選，擇也。託，依也。憂，患也。《孟子》曰：「我猶未免爲鄉人也，是則可憂也。」動行不知所務，止立不知所定；日選於物，不知所貴；從物而流，不知所歸；五鑿爲政，心從而壞。若此，則可謂庸人矣。」務，事也。止，居也。定，安也。選，數也。《中庸》曰：「賤貨而貴德。」《孟子》曰：「從流下，而忘反，謂之流。」楊注《荀子·哀公篇》云：「鑿，竅也。五鑿，謂耳目鼻口及心之竅也。」聘珍謂：「五」，讀曰「午」，猶忤也。鑿，穿鑿也。五鑿爲政，謂政不率法。心從而壞，謂私心壞政也。《孟子》曰：「生於其心，害於其政。」

哀公曰：「善。何如則可謂士矣？」孔子對曰：「所謂士者，雖不能盡道術，必有所由焉。雖不能盡善盡美，必有所處焉。是故知不務多，而務審其所知。行不務多，而務審其所由。言不務多，而務審其所謂。知既知之，行既由之，言既順之，若夫性命肌膚之不可易也。富貴不足以益，貧賤不足以損。若此，則可謂士矣。」道術，謂道藝。由，從也。處，居也。《孟子》曰：「居仁由義，大人之事備矣。」《説文》云：「審，悉也，知審諦也。」謂者，所以發言之指趣也。順，讀曰「慎」。《論語》曰：「敏於事而慎於言。」易，謂以物相易也。

哀公曰：「善。何如則可謂君子矣？」孔子對曰：「所謂君子者，躬行忠信，其心不買；仁義在己，而不害不志；聞志廣博，而色不伐；思慮明達，而辭不争。君子猶然，如將可及也，而不可及也。如此可謂君子矣。」《論語》曰：「躬行君子。」又曰：「主忠信。」買，義未詳，或云「買」當爲「置」。害，忮也。謂忮人也。志，私意也。不志，謂不自私也。聞志之「志」，讀曰「識」。伐，矜也。《曲禮》曰：「博聞强識而讓，敦善行而不怠，謂之君子。」猶然，舒和之貌。

哀公曰：「善。敢問何如可謂賢人矣？」孔子對曰：「所謂賢人者，好惡與民同情，取舍與民同統；行中矩繩，而不傷於本；言足法於天下，而不害於其身；躬爲匹夫，而願富；貴爲諸侯，而無財；如此則可謂賢人矣。」《大學》曰：「民之所好，好之；民之所惡，惡之，此之謂民之父母。」取舍，猶舉錯也。統，理也。《論語》曰：「舉直錯諸枉，則民服。」矩方繩直。本，謂本性。不傷於本，謂行己有法，而非矯揉以失其性。害，亦傷也。《易》曰：「或害之，悔且吝。」《左氏》昭八年傳曰：「君子之言，信而有徵，故怨遠於其身。」願，思也。富之言備也。《孟子》曰：「萬物皆備於我矣。」匹夫願富者，《荀子·脩身》云：「君子貧窮而志廣。」《説文》云：「財，人所寶也。」諸侯無財者，《孟子》曰：「諸侯之寶三：土地、人民、政事。寶珠玉者，殃必及其身。」

哀公曰：「善。敢問何如可謂聖人矣？」孔子對曰：「所謂聖人者，知通乎大道，應變而不窮，能測萬物之情性者也。大道，謂天、地、人三才之道也。應，當也。變，謂事物非常也。窮，困也。測，盡也。情者，性之發也。陸賈《新語》云：聖人成之，所以能統物通變，治情性，顯仁義也。大道者，所以變化而凝成萬物者也。《易》曰：「在天成象，在地成形，變化見矣。」聖人知變化之道，首出庶物，變則通之，化而裁之，故萬物得正其性命也。凝，正也。情性也者，所以理然不然取舍者也。理，治也。然否取舍，壹本於情性也。《中庸》曰：「唯天下至誠，爲能盡其性；能盡其性，則能盡人之性；能盡人之性，則能盡物之性；能盡物之性，則可以贊天地之化育。」故其事大，配乎天地，參乎日月，雜於雲蜺，總要萬物，穆穆純純，其莫之能循，若天之司，莫之能職，百姓淡然，不知其善。若此，則可謂聖人矣。」配，合也。參，三也。《易》曰：「夫大人者，與天地合其德，與日月合其明。」雜，共也。蜺，雌虹也。《孟子》曰：「民之望之，若大旱之望雲霓也。」總，統也。要，會也。穆穆，敬也。純，讀曰「肫」。《中庸》曰：「肫肫其仁。」鄭注云：「肫肫，或爲『純純』，懇誠貌也。」循，巡也。司，主也。《説文》云：「職，記微也。」淡然，定静貌。《孟子》曰：「民日遷善，而不知爲之者。」哀公曰：「善。」孔子出，哀公送之。

哀公問於孔子弟四十一

哀公問於孔子曰：「大禮何如？君子之言禮，何其尊也？」孔子曰：「丘也小人，❶何足以知禮。」鄭注《禮記》云：「謙不答也。」君曰：「否，吾子言之也。」孔子曰：「丘聞之也，民之所由生，禮爲大。非禮，無以節

❶「丘」，原作「邱」，係避孔子名諱，今回改。下同，不一一出校。

事天地之神明也；非禮，無以辨君臣上下長幼之位也；非禮，無以別男女父子兄弟之親、昏姻疏數之交也。君子以此之爲尊敬然。鄭云：「言君子以此故尊禮。」然後以其所能教百姓，不廢其會節。鄭云：「君子以其所能於禮教百姓，使其不廢此上事之期節。」有成事，然後治其雕鏤文章黼黻以嗣。鄭云：「上事行於民有成功，乃後續以治文飾，以爲尊卑之差。」其順之，然後言其喪算，備其鼎俎，設其豕腊，脩其宗廟，歲時以敬祭祀，以序宗族，則安其居處，醜其衣服，卑其宮室，車不雕幾，器不刻鏤，食不貳味，以與民同利。昔之君子之行禮者如此。」《小戴》「則」作「即」，「處」作「節」。鄭云：「言，語也。算，數也。即，就也。醜，類也。幾，附纏之也。言君子既尊禮，民以爲順，乃後語以喪祭之禮，就安其居處，正以衣服，教之節儉。與之同利者，上下俱足也。」孔疏云：「設其豕腊者，謂喪中之奠，有豕有腊也。宗廟祭祀者，謂除服之後，又教爲之宗廟，以鬼享之。以序宗族者，又教祭祀末，留同姓燕飲，序會宗族也。幾，謂沂鄂也。謂不雕鏤，使有沂鄂也。」

公曰：「今之君子，胡莫之行也？」孔子曰：「今之君子，好色無厭，淫德不倦，荒怠敖慢，固民是盡，忤其衆以伐有道，求得當欲，不以其所。古之用民者由前，今之用民者由後。今之君子，莫爲禮也。」《小戴》「色」作「實」。鄭云：「實，猶富也。淫，放也。固，猶故也。午其衆，逆其族類也。當，猶稱也。所，猶道也。由前，用上所言。由後，用下所言。」

孔子侍坐於哀公。哀公曰：「敢問人道誰爲大？」孔子愀然作色而對曰：「君及此言也，百姓之德也，固臣敢無辭而對。人道，政爲大。」鄭云：「愀然，變動貌也。作，猶變也。德，猶福也。辭，讓也。」公曰：「敢問何謂爲政？」孔子對曰：「政者，正也。君爲正，則百姓從政矣。君之所爲，百姓之所從也。君所不爲，百姓何從？」鄭云：「言君當務於政。」公曰：「敢問爲政如之何？」孔子對曰：「夫婦別，父子親，君臣嚴，三者正，則庶民從之矣。」公曰：「寡人雖無似也，願聞所以行三言之道，可得而聞乎？」鄭云：「無似，猶言不肖。」孔子對曰：「古之爲政，愛人爲大。所以治愛人，禮爲大。所以治禮，敬爲大。敬之至也，大昏爲大。大昏至矣。大昏既至，冕而親迎，親之也。親之也者，親之也。是故君子興敬爲親，舍敬，是遺親也。弗愛不親，弗敬不正，愛與敬，其政之本與？」鄭云：「大昏，國君取禮也。至矣，言至大也。興敬爲親，言相敬則親。」

公曰：「寡人願有言。然冕而親迎，不已重乎？」鄭云：「已，猶大也。怪親迎乃服祭服。」孔子愀然作色而對曰：「合二姓之好，以繼先聖之後，以爲天地社稷宗廟之主，君何謂『已重乎』？」鄭云：「先聖，周公也。」公曰：「寡人固，不固，焉得聞此言也？寡人欲問，不得其辭，請少進。」鄭云：「固，不固，言吾由鄙固故也。請少進，欲其爲言以曉己。」孔子曰：「天地不合，萬物不生。大昏，萬世之嗣也，君何以謂『已重』焉？」孔子遂有言曰：「內以治宗廟之禮，足以配天地之神明；出以治直言之禮，足以立上下之敬。物恥足以振之，國恥足以興之。爲政先禮。禮者，政之本與？」鄭云：「宗廟之禮，祭宗廟也。夫婦配天地，有日月之象焉。《禮器》曰：『君在阼，夫人在房，大明生於東，月生於西，此陰陽之分，夫婦之位也。』直，猶正也。正言，謂出政教也。政教有夫婦之禮焉。《昏義》曰：『天子聽外治，后聽內職，教順成俗，外內和順，國家理治，此之謂盛德。』物，猶事也。事恥，臣恥也。振，猶救也。國恥，君恥也。君臣之行有可恥者，禮足以救之，足以興復之。」

孔子遂言曰：「昔三代明王之政，必敬其妻子也，有道。妻也者，親之主也，敢不敬與？子也者，親之後也，敢不敬與？君子無不敬也，敬身爲大。身也者，親之枝也，敢不敬與？不能敬其身，是傷其親。傷其親，是傷其本。傷其本，枝從而亡。三者，百姓之象也。身以及身，子以及子，配以及配。君子行此三者，則愾乎天下矣。大王之道也如此，國家順矣。」鄭云：「愾，猶至也。大王居豳，爲狄所伐，乃曰：『土地所以養人也。君子不以其所養害所養。』乃去之岐。是言百姓之身，猶吾身也，百姓之妻子，猶吾妻子也，不忍以土地之故而害之。去之岐，而王迹興焉。」

公曰：「敢問何謂敬身？」孔子對曰：「君子過言，則民作辭；過動，則民作則。君子言不過辭，動不過則，百姓不命而敬恭，如是則能敬其身。能敬其身，則能成其親矣。」鄭云：「則，法也。民者，化君者也。君之言雖過，民猶稱其辭。君之行雖過，民猶以爲法。」

公曰：「敢問何謂成親？」孔子對曰：「君子也者，人之成名也。百姓歸之名，謂之君子之子，是使其親爲君子也，是爲成其親名也已。」孔子遂言曰：「古之爲政，愛人爲大。不能愛人，不能有其身。不能有其身，不能安土。不能安土，不能樂天。不能樂天，不能成身。」鄭云：「有，猶保也。不能保身者，言人將害之也。不能安土，動移失業也。不能樂天，不知己過而怨天也。」公曰：「敢問何謂成身？」孔子對曰：「不過乎物。」鄭云：「物，猶事也。」

公曰：「敢問君何貴乎天道也？」孔子對曰：「貴其不已。如日月西東相從，而不已也，是天道也。不閉其久也，是天道也。無爲物成，是天道也。已成而明，是天道也。」鄭云：「已，猶止也。是天道也者，言人君法之，當如是也。日月相從，君臣相朝會也。不閉其久，通其政教，不可以倦。無爲而成，使民不可以煩也。已成而明，照察有功。」

公曰：「寡人惷愚冥煩，子識之心也。」《小戴》「識」作「志」。鄭云：「志，讀爲識。識，知也。冥煩者，言不能明理。此事子之心所知也。欲其要言使易行。」孔子蹴然避席而對曰：「仁人不過乎物，孝子不過乎物，是仁人之事親也如事天，事天如事親，是故孝子成身。」鄭云：「蹴然，敬貌。物，猶事也。事親、事天，孝敬同也。《孝經》曰：『事父母，故事天明。』舉無過事，以孝事親，是所以成身。」公曰：「寡人既聞是言也，無如後罪何？」鄭云：「既聞此言也者，欲勤行之也。無柰後日過於事之罪何，爲讓辭。」孔子對曰：「君之及此言也，是臣之福也。」鄭云：「善哀公及此言。此言，善言也。」

禮三本弟四十二

禮有三本：天地者，性之本也。先祖者，類之本也。君師者，治之本也。無天地，焉生？無先祖，焉出？無君師，焉治？三者偏亡，無安之人。性，生也。《易》曰：「天地之大德曰生。」焉，何也。楊注《荀子》云：「類，種也。偏亡，謂闕一也。」故禮，上事天，下事地，宗事先祖，而寵君師，是禮之三本也。宗，尊也。寵，榮也。《孟子》曰：「《書》曰：『天降下民，作之君，作之師，惟曰其助上帝，寵之四方。』」王者天太祖，諸侯不敢懷，大夫、士有常宗，所以別貴始，德之本也。天太祖，謂以太祖配天也。《孝經》曰：「昔者周公郊祀后稷以配天。」鄭《詩箋》云：「懷私曰懷。」不敢懷，謂諸侯不敢祖天子，以始受封之君爲太祖也。常宗者，《大傳》曰「別子爲祖，繼別爲宗，繼禰者爲小宗」是也。郊止天子，社止諸侯，道及士大夫，所以別尊卑。尊者事尊，卑者事卑，宜鉅者鉅，宜小者小也。《公羊》僖三十一年傳曰：「天子祭天。」何注云：「郊者，所以祭天也。」《大傳》曰：「禮，不王不禘。王者禘其祖之所自出，以其祖配之。」鄭注云：「大祭其先祖所由出，謂郊祀天也。王者之先祖，皆感大微五帝之精以生，皆用正歲之正月郊祭之。」《祭法》曰：「諸侯爲百姓立社，曰國社。諸侯自爲立社，曰侯社。大夫以下，成群立社，曰置社。」鄭注云：「大夫不得特立社，與民族居，百家以上，則共立一社，今時里社是也。」楊云：「道，行神也。」聘珍謂：《祭法》曰：「大夫立三祀：曰族厲，曰門，曰行。適士立二祀：曰門，曰行。」鄭注云：「行，主道路行作。」大夫、士職在適四方，故得祀行也。陸氏《禮記音義》云：「鉅，大也。」故有天下者事七世，有國者事五世，有五乘之地者事三世，有三乘之地者事二世，待年而食者，不得立宗廟，所以別積厚者，流澤光，積薄者，流澤卑也。《祭法》曰：「天子立七廟，諸侯立五廟，大夫立三廟，適士二廟。」韋注《楚語》云：「地方十里爲成，出長轂一乘。」待年而食，謂食力者也。《説文》云：「年，穀熟也。」《左氏》昭三十二年傳曰：「農夫之望歲，懼以待時。」不得立宗廟者，《王制》曰：「庶人祭於寢也。」積，讀曰「績」。《爾雅》曰：「績，事也，功也，業也。」澤，讀若《孟子》曰「君子之澤」。

大饗尚玄尊，俎生魚，先大羹，貴飲食之本也。《樂記》曰：「大饗之禮，尚玄酒而俎腥魚，大羹不和，有遺味者矣。」鄭注云：「大饗，祫祭先王，以腥爲俎實，不臑熟之。大羹，肉湆，不調以鹽菜。」聘珍謂：元尊，明水也。《司烜氏職》曰：「以鑒取明水於月。」鄭注云：「明水以爲玄酒。」大饗尚玄尊，而用酒，食先黍稷，而飯稻粱，祭嚌大羹，而飽乎庶羞，貴本而親用。《禮器》曰：「醴酒之用，玄酒之尚。」《禮運》曰：「玄酒在室，醴醆在户，粢醍在堂，澄酒在下。」鄭注《少牢饋食禮》云：「或言食，或言飯。食，大名，小數曰飯。」嚌，嘗至齒也。飽，謂尸告飽也。庶，衆也。鄭注《庖人》云：「致滋味，乃爲羞。」《禮器》曰：「大饗，其王事與？三牲魚腊，四海九州之美味也。籩豆之薦，四時之和氣也。」此覆申大饗事義，言有本有用也。貴本之謂文，親用之謂理，兩者合而成文，以歸太一。夫是謂大隆。於其本而貴之，以爲文也。以可用則親之，順其理也。事有其文，物得其理，是能經緯天地之道，故曰成文也。歸，返也。《禮運》曰：「夫禮必本於太一。」隆，備也。故尊之尚玄酒也，俎之生魚也，豆之先太羹也。此下本有「一也」二字，言三者皆禮之反其本者也。利爵之不啐也，《史記索隱》云：「案《儀禮》祭畢獻，祝西面告成，是爲利爵。祭初未行無筭爵，故不啐入口也。」聘珍謂：利爵，當是旅酬之後，祝未告利成之先，佐食獻尸者也。《特牲饋食禮》曰：「利洗散獻於尸。」鄭注云：「利，佐食也。」言利以今進酒也。更言獻者，以利待尸禮將終，宜一進酒，嫌於加爵亦當三也。❶不致爵，禮又殺也。」成事之俎不嘗也。《索隱》云：「成事，卒哭之祭，故《記》曰：『卒哭曰成事。』既是卒哭始從吉祭，故受胙爵而不嘗俎也。」聘珍謂：《士虞禮記》曰：「三虞，卒哭，他，用剛日，亦如初，曰哀薦成事。」是卒哭祭禮與虞同也。《士虞禮》主人獻尸，尸取肝擩鹽，振祭，嚌之，加于俎。鄭注云：「加于俎，以喪不志於味。」三侑之不食也，《索隱》云：

❶「爵」，《儀禮》鄭注作「酒」。

「禮，祭必立宥以勸尸食，至三飯而後止。每飯有宥一人，故有三宥。既是勸尸，故不相食也。」一也。言三者皆禮之主其減者也。大昏之未發齊也，廟之未納尸也，始卒之未小斂也，一也。《廣雅》云：「發，舉也。」齊，當爲「醮」。《郊特牲》曰：「壹與之齊，終身不改。」鄭注云：「齊，或爲『醮』。」祭未納尸，先設置爲陰厭之事，《坊記》曰：「喪禮，每加以遠，浴於中霤，飯於牖下。小斂於户内。」《士喪禮》曰：「卒斂徹帷。」三者皆禮之謹於始者也。大路車之素幭也，郊之麻冕也，喪服之先散帶也，一也。《左氏》桓二年傳曰：「大路越席。」杜注云：「大路，玉路，祀天車也。」《詩》曰：「鞹鞃淺幭。」毛傳云：「幭，覆式也。」《司服職》曰：「祀昊天上帝，則服大裘而冕。」孔注《論語》云：「麻冕，緇布冠，古者積麻三十升布以爲之。」《雜記》曰：「大功以上散帶。」孔疏云：「小斂之後，小功以下皆絞帶。大功以上散此帶垂，不忍即成之，至成服乃絞。」三者皆禮之貴其質者也。三年之哭，不反也。《清廟》之歌，一倡而三歎也。縣一磬而尚拊搏，朱絃而通越也，一也。《間傳》曰：「斬衰之哭，若往而不反。」《詩序》云：「《清廟》，祀文王也。」鄭箋云：「祭文王而歌此詩也。」孔疏云：「《禮記》每云升歌《清廟》，是其事也。」鄭注《樂記》云：「倡，發歌句也。三歎，三人從歎之。」磬，讀曰「磬」。《明堂位》曰：「拊搏玉磬。」鄭注云：「拊搏，以韋爲之，充之以糠，形如小鼓。」鄭注《樂記》云：「朱絃，練朱絃，練則聲濁。越，瑟底孔也。畫疏之使聲遲。」此並言聲之不尚文也。

凡禮，始於脱，成於文，終於隆。脱，簡也。文，謂節文。隆，備也。故至備，情文俱盡。其次，情文佚興。其下，復情以歸太一。至，大也。《禮器》曰：「大備，盛德也。」禮者，因人之情而爲之節文，德盛者化神，故情文俱盡。佚，讀曰「迭」。情文迭興，謂有本有文也。復，反也。復情以歸太一，謂反本修古，不忘其初者也。天地以合，四時以洽，日月以明，星辰以行，江河以流，萬物以倡，好惡以節，喜怒以當。以爲下則順，以爲上則明。萬變不亂，貸之則喪。張氏《史記正義》云：「自天地以下八事，大禮之備，情文俱盡，故用爲下則順，用爲上則明也。」

大戴禮記解詁卷之一終

大戴禮記解詁卷之二

南城王聘珍學

禮察第四十六

孔子曰：「君子之道，譬猶防與？」夫禮之塞，亂之所從生也。猶防之塞，水之所從來也。塞，止也。《稻人職》曰：「以防止水。」鄭彼注云：「防，豬旁隄也。」故以舊防爲無用而壞之者，必有水敗；以舊禮爲無所用而去之者，必有亂患。孔氏《經解》疏云：「水敗，謂水來敗於産業也。亂患，謂必有亂患之事也。」故昏姻之禮廢，則夫婦之道苦，而淫辟之罪多矣。鄭注《經解》云：「昏姻，謂嫁取也。壻曰昏，妻曰姻。苦，謂不至、不答之類。」鄉飲酒之禮廢，則長幼之序失，而争鬭之獄繁矣。鄭《三禮目録》云：「諸侯之鄉大夫，三年大比，獻賢者、能者於其君，以禮賓之，與之飲酒。於五禮屬嘉禮。」《大司徒職》曰：「以陽禮教讓，則民不争。」鄭彼注云：「陽禮，謂鄉飲酒之禮也。」聘射之禮廢，則諸侯之行惡，而盈溢之敗起矣。鄭《目録》云：「大問曰聘。諸侯相於久無事，使卿相問之禮。小聘使大夫。《周禮》曰：『諸侯之邦交，歲相問也，殷相聘也，世相朝也。』於五禮屬賓禮。名曰大射者，諸侯將有祭祀之事，與其群臣射，以觀其禮。數中者，得與於祭；不數中者，不得與於祭。射義於五禮屬嘉禮。鄉射者，州長春秋以禮會民，而射於州序之禮。謂之鄉者，州，鄉之屬，鄉大夫或在焉，不改其禮。」喪祭之禮廢，則臣子之恩薄，而倍死忘生之禮衆矣。《大宗伯職》曰：「以吉禮祀邦國之鬼神，示以喪禮哀死亡。」《哀公問》篇曰：「言其喪算，備其鼎俎，設其豕腊，脩其宗廟，歲時以敬祭祀。」

凡人之知，能見已然，不能見將然。禮者，禁於將然之前，而法者，禁於已然之後。是故法之用易見，而禮之所爲生難知也。《廣雅》云：「禁，止也。」《論語》曰：「齊之以禮。」《周禮》曰：「以五禮防萬民之僞。」《管子·心術》云：「殺戮禁誅謂之法。」《左氏》昭二十五年傳曰：「禮，上下之紀，天地之經緯，民之所以生也。」《論語》曰：「民可使由之，不可使知之。」若夫慶賞以勸善，刑罰以懲惡，先王執此之正，堅如金石，行此之信，順如四時，處此之功，無私如天地爾，豈顧不用哉！然如曰「禮云禮云」，貴絶惡於未萌，而起敬於微眇，使民日徙善遠罪，而不自知也。孔子曰：「聽訟，吾猶人也。必也，使無訟乎！」此之謂也。功，當爲「公」。敬者，禮之本也。《孝經》曰：「禮者，敬而已矣。」

爲人主計者，莫如安審取舍。取舍之極定於內，安危之萌應於外也。《爾雅》曰：「安，定也。」《說文》云：「審，悉也，知審諦也。」顔注《漢書》云：「取，謂所擇用也。舍，謂所棄置也。」極，中也。萌，始生也。安者，非一日而安也，危者，非一日而危也，皆以積然，不可不察也。善不積，不足以成名，惡不積，不足以滅身，而人之所行，各在其取舍。積，聚也，習也。察，審也。《易》曰：「積善之家，必有餘慶，積不善之家，必有餘殃。臣弑其君，子弑其父，非一朝一夕之故，其所由來者漸矣，由辨之不早辨也。」又曰：「善不積，不足以成名，惡不積，不足以滅身。小人以小善爲无益，而弗爲也，以小惡爲无傷，而弗去也，故惡積而不可揜，罪大而不可解。」以禮義治之者，積禮義，以刑罰治之者，積刑罰。刑罰積，而民怨倍，禮義積，而民和親。《禮運》曰：「禮義也者，人之大端也。所以講信脩睦，而固人肌膚之會，筋骸之束也，所以養生送死，事鬼神之大端也，所以達天道，順人情之大竇也。」怨倍，謂民心怨，而行倍畔也。和親，謂善氣洽，而民相親睦也。故世主欲民之善同，而所以使民之善者異。或導之以德教，或敺之以法令。導之以德教者，德教行，而民康樂。敺之以法令者，法令極，而民哀戚。哀樂之感，禍福之應也。導，引也。敺，謂駕馭之。康，安也。極，窮也。戚，疾也。

我以爲秦王之欲尊宗廟而安子孫，與湯武同。然則如湯武能廣大其德，久長其後，行五百歲而不失，秦王亦欲至是而不能，持天下十餘年，即大敗之。此無佗故也，湯武之定取舍審，而秦王之定取舍不審也。《易》曰：「君子慎始，差若毫氂，繆之千里。」取舍之謂也。案《史記》，秦王名政，莊襄王之子，母呂不韋姬。以東周亡後三年嗣立爲秦王，二十六年庚辰，盡滅六國，稱始皇帝。十二年辛卯崩。明年，少子胡亥嗣立，號二世皇帝。三年甲午，趙高弒二世，立二世兄子公子嬰爲秦王。明年，子嬰降漢。前後凡十五年。「《易》曰」者，《易緯通卦驗》之言。始，謂其微時也。然則爲人主師傅者，不可不日夜明此。《保傅》曰：「傅，傅之德義。師，道之教訓。」

問：「爲天下如何？」曰：「天下，器也。今人之置器，置諸安處則安，置諸危處則危。而天下之情，與器無以異，在天子所置爾。置，錯置也。《荀子》云：「國者，天下之大器也，重任也，不可不善爲擇所而後錯之。」湯武置天下於仁義禮樂，而德澤洽。禽獸草木廣育，被蠻貊四夷，累子孫十餘世，歷年久五六百歲，此天下之所共聞也。德，恩德也。澤，謂流澤。洽，浹也。育，生也。被，猶及也。累，積也。秦王置天下於法令刑罰，德澤無一有，而怨毒盈世，民憎惡如仇讎，禍幾及身，子孫誅絶，此天下之所共見也。夫用仁義禮樂爲天下者，行五六百歲猶存，用法令爲天下者，十餘年即亡，是非明斆大驗乎？」斆，讀曰「效」。人言曰：「聽言之道，必以其事觀之，則言者莫妄言。今子或言禮義之不如法令，教化之不如刑罰，人主胡不承殷、周、秦事以觀之乎？」子，通稱也。對上問者之辭。承，繼也。

夏小正弟四十七

正月：《爾雅》曰：「正月爲陬。」孔氏《詩·豳風》疏引《春秋元命包》云：❶「夏人以十三月爲正。」《尚書大傳》云：「夏以日至六十日爲正。」又云：「夏以孟春爲正。」《月令》曰：「孟春之月。」鄭注云：「日月之行，一歲十二會，聖王因其會而分之，以爲大數焉。觀斗所建，命其四時。此云孟春者，日月會於娵訾，而斗建寅之辰也。」聘珍謂：正月日躔娵訾，此周時曆象耳。夏時正

❶「豳」，原誤作「幽」，今據廣雅書局本改。

月節，日在娵訾，月中則在降婁。《逸周書》曰：周公正三統之義，作《周月》云：「惟一月既南至，昏昴畢見，日短極，斗柄建子，日月俱起於牽牛之初。」此《漢書・律曆志》所云「周公攝政，五年，正月丁巳朔旦冬至」也。冬至日在牛初度，則正月節當在危十六度，月中在室十四度，故鄭云「日月會於陬訾」也。但恒星每歲東移，大約七十年餘而差一度。自周溯夏，當差十六度有餘。則夏時正月中，日躔當在降婁之初。又案《尚書・堯典》曰：「日短星昴，以正仲冬。」是堯時冬至，日在元枵。初昏元枵加酉，則大梁加午，而昴宿得中。自堯元載甲辰，至夏禹元歲，爲一百五十三年，所差二度有餘。夏之冬至，日亦在元枵，冬至在元枵，則正月中當在降婁。《新唐書・曆志》載《大衍曆議》云：「自帝堯演紀之端，在虚一度。日在虚一，鳥、火、昴虚，皆以仲月昏中，合於《堯典》。」斯言蓋得其實。以歲差計之，堯時冬至在虚一度，則夏時冬至在女十度。冬至在女十度，則正月節在室十六度，月中在奎七度無疑矣。

啓蟄，言始發蟄也。《廣雅》云：「啓，開也。」蟄，謂蟄蟲。物之巨細，或行，或毛，或倮，或介，或鱗，皆有之。傳云「言始發蟄也」者，《釋名》云：「發，撥也。撥使開也。」

雁北鄉。先言雁，而後言鄉者，何也？見雁，而後數其鄉也。鄉者，何也？鄉其居也。雁以北方爲居。何以謂之居？生且長焉爾。「九月遰鴻雁」，先言遰，而後言鴻雁，何也？見遰而後數之，則鴻雁也。何不謂南鄉也？曰：非其居也，故不謂南鄉。記鴻雁之遰也，如不記其鄉，何也？曰：鴻不必當《小正》之遰者也。鄭注《禹貢》云：「鴻，雁之屬，隨陽氣南北。」孔氏《禹貢疏》云：「日行夏至漸南，冬至漸北。鴻雁九月而南，正月而北。」傳云「雁以北方爲居」者，鄭注《月令》云：「凡鳥隨陰陽者，不以中國爲居。」云「鴻不必當《小正》之遰者也」者，《小正》九月記遰鴻雁，自中國見其遰而記也。但其居之遠近不可知，其南鄉之時，不當《小正》記遰之時也。

雉震呴。震也者，鳴也。呴也者，鼓其翼也。正月必雷，雷不必聞，惟雉爲必聞。何以謂之？雷則雉震呴，相識以雷。《説文》云：「雉有十四種：盧諸雉、喬雉、鳪雉、鷩雉、秩秩海雉、翟山雉、翰雉、卓雉、伊洛而南曰翬、江淮而南曰摇、南方曰翯、東方曰甾、北方曰稀、西方曰蹲。」許氏説本《爾雅》，而文小異。呴，《説文》作「雊」，云：「雊，雌雄鳴也。雷始動，雉鳴而雊其頸。」傳云「正月必雷」者，雷，陰陽薄動也。正月三陽已盛，有與陰相薄之義，故泰卦互體爲震也。云雷不必聞，惟雉爲必聞者，雷動地中，人或不聞，雉性情剛，故獨知之，應而鳴也。云何以謂之者，謂，猶記也。言《小正》何以記雉震呴也。云相識以雷者，人聞雉鳴，則可識雷之動於地中也。《漢書·五行志》云：「雉者聽察，先聞雷聲，故《月令》以紀氣。」魚陟負冰。陟，升也。負冰云者，言解蟄也。負之言背也。《傳》云「負冰云者，言解蟄也」者，解，讀若解卦，猶開也。魚，水蟲也，盛寒之時，蟄於水下，逐其溫煖。正月陽氣既上，出游於水，上近於冰。農緯厥耒。緯，束也。束其耒云爾者，用是見君之亦有耒也。《說文》云：「農，耕也。耒，手耕曲木也。」傳云「用是見君之亦有耒也」者，《祭義》曰：「天子爲藉千畝，冕而朱紘，躬秉耒。」《月令》曰：「乃擇元辰，天子親載耒耜，措之於參保介之御閒，帥三公、九卿、諸侯、大夫，躬耕帝藉。」初歲祭耒，始用暢。初歲祭耒，始用暢也。暢也者，終歲之用祭也。其曰「初云爾」者，言是月始用之也。初者，始也。或曰祭韭也。祭，讀曰「察」。《尚書大傳》云：「祭之爲言察也。」耒，田器。初歲察耒者，省視田器。《周禮》曰「正歲簡稼器」是也。《說文》云：「暘，不生也。」始用暘，謂用耒耕，反其萌芽，使草不生也。傳云「暘也者，終歲之用察也」者，察，殺也，謂草不生，終歲用耒以殺之也。鄭注《鄉飲酒義》云：「察，猶察察，嚴殺之貌也。」《薙氏職》曰：「掌殺草，春始生而萌之，夏日至而夷之，秋繩而芟之，冬日至而耜之。」是終歲之事也。云「初者，始也」者，《爾雅·釋詁》文。「或曰祭韭也」五字，當在「囿之燕者也」之下，脱簡在此。囿有見韭。囿也者，園之燕者也。孔氏《詩·秦風》疏云：「有蕃曰園，有牆曰囿。」《說文》云：「囿，苑有垣也。韭，菜名。一種而久者，故謂之韭。」傳云「囿也者，園之燕者也」者，燕，謂安居之地也。《穀梁》宣十五年傳曰：「古者公田爲居，井竈蔥韭盡取焉。」范注云：「家作一園，以種五菜。」云「或曰祭韭也」者，《王制》曰：「庶人春薦韭。」時有俊風。俊者，大也。大風，南風也。何大於南風也？曰：合冰必於南風，解冰必於南風，生必於南風，收必於南風，故大之也。《易》曰：「撓萬物者，莫疾乎風。」傳云「大風，南風也」者，《說文》云：「南方曰景風。」《爾雅》曰：「景，大也。」云「合冰必於南風，解冰必於南風」者，《白虎通》云：「南者，任也。」十月純陰用事，陽凝於陰，任成其功，故有風以合冰。正月陰氣漸消，陽薄乎陰，任散其德，故有風以解冰。云「生必於南風，收必於南風」者，任養萬物，故曰「生」，任成萬物，故曰「收」也。寒日滌凍塗。滌也者，變也，變而煖也。凍塗也者，凍下而澤上多也。寒，陰氣。日，謂每日，言其漸也。滌，蕩除也。《廣雅》云：「塗，泥也。」凍塗，謂地凍釋如塗泥也。傳云「凍下而澤上多也」者，澤，潤液也，言解凍有漸，其下猶凍，而其上已見滋潤之澤也。田鼠出。田鼠者，嗛鼠也，記時也。高注《淮南·時則》云：「田鼠，鼢鼸鼠也。」傳云「田鼠，嗛鼠也」者，嗛，讀曰「鼸」。《爾雅》曰：「鼢鼠，鼸鼠。」陸氏《釋文》引《字林》云：「鼸，即鼢鼠也。」農率均田。率者，循也。均田者，始除田也。言農夫急除田也。農，謂農夫。《爾雅》曰：「均，易也。」《孟子》曰：「易其田疇。」趙注云：「易，治也。」傳云「率者，循也」者，《爾雅·釋詁》文。云「均田者，始除田也」者，除，猶脩治也。云「言農夫急除田也」者，《農書》曰：「春草冒撅，陳根可拔，耕者急發」是也。獺獻魚。獺祭魚，其必與之獻，何也？曰：非其類也。祭也者，得多也。善其祭而後食之。十月豺祭獸，謂之祭，獺祭魚，謂之獻，何也？豺祭其類，獺祭非其類，故謂之獻，大之也。《説文》云：「獺，如小狗也，水居食魚。」蔡氏《月令章句》云：「獺，毛蟲，西方白虎之屬，水居而殺魚者也。」高注《淮南·時則》云：「獺，獱也。取鯉魚於水邊，四面陳之，謂之祭魚。」傳云「非其類也」者，類，謂種類。獺爲毛蟲，魚爲鱗蟲，非其類也。云「祭也者，得多也」者，《爾雅》曰：「多，衆也。」獺取魚於水邊，四面陳之，猶祭之美多品也。云「謂之獻大之也」者，獻者，獻其功也。《左氏》僖三十年傳曰：「以獻其功。」孔氏疏云：「獻者，謂呈見，旌表之也。」鷹則爲鳩。鷹也者，其殺之時也。鳩也者，非其殺之時也。善變而之仁也，故其言之也曰「則」，盡其辭也。鳩爲鷹，變而之不仁也，故不盡其辭也。《爾雅》曰：「鷹，鶆鳩。」郭注云：「鶆，當爲鷞，字之誤也。《左傳》作『鷞鳩』是也。」杜注昭十七年《左傳》云：「爽鳩，鷹也。」《爾雅》曰：「鳲鳩，鴶鵴。」郭注云：「今之布穀也。江東呼爲穫穀。」傳云「鷹也者，其殺之時也」者，謂五月鳩爲鷹，其時一陰始生，殺氣至矣。

云「鳩也者，非其殺之時也」者，謂正月鷹爲鳩，其時萬物並育，不相害也。云「善變而之仁也」者，高注《吕氏·仲春紀》云：「鷹化爲鳩，喙正直，不鷙擊也。」云「故其言之也曰則，盡其辭也」者，《廣雅》云：「則，即也。」若喜其速化，故極辭也。

農及雪澤。言雪澤之無高下也。雪澤者，《詩》曰：「雨雪紛紛，益之以霡霂。」鄭箋云：「冬有積雪，春而益之以小雨，潤澤則饒洽」是也。農夫及此雪澤，而始事於公田也。傳云「言雪澤之無高下也」者，《詩》曰「既優既渥，既霑既足」是也。

初服于公田。古有公田焉者，古者先服公田，而後服其田也。《爾雅》曰：「初，始也。服，事也。」《詩》曰：「亦服爾耕。」傳云「古有公田焉者」者，杜氏《通典》云：「黄帝經土設井，立步制畝，使八家爲井，井開四道，而分八宅。」云「先服公田，而後服其田也」者，《孟子》曰：「方里而井，井九百畝，其中爲公田，八家皆私百畝，同養公田，公事畢，然後敢治私事。」

采芸。爲廟采也。《説文》云：「采，捋取也。」高注《吕氏·仲冬紀》云：「芸，蒿菜名也。」傳云「爲廟采也」者，以爲豆實也。

鞠則見。鞠者，何也？星名也。鞠則見者，歲再見爾。鞠，星名。其義未聞。或云「鞠」當爲「噣」。《爾雅》曰：「咮謂之柳。」但《小正》凡星言「則見」者，皆謂旦見東方，柳在正月乃昏見也。或云「鞠」當爲「禄」，聲近而譌也。聘珍謂：此説近是。蓋司禄二星，在危東虚北，距西星去極九十度，入虚四度。正月節，日在室十六度，禄星距日四十度，當得旦見東方也。傳云「歲再見爾」者，禄星正月旦見東方，十月昏見西方也。

初昏參中。蓋記時也云。《天官書》云：「參爲白虎。三星直者，是爲衡石。下有三星，鋭曰伐，爲斬艾事。其外四星，左右肩股也。」聘珍謂：正月節，參去日九十度，昏刻中於南方也。

斗柄縣在下。言斗柄者，所以著參之中也。《天官書》云：「北斗七星。」《索隱》云：「《春秋運斗樞》云：『弟一天樞，弟二旋，弟三璣，弟四權，弟五衡，弟六開陽，弟七摇光。弟一至弟四爲魁，弟五至弟七爲杓，合而爲斗。』」《説文》云：「杓，北斗柄也。」「縣，繫也。」傳云「言斗柄者，所以著參之中也」者，《天官書》云：「斗杓攜龍角，魁枕參首。」參中在上，斗魁枕之，則其杓在下矣。

柳稊。稊也者，發孚也。《説文》云：「柳，小楊也。」《易》曰：「枯楊生稊。」王注云：「稊者，楊之秀也。」傳云「發孚也」者，《廣雅》云：「孚，生也。」

梅杏杝桃，則華。杝桃，山桃也。《爾雅》曰：「時，英梅。」《初學記》引張氏《毛詩義疏》云：「梅，杏類也。」《說文》云：「杏，果名。」高注《淮南·時則》云：「杏有竅在中，象陰在内，陽在外，故二月其樹杏。」「杝」，《爾雅》作「榹」，曰：「榹桃，山桃。」郭注云：「實如桃而小，不解核。」《爾雅》曰：「華，荂也。」木謂之華。」《小正》：四月見杏，五月煮梅，六月煮桃。此先記其華之時也。

緹縞。縞也者，莎隨也。緹也者，其實也。先言緹，而後言縞，何也？緹先見者也。何以謂之？《小正》以著名也。《說文》云：「緹，帛丹黃色。」縞，讀曰「薃」。傳云「縞也者，莎隨也」者，《爾雅》曰「薃侯莎，其實媞」是也。《說文》云：「莎，鎬侯也。」《繫傳》云：「莎，一名鎬，一名侯莎。」顔注《急就篇》云：「莎，即今青莎草也。」云「緹也者，其實也」者，「實」，當爲「色」，聲譌也。謂緹爲縞之色也。云「緹先見者也」者，言縞初生，其色丹黃，先見也。云「《小正》以著名也」者，言《小正》記物候之例，以其物之先著者言之也。《小正》「緹」字，《爾雅》作「媞」，二文不同，二書之義亦異。《小正》「緹」，言其色，《爾雅》「媞」，言其實，傳義甚明。今青莎草正月初生，未即有實，可以目驗知之。傳中「實」字，當爲「色」。郭注《爾雅》引此傳證成彼義，誤「色」爲「實」。後人不察，反據郭注改易此傳，千載不覺矣。

雞桴粥。粥也者，相粥之時也。或曰：桴，嫗伏也。粥，養也。《說文》云：「雞，知時畜也。」桴，讀曰「孚」。《說文》云：「孚，卵孚也。」徐鍇云：「鳥之孚卵，皆如其期，不失信也。鳥裒恒以爪，覆其卵。」鄭注《周禮》云：「粥，養也。」傳云「相粥之時也」者，九家注《易》云：「風應節而變，變不失時。雞時至而鳴，與風相應也。二九十八，主風精爲雞，故雞十八日剖而成雛。」云「或曰桴，嫗伏也」者，《樂記》曰：「羽者嫗伏。」孔疏云：「伏體而生子也。」

二月：《爾雅》曰：「二月爲如。」《月令》曰：「仲春之月。」聘珍謂：二月節，日在婁，月中在胃也。

往耰黍，禪。禪，單也。往，謂往于田也。《玉篇》云：「耰，覆種也。」黍，當爲「稷」。鄭注《士昏禮》云：「古文黍，作稷。」孔氏《月令》疏引《攷靈曜》云「日中星鳥，可以種稷」是也。《說文》云：「禪，衣不重也。」《齊語》曰：「旦莫從事於田野，脱衣就功。」

初俊羔，助厥母粥。俊也者，大也。粥也者，養也。言大羔能食草木，而不食其母也。羊蓋非其子而後養之，善養而記之也。或曰：夏有煮祭，祭者用羔。是時也，不足喜樂，善羔之爲生也，而記之，與羔羊腹時也。羔，羊子也。

助，猶佐助也。「助厥母粥」者，謂大羔不待乳於其母，其母再粥小羔也。傳云「粥也者，養也」者，謂生養也。《樂記》曰：「毛者孕鬻。」鄭注云：「鬻，生也。」云「言大羔能食草木，而不食其母也」者，謂不食其母之乳也。《春秋繁露》云：「騶犢未能勝芻豢之食，莫如令食其母便。」又云：「羔食於其母，必跪而受之。」云「羊蓋非其子而後養之」者，《說文》云：「非，違也。違，離也。」羊之性必俟其已生之子不食其乳，違之而去，而後再粥小羔。云「善養而記之也」者，美其生長蕃息也。云「或曰夏有煮祭，祭者用羔」者，《爾雅》曰：「夏，大也。」《說文》云：「煮，亯也。」謂大亯而祭也。《詩》曰：「四之日其蚤，獻羔祭韭。」《月令》曰「仲春之月，天子乃鮮羔開冰，先薦寢廟」是也。云「是時也，不足喜樂，善羔之爲生也，而記之」者，爲，猶助也。言是時獻羔之祭，《小正》不記，而記羔之助厥母粥也。云「與羔羊腹時也」者，與，許也。嘉美之辭。《爾雅》曰：「腹，厚也。」善羔羊厚生之時也。**綏多女士。綏，安也。冠子取婦之時也。**「綏，安也」者，《爾雅·釋詁》文。云「冠子取婦之時也」者，《博物志·冠辭》云：「欽順仲春之吉辰，始加昭明之元服。」是古者冠以二月也。《媒氏職》曰：「中春之月，令會男女。」鄭注云：「中春陰陽交，以成昏禮，順天時也。」**丁亥，萬用入學。丁亥者，吉日也。萬也者，干戚舞也。入學也者，大學也。謂今時大舍采也。**《公羊》宣八年傳曰：「萬者何？干舞也。」何注云：「萬者，其篇名。」傳云「丁亥者，吉日也」者，吉，善也。《月令》曰：「仲春之月，上丁，命樂正習舞釋菜。」云「萬也者，干戚舞也」者，孔氏《詩·邶風》疏云：「《公羊傳》曰：『萬者何？干舞。』言干，則有戚，以干戚武事，故以『萬』言之。是以《文王世子》云：『春夏學干戈。』注云：『干戈，萬舞，象武也。』」云「大學也」者，《王制》曰：「夏后氏養國老於東序。」鄭注云「東序，大學，在國中王宮之東」是也。云「謂今時大舍采也」者，今時，即二月丁亥也。《大胥職》曰：「春入學，舍采，合舞。」鄭注云：「鄭司農云：舍采，謂舞者皆持芬香之采。或曰：古者，士見於君，以雉爲摯，見於師，以采爲摯。采，直謂疏食菜羹之菜。或曰：學者，皆人君卿大夫之子，衣服采飾。舍采者，減損解釋盛服，以下其師也。《月令》仲春之月，上丁，命樂正習舞釋采。仲丁，又命樂正入學習樂。玄謂舍，即釋也。采，讀爲『菜』，始入學，必釋菜，禮先師也。菜，蘋蘩之屬。」**祭鮪。祭不必記，記鮪，何也？鮪之至有時，美物也。鮪者，魚之先至者也。而其至有時，謹記其時。**《廣雅》云：「祭，薦也。」《月令》曰：「薦鮪於寢廟。」孔疏云：「案《爾雅·釋魚》云：『鮥，鮛鮪。』郭景純云：『似鱣而小，建平人呼鮥子。』一本云：『鮪似鱣，口在頷下。』《音義》云：『大者爲王鮪，小者爲鮛鮪，似鱣，長鼻，體無鱗甲。』」傳云「鮪之至有時，美物也」者，高注《淮南·氾論》云：「鮪，大魚，長丈餘。仲春二月，從西河上，得過龍門，便爲龍。」《初學記》引張氏《毛詩義疏》云：「鮪魚出海，二月從河上來。」《穀梁》成十七年傳曰：「祭者，薦其時也，薦其美也，非享味也。」

滎堇采蘩。堇，菜也。蘩，由胡。由胡者，蘩母也。蘩母者，旁勃也。皆豆實也，故記之。

《爾雅》曰：「齧，苦堇。」郭注云：「今堇葵也。葉似柳，子如米，汋食之，滑。」《爾雅》曰：「蘩，皤蒿。」郭注云：「白蒿。」傳云「蘩，由胡，由胡者，蘩母也，蘩母者，旁勃也」者，孔氏隱三年《左傳疏》云：「陸璣云：凡艾，白色爲皤蒿，今白蒿春始生，及秋，香美，可生食，又可蒸。一名遊胡，北海人謂之旁勃。故《大戴禮·夏小正》傳曰，蘩，遊胡。遊胡，旁勃也。」云「皆豆實也」者，皆，堇與蘩也。《醢人職》曰：「饋食之豆，其實葵菹。」即堇葵也。《詩》曰：「于以采蘩。」毛傳云：「蘩，皤蒿也。」鄭箋云：「執蘩菜者，以豆薦蘩菹。」

昆小蟲，抵蚳。昆者，衆也。由魂魂也。由魂魂也者，動也，小蟲動也。其先言動而後言蟲者，何也？萬物至是動而後著。抵，猶推也。蚳，螘卵也，爲祭醢也。取之則必推之，推之不必取之，取必推，而不言取。

小蟲，蟄蟲也。傳云「由魂魂也者，動也」者，由，讀曰「猶」。《白虎通》云：「魂，猶伝伝也，行不休也。少陽之氣，故動不息。」云「萬物至是動而後著」者，著，見也。《月令》曰：「仲春之月，雷乃發聲，始電，蟄蟲咸動，啓户始出。」云「抵猶推也」者，推，謂推擇也。云「蚳，螘卵也，爲祭醢也」者，《醢人職》曰：「饋食之豆，蚳醢。」鄭注云：「蚳，蛾子。」云「取必推，而不言取」者，謂取其物，必先推擇。推擇者，取不取，未定之辭也，故不言取。

來降燕，乃睇。燕，乙也。降者，下也。言來者，何也？莫能見其始出也。故曰「來降」。言「乃睇」，何也？睇者，眄也。眄者，視可爲室者也。百鳥皆曰巢，突穴取與之室，何也？操泥而就家，入人内也。

《爾雅》曰：「燕燕，鳦。」郭注云：「《詩》曰『燕燕于飛』。一名玄鳥，齊人呼鳦。」《廣雅》云：「睇，視也。」《方言》云：「睇，眄也。陳楚之閒、南楚之外曰睇。」傳云「莫能見其始出也，故曰來降」者，鄭注《月令》云：「言降者，若時始自天來，重之也。」云「視可爲室者也」者，《説文》云：「室，實也。从宀从至，至所止也。」云「百鳥皆曰巢」者，《説文》云：「鳥在木上曰巢。」云「突穴取與之室」云云者，《説文》云：「突，深也。从穴从火，从求省。」穴，土窟也。顔注《五行志》云：「取，讀曰聚。」燕之突穴聚居，不謂之巢而謂之室者，以其能操泥而就人家，入其内也。《爾雅》曰：「牖户之閒謂之扆，其内謂之家。」剝鱓。以爲鼓也。《説文》云：「剝，裂也。从刀从录，录，刻割也。」又云：「鱓，魚名。皮可爲鼓。」有鳴倉庚。倉庚者，商庚也。商庚者，長股也。《爾雅》曰：「倉庚，商庚。」郭注云：「即鵹黄也。」孔氏《詩疏》引陸璣云：「黄鳥，黄鸝留也。或謂之黄栗留。幽州人謂之黄鸎。一名倉庚，一名商庚，一名鵹黄，一名楚雀，齊人謂之摶黍。」榮芸，時有見稊，始收。有見稊而後始收，是《小正》序也。《小正》之序時也，皆若是也。稊者，所爲豆實。榮，華也，盛也。芸，即正月采芸，至二月則榮矣。時，是也，謂是芸也。稊，秀也。收，采取也。時有見稊始收者，言是芸於正月發稊之時始收矣。云「稊者，所爲豆實」者，即上傳云「爲廟采」也。

三月：《爾雅》曰：「三月爲寎。」《月令》曰：「季春之月。」聘珍謂：三月節日在昴，月中在畢。參則伏。伏者，非亡之辭也。星無時而不見，我有不見之時，故曰「伏」云。三月中後，日躔參宿，故參伏而不見也。傳云「星無時而不見，我有不見之時，故曰伏云」者，恒星隨宗動天，東出西入，逐時皆有出入地平之恒星，逐星皆有出入地平之時刻。因節氣有冬夏，晝夜有永短，人居有南北，故所見恒星出入之時刻，因時各異，隨地不同也。攝桑。桑攝而記之，急桑也。《説文》云：「攝，引持也。」桑，蠶所食葉木。委楊。楊則苑而後記之。《説文》云：「委，委隨也。从女从禾。」臣鉉等曰：「委，曲也。取其禾穀垂穗委曲之貌，故從禾。」《爾雅》曰：「楊，蒲柳。」傳云「苑而後記之」者，韋注《晉語》云：「苑，茂木也。」䍧羊。羊有相還之時，其類䍧䍧然。記變爾。或曰：䍧，羝也。䍧，讀曰「䍪」。《説文》云：「䍪，羊相羵也。」「羵，䍪羊也。」「羝，牡羊也。」螜則鳴。螜，天螻也。《爾雅》曰：「螜，天螻。」郭注云：「螻蛄也。」頒冰。頒冰也者，分冰以授大夫也。《左氏》昭四年傳曰：「古者日在北陸而藏冰。」又曰：「火出而畢賦。」昭十七年《傳》曰：「火出，於夏爲三月。」傳云「分冰以授大夫也」者，《左傳》曰「大夫命婦喪浴用冰」是也。采識。識，草也。識，當爲「蘵」。《爾雅》曰：「蘵，黄蒢。」郭注云：「蘵，草葉似酸漿，花小而白，中心黄，江東以作葅食。」妾子始蠶。先妾而後子，何也？曰：事有漸也。言事自卑者始。《釋名》云：「妾，接也，以賤見接幸也。」鄭注《月令》引《夏小正》曰：「妾子始蠶。」孔疏引皇氏云：「子，謂外内子女。」山陽汪閣學云：「子，指正妻，對妾乂也。」《爾雅》曰：「蟓，桑繭。」郭注云：「食桑葉作繭者，即今蠶。」鄭注《周禮・馬質》云：「蠶爲龍精，月直大火，則浴其種。」執養宫事。執，操也。養，長也。宫，蠶室也。事，謂蠶事。《祭義》曰：「古者天子、諸侯必有公桑蠶室，近川而爲之，築宫仞有三尺，棘牆而外閉之。及大昕之朝，君皮弁素積，卜三宫之夫人、世婦之吉者，使入蠶於蠶室，奉種浴於川，桑於公桑，風戾以食之。歲既單矣，世婦卒蠶，奉繭以示於君，遂獻繭於夫人。及良日，夫人繅三盆手，遂布於三宫夫人、世婦之吉者，使繅，遂朱緑之，玄黄之，以爲黼黻文章。」鄭注云：「歲單，謂三月月盡之後也。」言歲者，蠶，歲之大功，事畢於此也。祈麥實。麥實者，五穀之先見者，故急祈而記之也。《説文》云：「麥，芒穀。秋種厚薶，故謂之麥。麥，金也。

金王而生，火王而死。从來。有穗者，从夊。」《月令》曰：「季春之月，乃爲麥祈實。」鄭注云：「於含秀，求其成也。」傳云「麥實者，五穀之先見者」者，鄭注《周禮・疾醫》云：「五穀：麻、黍、稷、麥、豆也。」《管子》云：「麥者，穀之始也。」越有小旱。越，于也。記是時恒有小旱。《論衡》云：「久暘爲旱。」顔注《漢書》云：「粤，古越字。」《爾雅》曰：「粤，于也。」田鼠化爲鴽。鴽，鵪也。變而之善，故盡其辭也。鴽爲鼠，變而之不善，故不盡其辭也。《爾雅》曰：「鴽，鴾母。」郭注云：「鵪也。青州呼鴾母。」高注《吕氏・季春紀》云：「田鼠，鼸鼠也。鴽鶉，青州謂之鴾母。周雒謂之鴽。幽州謂之鶕也。」拂桐芭。拂也者，拂也，桐芭之時也。或曰：言桐芭始生，貌拂拂然也。《爾雅》曰：「榮，桐木。」郭注云：「即梧桐。」芭，讀曰「葩」。《説文》云：「葩，華也。」傳云「言桐芭始生，貌拂拂然也」者，蔡氏《月令章句》云：「桐木之後華者也。穉之，故曰始。」《易緯》曰：「桐枝濡毳，而又空中，難成易傷，須成氣而後華。」鳴鳩。言始相命也。先鳴而後鳩，何也？鳩者，鳴而後知其鳩也。《爾雅》曰：「鶌鳩，鶻鵃。」郭注云：「似山雀而小，短尾，青黑色，多聲。今江東亦呼爲鶻鵃。」孔氏昭十七年《左傳疏》云：「舍人云：鶌鳩，一名鶻鵃。今之班鳩也。」《廣雅》云：「命，呼也。」

四月：《爾雅》曰：「四月爲余。」《月令》曰：「孟夏之月。」聘珍謂：四月，日在井。昴則見。《天官書》云：「昴曰旄頭。」《爾雅》曰：「西陸，昴也。」《左氏》昭四年傳曰：「西陸朝覿。」孔疏云：「鄭答其弟子孫皓云：西陸朝覿，謂四月立夏之時。」聘珍謂：四月節，昴去日四十一度，故得旦見東方也。初昏，南門正。南門者，星也。歲再見，壹正，蓋大正所取法也。南門，亢宿上下二星名也。《天官書》云「亢爲疏廟，其南北兩大星曰南門」是也。亢宿四星，距南弟二星，去極九十六度，其北弟一星，正當赤道。四月中，日在井十八度，亢弟五度，去日一百零十二度，昏刻正於中也。《大衍曆議》以庫樓南之南門，當《夏小正》之南門。《史記正義》亦以庫樓南之南門，當亢宿上下二星，並非是。傳云「歲再見，壹正」者，亢宿四月正於中，九月旦見東方，六月昏見西方也。云「蓋大正所取法也」者，《廣雅》云：「正，君也。」鄭注《月令》云：「凡記昏明中星者，爲人君南面而聽天下，視時候以授民事也。」獨於南門言取法者，《晉書·天文志》云：「亢，天子之内朝也。總攝天下奏事，聽訟，理獄，録功者也。」鳴札。札者，寧縣也。鳴而後知之，故先鳴而後札。《爾雅》曰：「蚻，蜻蜻。」郭注云：「如蟬而小。《方言》云：『有文者謂之螓。』《夏小正》曰：『鳴蚻，虎縣也。』」囿有見杏。囿者，山之燕者也。正月則華，四月見其實矣。鳴蜮。蜮也者，或曰屈造之屬也。《説文》蟈，注云：「蜮又从國。」鄭注《周禮》云：「鄭司農『蟈』讀爲『蜮』。蜮，蝦蟇也。」《月令》曰：「螻蟈鳴。」高注《淮南·説林》云：「鼓造，一曰蝦蟇。」王萯秀。《月令》曰：「王瓜生。」鄭注云：「王瓜，萆挈也。今《月令》云『王萯生』，《夏小正》云『王萯莠』，未聞孰是。」《詩》曰：「四月秀葽。」鄭箋云：「《夏小正》：『四月，王萯秀。』葽其是乎？」取荼。荼也者，以爲君薦蔣也。《爾雅》曰：「荼，苦菜。」郭注云：「《詩》曰『誰謂荼苦』，苦菜可食。」《月令》曰：「孟夏之月，苦菜秀。」傳云「以爲君薦蔣也」者，《爾雅》曰：「薦，進也。」《説文》云：「雕苽，一名蔣。」《膳夫職》曰：「凡王之饋食用六穀。」鄭司農云：「六穀：稌、黍、稷、粱、麥、苽。苽，雕胡也。」秀幽。《爾雅》曰：「不榮而實者謂之秀。」幽，義未聞。或云：《毛詩》「四月秀葽」，幽，葽聲譌也。但鄭氏箋《詩》疑王萯爲葽，或云亦未確也。越有大旱。記時爾。鄭注《月令》云：「陽氣盛而常旱。」孔疏云：「以四月純陽用事。」《女巫職》曰：「暵旱則舞雩。」《左氏》桓五年傳曰：「龍見而雩。」杜注云：「龍見，建巳之月。」執陟攻駒。執也者，始執駒也。執駒也者，離之去母也。陟，升也。執而升之君也。攻駒也者，教之服車，數舍之也。《校人職》曰：「執駒。」鄭注云：「鄭司農云：『執駒，無令近母。二歲曰駒。』玄謂執，猶拘也。春通淫之時，駒血氣未定，爲其乘匹傷之。」傳云「執而升之君也」者，謂擇其良者，以爲王六馬之屬也。《校人職》曰「掌王馬之政，辨六馬之屬」是也。云「教之服車，數舍之也」者，服，閑習也。舍，釋也。《廋人職》曰：「佚特教駣。」鄭注云：「杜子春云：『佚，當爲逸。』玄謂逸者，用之不使甚勞，安其血氣也。教駣者，始乘習之也。」

五月：《爾雅》曰：「五月爲皐。」《月令》曰：「仲夏之月。」聘珍謂：五月節，日在井，月中在柳。參則見。參也者，伐星也，故盡其辭也。五月節，參去日四十二度，得旦見東方也。傳云「參也者，伐星也」者，《毛詩·召南》傳云：「參，伐也。」孔疏云：「參實三星，故《綢繆》傳云：『三星，參也。』以伐與參連體，參爲列宿，統名之，若同一宿然。但伐亦爲大星，與參互見，皆得相統。故《周禮》『熊旂六斿以象伐』，注云『伐屬白虎宿，與參連體而六星』。言六斿以象伐，明伐得統參也。是以《演孔圖》云『參以斬伐』，《公羊傳》曰『伐爲大辰』，皆互舉相見之文也。故言參伐也，見同體之義。」浮游有殷。殷，衆也。浮游殷之時也。浮游者，渠略也，朝生而莫死。稱「有」，何也？有見也。《爾雅》曰：「蜉蝣，渠略。」郭注云：「似蛣蜣，身狹而長，有角，黄黑色，聚生糞十中，朝生莫死，豬好啖之。」傳云「浮游殷之時也」者，孔氏《詩·曹風疏》云：「陸璣云：『蜉蝣，方土語也。通謂之渠略。夏月陰雨時，地中出。樊光謂之糞中蝎蟲，隨陰雨時爲之。』」鴂則鳴。鴂者，百鷯也。鳴者，相命也。其不辜之時也，是善之，故盡其辭也。《爾雅》曰：「鵙，伯勞也。」郭注云：「似鶷鶡而大。《左傳》曰伯趙氏。」邵氏《爾雅正義》云：「李巡云：『伯勞，一名鵙，通作鴂。』《詩疏》引陳思王《惡鳥論》云：『伯勞以五月鳴，應陰氣而動。』」傳云「其不辜之時也」者，鄭注《周禮·掌戮》云：「辜之言枯也，謂磔之。」不辜者，不殺也。《淮南·天文》云：「日夏至，鷙鳥不搏黄口。」高注云：「五月微陰在下，黄口肌血脆弱，未成，故鷙鳥應陰不搏也。」時有養日。養，長也。一則在本，一則在末，故其記曰「時養日」云也。日，並當爲「白」。宋本「日」並作「白」。朱子《儀禮經傳通解·夏小正篇》注云：「《大戴》『日』作『白』。」聘珍謂：《白虎通·三正》云：「白者，陰氣。」時有養白，謂五月中，時陰氣方生也。傳云「養長也」者，長爲「生長」之「長」，非「長短」之「長」。云「一則在本」者，本，始也。謂一陰始生也。云「一則在末」者，末，微也。謂一陰始生而尚微也。云「故其記曰時養白云也」者，謂一陰雖微，而其勢方長，謹記其時也。乃瓜。乃者，急瓜之辭也。瓜也者，始食瓜也。山陽汪閣學云：「此似即剝瓜之瓜，非《月令》仲夏之王瓜也。王瓜藥物，非可食者。」良蜩鳴。良蜩也者，五采具。「良」，讀曰「蜋」。《爾雅》曰：「蜩，蜋蜩。」郭注云：「《夏小正傳》曰：『蜋蜩者，五彩具。』」《方言》云：「蟬，楚謂之蜩，宋衛之閒謂之螗蜩，陳鄭之閒謂之蜋蜩，秦晉之閒謂之蟬。」匽之興，五日翕，望乃伏。其不言生，而稱「興」，何也？不知其生之時，故曰「興」。以其興也，故言之興。五日翕也。望也者，月之望也。而伏云者，不知其死也，故謂之伏。五日也者，十五日也。翕也者，合也。伏也者，入而不見也。匽，讀曰「蝘」。《詩》曰：「如蜩如螗。」毛傳云：「蜩，蟬也。螗，蝘也。」孔疏云：「《釋蟲》云：『蜋蜩，螗蜩。』舍人云：『皆蟬也，方語不同，三輔以西爲蜩，梁宋以東謂蜩爲蝘，楚語謂之蟪蛄。』陸璣疏云：『螗，一名蝘虭。《字林》虭或作蟟也。青徐人謂之螇螰。』然則螗蝘亦蟬之別名耳。」傳云「不知其生之時」云云者，邵氏《爾雅正義》云：「《論衡·無形篇》：『蠐螬化而爲復育，復育轉而爲蟬，蟬生兩翼，不類蠐螬。』是蟬以化轉而生，故《小正》云『不知其生之時』也，十五日而合，十五日而伏，即《淮南·說林》所云蟬三十日而蜕也。」啓灌藍蓼。啓者，別也，陶而疏之也。灌也者，聚生者也。記時也。《爾雅》曰：「葴，馬藍。」郭注云：「今大葉冬藍也。」《月令》曰：「仲夏之月，令民無刈藍以染。」鄭注云：「爲傷長氣也。此月藍始可別。《夏小正》曰：『啓灌藍蓼。』」孔疏云：「熊氏云：灌，謂叢生也。言開闢此叢生藍蓼，分移使之稀散也。」鳩爲鷹。《月令》曰：「季夏之月，鷹乃學習。」孔氏疏引《鄭志》云：「焦氏問云：『仲秋乃鳩化爲鷹，仲春鷹化爲鳩，六月何言曰鷹學習乎？』張逸答曰：『鷹雖爲鳩，亦自有真鷹可習矣。』」

聘珍謂：鄭注《周禮・司裘》云：「中秋鳩化爲鷹。」故焦氏舉以爲問。張答云「自有真鷹可習」，亦遷就其説，不用《小正》五月鳩爲鷹之義。實則五月鳩爲鷹，六月始摯，七月祭鳥。唐蜩鳴。唐蜩者，匽也。「唐」，讀曰「螗」。匽，讀曰「蝘」。《爾雅》曰：「螗蜩。」郭注云：「《夏小正傳》曰：『螗蜩者蝘。』俗呼爲蟬，江南謂之螗蛦。」初昏大火中。大火者，心也。心中，種黍菽糜時也。《爾雅》曰：「大火謂之大辰。」郭注云：「大火，心也。在中最明，故主時候焉。」聘珍謂：五月中，日在柳，心宿去日一百十八度，昏刻中於南方。傳云「心中種黍菽糜時也」者，《説文》云：「種，埶也。黍，禾屬而黏者也。」菽，謂戎菽，大豆也。《詩》曰：「埶之荏菽。」毛傳云：「荏菽，戎菽。」鄭箋云：「戎菽，大豆也。」《淮南・主術》云：「大火中，則種黍菽。」《氾勝之書》云：「三月榆莢時，有雨，高田可種大豆。夏至後二十日，尚可種糜。」當爲「䵕」，形近譌也。《説文》云：「䵕，穄也。从黍，麻聲。」《一切經音義》十一引《蒼頡》云：「穄，大黍也。似黍而不黏，關西謂之䵕。」是䵕亦黍屬，故可同時而種。孔氏《月令疏》引《考靈曜》云：「主夏者心星，昏中可以種黍。」是也。煮梅。爲豆實也。《籩人職》曰：「饋食之籩，其實棗、栗、桃、乾䕩。」鄭注云：「乾䕩，乾梅也。」《内則》曰「梅諸」，並謂煮梅，乾之爲腊也。《初學記》引張氏《毛詩義疏》云：「梅，杏類也。樹及葉皆如杏而黑耳。」暴乾爲腊，置羹臛齏中，又可含以香口。蓄蘭。爲沐浴也。《説文》云：「蓄，積也。蘭，香草也。」傳云「爲沐浴也」者，《説文繫傳》云：「《本草》：『蘭葉皆似澤蘭，澤蘭方莖，蘭員莖，白花紫莖，皆生澤畔，八月花。』《楚辭》曰：『浴蘭湯兮沐芳華。』《本草》：『蘭草辟不祥，故絜齊以事大神也。』臣又案，《本草》蘭入藥，四五月采，謂采枝葉也。」菽糜。以在經中，又言之「時」，何也？是食矩關而記之。菽，大豆。郭注《爾雅・釋言》云：「粥之稠者曰糜。」菽糜，謂以菽爲糜也。邵氏《爾雅正義》云：「王楨《農書》云：『大豆有白黑黄三種。白者粥飲，皆可拌食。』《農桑輯要》引《氾勝之書》云：『大豆保歲易爲宜，古之所以備凶年也。』」傳義未詳。舊注云：「矩關，一作短閔。」頒馬。分夫婦之駒也。《校人職》曰：「夏祭先牧，頒馬攻特。」傳云「分夫婦之駒也」者，《月令》曰：「仲夏之月，游牝別群。」鄭注云：「孕妊之欲止也。」將閒諸則，或取離駒納之，則法也。閒，讀曰「閑」，習也。《詩》曰：「比物四驪，閑之維則。」毛傳云：「則，法也。」傳云「離駒」者，即四月傳所云「離之去母」者也。

六月：《爾雅》曰：「六月爲且。」《月令》曰：「季夏之月。」聘珍謂：六月節，日在張，月中在翼。初昏，斗柄正在上。五月大火中，六月斗柄正在上，用此見斗柄之不正當心也，蓋當依。依，尾也。心，謂大火，心星也。尾，謂尾星，皆蒼龍之宿。六月初昏，尾中於南。《天官書》云：「杓攜龍角。」孟康云：「杓，北斗柄也。龍角，東方宿也。攜，連也。」案：東方七宿：角、亢、氐、房、心、尾、箕，統言之，皆曰龍角，散言之，則斗柄實當尾，故尾中而斗柄在上也。煮桃。桃也者，杝桃也。杝桃也者，山桃也。煮以爲豆實也。《籩人職》曰：「饋食之籩，其實桃。」《內則》曰：「桃諸，梅諸，卵鹽。」孔疏云：「王肅云：諸，菹也。桃菹，即今之藏桃也。欲藏之時，必先稍乾之。」聘珍謂：欲乾之時，先以卵鹽煮之，故《小正》曰煮梅、煮桃也。鷹始摯。始摯而言之，何也？諱殺之辭也，故言摯云。摯，讀曰「擊」。《月令》曰：「季夏之月，鷹乃學習。」鄭注云：「鷹學習，謂攫搏也。」孔疏云：「於時二陰既起，鷹感陰氣，乃有殺心，學習搏擊之事。」

七月：《爾雅》曰：「七月爲相。」《月令》曰：「孟秋之月。」聘珍謂：七月節，日在翼，月中在軫。秀雚葦。未秀則不爲雚葦，秀然後爲雚葦，故先言秀。韋注《周語》云：「榮而不實曰秀。」《詩》曰：「八月雚葦。」毛傳云：「薍爲雚，葭爲葦。」孔疏云：「《釋草》云：『菼，薍。』樊光云：『菼，初生葸。息理反。騂色。海濱曰薍。』郭璞云：『似葦而小。』《釋草》又云：『葭華。』舍人云：『葭一名華。』樊光引《詩》云『彼茁者葭』。郭璞云：『即今蘆也。』《釋草》又云『葭蘆』，郭璞云『葦也』。然則，此二草，初生者爲菼，長大爲薍，成則名爲雚。初生爲葭，長大爲蘆，成則名爲葦。小大之異名，故云薍爲雚，葭爲葦，此對文耳。散則通矣。」狸子肇肆。肇，始也。肆，遂也。言其始遂也。其或曰：「肆，殺也。」《爾雅》曰：「狸子隸。」郭注云：今或呼「豾貍」。《說文》云：「貍，伏獸，似貙。」鄭注《周禮》云：「貍，善搏者也。」湟潦生苹。湟，下處也。有湟然後有潦，有潦而後有苹草也。《說文》云：「潦，雨水大貌。」《爾雅》曰：「苹，藾蕭。」《詩》曰「呦呦鹿鳴，食野之苹」是也。《爾雅》曰：「苹，蓱。」郭注云：「水中浮蓱。江東謂之薸。」此即《月令》「季春之月，萍始生」

也。非生於七月者。爽死。爽也者，猶疏也。死，亡也。《左氏》僖十五年傳曰：「歲云秋矣，我落其實，而取其材，實落材亡。」傳云「猶疏也」者，謂疏材也。《大宰職》曰：「聚斂疏材。」鄭注云：「疏材，百草根實可食者。」賈疏云：「百草或取根，謂若菱芡之屬。或取實，謂若榛栗之屬。」荓秀。荓也者，馬帚也。《爾雅》曰：「荓，馬帚。」郭注云：「似蓍，可以爲掃彗。」漢案户。漢也者，河也。案户也者，直户也。言正南北也。《詩》曰：「維天有漢。」毛傳云：「漢，天河也。」孔疏云：「《河圖括地象》云：『河精上爲天漢。』楊泉《物理論》云：『漢水之精也，氣發而著，精華浮上，宛轉隨流，名曰天河。一曰雲漢。』」傳云「言正南北也」者，天河起自箕尾，没於七星南畔。七月初昏，箕尾中於南，故天河自南而北也。寒蟬鳴。寒蟬也者，蝭蠑也。《爾雅》曰：「蜺，寒蜩。」郭注云：「寒螿也。似蟬而小，青色。」傳云「蝭蠑也」者，蠑，或爲「螃」。《玉篇》、《廣韻》並云「蝭螃，小蟬也」。《爾雅》曰：「蜓蚞，螇螰。」郭注云：「即蝭螃也。一名蟪蛄，齊人呼螇螰。」初昏。織女正東鄉。《天官書》云：「婺女，其北織女，織女，天女孫也。」張氏《正義》云：「在河北天紀東。」聘珍謂：東鄉者，鄉營室、東壁也。時有霖雨。《左氏》隱九年傳曰：「凡雨，自三日以往爲霖。」灌荼。灌，聚也。荼，雚葦之秀，爲蔣褚之也。雚未秀爲菼，葦未秀爲蘆。鄭氏《詩·鄭風》箋云：「荼，茅秀物之輕者，飛行無常。」孔疏云：「是茅草秀出之穗。」聘珍謂：《掌荼職》曰：「以時聚荼。」《既夕禮》曰：「茵著用荼。」皆是也。傳云「爲蔣褚之也」者，蔣，謂雚葦色青而華之時。褚，蓄也。《説文》云：「蔣，苽蔣也。」《繫傳》云：「苽，草也。青謂之苽蔣，枯謂之芻茭。」斗柄縣在下，則旦。《天官書》云：「斗杓攜龍角，魁枕參首，衡殷南斗。用昏建者杓，夜半建者衡，平旦建者魁。」七月初昏，斗柄建申，平旦建子，柄建子，則下垂矣。

八月：《爾雅》曰：「八月爲壯。」《月令》曰：「仲秋之月。」聘珍謂：八月節，日在角，月中在氐。剥瓜。畜瓜之時也。《詩》曰：「疆場有瓜，是剥是菹。」毛傳云：「剥瓜以爲菹也。」玄校。玄也者，黑也。校也者，若緑色然，婦人未嫁者衣之。《説文》云：「黑而有赤色者爲玄。」校，讀曰「絞」。鄭注《雜記》云：「采青黄之閒曰絞。」傳云「絞也者，若緑色然」者，《説文》云：「緑，帛青黄色也。」玄絞之爲色，五采皆備。《染人職》曰：「秋染夏。」鄭注云：「染夏者，染五色。謂之夏者，其色以夏狄爲飾。《禹貢》曰：『羽畎夏。』狄是其總名，其類有六：曰翬，曰摇，曰甹，曰甾，曰希，曰蹲。其毛羽五色皆備成章，染者擬以爲深淺之度，是以放而取名焉。」剥棗。剥也者，取也。《詩》曰：「八月剥棗。」毛傳云：「剥，擊也。」孔疏云：「棗須就樹取之，所以剥爲擊也。」㮚零。零也者，降也。零而後取之，故不言剥也。《説文》云：「㮚，木也。其實下垂。」《爾雅》曰：「降，落也。」丹鳥羞白鳥。丹鳥者，謂丹良也。白鳥，謂閩蚋也。其謂之鳥，何也？重其養者也。有翼者爲鳥。羞也者，進也，不盡食也。《月令》曰：「群鳥養羞。」鄭注云：「羞，謂所食也。《夏小正》曰：『九月，丹鳥羞白鳥。』説曰：『丹鳥也者，謂丹良也。白鳥也者，謂閩蚋也。其謂之鳥者，重其養者也。有翼爲鳥。養也者，不盡食也。』二者文異。群鳥、丹良，未聞孰是。」孔疏云：「云《夏小正》曰『九月丹鳥羞白鳥』者，今案《大戴禮》『八月丹鳥羞白鳥』，今云九月者，鄭所見本異也。丹鳥以白鳥爲珍羞，故云『丹鳥羞白鳥』。云『説曰丹鳥也』者以下至『不盡食』，皆《小正》文。『白鳥也者，謂閩蚋也，其謂之鳥者，重其所養者』，丹良是蟲，乃謂之鳥，是重其所養之物，不盡食之，雖蟲而謂鳥也。但未知丹良竟是何物。皇氏以爲丹良是螢火。今案《爾雅·釋蟲》郭氏等諸釋，皆不云螢火是丹良，未聞皇氏何所依據。云『二者文異，群鳥丹良，未聞孰是』者，《月令》云群鳥，《夏小正》説者云丹良，故云群鳥、丹良，未聞孰是。」辰則伏。辰也者，謂星也。伏也者，入而不見也。辰，謂辰角也。《周語》曰：「辰角見而雨畢。」韋注云：「辰角，大辰蒼龍之角。角，星名也。」八月節，日在角，角星與日俱没，故入而不見也。鹿人從。鹿人從者，從群也。鹿之養也離，群而善之。離而生，非所知時也，故記從不記離。君子之居幽也不言。或曰：人從也者，大者於外，小者於内，率之也。《爾雅》曰：「鹿，牡麚，牝麀。其子麛，其跡速，絶有力，麖。」從，隨也。人從者，言如人之相聽從也。傳云「鹿之養也離」者，養謂孕妊生養之時，離謂離其群也。云「群而善之」者，《説文》云：「鹿之性，見食急則必旅行。」《淮南·泰族》云：「《鹿鳴》興於獸，君子大之，取見其食而相呼也。」❶云「離而生，非

❶「見其」，《淮南子·泰族》作「其見」，是。

所知時也，故記從不記離」者，謂鹿之性，孕妊之時，必離群而後生小鹿，既生而後從群。不知其離之時，弟見其從而記之，不億其離而記之也。云「君子之居幽也不言」者，居，處也。幽，謂幽隱，不明之事，則不言也。鴽爲鼠。三月傳曰：「鴽爲鼠，變而之不善，故不盡其辭也。」鼠，田鼠也。田鼠，害稼者也，故不善。《郊特牲》曰：「迎貓，爲其食田鼠也。」參中則旦。《大衍曆議》云：「八月參中，則曙，失傳也。辰伏則參見，非中也。」聘珍謂：古法，秋分昏明中星去日百度，夏時八月中，日在氐七度，參初去日一百四十九度，非中也。

九月：《爾雅》曰：「九月爲元。」《月令》曰：「季秋之月。」聘珍謂：九月節，日在心，月中在尾。內火。內火也者，大火。大火也者，心也。《爾雅》曰：「大辰，房、心、尾也。大火謂之大辰。」九月日躔心尾，故大火入而不見也。《説文》云：「內，入也。」遰鴻雁。遰，往也。《月令》曰：「季秋之月，鴻雁來賓。」傳云「遰，往也」者，雁以北方爲居，自北而南則曰往，自南而北則曰來。主夫出火。主夫也者，主以時縱火也。《王制》曰：「昆蟲未蟄，不以火田。」《月令》曰：「季秋之月，蟄蟲咸俯在內，皆墐其户。」又曰：「天子乃教於田獵。」傳云「縱火」者，謂縱火張羅也。陟玄鳥蟄。陟，升也。玄鳥也者，燕也。先言陟，而後言蟄，何也？陟而後蟄也。《月令》曰：「玄鳥歸。」鄭注云：「玄鳥，燕也。歸，謂去蟄也。」熊羆貊貉鼶鼬則穴，若蟄而。《爾雅》曰：「熊虎醜，其子狗，絶有力麙。」《説文》云：「熊，獸似豕，山居，冬蟄。」《爾雅》曰：「羆，如熊。黄白文。」《廣韻》云：「貉，同貊。」《説文》云：「貈，似狐，善睡獸。」《爾雅》曰：「鼶鼠。」郭注云：「《夏小正》曰：『鼶鼬則穴。』」《爾雅》曰：「鼬鼠。」郭注云：「今鼬似鼦。赤黄色，大尾，啖鼠。江東呼爲鼪。」則穴者，鄭注《穴氏》云：「穴，搏蟄獸所藏者。」「若蟄而」者，若，順也。蟄，藏也。言此六物，順時而藏。凡獸蟄皆藏於穴中也。而，語辭。榮鞠樹麥。鞠，草也。鞠榮而樹麥，時之急也。《爾雅》曰：「鞠，治蘠。」郭注云：「今之秋華菊。」《月令》曰：「季秋之月，鞠有黄華。」樹，謂蓺植也。傳云「時之急也」者，孔氏《月令》疏云：「蔡氏云：陽氣初胎於酉，故八月薺麥應時而生，九月則時之急也。」王始裘。王始裘者，何也？衣裘之時也。高注《呂氏·孟冬紀》云：「裘，温服。」《司裘職》曰：「季秋獻功裘。」辰繫于日。辰，謂大辰，房、心、尾也。繫，聯綴也。九月辰與日俱出俱入，故云「繫」也。雀入于海爲蛤。蓋有矣，非常入也。《月令》曰：「爵入大水爲蛤。」鄭注云：「大水，海也。」高注《吕氏・季秋紀》作「賓雀入大水爲蛤」，云：「賓雀者，老雀也。棲宿于人堂宇之間，有似賓客，故謂之賓雀。大水，海也。傳曰『雀入于海爲蛤』，此之謂也。」《説文》云：「盒，蜃屬，有三，皆生于海，千歲化爲盒，秦謂之牡厲。又云百歲燕所化。魁盒，一名復絫，老服翼所化。」

十月：《爾雅》曰：「十月爲陽。」鄭氏《詩・小雅》箋云：「十月爲陽，時坤用事，嫌於無陽，故以名此月爲陽。」《月令》曰：「孟冬之月。」聘珍謂：十月節，日在箕，月中在斗。豺祭獸。善其祭而後食之也。《爾雅》曰：「豺，狗足。」高注《吕氏・季秋紀》云：「豺，獸也。似狗而長毛，其色黄。殺獸四圍陳之，所謂祭獸也。」初昏，南門見。南門者，星名也。及此再見矣。經傳文有譌變。十月初昏，南門伏，非見也。黑鳥浴。黑鳥者，何也？烏也。浴也者，飛乍高乍下也。《説文》云：「烏，孝鳥也。」《廣韻》引《爾雅》曰：「純黑而返哺者，謂之烏；小而不返哺者，謂之鴉。」傳云「浴也者，飛乍高乍下也」者，謂烏飛迎風，而自潔其毛羽也。時有養夜。養者，長也，若日之長也。《論衡・説日》云：「夜，陰也。」時有養夜者，鄭注《周易》云：「建戌之月，以陽氣既盡。建亥之月，純陰用事也。」傳云「養者長也」者，謂生長也。云「若日之長也」者，《小爾雅》云：「若，乃也。」《漢書・天文志》云：「日，陽也。」十月純陰，何云陽長？《易》曰：「剥，窮上反下。」蓋剥卦上九一畫爲三十分，一日剥一分，至九月盡方盡。然陽氣無閒可息，剥於上，則生於下，至十月一日，便生一分，積三十分而成一畫。故十一月一陽復而養之，則自十月始矣。十月純陰，乃所以養陽也。玄雉入于淮爲蜃。蜃者，蒲盧也。《左氏》昭十七年傳曰：「丹鳥氏，司閉者也。」杜注云：「丹鳥，鷩雉也。以立秋來，立冬去，入水爲蜃。」《説文》云：「淮水出南陽平氏桐柏大復山，東南入海。」鄭注《月令》云：「大蛤曰蜃。」織女正北鄉，則旦。織女，星名也。織女三星，距大星去極五十二度半，入斗五度，十月中後，旦刻見於東北方。

十一月：《爾雅》曰：「十一月爲辜。」《月令》曰：「仲冬之月。」聘珍謂：十一月節，日在牛，月中在女。王狩。狩者，言王之時田也。冬獵爲狩。《大司馬職》曰：「中冬教大閲，遂以狩田。」鄭注云：「言守取之，無所擇也。」何注《公羊傳》云：「狩，猶獸也。冬時禽獸長大，遭獸可取。」《説文》云：「獵，放獵逐禽也。」傳云「冬獵爲狩」者，《爾雅・釋天》文。陳筋革。陳筋革者，省兵甲也。陳，列也。傳云「陳筋革者，省兵甲也」者，《考工記》曰：「弓人爲弓，筋也者，取其深也。函人爲甲，必先爲容，然後制革。」嗇人不從。不從者，弗行。嗇，省也。嗇人，謂省嗇徒衆也。不從，謂不從王狩也。《郊特牲》曰：「唯爲社田，國人畢作。」鄭注云：「畢作，人則盡行，非徒羨也。」冬狩非爲社事，故有不行者。于時月也，萬物不通。《月令》曰：「天氣上騰，地氣下降，天地不通，閉塞而成冬。」《易》曰：「先王以至日閉關，商旅不行，后不省方。」隕麋角。隕，墜也。日冬至，陽氣至，始動。諸向生皆蒙蒙符矣。故麋角隕，記時焉爾。《爾雅》曰：「麋，牡麔，牝麎。其子麇。」《説文》云：「麋，鹿屬。」傳云「隕，墜也」者，《爾雅・釋詁》文。云「日冬至，陽氣至，始動，諸向生皆蒙蒙符矣」者，鄭注《周易》云：「蒙蒙，物初生形。」是其未開著之名也。符，信也，驗也。萬物應微陽而動，皆有信驗也。《月令》曰：「日短至，陰陽争，諸生蕩。」鄭注云：「争者，陰方盛，陽欲起也。蕩，謂物動萌芽也。」云「故麋角隕，記時焉爾」者，高注《淮南・時則》云：「麋角解墮，皆應微陽氣也。」

十二月：《爾雅》曰：「十二月爲涂。」《月令》曰：「季冬之月。」聘珍謂：十二月節，日在危，月中在室。鳴弋。弋也者，禽也。先言鳴而後言弋者，何也？鳴而後知其弋也。弋，謂鷙鳥也，鷹隼之屬。繳射曰弋。十二月，鷹隼取鳥，捷疾嚴猛，亦如弋射，故謂之弋。《月令》曰「季冬之月，征鳥厲疾」是也。元駒賁。元駒也者，螘也。賁者，何也？走於地中也。《爾雅》曰：「蚍蜉，大螘。小者螘。」《方言》云：「蚍蜉，齊魯之閒謂之蚼蟓。西南梁益之閒謂之元蚼，燕謂之蛾蛘。」傳云「走於地中也」者，感陽氣而動於蟄中。納卵蒜。卵蒜也者，本如卵者也。納者，何也？納之君也。《爾雅》曰：「蒚，山蒜。」《説文》云：「蒜，葷菜也。」虞人入梁。虞人，官也。梁者，主設罔罟者也。虞人，掌水之官，水虞，漁師是也。《王制》曰：「虞人入澤梁。」鄭注云：「梁，絶水取魚者。」傳云「罔罟」者，《爾雅》曰：「緵罟謂之九罭。九罭，魚罔也。」隕麋角。蓋陽氣旦睹也，故記之也。傳云「蓋陽氣旦睹也，故記之也」者，《爾雅》曰：「旦，早也。」《廣雅》云：「睹，見也。」「陽氣旦睹」，謂十一月一陽來復，陽氣早見，已有隕麋角之事矣。十二月亦有隕者，物候各有不齊，故經重記之。孔氏《月令疏》云：「若節氣早，則麋角十一月解。故《夏小正》云『十一月，麋角隕墜』是也。若節氣晚，則十二月麋角解，故《小正》云『十二月隕麋角』。」

大戴禮記解詁卷之二終

大戴禮記解詁卷之三

南城王聘珍學

保傅弟四十八

殷爲天子三十餘世而周受之。《少閒》曰：「成湯卒崩，二十有二世，乃有武丁即位。武丁崩九世，乃有末孫紂即位。」《漢書・律曆志》云：「凡殷世繼嗣三十一王，六百二十九歲。」周爲天子三十餘世而秦受之。李注《文選》卷十云：「《戰國策》呂不韋云：周凡三十七王，八百六十七年。」秦爲天子，二世而亡。二世，謂始皇、胡亥也。凡十有五年。人性非甚相遠也，何殷、周有道之長而秦無道之暴？其故可知也。盧注云：「孔子曰：『性相近。』暴，卒疾也。」

古之王者，太子乃生，固舉之禮，使士負之。乃，始也。固，必也。禮，謂太子生之禮。《左氏》桓六年傳曰：「子同生，以太子生之禮舉之，接以大牢，卜士負之。」有司參，夙興，端冕，見之南郊，見之天也。有司，謂執事者。參，當爲「齋」，形近而譌也。齋，戒潔也。夙，早，敬也。端冕，謂玄衣玄冕，卿大夫祭服也。南郊，祭天之處。《郊特牲》曰：「兆於南郊，就陽位也。」過闕則下，過廟則趨，孝子之道也。故自爲赤子時，教固以行矣。《爾雅》曰：「觀謂之闕。」《廣雅》云：「象魏，闕也。」下，謂下車。《釋名》云：「廟，貌也。先祖形貌所在也。」趨，疾行也。顔注《漢書》云：「赤子，言其新生未有眉髮，其色赤。」聘珍謂：此言太子之南郊，過闕廟也。昔者周成王幼，在襁褓之中。張氏《史記正義》云：「襁，約小兒於背而負行。褓，小兒被也。」盧注云：「武王崩，成王年十三也。而云在襁褓之中，言其小。」聘珍謂：孔氏《明堂位疏》云：「王肅以《家語》之文，武王崩，成王年十三。鄭康成用衛宏之説，武王崩，成王年十歲也。」召公爲太保，周公爲太傅，太公爲太師。《史記・世家》云：「召公奭與周同姓，姓姬氏。周武王之滅紂，封召公於北燕，其在成王時，召公爲三公。」「周公旦者，周武王弟也。武王既崩，卒相成王。」「太公望呂尚者，本姓姜氏，爲文、武師。」《尚書序》云：「召公爲保，周公爲師，相成王，爲左右。」孔疏云：「經傳皆言成王時，太公爲太師。此言周公爲師，蓋太公薨，周公代之。」保，保其身體。《文王世子》曰：「保也者，慎其身以輔翼之，而歸諸道者也。」鄭彼注云：「慎其身者，謹安護之。」傅，傅之德義。《廣雅》云：「傅，敷也，相也。」「傅之德義」者，敷陳德義，以相之也。《文王世子》曰：「太傅審父子君臣之道以示之。」師，導之教訓。《文王世子》曰：「師也者，教之以事，而喻諸德者也。」此三公之職也。《韓詩外傳》云：「三公者何？ 曰司空、司馬、司徒也。」鄭注《地官》序官云：「三公者，內與王論道，中參六官之事。」賈疏云：「《書》傳云：『天子三公，一曰司徒公，二曰司馬公，三曰司空公。』鄭彼注云：『《周禮》天子六卿，與太宰、司徒同職者，則謂之司徒公。 與宗伯、司馬同職者，則謂之司馬公。 與司寇、司空同職者，則謂之司空公。 一公兼二卿，舉下以爲稱。』」《漢書·百官公卿表》云：「太師、太傅、太保，是爲三公。 蓋參天子，坐而議政，無不總統，故不以一職爲官名。《記》曰『三公無官』，言有其人，然後充之，舜之於堯，伊尹於湯，周公、召公於周是也。 或說司馬主天，司徒主人，司空主土，是爲三公。」

於是爲置三少，皆上大夫也。曰少保、少傅、少師。盧注云：「卿也，謂之孤也。」聘珍謂：《漢書》云：「少師、少傅、少保，是爲孤卿，與六卿爲九焉。」《考工記》曰：「九卿朝焉。」鄭彼注云：「六卿三孤爲九卿，三孤佐三公，論道也。」是與太子宴者也。是，是三公、三少也。宴，謂宴尼，居息也。《文王世子》曰：「太傅在前，少傅在後，入則有保，出則有師。」盧注云：「記者因成王幼稚，周公居攝，又以王少漸賢聖之訓，長終封禪之美，故據其成事。大概同於太子，而始末叙之，取明殷、周之隆，師友爲先也。」故孩提，三公、三少固明孝仁禮義，以導習之也。趙注《孟子》云：「孩提，二三歲之閒，在襁褓，知孩笑，可提抱者也。」聘珍謂：善於父母爲孝。仁，愛人以及物。《禮運》曰：「禮義也者，人之大端也。」習，謂便習之。逐去邪人，不使見惡行。於是比選天下端士、孝悌閑博有道術者，以輔翼之，使之與太子居處出入，故太子乃目見正事，聞正聲，❶行正道，左視右視，前後皆正人。夫習與

❶「聲」，廣雅書局本、盱江書院本作「言」。與下文「不能楚言」呼應，作「言」是。

正人居，不能不正也，猶生長於楚，不能不楚言也。比，校也。選，擇也。《荀子・脩身》云：「多見曰閑，多聞曰博。」道術，謂道藝也。孟子曰：「輔之翼之，使自得之。」故擇其所嗜，必先受業，乃得嘗之。擇其所樂，必先有習，乃得爲之。嗜，好也。《學記》曰：「時教必有正業。」嘗，試也。樂，懽也。習，重習也。《論語》曰：「學而時習之，不亦説乎？」爲，行也。言於正業之中，取其性之所近者，而試之學，試其樂學，而教之習，乃可見諸行。盧注云：「恐其懈墮，故以所味好而誘之。」孔子曰：「少成若天性，習貫之爲常。」此殷周之所以長有道也。盧注云：「言人性本或有所不能，少教成之，若天性自然也。《周書》曰：『習之爲常，自氣血始。』」其太子幼擇師友亦然。

及太子少長，知妃色，則入於小學。小者，所學之宮也。顔云：「妃色，妃匹之色。」盧注云：「古者太子八歲入小學，十五入大學也。」《學禮》曰：「帝入東學，上親而貴仁，則親疏有序，如恩相及矣。帝入南學，上齒而貴信，則長幼有差，如民不誣矣。帝入西學，上賢而貴德，則聖智在位，而功不匱矣。帝入北學，上貴而尊爵，則貴賤有等，而下不踰矣。帝入太學，承師問道，退習而端於太傅，太傅罰其不則，而達其不及，則德智長，而理道得矣。」盧注云：「成王年十五，亦入諸學，觀禮布政，故引天子之禮以言之。四學者，東序、瞽宗、虞庠及四郊之學也。春氣温養，故上親。夏物盛，小大殊，故上齒。秋物成實，故貴德。冬時物藏於地，唯象於天半見也，故上爵也。成王學並於正三公也，獨云太傅，舉中言也。」聘珍謂：《學禮》者，《禮》古經五十六篇中之篇名也。太學，謂成周當代之學，曰辟雍，亦曰成均者也。承師問道，謂食老更於太學，而乞言也。《廣雅》云：「端，正也。」「罰，折也。」《爾雅》曰：「則，法也。」理道，謂治道。此五義者，既成於上，則百姓黎民化輯於下矣。學成治就，此殷、周之所以長有道也。百姓，謂百官族姓也。化，變也。輯，和也。《書》曰：「百姓昭明，協和萬邦，黎民於變時雍。」

及太子既冠，成人，免於保傅之嚴，則有司過之史，有虧膳之宰。太子有過，史必書之，史之義，不得不書過，不書過則死。過書，而宰徹去膳。夫膳宰之義，不得不徹膳，不徹膳則死。《冠義》曰：「成人之者，將責成人禮焉也。」司，主也。《玉藻》曰：「動則左史書之。言則右史書之。」虧，去也。膳，謂膳羞。鄭注《燕禮》云：「膳宰，天子曰膳夫，掌君飲食膳羞者也。」聘珍謂：《周禮・膳夫職》曰：「掌王之食飲膳羞，以養王及后、世子。」《左氏》昭二十九年傳曰：「官修其方，朝夕思之，一日失職，則死及之。」於是有進膳之旍，《玉篇》云：「旍，同旌。」《説文》云：「旌，析羽注旄首，所以精進士卒。」盧注云：「堯置之，令進善者立於旍下也。」有誹謗之木，盧注云：「堯置之，使書政之僁失也。」聘珍謂：《廣韻》云：「崔豹《古今注》：堯設誹謗木。今之華表也。」有敢諫之鼓，盧注云：「舜置之，使諫者擊之，以自聞也。」鼓夜誦詩，鼓，讀曰「瞽」。《毛詩・有瞽序》釋文云：「瞽，本作鼓。」鄭注《大行人》云：「瞽，樂師也。」夜誦詩者，《漢書・禮樂志》云：「采詩夜誦。」顔注云：「夜誦者，其言辭或祕，不可宣露，故於夜中歌誦也。」鄭注《大司樂》云：「以聲節之曰誦。」工誦正諫，盧注云：「工，樂人也。」聘珍謂：正，直也。正諫，謂直陳其事而諫者，如《虞箴》之類是也。詩則主文而譎諫，故瞽、工各異職。士傳民語。《左氏》襄十四年傳曰：「士傳言，庶人謗。」習與智長，故切而不攘。習，謂所習之業。長，益也。習與智長，謂能知其所習之意，而有以長其智也。切，謂切近。攘，卻也。盧注云：「量知授業，故雖勞能受也。」化與心成，故中道若性，是殷周所以長有道也。化，猶教也。成，就也。與心成者，謂知其心，能救其失也。中，適也。盧注云：「觀心施化，故變善如性也。」

三代之禮，天子春朝朝日，秋莫夕月，所以明有別也。《祭法》曰：「王宫，祭日也。夜明，祭月也。」《周語》曰：「朝日夕月，以教民事君。」韋注云：「禮，天子以春分朝日，以秋分夕月，拜日於東門之外。然則夕月在西門之外必矣。」盧注云：「祭日東壇，祭月西壇，所以別内外，以端其位，教天下之臣也。」春秋入學，坐國老，執醬而親饋之，所以明有孝也。盧注云：「中春釋菜合舞，中秋班學合聲，天子視學而遂養老，教天下之孝也。」蔡氏《月令章句》云：「三老，國老也。」行中鸞和，步中《采茨》，趨中《肆夏》，所以明有度也。《爾雅》曰：「堂上謂之行，堂下謂之步，門外謂之趨。」鄭注《周禮・大馭》云：「鸞在衡，和在軾，皆以金爲鈴。」注《樂師》云：「鄭司農云：

《肆夏》、《采薺》，皆樂名。或曰皆逸詩。王如有車出之事，登車於大寢西階之前，反降於阼階之前。」據此則車不上於堂。此經於堂上之行，而云「中鸞和」者，謂舉趾合其節也。《周禮·樂師》《大馭職》及《小戴記·玉藻》並云「行以《肆夏》，趨以《采薺》」，此經云「步中《采茨》，趨中《肆夏》」者，聘珍謂：堂下謂之步者，自大寢階前至於路門也。門外謂之趨者，自路門之外，至於大門也。《郊特牲》曰：「賓入大門而奏《肆夏》。」則《肆夏》實路門以外所奏，故得云「趨中《肆夏》」也。鄭注《樂師》云：「《尚書傳》曰：天子將出，撞黄鍾之鐘，右五鐘皆應。入則撞蕤賓之鐘，左五鐘皆應。大師於是奏樂。」據此則王將出，既服，至堂，路門内作《采茨》，路門外至於大門，作《肆夏》，而馭路者中其節也。盧注云：「明有度，教天下儀也。」於禽獸，見其生，不食其死，聞其聲，不嘗其肉，故遠庖厨，所以長恩，且明有仁也。《孟子》曰：「君子之於禽獸也，見其生，不忍見其死，聞其聲，不忍食其肉，是以君子遠庖廚也。」長，大也。長恩者，恩足以及禽獸也。仁，謂仁術。《孟子》曰：「是乃仁術也。」食以禮，徹以樂。盧注云：「禮，俎豆傳列及食之等。於飲食之閒，又不忘禮樂。」聘珍謂：《膳夫職》曰：「卒食，以樂徹於造。」失度則史書之，工誦之，三公進而讀之，宰夫減其膳。是天子不得爲非也。盧注云：「失孝敬禮樂之度也。」聘珍謂：《左氏》昭十二年傳曰：「思我王度，式如玉，式如金。形民之力，而無醉飽之心。」史，謂左右史也。《廣雅》云：「讀，説也。」《明堂之位》曰：「篤仁而好學，多聞而道慎，天子疑則問，應而不窮者，謂之道。道者，導天子以道者也。常立於前，是周公也。誠立而敢斷，輔善而相義者，謂之充。充者，充天子之志也。常立於左，是太公也。絜廉而切直，匡過而諫邪者，謂之弼。弼者，拂天子之過者也。常立於右，是召公也。博聞强記，接給而善對者，謂之承。承者，承天子之遺忘者也。常立於後，是史佚也。《禮》古經有《王居明堂禮》，見《月令》及《禮器》鄭注。《古大明堂禮》見蔡邕論，《明堂記》見《白虎通》，《漢書·藝文志》云：「《明堂陰陽》三十三篇。」此蓋其遺文也。篤仁，厚於仁也。道，言也。《論語》曰：「多聞闕疑，慎言其餘。」應，以言對也。盧注云：「誠立而敢斷，言能忠誠有立，而果於斷割。接給，謂應所問而給也。史佚，周太史尹佚也。

立道於前，承於後，置充於左，列諫於右，順名義也。道者，有疑則問，故或謂之疑。充者輔善，故或謂之輔。」故成王中立而聽朝，則四聖維之，是以慮無失計而舉無過事。殷、周之前，以長久者，其輔翼天子有此具也。聽，治也。維，持也。慮，謀思也。舉，猶行也。此具，謂前道後承，左充右弼也。

及秦不然，其俗固非貴辭讓也，所尚者告得也。固非貴禮義也，所尚者刑罰也。得，謂得賊。《左氏》襄二十八年傳曰：「使諸亡人得賊者以告。」《禮察》曰：「秦王置天下於法令刑罰。」故趙高傅胡亥，而教之獄。盧注云：「趙高，宦者，秦車府令。胡亥，始皇少子，二世也。」聘珍謂：《秦始皇本紀》云：「趙高故嘗教胡亥書，及獄律令法事。」所習者，非斬劓人，則夷人三族也。故今日即位，明日射人。《秦本紀》云：「文公二十年，法初有三族之罪。」《漢書·刑法志》云：「秦用商鞅，造參夷之誅。」又云：「夷三族之令曰：『當三族者，皆先黥，劓，斬左右趾，笞殺之，梟其首，菹其骨肉於市。其誹謗詈詛者，又先斷舌。』」《李斯傳》云：「有行人入上林中，二世自射殺之。」忠諫者，謂之誹謗。深爲計者，謂之訞誣。盧注云：「昔伊尹諫夏桀。桀笑曰：『子爲訞言矣。』莊辛諫襄王，襄王曰：『先生爲楚國訞與？』是也。」其視殺人，若芟草菅然。豈胡亥之性惡哉？彼其所以習導非其治故也。芟，刈也。《廣雅》云：「菅，茅也。」鄭注《儀禮·喪服》云：「治，猶理也。」鄙語曰：「不習爲吏，如視已事。」又曰：「前車覆，後車誡。」盧注云：「視已事，觀前成事也。古諺云：『前事之不忘，後事之師也。』」鄙，猶今言俗語然也。」夫殷、周所以長久者，其已事可知也。然如不能從，是不法聖知也。如，讀曰「而」。鄭注《大司徒》云：「聖，通而先識。知，明於事。」秦世所以亟絶者，其轍迹可見也。然而不辭者，是前車覆，而後車必覆也。亟，急疾也。《説文》云：「辭，不受也。从辛从受，受辛宜辭之。」夫存亡之變，治亂之機，其要在是矣。《説文》云：「變，更也。」主發謂之機。

天下之命，縣於天子，天子之善，在於早諭教與選左右，心未疑而先教諭，則化易成也。盧注云：「心未疑，謂未有所知時也。」夫開於道術，知義理之指則教之功也。開，啓也。術，藝也。指，意也。言啓之以道藝之文，而能知義理之意，此由教而入者也。若夫服習積貫，則左右已。服，謂服從。習，謂便習。言服習積貫而成自然，則非教之所及，在左右之人喻之而已。胡越之人，生而同聲，嗜慾不異。及其長而成俗也，參數譯而不能相通，行雖有死不能相爲者，教習然也。盧注云：「生而同聲，及其長也，重譯而曉之，不能使言語相通，嗜慾不異，至於成俗，其所行，雖有死之可畏，猶不相放爲者，皆教習使之然也。」聘珍謂：參，猶纍也。《説文》云：「譯，傳譯四夷之言者。」《韓詩外傳》云：「成王之時，越裳氏重九譯而獻白雉於周公。」晉灼注《漢書》云：「遠國使來，因九譯，言語乃通也。」故曰選左右，早諭教最急。夫教得而左右正，左右正則天子正矣，天子正而天下定矣。《書》曰：「一人有慶，兆民賴之。」此時務也。盧注云：「《孟子》曰：『君正，莫不正也。君正，則國定矣。』時，猶是也。」

天子不論先聖王之德，不知國君畜民之道，不見禮義之正，不察應事之理，不博古之典傳，不閑於威儀之數，詩書禮樂無經，學業不法，凡是其屬，太師之任也。論，謂討論。畜，養也。典傳，謂典籍傳記。閑，習也。威儀，曲禮也。數，品式也。無經，謂不守先王之正經也。法，常也。任，職任也。天子無恩於父母，不惠於庶民，無禮於大臣，不中於制獄，無經於百官，不哀於喪，不敬於祭，不信於諸侯，不誡於戎事，不誡於賞罰，不厚於德，不强於行，賜與侈於近臣，鄰愛於疏遠卑賤，不能懲忿窒慾，不從太師之言，凡是之屬，太傅之任也。孔氏《毛詩疏》云：「謂他人父責王無父恩也。謂他人母責王又無母恩也。」惠，愛也。制，折也。經，常也。誡，警也。戎事，兵事也。近臣，謂左右便嬖側媚之人。鄰，當爲「吝」。愛，惜也。懲，止也。窒，塞也。天子處位不端，受業不敬，言語不序，聲音不中律，進退節度無禮，升降揖讓無容，周旋俯仰視瞻無儀，安顧咳唾趨行不得，色不比順，隱琴瑟，凡此其屬，太保之任也。《爾雅》曰：「業，事也。」《易》曰：「言有序，悔亡。」《五帝德》曰：「其言可信。」聲，爲律。容，謂容止可觀。儀，謂有儀可象。安顧，猶内顧也。不得者，不得其宜也。比，和也。隱，藏也。《白虎通》云：「琴者，禁也，所以禁止淫邪，正人心也。瑟者，嗇也，閑也，所以懲忿窒慾，正人之德也。故君子無故，不去琴瑟。」盧注云：「『節度』，或爲『即席』。『趨』，或爲『走』。」天子宴瞻其學，左右之習反其師。答遠方諸侯，不知文雅之辭，應群臣左右，不知已諾之正。簡聞小誦，不傳不習，凡此其屬，少師之任也。宴，猶褻也。瞻，視也。褻視其學，謂不知敬業也。習，狎也。《學記》曰：「燕朋逆其師。」文，典法也。雅，正也。已，黜止也。諾，相然許之辭。簡聞，謂所聞於簡策者。小誦，謂年小時所誦者。《内則》曰：「請肄簡諒，十有三年，學樂誦詩。」傳，述也。習，謂温習。天子居處出入不以禮，冠帶衣服不以制，御器在側不以度，縱上下雜采不以章，忿怒説喜不以義，賦與集讓不以節，凡此其屬，少傅之任也。御器，服用之器，尊者謂之御。《爾雅》曰：「縱，亂也。」雜采，謂服色不純。《左氏》襄三十年傳曰：「都鄙有章，上下有服。」杜注云：「車服尊卑各有分部，公卿大夫服不相踰。」賦與，猶賜予也。集，聚也。讓，責也。集讓，謂責備於一人也。節，猶禮也。天子宴私，安如易，樂而湛，飲酒而醉，食肉而餕，飽而强，饑而惏，暑而暍，寒而嗽，寢而莫宥，坐而莫侍，行而莫先莫後，天子自爲開門户，取玩好，自執器皿，亟顧環面，御器之不舉不藏，凡此其屬，少保之任也。易，簡也，謂苟簡。湛，淫也。醉，卒其量也。《玉藻》曰：「日中而餕。」鄭彼注云：「餕，食朝之餘也。」食肉而餕者，於朝食時，并餕餘而食之也。强，暴也，謂暴殄也。《吕氏·本生》云：「肥肉厚酒，務以自强。」惏，貪也。《説文》云：「暍，傷暑也。」嗽，欬也。《疾醫職》曰：「冬時有嗽上氣疾。」宥，讀曰「侑」。鄭注《聘禮》云：「古文『侑』皆作『宥』。」《禮運》曰：「卜筮瞽侑皆在左右。」盧注云：「環，旋也。」號呼歌謡，聲音不中律，宴樂雅誦迭樂序，不知日月之時節，不知先王之諱與大國之忌，不知風雨雷電之眚，凡此其屬，太史之任也。號，大呼也。謡，徒歌也。鄭注《磬師》云：「燕樂，房中之樂。」賈疏云：「即《關雎》二《南》也。」誦，讀曰「頌」。迭，更也。盧注云：「輕用雅頌也。凡禮不同，樂各有秩。苟從所好，亂其次。聲樂之失，任在太史者，樂應天也。《國語》曰：『吾非瞽史，焉知天道。』《周禮・小史職》曰：『若有事，則詔王之忌諱』也。」聘珍謂：《周禮》太史，下大夫二人，史官之長。天子言動，史必書之，故三公、三少之外，太史之任爲要也。

《易》曰：「正其本，萬物理。失之毫釐，差之千里。」故君子慎始也。盧注云：「據《易説》言也。」聘珍謂：《賈子・六術》云：「有形之物，莫細於毫，十毫爲髮，十髮爲氂。」《春秋》之「元」，《詩》之《關雎》，《禮》之《冠》、《昏》，《易》之「乾」、「巛」，皆慎始敬終云爾。《公羊》隱元年傳曰：「元年者何，君之始年也。」何注云：「元者，氣也，無形以起，有形以分，造起天地，天地之始也。」《詩序》云：「《關雎》，后妃之德也，風之始也。」《禮》，謂《士禮》，《士冠》弟一，《士昏》弟二也。《昏義》曰：「夫禮，始於冠，本於昏。」《易》，謂《周易》。乾爲天，坤爲地。《易》曰：「有天地，然後萬物生焉。」慎始敬終者，謂慎終於始也。素誠繁成。素，猶始也。《郊特牲》曰：「夫昏禮，萬世之始也。」《廣雅》云：「誠，敬也。」《昏義》曰：「敬慎重正，昏禮也。」繁，多也，謂子孫繁衍也。成，猶終也。「素誠繁成」者，言昏禮於始能誠敬，必繁衍於其終也。此目下文之事。謹爲子孫娶妻嫁女，必擇孝悌世世有行義者，如是則其子孫慈孝，不敢淫暴。黨無不善，三族輔之。黨，類也。盧注云：「三族：父族、母族、妻族。」故曰：鳳凰生而有仁義之意，虎狼生而有貪戾之心，兩者不等，各以其母。嗚呼，戒之哉！無養乳虎，將傷天下。故曰「素成」。等，齊也。素成，猶言始終，謂有始必有終也。

胎教之道，書之玉板，藏之金匱，置之宗廟，以爲後世戒。金匱，謂金縢之匱。鄭注《書・金縢》云：「凡藏祕書，藏之於匱，必以金緘其表。」盧注云：「斯王業隆替之所由也。當重而祕之，故置於宗廟，藏以金匱也。」《青史氏之記》曰：盧注云：「一曰《青史子》。」聘珍謂：《漢書・藝文志》：「小説家，《青史子》五十七篇，古史官記事也。」古者胎教，王后腹之七月而就宴室。盧注云：「宴室，夾室，次宴寢也。亦曰側室。自王后已下，有子，曰震，❶女史皆

❶「曰」字，盧辯注作「月」，當是。

以金環止御。王后以七月就宴室，夫人婦嬪即以三月就其側室，皆閉房而處也。王后以七月爲節者，君聽天下之内政，自諸侯以下妻同之也。」**太史持銅而御户左，太宰持斗而御户右。**史，當爲「師」。盧注云：「太師，瞽者。宗伯之屬，下大夫。太宰，膳夫也。冢宰之屬，上士二人。言太宰，因諸侯之稱也。樂爲陽，故在左，飲食爲陰，故在右。斗，所以斟也。」聘珍謂：銅者，律管也。《太師職》曰：「掌六律六同，以合陰陽之聲。」鄭注《典同》云：「故書『同』作『銅』。」六律、六同，皆以銅爲之。御，猶待也。**比及三月者，王后所求聲音非禮樂，則太師緼瑟而稱不習。**三月，謂就宴室之三月，生子月辰也。禮樂，雅樂也。緼，藏也。盧注云：「謂逆序，若淫聲。」**所求滋味者非正味，則太宰倚斗而言曰：「不敢以待王太子。」**盧注云：「非正味，謂非秩，若不時。緼瑟、倚斗，示不用。」**太子生而泣，太師吹銅曰：「聲中某律。」**《太師職》曰：「陽聲：黄鍾、大蔟、姑洗、蕤賓、夷則、無射。陰聲：大吕、應鍾、南吕、函鍾、小吕、夾鍾。」**太宰曰：「滋味上某。」**盧注云：「上某時味。」聘珍謂：《食醫職》曰：「春多酸，夏多苦，秋多辛，冬多鹹。」**然後卜名，上無取於天，下無取於墜，中無取於名山通谷，無拂於鄉俗，是故君子名難知而易諱也。此所以養恩之道。**《内則》曰：「世子生，則君沐浴朝服，夫人亦如之，皆立於阼階西鄉，世婦抱子，升自西階，君名之。」「無取於天」，不以日月也。「無取於墜」，不以國也。「無取於名山通谷」者，不以山川也。「無拂於鄉俗」者，謂地俗所不可諱，如隱疾、畜牲、器幣是也。《左氏》桓六年傳曰：「周人以諱事神，名終將諱之。」

古者年八歲而出就外舍，學小藝焉，履小節焉。束髮而就大學，學大藝焉，履大節焉。盧注云：「小學，謂虎闈，師保之學也。大學，王宮之東者。束髮，謂成童。《白虎通》云『八歲入小學，十五入大學』是也。此太子之禮。《尚書大傳》云：『公卿之太子，大夫元士嫡子，年十三，始入小學，見小節而踐小義。年二十入大學，見大節而踐大義。』此世子入學之期也。又曰『十五年入小學，十八入大學』者，謂諸子姓既成者，至十五入小學，其早成者，十八入大學。《内則》曰『十年出就外傅，居宿於外，學書計』者，謂公卿已下教子於家也。」聘珍謂：馬氏《通考》云：「今以諸書所載，及此注詳之，則《保傳》及《白虎通》所言『八歲入小學』者，乃天子世子之禮。所謂小學，則在師氏虎門之左，大學則在王宮之東，亦皆天子之學也。《尚書大傳》所言『十三入小學』者，公卿大夫元士嫡子之禮。蓋公卿已下之子弟，年方童幼，未應便入天子之學，所以十年出就外傳，且學於家塾。直至十五，方令入師氏所掌虎門小學。而天子則別無私學，所以世子八歲便入小學與？」居則習禮文，行則鳴佩玉，升車則聞和鸞之聲。是以非僻之心無自入也。禮文，謂經曲之篇卷也。古之君子必珮玉，所以爲行節也。和、鸞，皆鈴也，所以爲車行節者。在衡爲鸞，在軾爲和，馬動而鸞鳴，鸞鳴而和應。聲曰和，和則敬。此御之節也。衡，車軛上横木也。軾，車前横木也。《廣韻》引崔豹《古今注》云：「五輅衡上金雀者，朱鳥也。口銜鈴，鈴謂之鑾也。或謂朱鳥，鸞也。鸞口銜鈴，故謂之鸞。」鄭注《經解》引《韓詩内傳》云：「鸞在衡，和在軾前，升車則馬動，馬動則鸞鳴，鸞鳴則和應。」《白虎通》云：「其聲鳴曰和敬，舒則不鳴，疾則失音，明得其和也。」上車以和鸞爲節，下車以珮玉爲度。上有雙衡，下有雙璜、衝牙、玭珠以納其間，琚瑀以雜之。盧注云：「衡，平也。半璧曰璜。衡在中，牙在傍。『納其間』，納於衡璜之間。總曰玭珠，而赤者曰琚，白者曰瑀。或曰：瑀，美玉。琚，石次玉。」聘珍謂：鄭注《玉藻》云：「衡，珮玉之衡也。衝牙，居中央，以前後觸也。」《説文》云：「玭，珠也。从玉比聲。宋宏云：『淮水中出玭珠，玭珠之有聲。』琚，瓊琚。瑀，石之似玉者。」行以《采茨》，趨以《肆夏》，步環中規，折還中矩，進則揖之，退則揚之，然后玉鏘鳴也。環，讀曰「還」。《玉藻》「步環」作「周還」。鄭注云：「周還，反行也，宜圜。折還，曲行也，宜方。揖之，謂小俛，見於前也。揚之，謂小仰，見於後也。鏘，聲貌。」古之爲路車也，蓋圓以象天，二十八橑以象列星。軫方以象地，三十輻以象月。故仰則觀天文，俯則察地理，前視則睹鸞和之聲，側聽則觀四時之運，此巾車教之道也。鄭注《覲禮》云：「凡君所乘車曰路。」《白虎通・車旂》云：「路，大也。」《考工記》曰：「軫之方也，以象地也。蓋之圓也，以象天也。輪輻三十，以象日月也。蓋弓二十有八，以象星也。」鄭彼注云：「弓，蓋橑也。」盧注云：「巾車，宗伯之屬，下大夫二人。自『青史氏』已下，太子之事也。」

周后妃任成王於身，立而不跂，坐而不差，獨處而不倨，雖怒而不詈，胎教之謂也。后妃，武王邑姜也。任，孕也。跂，舉足望也。差，不齊一也。倨，慢也。詈，駡詈。盧注云：「大任孕文王，目不視惡色，耳不聽淫聲，口不起惡言，故君子謂大任爲能胎教也。古者婦人孕子之禮，寢不側，坐不邊，立不蹕，不食邪味，割不正不食，席不正不坐，目不視邪色，耳不聽淫聲，誦詩，道正事。如此則生子形容端，心平正，才過人矣。任子之時，必慎所感，感於善則善，感於惡則惡也。」成王生，仁者養之，孝者繦之，四賢傍之。成王有知，而選太公爲師，周公爲傅，此前有與計，而後有與慮。是以封泰山而禪梁甫，朝諸侯而一天下。猶此觀之，王左右不可不練也。盧注云：「養之，謂乳母也。繦之，謂保母也。四賢，慈母及子師。《白虎通》云：『王者易姓而起，必升封泰山，報告之義。天以高爲尊，地以厚爲德，故增泰山之高以報天，附梁甫之厚以報地，明以成功事就，有益於天地，若高者加高，而廣者增厚矣。』《尚書中候》曰：『昔者聖主功成，道洽符出，乃封泰山。』《禮緯》曰：『刑法格藏，世作頌聲。封於泰山，考績柴燎。禪於梁甫，尅石紀號。英炳巍巍，功平世教。』《白虎通》又曰：『王始起，日月尚促，德化未宣，獄訟未息，近不治，遠不安，故太平巡狩也。』案古受命之君，太平然後行巡狩、封禪之事者，諒有義也。故管夷吾記凡封禪之君七十二家。至於三代，唯夏禹、殷湯、周成王而已。其封山之禮，要於岱，禪地之義，別以云繹，其故何也？以岱宗東方之岳，非所易者。其於衆山，可因義取尚。故《白虎通》以繹繹者，爲無窮之意。亭亭者，爲德法審著。凡封禪之禮，周於恒霍，及繼體之君，獨言泰山及受命者，舉其始也。封，謂負土石於泰山之陰，爲壇而祭天也。禪，謂除地於梁甫之陰，爲墠以祭地也。變墠爲禪，神之也。」聘珍謂：《埤蒼》云：「練，擇也。」「練」與「揀」音義同。

昔者禹以夏王，桀以夏亡。湯以殷王，紂以殷亡。闔廬以吴戰勝無敵，夫差以見禽於越。盧注云：「夫差內不納子胥之忠諫，外結怨於諸侯，無德罷百姓，故終縊於勾踐也。」聘珍謂：禽，古「擒」字。禽，猶獲也。文公以晉國霸，而厲公以見殺於匠黎之宮。盧注云：「厲公有隅陵之會，而驕暴無道，及游於匠黎氏之家，爲欒書、中行偃刼而幽之。諸侯百姓不哀救，三月而死也。」威王以齊强於天下，而簡公以弒於檀。盧注云：「檀，臺名也。簡公，悼公之子，齊侯壬也。威王，陳敬仲之後，田常之六世孫，田和之孫也。田常弒簡公，至和爲齊侯，其孫號稱王，大强於天下。」穆公以顯名尊號，二世以刺於望夷之宫。盧注云：「穆公，秦伯任好也，德公之少子，宣公之季弟。其孫孝公曰：『昔我穆公自岐之閒，修德行武，東平晉亂，以河爲界，西霸戎翟，地廣千里，天子致伯，諸侯畢賀。』顯名尊號謂此也。望夷宫，在長陵西北，長平觀東，臨涇水作之，以望北夷。二世嘗夢白虎齧其左驂，殺之，心不樂，乃問占夢者。卜言涇水爲祟。二世就望夷之宫而祠焉。趙高爲丞相，二世以天下兵寇之事而責之，趙懼誅，遂使其壻閻樂將士卒殺之望夷之宫。」其所以君王同而功迹不等者，所任異也。盧注云：「君，謂齊、晉，王謂夏、殷。」故成王處繦抱之中，朝諸侯、周公用事也。武靈王五十而弒沙邱，任李兑也。盧注云：「武靈王，肅侯之子趙武王也。舍其太子章，而立王子何，自號爲王父。後有太子難，李兑圍之於沙邱，終餓於沙宫也。沙邱，在今趙郡鍾臺之南。」齊桓公得管仲，九合諸侯，盧注云：「《國語》曰：兵車之屬六，乘車之會三。」一匡天下，馬注《論語》云：「匡，正也。天子微弱，桓公帥諸侯以尊周室，一匡天下。」再爲義王。盧注云：「陽穀與召陵也。」聘珍謂：義王者，以義正王室也。再爲義王，謂首止與洮之會也。《左氏》僖五年傳曰：「會於首止，會王太子鄭，謀寧周也。」僖八年傳曰：「盟於洮，謀王室也。」杜彼注云：「惠王以惠后故，欲廢太子鄭，而立王子帶。故齊桓帥諸侯會王太子，以定其位。」又云：「王人會洮還，而後王位定。」失管仲，任豎刁、狄牙，身死不葬而爲天下笑。一人之身，榮辱具施焉者，在所任也。盧注云：「葬之爲言藏也。管仲死，桓公任豎刁、狄牙，使專國政。桓公卒，二子各欲立其所傅之公子，而諸子並争，國亂無主。桓公屍在牀，積六十七日。十二月乙亥，其子無詭立，乃棺赴焉。七日辛巳夜殯，至九月而後葬焉。」故魏有公子無忌而削地復得。盧注云：「公子無忌，信陵君也。時魏地多爲秦所并削。安釐王二十六年，秦昭王卒，三十年，信陵君率五國之兵攻秦而敗之，復得其地。」趙得藺相如而秦不敢出；盧注云：「藺相如，趙惠文王之相也。嘗以和氏之璧使於秦，完璧而歸。及澠池之會，又逼秦王爲趙王擊缶，是以秦人憚焉。故曰趙有藺相如，强秦不敢闚兵阱陘。」安陵任周瞻而國人獨立；盧注云：「諸記多爲『唐睢』。又《賈子·胎教》與此同。安，或爲『鄢』。或云：秦破韓威魏，而鄢陵君獨以五十里國存者，周瞻、唐睢之力。」楚有申包胥而昭王反復；盧注云：「昭王爲闔廬敗於柏莒，而越在草莽。包胥棄糧跣走，請救秦，遂得甲車千乘，步卒十萬，敗吴師於濁上，王反而國存。」齊有田單，襄王得其國。盧注云：「襄王，閔王之子章也。初，齊之敗，楚使淖齒將兵救齊，因相閔王，淖齒遂殺閔王。其子章變易姓名，爲莒太史家庸夫。莒中齊亡臣相聚，求閔王之子，欲立之。於是莒人共立章爲襄王也，以保莒城。而布告齊國曰：王既立在於莒也。襄王五年，而田單卒以即墨之師攻破燕，迎襄王於莒，入臨淄，齊故地盡復，屬齊。封田單爲安平君。」由是觀之，無賢佐俊士而能成功立名，安危繼絶者，未之有也。

是以國不務大而務得民心，佐不務多而務得賢臣。得民心者民從之，有賢佐者士歸之。文王請除炮烙之刑而殷民從，盧注云：「昔紂爲長夜之飲，百姓怨望，諸侯有叛之者。紂乃重刑辟，有炮烙之法。文王出牖里，求以洛西之田請除炮烙之刑，紂乃許之。」湯去張網者之三面而二垂至，盧注云：「湯嘗出田，見野張網四面，祝曰：『自上下四方，皆入吾網。』湯曰：『噫，盡之矣。』乃去其三面，而祝曰：『欲左欲右，不用命者，乃入吾網。』諸侯聞之，曰：『湯德至矣，乃及禽獸。』於是朝商者三十國。二垂，謂天地之際，言通感處遠。《淮南子》云：『文王砥德修政，二垂至。』」越王不頹舊冢而吴人服。盧注云：「蓋勾踐也。」以其前爲慎於人也。慎，讀曰「順」。盧注云：「皆得民心也。」故同聲則異而相應，意合則未見而相親。賢者立於本朝，而天下之豪相率而趨之也。豪，謂豪俊。率，循也。趨，歸也。《孟子》曰：「尊賢使能，俊傑在位，則天下之士皆悦而願立於其朝矣。」何以知其然也？管仲者，桓公之讎也。鮑叔以爲賢於己，而進之桓公，七十言説乃聽，遂使桓公除仇讎之心而委之國政焉。桓公垂拱無事而朝諸侯，鮑叔之力也。盧注云：「乾時之役，管仲射桓公，中其鈎。垂拱，言無所指麾也。」管仲之所以北走桓公，而無自危之心者，同聲於鮑也。盧注云：「齊在魯北。」衛靈公之時，蘧伯玉賢而不用，迷子瑕不肖而任事。史鰌患之，數言蘧伯玉賢而不聽，病且死，謂其子曰：「我即死，治喪於北堂。吾生不能進蘧伯玉而退迷子瑕，是不能正君者，死不當成禮。而置屍於北堂，於我足矣。」盧注云：「彌，當聲誤爲『迷』也。」聘珍謂：喪禮斂於牖下，小斂於户内，大斂於阼，殯於客位，祖於庭，葬於墓。屍，讀曰「尸」。《曲禮》曰：「在牀曰尸。」鄭注《儀禮》云：「房半以北曰北堂。」靈公往弔，問其故，其子以父言聞。靈公造然失容曰：「吾失矣。」立召蘧伯玉而貴之，召迷子瑕而退，徙喪於堂，成禮而後去。衛國以治，史鰌之力也。夫生進賢而退不肖，死且未止，又以屍諫，可謂忠不衰矣。盧注云：「因言賢者殁猶得士也。造然，驚慘之貌。貴之，進之爲卿。成禮，復正室。《論語》曰『直哉史魚』。」紂殺王子比干，而箕子被髮陽狂；盧注云：「比干諫而死，箕子曰：『知不用而言，愚也。殺其身以彰君之惡名，不忠也。二者不可，然且爲之，不祥莫大焉。』解衣被髮，爲狂而去之。」靈公殺泄冶，而鄧元去陳，以族從。盧注云：「凡諸侯之卿大夫有功德者，則命之立族，使其子世之，以守宗廟。鄧元知陳之必亡，故以族去。昔宫之奇諫虞不從，亦以其族行也。」自是之後，殷并於周，陳亡於楚，以其殺比干與泄冶，而失箕子與鄧元也。盧注云：「紂以文王十二年殺比干，十三年爲武王滅。陳靈公魯宣九年殺泄冶，十一年而楚子縣焉。」燕昭王得郭隗，而鄒衍、樂毅以齊至。盧注云：「昭王，易王之子，燕王平也。能師事郭隗，而爲之立宫室。於是修先君之怨爲齊以求士也。《韓詩外傳》云： 以魏齊至之。」聘珍案：《史記·列傳》云：「齊有三騶子，其次騶衍，後孟子。如燕，昭王擁彗先驅，請列弟子之座而受業。築碣石宫，身親往師之。樂毅去趙適魏，聞燕昭王以子之之亂，而齊大敗燕，燕昭王怨齊，未嘗一日而忘報齊也，於是屈身下士，先禮郭隗以招賢者。樂毅於是爲魏昭王使於燕，燕王以客禮待之。樂毅辭讓，遂委質爲臣。燕昭王以爲亞卿。」於是舉兵而攻齊，棲閔王於莒。盧注云：「閔王，威王之孫，宣王之子，齊王地。閔王三十年，昭王與晉、楚合謀而伐齊，齊師大敗。樂毅爲上將，遂入臨淄。閔王出奔於衛，衛不安，去之鄒、魯，又不納焉。遂去於莒也。」燕支地計衆，不與齊均也，然如所以能申意至於此者，由得士也。盧注云：「支，猶計也。昭王曰：『孤極知燕小，力不足以報之，然得賢士，與之共國，以雪先恥，孤之願也。』」故無常安之國，無宜治之民，得賢者安存，失賢者危亡，自古及今，未有不然者也。盧注云：「《韓詩外傳》云：『賢者之所在，其君未嘗不尊，其國未嘗不安也。』」明鏡者，所以察形也。往古者，所以知今也。盧注云：「《詩》曰：『殷鑒不遠，在夏后之世。』」今知惡古之危亡，不務襲迹於其所以安存，則未有異於卻走而求及於前人也。襲，因也。迹，行也。卻，退也。太公知之，故興微子之後，而封比干之墓。興，謂起之在位也。《宋世家》云：「武王伐紂克殷，微子乃持其祭器，造於軍門，武王乃釋微子，復其位。」後者，謂封比干之墓，即在興微子之後也。云太公者，事在武王方入殷之時，太公實左右之。夫聖人之於當世存者乎？其不失可知也。言微子比干亡國之賢，猶蒙其禮，況當世之存者，而至失其所乎？孔氏《武成疏》引《帝王世紀》云：「殷民咸喜曰：王之於仁人也，死者猶封其墓，況生者乎？王之於賢人也，亡者猶表其閭，況存者乎？」

大戴禮記解詁卷之三終

大戴禮記解詁卷之四

南城王聘珍學

曾子立事弟四十九

曾子曰：君子攻其惡，求其過，彊其所不能，去私欲，從事於義，可謂學矣。攻，治也。惡，不善。求，索也。過，失也。惡匿於心，非攻則不去。過出於身，不求或不知。彊，勉也。私欲，情欲也。從事於義者，聞義則徙也。

君子愛日以學，及時以行，難者弗辟，易者弗從，唯義所在。日旦就業，夕而自省，思以歿其身，亦可謂守業矣。愛，惜也。愛日以學，恐玩時棄日也。及時，謂隨時也。行，謂行其所學。《易》曰：「君子進德修業，欲及時也。」又曰：「君子以成德爲行，日可見之行也。」弗辟，不畏難。弗從，不苟安。《論語》曰：「無適也，無莫也，義之與比。」《爾雅》曰：「就，成也。業，事也。省，察也。」歿身，謂終身也。《表記》曰：「俛焉日有孳孳，斃而後已。」

君子學必由其業，問必以其序。問而不決，承閒觀色而復之，雖不説，亦不彊争也。《學記》曰：「時教必有正業。」孔疏云：「正業，謂先王正典。」序，次也。必以其序，謂不躐等也。閒，隙也。觀色者，不干逆色也。復之，再問也。説，解也。争，辨也。

君子既學之，患其不博也。既博之，患其不習也。既習之，患其無知也。既知之，患其不能行也。既能行之，貴其能讓也。君子之學，致此五者而已矣。博，廣也。習，温習也。《論語》曰：「君子博學於文。」又曰：「學而時習之。」知，謂心知其義也。《論語》曰：「温故而知新。」行，謂身體其事也。推賢尚善曰讓。致，猶盡也。

君子博學而孱守之，微言而篤行之。行必先人，言必後人。君子終身守此悒悒。盧注云：「孱，小貌，不務大。悒悒，憂念也。」聘珍謂：微，少。篤，厚也。必先必後者，《論語》曰「敏於事而慎於言」也。悒悒，不舒之貌。

行無求數有名，事無求數有成。身言

之，後人揚之；身行之，後人秉之。君子終身守此憚憚。盧注云：「數，猶促速。非法不言，言則爲人輔之。非德不行，行則爲人安之。憚憚，憂惶也。」聘珍謂：揚，稱也。秉，持也，謂持守之也。

君子不絶小，不殄微也。行自微也，不微人。人知之，則願也；人不知，苟吾自知也。君子終身守此勿勿也。不絶小，謂不以小善爲無益，而弗爲也。殄，猶絶也。微，隱也。行自微，謂隱行善事也。不微人者，謂非陰密不使人知也。《爾雅》曰：「願，思也。」自思之，恐行有不及。《説文》云：「苟，自急敕也。」《論語》曰：「不患莫己知，求爲可知也。」盧注云：「勿勿，猶勉勉。」

君子禍之爲患，辱之爲畏，見善恐不得與焉，見不善者恐其及己也。是故君子疑以終身。禍，裁害也。辱，污也。與，及也。盧注云：「《論語》曰：『見善如不及，見惡如探湯。』疑者，疑善之不與，惡之及己也。」

君子見利思辱，見惡思詬，嗜慾思恥，忿怒思患。君子終身守此戰戰也。詬，謂詬病。鄭注《儒行》云：「詬病，猶恥辱也。」患，難也。《論語》曰：「忿思難。」戰戰，恐懼貌。

君子慮勝氣，思而後動，論而後行。行必思言之，言之必思復之，思復之必思無悔言，亦可謂慎矣。慮，謀思也。勝，克也。氣，謂血氣。行必思言之者，《緇衣》曰：「可行也，不可言，君子弗行也。」復，猶覆也。無悔言者，信近於義，言可復也。此言君子之慎思也。《中庸》曰：「慎思之。」

人信其言，從之以行。盧注云：「以言不虚。」聘珍謂：《荀子》云：「君子者信矣，而亦欲人之信己也。」人信其行，從之以復。盧注云：「《易》曰：終日乾乾，反復其道。」復宜其類，類宜其年，亦可謂外内合矣。《周語》曰：「類也者，不忝前哲之謂也。萬年也者，令聞不忘之謂也。」《中庸》曰：「合外内之道也，故時措之宜也。」

君子疑則不言，未問則不言，兩問則不行其難者。疑，謂是非不決。問，論難也。未問不言者，不以身質言語也。兩問，謂兩事當問也。《史記索隱》云：「行者，先也。《學記》曰：『善問者如攻堅木，先其易者，後其節目。』問必以其序也。」

君子患難除之，財色遠之，流言滅之。

禍之所由生，自孅孅也。是故君子夙絶之。虞注《易象傳》云：「除，修也。」《易》曰：「君子以恐懼修省。」流言者，如水之流。滅，絶也。《説文》云：「孅，鋭細也。」「夙，早敬也。」

君子己善，亦樂人之善也。己能，亦樂人之能也。己雖不能，亦不以援人。援，猶引也，取也，謂引取人之能，以爲能也。

君子好人之爲善而弗趣也，惡人之爲不善而弗疾也。盧注云：「弗趣者，不促速之，恐其倦也。」聘珍謂：疾，急也。不急持之，恐其生亂也。疾其過而不補也，飾其美而不伐也。伐則不益，補則不改矣。疾，惡也。補，謂彌縫其闕。飾，好也。伐，矜也。言惡人之過，而不爲之彌縫，俟其自改也。好人之美，而不與之矜夸，恐其自足也。

君子不先人以惡，不疑人以不信。盧注云：「謂不億，不信，不逆詐。」不説人之過，成人之美，存往者，在來者，朝有過，夕改則與之，夕有過，朝改則與之。説，言也。《論語》曰：「成事不説。」存，恤也。在，察也。與，許也。往者之過則恤之，來者之善則許之。《論語》曰：「與其進也，不與其退也。唯何甚？人潔己以進，與其潔也，不保其往也。」

君子義則有常，善則有鄰，見其一，冀其二，見其小，冀其大。苟有德焉，亦不求盈於人也。《説文》云：「義，己之威儀也。」《緇衣》曰：「衣服不貳，從容有常。」《孟子》曰：「可欲之謂善。」鄰，親也。《論語》曰：「德不孤，必有鄰。」冀，望也。一二小大，並以人之善言。德者，得也。盈，滿也。不求盈於人者，《論語》曰：「無求備於一人。」《表記》曰：「君子以人望人，則賢者可知已矣。」

君子不絶人之歡，不盡人之禮。盧注云：「通飲食之饋，序其歡也。簡服物之禮，令其忠也。」來者不豫，往者不慎也，去之不謗，就之不賂，亦可謂忠矣。《爾雅》曰：「豫，樂也。」《方言》、《廣雅》並云：「慎，憂也。」謗，毁也。賂，貨也。《孟子》曰：「無處而餽之，是貨之也。」來往，謂人之來往於君子。去就，謂君子之去就。豫慎謗賂，皆以君子言。忠，盡中心也。此言君子之全交也。

君子恭而不難，安而不舒，遜而不諂，寬而不縱，惠而不儉，直而不徑，亦可謂知矣。難，勞苦也。舒，猶慢也。遜，謂謙遜。諂者，傾身自下也。《易》曰：「用過乎儉。」儉爲吝嗇。《論語》曰：「猶之與人也，出納之吝。」《檀弓》曰：「有直情而徑行者，戎狄之道也。」《易》曰：「君子知柔知剛。」

君子入人之國，不稱其諱，不犯其禁，不服華色之服，不稱懼惕之言。故曰與其奢也，寧儉，與其倨也，寧句。盧注云：「諱，國諱。禁，國禁。」聘珍謂：《曲禮》曰：「入竟而問禁，入門而問諱。」華者，猶榮華，容色之異也。稱，揚也。恐懼怵惕之言，悚人聽聞者。倨，傲也。句，曲之也。《左氏》襄二十九年傳曰：「直而不倨，曲而不屈。」

可言而不信，寧無言也。君子終日言，不在尤之中。小人一言，終身爲罪。不信，謂無徵不信也。尤，過也。《左氏》昭八年傳曰：「君子之言，信而有徵，故怨遠於其身。小人之言，僭而無徵，故怨咎及之。」

君子亂言而弗殖，神言弗致也，道遠日益云。殖，長也。致，至也。盧注云：「怪力亂神，子所不語。」聘珍謂：云，言也。道之旨遠，非一言可盡，君子日益其言，言以明道也。衆信弗主，靈言弗與，人言不信不和。盧注云：「不主，謂僉議所同，不爲主。」聘珍謂：《廣雅》云：「靈，空也。」空言，謂口惠而實不至者。弗與，不許人也。和，聲相應也。

君子不唱流言，不折辭，不陳人以其所能。唱，導也。流言滅之，不導之使行。折，挫也。盧注云：「言不苟折窮人辭也。」聘珍謂：陳人，陳說於人也。能，謂己之功能。言必有主，行必有法，親人必有方。主，本也。法，常也。《易》曰：「君子以言有物，而行有恒。」親，近也。方，道也。《易》曰：「方以類聚。」

多知而無親，博學而無方，好多而無定者，君子弗與也。知，謂通問相知之人。《論語》曰：「汎愛衆，而親仁。」無方，謂無常也。定，猶成也。君子多知而擇焉，博學而算焉，多言而慎焉。知，謂知人。擇，謂擇善。《論語》曰：「擇其善者而從之。」《爾雅》曰：「算，數也。」鄭氏《易》曰：「若夫雜物算德，辨是與非。」多言，謀議也。《論語》曰：「便便言，唯謹爾。」

博學而無行，進給而不讓，好直而徑，儉而好侄者，君子不與也。進，謂進取。給，捷也。讓，謂禮讓。《玉篇》、《廣韻》並云：「徑，急也。」《論語》曰：「直而無禮，則絞。」鄭彼注云：「絞，急也。」盧注云：「侳，塞也。言好直則太俓，爲儉，又太逼塞於下也。」聘珍謂：《禮器》曰：「晏平仲祀其先人，豚肩不揜豆，浣衣濯冠以朝，而難爲下矣。」夸而無恥，彊而無憚，好勇而忍人者，君子不與也。夸，謂夸毗。《爾雅》曰：「夸毗，體柔也。」郭彼注云：「屈己卑身，以柔順人也。」彊，暴也。憚，懼也。忍，謂殘忍。亟達而無守，好名而無體，忿怒而爲惡，足恭而口聖，而無常位者，君子弗與也。盧注云：「亟，數也。數自達而無所守。」聘珍謂：體，行也。爲，作也。因忿怒而作惡也。足恭謂便辟其足，前卻爲恭。以形體順從於人。聖，通也。口聖，謂柔順其口，捷給爲通，以言語餂取人意。位者，立也。凡若此者，皆不知禮，無以立也。

巧言令色，能小行而篤，難於仁矣。嗜酤酒，好謳歌，巷遊而鄉居者乎！吾無望焉耳。篤，固也。《論語》曰：「巧言令色，鮮矣仁。」又曰：「好行小慧，難矣哉。」《說文》云：「酤，一宿酒也。一曰買酒也。」「謳，齊歌也。」「巷，里中道。」「鄉，國離邑民所封鄉也，嗇夫別治。」望，責也。無望，言其無足責也。出入不時，言語不序，安易而樂暴，懼之而不恐，說之而不聽，雖有聖人，亦無若何矣。安易，謂以簡易爲安。樂暴，謂以殘暴爲樂。恐，畏也。聽，從也。臨事而不敬，居喪而不哀，祭祀而不畏，朝廷而不恭，則吾無由知之矣。畏，敬也。恭，肅也。《論語》曰：「居上不寬，爲禮不敬，臨喪不哀，吾何以觀之哉！」

三十四十之閒而無藝，即無藝矣。五十而不以善聞矣，藝，謂道藝也。《內則》曰：「三十博學無方，遜友視志。四十方物出謀發慮。」此時猶不能於道藝，則時過難成，可以決其無藝矣。無藝之人亦安有善可聞乎？《論語》曰：「四十五十而無聞焉，斯亦不足畏也已。」七十而無德，雖有微過，亦可以勉矣。勉，讀曰「免官」之「免」，謂退止之也。言人老而無德，雖小過當赦，亦宜免退，不與之執事也。其少不諷誦，其壯不論議，其老不教誨，亦可謂無業之人矣。諷誦，謂習《詩》、《書》六藝之文。鄭注《大司樂》云：「倍文曰諷，以聲節之曰誦。」論議，謂講學，若出謀發慮也。業，事也。無業者，惰遊之士也。

少稱不弟焉，恥也。壯稱無德焉，辱也。老稱無禮焉，罪也。不弟，謂不遜弟也。德者，内得於己，外得於人也。辱，污也。無德，則流於污下也。《射義》曰：「耆耋好禮，不從流俗。」無禮，則敗常亂俗。罪，古作「辠」。《廣韻》云：「辠，自辛也。」言蹙鼻辛苦之憂。過而不能改，倦也。行而不能遂，恥也。慕善人而不與焉，辱也。弗知而不問焉，固也。説而不能，窮也。喜怒異慮，惑也。不能行而言之，誣也。非其事而居之，矯也。道言而飾其辭，虚也。無益而食厚禄，竊也。好道煩言，亂也。殺人而不戚焉，賊也。盧注云：「倦，傾病人。固，專固也。」聘珍謂：遂，成也。與，及也。説，謂分别解説事理也。窮，困也。慮，思也。異慮者，逐物而遷，不與心謀也。誣，欺也。矯，詐也。道言，謂道聽塗説，加以文飾。虚，空也。好道，好言也。煩，繁也。戚，憂也。《孟子》曰：「賊仁者，謂之賊。」

人言不善而不違，近於説其言。説其言，殆於以身近之也。殆於以身近之，殆於身之矣。違，遠也。説，讀曰「悦」。殆，幾也。身近，謂身附之也。身之，謂身親爲不善矣。人言善而色葸焉，近於不説其言。不説其言，殆於以身近之也。殆於以身近之，殆於身之矣。葸，畏懼貌。不悦其言，是不悦其善也。不悦善，則必近於不善，而身爲之矣。

故目者，心之浮也。言者，行之指也。作於中，則播於外也。故曰以其見者，占其隱者。故曰聽其言也，可以知其所好矣。浮，孚也。指，示也。《論語》曰：「聽其言而信其行。」作，動也。播，揚也。占，視也。盧注云：「見隱，謂心目也。」觀説之流，可以知其術也。久而復之，可以知其信矣。觀其所愛親，可以知其人矣。盧注云：「流，謂部分。術，心術也。」聘珍謂：復者，復其言也。信，誠也。《論語》曰：「久要不忘平生之言，亦可以爲成人矣。」愛親，謂所親愛之人。語云「不知其人，視其友」也。臨懼之而觀其不恐也，怒之而觀其不惛也，喜之而觀其不誣也，近諸色而觀其不踰也，飲食之而觀其有常也，利之而觀其能讓也，居哀而觀其貞也，居約而觀其不營也，勤勞之而觀其不擾人也。自上涖下曰臨。盧注云：「惛，亂也。誣，妄也。文王曰：『省其喪，觀其貞良也。』」聘珍謂：約，貧困也。營，惑也。擾，撓也。不擾人，言不爲人所擾也。

君子之於不善也，身勿爲能也，色勿爲不可能也。色也勿爲可能也，心思勿爲不可能也。勿者，禁止之辭。爲，作也。能之爲言耐也。言人於不善，雖强制於外，而不可强制於中也。故爲學必克己復禮，而觀人必察其所安。太上樂善，其次安之，其下亦能自彊。盧注云：「太上，德之最上者，謂其心不爲也。其次，德之次者，謂其色不爲也。自彊，謂其身不爲。太上謂五帝，其次謂三王，其下謂五霸。《孟子》曰：『堯舜性之，湯武身之，五霸假之。』」仁者樂道，智者利道，愚者從，弱者畏。不愚不弱，執誣以彊，亦可謂棄民矣。盧注云：「上者率其性也，次者利而爲之。」聘珍謂：利，貪也。愚者，不明。弱者，不强。從，聽也，謂可羈而從也。畏者，畏威也。《表記》曰：「仁者安仁，知者利仁，畏罪者强仁。」執，攝也。誣，罔也。以惡取善曰誣。彊，暴也。古者棄民，屏之遠方，終身不齒。太上不生惡，其次而能夙絶之也，其下復而能改也。復而不改，殞身覆家，大者傾覆社稷。是故君子出言以鄂鄂，行身以戰戰，亦殆勉於罪矣。自無而有曰生。夙，早也。絶，滅也。復而不改，是謂迷復。❶殞，歿也。覆，敗也。《孟子》曰：「諸侯不仁，不保社稷。卿大夫不仁，不保宗廟。士庶人不仁，不保四體。」勉，讀曰「免」。盧注云：「鄂鄂，辨厲也。」是故君子爲小由爲大也，居由仕也，備則未爲備也，而勿慮存焉。由，讀曰「猶」。居，謂居家也。《祭統》曰：「上則順於鬼神，外則順於君長，內則以孝於親，如此之謂備。」而，讀曰「能」。慮，思也。存，省也。言備既未備，能不自省乎？

事父可以事君，事兄可以事師長。使子猶使臣也，使弟猶使承嗣也。能取朋友者，亦能取所予從政者矣。賜與其宮室，亦猶慶賞於國也。忿怒其臣妾，亦猶用刑罰於萬民也。《大學》曰：「君子不出家，而成教於國。孝者，所以事君也。弟者，所以事長也。慈者，所以

❶「謂」，廣雅書局本作「爲」。

使衆也。」《孝經》曰：「事兄弟，故順可移於長。」《師氏職》曰：「順行以事師長。」盧注云：「承嗣，謂冢子也。」聘珍謂：予，猶「與」也。政，謂國政。予從政，言同升諸公，與之事君也。臣妾，謂厮役之屬。

是故爲善必自内始也。内人怨之，雖外人亦不能立也。内，謂之家。怨，恨也。《論語》曰：「在邦無怨，在家無怨。」外人，邦人也。立，涖也。

居上位而不淫，臨事而栗者，鮮不濟矣。先憂事者後樂事，先樂事者後憂事。昔者天子日旦思其四海之内，戰戰惟恐不能乂；諸侯日旦思其四封之内，戰戰惟恐失損之。大夫士日旦思其官，戰戰惟恐不能勝。庶人日旦思其事，戰戰惟恐刑罰之至也。是故臨事而栗者，鮮不濟矣。盧注云：「淫，大也。乂，治也。」聘珍謂：栗，讀曰「慄」，懼也。《論語》曰：「臨事而懼。」濟，成也。四封，謂四境起土爲界也。失，謂失守社稷。損，減也。《大司馬職》曰「野荒民散則削之」是也。官，職也。事，業也。工匠農賈各事其事。

君子之於子也，愛而勿面也，使而勿貌也，導之以道而勿强也。盧注云：「勿面，不形於面。勿貌，不以貌勞徠之。」聘珍謂：導，引也。强，謂强其所不能也。

宫中雍雍，外焉肅肅。兄弟憘憘，朋友切切。遠者以貌，近者以情。《爾雅》曰：「室謂之宫。」「雍雍，和也。肅肅，敬也。」外，謂宫之外也。憘憘，猶怡怡也。《論語》曰：「朋友切切偲偲，兄弟怡怡。」遠者，疏遠之人。《荀子·禮論》云：「情貌之盡也。」楊倞注云：「貌，恭敬也。情，忠誠也。」

友以立其所能，而遠其所不能。苟無失其所守，亦可與終身矣。立，成也。能，道藝也。立其所能，謂成己之道藝也。遠，疏也。不能者，疏之，無友不如己也。苟，誠也。《廣雅》云：「守，久也。」所守，謂可久之道。」

曾子本孝弟五十

曾子曰：忠者，其孝之本與！《説文》云：「忠，敬也。」此與下文爲目也。

孝子不登高，不履危，痺亦弗憑，不苟笑，不苟訾，隱不命，臨不指，故不在尤之中也。高，近危。痺，讀曰「庳」，下也。憑，乘也。弗憑者，不臨深也。訾，毁也。隱，闇也。命，謂相命以事。不命者，孝子不服闇也。

臨，以高視下也。指，謂指畫。《曲禮》曰：「登城不指。」尤，過也。盧注云：「敬父母之遺體，故跬步未敢忘其親。」孝子惡言死焉，流言止焉，美言興焉，故惡言不出於口，煩言不及於己。《說文》云：「死，澌也。人所離也。」惡言死焉者，離而去之也。流言者，如水之流，止之使不行。興，舉也。煩，辱也。不及於己者，謂人不以辱言加之也。

故孝子之事親也，居易以俟命，不興險行以徼幸。盧注云：「處安易之道以聽命也。」聘珍謂：興，猶行也。險行，謂傾危之行。徼，求也。幸，非望之福也。孝子游之，暴人違之。孝子，謂有孝德之人也。游之，謂與之游也。下陵其上曰暴，謂不孝弟人也。違，去也。《曾子疾病》曰：「君子慎其所去就。」出門而使，不以，或爲父母憂也。險塗隘巷，不求先焉，以愛其身，以不敢忘其親也。使，謂奉命而出也。盧注云：「不爲事，或貽憂於父母也。」聘珍謂：不求先者，不以身嘗殆也。《哀公問於孔子篇》曰：「身也者，親之枝也。敢不敬與？」

孝子之使人也不敢肆，行不敢自專也。父死三年，不敢改父之道。郭注《爾雅》云：「肆，極力也。」行不敢自專者，《論語》曰：「有父兄在，如之何其聞斯行之。」又曰：「父在觀其志，父殁觀其行，三年無改於父之道，可謂孝矣。」又能事父之朋友，又能率朋友以助敬也。《曲禮》曰：「見父之執，不謂之進，不敢進。不謂之退，不敢退。不問，不敢對，此孝子之行也。」鄭彼注云：「敬父同志如事父。」率，循也。助，益也。言率循朋友之有孝德、孝行者，以益己之敬也。

君子之孝也，以正致諫。士之孝也，以德從命。庶人之孝也，以力惡食。任善，不敢臣三德。盧注云：「君子，謂卿大夫。以力惡食者，分地任力致甘美。任善，謂王者之孝。三德，三老也。《白虎通》云：『不臣三老，崇孝。』」聘珍謂：正，善也。《白虎通》云：「諫者，閒也，更也。是非相閒，革更其行也。」以正致諫者，善則歸親也。德，謂孝德。以德從命者，言先意承志，喻父母於無過，其命皆可從也。故孝之於親也，生則有義以輔之，死則哀以莅焉，祭祀則莅之，以敬如此而成於孝子也。盧注云：「義以輔之，喻於道。莅，臨也。」聘珍謂：成，猶「終」也。

曾子立孝第五十一

曾子曰：君子立孝，其忠之用，禮之貴。《賈子·道術》云：「子愛利親謂之孝，愛利出中謂之忠。」《論語》曰：「生，事之以禮；死，葬之以禮，祭之以禮。」盧注云：「有忠與禮，孝道立。」故爲人子而不能孝其父者，不敢言人父不能畜其子者。爲人弟而不能承其兄者，不敢言人兄不能順其弟者。爲人臣而不能事其君者，不敢言人君不能使其臣者也。畜，養也。承，奉也。順，愛也。盧注云：「不可以己能而責人之不能，况以所不能。」故與父言，言畜子。與子言，言孝父。與兄言，言順弟。與弟言，言承兄。與君言，言使臣。與臣言，言事君。盧注云：「《士相見禮》曰『與君言，言使臣。與大夫言，言事君。與老者言，言使弟子。與幼者言，言孝父兄。與衆言，言慈祥。與涖官者言，言忠信』也。」

君子之孝也，忠愛以敬，反是，亂也。忠愛，謂中心之愛。敬謂嚴肅。鄭注《孝經》云：「敬者，禮之本也。」盡力而有禮，莊敬而安之。盡力者，《論語》曰：「事父母能竭其力」也。《釋名》云：「安，晏也。晏晏然和喜，無動懼也。」微諫不倦，聽從而不怠，懽欣忠信，咎故不生，可謂孝矣。微諫，幾諫也。《內則》曰：「父母有過，下氣怡色，柔聲以諫也。」不倦，不勞也。謂諫若不入，起敬起孝。悦則復諫，不以爲勞也。聽從，謂父母從其諫。不怠，謂子之奉行不懈也。懽欣忠信者，樂父母之從，益盡其中心之誠也。咎，災也。故，事變也。咎故不生者，《曾子事父母》曰「由己爲無咎則寧」是也。盡力無禮則小人也，致敬而不忠則不入也。是故禮以將其力，敬以入其忠，飲食移味，居處温愉，著心於此，濟其志也。小人，細民也。不忠，謂敬不由中心也。將，行也。盧注云：「移味，隨所欲也。」聘珍謂：《內則》曰：「柔色以温之。」鄭彼注云：「温，藉也。承尊者，必和顔色。」愉，樂也。著，明也。濟，成也。言藉飲食居處，明其孝養之心，以成其用忠用禮之志也。

子曰：「可人也吾任其過，不可人也吾辭其罪。」此引孔子之言也。「人」，當爲「入」，謂入諫也。任，當也。任過者，過則歸己也。《説文》云：「辭，訟也。」辭其罪，謂内自訟也。《書》曰：「于父母，負罪引慝。」《詩》云「有子七人，莫慰母心」，子之辭也。「夙興夜寐，無忝爾所生」，言不自舍也。不恥其親，君子之孝也。子之辭，謂子之自訟也。舍，釋也。不自釋其過。恥，辱也。過成則辱至。是故未有君而忠臣可知者，孝子之謂也。未有長而順下可知者，弟弟之謂也。未有治而能仕可知者，先脩之謂也。盧注云：「《孝經》曰：『以孝事君則忠，以敬事長則順。』」聘珍謂：治，治職也。先脩，脩於家也。《中庸》曰：「知所以脩身，則知所以治人。」故曰：孝子善事君，弟弟善事長。君子一孝一弟，可謂知終矣。《孝經》曰：「夫孝始於事親，中於事君，終於立身也。」

曾子大孝弟五十二

曾子曰：「孝有三：大孝尊親，其次不辱，其下能養。」《中庸》曰：「舜其大孝也與！尊爲天子。」《孟子》曰：「孝子之至，莫大乎尊親。」司馬遷云：「太上不辱先，其次不辱身，其次不辱禮色，其次不辱辭令。」《孟子》曰：「若曾子，則可謂養志也。事親若曾子者，可也。」

公明儀問於曾子曰：「夫子可謂孝乎？」曾子曰：「是何言與！是何言與！君子之所謂孝者，先意承志，諭父母以道。參直養者也，安能爲孝乎！盧注云：「公明儀，曾子弟子。凡言於事親，未意，則先善舉之。親若有志，則承而奉之。」聘珍謂：諭者，不言而喻也。身者，親之遺體也。行親之遺體，敢不敬乎？遺，餘也。行，奉行也。《孝經》曰：「身體髮膚，受之父母，不敢毁傷，孝之始也。」故居處不莊，非孝也。事君不忠，非孝也。莅官不敬，非孝也。朋友不信，非孝也。戰陳無勇，非孝也。五者不遂，災及乎身，敢不敬乎？莊，恭也。莅，臨也。敬，謂敬其事。共用之謂勇，無勇，謂怯敵與輕生也。鄭云：「遂，猶成也。」災，傷害也。《哀公問於孔子篇》曰：「不能敬其身，是傷其親也。」故烹熟鮮香，嘗而進之，非孝也，養也。鳥獸新殺曰鮮。香，謂黍稷馨香也。嘗者，謂嘗其旨否也。養也者，謂養口體也。君子之所謂孝者，國人皆稱願焉，曰『幸哉！有子如此』，所謂孝也。稱，譽也。

願，猶慕也。《哀公問於孔子篇》曰：「君子也者，人之成名也。百姓歸之名，謂之君子之子，是使其親爲君子也。」民之本教曰孝，其行之曰養。盧注云：「《孝經》曰：『夫孝，德之本也，教之所由生也。』養，謂致衣食，省安否。」養可能也，敬爲難。敬可能也，安爲難。安可能也，久爲難。久可能也，卒爲難。《論語》曰：「今之孝者，是謂能養。至於犬馬，皆能有養，不敬，何以别乎？」安，樂也。卒，終也。父母既没，慎行其身，不遺父母惡名，可謂能終也。此言「卒爲難」之義。《孝經》曰：「立身行道，揚名於後世，以顯父母，孝之終也。」《内則》曰：「終身也者，非終父母之身，終其身也。」夫仁者，仁此者也。義者，宜此者也。忠者，中此者也。信者，信此者也。禮者，體此者也。行者，行此者也。彊者，彊此者也。樂自順此生，刑自反此作。此者並謂孝也。樂，謂音樂。《孟子》曰：「樂之實，樂斯二者，樂則生矣，生則惡可已也。惡可已，則不知足之蹈之，手之舞之。」刑，謂五刑。《孝經》曰：「五刑之屬三千，而罪莫大於不孝。」夫孝者，天下之大經也。《孝經》曰：「夫孝，天地之經，而民實則之。」夫孝，置之而塞於天地，衡之而衡於四海，施諸後世而無朝夕，推而放諸東海而準，推而放諸西海而準，推而放諸南海而準，推而放諸北海而準。《詩》云：『自西自東，自南自北，無思不服。』此之謂也。盧注云：「置，猶立也。衡，猶横也。『無朝夕』，言常行也。九夷、八蠻、七戎、六狄，謂之四海。放，猶至。準，猶平也。《詩·大雅·文王有聲》之六章也。」孝有三：大孝不匱，中孝用勞，小孝用力。博施備物，可謂不匱矣。尊仁安義，可謂用勞矣。慈愛忘勞，可謂用力矣。《詩》曰：「孝子不匱。」毛傳云：「匱，竭也。」博施者，《孝經》曰「德教加於百姓，刑於四海」也。備物者，《中庸》曰：「富有四海之内，宗廟饗之。」《孟子》曰：「以天下養，養之至也。」尊仁安義者，《孟子》曰：「殺一無罪，非仁也。非其有而取之，非義也。居仁由義，大人之事備矣。」《周禮》曰：「事功曰勞。」慈者，《内則》曰「慈以旨甘」是也。愛，謂孝子之有深愛也。忘勞，謂忘己之勞苦。《書》曰：「肇牽車牛遠服賈，用孝養厥父母。」《孟子》曰：「竭力耕田，供爲子職。」父母愛之，喜而不忘。父母惡之，懼而無怨。父母有過，諫而不逆。鄭注《祭義》云：「無怨者，無怨於父母之心。不逆，順而諫之。」父母既歿，以哀祀之加之，如此謂禮終矣。」盧注云：「哀，謂服之三年。祀，謂春秋享之。」聘珍謂：《孝經》曰：「孝子之喪親也，哭不偯，禮無容，言不文，服美不安，聞樂不樂，食旨不甘，此哀戚之情也。」祀之加之者，《楚語》曰：「祀加於舉。天子舉以太牢，祀以會。諸侯舉以特牛，祀以太牢。卿舉以少牢，祀以特牛。大夫舉以特牲，祀以少牢。士食魚炙，祀以特牲。庶人食菜，祀以魚。」《祭統》曰：「孝子之事親也，有三道焉。養則觀其順也，喪則觀其哀也，祭則觀其敬而時也。」

樂正子春下堂而傷其足，傷瘳，數月不出，猶有憂色。門弟子問曰：「夫子傷足瘳矣，數月不出，猶有憂色，何也？」樂正子春曰：「善，如爾之問也。吾聞之曾子，曾子聞諸夫子曰：『天之所生，地之所養，人爲大矣。父母全而生之，子全而歸之，可謂孝矣。不虧其體，可謂全矣。』傷瘳，疾瘉也。鄭注《祭義》云：「樂正子春，曾子弟子。曾子聞諸夫子，述曾子所聞於孔子之言。」盧注云：「《孝經》曰『天地之性，人爲貴。人之行，莫大於孝』也。」故君子頃步之不敢忘也。今予忘夫孝之道矣，予是以有憂色。」盧注云：「跬，當聲誤爲『頃』。」陸氏《釋文》云：「一舉足爲跬，再舉足爲步。」鄭注《祭義》云：「予，我也。」故君子一舉足不敢忘父母，一出言不敢忘父母。一舉足不敢忘父母，故道而不徑，舟而不游，不敢以先父母之遺體行殆也。一出言，不敢忘父母，是故惡言不出於口，忿言不及於己。然后不辱其身，不憂其親，則可謂孝矣。《爾雅》曰：「一達謂之道路。」《說文》云：「徑，步道也。」盧注云：「不徑，不由徑也。殆，危也。」聘珍謂：舟，行水器。浮水曰游。忿言，怨言也。不及於己者，邦家無怨也。

草木以時伐焉，禽獸以時殺焉。夫子曰：「伐一木，殺一獸，不以其時，非孝也。」盧注云：「夫子，孔子。」鄭云：「曾子述其言以云。」

曾子事父母弟五十三

單居離問於曾子曰：「事父母有道

乎？」盧注云：「單居離，曾子弟子也。」曾子曰：「有。愛而敬。父母之行，若中道則從，若不中道則諫。諫而不用，行之如由己。中，當也。行之，謂父母行之。由，自也。如由己者，過則歸己也。盧注云：「且俯從所行，而思諫道也。」從而不諫，非孝也。盧注云：「同父母之非，不匡諫。」諫而不從，亦非孝也。盧注云：「徒以義諫，而行不從。」聘珍謂：《曲禮》曰：「子之事親也，三諫而不聽，則號泣而隨之。」孝子之諫，達善而不敢争辨。争辨者，作亂之所由興也。達，致也。達善，謂致其善道於親。對辨爲争，分别爲辨。由己爲無咎則寧，由己爲賢人則亂。由，用也。由己，謂父母用己之諫。無咎，謂咎故不生也。寧，安也。賢，猶勝也，謂争辨求勝也。《左氏》宣十五年傳曰：「民反德爲亂，亂則妖災生。」孝子無私樂，父母所憂憂之，父母所樂樂之。孝子唯巧變，故父母安之。巧，善也。變，猶化也。安，樂也。《孟子》曰：「舜盡事親之道，而瞽瞍底豫也。」若夫坐如尸，立如齊，弗訊不言，言必齊色，此成人之善者也。未得爲人子之道也。」鄭注《曲禮》云：「坐如尸，視貌正。立如齊，磬且聽也。」盧注云：「齊，謂祭祀時。訊，問也。齊色，嚴敬其色也。爲人父之事。」聘珍謂：《祭義》曰：「嚴威儼恪，非所以事親也，成人之道也。」

單居離問曰：「事兄有道乎？」曾子曰：「有。尊事之，以爲己望也。兄事之，不遺其言。盧注云：「望，儀象也。不遺其言，謂奉其所令。」兄之行若中道，則兄事之。兄之行若不中道，則養之。養之内，不養於外，則是越之也。養之外，不養於内，則是疏之也。是故君子内外養之也。」盧注云：「養，猶隱之。」聘珍謂：養，讀若「中心養養」，憂念也。内，謂心。外，謂貌。越，疾也。疏，遠也。内外養之，謂憂誠於中，形於外，冀感悟之也。單居離問曰：「使弟有道乎？」曾子曰：「有。嘉事不失時也。盧注云：「謂冠娶也。」弟之行若中道，則正以使之，弟之行若不中道，則兄事之。詘事兄之道若不可，然后舍之矣。」盧注云：「正以使之，以弟道。兄事之者，且以兄禮敬之。」聘珍謂：詘，盡也。不可，謂不可化也。舍，止也。

曾子曰：「夫禮，大之由也，不與小之自也。禮，謂成人之禮。大，謂年長者。由，用也。與，讀若「可與共學」之「與」。小，幼小也。自，由也。言禮爲成人之用，不可遽與幼者由也。此目下經事也。《内則》曰：「二十而冠，始學禮。十年，朝夕學幼儀。」飲食以齒，力事不讓，辱事不齒，執觴觚杯豆而不醉，和歌而不哀。此與下節並言小之自者，幼儀是也。以齒，年齒也。《内則》曰「八年飲食必後長者」是也。力事者，用力之事。不讓，不責之也。幼者，小力。辱事，屈褻之事，幼者所當爲，不得與成人齒也。盧注云：「觚，器也。實之曰觴。杯，盤盎盆盞之總名也。豆，醬器，以木曰豆。」聘珍謂：《説文》云：「醉，潰也。」不醉者，不至潰而失儀也。《管子·弟子職》云：「先生將食，弟子饌饋，左酒右醬，左執虚豆，右執挾匕，周旋而貳。」和，聲相應也。哀，傷也。夫弟者，不衡坐，不苟越，不干逆色，趨翔周旋，俛仰從命，不見於顔色，未成於弟也。」衡，横也。越，踰也。干，犯也。逆色，謂長者不悦之色也。趨，走也。翔，行而張拱也。俛仰，猶升降也。不見於顔色者，言無倦容也。成，謂成人也。未成於弟，謂年未及成人者，其於弟道當如此。《冠義》曰：「已冠而字之，成人之道也。成人之者，將責成人禮焉也。」

大戴禮記解詁卷之四終

大戴禮記解詁卷之五

南城王聘珍學

曾子制言上弟五十四

曾子曰：夫行也者，行禮之謂也。《聘義》曰：「衆人之所難而君子行之，故謂之有行。」又曰：「所貴於有行者，貴其行禮也。」夫禮，貴者敬焉，老者孝焉，幼者慈焉，少者友焉，賤者惠焉。貴者，謂公卿大夫。《祭統》曰：「孝者，畜也。順於道，不逆於倫，是之謂畜。」慈，愛也。少，謂年少於己者。兄敬愛弟謂之友。賤，卑賤也。惠，謂恩惠。《祭義》曰：「貴貴，爲其近於君也。貴老，爲其近於親也。慈幼，爲其近於子也。」此禮也，行之則行也，立之則義也。行之，謂行於身也。則行者，謂爲德行也。立，置也，謂置之於天下。義，宜也。《禮運》曰：「禮也者，義之實也。」今之所謂行者，犯其上，危其下，衡道而彊立之，天下無道，故若。天下有道，則有司之所求也。犯，干也。上，謂貴者、老者。危，厲也。下，謂幼少、賤者。彊，暴也。立，猶行也。盧注云：「衡，横也。故若，且自如也。有司所求，言爲法吏所收誅也。」故君子不貴興道之士，而貴有恥之士也。若由富貴興道者與貧賤，吾恐其或失也。若由貧賤興道者與富貴，吾恐其羸驕也。鄭注《學記》云：「興之言喜也，歆也。」盧注云：「或，猶惑也。」聘珍謂：《釋名》云：「羸，累也。」羸驕者，謂爲富貴所累而生驕也。夫有恥之士，富而不以道則恥之，貧而不以道則恥之。《論語》曰：「邦有道，貧且賤焉，恥也。邦無道，富且貴焉，恥也。」弟子無曰「不我知也」。鄙夫鄙婦相會於廧陰，可謂密矣。明日，則或揚其言矣。故士執仁與義而明行之，未篤故也。胡爲其莫之聞也？弟子，曾子呼其門人也。《廣韻》「廧」同「牆」。《爾雅》曰：「牆謂之墉。」密，隱曲處也。揚，舉也。篤，厚也，固也。《中庸》曰：「有弗行，行之弗篤，弗措也。」聞，知也。

殺六畜不當，及親，吾信之矣。使民不時，失國，吾信之矣。盧注云：「凡殺有時，禮也。」聘珍謂：及親者，《曾子大孝》曰：「殺一獸，不以其時，非孝也。」《左氏》昭八年傳曰：「作事不時，怨讟動於民。」《孟子》曰：「桀紂之失天下也，失其民也。」信，任也。言自任其咎。蓬生麻中，不扶自直。白沙在泥，與之皆黑。盧注云：「古説云，言扶化之者衆。」

是故人之相與也，譬如舟車然，相濟達也。己先則援之，彼先則推之。相與，謂與共事也。舟以行水，車以行陸。濟，渡也。達，謂通之使不陷絶也。援，引也。是故人非人不濟，馬非馬不走，土非土不高，水非水不流。濟，成也。走，趨也。《管子》云：「海不辭水，故能成其大。山不辭土石，故能成其高。」君子之爲弟也，行則爲人負，無席則寢其趾，使之爲夫人則否。爲弟，謂盡弟道也。行，謂道路。負，荷也。席，藉以坐者。盧注云：「分重合輕，班白不任，弟達於道路也。寢，猶止也。言裁自容也。」聘珍謂：「爲夫人」之「爲」，讀曰「僞」。《廣雅》云：「僞，欺也。」夫人，謂長者。

近市無賈，在田無野，行無據旅，苟若此，則夫杖可因篤焉。盧注云：「無賈，無鄽邸也。無野，無田廬也。」聘珍謂：野，讀曰「墅」。《玉篇》、《廣韻》並云：「墅，田廬也。」行，道也。據，依也。旅，處也。言君子所在皆窮也。杖，持也，謂持守也。篤，固也。《論語》曰：「君子固窮。」富以苟，不如貧以譽。生以辱，不如死以榮。辱可避，避之而已矣。及其不可避也，君子視死若歸。《匡謬正俗》云：「苟者，偷合之稱。所以行無廉隅，不存德義，謂之苟且。」譽，聲美也。辱，污也。榮，光明也。父母之讎，不與同生。兄弟之讎，不與聚國。朋友之讎，不與聚鄉。族人之讎，不與聚鄰。盧注云：「言辱之不可避也。《曲禮》曰：『父之讎，弗與同戴天。』《檀弓》曰：『昆弟之讎，仕不與共國，其從父兄弟，則不爲魁。』」聘珍謂：聚，共也。同門曰朋，同志曰友。萬二千五百家爲鄉，五家爲鄰也。良賈深藏如虛，君子有盛教如無。居賣貨曰賈。藏，匿也。盧注云：「言珍寶深藏若虛，君子懷德若愚也。」

弟子問於曾子曰：「夫士何如則可以爲達矣？」曾子曰：「不能則學，疑則問，欲行則比賢，雖有險道，循行達矣。達，謂行無不通。比，謂比方。險道者，傾危難測之道。循，順也。今之弟子，病下人，不知事賢，恥不知而又不問，欲作則其知不足，是以惑闇。惑闇終其世而已矣，是謂窮民也。」下人，謂下於人也。《論語》曰：「慮以下人。」作，爲也。惑，迷也。闇，冥也。惑闇，謂迷於不明之處。窮，困也。《論語》曰：「困而不學，民斯爲下矣。」

曾子門弟子或將之晉，曰：「吾無知焉。」曾子曰：「何必然，往矣。有知焉謂之友，無知焉謂之主。之，往也。知，謂所知之人。盧注云：「謂之主，且客之而已。」且夫君子執仁立志，先行後言，千里之外，皆爲兄弟。苟是之不爲，則雖汝親，庸孰能親汝乎？」不爲，不修也。汝親，謂親近之人。親汝，謂愛汝也。盧注云：「庸，用也。孰，誰也。」

曾子制言中第五十五

曾子曰：君子進則能達，退則能靜。豈貴其能達哉？貴其有功也。豈貴其能靜哉？貴其能守也。進，仕也。達，通也。退，避位。靜，安也。國功曰功。持不惑曰守。《論語》曰：「守死善道。」夫唯進之何功？退之何守？盧注云：「問君子進退，其功守何如。」是故君子進退有二觀焉。盧注云：「言有二等可觀。」故君子進則能益上之譽，而損下之憂；譽，樂也。損，減也。能安上而全下也。盧注云：「謂其功也。」不得志，不安貴位，不博厚祿，負耜而行道，凍餓而守仁，不得志，言君不知己志。安，處也。博，揜取也。耜，臿也，農田器。道，路也。盧注云：「謂其守也。」則君子之義也。《左氏》襄二十六年傳曰：「義則進，否則奉身而退。」其功守之義，有知之，則願也。莫之知，苟吾自知也。《爾雅》曰：「願，思也。」言思其終也，思其復也。《說文》云：「苟，自急敕也。」

吾不仁其人，雖獨也，吾弗親也。《學記》曰：「獨學而無友，則孤陋而寡聞。」《論語》曰：「汎愛衆，而親仁。」盧注云：「人而不仁，不足友也。故周公曰：『不如我者，吾不與處，損我者也。與吾等，吾不與處，無益我者也。吾所與處者，必賢於我。』」聘珍謂：「周公曰」已下，並《吕氏春秋·先識覽·觀世篇》文。故君子不假貴而取寵，不比譽而取食。盧注云：「不因人之貴，苟求寵愛也。不校名譽以求禄也。」直行而取禮，比説而取友。盧注云：「行正則見禮也。」聘珍謂：《左氏》昭二十八年傳曰：『擇善而從之曰比。』高注《國策》、《吕覽》並云：「説，敬也。」《論語》曰：「善與人交，久而敬之。」有説我，則願也，莫我説，苟吾自説也。《爾雅》曰：「説，服也，樂也。」自説者，《孟子》曰：「君子有三樂，而王天下不與存焉。」

故君子無悒悒於貧，無勿勿於賤，無憚憚於不聞，布衣不完，疏食不飽，蓬户穴牖，日孜孜上仁，知我，吾無訢訢，不知我，吾無悒悒。盧注云：「憚憚，憂惶也。」聘珍謂：不聞，人不知也。疏食，菜食也。蓬户，以蓬爲户也。穴牖，鑿土室爲窗也。孜孜，不怠之意。上仁，尊仁也。訢，喜也。是以君子直言直行，不宛言而取富，不屈行而取位。直，正也。《説文》云：「宛，屈草自覆也。」巧言似之，故曰宛言。《説文》云：「屈，無尾也。」苟行似之，故曰屈行。位，爵位也。畏之見逐，智之見殺，固不難。詘身而爲不仁，宛言而爲不智，則君子弗爲也。畏，敬也。《爾雅》曰：「逐，病也。」見逐，謂人疾害之也。敬以安身，而反見逐，智以保身，而反見殺，皆非其罪也。難，患也。不難者，謂非其罪，君子不以爲患也。《漢書音義》云：「詘，古『屈』字。」盧注云：「小人在朝，多逐害於仁智者，君子之人，不枉言行而懷其禄也。」

君子雖言不受，必忠，曰道。雖行不受，必忠，曰仁。雖諫不受，必忠，曰智。《荀子·臣道》云：「逆命而利君謂之忠。」道，言之理也。仁，親也。謂仁恩相親偶也。智，知也，獨知事理，不惑利害也。天下無道，循道而行，衡塗而僨，手足不揜，四支不被。循，從也。孟子曰：「天下無道，以身殉道。」盧注云：「衡，横也。僨，僵也。手足即四支。説者申慇懃耳。」聘珍謂：塗，路也。被，覆也。言其死於道路也。《詩》云：「行有死人，尚或墐之。」則此非士之罪也，有士者之羞也。《詩·小雅·小弁》之篇，毛傳云：「墐，路冢也。」鄭箋云：「道中有死人，尚有覆掩之成其墐者。」羞，恥也。言路人尚有哀人之死者。有士者不惜其士之無罪而死，恥孰甚焉？

是故君子以仁爲尊。天下之爲富，何爲富？則仁爲富也。天下之爲貴，何爲貴？則仁爲貴也。昔者，舜，匹夫也，土地之厚，則得而有之，人徒之衆，則得而使之，舜唯以得之也。尊，謂尊長。《易》曰：「君子體仁，足以長人。」天下爲富，謂富有四海之内也。天下爲貴，謂貴爲天子也。舜，匹夫也者，《書》曰：「有鰥在下曰虞舜。」得而使之者，謂天下大悦而歸之。唯以者，以仁也。是故君子將説富貴，必勉於仁也。《論語》曰：「富與貴，是人之所欲也。不以其道得之，不處也。」「君子去仁，惡乎成名？」昔者，伯夷、叔齊死於溝澮之閒，其仁成名於天下。《史記》云：「伯夷、叔齊，孤竹君之二子也。餓死於首陽山。」孔子曰：「求仁得仁，又何怨乎？」夫二子者，居河濟之閒，非有土地之厚、貨粟之富也。言爲文章，行爲表綴於天下。河濟之閒，即首陽之下也。酈注《水經》云：「河水南對首陽山。夷齊之歌所以曰『登彼西山』矣。河南有鉤陳壘，世傳武王伐紂，八百諸侯所會處。河水又東，湨水入焉。又東，濟水注焉。」《史記正義》云：「戴延之《西征記》：『洛陽東北首陽山有夷齊廟。』今在偃師縣西北。」孔氏《禹貢疏》云：「《地理志》云：濟水出河東垣縣王屋山，東南至河内武德縣入河。」聘珍案：王屋山，在今河南懷慶府濟源縣西北八十里。武德故城在今武陟縣東。文章，法度也。《説文》云：「表，上衣也。从衣从毛，古者衣裘，以毛爲表。」綴，合著也。表綴者，謂以毛裘之物著於木上，以爲望視標準者也。是故君子思仁義，晝則忘食，夜則忘寐，日旦就業，夕而自省，以役其身，亦可謂守業矣。役，勞役也。《論語》曰：「吾嘗終日不食，終夜不寢以思，無益，不如學也。」《曾子立事》曰：「學必由其業。」

曾子制言下弟五十六

曾子曰：天下有道則君子訢然以交同，天下無道則衡言不革。訢，樂也。交同，謂上下交而其志同也。盧注云：「衡，平也。」聘珍謂：平言，言遜也。革，變也。《中庸》曰：「國無道，至死不變。」諸侯不聽則不干其土，聽而不賢則不踐其朝。是以君子不犯禁而入，聽，從也。干，冒進也。土，謂疆土。《廣雅》云：「賢，堅也。」踐其朝，謂履其位也。禁，忌也。不聽不賢，則必忌之。從外曰入。入境及郊，問禁請命。境，界首也。邑外謂之郊。禁，謂國中政教所忌。請，猶問也。命，政令也。不通患而出危色，則秉德之士不讇矣。通，知也。患，難也。危，疑也。言未仕其國，知難則去，無遲疑之色。《論語》曰「亂邦不居」是也。讇，謂横求見容也。故君子不讇富貴以爲己説，不乘貧賤以居己尊。説，謂容悦。乘，陵也。居，處也。《論語》曰：「貧而無諂，富而無驕。」

凡行不義則吾不事，不仁則吾不長。事，謂奉事，任其役使也。長，謂官長。不長者，不爲其屬也。奉相仁義則吾與之聚群嚮爾。奉，承也。相，助也。聚，共也。群，謂群居。嚮，謂嚮往。言奉助仁義之人，君子身則與之聚群，而心則嚮往之。寇盜則吾與慮。慮，謀也。言君子所聚群嚮爾之人，若遇寇盜之事，則當與其謀。《孟子》曰：「子思居於衛，有齊寇。或曰：『寇至，盍去諸？』子思曰：『如伋去，君誰與守？』」國有道則突若入焉，國無道則突若出焉，如此之謂義。突，讀曰「鴥」。《説文》云：「鴥，疾飛貌。」盧注云：「《詩》曰『鴥彼晨風，鬱彼北林』也。」突若出者，如大鳥奮翼而去也。義，宜也。

夫有世義者哉？夫，謂君子。世義，謂與世相宜也。此問君子出入時宜之道。下文乃爲答之之詞。曰：「仁者殆，恭者不入，慎者不見使，正直者則邇於刑，弗違則殆於罪。曰者，答上文問詞也。盧注云：「殆，危也。仁者危之，恭者又不受也。邇，近也。違，去也。」聘珍謂：慎，謹也。使，用也。不去，則罪及於身。是故君子錯在高山之上，深澤之污，聚橡栗藜藿而食之，生耕稼以老十室之邑。錯，置也，謂君子自置其身也。污，水曲也。《吕氏·恃君》云：「冬日則食橡栗。」高彼注云：「橡，皁斗也。其狀似栗。」《太史公自序》云「藜藿之食」，張氏《正義》云：「藜，似藿而表赤。藿，豆葉也。」生，業也。生耕稼，謂以耕稼爲生也。言君子去無道之國，而隱居自給，無求於人，所謂與世相宜之道也。是故昔者禹見耕者五耦而式，過十室之邑則下，爲秉德之士存焉。」兩人共耕曰耦。式，車中小俛也。下，謂下車。盧注云：「不侮之也。」

曾子疾病弟五十七

曾子疾病，曾元抑首，曾華抱足。盧注云：「疾困曰病。元、華，曾子之子。」聘珍謂：抑，按也。抱，持也。曾子曰：「微乎！吾無夫顔氏之言，吾何以語汝哉！然而君子之務，盡有之矣。孔氏《檀弓疏》云：「微，無也，言無得如是與。」語，告也。務，事也。夫華繁而實寡者，天也。言多而行寡者，人也。華，草木華也。《爾雅》曰：「華，荂也。華荂，榮也。木謂之華，草謂之榮。不榮而實者謂之秀，榮而不實者謂之英。」《論語》曰：「苗而不秀者，有矣夫。秀而不實者，有矣夫。」孔彼注云：「言萬物有生而不育成者，喻人亦然。」鷹鶽以山爲卑而曾巢其上，魚鼈黿鼉以淵爲淺而蹷穴其中。卒其所以得之者，餌也。是故君子苟無以利害義，則辱何由至哉？鶽，鷙鳥也。曾，讀曰「增」。《說文》云：「鳥在木上曰巢。」「鼈，甲蟲也。」「黿，大鼈也。」「鼉，水蟲似蜥易，長大。」蹷，讀曰「掘」。穴，窟也。餌，食也。盧注云：「求生之厚，動之死地也。」親戚不說，不敢外交。近者不親，不敢求遠。小者不審，不敢言大。親戚，謂父母也。《五帝本紀》云：「堯二女事舜親戚，甚有婦道。」交，友也。親，愛也。審，悉也。故人之生也，百歲之中，有疾病焉，有老幼焉，故君子思其不復者而先施焉。親戚既歿，雖欲孝，誰爲孝？年既耆艾，雖欲弟，誰爲弟？故孝有不及，弟有不時，其此之謂與？疾病老幼之時，不能盡孝弟之禮。復，返也。施，行也。年，謂己之年。耆，長也。艾，老也。言孝弟之道，宜及時而盡也。言不遠身，言之主也。行不遠身，行之本也。言有主，行有本，謂之有聞矣。盧注云：「知身是言行之基，可謂聞矣。」君子尊其所聞則高明矣，行其所聞則廣大矣。高明廣大，不在於他，在加之志而已矣。尊，崇也。《說文》云：「聞，知聞也。」高明，以德言；廣大，以業言。志，意也。《易》曰：「聖人崇德而廣業也。」崇效天，卑法地。」與君子游，苾乎如入蘭芷之室，久而不聞，則與之化矣。與小人游，貸乎如入鮑魚之次，久而不聞，則與之化矣。是故君子慎其所去就。苾，馨香也。蘭芷皆香草。蘭，亦作「蕑」。芷，一名茝。孔氏《中庸疏》云：「變盡舊體，而有新體，謂之爲化。」《釋名》云：「貸騃，貸者，言以物貸予。騃者，言必棄之，不復得也，不相量事者之稱。」聘珍謂：人以身入小人之類，與之俱化，是以其身貸予之也。鄭注《周禮》云：「鮑者，於楅室中糗乾之。」次，若今市亭然。與君子游，如長日加益，而不自知也。與小人游，如履薄冰，每履而下，幾何而不陷乎哉！盧注云：「如日之長，雖日加益，而不自知也。」聘珍謂：履，踐也。每，頻也。陷，没也。吾不見好學盛而不衰者矣，吾不見好教如食疾子矣，盧注云：「言未見好教，欲人之受，如餔疾子也。」吾不見日省而月考之其友者矣，省，察也。考，校也。言就其友省察考校己之德行道藝也。此言人之好學者。《論語》曰：「日知其所亡，月無忘其所能，可謂好學也已。」吾不見孜孜而與來而改者矣。孜孜，不怠之意。來，謂來學者。改，謂改其失也。此言人之好教者。《學記》曰：「教也者，長善而救其失者也。」

曾子天圓弟五十八

單居離問於曾子曰：「天圓而地方者，誠有之乎？」曾子曰：「離，而聞之云乎？」中規者謂之圓，中矩者謂之方。盧注云：「而，猶汝也。汝聞則言之也。」單居離曰：「弟子不察，此以敢問也。」曾子曰：「天之所生上首，地之所生下首。《爾雅》曰：「首，始也。」天地交而萬物生，天氣下降，生自上始，地氣上騰，生自下始。上首之謂圓，萬物資始，爲天爲圓。下首之謂方。萬物資生，爲地爲方。如誠天圓而地方，則是四角之不揜也。且來，吾語汝。參嘗聞之夫子曰：天道曰圓，地道曰方，盧注云：「道曰方圓耳，非形也。」方曰幽，而圓曰明。盧注云：「方者，陰義，而圓者，陽理，故以明天地也。」明者，吐氣者也，是故外景。幽者，含氣者也，是故内景。吐，猶出也。《説文》云：「景，光也。」外景者，光在外，内景者，光在内。故火日外景，而金水内景。離爲火，爲日，以二陽而周乎一陰之外，故光在外。兑爲金，以二陽而説於一陰之内。坎爲水，以一陽而陷於二陰之中，故光在内。吐氣者施，而含氣者化，是以陽施而陰化也。施，予也。化，生也。謂化其所施也。《易》曰「天施地生」也。陽之精氣曰神，陰之精氣曰靈。神靈者，品物之本也，而禮樂仁義之祖也，而善否治亂所興作也。神，謂天神。靈，謂地祇。《説文》云：「天神，引出萬物者也。」「地祇，提出萬物者也。」「品，衆庶也。」《爾雅》曰：「祖，始也。」盧注云：「樂由陽來，禮由陰作，仁近樂，義近禮，故陰陽爲祖也。」聘珍謂：善則治，否則亂。《易》曰：「天地交，泰，内陽而外陰也。」「天地不交，否，内陰而外陽也。」陰陽之氣各静其所，則静矣。各静其所，謂各安其處也。《毛詩傳》云：「静，安也。」偏則風，偏，不正也。陰入於陽，旋而無形爲風也。俱則靁，俱，皆也。陽爲陰伏，相薄而有聲爲靁。交則電，《説文》云：「電，陰陽激燿也。」亂則霧，《爾雅》曰：「地氣發，天不應曰霧。」《釋名》云：「霧，冒也。氣蒙亂覆冒乎物也。」和則雨，陰畜陽極，則和，故水從雲下也。陽氣勝，則散爲雨露，陰氣勝，則凝爲霜雪。勝，克也。散，布也。凝，結也。陽主散，陰主凝。《説文》云：「雨，水從雲下也。」「露，潤澤也。」「霜，喪也，成物者。」「雪，凝雨，説物者。」陽之專氣爲雹，陰之專氣爲霰，霰、雹者，一氣之化也。《説文》云：「雹，雨冰也。」「霰，稷雪也。」盧注云：「陽氣在雨，温煖如湯，陰氣薄之，不相入，轉而爲雹。陰氣在雨，凝滯爲雪，陽氣薄之，不相入，散而爲霰。故《春秋穀梁説》曰：『雹者，陰脅陽之象。霰者，陽脅陰之符也。』」

七八 毛蟲毛而後生，羽蟲羽而後生。毛羽之蟲，陽氣之所生也。鄭注《大司徒》云：「毛蟲，貂狐貒貉之屬，縟毛者也。羽蟲，翟雉之屬。」《淮南·天文》云：「毛羽者，飛行之類也，故屬於陽。」介蟲介而後生，鱗蟲鱗而後生。介鱗之蟲，陰氣之所生也。鄭注《大司徒》云：「介蟲，龜鼈之屬，水居陸生者。鱗蟲，魚龍之屬。」《淮南·天文》云：「介，鱗者，蟄伏之類也，故屬於陰。」唯人爲倮匈而後生也，陰陽之精也。盧注云：「倮匈，謂無毛羽與鱗介也。人受陰陽純粹之精，有生之貴也。」毛蟲之精者曰麟，羽蟲之精者曰鳳，介蟲之精者曰龜，鱗蟲之精者曰龍，倮蟲之精者曰聖人。《爾雅》曰：「麐，麕身牛尾，一角。鶠，鳳，其雌皇。」《易》曰：「十朋之龜。」

《爾雅》曰：「一曰神龜，二曰靈龜，三曰攝龜，四曰寶龜，五曰文龜，六曰筮龜，七曰山龜，八曰澤龜，九曰水龜，十曰火龜。」《説文》云：「龍，鱗蟲之長，能幽能明，能細能巨，能短能長。春分而登天，秋分而潛淵。」陸氏《爾雅音義》云：「三虫爲蟲，直忠切。有足者也。今人以虫爲蟲，相承假借用耳。」《説文》云：「虫，一名蝮，象其形，物之微細，或行或飛，或毛或倮，或介或鱗，以虫爲象。」《爾雅》曰：「有足謂之蟲，無足謂之豸。」《月令》鱗毛羽介皆謂之蟲。《白虎通》以聖人爲倮蟲之長，自上聖下達蟭螟，通有蟲稱耳。龍非風不舉，龜非火不兆，此皆陰陽之際也。舉，飛動也。《説文》云：「兆，灼龜坼也。」際，會也。盧注云：「龜龍爲陰，風火爲陽，陰陽之會也。」兹四者，所以役於聖人也。役，謂役使。《禮運》曰：「聖人作則，四靈爲畜，麟鳳龜龍，謂之四靈。」是故聖人爲天地主，爲山川主，爲鬼神主，爲宗廟主。主者，主其祭祀。鬼神，謂四方百物。聖人慎守日月之數，以察星辰之行，以序四時之順逆，謂之曆。察，審也。序，次也。盧注云：「審十二月分數於昏旦，定辰宿之中見與伏，以驗時節之僭否。」截十二管，以宗八音之上下清濁，謂之律也。《漢書·律曆志》云：「黄帝使伶倫自大夏之西，崐崘之陰，取竹之竅厚均者，斷兩節間而吹之，以爲黄鐘之宫。制十二筩，以聽鳳皇之鳴，以比黄鐘之宫，是爲律本。」宗，主也。盧注云：「八音，八卦之音，以律定八風之高下清濁，而準配金石絲竹也。」聘珍謂：律也者，六律六吕，統謂之十二律也。《書》曰：「律和聲。」孔云：「律，謂六律六吕。」律居陰而治陽，曆居陽而治陰。居，處也。律述地氣，故曰「居陰」。治陽者，節氣既得，可以考日月之行道，星辰之次舍，時候之寒暑，所治者皆天事也。曆悉天象，故曰「居陽」。治陰者，象數不忒，可因日星之出入，晝夜之永短，以知東西南朔之高下向背，以正作訛成易之時，所治者皆地事也。律曆迭相治也，其間不容髮。迭，更迭也。盧注云：「曆以治時，律以候氣，其致一也。」聖人立五禮以爲民望，制五衰以别親疏，和五聲之樂以導民氣，合五味之調以察民情，正五色之位，成五穀之名。五禮，謂春官宗伯所掌吉、凶、賓、軍、嘉五禮也。盧注云：「五禮，其别三十六，生民之紀在焉。」聘珍謂：五衰，五服也。鄭注《喪服》云：「凡服，上曰衰，下曰裳。」賈疏云：「兼解五服。五服，謂斬衰、齊衰、大功、小功、緦麻也。親者服重，疏者服輕。」五聲者，《樂記》曰：「宮爲君，商爲臣，角爲民，徵爲事，羽爲物。」導，宣導也。五味者，《周禮》曰：「春多酸，夏多苦，秋多辛，冬多鹹。調以滑甘。」調，和也。察民情者，《王制》曰：「中國、夷、蠻、戎、狄，皆有安居和味。」又曰：「五味異和。」五色之位者，《攷工記》曰：「東方謂之青，南方謂之赤，西方謂之白，北方謂之黑，地謂之黃。」盧注云：「察，猶別也。五穀者，謂黍、稷、麻、麥、菽也。」序五牲之先後貴賤，諸侯之祭牛，曰太牢。大夫之祭牲羊，曰少牢。士之祭牲特豕，曰饋食。盧注云：「五牲：牛、羊、豕、犬、雞。先後，謂四時所尚也。」聘珍謂：陸氏《儀禮釋文》云：「養牲所曰牢。」何注《公羊》云：「牛、羊、豕凡三牲，曰太牢。羊、豕凡二牲，曰少牢。」鄭注《儀禮》云：「祭祀自孰始，曰饋食。饋食者，食道也。」無祿者稷饋，稷饋者無尸，無尸者，厭也。盧注云：「庶人無常牲，故以稷爲主。」鄭注《士虞禮》云：「尸，主也。孝子之祭，不見親之形象，心無所繫，立尸而主意焉。」鄭注《曾子問》云：「厭，厭飫神也。厭有陰有陽。迎尸之前，祝酌奠奠之，且饗，是陰厭也。尸謖之後，徹薦俎，敦，設於西北隅，是陽厭也。」然則陰厭在尸未至之前，陽厭在尸既起之後，是厭之無尸也。

宗廟曰芻豢，山川曰犧牷，割列禳瘞，是有五牲。盧注云：「牛羊曰芻，犬豕曰豢。色純曰犧，體完曰牷。宗廟言豢，山川言牲，互文也。山川，謂岳瀆。以方色，角尺。其餘用厖索之。割，割牲也。列，疈辜。禳，面禳也。瘞，埋也。」聘珍謂：割牲者，以血祭祭社稷。《月令》曰「大割祠於公社」是也。列，疈辜者，祭四方百物。面禳者，先鄭注《雞人職》云：「面禳，四面禳也。」祭山林曰埋。此之謂品物之本，禮樂之祖，善否治亂之所由興作也。」

大戴禮記解詁卷之五終

大戴禮記解詁卷之六

南城王聘珍學

武王踐阼弟五十九

武王踐阼。孔氏《曲禮下疏》云：「踐，履也。阼，主人階也。履主階行事，故云踐阼也。」三日，召士大夫而問焉，曰：「惡有藏之約，行之行，萬世可以爲子孫恒者乎？」盧注云：「惡，猶於何也。言於何有約言，而行之乃行，萬世而猶得其福。」聘珍謂：藏，懷也。約，少也，要也。行之行，謂施則行也。《易》曰：「恒，久也。」《爾雅》曰：「恒，常也。」諸大夫對曰：「未得聞也！」

然後召師尚父而問焉，《詩》曰：「維師尚父。」鄭箋云：「師，太師也。尚父，吕望也。尊稱焉。」曰：「黄帝、顓頊之道存乎？意亦忽不可得見與？」《帝繫》曰：「少典産軒轅，是爲黄帝。黄帝産昌意，昌意産高陽，是爲帝顓頊。」孔氏《學記疏》云：「武王言黄帝、顓頊之道恒在與？意，言意恒念之。但其道超忽已遠，亦恍惚不可得見與？與，語辭。」師尚父曰：「在丹書。王欲聞之，則齊矣。」孔疏云：「丹書者，師説云：赤雀所銜丹書也。」聘珍謂：張氏《史記·周本紀》正義云：《尚書帝命驗》云：「季秋之月甲子，赤爵銜丹書入於酆，止於昌户。」《説文》云：「齊，戒潔也。」

三日，王端冕，師尚父亦端冕，奉書而入，負屏而立。三日者，致齊三日也。孔疏云：「端冕者，謂衮冕也。其衣正幅，與玄端同，故云端冕。故皇氏云：『武王端冕，謂衮冕也。《樂記》魏文侯端冕，謂玄冕也。』」聘珍謂：入者，入於路門也。負，背也。屏謂之樹。天子外屏，在路門之外。經云負屏者，謂師尚父入路門之後，北面而立，其屏在後。入門而猶言屏者，因屏以明所立之向背也。王下堂，南面而立。師尚父曰：「先王之道，不北面。」王行西，折而南，東面而立。

師尚父西面道書之言，堂，謂路寢之堂也。先王之道，不北面者，《學記》曰：「大學之禮，雖詔於天子，無北面，所以尊師也。」師尚父西面者，孔疏云：「皇氏云：王在賓位，師尚父主位。故西面，王庭之位。若尋常師徒之教，則師東面，弟子西面，與此異也。」曰：「敬勝怠者吉，怠勝敬者滅，義勝欲者從，欲勝義者凶。凡事不彊則枉，弗敬則不正，枉者滅廢，敬者萬世。勝，克也。欲，謂私欲。鄭注《少牢饋食》云：「從者，求吉得吉之言。」彊，自彊也。枉，橈敗也。《易》曰：「敬以直内。」弗敬不正者，謂存心不敬，則身不正矣。藏之約，行之行，可以爲子孫恒者，此言之謂也。盧注云：「問先帝之道，庶聞要約之旨，故對此而已。」且臣聞之，以仁得之，以仁守之，其量百世。以不仁得之，以仁守之，其量十世。以不仁得之，以不仁守之，必及其世。」盧注云：「『以仁得之，以仁守之，以不仁得之，以仁守之』，皆謂創基之君。十百世，謂子孫無咎譽者，於十百之外，天命則有興改，其廢立大節依於此。『及其世』，謂止於其身也。」

王聞書之言，惕若恐懼，退而爲戒書。《易》曰：「君子終日乾乾，夕惕若。」又曰：「君子以恐懼修省。」盧注云：「戒書者，託於物以自警戒也。」於席之四端爲銘焉，於机爲銘焉，於鑑爲銘焉，於盥盤爲銘焉，於楹爲銘焉，於杖爲銘焉，於帶爲銘焉，於履屨爲銘焉，於觴豆爲銘焉，於户爲銘焉，於牖爲銘焉，於劍爲銘焉，於弓爲銘焉，於矛爲銘焉。《説文》云：「席，籍也。」孔氏《祭統疏》云：「坐之曰席。」端，首也。銘，題勒也。机，案屬，所以坐安體者。鑑，鏡也。盥盤，承盥水者。楹，屋柱也。帶，申束衣者。觴，酒器。豆，古食肉器也。户，房室户也。牖，室之南窗也。《説文》云：「酋矛也，建於兵車，長二丈。」席前左端之銘曰：「安樂必敬。」盧注云：「安不忘危。」前右端之銘曰：「無行可悔。」盧注云：「當恭敬朝夕，故以懷安爲悔也。」後左端之銘曰：「一反一側，亦不可以忘。」盧注云：「言雖反側之閒，不可以忘道也。」後右端之銘曰：「所監不遠，視邇所代。」盧注云：「周監不遠，近在有殷之世。」机之銘曰：「皇皇惟敬，口生听，口戕口。」《少儀》曰：「言語之美，穆穆皇皇。」听，謂訢病羞辱也。《書》曰：「惟口起羞。」戕，害也。《大學》曰：「言悖而出者，亦悖而入。」盧注云：「机者，人君出令所依，故以言語爲戒也。」鑑之銘曰：「見爾前，慮爾後。」鑑，見面之容。慮，思也。後，謂所不見者。盥盤之銘曰：「與其溺於人也，寧溺於淵。溺於淵，猶可游也，溺於人，不可救也。」溺，覆没也。人，謂庶民。《緇衣》曰：「夫民閉於人，而有鄙心，易以溺人。」淵，深水也。浮水曰游。盧注云：「日知所亡，學者之功，溺於民庶，大人之禍。故或以自新取戒，或以游溺爲鑑也。」楹之銘曰：「毋曰胡殘，其禍將然。毋曰胡害，其禍將大。毋曰胡傷，其禍將長。」胡，何也。殘，壞也。禍，謂禍裁。然，燒也。《孟子》曰：「若火之始然。」杖之銘曰：「惡乎危？於忿疐。惡乎失道？於嗜慾。惡乎相忘？於富貴。」盧注云：「惡，於何也。忿者，危之道，怒甲及乙，又危之甚。杖危，故以危戒也。杖依道而行之，言身杖相資也。因失道相忘，乃嗜慾安樂之戒也。」聘珍謂：《說文》云：「嗜慾，喜之也。」溺於富貴而忘其道。帶之銘曰：「火滅脩容，慎戒必恭，恭則壽。」脩，飾也。容，謂容貌。貌正曰恭。盧注云：「難夜解息，其容不可以苟。帶於寢先釋，故因言之也。」屨履之銘曰：「慎之勞，勞則富。」盧注云：「行慎躬勞，躬勞終福。論慎屨，亦財不費也。屨在下，尤勞辱，因爲此戒。福與富，音義兩施，互取焉。」觴豆之銘曰：「食自杖，食自杖。戒之憍，憍則逃。」《說文》云：「杖，持也。」食自杖，言食以禮自持也。憍，恣也。逃，亡也。户之銘曰：「夫名難得而易失。無懃弗志，而曰我知之乎？無懃弗及，而曰我杖之乎？擾阻以泥之，若風將至，必先摇摇。雖有聖人，不能爲謀也。」《廣雅》云：「懃，賴也。」志，念也。及猶汲汲也。杖，持也。言無所倚賴，而不志念，反曰知之。無所倚賴，而不汲汲，反曰持之。言其不相量事也。擾，讀曰「獿」。顔注《漢書》云：「獿，拉抸也。」阻，讀曰「予所畜租」之「租」。泥，塗也。《詩》曰：「迨天之未陰雨，徹彼桑土，綢繆牖户。」又曰：「予室翹翹，風雨所漂摇。」《左氏》襄四年傳曰：「咨難爲謀。」《淮南・人閒訓》云：「患生而救之，雖有聖知，弗能爲謀耳。」牖之銘曰：「隨天之時，以地之財，敬祀皇天，敬以先時。」隨天時者，牖所以見日也。以地財者，以木爲交窗也。盧注云：「先祭時而敬齊。」劍之銘曰：「帶之以爲服，動必行德，行德則興，倍德則崩。」服，佩也。倍，反也。崩，山壞也。盧注云：「以順誅也。」弓之銘曰：「屈伸之義，廢興之行，無忘自過。」屈伸者，弓之往來體也。《易》曰：「弓矢者，器也。射之者，人也。君子藏器於身，待時而動。」矛之銘曰：「造矛造矛，少閒弗忍，終身之羞。造，作也，少閒，須臾也。忍，耐也。羞，恥也。盧注云：「重言造矛，見造矛之不易也。言少閒之不忍，則爲終身羞。以君子於殺之中，禮恕存焉。」予一人所聞，以戒後世子孫。」盧注云：「『貽厥孫謀，以燕翼子。』武王之詩也。」

衛將軍文子弟六十

衛將軍文子問於子贛，盧注云：「文子，衛卿也，名彌牟。子贛，端木賜也，衛人，衛之相也。」聘珍謂：孔氏《檀弓疏》云：「案《世本》：『靈公生昭子郢，郢生文子木，及惠叔蘭。蘭生虎，爲司寇氏。文子生簡子瑕，瑕生衛將軍文氏。』然則彌牟是木之字。」曰：「吾聞夫子之施教也，先以《詩》，世道者孝悌，説之以義而觀諸體，成之以文德。蓋受教者七十有餘人，聞之孰爲賢也？」施，設也。詩，謂六詩。《周禮》曰「六詩，曰風，曰賦，曰比，曰興，曰雅，曰頌」是也。先以《詩》者，《論語》曰「興於詩」也。高注《吕氏·誣徒》云：「世，時也。」道，言也。孝悌，德之本也，故時言之。説，告也。《論語》曰：「君子義以爲質。」觀，示也。體，行也。《論語》曰：「吾無行而不與二三子者。」文，謂道藝。德，謂德行。《史記》云：「孔子曰：『受業身通者，七十有七人』，皆異能之士也。」孰，誰也。賢，勝也。子貢對，辭以不知。文子曰：「吾子學焉，何謂不知也？」辭，謝也。學，謂學於孔子也。子貢對曰：「賢人無妄，知賢則難。故君子曰『智莫難於知人』，此以難也。」賢人，謂以賢稱人。妄，誣也。知賢，謂知人之賢。盧注云：「《書》曰：『知人則哲，惟帝其難之。』」文子曰：「若夫知賢人莫不難，吾子親游焉，是敢問也。」子貢對曰：「夫子之門人，蓋三就焉。賜有逮及焉，有未及焉，不得辯知也。」游，謂與諸賢游於聖人之門。逮，與也。辯，讀曰「徧」。盧注云：「三就，謂大成、次成、小成也。未及者，謂先就夫子，而或止或退，未得及己見也。或以子貢違夫子之後，有新來者也。」文子曰：「吾子之所及，請問其行也。」子貢對曰：「夙興夜寐，諷誦崇禮，行不貳過，稱言不苟，是顏淵之行也。孔子説之以《詩》，《詩》云：『媚兹一人，應侯順德。永言孝思，孝思惟則。』故國一逢有德之君，世受顯命，不失厥名，以御于天子以申之。崇禮者，非禮勿視，非禮勿聽，非禮勿言，非禮勿動也。《易》曰：「顏氏之子，其殆庶幾乎！有不善，未嘗不知，知之，未嘗復行也。」《論語》曰：「不貳過。」盧注云：「顏回，魯人，字子淵也。《詩·大雅·下武》之四章也。媚兹一人，謂御於天子，而蒙寵愛。應侯順德，逢國君能成其德。孝思惟則，此文在前章，兼以説之，故連言也。御于天子以申之，於諸侯受爵命，未盡其能。」在貧如客，使其臣如藉，不遷怒，不探怨，不録舊罪，是冉雍之行也。孔子曰：『有土君子，有衆使也，有刑用也，然後怒。匹夫之怒，惟以亡其身。』《詩》云：『靡不有初，鮮克有終。』以告之。在貧，謂處約也。如客，讀曰「而客」，敬也。臣，男子賤稱也。探，遠取之也。録，記録也。《論語》曰：「不念舊惡。」盧注云：「如客，言安貧也。藉，借也。如借力然也。冉雍，魯人也，字仲弓。使，舉也。夫子因其性不好怒，故説妄怒之敗也。《書》曰『惟辟作威』也。《詩·大雅·蕩》首章也。言冉雍能終其行也。」不畏强禦，不侮矜寡。其言曰性，都其富哉。任其戎，是仲由之行也。夫子未知以文也，《詩》云：『受小共大共，爲下國恂蒙。何天之寵，傅奏其勇。』夫强乎武哉，文不勝其質。畏，懼也。强禦，强梁禦善者。侮，侵也。《孟子》曰：「老而無妻曰矜，老而無夫曰寡。」都其富哉，贊美之辭也。《楚語》曰：「富都那豎。」韋注云：「富，富於容貌。都，閑也。」《説文》云：「戎，兵也。」《論語》曰：「可使治其賦也。」孔云：「賦，兵賦也。」夫子，謂孔子。未知，未許也。《論語》曰：「子路問成人。子曰：文之以禮樂。」盧注云：「其言曰性者，其言惟陳其性，不苟虚妄。仲由，衛人，字子路，一字季路，大夫也。《詩·殷頌·長發》之五章也。頌湯伐桀除災之事。恂，信也。言下國信蒙其富。《詩》爲『駿厖』，或古有二文，或以義賦。『寵傅』，又爲『龍敷』。」聘珍謂：《中庸》曰：「子路問强。」鄭彼注云：「强，勇者所好也。」《廣雅》

云：「武，勇也。」《論語》曰：「質勝文則野。」又曰：「野哉，由也！」

恭老恤孤，不忘賓旅，好學省物而不懃，是冉求之行也。孔子因而語之曰：『好學則智，恤孤則惠，恭老則近禮，克篤恭以天下，其稱之也，宜爲國老。』

恭，敬也。幼而無父曰孤。旅，客也。省，減省也。懃，讀曰「勤」，勞也。盧注云：「物，猶事。事省則不懃也。」聘珍謂：《史記》云：「冉求，字子有，爲季氏宰。」《廣雅》云：「惠，仁也。」克，能也。篤，厚也。以天下，言能左右天下也。《中庸》曰：「君子篤恭，而天下平。」稱，舉也，謂舉而用之也。盧注云：「宜爲國之尊也。言任爲卿相也。」

志通而好禮，擯相兩君之事，篤雅其有禮節也，是公西赤之行也。孔子曰：『禮儀三百，可勉能也。威儀三千，則難也。』公西赤問曰：『何謂也？』孔子曰：『貌以擯禮，禮以擯辭，是之謂也。主人聞之以成。』孔子之語人也，曰：『當賓客之事，則通矣。』謂門人曰：『二三子欲學賓客之禮者，於赤也。』

志通者，知類通達也。鄭注《周禮》云：「出接賓曰擯，入贊禮曰相。」雅，正也。禮節者，禮之制度也。《禮器》曰：「經禮三百，曲禮三千。」鄭彼注云：「經禮，謂《周禮》也。《周禮》六篇，其官有三百六十。曲，猶事也。事禮，謂今《禮》也。禮篇多亡，本數未聞。其中事儀三千。」貌，謂容貌。辭，辭令也。盧注云：「公西赤，魯人也，字子華。禮經三百，可勉學而能知，能躬行三千之威儀，則難，而公西赤能躬行也。禮待貌而行，辭得禮而發。言貌，所以擯贊三千之儀也。主人，謂主言行此在於人也。聞之以成者，公西赤聞之以成。」

滿而不滿，實如虛，通之如不及，先生難之，不學其貌。竟其德，敦其言，於人也無所不信，其橋大人也，常以皓皓，是以眉壽，是曾參之行也。孔子曰：『孝，德之始也。弟，德之序也。信，德之厚也。忠，德之正也，參也中夫四德者矣哉！』以此稱之也。

滿，充也。道德充足，不自滿假也。《論語》曰：「有若無，實若虛。」通之，謂受業身通。《論語》曰：「學如不及。」難之，難能也。盧注云：「先生者，猶難之，亦所謂先子之所畏也。」聘珍謂：不學其貌者，不習文貌也。竟，盡也。《樂記》曰：「德者，性之端也。」竟其德者，盡其性也。敦，厚也。信，誠也。無所不信者，謂尊卑長幼，一以至誠與之也。橋大，謂高明廣大也。皓皓，潔白也，言孝子之潔白也。是以眉壽，以介眉壽也。《韓詩外傳》云：「曾子曰：吾嘗仕爲吏，禄不過鐘釜，尚猶欣欣而喜者，非以爲多也，樂道養親也。」《史記》云：「曾參，南武城人，字子輿。孔子以爲能通孝道，故授之業，作《孝經》。」盧注云：「天道曰至德，地道曰敏德，人道曰孝德。《四代》曰：『有天德，有地德。』夫學天地之德者，皆以無私爲能也。動而樂施者，天德也。安而待化者，地德也。故天之德有廣狹矣。自餘禮、義、忠、信已下，皆爲人德。因事則爲禮，厚其行則爲孝也。」業功不伐，貴位不善，不侮可侮，不佚可佚，不敖無告，是顓孫之行也。孔子言之曰：『其不伐則猶可能也，其不弊百姓者則仁也。《詩》云：「愷悌君子，民之父母。」』夫子以其仁爲大也。業，事也。自矜曰伐。善，猶喜也。不善，謂無喜色也。侮，慢也。佚，逸樂也。盧注云：「天民之窮，無所告者，不陵敖之也。」顓孫師，陳人也。子張，字也。《詩·大雅·洞酌》之首章也。聘珍謂：《説文》云：「弊，頓仆也。」《表記》曰：「凱以强教之，悌以悦安之。」學以深，厲以斷，送迎必敬，上友下交，銀手如斷，是卜商之行也。孔子曰：『《詩》云：「式夷式已，無小人殆。」而商也，其可謂不險也。』盧注云：「學深，能深致隱賾也。厲以斷，性嚴厲而能斷決。銀，廉鍔也。如斷，言便能。卜商，衛人，字子夏，爲魏文侯師。《詩·小雅·節》之四章。」聘珍謂：毛傳云：「式，用也。夷，平也。用平則已，無以小人之言，至於危殆也。」不險，言不危也。貴之不喜，賤之不怒，苟於民利矣，廉於其事上也，以佐其下，是澹臺滅明之行也。孔子曰：『獨貴獨富，君子恥之。夫也中之矣。』苟，誠也。廉，猶儉也。佐，助也。以佐其下者，損上益下也。盧注云：「澹臺滅明，魯之東武城人也。字子羽，魯大夫。」聘珍謂：獨者，不與民同也。夫，謂滅明。中，得也，言得君子之道也。先成其慮，及事而用之，是故不忘，是言偃之行也。孔子曰：『欲能則學，欲知則問，欲善則訊，欲給則豫，當是如偃也得之矣。』慮，謀也。《論語》曰：「好謀而成。」用之，謂用其所謀也。忘，失也。《史記》云：「言偃，吴人，字子游。」訊，猶問也。給，足也。豫，備也。《晉語》曰：「豫而後給。」獨居思仁，公言言義，其聞之《詩》也，一日三復白圭之玷，是南宮縚之行也。夫子信其仁，以爲異姓。公，猶官也。《詩》曰：「白圭之玷，尚可磨也。斯言之玷，不可爲也。」《序》云：「衛武公刺厲王，亦以自警也。」《論語》曰：「南容三復白圭，孔子以其兄之子妻之。」盧注云：「南宫縚，魯人也，字子容。異姓，謂以兄之子妻之。《司儀職》曰：『時揖異姓。』」自見孔子，入户未嘗越屨，往來過人不履影，開蟄不殺，方長不折，執親之喪，未嘗見齒，是高柴之行也。孔子曰：『高柴執親之喪，則難能也。開蟄不殺，則天道也。方長不折，則恕也。恕則仁也。湯恭以恕，是以日躋也。』盧注云：「凡在於室，卑者之屨，皆陳於户外，故雖後至，而不越焉。不越人之屨，不履人之影，謙慎之至也。高柴，齊人也，字子羔，爲郈宰。湯北事於葛，恭也。教網者祝，恕也。《詩·殷頌》曰：『聖敬日躋。』」聘珍謂：蟄，蟄蟲也。開，啟也。長，生長也。折，斷也。《檀弓》曰：「高子皋之執親之喪也，泣血三年，未嘗見齒，君子以爲難。」《説文》云：「恕，仁也。」《毛詩傳》云：「躋，升也。」此賜之所親睹也，吾子有命而訊，賜則不足以知賢。」《爾雅》云：「訊，言也。」有命而訊，謂因問而言也。

文子曰：「吾聞之也，國有道則賢人興焉，中人用焉，百姓歸焉。若吾子之語審茂，則一諸侯之相也，亦未逢明君也。」興，起也，謂起而在位也。中，正也。審，悉也。盧注云：「茂，盛也。一，皆也。」

子貢既與衛將軍文子言，適魯，見孔子，曰：「衛將軍問二三子之行於賜也，不一而三，賜也辭不獲命，以所見者對矣，未知中否，請嘗以告。」孔子曰：「言之。」子貢以其質告。孔子既聞之，笑曰：「賜！汝偉爲知人。賜！」中，當也。嘗，猶試也。以告，謂以所對告夫子也。盧注云：「質，猶實也。偉爲知人言大爲知人也。再言『賜』者，善之。」

子貢對曰：「賜也，焉能知人。此賜之所親睹也。」孔子曰：「是女所親也。吾語女耳之所未聞，目之所未見，思之所未至，智之所未及者乎？」子貢曰：「賜得則願聞之也。」盧注云：「言未至、未及者，爲其德廣厚也。」聘珍謂：得，猶足也。謂足與語也。

孔子曰：「不克不忌，不念舊惡，蓋伯夷、叔齊之行也。盧注云：「克，好勝人。忌，有惡於人也。《論語》曰『伯夷、叔齊不念舊惡，怨是用希』也。」聘珍謂：陸氏《釋文》云：「伯夷，名允，字公信，孤竹君之子。伯，長也。夷，謚。一本名元。叔齊，名智，字公達，伯夷之弟，齊，亦謚也。夷、齊名見《春秋少陽篇》。」晉平公問於祁傒曰：『羊舌大夫，晉國之良大夫也。其行如何？』杜氏《春秋世族譜》云：「平公，晉侯彪，悼公子。祁傒，晉大夫，祁午之父也。羊舌氏，晉之公族。羊舌，其所食邑。羊舌大夫，叔向祖父。」祁傒對，辭曰：『不知也。』公曰：『吾聞女少長乎其所，女其闇知之。』少長乎其所，言傒自幼長於羊舌氏之家。闇，讀曰「弇」，深也。或云羊舌大夫爲羊舌肸，非也。據《左傳》成十八年，祁傒爲中軍尉，羊舌職佐之，肸之父也。襄三年，祁奚請老，於是羊舌職死矣。祁午爲中軍尉，羊舌赤佐之，肸之兄也。襄十一年，羊舌肸始見《左傳》，其時奚老久矣，不得反云「少長乎其所」也。案《唐書·宰相世系表》云：「晉武公子伯僑生文，文生突，羊舌大夫也。」鄭氏《通志》云：「晉獻侯四世孫奚，食邑於祁，遂以爲氏。」據世次，則羊舌大夫較奚先一世，故奚「少長於其所」。盧氏舊注文字譌脱，俗儒不察，遂以羊舌大夫爲羊舌肸云。祁傒對曰：『其幼也，恭而遜，恥而不使其過宿也。恭，敬也。遜，順也。恥，謂行己有恥。宿，留也。言恥其過而速改也。其爲侯大夫也悉善，句。而謙其端也。《爾雅》曰：「侯，君也。」侯大夫，謂君大夫也。悉善者，詳盡善道以事君也。端，本也。《易》曰：「謙也者，致恭以存其位者也。」又曰：「謙，德之柄也。」其爲公車尉也信，句。而好直其功也。公車尉，軍尉也。《左氏》閔二年傳曰：「羊舌大夫爲尉。」杜注云：「羊舌大夫，叔向祖父也。尉，軍尉。」信，誠也。直，正也。功，謂軍功。直其功，言卒乘之有功者正之，不使冒濫也。至於其爲和容也，温良而好禮，博聞而時出其志。』盧注云：「和容，主賓客也。」聘珍謂：主賓客，謂應對諸侯，及受命而使也。博聞，謂閑習故事。志，意也。時出其志者，《公羊》莊十九年傳曰：「大夫受命，不受辭，出竟，有可以安社稷，利國家者，專之可也。」公曰：『嚮者問女，女何曰弗知也？』祁傒對曰：『每位改變，未知所止，是以不知。』蓋羊舌大夫之行也。位，爵次也。每位，謂爲侯大夫、公車尉及和容也。鄭注《大學》云：「止，猶自處也。」未知所止，言未知其所自處，不可以一德名也。畏天而敬人，服義而行信，孝乎父而恭於兄，好從善而斆往，蓋趙文子之行也。畏，亦敬也。服，從也。行信者，信以爲本，循而行之。斆，效也。往，古昔也。《世族譜》云：「趙文子，晉大夫，名武，趙朔之子。」其事君也，不敢愛其死，然亦不忘其身。謀其身，不遺其友。君陳則進，不陳則行而退，蓋隨武子之行也。愛，惜也。盧注云：「不愛其死，不苟免於難也。不忘其身，不死於不義也。陳，謂陳其德教。」聘珍謂：謀，計也。遺，忘也。陳，謂陳力。君陳者，君與之陳也。《論語》曰：「陳力就列，不能者止。」《世族譜》云：「隨武子，晉大夫范會也，士蔿孫。」杜注宣十七年《左傳》云：「初受隨，故曰隨武子。後受范，復爲范武子。」其爲人之淵泉也，多聞而難誕也，不內辭，足以没世，國家有道，其言足以生，國家無道，其默足以容，蓋桐提伯華之行也。淵，深也。泉，水原也。爲人淵泉，謂思慮深清不測也。誕，欺詐也。《説文》云：「辭，訟也。」不內辭者，無行可悔，不內自訟也。没世，謂終身。生，起也。謂興起在位也。桐提，《左傳》作「銅鞮」。孔氏《左傳》昭五年疏云：「銅鞮伯華，名赤，字伯華，食邑於銅鞮。」《世族譜》云：「赤，羊舌職之子。」外寬而內直，自設於隱栝之中，直己而不直於人，以善存，句。亡汲汲，蓋蘧伯玉之行也。《易》曰：「君子敬以直內。」設，置也。隱，讀曰「檃」。《荀子・性惡》云：「枸木必將待檃栝烝矯，然後直。」楊注云：「檃栝，正曲木之木也。」盧注云：「自設於隱栝之中，能以禮自鞏直也。」聘珍謂：直，正也。不直於人者，正己而不求於人也。《易》曰：「成性存存。」孔疏云：「存，謂保其終也。」亡，無也。汲汲，欲速也。《論語》曰：「君子哉，蘧伯玉。邦有道，則仕；邦無道，則可卷而懷之。」盧注云：「伯玉，衛大夫蘧瑗也。」孝子慈幼，允德稟義，約貨去怨，蓋柳下惠之行也。允，信也。稟，敬也。約，少也。貨，謂貨利。去，除也。《論語》曰：「放於利而行，多怨。」盧注云：「柳下惠，魯士師展禽也。食采於柳下，惠，謚也。」其言曰：『君雖不量於臣，臣不可以不量於君。是故君擇臣而使之，臣擇君而事之，有道順君，無道橫命。』晏平仲之行也。量，度也。《少儀》曰：「事君者，量而後入，不入而後量。」橫，讀曰「衡」。《史記》

云：「晏平仲嬰者，萊之夷維人也。國有道，即順命，無道，即衡命。」張氏《正義》云：「衡，秤也。謂國無道，則制秤量之，可行即行。」德恭而行信，終日言，不在尤之内，在尤之外，貧而樂也，蓋老萊子之行也。尤，過也。《漢書·藝文志》班氏自注云：「老萊子，楚人，與孔子同時。」易行以俟天命，居下位而不援其上，觀於四方也，不忘其親，苟思其親，不盡其樂，以不能學爲己終身之憂，蓋介山子推之行也。」易，平易也。俟，待也。援，扳引也。盧注云：「晉大夫介之推也。」

大戴禮記解詁卷之六終

大戴禮記解詁卷之七

南城王聘珍學

五帝德弟六十二

宰我問於孔子曰：「昔者予聞諸榮伊令，黄帝三百年。請問黄帝者人邪？抑非人邪？何以至於三百年乎？」宰予，字子我，魯人也，孔子弟子。榮伊，人姓名，《書序》有榮伯。馬注云：「榮伯，周同姓，畿内諸侯，爲卿大夫也。」《周語》有榮夷公，韋注云：「榮，國名。」《周書·王會》有榮氏，以國爲氏者也。令，教言也。《顔氏家訓》云：「邪者，未定之辭，北人即呼爲『也』。」孔子曰：「予！禹、湯、文、武、成王、周公，可勝觀也。夫黄帝尚矣，女何以爲？先生難言之。」勝，盡也。尚，上也。言久遠也。何以爲，言何用爲此也。《史記》云：「百家言黄帝，其文不雅馴，薦紳先生難言之。」

宰我曰：「上世之傳，隱微之説，卒業之辨，闇昏忽之意，非君子之道也，則予之問也固矣。」卒，終也。業，事也。辨，分別也。謂事既終，而猶争辨之。闇昏忽之意，謂其意幽暗恍忽，不自知發問之端。固，謂不達於禮。

孔子曰：「黄帝，少典之子也，曰軒轅。《史記》云：「黄帝者，少典之子，姓公孫，名曰軒轅。」《索隱》云：「少典者，諸侯國號，非人名也。黄帝本姓公孫，長居姬水，因改姬姓。居軒轅之邱，因以爲名，又以爲號。」生而神靈，張氏《史記正義》云：「言神異也。《易》曰：『陰陽不測之謂神。』《書》曰：『人惟萬物之靈。』故謂之神靈也。」弱而能言，《史記索隱》云：「弱，謂幼弱時也。蓋未合能言之時，而黄帝即言，所以爲神異也。」幼而慧齊，《史記》「慧」作「徇」，裴氏集解云：「徇，疾。齊，速也。言聖德幼而疾速也。」《索隱》云：「斯文未明。今案：徇、齊皆德也。《書》曰『聰明齊聖』，《左傳》曰『子雖齊聖』，齊，謂聖德齊肅。又案《孔子家語》及《大戴禮》並作『叡齊』，一本作『慧齊』，叡、慧皆智也。太史公採《大戴禮》而爲此紀，今彼文無作『徇』者。《史記》舊本亦有作『濬齊』。蓋古字假借『徇』爲『濬』，濬，深也。義亦並通。《爾雅》齊、速俱訓爲疾。《尚書大傳》曰：『多聞而齊給。』鄭注云：『齊，疾也。』今裴氏注云『徇』亦訓疾，未見所出。或當讀『徇』爲『迅』。迅，於《爾雅》與『齊』俱訓疾，則迅、濬雖異字，而音同也。又《爾雅》曰：『宣、徇，遍也。濬，通也。』是『遍』之與『通』，義亦相近。言黄帝幼而才智周遍，且辯給也。」長而敦敏，敦，厚也。敏，猶勉也。成而聰明，《史記正義》云：「成，謂年二十冠，成人也。聰明，聞見明辯也。」治五氣，設五量，撫萬民，度四方，教熊羆貔豹虎，以與赤帝戰于版泉之野。三戰，然後得行其志。五氣，謂五行之氣。《漢書·律曆志》云：「黄帝起五部。」孟康云：「五部，謂五行也。」《漢書·律曆志》云：「量者，龠、合、升、斗、斛也。」度，計量也。《説文》云：「貔，豹屬。豹似虎，圜文，出貉國。」赤帝者，炎帝神農之後也。《史記》云：「炎帝欲侵陵諸侯，諸侯咸歸軒轅。軒轅乃修德振兵，教熊羆貔貅貙虎，以與炎帝戰於阪泉之野。」酈注《水經》「㶟水」條下云：「魏《土地記》：『下洛城東南六十里，有涿鹿城，城東一里有阪泉。泉上有黄帝祠。』晉《太康地記》云：『阪泉，亦地名也。』」黄帝黼黻衣，大帶，黼裳，乘龍扆雲，以順天地之紀，幽明之故，死生之説，存亡之難。白與黑謂之黼。黑與青謂之黻。上曰衣，下曰裳。言衣裳始有章采也。大帶，所以申束衣。乘龍者，《左傳》曰：「古者畜龍。」《釋名》云：「扆，倚也，在後所依倚也。」扆雲者，杜注《左傳》云：「黄帝受命有雲瑞，故以雲記事也。」《易》曰：「仰以觀於天文，俯以察於地理，是故知幽明之故，原始反終，故知死生之説。」《史記索隱》云：「存亡，猶安危也。《易》曰『危者安其位，亡者保其存』是也。難，猶説也。凡事是非未盡，假以往來之辭，則曰難。」時播百穀草木，故教化淳鳥獸昆虫。播，布也。時播者，以時布種也。草木，謂疏材之屬。淳，和也。昆者，衆也。《説文》云：「虫，一名蝮，物之微細，或行，或毛，或蠃，或介，或鱗，以虫爲象。」故此經曰昆虫也。曆離日月星辰，極畋土石金玉，勞心力耳目，節用水火材物。《史記·曆書》索隱云：「《系本》及《律曆志》，黄帝使羲和占日，常儀占月，臾區占星氣，伶倫造律吕，大撓作甲子，隸首作算數，容成綜此六術，而著《調曆》也。」聘珍謂：離者，别其位次。極，致也。畋，取也。節，制也。《禮運》曰：「用水、火、金、木飲食必時。」《祭法》曰：「黄帝正名百物，以明民共財。」生而民得其利百年，死而民畏其神百年，亡而民用其教百年，故曰三百年。」畏，心服也。《易》曰：「利用出入，民咸用之謂之神。」

宰我請問帝顓頊。孔子曰：「五帝用記，三王用度，女欲一日辨聞古昔之説，躁哉予也！」宰我曰：「昔者予也聞諸夫子曰：『小子無有宿問。』」記，謂傳記。度，意度也。五帝代遠，須用傳記。三王時近，可度而知。《論語》曰：「殷因於夏禮，所損益可知也。周因於殷禮，所損益可知也。」辨，讀曰「徧」。宿，留也。孔子曰：「顓頊，黄帝之孫，昌意之子也，曰高陽，《史記》云：「帝顓頊高陽者，黄帝之孫，而昌意之子也。」孔氏《左傳疏》云：「先儒舊説及譙周《古史考》皆以顓頊、帝嚳爲帝之身號，高陽、高辛皆國氏土地之號。」洪淵以有謀，疏通而知事，養材以任地，履時以象天，依鬼神以制義，治氣以教民，絜誠以祭祀。洪，大也。淵，深。材，謂百穀草木。任地者，任其力勢所能生育。履，步也。履時，謂推步四時。象，法也。依，準也。制，斷也。義，宜也。率神從天，居鬼從地，以斷幽明之宜。《楚語》曰「顓頊命南正重司天以屬神，命火正黎司地以屬民，使復舊常，無相侵瀆」是也。氣，謂五行之氣。教民，謂播五行於四時，使民知布種百穀也。絜，明也。乘龍而至四海，北至于幽陵，南至于交趾，西濟于流沙，東至于蟠木。動静之物，大小之神，日月所照，莫不祇勵。」《楚辭》云：「北至幽陵。」王注云：「幽陵，猶幽州也。」《王制》曰：「南方曰蠻，雕題交趾。」又曰：「自西河至於流沙，千里而遥。」《漢・地理志》云：「流沙，在居延西北，名居延澤。」《史記集解》云：「《海外經》云：東海中有山焉，名曰度索。上有大桃樹，屈蟠三千里。」《史記正義》云：「動物，謂鳥獸之類。静物，謂草木之類。大，謂五嶽四瀆。小，謂邱陵墳衍。」聘珍謂：《爾雅》曰：「祇，敬也。」《廣雅》云：「勵，勸也。」

宰我曰：「請問帝嚳。」孔子曰：「玄囂之孫，蟜極之子也，曰高辛。《史記》云：「帝嚳高辛者，黄帝之曾孫也。高辛父曰蟜極，蟜極父曰玄囂，玄囂父曰黄帝。」生而神靈，自言其名。博施利物，不於其身。聰以知遠，明以察微。高注《吕氏・不侵》云：「於，厚也。」聘珍謂：不厚其身，如禹之菲飲食，惡衣服，卑宫室之類是也。《楚語》曰「明能光照之，聰能聽徹之」也。順天之義，知民之急，仁而威，惠而信，脩身而天下服。天之義，謂天時之宜。急，困難也。仁而威，謂德威也。《書》曰：「德威惟畏。」信，實也。取地之財而節用之，撫教萬民而利誨之，曆日月而迎送之，明鬼神而敬事之。撫，安存也。利，養也。曆，讀曰「歷」。《爾雅》曰：「歷，相也。」相日月之出入而察之，若寅賓寅餞然，故曰迎送之。其色郁郁，其德嶷嶷。其動也時，其服也士。春夏乘龍，秋冬乘馬。黄黼黻衣，執中而獲天下。日月所照，風雨所至，莫不從順。」郁郁，文章貌。嶷嶷，高貌。動，謂動衆使民也。服，用也。士，有道德之稱。獲，得也，得其心也。

宰我曰：「請問帝堯。」孔子曰：「高辛之子也，曰放勳。《史記》云：「帝嚳娶陳鋒氏女，生放勳。」馬注《尚書》云：「堯，謚也。翼善傳聖曰堯。放勳，堯名。」其仁如天，其知如神，就之如日，望之如雲。富而不驕，貴而不豫。《左傳》曰：「如天之無不覆也。」《易》曰：「知幾其神乎？」豫，謂逸豫。黄黼黻衣，丹車白馬，伯夷主禮，龍、夔教舞，舉舜、彭祖而任之，四時先民治之。丹車者，丹漆之車，言車有采飾也。《鄭語》曰：「姜，伯夷之後也。伯夷能禮於神以佐堯。」龍、夔，二臣名。舞，謂樂舞。《史記索隱》云：「彭祖，即陸終氏之弟，三子籛鏗之後，後爲大彭，亦稱彭祖。」四時先民治之者，命羲和仲叔分宅東南西北，以正春夏秋冬，而敬授人時也。流共工于幽州，以變北狄。放驩兜于崇山，以變南蠻。殺三苗于三危，以變西戎。殛鯀于羽山，以變東夷。鄭注《尚書》云：「共工，水官也。其人名氏未聞。先祖居此官，故以官氏也。堯末時，羲和之子皆死，庶績多闕而官廢。當此之時，驩兜、共工更相薦舉。馬云：『三苗，國名也。縉雲氏之後，爲諸侯，蓋饕餮也。』鯀，臣名，禹父也。幽州，北裔。崇山，南裔。三危，西裔。殛，誅也。羽山，東裔也。」《史記索隱》云：「變，謂變其形及衣服，同於夷狄也。」其言不貳，其德不回，❶四海之内，舟輿所至，莫不説夷。」貳，疑也。回，邪也。夷，平也。

宰我曰：「請問帝舜。」孔子曰：「蟜牛之孫，瞽叟之子也，曰重華。《史記》云：「虞舜

❶ 「德」，廣雅書局本作「行」。

者，名曰重華。重華父曰瞽叟，瞽叟父曰橋牛。」馬云：「舜，謚也。」好學孝友，聞于四海，陶家事親，寬裕温良，敦敏而知時，畏天而愛民，恤遠而親親。《荀子》云：「不學，不成。舜學於務成昭。」《書》曰：「父頑母嚚，象傲，克諧以孝。」《史記》云：「舜順適不失子道，兄弟孝慈。」「家」，當爲「稼」。《孟子》曰：「自耕稼陶漁。」《史記》云：「舜耕歷山，陶河濱。」知時者，《史記》云「惟時相天事」，《正義》云：「惟在順時，視天所宜而行事也。」承受大命，依于倪皇。承受大命者，受堯陟帝位之命也。依，讀如「依乎中庸」。倪，讀曰「藝」。《禮運》曰：「功有藝。」鄭注云：「藝，或爲倪。」是藝、倪古文通也。藝皇，即藝祖。《書》曰：「正月朔日，受終于文祖。」又曰：「格于藝祖。」鄭注云：「藝祖，文祖，猶周之明堂。」又云：「文祖者，五府之大名，猶周之明堂。」司馬貞云：「《尚書帝命驗》曰：『五府，五帝之廟。蒼曰靈府，赤曰文祖，黄曰神斗，白曰顯紀，黑曰玄矩。唐虞謂之五府，夏謂世室，殷謂重屋，周謂明堂，皆祀五帝之所也。』」叡明通知，爲天下工。叡，聖也。通知，能知人也。工，官也。爲天下工，言爲天下舉賢建官也。此與下文爲目也。使禹敷土，主名山川，以利於民。《書》曰：「禹敷土，隨山刊木，奠高山大川。」又曰：「禹平水土，主名山川。」使后稷播種，務勤嘉穀，以作飲食。《書》曰：「棄，黎民阻飢，汝后稷，播時百穀。」又曰：「暨稷播，奏庶艱食鮮食。」羲和掌曆，敬授民時。《書》曰：「乃命羲和，欽若昊天，曆象日月星辰，敬授人時。」此堯所命也。舜時仍掌其舊職。使益行火，以辟山萊。《孟子》曰：「舜使益掌火，益烈山澤而焚之。」辟，讀曰「闢」，開也。萊，草穢也。伯夷主禮以節天下。主，典也。鄭注《尚書》云：「禮，天事、地事、人事之禮也。」節，限制也。《書》曰：「伯夷作秩宗。」夔作樂，以歌籥舞，和以鐘鼓。《書》曰：「夔，命汝典樂。」又曰：「歌永言。」蔡氏《月令章句》云：「樂聲曰歌，樂容曰舞。」籥，管也。和，應也。秉籥而舞，其節與鐘鼓相應。皋陶作士，忠信疏通，知民之情。鄭云：「士，察也，主察獄訟之事。」《書》曰：「皋陶作士。」又曰：「士制百姓于刑之中，以教祗德。」契作司徒，教民孝友，敬政率經。《書》曰：「契作司徒，敬敷五教。」馬云：「五教，五品之教。」鄭云：「五品：父、母、兄、弟、子也。」率，循也。經，常也，謂五常也。其言不惑，其德不慝，舉賢而天下平。

慝，邪也。此結上文「知人爲天下工」也。南撫交阯大教，《王制》曰：「南方曰蠻，雕題交趾，有不火食者矣。」酈注《水經》云：「《尚書大傳》曰：堯南撫交趾，於《禹貢》荆州之南，垂幽荒之外，故越也。」大教，未詳。或云當爲「北發」。《五帝本紀》亦作「北發」，《索隱》云：「『北發』，當云『北户』，南方有地名北户。」聘珍謂：《爾雅》曰：「觚竹、北户。」郭注云：「北户在南。」鮮支、渠廋、氐羌。鮮，讀曰「析」。馬注《禹貢》云：「析支，在河關西。」《通典》云：「党項羌在古析支之地。」應劭注《漢書・武帝紀》云：「《禹貢》渠搜屬雍州，在金城河關之西，西戎也。」鄭《詩・商頌箋》云：「氐、羌，夷狄國，在西方者也。」孔疏云：「氐羌，其居在秦隴之西。」北山戎、發、息慎。《齊語》曰：「北伐山戎。」韋注云：「山戎，今之鮮卑。」《史記索隱》云：「『山戎』下少一『北』字。北發，是北方國名。」鄭云：「息慎，或謂之肅慎，東北夷。」杜注《左氏》昭九年傳云：「肅慎，在玄菟北三千餘里。」東長、鳥夷羽民。長，鳥夷，謂長夷、鳥夷也。《史記》云：「東長、鳥夷。」《索隱》云：「長下少一『夷』字。長夷、鳥夷也。長是夷號。」《夏本紀》云：「鳥夷皮服。」《集解》引鄭云：「鳥夷，東北之民，賦食鳥獸者。」《淮南・原道》云：「舜能理三苗，朝羽民。」舜之少也，惡顇勞苦，二十以孝聞乎天下，三十在位，嗣帝所，五十乃死，葬于蒼梧之野。惡顇，猶顦顇也。《書》曰：「舜生三十，徵庸三十，在位五十載，陟方乃死。」《史記》云：「舜年二十，以孝聞，年三十，堯舉之。年五十，攝行天子事。年五十八，堯崩。年六十一，代堯踐帝位。踐帝位三十九年，南巡狩，崩于蒼梧之野，葬于江南九疑，是爲零陵。」

宰我曰：「請問禹。」孔子曰：「高陽之孫，鯀之子也，曰文命。」《史記》云：「夏禹名曰文命。禹之父曰鯀，鯀之父曰帝顓頊。」敏給克濟，其德不回，其仁可親，其言可信，聲爲律，身爲度，稱以上士。亹亹穆穆，爲綱爲紀。《爾雅》曰：「濟，成也。」聲爲律者，聲中律吕也。身爲度者，身合度數也。稱，舉也。孔氏《鄉飲酒義疏》云：「上，正也。」《廣雅》云：「士，事也。」稱以上士者，稱其聲與身，而正音樂、尺度之事也。《夏本紀》云：「天下皆宗禹之明度數聲樂。」亹亹，勉也。穆穆，敬也。孔氏《詩・假樂疏》云：「綱紀者，以結綱喻爲政，謂立法度以理治之。」巡九州，通九道，陂九澤，度九山。巡，行也。

「州」，當爲「川」，形近而譌。下文云「平九州」，不當複出。《史記索隱》云：「九川者，弱、黑、河、漾、江、沇、淮、渭、洛也。」聘珍謂：九道者，《爾雅》曰：「一達謂之道路，二達謂之岐旁，三達謂之劇旁，四達謂之衢，五達謂之康，六達謂之莊，七達謂之劇驂，八達謂之崇期，九達謂之逵。」陂，澤障也。九澤者，雷夏、大野、彭蠡、震澤、雲夢、滎播、荷澤、孟豬、豬野。九山者，合黎、三危、積石、嶓冢、岷、王屋、桐柏、鳥鼠、同穴、熊耳，即九川所從出者。爲神主，❶爲民父母，左準繩，右規矩，履四時，據四海，平九州，戴九天，明耳目，治天下。《左氏》襄十四年傳曰：「夫君，神之主而民之望也。」《夏本紀》云：「禹爲山川神主。」準平，繩直，規圓，矩方。據，定也。九州者，冀、兖、青、徐、揚、荆、豫、梁、雍也。舜肇十有二州，至禹復爲九焉。《左氏》襄四年傳曰「芒芒禹跡，畫爲九州」是也。九天者，《廣雅》云：「東方昦天，東南陽天，南方赤天，西南朱天，西方成天，西北幽天，北方玄天，東北鸞天，中央鈞天。」舉皋陶與益，以贊其身。舉干戈以征不享，不庭無道之民，四海之內，舟車所至，莫不賓服。」贊，佐也。《史記》云：「禹立而舉皋陶，薦之，且授政焉，而皋陶卒。而后舉益，任之政。」《孟子》曰：「征者，上伐下也。」《書》曰：「惟時有苗弗率，汝徂征，禹乃會群后，誓于師。」《穀梁》昭三十二年傳曰：「諸侯不享覲。」范注云：「享，獻也。」《詩》曰「幹不庭方」，毛傳云：「庭，直也。」《廣雅》云：「賓，敬也。」

孔子曰：「予！大者如說，民說至矣。予也非其人也。」大者如說，言無有大如此說者也。民者，先民也。《毛詩·小旻傳》云：「昔曰先民。」宰我曰：「予也不足誠也，敬承命矣。」

他日，宰我以語人。有爲道諸夫子之所，孔子曰：「吾欲以顏色取人，於滅明邪改之。吾欲以語言取人，於予邪改之。吾欲以容貌取人，於師邪改之。」宰我聞之，懼，不敢見。《仲尼弟子列傳》云：「澹臺滅明，武城人，字子羽。狀貌甚惡，欲事孔子，孔子以爲材薄。既已受業，退而脩行，名施乎諸侯。孔子聞之，曰：『吾以言取人，失之宰予，以貌取人，失之子羽。』」宰予，字子我，利口辯辭。顓孫師，陳人，字子張。

❶「主」，原誤作「王」，今據廣雅書局本及注文改。

帝繫弟六十三

少典産軒轅，是爲黄帝。《史記》云：「黄帝者，少典之子，姓公孫，名曰軒轅。」又云：「有土德之瑞，故號黄帝。」

黄帝産玄囂，玄囂産蟜極，蟜極産高辛，是爲帝嚳。《史記》云：「帝嚳高辛者，黄帝之曾孫也。高辛父曰蟜極，蟜極父曰玄囂，玄囂父曰黄帝。自玄囂與蟜極，皆不得在位。至高辛，即帝位。高辛於顓頊爲族子。」又云：「顓頊崩，而玄囂之孫高辛立，是爲帝嚳也。」

帝嚳産放勳，是爲帝堯。《史記》云：「帝堯者，放勳。」又云：「帝嚳崩而摯代立。帝摯立，不善，崩，而弟放勳立，是爲帝堯。」

黄帝産昌意，昌意産高陽，是爲帝顓頊。《史記》云：「帝顓頊高陽者，黄帝之孫，而昌意之子也。」又云：「黄帝崩，葬橋山。其孫昌意之子高陽立，是爲帝顓頊也。」

顓頊産窮蟬，窮蟬産敬康，敬康産句芒，句芒産蟜牛，蟜牛産瞽叟，瞽叟産重華，是爲帝舜。及産象，敖。《史記》云：「虞舜者，名曰重華。重華父曰瞽叟，瞽叟父曰橋牛，橋牛父曰句望，句望父曰敬康，敬康父曰窮蟬，窮蟬父曰帝顓頊，顓頊父曰昌意，以至舜七世矣。自從窮蟬以至帝舜，皆微爲庶人。舜父瞽叟盲，而舜母死，瞽叟更娶妻而生象，象傲。」

顓頊産鯀，鯀産文命，是爲禹。《史記》云：「夏禹名曰文命。禹之父曰鯀，鯀之父曰帝顓頊，顓頊之父曰昌意，昌意之父曰黄帝。禹者，黄帝之玄孫，而帝顓頊之孫也。禹之曾大父昌意，及父鯀，皆不得在帝位，爲人臣。」又云：「自黄帝至舜、禹，皆同姓而異其國號，以章明德。故黄帝爲有熊，帝顓頊爲高陽，帝嚳爲高辛，帝堯爲陶唐，帝舜爲有虞，帝禹爲夏后，而別氏，姓姒氏。契爲商，姓子氏。棄爲周，姓姬氏。」

黄帝居軒轅之邱，娶于西陵氏之子，謂之嫘祖氏。産青陽及昌意。青陽降居泜水，昌意降居若水。《山海・西山經》云：「玉山西四百八十里曰軒轅之丘。」郭注云：「黄帝居此丘，因號軒轅丘。」《説文》云：「丘，土之高也，非人所爲也。」《史記》云：「黄帝居軒轅之丘，而娶于西陵之女，是爲嫘祖。嫘祖爲黄帝正妃，生二子，其後皆有天下。其一曰玄囂，是爲青陽。青陽降居江水。其二曰昌意，降居若水。聘珍謂：泜水即江水也。《説文》云：「江水出蜀湔氏徼外崏山。」《水經》云：「岷山在蜀郡氐道縣，大江所出。若水出蜀郡旄牛徼外，東南至故關，爲若水也。」酈注云：「黄帝長子昌意，德劣，不足紹承大位，降居斯水，爲諸侯焉。」

昌意娶于蜀山氏，蜀山氏之子謂之昌濮氏，産顓頊。《史記》云：「昌意娶蜀山氏女，曰昌僕，生高陽。高陽有聖德焉。」酈氏《水經注》云：「昌意娶蜀山氏女，生顓頊於若水之野，有聖德。二十登帝位，承少皞金官之政，而以水德寶曆矣。」

顓頊娶于滕氏，滕氏奔之子，謂之女禄氏，産老童。老童娶于竭水氏，竭水氏之子謂之高緺氏，産重黎及吴回。郭注《山海經》云：「《世本》云：顓頊娶于滕墳氏，謂之女禄，産老童。老童娶于根水氏，謂之驕福，産重及黎。」《史記集解》引徐廣云：「《世本》云：老童生重黎及吴回。」《楚世家》云：「重黎爲帝嚳高辛，居火正，帝嚳命曰祝融。共工氏作亂，帝嚳使重黎誅之，而不盡，帝乃以庚寅日誅重黎，而以其弟吴回爲重黎後，復居火正，爲祝融。」

吴回氏産陸終。陸終氏娶于鬼方氏，鬼方氏之妹謂之女隤氏，産六子，孕而不粥，三年，啟其左脅，六人出焉。孕，裹子也。粥，生也。《易》曰：「婦孕不育。」兩胠下，謂之脅。《太平御覽》引《世本》云：「吴回氏生陸終，陸終娶于鬼方氏之妹，謂之女隤，生子六人，孕而不育，三年，啟其左脅，三人出焉，啟其右脅，三人出焉。」《楚世家》云：「吴回生陸終，陸終生子六人，坼剖而生焉。」其一曰樊，是爲昆吾。其二曰惠連，是爲參胡。其三曰籛，是爲彭祖。其四曰萊言，❶是爲云鄶人。其五曰安，是爲曹姓。其六曰季連，是爲羋姓。樊、惠連、籛、萊言、安、季連，皆其名也。昆吾、參胡、彭祖、云鄶人、曹姓、羋姓者，乃其氏也。氏或以國，或以字，是爲曹姓，是爲羋姓者，《史記》云「姓曹氏」、「姓羋氏」是也。《楚世家》云：「陸終生子六人，坼剖而生。其長一曰昆吾，二曰參胡，三曰彭祖，四曰會人，五曰曹姓，六曰季連。羋姓，楚其後也。」《集解》云：「虞翻曰：昆吾名樊，爲己姓，封昆吾。彭祖名翦，爲彭姓，

❶「萊言」，各本同。《史記·楚世家》司馬貞索隱作「求言」。下文「楚氏也」下注引《國語·鄭語》韋昭注，亦作「求言」。

封於大彭。」《索隱》云：「宋衷曰：『昆吾，國名，己姓所出。參胡，國名，斯姓，❶無後。萊言，名也，妘姓所出，鄶國也。安，名也。曹姓者，諸曹所出也。季連，名也。羋姓，諸楚所出，楚之先。』」季連產什祖氏，什祖氏產内熊，九世至于渠婁，鯀出。九世，謂自内熊以下九世也。「渠婁鯀出」未詳。《楚世家》云：「季連生附沮，附沮生穴熊。其後中微，或在中國，或在蠻夷，弗能紀其世。」

自熊渠有子三人，其孟之名爲無康，爲句亶王。其中之名爲紅，爲鄂王。其季之名爲疵，❷爲戚章王。《楚世家》云：「周成王之時，封熊繹於楚蠻，封以子男之田，姓羋氏，居丹陽。其後熊渠生子三人。當周夷王時，熊渠曰：『我，蠻夷也，不與中國之號謚。』乃立其長子康爲句亶王，中子紅爲鄂王，少子執疵爲越章王，皆在江上楚蠻之地。」

昆吾者，衛氏也。參胡者，韓氏也。彭祖者，彭氏也。云鄶人者，鄭氏也。曹姓者，邾氏也。季連者，楚氏也。此言陸終六子皆有爵土，當周之時，其地則爲衛、韓、彭、鄭、邾、楚也。氏，並讀曰「是」。鄭注《覲禮》云：「古文『是』爲『氏』也。」衛氏也者，杜注《左氏》哀十七年傳云：「衛有觀在於昆吾氏之墟，今濮陽城中。」聘珍謂：杜云「濮陽」者，在今直隸大名府開州。韓氏也者，古參胡地，周以封韓。《左傳》曰：「韓，武之穆也。」春秋前爲晉所滅，其地在今陝西同州府韓城縣。彭氏也者，《鄭語》曰：「大彭豕韋爲商伯矣。」韋注云：「大彭，陸終弟三子，曰籛，爲彭姓，封於大彭，謂之彭祖，彭城是也。豕韋，彭姓之別封於豕韋者。」聘珍謂：彭城，春秋時爲宋邑，楚漢之閒爲西楚，在今徐州府銅山縣。鄭氏也者，《鄭語》曰：「妘姓，鄔、鄶、路、偪陽。」韋注云：「陸終弟四子曰求言，爲妘姓，封於鄶，鄶，今新鄭也。」《鄭語》曰：「桓公東寄孥與賄，虢、鄶受之十邑，皆有寄地。」韋注云：「後桓公之子武公竟取十邑之地而居之，今河南新鄭是也。」邾、楚至周，猶是陸終之裔。杜氏《春秋世族譜》云：「邾國，曹姓，顓頊之後，有陸終氏，產六子，其弟五子曰安，邾即安之後也。周武王封其苗裔邾挾爲附庸，居邾。今魯國鄒縣是也。」聘珍謂：杜云「魯國鄒縣」者，今山東兖州府鄒縣。《世族譜》云：「楚，羋姓，顓頊之後也。其後有鬻熊，事周文王，早卒。成王封其曾孫熊繹於楚，以子男之田，居丹陽。

❶「斯姓」，《史記・楚世家》索隱作「斟姓」。

❷「疵」，《史記・楚世家》作「疵」。本書下注亦作「疵」。

今南郡枝江是也。」杜氏《通典》云：「楚初都丹陽，爲今秭歸。後徙枝江，亦曰丹陽。」聘珍謂：楚封丹陽，在今宜昌府歸州東南。楚遷丹陽，在今荆州府枝江縣西。春秋初，楚尚都此。

帝嚳卜其四妃之子，而皆有天下。上妃，有邰氏之女也，曰姜原氏，産后稷。次妃，有娀氏之女也，曰簡狄氏，産契。次妃曰陳隆氏，産帝堯。次妃曰陬訾氏，産帝摯。《史記·周本紀》云：「周后稷名棄，其母有邰氏女，曰姜原。姜原爲帝嚳元妃。」《殷本紀》云：「殷契母曰簡狄，有娀氏之女，爲帝嚳次妃。」《五帝本紀》云：「帝嚳娶陳鋒氏女，生放勳。娶娵訾氏女，生摯。」《藝文類聚》引《世本》云：「陳酆氏之女，曰慶都，生帝堯。陬訾氏之女，曰常儀，生帝摯。」帝堯娶于散宜氏之子，謂之女皇氏。《太平御覽》引宋注《世本》云：「女皇氏生丹朱。」帝舜娶于帝堯之子，謂之女匽氏。《書》曰：「釐降二女于嬀汭，嬪于虞。」《史記》云：「堯妻之二女。」《索隱》云：「《列女傳》云：『二女，長曰娥皇，次曰女英。』《系本》作『女瑩』，《大戴》作『女匽』。」《正義》云：「女英生商均。」鯀娶于有莘氏之子，謂之女志氏，産文命。《史記索隱》云：「案《世本》：『鯀娶有辛氏女，謂之女志，是生高密。』宋衷云：『高密，禹所封國。』」《玉篇》引《世本》云：「鯀生高密，是爲禹也。」禹娶于塗山氏之子，謂之女憍氏，産啟。《書》曰：「娶于塗山。」《史記》云：「夏后帝啟，禹之子，其母塗山氏之女也。」

勸學弟六十四

君子曰：學不可以已矣。青取之於藍而青於藍，水則爲冰而寒於水。木直而中繩，輮而爲輪，其曲中規，枯暴不復挺者，輮使之然也。已，止也。青，東方色也。藍，染青草。冰，水凍也。中，合也。繩，所以爲直者。輮，讀若「矯揉」。輪，謂車輪。規，所以爲圓者。《考工記》曰：「規之以眡其圜也。」枯，朽也。暴，墳起也。言車輪之久而敝也。挺，直也。此並言學能化其本質，故不可以已也。是故不升高山，不知天之高也。不臨深谿，不知地之厚也。不聞先王之遺道，不知學問之大也。《易》曰：「君子學以聚之，問以辨之。」于越、戎貉之子，生而同聲，長而異俗者，教使之然也。杜氏《世族譜》云：「越者，姒姓，封於會稽，自號於越。於者，夷言發聲也。」鄭注《既夕記》云：「今文『于』爲『於』。」《保傅》曰：「胡越之人，生而同聲，嗜慾不異。及其長而成俗也，參數譯而不能相通，教習然也。」是故木從繩則直，金就礪則利，君子博學如日參己焉。故知明則行無過。《詩》云：「嗟爾君子，無恒安息。靖恭爾位，好是正直。神之聽之，介爾景福。」神莫大於化道，福莫長於无咎。《廣雅》云：「礪，磨也。」《史記索隱》云：「參，驗也。己，謂己躬也。言博學者，如每日驗諸躬行，則所知之理益明，所行亦無過矣。《詩·小雅·小明》之五章也。毛傳云：「息，猶處也。靖，謀也。介、景，皆大也。」韓注《易·繫辭傳》云：「神也者，變化之極。」道者，先王之遺道。福者，大慶之辭。《易》曰：「无咎者，善補過也。」

孔子曰：「吾嘗終日思矣，不如須臾之所學。吾嘗跂而望之，不如升高而博見也。」升高而招，非臂之長也，而見者遠。順風而呼，非聲加疾也，而聞者著。假車馬者，非利足也，而致千里。假舟檝者，非能水也，而絶江海。君子之性非異也，而善假於物也。《論語》曰：「吾嘗終日不食，終夜不寢，以思，無益，不如學也。」跂，舉足也。博，廣也。著，明也。假，借也。檝，櫂也。絶，渡也。《吕氏·用衆》云：「善學者假人之長，以補其短。」

南方有鳥，名曰蛟鳩，以羽爲巢，編之以髮，繫之葦苕，風至苕折，子死卵破。巢非不完也，所繫者然也。西方有木，名曰射干，莖長四寸，生於高山之上，而臨百仞之淵。木莖非能長也，所立者然也。蓬生麻中，不扶自直。蘭氏之根，懷氏之苞，漸之滫中，君子不近，庶人不服。質非不美也，所漸者然也。蛟，讀曰「蒙」。楊注《荀子》云：「蒙鳩，鷦鷯也。」聘珍謂：編，聯次也。葦苕，蘆秀也。折，斷也。鳥未孚曰卵。完，固也。《説文》云：「鳥在木曰巢。」葦苕，草屬，非可繫之處。《一切經音義》引《廣志》云：「射干，巢於絶巖高木也。」《廣雅》云：「莖，本也。」蘭氏、懷氏未詳。《史記·三王世家》云：「蘭根與白芷，漸之滫中，君子不近，庶人不服者，所以漸然也。」漸，漬也。《説文》云：「瀡，久泔也。」「服，用也。」此言爲學當慎其所處也。

是故君子靖居恭學，脩身致志，處必擇鄉，游必就士，所以防僻邪，而道中正也。靖，安也。恭，敬也。《學記》曰：「退息必有居學。」致，盡也。處，居止也。游，謂從游。《論語》曰：「里仁爲美，擇不處仁，焉得知？」又曰：「居是邦也，事其大夫之賢者，友其士之仁者。」道，由也。

物類之從，必有所由。榮辱之來，各象其德。肉腐出蟲，魚枯生蠹。殆教亡身，禍災乃作。强自取折，柔自取束。邪穢在身，怨之所構。布薪若一，火就燥。平地若一，水就溼。草木疇生，禽獸群居。物各從其類也。由，自也。象，似也。德有吉凶，榮辱象之。《易》曰：「樞機之發，榮辱之主也。」蠹，害物之蟲。殆，危也。聖人脩道之謂教。殆教者，攻乎異端，以危正道。亡，忘也。亡身，謂不有其身也。柔，懦也。束，拘也。懦不能立，則爲物所拘。構，成也。疇，類也。是故正鵠張而弓矢至焉，林木茂而斧斤至焉。樹成蔭而鳥息焉，醯酸而蜹聚焉。故言有召禍，行有招辱，君子慎其所立焉。鄭注《禮記》云：「畫布曰正，棲皮曰鵠。」陸氏《釋文》云：「正、鵠，皆鳥名也。一曰：正，正也。鵠，直也。大射則張皮侯而棲鵠，賓射張布侯而設正也。」《廣雅》云：「醯，酢也。」楊注《荀子·正名》云：「酸，暑浥之酸氣也。」蜹，蚊也。《説文》云：「秦晉謂之蜹，楚謂之蚊。」《易》曰：「君子以立不易方。」

積土成山，風雨興焉。積水成川，蛟龍生焉。積善成德，神明自傳，聖心備矣。積，聚也。《易》曰：「善不積，不足以成名。」又曰：「以通神明之德。」傳，謂傳述也。是故不積跬步，無以致千里，不積小流，無以成江海。騏驥一躒，不能千里。駑馬無極，功在不舍。楔而舍之，朽木不折。楔而不舍，金石可鏤。跬，一舉足也。《淮南·説林》云：「步之遲，百舍不休，千里可致。」《史記·李斯傳》云：「河海不擇細流，故能就其深。」《説文》云：「騏，馬青驪，文如博棊也。」「驥，千里馬也。」躒，動也。駑駘，最下馬也。極，盡也。舍，止也。楔，讀曰「鍥」，刻也。鏤，彫飾也。夫螾無爪牙之利，筋脈之强，上食晞土，下飲黄泉者，用心一也。蟹二螯八足，非虵䱇之穴而無所寄託者，用心躁也。《玉篇》云：「螾，蟺螾也。」蟺螾仄行，即寒蚓也。《孟子》曰：「夫蚓，上食槁壤，下飲黄泉。」晞，乾也。《廣雅》云：「蜅，蟹蛫也。其雄曰鯢鱧，其雌曰博帶。」楊云：「螯，蟹首，上如鉞者。」《玉篇》云：「䱇，魚似蛇，與鱓同。」《説文》云：「蟹有二敖八足，旁行，非蛇䱇之穴無所庇。」是故無憤憤之志者無昭昭之明，無緜緜之事者無赫赫之功。憤憤，積憤也。緜緜，長也。赫赫，盛也。行跂塗者不至，事兩君者不容。目不能兩視而明，耳不能兩聽而聰。螣虵無足而騰，鼫鼠五伎而窮。跂，讀曰「岐」。《爾雅》曰：「螣，螣蛇。」陸氏《釋文》云：「《字林》云：『神蛇也。』《慎子》云：『螣蛇游霧。』」伎，讀曰「技」。《説文》云：「鼫，五技鼠也。能飛不能過屋，能緣不能窮木，能游不能渡谷，能穴不能揜身，能走不能先人。」《詩》云：「鳲鳩在桑，其子七兮。淑人君子，其儀一兮。其儀一兮，心若結兮。」君子其結於一也。《詩・曹風・鳲鳩》篇鄭箋云：「儀，義也。善人君子，其執義當如一也。」毛傳云：「言執義一，則用心固。」昔者瓠巴鼓瑟而沈魚出聽，伯牙鼓琴而六馬仰秣。高注《淮南・説山》云：「瓠巴，楚人。仰秣，仰頭吹吐，謂馬笑也。」聘珍謂：六馬者，《周禮》曰：「校人辨六馬之屬。」謂種馬、戎馬、齊馬、道馬、田馬、駑馬。夫聲無細而不聞，行無隱而不形。玉居山而木潤，淵生珠而岸不枯。爲善而不積乎？豈有不至哉？高注《淮南・説山》云：「玉，陽中之陰，故能潤澤草木。珠，陰中之陽，有光明，故岸不枯。」《易》曰：「善不積，不足以成名。」

孔子曰：「野哉，君子不可以不學。野，鄙略也。言人氣質鄙略者，由於不學之故也。見人不可以不飾，不飾無貌，無貌不敬，不敬無禮，無禮不立。夫遠而有光者，飾也。近而逾明者，學也。飾，修飾也。貌，謂文貌。《論語》曰：「不學禮，無以立。」逾，益也。譬之如洿邪，水潦灟焉，莞蒲生焉，從上觀之，誰知其非源泉也。洿邪，濁水不流之地。水潦，雨水也。灟，讀曰「屬」。莞，草名，蒲，水草也，並可以作席者。原，水泉本也。此言人有美質，亦如原泉。質不美者，學以化之，及其成功，與美質者無異。珠者，陰之陽也，故勝火。玉者，陽之陰也，故勝水。其化如神。《楚語》曰：「珠足以禦火災，玉足以庇蔭嘉穀，使無水旱之災。」韋注云：「珠，水精。」鄭注《周禮．玉府》云：「玉是陽精之純者，食之以禦水氣。」賈疏云：「玉是火精。」故天子藏珠玉，諸侯藏金石，大夫畜犬馬，百姓藏布帛。不然則强者能守之，知者能秉之，賤其所貴而貴其所賤，不然，矜寡孤獨不得焉。言德尊者，所藏貴，德卑者，所藏賤。喻學優者德厚，學淺者德薄，無分於矜寡孤獨也。

子貢曰：「君子見大川必觀，何也？」《說文》云：「川，貫穿通流水也。」李巡注《爾雅》云：「水流而分，交錯相穿，故曰川也。」孔子曰：「夫水者，君子比德焉。偏與之而無私，似德。與，及也。偏與之者，水流溼也。無私，謂其本性就下，非有私也。德者，得其性者也。宋、元本並作「偏」，與今俗本「偏」作「偏」，形近譌也。若作「偏與」，則於下文所不及者相違異矣。所及者生，所不及者死，似仁。《易》曰：「潤萬物者，莫潤乎水。」《孟子》曰：「民非水火不生活。」《白虎通》云：「仁者好生。」其流行痺下倨句，皆循其理，似義。痺，讀曰「卑」。倨，直也。句，曲也。循，從也。理，條理也。《荀子．議兵》云：「義者循理。」其赴百仞之谿不疑，似勇。赴，趨也。水注川曰谿。疑，止也。《韓子》曰：「不疑之謂勇。」淺者流行，深淵不測，似智。李注《爾雅》云：「淵，藏也。」智者洪深而有謀。弱約危通，似察。《說文》云：「弱，橈也。」謂橈曲也。約，纏束也，言水之旋繞也。危，險。通，達也。弱約危通者，謂水流於曲處則繞之，危地皆能達。察，明也。纖微皆審，謂之察。《春秋繁露》云：「水循嶽赴下，不遺小閒，既似察者。」受惡不讓，似貞。惡，垢穢也。讓，辭也。《釋名》云：「貞，定也。精定不動惑也。」苞裹不清以入，鮮潔以出，似善化。苞裹，藏納也。鮮，明也。潔，清也。化，變也。謂納汙而流潔，若變化其汙然。必出，量必平，似正。出，行也。必出者，《孟子》曰：「水無有不下也。」量，斗斛名。喻科坎也。《易》曰：「坎不盈，祗既平。」《左傳》曰：「正直爲正。」盈不求概，似厲。盈，滿也。楊云：「概，平斗斛之木。」「盈不求概」，謂盈科則進，滿而不溢也。《廣雅》云：「厲，方也。」此與上經「似正」互文相足。《易》曰：「坤六二之動，直以方也。」

折必以東西，似意。折，謂曲折。必以東西者，《孟子》曰：「水信無分於東西也。」似意者，意東而東，意西而西也。是以見大川必觀焉。」

大戴禮記解詁卷之七終

大戴禮記解詁卷之八

南城王聘珍學

子張問入官第六十五

子張問入官於孔子，孔子曰：「安身取譽爲難也。」官，猶仕也。安，定也。《易》曰：「君子安其身而後動。」又曰：「危以動，則民不與也。」譽，聲美也。《詩》曰：「在彼無惡，在此無射。庶幾夙夜，以永終譽。」

子張曰：「安身取譽如何？」孔子曰：「有善勿專，教不能勿搢，已過勿發，失言勿踦，不善辭勿遂，行事勿留。君子入官，自行此六路者，則身安譽至，而政從矣。盧注云：「專，爲自納於己。」『進』或聲誤爲『搢』。」聘珍謂：《學記》曰：「今之教者，言及於數，進而不顧其安。」不能勿進者，《論語》曰：「舉一隅不以三隅反，則不復也。」《毛詩傳》云：「發，行也。」《論語》曰：「不貳過。」《易》曰：「有不善，未嘗不知。知之未嘗復行也。」《玉篇》云：「踦，曲也。」失言勿踦，謂言之或失，不可曲諱也。《説文》云：「辭，訟也。」《廣雅》云：「遂，行也。」《大學》曰：「必也，使無訟乎？無情者不得盡其辭。」盧注云：「凡行政事，勿稽留之。上六者，可以自通，故稱路也。」且夫忿數者，獄之所由生也。距諫者，慮之所以塞也。慢易者，禮之所以失也。墮怠者，時之所以後也。奢侈者，財之所以不足也。專者，事之所以不成也。歷者，獄之所由生也。君子入官，除七路者，則身安譽至而政從矣。數，疾也。獄，訟也。距，止也。慮，思也。《樂記》曰：「慢易以犯節。」墮，廢也。怠，懈也。時後，謂失時也。專，謂專欲。《左傳》曰：「專欲難成。」盧注云：「歷，歷亂也。」故君子南面臨官，大城而公治之，精知而略行之，合是忠信，考是大倫，存是美惡，而進是利，而除是害，而無求其報焉，而民情可得也。城，當爲「誠」，形聲之誤也。誠，信實也。無私曰公。倫，理次。存，察也。盧注云：「精知者，當先是六路。略行者，謂度時而施。能合是六路之忠信，及進除七路之利害，施焉而不求報，則民情不失矣。」故臨之無抗民之志，勝之無犯民之言，量之無狡民之辭，養之無擾於時，愛之勿寬於刑。言此則身安譽至而民自得也。《周書·謚法》曰：「逆天虐民曰抗。」勝之者，以理屈之。犯，陵也。量，度也。狡，謂狡詐。擾，亂也。無擾於時者，《孟子》曰：「不違農時，穀不可勝食也。」寬，縱也。《樂記》曰：「刑以防其奸。」《廣雅》云：「言，從也。」故君子南面臨官，所見邇，故明不可弊也。所求邇，故不勞而得也。所以治者約，故不用衆，而譽至也。邇，近也。弊，敗也。約，要也。用，謂役用之也。盧注云：「言所見先求於近者。《中庸》曰：『舜其大知也歟！舜好問，而好察邇言也。』所求邇，言所求自近始。故《詩》云：『無佃甫田，勞心忉忉。』」法象在內，故不遠。源泉不竭，故天下積也。而木不寡短長，人得其量，故治而不亂。《左氏》襄三十一年傳曰：「君子在位，作事可法，德行可象。」內，謂身也。原，水泉本也。竭，盡也。積，聚也。原泉，喻法象。而木，讀曰「如」。寡，罕也。言天下既聚，則人材不寡，如木之或短或長，隨人之量度而用之，人材各得其用，而天下治矣。故六者貫乎心，藏乎志，形乎色，發乎聲，若此則身安而譽至，而民自得也。貫，習也。盧注云：「志者，心之府也。聲，言也。」故君子南面臨官，不治則亂至，亂至則爭，爭之至又反於亂。是故寬裕以容其民，慈愛以優柔之，而民自得也已。盧注云：「亂至，民錯亂也。」聘珍謂：爭，競也。反，猶重也。曾子曰：「爭辨者，作亂之所由興也。」《中庸》曰：「寬裕温柔，足以有容也。」優柔，謂委從之以俟其化。故躬行者，政之始也。調悦者，情之道也。善政行易則民不怨，言調悦則民不辨法，仁在身則民顯以佚之也。始，本也。調悦，和悦也。《易》曰：「説以先民，民忘其勞，説以犯難，民忘其死。説之大，民勸矣哉。」行易，謂民之奉行不難也。言，號令也。辨法，争法也。《左氏》昭六年傳曰：「民知有辟，則不忌於上，並有争心，以徵於書，而徼倖以成之。」仁，謂躬行調悦也。身謂臨官者之身。顯，明也。佚，樂也。財利之生徵矣，貪以不得。徵，明也。《大學》曰：「生財有大道。」專利爲貪。不得，謂貨悖而入者亦悖而出。善政必簡矣，苟以亂之。簡，約也。苟，謂苟簡。《論語》曰：「居政而行簡，不亦可乎？居簡而行簡，無乃太簡乎？」善言必聽矣，詳以失之。聽，從也。詳，審察也。過於伺察，則心多疑惑，而善言不行矣。規諫日至，煩以不聽矣。煩，亂也。言臨官者心亂，有不聽者，若罔聞知也。言之善者，在所日聞。行之善者，在所能爲。爲，猶行也。盧注云：「君子言之善者，在於終日言之。君子行之善者，在其能躬行。記聽而失之，則無益於言行也。」故上者，民之儀也。有司執政，民之表也。邇臣便辟者，群臣僕之倫也。《荀子·君道》云：「君者，儀也。」有司執政，謂卿大夫也。表，標準也。邇臣便辟，謂侍御之臣。盧注云：「倫，理也。言是群臣、群僕之綱理也。」故儀不正則民失誓，表弊則百姓亂。邇臣便辟不正廉，而群臣服汙矣。故不可不慎乎三倫矣。《釋名》云：「誓，制也。」失誓，謂無所拘制也。弊，頓仆也。廉，潔也。盧注云：「服，事也。汙，濫也。言私謁也。」故君子脩身，反道察説，而邇道之服存焉。反，復也。《易》曰：「反復其道。」服，事也。盧注云：「脩身當本於道，而省其説，則近道之事存。」是故夫工女必自擇絲麻，良工必自擇齎材，賢君良上必自擇左右始。故佚諸取人，勞於治事，勞於取人，佚於治事。故君子欲譽則謹其所便。欲名則謹於左右。絲，蠶所吐也。麻，謂麻草，可緝績者。齎，讀曰「資」。便謂便嬖。《荀子·君道》云：「便嬖左右者，人主之所以窺遠，收衆之門户牖嚮也，不可不早具也。」故上者辟如緣木者，務高而畏下者滋甚。六馬之離，必於四面之衢。民之離道，必於上之佚政也。故上者尊嚴而絶，百姓者，卑賤而神，民而愛之則存，惡之則亡也。緣，循也。滋，益也。離，散也。《爾雅》曰：「四達謂之衢。」佚，失也。《論語》曰：「上失其道，民散久矣。」絶，截也。謂截然高峻，而無所倚也。神者，不測者也。《易》曰：「陰陽不測之謂神。」故君子南面臨官，貴而不驕，富恭有本，能圖脩業，居久而譚，情邇暢而及乎遠，察一而關於多，一物治而萬物不亂者，以身爲本者也。《爾雅》曰：「恭，敬也。圖，謀也。」盧注云：「本，爲身也，謂能謀其身也。」聘珍謂：業，事功也。居，安也。《廣韻》云：「譚，大也。」業安於久而自大也。《易》曰：「可久，則賢人之德。可大，則賢人之業。」暢，達也。闕，通也。多，衆也。故君子莅民，不可以不知民之性，達諸民之情。既知其以生有習，然後民特從命也。故世舉則民親之，政均則民無怨。莅，亦臨也。盧注云：「性爲仁義禮智之等，情爲喜怒愛惡之屬。性者生之質，情者人之欲。生，謂性也。習，調節也。世舉，言治。」聘珍謂：既知其以生有習者，謂知民之各秉性情而生，而有以教習之。均，平也。故君子莅民，不臨以高，不道以遠，不責民之所不能。今臨之明王之成功，則民嚴而不迎也。道以數年之業，則民疾，疾則辟矣。明王之成功，不高不遠，民所能從者。嚴，敬也。迎，讀曰「逆」。不逆，謂不違背也。數年之業，高遠事也。疾，病也。辟，謂僻違也。故古者冕而前旒，所以蔽明也。統絖塞耳，所以弇聰也。故水至清則無魚，人至察則無徒。《說文》云：「冕，大夫以上冠也。邃延垂瑬紞纊。古者黄帝初作冕。」「旒」，《說文》作「瑬」，云「瑬，垂玉也」。蔽，隱也。統，《玉篇》作「黈」，云「黈，黄色」，《大戴禮》：黈纊塞耳」。揜聽也。絖，古「纊」字。《白虎通》云：「纊塞耳。」《說文》云：「纊，絮也。」聘珍謂：塞，猶充也。塞耳，即充耳也。以纊爲之，謂之紞；垂玉石象於末，謂之瑱；以紞貫瑱，縣之於耳，謂之紞耳。自天子、諸侯、公卿、大夫，瑱之玉石，紞之采色，一如冕旒之制。《周禮》掌於弁師。《詩·衛風·淇澳》篇，毛傳云：「充耳謂之瑱。」天子玉瑱，諸侯以石。《詩·齊風·著》篇鄭箋云：「以素爲充耳，謂所以縣瑱者，或名爲紞。織之人君五色，臣則三色而已。」「飾之以瓊華者，謂縣紞之末，所謂瑱也。人君以玉爲。❶瓊華，石色似瓊也。」「青，紞之青。」「黄，紞之黄。」瓊瑩，「石色似瓊似瑩也」。「瓊英，猶瓊華也。」故枉而直之，使自得之。優而柔之，使自求之。揆而度之，使自索之。民有小罪，必以其善以赦其過，如死使之生，其善也。是以上下親而不離。盧注云：「民有邪枉，教之使自得也。《孟

❶「爲」下，《詩經·著》鄭箋有「之」字，見阮元《校勘記》。各本均脱。

子》曰：『匡之直之，使自得之。』優柔，謂寬教之。揆度，謂量民之材而施教之。」聘珍謂：善，賢能也。《周禮》曰：「議賢之辟，議能之辟。」赦，宥也。過，誤也。「如死使之生」，謂宥過無大也。其善也者，謂民有所勸勉而益進於善也。故惠者，政之始也。政不正則不可教也。不習則民不可使也。惠，愛也。政，謂法制禁令。不可教者，雖令不從也。習，謂教習。故君子欲言之見信也者，莫若先虛其內也。欲政之速行也者，莫若以身先之也。欲民之速服也者，莫若以道御之也。盧注云：「虛其內，謂內外相應。」故不先以身，雖行必隣矣。不以道御之，雖服必强矣。故非忠信則無可以取親於百姓矣，外內不相應則無可以取信者矣。四者治民之統也。」鄰，近也。必鄰者，行而不遠。强，勉强也。《孟子》曰：「以力服人者，非心服也，力不贍也。」《左傳》曰：「上思利民，忠也。」《經解》曰：「民不求其所欲而得之，謂之信。」親，愛也。外內不相應者，所令反其所好也。統，紀也。盧注云：「四者，謂以身先及，以道御之，忠信及內外相應也。」

盛德弟六十六

聖王之盛德，人民不疾，六畜不疫，五穀不災，諸侯無兵而正，小民無刑而治，蠻夷懷服。《易》曰：「窮神知化，德之盛也。」疾，病也。疫，病流行也。災，謂水旱蟲螟之類。兵，謂戎兵。《周禮·大司馬職》曰：「以九伐之法正邦國。」鄭注云：「諸侯有違王命，則出兵以征伐之，所以正之也。」刑，謂五刑。懷，來也。

古者天子常以季冬考德，以觀治亂得失。凡德盛者治也，德不盛者亂也。德盛者得之也，德不盛者失之也。是故君子考德，而天下之治亂得失可坐廟堂之上而知也。德盛則脩法，德不盛則飾政。法政而德不衰，故曰王也。《大宰職》曰：「歲終，則令百官府各正其治，受其會，聽其致事，而詔王廢置。」鄭注云：「歲終，周季冬月也。」聘珍謂：廟堂者，大廟明堂也。法，即下經所云五法。政，即五政。法政而德不衰者，修法飾政，而德乃永盛。盧注云：「王者，往也。民所歸也。」

凡人民疾、六畜疫、五穀災者，生於天。天道不順，生於明堂不飾，故有天災，則飾明堂也。順，循也。不順者，不循其序也。《釋名》云：「飾，拭也。物穢者，拭其上使明，由他物而後明，猶加文於質上也。」盧注云：「《淮南子》云：『明堂之廟，行明堂之令，以調陰陽之氣，而知四時之節，以辟疾之災也。』」凡民之爲姦邪竊盜，歷法妄行者生於不足，不足生於無度量也。無度量則小者偷墮，大者侈靡，而不知足。故有度量則民足，民足則無爲姦邪竊盜，歷法妄行者。故有姦邪竊盜，歷法妄行之獄，則飾度量也。李注《文選》引韋昭云：「歷，干也。」《説文》云：「度，法制也。」「量，稱輕重也。」《荀子·禮論》云：「人生而有欲，欲而不得，則不能無求。求而無度、量分界，則不能不争。」偷，苟且。墮，廢也。靡，讀曰「糜」，謂財物糜散凋敝也。凡不孝生於不仁愛也，不仁愛生於喪祭之禮不明，喪祭之禮，所以教仁愛也。致愛，故能致喪祭。春秋祭祀之不絶，致思慕之心也。夫祭祀，致饋養之道也。死且思慕饋養，况於生而存乎？故曰喪祭之禮明則民孝矣。故有不孝之獄，則飾喪祭之禮也。《仲尼燕居》曰：「嘗禘之禮，所以仁昭穆也。饋奠之禮，所以仁死喪也。」致，盡也。盧注云：「《孝經》曰：『春秋祭祀以時，思之也。』《經解》曰：『喪祭之禮廢，則臣子之恩薄，而倍死忘生者衆矣。』」

凡弑上生於義不明。義者，所以等貴賤，明尊卑。貴賤有序，民尊上敬長矣。民尊上敬長，而弑者寡有之也。朝聘之禮，所以明義也。故有弑獄，則飾朝聘之禮也。等，差也。序，次也。《周禮》曰：「春見曰朝。」又曰：「春朝諸侯而圖天下之事。」聘，問也。《周禮》曰：「時聘曰問。」又曰：「時聘以結諸侯之好。」盧注云：「《經解》曰：『朝聘之禮廢，則君臣之義失，諸侯之行惡，而倍畔侵陵之敗起矣。』」凡鬭辨生於相侵陵也，相侵陵生於長幼無序，而教以敬讓也。故有鬭辨之獄，則飾鄉飲酒之禮也。辨，争也。侵，犯。陵，侮也。《周禮》曰：「以陽禮教讓，則民不争。」鄭注云：「陽禮，謂鄉飲酒之禮也。」盧注云：「《經解》曰：『鄉飲酒之禮廢，則長幼之序失，而争鬭之獄煩矣。』」

凡淫亂生於男女無別，夫婦無義。昏禮享聘者，所以別男女，明夫婦之義也。故有淫亂之獄，則飾昏禮享聘也。昏禮享聘者，《昏義》曰：「舅姑共饗婦以一獻之禮，奠酬，舅姑先降自西階，婦降自阼階，以著代也。」《内則》曰：「聘則爲妻。」鄭注云：「聘，問也。妻之言齊也。以禮聘問，則得與夫敵體。」盧注云：「《經解》曰：『昏姻之禮廢，則夫婦之道苦，而淫辟之罪多矣。』」

故曰：刑罰之所從生有源，不務塞其源而務刑殺之，是爲民設陷以賊之也。設，置也。陷，穿地爲塹，所以禦禽獸，其或超踰，則陷焉。賊，害也。盧注云：「《禮察》曰：『禮禁將然之前，法施已然之後也。』」刑罰之源，生於嗜慾好惡不節。《說文》云：「嗜慾，喜之也。」《樂記》曰：「夫民有血氣心知之性，而無喜怒哀樂之節。」盧注云：「總言百姓犯刑罰之所由。」故明堂，天法也，禮度，德法也，所以御民之嗜慾好惡，以慎天法，以成德法也。刑法者，所以威不行德法者也。盧注云：「明堂，天神所在也。王者於此，則天無私勤施之法。禮，謂三百三千也。」聘珍謂：度，數度也。德法者，躬行心德，垂爲法象也。《易》曰：「君子以制數度，議德行。」御，理也。慎，讀曰「順」。威，畏也，令可畏懼也。

故季冬聽獄論刑者，所以正法也。法正，論吏公行之。聽，平治也。獄，謂邦國都鄙官府之獄訟。論刑者，《周禮》曰「以五刑之法詔刑罰，以辨罪之重輕」是也。正，定也。論，擇也。吏，群吏，治人者也。無私爲公。是故古者天子孟春論吏德行，論，考也。德行，外内之稱，在心爲德，施之爲行。能理功、能德法者爲有德，理功，治功也。《周禮》曰：「治功曰力。」鄭注云：「制法成治，若咎繇是也。」盧注云：「有德，謂外内善也。」能行德法者爲有行，行，用也。謂奉行也。有行者，《聘義》曰：「衆人之所難，而君子行之，故謂之有行。」能理德法者爲有能。理，謂綜治有條理也。《大宰職》曰「以聽官府之六計，弊群吏之治」，二曰廉能。能成德法者爲有功。成者，功就不可易也。《周禮》曰：「國功曰功。」有功者，亦貴有德，有能者亦貴有行，文義互相備，故上文總言論吏德行也。故論吏而法行，事治而功成。季冬正法，孟春論吏，治國之要也。吏，奉法者也。事，立功者也。盧注云：「春論班賞，冬考量刑，則莫不懲勸矣。」

德法者，御民之銜也。吏者，轡也。刑者，筴也。天子御者，內史、太史左右手也。古者以法爲銜勒，以官爲轡，以刑爲筴，以人爲手，故御天下數百年而不懈墮。《說文》云：「銜，馬勒口中。从金从行。銜，行馬者。」轡，御者所執。《釋名》云：「轡，拂也。牽引拂戾，以制馬也。」筴，馬箠也。《說文》云：「御，使馬者，从彳从卸。」徐鍇云：「卸，解車馬也。或彳或卸，御者之職。」盧注云：「太史、內史，皆宗伯之屬。太史，下大夫二人，內史，中大夫一人，俱親王之官也。書曰『太史、內史』，云內史、太史左右手，則太史爲左史，內史爲右史焉。」《說文》云：「勒，馬頭絡銜也。」善御馬者，正銜勒，齊轡筴，均馬力，和馬心，故口無聲，手不搖，筴不用，而馬爲行也。善御民者，正其德法，飭其官，而均民力，和民心，故聽言不出於口，刑不用而民治，是以民德美之。飭，整治也。《五帝本紀》云：「信飭百官。」均民力者，《周禮·均人職》曰：「掌均地征，均地守，均地職，均人民牛馬車輦之力征。」和民心者，《經解》曰：「發號出令而民悅，謂之和。」聽言，謂聽訟之言。不出於口者，《論語》曰：「必也，使無訟乎！」民荷其恩，謂之德美，大之詞也。

夫民善其德，必稱其人。故今之人稱五帝三王者，依然若猶存者，其法誠德，其德誠厚。善，猶美也。稱，譽也。依然，思慕之貌。法誠德者，法本於德也。厚，猶大也，深也。夫民思其德，心稱其人，朝夕祝之，升聞於皇天，上帝歆焉，故永其世而豐其年。祝，祈也。歆，猶欣也。永，長也。《詩》曰：「自天降康，豐年穰穰。」不能御民者，棄其德法，譬猶御馬，棄轡勒而專以筴御馬，馬必傷，車必敗。無德法而專以刑法御民，民心走，國必亡。走，去也。《孟子》曰：「失其民者，失其心也。」亡，滅也。盧注云：「《淮南子》曰：『舜無佚民，造父無佚馬。』」亡德法，民心無所法循，迷惑失道，上必以爲亂無道，苟以爲亂無道，刑罰必不克，成其無道，上下俱無道。亡，無也。法循者，效法遵循也。迷，誤也。惑，謂惑闇。克，勝也。成其無道者，刑罰不中，則民手足無所措，而爲倍畔之事矣。上下俱無道者，《孟子》曰「上無道揆也，下無法守也，朝不信道，工不信度，君子犯義，小人犯刑」是也。

故今之稱惡者，必比之於夏桀、殷紂，何也？曰：法誠不德，其德誠薄。夫民惡之，必朝夕祝之，升聞於皇天，上帝不歆焉。故水旱並興，災害生焉。故曰：德法者，御民之本也。其德謂凶德也。《釋名》云：「薄，迫也。單薄相逼迫也。」祝，詛也。

古之御政以治天下者，冢宰之官以成道，司徒之官以成德。《周禮》天官冢宰掌邦治，地官司徒掌邦教。《爾雅》曰：「冢，大也。」干寶云：「濟其清濁，和其剛柔，而納之中和曰宰。」鄭云：「司徒主衆徒，地者載養萬物。天子立司徒，掌邦教，亦所以安擾萬民。」盧注云：「天性發施，故爲道。地理含藏，故主德。道德者，包五性内外之稱也。天地之官尊，故總焉。」宗伯之官以成仁，《周禮》春官宗伯掌建邦之天神、人鬼、地祇之禮。鄭云：「宗，尊也。伯，長也。不言司者，鬼、神、祇，人之所尊，不敢主之故也。」以成仁者，《仲尼燕居》曰：「郊社之義，所以仁鬼神也。嘗禘之禮，所以仁昭穆也。饋奠之禮，所以仁死喪也。射鄉之禮，所以仁鄉黨也。食饗之禮，所以仁賓客也。」司馬之官以成聖，《周禮·夏官》司馬掌邦政。鄭云：「馬者，武也，言爲武者也。」盧注云：「聖，通也。夏氣物充達，又征伐者，所以平通天下。」司寇之官以成義，《周禮·秋官》司寇掌邦刑。鄭云：「寇，害也。秋者，遒也，如秋義殺害，收聚斂藏於萬物也。」司空之官以成禮，《周禮》曰：「冬官其屬六十，掌邦事。」鄭云：「象冬所立官也。是官名司空者，冬閉藏萬物，天子立司空，使掌邦事，亦所以富立家，使民無空者也。」以成禮者，盧注云：「凡宗社之設，城郭之度，宮室之量，典服之制，皆冬官所職也。」故六官以爲轡，司會均入以爲軜。故御四馬，執六轡，御天地與人與事者，亦有六政。《周禮》：「司會掌邦之六典、八法、八則之貳，以逆邦國都鄙官府之治。」鄭云：「會，大計也。司會，主天下之大計，計官之長。」《詩》曰：「鋈以觼軜。」毛傳云：「軜，驂内轡也。」鄭箋云：「軜繫於軾前。」四馬六轡者，孔氏《毛詩疏》云：「每馬有二轡，四馬當八轡矣。諸文皆言六轡者，以驂馬内轡納之於觖，故在手者，唯六轡耳。」盧注云：「六政，謂道、德、仁、聖、禮、義也。」

是故善御者，正身同轡，均馬力，齊馬

心，惟其所引而之，以取長道。盧注云：「不違於節，故任其馳。」聘珍謂：引，導引也。馬在車前，故曰引。之，往也。取，趣也。道，路也。遠行可以之，《考工記》曰：「攻國之人行地遠。」之，亦往也。急疾可以御，急疾，謂馬馳驟也。御，止也。天地與人事，此四者，聖人之所乘也。乘，治也。

是故天子御者，太史、内史左右手也。六官，亦六轡也。天子三公，合以執六官，均五政，齊五法，以御四者，故亦惟其所引而之。以之道則國治，以之德則國安，以之仁則國和，以之聖則國平，以之義則國成，以之禮則國定，此御政之體也。三公：太師、太傅、太保也。鄭云：「三公者，内與王論道，外參六官之事。」聘珍謂：五政者，五行之政，明堂月令所施於四時者也。盧注云：「五法，謂仁、義、禮、智、信。」四者：天、地與人、與事。治典經邦國，教典安邦國，禮典和邦國，政典平邦國，刑典詰邦國。體國經野，事官之職。」過，失也。人情莫不有過，過而改之，是不過也。是故官屬不理，分職不明，法政不一，百事失紀，曰亂也，亂則飭冢宰。屬，官衆也。理，治也。分，辨也。《太宰職》曰「以官府之六屬舉邦治，以官府之六職辨邦治」也。紀，總要之名也。飭，謂警飭。地宜不殖，財物不蕃，萬民飢寒，教訓失道，風俗淫僻，百姓流亡，人民散敗，曰危也。危則飭司徒。殖，生也。《月令》曰：「善相丘陵、阪險、原隰，土地所宜，五穀所殖，以教道民。」財，讀曰「材」，謂草木。物，謂鳥獸。《周禮》曰：「司徒辨十有二土之名物，以蕃鳥獸，以毓草木。」又曰：「以荒政十有二聚萬民。」又曰：「因此五物者，民之常，而施十有二教焉。」僻，邪也。《王制》曰：「志淫好僻。」敗，潰也。民逃其上曰潰。《釋名》云：「危，阢也。阢阢不固之言也。」父子不親，長幼無序，君臣上下相乖，曰不和也。不和則飭宗伯。乖，戾也。《周禮》宗伯掌邦禮，以和邦國，以統百官，以諧萬民。賢能失官爵，功勞失賞禄。爵禄失則士卒疾怨，兵弱不用，曰不平也。不平則飭司馬。賢能，謂有德者。《司士職》曰：「以德詔爵，以功詔禄。」《王制》曰：「司馬辨論官材，論進士之賢者，以告於王，而定其論。論定然後官之，任官然後爵之，位定然後禄之。」《司勳職》曰：「掌六鄉賞地之法，以等其功。國功曰功，事功曰勞。」司勳、司士，並司馬之屬也。士卒者，《周禮》百人爲卒，卒長皆上士。《左傳》曰：「衆散爲弱。」《周禮》曰：「司馬佐王平邦國。」刑罰不中，暴亂姦邪不勝，曰不成也。不成則飭司寇。《周禮》司寇掌邦禁，以佐王刑邦國。《書》曰：「司寇掌邦禁，詰姦慝，刑暴亂。」百度不審，立事失理，財物失量，曰貧也。貧則飭司空。審，悉也。《論語》曰：「審法度。」事，謂司空所掌富邦國，養萬民，生百物之事。理，條理也。財，謂幣帛。物，謂器用。量，度也。

故曰御者同是車馬，或以取千里，或數百里者，所進退緩急異也。治者同是法，或以治，或以亂者，亦所進退緩急異也。五帝三王，其法誠德，夏桀、殷紂，法誠不德。德惟治，否德亂，進退緩急存乎德也。

明堂第六十七

明堂者，古有之也。盧注云：「明堂之作，其代未得而詳也。」案《淮南子》言神農之世，祀於明堂。明堂有蓋，四方。又漢武帝時，有獻《黄帝明堂圖》者，四面無壁，中有一殿。然其由或始於此也。凡九室，一室而有四户八牖，三十六户七十二牖。《隋書・牛弘傳》引蔡邕《明堂月令論》云：❶「明堂制度之數，九室以象九州，三十六户七十二牖，以四户八牖乘九宫之數也。」以茅蓋屋，蓋，覆也。《左傳》曰：「清廟茅屋，昭其儉也。」上圓下方，《曾子天圓》曰：「天道曰圓，地道曰方。」明堂者，所以明諸侯尊卑。《明堂位》曰：「昔者周公朝諸侯於明堂，天子負斧依，南鄉而立。三公中階之前，北面東上。諸侯之位阼階之東，西面北上。諸伯之國，西階之西，東面北上。諸子之國門東，北面東上。諸男之國門西，北面東上。明堂也者，明諸侯之尊卑也。」外水曰辟雍。《牛弘傳》引《明堂陰陽録》云：「明堂之制，周圜行水，左旋以象天。」蔡邕云：「水闊二十四丈，象二十四氣，於外以象四海。」盧注云：「《韓詩》説辟圓如璧，雍以水。不言圓，言辟者，取辟有德。不言辟水，言雍，雍，和也。」聘珍謂：《王制》曰：「大學在郊，天子曰辟廱。」孔氏《詩・靈臺疏》云：「《大戴

❶「弘」，原避諱改爲「宏」，今回改。不一一出校。下同。

禮·政穆篇》曰：大學，明堂之東序也。」南蠻，東夷，北狄，西戎。《明堂位》曰：「九夷之國，東門之外，西面北上。八蠻之國，南門之外，北面東上。六戎之國，西門之外，東面南上。五狄之國，北門之外，南面東上。九采之國，應門之外，北面東上。四塞世告至。此周公明堂之位也。」明堂月令。盧注云：「於明堂之中，施十二月之令。」赤綴户也，白綴牖也。赤，南方色，盛陽之氣也。白者，陰氣。盧注云：「綴，飾也。」二九四七五三六一八。此五行生成之數，明堂九室所取法也。鄭注《易·繫辭傳》云：「天一生水於北，地二生火於南，天三生木於東，地四生金於西，天五生土於中。地六成水於北，與天一并。天七成火於南，與地二并。地八成木於東，與天三并。天九成金於西，與地四并。地十成土於中，與天五并。」經言五，不言十者，鄭注《月令》云：「土生數五，成數十。但言五者，土以生爲本。」鄭注《考工記》云：「木室於東北，火室於東南，金室於西南，水室於西北，土室於中央。」賈疏云：「五行先起東方，故東北方之室言木。其實東北之室兼水矣，東南之室兼木矣，西南之室兼火矣，西北之室兼金矣，以其中央太室有四堂，四角之室皆有室，故知義然也。」聘珍謂：鄭、賈據五室而言，若此經九室，五行亦有相兼之義。蓋二四三一爲四正，九七六八爲四角，三八二七四九一六皆左旋，五爲中央，爲太廟太室。二爲明堂太廟。七爲明堂右个。明堂右个，即總章之左个，是火而兼金。四爲總章太廟，九爲總章右个，總章右个，即元堂之左个，是金而兼水。一爲元堂太廟，六爲元堂右个，元堂右个即青陽之左个，是水而兼木。三爲青陽太廟，八爲青陽右个，青陽右个，即明堂之左个，是木而兼火矣。堂高三尺，東西九筵，南北七筵，上圓下方。蔡云：「堂高三尺，以應三統。」《考工記》曰：「周人明堂，度九尺之筵，東西九筵，南北七筵。」鄭注云：「明堂者，明政教之堂。周度以筵，亦王者相改也。」九室十二堂，室四户，户二牖，其宫方三百步。蔡云：「明堂制度之數，十二堂以應日辰。」《牛弘傳》引《太山盛德記》云：「殿垣方，在内，水周於外。水内徑三百步。」聘珍謂：六尺爲步，十尺爲丈，三百步，凡一百八十丈。每室東西九筵，筵九尺，三室。占地二十四丈三尺。南北七筵，三室，占地一十八丈九尺。是南北餘地一百六十一丈一尺，東西餘地一百五十五丈七尺，以爲每室中閒空道，寬廣應過於其室。四户八牖，遥相對向，並非聯綴爲之，故左个、右个，得以隨其時之方位，開其户牖。在近郊，近郊三十里。古者明堂、靈臺、辟雍爲一。《五經異義》云：「《公羊》説，皆在國之東南二十五里。東南，少陽用事，萬物著見。用二十五里者，吉行五十里，朝行莫反也。」此經言三十里者，約成數也。或以爲明堂者，文王之廟也。《孝經》曰：「宗祀文王於明堂，以配上帝。」《五經異義》云：「講學大夫淳于登説，周公祀文王於明堂，以配上帝。上帝，五精之神，太微之庭有五帝座星。古《周禮》、《孝經》説，明堂，文王之廟，夏后氏曰世室，殷人曰重屋，周人曰明堂。周公所以祀文王於明堂，以昭事上帝。謹案：今禮、古禮，各以義説，無明文以知之。」鄭氏云：「淳于登之言，取義於《孝經援神契》。《援神契》説『宗祀文王於明堂，以配上帝』，帝者，諦也。象上可承五精之神。五精之神，實在太微，曰明堂者，上圓下方，八窗四闥，布政之宮，在國之陽。於辰爲巳。是以登云然。」孔氏《毛詩・靈臺》疏云：「盧植《禮記注》云：『明堂，即太廟也。天子太廟，上可以望氣，故謂之靈臺。中可以序昭穆，故謂之太廟。圜之以水，似璧，故謂之辟廱。古法皆同一處。近世殊異，分爲三耳。』蔡邕《月令論》云：『取其宗廟之清貌，則曰清廟。取其正室之貌，則曰太廟。取其堂，則曰明堂。取其四門之學，則曰太學。取其周水圜如璧，則曰辟廱。異名而同耳，其實一也。』潁子容《春秋釋例》云：『太廟有八名，其體一也。肅然清静，謂之清廟。行禘祫，序昭穆，謂之太廟。告朔行政，謂之明堂。行饗射，養國老，謂之辟廱。占雲物，望氛祥，謂之靈臺。其四門之學，謂之太學。其中室謂之太室。總謂之宮。』賈逵、服虔注《左傳》，亦云『靈臺在太廟明堂之中』，此等諸儒皆以廟學、明堂、靈臺爲一也。」朱草日生一葉，至十五日，生十五葉。十六日，一葉落。終而復始也。盧注云：「《孝經援神契》曰：『朱草生，蓂莢孳，嘉禾成，萐莆生。』蓂莢，堯時俠階而生，以記朔也。朱草可食，王者慈仁則生，其形無記朔之狀，蓋説不詳。」周時德澤洽和，蒿茂大以爲宮柱，名蒿宮也。此天子之路寢也。不齊，不居其屋。《竹書紀年》云：「周德既隆，草木茂盛，蒿堪爲宮室。」此天子之路寢也者，謂此蒿宮制如路寢也。《爾雅》曰：「無東西廂，有室曰寢。」天子將有祀事於明堂，則致齊於此宮。待朝在南宮，視朝於治朝，天子待朝於門屏之間，謂之宁。孔氏《曲禮疏》云：「天子受朝於路門外之朝，於門外而宁立，以待諸侯之至，故曰當宁而立也。」此經是朝諸侯於明堂，與治朝異制，故待於南宮。南宮，即明堂太廟也。揖朝出其南門。《周禮》曰：「土揖庶姓，時揖異姓，天揖同姓。」南門者，南宮之門，即明堂太廟南鄉之户。經言此者，明天子見諸侯，惟在明堂，南面。若青陽、總章、元堂，皆是告朔行令之宫，而非朝諸侯之地。《明堂位》曰「朝諸侯於明堂，天子負斧依，南嚮而立」是也。

大戴禮記解詁卷之八終

大戴禮記解詁卷之九

南城王聘珍學

千乘弟六十八

公曰：「千乘之國，何氏《論語集解》云：「馬云：『《司馬法》：「六尺爲步，步百爲畝，畝百爲夫，夫三爲屋，屋三爲井，井十爲通，通十爲成。成出革車一乘。」然則千乘之賦，其地千成，居地方三百一十六里有畸，唯公侯之封，乃能容之，雖大國之賦，亦不是過焉。』包云：『千乘之國者，百里之國也。古者井田，方里爲井，十井爲乘，百里之國，適千乘也。』融依《周禮》，包依《王制》、《孟子》，疑義，故兩存焉。」受命於天子，《周禮》曰：「七命賜國，八命作牧，九命作伯。」通其四疆，通，達也。疆，界也。《封人職》曰：「凡封國，設其社稷之壝，封其四疆。」教其書社，房注《管子・小稱》云：「古者群居二十五家，則共置社。書社，謂以社數書於策。」《孔子世家索隱》云：「書社者，書其社之人名於籍。」聘珍謂：教其書社者，《郊特牲》曰「簡其車賦，歷其卒伍，而君親誓社，以習軍旅」也。循其灌廟，循，順也。灌，聚也。順其昭穆，聚群廟之主於太廟，而行大祭之禮。建其宗主。建，立也。《周禮》曰：「宗以族得民，主以利得民。」《左氏》定四年傳曰：「分魯公以殷民六族，條氏、徐氏、蕭氏、索氏、長勺氏、尾勺氏，使帥其宗氏，輯其分族，將其醜類，以法則周公，用即命於周，是使之職事於魯。」《晉語》曰：「再世以下主之。」韋注云：「大夫稱主。」先鄭注《周禮》云：「主，謂公卿、大夫世世食采不絶者。」設其四佐，四佐，謂三卿司徒、司馬、司空，又《周禮》公之國有孤一人，謂之孤卿，是爲四也。孔氏《王制疏》云：「崔氏云：大國三卿，司徒兼冢宰之事，司馬兼宗伯之事，司空兼司寇之事。故《春秋左傳》云：『季孫爲司徒，叔孫爲司馬，孟孫爲司空。』」賈氏《周禮・典命疏》云：「魯是侯爵，非上公，亦得置孤者，魯爲州牧，立孤與公同。」列其五官，五官，謂下大夫五人也。孔氏《王制疏》云：「五人者，謂司徒之下，置小卿二人，一是小宰，一是小司徒。司空之下亦置二小卿，一是小司寇，一是小司空也。司馬之下惟置一小卿，小司馬也。」處其朝市，處，制也。《考工記》曰：「建國面朝後市。」爲仁如何？」子曰：「不仁，國不化。」《易》曰：「君子體仁，足以長人。」化，謂教成於上，而易俗於下也。

公曰：「何如之謂仁？」子曰：「不淫於色。」《左傳》曰：「貪色爲淫。」淫於色，必害於德。

子曰：重記「子曰」者，公不能復問，孔子創通大義，而廣言之也。「立妃，設如太廟然，乃中治。中治不相陵，不相陵，斯庶嬪遑，遑則事上静，静斯潔，信在中。《爾雅》曰：「妃，匹也。」《左氏》桓二年傳曰：「嘉耦曰妃。」楊注《荀子》云：「設，謂制置。」如太廟然者，《禮器》曰：「太廟之内敬矣。君親制祭，夫人薦盎。君親割牲，夫人薦酒。」中，猶内也。賈注《國語》云：「妾御曰嬪。」遑，讀曰「章」，明也。庶嬪遑者，嫡庶之分明也。静，安也。潔，明也。中謂宫中。朝大夫，必慎以恭，出會謀事，必敬以慎，言長幼，小大必中度。朝，讀如《左傳》「楚子朝其大夫」。《曲禮》曰：「諸侯相見於郤地曰會。」出會謀事者，《左氏》昭三年傳曰「有事而會」是也。言，謂在會之言。孔氏莊二十三年《左傳》疏云：「諸侯之序，以爵不以年。」言長幼，謂國之大小也。沈氏云：「爵同者，據年之長幼。」《説文》云：「度，法制也。」此國家之所以崇也。崇，尊也。由宫中以及朝廷，由朝廷以及四國，皆有禮度，而國勢尊矣。立子，設如宗社，宗社先示威，威明顯見，辨爵集德。是以母弟官子，咸有臣志，莫敢援於外。大夫中婦，私謁不行，此所以使五官治，執事政也。此言立世子之道，或國無適子，而立衆庶者。宗社，謂宗廟社稷。《爾雅》曰：「威，則也。」辨爵者，立子以貴也。集，合也。集德者，年鈞以德也。官，猶公也。公子，謂群公子也。援於外者，《左氏》桓十一年傳曰：「君多内寵，子無大援將不立。」《左氏》文六年傳曰：「晉襄公卒，趙孟曰：『立公子雍，秦大而近，足以爲援。』」大夫，謂嬖大夫。中婦，謂嬖妾。謁，請也。《左氏》莊二十八年傳曰：「晉驪姬嬖，欲立其子。賂外嬖梁五與東關嬖五，譖群公子，而立奚齊。」執事，群有司也。政，正也。嗣子正，而朝廷莫不正矣。夫政以教百姓，百姓齊以嘉善，故蠱佞不生，此之謂良民。國有道則民昌，此國家之所以大遂也。《論語》曰：「政者正也。」正朝廷以正百官，正百官以正萬民。齊，同也。嘉，樂也。蠱，惑亂也。以邪導人謂之佞。昌，盛也。遂，順也。卿設如大門，大門顯美，小大尊卑中度，開明閉幽，內祿出災，以順天道。近者閑焉，遠者稽焉。卿，謂上卿執政者。《王制》曰：「諸侯之上大夫，卿。」李注《爾雅》云：「宮中南嚮大門，應門也。」度，數也。小大尊卑中度者，《考工記》曰：「應門二徹參个。」鄭注云：「二徹之内八尺，三个二丈四尺。」《考工記》曰：「王宮門阿之制，五雉。」鄭注云：「雉長三丈，高一丈。度高以高，度廣以廣。」内，入也。禄，福也。近者，群臣。遠者，萬民。閑，法也。稽，猶考也，議也。《小宰職》曰：「帥治官之屬，而觀治象之法。」《太宰職》曰：「縣治象之法於象魏，使萬民觀治象。」先鄭司農云：「象魏，闕也。」孫注《爾雅》云：「宮門雙闕，舊章縣焉。使民觀之，因謂之觀。」君發禁，宰而行之以時，通於地，散布於小，理天之災祥，地寶豐省，及民共饗其禄，共任其災。此國家之所以和也。禁，政教也。鄭注《聘禮》云：「宰，上卿，貳君事者。」諸侯謂司徒爲宰。」干寶云：「濟其清濁，和其剛柔，而納之中和曰宰。」時，天時也。地，謂地利。通者，《周語》曰「順時覛土」是也。散布，謂布德。小者，物之微也。散布於小者，《月令》曰「立春之月，命相布德和令，禁止伐木，毋覆巢，毋殺孩蟲，胎夭飛鳥，毋麛毋卵」是也。理，謂燮理。天反時爲災。吉氣爲祥。地寶，謂五地之物生。陸氏《釋文》云：「地以萬物爲寶也。」豐，饒也。省，減也。及，與也。饗，受也。禄，亦福也。任，當災禍也。國有四輔，輔，卿也。卿設如四體，毋易事，毋假名，毋重食。卿，謂小卿，下大夫也。如四體者，《中庸》曰：「體群臣也。」孔疏云：「言接納群臣，與之同體也。」毋易事者，官不易方也，言官守其業，無相踰易。毋假名者，名位不同，禮亦異數，毋相假借。食，稍食也。凡事，尚賢進能使知事，爵不世。能之不愆。賢，有德行者。能，有道藝者。《周禮》曰：「以德詔爵，以能詔事。」不世者，仕無世官也。愆，失也。「能之不愆」，謂有能者，不失其所也。凡民，戴名以能。戴，載也。名者，《大司馬職》曰：「縣鄙各以其名。」鄭注云：「縣鄙，謂縣正，鄙師至鄰長也。」以能者，《鄉大夫職》曰：「使民興能，入使治之。」賈疏云：「以爲比長、鄰長已上之官，治民之貢賦田役於内也。」食力以時成，以事立。鄭注《禮器》云：「食力，謂農工商也。」以時成者，《孟子》曰：「不違農時，穀不可勝食也。」《左傳》曰：「穡人成功。」以事立者，《周禮》曰：「任工以飭材事，任商以市事。」鄭注《冠義》云：「立，猶成也。」此所以使民讓也。讓者，推賢尚能也。

民咸孝弟而安讓，此以怨省而亂不作也，此國之所以長也。安讓則怨省，孝弟則亂不作。《詩》曰：「民之無良，相怨一方。受爵不讓，至于己斯亡。」《論語》曰：「其爲人也孝弟，而好犯上者鮮矣。不好犯上，而好作亂者，未之有也。」長，久也。下無用，則國家富。鄭注《周禮》云：「下，猶去也。」《淮南・齊俗》云：「不器無用之物。」富，足也。《書》曰：「不貴異物賤用物，民乃足。」上有義，則國家治。上，猶「尚」也，貴也。「義」，讀曰「儀」。《左傳》曰：「有儀可象。」《周禮》曰：「以儀辨等，則民不越。」鄭注云：「故書『儀』或爲『義』。杜子春讀爲『儀』。」長有禮，則民不争。長，老也。禮，謂鄉飲酒之禮。《周禮》曰：「以陽禮教讓，則民不争。」鄭注云：「陽禮，謂鄉飲酒之禮也。」立有神，則國家敬。《周禮》曰：「肆師掌立國祀之禮。」又曰：「以祀禮教敬，則民不苟。」兼而愛之，則民無怨心。《廣雅》云：「兼，同也。」「愛，親也。」《昏義》曰：「同尊卑以親之也。」《周禮》曰：「以陰禮教親，則民不怨。」鄭注云：「陰禮，謂男女之禮。昏禮以時，則男不曠，女不怨。」以爲無命，則民不偷。爲，脩爲也，謂脩其教也。無命者，不言吉凶禍福之命。《王制》曰：「脩其教，不易其俗。」《周禮》曰：「以俗教安，則民不偷。」賈疏云：「偷，苟且也。」昔者先王本此六者，而樹之德，此國家之所以茂也。樹，立也。樹之德者，《論語》曰：「爲政以德也。」茂者盛也。

設其四佐而官之。《春秋元命苞》云：「官之爲言宣也。」此文與下經爲總目。司徒典春，以教民之不則時不若不令。《周禮》司徒爲地官，於侯國則兼冢宰。典，主也，謂主春時布德和令之事。則，法也。時，謂天時。《農書》云：「春土冒橛，陳根可拔，耕者急發。」若，順也。令，善也。民有不知時，不若不令者，司徒咸教之。成長幼老疾孤寡，以時通于四壃。有闔而不通，有煩而不治，則民不樂生，不利衣食。成，平也。《禮運》曰「使老有所終，壯有所用，幼有所長，矜寡孤獨廢疾者，皆有所養」也。時，謂春時。通，達也。四壃，謂四境。自國中以至四境，民情無不達也。闔，閉也。煩，亂也。不利衣食者，其民人不獲享其土利。凡民之藏貯以及山川之神明加于民者，發國功謀。齊戒必敬，會時必節。鄭注《周禮》云：「凡，計數之。」藏貯，蓄積也。《月令》曰：「命宰歷卿大夫，至於庶民，土田之數，而賦犧牲，以供山林名川之祀。」《祭法》曰：「山林、川谷、丘陵，能出雲，爲風雨，見怪物，皆曰神。」又曰：「山林、川谷、丘陵，民所取財用也。」《廣雅》云：「發，舉也。」功，勞也。謀，謨也。發國功謀，謂舉先世之以功定國，與謨法施於民者而祀之。《祭法》曰：「法施於民，則祀之。以勞定國，則祀之。」會，至也。時，謂祭時。節，禮節也。

日、曆、巫、祝，執伎以守官，俟命而作，祈王年，禱民命，及畜穀、蜚征、庶虞草。日，謂日者，卜筮掌日之術也。曆，謂曆正，主治曆數者。巫祝，謂司巫、大祝之屬，並掌鬼神之事者。執伎守官者，《王制》曰：「凡執伎以事上，不貳事，不移官。」命，謂司徒之命。作，起也。起而各執其事也。祈，求也。祈王年者，《大祝職》曰「年祝」是也。禱，告事求福也。禱民命者，《小祝職》曰：「順豐年，逆時雨，寧風旱，弭災兵，遠辠疾。」並民命之所關也。畜穀，謂六畜五穀。蜚征，謂飛禽走獸也。庶虞草，謂山虞、澤虞所掌之山澤林麓。並禱之者，欲使上下草木鳥獸咸若也。

方春三月，緩施生育，動作百物，於時有事，享于皇祖皇考，朝孤子八人，以成春事。緩，和也。育，養也。動作百物者，《月令》曰：「季春之月，生氣方盛，陽氣發泄，句者畢出，萌者盡達。」享于祖考者，《周禮》曰「以祠春享先王」也。朝，召也。召而饗之也。孤子，死王事者之子也。《郊特牲》曰「春饗孤子」是也。

司馬司夏，以教士車甲。鄭《三禮目録》云：「司馬象夏所立之官。馬者，武也，言爲武者也。夏整齊萬物。」聘珍謂：士者，國之勇力之士，能用五兵者。《周禮》屬於司右。司右，司馬之屬官也。《王制》曰：「有發，則命大司徒教士以車甲。」蓋此勇力之士，無事則教於司馬之屬。若軍師發卒，則司徒教以兵車衣甲之儀。

凡士執伎論功，脩四衛，强股肱，質射御，才武聰慧，治衆長卒，所以爲儀綴於國。執伎，謂持五兵之藝。功，猶力也。脩，備也。四衛者，宿衛王宫，必居四角四中，於徼候便也。質，主也。治衆長卒者，《周禮》曰：「百人爲卒，卒長皆上士。」《毛詩傳》云：「綴，表也。」

出可以爲率，誘於軍旅，四方諸侯之遊士，國中賢餘、秀興閱焉。出，謂司馬出軍。率，讀曰「帥」。《左氏》閔二年傳曰：「夫帥師專行，謀誓軍旅。」誘，教也。《周禮》：「萬有二千五百人爲軍，五百人爲旅。」賢餘，卿大夫之餘子之賢者。興，升也。秀興者，造士之秀升於司馬者也。閱，具數也。司馬辨論官材，故四方之遊士，國中之賢秀，皆當悉數而省視之。

方夏

三月，養長秀，蕃庶物，於時有事，享于皇祖皇考，爵士之有慶者七人，以成夏事。《爾雅》曰：「不榮而實者謂之秀。」《周禮》曰：「以禴夏享先王。」慶，善也。《祭統》曰：「夏祭曰禘。古者於禘也，發爵賜服，順陽義也。」司寇司秋，以聽獄訟，治民之煩亂，執權變民中。鄭云：「寇，害也。秋者，遒也。如秋義，殺害、收聚、斂藏於萬物也。」聽，平治也。獄，謂相告以罪名者。訟，謂以財貨相告者。賈云：「此對文，散則通矣。」《周禮》曰：「刑新國用輕典，刑平國用中典，刑亂國用重典。」執權變民中者，執其輕重之權，以變化其民，使歸於中也。凡民之不刑，刑，正人之法。不刑者，不法。下文所云是也。崩本以要閒，崩，壞也。本，常也。要，徼也。閒，隙也。謂敗壞官府常法，而伺候閒隙以行其詐。作起不敬，以欺惑憧愚。作起，謂動作起事。敬，畏也。不敬，不畏法也。憧愚，無定識之民。作於財賄、六畜、五穀曰盜。泉貨曰財，布帛曰賄。誘居室家有君子曰義，句有譌變，未詳其義。子女專，曰媄。專，擅也。謂不待父母之命，媒妁之言。説文云：「媄，巧也。一曰女子笑貌。」鎊五兵及木石曰賊。鎊，讀曰「餙」，覆也。先鄭司農云：「五兵者，戈、殳、戟、酋矛、夷矛。」後鄭云：「車之五兵，鄭司農所云者是也。步卒之五兵，則無夷矛，而有弓矢。」木石，謂旝也。《説文》云：「旝，建大木，置石其上，以䃂敵也。」曰賊者，謂覆匿兵器，謀爲逆亂也。以中情出，小曰閒，大曰講。中情，國中之情實也。閒，反閒也。賈氏《周禮疏》云：「異國欲來侵伐，先遣人往閒候，取其委曲，反來説之。」講，讀曰「構」，本亦作「構」，謂交構也。《國語》曰：「怨構諸侯。」❶利辭以亂屬，曰讒。屬，類也。利辭，變亂邪正之類。讒，譖也。以財投長曰貸。投，致也。長，謂達官之長。《廣雅》云：「貸，僭也。」凡犯天子之禁，陳刑制辟，以追國民之不率上教者。陳，列也。刑，謂刑書。制，裁制也。辟，罪。《書》曰：「明啟刑書胥占。」追，逐也。率，循也。上教，謂禁教。《士師之職》曰：「掌國之五禁之法，以左右刑罰，皆以木鐸徇之於朝，書而縣於門閭。」是即所以教之者也。夫是故一家三夫道行，三人飲食，哀樂平，無獄。有夫有婦爲一家。三夫，丁壯也。道行，謂任力役

❶「怨」，原作「恐」，今據廣雅書局本改。

之事。飲食，食於家也。《周禮》曰：「上地家七人，可任也者家三人。」鄭注云：「出老者一人，其餘男女强弱相半，其大數，平均也。力政均，民情平，而訟獄衰息矣。」

方秋三月，收斂以時，於時有事，嘗新于皇祖皇考，食農夫九人，以成秋事。《月令》曰：「季秋之月，命百官貴賤無不務内。」鄭注云：「内，謂收斂入之也。」嘗新，謂新穀熟，嘗之。《周禮》曰：「以嘗秋享先王。」農夫，謂耆老也。《郊特牲》曰：「秋食耆老。食，養陰氣也。」司空司冬，以制度制地事。鄭云：「冬閉藏萬物，天子立司空，使掌邦事，亦所以富立家使民無空者也。」制度，法度也。制地事，謂裁制地事。下經所云是也。準揆山林，規表衍沃，畜水行衰濯浸，以節四時之事。準，平也。揆，度也。積石曰山，竹木曰林。規，畫也。表，明也。下平曰衍，有溉曰沃。《左氏》襄二十五年傳曰：「度山林，井衍沃。」畜水者，《周禮》曰「以瀦畜水」也。行者，《周禮》曰「以溝蕩水」，杜子春謂以溝行水也。衰者，《廣韻》云：「衰，小也，減也，殺也。」謂水大而減之使小也。《周禮》曰：「以澮寫水。」鄭注云「澮，田尾去水大溝」是也。濯者，滌，溉也。謂以水滌去所芟之草。《周禮》曰：「以涉揚其芟。」鄭注云「開遂舍水于列中，因涉之，揚去前年所芟之草，而治田種稻」是也。浸者，可以爲陂，灌溉田者也。準揆山林，規表衍沃，制爲井牧也。畜水行衰濯浸，則田閒之水利節制也。四時之事，謂耕耘收獲之事也。治地遠近，以任民力，以節民食。太古食壯之食，攻老之事。」鄭注《載師》云：「國稅，輕近而重遠，近者多役也。」太古，謂唐虞以上。攻，治也。《王制》曰：「凡使民，任老者之事，食壯者之食。」鄭注云：「寬其力，饒其食。」

公曰：「功事不少而餱糧不多乎？」子曰：「太古之民，秀長以壽者，食也。在今之民，羸醜以胔者，事也。秀長，謂成長。《釋名》云：「秀者，物皆成也。」壽，久年也。食，謂足食。羸，劣也。醜，惡也。胔，謂死於道路，如鳥獸也。《説文》云：「鳥獸殘骨曰骴。骴可惡也，从骨，此聲。」《明堂月令》曰：『掩骼薶骴。』骴，或从肉。」事，謂力役之事。太古無游民，食節事時，民各安其居，樂其宮室，服事信上，上下交信，地移民在。游民，不習士農工商之業者。居，謂居業。「安其居」者，《齊語》曰：「少而習焉，其心安焉。」樂宮室者，《周禮》曰：

「以本俗六安萬民。一曰媺宫室。」❶地移民在者,《孟子》曰:「昔者太王居邠,狄人侵之,去之岐山之下居焉。邠人曰:『仁人也,不可失也。』從之者如歸市。」今之世,上治不平,民治不和,百姓不安其居,不樂其宫。老疾用財,壯狡用力,於兹民游,薄事貪食,於兹民憂。財,泉穀也。《周禮》:「以九賦斂財賄,老者、疾者皆舍。」《廣雅》云:「狡,健也。」游,猶流也。薄,迫也。事,謂力役之事。《釋名》云:「貪,探也。探取人他分也。」貪食,謂民不得食,須探取而後食也。古者殷書爲成男成女名屬,升于公門,此以氣食得節,作事得時,勸有功。夏服君事不及暍,冬服君事不及凍。是故年穀不成,天之饑饉,道無殣者。殷,衆也。屬,類也。升,登也。《媒氏職》曰:「凡男女自成名以上,皆書年月日名焉。」《司民職》曰:「掌登萬民之數,自生齒以上,皆書于版,辨其國中,與其都鄙,及其郊野,異其男女。及三年大比,以萬民之數詔司寇。司寇及孟冬祀司民之日,獻其數於王,王拜受之,登於天府。」氣,讀曰「餼」。鄭注《聘禮》云:「餼,猶稟也,給也。」節,多寡之度。作,興也。事,謂築邑廬宿市,治宫室、城郭、道渠之類。得時者,《左氏》莊二十九年傳曰:「凡土功,龍見而畢務,戒事也。火見而致用,水昏正而栽,日至而畢。」勸,勉也。《王制》曰:「樂事勸功。」暍,傷暑也。年,周一年也。穀,謂五穀。成,備也。《穀梁》襄二十四年傳曰:「五穀不升謂之大饑,一穀不升謂之嗛,二穀不升謂之饑,三穀不升謂之饉,四穀不升謂之康,五穀不升謂之大侵。」道,路也。餓死爲殣。《左氏》昭三年傳曰:「道殣相望。」在今之世,男女屬散,名不升于公門,此以氣食不節,作事不成,天之飢饉,於時委民,不得以疾死。時,是也。委,棄也。不得以疾死者,《孟子》曰:「凶年饑歲,君之民老弱轉乎溝壑。」是故立民之居,必于中國之休地。因寒暑之和,六畜育焉,五穀宜焉。辨輕重,制剛柔,和五味,以節食時事。休,美也。《周禮》曰:「以土圭之法測土深,正日景,以求地中。日南則景短多暑,日北則景長多寒。」制,克也。《王制》曰:「剛柔輕重遲速異齊,五味異和。」東辟之民曰夷,精以僥,至于大遠,有不火食者矣。南辟之民

❶「媺」,原作「微」,今據《周禮·大司徒》改。

曰鑾，信以朴，至于大遠，有不火食者矣。西辟之民曰戎，勁以剛，至于大遠，有不火食者矣。北辟之民曰狄，肥以戾，至于大遠，有不火食者矣。及中國之民，曰五方之民，有安民，和味，咸有實用利器，知通之，信令之。安，止也。安民，謂居止之民。《王制》曰：「中國、夷、蠻、戎、狄，皆有安居、和味、宜服、利用、備器。」知通之者，《王制》曰：「五方之民，言語不通，嗜欲不同，達其志，通其欲。東方曰寄，南方曰象，西方曰狄鞮，北方曰譯。」鄭注云：「鞮之言知也。」孔疏云：「謂通傳夷狄之語，與中國相知。」信令之者，信，猶節也。《掌節職》曰：「凡通達於天下者，必有節。」鄭注云：「節爲信。」《釋名》云：「令，領也。理領之，使不得相犯也。」及量地度居，句。邑有城郭，立朝市，地以度邑，以度民，以觀安危。及，至也。量地度居者，《王制》曰「量地以制邑，度地以居民」是也。城外爲郭。而朝後市。度邑度民者，《王制》曰：「地邑民居，必參相得也。」安危，猶利害。《周禮》曰：「以相民宅，而知其利害。」距封後利，先慮久固，依固可守，爲奥可久，能節四時之事，霜露時隆。距，起也。封，土界也。《周禮》曰：「制其畿疆，而溝封之。」後利者，不盡地利，以壞形勢。《史記·商君傳》云：「爲田開阡陌封疆。」是爲利也。慮，謀也。依，因也。《司險職》曰：「設國之五溝五涂，而樹之林，以爲阻固。」《掌固職》曰：「掌修城郭、溝池、樹渠之固，若有山川則因之。」奥，深也。節四時之事，霜露時降者，言中國之休地也。《周禮》曰：「日至之景，尺有五寸，謂之地中。天地之所合也，四時之所交也，風雨之所會也，陰陽之所和也。」方冬三月，草木落，庶虞藏，五穀必入于倉。於時有事蒸于皇祖、皇考，息國老六人，以成冬事。庶虞，謂山林川澤之官也。藏，收也。《月令》曰：「乃命四監，收秩薪柴，以供郊廟及百祀之薪燎。」又曰：「舉五穀之要，藏帝籍之收于神倉。」蒸，衆也。冬物畢成，可祭者衆也。《周禮》曰：「以蒸冬享先王。」息，休息也。國老，國之卿大夫致仕者。《月令》曰「春數八，夏數七，秋數九，冬數六」也。民咸知孤寡之必不末也，咸知有大功之必進等也，咸知用勞力之必以時息也。推而内之水火，入也弗之顧矣，而況有强適在前，有君長正之者乎？」公曰：「善哉！」末，薄也。孤寡不末者，朝孤子以成春事也。等，謂等級。必進等者，夏爵士之有慶者也。用勞力，必以時息者，秋食農夫，冬息國老也。回首曰顧。適，讀曰「敵」。正者，治也。

四代第六十九

公曰：「四代之政刑，論其明者，可以爲法乎？」四代，謂虞、夏、商、周。論，擇也。《樂記》曰：「政以一其行，刑以防其姦。」子曰：「何哉！四代之政刑，皆可法也。」

公曰：「以我行之，其可乎？」子曰：「否，不可。臣願君之立知而以觀聞也。聞，謂所聞四代之政刑。《白虎通》云：「智者，知也。獨見前聞，不惑於事，見微知著也。」四代之政刑，君若用之則緩急將有所不節。不節，君將約之。約之，卒將棄法。棄法，是無以爲國家也。」緩急，謂事之輕重遲速異宜者。鄭注《考工記》云：「節，猶適也。」約之者，以法約束之也。卒，終也。卒將棄法者，操之已切，事敝而法窮也。

公曰：「巧匠輔繩而斲，胡爲其棄法也？」輔，相也。繩，謂繩墨，所以彈曲直者也。子曰：「心未之度，習未之狎，此以數踰而棄法也。夫規矩準繩鈞衡，此昔者先王之所以爲天下也。小以及大，近以知遠。今日行之，可以知古，可以察今，其此邪？《左氏》昭二十八年傳曰：「心能制義曰度。」狎，安習也。《孟子》曰：「習矣，而不察焉。」《爾雅》曰：「數，疾也。」《說文》云：「踰，越進也。」《孟子》曰：「聖人既竭目力焉，繼之以規矩準繩，以爲方員平直，不可勝用也。」鄭注《月令》云：「三十斤曰鈞。稱上曰衡。」《經解》曰：「衡，誠縣，不可欺以輕重。」《淮南·泰族》云：「規矩權衡準繩，異形而皆施。」水、火、金、木、土、穀，此謂六府，廢一不可，進一不可，民並用之。今日行之，可以知古，可以察今，其此邪？府，猶庫藏也。《左氏》文七年傳曰：「水、火、金、木、土、穀，謂之六府。」進，猶益也。《淮南·泰族》云：「水、火、金、木、土、穀，異物而皆任。」昔夏、商之未興也，伯夷謂此二帝之眇。」伯夷，虞史。謂，當作「爲」。此書「爲」、「謂」二字多相亂。言爲此規矩、準繩、鈞衡及六府之屬。《書》曰：「伯夷降典，折民惟刑。」二帝，謂堯、舜。

董注《説卦傳》云：「眇，成也。」

公曰：「長國治民恒幹，長，君也。恒，常也。幹，體也。言君國子民之常體。下文所云是也。論政之大體以教民辨，歷大道以時地性，興民之陽德以教民事，上服周室之典以順事天子，脩政勤禮以交諸侯。大節無廢，小眇其後乎？」辨，别也。教民辨者，《易》曰：「上天下澤，履君子以辨上下，定民志。」《爾雅》曰：「歷，相也。」大道，天道也。性，生也。歷天道以時地性者，《周語》曰：「古者，太史順時覛土，陽癉憤盈，土氣震發，農祥晨正，日月底于天廟，土乃脈發。」興，作也。《周禮》曰：「以地産作陽德。」先鄭云：「一説：地産，謂土地之性各異，若齊性舒緩，楚性急悍。此皆露見于外，故謂之陽德。」教民事者，脩其教，移其習也。服，從也。典，法也，常也。政，猶制也。禮，謂邦交之禮。《檀弓》曰：「脩其班制，以與四鄰交。」大節，謂論政之大體以下諸事，爲長國治民之恒幹。小眇，猶小成也。

子曰：「否，不可後也。《詩》云：『東有開明。』於時雞三號，以興庶虞。庶虞動，蜚征作。《詩·小雅·大東》篇「開」作「啟」，漢諱「啟」之字曰「開」。《爾雅》曰：「明星謂之啟明。」郭注云：「太白星也。晨見東方爲啟明，昏見西方爲太白。」雞，知時畜也。號，鳴也。庶虞，謂山澤林麓。蜚征，謂禽獸昆蟲。此言夜嚮晨，而百物動作也。嗇民執功，百草咸淳，地傾水流之。嗇民，農夫。執功，持田功也。淳，和也。傾，覆也。地傾，謂農夫覆種也。水，謂雨水流灌也。《月令》曰：「仲春之月，始雨水。」是以天子盛服朝日于東堂，以教敬示威于天下也。盛服朝日者，《魯語》曰：「天子大采朝日。」《玉藻》曰：「玄端而朝日于東門之外。」鄭注云：「『端』，當爲『冕』，字之誤也。朝日，春分之時也。」聘珍謂：東堂，壇上之堂也。鄭注《司儀》云：「天子春帥諸侯拜日于東郊。」則爲壇于國東。又云：「壇十有二尋，方九十六尺。」則堂上二丈四尺。教敬示威者，賈氏《司儀疏》云：「天子親自拜日禮月之等，是尊尊之法，教諸侯以下尊敬在上者也。」《爾雅》曰：「威，則也。」是以祭祀昭有神明，《大宗伯職》曰：「以禋祀祀昊天上帝，以實柴祀日月星辰，以槱燎祀司中、司命、飌師、雨師，以血祭祭社稷、五祀、五嶽，以貍沈祭山林川澤，以疈辜祭四方百物。」昭，明也。《表記》曰：「昔三代明王，皆祀天地之神明。」燕食昭有慈愛，《左氏》宣十六年傳曰：「王享有體薦，宴有折俎。」成十二年傳曰：「宴以示慈惠。」杜注云：「宴則折俎，相與共食。」宗廟之事昭有義，《大宗伯職》曰：「以肆獻祼享先王，以饋祀享先王，以祠春享先王，以禴夏享先王，以嘗秋享先王，以蒸冬享先王。」鄭注云：「宗廟之祭，有此六享。」昭有義者，《大傳》曰：「自義率祖，順而下之，至於禰。是故人道親親也。親親，故尊祖。尊祖，故敬宗。敬宗，故收族。收族，故宗廟嚴。」率禮朝廷，昭有五官，率，循也。《左氏》莊二十三年傳曰：「禮所以整民也。朝以正班爵之義，帥長幼之序。」《曲禮》曰：「天子之五官，曰司徒、司馬、司空、司士、司寇，典司五衆。」無廢甲胄之戒，昭果毅以聽，鄭注《既夕》云：「甲，鎧也。胄，兜鍪也。」防患曰戒。《左氏》宣二年傳曰：「戎昭果毅以聽之之謂禮。」殺敵爲果，致果爲毅。天子曰崩，諸侯曰薨，大夫曰卒，士曰不禄，庶人曰死，昭哀。哀愛無失節，是以父慈，子孝，兄愛，弟敬。鄭注《曲禮》云：「異死名者，爲人褻其無知，若猶不同然也。自上顛壞曰崩。薨，顛壞之聲。卒，終也。不禄，不終其禄。死之言澌也，精神澌盡也。」《釋名》云：「哀，愛也。愛，乃思念之也。」節，謂禮節。此昔先王之所先施於民也。君而後此，則爲國家失本矣。」此者，謂朝日東堂以下諸事也。

公曰：「善哉！子察教我也。」察，審也，明也。子曰：「鄉也君之言善，執國之節也。君先眇而後善，中備以君子言，可以知古，可以察今，奐然而興民壹始。」鄉，讀曰「嚮」。言善，謂恒幹之言爲善也。執，持也。節，謂大節也。眇，成也。言朝日祭祀以下諸事，皆國之成法，先其成法，而後其恒幹之善言。君子，卿大夫若有德者。中備以君子言者，先後之中，令君子討論其因時制宜之理。奐然，盛貌。興，起也。壹，專也。始，猶本也。爲國不失本，則民知務其本矣。

公曰：「是非吾言也，吾一聞於師也。」子吁焉其色，曰：「嘻！君行道矣。」公曰：「道邪？」子曰：「道也。」吁，驚也。嘻，喜悦之聲。

公曰：「吾未能知人，未能取人。」子曰：「君何爲不觀器視才？」公曰：「視可明乎？」子曰：「可以表儀。」公曰：「願學之。」器，謂器識。才，才力也。《左氏》文六年傳曰：「引之表儀。」杜注云：「表儀，猶威儀。」子曰：「平原大藪，瞻其草之高豐茂者，必有怪鳥獸居之。且草可財也，如艾而夷之，其地必宜五穀。高山多林，必有怪虎豹蕃孕焉。深淵大川，必有蛟龍焉。民亦如之。君察之，可以見器、見才矣。」《爾雅》曰：「廣平曰原。」鄭注《月令》云：「大澤曰藪。」財，讀曰「材」。艾，讀曰「刈」。夷之者，以鉤鎌迫地芟之也。宜五穀者，原藪爲衆物所歸，土化沃饒，五穀皆宜也。蕃，謂蕃息。孕，育也。

公曰：「吾猶未也。」子曰：「群然，戚然，頤然，睪然，踖然，柱然，抽然，首然，僉然，湛然，淵淵然，淑淑然，齊齊然，節節然，穆穆然，皇皇然。群然者，《論語》曰「群而不黨」，《學記》曰「敬業樂群」是也。戚，親也。《詩》曰：「戚戚兄弟。」毛傳云：「戚戚，内相親也。」《春秋元命苞》云：「后稷岐頤。」宋注云：「頤，有土象也。」《荀子·解蔽》云：「睪睪廣廣，孰知其德。」楊注云：「睪，讀爲『皞』，皞皞，廣大貌。」《爾雅》曰：「踖踖，敏也。」柱，讀若「砥柱」，言不從流俗也。《廣雅》云：「抽，拔也。」《孟子》曰：「拔乎其萃。」《郊特牲》曰：「首也者，直也。」《爾雅》曰：「僉，皆也。」《孟子》曰：「油油然與之偕，而不自失也。」《廣雅》云：「湛，安也。」淵淵，深水貌。《中庸》曰：「淵淵其淵。」《説文》云：「淑，清湛也。」《祭義》曰：「齊齊乎其敬也。」《釋名》云：「節，有限節也。」《少儀》曰：「言語之美，穆穆皇皇。」《爾雅》曰：「穆穆皇皇，美也。」群然以下，並言人之表儀也。見才色脩聲不視聞，怪物恪命不改志，舌不更氣，君見之舉也。得之取之，有事事也。事必與食，食必與位，無相越踰。昔虞舜天德嗣堯，取相十有六人如此。」見，顯示之也。才色，色之有才藝者。脩聲，聲之靡曼也。不視聞者，非禮勿視，非禮勿聽也。怪，異也。物，事也。恪，當爲「怪」，形之誤也。怪命者，若後世符瑞之流。不改志，言不爲所惑也。陸賈《新語》云：「通於道者，不可驚以怪。」《説文》云：「舌在口，所以言也。」更，改也。言不更氣者，《左氏》昭九年傳曰：「氣以實志，志以定言。」有事事也者，以能詔事也。事必與食者，以功詔禄也。鄭注《大宰》云：「位，爵次也。」天德，元德也。《淮南·原道》云：「舜執玄德於心。」高注云：「玄，天也。」《書》曰：「玄德升聞，乃命以位。」《左氏》文十八年傳曰：「堯崩，天下如一，同心戴舜，以爲天子。以其舉十六相。」

公曰：「嘻！美哉！子道廣矣。」曰：「由德徑徑，吾恐惛而不能用也。何以哉？」曰，孔子之言也。由，用也。徑徑者，疾趨邪行也。惛，亂也。德急則亂。

公曰：「請問圖德何尚？」子曰：「聖，知之華也。華，猶光也。《孟子》曰：「始條理者，智之事也。終條理者，聖之事也。」知，仁之實也。《荀子·君道》云：「仁而不知，不可。既知且仁，是人主之實也。」仁，信之器也。鄭注《經解》云：「器，所操以作事者也。」信，義之重也。《論語》曰：「君子義以爲質，信以成之。」《左氏》宣十五年傳曰：「信載義而行之。」義，利之本也。委利生孽。」《左氏》成十六年傳曰：「義以建利。」委，讀若「委積」。《左氏》昭十年傳曰：「蘊利生孽。」杜注云：「蘊，畜也。孽，妖害也。」

公曰：「嘻！言之至也。道天地以民輔之，聖人何尚？」道，達也。《易》曰：「后以財成天地之道，輔相天地之宜，以左右民。」子曰：「有天德，有地德，有人德，此謂三德。三德率行，乃有陰陽。陽曰德，陰曰刑。」盧注《衛將軍文子》云：「天道曰至德，地道曰敏德，人道曰孝德。」聘珍謂：《師氏職》曰：「以三德教國子，一曰至德，以爲道本；二曰敏德，以爲行本；三曰孝德，以知逆惡。」鄭注云：「在心爲德，施之爲行。」董仲舒《對策》云：「陽爲德，陰爲刑。天使陽常居大夏，而以生育長養爲事。陰常居大冬，而積於空虛不用之處。」

公曰：「善哉！再聞此矣。陽德何出？」子曰：「陽德出禮，禮出刑，刑出慮，慮則節事於近，而揚聲於遠。」出，猶生也。禮，謂禮儀、威儀也。鄭注《中庸》云：「火神則禮。」《白虎通》云：「火之爲言化也。陽氣用事，萬物變化也。」《樂記》曰：「天高地下，萬物散殊，而禮制行矣。」禮出刑者，《坊記》曰：「禮者，因人之情，而爲之節文，以爲民坊者也。」出於禮者，入於刑，禮節民心，刑以坊之也。慮，心謀也。《王制》曰：「刑者，侀也。侀者，成也。一成而不可變，故君子盡心焉。」節，省也。事，訟獄之事。近，謂朝廷。揚聲於遠者，訟獄衰息，刑措不用，而頌聲作矣。

公曰：「善哉！載事何以？」子曰：「德以監位，位以充局，局以觀功，功以養民，民於此乎上。」載，成也。《韓詩》云：「監，領也。」位，爵位也。《周禮》曰：「以德詔爵也。」充，當也。

《爾雅》曰：「局，分也。」郭注云：「謂分部。」《左氏》成十六年傳曰：「失官，慢也。離局，姦也。」鄭注《宮正》云：「功，吏職也。」《書》曰：「德惟善政，政在養民。」

公曰：「禄不可後乎？」子曰：「食爲味，味爲氣，氣爲志，發志爲言，發言定名，名以出信，信載義而行之。禄不可後也。」禄，稍食也。《左氏》昭二十五年傳曰：「爲六畜、五牲、三犧以奉五味。」《左氏》昭九年傳曰：「味以行氣，氣以實志，志以定言，言以出令。」韋注《周語》云：「名，號令也。」《左氏》宣十五年傳曰：「君能制命爲義，臣能成命爲信，信載義而行之爲利。」

公曰：「所謂民與天地相參者，何謂也？」子曰：「天道以視，地道以履，人道以稽。廢一曰失統，恐不長饗國。」「參」之言「三」也。鄭注《説卦傳》云：「三才，天、地、人之道。」《鹿鳴詩》箋云：「視，古示字。」《説文》云：「示，天垂象，見吉凶，所以示人也。三垂，日月星也。」《爾雅》曰：「履，禮也。」《樂記》曰：「禮以地制。」《廣雅》云：「稽，考也。」《表記》曰：「考道以爲無失。」鄭注云：「能將仁義之一成之，❶以不失於人。」《易》曰：「立人之道，曰仁與義。」統，謂紀綱也。

公愀然其色。

子曰：「君藏玉，惟慎用之，雖慎敬而勿愛。民亦如之。執事無貳，五官有差，喜無並愛，卑無加尊，淺無測深，小無招大，此謂楣機。楣機賓薦不蒙。昔舜徵薦此道於堯，堯親用之，不亂上下。」《楚語》曰：「玉足以庇蔭嘉穀，使無水旱之災，則寶之。」愛，吝也。《左氏》昭十七年傳曰：「寶以保民也，子何愛焉？」貳，疑也。差，等也。喜並愛者，《左氏》閔二年傳曰「内寵並后，嬖子配適」也。淺，謂新進日淺。深，謂故舊年深。測，意度也。淺測深者，新閒舊也。招，讀曰「翹」，危也。《爾雅》曰：「楣，謂之梁。」《釋文》引吕伯雍云：「門樞之横梁。」機，樞機也。《易》曰：「樞機之發，榮辱之主也。」賓，敬也。薦，進也。蒙，冒亂也。徵，明也。此道，謂楣機之道。

公曰：「請問民徵。」《中庸》曰：「君子之道，本諸身，徵諸庶民。」子曰：「無以爲也，難行。」

公曰：「願學之，幾必能。」幾，望也。子

❶「將」，《禮記·表記》鄭玄注作「取」。

曰：「貪於味不讓，妨於政。願富不久，妨於政。慕寵假貴，妨於政。治民惡衆，妨於政。爲父不慈，妨於政。爲子不孝，妨於政。大縱耳目，妨於政。好色失志，妨於政。好見小利，妨於政。變從無節，撓弱不立，妨於政。剛毅犯神，妨於政。鬼神過節，妨於政。《左氏》文十八年傳曰：「縉雲氏有不才子，貪於飲食。」《左氏》昭二十年傳曰：「先王之濟五味，以平其心，成其政也。」多畜財貨曰富。《説文》云：「慕，習也。」寵，謂外寵。假，僭也。貴，爵位也。習狎外寵，僭與爵位。《左氏》閔二年傳曰「外寵貳政」也。變，改也。從，因也。撓弱，屈弱也。剛，强也。毅，敢也。剛毅犯神者，《墨子·非命》云：「紂夷處，不肯事上帝鬼神，禍厥先，神褆不祀。」鬼神過節者，黷于祭祀也。幼勿與衆，克勿與比，依勿與謀，放勿與游，徼勿與事。幼，少也。衆，謂民衆。《左氏》襄三十一年傳曰：「子皮欲使尹何爲邑。子産曰：『少，未知可否。』」克，好勝也。比，校也。依，謂依違，言不專決也。放，縱也。徼，抄也。《論語》曰：「惡徼以爲知者。」臣聞之弗慶，非事君也。君聞之弗用，以亂厥德。臣將慶其簡者。聞之，謂有所聞，若嘉謀、嘉猷。慶，善也。簡，謂苟簡。君不用善，臣皆容悦而已。蓋人有可知者焉，貌色聲衆有美焉，必有美質在其中者矣。貌色聲衆有惡焉，必有惡質在其中者矣。容貌、顔色、聲音，人之表儀也。衆，多也。《禮器》曰：「增美質。」鄭注云：「質，猶性也。」此者，伯夷之所後出也。」此者，即「民徵之道，貪於味」以下是也。伯夷之所後出者，上文「伯夷爲此二帝之眇」，乃治國之先務，而此其後也。

子曰：「伯夷建國建政，脩國脩政。」公曰：「善哉！」建，立也。脩，治也。政者，國之本也。

虞戴德第七十

公曰：「昔有虞戴德何以？深慮何及？高舉安取？」虞，舜氏。戴德，謂民戴其德。慮，思也。高，大也，遠也。舉，猶行也，謂行政也。安，亦何也。取，謂取法。子曰：「君以聞之，唯邱無以更也。君之聞如未成也，黄帝慕脩之。」君以，讀曰「已」。成，猶備也。慕，思慕也。脩，勉也。言君於四代之政刑，已聞之矣。若以所聞未備，則更於黄帝之道，思慕而勉求之。《武王踐阼》曰：「黄帝、顓頊之道存乎意，亦忽不可得見與？」孔穎達云：「意，言意恒念之。」曰：「明法于天明，開施教于民。行此，以上明于天化也，物必起，是故民命而弗改也。」曰，孔子更端之辭。明，謂君之明。法，效法也。天明，謂天象。《易》曰：「天垂象，見吉凶，聖人象之。」開，通也。君者所明也。明，乃能通達，施教于民。行此者，用此也。天化，天道也。物，事也，謂國事也。起，興也。民尊君令謂之命。

公曰：「善哉！以天教于民，可以班乎？」子曰：「可哉！雖可而弗由，此以上知所以行斧鉞也。班，偏也。由，從也。上知，謂賢聖之君。斧鉞，軍戮也。《魯語》曰：「大刑用甲兵，其次用斧鉞。」父之於子，天也。君之於臣，天也。有子不事父，有臣不事君，是非反天而到行邪？故有子不事父，不順。有臣不事君，必刃。順天作刑，地生庶物。到，逆也。不順者，大逆也。刃，謂斧鉞刀鋸之刑。順天作刑者，《王制》曰：「凡制五刑，必即天論。」鄭注云：「必即天論，言與天意合。」地生庶物者，刑以順天，亦以法地，殺之所以生之。《孔子閒居》曰：「地載神氣，神氣風霆，風霆流形，庶物露生，無非教也。」王符《潛夫論・述赦》云：「養稊稗者傷禾稼，惠姦宄者賊良民。」《書》曰：「文王作罰，刑茲無赦。」先王制刑，非好傷人肌膚，斷人壽命，乃以威姦懲惡，除民害也。

是故聖人之教于民也，率天如祖地，能用民德。是以高舉不過天，深慮不過地，質知而好仁，能用民力。此三常之禮明，而名不蹇。率，遵也。如，讀曰「而」。祖，法也。《易》曰：「崇效天，卑法地。」能用民德者，《詩》曰：「民之秉彝，好是懿德。」又曰：「群黎百姓，偏爲爾德。」質，本也。三者，天、地、人也。《左氏》昭二十五年傳曰：「夫禮，天之經也，地之義也，民之行也。」《大傳》曰：「名者，人治之大者也。」《易》曰：「蹇，難也。」禮失則壞，名失則惛。壞，敗也。惛，亂也。禮失則名不正。《經解》曰：「以舊禮爲無所用而去之者，必有亂患。」是故上古不諱，正天名也。天子之官四通，正地事也。天子御珽，諸侯御荼，大夫服笏，正民德也。斂此三者，而一舉之，戴天履地，以順民事。上古不諱者，《左氏》桓六年傳曰：「周人以諱事神。名終將諱之。」孔疏云：「自殷以往，未有諱法。諱始於周。」正天名者，古之王者，太子生三月，君名之。有司見之南郊，見之天也。通，達也。官四通者，《書》曰「闢四門，明四目，達四聰」也，正地事者，地道九達也。御，服皆器用之名，尊者謂之御。《玉藻》曰：「天子搢珽，方正於天下也。諸侯荼，前詘後直，讓於天子也。大夫前後詘，無所不讓也。」又曰：「笏，大夫以魚須文竹。」正民德者，《易》曰：「辨上下，定民志也。」斂，取也。三者，謂天名、地事、民德。一，同也。舉，行也。天子告朔於諸侯，率天道而敬行之，以示威于天下也。《太史職》曰：「正歲年以序事，頒之于官府及都鄙，頒告朔于邦國。」先鄭云：「以十二月朔，布告天下，諸侯率循也。」《書》曰：「欽若昊天，曆象日月星辰，敬授人時。」《爾雅》曰：「威，則也。」言示法則於天下也。諸侯內貢於天子，率名斅地實也。是以不至必誅。內，入也。《小行人職》曰：「令諸侯春入貢。」賈疏云：「即大宰九貢，是歲之常貢也。」率，循也。名者，侯、甸、男、采、衛、要服之名。斅，讀曰「效」，獻也。地實者，土地所宜有。《職方氏》曰：「制其貢，各以其所有。」諸侯相見，卿爲介，以其教士畢行，使仁守，會朝於天子。諸侯相見者，六服各方諸侯，將時會天子，先自相見也。《曲禮》曰：「諸侯未及期相見曰遇。相見於郤地曰會。」卿爲介者，《朝事》曰：「諸侯介紹而相見，君子於其所尊，不敢質。」教士，謂諸侯頖宮所教之士。《王制》曰：「天子命之教，然後爲學。」教士畢行者，《射義》曰：「古者，天子之制，諸侯歲獻貢士於天子，天子試之於射宮。」守，居守其國也。《荀子·大略》云：「使仁居守。」楊注云：「使仁厚者主後事。」《穀梁傳》曰：「智者慮，義者行，仁者守，然後可以會矣。」會朝者，《周禮》曰：「時見曰會，春見曰朝。」天子以歲二月，爲壇於東郊，建五色，設五兵，具五味，陳六律，品奏五聲，聽明教。爲壇於東郊者，《司儀職》曰：「將合諸侯，則令爲壇三成，宮旁一門。」鄭注云：「合諸侯，謂有事而會也。天子春帥諸侯拜日於東郊，則爲壇於國東。」建五色者，《左氏》桓二年傳曰：「五色比象，昭其物也。」杜注云：「車服器械之有五色，皆以比象天地四方，以示器物不虛設。」品，同也。品奏者，同五聲於六律也。聽，平治也。明教，謂戒令。《周禮》曰「誥用之於會同」是也。置離，抗大侯，規鵠，堅物。置，設也。《方言》云：「羅謂之離，離謂之羅。」郭注云：「皆行列物也。」《詩》曰：「大侯既抗。」毛傳云：「大侯，君侯也。」

抗，擧也。」鄭箋云：「擧者，擧鵠而棲之於侯也。」孔疏云：「謂之侯與鵠者，《司裘注》云：『謂之侯者，天子中之，則能服諸侯；以下中之，則得爲諸侯。』謂之鵠者，取名鳱鵠也。鳱鵠，小鳥而難中。亦取名鵠之言較，較者，直也。射所以直己志也。」聘珍謂：規，正也。堅，定也。物，謂射時所立處也。《大射儀》曰：「工人士與梓人升自北階，兩楹之閒，疏數容弓，若丹若墨，度尺而午。射正涖之。」鄭注云：「畫物也。」九卿佐三公，三公佐天子。《漢書·百官公卿表》云：「周官太師、太傅、太保，是爲三公。蓋參天子，坐而議政，無不總統，故不以一職爲官名。又立三少爲之副，少師、少傅、少保，是爲孤卿，與六卿爲九焉。」天子踐位，諸侯各以其屬就位，乃升諸侯、諸侯之教士。教士執弓挾矢，揖讓而升，履物以射其地。心端色容正，時以敎伎。時有慶，以地，不時有讓，以地。踐位者，郊壇南鄉之位。諸侯各以其屬就位者，鄭注《司儀》云：「諸侯上介皆奉其君之旂，置於宮。王升壇，諸侯皆就其旂而立。諸公中階之前，北面東上。諸侯東階之東，西面北上。諸伯西階之西，東面北上。諸子門東，北面東上。諸男門西，北面東上。」升諸侯，謂執玉而前見天子也。鄭云：「諸侯各於其等奠玉，降拜，升，成拜，明臣禮也。既乃升堂，授王玉。」升諸侯之教士，謂司射誘射也。朝會諸侯，而試貢士於郊壇。《樂記》曰「散軍而郊射」是也。揖讓而升，履物以射其地者，《大射儀》曰：「上耦出次，西面揖，進，上射在左，並行，當階北面揖，及階揖。上射先升三等，下射從之中等。上射升堂，少左，下射升，上射揖，並行，皆當其物，北面揖。及物揖，皆左足履物，還視侯中，合足而俟。司射命射，退，反位，乃射。上射既發，挾矢，而後下射射，拾發以將乘矢。」地，謂郊壇之地也。心端者，內志正也。色容正者，外體直也。時，是也。敎，讀曰「校」，謂考校也。伎，藝也。言若是以考諸侯教士之藝也。慶讓以地者，《射義》曰：「射中多者，得與於祭。數與於祭而君有慶，數有慶，而益地。中少者不得與於祭，數不與於祭，而君有讓。數有讓，而削地。」天下之有道也，有天子存。國之有道也，君得其正。家之不亂也，有仁父存。是故聖人之教於民也，以其近而見者，稽其遠而明者。近，謂近身之德行道藝。見，顯也。稽，考也。遠，謂事君、事長，使衆之道。明，通也。《曾子立孝》曰：「未有治而能仕可知者，先脩之謂也。」天事曰明，地事曰昌，人事曰比，兩以慶。違此三者，謂之愚民。愚民曰姦，姦必誅。是以天下平而國家治，民亦無貸，居小不約，居大則治，衆則集，寡則繆，祀則得福，以征則服，此唯官民之上德也。」明，謂縣象著明。《廣雅》云：「昌，光也。」《易》曰：「含萬物而化光，坤道其順乎？承天而時行。」比者，相比附也。兩，謂天地。《左氏》昭二十五年傳曰：「天地之經，而民實則之。則天之明，因地之性。」慶，善也。《泉府職》曰：「凡民之貸者，與其有司辨而授之，以國服爲之息。」先鄭云：「貸者，從官借本賈也。」居，蓄也，積也。小，少也。約，猶窮也。大，謂富之廣也。治，不亂也。《坊記》曰：「小人貧斯約，富斯驕。約斯盜，驕斯亂。故聖人之制富貴也，使民富不足以驕，貧不至於約。」集，和。繆，讀曰「穆」。安，靜也。官，君也。官民，猶云君天下也。

公曰：「三代之相授，必更制典物，道乎？」子曰：「否。猷德保。保惛乎前，以小繼大，變民示也。」更制典物者，《大傳》曰：「立權度量，考文章，改正朔，易服色，殊徽號，異器械，別衣服，此其所得與民變革者也。」否，不也。言三代之君，非好爲更制也。猷，謀也。德，謂德政。保，定也。謂三代更制典物，是謀以德定天下也。惛，亂也。保惛乎前，謂定前朝之亂。以小繼大者，三代以侯國受天命也。示，讀曰「視」。《易》曰：「聖人作而萬物睹。」公曰：「善哉！子之察教我也。」

子曰：「丘於君，唯無言，言必盡，於他人，則否。」公曰：「教他人則如何？」子曰：「否。丘則不能。昔商老彭及仲傀，政之教大夫，官之教士，技之教庶人，揚則抑，抑則揚，綴以德行，不任以言。庶人以言，猶以夏后氏之袝懷袍褐也。行不越境。」《論語》曰：「竊比於我老彭。」包云：「殷賢大夫也。」傀，讀曰「虺」。《左氏》定元年傳曰：「仲虺居薛，以爲湯左相。」政教大夫者，《魯語》曰：「卿大夫晝講其庶政。」官，猶事也。《魯語》曰：「士朝而受業，晝而講貫，夕而習復。」技，謂藝事。《周禮》曰：「以世事教能，則民不失職。」綴，合也。言道藝合以德行也。

公曰：「善哉！我則問政，子事教我。」子曰：「君問已參黃帝之制，制之大禮也。」制，法也。禮，猶體也。

公曰：「先聖之道斯爲美乎？」子曰：

「斯爲美。雖有美者，必偏。偏，謂不周備也。言唯先聖之道爲美，舍先聖之道，雖美不備。屬於斯，昭天之福，迎之以祥，作地之福，制之以昌。興民之德，守之以長。」公曰：「善哉！」言先聖之道，所以爲美也。祥，善也。昌，謂各遂其生也。長，久也。《易》曰：「聖人久於其道，而天下化成。」

誥志弟七十一

公曰：「誥志無荒，以會民義，齋戒必敬，會時必節，犧牲必全，齊盛必潔，上下禋祀，外内無失節，其可以省怨遠災乎？」誥志，國之舊典禮經也。荒，廢也。《大祝職》曰：「作六辭以通上下、親疏、遠近。」三曰「誥」。《小史職》曰：「掌邦國之志。」會，合也。民義，民道所宜也。《論語》曰：「務民之義。」《坊記》曰：「七日戒，三日齊，以教敬也。」會，期也。必節者，不疏不數也。犧牲，純色之牲，全體完具也。黍稷曰齊，在器曰盛。上下，謂天神、地祇。《周語》曰：「精意以享謂之禋。」外，謂外祭，祀四方百物也。内，謂内祭，祀宗廟及《月令》「五祀」之類。節，禮節也。省，減也。怨，謂神怨。《詩》曰：「神罔時怨。」災，謂水旱癘疫之害。子曰：「丘未知其可以省怨也。」

公曰：「然則何以事神？」子曰：「以禮會時。《禮器》曰：「禮也者，合於天時，設於地財，順於鬼神，合於人心，理萬物者也。」又曰：「禮，時爲大。」夫民見其禮則上下援，援則樂，樂斯毋憂，以此省怨而亂不作也。《左氏》桓六年傳曰：「民，神之主也。」見，猶知也。援，引也，謂引而親之也。怨，謂神怨。亂，民亂也。省怨而亂不作者，《晉語》曰：「意寧百神，而柔和萬民。」夫禮，會其四時，四孟、四季，五牲、五穀，順至必時其節也。丘未知其可以爲遠災也。」禮，謂禮文。順，循也。鄭注《樂記》云：「至，行也。」節，謂節氣。順至必時其節者，按其禮文，循行故事，不失其時節。未可以遠災者，禮文雖具，民不和，神不享矣。

公曰：「然則爲此何以？」子曰：「知仁合則天地成，天地成則庶物時，《中庸》曰：「成己，仁也。成物，知也。性之德也，合外内之道也，故時措之宜也。」又曰：「致中和，天地位焉，萬物育焉。」《孔子閒居》曰：「天有四時：春、秋、冬、夏。風雨霜露，無非教也。地載神氣，神氣風霆，風霆流形，庶物露生，無非教也。」庶物時則民財敬。民財敬，以時作。財，謂財用。敬，慎也。《左氏》文六年傳曰：「時以作事。」杜注云：「順時命事。」時作則節事，節事以動衆，動衆則有極。動不失時，則事得其節。《左氏》成十六年傳曰：「用利而事節，時順而物成。上下和睦，周旋不逆，求無不具，各知其極。」有極以使民則勸，勸則有功。《王制》曰：「食節事時，樂事勸功，尊君親上。」有功則無怨，無怨則嗣世久，唯聖人。《左氏》昭二十年傳曰：「有德之君，上下無怨，動無違事，是以鬼神用饗，國受其福。」《易》曰：「知進退存亡，而不失其正者，其唯聖人乎？」是故政以勝衆，非以陵衆。衆以勝事，非以傷事。事以靖民，非以徵民。故地廣而民衆，非以爲災，長之禄也。政，謂力役之政。勝，任也。《周禮》曰「大役之禮任衆」也。陵，謂侵陵。傷，敗也。靖，安也。徵，召也，謂召怨也。《左氏》昭三十二年傳曰：「無徵怨於百姓。」災，害也。《廣雅》云：「長，君也。」《爾雅》曰：「禄，福也。」丘聞周太史曰：『政不率天，下不由人，則凡事易壞而難成。』率，循也。天，謂天時。由，從也。人，謂人心。虞史伯夷曰：『明，孟也。幽，幼也。明幽，雌雄也。雌雄迭興，而順至正之統也。』陽曰明。孟，長也。陰曰幽。幼，小也。《太玄·玄告》云：「日月雄雌之序。」范注云：「日爲雄，月爲雌。」迭，代也。《中庸》曰：「日月之代明也。」順，循也，各循其道也。至，行也。正，謂正朔，年始也。統，紀也。建正以日月之行爲紀也。日歸于西，起明于東。月歸于東，起明于西。《禮器》曰：「大明生於東，月生於西，此陰陽之分。」鄭注云：「大明，日也。日出東方而西行，月出西方而東行。」虞夏之曆，正建於孟春。《史記·曆書》云：「昔自在古曆，建正作於孟春。」《索隱》云：「古曆者，謂黄帝調曆以前，有《上元太初曆》等，皆以建寅爲正，謂之孟春。及顓頊、夏禹亦然。唯黄帝及殷、周、魯並建子爲正。而秦正建亥，漢初因之。至武帝元封七年，始改用《太初曆》，仍以周正建子爲十一月朔旦冬至，改元《太初曆》焉。」於時冰泮，發蟄，百草權輿，瑞雉無釋。泮，解散也。《月令》曰：「孟春之月，東風解凍，蟄蟲始振。」《夏小正》曰：「正月啟蟄，言始發蟄也。」《爾雅》曰：「權輿，始也。」百草始生也。瑞雉無釋者，《夏小正》曰：「正月雉震呴。正月必雷，雷不必聞，惟雉爲必聞。雷則雉震呴，相識以雷。」鄭注《士虞禮》云：「釋，猶遺也。」無釋者，應候而鳴，不遺其時也。**物乃歲俱生於東，以順四時，卒于冬分。於時雞三號，卒明。載于青色，撫十二月節，卒于丑。**物，謂萬物。歲，謂歲星。俱生於東者，《易》曰：「萬物出乎震，震，東方也。」《鄉飲酒義》曰：「東方者春，春之爲言蠢也。」産萬物者聖也。」《説文》云：「歲，木星也。越歷二十八宿，宣徧陰陽，十二月一次。」《天官書》云：「歲星十二歲而周天，出常東方以晨。」《釋名》云：「四時，四方各一時。」《史記索隱》云：「卒于冬分，卒，盡也。言建曆起孟春，盡季冬，則一歲之事具也。冬盡之後，分爲來春，故云冬分也。三號，三鳴也。言夜至雞三鳴則天曉，乃始爲正月一日。言異歲也。」聘珍謂：載，始也。青，東方之色。東方春位，其色青也。撫，循也。卒于丑者，《史記·律書》云：「十二月，律中大吕。大吕者，其於十二子爲丑。丑者，紐也。言陽氣在上未降，萬物厄紐，未敢出。」**日月成歲曆，再閏以順天道，此謂歲虞汁月。**成，定也。日月成歲曆者，《曾子天圓》曰：「聖人慎守日月之數，以察星辰之行，以序四時之順逆，謂之曆。」《書》曰：「以閏月定四時，成歲。」鄭注云：「以閏月推四時，使啟閉分至，不失其常，著之用成歲曆。」再閏以順天道者，王氏《尚書後案》云：「攷天體至圓，繞地左旋，日月皆右旋，以麗天之故，皆爲天所曳而左轉。晝夜之分，必以日之周帀爲限，日爲天所曳，而繞地一周之閒，已右行二千九百三十二里，千四百六十一分里之三百四十八矣。即以此所行之里數爲天之一度，故日一晝夜行一度也。日右行一度，則比日之帀而天之左旋者過一度矣。積三百六十五日四分日之一，而周復其故處，故分周天之度爲三百六十五度四分度之一，是一歲日行之數也。月行通率，每日十三度十九分度之七，積二十七日九百四十分日之三百一十四而一周天。自前月合朔以來，比月之周天，而日又行二十七度有奇矣。故必更越二日，凡二十九日九百四十分日之四百九十九，而復與日會，是爲一月。十二會，得全日三百四十八，餘分之積又五千九百八十八，如日法九百四十而一，得六，不盡三百四十八。通計得日三百五十四日，九百四十分日之三百四十八，是一歲月行之數也。歲有十二月，月有三十日。三百六十者，一歲之常數也。故日與天會，而多五日九百四十分日之二百三十五，爲氣盈。月與日會，而少五日九百四十分日之五百九十二，爲朔虛。合氣盈朔虛，一歲餘十一日弱，未滿三歲，已成一月，則置閏焉。故一歲閏率，則十日有奇。三歲一閏，率則三十二日有奇。五歲再閏，則五十四日有奇。十有九歲七閏，則氣朔分齊，是爲一章也。」聘珍謂：虞，度也。汁，合也。月，謂閏月。歲虞汁月者，度歲之氣盈朔虚，而合之以閏月也。天曰作明，句。曰與，句。惟天是戴。作，爲也。明者，縣象著明也。《廣雅》云：「與，生也。」《釋名》云：「戴，載也。載之於頭也。」地曰作昌，曰與，惟地是事。《書考靈曜》云：「審地理者昌。昌者，地之財也。」《易》曰：「至哉，坤元。萬物資生。」《周禮》曰：「以任地事，以生百物。」人曰作樂，曰與，惟民是嬉。《樂記》曰：「樂其所自生。」嬉，亦樂也。天、地、人皆曰「與」，古詁「與」曰生。《易》曰：「天地之大德曰生。」《禮運》曰：「人者，天地之心也，五行之端也，食味別聲被色而生者也。」《左氏》成十三年傳曰：「民受天地之中以生。」民之動能，不遠厥事。民之悲色，不遠厥德。動，勤動也。能，力也。遠，違也。事，謂地事。顔注《漢書・高帝紀》云：「悲，顧念也。」色，謂形色。德，天德也。《孟子》曰：「形色，天性也。」顧念形色，不違天德。《大甲》曰「顧諟天之明命」也。《書》曰：「而康而色，曰予攸好德。」此謂表裏時合，物之所生，而蕃昌之道如此。表裏，外内也。言民外動不違地事，内念不違天德，則正德利用厚生矣。《樂記》曰：「民有德而五穀昌。」天生物，地養物，物備興而時用常節，曰聖人。主祭于天，曰天子。《易》曰：「備物致用，立成器，以爲天下利，莫大乎聖人。」《白虎通》云：「王者父天母地，爲天之子也。」天子崩，步于四川，代于四山，卒葬曰帝。賈氏《周禮・校人疏》云：「『步』，與『酺』，字異，音義同。」顔注《漢書・文帝紀》云：「酺之爲言布也。」四川，謂四瀆，江、淮、河、濟也。「步于四川」者，布告四川也。薛注《東京賦》云：「代，謝也。」晉灼云：「以辭相告曰謝。」四山，謂四鎮，鄭云「揚之會稽，青之沂山，幽之醫無閭，冀之霍山」是也。《左氏》隱元年傳曰：「天子七月而葬。」《曲禮》曰：「措之廟，立之主，曰帝。」天作仁，地作富，人作治，樂治不倦，財富時節，是故聖人嗣則治。《五帝德》曰：「其仁如天。」《白虎通》云：「仁者好生。」《説文》云：「富，厚也。」《易》曰：「坤厚載物。」作治者，《易》曰：「聖人南面而聽天下，嚮明而治。」財，地財也。時，謂天時。《郊特牲》曰：「取財於地，取法於天。」嗣，繼也，言繼天而王也。文王治以俟時，俟，待也。《詩》曰：「遵養時晦。」湯治以伐亂，伐，謂征伐。《孟子》曰：「湯始征，自葛載，十一征而無敵於天下。」禹治以移衆，衆服以立天下。移，動也。移衆者，《夏本紀》云：「禹命諸侯百姓興徒人以傅土，行山表木，奠高山大川。」服，悦服也。立，涖也。堯貴以樂治時，舉舜。堯貴者，《帝繫》曰：「帝嚳産放勳，是爲帝堯。」《史記》云：「帝摯崩，而弟放勳立。」是以貴繼統也。以樂者，四海之内，莫不説夷也。治時者，《五帝德》曰：「放勳四時先民治之。」《書》曰：「欽若昊天，曆象日月星辰，敬授人時。」《孟子》曰：「堯獨憂之，舉舜而敷治焉。」舜治以德，使力。《四代》曰：「舜天德嗣堯。」力謂群臣之功。《書》曰：「臣作朕股肱耳目，予欲宣力四方，汝爲。」《論語》曰：「舜有臣五人，而天下治。」在國統民，如恕，在家撫官，而國安之勿變，勸之勿沮，民咸廢惡如進良，上誘善而行罰，百姓盡於仁，而遂安之，此古之明制之治天下也。鄭注《大宰》云：「統，所以合率以等物也。」「如恕」，讀曰「而」。《説文》云：「恕，仁也。」撫，持也，官，猶事也。而國，讀曰「如」。如進，讀曰「而」。「如」、「而」古文通也。良，善也。誘，道也。罰，罰惡也。《越語》曰：「必有以知天地之恒制，乃可以有天下之成利。」此總言堯、舜、禹、湯、文王之治也。仁者爲聖，貴次，力次，美次，射御次。古之治天下者必聖人。《表記》曰：「仁者，天下之表也。」聖，極也。《祭義》曰：「貴貴，爲其近於君也。」《周禮》曰：「治功曰力。」美，善也。謂有善行也。《王制》曰：「執技以事上者，裸股肱，決射御。」此言聖人治天下用人有此五等也。聖人有國則日月不食，星辰不隕，勃海不運，河不滿溢，川澤不竭，山不崩解，陵不施谷，川浴不處，深淵不涸。虧毁曰食。《昏義》曰：「男事不脩，陽事不得，適見於天，日爲之食。婦順不脩，陰事不得，適見於天，月爲之食。」隕，落也。《左氏》莊七年傳曰：「星隕如雨。」勃，大也。《爾雅》曰：「運，徙也。」大阜曰陵。施，讀曰「移」。移谷者，《詩》曰「高岸爲谷，深谷爲陵」也。浴，讀曰「谷」。《爾雅》曰：「水注川曰谿。」注：「谿曰谷。」《説文》云：「處，止也。」不處者，川谷之水不壅止也。深淵者，水之府奥也。涸，猶竭也。於時龍至不閉，鳳降忘翼，蟄獸忘攫，爪鳥忘距，蜂蠆不螫嬰兒，蝱虻不食夭駒。閉，塞也。《左氏》昭二十九年傳曰：「古者畜龍，故國有豢龍氏，有御龍氏。」又曰：「官宿其業，其物乃至。若泯棄之，物乃坻伏，鬱湮不育。」杜注云：「湮，塞也。」翼，飛也。《禮運》曰：「鳳以爲畜，故鳥不獝。」孔疏云：「獝，驚飛也。」蟄獸者，《夏小正》曰：「熊羆貊貉鼶鼬則穴。」言蟄也。攫，搏也。爪鳥，鷙鳥也。距者，爪相抵也。《廣雅》云：「蠆，蠍也。」陸氏《釋文》云：「《通俗文》云：長尾爲蠆，短尾爲蠍。」《説文》云：「螫，蟲虫行毒也。」蜚虻，讀曰「蜚蝱」。蜚蝱，齧人飛蟲。夭駒，駒犢也。《淮南·天文》云：「蜚蝱不食駒犢。」雒出服，河出圖。自上世以來，莫不降仁。國家之昌，國家之臧，信仁。《説文》云：「洛水出左馮翊歸德北夷界中，東南入渭。」河水出焞煌塞外昆侖山，發原注海。」服，當爲「符」。《易》曰：「河出圖，洛出書，聖人則之。」鄭注云：「《春秋緯》云：『河以通乾，出天苞，洛以流坤，吐地符。河龍圖發，洛龜書成。河圖有九篇，洛書有六篇也。』」《漢書·五行志》載劉歆説云：「伏犧氏繼天而王，受河圖，則而畫之，八卦是也。禹治洪水，賜洛書，法而陳之，《洪範》是也。降，歸也。昌，盛也。臧，善也。」《孟子》曰：「三代之得天下也以仁。」是故不賞不罰，如民咸盡力。車不建戈，遠邇咸服，胤使來往，❶地賓畢極，無怨無惡，率惟懿德。此無空禮，無空名，賢人並憂，殘毒以時省，舉良，良。舉善，善。恤民使仁，日敦仁賓也。」《中庸》曰：「不賞而民勸，不怒而民威於鈇鉞。」《説文》云：「戈，平頭戟也。」《考工記》曰：「車軫四尺，謂之一等。戈柲六尺又六寸，既建而迤。」車不建戈，無非常之變也。《爾雅》曰：「胤，繼也。」胤，使來往者。《左氏》襄二十九年傳曰：「公卿大夫相繼於朝也。」《爾雅》曰：「賓，服也。畢，盡也。」又曰：「東至于泰遠，西至于邠國，南至于濮鉛，北至于祝栗，謂之四極。」空，虛也。《左氏》莊十八年傳曰：「名位不同，禮亦異數，不以禮假人。」賢人，謂賢臣。《爾雅》曰：「憂，思也。」《左氏》襄二十五年傳曰：「政如農功，日夜思之。」殘毒，賊害人者。省，察也。敦，教也。仁，愛也。賓，敬也。《孝經》曰：「立愛自親始，教民睦也。立敬自長始，教民順也。」

大戴禮記解詁卷之九終

❶「胤」，原作「允」，係避清世宗諱。今回改。下同，不一一出校。

大戴禮記解詁卷之十

南城王聘珍學

文王官人弟七十二

王曰：「太師！太師者，太公望吕尚也。《史記·齊世家》云：「周西伯獵，遇太公於渭之陽，載與俱歸，立爲師。」孔氏《詩·大明疏》引《世家》文，作「立爲太師」。慎維深思，内觀民務，察度情僞，變官民能，歷其才藝，女維敬哉！」盧注云：「試以衆位，歷觀其才也。」女何慎乎非倫，倫有七屬，屬有九用，用有六徵：一曰觀誠，二曰考志，三曰視中，四曰觀色，五曰觀隱，六曰揆德。」倫，猶類也。《曲禮》曰：「儗人必於其倫。」微，當爲「徵」。此經與下文爲總目。其事並在下文。

王曰：「於乎！女因方以觀之。《易》曰：「方以類聚，物以群分。」富貴者，觀其禮施也。《曲禮》曰：「富貴而知好禮，則不驕不淫。」施，行也。貧窮者，觀其有德守也。《曾子制言》曰：「凍餓而守仁。」嬖寵者，觀其不驕奢也。《左氏》桓三年傳曰：「驕奢淫泆，所自邪也。四者之來，寵禄過也。」隱約者，觀其不懾懼也。隱，微也。約，猶貧困也。盧注云：「《曲禮》曰：『貧賤而知好禮，則志不懾。』」其少，觀其恭敬好學，而能弟也。其壯，觀其絜廉務行，而勝其私也。其老，觀其意憲慎，强其所不足，而不踰也。少，幼也。《曲禮》曰：「人生十年曰幼，學。三十曰壯，七十曰老。」潔，不污。廉，不貪。務行者，《孟子》曰：「夫人幼而學之，壯而欲行之。」勝，克也。《説文》云：「憲，敏也。」「慎，謹也。」强，勉也。踰，越也。老者血氣既衰，爲禮雖有所不足，必勉强而不踰矩也。言其耆耋好禮。父子之閒，觀其孝慈也。兄弟之閒，觀其和友也。君臣之閒，觀其忠惠也。盧注云：「父慈子孝，兄友弟和，君惠臣忠也。」聘珍謂：《廣雅》云：「惠，仁也。」《禮運》曰：「君仁臣忠。」鄉黨之閒，觀其信憚也。憚，敬也。《論語》曰：「孔子於鄉黨，恂恂如也，似不能言者。」省其居處，觀其義方。省，察也。居處，謂燕居閒處。《易》曰：「義以方外。」省其喪哀，觀其貞良。《論語》曰：「喪致乎哀而止。」貞，誠也。良，信也。《檀弓》曰：「喪三日而殯，凡附於身者，必誠必信。勿之有悔焉爾矣。三月而葬，凡附於棺者，必誠必信，勿之有悔焉爾矣。」省其出入，觀其交友。省其交友，觀其任廉。盧注云：「任以恩，相親信。」考之以觀其信，挈之以觀其知，示之難以觀其勇。《釋名》云：「挈，結也。結，束也。束持之也。」《論語》曰：「知者不惑，勇者不懼。」煩之，以觀其治。淹之以利，以觀其不貪。藍之以樂，以觀其不寧。煩，亂也。淹，謂浸漬之。盧注云：「藍，猶濫也。」聘珍謂：樂，謂聲色。寧，荒寧也。《書》曰「不敢荒寧」也。喜之以物，以觀其不輕。怒之，以觀其重。醉之，以觀其不失也。縱之，以觀其常。輕，謂輕佻失據。重，謂持重不遷也。《說文》云：「醉，卒也。」言飲酒卒其量也。縱之者，縱其欲也。曾子曰：「飲食之，而觀其有常也。」遠使之，以觀其不貳。邇之，以觀其不倦。探取其志，以觀其情。考其陰陽，以觀其誠。探，試也。《說文》云：「情，人之陰氣有所欲也。」考，察也。陰主靜，陽主動。考其陰陽者，察其動靜也。覆其微言，以觀其信。曲省其行，以觀其備成。此之謂觀誠也。覆，復也。《論語》曰：「言可復也。」微，小也。小言，不經意之言也。曲，委曲也。行，謂細行。成，猶善也。

二曰：方與之言，以觀其志。志殷如淺，其氣寬以柔，其色儉而不諂，其禮先人，其言後人，見其所不足，曰日益者也。殷，中也，正也。如，讀曰「而」。淺，當爲「深」。色，容色也。儉，卑謙也。《玉藻》曰：「立容辨卑，毋諂。」見，人見之也。不自飾其所不足，故人皆見之。日益，謂日有增益，猶言日新也。《易》曰：「日新之謂盛德。」如臨人以色，高人以氣，賢人以言，防其不足，伐其所能，曰日損者也。高，陵也。賢，勝也。防，障也，自蔽其所不足也。伐，矜也。日損者，《中庸》曰：「小人之道，的然而日亡也。」其貌直而不侮，其言正而不私，不飾其美，不隱其惡，不防其過，曰有質者也。侮，謂倨侮。《左氏》襄二十九年傳曰：「直而不倨。」飾，文飾也。質，本也。其貌固嘔，其言工巧，飾其見物，務其小徵，以故自說，曰無質者也。固，陋也。《廣雅·釋訓》云：「嘔嘔，喜也。」盧注云：「嘔，以躭色下人，謂形柔而辭巧，有浮淺之事，則工飾之而務尚其小成。」聘珍謂：務，勉也。徵，信也。勉爲小信，以固人也。故，事也，古也，今也。說，解也。以故自說者，言僞而辨，多有解說也。喜怒以物而色不作，煩亂之而志不營，深道以利而心不移，臨懾以威而氣不卑，曰平心而固守者也。作，猶變也。營，惑也。道，引也。懾，猶懼也。氣不卑者，威武不能屈也。喜怒以物而變易知，煩亂之而志不裕，示之以利而易移，臨懾以威而易懾，曰鄙心而假氣者也。變，謂色變。知，猶見也。裕，寬也。鄙，陋也。執之以物而遬驚，決之以卒而度料，不學而性辨，曰有慮者也。執，縶也。《玉篇》云：「速，籀文作『遬』，疾也。」《廣雅》云：「驚，起也。」遬驚者，不爲物所羈，而疾起也。決，斷也。卒，急也，遽也。《字林》云：「料，量也。」言決事於急遽之時，而有度量也。學，習也。辨，明也。雖不習其事，而能明其是非可否也。慮，謀思也。難投以物，難說以言，知一如不可以解也，困而不知其止，無辨而自慎，曰愚戇者也。物，事也。說，釋也。難說以言，不可以言喻也。如，讀曰「而」。知一而不可以解者，知其一端，而固執之。辨，別也。無辨者，不能別事勢之利害。慎，憂也。盧注云：「戇，闇恨也。」營之以物而不虞，犯之以卒而不懼，置義而不可遷，臨之以貨色而不可營，曰絜廉而果敢者也。物，亦事也。虞，憂也。置，立也。遷，徙也。立身於義，無可遷徙也。盧注云：「果敢，謂不虞不懼也。絜廉，謂不營於貨色。在義而不可遷，則兼之也。」易移以言，存志不能守錮，已諾無斷，曰弱志者也。錮，讀曰「固」。《表記》曰：「君子與其有諾責也，寧有已怨。」鄭注云：「已，謂不許也。」已諾無斷者，欲已欲諾，而不能決也。愚懦不壯毅曰弱。順與之弗爲喜，非奪之弗爲怒，沈靜而寡言，多稽而儉貌，曰質靜者也。與，猶予也。《周禮》曰：「予以馭其行，奪以馭其貧。」非奪，謂不當奪而奪之。稽，考也。儉貌，卑謙之貌。《曲禮》曰：「博聞強識而讓。」質，正也。辨言而不固行，有道而先困，自慎而不讓，當如強之，曰始妒誣者也。辨言者，言僞而辨也。固，常也。有道而困者，《論語》曰：「邦有道，貧且賤焉。」慎，讀曰「順」，謂順非也。自順不讓者，自以爲是，而不遜也。當，謂當欲。《哀公問》曰：「求得當欲。」鄭注云：「當，猶稱也。如，讀曰「而」。强，謂强項。當而强之，言稱其所欲，而不低屈也。隱良謂之妒，以惡取善曰誣。徵清而能發，度察而能盡，曰治志者也。徵，明也。發，謂發見。《儀禮》曰：「發氣焉盈容。」《孔子閒居》曰：「清明在躬，氣志如神。」察，審也。華如誣，巧言令色，足恭，一也。皆以無爲有者也。此之爲考志也。華，不實也。如，讀曰「而」。誣，妄也。《論語》曰：「巧言令色，足恭。」孔云：「足恭，便僻貌。」邢疏云：「謂便習盤辟其足以爲恭也。」

三曰：誠在其中，此見於外，以其見，占其隱；以其細，占其大；以其聲，處其氣。此，猶斯也。《大學》曰：「誠於中，形於外。」占，度也。處，定也。初氣主物，物生有聲，聲有剛有柔，有濁有清，有好有惡，咸發於聲也。初氣，謂太初之氣。《易説》曰：「太初者，氣之始也。主物者，主於生物也。」《易》曰：「天地絪緼，萬物化醇。」《本命》曰：「化於陰陽，象形而發，謂之生。」聲有剛柔濁清者，《保傅》曰「太子生而泣，太師吹銅，曰聲中某律」是也。心氣華誕者，其聲流散。心氣順信者，其聲順節。心氣鄙戾者，其聲斯醜。心氣寬柔者，其聲温好。《春秋繁露》云：「心，氣之君也。」誕，妄也。「順信」之「順」，讀曰「慎」，謹密也。信，實也。高注《吕氏・重己》云：「節，猶和也。」鄙，謂鄙詐。戾，乖戾也。《廣雅》云：「斯，裂也。」信氣中易，中，正也。易，謂平易，不險難也。鄭注《中庸》云：「水神則信。」《易》曰：「水流而不盈，行險而不失其信，乃以剛中也。」義氣時舒，時，謂隨時。舒，緩散也。鄭云：「金神則義。」《書》曰：「金曰從革，從革作辛。」辛主散，故曰「時舒」。智氣簡備，簡，大也。鄭云：「土神則智。」皇侃云：「金、木、水、火，土無不載。土所含義者多。智亦所含者衆。」勇氣壯直，勇兼仁禮。仁者必有勇，强有力者，以行禮也。鄭云：「木神則仁，火神則禮。」《書》曰：「木曰曲直，火曰炎上。」故其氣壯直也。聽其聲，處其氣，考其所爲，觀其所由，察其所安，以其前占其後，以其見占其隱，以其小占其大，此之謂視中也。人心五常之德，本於五行之氣，見於五聲之閒，故聽其聲，定其氣，從其行，察其心，而中可知矣。

四曰：　民有五性：　喜、怒、欲、懼、憂也。性，情之本也。《禮運》曰：「何謂人情？喜、怒、哀、懼、愛、惡、欲，七者弗學而能。」孔氏《中庸疏》云：「賀瑒云：『性之與情，猶波之與水，靜時是水，動則是波，靜時是性，動則是情。』」喜氣內畜，雖欲隱之，陽喜必見。怒氣內畜，雖欲隱之，陽怒必見。欲氣內畜，雖欲隱之，陽欲必見。懼氣內畜，雖欲隱之，陽懼必見。憂悲之氣內畜，雖欲隱之，陽憂必見。五氣誠於中，發形於外，民情不隱也。畜，積也。隱，藏也。《左氏》昭七年傳曰：「陽曰魂。」杜注云：「陽，神氣也。」喜色由然以生，怒色拂然以侮，欲色嘔然以偷，懼色薄然以下，憂悲之色，纍然而靜。色者，神氣之凝也。盧注云：「由，當爲油。油然，新生好貌。偷，苟且也。言惟求悅人。《玉藻》曰『喪容纍纍』也。」聘珍謂：拂者，拂汨鼓動之貌。《說文》云：「侮，傷也。」《廣雅》云：「嘔嘔，喜也。」薄者，相附薄也。下，降也。纍然，羸憊之貌。靜，默也。誠智必有難盡之色，誠仁必有可尊之色，誠勇必有難懾之色，誠忠必有可親之色，誠絜必有難污之色，誠靜必有可信之色。智者動，變動不居，故其色難盡。曾子曰：「君子以仁爲尊。」《論語》曰：「勇者不懼。」忠，愛也。絜，白也。《論語》曰：「不曰白乎，涅而不緇。」《千乘》曰：「靜斯潔，信在中。」質色皓然固以安，僞色縵然亂以煩，雖欲故之中，色不聽也。雖變可知，此之謂觀色也。質，本也。皓，光也。固，定也。縵，讀如「縵樂」，言其雜也。盧注云：「言雖欲故隱之於中，而無柰色見於外。故子夏問孝，子曰『色難』，是以君子戒慎，不失色於人。」

五曰：　生民有黔陽，人有多隱其情，飾其僞，以賴於物，以攻其名也。有隱於仁質者，有隱於知理者，有隱於文藝者，有隱於廉勇者，有隱於忠孝者，有隱於交友者。如此者，不可不察也。黔，讀曰「陰」。《禮運》曰：「人者，陰陽之交。」賴，取也。攻，作也。盧注云：「言人含陰陽之氣，生而有知。有知，故生機僞也。」聘珍謂：此亦與下文爲總目也。小施而好大得，小讓而好大事，言願以爲質，僞愛以爲忠，面寬而貌慈，假節以示之，故其行以攻其名。如此者，隱於仁質也。盧注云：「『愿』，當聲誤爲『願』也。假節，假仁質之節。故其行者，故爲是行。」推前惡忠，府知物焉，首成功。少其所不足，慮誠不及，佯爲不言，内誠不足，色示有餘，故知以動人，自順而不讓，錯辭而不遂，莫知其情。如是者，隱於知理者也。推，推究也。忠，謂忠善。府，當爲「附」，聲近而譌也。言惟究人之舊惡、舊善，而自附於知物也。盧注云：「有先功者因首之，有不足者因薄之，詐以爲知。」聘珍謂：佯，僞也。故知者，徵引故事以爲知，因以動人也。遂，竟也。辭不竟，情不見。素動人以言，涉物而不終，問則不對，詳爲不窮，色示有餘有道，而自順用之，物窮則爲深。如此者，隱於文藝者也。素，空也。言，謂文辭。涉，猶歷也。物，事也。不終，謂不盡其理也。詳，詐也，字亦作「佯」。道，謂道藝。順，讀曰「慎」，示人以有餘有道之色，而不輕於自用也。物窮，謂不能終究其理，而爲物所困也。爲深者，故爲艱深，以文其陋也。廉言以爲氣，驕厲以爲勇，内恐外悴，無所不至，敬再其説，以詐臨人。如此者隱於廉勇者也。盧注云：「苟作廉言，以見佚氣自然。苟自驕厲，持以爲勇，終必恐懾而更至恭佞也。」自事其親，好以告人，乞言勞醉，而面於敬愛，飾其見物，故得其名。名揚於外，不誠於内，伐名以事其親戚，以故取利，分白其名，以私其身。如此者，隱於忠孝者也。乞，當爲「亟」，數也。醉，當爲「瘁」。伐，矜也。親戚，父母也。取利者，因以爲利也。分白，别白也。陰行以取名，比周以相譽，明知賢可以徵與左右，不同而交，交必重己。心説之，而身不近之，身近之，而實不至，而懽忠不盡，懽忠盡見於衆而貌克。如此者，隱於交友者也。此之謂觀隱也。盧注云：「陰，陰竊，謂求諸人也。迭相親比，交相談譽，知其賢而不與交，交必取其重己者也。」聘珍謂：徵，信也。與，謂與共事。左右，謂輔己也。實，情實也。忠，中心也。懽忠者，中心悦而誠服也。見於衆而貌克者，於衆人之前，僞爲文貌，自以爲能盡其懽忠也。

六曰：言行不類，終始相悖，陰陽克易，外内不合。雖有隱節見行，曰非誠質者也。類，似也。不類者，言不顧行。行不顧言也。陰陽，謂身之動静。克，偏勝也。易者，變易不常。隱，微也。節，操也。見，顯也。其言甚忠，其行甚平，其志無私，施不在多。静而寡類，莊而安人，曰有仁心者也。言忠者，言必由中也。平，正也。不在多，稱物平施也。静，安也。類，同也。《論語》曰：「君子和而不同。」莊，嚴也。安人者，人安其莊，威而不猛也。事變而能治，物善而能説，浚窮而能達，錯身立方而能遂，曰廣知者也。説，述也，傳述其善也。浚，深也。窮，極也。達，通也。錯，置也。立方者，立不易方也。遂，成也。少言如行，恭儉以讓，有知而不伐，有施而不置，曰慎謙良者也。如，讀曰「而」。置，當爲「德」。《易》曰：「有功而不德。」《釋文》云，「鄭、陸、蜀才『德』作『置』」，鄭云：「『置』當爲『德』。」微忽之言，久而可復，幽閒之行，獨而不克。行其亡，如其存，曰順信者也。盧注云：「微忽，謂微細及忽然之語。克，好勝人也。行其亡，謂奉先君及祖考之教令。」聘珍謂：幽閒者，隱居也。獨，謂獨善其身。貴富雖尊，恭儉而能施，衆强嚴威，有禮而不驕，曰有德者也。《孟子》曰：「恭者不侮人，儉者不奪人。」能施者，積而能散也。衆强，謂地廣民衆。嚴威者，尊嚴可畏也。有禮而不驕者，《論語》曰：「君子無衆寡，無小大，無敢慢，斯不亦泰而不驕乎？」隱約而不懾，安樂而不奢，勤勞之不變，喜怒之如度晰，曰守也。盧注云：「晰，明也。有喜怒之來，能置量度而明焉。」置方而不毁，廉絜而不戾，立强而無私，曰經正者也。置方，立方也。盧注云：「不毁，不瓦合也。」聘珍謂：戾，忿戾也。《論語》曰：「古之矜也廉，今之矜也忿戾。」《中庸》曰：「中立而不倚，强哉矯。」正静以待命，不召不至，不問不言，言不過行，行不過道，曰沈静者也。盧注云：「命，期命。」聘珍謂：期命者，徵令也。《宰夫職》曰：「掌百官府之徵令。」行不過道者，遵道而行也。忠愛以事其親，歡欣以敬之，盡力而不面，敬以安人，以名故不生焉，曰忠孝者也。曾子曰：「君子之孝也，忠愛以敬。」盡力，謂竭其股肱之力。不面者，不爲面從也。敬以安人者，《論語》曰：「脩己以敬」，「脩己以安人」也。

故，亦事也。生，出也。名故不生，言爲名之事，不出於己也。合志如同方，共其憂而任其難，行忠信而不相疑，迷隱遠而不相舍，曰至友者也。如，讀曰「而」。方，道也。迷，惑也。隱，微也，謂卑微也。舍，棄也。《儒行》曰：「久相待也，遠相致也。」鄭注云：「久相待，謂其友久在下位不升，己則待之。」心色辭氣，其入人甚俞，進退工故，其與人甚巧，其就人甚速，其叛人甚易，曰位志者也。俞，然也。謂唯唯然諾，如人意也。位志，言以位爲志也。飲食以親，貨賄以交，接利以合，故得望譽征利，而依隱於物，曰貪鄙者也。望譽，謂聞望名譽也。征，取也。望譽征利，如伐名以事其親戚，以故取利也。依者，倚也。《爾雅》曰：「隱，占也。」質不斷，辭不至，少其所不足，謀而不已，曰僞詐者也。質，讀如「虞芮質厥成」，謂人有所質正也。斷，決也。至，切至也。少，猶薄也。所不足，人之所不能也。謀，察。已，止也。言行亟變，從容謬易，好惡無常，行身不類，曰無誠志者也。《爾雅》曰：「亟，疾也。」《廣雅》云：「從容，舉動也。」類，似也。不類者，行己反覆也。小知而不大決，小能而不大成，顧小物而不知大論，亟變而多私，曰華誕者也。顧，念也。論，倫也。亟，數也。規諫而不類，道行而不平，曰巧名者也。類，謂事類。謬爲規諫，以要直名，不切事類，以避犯顔。《爾雅》曰：「道，直也。」「平，成也。」故事阻者不夷，畸鬼者不仁，面譽者不忠，飾貌者不情，隱節者不平，多私者不義，揚言者寡信，此之謂揆德。」阻，難也。事阻者，遇事而好爲阻難也。夷，常也。畸，異也。畸鬼者，祀而異之也。不仁者，《魯語》曰：「臧文仲祀爰居。展禽曰：『無功而祀之，非仁也。』」盧注云：「隱節者，亦謂六隱之等。」

王曰：「太師！女推其往言，以揆其來行，聽其來言，以省往行。觀其陽以考其陰，察其内以揆其外。是故隱節者可知，僞飾無情者可辨，質誠居善者可得，忠惠守義者可見也。」陽，動。陰，静。内，心。外，行。情，實也。質，樸也。

王曰：「於乎，敬哉！女何慎乎非

心？何慎乎非人？」盧注云：「言當内慎其心，外慎於人。」人有六徵，六徵既成。以觀九用，九用既立。一曰取平仁而有慮者，二曰取慈惠而有理者，三曰取直愍而忠正者，四曰取順直而察聽者，五曰取臨事而絜正者，六曰取慎察而絜廉者，七曰取好謀而知務者，八曰取接給而廣中者，九曰取猛毅而度斷者，此之謂九用也。《爾雅》曰：「平，成也。慮，謀也，思也。」《一切經音義》引《字詁》云：「古文『愍』，今作『閔』。」《書》曰：「予惟用閔。」孔傳云：「閔，勉也。」《保傅》曰：「博聞强識，接給而善對。」廣，多也。中，得也。接給廣中者，言其才敏而多得事理也。猛，剛也。毅，果也。度，法也。猛毅度斷者，謂剛果而以法制事也。平仁而有慮者，使是治國家而長百姓。《易》曰：「君子體仁，足以長人。」《周禮》曰：「長以貴得民。」鄭注云：「長，諸侯也。一邦之貴，民所仰也。」慈惠而有理者，使是長鄉邑而治父子。鄉，謂六鄉。邑，謂公邑、家邑。《周禮》曰：「吏以治得民。」鄭注云：「吏，小吏在鄉邑者。」治父子者，《周禮》曰「鄉刑上德糾孝」也。直愍而忠正者，使是莅百官而察善否。盧注云：「於《周禮》則治官。」聘珍謂：《周禮》曰「建其正」是也。鄭注云：「冢宰、司徒、宗伯、司馬、司寇、司空。」慎直而察聽者，使是長民之獄訟，出納辭令。盧注云：「於《周禮》則刑官。」聘珍謂：出納辭令，大行人職也。亦司寇之屬。臨事而絜正者，使是守内藏而治出入。盧注云：「於《周禮》則天官。」聘珍謂：《漢書·食貨志》云：「太公爲周立九府圜法。」顔注云：「《周官》太府、玉府、内府、外府、泉府、天府、職内、職金、職幣，皆掌財幣之官，故云九府。」《宰夫職》曰：「府掌官契以治藏。」慎察而絜廉者，使是分財臨貨，主賞賜。盧注云：「於《周禮》則司禄，司勳。」好謀而知務者，使治壤地，而長百工。盧注云：「於《周禮》則遂人、匠車之等。」接給而廣中者，使是治諸侯，而待賓客。盧注云：「於《周禮》則行人、掌客。」猛毅而度斷者，使是治軍事，爲邊境。盧注云：「於《周禮》則政官也。」因方而用之，此之謂官能也。《左氏》成十八年傳曰：「官不易方。」《文王世子》曰：「語使能也。」九用有徵，乃任七屬：一曰國則任貴，盧注云：「《周禮》曰：『長以貴得民。』」二曰鄉則任貞，盧注云：「幹事曰貞。《周禮》曰『吏以治得民』也。」三曰官則任長，官，謂官府。長，長官也。《周禮》太府，治藏之長。司市，市官之長。大司樂，樂官之長之類是也。官府有事，咸從其長而諮白焉。盧注云：「《周禮》曰：『大事則從其長，小事則專達。』」四曰學則任師，學，謂大學也。師，謂師儒。《周禮》曰：「儒以道得民。」《保傅》曰：「帝入大學，承師問道。」五曰族則任宗，盧注云：「《周禮》曰：『宗以族得民。』」六曰家則任主，鄭注《周禮》云：「家，謂卿大夫采地。」先鄭司農云：「主，謂公卿大夫，世世食采不絶。」《坊記》曰：「家無二主。」鄭注云：「大夫有臣者，稱之曰主。」七曰先則任賢。」先，謂先生也。鄭注《曲禮》云：「先生，師也。」《周禮》曰「師以賢得民」也。

正月王親命七屬之人曰：「於乎！慎維深，內觀民務，本慎在人，女平心去私，慎用六證，論辨九用，以交一人。予亦不私。女廢朕命，亂我法，罪致不赦。」三戒然後及論，王親受而考之，然後論成。盧注云：「六證，六徵也。一人，文王自謂也。三戒之後亂法者，則有司課其罪。」聘珍謂：本慎在人者，人爲邦本也。交，交脩也。《書》曰：「爾交脩予。」致，至也。

諸侯遷廟弟七十三

成廟將遷之新廟。廟，祖廟也。爲將遷新主，於練時已易檐改塗，故云新廟。此經言三年喪畢，新主自寢遷於廟也。舊説並云「練而遷」者，非是。《穀梁》文二年傳曰：「作主壞廟有時日，於練焉壞廟，壞廟之道，易檐可也，改塗可也。」范注云：「禮，親過高祖，則毁其廟，以次而遷，將納新神，故示有所加。」楊氏疏云：「作主在十三月，壞廟在三年喪終，而傳連言之者，此主終入廟，入廟即易檐，以事相繼，故連言之，非謂作主壞廟同時也。或以爲練而作主之時，則易檐改塗，故此傳云於練壞廟。於傳文雖順，舊説不然，故不從之，直記異聞耳。」聘珍謂：壞廟者，易檐改塗，以新之也。自是練祭時事。遷廟者，遷新死者之主，永居於廟，自是三年喪終之事。蓋練祭祭於廟，故新之。祭畢，而主復還於寢，俟三年喪終，而後遷於廟也。今博引經傳注疏之文，證明此經諸侯遷廟爲三年喪畢之事。《士虞記》曰：「卒哭，明日以其班祔。」鄭注云：「班，次也。」《喪服小記》曰：「祔必以其昭穆。亡則中一以上。」凡祔已，復於寢，如既祫，主反其廟。孔氏《曲禮疏》云：「凡君卒哭而祔。卒哭者，是葬竟虞數畢後之祭名也。卒哭明日而立主，祔於廟，隨其昭穆，從祖父食。卒哭，主暫時祔廟畢，更還殯宮，至小祥，作栗主，入廟，乃埋桑主於祖廟門左埋重處。故鄭云虞而作主，至祔，奉以祔祖廟，既事畢，反之殯宮。」賈氏《士虞記疏》云：「祔祭與練祭，祭在廟。祭訖，主反於寢。其大祥與禫祭其主，自然在寢祭之。」據此說，祔祭、練祭既畢，主還於寢，信而有徵矣。若由寢而遷於廟，則在禫祭之後。《士虞記》曰：「中月而禫。是月也，吉祭，猶未配。」聘珍謂：記所云「吉祭」者，即此經所云「遷廟」也。此正班氏所謂推《士禮》而可以致天子諸侯之說也。蓋禫祭已後，喪事既畢，新主不可仍居於寢，而廟之毀主，必須禘祭，禘時未必適在禫月，故於是月即遷新主，置於當日祔祭祖父之廟，以待時禘。再毀遠主。故記云「猶未配」也。孔氏僖三十三年《左傳疏》云：「三年喪畢，新主入廟，廟之遠主，當遷入祧，乃爲大祭於太廟，以審昭穆，謂之爲禘。」

君前徙三日，齊。祝、宗人及從者皆齊。《祭統》曰：「致齊三日。」大祝、宗人，接神之官。從者，謂卿大夫從君也。

徙之日，君玄服，從者皆玄服。玄服，謂玄冕服也。《玉藻》曰：「諸侯玄端以祭。」鄭注云：「祭先君也。『端』，亦當爲『冕』，字之誤也。」從者皆玄服者，《雜記》曰：「大夫冕而祭於公。」《周禮》曰：「卿大夫之服，自玄冕而下。」聘珍謂：諸家舊說並云「練而遷廟」，與此節經文大相剌謬矣。《喪服小記》曰：「練，筮日、筮尸、視濯，皆要絰、杖、繩屨。」《檀弓》曰：「練，練衣黄裏，縓緣，葛要絰，繩屨無絇，角瑱，鹿裘，衡長袪。袪，褾之可也。」《閒傳》曰：「期而小祥，練冠，縓緣，要絰不除。」《喪服》曰：「布總箭笄髽，衰三年。」據此諸經明文，並無練而冕服之禮。若如舊說，練而遷廟，遷廟而冕服，且與群經悖矣。

從至于廟，群臣如朝位。君入，立于阼階下，西向。有司如朝位。盧注云：「廟，殯宮。列于廟門外，如路門之位。立于門內，如門外之位。」聘珍謂：君入，入殯宮也。《閒傳》曰：「又期而大祥，居復寢。」《喪大記》曰：「吉祭而復寢。」孔疏云：「《閒傳》『既祥復寢』，與此吉祭復寢不同者，彼謂不復宿中門外，復於殯宮之寢，此吉祭後不復宿殯宮，復於平常之寢。文雖同，義別。故此注不復宿殯宮也。明大祥後宿殯宮也。」據此則未遷廟之前，君本宿殯宮。經云「君入」者，以前徙三日，君齊，齊居必遷坐。徙之日，復自齊宮而入殯宮也。

宗人擯舉手曰：「有司其請

升。」君升，祝奉幣從，在左北面再拜，興。祝聲三，曰：「孝嗣侯某，敢以嘉幣告于皇考某侯，成廟將徙，敢告。」君及祝再拜，興。擯，贊也。幣，帛也。盧注云：「祝主辭，故在左。神將遷，故出在户牖閒，南面矣。卒不奠幣者，禮畢矣。於此將有事於新廟。」鄭注《曾子問》云：「聲，噫歆，警神也。」祝曰：「請導。」君降，立于階下，奉衣服者皆奉以從祝。導，引也。奉衣服者，《守祧職》曰：「掌守先王先公之廟祧，其遺衣服藏焉。若將祭祀，則各以其服授尸。」鄭注云：「衣服，大斂之餘也。」是衣服本在殯宫，當與主同遷於廟。盧注云：「不言奉主，而稱奉衣服者，以毀易祖考，誠人神之不忍。從祝者，祝所以導神也。言『皆』者，衣服非一稱也。」奉衣服者降堂，君及在位者皆辟也。奉衣服者至碑，君從，有司皆以次從出廟門。奉衣服者升車，乃步。君升車，從者皆就車也。凡出入門及大溝渠，祝下擯。辟，逡遁辟位也。鄭注《儀禮》云：「宫必有碑，所以識日景，引陰陽也。」賈氏《士昏禮疏》云：「碑在堂下三分庭之一在北。」步者，車緩行也。神車奉主與衣服者在左，祝爲右。《曲禮》曰：「車右就車，門閭溝渠必步。」盧注云：「皆就車，謂乘貳車者。」

至于新廟，筵于户牖閒，樽于西序下，脯醢陳于房中，設洗當東榮，南北以堂深。筵，爲神布席也。《爾雅》曰：「牖户之閒謂之扆。」言窗東户西也。置酒曰樽。東西牆謂之序。脯，乾肉。醢，豆實也。盧注云：「筵于户牖閒者，始自外來，故先于堂。四時之祭，在室筵隩中，在堂筵序下，是以設樽恒於東方。今惟布南面之席，故置樽於西，以因其便矣。房，西房也。諸侯左右房也。」聘珍謂：洗，承盥洗者，棄水器也。榮，屋翼也。盧注云：「東榮，記因卿士當言東霤。」聘珍謂：賈氏《士冠禮疏》云：「卿大夫以下，其室爲夏屋，兩下，而周之天子諸侯皆四注。故《喪大記》云：『升自屋東榮。』鄭以爲卿、大夫、士，其天子、諸侯當言東霤也。周天子路寢，制似明堂，五室十二堂，上圓下方，明四注也。諸侯亦然。故《燕禮》云：『洗當東霤。』鄭云『人君爲殿屋』也。」有司皆先入，如朝位。祝導奉衣服者乃入，君從。奉衣服者入門左，在位者皆辟也。奉衣服者升堂，皆反位。君從升。奠衣服于席上，祝奠幣于几東。君北向，祝在左。贊者盥，升，適房，薦脯醢。

君盥，酌，奠于薦西，反位。君及祝再拜，興。祝聲三，曰：「孝嗣侯某，敢用嘉幣告于皇考某侯：今月吉日，可以徙於新廟，敢告。」再拜。入門左，西方賓位。鄭注《特牲饋食》云：「凡鄉內，以入爲左右。鄉外，以出爲左右。」奠，置也。席上之几，所以安神。贊，佐也。《明堂位》曰：「卿大夫贊君。」薦，進也。薦西者，脯醢之西。君就東廂，西面。祝就西廂，東面。在位者皆反走辟，如食閒。《爾雅》曰：「室有東西廂曰廟。」郭注云：「夾室，前堂。」皆反走辟者，告遷之後，將告享，示禮文相變，故各辟位也。食閒，謂終食之閒。擯者舉手，曰：「諸反位。」❶君反位，祝從在左，卿大夫及衆有司諸在位者皆反位。祝聲三，曰：「孝嗣侯某，絜爲而明薦之享。」君及祝再拜，君反位，祝徹反位。《詩》曰：「吉蠲爲饎，是用孝享。」陸氏《釋文》云：「蠲，舊音圭，絜也。」盧注云：「再拜，君反位，東廂之位。祝徹反位，反西廂之位。」擯者曰：「遷廟事畢，請就燕。」君出廟門，卿大夫有司執事者皆出廟門。告事畢，乃曰：「擇日而祭焉。」就燕者，就燕寢也。《喪大記》曰「吉祭而復寢」是也。盧注云：「告事畢，謂內主，藏衣服，斂幣，徹几筵之等。」聘珍謂：經文不言主，注云內主者，言奉衣服，而主可知也。《公羊》文二年傳曰：「虞主用桑，練主用栗。用栗者，藏主也。」何注云：「主狀正方，穿中央，達四方。天子長尺二寸，諸侯長一尺。藏於廟室中堂，所當奉事也。質家藏於堂。」擇日而祭，謂禘祭也。杜氏《春秋釋例》云：「三年喪畢，致新死者之主，以進於廟。廟之遠主，當遷入祧。於是大祭於大廟，以審定昭穆，謂之禘。此皆自諸侯上達天子之制也。」

諸侯釁廟弟七十三

成廟，釁之以羊。盧注云：「廟新成而釁者，尊而神之也。」聘珍謂：釁者，殺牲，以血塗之也。以羊者，《羊人職》曰：「凡釁積，共其羊牲。」君玄服立於寢門內，南向。祝、宗人、宰夫、雍人皆玄服。君玄服，謂玄冕服。鄭注《玉藻》云：「玄衣而冕，冕

❶「諸」，嘉趣堂本盧辯注《大戴禮記》作「請」。以下文「請就燕」例之，作「請」是。

服之下。」又云：「玄冕，諸侯祭宗廟之服。」釁廟爲有事於宗廟，故服祭服以命之。《雜記》曰：「釁廟畢，反命於寢。」君朝服者，謂命事之後，仍服朝服矣。《雜記》文與此經互相備，非謂命事亦朝服也。寢門，路門也。祝、宗人，接神之官。宰夫，以式法掌祭祀之戒具。雍人，食官也。皆元服者，元衣纁裳也。《雜記》曰：「祝、宗人、宰夫、雍人，皆爵弁純衣。」孔疏云：「爵弁者，士服也。純衣，謂絲衣，則玄衣纁裳也。」鄭注《司服》云：「凡冕服，皆玄衣纁裳。」宗人曰：「請令以釁某廟。」君曰：「諾。」遂入。令，猶命也。入者，君入路寢也。

雍人拭羊，乃行，入廟門，碑南，北面東上。鄭注《雜記》云：「拭，浄也。」孔疏云：「雍人是廚宰之官，拭羊於廟門外。」盧注云：「東上者，宰夫也。宰夫，攝主也。」雍人舉羊，升屋自中，中屋南面，刲羊。血流于前，乃降。自，由也。刲，刺也。孔氏《雜記疏》云：「熊氏云：自中者，謂升屋之時，由屋東西之中，謂兩階之閒而升也。中屋南面者，謂當屋棟之上，亦東西之中，而乃南面刲割其羊，使血流於前，雍人乃降。」

門以雞。有司當門北面，雍人割雞屋下，當門。郟室割雞于室中，有司亦北面也。孔云：「門，廟門也。」盧注云：「有司：宰夫、祝、宗人也。郟室，門郟之室。一曰東西廂也。釁，東西室，有司猶北面，統於廟也。《雜記》曰：『雍人舉羊，升屋自中，中屋南向，刲羊。血流于前，乃降。門、郟室皆用雞。先門而後郟室，其衈皆於屋下。割雞，門當門。郟室中室，有司皆鄉室而立。門則有司當門，北面。』案《小戴》，割雞亦於屋上，記者不同耳。此不言衈，略也。」聘珍謂：用雞者，《雞人職》曰：「凡祭祀面禳釁，共其雞牲。」

既事，宗人告事畢，皆退，反命于君。君寢門中南向。宗人曰：「釁某廟事畢。」君曰：「諾。」宗人請就燕，君揖之，乃退。鄭云：「告者，告宰夫也。」聘珍謂：君寢門中，南向者，視朝於寢庭也。有司朝而反命也。就燕者，就燕寢也。揖，推手也。視朝之禮也。《雜記》曰：「路寢成，則考之而不釁。釁屋者，交神明之道也。凡宗廟之器，其名者成，則釁之以豭豚。」

大戴禮記解詁卷之十終

大戴禮記解詁卷之十一

南城王聘珍學

小辨弟七十四

公曰：「寡人欲學小辨，以觀於政，其可乎？」盧注云：「小辨，爲小辨給也。」子曰：「否，不可。社稷之主愛日，日不可得，學不可以辨。是故昔者先王學齊大道，以觀於政。愛，惜也。盧注云：「曾子曰：『君子愛日以學。』《書》曰『日昃不遑』也。」聘珍謂：日不可得者，猶云歲不我與也。辨，謂小辨也。齊，讀曰「躋」，升也。大道，謂大學之道。天子學樂，辨風，制禮以行政。《左氏》昭二十一年傳曰：「天子省風以作樂。」襄二十一年傳曰：「禮，政之輿也。」諸侯學禮，辨官政，以行事，以尊事天子。《禮運》曰：「諸侯以禮相與。」《聘義》曰：「盡之於禮，則內君臣不相陵，而外不相侵。故天子制之，而諸侯務焉。」辨官政者，官不易方，政有常經也。杜注《左傳》云：「在君爲政，在臣爲事。」《表記》曰：「諸侯勤以輔事於天子。」大夫學德別義，矜行以事君。《書》曰：「日宣三德，夙夜浚明有家。」陸賈《新語》云：「義者，德之經也。」盧注云：「別，猶辨也。矜，猶厲也。」士學順辨言以遂志。《孝經》曰：「以敬事長則順。」言，詁訓言也。遂，成也。盧注云：「致命遂志，士之節也。」庶人聽長辨禁，農以行力。聽，從也。長，上也。盧注云：「辨禁，識刑憲也。」聘珍謂：曾子曰：「庶人日旦思其事，戰戰唯恐刑罰之至也。」《左傳》曰：「庶人力於農穡。」又曰：「小人農力以事其上。」如此猶恐不濟，奈何其小辨乎？」《爾雅》曰：「濟，成也。」

公曰：「不辨則何以爲政？」子曰：「辨而不小。夫小辨破言，破言，猶析言，破律也。小言破義，破言爲小言。義，謂名義。破義者，亂名改作也。小義破道，破義爲小義。道者，先王之大道也。道小不通，通道必簡。道破則小。《論語》曰：「雖小道，必有可觀者焉。致遠恐泥。」包云：「泥，難不通也。」《爾雅》曰：「簡，大也。」《中庸》曰：「大哉！聖人之道。」是故循弦以觀於樂，足以辨風矣。循，摩循也。鄭注《文王世子》云：「弦，謂以絲播《詩》。」孔疏云：「謂以琴瑟播被《詩》之音節。《詩》音，則樂章也。」《史記》云：「《詩》三百五篇，孔子皆弦而歌之。」《王制》曰：「命太師陳《詩》以觀民風。」《爾雅》以觀於古，足以辨言矣。《漢書·藝文志》云：「《爾雅》三卷二十篇。」張揖云：「昔在周公，制禮以道天下，著《爾雅》一篇以釋其義。」班固云：「《書》者，古之號令。號令於衆，其言不立具，則聽受施行者不曉。古文讀應《爾雅》，故解古今語而可知也。」傳言以象，反舌皆至，可謂簡矣。傳言以象者，《周禮》曰「象胥諭言語」是也。先鄭司農云：「象胥，譯官也。」高注《吕氏·功名》云：「戎狄言語，與中國相反，因謂反舌。一說南方有反舌國，舌本在前，末倒向喉，故曰反舌。」應劭云：「反舌左衽，不與華同，須有譯言乃通也。」聘珍謂：五方之民，言語不通，嗜慾不同。王者立象胥之官，達其志，通其欲。其道大矣。夫道，不簡則不行，不行則不樂。簡，亦大也。道不大，小補而已，行之不遠也。大道之行也，君子樂得其道，小人樂得其欲。夫亦固十稘之變，由不可既也，而況天下之言乎？」《說文》云：「稘，復其時也。《虞書》曰：『稘，三百有六旬。』」《廣雅》云：「稘，年也。」由，讀曰「猶」。既，盡也。十年之中，變故尚不可盡，天下之言，其可窮乎？故至道不以小辨。

曰：「微子之言，吾壹樂辨言。」微，無也。壹，專壹也。子曰：「辨言之樂，不若治政之樂。辨言之樂，不下席，治政之樂，皇於四海。夫政善則民說，民說則歸之如流水，親之如父母，諸侯初入，而後臣之，安用辨言？」不下席，謂不能行遠也。皇，大也，美也。入者，自外之辭。臣者，臣服之也。

公曰：「然則吾何學而可？」子曰：「禮樂而力，《仲尼燕居》曰：「言而履之，禮也。行而樂之，樂也。君子力此二者。」忠信其君，君，主也。《論語》曰：「主忠信。」其習可乎！」習，學也。

公曰：「多與我言忠信，而不可以入患。」盧注云：「備與我言忠信，而使不入於患。」子曰：「毋乃既明忠信之備，而口倦其君，則不可而有。明忠信之備，而又能行之，則可立待也。倦，勞也。君，謂心。《荀子・解蔽》云：「心者，形之君也。」「口倦其君」，謂以口辨而勞其心。「不可有」，謂不能有其忠信也。待，猶給也。可立待者，施之則行，不必小辨而給也。君朝而行忠信，百官承事，忠滿於中而發於外，刑於民而放於四海，天下其孰能患之？」忠滿於中，臣事君以忠也。刑，法也。放，猶至也。

公曰：「請學忠信之備。」子曰：「唯社稷之主，實知忠信。若丘也，綴學之徒，安知忠信？」《説文》云：「綴，合著也。」劉歆云：「綴學之士，不思廢絶之闕，因陋就寡，分文析字，煩言碎辭。」

公曰：「非吾子問之而焉也？」子三辭，將對。公曰：「彊避。」子曰：「彊侍。丘聞大道不隱。丘言之。君發之於朝，行之於國，一國之人莫不知，何一之彊辟？焉，何也。盧注云：『而焉也』，焉問之乎。彊避，謂避彊也。一曰，公以夫子三辭，欲避左右之彊者也。不隱，言不可隱蔽也。」丘聞之，忠有九知，知忠必知中，曾子曰：「忠者，中此者也。」《周語》曰：「考中度衷，忠也。」知中必知恕，鄭注《周禮》云：「忠言以中心。」孔氏《左傳》昭六年疏云：「如心爲恕，謂如其己心也。」知恕必知外，盧注云：「内恕，故外能處於度物也。」知外必知德，孔氏《左傳》桓二年疏云：「德者，得也。謂内得於心，外得於物。」知德必知政，《論語》曰：「爲政以德。」知政必知官，官，分職任政者也。知官必知事，《經解》曰：「百官得其宜，萬事得其序。」知事必知患，知患必知備。事失，則患生。《書》曰：「居安思危。」思則有備，有備無患。《書》曰：「惟事事，乃其有備，有備無患。」若動而無備，患而弗知，死亡而弗知，安與知忠信？不知患，則不知死亡。《孟子》曰：「安其危，而利其菑，樂其所以亡者。」與，及也。内思畢，必曰知中，畢，盡也。必，當爲「心」，形近譌也。中，心中也。中以應實曰知恕，實，誠也。恕者，忖度其義於人，必心誠求之。内恕外度曰知外，度，揆度也。賈子《道術》云：「以己量人謂之恕。」《聲類》云：「以心度物曰恕。」外内參意曰知德，參，謂參校。《中庸》曰：「性之德也，合外内之道也。」德以柔政曰知政，柔，安也。《子張問入官》曰：「德者，政之始也。」正義辨方曰知官，官治物則曰知事，辨方者，官不易方也。《詩》曰：「有物有則。」則，法也。事戒不虞曰知備，毋患曰樂，樂義曰終。」《書》曰：「戒哉！儆戒無虞。」《周語》曰：「成德之終也。」《左氏》襄十一年傳曰：「抑臣願君安其樂而思其終也。夫樂以安德，義以處之。」

用兵弟七十五

公曰：「用兵者，其由不祥乎？」孔氏昭十四年《左傳疏》云：「《周禮》『司兵掌五兵』，鄭衆云：『五兵者，戈、殳、戟、酋矛、夷矛。』鄭玄云：『步兵之五兵，則無夷矛，而有弓矢。』然則兵者，戰器之名。戰必令人執兵，因即名人爲兵也。」盧注云：「祥，善也。」子曰：「胡爲其不祥也？聖人之用兵也，以禁殘止暴於天下也。及後世貪者之用兵也，以刈百姓，危國家也。」殘，殺害也。暴，虐亂也。《左氏》襄二十七年傳曰：「兵之設久矣，所以威不軌而昭文德也。聖人以興。」貪者，利人土地貨寶者也。《左氏》僖三十三年傳曰：「秦以貪勤民。」芟草曰刈。刈百姓者，視民如草芥也。

公曰：「古之戎兵，何世安起？」子曰：「傷害之生久矣，與民皆生。」盧注云：「人含五常之氣。生有喜則和親，怒則離害。其相害者，皆由兵也。」聘珍謂：《左氏》襄二十七年傳曰：「天生五材，民並用之，廢一不可，誰能去兵。」

公曰：「蚩尤作兵與？」《管子·地數》云：「葛盧之山，發而出水，金從之。蚩尤受而制之，以爲劍、鎧、矛、戟。雍狐之山，發而出水，金從之，蚩尤受而制之，以爲雍狐之戟、芮戈。」《五經異義》云：「《公羊説》：甲午祠兵。祠者，祠五兵，矛、戟、劍、楯、弓矢，及祠蚩尤之造兵者。」是古有蚩尤作兵之説。子曰：「否。蚩尤，庶人之貪者也。及利無義，不顧厥親，以喪厥身。蚩尤惛慾而無厭者也。何器之能作？及，猶汲汲也。以喪厥身者，《秦策》云：「黄帝伐涿鹿而禽蚩尤。」蜂蠆挾螫而生，見害而校，以衛厥身者也。《説文》云：「螫，蟲虫行毒也。」蜂蠆挾螫，譬蚩尤也。生，謂人物之生。見害，罹其凶害也。《釋名》云：「校，號也。將帥號令所在也。」高注《吕覽》、《淮南子》並云：「衛，利也。」校以衛厥身，言作爲戰陳號令，以利其身，所謂貪也。盧注云：「止教習干戈自衛身，非作者也。」《吕氏·蕩兵》云：「蚩尤非作兵也，利其械矣。」人生有喜怒，故兵之作，與民皆生。聖人利用而弭之，亂人興之喪厥身。《左氏》昭二十五年傳曰：「民有好惡喜怒哀樂，生於六氣，喜有施舍，怒有戰鬭。」《易》曰：「弧矢之利，以威天下。」弭，止也。謂用兵止亂也。《詩》云：『魚在在藻，厥志在餌。』藻，水草也。《廣雅》云：「餌，食也。」盧注云：「由心在於利，用兵以取危也。蓋逸詩也。」『鮮民之生矣，不如死之久矣。』《毛詩傳》云：「鮮，寡也。」盧注云：「《小雅·蓼莪》之三章也。亦困於兵革之詩。」『校德不塞，嗣武孫武子。』校，猶亢也。德，謂德教。校德者，逞兵以違德教也。盧注云「亦同上二章。但用兵革喪除其德，不以塞亂，而徒傳續武事於子孫者也。」聖人愛百姓而憂海內。及後世之人，思其德，必稱其仁，故今之道堯、舜、禹、湯、文、武者，猶威致王，今若存。《孟子》曰：「仁者愛人。」又曰：「聖人之憂民如此。」道，言也。威，畏也。《五帝德》曰：「死而民畏其神。」致，極也。王，天下所歸往也。猶威致王者，死而民畏其神，極其向往之心也。夫民思其德，必稱其人，朝夕祝之，升聞皇天，上神歆焉。故永其世而豐其年也。祝，祈福之辭。歆，猶欣也。《書》曰：「冒聞於上帝，帝休。」又曰：「祈天永命。」《詩》曰：「自天降康，豐年穰穰。」夏桀、商紂羸暴於天下，暴極不辜，殺戮無罪，不祥于天，粒食之民，布散厥親。《廣雅》云：「羸，惡也。」極，誅也。祥，善也。《書》曰：「故天棄我，不有康食。」《詩》曰：「王事靡盬，不能蓺黍稷，父母何食？」疏遠國老，幼色是與，而暴慢是親，讒貸處穀，法言法行處辟。盧注云：「言疏遠老成，而與幼色者，若楚共王遠申叔時，而用子反也。《千乘》曰：『以財投長曰貸。』穀，禄也。辟，罪辟也。」聘珍謂：《千乘》曰：「利辭以亂屬曰讒。」處，居也。曾子曰：「正直者則邇於刑，弗違則殆於罪。」殀替天道，逆亂四時，禮樂不行，而幼風是御。殀，讀曰「夭」。《説文》云：「夭，屈也。」《爾雅》曰：「替，廢也。」逆亂四時者，《禮運》曰：「播五行於四時。」《書》曰：「威侮五行。」鄭注云：「五行，四時盛德所行之政也。威侮，暴逆之。」盧注云：「幼風是御，任童幼之人使專政。」曆失制，攝提失方，鄒大無紀。曆，以治時編歲事者也。制，法也。盧注云：「攝提，左右六星，與斗應相值，恒指中氣。《尚書中候》曰：『攝提移居。』」聘珍謂：《天官書》云：「大角者，天王帝廷。其兩旁各有三星，鼎足句之，曰攝提。攝提者，直斗杓所指，以建時節，故曰攝提格。」孟康云：「攝提，星名，隨斗杓所指，建十二月。若曆誤，春三月當指辰，而乃指巳，爲失方也。」「鄒大」，當爲「孟陬」。《漢書·劉向傳》云「孟陬無紀」是也。孟康云：「首時爲孟，正月爲陬。」言曆既失制，則閏餘乖次，斗建月氣，並不能與正歲相值也。**不告朔於諸侯，玉瑞不行，諸侯力政，不朝於天子。六蠻、四夷交伐於中國。**盧注云：「《周禮·大史職》曰『正歲年以序事，頒之於官府及都鄙，頒告朔於邦國』也。玉者，所以等神祇，别人事，其用重焉。」聘珍謂：《典瑞職》曰：「掌玉瑞玉器之藏。」鄭注云：「人執以見曰瑞。」玉瑞，命圭也。不行者，王不能班瑞於群后，威命不行也。盧注云：「力政，言以威力侵争。《周禮》職方氏，四夷、八蠻、七閩、九貉、五戎、六狄，此周所服四海，其種落之數也。《明堂位》曰九夷、八蠻、六戎、五狄，此朝明堂時來者國數也。《爾雅》曰九夷、八狄、七戎、六蠻，其夏之所服，與殷之夷國，東方十，南方六，西方九，北方十有三。然鄭康成以四夷爲四方，九貉爲九夷，又引《爾雅》其數不同，及六四文闕而不定，❶是終使學者疑於所聞也。」聘珍謂：此注文所引鄭氏之言，見孔氏《明堂位疏》云：「《鄭志》：趙商問曰：『職方掌四夷、八蠻、七閩、九貉、五戎、六狄之數。』注曰：『周之所服國數。』《明堂》云：『朝，謂服事之國數，夷九，蠻八、戎六、狄五。禮文事異，不達其數。』鄭答曰：『《職方》四夷，謂四方夷狄也。九貉，即九夷在東方，八蠻在南方，閩其别也。戎狄之數，或五或六，兩文異。《爾雅》雖有與同，皆數耳，無别國之名。不甚明，故不定也。』如鄭此言，蓋其慎也。盧氏譏之，非是。盧謂鄭引《爾雅》其數不同者，《爾雅》九夷、八狄、七戎、六蠻，鄭注《職方》引《爾雅》曰九夷、八蠻、六戎、五狄。**於是降之災，水旱臻焉，霜雪大滿，甘露不降，百草殨黄，五穀不升，民多夭疾，六畜餧眥，此太上之不論不議也。**臻，至也。滿，盈溢也。《禮運》曰：「天降膏露。」鄭注云：「膏，猶甘也。」殨，讀曰「蔫」，菸也。《楚詞》云：「葉菸邑而無色。」盧注云：「瘁，當字誤爲『倅』也。瘁，病也。眥，瘦也。帝皇之世無災疫，故白姓不議。」**殀傷厥身，失墜天下。夫天下之報殃於無德者，必與其民。**報，反也。殃，猶禍惡也。與，從也。《禮運》曰：「如有不由此者，在執者去，衆以爲殃。」《孟子》

---

❶「六四」，廣雅書局本作「四六」。

曰：「曾子曰：『戒之戒之，出乎爾者，反乎爾者也。』夫民今而後得反之也。」公懼焉，曰：「在民上者，可以無懼乎哉？」

少閒弟七十六

公曰：「今日少閒，我請言情於子。」子愀焉變色，還席而辭曰：「君不可以言情於臣，臣請言情於君，君則不可。」閒，暇也。《主言》曰：「得夫子之閒也難，是以敢問。」君不可以言情於臣，臣請言情於君者，《春秋繁露》云：「爲人主者，法天之行，是故内深藏，所以爲神。爲人臣者，比地貴信，而悉見其情於主，主亦得而財之。」

公曰：「師之而不言情焉，其私不同。」盧注云：「言己師禮事夫子，故不使言情也，其私人不同於此也。」子曰：「否。臣事君而不言情於君，則不臣。君而不言情於臣，則不君。有臣而不臣，猶可。有君而不君，民無所錯手足。」「而不言情於臣」，「不」當爲「亦」，形近譌也。

公曰：「君度其上下，咸通之，盧注云：「使上下皆達也。」權其輕重居之，盧注云：「謂事役及刑罰。」準民之色，目既見之；鼓民之聲，耳既聞之；動民之德，心既和之；通民之欲，兼而壹之；愛民親賢而教不能，民庶説乎？」準，望也。鼓，振動也。聲，言也，謂鼓舞其民，而民有聲也。見之、聞之，謂君之見聞也。《書》曰「闢四門，明四目，達四聰」也。動，作也。《詩》曰：「民之秉彝，好是懿德。」心，謂君心。和，協也。兼，并也。壹，專也。并其所欲，而專致於民。《孟子》曰：「所欲與之，聚之也。」子曰：「説則説矣，可以爲家，不可以爲國。」

公曰：「可以爲家，胡爲不可以爲國？國之民、家之民也。」子曰：「國之民，誠家之民也。然其名異，不可同也。《大傳》曰：「名者，人治之大者也。」《左傳》曰：「名位不同，禮亦異數。」同名、同食曰同等，唯不同等，民以知極。《小宰職》曰：「以敍制其食。」鄭注云：「食禄之多少。」《左氏》昭七年傳曰：「天有十日，人有十等。下所以事上，上所以共神也。」極，中也，本也。《周禮》曰：「設官分職，以爲民極。」故天子昭有神於天地之閒，以示威於天下也。昭，明也。《王制》曰：「天子祭天地。」威，嚴也。《郊特牲》曰：「祭之日，王皮弁以聽祭報，示民嚴上也。」諸侯脩禮於封内，以事天子。《本命》曰：「冠、昏、朝、聘、喪、祭、賓主、鄉飲酒、軍旅，此之謂九禮也。」此九禮者，諸侯所以守其國，行其政令，勤以輔事於天子者也。大夫脩官守職，以事其君，士脩四衛，執技論力，以聽乎大夫。盧注云：「四衛，四方之職。《曲禮》曰：『地廣大，荒而不治，此亦士之辱也。』」聘珍謂：《王制》曰：「凡執技論力，適四方，贏股肱，決射御，聽乎大夫者，大夫臣士也。」庶人仰視天文，俯視地理，力時使以聽乎父母。盧注云：「《孝經》曰：『用天之道，分地之利，謹身節用，以養父母，此庶人之孝也。』」此唯不同等，民以可治也。」《大司徒職》曰：「以儀辨等，則民不越。」

公曰：「善哉！上與下不同乎？」子曰：「將以時同，時不同。盧注云：「言有可同，不可同也。」上謂之閑，下謂之多疾。閑，防也。疾，病也。上爲法制以防下，而下敝於法，則以爲厲己，此上下之情不同也。君時同於民，布政也。民時同於君，服聽也。上下相報，而終於施。君同於民者，君以民爲體也。民同於君者，民以君爲心也。政，治道也。布政也者，同民心而出治道也。服，從也。聽者，治也。上下相報者，《表記》曰：「子曰：『以德報德，則民有所勸，以怨報怨，則民有所懲。』《詩》曰：『無言不讎，無德不報。』《大甲》曰：『民非后，無能胥以寧后非民，無以辟四方。』」終於施者，上不求其報也。大猶已成，發其小者。遠猶已成，發其近者。猶，讀曰「猷」，謀也。盧注云：「遠大之謀，緣近小始。」將行重器，先其輕者。行，猶用也。重器，謂圭璋鐘磬之屬。《左傳》曰：「重之以大器，重之以宗器。」杜注云：「古者將獻遺於人，必有以先之也。」先清而後濁者，天地也。《説文》云：「元气初分，輕清陽爲天，重濁陰爲地，萬物所陳列也。」天政曰正，地政曰生，人政曰辨。苟本正，則華英必得其節以秀孚矣。此官民之道也。」政，職也。《易》曰：「乾道變化，各正性命。」又曰：「至哉，坤元，萬物資生。」又曰：「君子以辨上下，定民志。」本，根也。華，草木華也。英，初生也。節，時也。不榮而實者謂之秀。《夏小正》曰：「柳稊也者，發孚也。」

公曰：「善哉！請少復進焉。」子曰：

「昔堯取人以狀，舜取人以色，禹取人以言，湯取人以聲，文王取人以度。此四代五王之取人，以治天下如此。」狀，貌也。色，謂顔色。《論語》曰：「動容貌，斯遠暴慢矣。正顔色，斯近信矣。」以言者，《書》曰「敷納以言」也。以聲者，《文王官人》曰「以其聲處其氣也」。盧注云：「以度，觀其志度。四代，據文距殷。或曰文王取人，以度四代，謂兼之也。」

公曰：「嘻！善之不同也。」嘻，猶噫嘻。鄭云：「有所多大之聲也。善，謂五王取人之善。」子曰：「何謂其不同也？」公曰：「同乎？」子曰：「同。」

公曰：「人狀可知乎？」盧注云：「問四代以人狀得善之事。」子曰：「不可知也。」公曰：「五王取人，各有以舉之，胡爲人之不可知也？」子曰：「五王取人，比而視，相而望，五王取人各以己焉，是以同狀。」比，謂比方。相，亦視也。望，謂物望。己者，身也。《中庸》曰：「取人以身也。」言五王取人，比方而視之，視之而參以物望，取之復由於一身，是以取人不同而得善同也。盧注云：「聖人通而虚己，故於求人，雖言色不同，而善惡無異。」

公曰：「以子相人，何如？」子曰：「否。丘則不能五王取人。盧注云：「言不能如五王。」丘也傳聞之，以委於君。丘則否能，亦又不能。」委，屬也。否，不也。否能，謂不能知人也。亦又不能者，不能取人以己也。皆對君之謙辭。《五帝德》曰：「吾欲以顔色取人，於滅明邪改之。吾欲以言語取人，於子邪改之。吾欲以容貌取人，於師邪改之。」

公曰：「我聞子之言，始蒙矣。」子曰：「由君居之，成於純，胡爲其蒙也？雖古之治天下者，豈生於異州哉？」蒙，雜亂也。由，自也。居，處也。純，一也。言五王取人之法不同，自君處之，則成於一矣。昔虞舜以天德嗣堯，布功散德制禮，朔方幽都來服，南撫交趾，出入日月，莫不率俾。西王母來獻其白琯，粒食之民，昭然明視，民明教，通于四海，海外肅慎、北發、渠搜、氐羌來服。布功者，時亮天功也。散德者，九德咸事也。制禮者，《堯典》曰：「脩五禮。」鄭注云：「五禮，公、侯、伯、子、男朝聘之禮矣。」《皋陶謨》曰：「自我五禮。」鄭注云：「五禮，天子也，諸侯也，大夫也，士也，庶民也。」王氏《尚書後案》云：

「《堯典》五禮，是天子巡守，諸侯來朝而修之，故鄭以爲公、侯、伯、子、男之禮。《皋陶謨》五禮，汎言平日通於天下，故鄭兼天子及庶民言之。」《書》曰：「申命和叔，宅朔方，曰幽都。」《書》曰：「海隅出日，罔不率俾。」鄭注云：「率，循也。俾，使也。四海之隅，日出所照，無不循度而可使也。」《爾雅》曰：「觚竹、北户、西王母、日下，謂之四荒。」郭注云：「西王母在西。」《淮南·地形》云：「西王母在流沙之瀕。」《説文》云：「管如篪，六孔，十二月之音，物開地牙，故謂之管。从竹，官聲。」又作「琯」。云：「古者玉琯以玉。舜之時，西王母來獻其白琯，前零陵文學姓奚，於伶道舜祠下得笙玉琯。夫以玉作音，故神人以和，鳳凰來儀也。从玉，官聲。」《五帝德》曰：「舜南撫交趾，大教鮮支、渠庾、氐羌，北山戎、發、息慎，東長、鳥夷羽民。」

舜有禹代興，禹卒受命，乃遷邑姚姓于陳。 代，更也。《孟子》曰：「舜崩，三年之喪畢，禹避舜之子於陽城，天下之民從之，若堯崩之後，不從堯之子，而從舜也。」《史記·陳世家》云：「舜爲庶人時，堯妻之二女，居於嬀汭，其後因爲氏姓，姓嬀氏。舜已崩，傳禹天下，而舜子商均爲封國。」孔氏《左傳》昭八年疏云：「《世本》云：『舜姓姚氏。』哀元年《傳》稱夏后少康奔虞，虞思妻之以二姚，虞思猶姓姚也。至胡公，周乃賜姓爲嬀耳。《陳世家》謂胡公之前已姓嬀矣。司馬遷之妄也。」聘珍謂：舜本虞氏，故《書》曰「有鰥在下，曰虞舜」也。其後在夏爲姚姓，至周爲嬀姓。知者據此經云「遷邑姚姓于陳」，是夏封商均國，賜姓姚也。故虞思爲夏之侯國而姓姚也。據《左氏》昭八年傳曰：「胡公不淫，故周賜之姓，使祀虞帝。」是周封胡公，賜姓嬀，故《傳》又曰「有嬀之後，將育於姜」也。

作物配天，脩德使力，民明教通于四海，海之外，肅慎、北發、渠搜、氐、羌來服。禹崩，十有七世，乃有末孫桀即位。 物，事也。配，合也。修德使力者，《書》曰：「祗台德先，不距朕行。」《夏本紀》云：「禹命諸侯百姓，興人徒以傅土。」十有七世者，《本紀》云：「禹崩，子啓即天子之位，是爲夏后帝啓。啓崩，子帝太康立。太康失國，崩，弟中康立。中康崩，子帝相立。相崩，子帝少康立。少康崩，子帝予立。予崩，子帝槐立。槐崩，子帝芒立。芒崩，子帝泄立。泄崩，子帝不降立。不降崩，弟帝扃立。扃崩，子帝廑立。廑崩，立帝不降之子孔甲，是爲帝孔甲。孔甲崩，子帝皐立。皐崩，子帝發立。發崩，子帝履癸立，是爲桀也。」

桀不率先王之明德，乃荒耽于酒，淫泆于樂，德昏政亂，作宮室高臺，汙池土察，以民爲虐，粒食之民，惛焉幾亡。 先王謂禹。《左氏》昭元年傳曰：「美哉禹功，明德遠矣。」劉氏《新序》云：「桀作瑶臺，爲酒池糟隄，縱靡靡之樂。」德昏政亂者，《書》曰：「有夏誕厥逸，不肯感言于民，乃大淫昏。」《左氏》宣三年傳曰：「桀有昏德。」昭六年傳曰：「夏有亂政，而作《禹刑》。」盧注云：「《淮南子》云『桀爲璇宫、瑶臺、象箸、玉杯』也。汙，窪也。察，深也。言洞地爲池也。爲虐，逞其濫酷。」

乃有商履代興。盧注云：「履，湯名。《論語》曰：『履敢用玄牡。』《王侯世家》云：『湯名天乙。』《白虎通》云：『湯王之後，更定名，爲子孫法，本名履也。』」聘珍謂：陸氏《釋文》引馬云：「俗儒以湯爲謚，或爲號。號者似非其意，言謚近之，然不在《謚法》，故無聞也。及禹，俗儒以爲名。《帝系》『禹名文命』，《王侯世本》『湯名天乙』。推此言之，禹豈復非謚乎？亦不在《謚法》，故疑焉。」商履循禮法以觀天子，天子不説，則嫌於死。成湯卒受天命，不忍天下粒食之民刈戮，不得以疾死，故乃放移夏桀，散亡其佐。應劭云：「觀，見也。」高注《吕覽》云：「嫌，猶近也。」《夏本紀》云：「夏桀不務德，而武傷百姓，百姓弗堪，迺召湯而囚之夏臺。」卒受天命者，《書》曰：「有夏多罪，天命殛之。」又曰：「予畏上帝，不敢不正。」放移夏桀者，《夏本紀》云：「湯率兵以伐夏桀，桀走鳴條，遂放而死。」散亡其佐者，《詩》曰：「韋顧既伐，昆吾夏桀。」鄭箋云：「三國黨惡，湯先伐韋顧，克之。昆吾夏桀，則同時誅也。」《墨子》云：「湯奉桀衆以克有屬諸侯于薄，薦奉天命，通于四方。」乃遷姒姓于杞。《五帝本紀》云：「帝禹爲夏后，而别氏姓姒氏。」《夏本紀》云：「湯封夏之後，至周封於杞也。」聘珍謂：陳、杞皆夏、商所封國號。《樂記》云：「武王克商，封帝舜之後於陳，封夏后氏之後於杞。」皆是求虞、夏之子孫，使仍其故封。《論語》曰「興滅國，繼絶世」是也。發厥明德，順民天心、嗇地，作物配天，制典慈民。順民天心者，《書》曰：「天聰明，自我民聰明，天明畏，自我民明威。」天心同於民也。嗇地者，使民服田力穡也。《湯誓》曰：「我后不恤我衆，舍我穡事，而割正夏。」此是夏民言桀奪民農功，而爲剥割之政。湯既放桀，則順民心，而使之服田力穡也。典，謂經也，常也，法也。慈，愛也。咸合諸侯，作八政，命於總章。合諸侯者，《左氏》昭四年傳曰「商湯有景亳之命」是也。❶《洪範》曰：「三八政，一曰

❶「四」，原作「九」，據《左傳》改。「亳」，原作「毫」，據廣雅書局本改。

食，二曰貨，三曰祀，四曰司空，五曰司徒，六曰司寇，七曰賓，八曰師。」盧注云：「總章者，重屋之西堂，於此命事，取萬物之成功也。」服禹功，以脩舜緒，爲副于天。粒食之民，昭然明視，民明教，通于四海。海之外，肅慎、北發、渠搜、氐羌來服。《爾雅》曰：「緒，事也。」副，助也。《孟子》曰：「《書》曰：『作之君，作之師，惟曰其助上帝。』」成湯卒崩，殷德小破，二十有二世，乃有武丁即位。破，壞也。二十有二世者，《殷本紀》云：「湯崩，太子太丁未立而卒，於是乃立太丁之弟外丙，是爲帝外丙。外丙即位三年，崩，立外丙之弟中壬，是爲帝中壬。中壬即位四年，崩，伊尹乃立太丁之子太甲。太甲，成湯適長孫也，是爲帝太甲，稱太宗。太宗崩，子沃丁立。沃丁崩，弟太庚立。太庚崩，子帝小甲立。小甲崩，弟雍己立。雍己崩，弟太戊立，稱中宗。中宗崩，子帝仲丁立。仲丁崩，弟外壬立。外壬崩，弟河亶甲立。河亶甲崩，子帝祖乙立。祖乙崩，子帝祖辛立。祖辛崩，弟沃甲立。沃甲崩，立沃甲兄祖辛之子祖丁。祖丁崩，立弟沃甲之子南庚。南庚崩，立祖丁之子陽甲。陽甲崩，弟盤庚立。盤庚崩，弟小辛立。小辛崩，弟小乙立。小乙崩，子武丁立，其廟爲高宗。」開先祖之府，取其明法，以爲君臣上下之節，殷民更眩，近者說，遠者至。粒食之民，昭然明視。先祖，謂成湯也。府，文書聚藏之所也。明法，成湯所制典法也。節，制也。更，改也。眩，亂也，惑也。武丁年崩，殷德大破，九世乃有末孫紂即位。九世者，《殷本紀》云：「武丁崩，帝祖庚立。祖庚崩，弟祖甲立，是爲帝甲。帝甲崩，子帝廩辛立。廩辛崩，弟庚丁立，是爲帝庚丁。帝庚丁崩，子帝武乙立。武乙震死，子帝太丁立。太丁崩，子帝乙立。帝乙崩，子辛立，是爲帝辛，天下謂之紂。」紂不率先王之明德，乃上祖夏桀行，荒躭於酒，淫泆於樂，德昏政亂，作宮室、高臺、汙池土察，以爲民虐，粒食之民，忽然幾亡。祖，法也。《史記》云：「紂好酒淫樂，使師涓作新淫聲，北里之舞，靡靡之樂，益廣沙丘苑臺。以酒爲池，縣肉爲林，使男女倮相逐其閒，爲長夜之飲。百姓怨望，而諸侯有畔者。於是紂乃重辟刑，❶有炮烙之法。」

乃有周昌霸諸侯以佐之。《周本紀》云：「公季卒，子昌立，是爲西伯。西伯曰文王。」《白虎通》

❶「辟刑」，《史記·殷本紀》作「刑辟」。

云：「霸，伯也，行方伯之職。」《殷本紀》云：「西伯昌獻洛西之地，以請除炮烙之刑。紂乃許之，賜弓矢斧鉞，使得征伐，爲西伯。」紂不說諸侯之聽於周昌，則嫌於死。乃退伐崇許魏，以客事天子。《周本紀》云：「崇侯虎譖西伯於殷紂曰：『西伯積善累德，諸侯皆嚮之，將不利於帝。』帝紂乃囚西伯於羑里。閎夭之徒求有莘氏美女，驪戎之文馬，有熊九駟，他奇物而獻之紂。紂乃大說，乃赦西伯，賜之弓矢斧鉞，使得征伐。」崇，即崇侯也。《詩》曰：「以伐崇墉。」許魏，未聞。客，敬也。《大學》曰：「爲人臣止於敬。」《左氏》襄四年傳曰：「文王率殷之叛國以事紂。」文王卒受天命，作物配天，制無用，行三明，親親尚賢，民明教，通于四海。海之外，肅慎、北發、渠搜、氐羌來服。文王卒受天命者，《孟子》曰：「《詩》云『周雖舊邦，其命維新』，文王之謂也。」《毛詩序》云：「文王受命作周也。」鄭箋云：「受命，受天命而王天下，制立周邦。」《書序》云：「惟十有一歲，武王伐殷。」鄭注云：「十有一年，本文王受命而數之。是年入戊午蔀四十歲矣。」《廣雅》云：「制，禁也。」無用，謂奇技淫巧之物。行，奉也。三明，謂三光。《淮南・氾論》云：「上亂三光之明。」高注云：「三光，日月星辰也。」君其志焉，或徯將至也。」君，謂哀公。徯，待也。《書》曰：「惟動丕應徯志。」言天下將待君志以應之。

公曰：「大哉！子之教我政也。列五王之德，煩煩如繁諸乎？」盧注云：「煩，衆也。如繁者，言如萬物之繁蕪也。」子曰：「君無譽臣，臣之言未盡，請盡臣之言，君如財之。」如，讀曰「而」。財，讀曰「裁」。曰：「於此有功匠焉，盧注云：「王非獨善，言有師保。」聘珍謂：功匠能切磋琢磨，喻君之自治。《大學》曰：「如切如磋者，道學也。如琢如磨者，自修也。」有利器焉，盧注云：「言有先王之禮度也。」聘珍謂：《禮運》曰：「禮義以爲器。」鄭注云：「器，所以操事。」有措扶焉，盧注云：「謂股肱之良也。」聘珍謂：措，棄置也。扶，進之也。《論語》曰：「舉直措諸枉，則民服。」以時令其藏，必周密，發如用之，可以知古，可以察今，可以事親，可以事君，可用于生，又用之死。吉凶並興，禍福相生，卒反生福，大德配天。」令，善也。《易》曰：「藏器于身，待時而動，何不利之有？」又曰：「君不密則失臣，臣不密則失身，機事不密則害成。」發如，讀曰「而」。吉凶禍福，循環不已，惟脩德者反禍爲福。《詩》曰：「永言配命，自求多福。」

公愀然其色曰：「難立哉。」子曰：「臣願君之立知，如以觀聞也。時天之氣，用地之財，以生殺於民，民之死，不可以教。」如，讀曰「而」。天有六氣：陰、陽、風、雨、晦、明。地有五材：水、火、木、金、土。君體天地之撰，以爲生殺，而民各正其性命。其死者，不可以教者也。

公曰：「我行之，其可乎？」子曰：「唯此在君。盧注云：「言行世在君也。」君曰足，臣恐其不足。君曰不足，舉其前，必舉其後。舉其左，必舉其右。君既教矣，安能無善？」舉，猶取也。前後左右，有位之士。賈子《新書》云：「選端士衛翼，前後左右，皆正人。」教，習也。言君有所不足，則取諸前後左右輔弼之人，其人皆教習之士，能無善乎？

公吁焉其色曰：「大哉，子之教我制也。政之豐也，如木之成也。」吁，歎聲。色，謂作色也。制，法也。豐，盛。如木之成，言非一日也。子曰：「君知未成，言未盡也。凡草木，根軷傷，則枝葉必偏枯。偏枯，是爲不實，穀亦如之。上失政大，及小人畜穀。」盧注云：「敗，當字誤爲『軷』。」聘珍謂：小人，細民也。畜穀，謂六畜五穀。言失政之大者，并民與畜穀而失之。《盛德》曰：「聖王之盛德，人民不疾，六畜不疫，五穀不災。」

公曰：「所謂失政者，若夏、商之謂乎？」子曰：「否，若夏、商者，天奪之魄，不生德焉。」夏、商，謂夏桀、商紂。《左氏》昭二十五年傳曰：「心之精爽，是謂魂魄。魂魄去之，何以能久？」不生德者，民不見德也。

公曰：「然則，何以謂失政？」子曰：「所謂失政者，疆蔓未虧。疆，封疆也。蔓，草木盛也。盧注云：「言疆域與草木，皆未易常也。」人民未變，鬼神未亡。盧注云：「民神猶依附之。」聘珍謂：鬼神亡者，《左氏》昭三年傳曰：「箕伯、直柄、虞遂、伯戲，其相胡公、大姬已在齊矣。」言陳國將滅，鬼神皆亡於齊，依陳氏也。水土未絪，盧注云：「絪，猶亂。」《韓詩外傳》云『陰陽相勝，氛祲絪氲』也。」糟者猶糟，實者猶實。盧注云：「糟以喻惡，實以喻善。」玉者猶玉，血者猶血，盧注云：「玉以喻善人，言尚賢其賢。」聘珍謂：九家注《易》云：「血以喻陰也，陰爲小人。」酒者猶酒，盧注云：「酒以諭樂。」優以繼愖，政出自家門。此之謂失政也。優，柔也。盧注云：「愖，猶忍也。」聘珍謂：《左氏》昭元年傳曰：「魯以相忍爲國也。」政出自家門者，《論語》曰：「政逮於大夫也。」《左氏》昭三十二年傳曰：「魯文公薨，而東門遂殺適立庶，魯君於是乎失政。」非天是反，人自反。《左氏》宣十五年傳曰：「天反時爲災，民反德爲亂。」臣故曰：君無言情於臣，君無假人器，君無假人名。」《左氏》昭三十二年傳曰：「民不知君，何以得國？是以爲君慎器與名，不可以假人。」公曰：「善哉！」

大戴禮記解詁卷之十一終

大戴禮記解詁卷之十二

南城王聘珍學

朝事弟七十七

古者聖王明義，以別貴賤，以序尊卑，以體上下，然後民知尊君敬上，而忠順之行備矣。義，威儀也。先鄭司農注《周禮》云：「古者書『儀』，但作『義』。」體，猶分也。《周禮》曰：「以儀辨等，則民不越。」是故古者天子之官，有典命官掌諸侯之儀，大行人掌諸侯之儀，以等其爵。故貴賤有別，尊卑有序，上下有差也。《周禮》曰：「典命，中士二人，大行人，中大夫二人。」

典命諸侯之五儀，諸臣之五等，以定其爵。故貴賤有別，尊卑有序，上下有差也。《典命職》曰：「掌諸侯之五儀，諸臣之五等之命。」鄭注云：「五儀，公、侯、伯、子、男之儀。五等，謂孤以下，四命、三命、再命、一命、不命也。故書『儀』作『義』，鄭司農『義』讀爲『儀』。」命：上公九命爲伯，其國家、宮室、車旗、衣服、禮儀，皆以九爲節。諸侯、諸伯七命，其國家、宮室、車旗、衣服、禮儀，皆以七爲節。子、男五命，其國家、宮室、車旗、衣服、禮儀，皆以五爲節。鄭云：「上公，謂王之三公有德者，加命爲二伯。二王之後，亦爲上公。國家，國之所居，謂城方也。公之城，蓋方九里，宮方九百步，侯、伯之城，蓋方七里，宮方七百步。子、男之城，蓋方五里，宮方五百步。《大行人職》則有諸侯圭籍、冕服、建常、樊纓、貳車、介、牢禮、朝位之數焉。」王之三公八命，其卿六命，其大夫四命。及其封也，皆加一等。其國家、宮室、車旗、衣服、禮儀亦如之。封，出封也。鄭云：「四命，中、下大夫也。出封，出畿內，封於八州之中。加一等，褒有德也。大夫爲子、男，卿爲侯、伯，其在朝廷，則一如命數耳。王之上士三命，中士再命，下士一命。」凡諸侯之適子，省於天子，攝君，則下其君之禮一等。未省，則以皮帛繼子、男。「省」，《周禮》作「誓」。鄭云：「誓，猶命也。言誓者，明天子既命以爲之嗣，樹子不易也。《春秋》桓九年，曹伯使其世子射姑來朝，行國君之禮是也。公之子如侯、伯而執圭，侯、伯之子如子、男而執璧，子、男之子與未誓者，皆次小國之君，執皮帛而朝會焉。其賓之，皆以上卿之禮焉。」公之孤四命，以皮帛視小國之君，其卿三命，其大夫再命，士一命，其宮室、車旌、衣服、禮儀，各視其命之數。侯、伯之卿、大夫、士亦如之。子、男之卿再命，其大夫一命，其士不命，其宮室、車旌、衣服、禮儀，各如其命之數。《大宗伯職》曰：「孤執皮帛。」鄭注云：「皮帛者，束帛而表以皮爲之飾。皮，虎豹皮。帛，如今璧色繒也。」鄭注《典命》云：「視小國之君者，列於卿大夫之位，而禮如子、男也。鄭司農云：『九命上公得置孤卿一人。』《春秋傳》曰：『列國之卿，當小國之君，固周制也。』玄謂《王制》曰：『大國三卿，皆命於天子，下大夫五人，上士二十七人。次國三卿，二卿命於天子，一卿命於其君。下大夫五人，上士二十七人。小國二卿，皆命於其君，下大夫五人，上士二十七人。』」

禮，大行人以九儀別諸侯之命，等諸臣之爵，以同域國之禮，而待其賓客。禮，謂《周禮》也。鄭云：「九儀，謂命者五，公、侯、伯、子、男也。爵者四，孤、卿、大夫、士也。」聘珍謂：「域國」，《周禮》作「邦國」。《說文》云：「或，邦也。」又作「域」，云：「或又从土。」《周禮·小司徒》「乃分地域」，鄭云：「故書『域』爲『邦』。」上公之禮，執桓圭九寸，繅藉九寸，冕服九章，建常九旒，樊纓九就，貳車九乘，介九人，禮九牢。其朝位，賓主之閒九十步，饗禮九獻，食禮九舉。諸侯之禮，執信圭七寸，繅藉七寸，冕服七章，建常七旒，樊纓七就，貳車七乘，介七人，禮七牢。其朝位，賓主之閒七十步，饗禮七獻，食禮七舉。諸伯執躬圭，其他皆如諸侯之禮。諸子執穀璧五寸，繅藉五寸，冕服五章，建常五旒，樊纓五就，貳車五乘，介五人，禮五牢。其朝位，賓主之閒五十步，饗禮五獻，食禮五舉。諸男執蒲璧，其他皆如諸子之禮。鄭云：「繅藉，以五采韋衣板，若奠玉，則以藉之。冕服，著冕所服之衣也。九章者，自山龍以下。七章者，自華蟲以下。五章者，自宗彝以下也。常，旌旗也。旒，其屬幓垂者也。樊纓，馬飾也。以罽飾之，每一處，五采備爲一就。就，成也。貳，副也。介，輔己行禮者也。禮，大禮饔餼也。三牲備爲一牢。朝位，謂大門外，賓下車，及王車出迎所立處也。王始立大門內，交擯三辭，乃乘車而迎之，齊僕爲之節。饗，設盛禮以飲賓也。九舉，舉牲體九飯也。」賈疏云：「禮九牢者，此謂饔餼大禮，朝享後乃陳於館。饗禮九獻者，謂後日王速賓，賓來就廟中行饗。饗者，烹大牢以飲賓，設几而不倚，爵盈而不飲。饗以示恭儉。九獻者，王酌獻賓，賓酢主人，主人酬賓，酬後更八獻，是爲九獻。『食禮九舉』者，亦烹太牢以食賓，無酒，行食禮之時，九舉牲體而食畢。」聘珍謂：《大宗伯職》曰：「公執桓圭，侯執信圭，伯執躬圭，子執穀璧，男執蒲璧。」鄭彼注云：「公，二王之後，及王之上公。雙植謂之桓。桓，宮室之象，所以安其上也。桓圭，蓋亦以桓爲瑑飾，圭長九寸。『信』，當爲『身』，聲之誤也。身圭，躬圭，蓋皆象以人形爲瑑飾，文有麤縟耳。欲其慎行以保身，圭皆長七寸。穀，所以養人。蒲爲席，所以安人。二玉蓋或以穀爲飾，或以蒲爲瑑飾，璧皆徑五寸。不執圭者，未成國也。」凡大國之孤，執皮帛以繼小國之君。鄭云：「此以君命來聘者也。孤尊，既聘享，更自以其贄見，執束帛，而以豹皮表之爲飾。繼小國之君，言次之也。朝聘之禮，每一國畢，乃前。」諸侯之卿禮，各下其君二等，以下及大夫、士皆如之。鄭云：「此亦以君命來聘者也。所下其君者，介與朝位賓主之間也，其餘則自以其爵。《聘義》曰：『上公七介，侯、伯五介，子、男三介。』是謂使卿之聘之數也。朝位則上公七十步，侯、伯五十步，子、男三十步與？」

天子之所以明章著此義者，以朝聘之禮。是故千里之內，歲一見。千里之外，千五百里之內，二歲一見。千五百里之外，二千里之內，三歲一見。二千里之外，二千五百里之內，四歲一見。二千五百里之外，三千里之內，五歲一見。三千里之外，三千五百里之內，六歲一見。《周禮》曰：「邦畿方千里，其外方五百里，謂之侯服，歲一見。又其外方五百里，謂之甸服，二歲一見。又其外方五百里，謂之男服，三歲一見。又其外方五百里，謂之采服，四歲一見。又其外方五百里，謂之衛服，五歲一見。又其外方五百里，謂之要服，六歲一見。」鄭彼注云：「此六服，去王城三千五百里，相距方七千里，公、侯、伯、子、男封焉。」聘珍謂：歲者，巡守之次歲以爲始也。侯服歲一見，《周禮》云千里之外五百里，此經云「千里之內」者，蓋王畿千里，據四面相距而言也。此經舉一面五百里而言，則侯服得在千里之内。而六歲一見者，俱在去王城三千五百里之内，相距方七千里，非兩經之文違異也。各執其圭瑞，服其服，乘其輅，建其旌旂，施其樊纓，從其貳車，委積之以其牢禮之數，所以明别義也。服其服，冕服也。《曾子問篇》：「孔子曰：諸侯適天子，冕而出視朝。」鄭彼注云：「諸侯朝天子，必裨冕，爲將廟受也。裨冕者，公衮，侯、伯鷩，子、男毳。」《巾車職》曰：「金路，鉤，樊纓九就，建大旂，以賓，同姓以封象路。朱，樊纓七就，建大赤，以朝，異姓以封。革路，龍勒，條纓五就，建大白，以即戎，以封四衛。木路，前樊鵠纓，建大麾，以田，以封蕃國。」委積之以牢禮之數者，《大行人職》曰：「上公出入五積，侯、伯出入四積，子、男出入三積。」鄭彼注云：「出入謂從來訖去也。每積有牢禮，米、禾、芻、薪，凡數不同者，皆降殺。」然後天子冕而執鎮圭，尺有二寸，藻藉尺有二寸，搢大圭，乘大輅，建大常，十有二旒，樊纓十有再就，貳車十有二乘。率諸侯而朝日東郊，所以教尊尊也。冕，謂玄冕。《玉藻》曰：「玄端而朝日於東門之外。」鄭彼注云：「端，當爲『冕』字之誤也。」《典瑞職》曰：「王晉大圭，執鎮圭，繅藉五采五就，以朝日。」鄭彼注云：「繅有五采文，以薦玉。木爲中幹，用韋衣而畫之。鄭司農云：『晉，讀爲搢紳之「搢」。謂插於紳帶之間，若帶劍也。』」《玉人職》曰：「大圭長三尺，杼上終葵首，天子服之。鎮圭尺有二寸，天子守之。」大輅，玉輅也。《巾車職》曰：「玉路，鍚，樊纓十有再就，❶建大常十有二斿以祀。」鄭彼注云：「王在焉曰路。玉路，以玉飾諸末。樊，讀如鞶帶之『鞶』，謂今馬大帶也。鄭司農云：『纓謂當胸。』」《士喪禮》下篇曰：「馬纓三就」，禮家説曰：「纓當胸，以削革爲之。三就，三重三匝也。」玄謂：「纓，今馬鞅玉路之樊及纓，皆以五采罽飾之，十二就。就，成也。大常，九旗之畫日月者。正幅爲縿，斿則屬焉。」聘珍謂：貳車，副車也。《車僕職》曰：「凡師，共革車。各以其萃，會同亦如之。」鄭彼注云：「萃，猶副也。」《覲禮》曰：「天子乘龍，載大旂，象日月，升龍降龍，出拜日於東門之外。」鄭彼注云：「此謂會同以春者也。」退而朝諸侯。爲壇三成，宫旁一門。退，朝日而退也。《司儀職》曰：「將合諸侯，則令爲壇三成，宫旁一門。」《覲禮》曰：「諸侯覲於天子，爲

❶「鍚」，原誤作「錫」，今據《周禮·巾車》改。

宮方三百步，四門，壇十有二尋，深四尺。」鄭彼注云：「四時朝覲，受之於廟，此謂時會殷同也。宮，謂壝土爲埒，以象牆壁也。爲宮者於國外，春東方，夏南方，秋西方，冬北方。《司儀職》曰：『爲壇三成。』成，猶重也。三重者，自下差之爲三等，而上有堂焉。」天子南鄉見諸侯，土揖庶姓，時揖異姓，天揖同姓，所以別親疏外内也。鄭云：「王揖之者，定其位也。庶姓，無親者也。土揖，推手小下之也。異姓，昏姻也。時揖，平推手也。天揖，推手小舉之。」公、侯、伯、子、男，各以其旂就其位：諸公之國，中階之前，北面東上。諸侯之國，東階之東，西面北上。諸伯之國，西階之西，東面北上。諸子之國，門東，北面東上。諸男之國，門西，北面東上。《覲禮》曰：「上介皆奉其君之旂置於宮，尚左，公、侯、伯、子、男皆就其旂而立。」鄭彼注云：「置於宮者，建之，豫爲其君見王之位也。諸公中階之前，北面東上。諸侯東階之東，西面北上。諸伯西階之西，東面北上。諸子門東，北面東上。諸男門西，北面東上。尚左者，建旂公東上，侯先伯，伯先子，子先男，而位皆上東方也。諸侯入壝門，或左或右，各就其旂而立。」

及其將幣也，公於上等，所以別貴賤，序尊卑也。《司儀職》曰：「及其擯之，各以其禮。公於上等，侯、伯於中等，子、男於下等，其將幣亦如之。」鄭彼注云：「壇三成，深四尺，則一等一尺也。壇十有二尋，方九十六尺，則堂上二丈四尺，每等丈二尺與？」聘珍謂：此不言侯、伯、子、男者，經有闕文也。奠圭，降拜，升，成拜，明臣禮也。《覲禮》曰：「侯氏入門右，坐奠圭，再拜稽首。擯者謁，侯氏坐取圭，升致命，王受之玉。侯氏降階東，北面再拜稽首，擯者延之曰升，升，成拜，乃出。」奉國地所出重物而獻之，明臣職也。《大行人職》曰：侯服貢祀物，甸服貢嬪物，男服貢器物，采服貢服物，衛服貢材物，要服貢貨物是也。肉袒，入門而右，以聽事也。《覲禮》曰：「右肉袒於廟門之東，乃入門右，北面立，告聽事。」鄭彼注云：「告聽事者，告王以國所用爲罪之事也。」明臣禮，職臣事，所以教臣也。《樂記》曰：「朝覲然後諸侯知所以臣。」率而祀天於南郊，配以先祖，所以教民報德不忘本也。率而享祀於太廟，所以教孝也。祀天南郊，謂建寅之月，祀感生帝也。《大傳》曰「王者禘其祖之所自出，以其祖配之」是也。太廟，明堂也。《孝經》曰：「昔者周公郊祀后稷以配天，宗祀文王於明堂以配上帝。是以四海之内，各以其職來祭。」注云：「君行嚴配之禮，則德教刑於四海，海内諸侯，各修其職，來助祭也。」與之大射，以考其習禮樂，而觀其德行；與之圖事，以觀其能；儐而禮之，三饗三食三宴，以與之習立禮樂。《司裘職》曰：「王大射，則共虎侯、熊侯、豹侯，設其鵠。」鄭彼注云：「大射者，爲祭祀射。王將有郊廟之事，以射擇諸侯及群臣與邦國所貢之士可以與祭者。射者可以觀德行。其容體比於禮，其節比於樂，而中多者，得與於祭。」與之圖事者，諸侯有不順服，王將有征討之事，則既朝而發禁命事焉。儐，進也。禮，謂以酒禮之也。《大行人職》曰「王禮上公，再祼而酢，侯、伯壹祼而酢，子、男壹祼不酢」是也。《覲禮》曰：「饗禮乃歸。」鄭彼注云：「禮，謂食宴也。王不親以其禮幣致之。略言饗禮，互文也。《掌客職》曰：『上公三饗、三食、三燕，侯、伯再饗、再食、再燕。子、男一饗、一食、一燕。』」與之習立禮樂者，《左傳》曰：「王饗有體薦，宴有折俎，饗以訓恭儉，宴以示慈惠。」又曰「名位不同，禮亦異數」也。《樂師職》曰：「饗食諸侯，序其樂事，令奏鐘鼓，令相如祭之儀。」是故一朝而近者三年，遠者六年，有德焉。禮樂爲之益習，德行爲之益脩，天子之命爲之益行。然後使諸侯世相朝，交歲相問，殷相聘，以習禮考義，正刑一德，以崇天子。故曰：朝聘之禮者，所以正君臣之義也。交，猶更也。《大行人職》曰：「凡諸侯之邦交，歲相問也，殷相聘也，世相朝也。」鄭彼注云：「小聘曰問，殷，中也。久無事，又於殷朝者，及而相聘也。父死子立曰世。凡君即位，大國朝焉，小國聘焉。此皆所以習禮考義，正刑一德，以尊天子也。必擇有道之國而就修之。鄭司農説殷聘以《春秋傳》曰『孟僖子如齊殷聘』是也」。

諸侯相朝之禮，各執其圭瑞，服其服，乘其輅，建其旌旂，施其樊纓，從其貳車，委積之以其牢禮之數，所以別義也。執其圭瑞者，《典瑞職》曰：「公執桓圭，侯執信圭，伯執躬圭，子執穀璧，男執蒲璧，以朝覲宗遇會同於王。諸侯相見，亦如之。」服其服者，皮弁服也。《曾子問篇》曰：「諸侯相見，朝服而出視朝。」孔疏云：「熊氏云：『此朝服謂皮弁服，以天子用以視朝，故謂之朝服。』《論語》曰：『吉月必朝服而朝。』注云：『朝服，皮弁服也。』必知朝服皮弁服者，《聘禮》諸侯相聘，皮弁服，明相朝亦皮弁服，此義爲勝也。」少曰委，多曰積。凡諸侯之禮，上公五積，侯、伯四積，子、男三積。牢禮之數，《周禮·掌客》備焉。介紹而相見，君子於其所尊，不敢質，敬之至也。「介紹相見」者，郊勞，將幣皆交擯，各陳介傳辭也。《聘義》曰：「聘禮，上公七介，侯、伯五介，子、男三介。」鄭彼注云：「此皆使卿出聘之介數也。」《大行人職》曰：「凡諸侯之卿，其禮各下其君二等。」孔疏云：「若上公親行，則九介，侯、伯、子、男以次差之，義可知也。」君使大夫迎於境，卿勞於道，君親郊勞致館。迎，即勞之。道，謂遠郊。《司儀職》曰：「凡諸公相爲賓，主國再勞。」鄭彼注云：「行道則勞，其禮，皆使卿大夫致之。」賈疏云：「此再勞，一勞在境，一勞在遠郊。其近郊勞，當主君親爲之也。」《司儀職》曰：「主君郊勞，交擯三辭，車逆，拜辱，三揖，三辭，拜受。車送，三還，再拜，致館亦如之。」鄭彼注云：「主君郊勞，備三勞而親之也。館，舍也。使大夫授之，君又以禮親致焉。」及將幣，拜迎於大門外而廟受，北面拜貺，所以致敬也。三讓而後升，所以致尊讓也。敬讓也者，君子之所以相接也。諸侯相接以敬讓，則不相侵陵也。此天子之所以養諸侯，兵不用，而諸侯自爲正之具也。《司儀職》曰：「及將幣，交擯三辭，車逆拜辱，賓車進，答拜，三揖三讓，每門止一相，及廟，唯上相入。賓三揖三讓，登，再拜，授幣，賓拜送幣。每事如初，賓亦如之。及出，車送，三請三進，再拜，賓三還三辭，告辟。」賈疏云：「及，至也。至將幣，謂賓初至館，後日，行朝禮之時，故云『至將幣』。幣，即圭璋也。」君親致饔，既，還圭，饗食，致贈，郊送，所以相與習禮樂也。既，讀曰「餼」，鄭云：「大禮曰饔餼。」賈云：「以其有腥有牽，芻薪米禾又多，故曰大禮。」《司儀職》曰：「致饔餼，還圭，饗食，致贈，郊送，皆如將幣之儀。」鄭彼注云：「此六禮者，惟饗食速賓耳，其餘主君親往。親往者，賓爲主人，主人爲賓。君如有故，不親饗食，則使大夫以酬幣侑幣致之。鄭司農云：『還圭，歸其玉也。』玄謂聘以圭璋，禮也。享以璧琮，財也。已聘而還圭璋，輕財而重禮。贈送以財，既贈，又送至於郊。」聘珍謂：鄭云「饗食速賓」者，據《聘禮》文也。聘禮使卿，其禮各下其君，故主君或不親饗食。此經是諸侯相朝，其君親來，禮數不同，饗食皆君親之，故經文云「君親」也。諸侯相與習禮樂，則德行修而不流也。故天子制之而諸侯務焉。《射義》曰：「夫君臣習禮樂而以流亡者，未之有也。」聘禮：鄭《三禮目録》云：「大問曰聘。諸侯相於久無事，使卿相問之禮也。小聘則使大夫焉。」上公七介，侯、伯五介，子、男三介，所以明貴賤也。」鄭云：「此皆使卿出聘之介數也。」介紹而傳命，君子於其所尊，不敢質，敬之至也。鄭云：「質，謂正自相當。」三讓而後傳命，三讓而後入廟門，三揖而後至階，三讓而後升，所以致尊讓也。鄭云：「此揖讓，主謂賓也。三讓而後傳命，賓至大門，主人請事時也。賓見主人陳擯，以大客禮當己，則三讓之。不得命，乃傳其君之聘命也。三讓而後入廟門，讓主人廟受也。」君使士迎於境，大夫郊勞，君親拜迎大門之內，而廟受，北面拜貺，拜君命之辱，所以致敬讓也。鄭云：「貺，賜也。賓致命，公當楣再拜，拜聘君之恩惠，辱命來聘者也。」致敬讓者，君子之所以相接也。故諸侯相接以敬讓，則不相侵陵也。鄭云：「君子之相接，賓讓而主人敬也。」卿爲上擯，大夫爲丞擯。《聘禮》、《聘義》並有「士爲紹擯」。鄭注《聘禮》云：「擯爲主國之君所使出接賓者也。主君，公也，則擯者五人。侯、伯也，則擯者四人。子、男也，則擯者三人。於是時，賓出次直闑西，北面，上擯在闑東閾外，西面。其相去也，公之使者七十步，侯、伯之使者五十步，子、男之使者三十步。此旅擯耳，不傳命。上介在賓西北，東面，承擯在上擯東南，西面。各自次序而下，末介、末擯旁相去三丈六尺。上擯之請事，進，南面揖賓，俱前。賓至末介，上擯至末擯，亦相去三丈六尺。止揖而請事，還入告於公。天子、諸侯朝覲，乃命介紹傳命耳。其儀各鄉本君受命，反面傳而下，及末，則卿受之。反面傳而上，又受命傳而下。」君親醴賓，孔氏《聘義疏》云：「行聘已訖，君親執醴以禮賓，故《聘禮》賓行聘訖，宰夫徹几改筵。公出迎賓以入，公側受醴，賓受醴，公拜送醴是也。」賓私面、私覿，孔云：「私面，謂私以己禮亦見主國之卿大夫也。❶私覿者，私以己禮覿主國之君，以其非公聘正禮，故謂之私。案《聘禮》『私面』在後。此先云『私面』者，記者便文，無義例也。」致饔餼，孔云：「行聘之日，主君使卿致饔餼之禮於賓館。案《聘禮》：『君使卿韋弁歸饔餼五牢。』注云：『牲殺曰饔，生曰餼。』又曰『飪一牢，鼎階

❶「亦」，各本同。《禮記・聘義》孔疏作「面」，當是。

前。餼二牢，陳於門西，北面東上』是也。」既還圭璋，賄贈，孔云：「賓將去時，君使卿就賓館，還其所聘之圭璋，故《聘禮》云『君使卿皮弁，還玉於館』是也。賄贈者，因其還玉之時，主人之卿并以賄而往。還玉既畢，以賄贈之。故《聘禮》還圭璋畢，大夫賄用束紡是也。」饗食燕，孔云：「謂主君設大禮以饗賓，設食禮以食賓，皆在朝也。又設燕以燕之，燕在寢也。故《聘禮》云『公於賓一食再饗，燕與羞俶獻無常數』是也。」所以明賓主君臣之義也。孔云：「君親禮賓，用私覿，❶及致饗餼饗食之屬，或主敬賓，或賓答主人，或君親接賓，或使臣致之，是顯明賓客君臣之義也。」

故天子之制，諸侯交歲相問，殷相聘，相厲以禮。使者聘而誤，主君不親饗食，所以恥厲之也。諸侯相厲以禮，則外不相侵，內不相陵，此天子所以養諸侯，兵不用，而諸侯自爲正之具也。《聘義》曰：「比年小聘，三年大聘。」鄭彼注云：「比年小聘，所謂歲相問也。三年大聘，所謂殷相聘也。」以圭璋聘，重禮也。已聘而還圭璋，輕財重禮之義也。諸侯相厲以輕財重禮，則民作讓矣。鄭云：「圭，瑞也。尊圭璋之類也，用之還之，皆爲重禮。禮必親之，不可以己之有，遥復之也。財，謂璧琮享幣也。受之爲輕財者，財可遥復，重賄反幣是也。」主國待客，出入三積，既客於舍，五牢之具陳於內，米三十車，禾三十車，芻薪倍禾，皆陳於外，乘禽日五雙，群介皆餼牢，壹食再饗，宴與時賜無數，所以厚重禮也。孔云：「此謂上公之臣，故出入三積。若侯、伯以下之臣，則不致積也。故《司儀》云：『諸公之臣，相爲國客，則三積。』注云『侯、伯之臣，不致積也』者，謂聘禮是侯、伯之臣，故文無致積也。此出入三積者，謂入三積，出亦三積。故《司儀》云『遂行，如入之積』，是去之積，如來時積也。《聘禮》餼客有饔有餼。今直云餼客者，略言之。於舍，謂於賓館也。五牢之具，謂飪一牢，在賓館西階也，腥二牢，在賓館東階也，餼二牢，在賓館門內之西，是皆陳於內也。《聘禮》米三十車，設於門東，東陳，禾三十車，設於門西，西陳。芻薪倍禾者，鄭注：『薪從米，芻從禾。』乘禽日五雙者，謂乘行群匹之禽，雁鶩之屬，聘卿則每日致五雙也。群介皆有

❶「用」上，《禮記・聘義》孔疏有「賓」字。

餼牢者，鄭注《掌客》云：『爵卿也，則飧二牢，饔餼五牢。爵大夫也，則飧大牢，饔餼三牢。爵士也，則飧少牢。饔餼大牢也。』」鄭云：「厚重禮，厚此聘禮也。」古之用財，不能均如此。然時用財如此其厚者，言盡之於禮也。盡之於禮，則內君臣不相陵，而外不相侵，故天子制之而諸侯務焉。鄭云：「不能均如此，言無則從其實也。言盡之於禮，欲令富者不得過也。」

古者大行人掌大賓之禮及大客之義，以親諸侯。義，讀曰「儀」。鄭云：「大賓，要服以內諸侯。大客，謂其孤卿。」春朝諸侯而圖天下之事，秋覲以比邦國之功，夏宗以陳天下之謀，冬遇以協諸侯之慮，時會以發四方之禁，殷同以施天下之政。鄭云：「此六事者，以王見諸侯爲文。圖、比、陳、協，皆考績之言。王者春見諸侯，則圖其事之可否。秋見諸侯，則比其功之高下。夏見諸侯，則陳其謀之是非。冬見諸侯，則合其慮之異同。六服以其朝歲，四時分來，更迭如此而偏。時會，即時見也。無常期，諸侯有不順服者，王將有征討之事，則既朝，王命爲壇於國外，合諸侯而發禁命事焉。禁，謂九伐之法。殷同，即殷見也。王十二歲一巡守，若不巡守，則殷同。殷同者，六服盡朝。既朝，王亦命爲壇於國外，合諸侯而命其政。政，謂邦國之九法。殷同，四時四方分來，歲終則偏矣。九伐九法，皆在《司馬職》。《司馬法》曰：『春以禮朝諸侯，圖同事。夏以禮宗諸侯，陳同謀。秋以禮覲諸侯，比同功。冬以禮遇諸侯，協同慮。時以禮會諸侯，施同政。殷以禮宗諸侯，發同禁。』」時聘以結諸侯之好，殷眺以成邦國之貳，《周禮》「眺」作「頫」，「成」作「除」，「貳」作「慝」。鄭云：「此二事者，亦以王見諸侯之臣，使來者爲文也。時聘者，亦無常期。天子有事，諸侯使大夫來聘，親以禮見之，禮而遣之，所以結其恩好也。天子無事則已。殷頫，謂一服朝之歲也。慝，猶惡也。一服朝之歲，五服諸侯，皆使卿以聘禮來頫天子，天子以禮見之，命以政禁之事，所以除其惡行。」閒問以諭諸侯之志，歸脤以教諸侯之福，賀慶以贊諸侯之喜，致會以補諸侯之災。《周禮》「教」作「交」，「會」作「禬」，「災」作「烖」。鄭云：「此四者，王使臣於諸侯之禮也。閒問者，閒歲一問諸侯，謂存省之屬。諭諸侯之志者，諭言語，諭書名，其類也。交，或往或來者也。贊，助也。致禬，凶禮之弔禮、禬禮也。補諸侯烖者，若《春秋》澶淵之會，謀歸宋財。」聘珍謂：《穀梁》定十四年經曰：「天王使石尚來歸脤」。范注云：「脤，祭肉。」天子之所以撫諸侯者，歲徧在。三歲徧眺，五歲徧省，七歲屬象胥，喻言語，叶辭令。九歲屬瞽史，諭書名，聽音聲。十有一歲，達瑞節，同度量，成牢禮，同數器，修法則。十有二歲，天子巡狩殷國。《周禮》「在」作「存」，「眺」作「頫」，「喻」作「諭」，「令」作「命」，「叶」作「協」。鄭云：「撫，猶安也。存、頫、省者，王使臣於諸侯之禮，所謂閒問也。歲者，巡狩之明歲，以爲始也。屬，猶聚也。自五歲之後，遂閒歲徧省也。七歲省而召其象胥，九歲省而召其瞽史。皆聚於天子之宮，教習之也。故書『協辭命』作『叶詞命』。鄭司農云：『象胥，譯官也。叶當爲「汁」，詞當爲「辭」，書或爲「叶辭命」。』玄謂『胥』讀爲『諝』。《王制》曰：『五方之民，言語不通，嗜慾不同。達其志，通其慾。東方曰寄，南方曰象，西方曰狄鞮，北方曰譯。』此官正爲象者，周始有越重譯而來獻，是因通言語之官爲象胥云。諝，謂象之有才知者也。辭命，六辭之命也。瞽，樂師也。史，太史、小史也。書名，書之字也，古曰名。《聘禮》曰：『百名以上，至十一歲，又徧省焉。』度，丈尺也。量，豆、區、釜也。數器，銓衡也。法，八法也。則，八則也。達、同、成、脩，皆謂齎其法式，行至則齊等之也。成，平也。平其僭踰者也。王巡守，諸侯會者，各以其時之方。《書》曰『遂覲東后』是也。其殷國，則四方四時分來如平時。」

是故諸侯上不敢侵陵，下不敢暴小民，然後諸侯之國，札喪則令賻補之，凶荒則令賙委之，師役則令槁禬之，有福事則令慶賀之，有禍災則令哀弔之。凡此五物者，治其事故。此與下節，並小行人使適四方之事。鄭云：「故書『賻』作『傅』，『槁』爲『稾』。鄭司農云：『賻補之，謂賻喪家，補助其不足也。若今時一室二尸，則官與之棺也。「稾」當爲「犒」，謂犒師也。』玄謂師役者，國有兵寇以匱病者也。使鄰國合會財貨以與之。《春秋》定五年夏，歸粟於蔡是也。《宗伯職》曰：『以禬禮哀圍敗。』禍災，水火。」聘珍謂：故，舊典也。王使臣適諸侯之國，若遇此五事，則據舊典而行之。及其萬民之利害爲一書，其禮俗、政事、教治、刑禁之逆順爲一書，其悖逆、暴亂、作慝、欲犯令者爲一書，其札喪、凶荒、厄貧爲一書，其康樂、和親、安平爲一書。凡此五物者，每國別異之，天子以周知天下之政。欲，《周禮》

作「猶」。鄭云：「慝，惡也。猶，圖也。」賈疏云：「此總陳小行人使適四方，所陳風俗善惡之事，各各條録，別爲一書，以報其上也。」是故諸侯附於德，服於義，則天下太平。附，歸附也。服，從也。平，成也，和也。古者天子爲諸侯不行禮義，不脩法度，不附於德，不服於義。故使射人以射禮選其德行，職方氏、大行人以其治國選其能功。《周禮》射人，下大夫二人，以射法治射儀。職方氏，中大夫四人，辨九州之國，使同貫利。諸侯之得失治亂定，然後明九命之賞以勸之，明九伐之法以震威之。尚猶有不附於德，不服於義者，則使掌交説之。故諸侯莫不附於德，服於義者。此天子之所以養諸侯，兵不用而諸侯自爲政之法也。《盛德》曰：「古者天子常以季冬考德，以觀治亂得失。凡德盛者治也，德不盛者亂也，德盛者得之也，德不盛者失之也。是故君子考德，而天下之治亂得失可坐廟堂之上而知也。」九命者，《大宗伯職》曰：「以九儀之命，正邦國之位。壹命受職，再命受服，三命受位，四命受器，五命賜則，六命賜官，七命賜國，八命作牧，九命作伯。」九伐之法者，《大司馬職》曰：「以九伐之法正邦國，馮弱犯寡則眚之，賊賢害民則伐之，暴内陵外則壇之，野荒民散則削之，負固不服則侵之，賊殺其親則正之，放弑其君則殘之，犯令陵政則杜之，外内亂鳥獸行則滅之。」震威者，《左氏》襄十一年傳曰：「武震以攝威之。」《周禮》：「掌交，中士八人，掌以節與幣，巡邦國之諸侯，及其萬民之所聚者。道王之德意志慮，使咸知王之好惡，辟行之。」

投壺弟七十八

投壺之禮，主人奉矢，司射奉中，使人執壺。鄭云：「矢，所以投者也。中，士則鹿中也。射人奉之者，投壺，射之類也。其奉之西階上，北面。」陸《釋文》云：「壺，器名。以矢投其中，射之類。」孔疏云：「《鄉射記》云：『大夫兕中，士鹿中。』此篇投壺，是大夫、士之禮，故云『士則鹿中』，不云兕中者，略之也。中之形，刻木爲之，狀如兕鹿而伏，背上立圓圈以盛算。」主人請曰：「某有枉矢哨壺，請樂賓。」賓曰：「子有旨酒嘉殽。又重以樂，敢辭。」鄭云：「燕飲酒，既脱屨升坐，主人乃請投壺也。否則或射，所謂燕射也。枉，哨不正貌，爲謙辭也。」主人曰：「枉矢峭壺，不足辭也，敢以請。」賓曰：「某賜旨酒嘉殽，又重以樂，敢固辭。」鄭云：「固之言『如故』也。如故辭者，重辭也。」主人曰：「枉矢峭壺，不足辭也，敢固以請。」賓對曰：「某固辭不得命，敢不敬從。」鄭云：「不得命，不以命見許。」賓再拜受，主人般還曰避。鄭云：「賓再拜受，拜受矢也。主人既辟，進授矢兩楹之閒也。」孔疏云：「主人見賓之拜，乃般曲折還，謂賓曰：『今辟而不敢受。』」主人阼階上再拜送，賓般還曰避。鄭云：「拜送，送矢也。辟亦於其階上。」已拜，受矢，進即兩楹閒，退，反位，揖賓就筵。」鄭云：「主人既拜送矢，又自受矢。進即兩楹閒者，言將有事於此也。退，乃揖賓，即席，欲與偕進，明爲偶也。賓席、主人席皆南鄉，閒相去如射物。」

司射進度壺，反位。設中，執八算。《小戴》作「度壺，閒以二矢半。設中東面」。鄭云：「度壺，度其所設之處也。壺去坐二矢半，則堂上去賓席、主人席斜行各七尺也。反位，西階上位也。設中東面，既設中，亦實八算於中，橫委其餘於中西。執算而立，以請賓侯投。」請於賓曰：「奏投壺之令曰：順投爲入，比投不釋。算勝飲不勝。正爵既行，請爲勝者立馬，三馬既立，慶多馬。」請主人亦如之。鄭云：「請，猶告也。順投，矢本入也。比投，不拾也。勝飲不勝，言以能養不能也。正爵，所以正禮之爵也。或以罰，或以慶。馬，勝算也。謂之馬者，若云技藝如此，任爲將帥乘馬也。射、投壺皆所以習武，時爲樂。」聘珍謂：《小戴》無「奏投壺之令曰」。奏，進也。令，辭也。投壺，古屬嘉禮，必有文辭，此其是也。《小戴》無此，失之矣。命弦者曰：「請奏《貍首》，閒若一。」太師曰：「諾。」鄭云：「弦，鼓瑟者也。《貍首》，詩篇名也，今逸。《射義》所云『《詩》曰曾孫侯氏』是也。『閒若一』者，投壺當以爲志取節焉。」孔疏云：「閒若一者，謂前後樂節，中閒疏數如似一也。投壺者，當聽瑟以爲志，取投合於樂節，故頌中閒若一也。」

左右告矢具，請拾投，有入者，則司射坐而釋一算焉。賓黨於右，主黨於左。鄭云：「拾，更也。告矢具，請更投者，司射也。司射東面立，釋算則坐，以南爲右，北爲左也。已投者退，各反其位。」

卒投，司射執餘算曰：「左右卒投，請

數。」二算爲純，一純以取，一算爲奇。有勝，則司射以其算告曰：「某黨賢於某黨，賢若干純。」奇則曰奇，鈞則曰左右鈞。 鄭云：「卒，已也。賓主之黨畢已投，司射又請數其所釋左右算，如數射算。一純以取，實於左手，十純則縮而委之，每委異之，有餘則橫諸純下。一算爲奇，奇則縮諸純下。兼斂左算，實於左手，一純以委，十則異之，其它如右獲。畢，則司射執奇算，以告於賓與主人也。鈞，猶等也。等則左右手各執一算以告。」

舉手曰：「請勝者之弟子，爲不勝者酌。」酌者曰：「諾。」鄭云：「司射又請於賓與主人，以行正爵。酌者，勝黨之弟子。」已酌，皆請舉酒。當飲，皆跪，奉觚曰：「賜灌。」勝者跪曰：「敬養。」鄭云：「酌者亦酌奠於豐上，不勝者坐取，乃退而跪飲之。灌，猶飲也。言賜灌者，服而爲尊敬辭也。《周禮》曰：『以灌賓客。』賜灌、敬養，各與其耦於西階上，如飲射爵。」聘珍謂：觚，當爲「觶」，《小戴》作「觴」。許氏《五經異義》云：「觴，餉也。觶亦五升，所以罰不敬。觶，廓也，所以著明之貌。君子有過，廓然明著，非所以餉，不得名觴。」

司正曰：「正爵既行，請爲勝者立馬。」各直其算上，一馬從二馬以慶。慶禮曰：「三馬既立，請慶多馬。」賓主人皆曰：「諾。」鄭云：「飲不勝者畢，司射又請爲勝者立馬，當其所釋算時也。三立馬者，投壺如射，亦三而止也。三者，一黨不得三勝，其一勝者，并其馬於再勝者以慶之，明一勝不得慶也。飲慶爵者，偶親酌，不使弟子，無豐。」孔疏云：「『請立馬』者，是司射請辭。『各直其算，一馬從二馬以慶』，是禮家陳事之言也。『慶禮曰三馬既立，請慶多馬』，此還是司正請辭。」正爵既行，請徹馬，周則復始。鄭云：「投壺禮畢，可以去其勝算也。既徹馬，無算爵乃行。」

既算，算多少視其坐。鄭云：「算用當視坐投壺者之衆寡爲數也。投壺者人四矢，亦人四算。」

籌八分，堂上七扶，室中五扶，庭中九扶。鄭云：「籌，矢也。鋪四指曰扶，一指按寸。《春秋傳》曰：『膚寸而合。』投壺者或於室，或於堂，或於庭，其禮褻，隨晏早之宜，無常處。」算長尺二寸。鄭云：「其節三扶可也。或曰算長尺有握。握，數也。」聘珍謂：握，四寸也。數，當爲「素」。《鄉射禮記》曰：「箭籌八十，長尺有握，握素。」鄭彼注云：「籌，算也。握，本所持處也。素，謂刊之也。」堂下司正、司射、庭長及冠士立者，皆屬賓黨。樂人及童子、使者，皆屬主黨。鄭云：「使者，主人所使薦羞者。樂人，國子能爲樂者。此皆與於投壺。」

降揖，其阼階及樂事，皆與射同節。皇侃云：「投壺與射爲類也。」

壺中置小豆，爲其矢躍而去也。鄭云：「實以小豆，取其滑且堅。」壺去席二矢半。矢以柘若棘，無去其皮，大七分。鄭云：「取其堅且重也。舊説云：矢大七分，或以棘，取其節。」

曾孫侯氏，今日泰射，干一張，侯參之。曰：「今日泰射，四正具舉。大夫君子，凡以庶士。小大莫處，御于君所。以燕以射，則燕則譽。質參既設，執旌既載。大侯既亢，中獲既置。此以下至「既獲卒莫」，並曾孫之詩，諸侯之射節也。孔氏《射義疏》以爲《貍首》之詩是也。中閒「壺脰脩七寸」已下二十四字，當爲錯簡。云曾孫侯氏，今日泰射，干一張，侯參之者，乃本詩之序也。諸侯將祭，亦以射擇卿、大夫、士。爲有事於宗廟，故稱曾孫。泰，大也。干一張，謂張一豻侯也。《射人職》曰：「士以三耦射豻侯。」鄭彼注云：「《大射禮》『豻』作『干』，讀如『宜豻宜獄』之『豻』。豻，胡犬也。士與士射，則以豻皮飾侯。」侯參之者，謂熊侯、豹侯與豻侯爲三也。《司裘職》曰「諸侯則共熊侯、豹侯」是也。曰，詩辭也。鄭云「四正，正爵四行也」。四行者，獻賓，獻公，獻卿，獻大夫，乃後樂作而射也。莫處，無安居其官次者也。御，猶侍也。以燕以射，先行燕禮乃射也。則燕則譽，言國安則有名譽。聘珍謂：質參既設者，質，正也。鄭注《大射儀》云：「參七十，『參』讀爲『糝』，糝，雜也。雜侯者，豹鵠而麋飾。」設，張也。執旌既載者，析羽爲旌。載，亦設也。《鄉射記》曰：「君射於郊，以旌獲。」《大射儀》曰：「司馬師命負侯者，執旌以負侯。」《詩》曰：「大侯既抗。」毛傳云：「大侯，君侯也。抗，舉也。」鄭箋云：「舉者，舉鵠而棲之於侯也。」《大射儀》曰：「公射大侯，大夫射參，士射干。」中獲既置者，中，謂閭中，受算之器。《鄉射記》曰：「君射於郊，則閭中。」鄭彼注云：「於郊，謂大射也。閭，獸名。」獲，謂算也。古文「獲」作「算」，《大射儀》曰：「釋獲者，遂以所執餘獲。」鄭彼注云：「古文曰餘算。」壺脰脩七寸，口徑二寸半，壺高尺二寸，受斗五升，壺腹脩五寸。此錯簡，當在「曾孫侯氏」之前。脰，頸也。《小戴》「脰」作「頸」。鄭云：「脩，長也。腹容斗五升，三分益一，則爲二斗，得圜囷之象，積三百二十四寸也。以腹脩五寸約之，所得求其圜周，圜周二尺七寸有奇，是爲腹徑九寸有餘也。」弓既平張，四侯且良。決拾有常，既順乃讓。乃揖乃讓，乃隮其堂。乃節其行，既志乃張。射夫命射，射者之聲。獲者之旌，既獲卒莫。此節亦是《貍首》之詩，當在「中獲既置」之下，錯簡在此。侯，讀曰「鍭」。《詩》曰：「既挾四鍭。」《爾雅》曰：「金鏃翦羽謂之鍭。」決拾有常者，《毛詩傳》云：「拾，遂也。」鄭注《大射儀》云：「決，猶闓也。以象骨爲之，著右巨指，所以鉤弦而闓之。遂，射韝也。以朱韋爲之，著左臂，所以遂弦也。」順，叙也，陳也。「既順乃讓」，謂請射，納器，誓射，比耦，誘射之後，射者乃揖讓而升堂也。節其行者，上射升堂，少左，下射升堂，上，射揖，並行。既志，謂内志正也。乃張者，持弓矢審固也。射夫，即司射也。命射者，命以樂節射也。《大射儀》曰「司射適堂下，北面眂上射，命曰：不鼓不釋」是也。射者之聲，謂射之以樂，循聲而發也。獲者之旌，謂舉旌以宫，偃旌以商也。既獲者，既釋獲也。

凡雅二十六篇。其八篇可歌，歌《鹿鳴》、《貍首》、《鵲巢》、《采蘩》、《采蘋》、《伐檀》、《白駒》、《騶虞》。八篇廢，不可歌。七篇《商》、《齊》可歌也。三篇閒歌。史辟、史義、史見、史童、史謗、史賓、拾聲、叡挾。此義未聞。古者諸侯之射也，必先行燕禮，卿、大夫、士之射也，必先行鄉飲酒之禮。案《儀禮》，樂凡四節。工歌《鹿鳴》、《四牡》、《皇華》，所謂升歌三終也。笙入堂下，磬南北面立，樂《南陔》、《白華》、《華黍》，所謂笙入三終也。笙，入三終之後，閒歌《魚麗》，笙《猶庚》，❶歌《南有嘉魚》，笙《崇丘》，歌《南山有臺》，笙《由儀》。歌、笙相禪，故曰「閒」。所謂閒歌三終也。乃合樂《周南》：《關雎》、《葛覃》、《卷耳》，《召南》：《鵲巢》、《采蘩》、《采蘋》。堂上堂下，歌瑟及笙並作，所謂合樂三終也。笙入立於堂下磬南北面者，鄉飲酒禮也。笙入立於縣中者，燕禮也。

魯命弟子辭曰：「無荒無慠，無倨立，無踰言。若是者，有常爵。」《小戴》「荒」作「幠」，「慠」作「敖」，「倨」作「偝」。更有「薛令弟子辭曰：毋幠毋敖，毋偝立，毋踰言，若是者浮。」鄭云：「弟子，賓黨主黨年穉者也。爲其立堂下相褻慢，司射戒令之。謂魯薛

❶「猶」，《儀禮·鄉飲酒禮》作「由」。

者，禮衰乖異，不知孰是也。憮、敖，慢也。倩立，不正鄉前也。踰言，遠談語也。常爵，常所以罰人之爵也。」

嗟爾不寧侯，爲爾不朝於王所，故亢而射女，强食，食爾曾孫侯氏百福。此祭侯之辭也。《大射儀》司馬實爵，而獻獲者於侯，薦脯醢、折俎。獲者執以祭侯。《考工記》曰：「祭侯之禮，以酒脯醢。其辭曰：『惟若寧侯，毋或若女不寧侯，不屬於王所，故抗而射女，强飲强食，詒女曾孫諸侯百福。』」

大戴禮記解詁卷之十二終

大戴禮記解詁卷之十三

南城王聘珍學

公符弟七十九

公冠自爲主，迎賓，揖，升自阼，立于席。《士冠禮》將冠者之父兄爲主人，迎賓出門左，西面，再拜。至于廟門，揖入，立于序端。西面。此經云「立于席」者，盧注云：「入堂深，異於士。」既醴，降自阼。《士冠禮》賓醴冠者，冠者奠觶于薦東，降筵，北面坐，取脯，降自西階。此經云「降自阼」者，盧注云：「君尊，故其降也，不使就賓階也。」其餘自爲主者，其降也，自西階以異，其餘皆與公同也。下經云「太子與庶子，其冠皆自爲主」，盧注云：「自西階以異，不敢終於正。其餘與公同者，謂迎賓、升阼之等。」公玄端與皮弁皆韠，朝服，素韠。盧注云：「玄端，緇布冠及玄冠之服也。《玉藻》曰：『始冠緇布之冠，自諸侯達，冠而敝之可也。』二服皆韠也。古者田狩而食其肉，衣其皮，先以兩皮如韠以蔽其前後。及後世，聖人易之以布帛，猶存其蔽前，示不忘古。尊祭服，異其名曰韠。其制，上廣一尺，下廣二尺，長三尺，其頸五寸，肩革帶博二寸。玄端，諸侯之服。皮弁，天子之朝服。韠從裳色，皆素也。」聘珍謂：元端，諸侯視朝之服。皮弁，諸侯視朔之服。經言朝服即元端也。鄭注《論語》云：「衣玄端，冠章甫，諸侯日視朝之服。」注《周禮・司服》云：「冠弁，委貌。其服緇布衣，亦積素以爲裳，諸侯以爲視朝之服。」賈疏云：「委貌，若以色言，則曰玄冠也。」鄭注《王制》云：「玄衣素裳，其冠則牟追、章甫委貌也。諸侯以天子之燕服爲朝服。」《玉藻》曰：「天子玄端而居也。」《士冠禮》曰：「皮弁服，素積，緇帶，素韠。」鄭注云：「皮弁，與君視朔之服也。皮弁者，以白鹿皮爲冠，象上古也。以素爲裳，辟積其要中。皮弁之衣，用布十五升。」經云「朝服素韠」者，《論語疏》云：「玄端者，其衣正幅，染之玄色，故曰玄端。若以素爲裳，即是朝服。若上士，以玄爲裳，中士以黄爲裳，下士以雜色爲裳，天子、諸侯以朱爲裳，則皆謂之玄端，不得名爲朝服也。」公冠四加玄冕。緇布冠、皮弁、爵弁，士冠禮之三加也。孔氏《冠儀疏》

云：❶「士禮故三加也。若諸侯之禮，其加則四加，而有玄冕也。故《大戴禮》『公冠四加』也。諸侯尚四加，則天子亦當五加衮冕也。」**饗之以三獻之禮，無介，無樂，皆玄端。**饗，饗賓也。介，賓之輔。《士冠禮》醴賓以一獻之禮，贊冠者爲介。盧注云：「無介者，於饗而贊冠者，退爲衆賓者，君禮於臣，本無介也。無樂，亦饗時也。冠禮一舉樂可也。《春秋左氏傳》曰『以金石之樂節之』，謂冠之時爲節也。皆玄端，君臣同服也。」**其醻幣朱錦采，四馬，其慶也同。**鄭注《士冠禮》云：「飲賓客，而從之以財貨曰酬。」幣，朱錦采，謂朱色之帛，采色之錦。《說文》云：「錦，襄色織文。」《士冠禮》：「主人酬賓，束帛儷皮。」賈疏云：「《大戴禮》云『禮幣采飾而四馬』，是大夫禮與士異也。」慶，賞也，謂慶賓。同者，同以幣朱錦采四馬也。**天子擬焉，**擬，比也。言天子冠禮比諸侯，故下經成王冠，不言其禮也。

太子與庶子，其冠皆自爲主，其禮與士同，其饗賓也皆同。此言天子之太子、庶子也。盧注云：「《士冠禮記》曰：『天子之元子，猶士也。天下無生而貴者也。』」

成王冠，《通典·嘉禮》注引《五經異義》云：「古《春秋左氏傳》曰：『歲星爲年紀十二而一周天。天道備，故人君年十二可以冠，自夏、殷大子皆十二而冠。』許君謹案：武王崩，成王年十三，若十四而已冠，是喪冠也。不從《古尚書》說。」又引《異義》云：「武王崩後，管、蔡作亂，周公出居東。是歲大風，王與大夫冠弁，開金縢之書，成王年十四，是喪冠也者，恐失矣。」聘珍謂：成王年十歲而武王崩，十二歲喪畢而冠。《金縢》曰：「王與大夫盡弁。」鄭注云：「天子、諸侯十二而冠佩，爲成人。成王此時年十五，於禮已冠。」是也。孔氏《明堂位疏》云：「王肅以《家語》之文，武王崩，成王年十三。鄭康成用衛宏之說，武王崩，成王年十歲。」又云：「《周書》以武王十二月崩，至成王年十二，十二月喪畢。成王將即位，稱己小，求攝，周公將代之，管、蔡等流言。周公懼之，辟居東都。故《金縢》云：『武王既喪，管叔等流言，周公乃告二公曰：我之不辟，無以告我先王。』既喪，謂喪服除。辟，謂辟居東都。時成王年十三，明年，成王盡執拘周公屬黨，故《金縢》云：『周公居東二年，則罪人斯得。』罪人，周公屬黨也。時成王年十四，至明年秋，大熟，有雷風之異，故鄭注《金縢》云『秋大熟，謂二年之後明年』。迎周

❶「儀」，《禮記》篇名作「義」。

公而反，反則居攝之元年，是成王年十五。❶《書傳》所謂「二年救亂」。明年誅武庚、管、蔡等，《書傳》所謂「二年克殷」。明年自奄而還，《書傳》所謂「三年踐奄」。四年封康叔，《書傳》所謂「四年建侯衛」。時成王年十八也，故《康誥》云孟侯，《書傳》云「天子十八稱孟侯」。明年營洛邑，故《書傳》云「五年營成周，六年制禮作樂，七年致政於成王」。時成王年二十一，明年乃即政，時年二十二也。」聘珍謂：此疏所云《書傳》者，伏生《大傳》也。伏生傳《今文尚書》。衛宏是古文之學，與今文相合，乃真古文也。鄭君所以用之。周公使祝雍祝王，曰：「達而勿多也。」盧注云：「雍，太祝。當左，與王爲祝辭，於冠告焉。辭多則史，少則不達。」祝雍曰：「使王近於民，遠於年，嗇於時，惠於財，親賢使能。」盧注云：「近於民，視民如子。嗇於時，惠於財，及時而施。」聘珍謂：此成王冠辭也。公冠本經止此。

陛下離顯先帝之光耀，以承皇天嘉禄，欽順仲夏之吉日，遵並大道邠或，秉集萬福之休靈，始加昭明之元服，推遠稚免之幼志，崇積文武之寵德，肅勤高祖清廟，六合之内靡不息，陛下永永與天無極。

孝昭冠辭

皇皇上天，照臨下土。集地之靈，降甘風雨。庶物群生，各得其所。靡今靡古，維予一人某，敬拜皇天之祜。

薄薄之土，承天之神，興甘風雨，庶卉百穀，莫不茂者。既安且寧，維予一人某，敬拜下土之靈。

維某年某月上日，明光於上下，勤施於四方，旁作穆穆。惟予一人某，敬拜迎於郊。以正月朔日，迎日於東郊。已上《孝昭冠辭》，並祭天、祭地、祭日祝辭，皆後人因成王冠辭而竄入者，非《大戴》經本所有也。今因舊本，附録篇末。説詳《目録》。

❶「是」，《禮記·明堂位》孔疏作「時」。

本命弟八十

分於道，謂之命。分，制也。道者，天地自然之理。命，謂人物所稟受度也。形於一，謂之性。形，兆也。《説文》云：「惟初太始，道立於一，造分天地，化成萬物。」董仲舒云：「性者，生之質也。」化於陰陽，象形而發謂之生，化，謂變化。獨陰不生，獨陽不生，陰陽變化，品物流形。發，猶出也。化窮數盡謂之死。化，謂陰陽之化。數，謂形於一之數。窮盡者，久而游散也。死之言澌也。生機澌滅也。故命者，性之終也，則必有終矣。命稟於有生之前，性形於受命之始，命制其性之始，即已定其終，有始必有終也。《易》曰：「原始反終，故知死生之説。」

人生而不具者五：目無見，不能食，不能行，不能言，不能化。具，備也。化，猶生也，育也。三月而徹眴，然後能有見。八月生齒，然後食。期而生臏，然後能行。三年嘻合，然後能言。十有六情通，然後能化。盧注云：「眴，精也，轉視貌。徹，或爲『微』也。三月萬物一成，期年天道一備，三年而天道大成。故因之以變化也。」聘珍謂：《説文》云：「臏，厀耑也。」《玉篇》云：「嘻，盛貌也。」嘻合，猶言訢合也。

陰窮反陽，陽窮反陰，辰故陰以陽化，陽以陰變。窮，極也。陰極於上，則陽已復於下。剥之反爲復也。陽極於上，則陰已復於下，夬之反爲姤也。辰，當爲「是」，聲之譌也。陰不自化，得陽而化。陽不自變，得陰而變。《韓詩外傳》云：「陰陽消息，則變化有時矣。」故男以八月而生齒，八歲而毀齒。一陰一陽，然後成道，二八十六，然後情通，然後其施行。女七月生齒，七歲而毀。二七十四，然後其化成。合於三也，小節也。中古男三十而娶，女二十而嫁，合於五也，中節也。太古男五十而室，女三十而嫁，備於三五，合於八十也。《説文》云：「齔，毀齒也。」男八月生齒，八歲而齔，女七月生齒，七歲而齔。一陰一陽，然後成道者，謂乾道成男，坤道成女也。施行，陽施也。化成，陰化也。曾子曰：「吐氣者施，而含氣者化，是以陽施而陰化也。」《五經異義》云：「今《大戴禮》説男三十，女二十，有昏嫁，合爲五十，應大衍之數，自天子達於庶人同也。《春秋左氏》説人君十五生子，禮也。二十而嫁，三十而娶，庶人禮也。禮，夫爲婦之長殤，長殤十九至十六，知夫年十四、十五，見《士昏禮》也。謹案：舜生三十不娶，謂之鰥。《禮・文王世子》曰：文王十五而生武王，武王尚有兄伯邑考。故知人君早昏娶，不可以年三十，所以重繼嗣也。盧注云：「合於三，合於五，男女合於三十，合於五十也。備三十、五十，合於八十也。不言大節者，省文也。」八者，維剛也，天地以發明，故聖人以合陰陽之數也。剛，當爲「綱」。盧注云：「八爲方維，八卦之數也。天地以之明，聖人以之合，陰陽九六大衍之數也。」

禮義者，恩之主也。《禮運》曰：「禮也者，義之實也。義者，藝之分，仁之節也。」恩謂以愛相親，主於禮。義則無過不及之差。冠、昏、朝、聘、喪、祭、賓主、鄉飲酒、軍旅，此之謂九禮也。九者，五禮之別也。冠、昏、賓主、鄉飲酒，嘉禮也。朝、聘，賓禮也。喪，凶禮也。祭，吉禮也。軍旅，軍禮也。賓主，謂賓射饗燕之類。禮經三百，威儀三千。《中庸》曰：「禮儀三百，威儀三千。」《禮器》曰：「經禮三百，曲禮三千。」鄭注云：「經禮，謂《周禮》也。《周禮》六篇，其官有三百六十。曲，猶事也。事禮，謂今禮也。禮篇多亡，本數未聞，其中事儀三千。」機其文之變也。鄭注《大學》云：「機，發動所由也。《禮器》曰：義理，禮之文也。」禮有常經，義理隨時而變，禮之發動，必揆於義理也。其文變也，禮之象五行也，其義四時也。言禮之所以因文而變者，禮有定體，如天地閒之有五行，不易不敝者也。義則往來屈伸，如四時之錯行。禮從義變，猶之播五行於四時也。《禮運》曰：「五行之動，迭相竭也。五行、四時、十二月，旋相爲本也。」

故以四舉：有恩、有義、有節、有權。《喪服四制》曰：「喪有四制，變而從宜，取之四時也。有恩，有理，有節，有權，取之人情也。恩者，仁也。理者，義也。節者，禮也。權者，知也。仁、義、禮、知，人道具矣。」恩厚者其服重，故爲父斬衰三年，以恩制者。鄭云：「服莫重斬衰也。」賈氏《儀禮疏》云：「斬衰裳者，謂斬二升布以爲衰裳。不言裁割，而言斬者，取痛甚之意。」門内之治恩掩義，門外之治義斷恩，資於事父以事君而敬同，貴貴尊尊，義之大者也。故爲君亦服斬衰三年，以義制者也。鄭云：「資，猶操也。貴貴，謂爲大夫君也。尊尊，謂爲天子諸侯也。」三日而食，三月而沐，期而練，毀不滅性，不以死傷生，喪不過三年，苴衰不補，墳墓不坯，同於邱陵。除之日，鼓素琴，示民有終也，以節制者也。盧注云：「食，食粥也。沐，將虞時，苴衰不補，異於吉，無飾也。鼓素琴，漸有終，因省哀。」鄭云：「補，培，猶治也。鼓素琴，始存樂也。三年不爲樂，樂必崩。」聘珍謂：練，小祥也。小祥而著練冠，練中衣，故曰練也。苴，麻之有蕡者也。所以爲首絰、要絰、絞帶者。凡喪服，上曰衰，下曰裳。又衰廣四寸，長六寸，綴之於心，亦曰衰。除之日，祥日也。《雜記》曰：「祥，主人之除也。」坯，讀曰「培」，益也。孔氏《喪服四制疏》云：「墳墓不培者，培，益也。一成丘陵之後，不培益其土。」資於事父以事母而愛同，天無二日，國無二君，家無二尊，以治之也。父在，爲母齊衰期，見無二尊也。百官備，百制具，不言而事行者，扶而起。言而後事行者，扶而起。身自執事，而後事行者，面詬而已。凡此，以權制者也。下「扶」字，當爲「杖」。詬，當爲「垢」。鄭云：「扶而起，謂天子、諸侯。杖而起，謂大夫、士。面垢而已，謂庶民也。」始死，三日不怠，三月不解，期悲號，三年憂，恩之殺也。聖人因殺以制節也。鄭云：「不怠，哭不絕聲也。不解，不解衣而居，不倦怠也。」盧注云：「不解者，不脱絰帶也。因殺制節，謂爲卒哭祥禫之變。」

男者，任也。子者，孳也。男子者，言任天地之道，如長萬物之義也。故謂之丈夫。《白虎通》云：「男者，任也，任功業也。子者，孳也，孳孳無已也。」《釋名》云：「男者，任也，典任事也。」「子，孳也，相生蕃孳也。」《説文》云：「男，丈夫也。」「孳，汲汲生也。」如，讀曰「而」。丈者，長也，夫者，扶也，言長萬物也。鄭注《周易》云：「丈之言長也，能以法度長於人也。」孔氏昭七年《左傳》疏云：「夫之言扶也，大能扶成人也。」知可爲者，知不可爲者；知可言者，知不可言者；知可行者，知不可行者。是故審倫而明其別，謂之知。所以正夫德者。審，察也。審倫，察於人倫也。別，辨也。《孟子》曰：「夫婦有別。」夫德，謂丈夫之德。《郊特牲》曰：「夫也者，夫也。夫也者，以知帥人者也。」

女者，如也。子者，孳也。女子者，言如男子之教，而長其義理者也。故謂之婦人。婦人，伏於人也。《説文》云：「如，從隨也。」韋注《國語》云：「長，益也。」《釋名》云：「女，如也，婦人外成如人也。」《白虎通》云：「婦者，服也，以禮屈服也。」又云：「服於家事，事人者也。」是故無專制之義，有三從之道，在家從父，適人從夫，夫死從子，無所敢自遂也。教令不出閨門，事在饋食之閒而已矣。專，擅也。制，斷也。從，相聽也。《白虎通》云：「女者，如也，從如人也。在家從父母，既嫁從夫，夫没從子也。傳曰：婦人有三從之義也。」《釋名》云：「三從之義，少如父教，嫁如夫命，老如子言。」盧注云：「事在饋食之閒者，《易》曰『無由遂，在中饋』，《詩》曰『無非無儀，唯酒食是議』也。」是故女及日乎閨門之内，不百里而犇喪。事無獨爲，行無獨成之道，參知而後動，可驗而後言，宵夜行燭，宫事必量，六畜蕃於宫中，謂之信也。所以正婦德也。及日，猶及時，謂及時而脩婦功也。不百里而犇喪者，《檀弓》曰「婦人不越疆而弔人」也。參，三也。三知者，知之審也。驗，徵也，信而有徵也。宵夜行燭者，《内則》曰：「女子出門，必擁蔽其面，夜行以燭，無燭則止。」《爾雅》曰：「室謂之宫。」宫事，蠶室之事。量，度也。《夏小正》曰：「妾子始蠶，執養宫事。」蕃，蕃息也。謂之信也者，《郊特牲》曰：「信，事人也。信，婦德也。」

女有五不取：逆家子不取，亂家子不取，世有刑人不取，世有惡疾不取，喪婦長子不取。逆家子者，爲其逆德也。亂家子者，爲其亂人倫也。世有刑人者，爲其棄於人也。世有惡疾者，爲其棄於天也。喪婦長子者，爲其無所受命也。取，讀曰「娶」。逆，謂悖逆。亂，淫亂也。刑人，謂以罪受墨、劓、宫、刖、髡刑者。惡疾，謂瘖、聾、盲、癘、秃、跛、傴，不逮人倫之屬也。喪婦長子，謂父喪其婦，其女子年長愆期者也。命者，母之教命也。《孟子》曰：「女子之嫁也，母命之。」

婦有七去：不順父母去，無子去，淫去，妒去，有惡疾去，多言去，竊盗去。不順父母去，爲其逆德也。無子，爲其絶世也。淫，爲其亂族也。妒，爲其亂家也。有惡疾，爲其不可與共粢盛也。口多言，爲其離親也。盗竊，爲其反義也。貪色爲淫。害善爲妒。黍稷曰粢，在器曰盛。與共粢盛者，宗廟之事，必夫婦親之。《士昏禮記》曰：「父醮子，命之辭曰：『往迎爾相，承我宗事，勗帥以敬，先妣之嗣，若則有常。』」

婦有三不去：有所取，無所歸，不去。與更三年喪，不去。前貧賤，後富貴，不去。《詩·燕燕》：「之子于歸。」毛傳云：「歸宗也。」無所歸，無宗者也。更，歷也。歷三年喪者，乃逮事舅姑者也。

大罪有五：逆天地者，罪及五世。誣文武者，罪及四世。逆人倫者，罪及三世。誣鬼神者，罪及二世。殺人者，罪止其身。故大罪有五，殺人爲下。盧注云：「逆天地，欺造化，及要君者。誣文武，非聖人者。逆人倫，非孝者。此皆大亂之道也。《周書》曰：『大命世，小命身。』」

易本命弟八十一

子曰：「夫易之生人、禽、獸、萬物、昆蟲，各有以生。《繫辭傳》曰：「生生之謂易。」盧注云：「《易》曰：『渾元之始，是曰太易。二象之所資，萬品之所生。』《易》曰：『易有太極，是生兩儀。兩儀生四象，四象生八卦。』《易·說卦》曰：『太易者，未見氣也。太初者，氣之始。太素者，質之始也。』《禮運》曰：『夫禮必本於太一，分而爲天地，轉而爲陰陽，變而爲四時。』然《禮》、《易》之說雖殊，而會歸一。」或奇或偶，或飛或行，而莫知其情。惟達道德者，能原本之矣。盧注云：「孔子曰：『聖人智通於大道，應化而不窮，能測萬品之情也。』」

天一，地二，人三，三三而九。九，極陽數也。下文八七六五四三二，皆以九乘之。九九八十一，一主日，日數十，故人十月而生。一，陽數，數之始。日爲陽精。盧注云：「日數十，甲乙之屬。天之神，日爲尊。萬類，人爲貴也。」八九七十二，偶以承奇，奇主辰，辰主月，月主馬，故馬十二月而生。偶以承奇者，二爲偶。偶，陰也。奇，陽也。陰不專主，承陽以爲主。《易》曰：「坤道其順乎？承天而時行。」又曰：「後得主而有常。」辰，從子至亥也。盧注云：「奇主辰者，辰方面各三也。」聘珍謂：辰主月者，十二辰建十二月也。盧注云：「月契天駟於上，馬統乾於下。」七九六十三，三主斗，斗主狗，故狗三月而生。《易》曰：「艮爲狗。」九家注云：「艮數三，七九六十三。三主斗，斗爲犬，故犬懷胎三月而生。斗運行十三時日出，故犬十三日而開目。斗詘，故犬臥詘也。斗運行四帀，犬亦夜繞室也。」六九五十四，四主時，時主豕，故豕四月而生。天有四時，春秋冬夏。盧注云：「豕知時。《詩》云：『有豕白蹢，烝涉波矣。』」聘珍謂：毛傳云：「將久雨，則豕進涉水波。」五九四十五，五主音，音主猨，故猨五月而生。五音：宫、商、角、徵、羽。《漢書·律曆志》云：「天之中數五，五爲聲。」《爾雅》曰：「猱猨善援。」陸《釋文》云：「援，猶引也。」劉注《吴都賦》云：「商、角、徵、羽各有引。」四九三十六，六主律，律主禽鹿，故禽鹿六月而生也。《漢書·律曆志》云：「地之中數六，六爲律。」盧注云：「麋鹿角長短大小似律，麞麇之屬，皆以六月生也。宋均云：『以所包者多，故舉禽獸之名，雖有飛走之異，其亦通也。』」三九二十七，七主星，星主虎，故虎七月而生。盧注云：「二十八宿，方各七也。虎炳文似星也。」二九十八，八主風，風主蟲，故蟲八月化也。《説文》云：「風，八風也。東方曰明庶風，東南曰清明風，南方曰景風，西南曰涼風，西方曰閶闔風，西北曰不周風，北方曰廣莫風，東北曰融風。風動蟲生，故蟲八日而化。」聘珍謂：經言八月，許言八日，經或字誤也。鄭注《大宗伯》云：「能生非類曰化。」盧注云：「蟲多生非類也。」其餘各以其類也。盧注云：「謂貍、兔、魚、鼈之屬，各以其類化者，言亦有主而生之也。」聘珍謂：其餘者，凡毛羽鱗介倮蟲之屬也。《易》曰：「本乎天者親上，本乎地者親下，則各從其類也。」

鳥、魚皆生於陰而屬於陽，故鳥、魚皆卵。魚游於水，鳥飛於雲，故冬燕雀入於海，化而爲蚧。盧注云：「生於陰者，謂卵生也。屬於陽者，謂飛游於虚也。燕雀入於海爲蚧者，以同生於陰，而屬於陽，故有其形性也。」聘珍謂：蚧，當爲「蛤」。《夏小正》曰：「雀入於海爲蛤。」《説文》作「盒」，云「百歲燕所化」。萬物之性各異類，故蠶食而不飲，蟬飲而不食，蜉蝣不飲不食。盧注云：「《淮南子》云：『蠶食而不飲，三十二日而化。蟬飲而不食，三十日而死。蜉蝣不飲不食，三日而終也。』」介鱗夏食冬蟄，介，甲，龜鼈之屬也。鱗，魚龍之屬。《爾雅》曰：「蟄，静也。」齕吞者，八竅而卵生，盧注云：「鳥屬也。」《説文》云：「凡物無乳者，卵生。」咀嚾者，九竅而胎生，盧注云：「人及獸屬。」鄭注《周禮》云：「九竅，謂陽竅七，陰竅二也。」四足者無羽翼，戴角者無上齒，無角者膏而無前齒，有羽者脂而無後齒。盧注云：「凝者爲膏，無前齒者，齒盛於後，不用前也。釋者爲脂。無後齒者，齒盛於前，不任後也。」聘珍謂：《爾雅》曰：「四足而毛謂之獸。」鄭注《考工記》云：「膏者，豕屬。脂，牛羊屬。」有羽，當爲「有角」。《説文》云：「戴角者脂，無角者膏。」晝生者類父，夜生者類母。類，猶象也。《左氏》桓六年傳曰：「取於父爲類。」杜注云：「有與父同者。」

凡地東西爲緯，南北爲經。緯，横也。經，從也。馬注《周禮》云：「東西爲廣，南北爲輪。」鄭云：「輪，從也。」山爲積德，川爲積刑。高者爲生，下者爲死。盧注云：「山積陽，川積陰。陽爲德，陰爲刑。」聘珍謂：高積陽，陽氣發生。下積陰，陰氣肅殺。丘陵爲牡，谿谷爲牝。大阜曰陵。小陵曰丘。水注川曰谿，注谿曰谷。陽爲牡，吐氣者也。陰爲牝，含氣者也。曾子曰：「吐氣者施，而含氣者化。」《淮南·墬形》云：「至陰生牝，至陽生牡。」蚌蛤龜珠，與月盛虚。《説文》云：「蚌，蛤，蜃屬。」「龜，廣肩，無雄。」皆陰類也。珠，陰精。盛，滿也。盧注云：「月者，太陰之精，故龜蛤之屬因之以盛虧。《呂氏春秋》云：『日月望，則蚌蛤實。月晦，則蚌蛤虚。』《孝經援神契》曰：『日月屬於天，則陰類消於淵也。』」

是故堅土之人肥，虚土之人大，沙土之人細，息土之人美，秏土之人醜。堅者彊欒，虚者輕舉。《説文》云：「沙，水散石也。」沙土不黏，墟墟然解散也。細，小也。盧注云：「肥者象地堅實，大者象地虚縱也。息土，謂沃衍之田。秏土，謂疏薄之地。地有美惡，故生人有好醜也。《周禮·大司徒職》曰：『山林之民毛而方，川澤之民黑而津，丘陵之民專而長，墳衍之民晳而瘠，原隰之民豐肉而庳。』此大辨五土之分也。」是故食水者善游能寒，食土者無心而不息，食木者多力而拂，食草者善走而愚，食桑者有絲而蛾，食肉者勇敢而捍，食穀者智惠而巧。盧注云：「食水，魚鼈之屬。食土，蚯蚓之屬，不氣息也。食木，熊羆之屬，拂戾也。食草，麋鹿之屬。食肉，虎狼鷹鸇之屬。」聘珍謂：《説文》云：「桑，蠶所食葉木。」「絲，蠶所吐也。」「蛾，蠶化飛蟲。」孔氏《左傳疏》云：「穀是養人之物。」食穀者，謂人也。《釋名》云：

「智，知也。無所不知也。」《説文》云：「惠，仁也。」《中庸》曰：「仁者，人也。」食氣者神明而壽，食氣者，謂龜也。《爾雅》：「十龜之屬，一曰神龜。」郭注云：「龜之最神明。」《説苑·辨物》云：「靈龜，千歲之化，下氣上通，能知吉凶存亡之變。寧則信信如也，動則著矣。」不食者不死而神。不食者，謂蓍也。《易》曰：「昔者聖人幽贊於神明而生蓍。」不死而神者，《白虎通》云：「蓍之爲言耆，久長意也。」《説文》云：「蓍生千歲，三百莖。《易》以爲數。」《易》曰：「蓍之德圓而神。」又曰「神以知來」也。

故曰：有羽之蟲三百六十，而鳳皇爲之長。有毛之蟲三百六十，而麒麟爲之長。有甲之蟲三百六十，而神龜爲之長。有鱗之蟲三百六十，而蛟龍爲之長。倮之蟲三百六十，而聖人爲之長。此乾坤之美類，禽獸萬物之數也。《説文》云：「蛟，龍之屬也。池魚滿三千六百，蛟來爲之長，能率魚飛，置笱水中，蛟即去。」盧注云：「三百六十，乾坤之中央，萬一千五百二十，當萬物之數也。」

故帝王好壞巢破卵，則鳳皇不翔焉；好竭水搏魚，則蛟龍不出焉；好刳胎殺夭，則麒麟不來焉；好填谿塞谷，則神龜不出焉。翔，回顧也。《論語》曰：「翔而後集。」搏，擊取也。刳，屠也。胎，孕在腹中未出者也。少長曰夭。

故王者動必以道，静必以理。道，謂天道。理，地理也。動必以道，法天時也。静必以理，安地利也。《易》曰：「崇效天，卑法地。」《中庸》曰：「上律天時，下襲水土。」動不以道，静不以理，則自夭而不壽。訞孽數起，神靈不見，風雨不時，暴風水旱並興，人民夭死，五穀不滋，六畜不蕃息。訞孽，或爲「妖孽」。《中庸》曰：「國家將亡，必有妖孽。」《説文》作「祆蠥」，云「衣服、歌謠、草木之怪謂之祆，禽獸蟲蝗之怪謂之蠥」。

大戴禮記解詁卷之十三終

跋

先伯此書藏篋笥有年，今距先伯棄養又三十年矣。竊恐生平精力，湮没不彰，爰於道光庚戌從事剞劂，敦請同邑文學佘君藩等詳爲讐校，體例敘録，一依先伯之舊。刻成，又屬新城楊君希閔覆校一過。區區之心，必誠必盡，不敢絲毫苟蕑。先伯生平，學豐遇嗇，壯鬱北溟之徙，晚抱西河之戚。人事屯蹇，猶及身後。所恃以不朽者，惟在此書。今者此書刊成，其或報慰地下於萬一乎？捧函輟簡，良用泫然。通計書凡十三卷，《目録》一卷，字凡十四萬一千零九十四。蒇功於咸豐辛亥元年之春。仲姪嘉會謹書。

鳴謝

《儒藏》精華編惠蒙善助，共襄斯文；謹列如左，用伸謝忱。

本煥法師　壹佰萬元

北京大學《儒藏》編纂中心

本册审稿人　李劍雄　陳　新　駢宇騫

本册責任編委　李峻岫

圖書在版編目(CIP)數據

儒藏．精華編．五五/北京大學《儒藏》編纂中心編．—北京：北京大學出版社，2009.6

ISBN 978-7-301-11773-6

Ⅰ.儒…　Ⅱ.北…　Ⅲ.儒家　Ⅳ.B222

中國版本圖書館 CIP 數據核字(2009)第 081555 號

書　　名：儒藏(精華編五五)
著作責任者：北京大學《儒藏》編纂中心　編
責 任 編 輯：王　應　童　祁
標 準 書 號：ISBN 978-7-301-11773-6/B·0459
出 版 發 行：北京大學出版社
地　　址：北京市海淀區成府路 205 號　100871
網　　址：http：//www.pup.cn
電 子 信 箱：dianjiwenhua@163.com
電　　話：郵購部 62752015　發行部 62750672　編輯部 62756694
出版部 62754962
印　刷　者：北京中科印刷有限公司
經　銷　者：新華書店
787 毫米×1092 毫米　16 開本　71.25 印張　855 千字
2009 年 6 月第 1 版　2009 年 6 月第 1 次印刷
定　　價：1200.00 元

ISBN 978-7-301-11773-6

定價：1200.00元